ゲーム理論と経済行動

Theory of Games and
Economic Behavior
Sixtieth-Anniversary Edition
by John von Neumann and Oskar Morgenstern

ジョン・フォン・ノイマン
オスカー・モルゲンシュテルン
武藤滋夫［訳］　中山幹夫［翻訳協力］

刊行60周年記念版

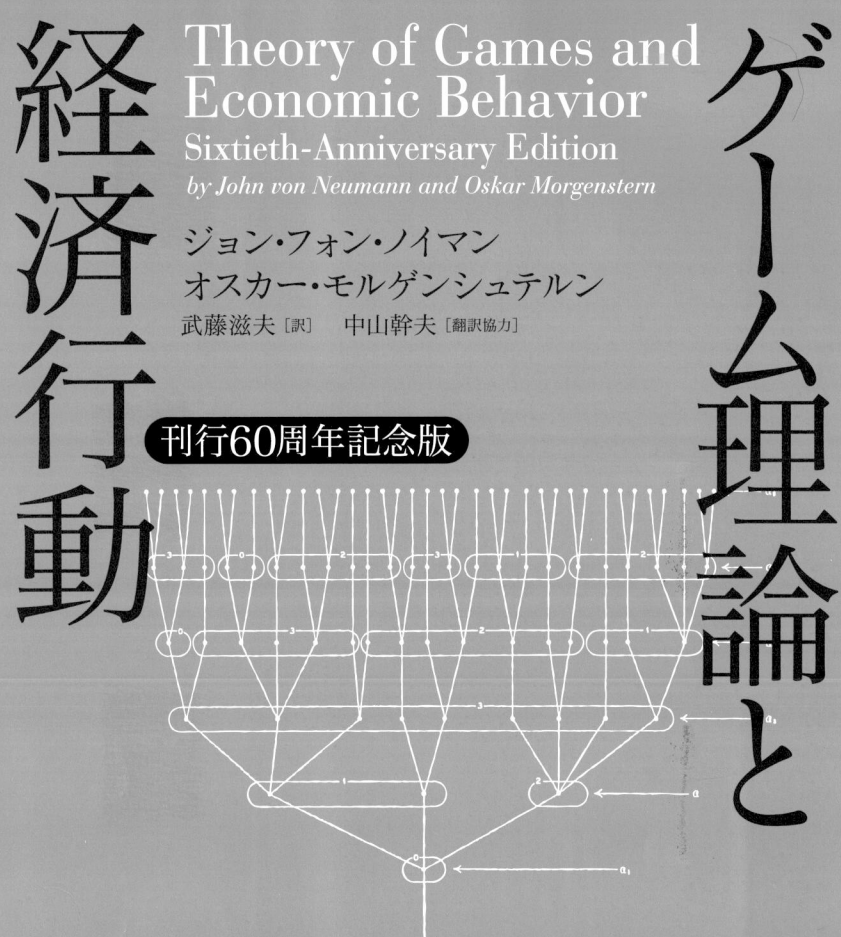

勁草書房

THEORY OF GAMES AND ECONOMIC BEHAVIOR
by John von Neumann and Oskar Morgenstern
Copyright © 1944 by Princeton University Press
Copyright © renewed 1972 Princeton University Press
Sixtieth-Anniversary Edition copyright © 2004 Princeton University Press
Japanese translation published by arrangement with Princeton University Press
through The English Agency (Japan) Ltd.
All rights reserved.
No part of this book may be reproduced or transmitted in any form or by any means,
electronic or mechanical, including photocopying, recording or by any information
storage and retrieval system, without permission in writing from the Publisher.

まえがき

ハロルド・W・クーン（Harold W. Kuhn）

　ジョン・フォン・ノイマンが「ゲーム理論の父」であることには疑いもないが，それは，多くの失敗の後に産まれてきたものである．1713 年 [1] の孤立したそして驚くべきゼロ和 2 人ゲームのミニマックス解から，E. ツェルメロ（E. Zermelo）[2]，E. ボレル（E. Borel）[3]，H. スタインハウス（H. Steinhaus）[4] らがそれぞれ独自に行った考察までのどれをとっても，フォン・ノイマンが 1928 年 [5] において公表した先駆的論文に匹敵するものはない．

　この論文は，エレガントであることはもちろんだが，1940 年代初期のフォン・ノイマンとオスカー・モルゲンシュテルンとの共同研究がなければ，数学の歴史の中の 1 つの脚注ほどの存在にすぎなかったであろう．彼らの努力により，（そして，カーネギー財団や高等研究所といわれている財源からの 4,000 ドルの補助金により）616 ページからなる『ゲーム理論と経済行動』(TGEB) がプリンストン大学出版会から出版された．

　この本に対して 2 人の著者がそれぞれどれだけ貢献したかについてはふれるつもりはない．オスカー・モルゲンシュテルンは彼らの共同研究について彼自身の評価 [6] にまとめており，それは本書にも再録されている．私は読者にロバート・J・レオナルド（Robert J. Leonard）による学術的文献 [7] に目を通すことを勧めたい．彼は，モルゲンシュテルンの回想には 1944 年までの準備期間における歴史的な複雑さのいくつかが書かれていないことに気づき，この時代の 2 人の著者の活動について素晴らしい歴史的にも完全な記述を与えている．結局のところ，私も「もしフォン・ノイマンとモルゲンシュテルンが出会うことがなければ，ゲーム理論が発展することはほとんどなかった」というレオナルドの見解と同じである．もしフォン・ノイマンが単性生殖という通常ではない行いにおいてこの理論に対する父親と母親の両方の役割を果たし

たとすれば，モルゲンシュテルンは助産婦の役を果したといえるであろう．

このまえがきを書いている間，私はいくつかのゴールを心に描いていた．まず第1に，経済学へのこの完全に新しいアプローチの出版に対する最初の反応がどのようなものであったか，その感覚を読者に伝えたい．次に，書評家たちの書評の趣旨と経済学者および数学者の集団の対応の間の明らかな不一致の説明を試みながら，それ以後のゲーム理論の発展を概括するであろう．これらの対応に（1948年の夏から）参加したものとして，私の評価は私の主観的なそしていくつか選択された記憶によって必ずなんらかの色がついたものになっている．公平を期すためにこの点を読者に注意しておく．

TGEBの出版を歓迎する書評は量においても質においても尋常ではなかった．どんな著者もこのような批評には圧倒されるであろう．これらの書評の長さ，掲載されたジャーナルの質，そして書評家たちがいかに傑出した人たちであるかに特に注意しながら，以下の部分的な書評のリストを考えてほしい：

H. A. Simon, *Amemican Journal of Sociology* (1945) 3 pages*

A. H. Copeland, *Bulletin of the American Mathematical Society* (1945) 7 pages*

L. Hurwicz, *The American Economic Review* (1945) 17 pages*

J. Marschak, *Journal of Political Economy* (1946) 18 pages

T. Barna, *Economica* (1946) 3 pages*

C. Kaysen, *Review of Economic Studies* (1946) 15 pages

D. Hawkins, *Philosophy of Science* (1946) 7 pages

J. R. N. Stone, *Economic Journal* (1948) 16 pages

E. Ruist, *Economisk Tidskrift* (1949) 5 pages

G. Th. Guilbaud, *Economie Apploquée* (1949) 45 pages

E. Justman, Revue d'Economie Politique (1949) 18 pages

K. G. Chacko, Indian Journal of Economics (1950) 17 pages

これらの書評からの以下の引用は出版社の夢といえるであろう：
サイモン（Herbert A. Simon）は，「社会理論を数学的に扱うことの必要性

---

* アステリスクの付いた書評は本書に収められている．

を確信している社会科学者たちを——まだ考えを変えていないがその点に対する説得には耳を傾けようとしている社会科学者と同様に——『ゲーム理論と経済行動』を修得するという仕事にとりかかること」を勧める．

　コープランド（Arthur H. Copeland）は，「後世の人々は，本書を20世紀前半における主要な科学的業績として評価する」と断言する．

　ハーヴィッチ（Leonid Hurwicz）は，「著者たちが経済学の問題の処理に用いた手法は十分な一般性をもっており，政治科学にも，社会学にも，また軍事戦略にも用いることができる」とし，「本書のようなすばらしい書が出版されるのは本当にめったにないことである」と結論づけている．

　ヤコブ・マーシャック（Jacob Marschak）は，「この書の注意深く厳密な精神」を称賛した後，「このような書籍は10冊以上出るだろうし，経済学の進歩は確かである」と締めくくっている．

　書評の量およびそれらが出版されたジャーナルの質が印象的であるとすれば，書評家の選択そして社会科学における彼らの位置も同じように印象的である．2人の評者，H. A. サイモンとJ. R. N. ストーン（J. R. N. Stone）はノーベル経済学賞を授与されている．

　最初に出版された書評はハーバート・サイモンによるものであった．彼自身の記述 [8] によれば，彼は1944年のクリスマス休暇のほとんど（昼間はもちろん何日かは夜も）を [TGEB] を読むことに費やした．サイモンはフォン・ノイマンの初期の仕事を知っており，TGEB が彼がこれから出版しようと準備している本の結果に先んずるのではないかと心配していた．

　数学者向けの最初の書評は確率論の専門家でありミシガン大学の教授を務めていた A. H. コープランドによるものであった．社会科学におけるコープランドの主要な仕事は，投票問題を解決するいわゆる「コープランド法」だけである：この方法は，選択肢を2つ1組で比較して勝ったほうに1点を，負けたほうに −1 点を与えて最高点を得た選択肢を勝者とするものである．彼の書評は，数学者たちに対してこのうえもなく完ぺきな TGEB の内容の説明を与えた．ほとんどの書評家たちに特徴的であったが，コープランドも TGEB によって開かれた研究の挑戦を指摘しながらも，決してゲーム理論の研究を行おうとはしなかった．彼は多作であったが，ゲーム理論にわずかばかりでもかかわりのある論文は1つだけであり，それは，チャンス・ゲームと分類されるべき1人ゲームに関する共同論文であった．コープランドのゲーム理論に対す

る主要な貢献は，ハワード・ライファ（Howard Raiffa）の論文指導者であったことである．ライファと R. ダンカン・ルース（R. Duncan Luce）によって書かれた（1957 年にウィリーによって出版され，1989 年にドーバー・パブリケーションから再版された）『ゲームと決定』（*Games and Decisions*）は，数学を使わずに書かれた最初の解説書であり，これによって，ゲーム理論が広く社会科学者たちにも理解されるようになった．

もう 1 人の書評家はデイヴィッド・ホーキンス（David Hawkins）であった．彼は，経済学を専攻する大学院生ならば誰でも知っている「ホーキンス＝サイモンの条件」を H. A. サイモンとともに発見したことにより，永遠にサイモンとともに語られている．ホーキンスは彼の友人の J. ロバート・オッペンハイマー（J. Robert Oppenheimer）が，原子爆弾がつくられたロスアラモスにおける「公式の歴史家」そして「軍との連絡係」として彼を選抜したとき，カリフォルニア大学バークレー校の若き講師であった．ホーキンスは後にコロラド大学で卓越した経歴を積み，1986 年には最優秀マッカーサー・ジーニアス・スカラーズに選ばれている．ホーキンスはゲーム理論の研究はまったく行わなかった．

過度とも思える称賛を与えながらもその研究をその後行おうとしなかったことは，彼らの場合にはより重要な意味をもっていたが，ヤコブ・マーシャックやレオニド・ハーヴィッチのようなクラスの人たちにもくり返された．マーシャックは TGEB の書評を書いたときには，シカゴ大学のコウルズ委員会の委員長を務めていた．彼は騒乱の若い時代を生き延びた．ロシアで育ち，ベルリンで経済学者としての訓練を受け，そしてアメリカにわたってニュースクール大学で影響力のある計量経済学のセミナーを運営した．レオニド・ハーヴィッチはマーシャックよりも先にコウルズ委員会のスタッフになっており，チャリング・C・クープマンス（Tjalling C. Koopmans）が委員長となり委員会がシカゴ大学からイェール大学に移ったのちも顧問を続けた．マーシャック，ハーヴィッチは共にコウルズ委員会で行われる研究に影響力をもつ地位にあった．しかしながら驚くべきことに，マーティン・シュービック（Martin Shubik）が 1963 年にイェール大学に加わるまでは委員会の広範囲な研究成果の中にゲーム理論は含まれていなかった．TGEB の書評を書いて 8 年後，ハーヴィッチは「ゲーム理論にこれまで何がおこったか？」という質問を投げかけた．*American Economic Review* に掲載された彼の答え [9] は，このまえがきで

くり返された結論を含むものであった.

書評および書評家たちの中で，G. Th. ギルボー（G. Th. Guilbaud）の書評はたしかに独特のものであった．学術誌 *Economie Appliquée* の 45 ページをかけて，TGEB の主要テーマの説明だけではなく，さらに踏み込んでゲーム理論がこれから直面するであろう困難さについても考察していた．ギルボー自身も独特であり，書評家のうちゲーム理論に貢献したのはただ 1 人彼だけであった．彼の本 *Eléments de la Theorie des Jeux* は 1968 年にパリのドゥノーによって出版された．しかしながら，彼とともにゲーム理論を研究するようフランスの経済学者たちを納得させることはできなかった．1950 年から 1951 年にかけてパリで行われたギルボーのセミナーには，アレ，マランヴォー，ボアトー，そして私のような数理経済学者が出席したが，フランス人は誰一人としてゲーム理論の研究は行わなかった．ギルボーは人前に出たがらない人であるが，現在も 91 歳でサンジェルマン・アン・レイに暮らしていることは喜ばしい．1713 年 [1] のミニマックス解を発見したのは彼である．彼がパリのセーヌ川に屋台を並べる本屋の 1 つからモンモール（Pierre-Remond de Montmort）の書いた確率論の本を買ったときであった．

これらの書評家たちの大きな称賛から，研究が洪水のように行われたと考えるかもしれない．他ではそうでなくても，プリンストンの経済学部だけは活動の中心であったに違いなかった考えるであろう．マーティン・シュービックが 1949 年秋に大学院での経済学を学ぶためにプリンストンに着いたとき，彼もそうであろうと期待していた．しかしながら，彼がみたものはそうではなく，学部の他のメンバーから完全に孤立し，4 人の学生が出席するセミナーを指導するモルゲンシュテルンの姿であった．モルゲンシュテルンの研究プロジェクトは彼自身と彼を助けるモーリス・ペストン（Maurice Peston），トム・ウィティン（Tom Whitin），エド・ゼイベル（Ed Zabel）によって行われており，彼らは在庫理論のようなオペレーションズ・リサーチの諸分野を集中的に研究し，ゲーム理論の研究はそれほどではなかった．もしシュービックが 2 年前にやってきていたら，数学科における状況も同様であったであろう．サミュエル・カーリン（Samuel Karlin）（彼は 1947 年春にプリンストンで数学の Ph.D. を取得し，カリフォルニア工科大学に教員の職を得，ほぼ同時期にフレデリック・ボウネンブラスト（Frederic Bohnenblust）の指導のもとランド研究所でコンサルタントを始めた）は，彼の大学院時代にゲーム理論を聞いたこ

とはまったくなかったと書いている.

　それにもかかわらず,多くの人々が同意するであろうが,次の10年間においてプリンストンはゲーム理論が繁栄した2つのセンターのうちの1つであった.いま1つはサンタモニカにあるランド研究所であった.ランド研究所とそこでの空軍によって支援された研究については,いくつかの機会に語られている([11],[12]を参照).ここでは,プリンストンの数学科における活動に焦点を当て,人事における強い偶然の要素について語ることにしよう.

　物語はジョージ・ダンツィク(George Dantzig)が1947年秋と1948年春に2回ジョン・フォン・ノイマンを訪れたことから始まる.最初の訪問のとき,ダンツィクは彼の新しい理論である「線形計画」について説明したが,フォン・ノイマンはそれほど関心を示さず,ゼロ和2人ゲームを研究しているときに同じような問題に出合ったことがあると答えただけであった.2回目の訪問のとき,ダンツィクはこれらの2つの分野の関係を研究する学術的なプロジェクトを提案し,この研究を進めることのできる大学についてフォン・ノイマンのアドバイスを求めた.ダンツィクがワシントンへ帰る際,駅までA. W. タッカー(A. W. Tucker)(位相数学者で当時数学科の准主任であった)の車に乗せてもらった.車中でダンツィクは,輸送問題[13]を具体的な例として用いながら彼の新しい発見について手短に説明した.この説明からタッカーは電気回路とキルヒホッフの法則に関する昔の仕事を思い出し,線形計画とゲーム理論の関係を研究するプロジェクトをプリンストンの数学科の中に立てられるのではないかとのアイディアをもった.

　官僚的形式主義のない穏やかな時代であった.1ヵ月も経過しないうちにタッカーは2人の大学院生,デイヴィッド・ゲール(David Gale)と私を雇い,このプロジェクトは,海軍軍事研究所の兵站部門による正式な機構が設立されるまで,ソロモン・レフシェッツ(Solomon Lefshetz)の非線形微分方程式についてのプロジェクトを通して設立された.このようにして,1948年夏にはゲール,クーン,タッカーの3人はお互いにゲーム理論の要素を教え合うこととなった.

　どのように進めたのであろうか.まず,フォン・ノイマンとモルゲンシュテルンによって残された聖書,すなわちTGEBを数章ずつに分け,当時プリンストンにおける数学科の自宅ともいうべき古いファイン・ホールのセミナールームで互いに講義し合った.セミナーが終わるころには,われわれは数学的

には線形計画とゼロ和2人ゲームは同等なものであることを立証していた．

　学んだ理論研究の将来的な発展性に感激し，われわれはこの教義を広げていきたいと思った．まず，数学科でゲーム理論と線形計画を中心とした毎週開催するセミナーを始めた．この発展の重要性を理解するためには，現在の状況と当時の状況を対比して考えなければならない．今日では，大学と高等研究所のセミナーのリストには20を超える整数論，位相数学，解析，統計力学のような科目についての毎週開催されるセミナーが載っている．1948年には毎週開催されるコロキウムが1つあって，大学と高等研究所で交互に開催されていた．位相数学者と統計学者たちは毎週セミナーを開催しており，私の指導教員であったラルフ・フォックス (Ralph Fox) も結び目理論についてのセミナーを毎週開催していた．しかし，それはそれであり，新しいセミナーが付け加わることは，数学科の大学院生そして研究所への訪問者の間にゲーム理論をより目にみえる形で提供するものであった．

　講演者には，フォン・ノイマンとモルゲンシュテルンをはじめ，アーヴィン・カプランスキー (Irving Kaplansky)，キー・ファン (Ky Fan)，デイヴィッド・ブルジャン (David Bourgin) らの研究所への訪問者，さらには研究所外への訪問者エイブラハム・ワルド (Abraham Wald) も含まれていた．ワルドはコロンビア大学の統計学者であり，ゲーム理論と統計的推定の間の重要な関連づけを行った．（ワルドは *Mathematical Review* に TGEB の書評を書き，またウィーンでモルゲンシュテルンに数学を教えた．）

　もっと重要なことは，この分野を学んでいる数学科の大学院生が新しいアイディアを発表するフォーラムを設けたことである．シュービックが次のように回想していた：「ファイン・ホールの周りでは，学部のシニアメンバーをみつけて，彼にそれが興味深く自分はそれをうまくやっているんだと主張することができれば，あなたが誰かとかあなたは数学のどの分野を研究しているのかなんて誰も気にしなかった．私にとっての当時の驚きは，数学科がゲーム理論を大手を広げて歓迎してくれたことではなく，新しいアイディアそしてさまざまな分野からの新しい才能に対してオープンであり，挑戦の気持ちと新しく価値のあることがたくさんおこりつつあるという確信を伝えることができたことである.」彼は経済学部においてはそのような姿勢を見出すことはなかった．

　決定的なことは，フォン・ノイマンの理論が経済学者にとってはあまりにも数学的すぎたことであった．当時およびその後の典型的な経済学部の姿勢

は次のことからわかるであろう．TGEB の出版から 15 年以上が経過した後でも，プリンストンの経済学者たちは微積分学を用いるコースと用いないコースの 2 つを用意する道を選び，経済学部を主専攻とする学生に対して数学を必須科目とすることに反対した．経済学部長をレスター・チャンドラー（Lester Chandler）と交代したリチャード・レスター（Richard Lester）は，賃金の決定要因としての（微積分の概念である）限界生産性の有効性についてフリッツ・マハループ（Fritz Machlup）との討論を実施した．数学の用語を使う科目や線形計画のような数学的トピックをカバーする科目は「企業の限界理論」のような科目名によって覆い隠された．このような見方がはびこっており，大学院生や若い教授陣がゲーム理論を学ぶインセンティブもなければ機会もなかった．

結果として，この時期のゲーム理論はもっぱら数学者によって発展した．他の外部観察者の目からみたこの時代の精神を述べるために，*The New Palgrave Dictionary Economics* [14] の中のロバート・J・オーマン（Robert J. Aumann）による素晴らしい論文の 1 節を以下にパラフレーズしておこう．

1940 年代の終わりと 1950 年代初期はゲーム理論において興奮の時代であった．この学問は繭から出て羽をテストしていた．巨人たちが歩き回った．プリンストンではジョン・ナッシュ（John Nash）が一般非協力ゲームと協力交渉ゲームの基礎を築いた．ロイド・シャープレイ（Lloyde Shapley）は提携形ゲームの値を定義し，確率ゲーム理論を始め，D. B. ギリース（D. B. Gillies）とともにコアをつくり出し，ジョン・ミルナー（John Milnor）とともに無限人のプレイヤーを含むゲームモデルを発展させた．ハロルド・クーン（Harpld Kuhn）は展開形ゲームを再定式化し，行動戦略と完全記憶の概念を導入した．A. W. タッカーは囚人のジレンマのストーリーをつくり出し，このストーリーは競争と協調の間の相互作用を示す重要な例として，大衆文化の中にも入っていった．

オーマンが列挙した結果はフォン・ノイマンの示唆に応えたものではなかったことを認識しておくことは重要である．むしろ，これらはフォン・ノイマンが好んでいた理論とは両立しないものである．ほとんどすべての例は，TGEB において与えられた理論の不十分さを補うものであった．実際，フォン・ノイマンとモルゲンシュテルンは多くの場でナッシュの非協力ゲームの理論を批判していた．展開形については，有用な幾何学的定式化を与えることは

不可能であるという主張も本の中で述べられている．したがって，フォン・ノイマンの意見では本に含まれているのはどちらかといえば完全な理論だということであるが，ゲーム理論はまだまだ発展途上の理論であったといっていいであろう．ランド研究所とプリンストン大学における努力により，多くの新たな研究の方向が開かれ，応用への道が整備された．

TGEB は出版時には当時の数理経済学者の選りすぐりたちからはひねくれた賛辞を与えられ，その後経済学者たちからは無視されたが，ランド研究所やプリンストン大学の数学者たちが理論の境界を静かに押し広げ，新たな領域へと進めていった．ゼロ和 2 人ゲームの理論にすぎないとかその有用性は軍事問題に限られるとかいったステレオタイプの見方が現実によって打ち負かされるまで，ほとんど四半世紀を必要とした．一度これらの神話（社会的通念）が打ち負かされると，応用が飛び出してきて，1994 年にノーベル経済学賞がナッシュ，ジョン・ハーサニ（John Hasanyi），ラインハルト・ゼルテン（Reinhard Zelten）に授与されたときには，ゲーム理論は学術的経済理論においてその中心的位置をとったのである．もしオスカー・モルゲンシュテルンが1994 年に生きていれば，必ずや「だから言っただろう」と言ったに違いないであろう．

TGEB の新版を開くにあたって，本書が含む経済理論の改訂をあなた自身のために読み，本書が「20 世紀の主要な科学的業績の 1 つである」かどうかを決定する機会が与えられる．この理論はその出版から 60 年の間に目覚ましい発展を遂げてきたが，これらはすべてフォン・ノイマンとモルゲンシュテルンにより本書において与えられた基礎にもとづくものである．

参考文献

1. Waldegrave, J. (1713) Minimax solution of a 2-person, zero-sum game, reported in a letter from P. de Montmort to N. Bernouilli, transl. and with comments by H. W. Kuhn in W. J. Baumol and S. Goldfeld (eds.) *Precursors of Mathematical Economics* (London: London School of Economics, 1968), 3-9.

2. Zermelo, E. (l913) "Uber eine anwendung der Mengenlehre auf die theorie des Schachspiels," *Proceedings, Fifth International Congress of Mathematicians*, vol. 2, 501-504.

3. Borel, E. (1924) "Sur les jeux ou interviennent l'hasard et l'habilité des

joueurs," *Théorié des Probabilités* (Paris: Librarie Scientifique, J Hermann), 204-224.

4. Steinhaus, H. (1925) "Definitions for a theory of games and pursuit" (in Polish), *Mysl Akademika, Lwow* 1, 13-14; E. Rzymovski (trans.) with introduction by H. W Kuhn, *Naval Research Logistics Quarterly* (1960), 105-108.

5. von Neumann, J. (1928) "Zur theorie der Gesellschaftsspiele," *Math. Ann.* 100, 295-300.

6. Morgenstern, O. (1976) "The collaboration of Oskar Morgerstern and John von Neumann on the theory of games," *Journal of Economic Literature* 14, 805-816.

7. Leonard, R. J. (1995) "From parlor games to social science: von Neumann, Morgenstern, and the creation of game theory 1928-1944," *Journal of Economic Literature* 83, 730-761.

8. Simon, H. A. (1991) *Models of My Life* (New York: Basic Books).

9. Hurwicz, L. (1953) "What has happened to the theory of games?" *American Economic Review* 43, 398-405.

10. Shubik, M. (1992) "Game theory at Princeton, 1949-1955; a personal reminiscence," in E. R. Weintraub (ed.) *Toward a History of Game Theory*, History of Political Economy supplement to vol. 24 (Durham and London: Duke University Press).

11. Poundstone, W. (1992) *Prisoner's Dilemma* (New York: Doubleday).

12. Nasar, S. (1998) *A Beautiful Mind* (New York: Simon & Schuster).

13. Dantzig, G. B. (1963) *Linear Programming and Extensions* (Princeton: Princeton University Press).

14. Aumann, R. J. (1989) "Game theory" in J. Eatwell, M. Milgate, and P. Newman (eds.), *The New Palgrave Dictionary of Economics* (New York: W. W. Norton), 1-53.

第1版への序文

　本書では，数学的ゲーム理論を解説しそのさまざまな応用について述べる．この理論は，われわれの1人が1928年以来発展させてきたものであり，ここにはじめて完全な形で公表される．応用には2種類ある．1つは通常の意味でのゲームに対する応用であり，いま1つは経済学，社会学における問題への応用である．後者については，われわれの方法が最も適切なアプローチであり，そのことを本書で示したかった．

　通常のゲームに対してこの理論を応用することは，ゲームをくわしく研究することと少なくとも同じくらいにこの理論を強固なものにすることに役立つ．この相互的な関係は，研究を進めるにつれ明らかになる．もちろん，われわれの関心の中心は経済学的なそして社会学的な方向にある．ここでは最も簡単な問題しか取り扱わないが，これらの問題は基本的な性質を備えているものである．さらに，われわれの主たる目的は，これらの問題に対する厳密なアプローチの存在を示すことである．これらの問題は，当然そうあるべきであるが，利害が同一なのか相反するのか，情報は完全なのか不完全なのか，自由に合理的な決定がなされるのか偶然が影響を及ぼすのか，といった問題を含んでいる．

John von Neumann
Oskar Morgenstern

Princeton, N.J.
1943年1月

第2版への序文

　第2版で第1版と異なっているのは，いくつかのそれほど重要でない点だけである．われわれは，誤植をできるだけ完全に取り除いた．この点に関してわれわれを助けてくれた読者に感謝したい．付録を付け加えたが，そこでは数量化された効用を公理系から導出している．この問題は，第3章で主に定性的にではあるがかなりくわしく議論していたものである．第1版ではこの証明は論文誌に発表すると約束していたが，それよりも付録として付け加えたほうがよいだろうと判断した．産業の立地理論への応用や，4人ゲーム，5人ゲームの問題などさまざまな付録も考えていたが，他の仕事が忙しく断念せざるをえなかった．

　第1版の出版以来，本書の内容を扱ったいくつかの論文が発表された．
　数学的な点に関心のある読者には以下のものが興味深いであろう：A. ワルド（A. Wald）は，統計的推定の基礎となる新たな理論を展開した．この理論は，ゼロ和2人ゲームに密接に関連しており，この理論を利用したものであった（"Statistical Decision Functions Which Minimize the Maximum Risk," *Annals of Mathematics*, Vol.46 (1945), pp.265-280）．彼はさらに，ゼロ和2人ゲームの主定理（**17.6** を参照せよ）をある連続無限の場合に拡張した（"Generalization of a Theorem by von Neumann Concerning Zero-Sum Two-Person Games," *Annals of Mathematics*, Vol.46 (1945), pp.281-286）．この定理に対する新たな非常に簡単で基本的な証明が（これは 212 ページの脚注 131）で参照されたより一般的な定理もカバーするものであったが），L. H. ルーミス（L. H. Loomis）によって与えられた（"On a Theorem of von Neumann," *Proc. Nat. Acad.*, Vol.32 (1946), pp.213-215）．さらに，ゼロ和2人ゲームにおける純粋戦略と混合戦略の役割に関する興味深い結果がI. カプランスキー（I. Kaplanski）によって得られた（"A Contribution to von Neumann's Theory of Games," *Annlas of Mathematics*, Vol.46 (1945), pp.474-479）．われわれはこの問題のさまざまな数学的な側面にもどってくるつもりである．352 ページの脚注 49）で述べた群論の問題は C. シェヴァリー（C. Chevalley）によって解か

れた.

　経済学的な関心をもっている読者に対しては，L. ハーヴィッチ（L. Hurwitz）("The Theory of Economic Behavior," *American Economic Review*, Vol. 35 (1945), pp.909–925）や J. マーシャック（J. Marschak）("Neumann's and Morgenstern's New Approach to Static Economics," *Journal of Political Economy*, Vol.54, (1946), pp.97–115）が本書の問題に対するわかりやすいアプローチを与えている．

John von Neumann
Oskar Morgenstern

Princeton, N.J.
1946 年 9 月

第3版への序文

第3版と第2版の違いは，この間に新たにみつかった誤植を取り除いたところだけである．この点に関してわれわれを助けてくれた読者に感謝したい．

第2版の出版以来，本書の内容に関する文献の数は非常に増加しており，これらの文献の完全な目録には数百点が含まれるであろう．したがって，ここでは完全な目録を与えることはせず，以下の文献を記載するにとどめる．

(1) H. W. Kuhn and A. W. Tucker (eds.), "Contribution to the Theory of Games, I," *Annals of Mathematics Studies*, No.24, Princeton (1950), 13人の著者による15編の論文が掲載されている．

(2) H. W. Kuhn and A. W. Tucker (eds.), "Contribution to the Theory of Games, II," *Annals of Mathematics Studies*, No.28, Princeton (1953), 22人の著者による21編の論文が掲載されている．

(3) J. McDonald, Strategy in Poker, *Business and War*, New York (1950).

(4) J. C. C. McKinsey, *Introduction to the Theory of Games*, New York (1952).

(5) A. Wald, *Statistical Decision Functions*, New York (1950).

(6) J. Williams, *The Compleat Strategist, Being a Primer on the Theory of Games of Strategy*, New York (1953).

ゲーム理論に関する文献は，(6) を除く上記のすべての書に見出すことができる．広範囲にわたるこの分野の研究はここ何年かの間にカリフォルニア州のサンタモニカにあるランド研究所のスタッフにより行われた．これらの研究はランドが発行する RM-950 にみることができる．

n 人ゲーム理論については，「非協力」ゲームの分野でさらなる拡張が行われた．この点に関しては，特に，J. F. ナッシュ (J. F. Nash) の "Non-cooperative Games," *Annals of Mathematics*, Vol.54 (1951), pp.286-295 を挙げておかなければならない．この研究に関する参考文献は (1), (2), (4)

にある.

経済学におけるさまざまな発展に関しては，特に「線形計画」と「割当問題」を挙げておく．これらはまたゲーム理論との関連も増加しており，読者はこの兆候を (1), (2), (4) の中に見出すであろう.

1.3 と第 2 版の付録で提案された効用理論は，理論的にも，実証的にも，さまざまな議論を通して非常に発展した．この点に関連しては，以下の文献に目を通すのがよいであろう：

M. Friedman and L. J. Savage, "The Utility Analysis of Choices Involving Risk," *Journal of Political Economy*, Vol.56 (1948), pp.279-304.

J. Marschak, "Rational Behavior, Uncertainty Prospects, and Measurable Utility," *Econometrica*, Vol.18 (1950), pp.111-141.

F. Mosteller and P. Nogee, "An Experimental Measurement of Utility," *Journal of Political Economy*, Vol.59 (1951), pp.371-404.

M. Friedman and L. J. Savage, "The Expected-Utility Hypothesis and the Measurability of Utility," *Journal of Political Economy*, Vol.60 (1952), pp. 463-474.

Econometrica, Vol. 20 (1952) にある以下の基数的効用についてのシンポジウムの論文もみていただきたい：

H. Wold, "Ordinal Preferences of Cardinal Utility?"

A. S. Manna, "The Strong Independence Assumption ? Gasoline Blends and Probability Mixtures."

P. A. Samuelson, "Probability, Utility, and the Independence Axiom."

E. Malinvaud, "Note on von Neumann-Morgenstern's Strong Independence Axiom."

最後に述べたシンポジウムへの投稿者の何人かからの方法論的な批判に関しては，われわれは通常どおりの注意を払ったうえで通常の方法で公理的方法を適用したといっておきたい．したがって，(**3.6** そして付録における) 効用の概念の厳密な公理論的取り扱いは，(**3.1-3.5** における) 発見的準備によって補われ完全なものとなっている．後者の発見的準備は，そのあとの公理論的手続きの有効性について，それを評価しその限界を見極める視点を読者に与える

ものとなっている．特に，これらの節における議論および「自然演算」の選択は，サミュエルソン=マランヴォーの「独立性公理」に関連しその基礎となっているようにわれわれには思える．

John von Neumann
Oskar Morgenstern

Princeton, N. J.
1953 年 1 月

専門的な注意

本書において扱われる問題の性質そして用いられる手法には，多くの場合非常に数学的な手続きが必要である．用いられる数学的な方法は，高度な代数や微積分などは用いることはなく，その意味では基本的なものである．(それほど重要でないところで2つほど例外がある．**19.7** およびそれ以降の例における議論の一部，**A.3.3** における注釈は簡単な整数論を用いている．) 集合論，線形幾何そして群論からの概念が重要な役割を果たすこともあるが，それらはすべてこれらの分野の初歩的なものであり，さらにこれらは特別に解説の節を設けて分析し，説明されている．それにもかかわらず，数学的な推論は複雑なことがしばしばあり，論理的な可能性は広範囲にかつ徹底的に確かめられるので，本書は本当に初歩的なものとはいえないかもしれない．

したがって，上級の数学のどんな部分についても知っている必要はない．しかし，本書で解説する内容をより完全に自分のものにしたい場合には，通常の初歩的な段階を完全に超えた数学的推論方法に習熟しなければならない．その際に必要なのは，主に数学的論理，集合論，そして関数解析である．

ある程度数学を知っている読者であれば，読み進むうちに必要な演習が十分にできるように，本書をまとめたつもりであり，この試みが完全に失敗に終わらなかったことを望んでいる．

この点に関連していえば，本書の表現は厳密に数学的な学術論文とは異なっている．すべての定義や推論は必要とされるものよりかなり広く与えられている．さらに，純粋な言葉による議論にかなりのスペースを割いている．特に，できるかぎり，すべての主要な数学的推論にその言葉による説明を与えるよう試みた．これによって，数学的方法で示されたことを数学的でない言葉で明確に説明でき——さらに言葉による説明なしで達成できる以上のものを達成できることを望んでいる．

この点に関しては，方法論的な立場と同様，われわれは理論物理学の例を最良のものと考えそれにしたがっている．

数学に特に関心がない読者は，自分で考えて数学的すぎると思う部分は最初

は省いておかれたほうがよい．この判断は読者それぞれに異なるであろうから，それらの部分のリストをあげることはしない．しかしながら，目次において * の付いているのは，平均的な読者にとって数学的すぎると思われる節である．これらの部分を省くことによって，厳密にいうと論理展開の鎖が中断されてしまうかもしれないが，はじめの部分の包括的な理解が妨げられることは少なくともないであろう．読者が読み進むにしたがって，省略した部分が徐々により大きな意味をもつようになり，推論における欠落がより一層深刻になってくる．そうなったときには，読者はもう一度最初から読み直してもらいたい．より多くのことを知っていることにより，容易により良い理解を得られるようになるはずである．

謝　　辞

著者たちは，本書の出版を可能にしたプリンストン大学と高等研究所からの助成に対して心から感謝したい．

また，戦時中にもかかわらず本書の出版に対してあらゆる努力を惜しまなかったプリンストン大学出版会にも感謝する．彼らはわれわれの希望に対してつねに最大限の理解を示してくれた．

目　　次

まえがき　　　　　　　　　　　　　　　　　　　　　ハロルド・W・クーン
第 1 版への序文
第 2 版への序文
第 3 版への序文
専門的な注意・謝辞

第 1 章　経済問題の定式化 …………………………………………… 3
1　経済学における数学的方法　3
　1.1　序　　言　3
　1.2　数学的方法の応用の困難さ　4
　1.3　対象の必要な限界　9
　1.4　結論としての注意　11
2　合理的行動の性質上の議論　11
　2.1　合理的行動の問題点　11
　2.2　「ロビンソン・クルーソー」経済と社会的交換経済　14
　2.3　変数の数と参加者の数　17
　2.4　参加者が多数の場合：自由競争　18
　2.5　「ローザンヌ」学説　21
3　効用の概念　21
　3.1　選好と効用　21
　3.2　測定の原則：前置き　23
　3.3　確率と数量化された効用　23
　3.4　測定の原則：詳論　27
　3.5　数量化された効用の公理的扱いの概念的構造　32
　3.6　公理とその解釈　35
　3.7　公理に関する一般的な注意　37
　3.8　限界効用の概念の役割　40
4　理論の構築：解と行動基準　42
　4.1　1 人の参加者についての最も簡単な解の概念　42

4.2　すべての参加者への拡張　45
   4.3　配分の集合としての解　46
   4.4　「優越」または「支配」の非推移的な概念　49
   4.5　解の正確な定義　52
   4.6　「行動基準」からのわれわれの定義の解釈　54
   4.7　ゲームと社会組織　58
   4.8　結びにあたっての注意　58

第2章　戦略ゲームの一般的・本格的な記述　63

5　導入部　63
　　5.1　経済学からゲームへの重点の移行　63
　　5.2　分類と方法の一般原理　63
6　ゲームの単純化された概念　66
　　6.1　専門的用語の説明　66
　　6.2　ゲームの要素　68
　　6.3　情報と既知性　69
　　6.4　既知性，推移性とシグナリング　71
7　ゲームの完全な概念　76
　　7.1　各手番の特徴の多様性　76
　　7.2　一般的な記述　79
8　集合と分割　83
　　8.1　ゲームの集合論的な記述の望ましさ　83
　　8.2　集合とその性質およびその図による説明　84
　　8.3　分割とその性質およびその図による説明　87
　　8.4　集合と分割の記号論理学的な説明　90
*9　ゲームの集合論的な記述　93
　　*9.1　ゲームを表す分割　93
　　*9.2　分割とその性質の議論　98
*10　公理的な定式化　101
　　*10.1　公理とその説明　101
　　*10.2　公理の記号論理学的な議論　105
　　*10.3　公理に関する一般的注意　106
　　*10.4　図による表示　106
11　戦略とゲームの記述の最終的な簡単化　109
　　11.1　戦略の概念とその定式化　109

11.2　ゲームの記述の最終的な簡単化　112
　11.3　簡単化されたゲームにおける戦略の役割　116
　11.4　ゼロ和制限の意味　116

第 3 章　ゼロ和 2 人ゲーム：理論　……………………………………　119

　12　序　　論　119
　　12.1　一般的な観点　119
　　12.2　1 人ゲーム　120
　　12.3　偶然と確率　122
　　12.4　次の目的　122
　13　関数解析　123
　　13.1　基本的定義　123
　　13.2　最大，最小の演算　125
　　13.3　交換問題　128
　　13.4　混合した場合．鞍点　130
　　13.5　主要な事柄の証明　133
　14　厳密に決定されたゲーム　137
　　14.1　問題の定式化　137
　　14.2　劣関数ゲームと優関数ゲーム　139
　　14.3　補助的なゲームの議論　141
　　14.4　結　　論　146
　　14.5　厳密な決定の分析　149
　　14.6　プレイヤーの取り替え．対称性　152
　　14.7　厳密には決定されないゲーム　154
　　14.8　厳密な決定のくわしい分析のプログラム　156
　*15　完全情報をもつゲーム　157
　　*15.1　目的の記述．帰納法　157
　　*15.2　正確な状態（第 1 ステップ）　160
　　*15.3　正確な条件（完全な帰納法）　163
　　*15.4　帰納的ステップの正確な議論　165
　　*15.5　帰納的ステップの正確な議論（続き）　169
　　*15.6　完全情報の場合の結果　172
　　*15.7　チェスへの応用　175
　　*15.8　代替的な言葉による議論　177
　16　線形性と凸性　180

16.1　幾何学的な背景　180
　　16.2　ベクトル演算　182
　　16.3　支持超平面の定理　188
　　16.4　行列に関する代替的な定理　193
17　混合戦略．すべてのゲームの解　199
　　17.1　2つの基本例についての議論　199
　　17.2　この観点の一般化　201
　　17.3　個々のプレイに適用された場合のこの方法の正当性　203
　　17.4　劣関数ゲームと優関数ゲーム（混合戦略に関して）　206
　　17.5　一般的な厳密な決定　208
　　17.6　主要定理の証明　211
　　17.7　純粋戦略と混合戦略による取り扱いの比較　214
　　17.8　一般的な厳密な決定の分析　217
　　17.9　良い戦略のさらに深い特性　220
　　17.10　失敗とその結果．不変最適性　222
　　17.11　プレイヤーの取り替え．対称性　226

第4章　ゼロ和2人ゲーム：例　231

18　いくつかの基本的なゲーム　231
　　18.1　最も簡単なゲーム　231
　　18.2　これらのゲームの詳細な数量的な議論　233
　　18.3　性質上の特徴　237
　　18.4　いくつかの個々のゲームの議論．（コイン合わせの一般形）　239
　　18.5　いくつかのやや複雑なゲーム議論　243
　　18.6　偶然と不完全情報　249
　　18.7　以上の結果の説明　252
*19　ポーカーとハッタリ　254
　　*19.1　ポーカーの説明　254
　　*19.2　ハッタリ　257
　　*19.3　ポーカーの説明（続き）　258
　　*19.4　ルールの正確な定式化　260
　　*19.5　戦略の説明　261
　　*19.6　問題の記述　265
　　*19.7　離散的問題から連続的問題への移行　267
　　*19.8　解の数学的な決定　270

- *19.9 解のくわしい分析　275
- *19.10 解の説明　277
- *19.11 ポーカーのより一般的な形　282
- *19.12 離散的な手札　283
- *19.13 m 通りのビッドが可能な場合　284
- *19.14 代替的なビッド　286
- *19.15 すべての解の数学的な表現　292
- *19.16 解の解釈．結論　295

第5章　ゼロ和3人ゲーム　299

20　予備的な概説　299
- 20.1　一般的な観点　299
- 20.2　提携　301

21　3人の単純多数決ゲーム　302
- 21.1　ゲームの記述　302
- 21.2　ゲームの分析．「協定」の必要性　303
- 21.3　ゲームの分析：提携．対称性の役割　305

22　さらにくわしい例　306
- 22.1　非対称的な分配．補償の必要性　306
- 22.2　強さの異なる提携．議論　309
- 22.3　不等式．公式　312

23　一般的な場合　314
- 23.1　徹底的な議論．非本質的ゲームと本質的ゲーム　314
- 23.2　完全な公式　316

24　反論についての議論　318
- 24.1　完全情報の場合とその意義　318
- 24.2　詳細な議論．3人またはそれ以上のプレイヤーの間での補償金の必要性　320

第6章　一般理論の定式化：ゼロ和 n 人ゲーム　325

25　特性関数　325
- 25.1　動機と定義　325
- 25.2　概念の議論　327
- 25.3　基本的な性質　329

- 25.4 直接的な数学的結果　330
- 26 与えられた特性関数をもつゲームの構築　332
  - 26.1 構　築　332
  - 26.2 要　約　335
- 27 戦略上同等．非本質的ゲームと本質的ゲーム　335
  - 27.1 戦略上同等．縮約形　335
  - 27.2 不等式．数量 γ　339
  - 27.3 非本質性と本質性　340
  - 27.4 種々の規準．非加法的効用　341
  - 27.5 本質的な場合における不等式　344
  - 27.6 特性関数についてのベクトル演算　346
- 28 群，対称性および公平　348
  - 28.1 置換，その群とゲームに対する影響　348
  - 28.2 対称性と公平　353
- 29 ゼロ和3人ゲームの再考　355
  - 29.1 性質上の議論　355
  - 29.2 数量的な議論　358
- 30 一般的な定義の正確な形　360
  - 30.1 定　義　360
  - 30.2 議論と要約　362
  - *30.3 飽和の概念　363
  - 30.4 3つの直接的な目標　370
- 31 第1の結果　371
  - 31.1 凸性，平坦性および支配に関するいくつかの規準　371
  - 31.2 すべての配分の体系．1要素からなる解　378
  - 31.3 戦略上同等に対応する同形　382
- 32 本質的ゼロ和3人ゲームのすべての解の決定　385
  - 32.1 数学的問題の定式化．図による表現　385
  - 32.2 すべての解の決定　388
- 33 結　論　392
  - 33.1 解の多様性．差別とその意味　392
  - 33.2 静学と動学　394

第7章 ゼロ和4人ゲーム ・・・ 397

- 34 予備的な概論 397
  - 34.1 一般的な観点 397
  - 34.2 本質的ゼロ和4人ゲームの形式 398
  - 34.3 プレイヤーの置換 401
- 35 立方体 Q のいくつかの特別な点についての議論 403
  - 35.1 頂点 I (および V, VI, VII) 403
  - 35.2 頂点 VIII (および II, III, IV). 3人ゲームと「ダミー」 408
  - 35.3 Q の内部に関してのいくつかの注意 412
- 36 主対角線に関する議論 416
  - 36.1 頂点 VIII の近傍：発見的な議論 416
  - 36.2 頂点 VIII の近傍：厳密な議論 419
  - *36.3 主対角線上の他の部分 426
- 37 中心とその周囲 428
  - 37.1 中心の周囲の状況に関する最初の方向づけ 428
  - 37.2 2つの代替案と対称性の役割 430
  - 37.3 中心における最初の代替案 431
  - 37.4 中心における第2の代替案 433
  - 37.5 中心の2つの解の比較 434
  - 37.6 中心における非対称な解 435
- *38 中心の近傍の解の族 438
  - *38.1 中心における最初の代替案に属する解の変形 438
  - *38.2 厳密な議論 440
  - *38.3 解の解釈 448

第8章 $n \geq 5$ なる参加者の場合についてのいくつかの注意 ・・・・・・・・ 451

- 39 種々のクラスのゲームにおけるパラメーターの数 451
  - 39.1 $n = 3, 4$ の場合 451
  - 39.2 $n \geq 3$ の場合のすべての状況 451
- 40 対称5人ゲーム 453
  - 40.1 対称5人ゲームの定式化 453
  - 40.2 2つの極端な場合 454
  - 40.3 対称5人ゲームと 1,2,3-対称4人ゲームとの関連 456

第9章　ゲームの合成と分解　………………………………………………… 463

- 41　合成と分解　463
  - 41.1　すべての解が決定されうる n 人ゲームの探究　463
  - 41.2　第1のタイプ．合成と分解　464
  - 41.3　厳密な定義　466
  - 41.4　分解の分析　469
  - 41.5　修正の望ましさ　471
- 42　理論の修正　472
  - 42.1　ゼロ和条件の一部放棄　472
  - 42.2　戦略上同等．定和ゲーム　473
  - 42.3　新理論における特性関数　476
  - 42.4　新理論における配分，支配，解　478
  - 42.5　新理論における本質性，非本質性，分解可能性　480
- 43　分解分割　482
  - 43.1　分離集合．成分　482
  - 43.2　すべての分離集合の体系の性質　483
  - 43.3　すべての分離集合の体系の特徴．分解分割　485
  - 43.4　分解分割の性質　488
- 44　分解可能なゲーム．理論のより一層の拡張　491
  - 44.1　（分解可能な）ゲームの解とその成分の解　491
  - 44.2　配分および配分の集合の合成と分解　491
  - 44.3　解の合成と分解．主要な可能性と推測　493
  - 44.4　理論の拡張．外部要因　496
  - 44.5　超過量　498
  - 44.6　超過量に対する制約．新しい構成におけるゲームの非孤立的特色　500
  - 44.7　新しい装置 $E(e_0), F(e_0)$ の議論　502
- 45　超過量の限界．拡張された理論の構造　504
  - 45.1　超過量の下限　504
  - 45.2　超過量の上限．孤立的配分および完全孤立的配分　505
  - 45.3　2つの極限値 $|\Gamma|_1, |\Gamma|_2$ についての議論．その比率　509
  - 45.4　孤立的配分と種々の解．$E(e_0), F(e_0)$ に関する定理　512
  - 45.5　定理の証明　514
  - 45.6　要約と結論　519
- 46　分解可能なゲームにおけるすべての解の決定　521
  - 46.1　分解の基本的な性質　521

46.2　分解とその解との関連：$F(e_0)$ に関する最初の結果　524
　　46.3　続　　き　527
　　46.4　続　　き　530
　　46.5　$F(e_0)$ における完全な結果　532
　　46.6　$E(e_0)$ における完全な結果　536
　　46.7　結果の一部の図示　538
　　46.8　説明：正常な範囲．種々の性質の遺伝性　540
　　46.9　ダミー　542
　　46.10　ゲームの埋めこみ　543
　　46.11　正常な範囲の重要性　547
　　46.12　譲渡現象の最初の発生：$n=6$　549
　47　新理論における本質的3人ゲーム　550
　　47.1　本議論の必要性　550
　　47.2　予備的考察　550
　　47.3　6つの場合の議論．ケース（I）-（III）　554
　　47.4　ケース（IV）：第1の部分　555
　　47.5　ケース（IV）：第2の部分　558
　　47.6　ケース（V）　563
　　47.7　ケース（VI）　565
　　47.8　結果の解釈：解における曲線（1次元の部分）　567
　　47.9　続き：解における領域（2次元の部分）　569

第10章　単純ゲーム　571

　48　勝利提携，敗北提携とこれらがおこるゲーム　571
　　48.1　41.1の第2のタイプ．提携による決定　571
　　48.2　勝利提携と敗北提携　572
　49　単純ゲームの特徴づけ　575
　　49.1　勝利提携と敗北提携の一般的概念　575
　　49.2　1要素集合の特別な役割　578
　　49.3　実際のゲームにおける体系 W, L の特徴づけ　580
　　49.4　単純性の厳密な定義　583
　　49.5　単純性のいくつかの基本的な性質　583
　　49.6　単純ゲームとその W, L．極小勝利提携：W^m　584
　　49.7　単純ゲームの解　586
　50　多数決ゲームとその主要な解　587

50.1　単純ゲームの例：多数決ゲーム　587
　　50.2　同質性　591
　　50.3　解を形成する際の配分の概念のより直接的な使用　593
　　50.4　直接的な接近方法の議論　594
　　50.5　一般理論との関連．厳密な定式化　597
　　50.6　結果の再定式化　600
　　50.7　結果の解釈　603
　　50.8　同質的多数決ゲームとの関連　604
51　あらゆる単純ゲームを数え上げる方法　607
　　51.1　予備的な注意　607
　　51.2　飽和性による方法：W による数え上げ　608
　　51.3　W から W^m へ移る理由．W^m を用いることの困難さ　611
　　51.4　接近方法の変更．W^m を用いての数え上げ　614
　　51.5　単純性と分解　617
　　51.6　非本質性，単純性と合成．超過量の扱い　620
　　51.7　W^m による分解可能性の規準　622
52　小さな n に関する単純ゲーム　625
　　52.1　計画：$n = 1, 2$ は何の役割も果たさない．$n = 3$ の取り扱い　625
　　52.2　$n \geq 4$ の場合の分析：2 要素集合とその W^m の分類における役割　626
　　52.3　C^*, C_{n-2}, C_{n-1} の場合の分解可能性　628
　　52.4　$[1, \cdots, 1, l-2]_h$ 以外の（ダミーをもつ）単純ゲーム：$C_k, k = 0, 1, \cdots, n-3$ の場合　631
　　52.5　$n = 4, 5$ の処理　632
53　$n \geq 6$ の場合の単純ゲームの新しい可能性　634
　　53.1　$n < 6$ の場合にみられた規則性　634
　　53.2　6 つの主要な反例（$n = 6, 7$ の場合）　635
54　適当なゲームにおけるすべての解の決定　645
　　54.1　単純ゲームにおいて主要解以外の解を考える理由　645
　　54.2　すべての解が知られているゲームの列挙　646
　　54.3　単純ゲーム $[1, \cdots, 1, n-2]_h$ を考える理由　647
*55　単純ゲーム $[1, \cdots, 1, n-2]_h$　648
　　*55.1　予備的な注意　648
　　*55.2　支配．主要プレイヤー．ケース (I) と (II)　649
　　*55.3　ケース (I) の処理　651

- *55.4 ケース (II)：$\underline{V}$ の決定　655
- *55.5 ケース (II)：$\bar{V}$ の決定　659
- *55.6 ケース (II)：$\mathcal{A}$ と S_*　662
- *55.7 ケース (II′) と (II″)．ケース (II′) の処理　664
- *55.8 ケース (II″)：$\mathcal{A}$ と V'．支配　667
- *55.9 ケース (II″)：V' の決定　669
- *55.10 ケース (II″) の処理　676
- *55.11 完全な結果の再定式化　680
- *55.12 結果の解釈　682

第 11 章　一般非ゼロ和ゲーム　　689
- 56 理論の拡張　689
  - 56.1 問題の定式化　689
  - 56.2 仮想プレイヤー．ゼロ和拡張 $\bar{\Gamma}$　691
  - 56.3 $\bar{\Gamma}$ の特質に関する問題　692
  - 56.4 $\bar{\Gamma}$ の使用の限界　695
  - 56.5 2 つの可能な方法　698
  - 56.6 差別解　700
  - 56.7 代替的な可能性　701
  - 56.8 新しい構成　703
  - 56.9 Γ がゼロ和ゲームである場合の再考　705
  - 56.10 支配の概念の分析　710
  - 56.11 厳密な議論　715
  - 56.12 解の新しい定義　718
- 57 特性関数と関連した問題　720
  - 57.1 特性関数：拡張された形と制限された形　720
  - 57.2 基本的性質　721
  - 57.3 すべての特性関数の決定　724
  - 57.4 プレイヤーの除去可能集合　727
  - 57.5 戦略上同等．ゼロ和ゲームと定和ゲーム　731
- 58 特性関数の解釈　735
  - 58.1 定義についての分析　735
  - 58.2 利得を得る望み対損失を課す望み　736
  - 58.3 議　論　738
- 59 一般的な考察　740

- 59.1 これからの議論の進め方について　740
- 59.2 縮約形．不等式　741
- 59.3 種々の話題　745

60 $n \leq 3$ なるあらゆる一般ゲームの解　748
- 60.1 $n=1$ のケース　748
- 60.2 $n=2$ のケース　749
- 60.3 $n=3$ のケース　751
- 60.4 ゼロ和ゲームとの比較　755

61 $n=1,2$ の結果の経済学的解釈　756
- 61.1 $n=1$ のケース　756
- 61.2 $n=2$ のケース．2人市場　757
- 61.3 2人市場の議論とその特性関数　759
- 61.4 58 の立場の正当性　762
- 61.5 分割可能財．「限界ペア」　763
- 61.6 価格．議論　766

62 $n=3$ の結果の経済学的解釈：特別なケース　769
- 62.1 $n=3$ の特別なケース．3人市場　769
- 62.2 予備的な議論　771
- 62.3 解：第1のケース　771
- 62.4 解：一般形　774
- 62.5 結果の代数的な形　776
- 62.6 議論　778

63 $n=3$ の結果の経済学的解釈：一般のケース　780
- 63.1 分割可能財　780
- 63.2 不等式の分析　783
- 63.3 予備的な議論　786
- 63.4 解　786
- 63.5 結果の代数的な形　789
- 63.6 議論　791

64 一般の市場　793
- 64.1 問題の定式化　793
- 64.2 いくつかの特別な性質．売り手独占と買い手独占　795

第12章　支配および解の概念の拡張　……………………………　799

65 拡張．特別な場合　799

65.1 問題の定式化 799
  65.2 一般的な注意 801
  65.3 順序，推移性，非循環性 801
  65.4 解：対称的関係について．全順序について 805
  65.5 解：半順序について 806
  65.6 非循環性と狭義の非循環性 809
  65.7 解：非循環的関係について 813
  65.8 解の一意性，非循環性と狭義の非循環性 817
  65.9 ゲームに対する応用：離散性と連続性 820
66 効用の概念の一般化 822
  66.1 一般化．理論的取り扱いの2つの側面 822
  66.2 第1の側面についての議論 823
  66.3 第2の側面についての議論 825
  66.4 2つの側面を統合する希望 827
67 例についての議論 828
  67.1 例の記述 828
  67.2 解とその解釈 832
  67.3 一般化：異種の離散的効用尺度 835
  67.4 交渉に関する結論 838

付録．効用の公理的取り扱い ……………………………………………… 841
  A.1 問題の定式化 841
  A.2 公理からの誘導 842
  A.3 結びとしての注意 857

あとがき　　　　　　　　　　　　　　アリエル・ルービンシュタイン　863
書　評　　　　　　　　　　　　　　　　　　　　　　　　　　　　　868
  The American Journal of Sociology　　　ハーバート・A・サイモン　868
  Bulletin of the American Mathematical Society
  　　　　　　　　　　　　　　　　　　アーサー・H・コープランド　872
  The American Economic Review　　　　　レオニド・ハーヴィッチ　879
  Economica　　　　　　　　　　　　　　　　　　　　T. バーナ　898
  Psychometrika　　　　　　　　ウォルター・A・ローゼンブリス　901
表，私の勝ち，裏，あなたの負け　　　　　　ポール・サミュエルソン　910
ビッグD　　　　　　　　　　　　　　　　　　　　ポール・クルーメ　914

ゲームと経済学の数学	E. ロウランド	916
ゲーム理論	クロード・シェヴァリー	919
ポーカーの数学理論のビジネスへの応用	ウィル・リスナー	922
戦略の理論	ジョン・マクドナルド	928
オスカー・モルゲンシュテルンとジョン・フォン・ノイマンによる		
ゲーム理論についての共同研究	オスカー・モルゲンシュテルン	951
初出一覧		969

訳者あとがき ……………………………………………………………… 970
索　　引 …………………………………………………………………… 973

ゲーム理論と経済行動
刊行60周年記念版

第1章　経済問題の定式化

1　経済学における数学的方法

1.1　序　　言

1.1.1　本書の目的は，いままで文献の中にみられてきた取り扱いとは異なった取り扱いを必要とする経済理論の基礎的な問題をいくつか議論することである．長い間経済学者が注意を集中してきた経済行動の研究から生じてきたいくつかの基本的な問題にこの分析は関係している．彼らは最大の効用（企業家の場合なら最大利潤）を得ようとする個人の努力を正確に書き表そうとすることから始めた．この作業は，例えば，2人またはそれ以上の人々の間の直接的ないしは間接的な双方独占，複占，寡占，および自由競争の場合のような典型的なものに状況をかぎったとしても非常に困難をともない，実際その困難はまだ克服されていないことは，よく知られている．経済学を学ぶ学生たちが皆よく知っているこれらの問題の構造は，多くの点において現在考えられているのとはまったく異なっていることが明らかになるであろう．さらにまた，それらの正確な想定と，それによって得られる解は，年老いたないしは現代の数理経済学者達が用いているテクニックとは，かなり異なった数学的方法を使うことによってのみ達成できるということも明らかになるであろう．

1.1.2　われわれの考えは，われわれの一人が1928年および1940-1941年にいくつかの継続的な段階を経て発展させてきた「戦略ゲーム」の数学的理論の応用に達することであろう[1]．この理論が与えられた後，上に示された意味における経済問題への応用が試みられるであろう．この理論はまだ解決されて

---

[1] この研究の最初の段階は次の論文として発表された．J. von Neumann, "Zur Theorie der Gesellechaftsspiele," *Math. Annalen*, vol.100 (1928), pp.295-320. それに続く理論の完成はこの論文における考察をより細かく入念に仕上げることと同様，本書においてはじめて発表される．

いない多くの経済問題への新しいアプローチを与えるであろう．

われわれはまず，ゲーム理論がどのようにして経済理論と関係するか，また両者の共通の要素は何かということを見出さねばならないであろう．このためには，共通の要素が明らかになるようにいくつかの基本的な経済の問題の性質を簡単に述べることが最もよいであろう．そうすれば，両者の関係を打ち立てることになんら不自然さがないばかりでなく，逆にこの戦略ゲーム理論が経済行動の理論を発展させるのにふさわしい手段であるということも明らかになるであろう．

われわれの議論は単に2つの分野の類似性を指摘することだけであると考えることにより，われわれの議論の目的を誤解する人がいるかもしれない．われわれはもっともと思われる体系化をいくつか展開した後に経済行動における典型的な問題は適切な戦略ゲームの概念と正確に同一になるということを十分に確立したいのである．

1.2 数学的方法の応用の困難さ

1.2.1 経済理論の性質に関していくつか注意することからはじめ，次いで数学が経済理論の発展において果たしうる役割についての問題点を簡単に議論することがよいであろう．

最初に，現在普遍的な経済理論の体系は存在しないこと，そして，たといつか存在するにしてもそれはたぶん，われわれの生きている間ではないであろうということを知っておこう．特に経済学者の扱う事柄について，それに対する知識が非常に制限されており，またそれが不完全にしか記述されていないという点において，経済学というのは非常にむずかしい科学であり，その理論をすばやく組み立てることはできないというのがその理由である．この状態を正しく認められない人々だけが普遍的な体系を組み立てることを試みようとするのである．経済学よりはるかに進んでいる科学，例えば物理学においてさえ，現在利用可能な普遍的な体系は存在していない．

物理学との比較を続けよう．普遍的な体系を与えるように思える1つの物理学の理論が現れることも時々はある．しかし，現在までのすべての例において，この現れた理論もせいぜい10年続けばよいほうであった．物理学者の毎日の研究はたしかにそのような高い目的を含んでいるわけではなく，「発達」しきった特別な問題にむしろ関係している．もし，その標準を超えて実施する

試みがまじめになされるなら，物理学における進歩はまったくないであろう．物理学者は個々の問題にかかりきりであり，それらのうちのいくつかは大きな実際的な重要性をもっているが他のものはあまり重要ではない．以前は分かれており非常に離れていた分野を統合することにより，この研究のタイプは変わりうる．しかしこのような幸運なことがおこるのはまれであり，各々の分野が完全に探究しつくされた後になってはじめておこるものである．経済学は，物理学よりずっとむずかしくずっと理解されていることが少なく，たしかに発展のずっと初期の段階にあるということを考えれば，経済学においてもまた明らかに上に述べたような型の発展以上のものを期待すべきではないであろう．

次に，科学的な問題における相違により，もしより良い方法が与えられれば後になって放棄されるかもしれない方法を採用しなければならなくなることに注意せねばならない．これは二重の意味をもっている．経済学のある分野においては最も有益な研究は注意深く，そして根気よく表すことであるかもしれない．実際，これは現在のそして将来にもわたる最大の領域であろう．他の分野ではすでに理論を厳密な方法で発展させることが可能であるかもしれない．そしてこの目的のために数学の使用が必要となるのである．

数学は実際に経済理論において，いささか大げさとも思える方法で使われてきた．どのような場合においても，数学の使用が非常に成功したとはいえない．これは他の科学にみられることと異なっている．他の科学では数学を応用することは非常な成功を意味し，ほとんどの科学は数学なしではほとんどやっていけない．しかしこの現象に対する説明はまったく簡単である．

1.2.2 経済学においてなぜ数学が用いられるべきではないかということに対してはなんら基本的な理由はない．人間をその要素とし，心理的な要因などを含むため，すなわち——申し立てによれば——それらの重要な要因を測る尺度がないために数学は応用できないのだという議論がしばしばなされるが，そのような議論はすべて誤りであるとかたづけることができる．このような反対の理由のほとんどすべてのものは，現在数学が分析の主要な道具となっている分野においても何世紀か前になされたかまたはなされたかもしれないものである．ここで「なされたかもしれない」ということは次のような意味である．その発展において数学的なまたはほとんど数学的な面がまだ現れてこない時期におけるわれわれを想像してみよう．この時期は物理学では16世紀であり化学や生物学では18世紀である．原則として数理経済学に反対する人々の疑い深

い態度を認めるにしても，上に述べたような初期における物理学や生物学における見通しが現在の——必要な変更を加えたうえでの——経済学におけるものよりよかったとはほとんどいえないであろう．

　最も重要な要素を測る尺度が欠けていることに関しては，熱学の理論の例が最もためになるであろう．数学的理論の発展以前には量的な尺度の可能性は現在の経済学における可能性よりも有望ではなかった．熱の量および質の正確な尺度（エネルギーや温度）は数学的理論の結果であり，それに先行するものではなかった．これは，量的なそして正確な価格，貨幣および利子率の概念がすでに何世紀も前に発展していたという事実と対照されるべきである．

　経済における量的な尺度に対するより一層の反論は，経済の量が無限に分割できないという点に集中している．これはたぶん微積分の使用とは両立しないものである．したがって（！）数学の使用と両立しないといえる．物理学や化学における原子理論，電気力学における量子理論および，これらの分野（discipline）における数学的な分析のよく知られ，また続いておこった成功に関して，そのような反論がどのようにして維持されうるかをみるのは困難である．

　この点においては，数学的方法に対する反論として再度生じてくるかもしれない経済文献に現れる他のよく知られた議論を述べるのが適当である．

　1.2.3 経済学に応用している概念を明らかにするために，われわれはいままで与えてきたように物理学の例を再度与えよう．多くの社会科学者がそのような類似性を導くことにさまざまな理由によって反対する．それらの理由の中でも一般的なものは，経済は社会のそして人間の現象の科学であり，心理状態などを考慮しなければならないので物理学と同じように経済理論をモデル化することはできないという主張である．このように述べることは少なくとも早計である．他の科学においては何によって進歩したかをみつけ，また経済学においても同じ原理の応用によって進歩がもたらされるか否かを研究するのは当然道理にかなったことである．異なった原理の応用が必要になったとしても，それは実際に経済理論を発展させていく間においてのみ明らかにすることができる．このことはそれだけで重要な改革となるものである．しかしわれわれは，そのような状態になったことはいまだにないと確信をもっていえるので——そして将来まったく異なった科学の原理が必要とされるということは決して確かではないので——自然科学をつくり上げた方法を用いてわれわれの問題を追求

すること以外のことを考えることはまったく馬鹿げたことであろう．

1.2.4 それゆえに，経済学においてなぜ数学があまり成功をおさめなかったのかということの理由は他のところにみられるに違いない．現実に成功しなかったことは主に都合の悪い状況が組み合わさったことによるのであり，それらのうちのいくつかは，徐々に取り除くことができる．そもそも経済問題は明確に定式化されたことはないし，実際に問題は何であるかがまったく不明瞭であるため，数学的な扱いが演繹的に，最初から見込みがないようなぼんやりとした表現で述べられていることがしばしばある．正確な方法はそれが適用される概念や問題がはっきりしていないところでは使うことはできない．したがって最初により一層注意深く書き表すことによって，その事柄に対する知識を明らかにせねばならない．しかし，そのような書き表す問題がすでに充分になされた経済学の部分においてさえも，数学的な手法が適切に用いられたことはほとんどなかった．それらは方程式と未知数の数を単に数えることによって，一般経済均衡を決定しようとする試みにおけるように不十分に扱われたか，または，後に数学的な分析が行われることなしにただ言葉での表現を記号に変えることに導いただけであった．

次に，経済科学の経験的な背景は明らかに不十分であるということがあげられる．経済学に関連する知識は，物理学において数学が用いられるようになったときに知られていた知識に比べ比較にならないほど少ない．実際，17世紀に物理学——特に力学の分野——においておこった決定的な夜明け（break）は，天文学におけるその前の発展があったからこそ可能になったのである．それは何千年にもわたる，組織的，科学的，そして天文学的な観察をその背景とし，比類のない才能をもった観察者ティコ・ブラーエ（Tycho de Brahe）において最高潮に達した．経済科学においては，まだこのようなことはおこっていない．ティコなしに物理学においてケプラー（Kepler）やニュートン（Newton）を期待することはおろかなことであっただろう．——そして経済学においてもより簡単な発展を望むことはできない．

これらの明確なコメントはもちろん，正しい方向への進歩を真に約束された統計的な経済研究を軽視するものとして解釈されるべきものではない．

数理経済学があまり発展しなかったのは上に述べたような状況が組み合わさったためである．下に横たわっているあいまいさと無知は，取り扱いが非常に困難な強力な道具を不充分にそして不適切に使うことによっては追い払えな

った．

　これらの注意のもとでわれわれはわれわれ自身の立場を次のように述べることができる．本書の目的は実証的な（経験的な）研究の方向とは異なっている．上で必要とされた秤（はかり）のようなものについての経済科学のこの面での進歩は，明らかに非常に大きな仕事である．科学的技術および他の分野で得られた経験の改良の結果として，記述的な経済学の発展においては，天文学において示されたほどには多くの時間を費やさなくてよいであろう．しかし，いずれにしてもその仕事は，どのような個々に計画された計画の限界をも超えるように思われる．

　われわれは，数学的取り扱いに適しており，経済学的な重要性をもつ人間の行動に関するいくつかの普通の経験を利用するだけにしよう．

　われわれは，これらの現象の数学的取り扱いの可能性が **1.2.2** においてふれられた「基本的な」反論を論破すると信じている．

　しかしこの数学化の過程はまったく明らかではないことがわかるであろう．実際，上で述べた反論はどのような直接的な数学的アプローチも明らかに困難であるということに，その根拠を幾分かは置いているかもしれない．われわれはいままで数理経済学において用いられなかった数学の技法をつくりだすことが必要だとわかるであろう．そしてより一層の研究により，将来において新しい数学的原理がつくられることは非常にありうることである．

　終わりに経済理論の数学的取り扱いに対する不満の一部は主に次の事実から生じてくるということも述べておこう．その事実とは，証明ではなく言葉で表された同じ主張となんら変わるところのない，単なる主張を与えるだけであることがしばしばあるということである．再三にわたって証明が欠けているのは次のような理由による．すなわち，数学的取り扱いが非常に広くまた非常に複雑であるため，長い期間——すなわちより多くの経験的な知識が得られるまで——より数学的な進歩を期待する理由がほとんどないような分野に対して試みられたからである．これらの分野にこの方法でとりかかったということは——例えば経済変動の理論や生産の時間構造等のように——いかにこれにともなう困難さが過小にみられたかということを示している．それらは巨大であり，われわれは決してそれらに対する用意をしていないのである．

　1.2.5 われわれは数学を新しい問題にうまく応用することにより生じてくる数学的な技法においての——実際には数学自身においての——変化の性質と

その可能性についてふれてきた．これらのことを適当なパースペクティブ（透視図）において具体的に表すことは重要である．これらの変化は非常に重要であるということを忘れてはならない．数学の物理学への応用の決定的な局面——ニュートンが力学の理論的な原理を創り出したこと——は，微積分学をもたらし，それとほとんど分けることはできない．（他の例もいくつかあるが，これにまさる例はない．）

　社会現象の重要性，その豊富さと多様性，その構造の複雑さは，少なくとも物理学におけるものに等しい．それゆえ，この分野で決定的に成功するためには，微積分学に匹敵する偉業の数学的発見が必要になるということが期待される——または，心配される．（ついでながら，われわれのここでの努力が割り引かれるのは，この点においてである．）物理学において非常に役に立ったやり方をただ反復するだけで社会現象においてもまた役に立つとはなおさら思われない．われわれはこれから議論をすすめるときに自然科学において生じてくるのとはまったく異なった数学的問題に出会うので，実際役に立つ確率は非常に小さくなる．

　これらの注意は，現在微積分，微分方程式などを数理経済学の主要な道具として使うことを強調しすぎていることと関連づけておぼえておかれねばならない．

1.3　対象の必要な限界

1.3.1　したがってわれわれは先に示された立場へもどらねばならない．たとえそれが他のどのような観点からみてもそれほど重要でなくても，明確に表された問題から始めることが必要である．さらに，これらの扱いやすい問題を取り扱うことにより，すでによく知られているが，それにもかかわらず正確な証明が欠けている結果が導かれるかもしれないということを付け加えておかねばならない．その前には，科学的理論としては存在しない個々の理論を単に与えられていただけである．惑星の運動は，ニュートンの理論によってそのコースが計算され説明されるずっと以前から知られてはいた．そして同じようなことは，多くのより小さなより印象的でない例にみられる．経済理論においても同様にある結果——例えば双方独占における不確実性——はすでに知られていた．しかし，それらをもう一度正確な理論から導き出すことは重要なことである．同じことは，実際に打ち立てられているすべての経済の原理についてもな

されうるし，またなされねばならない．

1.3.2 最後に，われわれは扱われる問題の実際的な重要性の問題をもちだそうとしているのではないことを付け加えておく．理論に関する分野を選ぶことについて上で述べられたことに，これは一致している．ここでも状況は他の科学における場合と異なってはいない．そこでもまた，実用的な観点からみた最も重要な問題が，その分野の発展の長くみのりの多い期間を通して完全に手の届かないところにあったかもしれない．これはたしかにまだ経済学においてもあてはまる．そこでは，雇用をいかに安定させるか，国民所得をいかに増加させるか，そしてそれをいかにして適切に配分するといったことを知ることが最も重要であるとされている．誰もこれらの問題に本当に答えることはできないしわれわれも現在科学的な答えが存在しうるというような主張を気にしなくてよい．

すべての科学において，究極の目的に比べ控え目な問題の研究において，より一層拡張しうる方法が発達したとき，大きな進歩が生じた．自由落下は非常に平凡な自然の法則にしたがった現象である．しかし力学を生み出したのは，この極端に簡単な事実の研究とそれの天文学上の要素に対する比較であった．

同じような控え目な基準が経済学においても応用されるべきだと思われる．経済学上のすべてのことを説明しようとする——しかも「組織的に」——ことは無駄なことである．確実な方法は，まず限られた分野において非常に正確に熟知しその後他のやや広い分野へ進んでいくといったことである．このことは，いわゆる理論をそれがまったく役に立たない経済や社会の改革に実際に応用するという有害さをまた取り除くであろう．

われわれは，個人の行動および最も簡単な形の交換についてできるだけ多く知る必要があると信じている．この立場は，実際に限界効用学派の創始者たちによって用いられ注目すべき成功をおさめているにもかかわらず，一般には受け入れられていない．経済学者は議論の的になっている問題により大きな注意を払い，彼らがこれらの問題について述べようとするのを妨げるすべてのものを無視することがしばしばある．もっと進んだ科学，例えば物理学における経験によれば，この性急さは「議論の中心となっている」問題の扱いの進歩を含め，進歩をただ遅らすだけである．近道があると仮定する理由は何もないのである．

1.4 結論としての注意

1.4 経済学者は，他の分野において科学者たちにふりかかったものよりより容易な運命を期待できないということを理解するのは必要なことである．経済学者はまず経済生活の最も簡単な事柄に含まれている問題を取り上げ，ついで，それらの問題を説明ししかも実際に厳密な科学的基準に一致している理論を確立しようとしなければならないであろうと考えるのは道理にかなったことであると思える．われわれは，そうすれば経済学の科学性は，最初よりもより一層不可欠な重要性をもった事柄を徐々に含むことにより一層増大していくと十分に確信できる[2]．

本書で扱っている分野は非常に限られている．そこでわれわれはこの控え目な意味においてその分野にアプローチする．われわれは研究の結果が最近得られた見解や長い間正しいとされてきた見解に一致するかどうかについてはまったく心配していない．なぜなら，重要なことは日常の経済事象の説明の注意深い分析にもとづいて，理論を徐々に発展させることだからである．この予備的な段階すなわち数学的でないもっともらしい考え方から数学の理論的方法への移り変わりの段階は当然発見的である．最後に得られた理論は，数学的には厳密であり，概念上は一般的でなければならない．その理論はまず結果が疑いもなく明らかで，どのような理論も必要としないような基本的な問題に応用されなければならない．このような初期における応用は理論を一層強固にするのに役立つ．次の段階は，明らかでよく知られていること以上にある程度まで理論が導くかもしれないやや複雑な状態へ理論を応用するときに発展する．ここに理論と応用は互いに補強しあうのである．この向こうに本当の成功すなわち理論による本当の予言がある．数学を用いたすべての科学がこれらの発展の連続した段階を通ってきたことはよく知られている．

2 合理的行動の性質上の議論

2.1 合理的行動の問題点

2.1.1 経済理論の主な問題は価格，生産および収入の獲得や支払いの非常

---

[2] はじまりは実際ある重要性をもっている．なぜなら，少数の個人の間の交換の形は近代産業の最も重要な市場のいくつかにおいてみられるものと同じである．例えば，国際貿易における国と国の間の物々交換の場合がそうである．

に複雑なメカニズムである．経済学の発展を通して，この大きな問題へのアプローチは経済社会を構成している個々の主体の行動を分析することにより得られるということがわかり，それはいまではほとんど一般的に認められている．この分析は多くの点でかなり進められてきた．そして，なお多くの異なった意見があるにもかかわらず，このアプローチはいかに困難であろうと，その重要性は疑うべくもない．たとえ研究を経済静学の状態に最初は限ったとしても，障害は相当なものに違いないし，実際そうである．1つは，個人の動機についてなされねばならない仮定を正しく表すことにある．この問題は伝統的には，消費者は最大の効用または満足を得たいと思い，企業家は最大の利潤を得たいと思うと仮定することにより述べられてきた．

効用の概念の概念上および実用上の困難さ，特にそれを数として表すことの困難さはよく知られており，それに対する取り扱いは本書の主たる対象ではない．それにもかかわらずわれわれは，特に 3.3 および 3.5 におけるいくつかの例においてそれらを議論せねばならない．同時に，この非常に重要なそして非常に興味深い問題に対する本書の立場が主として日和見的だというなら言わしておこう．われわれは1つの問題に全力を注ごうと思う．——その問題とは効用および選好の尺度の問題ではない——それゆえわれわれは正当性を侵さない範囲でできるかぎり他のすべての性質を単純化するであろう．したがって，われわれは経済システムにおけるすべての参加者，すなわち消費者および企業家の目的は，貨幣ないしは単一の貨幣となる財であると仮定するであろう．これは，制限なく分割可能で代替可能であり，譲渡可能で，各参加者がどのような「満足」や「効用」を欲しようとも，数量的な意味においてさえそれと同一であると仮定される．（効用の数量的な性質については上に引用された 3.3 を参照せよ．）

効用および選好の概念についての議論はまったく不必要なものである．なぜならこれらの概念はまったく言葉のうえだけの定義であり，その結果を経験することはできない．すなわち完全にトートロジーであるからという主張が経済学の文献において時々みられる．われわれはこれらの概念が性質的に，力，質量，電荷などのような物理学における十分に確立されたそして欠くことのできない概念に比べても劣っているとは思わない．すなわち，それらの概念はその最初の形においては単に定義にすぎないが，その概念を基礎としてつくられた理論を通して経験的に調整されるようになるのである．——それ以外の道は

考えられないであろう．このようにして効用の概念は，それを用い，そしてその結果を経験や少なくとも常識と比べうるような経済理論によって，トートロジーからぬけだせるのである．

2.1.2 これらそれぞれの最大を得ようとする人は「合理的に」行動するといわれる．しかし，現在のところ，合理的な行動の問題の満足できる取り扱いは存在していないと述べておくのが無難であろう．例えば，最適な状態に到達する方法はいくつかあるかもしれない．それらの方法は個人のもっている知識や理解に依存するし，またその個人に対し開かれている行動の道筋に依存している．これらのすべての問題はその性質だけで研究することによっては研究しつくせない，なぜならこの問題は，明らかに数量的な関係を含んでいるからである．それゆえに，これらの問題をその質的な表現の要素をすべて考慮に入れられるようにしたうえで，数量的な表現により定式化することが必要となる．これは非常に困難な作業であり，この問題についての広範囲な文献においても完成されていないといって間違いはない．このことに対する主な理由は，おそらく，この問題に対し適当な数学的方法を発展させ応用させえていないことにあるであろう．このことは合理性の概念に対応して仮定された最大化問題が明確な形で定式化されていないことを明らかにするであろう．実際，もっと徹底的な分析（**4.3-4.5**に与えられる）により，重要な関係は一般的なそして「哲学的」な「合理的」という語の使用により示されるよりずっと複雑であることが明らかになる．

個人の行動についての価値のある予備的な性質上の記述は，特に孤立した「ロビンソン・クルーソー」の経済を分析することによりオーストリア学派により与えられた．われわれはまた，2人またはそれ以上の人の間の交換に関連するベーム・バヴェルク（Böhm-Bawerk）のいくつかの考察にも注意する必要がある．無差別曲線の分析を用いた個人の選択の理論のより最近の説明は，まったく同じ事実，すなわちここで主張した事実にもとづいているが，それは多くの点においてしばしば優れていると思われる方法を用いている．これに関しては，**2.1.1**および**3.3**における議論を参考にされたい．

しかしわれわれは，まったく異なった角度から研究することにより交換の問題を本当に理解したいと思う．すなわち「戦略のゲーム」の観点からである．われわれのアプローチはまもなく明らかになるであろう．特に例えばベーム・バヴェルク——彼の観点はこの理論の原型として考えられる——によって前進

したいくつかの考えが正しい数量的な定式化を考えられた後において.

2.2 「ロビンソン・クルーソー」経済と社会的交換経済

2.2.1 「ロビンソン・クルーソー」モデルによって表されるタイプの経済,すなわち孤立した一人の人間かさもなければ1つの意思のもとに組織されたものからなる経済について,もっとくわしく調べてみよう.この経済はある量の財とその財により満足させられる多くの欲望に直面する.問題は最大の満足を得ることである.これは——特にわれわれが上で述べた数量化された効用の性質の仮定を考えれば——実際には序数的な最大化問題であり,その困難さは明らかに変数の数と最大にされるべき関数の性質に依存している.しかしこれは理論的に困難であるというより,むしろ実用的に困難なのである[3].もし連続的な生産を取り除き,消費もまたずっと続くものであるという事実を取り除く(しばしば耐久消費財が用いられる)ならば,最も簡単な,実際にありうるモデルを得られる.これをまさに経済理論の基礎として用いることができると考えられていたが,この試み——これはオーストリア学派の考えの特徴になっている——について,しばしば論争があった.この孤立した個人の非常に簡単化されたモデルを社会的な交換経済の理論のために用いることに対する反論の主なものは,それがさまざまな社会の影響にさらされた個人を表していないということである.したがって,もし模倣,広告,慣習などの要素にさらされるような社会において選択が行われるなら,まったく異なった行動をとるかもしれないような個人を分析せよといっているのである.これらの要素はたしかに大きな相異をもたらすが,問題になるのはそれらの要素が最大化の過程の正式の性質を変えるかどうかということである.実際には,このようなことはおこったことがないし,またわれわれはこの問題,すなわち最大化問題だけに関心をもっているので,上に述べたような社会的な事柄は考慮に入れなくてよいのである.

「クルーソー」と社会的交換経済の参加者の間のいくつかの他の違いもまた,われわれは気にしなくてよい.例えば,各財がどのような目的に関して役立ちうるかという計算の基準のみが存在するような最初の場合(クルーソーの場合)においては,交換の方法としての貨幣が存在しないということはそのよう

---

[3] その理論がすべての面で完全であるかどうかを決定することは,以下のことに関して重要ではない.

な例になっている．実際，この困難さは **2.1.2** での仮定，すなわち数量的なそして貨幣的でさえある効用の概念により解決されている．われわれは次のことを再度強調しておく．すなわち，これらの思いきった単純化によっても結局のところ，クルーソーは社会的な経済の参加者が出会う問題とはまったく異なったはっきりした問題に直面する，という事実にわれわれは興味をもつのである．

2.2.2 クルーソーはある物質的なデータ（必要とする物と財）を与えられ，結果として最大の満足を得られるようにそれらのデータを結びつけ用いることを仕事とする．この結果を左右するすべての変数，例えば資源の割り当てや同じ財を彼の必要とするものにどのように用いるかの決定など，を彼が一人で調節するということは疑うべくもない[4]．

このようにして，クルーソーは普通の最大化問題に直面する．そして，この問題の困難さは指摘されたとおり，純粋に技術的な性質をもち概念的な性質はもっていない．

2.2.3 次に社会的交換経済の参加者を考えよう．もちろん，彼は最大化問題だけでなく多くの要素を問題としている．しかしそこにもまた，いくつかの本質的な，そしてまったく異なった性質をもつ要素が含まれている．彼もまた最適な結果を得ようとする．しかしこのような結果を得るためには，彼は他の人々と交換を行わねばならない．もし2人またはそれ以上の人々が互いに財を交換するならば，一人一人の結果は一般にその人自身の行動だけでなく，他の人々の行動にも依存している．このようにして各参加者は，すべての変数を制御できるというわけではない関数（上で述べた「結果」）を最大にしようと試みる．これはたしかに最大化問題ではなくて，いくつかの対立する最大化問題の奇妙で当惑させられるような混合である．各参加者はまた別の行動の指針をもち，彼の利益に影響を与えるすべての変数を決定することはない．

この種の問題は，古典的な数学においてはどこにおいても扱われていない．われわれは，ペダンティックであるという危険を冒してこれは決して条件付き最大化問題ではなく，変分法や関数解析の問題などでもないことを強調してお

---

[4] 時には制御できない要素，例えば農業における天候，が介在することもある．しかしこれらは，純粋に統計的な現象である．したがって，これらはよく知られた確率の計算の方法により取り除くことができる．例えば，種々の代替案の確率を決定し，「数学的期待値」の概念を導入することによってである．しかし，**3.3** で議論されている効用の概念への影響を比較参照せよ．

く．最も「基本的な」状況，例えば，すべての変数を有限の値のみに仮定できる場合においてさえ，そのことが生じるのはまったく明らかである．

　この擬最大化問題についてのよくみられる誤解の特に目立つ表現は，社会的な努力の目的は「最大多数の最大幸福」であるという有名な言葉である．指導原理は同時に2つ（またはそれ以上）の関数を最大にしなければならないということによって述べることはできない．

　このような原理は文字通りの意味とすれば自己矛盾である．（一般に1つの関数は他の関数が最大値をもつところでは最大値をもたない．）このことは例えば，企業は最大の総取引高において最大の価格を得るべきであるとか最小の経費で最大の収入を得るべきであるというのとなんら変わるところはない．もしこれらの原理の重要性にある順序が与えられたり，ある加重平均が与えられたりすれば，おそらくこのようにもいえるであろう．しかし，社会的な経済の参加者の場合にはそのようなことはまったく考えられておらず，すべての最大値が同時に——さまざまの参加者によって——望まれる．

　15ページの脚注4）に述べられているクルーソーの場合における困難さと同様に，この場合も単に確率の理論の工夫を頼みとすることにより困難さは取り除きうると間違って信じるかもしれない．すべての参加者は自分自身の行動を表す変数を決定することはできるが，他の人々の行動を表す変数は決定できない．それにもかかわらず，それらの「他人の」変数は彼自身からみて，統計的な仮定によって表すことはできない．なぜなら，他の人々も彼自身がそうであるように合理的な原則——それがどのようなものであろうと——によって動いており，それらの原理およびすべての参加者の対立する利害の相互作用を理解しようしない，どのような方法も正しいとはいえないからである．

　これらの利害のいくつかがほとんど同じものであることも時々はある——そのときには，われわれは単純な最大化問題により近い状態にある．しかし，それらは同様に対立することもある．一般理論はすべてのこれらの可能性，すべての中間の状態，すべてのそれらの結合されたものを包含していなければならないのである．

　2.2.4　クルーソーの観点と社会的な経済における参加者の観点の違いは次のようにも示しうる．彼の意思で調整できる変数は別として，クルーソーは「無意味」な多くのデータを与えられている．これらのデータは彼が変えることのできない状態の物質的な背景を示している．（それらが明らかに可変であ

ったとしても15ページの脚注4）を参照すればわかるように固有の統計的法則によって実際に決定される．）彼が扱わねばならないデータはどれ1つとして，彼自身と同じ性質をもつ動機にもとづく他の人の意思や経済人の意図を表してはいない．一方，社会的な交換経済の参加者はこのタイプのデータにも直面する．それらのデータは，（価格のように）他の参加者の行動や意思により生み出されたものである．彼の行動はこれらに対する彼の期待によって影響を受け，逆に彼の行動に対する他の参加者の期待を反映するものとなっている．

このようにして，クルーソー経済の研究とそこで用いられた方法の使用は，最も極端な批判によって仮定されてきたものよりずっと多くの制限された価値しか経済理論に与えない．この制限の理由は，以前に述べたそれらの社会的関係——われわれはそれらの重要性は問題にしない——にあるのではなく，むしろもとの（クルーソーの）最大化問題と上に大ざっぱに述べたより複雑な問題との概念上の相違から生じてくるのである．

以上のことにより，われわれはここでいま実際に概念上の——単に技術上ではなく——困難さに直面しているのだということを読者に納得してもらいたい．「戦略のゲーム」は主にこの問題の分析のために考案されたものである．

2.3　変数の数と参加者の数

2.3.1　社会的交換経済における出来事を示すために，先の節においてわれわれが用いた本式の仕組みは，この経済の参加者の行動を示す多くの「変数」を用いていた．各参加者は，それらを合わせることによって完全に行動を表せる，すなわち意図を正確に明示できる「自分自身の」変数の集合を割り当てられる．これらの集合を変数の部分集合とよぶ．すべての参加者の部分集合が1つに合わさって，全体集合とよばれるすべての変数の集合となる．したがって，変数の総数はまず参加者の数すなわち部分集合の数によって，次に各部分集合における変数の数によって決定されるのである．

純粋に数学的な点からみれば，どのような部分集合においてもそれに含まれる変数のすべてを1つの変数とみなすこと，すなわちその部分集合に対応する参加者の「1つの」変数として扱うことに反対する理由は何もない．実際，われわれは数学的な議論においてはこの方法をしばしば用いるであろう；この方法を用いても概念的にはまったく変わらず，一方記号はかなり簡単になる．

しかしいまのところ，各部分集合の中の変数も互いに区別することにしてお

こう．普通に考えられる経済モデルはそのような方法を示唆している．したがって，すべての参加者に関して彼らが得たいと思うすべての財の量を各財ごとに示すことが望まれるのである．

2.3.2 ここで参加者の部分集合の内部での変数の増加は問題を複雑にするかもしれないが，それは単に技術的に複雑にするだけであることを強調しておかねばならない．したがって，クルーソー経済——ただ一人の参加者しか存在せず，そのためただ 1 つの部分集合しか存在せず，それは全体集合に一致している——においては，変数が増加しても最大の決定を技術的により困難にはするもののその問題の「純粋最大化」の性質を変えはしないであろう．一方，もし参加者の数——すなわち変数の部分集合の数——が増加すれば，性質のうえで非常に異なったことがいくつかおこってくる．将来重要となるゲームの術語を用いれば，これはゲームにおいてプレイヤーの数が増加することに等しい．しかし，最も簡単な場合を考えても，3 人ゲームは 2 人ゲームとまったく基本的に異なっており，また 4 人ゲームは 3 人ゲームと異なっているなど，プレイヤーの数が変わればゲームは異なってくる．プレイヤーの数の増加との結合によって——いままでみてきたようにまったく最大化問題とならない——問題の組み合わせ的な複雑さはおそろしく増加する．——これは以下の議論により詳細に示されるであろう．

特に大部分の経済のモデルにおいてこれらの 2 つの現象が混合しておこってきているので，われわれは非常にくわしくこの問題を調べてきた．プレイヤーの数，すなわち社会的経済における参加者の数が増えるときにはいつでも，経済システムも普通はより複雑になる．例えば交換される財やサービスの数も増えるし，生産の方法なども増加する．したがって，すべての参加者の部分集合に含まれる変数も同様に増加する．しかし，参加者の数すなわち部分集合の数もまた増加する．このようにして，われわれが議論した 2 つの原因が並行して，変数全体の増加に寄与している．各々の原因の役割を正しく具体的に表すことが必要である．

2.4 参加者が多数の場合：自由競争

2.4.1 2.2.2-2.2.4 においてクルーソー経済と社会的な交換経済をくわしく対照することによって——1 より大きい——参加者の数がそれほど大きくないときに顕著になる後者の特徴を強調した．すべての参加者が彼自身の行動

に対する他の人々の予期された反応によって影響を受けこのことが参加者の各々にあてはまるということは，（売り手に関する）複占，寡占などの古典的問題における最も目立った問題の急所である．参加者の数が実際にもっと大きくなれば，すべての参加者の影響は無視できるようになり，上に述べた困難さはなくなってもっと形式的な理論が可能になるのではないかという望みがでてくる．もちろん，これらは古典的な「自由競争」の状態である．実際，これは経済理論における最良のものの多くにおける出発点であった．この多数の場合——自由競争——に比べて売り手の側が少数である場合——独占，複占，寡占——は例外であり，異常であるとさえ考えられていた．（これらの場合でさえ，買い手の間の競争を考えれば参加者の数はなお非常に大きい．実際に少数しか含まないのは，双方独占，独占と寡占の間の交換，寡占どうしの交換などの場合である．）

2.4.2 伝統的な観点を正当化するためにこれだけは述べておかねばならない．厳密な自然科学の多くの分野においては，非常に大きな数は中ぐらいの規模の数よりも扱いやすいことがしばしばあるということはよく知られた現象である．約 10^{25} 個の自由に動きまわる粒子を含む気体についてのほぼ厳密な理論は，9個の主な要素からなる太陽系の理論に比べ比較にならないほど簡単であり，また，同じ規模の3ないし4個の物体が複合した星の理論よりも一層簡単である．もちろんこのことは，最初の場合において，統計および確率の法則が応用できるということによるのである．

しかし，われわれの問題に対して類似したことがあてはまるわけでは決してない．よく知られその一般的な理論（それは特別なそして計算によって得られるものとは区別されたものである）の形がある $2, 3, 4, \cdots$ 個の物体についての力学の理論は，大きな数の場合の統計的理論の基礎となっている．社会的交換経済——すなわちそれに対応する「戦略ゲーム」——に関してはいままで $2, 3, 4, \cdots$ 人の参加者の理論が欠けていた．われわれはいままでこの必要性を確立するために議論してきたのであり，以下の研究はこの必要性を満足するよう努力することであろう．言葉を変えれば，適度な数の参加者に関する理論が十分に発展してはじめて，非常に大きな数の参加者が状態を簡単にするかどうかを決定できるようになるであろうということである．次のことをもう一度述べておこう：われわれは——主に上に述べた他の分野における類似により！——そのような簡単化が実際におこるだろうという期待を共有するのである．

自由競争に関するここでの主張は結果に対する非常に価値のある推測であり，われわれを鼓舞する予測であるように思われる．しかしそれらの予測はまだ結果ではなく，上で述べたような条件が満たされないかぎり，真の結果として扱うことは科学的に不合理である．

　（交換の割合の）不確実な範囲——参加者の数が少ないときにはたしかに存在する——は数が増えるにつれ狭くなり消滅することを示そうとする理論的な議論が，かなり多くの文献にみられる．このことは，すべての解が明確にそして一意的に決定される——非常に多くの参加者に関する——自由競争の理想的な状態への連続的な推移を与えるであろう．このことが十分に一般的な場合にも実際に成り立つことが望まれるが，いままでこの主張に類するものは，明らかに何も確立されていないことを認めねばならない．それからのがれることはできない．自由競争のような，大きな数の限られた場合における問題の性質の変化について何かを証明する前に，少数の参加者について問題を定式化し，解き，理解しなければならない．

2.4.3　単に参加者の数が増えれば常に最後には自由競争の状態になるということは，たしかでもないしまたそうなりそうでもないので，この問題を実際に根本からもう一度やり直すことが望まれる．自由競争の古典的な定義には，すべて多数の参加者以外の仮定も含まれている．例えば，もし——理由はどうであれ——参加者のある大きなグループが共に行動するなら，多数の参加者は有効でなくなるかもしれないということは明らかである．明らかに交換は，少数の大きな「提携」[5]の間で直接に行われるのであり，独立に行動する多数の個人の間で行われるのではない．以下の「戦略ゲーム」についての議論により，「提携」の役割や規模がすべての問題において重大な役割を果たすことがわかるであろう．したがって，上で述べた困難——新しいものではないが——はなお重要な課題である．少数の参加者から多数の参加者への「極限的な推移」の満足できる理論は，どのような状況のもとでそのような大きな提携がつくられるか否かを説明しなければならないであろう．——すなわち，どのようなときに多数の参加者が有効になってほとんど自由競争へ導くかということである．これらの二者のどちらが生じるかということは状態の物質的なデータによって左右される．この問題に答えることは自由競争の理論すべてに挑戦する

---

[5] 労働組合，消費者協同組合，産業カルテルおよび政治の分野において多いいくつかの組織も考えられる．

2.5 「ローザンヌ」学説

2.5 ローザンヌ学派，および「個人的な計画」とその絡み合いを考慮に入れているさまざまな別の体系の均衡の理論にふれることなしに本節を終えるべきではない．これらの体系のすべては，社会的経済における参加者の相互依存に注意を払っている．しかし，これは常に大きな制限のもとで行われている．参加者が固定された状態に直面し，多くのロビンソン・クルーソーのように行動する——すなわち，もっぱら1人で自分自身の満足を最大にしようとする．そしてこれらの条件のもとでは，他の人の行動に依存しない．——ということを導入すれば自由競争が仮定されることも時々はある．他の場合には他の制限的な工夫が用いられるが，それらはすべて，結局のところ参加者の任意のあるいはすべてのタイプによってつくられる「提携」の自由なプレイを排除するということになる．参加者間で一致したり相反したりする利害が彼らに影響を与え，彼らをその時々に協力させるかさせないかを示す方法に関する仮定は，どのような場合でも明らかなことが多いが，ときには明らかでないこともある．そのような方法は結局——少なくともわれわれが議論したい水準においては——前提において結論を仮定する論理的な誤りであることをすでに示した．そのことは実際の困難さをさけ，言葉のうえだけで問題を扱うことになる．そしてそれは，経験的に与えられたものではない．もちろん，われわれはこれらの研究の意味を問題にしたいのではない．——しかし，これらの研究はわれわれの疑問に答えていない．

3 効用の概念

3.1 選好と効用

3.1.1 われわれは **2.1.1** において，遠大な効用の概念を用いることによって，個人の選好の基本的な概念を表す方法について述べた．経済学者の多くは，われわれがあまりに多く仮定しすぎており（われわれが **2.1.1** で仮定した性質の列挙を参照せよ），より慎重な現代の「無差別曲線」のテクニックよりも，われわれの立場が後退していると感じるであろう．

具体的な議論を試みる前に，われわれの方法は悪くても科学的な分析の古典

的な予備的工夫の応用にすぎないということを一般的な言い訳として述べておこう．この工夫とは困難さを分けること，すなわち（研究している本来の問題に）注意を集中し，仮定を単純にし，体系化することにより，他のすべてのものをできるかぎり合理的に減じることである．この選好と効用の強引な取り扱いがわれわれの議論の中核として用いられていることもまた付け加えておかねばならない．しかしわれわれは，この問題になっている仮定をさけることによってわれわれの理論にもたらされる変化を，ある程度まで同時に分析するであろう（**66，67** を参照せよ）．

しかし，少なくともわれわれの仮定の一部——効用を数量的に測定可能な量として扱うという仮定——は文献においてしばしば仮定されているほどには過激なものではないと考えられる．この点を以下の節で証明してみようと思う．効用のような非常に概念的に重要な問題を要約した形でただついでに議論することを許してもらいたい．しかし，少しの批評を加えることだけでも助けにはなるであろう．なぜなら，効用の可測性は自然科学において相当する問題と同じ性質をもつからである．

3.1.2 歴史的には効用はまず量的に可測である，すなわち数として考えられた．そのもとの素朴な形において，この観点に対して有効な反論がなされうるしまた実際になされた．すべての測定法——むしろすべての可測性の主張——は，根本的にはある即座の感覚にもとづいていなければならないことは明らかであり，これはそれ以上分析されえないし，分析される必要もないであろう[6]．効用の場合には，選好——他のものに対して1つの対象またはいくつかの対象の集まりを選好すること——の即座の感覚がこの基礎を与えている．しかしこれによっても，われわれは1人の人に関して，いつ1つの効用が他より大きくなるかといえるだけである．それは本来1人の人間に関する効用の数量的な比較の基礎ともなりえないし，異なった人間の比較の基礎ともなりえない．同じ人間に関して2つの効用を加えることは，直観的に意味をもたないので，数量化されない効用という仮定のほうがもっともらしく思える．現代の無差別曲線分析の方法はこれらの状況を数学的に表している．

---

[6] 相当する物理学の分野における光，熱，筋肉運動などの感覚のようなものである．

3.2 測定の原則：前置き

3.2.1 これらはすべて，熱学の理論の初期において存在した状態を強く思い出させる．それもまた1つの物体がもう1つのものより熱いという直観的に明らかな概念にもとづいていた．しかし，どれだけ違うとか，何倍であるとか，その他どのような意味においても，その違いを説明する直接の方法はなかった．

この熱学との比較により，そのような理論が結局はどのようになるかということを先験的にはほとんど予言しえないことがわかる．以上のような粗野な指摘では，われわれがいまではそれを知っている，その後おこったことをまったく明らかにすることはできない．熱は1つの数ではなく，2つの数によって数量的に表されることがわかった：すなわち，熱量と温度である．前者すなわち熱量は，ある程度直接的に数字で表される，なぜならそれは加法的であり，また思いがけない方法でとにかく数量的である力学的なエネルギーと結びつけられることがわかったからである．後者すなわち温度もやはり数量的に表されるが，それにはずっと巧みな方法が必要となる．それは直接的には加法的ではない．しかし，それについての厳密な数量的尺度が，理想気体の矛盾のない動きの研究とエントロピー定理と関連した絶対温度の役割から現れてきた，と思われる．

3.2.2 どのような最終的な主張の概念についても，非常に注意深く，それを否定するような主張をしなければならないことを，歴史的な熱学の理論の発展が示している．今日，効用はまったく数量化できないように思えたとしても，熱学の理論において経験した歴史がくり返すであろう．そしてだれも，どのように分かれ，変化するかを予知することはできない[7]．それは決して効用の数量化の可能性の理論的説明を妨げることはないであろう．

3.3 確率と数量化された効用

3.3.1 われわれは上に述べた2種類の否定を超えて一段階進むことができる——これは効用の数量化が不可能であるという早まった主張に対する警告である．無差別曲線分析の基礎となっている条件のもとでは，効用を数量化する

---

[7] 可能性が広い多様性をもつことの良い例は，光，色，波長の理論のまったく異なった発展にみられる．これらのすべての概念もまた数量的に表されるようになったが，それはまったく異なった方法によってであった．

ためにほとんど余分の努力は必要としないということが示される．

効用の数量化が効用における差を比較する可能性に依存していることはくり返し指摘されてきた．これは，単に選好を述べることができるための仮定よりもっと広い仮定のように思える．——実際にそのとおりである．しかし，経済的な選好が適用されなければならないような代替案においては，この区別は消滅するように思える．

3.3.2 さしあたって，選好の体系が包括的で完備であるような個人を考えることにしよう．すなわち，この個人はどのような2つの対象に関しても，またどのような2つの想像上の出来事に関しても，すぐにどちらかを選好することができるのである．

もっと正確にいえば，見込みとして与えられているどのような2つの選択案に関しても，彼はどちらかを選ぶことができるとわれわれは考える．

このような個人が出来事だけでなく，確率が与えられた出来事の結合さえも比較できるというところまでまったく自然に拡張できる[8]．

2つの出来事の結合とは次のようなことである．2つの事象をBおよびCで表し，簡単にするために確率は共に50%であるとしよう．そうすれば「結合」というのは，Bが50%の確率でおこり，（もしBがおこらないなら）Cが（残りの）確率50%でおこるであろうと期待するということになる．この2つの代替案は互いに排反的であり，それゆえに，補完的関係の可能性やそれに類するものは存在しないことを強調しておこう．またBまたはCが絶対確実におこるということもない．

われわれの立場を再度述べよう．ここで考えている個人は，事象AをB, Cの50%-50%結合より選好するか，またはその逆にB, Cの50%-50%結合をAより選好するかどうかについてはっきりした直観をもつと考えられている．もし彼がBよりもまたCよりもAを選好するなら，Aを上で述べたB, Cの結合より選好するのは明らかである．同様にBもCもAより選好すると考えるなら，彼はB, Cの結合を選好するであろう．しかし彼が例えばBよりAを選好しそれと同時にAよりCを選好するなら，彼がB, Cの結合よりもAを選好すると主張するためには，基本的に新しい情報が必要となる．明らかに：もし彼がB, Cの50%-50%結合よりAを選好するなら，彼のBよりA

---

[8] 実際，もし彼が明らかに確率に依存しているような経済活動に従事していれば，これは必要となる．15ページの脚注4）の農業の例を参照せよ．

を選好する度合は A より C を選好する度合を超えているという数量的な評価に対する，妥当な基礎がこのことにより与えられる[9)10)]．

もしこの立場がとられるなら，A より C を選好する度合と B より A を選好する度合を比較する基準が存在することになる．それによって効用——いやむしろ効用の差といった方がよい——が数量的に測れるようになるということはよく知られている．

この程度の A, B, C の間の比較の可能性だけで「距離」の数量的な測定を行うために十分であるということは，経済学においてはパレートによってはじめて述べられた．しかし，正確に同じ議論はユークリッドにより，直線上の点の位置に関して行われた．——実際，これは彼の距離の数量的表現の古典的な誘導の基礎そのものである．

もしすべての可能な確率を用いれば，数量的な測度はもっと直接的に導入されうるであろう．実際 3 つの事象 C, A, B を考え，ある個人の選好はこの順序になっているとする．α を 0 と 1 の間の実数とし，確率 $1-\alpha$ でおこる B と確率 α でおこる C との結合事象と A とがまったく同じように望まれるものとする．そうすれば B より A を選好する度合と B より C を選好する度合の比率を数量的に評価するものとして α を用いることができると考えられる[11)]．

これらの考えを正確にそしてあますところなくくわしく述べるためには，公理的な方法を用いねばならない．これを基礎とする簡単な取り扱いが実際可能で

[9)] 簡単な例を与えよう．1 杯のコーヒーよりも 1 杯の紅茶を飲むことを好み，1 杯のミルクよりも 1 杯のコーヒーを飲むことを好む人を考える．もしミルクよりコーヒーを選好すること——すなわち両者の効用の差——がコーヒーより紅茶を選好することより優っているかどうかを知りたいなら，次のようにすれば十分である．すなわち，1 杯のコーヒーを，中味が 50%-50% の確率で紅茶またはミルクになるようなものより選好するかどうかを決定しなければならない状況に彼を置くのである．

[10)] われわれは，2 つの「事象」のどちらを選好するかということに関しての決定のために個人的な直感しか仮定していないことに注意しよう．しかしわれわれは，2 つの選好の相対的な大きさを直感的に評価するもの——すなわち後に出てくる術語でいえば 2 つの効用の差——は直接的には仮定しなかった．

これは重要である．なぜなら，前者の情報は単に「たずねること」によって再生できる方法で得られるはずであるから．

[11)] このことはもう 1 つの例にとって好都合である．上に述べたテクニックにより，ある財 1 単位を所有することによる効用の同じ財 2 単位を所有することによる効用に対する比率 q を直接に決定することができる．個人は，確実に 1 単位を得るか，それとも確率 α で 2 単位を得るが，確率 $1-\alpha$ で何も得られなくなるような行動をとるかのどちらかを選択しなければならないとする．もし彼が前者を選べば $\alpha < q$ であり，後者を選べば $\alpha > q$ となる．もしどちらの方法も選好できなければ $\alpha = q$ となる．

ある．われわれはそれを **3.5-3.7** で議論するであろう．

3.3.3 誤解をさけるために，上で選好の基礎となるものとして用いた「事象」は，すべての論理的に可能な代替案を同じように許容できるようにするために，未来の事象として考えられているものとしよう．しかし，われわれのここでの目的に関するかぎり，将来の異なった期間における事象の間の選好の問題にかかわりあうことは余計な複雑化をまねくだけであろう[12]．しかしながらそのような困難も，われわれが関心をもっているすべての「事象」を1つの同じ統一された時点，なるべくならごく近い将来に置くことによって除去しうるように思われる．

上で考えた事柄は，確率の数量的な概念に非常に依存しているので，確率について少し述べておくのがよいであろう．

確率は見積りという性質上，多少とも主観的な概念として表されることがしばしばあった．われわれは，確率によって個人の効用を数量的に見積ろうとしているので，上のような確率の考え方はわれわれの目的に役に立たないであろう．それゆえ，最も簡単な方法は，十分な根拠をもって確率を長い間の頻度として解釈すると主張することである．これによってまさに数量化のための必要な足がかりが得られる[13]．

3.3.4 個人の効用を数量的に測る方法はもちろん，個人の選好の体系が完備であるという仮定に依存している[14]．個人が2つの代替案のどちらを好むかを述べることができず，その代替案がともに同程度に望ましいと述べることもできないような場合があることも考えられる．――このほうが幾分より現実的であるかもしれない．この場合には無差別曲線によってもまた扱えなくなる[15]．

この可能性が個人に関しても組織に関してもどの程度現実的であるかということは非常に興味深い問題であるように思えるが，実際それは興味深い問題な

---

[12] このことは，貯蓄や利子などの理論との，非常に興味深い，しかしいままでのところは非常にあいまいである関係を与えるということはよく知られている．

[13] もし確率を頻度として解釈することに反対するなら，2つの概念（確率と選好）は共に公理化されうる．これもまた十分な効用の数量的な概念を導く．これは他の機会に議論されるであろう．

[14] われわれはまだ異なった個人の効用の比較については，量的にも質的にもその基礎となるものを得てはいない．

[15] これらの問題は順序集合の数学的理論に体系的に属している．上に述べた問題は，特に選好に関して，事象が全順序集合または半順序集合をかたちづくるかどうかということと同等である．**65.3** を参照せよ．

のである．明らかにより一層研究する価値がある．われわれは **3.7.2** において簡単に再考するであろう．

とにかくわれわれは，無差別曲線による取り扱いは，非常に多くのものを示唆するかほとんど何も示唆しないかのどちらかであることを示してきたと思っている．もし個人の選好がすべて比較できるというわけではないなら，無差別曲線は存在しない[16]．もし個人の選好がすべて比較可能なら，無差別曲線を余計なものとしてしまう（一意的に定義された）数量化された効用さえ得ることができる．

このことはすべて，もちろん（貨幣で表した）費用や利潤によって効用を計算できる企業家にとっては無意味なものである．

3.3.5 明らかにここで描き表したいと思っている普通の個人は，彼自身の効用を正確に測らずにむしろかなりあいまいな範囲で経済的な活動を行うので，効用の可測性に関してこのようにこみいった細部まで立ち入る必要はないのではないかという反論が生じてくるであろう．もちろん，光や熱や筋肉運動などに関する個人の行動の多くに関しても同じことがあてはまる．しかし，科学としての物理学をつくるためには，これらの現象が測定されねばならないのである．その結果として，われわれはその測定の結果を——直接的にしろ間接的にしろ——日常の生活においてさえ使うようになったのである．経済学においてもいつの日にか同じことが得られるであろう．この道具を利用した理論の助けによりいったん経済行動が完全に理解されてしまえば，個人の生活は大いに影響を受けることであろう．したがって，これらの問題を研究することは不必要であり，本題からはなれているとはいえない．

3.4 測定の原則：詳論

3.4.1 読者は前のことにもとづいて，われわれが効用の数量化の尺度を得たのはただある原則を頼みにすることによって，すなわち，そのような尺度の存在を実際に仮定することによってであると感じるかもしれない．もし個人が B と C の 50%-50% 結合よりも A を選好するなら（ただし A よりも C を選好し，B よりも A を選好するとする），このことにより B より A を選好する度合は A より C を選好する度合より大きいという数量的な見積りに関し

---

[16] 同じ無差別曲線上の点は同一視されねばならず，それゆえに比較不可能の例とはならない．

てのもっともらしい基礎が与えられるということを **3.3.2** において議論した．ここでわれわれは1つの選好関係の度合が他の選好関係の度合よりも大きい，すなわち，そのような論述が意味をもつということを仮定している——すなわち当然のこととしている——であろうか？ そのような考えは，われわれの方法をまったく誤解しているものである．

3.4.2 そのようなことは何も要求していない．——すなわち仮定していない．われわれはただ1つのこと——これに関しては，経験的に明らかであるが——すなわち，考えられている事象は確率と結びつけることができるということだけを仮定した．したがって，事象に付随する効用に関しても——事象がなんであろうと——同じことが仮定されなければならない．より数学的にいうと次のようになる：

科学においては，先験的には数学的ではないが物理学的な世界のある面に付随している量がしばしば現れる．ときには，これらの量はある自然な物理学的法則にしたがって定義された演算が可能であるような範囲において1つに集めることができる．このようにして物理的に定義された「質量」により加法の演算が許される．物理幾何学的に定義された「距離」[17] により同じ演算が許される．一方物理幾何学的に定義された「位置」によっては，この演算は許されないが[18]，2点の「重心」をつくるという演算は許される[19]．他の物理幾何学的概念（一般に「ベクトル」の形をとっているが）——速度および加速度のようなもの——もまた「加法」を許している．

3.4.3 そのような「自然な」演算が数学的演算を思い出させるような——上に述べた「加法」の例のように——名前を与えられているようなすべての場合において，誤解をさけるように注意しなければならない．この命名法によって同じ名前をもった2つの演算が同じものであると主張しようとしているのではない．——これは明らかにそうではない．それらが同じ特徴をもつという見解および最終的にはそれらの間の一致が確立されるだろうという期待を述べているにすぎない．もちろん，これは——実行可能ならばいつでも——問題

---

[17] 議論のために，幾何学を物理学としてみなそう．——これは十分に筋道の通った観点である．——同じく議論のために——「幾何学」とはユークリッド幾何学を意味するものとする．

[18] われわれは「同次の」ユークリッド空間を考えている．そこでは原点や座標系はどのようなものも他より好ましいことはない．

[19] それらの位置を占めている2つの与えられた質量 α, β に関してである．総質量が1になるように標準化しておくことすなわち $\beta = 1 - \alpha$ としておくことは都合がよい．

となっている物理学の領域に関する数学モデルをみつけることによってなされる．そしてこの領域の中では，量は数字で表されているので，モデルにおける数学的な演算は同じ意味の「自然な」演算を表している．

われわれの例にもどろう．「エネルギー」や「質量」は適切な数学的モデルにおいて数字となるので，「自然の」加法は普通の加法になる．「位置」はベクトルの量と同様に3つの数の組[20]で表され，その各々の数は座標または成分とよばれる．「質量」$\alpha, 1-\alpha$ をもった（上の脚注19）を参照せよ）2つの位置 (x_1, x_2, x_3) と (x'_1, x'_2, x'_3)[21] の「重心」の「自然な」概念は

$$(\alpha x_1 + (1-\alpha)x'_1,\ \alpha x_2 + (1-\alpha)x'_2,\ \alpha x_3 + (1-\alpha)x'_3)^{22)}$$

となる．ベクトル (x_1, x_2, x_3) と (x'_1, x'_2, x'_3) の「自然な」「加法」の演算は，$(x_1+x'_1, x_2+x'_2, x_3+x'_3)$ となる[23]．

「自然な」演算と数学的な演算について上で述べたことは，同じように両者の他の関係にも適用される．物理学においてみられる「より大きい」というさまざまな概念——より大きなエネルギー，力，熱量，速度など——は良い例である．

これらの「自然な」関係は，数学的モデルをつくり，物理学の分野をそれに関連づけるための最も良い基礎となる[24)25)]．

3.4.4 ここでより深い注意が必要となる．上に述べた意味での物理学の領域での満足すべき数学的モデルがみつかり，考慮中の物理的な量が数と結び

[20)] われわれは3次元ユークリッド空間を考えている．
[21)] われわれは，ここでは2つの数量化された座標で表している．
[22)] これは普通は，$\alpha(x_1, x_2, x_3) + (1-\alpha)(x'_1, x'_2, x'_3)$ で示される．**16.2.1** の (16:A:c) を参照せよ．
[23)] これは普通には $(x_1, x_2, x_3) + (x'_1, x'_2, x'_3)$ で表される．**16.2.1** の最初を参照せよ．
[24)] これがただ1つの基礎というわけではない．温度がその良い反例となっている．「より大きい」という「自然な」関係だけでは今日の数学的モデル——すなわち絶対温度という尺度——を確立するためには十分でなかった．実際に用いられた工夫は異なっていた．**3.2.1** を参照せよ．
[25)] われわれは，ここで完全な数学的モデル，すなわち物理学の理論をつくろうとしているのだという誤った印象を与えたくない．これは多くの予期しない段階をもつ非常にさまざまな過程であるということを覚えておかねばならない．重要なことは，例えば概念のもつれをほどくことである．すなわち，表面的にみれば1つの物理的な事柄をいくつかの数学的な概念に分割することである．このようにして，力とエネルギー，熱と温度の量を「ときほぐし区別すること」はそれぞれの分野で重要なものとなった．経済理論において，これから先そのような分化がなおどれだけ存在しているかはまったく予知できない．

つけられたとしよう．この場合には必ずしも（数学的モデルの）記述が物理的量を数に関連づけるただ1つの方法を与えるというのは正しくはない．すなわち，そのような関連の全体の族を表すかもしれないのである．——この数学的な名前は写像である．——そして，これらの1つ1つがその理論のために利用しうるのである．これらの関連の1つから他への推移は物理的な量を表す数量的なデータの変換ということになる．そこで，この理論においては問題になっている物理的な量は，そのような変換の体系の違いを無視すれば，数によって表されるといえる．そのような変換の数学的名称は群である[26]．

そのような状況の例は非常に多い．このようにして幾何学的な距離の概念は，（正の）一定の係数をかけるという違いを無視すれば数となる[27]．質量という物理的な量に関しても状況は同じである．エネルギーという量は，線形変換——すなわち加法と（正の）定数による乗法——の違いを無視すれば数として表される[28]．位置の概念は，非同次直交線形変換による違いを無視すれば定義できる[29][30]．ベクトルの概念も同種の同次変換による違いを無視すれば定義される[30][31]．

3.4.5 どのような単調な変換も許すような数である物理的な量さえ考えられる．「より大きい」という「自然な」関係だけが存在し，それ以外には何も存在しない量についてこれはあてはまる．例えば，「より暖かい」という概念だけが知られている温度がそうである[32]．モースの鉱物の硬度の尺度もその

---

[26] われわれは **28.1.1** において他の状況における群を取り扱うであろう．そこでもまた参考文献にふれている．

[27] すなわち，ユークリッド幾何学においては，距離の単位を固定することはない．

[28] すなわち力学においてゼロまたはエネルギーの単位を固定することはない．上の脚注27）を参照．距離には自然なゼロが存在する——任意の点からそれ自身への距離である．

[29] すなわち，(x_1, x_2, x_3) は次のようにして，(x_1^*, x_2^*, x_3^*) によって置き換えられるのである．

$$x_1^* = a_{11}x_1 + a_{12}x_2 + a_{13}x_3 + b_1$$
$$x_2^* = a_{21}x_1 + a_{22}x_2 + a_{23}x_3 + b_2$$
$$x_3^* = a_{31}x_1 + a_{32}x_2 + a_{33}x_3 + b_3$$

ただし，a_{ij}, b_i は定数であり，行列 (a_{ij}) はよく知られているように直交行列である．

[30] すなわち，幾何学において，位置に関するかぎり原点を固定することもなく座標系を固定することもない．またベクトルに関するかぎり，座標系を固定することはない．

[31] すなわち上の脚注29）において $b_i = 0$ とするのである．より広い行列の概念が許されることも時々ある．——これらの行列式の値がすべてゼロでないとするのである．われわれはこれらのことをここで議論しなくてもよいであろう．

[32] しかし，量的に再生しうる温度測定の方法はないものとする．

例である．これは，通常の選好の観念にもとづく効用の概念にも適用される．これらの場合においては，数による記述はまったく勝手なものであると考えることにより，問題になっている量を数量化することはまったく不可能であると考えがちである．しかし，そのように述べるのではなく，その反対にどのような変換の体系を許すところまで数量的な記述が決定されるか，ということを述べるほうが望ましいように思われる．もちろん，体系がすべての単調な変換からできている場合はむしろ極端なものである．尺度のもう一方の端までの間に上に述べたさまざまな変換の体系がある．すなわち，空間における非同次または同次の直交線形変換，数量化された一変数の線形変換，そのような変数を定数倍する変換である[33]．結局，数量的な表現が非常に厳密であり，変換がまったく許されないような場合さえおこるのである[34]．

3.4.6 物理的な量を与えたとしてもそれを数に変換する方法は，時が経つにつれ，すなわち問題の発展の段階によって変わりうる．したがって，温度も最初は単調変換をすべて許す数であった[35]．温度測定の発展——特に理想気体の矛盾のない温度測定——の発展により，線形変換に限られるようになった．すなわち絶対ゼロと絶対単位だけが欠けているだけであった．その後の熱力学の発展により，絶対ゼロの固定さえなされた．それゆえに，熱力学における変換の体系は，定数による乗法だけからできている．このような例は，いろいろと考えられるであろうが，この問題にこれ以上立ち入る必要はないであろう．

効用の場合も状況は同じ性質をもつであろう．効用に関しての，「自然な」基準点は，「より大きい」という関係，すなわち選好の概念だけである．この場合には，効用は数量化されるが単調な変換がすべて許されるという態度をとる人もいるであろう．実際これは経済学の文献において一般に受け入れられている立場であり，無差別曲線の方法により最もよく説明される．

---

[33] これらより大きな変換の体系をもつが，すべての単調変換を含むことはない中間の場合を考えることもできるであろう．相対性理論のさまざまな形式はむしろこの専門的な例を与える．

[34] 通常の言葉を用いれば，絶対単位と同じように絶対ゼロも定義しうるような物理的な量に関して，これは成り立つであろう．これは例えば，光の速度が基準となっているような物理学の理論における速度の絶対値（ベクトルではない！）に関する場合である．マクスウェルの電気力学，特殊相対性理論のような場合である．

[35] 「より暖かい」——すなわち「より大きい」という「自然な」関係——という概念しか知られていない場合である．われわれは，このことはすでに詳しく議論した．

変換の体系を狭めるためには,効用の領域においてより一層「自然な」演算や関係をみつけださねばならない.それには効用の差が等しいという関係で十分であろうということがパレート[36)]によって指摘された.われわれの言葉でいえば,それは変換の体系を線形変換に狭めるということになるであろう[37)].しかしながらこれは本当に「自然な」関係——すなわち,くり返し同じものを観察することによって説明しうる関係——ではないと思われるので,このような提案によっては目的は達せられないであろう.

3.5 数量化された効用の公理的扱いの概念的構造

3.5.1 前述の工夫が失敗したとはいっても,他の工夫によって同じ結果を得られるという可能性はまだ残っている.前述の工夫によって行われたのと正確に同じ程度まで変換の体系を狭める「自然な」演算が効用の領域に含まれている,とわれわれはいっているのである.これは,2つの効用と2つの与えられた確率 $\alpha, 1-\alpha$ $(0<\alpha<1)$ とを **3.3.2** で述べたように結びつけることである.この方法は **3.4.3** における重心の形成に非常によく似ているので,同じ用語を用いるのが都合がよいであろう.このようにして,われわれは効用 u,v に関して,「自然な」関係 $u>v$ (u が v より選好されると読む) と「自然な」演算 $\alpha u+(1-\alpha)v$ $(0<\alpha<1)$ (各々重量 $\alpha, 1-\alpha$ をもった u,v という2点の重心,または u,v の確率 $\alpha, 1-\alpha$ の結合と読む) とをもつことになる.もしこれらの概念の存在——およびくり返しの観察——が認められれば,われわれの方法は明確になる.われわれは,効用に関する $u>v$ なる関係と $\alpha u+(1-\alpha)v$ なる演算を数に関する同じ概念に導くような,効用と数との対応を見出さねばならない.

その対応を

$$u \to \rho = \mathrm{v}(u)$$

で表すことにする.ここで u は効用であり,$\mathrm{v}(u)$ はそれに対応する数である.われわれが必要としているのは,

---

[36)] V. Pareto, *Manuel d'Economie Palitique*, Paris, 1907, p.264.
[37)] これは直線上の位置についてユークリッドが行ったことそのものである.「選好」による効用の概念は直線上の点において「それより右に位置する」という関係に相当する.そして(ここで望まれている)効用の差が等しいという関係は幾何学における区間の合同性に相当する.

(3:1:a)　　$u > v$ なら $\mathrm{v}(u) > \mathrm{v}(v)$,
(3:1:b)　　$\mathrm{v}(\alpha u + (1-\alpha)v) = \alpha \mathrm{v}(u) + (1-\alpha)\mathrm{v}(v)$[38]

ということである．

もし次のような2つの対応

(3:2:a)　　$u \to \rho = \mathrm{v}(u)$,
(3:2:b)　　$u \to \rho' = \mathrm{v}'(u)$

が存在するなら，それらによって数の間に

(3:3)　　$\rho \leftrightarrows \rho'$

なる対応ができ，われわれはそれをまた

(3:4)　　$\rho' = \phi(\rho)$

とも書きうる．(3:2:a) と (3:2:b) は (3:1:a), (3:1:b) を満たしているので，(3:3) の対応すなわち (3:4) における関数 $\phi(\rho)$ は $\rho > \sigma$ なる関係[39]と $\alpha\rho + (1-\alpha)\sigma$ なる演算には影響を与えない（上の脚注38）を参照せよ）．すなわち，

(3:5:a)　　$\rho > \sigma$ なら $\phi(\rho) > \phi(\sigma)$,
(3:5:b)　　$\phi(\alpha\rho + (1-\alpha)\sigma) = \alpha\phi(\rho) + (1-\alpha)\phi(\sigma)$

となる．したがって $\phi(\rho)$ は線形関数でなければならない．すなわち，

(3:6)　　$\rho' = \phi(\rho) \equiv \omega_0 \rho + \omega_1$

ここで ω_0, ω_1 は（一定の）固定された数であり，$\omega_0 > 0$ である．

　したがって以下のことがわかる：もしそのような効用の数量的評価[40]が存在するなら，線形変換が許されるところまで決定される[41)42)]．すなわち効用は線形変換を許す数となるのである．

---

[38] どのような場合でも左辺が効用に関する「自然な」概念を表し，右辺が数に関する通常の概念を表している．
[39] ここでは ρ, σ という数に適用されている！
[40] すなわち (3:1:a), (3:1:b) を満たす (3:2:a) の対応である．
[41] すなわち (3:6) の1つの型である．
[42] **3.4.4** で与えられた物理的同じ状況の例を思い出そう．（われわれのここでの議論はこれよりややくわしい．）われわれは，効用の絶対ゼロや絶対単位を固定しようとしているのではない．

上で述べたような数量的評価が存在するためには，効用に関して $u > v$ という関係と $\alpha u + (1 - \alpha)v$ という演算についてのある性質を仮定しなければならない．これらの公準または公理を選び，それをもとにして分析することにより，ある数学的な重要性をもつ問題が導かれる．以下では，読者にこの問題に慣れてもらうために，その状況の一般的な輪郭だけを与えておく．完全な議論は付録においてみられるであろう．

3.5.2 公理を選ぶということは純粋に客観的には行われない．普通はそれによってあるはっきりした目的が達成されると考えられる．——すなわち，ある特別な定理がその公理から導出されうると考えられる．——この程度までなら，問題も明確であり客観的である．しかしこれを超えると，常にあまり正確さをもたない他の重要な事柄が必要になってくる：すなわち公理はあまり多くなりすぎるべきではないとか，公理の体系はできるだけ簡単で明白でなければならないとか，各公理はその妥当性がすぐに判断できるように直接かつ直観的な意味をもっていなければならないなどということである[43]．われわれの置かれている状況では，あいまいではあっても，この最後の必要性が特に有効である．われわれは，直観的な概念を数学的に扱いやすくしたいのであり，また，これにはどのような仮定が必要なのかを，できるだけ明確にしたいのである．

　われわれの問題の客観的部分は明らかである．すなわち公理は，**3.5.1** で述べたように，(3:1:a)，(3:1:b) という性質をもった (3:2:a) という対応の存在を意味しなければならない．上で示されたようなより発見的なそして美的でさえあるようなものが必要とされたとしても，それによってこの公理的取り扱いを見出す方法が一意的に決定されるわけではない．以下の議論において，われわれは，本質的に十分であるような公理の集合を定式化するであろう．

---

[43] この法則のうち最初のものと最後のものは——少なくともある程度までは——逆の影響を示しているかもしれない．もし技術的に可能なかぎり，公理をまとめることによりその数を減らせば，さまざまな直観的な背景を区別することができなくなってしまうであろう．このようにしてわれわれは **3.6.1** における (3:B) のグループをより少数の公理によって表しうるかもしれないが，そのことにより，後に続く **3.6.2** の分析はあいまいになってしまうのである．
　両者の適当なバランスをとることは実用的な——そしてある程度まで美的な——判断を要する問題である．

3.6 公理とその解釈

3.6.1 われわれの公理は次のとおりである.すなわち,われわれは $u, v, w,$ $\ldots$ が存在する[44]体系 U を考え,U の中では $u > v$ という関係が与えられ任意の数 α $(0 < \alpha < 1)$ に関して演算

$$\alpha u + (1-\alpha)v = w$$

が与えられるとする.これらの概念は次の公理を満たしている.

(3:A)　$u > v$ は U の全順序である[45].

このことは,$v > u$ なら $u < v$ と書くことを意味している.そうすれば

(3:A:a)　任意の 2 つの u, v に関して次の 3 つの関係のうちのただ 1 つだけが成り立つ:

$$u = v, \quad u > v, \quad u < v.$$

(3:A:b)　$u > v, v > w$ なら $u > w$ となる[46].

(3:B)　順序と結合[47].

(3:B:a)　$u < v$ なら $u < \alpha u + (1-\alpha)v$.

(3:B:b)　$u > v$ なら $u > \alpha u + (1-\alpha)v$.

(3:B:c)　$u < w < v$ なら $\alpha u + (1-\alpha)v < w$ なる α が存在する.

(3:B:d)　$u > w > v$ なら $\alpha u + (1-\alpha)v > w$ なる α が存在する.

(3:C)　結合に関する代数.

(3:C:a)　$\alpha u + (1-\alpha)v = (1-\alpha)v + \alpha u.$

(3:C:b)　$\alpha(\beta u + (1-\beta)v) + (1-\alpha)v = \gamma u + (1-\gamma)v$, ただし $\gamma = \alpha\beta$ である.

　これらの公理によって,**3.5.1** で述べられたように (3:1:a), (3:1:b) とい

---

[44] もちろん,これはわれわれの公理によって特徴づけられるような(抽象的な)効用の体系になることを意味しているのである.公理的方法の一般的な性質に関しては,**10.1.1** の最後の部分の注意および論及を参照せよ.
[45] この概念についてのより体系的な数学的議論に関しては **65.3.1** を参照せよ.選好の体系の完備性についての同様の概念はすでに **3.3.2** と **3.4.6** の最初の部分で考えた.
[46] 条件 (3:A:a), (3:A:b) は **65.3.1** における (65:A:a), (65:A:b) に相当する.
[47] ここで用いられる α, β, γ は常に $> 0, < 1$ であることを覚えておいていただきたい.

う性質をもった (3:2:a) なる対応の存在が示されることがわかるであろう．したがって **3.5.1** の結論は正しいことになる．U という体系——すなわちわれわれの解釈では（抽象的な）効用の体系——は，線形変換を許す数の1つである．

(3:2:a) の構成（これは (3:A)-(3:C) の公理により (3:1:a)，(3:1:b) の性質をもつ）は通常の方法で行われ，特に困難があるというわけではないが少々長たらしい純粋に数学的な作業である．（付録を参照せよ．）

これらの公理[48]について通常の論理的な議論をする必要はないと思われる．

しかしながら，(3:A)-(3:C) の公理の各々の直観的な意味——すなわち各公理の正当化——について少々付け加えておこう．

3.6.2 われわれの公理についての分析は次のとおりである．

(3:A:a*) これは個人の選好の体系を完備なものにしている．効用や選好を議論するとき，例えば「無差別曲線による分析の方法」で議論するときにこれを仮定するのは，いつものことである．これらの問題についてはすでに **3.3.4** および **3.3.6** で考えた．

(3:A:b*) これは選好の「推移性」であり，もっともらしくまた一般に受け入れられる性質である．

(3:B:a*) われわれはここで次のことをいっているのである：すなわち，もし v が u より選好されれば，v が $1-\alpha$ の確率でおこるような場合さえ，u よりも選好されるのである．**3.3.2** の最初にみられるように，どのような種類の補完的関係（またはその逆の関係）も除外されているので，このことは当然成り立つ．

(3:B:b*) これは (3:B:a*) の「より選好される」というところを「より選好されない」と置き換えたものである．

(3:B:c*) われわれはここで次のことをいっている．もし w が u より選好され，その w より選好される v が与えられたときに，u に確率 α を与え，v に $1-\alpha$ を与えるような結合よりも，$1-\alpha$ が十分に小さければ w のほうが選好されるということである．すなわち，v が本来はどんなに望

---

[48] 同じような状況は **10** においてより徹底的に扱われる．それらの公理はわれわれの主要な目的に関しより重要である問題を表している．論理的な議論は **10.2** に示されている．**10.3** における一般的な注意のいくつかはここでも適用される．

まれていようと，それに十分小さな可能性を与えることにより，その影響を思うままに弱くできるのである．これは妥当な「連続性」の仮定である．

(3:B:d*) これは (3:B:c*) の「より選好される」というところを「より選好されない」と置き換えたものである．

(3:C:a*) これは，結合の成分である u, v の順序には無関係であることを述べている．特に成分である u, v が代替的な事柄であることより当然である．上の (3:B:a*) を参照せよ．

(3:C:b*) これは，次のようなことを述べている．2つの成分の結合がまず最初に確率 $\alpha, 1-\alpha$ を与え，そして次に確率 $\beta, 1-\beta$ を与えるという2つの段階を経て得られようと，$\gamma = \alpha\beta$ となるような確率 γ によってただ1つの段階から得られようと，変わりはないということである[49]．このことに関しても上の (3:C:a*) と同じことがいえる．しかしこの仮定はより深い意味をもっている．これについては，**3.7.1** において少しふれる．

3.7 公理に関する一般的な注意

3.7.1 ここで議論を一時中断し，状況をもう一度考え直してみるのがよいであろう．われわれはあまりわれわれの置かれている状況を示してこなかったのではないだろうか？ われわれは，(3:A)-(3:C) の仮定から **3.5.1** の (3:2:a)，(3:1:a)，(3:1:b) の意味での効用の数量的性質を導き出すことができる．そして，(3:1:b) により効用の数量的な値は数学的期待値と同様（確率によって）結びつけられるということもできる！ しかし数学的期待値の概念はしばしば問題になっており，その正当性は「期待」[50]の性質に関する仮定に明らかに依存している．そうだとすると問題をさけてはいないだろうか？ われわれの公理は間接的な方法にしろ，数学的期待値をもちこむような仮定を導入していないであろうか？

---

[49] もちろん，これは v と u の2つの継続的な混合を正しく算術的に説明している．

[50] Karl Menger, "Das Unsicherheitsmoment in der Wertlehre," *Zeitschrift für Nationalökonomie*, vol.5 (1934), pp.459ff. と Gerhard Tintner, "A contribution to the non-static Theory of Choice," *Quarterly Journal of Economics*, vol.LVI (1942), pp.274ff. を参照せよ．

もっと明確にいえば，個人において，数学的期待値を用いないような「いちかばちかやってみる」，すなわち賭けを行うにすぎない行動の（正または負の）効用は存在しないかもしれないのではないか？

われわれの公理 (3:A)-(3:C) はいかにしてこの可能性に打ち勝ったのであろうか？

われわれのみるかぎりにおいては，公理 (3:A)-(3:C) は，それをさけようとはしない．「賭けの効用」を最も排除しているような (3:C:b) でさえ——もしここで経済学のために利用可能なものよりずっと厳密な心理学の体系が用いられなければ——もっともらしく正当であるように思われる．——結局は数学的期待値を用いることになる方法によって——数量的な効用が (3:A)-(3:C) のもとでつくられうるということにより次のことが示される．すなわちわれわれは，実際には，数量化された効用を数学的期待値の計算が正当であるようなものであると定義してきた[51]．(3:A)-(3:C) により，必要な構造が完成されうるということが保証されるので，「特別な賭けの効用」のような概念はこの水準では矛盾なしには定式化できない[52]．

3.7.2 最終的には **3.6.1** で述べたように，われわれの公理は効用に関する $u > v$ なる関係と $\alpha u + (1-\alpha)v$ なる演算とをその基礎としている．後者のほうが前者よりも直接的に与えられるとみなしうることは注目に値するであろう．すなわち，各々 u, v なる効用をもつ2つの代替的な状況を考えられる人が，その2つの状況を各々与えられた確率 $\alpha, 1-\alpha$ でもつことを予想できないと疑う人はほとんどいないが，一方 $u > v$ に関する公理 (3:A:a)，すなわち全順序ということは問題なのである．

しばらくこの問題を考えてみよう．2つの代替案——各々 u, v なる効用をもつ——のどちらを選ぶかを常に決定できるということに疑問を感じる人がいるかもしれないとわれわれは考えてきた[53]．しかし，この疑問にどのような長所があろうとこの可能性——すなわち（個人の）選好の体系の完備性——は

---

[51] したがって，ダニエル・ベルヌーイ (Daniel Bernoulli) の（数学的な期待値ではなく）いわゆる「精神的期待値」を用いることによって「セント・ペテルスブルグのパラドックス」を「解く」ことに関するよく知られた提案は，効用を数量的に貨幣の所有量の対数と定義することを意味している．

[52] これは矛盾した主張のように思えるかもしれない．しかし，わかりにくい概念を本当に公理化しようとした人なら誰でも，たぶん同じ意見をもつであろう．

[53] すなわち，正確に同じように望まれる場合もありうるのである．

「無差別曲線による方法」の場合にも仮定されねばならない（**3.6.2** の (3:A:a) に対する注意を参照せよ）．しかし，もしこの $u > v$[54] なる性質が決定されれば，この性質に比べあまり問題にならない $\alpha u + (1-\alpha)v$[55] を用いることによって効用の数量化もなしうるのである！[56]

たとえ一般的な効用の比較可能性が仮定されなくても[57]——$\alpha u + (1-\alpha)v$ と $u > v$ の残りの部分にもとづく——数学的な理論はなお可能である[58]．すなわち効用の概念を多次元ベクトルとして表すのである．これはより複雑であり，あまり満足できない方法である，しかしわれわれはここでそれを体系的に扱おうとは思わない．

3.7.3 このような簡単な説明では問題を研究しつくしたとはいえないだろう．しかし，重要な点は伝えたと思っている．誤解をさけるために役立つであろうより一層の注意を次に述べておく．

(1) 1人の人によって経験された効用だけを考えていることを再度強調しておく．これらの考慮によっては，異なった個人に属する効用の比較はできない．

(2) 数学的期待値（文献に関しては 37 ページの脚注 50）を参照せよ）を用いる分析の方法は，いまのところ結論を出すにはほど遠いということは否定できない．**3.7.1** におけるわれわれの注意はこの方向に沿うものであるが，この点について少々付け加えておこう．そこには多くの興味深い問題が含まれてはいるが，それらはこの研究の範囲を超えている．われわれの目的のためには，

---

[54] すなわち完備性の公理 (3:A:a)．
[55] すなわち明らかな公理 (3:A:b) ならびに公理 (3:B), (3:C)．
[56] この点において読者は，効用の非数量的（「無差別曲線」による）取り扱いは簡単であり，より少ない仮定にもとづいているので数量的な取り扱いよりも好ましいというよく知られた議論を思い出すかもしれない．この反論は効用の数量化がパレートのいう効用の差が等しいという関係にその基礎を置いていた場合には正しかったかもしれない（**3.4.6** の最後を参照せよ）．実際この関係は，一般的な効用の比較可能性（選好の完全性）に関するもともとの仮定にもっと強く複雑な仮定を付け加えたものである．

しかしながら，われわれはその代わりに $\alpha u + (1-\alpha)v$ なる演算を用いたが，この演算は選好の完全性の仮定よりも一層安全な仮定であるということに読者にも同意してもらいたい．

したがって，われわれの方法はパレートのそれとは違って不自然な仮定を必要としているとか単純さが欠けているとかいうことにもとづく反論を受け入れはしない．

[57] これは結局 (3:A:a) をその中の「1つそしてただ1つ」というところを「多くとも1つ」と置き換えることによって弱めて (3:A:a′) とすることになる．(3:A:a′), (3:A:b) の条件は (65:B:a), (65:B:b) に一致する．

[58] この場合には，公準 (3:B), (3:C) においてもいくつかの修正が必要になる．

$u > v$ なる関係と $\alpha u + (1-\alpha)v$ なる演算に関する **3.6.1** における単純なそして妥当な公理 (3:A)-(3:C) により，これまでの節で述べた意味における線形変換を許すような範囲での効用の数量化が可能になるということを調べれば十分である．

3.8 限界効用の概念の役割

3.8.1 これまでの分析により，われわれは自由に効用の数量的概念を利用してよいことが明らかになった．一方，以下の議論により，われわれは次のような仮定をさけることができない．その仮定とは，考えられている経済のすべての主体は，彼らがすべての統計的，数学的などの操作を実行できるように状況の物質的な性質について完全に知らされているということである．またこの知識により各種の操作も可能になるのである．この仮定の性質および重要性については，文献において広く注意されてきたが，この問題が完全に研究しつくされたとは決していえないであろう．われわれはこの問題にとりかかろうとしているのではない．この問題はあまりにも広大であり，またあまりにも困難であるので，「困難を分割する」のがよいと思う．すなわち，それ自身だけでも興味深くはあるが，ここでの問題とは分けて考えられるべきであるこの複雑さをさけたいのである．

実際に，われわれの研究——ただし「完備情報」をこれ以上議論することなく仮定するものとする——はこの問題の研究に貢献すると考えられる．通常個人の「不完備情報」の状態のためにおこると考えられる多くの経済および社会現象は，われわれの理論においても現れてくるが，これらの現象もわれわれの理論の助けにより十分に説明しうるということがわかるであろう．われわれの理論は「完備情報」を仮定しているので，このことから上に述べたような現象は，個人の「不完備情報」とは関係がないと断定できる．特に目立つ例は，**33.1** の「差別」，**38.3** の「不完全な搾取」，**46.11**，**46.12** の「譲渡」または「税」などの概念においてみられるであろう．

以上のことにもとづいて，われわれは経済および社会理論において通常的な意味[59]での不完備情報によって一般におこると考えられている重要な問題も

---

[59] 考えられているゲームのルールは，何人かの参加者が情報のある部分をもつべきではないことを，はっきりと規定しうるということをわれわれはみるであろう．**6.3**，**6.4** を参照せよ．（このようなことのおこらないゲームは，**14.8** および **15.3.2** の (15:B) でふれられ，「完全情報」をもつ

あえて問題にしようと思う．一見したところでは，この要因によると考えられるいくつかの現象もこの要因には関係のないことがわかるであろう[60]．

3.8.2 一定の物理学的な特徴をもち，一定の自由にできる財をもっている孤立した個人を考えよう．先に述べた点からみれば，彼はこの状況で得ることのできる最大の効用を決定できる立場にいる．最大というのは明確に定義された量であるので，個人が所有しているすべての財のストックにある財の1単位が付け加えられたときにおきる増加についても適用される．もちろん，これは問題となっている財1単位の古典的な限界効用の概念である[61]．

これらの量は「ロビンソン・クルーソー」の経済において明らかに決定的な重要性をもつ．上に述べた限界効用は——もし彼が通常的な合理性の基準にしたがって行動するならば——その財を1単位多く得るために，彼がよろこんで行う最大の努力に明らかに一致している．

しかし，社会的交換経済の参加者の行動の決定においてそれがどのような意味をもつかはまったく明らかではない．この場合における合理的な行動の原理はまだ定式化されておらず，クルーソー型の最大化の条件によって表せないことをすでにみた．したがって，この場合に限界効用が意味をもつかどうかは明らかではない[62]．

社会的交換経済における合理的行動の理論を——前に述べたように「戦略ゲーム」の理論の助けにより——発展させることに成功してはじめて，この問題について明確に述べうるであろう．実際，限界効用はこの場合にも重要な役割を果たすことがわかるであろう．しかし，それは通常仮定されているよりもっと難解な方法においてである．

ゲームとよばれる．）われわれは，この種の「不完備情報」（これは上のことにしたがえばむしろ「不完全情報」とよばれるべきかもしれないが）を認め，それを利用するであろう．しかし，われわれは，複雑さ，知性などのような概念を用いてあいまいに定義された他のすべてのタイプは受け入れない．

[60] われわれの理論では，これらの現象は「行動の安定な基準」の多様性によっておこると考える．これについては **4.6** および **4.7** の最後を参照せよ．
[61] もっと正確にいえば，いわゆる「間接依存的期待効用」である．
[62] これらのことはすべて，われわれのいくつかの単純化された仮定の範囲で理解される．もしそれらがゆるめられれば，さまざまなより一層の困難が生じてくる．

4 理論の構築：解と行動基準

4.1 1人の参加者についての最も簡単な解の概念

4.1.1 われわれの計画した方法を明確に記述できる点までまさに到達した．これは主として，主要な技術的な概念と工夫の輪郭およびその説明を意味している．

前に述べたように，われわれは社会的経済の参加者についての「合理的行動」を定義する数学的に完全な原理をみつけ，その原理から合理的行動の一般的な特徴をひき出したいと考えている．原理は完全に一般的――すなわちすべての場合に有効――でなければならないが，われわれはさしあたって，いくつかの特徴的な特別の場合にのみ解をみつけられればそれで満足するであろう．

まず第1に，われわれはこの問題の解として，どのようなものが受け入れられるかという概念を明確にせねばならない．すなわち，解がもたらす情報の量はどの程度であるか，その理論的な構造に関してどのようなことを期待すべきかということである．これらの事柄が明確にされてはじめて正確な分析が可能になる．

4.1.2 解の直接的な概念は，すべての参加者に関しておこりうるすべての状況においてどのように行動するべきかを彼に示すようなルールの集まりであるとするのは妥当であろう．この見方は必要以上に包括的だという反論がなされるかもしれない．われわれは「合理的な行動」についての理論を打ち立てようと思っているので，合理的な社会において生じてくる以外の状況における個人の行動に関して個人的な助言を与える必要はないであろう．このことは――われわれがどのようにしてそれを特徴づけようとも――他の人のほうにも同様に合理的行動を仮定することを正当化するであろう．そのような方法により，われわれの理論がもたらす唯一の一連の状況へと導かれるであろう．

この反論は2つの理由により有効ではないと思われる．

第1に，「ゲームのルール」――すなわち，考えられている経済活動の実際の背景を与えるような自然界の法則――は，明らかに統計にもとづくものである．経済の参加者の行動は（既知の確率とともに）偶然に左右される事柄と結びついてはじめて結果を決定しうる（15ページの脚注4）と **6.2.1** を参照せよ）．もしこのことを考慮に入れれば，行動のルールは完全に合理的な社会において

さえ非常に多様な状況に備えなければならない．——それらの状況のうちのいくつかは最適というにはほど遠いであろう[63]．

第2に，これは一層基本的でさえあるが，合理的行動のルールは，他人が不合理な行動をとるという可能性に対してもたしかに備えていなければならない．言い換えれば，他の参加者がそれにしたがうならば，その参加者が実際最適になるような——「最適」または「合理的」とよばれる——すべての参加者に関するルールの集まりを見出したとしよう．そうしても，もし参加者のうち何人かがそれにしたがわなかったときにどうなるかという問題が依然として残るであろう．もししたがわなかった者が有利である——特にしたがった者がそれによって不利になる——ならば，上で述べた「解」は非常に疑わしいと思われるだろう．われわれはまだこれらのことを明確に議論することはできない．——しかしわれわれはそのような状態のもとでは「解」は，少なくともその動機づけについては不完全で不完備なものと考えなければならないということを明らかにしておきたい．われわれがどのように「合理的行動」の指導的原理およびその客観的な正当化を定式化しようとも，「他の人々」のすべてのおこりうる行動に関して条件がつけられねばならないであろう．このような方法によってのみ，満足すべきそして余す所のない理論が発展しうるのである．しかし，もし「合理的行動」が他のどのような種類の行動にも優越することを確立したいのであれば，考えられるすべての状況に対する行動のルールを含んでいなければならない．——その状況には，「他の人々」が，その理論によって与えられた基準にそぐわないような不合理な行動をとる場合も含まれている．

4.1.3 ここで読者は通常のゲームの概念との非常な類似性がわかるであろう．われわれはこの類似性が非常に重要であると考えるが，実際考えている以上に重要なのである．経済的，社会的問題に関しては，自然科学において，いろいろな幾何学的な数学モデルを用いて成功したのと同じ役割をゲームが果たす．——いや果たさねばならない．そのようなモデルは，正確な，余す所のない，そしてあまり複雑でない定義から理論的につくられている．そしてこのモデルは，将来の研究において欠くことのできない点においては現実に類似していなければならない．要点をくわしくくり返しておこう．数学的取り扱いを

---

[63] 偶然によって決定される可能性が多種多様であるにもかかわらず最適な行動がただ1つしか考えられないのは，もちろん「数学的期待値」の概念を用いることによるのである．これについては前記の文献を参照せよ．

可能にするために，定義は，正確で余す所のないものでなければならない．数学的取り扱いが完全に数字で表された結果しかもたらさないような単なる形式主義に終わらないように，その構造はあまりに複雑であってはならない．現実との類似ということは，モデルの働きを意味のあるものにするために必要である．ただしこの類似性は，一般に当分の間「本質的である」と考えられる少しの特徴に限られなければならない．──さもなければ上で述べた必要性は，互いに対立してしまうからである[64]．

もし経済活動のモデルがこのような原理にしたがってつくられれば，その結果としてゲームによって表せるということは明らかである．このことは，経済システムの中核となる市場の理論的な記述において特に顕著である．──しかし，これは特に条件もなくすべての場合において成り立つ．

4.1.4 われわれは **4.1.2** において，解──すなわち「合理的行動」の特徴づけ──がどのようなものから成り立っていると考えられるかを述べた．これは結局は，すべての考えられる状況における行動のルールの集まり全体になった．このことは社会経済に関してもまたゲームに関しても同様に成り立つ．上に述べた意味での完全な結果は，このようにして巨大な複雑さをもった組み合わせを列挙したものとなる．しかしわれわれは，効用の単純化された概念を受け入れており，それによれば各個人が努力して得ようとするものは，すべて1つの数量データによって完全に記述される（**2.1.1** および **3.3** を参照せよ）．したがって──解から予期するような──複雑な結合された一覧表（catalogue）は，非常に簡単ではあるが重要な要約が可能である：すなわち，考えられている参加者が「合理的に」行動すれば，どれだけ[65][66]得ることができるかということによるのである．この「得ることができる」というのは，もちろん最小の量であると考えられる．すなわち，他の人々が失敗すれば（不合理な行動をとれば）それ以上に得ることができるかもしれない．

示された線にそって満足のいく理論をつくりあげる前提として，この議論す

---

[64] 例えば，ニュートンが少数の「質点」により太陽系を表したことがあげられる．これらの点は互いに引きつけ合い，恒星のように動く．惑星の他の莫大な量の物理学的な特徴は考慮されていないが，本質的には類似性が保たれている．

[65] 効用とは；企業家にとっては──利潤であり；プレイヤーにとっては──利得または損失である．

[66] もちろん，はっきりした偶然の要素があれば「数学的期待値」を考えることになる．**4.1.2** の最初の注意および **3.7.1** の議論を参照せよ．

べてを進めていかねばならないということを理解するべきである．これからの考察において成功の尺度として役に立つであろう必要なものを明確に述べる．しかし——必要なものを満たすことができないときでさえも——成功の尺度は必要なものを類推する通常の発見的方法に一致している．実際，この予備的な推論は満足のいく理論を見出す過程において欠くべからざる部分となっている[67]．

4.2 すべての参加者への拡張

4.2.1 これまでは，1人の参加者について解がどうなるべきかを考えてきた．ここですべての参加者を同時に考えよう．すなわち，社会的な経済，同じことであるが一定の数（例えばn）の参加者をもつゲームを考えるのである．解が表さねばならない完全な情報は，すでに議論したように組み合わせ的な性質をもっている．さらに，各参加者が合理的に行動することによってどれだけ得られるかを述べることにより，数量的な論述がこの情報の決定的な部分をどのように含んでいるかが示された．何人かの参加者が「得る」これらの額を考えよう．もし解が数量的な意味においてこれらの額を表すだけであったら[68]，それはよく知られた配分の概念に一致する．すなわち，全収益をどのように参加者の間に分配するべきかということを述べているのである[69]．

配分の問題は総収益が実際にゼロに等しい場合においてもまた変わりうる場合においても解かれねばならないことを強調しておく．この問題は，一般的な形では経済学の文献において正しく定式化されてもいないし解かれてもいない．

4.2.2 もしこのような性質をもった解が見出されたとしてもなぜそれに満

---

[67] 物理学の発展にくわしい人々は，そのような発見的な考察がいかに重要になりうるかを知っているであろう．一般相対性理論も量子力学も理論となるべきものに関する必要なものについての「前理論的」が議論がなければ発見されえなかった．

[68] もちろん組み合わせ的な意味においては，前にあらましを述べたように，それらをいかにして得るかという方法も表している．

[69] ゲームにおいては——一般に知られているように——全収益は常にゼロである．すなわち，1人の参加者は他の参加者が失ったものだけを得ることができる．したがって純粋に分配——すなわち配分（imputation）——の問題が存在するわけであり，絶対に総効用，すなわち「社会的生産物」の増加はありえないのである．すべての経済の問題においては，後者の問題もまたおこってくる．しかし，配分の問題も依然として残っている．後にわれわれは，総収益がゼロであるという条件を落とすことによりゲームの概念を広げるであろう（第11章を参照）．

足しない人がいるのかという理由はわからない．すなわちこの解とは，最適な（合理的な）行動に対する正当な要求に一致するただ1つの配分である．（もちろんわれわれはこれらの必要条件をまだ定式化してはいない．下記の引用文中に余す所なく議論されていることであろう．）そうすれば，考えられている社会の構造は非常に簡単になる．すなわち，絶対的な均衡の状態が存在し，そこでは各参加者への量的な割り当ては正確に決定される．

しかし，すべての必要な性質をもっているような解は一般に存在しないことがわかるであろう．解の概念はかなり広げられねばならず，これは「常識」という観点からみればよく知られてはいるが，これまで正しい見方はされてこなかった社会組織のある固有な特徴に密接に関係していることがわかるであろう．(**4.6**および**4.8.1**を参照せよ．)

4.2.3 その問題を数学的に分析することにより，実際，解が定義でき，上に述べた意味で，すなわちただ1つの配分として見出すことのできるようなゲームが数多く存在する．そのような場合には，すべての参加者が適切に合理的に行動することにより，解において自らに配分される量を少なくとも得る．実際，他の参加者も同じように合理的に行動すれば，彼はちょうどこの量だけを得る．もし他の参加者がそうしなければ，彼はこの量以上を得ることであろう．

これらは，すべての支払いの合計がゼロとなるような2人の参加者からなるゲームである．これらのゲームは，重要な経済の過程の特徴を正確に表しているとはいえないが，すべてのゲームに普遍的ないくつかの重要な特徴を含んでおり，このゲームから得られた結果はゲームの一般的理論の基礎となっている．これらのことは第3章においてくわしく議論するであろう．

4.3 配分の集合としての解

4.3.1 もし上記の2つの制限のどちらかが欠けていれば，状況は著しく変わってしまう．

第2の要求が満たされていないようなゲームのうち最も簡単なものは，利得の和が可変であるような2人ゲームである．これは2人の参加者をもつ社会的経済に相当し，2人が相互に依存し合い，2人の行動によって総効用が変わりうることを考慮に入れている[70]．実際問題としては，ちょうど双方独占の場合に相当する（**61.2-61.6**を参照せよ）．配分の問題を解こうとする現在の

努力においてみられるよく知られた「不確定域」により，より広い解の概念が必要となることがわかる．この場合については，前記引用箇所で議論されるであろう．さしあたってはただ困難さを示すものとしてそれを用い，確実な第1段階の基礎としてより適当である他の場合へ移ろうと思う．

4.3.2 第1の要求が満たされていないゲームのうち最も簡単なものは，すべての報酬の合計がゼロとなるような3人ゲームである．前述の2人ゲームとは異なって，どのような基本的な経済問題にも相当してはいないが，それにもかかわらず人間関係における基本的な可能性を示している．その本質的な特徴は，どのような2人のプレイヤーでも，2人が結びつき協力し合って第3のプレイヤーに対すれば，その2人は利益を保証されるということである．この利益を2人のパートナーの間で，どのように分配するべきかということが問題になる．どのような配分の体系においても，任意の2人のプレイヤーが結びつきうることを考慮に入れなければならないであろう．すなわち，どのような結びつきがつくられようとしているときでも，それをつくろうとしているプレイヤーは，そのパートナーが彼との提携をやめ，第3のプレイヤーと結びつきうることも考えねばならない．

もちろんゲームのルールにより，提携によって得られた利得をその構成員の間にどのように分けるかということは規定されている．しかし，一般にはこれが最終的な決定にはならないことが **22.1** においてくわしく議論されている．2人の参加者が非常に有利な提携をつくりうるが，ゲームのルールにより，その利得の大部分を第1の参加者が得てしまうような（3人またはそれ以上からなる）ゲームを考えてみよう．さらにこの提携の第2の参加者は，これに比べ全体としては有効ではないが，個人的にはより大きな利得を得られるような提携を第3の参加者とつくりうると仮定しよう．このような状況においては，当然，第1の参加者は第2の参加者との提携を保つために，この提携から得ることのできた利得のうちいくらかを第2の参加者に与える．言い換えれば，ある条件のもとでは，提携の参加者の1人は彼のパートナーに進んで補償金を払おうとすると考えなければならない．したがって提携内での分配は，それに代わりうる提携の影響がある場合には，ゲームのルールだけでなく上に述べたような原理に依存するのである[71]．

---

[70] われわれが譲渡可能な効用を用いていることが思い出されるであろう．**2.1.1** を参照せよ．
[71] このような補償金の支払いがもし行われたとしても，それは合理的に考えたうえで自分から進ん

常識的にいって，実現可能な結びつきにおいて，パートナーがその結びつきをはなれて第3のプレイヤーと結びつく可能性をさけるために，どのようにしてその構成員が利得を分割するかということに関しての情報以外には，提携の形成[72]に関するいかなる理論的な説明も考えられない．これらのことはすべて第5章においてくわしく数量的に議論されるであろう．

ここでは上述の性質上の考察によりもっともらしく思われ，また第5章においてより厳密に確立される結果を述べるだけで十分である．この場合の合理的な解の概念は3つの配分の体系から成り立っている．これらは上述の3つの結びつきまたは提携に相当し，各々の構成員の間でどのように利得を分けるかを表している．

4.3.3 4.3.2の最後の結果は一般の場合の原型となることがわかるであろう．ただ1つの配分ではなく，むしろ配分の体系からできているような解を求めることにより，矛盾のない理論を導けることがわかる．

上の3人ゲームにおいて，解の中のどのような1つの配分もそれだけでは解とはいえないことは明らかである．どのような提携も，参加者が自らの行動を計画するときに考えるただ1つの事柄を表しているにすぎない．たとえ最終的にある提携がつくられたとしても，その構成員の間での利得の分割は，各々が加わりえた他の提携によって明らかに影響を受けるであろう．したがって，3つの提携とその配分をすべて考慮することにより，はじめてその細部がすべて決定され，それ自身で安定であるような合理的な完全な体系がつくられるのである．実際，重要なのはこの完全な体系であり，これはその要素である配分よりも重要である．たとえ，これらのうちの1つがおこる，すなわち1つの提携が実際につくられるとしても，他の提携も「実質的に」存在しているのである．すなわち，それらは実現されはしなかったものの実際の提携をかたちづくり，決定することに本質的に貢献したのである．

社会経済およびそれと同じことであるがn人ゲームといった一般的な問題を考えるときにも，われわれは——その結果が成功することによってのみ正当化されうるという楽観主義によって——同じことを考えるであろう．解は全体

で行われるので，ゲームのルールを犯すことにはならない．

[72] 明らかに2人のプレイヤーからなる3種の結びつきのそれぞれが可能である．**21**において与えられる例においては，ある1つの提携が解の中でどれを選好するかは対称性によって除かれる．すなわちゲームは3人の参加者すべてに関して対称的とされるであろう．しかし **33.1.1** も参照せよ．

としてこれからわれわれがその性質を決定しようとしているある種のバランスとか安定性を保有しているような配分の体系[73]となっているべきである．この安定性は——それがどのようなものであろうとも——その体系全体としての性質であり，それを構成している単一の配分の性質ではないことを強調しておく．3人ゲームの簡単な考察により，この点はすでに明らかにされている．

4.3.4 配分の体系をわれわれの問題の解として特徴づける正確な基準はもちろん数学的なものである．したがって正確なそして徹底的な議論については読者はこのあとのこの理論の数学的発展をみていただきたい．正確な定義そのものは **30.1.1** において述べられている．それにもかかわらず，われわれは予備的な，この性質の要点を与えようと思う．このことは，数量的な議論の基礎となっている考えの理解に役立つであろうし，さらに社会理論の一般的な枠組みの中でのわれわれの立場を一層明らかにすることであろう．

4.4 「優越」または「支配」の非推移的な概念

4.4.1 いまではもう不適当だとわかっているより単純な解の概念にもどろう．この解の概念というのは単一の配分からなるものである．もしこの種の解が存在すれば，それはあるもっともらしい意味で他のすべての配分より優越するような1つの配分となっていなければならない．配分の間での優越という概念は，物質的および社会的な環境を考慮に入れて定式化されねばならない．すなわち，配分 x が配分 y よりも優越するということを，これがおこるときにはいつでも定義しておかねばならない．社会，すなわちすべての参加者は，分配に関するすべての問題を配分 y によって固定的に解決することを「受け入れる」かどうかを考えなければならないとしよう．さらに配分 x による代替的な解決もまた同時に考えられるものとしよう．そうすれば，この代替的な配分 x が配分 y の受け入れをさまたげるに十分であるということになるであろう．これによって，参加者のうち十分に多くの人が各々の利益を考えたうえで y よりも x を選好し，x により利益を得る可能性を確信する，いや確信しうるのである．この x と y との比較において，参加者はどのような第3の代替案（すなわち配分）を考えることによっても影響を受けるべきではない．すなわち，優越の関係を2つの配分 x, y だけの相互の関係という基本的なもの

---

[73] それらは再度 **4.3.2** で述べられたような提携の構成員の間の補償金を含みうる．

として考えている．3つまたはそれ以上——最終的にはすべて——の配分を比較することはこれから考えねばならない理論の主題となっているが，これは優越性の基本的な概念のうえに立てられた上部構造でなければならない．

xのためにyを放棄することによってある利益を得られるということが，上の定義において議論されたように利害関係をもった集団にとって納得しうるものかどうかということは，状況の物理的な実態に依存するであろう．——すなわちゲームの術語でいえばゲームのルールに依存するであろう．

われわれは，さまざまに解釈できる「優越している」という言葉の代わりに，より学術用語的な性質をもった言葉を用いようと思う．すなわち上で述べられた2つの配分xとyの関係が成り立っているときには[74]，xはyを支配するということにしよう．

もし単一の配分からなる解に期待すべきものをもう少し注意深くいい直すならば，次のようにいえばよい．すなわち，そのような配分は他のすべての配分を支配するべきであり，どのような配分によっても支配されてはならない．

4.4.2 上で定式化された——というよりはむしろ示された——支配の概念は，選好やすべての数量化された理論における大きさの問題と同様に，明らかに順序という性質をもっている．単一の配分からなる解の概念[75]というのは，その順序に関しての最初の要素に相当する[76]．

もし問題となっている順序，すなわちわれわれの支配の定義において推移性という重要な性質が成り立っているならば，そのような最初の成分を求めることは妥当なことになるであろう．すなわち，もしxがyを支配し，yがzを支配しているときにはいつでもxがzを支配するということが成り立っていれば，ということである．この場合には次のように議論をすすめてよいであろう．まず任意のxから始め，xを支配するようなyを求める．もしそのようなyが存在すれば，それを選んでそのyを支配するようなzを求める．も

---

[74] 数学的に正確な形については，**30.1.1** において与えられるであろう．

[75] この概念が望みのないものであることはすでに示したが，例として続けて用いる．その理由は次のとおりである．すなわちもしある複雑さがない場合にはどうなるかということを示すことにより，これらの複雑さをより良い観点からながめるようになるということである．まったく基本的なことであるが，われわれはこの段階においても，もちろんこれらの複雑さに実際の関心をいだいているのである．

[76] 数学的な順序の理論は非常に簡単であるが，これによっておそらく，純粋に言葉で議論するよりもこれらの状態をより一層深く理解できるであろう．必要な数学的な考察は**65.3**で行われる．

しそのようなzが存在すれば，それを選んでそのzを支配するようなuを求めるなどという具合にすすめていくのである．大部分の実際的問題においてはかなりの場合，有限回くり返した後，何によっても支配されないようなwでこの過程が終わるか，または$x, y, z, u, \cdots$という列は無限に続くが，この列は最後には何によっても支配されない極限状態wになるかのどちらかがおこるであろう．上でふれた推移性により，最終的なwはどちらの場合にもそれより前に得られた$x, y, z, u, \cdots$のすべてを支配する．

　徹底的な議論によって与えることができ，また与えられるに違いないより細かな点まで立ち入ろうとはしない．この列$x, y, z, u, \cdots$を通しての進行は，最後には「最適」，すなわち他のすべてを支配し，何によっても支配されないような「第1の」要素wになるような，連続的な「改良」に相当していることが読者には明らかであろう．

　推移性が成り立っていないときにはこれらのことはすべて非常に異なってくる．この場合には，連続的に改良することによって「最適」に到達しようとしてもそれは無駄である．xがyに支配され，yがzに支配されていてもzがxに支配されるということもおこりうる[77]．

4.4.3　さてわれわれが頼りにしている支配の概念は，実際には推移性を満たしていない．この概念を仮に次のように述べておこう，各構成員がyにおけるよりもxにおける自らの立場を選好し，そのすべての構成員が各々の選好を集団として——すなわち連合として——実行できる集団が存在するときに，xはyを支配することにする．くわしくは**30.2**において議論する．この参加者の集団をxがyを支配することに関する「有効集合」とよぶことにしよう．ここでもしxがyを支配し，yがzを支配するとしても，この2つの支配関係に関する有効集合はまったく互いに交わらないものであるかもしれず，それゆえに，zとxの間の関係については何も導き出すことはできない．たぶん前の2つとは交わりをもたない第3の有効集合を用いることにより，zがxを支配することさえおこりうるであろう．

　推移性が欠けていることは，特に上のような形式的な説明においては複雑で困ると思われるかもしれず，理論からそれを取り除く努力をすることが望まし

---

[77]　推移性が成り立っていればこれは不可能である．なぜなら——もし証明が望まれるなら——xは決して自分自身を支配することはないからである．実際，例えばyがxを，zがyを，xがzを支配していれば，推移性によりxがxを支配すると結論できるのである．

いとさえ思えるかもしれない．しかし，前節を別の観点からみれば，読者はそれが実際にはすべての社会組織における非常に典型的な現象をまわりくどくいい表したものにすぎないことに気づくであろう．種々の配分 $x, y, z, \cdots$ ——すなわちさまざまの社会状態——の間の支配の関係は，これらが互いを不安定にしうる——すなわちくつがえしうる——ようなさまざまな方法に相当している．この種のさまざまな関係において有効集合として働くような参加者の種々の集団が「循環的な」支配——例えば y が x を，z が y を，そして x が z を支配すること——をもたらすということは，実際にこれらの現象の理論が直面しなければならない困難さの特徴の 1 つとなっている．

4.5 解の正確な定義

4.5.1 したがって，われわれは最適の概念——すなわち第 1 の要素——の代わりに，静的な均衡においてもその機能をもちうる何かを見出さねばならない．最初に考えた概念が支えられなかったので，これが必要になるわけである．**4.3.2-4.3.3** においてまずある 3 人ゲームの特別な場合について分析した．しかしいまでは，その失敗の原因をより深く洞察できるようになった．すなわち，それは支配の概念，特にその非推移性という性質によるのである．

このタイプの関係は，われわれの問題だけにみられるわけでは決してない．この関係の他の例は多くの分野においてよく知られているが，それらがまったく包括的な数学的取り扱いを受けなかったことがくやまれる．われわれは選好または「優越」の比較または順序という性質を一般的にもっているが，推移性は欠けているようなすべての概念を考えている．例えば，トーナメントにおけるチェス競技者の強さ，競技および競争における「トーナメント表」などである[78]．

4.5.2 **4.3.2-4.3.3** における 3 人ゲームの議論により，一般に解は 1 つの配分ではなく，いくつかの配分の集合となることが明らかになった．すなわち「第 1 の要素」の概念は，適当な性質をもった要素（配分）の集合の概念によって置き換えられねばならないであろう．このゲームについては **32** において

---

[78] これらの問題のいくつかのものは，偶然および確率を導入することにより数学的に扱われてきた．このような接近方法がある正当性をもっていることは認めるが，これらの場合においてさえ，これによって完全な理解の助けとなるかどうかは疑問である．社会組織を考えるうえではまったく不適当であろう．

余す所なく議論されているが（またいくつかの本質からそれたことに注意を向けさせるような **33.1.1** における説明も参照すれば），そこで **4.3.2-4.3.3** において3人ゲームの解として導入された3つの配分の体系は **30.1.1** の公準により厳密な方法で導き出されるであろう．これらの公準は，第1の要素を特徴づけるような公準と非常によく似ている．もちろん，これらの公準は要素（すなわち配分）の集合の（必要）条件となっているが，もしその集合が1つの要素だけからなっているものとすれば，われわれの公準は（すべての配分の全体系における）第1の要素を特徴づけることにもなる．

いままでのところ，これらの公準を置くことについてのくわしい動機は与えていないが，ここで，これらの公準を定式化しよう．読者がそれらの公準を多少とももっともらしいと思ってくれることを望むものである．公準の性質についてのいくつかの理由，というよりはむしろ1つの可能な解釈は次節で与えられる．

4.5.3 公準は次のとおりである：要素（すなわち配分）の1つの集合 S は，次の2つの性質をもつときに解となる．

(4:A:a)　S に含まれるどのような y も S に含まれる x によって支配されることはない．

(4:A:b)　S に含まれないすべての y は S に含まれるある x によって支配される．

(4:A:a) と (4:A:b) は1つの条件としてまとめることができる：

(4:A:c)　S の要素は他の S の要素によっては支配されない要素そのものである[79]．

このタイプの練習問題に興味をもっている読者は，1つの要素 x からなる集合 S に関して，上の条件により x が第1の要素であることが正確に示されるという先の主張をここで証明しうるであろう．

4.5.4 前述の公準を一見したところ生じてくる不快感の一部は，たぶんその循環的な性質によるのであろう．このことは特に (4:A:c) の形において明

---

[79] したがって，(4:A:c) は (4:A:a)，(4:A:b) を合わせたものとまったく同値である．このことは数学にあまり慣れていない読者にとっては多少複雑なことと思われるかもしれない．しかしそれは実際には，むしろ簡単な考えを直接的に表しているにすぎない．

らかである．そこでは，S の要素は再度 S に依存する関係によって特徴づけられている．このことの意味を誤解しないことが重要である．

われわれの定義（4:A:a）および（4:A:b），すなわち（4:A:c）は S に関して——暗黙のうちにではあるが——循環的であるので，それらの定義を満たす S が実際に存在するかどうかはまったく明らかではないし——もし存在するにしても——S が一意的に定まるかどうかも明らかではない．実際に，ここではまだ答えられていないこれらの問題が，これからの理論の主題となっている．しかしながら，これらの定義により，ある１つの S が解になっているかいないかが明確に与えられるということは明らかである．もし定義された対象の存在および一意性を定義の概念に関連づけたいのであれば，次のようにいわねばならないであろう：すなわち，われわれは S の定義は与えておらず，S の性質を定義しただけである．——すなわち，解を定義したのではなく，すべての可能な解を特徴づけたのである．このようにして制限されたすべての解の全体が，S を含まないか，正確に１つの S を含むか，それともいくつかの S を含むかについては，より一層の研究が必要となる[80]．

4.6 「行動基準」からのわれわれの定義の解釈

4.6.1 １つの配分は経済理論においてしばしば用いられよく理解されている概念であるが一方，われわれが導き出した配分の集合という概念はむしろあまりよく知られていない．したがって，それらを社会現象を考える際に確立された位置を占めているものと関連づけることが望まれる．

実際，われわれが考えている配分の集合 S は，社会組織と関連した「行動基準」に相当するように思われる．このことをもっとくわしく調べてみよう．

社会経済の——より広い観点からみて社会の——物理的な基礎は与えられているとしよう[81]．すべての習慣，経験にしたがえば，人間は独特の方法でそのような背景に順応する．この方法というのは，１つの厳密な分配すなわち配

---

[80] （4:A:a）と（4:A:b），すなわち（4:A:c）の循環性，むしろあいまいさといったほうがよい性質は，それらがトートロジーであることをまったく意味しないということを述べる必要はないであろう．もちろん，それらは S に対する非常に重要な制限を表している．

[81] ゲームの場合においてはこのことは——前に述べたように——単にゲームのルールが与えられていると解釈できる．しかし，ここでの比喩に関しては，社会経済との比較は一層役に立つ．したがって，読者はここでは一時的にゲームとの類似性を考えずに，完全に社会組織の点から考えてもらいたい．

分の体系を打ち立てるものではなく，種々の代替案からなるものである．そしてこの代替案はすべていくつかの一般的な原理を表しているが，それにもかかわらず多くの点においてそれぞれ異なっている[82]．この配分の体系が「社会の確立された順序」，すなわち「受け入れられる行動基準」を表している．

配分をでたらめに集めただけではそのような「行動基準」とならないことは明らかである．それを物事の可能な順序として特徴づけるようなある条件を満たしていなければならない．この可能性の概念というのは，明らかに安定性の条件を備えていなければならない．読者は前節におけるわれわれの方法が明らかにこの意味にそっていることがわかるであろう．すなわち配分 $x,y,z,\cdots$ からなる集合 S はここで「行動基準」とよんだものに相当し，解 S を特徴づける条件（4:A:a）および（4:A:b），すなわち（4:A:c）は実際に上で述べた意味での安定性を表している．

4.6.2 この場合には（4:A:a）と（4:A:b）とに分けることが特に適切である．y が x によって支配されるということは，もし配分 x が考慮されれば，配分 y が受け入れられることはないということである（これは，最終的にどのような配分が受け入れられるかを予言するものではない．**4.4.1** および **4.4.2** を参照せよ）．したがって（4:A:a）により，行動基準は内部での矛盾を取り除かれている．すなわち，S に属するどのような配分 y ——すなわち「受け入れられる行動基準」にしたがうもの——も同様に S に属する他の配分 x によってくつがえされる——すなわち支配されることはないということである．一方（4:A:b）により，「行動基準」はこれに一致しない方法が信用できないものであることを示すために使われうることがわかる．すなわち，S に属さないすべての配分 y は S に属するある配分 x によってくつがえされる．——すなわち支配される．

4.5.3 において，S に属する y が決してどのような x によっても支配されることはないとは仮定しなかったことに注意してほしい[83]．もちろん，もしこのことがおこれば，（4:A:a）により x は S の外部になければならないだろう．

---

[82] 数学の術語でいう極端に「退化した」次のような特別な場合もおこりうる．その場合というのは，非常に例外的に簡単であるので厳密に単一の配分が実行される場合である．しかし，このような場合は一般的でないとして無視するのが正しいと思われる．

[83] **31.2.3** における（31:M）を参照すれば，このような仮定は一般には満たされえないことがわかる．すなわちすべての実際に関心のある場合においては，他の（必要）条件とともにこの仮定をも満たすような S を見出すことは不可能である．

社会組織の言葉でいえば次のようになる．「受け入れられる行動基準」に一致する配分 y は他の配分によってなるほどくつがえされるかもしれないが，しかしこの場合には x がこの基準に一致しないことは明らかである[84]．そうすれば今度は x が再度基準に一致するような第 3 の配分 z によってくつがえされることが他の条件から導き出される．y, z は共に基準に一致しているので，z は y をくつがえすことはできない．──すなわち「支配」の非推移性のさらなる例となっている．

したがって解 S は内部的安定性をもつような「行動基準」に対応している．すなわち，それらの解が一般的に受け入れられれば，それらは他のすべての解をくつがえし，それらのどの部分も，その受け入れられた基準の範囲内ではくつがえされることはない．このことは実際の社会組織においておこっていることであり，**4.5.3** における条件の循環的な性質が，まったく適切なものであることを強調するものである．

4.6.3 われわれは先に重要な反論を述べたが，それについて故意に議論をさけた．その反論というのは，**4.5.3** の (4:A:a) および (4:A:b) すなわち (4:A:c) という条件のもとでは，解 S の存在も一意性も明らかではなく，また確立もされていないということである．

もちろん，存在についてはどのような譲歩も許されない．もし解 S に関するわれわれの条件が，どのような特別の場合においても満たされないものとすれば──理論の基本的な変更が必要となるであろう．したがってすべての場合[85]に関して解 S の存在を一般的に証明することが非常に望まれる．以下の議論により，この証明はまだ完全に一般的にはなされていないが，これまでに考察された範囲では，そのすべての場合に解が見出されていることがわかるであろう．

一意性に関しては状況はまったく異なっている．しばしばいわれているわれわれの必要条件の「循環的な」性質により，解は一般に一意的に定まらなくなるようである．実際に，たいていの場合に解は多様性をもつことがわかるであろう[86]．解を安定な「行動基準」と解釈することについて述べたことを考え

---

[84] ここでは一時的に（行動の「基準」に）「一致する」ということを S に含まれることと同じ意味に，また「くつがえす」という言葉を支配するということと同じ意味に用いる．
[85] ゲームの術語を用いれば，参加者のすべての数に関して，およびゲームのすべての可能なルールに関して，となる．
[86] 興味深い例外は **65.8** である．

てみると，この解の多様性というのは簡単なしかも不合理ではない意味をもっている．すなわち，同じ物理的な背景が与えられたとしても，異なった「確立された社会の順序」，すなわち「受け入れられる行動基準」がつくられる可能性があり，しかもそのすべてがすでに議論した内部的安定性という特質を所有しているのである．この安定性の概念は明らかに「内部で」成り立つので——すなわち，問題となっている基準を一般的に受け入れるという仮定のもとでのみ有効であるので——これらの異なった基準が，互いに矛盾するのは当然のことである．

4.6.4 われわれの接近方法を，社会理論は社会の目的に関するいくつかの事前に決められた原理があってはじめてつくられうるという，広く行われている（支持されている）見方と比べなければならない．これらの原理というのは，完全に成就されるべき目的ならびに個人の間の配分にともに関連した数量的な記述を含んでいるであろう．いったんそれらの原理が受け入れられれば，簡単な最大化問題になってしまう．

そのように原理について述べても，それだけでは決して十分ではなく，そのために引用された議論は，通常は内部的安定性の議論か，または主に分配に関係するあまり明確には定義されていないある種の望ましさについての議論であるということを注意しよう．

後者のタイプの動機についてはほとんど何も述べることはできない．われわれの問題は——任意に与えられるべき——先験的な原理の集合を求めるならば何がおこるべきかを決定することではなく，どこに力の均衡があるかを調べることである．

第1の動機に関するかぎり，全体の目的と個人の分配の両方に関しての正確なそして十分な形をそれらの議論に与えることがわれわれの目的であった．これにより，内部的安定性の問題全体をそれ自身の問題として取り上げることが必要となる．この点で矛盾のない理論は，経済的な利害，影響，および力の相互作用全体を正確に説明しうる．

4.7 ゲームと社会組織

4.7 ここでゲームとの類似性を思い出すのがよいであろう．これについては前節においては故意に控えておいた（54 ページの脚注 81) を参照せよ）．一方では **4.5.3** の意味での解 S と，他方では安定な「行動基準」としての解 S との類似性は，これらの概念に関する主張をその双方において確立するために用いることができる．少なくともこのことが読者の注意をひくことを望むものである．数学的な戦略ゲーム理論の手法は，その概念と社会組織の概念との間に存在する対応関係によってもっともらしさを明確に得ることができると考えられる．一方，社会組織に関していままでにわれわれが——このことに関しては他のすべての人も——述べてきたほとんどすべてのことは，これまでに存在しているいくつかの意見と相反するものである．その性質そのものにより，ほとんどの意見はいままでは，社会理論の分野の中では証明することも反証をあげることもほとんどできなかった．したがって，われわれの主張のすべてが明確な例によって戦略ゲーム理論から裏づけられることは大いに役立つのである．

実際，このようなことは自然科学においてモデルを用いる常套手段の 1 つである．この二面的な方法はモデルの重要な機能をはっきりと示す．これについて，**4.1.3** の議論においては強調しなかった．

次のような例を与えよう：同じ物理的な背景において，いくつかの安定的な「社会の順序」，すなわち「行動基準」が存在しうるかどうかという問題はかなり議論の的になるであろう．いくつかの理由の中でも特にこの問題が非常に複雑であることにより，通常の方法で解くことはほとんど不可能であろう．しかし，われわれは 3 人または 4 人からなる特別なゲームを与えるであろう．そこでは 1 つのゲームが **4.5.3** の意味でのいくつかの解をもっている．しかもこれらの例のいくつかはある簡単な経済問題に関するモデルとなっていることがわかるであろう．（**62** を参照せよ．）

4.8 結びにあたっての注意

4.8.1 最後に，より本式の注意を少し与えておかねばならない．

まず次の問題を研究することから始める．われわれは 1 つの配分から始めた．——この 1 つの配分というのは，もともとはより細かく結びついたルールの集合から数量的に抜き出したものであった．これらの 1 つの配分から，

配分の集合 S へと進まねばならなかったが，この配分の集合 S はある条件のもとでは解となった．この解は必ずしも一意的ではないと思われるので，どのような個々の問題に対しても，完全な答えというのは，1つの解をみつけることではなく，すべての解の集合を決定することになる．したがってわれわれが本質的に求めているものは，どのような個々の問題においても実際には配分の集合の集合となる．これは，不自然に複雑だと思えるかもしれない．さらに後の困難が予想されることにより，この方法がそれ以上実行されなくてもよいという保証は何もないのである．これらの疑問については，次のようにいえば十分である．まず戦略ゲーム理論の数学的構造により，われわれの方法は明確に正当化される．次に，先に議論されたように（配分の集合に相当する）「行動基準」と（配分の集合の集合に相当する）同じ物理的な背景のうえでの「行動基準」の多様性とを関連づけることにより，複雑さの量は望ましいものになる．

配分の集合を「行動基準」と考えることを批判する人もいるかもしれない．先に **4.1.2** および **4.1.4** においてわれわれはより基本的な概念を導入したが，これは「行動基準」の直接の定式化として読者には印象深いかもしれない：これは各参加者にルールの集合を与える1つの解の予備的な組み合わせ的概念であり，これによって各参加者はゲームのおこりうるすべての状況においてどのように行動すればよいかを知ることができた．（これらのルールから1つの配分は量的に要約されたものとして取り出された．上述のことを参照せよ.）しかし，上のルールは提携および提携のパートナーの間の補償金（これについては **4.3.2** を参照せよ）の可能性を与えていないので，そのような「行動基準」の単純な見方は提携や補償金が何の役割も果たさないようなゲームにおいてのみ有効であろう．提携および補償金が無視されうるようなゲームも存在する．例えば，**4.2.3** において述べられたゼロ和2人ゲームがそうであり，もっと一般的には **27.3** ならびに **31.2.3** の (31:P) において議論される「非本質的」ゲームがそうである．しかし一般的なそして典型的なゲーム——特に社会的交換経済のすべての重要な問題に相当しているゲーム——は，これらの工夫なしには取り扱えない．したがって1つの配分の代わりに配分の集合を考えねばならなくなったのと同じ議論により，「行動基準」のそのような狭い概念はあきらめなければならなくなる．実際に，われわれはこれらのルールの集合をゲームの「戦略」とよぶであろう．

4.8.2 次に述べるべき問題は，理論が静的な性質をもっているか，動的な性質をもっているかに関係する．われわれの理論は完全に静的であることをはっきりとくり返しておく．動的な理論はたしかに一層複雑であるが，それゆえに一層好ましいともいえる．しかし，科学の他の分野の多くの例にみられるように，静的な面が完全に理解されていなければ動的理論を打ち立てようとしても無駄である．一方，われわれが議論をすすめるなかでなされてきたいくつかの明確な動的な議論に対し，読者が反論するかもしれない．この動的な理論は，特に「支配」の影響のもとでの種々の配分間の相互作用に関連するすべての考えに適用される．**4.6.2**を参照せよ．このことはまったく正当であると考えられる．静的理論は均衡を取り扱う[87]．均衡の本質的な特徴はそれが変化する傾向がないということである．すなわち，それは動的な発展の助けとはならない．もちろんこの特徴を分析するにはある未発達の動的な概念を用いなければならない．重要なのはこの概念が未発達だということである．言い換えれば，一般に均衡からほど遠い動きを正確に研究する実際の動学に関しては，これらの動的な現象をより深く知ることが必要となる[88)89]．

4.8.3 社会現象の理論がおそらくは数理物理学の理論のパターンとはかなり明確に異なる点に，最後に注意しておこう．もちろん，これは主題が不確実でありあいまいであることからくる推量である．

われわれの静学理論により，配分の集合としての均衡——すなわち**4.5.3**の意味における解——が明らかになる．動学理論は——もしそれが見出されれば——より簡単な概念によって変化を表すであろう．その概念というのは，1つの配分——それは考慮されている時点においては有効である——ないしはそれに類似したものである．このことはわれわれの考えている理論のこの部分の構造——すなわち静学と動学の関係——が全体として古典的な物理理論の構造

---

[87] 動的理論は不均衡を扱う——たとえそれが「動的均衡」とよばれることが時々はあっても結局は不均衡である．

[88] 上述の静学対動学の議論は，決してこの場合のためにつくられたものではない．例えば，力学にくわしい読者はそれが古典的な静学および動学理論のよく知られた特徴を再定式したものであることがわかるであろう．われわれがここで主張したいのは，これがその構造の中に力や変化を含む科学的な方法がもつ一般的な特徴であるということである．

[89] 静的な均衡の議論に入ってくる動的な概念は古典力学における「実効変位」に相当している．ここで読者はまた**4.3.3**における「仮想存在 (virtual existence)」についての注意も思い出すかもしれない．

と異なっていることを示している[90]．

これらすべてのことにより，社会理論においてはその理論の形がいかに複雑であるかということが示される．われわれの静学分析だけが，例えば数理物理学において用いられた他のどのようなものとも非常に異なる概念的形式的な装置をつくりだすことを必要とした．したがって，解を一意的に定義された数またはその数の集まりとみなす伝統的な観点は他の分野では成功したが，われわれの目的に関してはあまりにも狭すぎるように思えた．重要視される数学的方法も組み合わせ理論や集合論のほうへ移り，数理物理学において広く用いられた微分方程式のアルゴリズムとは異なっているように思える．

---

[90] 特に古典力学と異なっている．脚注 88) で用いられた類似のタイプは，この点で成り立たなくなる．

第2章 戦略ゲームの一般的・本格的な記述

5 導入部

5.1 経済学からゲームへの重点の移行

5.1 第1章の議論により，合理的行動の理論——すなわち経済学の基礎となり，社会組織の主要なメカニズムとなる理論——には「戦略ゲーム」の完全な研究を必要とすることが明らかになった．したがってここでは，ゲーム理論を独立に取り上げてみようと思う．ゲーム理論をそれ自身だけの問題として研究するためにはわれわれの見方を大きく変えねばならない．第1章においては主な関心は経済学にあった．ゲームを先に基本的に埋解しなければ経済の分野においての進歩はありえないということがわかって，はじめてわれわれは徐々にその問題を不十分ではあるが明確に表現もでき，問題に近づくこともできる．しかし第1章では，経済学的な見方が支配的であった．そこで第2章以下では，ゲームをゲームとして扱わねばならないであろう．したがってある点を取り上げてそれがまったく経済に関係していないのではないかということは気にかけなくてもよいであろう．——すなわち，さもなければゲームを正当に扱うことは不可能であろう．もちろん主な概念の多くは，経済学の文献においてよく議論されているものである（次節を参照せよ）．しかし，細かな点ではまったく異なっている．——そしてよくあるようにこの細かな点により説明は影響を受けるかもしれないし，指針はその影がうすくなるかもしれない．

5.2 分類と方法の一般原理

5.2.1 第1章の最後の節ですでに明らかにされている「戦略ゲーム」のある面は，これから行おうとする議論の最初の段階においては現れてこないであろう．特に最初はプレイヤー間の提携およびプレイヤーが互いに支払う補償

金については何も述べられないであろう．（これらに関しては第1章の **4.3.2**，**4.3.3** を参照せよ．）われわれはその理由を簡単に説明するが，この理由もこの問題についての一般的な処理の方法に示唆を与えるであろう．

ゲームを分類するうえでの重要な見方は次のとおりである．すなわち，（ゲームの終わりにおいて）すべてのプレイヤーの受け取る利得の合計が常にゼロになるかそれともそうならないかということである．もしゼロになるなら，プレイヤーは互いに支払うだけで財を生産することも破壊することもおこりえないといえる．娯楽としてのゲームは実際にこのタイプである．しかし経済的に意味のあるゲームは，大部分が本質的にはそのようなタイプではない．そこではすべての利得の和，すなわち社会の総生産物は一般にゼロではなく一定でさえもない．すなわち，それはプレイヤー——社会経済における参加者——の行動に左右される．この区別はすでに **4.2.1**，特に 45 ページの脚注 69) において述べられていた．最初に述べたタイプのゲームをゼロ和ゲーム，後者のタイプのゲームを非ゼロ和ゲームとよぶことにしよう．

われわれは主にゼロ和ゲームの理論を組み立てる．しかし，その理論の助けにより，すべてのゲームを制限なしに処理できることがわかるであろう．正確には，一般の（したがって特に変動和である）n 人ゲームをゼロ和 $n+1$ 人ゲームにできることが示される．（**56.2.2** を参照せよ．）次にゼロ和 n 人ゲームの理論はゼロ和 2 人ゲームの特別な場合にもとづいているであろう．（**25.2** を参照せよ．）したがってわれわれは，ゼロ和ゲームの理論を議論することから始める．実際にこれは第 3 章で行われている．

さてゼロ和 2 人ゲームにおいては提携や補償金は何の役割も果たしえない[1]．これらのゲームにおいて本質的な問題はこれとは異なった性質をもっている．主要な問題は次のとおりである．すなわち各プレイヤーがどのようにして自らの方針を計画するか——言い換えれば戦略の正確な概念をどのようにして明確に表すか——，ゲームのすべての段階において，各プレイヤーが利用

---

[1] この主張についての唯一の十分な「証明」は，それらの工夫なしにすべてのゼロ和 2 人ゲームの完全な理論を組み立てられるところにある．これは第 3 章においてなされ，特に **17** において決定的な結果が与えられる．しかし，常識からいっても，「協定」および「提携」がこの場合に何の役割も果たしえないのは明らかであろう．すなわち，これらを行うには少なくとも 2 人のプレイヤー——したがってこの場合にはすべてのプレイヤーとなる——を含まねばならず，その 2 人のプレイヤーに関して利得の和がゼロに等しくならねばならないのである．すなわち彼らが敵対するものは残っておらず，目的も存在しないのである．

できる情報はどのようなものであるか，そして他のプレイヤーの戦略について知らされているプレイヤーはどのような役割を果たすか，ということである．ゲームの完全な理論について以上のことが問題となる．

5.2.2 もちろんこれらの問題は，プレイヤーの数が任意であり提携および補償金で考慮されねばならないようなすべてのゲームにおいても重要である．しかしゼロ和2人ゲームに関しては後の議論で明らかにされるように，これらの問題だけが重要となる．これらの問題は経済学においてもまた重要であると考えられてきたが，ゲーム理論においてより基本的なタイプ——それは合成されたものとは区別されているという意味において基本的であるが——をとると考えられる．したがってこれらの問題は正確な方法で議論することができ——われわれが示したいと望んでいるように——処理することができるであろう．しかしこの分析を進めるうえにおいては，本来の経済学の分野からは離れ，通常のさまざまのゲームの分野に厳密に属している描写および例を考えるほうが技術的に有利である．したがって，これからの議論はもっぱらチェス，「コイン合わせ」，ポーカー，ブリッジなどの例を用いて行われ，カルテル，市場，寡占などの構造は用いられないであろう．

この点において，われわれがゲームの結果におけるすべての取引を純粋に貨幣によるもの——すなわち，すべてのプレイヤーがもっぱら貨幣によって利潤を得ようとしている——と考えていることを思い出すのもまた適当であろう．この意味は第1章の **2.1.1** において効用の概念を用いて分析されている．さしあたっては——特に最初に議論される「ゼロ和2人ゲーム」に関しては（これについては **5.2.1** の議論を参照せよ）——これは絶対に必要な単純化である．実際この仮定は後には変えられるが，理論の大部分を通して維持されるであろう．（第12章，特に **66** を参照せよ．）

5.2.3 まず，ゲームを構成しているものを正確に定義しなければならない．ゲームの概念が完全に数学的に——すなわち組み合わせ理論的に——正確に表されなければ，**5.2.1** の最後で明確にされた問題に正確にしかも完全に答えることはできないであろう．さて，われわれの第1の目的は——**5.2.1** で説明されているように——ゼロ和2人ゲームの理論であるが，ゲームを構成しているものを正確に表すことは明らかになにもこの場合だけに限られるわけではない．したがって，われわれは一般 n 人ゲームの記述から始めることもできる．これを表すうえでわれわれは，ゲームにおいておこりうるすべての考

えられる微妙な相違や複雑さを——それが明らかに非本質的なものでないかぎり——公平に扱うよう努力するであろう．このようにして——何段階も経たうえで——われわれは一層複雑ではあるが完璧であり，しかも数学的に正確な体系に到達するのである．そうすれば，この一般的な体系を非常に簡単ではあるがそれにもかかわらずそれにまったく厳密に同等である体系で置き換えうることがわかるであろう．さらにこの単純化を許す数学的な工夫はまた，われわれの問題に関し直接的な重要性をもつのである．すなわち，それは戦略の正確な概念の導入である．

——かなり複雑な問題を経たうえで最終的にはその問題を簡単に明確化できるようになるという——回り道をさけることはできないことを理解しておかねばならない．まずすべての可能な複雑さを考慮に入れていることを示し，しかもその複雑な体系と単純な体系との同等さが，問題となっている数学的工夫により保証されることを示さねばならない．

これらのことすべてが，任意の数のプレイヤーからなるすべてのゲームに関してなされうる——いやなされねばならない．しかしこの目的が完全に一般的に達成されたとしても——上に述べられたように——この理論の第2の目的としてゼロ和2人ゲームの完全な解を見出すことが残っている．したがって本章ではすべてのゲームを扱うが，次章においてはゼロ和2人ゲームだけを扱う．それらが処理され，いくつかの重要な例が議論された後にわれわれは考察する範囲を再度拡張し始めるであろう．——すなわちまずゼロ和 n 人ゲームに拡張し，その後すべてのゲームに拡張するのである．

提携および補償金は，後者の段階で再度現れてくるであろう．

6 ゲームの単純化された概念

6.1 専門的用語の説明

6.1 ゲームの組み合わせ理論的な概念を正確に定義するまえに，まず使用するいくつかの術語を明らかにしておかねばならない．ゲームを議論するうえでは非常に基本的であるが，それを日常用いる意味で使用するとまったくあいまいになってしまうような概念がいくつかある．それらの概念を表す言葉はその時々によって違った意味に用いられ，最悪の場合には違った概念がまるで同じ意味であるかのように用いられることも時折りある．したがって，われわれ

は専門的用語の使用法を明確に導入し，以後のすべての議論において，その用法を厳密に守らねばならない．

まず，抽象的な概念であるゲームとそのゲームの各々のプレイを区別しなければならない．ゲームというのは単にそのゲームを表すルールの全体である．最初から最後までの——ある方法で——ゲームが行われるすべての個々の段階がプレイである[2]．

次に，ゲームを構成する要素となっている手番に関してもこれに相当する区別がなされねばならない．手番というのは，種々の代替案を選択する機会であり，ゲームのルールによって正確に定められた条件のもとで，プレイヤーの1人かまたは偶然にしたがうある装置によってなされるものである．手番とは，くわしく表せば，この抽象的な「機会」——すなわちゲームの1つの要素——以外のなにものでもない．具体的な段階——すなわち具体的なプレイ——において選ばれる（特別な）代替案が選択である．したがって手番と選択との関係はゲームとプレイとの関係と同様である．ゲームは手番の列からなり，プレイは選択の列からなっている[3]．

最後にゲームのルールをプレイヤーの戦略と混同してはならない．正確な定義は後に与えられるが，われわれが強調している区別は最初から明らかに違いない．各プレイヤーは自分の意思で自らの戦略——すなわち彼の選択を決める一般的な法則——を選ぶ．個々の戦略は良い場合も悪い場合もある——ただし戦略の良し悪しの概念は厳密に説明されえたものと仮定する（**14.5** および **17.10** を参照せよ）——が，その戦略を用いるか否かはプレイヤーの判断に任せられる．しかしゲームのルールは絶対的な支配力をもっている．もしそれらのルールが少しでも犯されれば，定義されたすべての取引はそれらのルールによって表されたゲームとはならなくなる．多くの場合においてはルールを犯すことは物理的に不可能でさえありうる[4]．

---

[2] ほとんどのゲームにおいては通常はプレイはゲームと同じ意味で用いられている．したがって，チェス，ポーカー，多くの競技などにおいてはそうである．ブリッジにおいてはプレイは「三番勝負」に相当し，テニスにおいては「セット」に相当するが，残念なことにこれらのゲームにおいてはプレイのある要素もまた「ゲーム」とよばれる．フランス語ではかなり明確である．すなわち「ゲーム」は「jeu」に等しく，「プレイ」は「partie」に等しい．

[3] この意味で，われわれはチェスにおいて第1手および選択「E2-E4」というであろう．

[4] 例えば，チェスにおいてはルールによってプレイヤーが王を「王手」の状態に動かすことを禁じている．これは，歩を斜めに動かすことを禁じているのとまったく同じ意味における禁止である．しかし，敵が次の一手で「詰み」にできるような場所へ王を動かすことは単に馬鹿げたことであるが禁

6.2 ゲームの要素

6.2.1 さて n 人のプレイヤーからなるゲーム Γ を考えよう．簡単化のために，各プレイヤーは $1, \cdots, n$ で表すものとする．通常，このゲームは手番の連続したものとして表されるが，これらの手番の数も配列も共に最初から与えられていると仮定しよう．後にこれらの制限は実際には重要でなく，容易に取り除けることがわかるであろう．さしあたっては，Γ における（固定された）手番の数を ν で示すことにしよう．——ν は整数であり $\nu = 1, 2, \cdots$ である．手番それ自身は $\mathfrak{M}_1, \cdots, \mathfrak{M}_\nu$ で示され，これらは行われる順に並んでいるものと仮定しよう．

すべての手番 $\mathfrak{M}_\kappa$，$\kappa = 1, \cdots, \nu$，は実際には多くの代替案からできており，それらの中から——手番 $\mathfrak{M}_\kappa$ を構成する——選択が行われる．これらの代替案の数を α_κ と表し，代替案自身は $\mathcal{A}_\kappa(1), \cdots, \mathcal{A}_\kappa(\alpha_\kappa)$ と表すことにする．

手番には2つの種類がある．第1の種類というのは人的手番であり，個々のプレイヤーによって行われる選択である．すなわちそのプレイヤーが他に関係なく自由に決定できる．第2の種類というのは偶然手番であり，ある機械的な装置に依存している．その装置によりその結果はある確率をもって偶然的に与えられる[5]．したがって，すべての人的手番についてそれがどのプレイヤーによって決定されるものか，すなわちそれが誰の手番であるのかを明確にしなければならない．問題となっているプレイヤー（すなわち彼の番号）を k_κ で表すことにする．したがって $k_\kappa = 1, \cdots, n$ である．偶然手番については（慣習的に）$k_\kappa = 0$ とする．この場合には，種々の代替案 $\mathcal{A}_\kappa(1), \cdots, \mathcal{A}_\kappa(\alpha_\kappa)$ の確率が与えられなければならない．そこでこれらの確率を各々 $p_\kappa(1), \cdots, p_\kappa(\alpha_\kappa)$ と表す[6]．

じられてはいない．

[5] 例えば，十分に切ったトランプを配ったりサイコロをふったりすることなどである．テニスやサッカーなどのように，「戦略」が役割を果たす力と技のゲームを含むこれらのゲームでは，プレイヤーの行動はある程度まで人的手番であり，彼らの自由な決定にしたがうが，それを超えると偶然手番となる．確率は当該プレイヤーに特有なものである．

[6] $p_\kappa(1), \cdots, p_\kappa(\alpha_\kappa)$ は確率であるので，非負の数でなければならない．またこれらの確率は重なり合わず，包括的な代替案に属しているものであるから，（固定された κ に関して）合計が1になっていなければならない．すなわち，

$$p_\kappa(\sigma) \geq 0, \quad \sum_{\sigma=1}^{\alpha_\kappa} p_\kappa(\sigma) = 1$$

6.2.2 手番 $\mathfrak{M}_\kappa$ における選択というのは，代替案 $\mathcal{A}_\kappa(1),\cdots,\mathcal{A}_\kappa(\alpha_\kappa)$，すなわちその番号 $1,\cdots,\alpha_\kappa$ を選ぶことである．選択された番号を σ_κ で表すことにする．したがって，この選択は番号 $\sigma_\kappa = 1,\cdots,\alpha_\kappa$ によって特徴づけられる．そしてすべての手番 $\mathfrak{M}_1,\cdots,\mathfrak{M}_\nu$ に相当するすべての選択を明らかにすることにより，プレイを完全に表すことができる．すなわち $\sigma_1,\cdots,\sigma_\nu$ なる列によって表されるのである．

次に，もし与えられた列 $\sigma_1,\cdots,\sigma_\nu$ によってプレイが表されたとすれば，ゲーム Γ のルールによって，各プレイヤー $k=1,\cdots,n$ についてプレイの結果がどうなるかが明らかにされるに違いない．すなわち，プレイが完了した時点で，すべてのプレイヤーがどれだけの支払いを受け取るかということが明らかにされるに違いない．プレイヤー k への支払いを $\mathcal{F}_k$ で表すことにする（すなわち，もし k が支払いを受け取れば $\mathcal{F}_k > 0$ であり，逆に支払わねばならないとすれば $\mathcal{F}_k < 0$ であり，どちらでもなければ $\mathcal{F}_k = 0$ である）．したがって，各 $\mathcal{F}_k$ は $\sigma_1,\cdots,\sigma_\nu$ の関数として

$$\mathcal{F}_k = \mathcal{F}_k(\sigma_1,\cdots,\sigma_\nu), \quad k=1,\cdots,n$$

と与えられねばならない．

ゲーム Γ のルールは関数 $\mathcal{F}_k(\sigma_1,\cdots,\sigma_\nu)$ をただ関数として[7]，すなわち，各 $\mathcal{F}_k$ の変数 $\sigma_1,\cdots,\sigma_\nu$ への依存を抽象的に明らかにするだけであることを再度強調しておく．しかし常に σ_κ は定義域 $1,\cdots,\alpha_\kappa$ の間で変わりうる変数である．σ_κ について個々の数量的な値を明確にすること，すなわちある列 $\sigma_1,\cdots,\sigma_\nu$ を選ぶことはゲーム Γ には関係ないことである．これは前に指摘したようにプレイの定義である．

6.3 情報と既知性

6.3.1 ゲーム Γ を完全に表しているとはまだいえない．決定を下さねばならない場合——すなわち人的手番で自分のものとなった場合——のすべてのプレイヤーの情報の状態についてくわしく述べてはいない．したがってここではこの問題を取り上げることにする．

この問題は手番 $\mathfrak{M}_1,\cdots,\mathfrak{M}_\nu$ をそれに相当する選択が行われるときの状態

である．
[7] 関数の概念についての体系的な説明は **13.1** を参照せよ．

によって考えることにより最もうまく議論できる．

そこで，ある1つの手番 $\mathfrak{M}_\kappa$ だけに注意を集中しよう．もしこの $\mathfrak{M}_\kappa$ が偶然手番ならそれ以上何もいうことはない．すなわち選択は偶然によって決定され，他のことに対する誰の意思もそして誰の知識もそれに影響を与えることはできない．しかしもし $\mathfrak{M}_\kappa$ がプレイヤー k_κ に属する人的手番なら，彼が $\mathfrak{M}_\kappa$ に関して決定を下す――すなわち σ_κ を選択する――ときに彼の情報がどのような状態にあるかが非常に重要となる．

彼はせいぜい $\mathfrak{M}_\kappa$ 以前の手番――すなわち手番 $\mathfrak{M}_1,\cdots,\mathfrak{M}_{\kappa-1}$ ――に相当する選択についてしか知りえないであろう．すなわち，彼は $\sigma_1,\cdots,\sigma_{\kappa-1}$ の値を知っているかもしれないが，そのすべてを知る必要はない．プレイヤー k_κ が σ_κ を選ばねばならないときに，彼が $\sigma_1,\cdots,\sigma_{\kappa-1}$ に関する情報をどれだけ与えられているかということが，Γ の重要な特性となる．まもなくいくつかの例においてそのような制限がどのような性質をもつか示すであろう．

$\mathfrak{M}_\kappa$ における k_κ の情報の状態を表す最も簡単なタイプのルールは次のようなものである．すなわち，$\lambda = 1,\cdots,\kappa-1$ の中のいくつかの番号からなる1つの集合 Λ_κ を与える．k_κ は Λ_κ に属する λ に相当する σ_λ の値は知っているが他のすべての λ に相当する σ_λ については何も知らないものとする．

この場合には λ が Λ_κ に属しているときに λ は κ にとって既知であるという．このことにより $\lambda = 1,\cdots,\kappa-1$，すなわち $\lambda < \kappa$ となるが，逆に $\lambda < \kappa$ だからといって λ が κ にとって既知であるとは必ずしもいえない．すなわち λ,κ ではなくそれに相当する手番 $\mathfrak{M}_\lambda,\mathfrak{M}_\kappa$ を考えれば：既知性 (Preliminarity) が成り立てば先行性が成り立つが[8]，逆は必ずしも成り立たない．

6.3.2 多少制限的な性質ではあるが，この既知性の概念はくわしく研究するだけの価値がある．それ自身でまた先行性（上の脚注8）を参照せよ）との関連においてそれはさまざまな組み合わせ的な可能性をひきおこす．これらはゲームの中でおこってくる場合にははっきりした意味をもっている．そこでその特徴を表している場合の例をいくつかあげることにより，これらのことを示すことにしよう．

---

[8] この場合には $\lambda < \kappa$ ならば $\mathfrak{M}_\lambda$ は $\mathfrak{M}_\kappa$ より以前におこることになる．

6.4 既知性，推移性とシグナリング

6.4.1 まず既知性と先行性が同一であるようなゲームの存在を調べることから始めよう．すなわち，このゲームにおいては（人的）手番 $\mathfrak{M}_\kappa$ を行うプレイヤー k_κ は先行するすべての手番 $\mathfrak{M}_1, \cdots, \mathfrak{M}_{\kappa-1}$ の選択の結果について知らされているものとする．この「完全」情報をもつゲームの典型的な例はチェスである．これらのゲームは特に合理的な性質をもっていると一般に考えられている．これが正確な方法でどのように説明されうるかについては **15**，特に **15.7** においてわかるであろう．

チェスにはすべての手番が人的であるということ以上の特徴がある．さて，最初に述べられた性質——すなわち既知性と先行性の同等性——は偶然手番を含むゲームにおいてさえも成り立ちうる．この例としてはバックギャモンがあげられる[9]．偶然手番が存在することにより，先の例に関連して述べられたゲームの「合理的な性質」がそこなわれはしないかという疑いをもたれるかもしれない．

もし「合理的な性質」が非常にうまく説明されれば，このようなことはおこらないことが **15.7.1** においてわかるであろう．すべての手番が人的であるかどうかは重要ではない．重要なことは既知性と先行性が一致するということである．

6.4.2 そこで先行性が必ずしも既知性を意味しないようなゲームを考えてみよう．すなわちこのようなゲームにおいては，（人的）手番 $\mathfrak{M}_\kappa$ を行おうとするプレイヤー k_κ はそれ以前におこったことをすべて知らされているわけではない．このようなことがおこるゲームは多い．これらのゲームは通常人的手番だけでなく偶然手番も含んでいる．一般的にはそれらのゲームは混合された性質をもっていると考えられている．すなわち，それらのゲームの結果は明らかに偶然によって左右されるが，一方プレイヤーの戦略的能力によっても強く影響を受けると考えられている．

ポーカーおよびブリッジはその良い例である．さらにこれらの2つのゲー

---

[9] バックギャモンの偶然手番というのはサイコロをふることであり，出た目によって各プレイヤーのコマを交互に合計いくつ進めうるかが決定される．人的手番というのは，そのプレイヤーのコマの各々をいくつ進めるかを決定することである．ただし，その総数は出たサイコロの目に等しくなっていなければならない．また，賭け金を2倍にすることおよび相手が2倍にしたときに自らも2倍にするかともあきらめるかの選択も人的手番とみなされる．しかし，すべての手番において，それより先に行われた手番の結果は競技中のすべての人にとって明らかである．

ムにより既知性が先行性と分離されたときに，どのような特徴をもちうるかということが示される．この点については，もう少しくわしく考察する価値があるだろう．

先行性，すなわち手番の時間的な順序は推移性をもっている[10]．ところが，ここで考えているゲームでは既知性は推移性を必ずしももたないのである．実際ポーカーにおいてブリッジにおいても推移性は成り立たず，これが成り立つための条件は非常に特殊なものである．

ポーカーの場合：$\mathfrak{M}_\mu$ をプレイヤー1への「手札」の分配――すなわち偶然手番――としよう．$\mathfrak{M}_\lambda$ をプレイヤー1の最初のビッド――すなわち1の人的手番――とし，$\mathfrak{M}_\kappa$ をプレイヤー2の（それに続く）最初のビッド――すなわち2の人的手番――としよう．そうすれば，$\mathfrak{M}_\mu$ は $\mathfrak{M}_\lambda$ には既知であり，$\mathfrak{M}_\lambda$ は $\mathfrak{M}_\kappa$ に既知であるが，$\mathfrak{M}_\mu$ は $\mathfrak{M}_\kappa$ には既知ではない[11]．このようにして非推移性が成り立つが，これは2人のプレイヤーを含む場合である．実際どのようなゲームにおいても，個々の1人のプレイヤーの人的手番の間で既知性の非推移性が成り立ちうるということは最初はおこりそうもないと思えるかもしれない．（非推移性が成り立つためには）このプレイヤーは手番 $\mathfrak{M}_\lambda$ と $\mathfrak{M}_\kappa$ の間で $\mathfrak{M}_\mu$ に関する選択の結果を「忘れ」なければならない[12]．――この「忘れること」がどのようにしてなされうるか，いや強要さえされうるかを調べるのは困難である！ しかし，それにもかかわらず，次の例によりまさにこのような場合が与えられるのである．

ブリッジの場合：ブリッジは A, B, C, D と表される4人によってプレイされるが，実際には2人ゲームとして分類されるべきである．実際 A と C は自発的な提携以上の結合をつくり，同様に B と D もつくる．A が C ではなくて B （または D）と協力することは「ずるをする」ことになる．それはプレイ中に B のカードをのぞきこむ「ずる」や，同じ種類のカードを出しそこな

---

[10] すなわち：もし $\mathfrak{M}_\mu$ が $\mathfrak{M}_\lambda$ より先行し，$\mathfrak{M}_\lambda$ が $\mathfrak{M}_\kappa$ より先行すれば，$\mathfrak{M}_\mu$ は $\mathfrak{M}_\kappa$ より先行する．推移性が成り立っているか否かが重要であるような特別な状況は第1章の **4.4.2**, **4.6.2** において支配の関係と関連づけて分析された．

[11] すなわち，プレイヤー1は自分の「手札」を知って最初のビッドを行い，プレイヤー2は（前の）プレイヤー1のビッドを知って最初のビッドを行う．しかしそのときプレイヤー2はプレイヤー1の「手札」は知らない．

[12] われわれは $\mathfrak{M}_\mu$ が $\mathfrak{M}_\lambda$ に既知で $\mathfrak{M}_\lambda$ は $\mathfrak{M}_\kappa$ に既知であるが $\mathfrak{M}_\mu$ は $\mathfrak{M}_\kappa$ に既知ではないと仮定しているのである．

うことと同じ意味である．すなわちそれはゲームのルールに反することになる．もし3人（またはそれ以上）の人がポーカーをしているとすれば，2人（またはそれ以上の）のプレイヤーの利益が一致するときに他の1人のプレイヤーに対するために互いに協力することはまったくさしつかえない．——しかしブリッジにおいては，AとC（同様にBとD）が協力せねばならず，AとBは協力してはならない．このことを自然に表すには，AとCとは実際には1人のプレイヤー1であり，BとDとは実際には1人のプレイヤー2であるとすればよい．または同じことであるが，ブリッジは2人ゲームである．しかし2人のプレイヤー1と2は彼らだけでプレイするのではない．すなわちプレイヤー1は2人の代表者AとCを通して行動し，プレイヤー2は2人の代表者BとDを通して行動すると考えればよい．

そこでプレイヤー1の代表者であるAとCを考えてみよう．ゲームのルールにより，彼らの間の会話，すなわち情報の交換は制限されている．例えば$\mathfrak{M}_\mu$をAに「手札」を配ること——すなわち偶然手番——とし，$\mathfrak{M}_\lambda$をAによって出される最初のカード——すなわち1の人的手番——とし，$\mathfrak{M}_\kappa$をCによってこの回に出されるカード——すなわち1の人的手番——とする．そうすれば$\mathfrak{M}_\mu$は$\mathfrak{M}_\lambda$には既知で$\mathfrak{M}_\lambda$は$\mathfrak{M}_\kappa$にとって既知であるが，$\mathfrak{M}_\mu$は$\mathfrak{M}_\kappa$にとっては既知ではない[13]．このようにして再度非推移性が示された．しかも今度はただ1人のプレイヤーしか含んでいない．$\mathfrak{M}_\lambda$と$\mathfrak{M}_\kappa$の間で必ず$\mathfrak{M}_\mu$を「忘れる」ということが1のAとCへの「個人分割」により，いかにして達成されたかについては注意しておくに値する．

6.4.3 上の例により既知という関係の非推移性は非常によく知られている実用的な戦略の要素，すなわち「シグナリング」の可能性に相当することが示される．もし$\mathfrak{M}_\kappa$において$\mathfrak{M}_\mu$に対する知識がまったくなくても，$\mathfrak{M}_\kappa$において$\mathfrak{M}_\lambda$の結果がわかり$\mathfrak{M}_\lambda$が（$\mathfrak{M}_\mu$の結果を知っていることにより）$\mathfrak{M}_\mu$の影響を受けるならば，実際には$\mathfrak{M}_\lambda$が$\mathfrak{M}_\mu$から$\mathfrak{M}_\kappa$への合図となる．——すなわち（間接的にではあるが）情報を伝達する工夫となる．ここで$\mathfrak{M}_\lambda$と$\mathfrak{M}_\kappa$が同じプレイヤーの手番かそれとも2人の異なったプレイヤーの手番かにより2つの正反対の状況に分けられる．

最初の場合——すなわち，すでにみたようにブリッジにおいておこる場合

---

[13] すなわちAは自分の「手札」を知ってカードを出し，CはAによって出された（最初の）カードを知ってこの回に貢献する．しかしそれでもなおCはAの「手札」は知らされていない．

——には，($k_\lambda = k_\kappa$ である）プレイヤーの関心は「シグナリング」を促進することすなわち「彼自身の組織の中で」情報を広げることにある．この希望はブリッジにおいて慣習的に用いられる合図の巧妙な体系により実現される[14]．これらは戦略に属するものでありゲームのルールに属するものではない（**6.1** を参照せよ）．したがってブリッジというゲームは同じであるが，合図は変わりうる[15]．

第2の場合——前にみたようにポーカーにおいておこる場合——においては，プレイヤー（ここでは k_λ を考える．ただし $k_\lambda \neq k_\kappa$ である）の関心は「シグナリング」，すなわち相手（k_κ）への情報のもれ，を防ぐことである．これは通常は（$\mathfrak{M}_\lambda$ において選択を行うときに）不規則な一見したところでは不合理に思える行動を行うことによってなされる．——このことにより，相手にとって（実際にみた）$\mathfrak{M}_\lambda$ の結果から（直接には何もわかっていない）$\mathfrak{M}_\mu$ の結果に関して推測することは一層困難になる．すなわち，この方法により「合図」は不確実であいまいなものとなるのである．これが実際にポーカーにおける「ハッタリ」の機能であることが **19.2.1** においてわかるだろう[16]．

これらの2つの方法を正直なシグナリングおよび反対のシグナリングとよぶことにしよう．反対のシグナリング——すなわち相手を迷わせるようなシグナリング——はブリッジを含むほとんどすべてのゲームにおいて生じることを付け加えておかねばならない．反対のシグナリングは何人かのプレイヤーを含んでいるときにおこりやすい既知性の非推移性にもとづいているので，多くのゲームにおいて生じるのである．一方，正直なシグナリングはまれにしかおこらない．例えば，ポーカーにおいてはその痕跡もない．実際，前に指摘したよ

---

[14] もしこの「シグナリング」がゲームのルールによって与えられた行動により行われるのなら，ブリッジにおいてはそれはまったく正当なものであると考えられていることを注意しておこう．例えば，A と C（プレイヤー1の2つの要素．**6.4.2** を参照せよ）が——プレイを始める前に——2つの切り札を「最初にビッドする」ことにより他の組の弱さを「示す」ことを決めていたとしても，それは正当である．しかしビッドするときの声の抑揚や机をたたくことなどによって弱さを示すのは正当ではない．——すなわち「ずる」である．

[15] それらは2人のプレイヤーの間でさえ異なるかもしれない．すなわち，その2人のプレイヤーの一方は A と C であり，もう一方は B と D である．しかし1人のプレイヤーの「組織内」，例えば A と C の間ではそれらは一致しなければならない．

[16] ただしこの「ハッタリ」を試みたとしても——直接的にはどのような意味においても——弱い手札しかもっていないときには余分の利益を得る保証はまったくないこともわかるだろう．**19.2.1** を参照せよ．

うにそのためにはただ1人のプレイヤーしか含まれないときに既知性の非推移性が成り立っていなければならない．——すなわちそのプレイヤーのうまく調整された「忘却」が必要とされる．これはブリッジにおいては2人の人に「プレイヤーを分割すること」によって得られた．

とにかくブリッジとポーカーはこれらの2種の非推移性——すなわち正直なシグナリングと反対のシグナリング——の特徴を正しく表している例のように思われる．

2つのシグナリングの方法により，実際のプレイにおいて釣り合いという扱いにくい問題が生じてくる．すなわち「良い」「合理的な」プレイを定義しようとする過程においてである．「簡単な」プレイに含まれている以上の合図をしようとしても，またそれ以下の合図をしようとしても，「簡単な」プレイの方法とは離れなければならない．これは，通常明らかに費用をかけなければ可能とはならない．すなわち，その直接的な結果は損失となるのである．したがって——情報を促進させるかまたは抑えることによる——「余分の」シグナリングの有利さが直接的に生じた損失をくつがえすように，その「余分の」シグナリングを調整することが問題となる．決して明確に定義されているわけではないが，これが何か最適を求めるような問題を含んでいるのではないかと感じるかもしれない．われわれは2人ゲームの理論により，この問題がすでにどのようにして処理されているかを知るであろうし，1つの特徴的な場合においてそれを余す所なく議論するであろう．（これはポーカーの単純な形を用いたものである．**19**を参照せよ．）

最後に，既知性の非推移性の重要な例のすべては偶然手番を含むゲームであることに注意しておこう．これは奇妙なことである．なぜならこの2つの現象の間には明らかな関係はないからである[17)18)]．実際これからの分析により，偶然手番の有無によってはこの状況における戦略の本質的な点はほとんど影響を受けないことが示されるであろう．

[17)] **6.4.1** において議論された既知性が先行性と一致し，それゆえに推移性をもつのはどのようなときかというこれに相当する問題を参照せよ．**6.4.1** で述べたように，その場合には偶然手番の有無は重要ではない．
[18)] 「コイン合わせ」はこの関係においてある重要さをもつ例である．このゲームおよびこれに関係する他のゲームは **18** において議論されている．

7 ゲームの完全な概念

7.1 各手番の特徴の多様性

7.1.1 われわれは **6.2.1** において手番 $\mathfrak{M}_\kappa$ における α_κ 個の代替案 $\mathcal{A}_\kappa(1)$, $\cdots$, $\mathcal{A}_\kappa(\alpha_\kappa)$ を導入した.また手番が人的であるかそれとも偶然であるかを特徴づける添数 k_κ も導入した.また,人的手番の場合にはそれを行うプレイヤーを導入し,偶然手番の場合には上の代替案の確率 $p_\kappa(1), \cdots, p_\kappa(\alpha_\kappa)$ を導入した.**6.3.1** において集合 Λ_κ を用いて既知の概念を述べた.——すなわち Λ_κ とは($\lambda = 1, \cdots, \kappa - 1$ のうち)κ にとって既知な λ のすべてからなる集合である.しかしこれらのすべてのもの——$\alpha_\kappa, k_\kappa, \Lambda_\kappa$ および $\sigma = 1, \cdots, \alpha_\kappa$ に対しての $\mathcal{A}_\kappa(\sigma), p_\kappa(\sigma)$ ——がただ κ だけに依存しているのかそれとも他のものに依存しているのかについては明らかにしなかった.この「他のもの」というのは,もちろん $\mathfrak{M}_\kappa$ より前に行われた手番に相当する選択の結果である.すなわち番号 $\sigma_1, \cdots, \sigma_{\kappa-1}$ である.(**6.2.2** を参照せよ.)

この依存性についてはもう少しくわしい議論が必要である.

まず,代替案 $\mathcal{A}_\kappa(\sigma)$ それ自身(その数 α_κ とは区別されたものとして!)の $\sigma_1, \cdots, \sigma_{\kappa-1}$ に対する依存は重要ではない.手番 $\mathfrak{M}_\kappa$ に相当する選択は $\mathcal{A}_\kappa(\sigma)$ 自身の間で行われるのではなく,それらの数 σ の間で行われると仮定してもよいであろう.要するにプレイの結果を表す式——すなわち,関数 $\mathcal{F}_\kappa(\sigma_1, \cdots, \sigma_\kappa), \kappa = 1, \cdots, n$ ——において現れてくるのは,$\mathfrak{M}_\kappa$ における σ, すなわち σ_κ だけである[19].(**6.2.2** を参照せよ.)

次に $\mathfrak{M}_\kappa$ が偶然手番であるとき——すなわち $k_\kappa = 0$ であるとき(**6.2.1** の最後を参照せよ)——に生じてくる($\sigma_1, \cdots, \sigma_{\kappa-1}$ への)依存はすべて複雑さを招くものではない.それらはプレイヤーの行動についてのわれわれの分析を妨げはしない.それらは偶然手番に関連することによってのみ生じてくるか

---

[19] もちろん $\mathfrak{M}_\kappa$ において与えられる代替案 $\mathcal{A}_\kappa(\sigma)$ の形や性質も——もし $\mathcal{A}_\kappa(\sigma)$ が先行する $\sigma_1, \cdots, \sigma_{\kappa-1}$ の値に依存していれば——それらの値に関するある情報を(もし $\mathfrak{M}_\kappa$ が人的手番ならば)プレイヤー k_κ に伝えるかもしれない.しかしそのような情報はすべて $\mathfrak{M}_\kappa$ において k_κ にとっては利用可能な情報として別に述べられるべきである.われわれは **6.3.1** において情報の問題に関する最も簡単な体系を議論した.そして **7.1.2** においてその議論を終えるであろう.以下でより深く行われる $\alpha_\kappa, k_\kappa, \Lambda_\kappa$ についての議論もまた,情報の可能な源としての $\mathcal{A}_\kappa(\sigma)$ の役割に関するかぎり特有なものである.

ら，これは特にすべての確率 $p_\kappa(\sigma)$ を扱う．（一方，Λ_κ は偶然手番では生じてこない．）

第3に，$\mathfrak{M}_\kappa$ が人的手番であるときの $\alpha_\kappa, k_\kappa, \Lambda_\kappa$ の（$\sigma_1, \cdots, \sigma_{\kappa-1}$ への）依存を考えなければならない[20]．この（依存の）可能性が実際に複雑さの源となっており，またそれは現実に非常におこりやすいのである[21]．その理由は次のとおりである．

7.1.2 プレイヤー k_κ は $\mathfrak{M}_\kappa$ において $\alpha_\kappa, k_\kappa, \Lambda_\kappa$ の値については知らされていなければならない．——なぜならこれらはここでは彼が従わねばならないゲームのルールの一部だからである．それらが $\sigma_1, \cdots, \sigma_{\kappa-1}$ に依存するかぎりにおいては，プレイヤーはそれから $\sigma_1, \cdots, \sigma_{\kappa-1}$ の値に関してある結論を導くことができるかもしれない．しかし，彼は Λ_κ に属さない λ に相当する σ_λ についてはまったく何も知らないと仮定されているのである！　この対立をさけるのは非常に困難である．

正確にいうと，対立の存在しない次のような特別の場合もある．Λ_κ は $\sigma_1, \cdots, \sigma_{\kappa-1}$ のすべてから独立であり，α_κ, k_κ は Λ_κ に属する λ に相当する σ_λ のみに依存するとしよう．そうすればプレイヤー k_κ はなんらかの方法で知っているもの（すなわち Λ_κ に属する λ に相当する σ_λ の値）以上には α_κ, k_κ, Λ_κ からなんの情報も得られないことは明らかである．もしこのような場合がおこれば，それは依存の特別な形であるといえる．

しかし常にこの依存の特別な形が生じるであろうか？　極端な場合を取り上げてみよう．それはたとえ Λ_κ が常に空であっても——すなわち k_κ が $\mathfrak{M}_\kappa$ においてまったく何も知らされていないとしても——それにもかかわらず例えば α_κ が明らかに $\sigma_1, \cdots, \sigma_{\kappa-1}$ のいくつかに依存しているような場合である！

このような場合は明らかに認められない．$\alpha_\kappa, k_\kappa, \Lambda_\kappa$ の知識から導かれる数量的な結果は，すべて $\mathfrak{M}_\kappa$ においてプレイヤー k_κ にとって利用可能な情報と

---

[20] このことが与えられた κ に対しておきるからどうかは，k_κ——したがって間接的には $\sigma_1, \cdots, \sigma_{\kappa-1}$ ——に依存する．なぜなら，人的手番は $k_\kappa \neq 0$ で特徴づけられるからである（**6.2.1** の最後を参照せよ）．

[21] 例えば：チェスにおいて $\mathfrak{M}_\kappa$ における可能な代替案 α_κ の数はコマの位置，すなわちそれまでのプレイの経過に依存する．ブリッジにおいては各回の最初のカードを出すプレイヤー，すなわち $\mathfrak{M}_\kappa$ における k_κ はその前の回において勝った人である．すなわち，この場合もプレイのそれより前の経過に依存している．いくつかの形のポーカーおよびそれに関連した他のいくつかのゲームにおいては，ある時点におけるプレイヤーの利用可能な情報の量，すなわち $\mathfrak{M}_\kappa$ における Λ_κ はそのプレイヤーと他のプレイヤーのそれまでの行動に依存する．

して明確にそして最初からくわしく述べられていなければならないということが要求される．しかし $\alpha_\kappa, k_\kappa, \Lambda_\kappa$ が明らかに依存しているすべての σ_λ の添数 λ を Λ_κ に含めることにより，これを行おうとしてもそれは正しいとはいえないだろう．最初は Λ_κ に関するかぎり，この要求における循環性をさけるために大きな注意が払われねばならない[22]．しかしたとえ Λ_κ が $\sigma_1, \cdots, \sigma_{\kappa-1}$ には依存せず，κ だけに依存することによりこの困難さが生じなくなったとしても――すなわちたとえすべての手番においてすべてのプレイヤーにとって利用可能である情報がそれ以前のプレイの経過には依存しないとしても――上に述べたような方法はなお認めるわけにはいかない．例えば，α_κ が $\lambda = 1, \cdots, \kappa-1$ の中のいくつかの σ_λ のある組み合わせに依存し，実際ゲームのルールにより $\mathfrak{M}_\kappa$ においてプレイヤー k_κ はこの組み合わせの値を知らされてはいるが，それ以上（すなわち個々の $\sigma_1, \cdots, \sigma_{\kappa-1}$ の値）は知らされていないと仮定してみよう．例えば，彼は $\sigma_\mu + \sigma_\lambda$ の値は知っている．ただし μ, λ はともに κ に先行する（$\mu, \lambda < \kappa$ である）ものとする．しかし彼は $\sigma_\mu, \sigma_\lambda$ の個々の値については知らされていない．

上のような状況を k_κ の情報の状態が集合 Λ_κ によって表されるような初期の簡単な体系にもどすために，いろいろ策略を試みることができるであろう[23]．しかしもしそれらが異なったプレイヤーの人的手番もしくは同じプレイヤーではあるが異なった情報の状態にあるプレイヤーの人的手番から生じるものならば，$\mathfrak{M}_\kappa$ における k_κ の情報の種々の要素を解きほぐすことはまったく不可能である．われわれの上の例では $k_\mu \neq k_\lambda$ かまたは $k_\mu = k_\lambda$ であるが，このプレイヤーの情報の状態が $\mathfrak{M}_\mu$ と $\mathfrak{M}_\lambda$ において同じではない場合にこのことがおこる[24]．

---

[22] もしすべての $\sigma_1, \cdots, \sigma_{\kappa-1}$ の列に関してのすべての Λ_κ の全体を考えたとしても，その中で Λ_κ の依存する σ_λ が明らかにされるだけである．すべての Λ_κ はこれらの λ を含むべきであろうか？

[23] 上の例で，手番 $\mathfrak{M}_\mu$ を σ_μ ではなく $\sigma_\mu + \sigma_\lambda$ を選ぶような新しい手番に変えようとするかもしれない．$\mathfrak{M}_\kappa$ はもとのままであるとしよう．そうすれば，$\mathfrak{M}_\kappa$ における k_κ は新しい $\mathfrak{M}_\mu$ だけに関する選択の結果を知らされるであろう．

[24] 上の脚注 23) においては次のことが示されている．もし $k_\mu \neq k_\lambda$ なら新しい手番 $\mathfrak{M}_\mu$（そこでは $\sigma_\mu + \sigma_\lambda$ が選ばれ，それは人的手番でなければならない）を帰属させうるプレイヤーが存在しないことになる．もし $k_\mu = k_\lambda$ ではあるが情報の状態が $\mathfrak{M}_\mu$ から $\mathfrak{M}_\lambda$ の間に変わったとすれば，新しい手番 $\mathfrak{M}_\mu$ に関して十分に規定された情報の状態はありえないことになる．

7.2 一般的な記述

7.2.1 これらの困難を克服しようとする多少とも不自然な策略がなお存在する．しかしそれらの困難さを認め，それにしたがって定義を修正するのが最も自然であるように思われる．

情報の状態を表すものとしての Λ_κ を犠牲にすることによりこれは行われる．その代わりにプレイヤー k_κ の人的手番 $\mathfrak{M}_\kappa$ における情報の状態を次のように明確に表す．すなわち，彼が手番を行うときにその値を知っているとされているこの手番に先行する変数 σ_λ——すなわち $\sigma_1, \cdots, \sigma_{\kappa-1}$——の関数を列挙することによって表すのである．これは関数の体系であり Φ_κ によって示される．

それゆえ Φ_κ は関数

$$h(\sigma_1, \cdots, \sigma_{\kappa-1})$$

の集合である．Φ_κ の要素が $\sigma_1, \cdots, \sigma_{\kappa-1}$ への依存を表しているので，Φ_κ 自身は固定されている．すなわち κ のみに依存する[25]．α_κ, k_κ は $\sigma_1, \cdots, \sigma_{\kappa-1}$ に依存するかもしれず，それらの値は $\mathfrak{M}_\kappa$ において k_κ に知られているのでこれらの関数

$$\alpha_\kappa = \alpha_\kappa(\sigma_1, \cdots, \sigma_{\kappa-1}), \quad k_\kappa = k_\kappa(\sigma_1, \cdots, \sigma_{\kappa-1})$$

は Φ_κ に属していなければならない．もちろん（$\sigma_1, \cdots, \sigma_{\kappa-1}$ の値の特別な集合に関して）$k_\kappa = 0$ となるときはいつでも，手番 $\mathfrak{M}_\kappa$ は偶然手番であり（上で述べたことを参照せよ），Φ_κ を用いることはないであろう．——しかしこれは重要ではない．

前に用いた Λ_κ による記述は，明らかに Φ_κ を用いたここでの記述の特別な場合である[26]．

---

[25] それにもかかわらず，この取り決めには Φ_κ によって表された情報の状態が $\sigma_1, \cdots, \sigma_{\kappa-1}$ に依存する可能性が含まれている．もし例えば Φ_κ のすべての関数 $h(\sigma_1, \cdots, \sigma_{\kappa-1})$ が σ_λ の値の1つの集合に関して σ_μ に明らかに依存し，一方他の σ_λ の値に関しては σ_μ に依存しないならば，これが成り立つ．しかし Φ_κ は固定されている．

[26] もし Φ_κ がある変数 σ_λ——すなわち，λ がある所与の集合 M_κ に属しているような σ_λ——のすべての関数からできており，他の関数を含んでいないとすれば，Φ_κ による記述は特に Λ_κ による記述にもどる．すなわち Λ_κ が上の集合 M_κ である．しかし一般にそのような集合の存在をあてにできないことはわかっている．

7.2.2 この点において，読者はこれまでの議論の形についてある不満を感じるかもしれない．なるほど実際の典型的なゲームにおいて生じる複雑さによって議論はこの方向にかたよったかもしれない（77ページの脚注21）を参照せよ）．しかし Λ_κ を Φ_κ によって置き換える必要は，絶対的に理にかなった（数学的な）一般性を維持したいと思う気持ちから生じてきたのである．これらの明白な困難さは実際には推測されたものであり，そしてこの困難さによりわれわれはこのような段階を経なければならなかった（これについては **7.1.2** において特にその脚注で示されているように議論された）．すなわちそれらの困難さは実際のゲームである最初の例の特徴にはなっていなかった．（例えばチェスやブリッジは Λ_κ を用いることによって表されうる．）

Φ_κ によって議論しなければならないゲームも存在する．しかしこれらの大部分のものは，種々の外的な方法により Λ_κ にもどすことができるであろう．——しかしこれらを完全に扱うためには一層巧妙な分析が必要となり，ここではそれらを取り上げるに値しないと思われる[27]．Φ_κ が必要となる経済モデルももちろん存在する[28]．

しかしながら最も重要な点は次のとおりである．

われわれは設定した目標を追求するうえで，プレイヤーのさまざまの決定の相互作用全体，すなわちプレイヤーの情報の状態の変化などに関連したすべての結合的な可能性を，すべて網羅していなければならない．これらの問題は経済学の文献において広く考えられてきたものである．それらが完全に処理されうることを示したいのだが，この理由により，過度の特殊化によってある重要な可能性を見落としているという非難をまぬがれたいとも思う．

さらに，われわれがここで議論に導入している形式的な要素は，すべて議論を複雑にしないことが分析の結果としてわかるであろう．すなわち，それらは本式の議論の現在の予備的な状態を複雑にするだけである．その問題の最終的

---

[27] プレイヤーが何枚かのカードをそれが何であるかわからないように捨て，後にそれらのカードの一部を取り上げるかさもなければ公然と使えるようなトランプのゲームが考えられる．この種類に属するダブルブラインド・チェス——それは時々は「軍人将棋」とよばれることもある——というゲームもある．（これについては **9.2.3** を参照せよ．そこの記述によれば，各プレイヤーは他の前の選択そのものについては知らないが，それらの「可能性」については知っている．——そしてこの「可能性」はすべての前の選択の関数となっているのである．）

[28] 参加者が他の人々のそれ以前の行動を完全にくわしく知っているわけではなく，それらの行動のある統計的な結果についてだけ知らされているような経済を考えればよい．

な形においては，それらの影響を受けないことがわかる．(**11.2** を参照せよ．)

7.2.3 もう 1 つだけ議論しなければならない点が残っている．この議論のはじめに (すなわち **6.2.1** のはじめに)，手番の数および配列が最初から与えられている (すなわち固定されている) という特別な仮定を置いた．ここでこの制限が本質的でないことを示そう．

最初に手番の「配列」を考えよう．各手番の性質についておこりうるすべての可能性——すなわち各手番の k_κ ——についてはすでにあますところなく考慮した (特に **7.2.1** において)．手番 $\mathfrak{M}_\kappa$, $k = 1, \cdots, \nu$ の順序は最初から単におこる順にならべたものであった．したがってこの点についてはもう何も議論することは残っていない．

次に手番の数 ν を考えよう．この数もまた変わりうる．すなわちプレイの経過に依存する[29]．この ν の可変性を述べるにあたっては，いくらか注意しなければならないことがある．

プレイの過程は，(選択の) 列 $\sigma_1, \cdots, \sigma_\nu$ によって特徴づけられる (**6.2.2** を参照せよ)．ここで単に ν が変数 $\sigma_1, \cdots, \sigma_\nu$ の関数となるであろうとはいえない，なぜなら，列の長さ ν がどうなるかがあらかじめわかっていなければ完全な列 $\sigma_1, \cdots, \sigma_\nu$ を具体的に考えることはまったく不可能だからである[30]．正しい定式化は次のとおりである：すなわち，変数 $\sigma_1, \sigma_2, \sigma_3, \cdots$ がひき続いて選ばれると考えるのである[31]．もしこの選択の列が無限に続くならば，ゲームのルールによりある位置 ν でこの選択の列をやめさせねばならない．そうすれば，選択が終わったときの ν はもちろんそのときまでのすべての選択に依存するであろう．この ν がこのプレイにおける手番の数となる．

---

[29] それはまた，チェス，バックギャモン，ポーカー，ブリッジなどの大部分のゲームにおいても成り立つ．ブリッジにおいては，この多様性はまず「ビッド」を行う段階の長さが変わりうることから生じ，次に「三番勝負」(すなわちプレイ) を行うのに必要なコントラクトの数を変えることによっても生じる．ν が固定されているようなゲームの例はほとんどみあたらない．すなわち，巧妙に工夫することにより，すべてのゲームにおいて ν を固定しうるが，最初から ν が固定されているようなゲームは単調なものになりがちであることがわかるであろう．

[30] ある手番がおこるかどうかはゲームの長さに依存しているので，ゲームの長さがすべての手番に関して行われるすべての選択に依存しているということはできない．この議論は明らかに循環論法的である．

[31] σ_1 の定義域は $1, \cdots, \alpha_1$. σ_2 の定義域は $1, \cdots, \alpha_2$ であり σ_1 に依存しうる．すなわち $\alpha_2 = \alpha_2(\sigma_1)$ である．σ_3 の定義域は $1, \cdots, \alpha_3$ であり σ_1, σ_2 に依存しうる．すなわち $\alpha_3 = \alpha_3(\sigma_1, \sigma_2)$ である．以下同様に考える．

ここでこの終止ルールは，すべての考えられるゲームが，いつかは終わることを確実にするようなものでなければならない．すなわち，決して終わらないような（81 ページの脚注 30）の制限にしたがう）方法によって連続的な列 $\sigma_1, \sigma_2, \sigma_3, \cdots$ を配列することが可能であってはならない．このことを保証する明らかな方法は，固定された時点，たとえば ν^* より前にたしかに終わるように終止ルールを工夫することである．すなわち，ν は $\sigma_1, \sigma_2, \sigma_3, \cdots$ にたしかに依存するが，$\sigma_1, \sigma_2, \sigma_3, \cdots$ に依存しない ν^* に対してたしかに $\nu \leq \nu^*$ となるということである．もしこれが成り立てば，終止ルールは ν^* によって制限されるという．われわれは，考慮するゲームが，（適当なしかし固定されている）数 ν^* によって制限されるような終止ルールをもつと仮定するだろう[32)33)]．

[32)] この終止ルールが実際すべてのゲームにおいて重要な部分となっている．ほとんどのゲームにおいては，ν の固定された上限 ν^* を容易に見出せる．しかしゲームの通常のルールによっては，プレイが——例外的な条件のもとで——無限に続きうることを除外できないことも時々はある．このような場合にはすべて，上限 ν^* の存在を保証するために，実際的な保護条件がゲームのルールに後から付け加えられた．しかし，これらの保護条件もいつもまったく有効であるというわけではないと述べておかねばならない——すべての場合において保護条件の意図は明らかであり，例外的に無限のプレイが存在する場合があったとしても，それらはほとんど実際的な重要性をもたないのであるが，それにもかかわらずいくつかの典型的な例を議論することは，少なくとも数学的な観点からは非常に役に立つ．
　有効性の減少する順に 4 つの例を与える．
　エカルテ：プレイは「三番勝負」からなる．「三番勝負」というのは，3 つの「ゲーム」の中の 2 つに勝てば勝ちということである（67 ページ脚注 2）を参照せよ）．「ゲーム」というのは 5「点」をとれば勝ちになり，各「勝負」によって 2 人のプレイヤーのどちらかが 1 点かまたは 2 点を得る．したがって「三番勝負」は多くとも 3 つの「ゲーム」で完了し，「ゲーム」は多くとも 9 つの「勝負」で終わる．そして，「勝負」は 13，14 または 18 個の手番からなることも容易にたしかめられる．したがって $\nu^* = 3 \cdot 9 \cdot 18 = 486$ である．
　ポーカー：先験的に 2 人のプレイヤーは互いに無限に「オーバービッド」を続けうると推測される．それゆえに，通常は「オーバービッド」の回数の制限をルールに付け加える．（これらの人的手番における代替案 α_κ の数を有限にするために，ビッドの総量も制限される．）もちろんこれによって有限の ν^* が保証される．
　ブリッジ：プレイは「三番勝負」であるが，もし両方（プレイヤー）が常に彼らのコントラクトに失敗するならば，これは永久に続きうる．「三番勝負」に負けそうになっているほうが不合理に高く宣言することにより，プレイをこの方法で永久に終わらせないということも考えられないことではない．これは実際には行われることはないが，ゲームのルールでは明確にはそれを禁止してはいない．とにかく理論においては，ある終止ルールがブリッジにおいても導入されねばならない．
　チェス：プレイを決して終わらすことなく（すなわち「詰み手」をつくることなく）無限に続きうるような選択（通常の言葉でいえば「手番」）の列をつくりあげることは，特に「終盤戦」において容易である．最も簡単なのは周期的なものである．すなわち同じ選択の周期が限りなくくり返される

そこでこの限界 ν^* を ν の可変性を完全に取り除くために用いる.

このためには,常に ν^* 個の手番 $\mathfrak{M}_1, \cdots, \mathfrak{M}_{\nu^*}$ が存在するようにゲームの体系を拡張しさえすればよい. すべての列 $\sigma_1, \sigma_2, \sigma_3, \cdots$ に関して手番 $\mathfrak{M}_\nu$ までは何も変わらず,$\mathfrak{M}_\nu$ 以後の手番は「ダミー手番」とする. すなわち,もし列 $\sigma_1, \sigma_2, \sigma_3, \cdots$ に関して $\nu < \kappa$ となるような手番 $\mathfrak{M}_\kappa, \kappa = 1, \cdots, \nu^*$ を考えるなら,$\mathfrak{M}_\kappa$ をただ1つの選択しか許されないような偶然手番[34]——すなわちなにごともおこらないような手番——と考えるのである.

したがって,**6.2.1** のはじめにおいてなされた仮定——特に ν が最初から与えられるという仮定——は,事後的に正当化される.

8 集合と分割

8.1 ゲームの集合論的な記述の望ましさ

8.1 われわれは,ゲームの概念を充分にそして一般的に表してきた. ここで,後の数学的議論に役立つように公理的な正確さと厳密さをもつようにいい

ものである. しかし,周期的でないものもまた存在する. これらのことはすべて,敗戦の危険に瀕したプレイヤーに時には「引き分け」にもちこめるような可能性を実際に与える. このようなわけでさまざまの「引き分けルール」——すなわち終止ルール——がその現象を防ぐために用いられている.

よく知られた「引き分けルール」の1つは次のようなものである. どのような選択(すなわち「手番」)の周期も,3回くり返されれば「引き分け」としてプレイを終わりにするのである. このルールはほとんどの無限の列を除外しているが,すべてを除外しているわけではない. したがって実際には有効ではない.

もう1つの「引き分けルール」は次のとおりである. もし40手の間にどのポーンも動かされず,どのオフィサーもとられなければ(これらは「取り消すことのできない」操作であり,後になってもとにもどすことはできない),プレイは「引き分け」として終わるのである. ν^* は大きくなるがこのルールが有効であることはたやすくわかる.

[33] 純粋に数学的な点からみれば,次のような問題が生じうる. 終わりが決してこないように連続的な列 $\sigma_1, \sigma_2, \sigma_3, \cdots$ を配列することはできないという意味だけにおいて終止ルールが有効であるとしよう. すなわち常に $\sigma_1, \sigma_2, \sigma_3, \cdots$ に依存する有限の ν が存在するとしよう. これだけによって,終止ルールを制限するような固定された有限の ν^* の存在を保証できるであろうか? すなわち,すべての ν について $\nu \leq \nu^*$ となるであろうか?

実際的なゲームのルールはすべて ν^* を直接的にめざしているので,この問題は非常に非実際的な問題である.(しかし,上の脚注32)を参照せよ.)それは非現実的ではあるが数学的には非常に興味深い.

その答えは「肯定的」である. すなわち常に ν^* が存在する. 例えば,D. König の "Über eine Schlussweise aus dem Endlichen ins Unendliche", *Acta Litt. ac Scient. Univ. Szeged*, *Sect. Math.*, Vol.III/II (1927), pp.121-130,特に Appendix の pp.129-130 を参照せよ.

[34] もちろんこれは,$\alpha_\kappa = 1, k_\kappa = 0$ で $p_\kappa(1) = 1$ であることを意味している.

直すことにしよう．しかしその前に異なった定式化に少しふれておくことも価値があるだろう．この定式化は前の節で行った定式化とまったく同じものであるが，より一層まとめられており，一般的な形で述べられたときには，より簡単でもある．そして，より簡潔かつ明快な記号を用いている．

この定式化を行うためには，いままで用いてきた以上に広範な集合論——特に分割の理論——の記号体系を用いなければならない．このためには説明と例証がある程度必要である．ここでそれを与えようと思う．

8.2 集合とその性質およびその図による説明

8.2.1 集合というのは，その性質および数についてまったく制限されない事象の任意の集まりであり，この事象というのは問題となっている集合の要素である．要素はそのようにして集合を構成し決定しており，その要素間にはどのような種類の順序も関係もない．すなわち，もし 2 つの集合 A, B において A のすべての要素が B の要素の 1 つともなっており，また逆も成り立つなら，A, B はすべての点において等しく，$A = B$ である．α が集合 A の要素となっているという関係はまた α が A に属するとも表される[35]．

われわれは常にそうであるというわけではないが，主に有限集合——すなわち有限個の要素からできている集合——のみに関心をもつであろう．

任意に $\alpha, \beta, \gamma, \cdots$ なる事象が与えられたとすれば，これらを要素とする集合は $\{\alpha, \beta, \gamma, \cdots\}$ によって示される．要素をまったく含んでいない集合，すなわち空集合を導入しておくのもまた都合がよい[36]．空集合は $\ominus$ で示すことにする．特に正確に 1 つの要素をもつ集合，すなわち 1 要素集合をつくることもできる．1 要素集合 $\{\alpha\}$ とその唯一の要素 α は同じものではない．これを決して混同してはならない[37]．

---

[35] 集合論の数学的な文献は非常に広範囲にわたっている．われわれは，本書で述べられたこと以外は用いない．興味ある読者は次のような良い入門書によって集合論についてより一層知ることができるであろう．すなわち，A. Frankel, *Einleitung in die Mengenlehre*, 3rd Edit., Berlin, 1928 であり，簡潔で専門的にすぐれているものとしては F. Hausdorff, *Mengenlehre*, 2nd Edit., Leipzig, 1927 である．

[36] もし 2 つの集合 A, B がともに要素をもたなければ，それらは同じ要素をもっているともいえる．したがって，前に述べたことより $A = B$ である．すなわち空集合はただ 1 つしか存在しない．
この理由は奇妙に思われるかもしれないが間違いではない．

[37] $\{\alpha\}$ と α を同じものとしうる数学の部分もある．その場合には，同一視されることも時々はあるが，それは根拠のないまま行われるのである．一般には，それは実行可能でないことは明らかであ

8 集合と分割

われわれはどのような事象も集合の要素となりうることを再度強調しておく．もちろん，われわれは数学的な対象に限るであろう．しかし，例えば要素は完全に集合そのものともなりうる（脚注37）を参照せよ）．——したがって集合の集合などという概念も導かれる．これらの概念はある他の——内容的には等しい——名で呼ばれることも時々ある．例えば集合の体系または集合の集まりとよばれる．しかしこれは必要ではない．

8.2.2 集合に関する主な概念と演算は次のとおりである．

(8:A:a) 　もし A のすべての要素がまた B の要素ともなっていれば，A は B の部分集合となる．すなわち B は A の上位集合となる．記号では $A \subseteq B$ または $B \supseteq A$ と表される．もし上のことが成り立っており，しかも B が A の要素以外の要素を含んでいれば，A は B の真部分集合となる．すなわち B は A の真上位集合となる．記号では $A \subset B$ または $B \supset A$ となる．もし A が B の部分集合で B が A の部分集合なら $A = B$ となる．（これは **8.2.1** の最初に明確にされた原理をいい直したものである．）同様に，もし A が B の部分集合であって，しかも $A = B$ とならないならば，そしてそのときにのみ，A は B の真部分集合である．

(8:A:b) 　2つの集合 A, B の和は，A のすべての要素と B のすべての要素を合わせたものからなる集合であり，——$A \cup B$ と表される．同様にして，2つを超える集合の和もつくられる[38]．

(8:A:c) 　2つの集合 A, B の積または交わりというのは，A, B 共通するすべての要素からなる集合であり，——$A \cap B$ と表される．同様に2つを超える集合の積もつくられる[38]．

(8:A:d) 　2つの集合 A, B の差（A が被減数であり，B が減数である）は，B には属さないようなすべての A の要素からなり，$A - B$ と表される[38]．

る．例えば，α を1要素集合でない——すなわち2要素集合 $\{\alpha, \beta\}$ または空集合 $\ominus$ である——としよう．そうすれば $\{\alpha\}$ は1要素集合であり，一方 α はそうではないので，$\{\alpha\}$ と α とは区別されねばならない．

[38] この和，積，差という用語は古くから使われている．これは，ある代数学の類似の言葉にもとづいているが，それについてはここでは用いない．実際ブール代数として知られている $\cup, \cap$ という演算からなる代数は，それ自身かなり興味をひくものである．例えば，A. Tarski, *Introduction to Logic*, New York, 1941 を参照せよ．さらに Garrett Birkhoff, *Lattice Theory*, New York, 1940 も参照せよ．この書は，現代の理論的方法の理解に関して広く関係している．第6章においてブール代数を扱っているので，そこでさらに文献が与えられている．

(8:A:e) B が A の部分集合であるときに，$A-B$ をまた A における B の補集合ともいう．集合 A の意味するものが明らかなときには，単に $-B$ と書き，それ以上くわしく表すことなく B の補集合を論ずることもある．

(8:A:f) もし2つの集合 A, B に共通の要素がなければ，——すなわち $A \cap B = \ominus$ ならば——A, B は分離しているという．

(8:A:g) もし $\mathcal{A}$ の異なる要素のすべての対が分離した集合ならば——もし $\mathcal{A}$ に属する A, B に関して，$A \neq B$ のときに $A \cap B = \ominus$ となるならば——集合の系（集合）$\mathcal{A}$ は互いに分離した集合系とよばれる．

8.2.3 この点において，いくつか図示することは役に立つであろう．

ここで考えている集合の要素となっているものを点によって示すことにする（図1）．集合は，それに属する点（要素）を囲むことによって表し，その集合を示す記号は点を囲んでいる線上に1つまたはそれ以上書くものとする（図1）．この図においては，A, B は分離してはいないが，A, C は分離していることを付け加えておく．

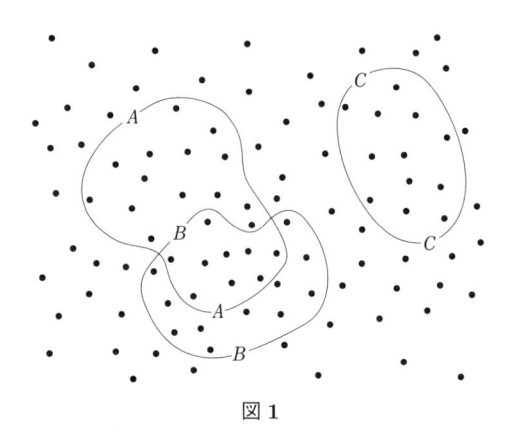

図1

この工夫により，集合の和，積，差を表すこともできる（図2）．この図においては A は B の部分集合ではなく，B も A の部分集合ではない．——したがって差 $A - B$ も差 $B - A$ も補集合にはならない．しかし次の図においては，B は A の部分集合となっているので，$A - B$ は A における B の補集合となる（図3）．

図2　　　　　　　　図3

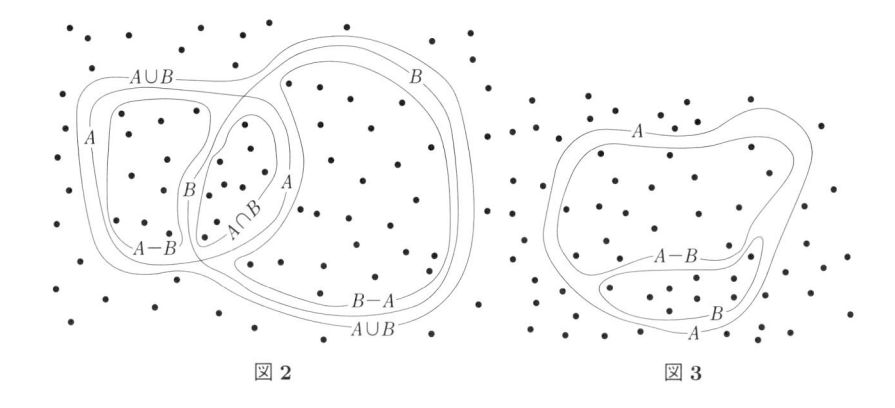

8.3　分割とその性質およびその図による説明

8.3.1　集合 Ω と集合の集合 $\mathcal{A}$ が与えられているとする．次の2つの条件を満たしているときに $\mathcal{A}$ は Ω における分割であるという．

(8:B:a)　$\mathcal{A}$ のすべての要素 A は Ω の部分集合であり，空ではない．
(8:B:b)　$\mathcal{A}$ は互いに分離している集合の系である．

この概念もまた広く文献の主題となってきた[39]．

2つの分割 $\mathcal{A}, \mathcal{B}$ に関してもし次の条件が満たされれば，$\mathcal{A}$ は $\mathcal{B}$ の部分分割であるという．

(8:B:c)　$\mathcal{A}$ のすべての要素 A が $\mathcal{B}$ のある要素 B の部分集合となっている[40]．もし $\mathcal{A}$ が $\mathcal{B}$ の部分分割で $\mathcal{B}$ が $\mathcal{A}$ の部分分割なら $\mathcal{A} = \mathcal{B}$ となることに注意せよ[41]．

---

[39] 前掲の G. Birkhoff の著書を参照せよ．われわれの条件 (8:B:a)，(8:B:b) は正確には通常のものとは異なる．正確には次のとおりである．
(8:B:a) について：$\mathcal{A}$ の要素 A が必ずしも空でなくともよい場合もときにはある．実際 **9.1.3** において，1つの例外をつくらねばならないだろう（95ページの脚注53）を参照せよ）．
(8:B:b) について：通常は $\mathcal{A}$ の要素すべての和が正確に集合 Ω となっていなければならない．しかし，われわれの目的のためにはこの条件を省いたほうが都合がよいのである．

[40] $\mathcal{A}, \mathcal{B}$ もまた集合であるので，$(\mathcal{A}, \mathcal{B}$ に関するかぎり）部分集合の関係を部分分割の関係と比較するのがよいであろう．直ちに，もし $\mathcal{A}$ が $\mathcal{B}$ の部分集合なら $\mathcal{A}$ は $\mathcal{B}$ の部分分割であることも証明できるが，逆は（一般には）正しくはない．

[41] 証明：$\mathcal{A}$ の要素 A を考える．A は $\mathcal{B}$ のある要素 B の部分集合となっていなければならず，次に B は $\mathcal{A}$ のある要素 A_1 の部分集合となっていなければならない．したがって A, A_1 は共通の要

次に重ね合わせ (superposition) を定義する．

(8:B:d)　2つの分割 $\mathcal{A}, \mathcal{B}$ が与えられたときに，それらの要素の空でない交わり $A \cap B$ のすべてからなる体系をつくる．——A は $\mathcal{A}$ のすべての要素にわたり，B は $\mathcal{B}$ のすべての要素にわたるものとする．——これもまた明らかに分割であり，$\mathcal{A}, \mathcal{B}$ の重ね合わせとよばれる[42]．

最後に，与えられた集合 C の中での2つの分割 $\mathcal{A}, \mathcal{B}$ に関する上で述べた関係も定義しておく．

(8:B:e)　もし $\mathcal{A}$ に属し，しかも C の部分集合となっているすべての A が $\mathcal{B}$ に属し，C の部分集合となっているある B の部分集合にもなっていれば，$\mathcal{A}$ は C の中で $\mathcal{B}$ の部分分割であるという．

(8:B:f)　もし $\mathcal{A}, \mathcal{B}$ の要素で C の部分集合となっているものがすべて同じであれば，C の中で $\mathcal{A}$ は $\mathcal{B}$ に等しいという．

明らかに上の脚注41) を少し変更を加えて，再度適用できる．また，Ω の中での上の概念はもとの制限のないものと同じである．

8.3.2　ここで再度いくつかの図を与えるが，これは **8.2.3** の場合と同じように役立つであろう．

まず分割を表すことから始める．分割の要素——これは集合である——に名前を与えることはせず，それを囲む線－－－によって各々の要素を示すことにする（図4）．

次に $\mathcal{A}$ の要素を囲む線を－－－，$\mathcal{B}$ の要素を囲む線を－・－・－とすることにより，2つの分割 $\mathcal{A}, \mathcal{B}$ を区別して表す（図5）．この図においては $\mathcal{A}$ は $\mathcal{B}$ の部分分割である．次の図においては $\mathcal{A}$ も $\mathcal{B}$ も互いの部分分割にはなってい

素をもち——その要素はすべて空でない集合 A の要素である．すなわち A, A_1 は分離していない．A, A_1 は共に分割 $\mathcal{A}$ に属しているので，$A = A_1$ とならねばならない．したがって A は B の部分集合であり，B は $A (= A_1)$ の部分集合となる．以上より $A = B$ となり，A は $\mathcal{B}$ に属することになる．

すなわち：$\mathcal{A}$ は $\mathcal{B}$ の部分集合である（上の脚注40) を参照せよ）．同様に $\mathcal{B}$ は $\mathcal{A}$ の部分集合となるから，$\mathcal{A} = \mathcal{B}$ である．

[42] $\mathcal{A}, \mathcal{B}$ の重ね合わせが $\mathcal{A}, \mathcal{B}$ 両方の部分分割になっていることは容易に示される．——しかも $\mathcal{A}, \mathcal{B}$ 両方の部分分割になっているすべての分割 $\mathcal{C}$ はまた $\mathcal{A}, \mathcal{B}$ の重ね合わせの1つともなる．したがってこの名前 (superposition) がついている．前掲の G. Birkhoff の著書の Chapt.I-II を参照せよ．

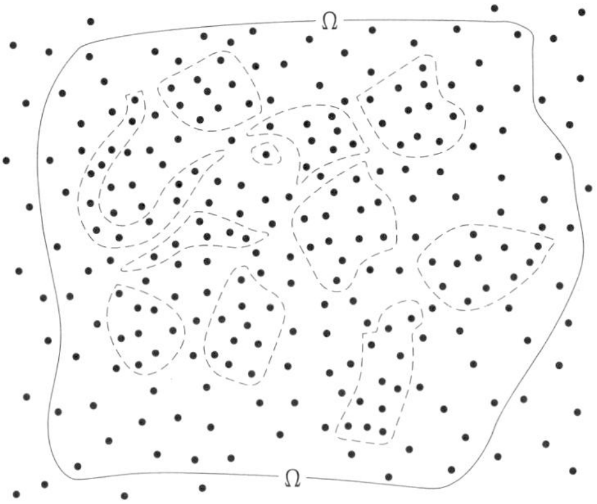

図 4

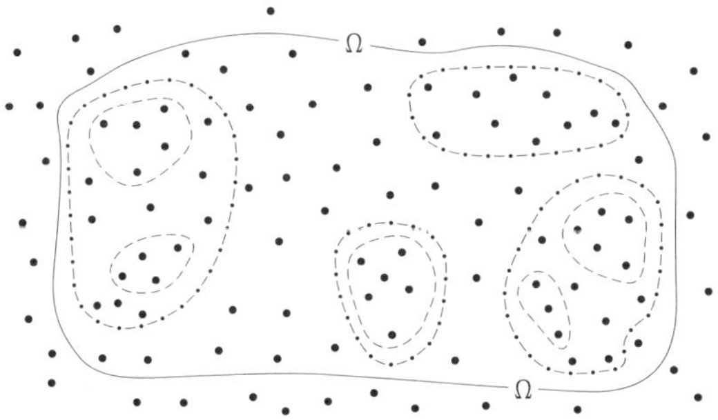

図 5

ない（図 6）．この図においての $\mathcal{A}$, $\mathcal{B}$ の重ね合わせの決定は，読者に任せる．

もう 1 つのより図式的な分割の表現は，集合 Ω を 1 つの点により，分割のすべての要素――これは Ω の部分集合になっている――をこの点から上へのびる直線により表すことによって得られる．したがって図 5 の分割 $\mathcal{A}$ はずっと簡単な線図で表されるであろう（図 7）．この表現によっては，図 6 において行われたような分割の要素に入っている要素の表示や Ω におけるいくつかの分割の同時表現はできない．しかし，もし Ω における 2 つの分割 $\mathcal{A}$, $\mathcal{B}$ が図 5 におけるような関係をもてば，すなわち $\mathcal{A}$ が $\mathcal{B}$ の部分分割であれば，この欠点も取り除くことができる．この場合には，Ω を再度最も下にある点で表し，$\mathcal{B}$ のすべての要素をこの点から上へのびる直線によって表し――すなわち図 7 のように――，そして $\mathcal{A}$ のすべての要素をこれがその部分集合とな

図 6

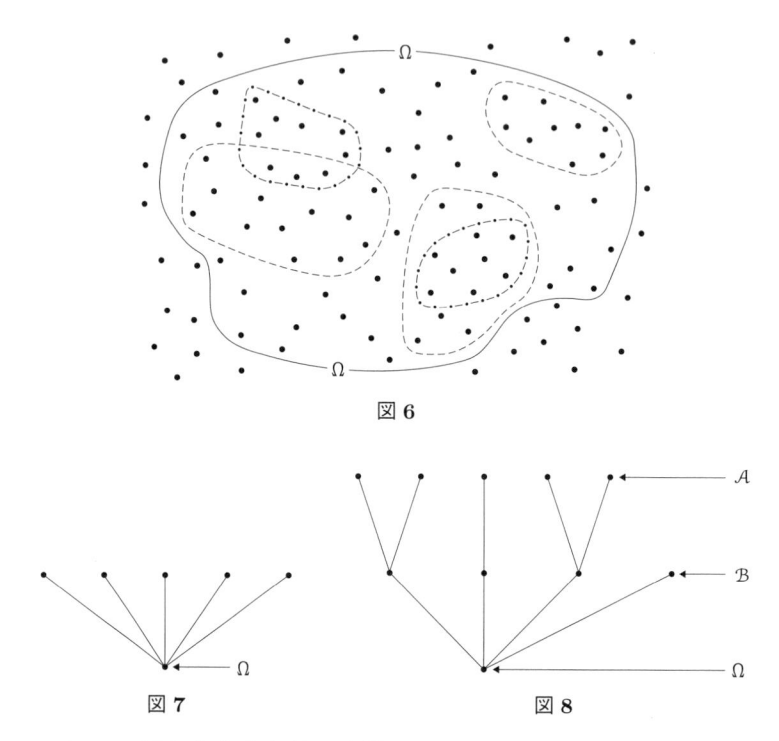

図 7 　　　　　　　図 8

っている $\mathcal{B}$ の要素を表す直線の上端からさらに上へのびるもう 1 つの直線として表す．このようにして図 5 の $\mathcal{A}, \mathcal{B}$ の 2 つの分割を表すことができる（図 8）．この表現も図 5 のこれに相当する表現よりも表していることが少ない．しかしこの表現は簡単であるので，一連の図 4-6 の図によって実際に行われるよりも，この表現のほうが，より一層拡張されうるであろう．特にこの工夫により，分割の列 $\mathcal{A}_1, \cdots, \mathcal{A}_\mu$ を表すことができる．ここで $\mathcal{A}_1, \cdots, \mathcal{A}_\mu$ の各々は，すぐ前の分割の部分分割となっている．$\mu = 5$ のときの典型的な例を与える（図 9）．

このタイプの配列は数学において研究されてきたものであり，木として知られている．

8.4 集合と分割の記号論理学的な説明

8.4.1 8.2.1-8.3.2 において議論した概念は，それに記号論理学的な説明を与えることにより，これからのゲームの議論に役立つであろう．

図 9

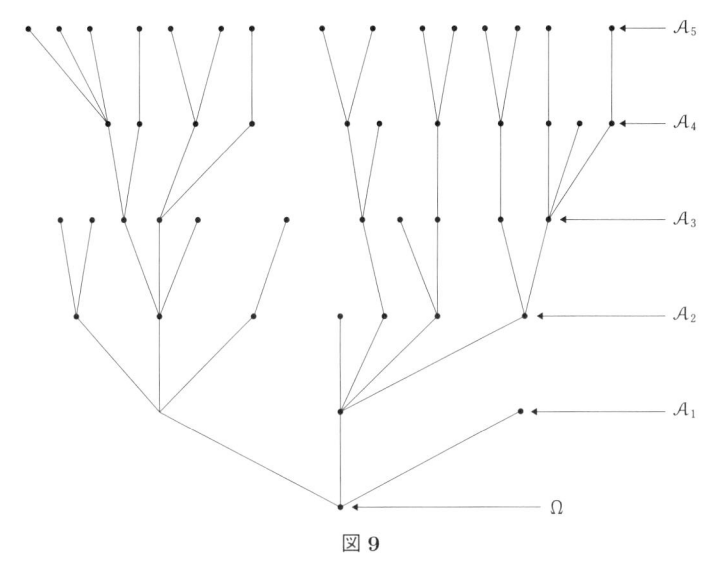

まず集合に関する説明から始めよう．

もし Ω があらゆる種類のものの集合であるとすれば，すべての考えられる性質——これらの事象のいくつかはその性質をもちその他はもたないものとする——は，この性質をもつ Ω の要素の集合を明らかにすることによって十分に特徴づけられる．すなわち，もし 2 つの性質がこの意味において同じ集合（すなわち Ω の同じ部分集合）に対応しているなら，Ω のこの集合の要素はこの 2 つの性質を有しているだろう．——すなわち，これらの性質は論理学におけると同じ意味で同等である．

さて，(Ω の要素の）性質が集合（Ω の部分集合）とこのように簡単に対応するばかりでなく，その性質をもつ基本的な論理演算も **8.2.2** で議論した集合演算に対応する．

したがって 2 つの性質の分離——すなわち少なくともどちらか一方が成り立つという主張——は，明らかにそれらの集合の和をつくること——すなわち $A \cup B$ という演算——に相当する．2 つの性質の結合——すなわち両方が成り立つという主張——は，それらの集合の積をつくること——すなわち $A \cap B$ という演算——に相当する．最後にある性質の否定——すなわちその反対を主張すること——は，その集合の補集合をつくること——すなわち $-A$ という演算——に相当する[43]．

——上で行ったように——Ω の部分集合を Ω における性質に関連づける代わりに，同じようにそれらを——さもなければ決定されないような——Ω の1つの要素に関するすべての可能な情報の集まりと関連づけてもよいであろう．実際どのような情報でもそれによってこの——未知の——Ω の要素がある——明らかにされた——性質をもっていると主張できるのである．この性質をもつ Ω の要素のすべてからなる集合によって表すのと同じである．——すなわち，与えられた情報により——未知の——Ω の要素の動きうる範囲がこの性質にまで狭められるのである．

　特に，空集合 $\ominus$ は決しておこらないような性質，すなわち馬鹿げた情報に相当することに注意しよう．また2つの分離された集合は，両立しない2つの性質，すなわち2つの互いに相容れない情報の集まりに相当している．

8.4.2 ここで分割に注意を向けよう．

　8.3.1 の定義 (8:B:a), (8:B:b) を再考することにより，またそれをここでの術語でいい直すことにより，次のことがわかる：分割は，2つずつの互いに相容れない情報の集まりの体系である．ここでこの情報は，Ω の未知の要素に関するものであり，本来どの情報も不合理ではない．言い換えれば，分割というのは——さもなければ知られないような——Ω の要素に関連して後にどれだけの情報が与えられるかを前もって公表するものである．すなわち，後にこの要素の動きうる範囲がどの程度まで狭められるかを述べるものである．しかし実際の情報は分割によっては与えられない．——すなわち，分割の要素が Ω の部分集合，すなわち実際の情報となっているので，分割の要素を選ばなければならないのである．

　したがって，われわれは Ω における分割は情報のパターンであるということができる．Ω の部分集合に関しては **8.4.1** においてそれが明らかな情報に相当することがわかっている．分割について使われる術語の混乱をさけるために，この場合——すなわち Ω の部分集合に関して——は，実際の情報という言葉を使うことにしよう．

　次に，**8.3.1** の定義 (8:B:c) を再度考え，それをここでの術語で書き直してみよう．この定義は Ω における2つの分割 $\mathcal{A}, \mathcal{B}$ について，$\mathcal{A}$ が $\mathcal{B}$ の部分分割になっているという意味を説明するものであった．これは，$\mathcal{A}$ によっ

---

[43] 集合論と形式論理学との関連については，例えば前に掲げた G. Birkhoff の著書の Ch.VIII を参照せよ．

て公表された情報が，$\mathcal{B}$ に公表されたすべての情報（おそらくはそれ以上）を含むということと結局は同じである．すなわち，情報のパターン $\mathcal{A}$ は情報のパターン $\mathcal{B}$ を含むということである．

これらのことは，**8.3.2** の図 4-9 の意味に新しい光を与える．特に図 9 の木は連続的に増加する情報のパターンを表しているように思われる．

9 ゲームの集合論的な記述

9.1 ゲームを表す分割

9.1.1 われわれは手番の数を——すでにそうしてよいと知っているように——固定されたものとする．この数を ν とし，手番そのものを $\mathfrak{M}_1, \cdots, \mathfrak{M}_\nu$ とする．

ゲーム Γ のすべての可能なプレイを考え，それらを要素とする集合 Ω をつくろう．もし前節の記述を用いるなら，すべての可能なプレイは，単にすべての可能な列 $\sigma_1, \cdots, \sigma_\nu$ となる[44]．そのような列の数は有限個であるので[45]，Ω は有限集合となる．

しかしより直接的に Ω をつくる方法もある．例えば，各プレイをゲームの途中で生じる $\nu+1$ 個の続いておこる状態[46]の連続として表すことによって，Ω をつくることもできる．もちろん一般に与えられた状態に続いて任意の状態が生じるわけではなく，ある時点において可能な状態はゲームのルールで正確に表された方法により，その前の状態からの制限を受ける[47]．われわれはゲームのルールの記述を Ω をつくることから始めようとしているので，Ω そのものがルールの細部すべてにあまりにも依存することは望まない．したがって，Ω に不合理な列が含まれていたとしてもそれに反論しないことを注意しておく[48]．したがって，Ω が何の制限もなく $\nu+1$ 個の連続した状態の列のすべてからなるということさえ，完全に受け入れられるであろう．

そこでわれわれは次に，このおそらく余分なものを含む集合 Ω から，どの

---

[44] 特に **6.2.2** を参照せよ．$\sigma_1, \cdots, \sigma_\nu$ の範囲については 81 ページの脚注 31) に述べられている．

[45] 上でふれた脚注より直ちに証明される．

[46] $\mathfrak{M}_1$ 以前，$\mathfrak{M}_1$ と $\mathfrak{M}_2$ の間，$\mathfrak{M}_2$ と $\mathfrak{M}_3$ の間，$\cdots$，$\mathfrak{M}_{\nu-1}$ と $\mathfrak{M}_\nu$ の間，$\mathfrak{M}_\nu$ 以後である．

[47] これは 81 ページの脚注 31) で述べられた列 $\sigma_1, \cdots, \sigma_\nu$ の展開と同じである．

[48] すなわち，完全にゲームのルールが明確にされた後には結局は許されないような列である．

ようにして実際におこりうるプレイが選ばれるかを示すことにする．

9.1.2 ν と Ω が与えられたとして，次に一連のプレイの細部を考えることにしよう．

この一連のプレイの間のある一定の時点，例えばある与えられた手番 $\mathfrak{M}_\kappa$ のすぐ前の時点を考えよう．この時点においては，ゲームのルールにより次のような一般的な記述が与えられなければならない．

まず，手番 $\mathfrak{M}_\kappa$ に先んじる事象[49]がどの程度までプレイの過程を決定してきたかを表していなければならない．これらの事象の列すべてが，集合 Ω を部分集合 A_κ まで狭める．この A_κ は $\mathfrak{M}_\kappa$ までの過程が A_κ によって与えられる事象の列となっているような Ω からのプレイすべての集合である．先の節で用いた術語によれば，Ω は——**9.1.1** で指摘したように——すべての列 $\sigma_1, \cdots, \sigma_\nu$ の集合となっている．そうすれば，A_κ は $\sigma_1, \cdots, \sigma_{\kappa-1}$ が与えられた数値をもつような列 $\sigma_1, \cdots, \sigma_\nu$ の集合となる（上の脚注49）を参照せよ）．しかし，ここでのより広い観点からみれば，ただ A_κ が Ω の部分集合になっていなければならないというだけでよい．

ここで，$\mathfrak{M}_\kappa$ までにとられるゲームの可能なさまざまの過程は，異なった集合 A_κ によって表されねばならない．どのような2つの過程も，もしそれらが互いに異なっているなら，2つのまったく分離したプレイの集合となる．すなわち，プレイは同時に両方の過程を始める（すなわち $\mathfrak{M}_\kappa$ まで）ことはできなかった．このことから，どのような2つの異なった集合 A_κ も分離していなければならないことがわかる．

したがって，ゲームの考えられるすべてのプレイの $\mathfrak{M}_\kappa$ までの過程のうち，理論的におこりうるものは Ω の互いに交わりをもたない2つずつの部分集合の族によって表される．これは上で述べたすべての集合 A_κ の族となる．この族を $\mathcal{A}_\kappa$ と表すことにする．

$\mathcal{A}_\kappa$ に含まれるすべての集合 A_κ の和は，すべての可能なプレイを含んでいる．しかし，Ω の中に余分なものが明らかに含まれているので（**9.1.1** の最後を参照せよ），この和は必ずしも Ω に等しくなるとは限らない．要約すれば：

(9:A)　$\mathcal{A}_\kappa$ は Ω における分割である．

---

[49] すなわち，先行する手番 $\mathfrak{M}_1, \cdots, \mathfrak{M}_{\kappa-1}$ に関する選択——すなわち数値 $\sigma_1, \cdots, \sigma_{\kappa-1}$ である．

また，分割 $\mathcal{A}_\kappa$ は $\mathfrak{M}_\kappa$ までにおこったこと[50]をすべて知っているような人，例えば，プレイの過程を管理する審判者の情報のパターンを表しているともいえる[51]．

9.1.3 次に手番 $\mathfrak{M}_\kappa$ の性質がどのようなものであるかが知られていなければならない．これは **6.2.1** の k_κ で説明される：もし手番が人的でプレイヤー k_κ に属するなら，$k_\kappa = 1, \cdots, n$ となり，手番が偶然なら $k_\kappa = 0$ となる．k_κ は，$\mathfrak{M}_\kappa$ までのプレイの過程に依存するかもしれない．すなわち，$\mathcal{A}_\kappa$ に含まれている情報に依存する[52]．このことにより，$\mathcal{A}_\kappa$ の中の各集合 A_κ の内部では k_κ は一定でなければならないが，1 つの A_κ と他の A_κ の間では変わるかもしれないことがわかる．

したがって，すべての $k = 0, 1, \cdots, n$ に関して集合 $B_\kappa(k)$ をつくりうるだろう．ただしこの $B_\kappa(k)$ というのは，$k_\kappa = k$ となるすべての集合 A_κ を含み，種々の $B_\kappa(k)$ は分離されているものである．このようにして $B_\kappa(k)$ は Ω の分離した部分集合の族をつくる．この族を $\mathcal{B}_\kappa$ と表す．

(9:B)　$\mathcal{B}_\kappa$ もまた Ω における分割である．$\mathcal{A}_\kappa$ のすべての A_κ が $\mathcal{B}_\kappa$ のある $B_\kappa(k)$ の部分集合となっているので，$\mathcal{A}_\kappa$ は $\mathcal{B}_\kappa$ の部分分割である．

$\mathcal{A}_\kappa$ の集合 A_κ のある特定の数えあげを明示する根拠はなかったが，$\mathcal{B}_\kappa$ の場合はそうではない．$\mathcal{B}_\kappa$ は正確に $n+1$ 個の集合 $B_\kappa(k)$, $k = 0, 1, \cdots, n$ からなり，これらは $k = 0, 1, \cdots, n$ により固定された数をとる[53]．この列挙は関数 k_κ に代わるものとなるので重要である（上の脚注 52) を参照せよ）．

9.1.4 第 3 に，手番 $\mathfrak{M}_\kappa$ に関して選択が行われる際の状態をくわしく述べなければならない．

まず，$\mathfrak{M}_\kappa$ を偶然手番であるとしよう．すなわち集合 $B_\kappa(0)$ の中の場合である．そうすれば重要な量は，代替案の数 α_κ とこれらの種々の代替案の確率

---

[50] すなわち，手番 $\mathfrak{M}_1, \cdots, \mathfrak{M}_{\kappa-1}$ に関するすべての選択の結果．先の術語を用いれば $\sigma_1, \cdots, \sigma_{\kappa-1}$ の数値．
[51] 一般にどのプレイヤーも，$\mathcal{A}_\kappa$ に含まれているすべての情報を知っているわけではないから，そのような人を導入しなければならない．
[52] **7.2.1** の記号を用いれば先の脚注の意味で $k_\kappa = k_\kappa(\sigma_1, \cdots, \sigma_{\kappa-1})$ となる．
[53] したがって，$\mathcal{B}_\kappa$ は実際には集合でも分割でもなくもっと手のこんだ概念である．すなわちそれは，集合 $B_\kappa(k)$, $k = 0, 1, \cdots, n$ を列挙したものからなっている．

しかしそれは分割を特徴づける **8.3.1** の性質 (8:B:a)，(8:B:b) をもっている．その場合でさえ例外がつくられるに違いない：すなわち，集合 $B_\kappa(k)$ の中に空集合が存在しうるのである．

$p_\kappa(1),\cdots,p_\kappa(\alpha_\kappa)$ である (**6.2.1** の最後を参照せよ). **7.1.1** において指摘したように (これは, そこにおける議論の第 2 の項目であった), これらのすべての量は, $\mathcal{A}_\kappa$ に含まれている情報全体に依存しうる (95 ページの脚注 52) を参照せよ). なぜなら, $\mathcal{M}_\kappa$ はここでは偶然手番だからである. すなわち, α_κ と $p_\kappa(1),\cdots,p_\kappa(\alpha_\kappa)$ は $\mathcal{A}_\kappa$ の各集合 $A_\kappa{}^{54)}$ の中では一定でなければならないが, 1 つの A_κ ともう 1 つの A_κ の間では変わりうる.

これらの A_κ の 1 つ 1 つの中で, 代替案 $\mathcal{A}_\kappa(1),\cdots,\mathcal{A}_\kappa(\alpha_\kappa)$ の間の選択が行われる. すなわち, 1 つの $\sigma_\kappa = 1,\cdots,\alpha_\kappa$ の選択が行われる (**6.2.2** を参照せよ). このことは, A_κ の示す制限に対応する A_κ の α_κ 個の互いに交わらない部分集合に, 行われた選択 σ_κ を付け加えたものを明示することにより表現される. これらの集合を C_κ とよび, それらの ―― $B_\kappa(0)$ の部分集合であるすべての A_κ におけるすべての C_κ からなる ―― 体系を $\mathcal{C}_\kappa(0)$ とよぶ. したがって, $\mathcal{C}_\kappa(0)$ は $B_\kappa(0)$ における分割となる. また, $\mathcal{C}_\kappa(0)$ のすべての C_κ は $\mathcal{A}_\kappa$ のある A_κ の部分集合となっているので, $\mathcal{C}_\kappa(0)$ は $\mathcal{A}_\kappa$ の部分分割となる.

α_κ は $\mathcal{C}_\kappa(0)$ によって決定される[55]. したがって α_κ についてはこれ以上述べなくてよいだろう. $p_\kappa(1),\cdots,p_\kappa(\alpha_\kappa)$ に関しては, 次の記述に述べられている. すなわち, $\mathcal{C}_\kappa(0)$ のすべての C_κ に関して, $p_\kappa(C_\kappa)$ なる数 (すなわちその確率) がともなわれる. ただし, 69 ページの脚注 6) に等しい条件は必要である[56].

9.1.5 次に, $\mathcal{M}_\kappa$ が人的手番すなわちプレイヤー $k = 1,\cdots,n$ の手番であるとしよう. すなわち, 集合 $B_\kappa(k)$ の中の場合である. この場合には $\mathcal{M}_\kappa$ におけるプレイヤー k の情報の状態を明らかにせねばならない. これは, **6.3.1** においては集合 Λ_κ によって表され, **7.2.1** においては関数の群 Φ_κ によって表されたが, Φ_κ による表現のほうがより一般的であり最終的なものである. この表現によれば, k は $\mathcal{M}_\kappa$ において Φ_κ のすべての関数 $h(\sigma_1,\cdots,\sigma_{\kappa-1})$ の値だけを知っていることになる. われわれはこれらの集合を D_κ とよび, その

---

[54] われわれは $B_\kappa(0)$ の中にいるので, これらすべては $B_\kappa(0)$ の部分集合である A_κ だけに関係する.

[55] α_κ は $\mathcal{C}_\kappa(0)$ のうち与えられた A_κ の部分集合となっている C_κ の数である.

[56] すなわち, すべての $p_\kappa(C_\kappa) \geq 0$ であり, 各 A_κ に関しては, $\mathcal{C}_\kappa(0)$ のうち A_κ の部分集合であるすべての C_κ の上での和 $\sum p_\kappa(C_\kappa)$ が 1 となる.

系を $\mathcal{D}_\kappa(k)$ とよぶことにする．したがって，$\mathcal{D}_\kappa(k)$ は $B_\kappa(k)$ における分割である．

もちろん，$\mathcal{M}_\kappa$ における k の情報は $\mathcal{A}_\kappa$ によって示されている **9.1.2** の意味でのその時点におけるすべての情報の一部である．したがって，$B_\kappa(k)$ の部分集合となっている $\mathcal{A}_\kappa$ の1つの A_κ においては，まったくあいまいさは存在していない．すなわち，問題の A_κ は $\mathcal{D}_\kappa(k)$ の1つの D_κ の部分集合となっていなければならない．言い換えれば，$B_\kappa(k)$ の中では $\mathcal{A}_\kappa$ は $\mathcal{D}_\kappa(k)$ の部分分割になっている．

実際には，プレイの過程は，$\mathcal{M}_\kappa$ において $\mathcal{A}_\kappa$ の集合 A_κ の中へ狭められる．しかし手番 $\mathcal{M}_\kappa$ を行うプレイヤー k は，それを知らない．すなわち，彼に関するかぎり，プレイは $\mathcal{D}_\kappa(k)$ の集合 D_κ の中にあるだけである．彼はここで代替案 $\mathcal{A}_\kappa(1), \cdots, \mathcal{A}_\kappa(\alpha_\kappa)$ の中から選択を行わねばならない．すなわち，$\sigma_\kappa = 1, \cdots, \alpha_\kappa$ を選択しなければならない．**7.1.2** および **7.2.1**（特に **7.2.1** の最後）において指摘したように，α_κ はもちろん可変である．しかし，それは $\mathcal{D}_\kappa(k)$ に表されている情報に依存するだけである．すなわち，それは $\mathcal{D}_\kappa(k)$ の集合 D_κ の中だけに限れば一定でなければならない．したがって $\sigma_\kappa = 1, \cdots, \alpha_\kappa$ の選択は，D_κ による制限に相当する α_κ 個の分離した D_κ の部分集合と行われた選択 σ_κ を示すことにより表される．われわれはこれらの集合を C_κ とよび——$\mathcal{D}_\kappa(k)$ のすべての D_κ におけるすべての C_κ からなる——系を $\mathcal{C}_\kappa(k)$ とよぶ．したがって，$\mathcal{C}_\kappa(k)$ は $B_\kappa(k)$ における分割となる．また，$\mathcal{C}_\kappa(k)$ のすべての C_κ は $\mathcal{D}_\kappa(k)$ のある D_κ の部分集合となっているので，$\mathcal{C}_\kappa(k)$ は $\mathcal{D}_\kappa(k)$ の部分分割である．

α_κ は $\mathcal{C}_\kappa(k)$ によって決定される[57]．したがってそれについてはこれ以上ふれない．α_κ はゼロにはならない．——すなわち，$\mathcal{D}_\kappa(k)$ の1つの D_κ を与えれば，$\mathcal{C}_\kappa(k)$ の中で D_κ の部分集合であるようなある C_κ が存在しなければならない[58]．

---

[57] α_κ は，$\mathcal{C}_\kappa(k)$ の中で与えられた A_κ の部分集合となっているような C_κ の数である．

[58] これは，$k = 0$——すなわち，$\mathcal{D}_\kappa(k)$ の D_κ ではなく，$B_\kappa(0)$ の部分集合 A_κ について——に関しても同様に正しくなければならないが，われわれは $k = 1, \cdots, n$ に関してだけこれを必要とする．96 ページの脚注 56) の結果から明らかであるように，$k = 0$ の場合についてはこれは必要ではない．実際，もし希望している C_κ がなければ，脚注 56) で述べた $\sum p_\kappa(C_\kappa)$ は 0 となってしまい，1 とはならないからである．

9.2 分割とその性質の議論

9.2.1 これまでの節において,手番 $\mathfrak{M}_\kappa$ に先行する時点における状況を余す所なく述べた.ここでは,これらの手番 $\kappa = 1, \cdots, \nu$ とすすむにつれ,どのようなことがおこるかを議論することにしよう.これらの手番にプレイの結果に相当するような,すなわち最終手番 $\mathfrak{M}_\kappa$ の後に続いておこるような, $\kappa = \nu + 1$ を付け加えると都合がよい.

これまでの節で議論したように, $\kappa = 1, \cdots, \nu$ に関して,

$$\mathcal{A}_\kappa, \mathcal{B}_\kappa = (B_\kappa(0), B_\kappa(1), \cdots, B_\kappa(n)), \mathcal{C}_\kappa(0), \mathcal{C}_\kappa(1), \cdots, \mathcal{C}_\kappa(n),$$
$$\mathcal{D}_\kappa(1), \cdots, \mathcal{D}_\kappa(n)$$

なる分割が存在する. $\mathcal{A}_\kappa$ だけはただ 1 つの例外であるが,その他のすべてのものは,手番 $\mathfrak{M}_\kappa$ に関連している.——したがって $\kappa = \nu + 1$ に関しては,これらのものを定義する必要もないし,定義することもできない.しかし, $\mathcal{A}_{\nu+1}$ については,**9.1.2** における議論で示されているとおりその意味は完全に根拠のあるものである.すなわちそれは 1 つのプレイに関して存在しうると考えられる完全な情報を表している.——すなわちそのプレイの個々のアイデンティティを表している[59]).

この点において,2 つの注意が考えられる. 1 つは,上に述べた意味において, $\mathcal{A}_1$ が利用できる情報のまったくない時点に相当するということである.したがって $\mathcal{A}_1$ は 1 つの集合 Ω からなっていなければならない.もう 1 つは, $\mathcal{A}_{\nu+1}$ が行われたプレイを実際に明らかにできる可能性に相当するということである.したがって $\mathcal{A}_{\nu+1}$ は 1 つの要素からなる集合の系となっている.

そこで次に $\kappa = 1, \cdots, \nu$ であるときの κ から $\kappa + 1$ への推移を述べることにしよう.

9.2.2 κ が $\kappa + 1$ に代わったときの $\mathcal{B}_\kappa, \mathcal{C}_\kappa(k), \mathcal{D}_\kappa(k)$ の変化については何も述べることはできない.——先の議論によりこの置き換えが行われたときに,それらの対象,すなわちそれらが表しているものに何かがおこりうることが示されていた.

しかし, $\mathcal{A}_\kappa$ から $\mathcal{A}_{\kappa+1}$ がどのようにして得られるかについてはわかっている.

---

[59]) 95 ページの脚注 50) の意味における $\sigma_1, \cdots, \sigma_\nu$ のすべての値である. **6.2.2** で述べられているように, $\sigma_1, \cdots, \sigma_\nu$ の列はプレイそのものを特徴づけている.

$\mathcal{A}_{\kappa+1}$ によって示される情報は，$\mathcal{A}_\kappa$ における1つの情報に手番 $\mathfrak{M}_\kappa$ に関する選択の結果[60]を付け加えることにより得られる．これは **9.1.2** の議論から明らかに違いない．したがって $\mathcal{A}_{\kappa+1}$ における情報は正確に $\mathcal{C}_\kappa(0), \mathcal{C}_\kappa(1),$ $\cdots, \mathcal{C}_\kappa(n)$ において示される情報の分だけ $\mathcal{A}_\kappa$ における情報を超えている．

このことから，分割 $\mathcal{A}_{\kappa+1}$ は分割 $\mathcal{A}_\kappa$ にすべての $\mathcal{C}_\kappa(0), \mathcal{C}_\kappa(1), \cdots, \mathcal{C}_\kappa(n)$ なる分割を重ねることにより得られることがわかる．すなわち，$\mathcal{A}_\kappa$ のすべての A_κ と，$\mathcal{C}_\kappa(0), \mathcal{C}_\kappa(1), \cdots, \mathcal{C}_\kappa(n)$ のどれかの中のすべての C_κ との交わりをつくり，その中で空なものを除くことによって．

$\mathcal{A}_\kappa$ および $\mathcal{C}_\kappa(k)$ と $\mathcal{B}_\kappa(k)$ の関係——これまでの節で議論されたような——により，この重ね合わせについてはこれ以上はほとんど述べることはできない．

$\mathcal{B}_\kappa(0)$ の中では，$\mathcal{C}_\kappa(0)$ は $\mathcal{A}_\kappa$ の部分分割である（**9.1.4** の議論を参照せよ）．したがって，この場合には $\mathcal{A}_{\kappa+1}$ は単に $\mathcal{C}_\kappa(0)$ に一致するだけである．$\mathcal{B}_\kappa(k),$ $k = 1, \cdots, n$ においては，$\mathcal{C}_\kappa(k), \mathcal{A}_\kappa$ は共に $\mathcal{D}_\kappa(k)$ の部分分割である（**9.1.5** の議論を参照せよ）．したがって，この場合には，$\mathcal{A}_{\kappa+1}$ を得るためにはまず $\mathcal{D}_\kappa(k)$ のすべての D_κ をとり，ついでそのようなすべての D_κ について $\mathcal{A}_\kappa,$ $\mathcal{C}_\kappa(k)$ のうちこれの部分集合となっている A_κ, C_κ をすべてとり，そのすべての交わり $A_\kappa \cap C_\kappa$ をつくればよい．

すべてのそのような集合 $A_\kappa \cap C_\kappa$ は D_κ となる情報をもっているが，実際には（D_κ の部分集合である）A_κ 内の状態であるようなプレイヤー k が，手番 $\mathfrak{M}_\kappa$ において物事を C_κ に限るように選択 C_κ を行うときに生じるようなプレイを示している．

前に述べたことにしたがえば，このような選択は可能であるから，そのようなプレイは存在する．すなわち集合 $A_\kappa \cap C_\kappa$ は空ではない．このことは次のように言い換えられる．

(9:C)　もし $\mathcal{A}_\kappa$ の A_κ と $\mathcal{C}_\kappa(k)$ の C_κ が共に $\mathcal{D}_\kappa(k)$ の同じ D_κ の部分集合であるならば，交わり $A_\kappa \cap C_\kappa$ は空であってはならない．

9.2.3　この条件を無視してもかまわないようなゲームもある．すなわち，プレイヤーが後になって禁じられている選択だとわかるが，その時点では正

---

[60] 前の術語を用いれば σ_κ の値である．

当だと考えられる選択を行うようなゲームである．例えば，80 ページの脚注27) でふれたダブルブラインド・チェスがそうである．このゲームでは，プレイヤーは自らの盤の上で，明らかに可能な選択を行い，（たぶん）後になってはじめてその選択が「不可能」であることを「審判者」から知らされるのである．

しかし，この例は見かけだけのものである．問題となっている手番はいくつかの代替的な手番の列に最もよく分解される．ダブルブラインド・チェスのよく考えられたルールを完全に与えるのが最もよいであろう．

このゲームは手番の列からできている．そして各手番において「審判者」により，その前の手番が「可能」であったかどうかが 2 人のプレイヤーに知らされる．もし前の手番が可能でなければ，次もまた同じプレイヤーの人的手番となり，可能であれば，次はもう 1 人のプレイヤーの人的手番となる．各手番においてプレイヤーは彼自身のこれまでの選択のすべて，および 2 人のプレイヤーのこれまでのすべての選択の「可能性」または「不可能性」の完全な列，そしてまたこれまでにどちらかのプレイヤーが王手を行ったり，何かをとったりしたようなすべての場合について知らされている．しかし，プレイヤーは自らの損失そのものだけしか知らない．ゲームの過程を定めるにあたって，「審判者」は「不可能な」手番を無視する．他の点では，このゲームは 82 ページの脚注 32) の意味での終止ルールをもつチェスのようにプレイされる．ただし，どのプレイヤーも自らの人的手番の連続的な列においては同じ選択を 2 回行うことはできないという条件を加えることにより，ふつうのチェスよりは拡張されている．もちろん，実際には，プレイヤーたちはこれらの情報の状態を得るために 2 つの盤を必要とする．——互いに他からはみられないが「審判者」からは両方ともみられるような盤である．

とにかく，われわれは上で述べた条件に固執するであろう．そして，それは後の議論に非常に役立つであろう．

9.2.4 ただ 1 つ残っていることがある．すなわち，新しい術語において **6.2.2** の $\mathcal{F}_k$, $k = 1, \cdots, n$ なる量を再度導入することである．$\mathcal{F}_k$ というのはプレイヤー k についてのプレイの結果である．$\mathcal{F}_k$ は，実際に行われたプレイの関数でなければならない[61]．もしそのプレイを記号 π を用いて示すこ

---

[61] 古い術語でいえば，$\mathcal{F}_k = \mathcal{F}_k(\sigma_1, \cdots, \sigma_\nu)$ である．**6.2.2** を参照せよ．

とにすれば，$\mathcal{F}_k$ は定義域を Ω とする変数 π の関数であるといえるであろう．すなわち，

$$\mathcal{F}_k = \mathcal{F}_k(\pi), \quad \pi \in \Omega, \quad k = 1, \cdots, n$$

といえるであろう．

10 公理的な定式化

10.1 公理とその説明

10.1.1 以上で，集合および分割を含む新しいテクニックを用いて完全にゲームの一般的な概念を表すことができた．これまでの諸節において，構造および定義は十分に説明されているので，ここでゲームを厳密に公理的に定義しようと思う．もちろんこれは，これまでの節においてより広く議論されてきたことを簡潔にいい直すだけのことである．

まず，何も注釈をつけずに正確な定義を与えよう[62]．

n 人ゲーム Γ，すなわちそのゲームのルールの全体の体系は，以下のデータを明らかにすることにより決定される．

(10:A:a) 数 ν．
(10:A:b) 有限集合 Ω．
(10:A:c) すべての $k = 1, \cdots, n$ に関して：関数

$$\mathcal{F}_k = \mathcal{F}_k(\pi), \quad \pi \in \Omega.$$

(10:A:d) すべての $\kappa = 1, \cdots, \nu, \nu+1$ に関して：Ω の中の分割 $\mathcal{A}_\kappa$．
(10:A:e) すべての $\kappa = 1, \cdots, \nu$ に関して：Ω の中の分割 $\mathcal{B}_\kappa$．$\mathcal{B}_\kappa$ は $k = 0, 1, \cdots, n$ として数えられる $n+1$ 個の集合 $B_\kappa(k)$ からなる．
(10:A:f) すべての $\kappa = 1, \cdots, \nu$ ならびにすべての $k = 0, 1, \cdots, n$ に関して：$B_\kappa(k)$ の中の分割 $\mathcal{C}_\kappa(k)$．
(10:A:g) すべての $\kappa = 1, \cdots, \nu$ ならびにすべての $k = 0, 1, \cdots, n$ に関して：$B_\kappa(k)$ の中の分割 $\mathcal{D}_\kappa(k)$．
(10:A:h) すべての $\kappa = 1, \cdots, \nu$ ならびに $\mathcal{C}_\kappa(0)$ のすべての C_κ に関して：

---

[62] 「説明」は **10.1.1** の最後と **10.1.2** の議論を参照．

数 $p_\kappa(C_\kappa)$.

以上のものが存在していれば，これらは次の条件を満たしていなければならない．

(10:1:a)　$\mathcal{A}_\kappa$ は $\mathcal{B}_\kappa$ の部分分割である．

(10:1:b)　$\mathcal{C}_\kappa(0)$ は $\mathcal{A}_\kappa$ の部分分割である．

(10:1:c)　$k = 1, \cdots, n$ に関して：$\mathcal{C}_\kappa(k)$ は $\mathcal{D}_\kappa(k)$ の部分分割である．

(10:1:d)　$k = 1, \cdots, n$ に関して：$B_\kappa(k)$ 内で $\mathcal{A}_\kappa$ は $\mathcal{D}_\kappa(k)$ の部分分割である．

(10:1:e)　すべての $\kappa = 1, \cdots, \nu$ と，$\mathcal{A}_\kappa$ 内で $B_\kappa(0)$ の部分集合であるすべての A_κ に関して：$\mathcal{C}_\kappa(0)$ 内でこの A_κ の部分集合であるすべての C_κ に対して $p_\kappa(C_\kappa) \geq 0$ であり，それらの上での和については $\sum p_\kappa(C_\kappa) = 1$ となる．

(10:1:f)　$\mathcal{A}_1$ は 1 つの集合 Ω からなる．

(10:1:g)　$\mathcal{A}_{\nu+1}$ は 1 要素集合からなる．

(10:1:h)　$\kappa = 1, \cdots, \nu$ に関して：$\mathcal{A}_{\kappa+1}$ は $\mathcal{A}_\kappa$ をすべての $\mathcal{C}_\kappa(k)$, $k = 0, 1, \cdots, n$ と重ね合わせることにより得られる．（くわしくは **9.2.2** を参照せよ．）

(10:1:i)　$\kappa = 1, \cdots, \nu$ に関して：もし $\mathcal{A}_\kappa$ 内の A_κ, $\mathcal{C}_\kappa(k)$ 内の C_κ, $k = 1, \cdots, n$ が $\mathcal{D}_\kappa(k)$ の同じ D_κ の部分集合なら，交わり $A_\kappa \cap C_\kappa$ は空であってはならない．

(10:1:j)　$\kappa = 1, \cdots, \nu$, $k = 1, \cdots, n$ および $\mathcal{D}_\kappa(k)$ のすべての D_κ に関して：D_κ の部分集合となるような $\mathcal{C}_\kappa$ 内のある $C_\kappa(k)$ が必ず存在する．

この定義は，主に近代的な公理的方法という観点からみなければならない．われわれは，(10:A:a)-(10:A:h) において導入された数学的な概念に名称を与えなかった．なぜなら，名称を与えるとその言葉で表現された意味との関連ができてしまうからである．このまったくの「純粋さ」のもとではじめて，これらの概念は厳密に数学的な研究の対象となりうる[63)]．

[63)] このことは，論理学，幾何学などのような科目を公理化する場合の現在の態度に類似している．したがって幾何学を公理化する場合にも，通常は点，直線，平面の概念が直観的なものと先験的には同一でないと述べている．——すなわち，それらの概念は公理の中で表された性質のみが仮定されている事柄を表す記号である．例えば，D. Hilbert, *Die Grundlagen der Geomefrie*, Leipzig,

明瞭に定義された概念を発展させるにはこの方法が最も適している．厳密な分析が完全に行われた後にはじめて，直観的に与えられる問題への応用がなされる．物理学のモデルの役割について第1章の **4.1.3** で述べたこともまた参照せよ．すなわち直観的な体系に関する公理的なモデルは（同じように直観的な）物理学の体系に関する数学的なモデルによく似ているのである．

しかしながら，いったんこのことが理解されれば，公理的な定義がそれに先だつ各章の詳細な経験的な議論から抽出されたものであるという立場にもどってもかまわないであろう．そして，もし介在する概念に——その直観的背景をできるかぎり示しうるような——適当な名称を与えたとすれば，その名称により概念の使用は容易になり，概念の構造もより理解しやすくなるであろう．また同じ意味で，仮定 (10:1:a)-(10:1:j) の「意味」——すなわち，それらの仮定を生じさせるための直観的な考え——を表すのもさらに役立つであろう．

もちろん，これらはすべてこれまでの諸節の直観的な考えを簡潔にまとめたものであり，その考えによってこの公理化が導かれたのである．

10.1.2 まず，**10.1.1** の (10:A:a)-(10:A:h) の概念に技術的な名称を与えよう．

(10:A:a*) ν はゲーム Γ の長さである．

(10:A:b*) Ω は Γ のすべてのプレイの集合である．

(10:A:c*) $\mathcal{F}_k(\pi)$ はプレイヤー k のプレイ π の結果である．

(10:A:d*) $\mathcal{A}_\kappa$ は審判者の情報のパターンであり，$\mathcal{A}_\kappa$ の1つの A_κ は審判者の手番 $\mathfrak{M}_\kappa$（すなわち $\mathfrak{M}_\kappa$ のすぐ前）における実際の情報である．（$\kappa = \nu + 1$ についてはゲームの終了時を示す．）

(10:A:e*) $\mathcal{B}_\kappa$ は指定のパターンであり，$\mathcal{B}_\kappa$ の1つの $B_\kappa(k)$ は手番 $\mathfrak{M}_\kappa$ の実際の指定である．

(10:A:f*) $\mathcal{C}_\kappa(k)$ は選択のパターンであり，$\mathcal{C}_\kappa(k)$ の1つの C_κ は手番 $\mathfrak{M}_\kappa$ におけるプレイヤー k の実際の選択である．（$k = 0$ というのは偶然手番の場合である．）

(10:A:g*) $\mathcal{D}_\kappa(k)$ はプレイヤー k の情報のパターンであり，$\mathcal{D}_\kappa(k)$ の1つの D_κ は手番 $\mathfrak{M}_\kappa$ におけるプレイヤー k の実際の情報である．

(10:A:h*) $p_\kappa(C_\kappa)$ は（偶然）手番 $\mathfrak{M}_\kappa$ における実際の選択 C_κ が行われる

1899, 2nd Engl. Edition, Chicago, 1910 を参照せよ．

確率である．

次に以上の名称を用いて——10.1.1 の結びの議論の意味における——条件 (10:1:a)-(10:1:j) の「意味」を明確にしよう．

(10:1:a*) 審判者の手番 $\mathfrak{M}_\kappa$ における情報のパターンは，その手番の指定を含む．

(10:1:b*) 偶然手番 $\mathfrak{M}_\kappa$ における選択のパターンは，その手番における審判者の情報のパターンを含む．

(10:1:c*) 人的手番 $\mathfrak{M}_\kappa$ におけるプレイヤー k の選択のパターンは，その手番におけるプレイヤー k の情報のパターンを含む．

(10:1:d*) 手番 $\mathfrak{M}_\kappa$ における審判者の情報のパターンは——これがプレイヤー k の人的手番になる範囲では——その手番におけるプレイヤー k の情報のパターンを含む．

(10:1:e*) 偶然手番 $\mathfrak{M}_\kappa$ における種々の代替的な選択の確率は各々分離しているが，全体を尽くしているような代替案に与えられる確率と同様である．

(10:1:f*) 第 1 手番においては審判者の情報のパターンは何もない．

(10:1:g*) ゲームの終了時における審判者の情報のパターンはプレイを完全に決定する．

(10:1:h*) 手番 $\mathfrak{M}_{\kappa+1}$ ($\kappa = \nu$ ならゲームの終了時) における審判者の情報のパターンは，手番 $\mathfrak{M}_\kappa$ における情報のパターンに $\mathfrak{M}_\kappa$ での選択のパターンを重ね合わせることにより得られる．

(10:1:i*) プレイヤー k の人的手番であるような $\mathfrak{M}_\kappa$ が与えられ，またその手番におけるプレイヤー k のすべての実際の情報も与えられているとしよう．そうすれば，共に実際の（プレイヤーの）情報の中にある（すなわちその改良されたものである）ような，その手番における審判者のどのような実際の情報もプレイヤー k のどのような実際の選択も互いに両立しうる．すなわち，それらは実際のプレイにおいておこりうる．

(10:1:j*) プレイヤー k の人的手番であるような $\mathfrak{M}_\kappa$ が与えられ，その手番におけるプレイヤー k のどのような実際の情報もまた与えられているとしよう．そうすればプレイヤー k が利用しうるような代替的な実際の選択の数はゼロではない．

これでゲームの一般的な体系の定式化を終わる．

10.2 公理の記号論理学的な議論

10.2 われわれは，形式論理学において通常どのような公理化にも生じてくる問題についてはまだ議論していない．すなわち，矛盾からの解放，断言性（完全性），公理の独立性の問題である[64]．われわれの体系は第1と第3の性質は有しているが，第2の性質はもっていない．これらの事柄は容易に証明され，状況がまさしくそうであることを調べるのはさほど困難ではない．要約すると次のようになる．

矛盾からの解放：ゲームの存在については疑うべくもなく，また，われわれはただそのゲームについて厳密に定式化しただけである．後にいくつかのゲームの定式化をくわしく議論するであろう．例えば **18, 19** の例を参照せよ．厳密に数学的——記号論理学的——な点からみれば，最も簡単なゲームであっても矛盾からの解放の事実を確立するために用いることができる．しかし，もちろんわれわれの実際の関心はもっと複雑なゲームにあるのであり，実際にそれらのゲームは興味深いものである[65]．

断言性（完全性）：これらの公理を満たす多くの異なったゲームが存在するのでこれは成り立たない．有効な例については先の文献を参照せよ．

われわれの公理は実体（ゲーム）のクラスを定義するものであり一意的な実体を定義するものではないので，この場合には断言性が意味をもたないことが読者にはわかるであろう[66]．

独立性：これは容易に確立できるが，ここでは立ち入らないことにする．

---

[64] 前掲の D. Hilbert の著書; O. Veblen and J. W. Young, *Projective Geometry*, New York, 1910; H. Weyl, "Philosophie der Mathematik und Natur-wirsenschaften," in *Handbuch der Philosophie*, Munich, 1927 を参照せよ．

[65] 最も簡単なゲームとは，$\nu = 0$ で Ω が1つの要素，例えば π_0 をもつようなゲームである．したがって $\mathcal{B}_\kappa, \mathcal{C}_\kappa(k), \mathcal{D}_\kappa(k)$ は存在せず，一方，$\mathcal{A}_\kappa$ も Ω だけからなる $\mathcal{A}_1$ があるだけである．$k = 1, \cdots, n$ に関して $\mathcal{F}_k(\pi_0) = 0$ と定義する．このゲームは明らかに，誰も何もせず，したがって何もおこらないようなゲームである．このことによりまた，この場合には矛盾からの解放が興味をひく問題ではないことが示される．

[66] これが，公理化への一般の記号論理学的なアプローチにおける重要な差異である．このようにして，ユークリッド幾何学の公理は唯一の対象を表しているが——一方，（数学における）群論の公理や（物理学における）合理的力学公理は，多くの異なった群および多くの異なった力学的システムが存在しているので唯一の対象を表しているとはいえない．

10.3 公理に関する一般的注意

10.3 この公理化に関し，さらに 2 つの注意を与えておかねばならない．

第 1 は，われわれの方法が直観的に——経験的に——与えられた考えを正確に定式化するための古典的な方法にそっているということである．ゲームの概念は一般的な経験においては実際的に満足すべき形をしているが，それにもかかわらずあまりに正確さを欠いているため，厳密な取り扱いはできない．われわれの分析をたどれば，どのようにして不正確さが徐々に取り除かれ，「あいまいな領域」が相次いで少なくなり，最後には正確な定式化が行われるかということが読者にはわかるであろう．

第 2 は，この公理化がさかんに議論されてきた主張の正しさを示す例として役立ってほしいということである．すなわち，心理的な面に重きを置く人間の行動の数学的な表現，およびその議論が可能であるという主張に役立ってほしいのである．この公理化によれば，決定およびその基礎となる情報，そして（種々の手番における）そのような情報の集合の互いの相互関係を分析する必要性から，心理的な要素がもちこまれる．この相互関係は，種々の情報の集合を同時につなぐこと，その因果関係，そしてプレイヤーが互いに関心をもつという推論的な仮説によって生じてきたものである．

もちろん，われわれがふれていない多くの——そして非常に重要な——心理学の分野もある．しかし，主に心理学的な現象のグループが公理化されているのは事実なのである．

10.4 図による表示

10.4.1 ゲームを表すのに用いた多数の分割を図示するのは容易ではない．そこでわれわれはこの問題を体系的に扱おうとはしないであろう．比較的簡単なゲームでさえその図示は複雑で混乱をまねくので，図示による通常の利点は得られないからである．

しかしいくつかの制限をつければ図示も可能であるので，それについて少しふれてみようと思う．

第 1 に，**10.1.1** の (10:1:h) （同様に **10.1.2** の (10:1:h*) すなわちその「意味」を思い出すこと）により，$\mathcal{A}_{\kappa+1}$ が $\mathcal{A}_\kappa$ の部分分割であることは明らかである．すなわち分割 $\mathcal{A}_1, \cdots, \mathcal{A}_\nu, \mathcal{A}_{\nu+1}$ の列において，各々はすぐ前の分割の部分分割になっているのである．したがって，**8.3.2** の図 9 の工夫す

なわち木により，これは図示できる．（図 9 だけが特有のものではない．すなわち，ゲーム Γ の長さが固定されているので木の枝はすべて木の最高の高さまで続かなければならない．後の **10.4.2** の図 10 を参照せよ．）この図に $\mathcal{B}_\kappa(k), \mathcal{C}_\kappa(k), \mathcal{D}_\kappa(k)$ を付け加えようとは思わない．

しかし，列 $\mathcal{A}_1, \cdots, \mathcal{A}_\nu, \mathcal{A}_{\nu+1}$ により全体が実際に説明されるというゲームのクラスがある．これは——すでに **6.4.1** で議論され，**15** においてよりくわしく述べられる——重要なクラスであり，そこでは既知性と先行性が同等なのである．この特性により，われわれの定式化が簡単に表されることがわかる．

10.4.2 既知性と先行性は——**6.4.1**, **6.4.2** の議論および **6.5.3** の説明で示されているように——すべてのプレイヤーが自らの手番を行うときにそれまでのプレイの経過を完全に知っていれば，そしてそのときにのみ同一視できる．プレイヤーを k，手番を $\mathfrak{M}_\kappa$ としよう．$\mathfrak{M}_\kappa$ が k の人的手番であるならば，われわれは $\mathcal{B}_\kappa(k)$ の内部だけを考えればよい．したがって先の主張は，$\mathcal{B}_\kappa(k)$ 内でのプレイヤー k の情報のパターンが審判者の情報のパターンと一致する，すなわち $\mathcal{D}_\kappa(k)$ が $\mathcal{B}_\kappa(k)$ 内の $\mathcal{A}_\kappa$ に等しい，ということになる．しかし $\mathcal{D}_\kappa(k)$ は $\mathcal{B}_\kappa(k)$ 内の分割であるから，上の論述は，$\mathcal{D}_\kappa(k)$ が $\mathcal{A}_\kappa$ のうち $\mathcal{B}_\kappa(k)$ に属する部分になることを示している．

次のようにいい直しておこう：

(10:B) 既知性と先行性の一致——すなわち人的手番を行うすべてのプレイヤーがそれ以前のプレイの経過を完全に知らされていること——は，$\mathcal{D}_\kappa(k)$ が $\mathcal{A}_\kappa$ のうち $\mathcal{B}_\kappa(k)$ に属する部分になればそしてそのときにのみ成り立つ．

もしこれが成り立っていれば，次のような議論を進めることができる．**10.1.1** の (10:1:c) および上の記述より，$\mathcal{C}_\kappa(k)$ は $\mathcal{A}_\kappa$ の部分分割になっていなければならない．これは人的手番，すなわち $k = 1, \cdots, n$ について成り立ち，$k = 0$ についても **10.1.1** の (10:1:b) から直ちに導かれる．次に **10.1.1** の (10:1:h) により，以上のことから，$\mathcal{A}_{\kappa+1}$ は $\mathcal{B}_\kappa(k)$ 内の $\mathcal{C}_\kappa(k)$ に——すべての $k = 0, 1, \cdots, n$ に関して——一致することが結論として導かれる（くわしくは **9.2.2** を参照せよ）．(**10.1.2** におけるこれらの概念の「意味」を用いても同じように議論できるであろう．言葉による議論は読者に任せることにする．)

図 10

しかし，$\mathcal{C}_\kappa(k)$ は $B_\kappa(k)$ 内の分割である．したがって，上の記述は $\mathcal{C}_\kappa(k)$ が単に $\mathcal{A}_{\kappa+1}$ のうち $B_\kappa(k)$ に属する部分になることを意味している．

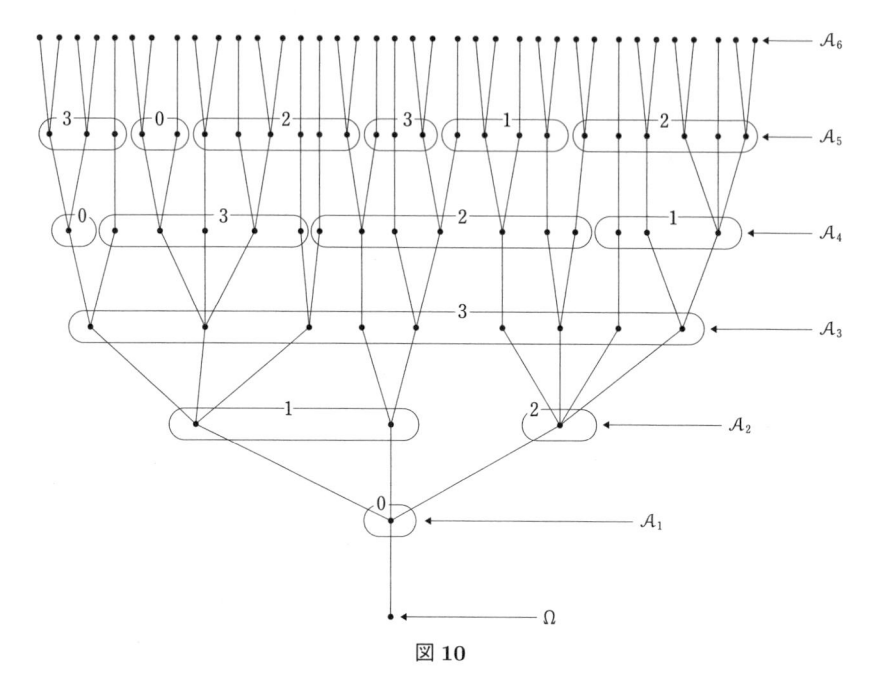

次のようにいい直しておこう：

(10:C)　(10:B) の条件が満たされていれば，$\mathcal{C}_\kappa(k)$ は $\mathcal{A}_{\kappa+1}$ のうち $B_\kappa(k)$ に属する部分となる．

したがって，既知性と先行性が一致しているときには，われわれの形式において，$\mathcal{A}_1, \cdots, \mathcal{A}_\nu, \mathcal{A}_{\nu+1}$ の列と各 $\kappa = 1, \cdots, \nu$ に関する集合 $B_\kappa(k)$, $k = 0, 1, \cdots, n$ によってゲームは完全に表される．すなわち，同じ集合 $\mathcal{B}_\kappa(k)$ に属する各 $\mathcal{A}_\kappa$ の要素をひとまとめにするだけで，**8.3.2** の図 9 は拡張されるに違いない．（しかし，**10.4.1** の注意を参照せよ．）われわれはこれらの要素を線で囲み，その線上に $B_\kappa(k)$ の数 k を書くことにより——まとめにすることができる．空であるような $B_\kappa(k)$ は省かれる．$\nu = 5$, $n = 3$ の場合の例を与えておく（図 10）．

このクラスのゲームのうち多くのものにおいては，この余分な工夫さえ不必

要である．なぜなら，すべてのκについてただ1つの$B_\kappa(k)$だけが空でないからである．すなわち，各手番$\mathfrak{M}_\kappa$の性質はそれ以前のプレイの経過には無関係となる[67]．そうすれば，各$\mathcal{A}_\kappa$における手番$\mathfrak{M}_\kappa$を行うプレイヤー——すなわち$B_\kappa(k) \neq \ominus$となるような唯一の$k = 0, 1, \cdots, n$——を示せば十分である．

11 戦略とゲームの記述の最終的な簡単化

11.1 戦略の概念とその定式化

11.1.1 ゲームΓの実際のプレイπの過程にもどろう．

手番$\mathfrak{M}_\kappa$は$\kappa = 1, \cdots, \nu$の順で互いに続く．各手番において選択がなされるが，それは——もしプレイが$B_\kappa(0)$の中にあれば——偶然によってなされ——もし$B_\kappa(k)$の中にあれば——プレイヤー$k = 1, \cdots, n$によってなされる．選択というのはプレイがそこに制限されている$\mathcal{C}_\kappa(k)$（$k = 0$または$k = 1, \cdots, n$，上の記述を参照せよ．）から1つのC_κを選ぶことである．もし選択がプレイヤーkによってなされるなら，このプレイヤーの情報のパターンが選択の時点において要求されていたように，$\mathcal{D}_\kappa(k)$になっていることを注意しなければならない．（このことが，実際には少々困難をもたらすことはブリッジ（**6.4.2**の最後を参照せよ）およびダブルブラインド・チェス（**9.2.3**を参照せよ）のような例をみればわかる．）

次に，各プレイヤー$k = 1, \cdots, n$が決定しなければならなくなってから決定するのではなく，すべての可能性に関して前もって決心しておくものとしよう．すなわちプレイヤーkは，プレイを始める前に完全な計画をもっているとするのである．ここで計画というのはおこりうるすべての状況において，またゲームのルールによって与えられる情報のパターンに一致して選択の時点においてプレイヤーがもちうる実際の可能な情報すべてに関して，どのような選択を自らが行うかを明示したものである．このような計画を戦略とよぶことにしよう．

もし各プレイヤーがこの種の完全な計画，すなわち戦略をもってゲームを始めなければならないとしても，決してプレイヤーの行動の自由を制限しはしな

---

[67] これはチェスの場合に成り立つ．バックギャモンのルールは両方の解釈ができる．

いことを注意しよう．特にこのことによって，プレイヤーが実際のプレイにおいて各々の実際の場合に彼が利用できるより少ない情報にもとづいて決定を下さなければならなくなるというわけでもない．なぜなら戦略というのは，すべての個々の決定を，実際のプレイにおいて決定のために利用できる実際の情報の量そのものの関数として表すものである，と考えられているからである．われわれの仮定がプレイヤーに与える唯一の余分な負担は，すべてのおこりうる出来事に関する行動のルールを用意しておかねばならないという知的なものである．——そのプレイヤーはただ１つのプレイだけで終わりうるにもかかわらず．しかし，これは数学的分析に限れば害のない仮定である．(**4.1.2** もまた参照せよ．)

11.1.2 ゲームの偶然の要素も同じように扱うことができる．

実際，明らかに偶然手番がおこったときにのみ，偶然にまかせた選択，すなわち偶然手番の選択を行わなければならないというわけではない．審判者は，それらをすべて前もって行っており，いろいろなときにさまざまな程度まで，その結果をゲームのルールが情報を与えるようにプレイヤーに知らせるのである．

たしかに審判者は，前もって，どの手番が偶然手番か，またどのような確率でおこるかは知りえない．これは一般にプレイの実際の過程に依存するからである．しかし——上で考えた戦略の場合と同様に——審判者はすべての可能性に対し備えることはできる．彼は前もって，それまでのすべての可能なプレイの過程に対して——すなわち問題となっている手番において彼がもつすべての可能な実際の彼の情報に対して——すべてのおこりうる偶然手番の選択の結果がどうなるかを決定できるであろう．これらの状態のもとでは，上の場合の各々に関して，ゲームのルールで規定された確率は完全に決定される．——したがって，審判者は偶然によってもたらされた選択にも，適当な確率をもって備えることができるであろう．

そうすれば，上で述べたように結果が審判者からプレイヤーに——適当なときに適当な程度まで——知らされるであろう．

すべての考えられる偶然手番に対する選択のこのような予備的な決定を，審判者の選択とよぶことにする．

前節において，プレイヤー k の人的手番すべてをたしかに彼の戦略で置き換えられることをみた．すなわち，この置き換えはゲーム Γ の本質を変えは

しないのである．同じように，すべての偶然手番をここで行ったように審判者の選択で置き換えうることも明らかである．

11.1.3 次に，戦略および審判者の選択の概念を定式化しなければならない．前2節の性質的な議論により，この作業の意味ははっきりしている．

プレイヤー k の戦略とは次のようなものである．すなわち，1つの手番 $\mathfrak{M}_\kappa$ を考え，これがプレイヤー k の人的手番とわかっている——すなわち，プレイは $B_\kappa(k)$ の中にある——と仮定しよう．次に，そのときのプレイヤー k の可能な実際の情報——すなわち $\mathfrak{D}_\kappa(k)$ の1つの D_κ ——を考えよう．そうすれば，問題になっている戦略というのは，この時点における彼の選択——すなわち $\mathfrak{C}_\kappa(k)$ の中で上の D_κ の部分集合となっている1つの C_κ ——を決定するものでなければならない．

定式化すれば：

(11:A)　プレイヤー k の戦略というのは関数 $\sum_k(\kappa; D_\kappa)$ である．ただしこの関数はすべての $\kappa = 1, \cdots, \nu$, $\mathfrak{D}_\kappa(k)$ のすべての D_κ について定義され，この関数の値を

$$\sum_k(\kappa, D_\kappa) - C_\kappa$$

とすれば：C_κ は常に $\mathfrak{C}_\kappa(k)$ に属し，しかも D_κ の部分集合となっていなければならない．

戦略——すなわち，上の条件を満たす関数 $\sum_k(\kappa; D_\kappa)$ ——が存在することは，**10.1.1** の仮定（10:1:j）に正確に一致する．

次に，審判者の選択とは以下に述べるようなものである．

まず1つの手番 $\mathfrak{M}_\kappa$ を考え，それが偶然手番である——すなわちプレイが $B_\kappa(0)$ の中にある——と仮定しよう．ついでこの時点での審判者の可能な実際の情報，すなわち $\mathfrak{A}_\kappa$ 内で $B_\kappa(0)$ の部分集合となっている1つの A_κ を考えよう．そうすれば，問題となっている審判者の選択というのはこの時点における偶然の選択——すなわち，$\mathfrak{C}_\kappa(0)$ 内で上の A_κ の部分集合となっている1つの C_κ ——を決定するものでなければならない．

定式化すれば：

(11:B)　審判者の選択とは関数 $\sum_0(\kappa; A_\kappa)$ である．ただしこの関数はすべて

の $\kappa = 1, \cdots, \nu$ と $\mathcal{A}_\kappa$ 内で $B_\kappa(0)$ の部分集合となっているすべての A_κ について定義され，この値を

$$\sum_0 (\kappa; A_\kappa) = C_\kappa$$

とすれば：C_κ は常に $\mathcal{C}_\kappa(0)$ に属し，しかも A_κ の部分集合となっていなければならない．

　審判者の選択——すなわち上の条件を満たす関数 $\sum_0(\kappa; A_\kappa)$ ——の存在に関しては，上の (11:A) の後の注意および 97 ページの脚注 58) を参照せよ．

　さて，審判者の選択の結果は偶然に左右されるものであるから，対応する確率が明らかにされねばならない．ここで審判者の選択とは互いに独立な偶然事象の集まりであり，**11.1.2** で述べたように，すべての $\kappa = 1, \cdots, \nu$ および $\mathcal{A}_\kappa$ 内で $B_\kappa(0)$ の部分集合となるすべての A_κ に対してそのような事象は存在する．すなわち $\sum_0(\kappa; A_\kappa)$ の定義域におけるすべての κ, A_κ の対に対して存在するのである．この事象に関するかぎり，ある 1 つの結果 $\sum_0(\kappa; A_\kappa) = C_\kappa$ の確率は $p_\kappa(C_\kappa)$ となる．したがって関数 $\sum_0(\kappa; A_\kappa)$ で表される審判者の選択全体の確率は，各々の $p_\kappa(C_\kappa)$ なる確率の積となる[68)]．

　定式化すれば：

(11:C) 　$\sum_0(\kappa; A_\kappa)$ で表される審判者の選択の確率は確率 $p_\kappa(C_\kappa)$ の積となる．ただし $\sum_0(\kappa; A_\kappa) = C_\kappa$ であり，κ, A_κ は $\sum_0(\kappa; A_\kappa)$ の定義域全体にわたっていなければならない（上の (11:B) を参照せよ）．

　もし **10.1.1** の条件 (10:1:e) をすべての κ, A_κ の対について考え，それらのすべてを互いにかければ，次のことがその結果として生じてくる．すなわち，上の (11:C) の確率はすべて非負であり，（審判者の選択すべてにわたっての）それらの和は 1 になるのである．審判者の選択のすべては，分離していてしかもすべてを尽くしている代替案の体系となっているから，当然そうなるべきなのである．

11.2　ゲームの記述の最終的な簡単化

11.2.1　もし各プレイヤー $k = 1, \cdots, n$ が 1 つの決まった戦略をとり，審

[68)] 問題となっている偶然の事象は独立なものとして扱われねばならない．

判者の選択においてもある決まったものが選ばれるとすれば，全体のプレイの過程が一意的に決定される．——そしてそれにより各プレイヤー $k=1,\cdots,n$ に関する結果もまた決定される．このことは，すべての概念を言葉で表すことからも明らかにわかるが，理論的な証明も簡単に与えられるであろう．

そのために問題となっている戦略を $\sum_k(\kappa;D_\kappa),\ k=1,\cdots,n,$ で表し，審判者の選択を $\sum_0(\kappa;A_\kappa)$ で表す．われわれはすべての時点 $\kappa=1,\cdots,\nu,\nu+1$ における審判者の実際の情報を決定するであろう．上の A_κ との混乱をさけるために，それを $\bar{A}_\kappa$ と表すことにする．

$\bar{A}_1$ はもちろん Ω そのものである．(**10.1.1** の (10:1:f) を参照せよ．)

次に $\kappa=1,\cdots,\nu$ を考え，それに対応する $\bar{A}_\kappa$ はすでに知られているとしよう．そうすれば，$\bar{A}_\kappa$ は正確に1つの $B_\kappa(k),\ k=0,1,\cdots,n$ の部分集合となる．(**10.1.1** の (10:1:a) を参照せよ．) もし $k=0$ なら $\mathcal{M}_\kappa$ は偶然手番となり，その選択の結果は $\sum_0(\kappa,\bar{A}_\kappa)$ となる．したがって $\bar{A}_{\kappa+1}=\sum_0(\kappa,\bar{A}_\kappa)$ である．(**10.1.1** の (10:1:h)，詳しくは **9.2.2** を参照せよ．) もし $k=1,\cdots,n$ なら $\mathcal{M}_\kappa$ はプレイヤー k の人的手番となる．$\bar{A}_\kappa$ は $\mathcal{D}_\kappa(k)$ の正確に1つの $\bar{D}_\kappa$ の部分集合となる．(**10.1.1** の (10:1:d) を参照せよ．) それゆえ，選択の結果は $\sum_\kappa(\kappa;\bar{D}_\kappa)$ となる．したがって，$\bar{A}_{\kappa+1}=\bar{A}_\kappa\cap\sum_\kappa(\kappa;\bar{D}_\kappa)$ である．(**10.1.1** の (10:1:h)，くわしくは **9.2.2** を参照せよ．)

このようにして帰納的に $\bar{A}_1,\bar{A}_2,\bar{A}_3,\cdots,\bar{A}_\nu,\bar{A}_{\nu+1}$ を続けて決定できる．しかし $\bar{A}_{\nu+1}$ は1つの要素からなる集合であり (**10.1.1** の (10:1:g) を参照せよ)，その唯一の要素を $\bar{\pi}$ と表すことにする．

この $\bar{\pi}$ は実際に行われたプレイである[69]．したがってプレイの結果はプレイヤー $k=1,\cdots,n$ にとって $\mathcal{F}_k(\bar{\pi})$ となる．

11.2.2 すべてのプレイヤーの戦略と審判者の選択を合わせれば，実際のプレイ——それゆえに各プレイヤーについてのプレイの結果も——を決定できることにより，ゲーム Γ の新しいより一層簡単な記述が可能になる．

1人の与えられたプレイヤー $k=1,\cdots,n$ を考えよう．このプレイヤーのすべての可能な戦略 $\sum_k(\kappa;D_\kappa)$ をつくり，簡単に $\sum_k$ としよう．戦略の数は多いかもしれないが明らかに有限である．そこでその数を β_k とし，戦略そのものは $\sum_k^1,\cdots,\sum_k^{\beta_k}$ と表すことにする．

---

[69] 上の帰納的な $\bar{A}_1,\bar{A}_2,\bar{A}_3,\cdots,\bar{A}_\nu,\bar{A}_{\nu+1}$ の導出は，プレイの実際の過程を数学的に再生したものである．読者には，それに含まれているステップの類似性を明らかにしてもらいたい．

同様に，すべての可能な審判者の選択 $\sum_0(\kappa; A_\kappa)$ をつくり，簡単に $\sum_0$ とする．この場合も審判者の選択の数は有限である．その数を β_0 とし，審判者の選択そのものは $\sum_0^1, \cdots, \sum_0^{\beta_0}$ と表す．次にこれらの確率を各々 $p^1, \cdots, p^{\beta_0}$ としよう．(**11.1.3** の (11:C) を参照せよ．) これらの確率はすべて非負であり，その和は 1 である．(**11.1.3** の最後を参照せよ．)

すべての戦略と審判者の選択からある決まった選択をとるとしよう．例えば，それを $k = 1, \cdots, n$ および $k = 0$ に関して各々 $\sum_k^{\tau_k}$ とする．ただし

$$k = 0, 1, \cdots, n \text{ に関して，} \tau_k = 1, \cdots, \beta_k$$

である．そうすればこれによりプレイ $\bar{\pi}$ が決定され (**11.2.1** の最後を参照せよ)，各プレイヤー $k = 1, \cdots, n$ についての結果 $\mathcal{F}_k(\bar{\pi})$ も決定される．したがって，

(11:1)　$k = 1, \cdots, n$ に関して，$\mathcal{F}_k(\bar{\pi}) = \mathcal{G}_k(\tau_0, \tau_1, \cdots, \tau_n)$

と書くことにしよう．

プレイ全体は 1 つの戦略 $\sum_k^{\tau_k}$，すなわち 1 つの数 $\tau_k = 1, \cdots, \beta_k$ を選ぶプレイヤー k と $\tau_0 = 1, \cdots, \beta_0$ を確率 $p^1, \cdots, p^{\beta_0}$ で選ぶ偶然の審判者の選択からできている．

ここでプレイヤー k は他のプレイヤーの選択や偶然の事象（すなわち審判者の選択）の情報は何ももたずに，戦略すなわち τ_k を選ばねばならない．なぜなら，どのようなときにおいても，このプレイヤーのもちうる情報はすべて彼の戦略 $\sum_k = \sum_k^{\tau_k}$，すなわち関数 $\sum_k = \sum_k(\kappa; D_\kappa)$ によって示されているからである．(**11.1.1** の議論を参照せよ．) 他のプレイヤーの戦略に関してある決まった見通しをこのプレイヤーがもっていたとしても，それらの見通しはすでに関数 $\sum_k(\kappa; D_\kappa)$ に含まれているのである．

11.2.3　しかしながら，以上のことにより，ゲーム Γ は **6.2.1-6.3.1** における最も簡単な最初の枠組みの中で最も簡単に表されることがわかる．すなわち，1 つは偶然手番で残りの n 個は各々プレイヤー $k = 1, \cdots, n$ に相当する人的手番である——偶然手番については β_0 個，人的手番については $\beta_1, \cdots, \beta_n$ 個の代替案が存在する——ような $n + 1$ 個の手番があり，すべてのプレイヤーは他の選択の結果に関してはまったく情報をもたずに選択をしな

ければならないようなゲームである[70].

さて,次にわれわれは偶然手番さえ取り除きうるのである.もしプレイヤーの選択が行われた,すなわちプレイヤー k が τ_k を選んだとすれば,偶然手番の全体の影響は次のようになる.すなわち,プレイヤー k についてのプレイの結果は,各々の確率が $p^1, \cdots, p^{\beta_0}$ であるような数

$$\mathcal{G}_k(\tau_0, \tau_1, \cdots, \tau_n), \quad \tau_0 = 1, \cdots, \beta_0$$

のどれか1つになるのである.したがって,プレイヤー k の結果の「数学的期待値」は,

(11:2) $\quad \mathcal{H}_k(\tau_1, \cdots, \tau_n) = \sum_{\tau_0=1}^{\beta_0} p^{\tau_0} \mathcal{G}_k(\tau_0, \tau_1, \cdots, \tau_n)$

となる.

プレイヤーの判断は,この「数学的期待値」のみによってなされねばならない.——なぜなら,さまざまの手番,特に偶然手番は互いにまったく孤立しているからである[71].したがって,問題になるのはプレイヤー $k = 1, \cdots, n$ の n 個の人的手番だけとなる.

最終的な定式化は次のとおりである.

(11:D) n 人ゲーム Γ,すなわちそのルールの完全な体系は以下のデータを明らかにすることにより決定される.

(11:D:a) すべての $k = 1, \cdots, n$ に関して:数 β_k.
(11:D:b) すべての $k = 1, \cdots, n$ に関して:関数

$$\mathcal{H}_k = \mathcal{H}_k(\tau_1, \cdots, \tau_n)$$

$$\tau_j = 1, \cdots, \beta_j, \quad j = 1, \cdots, n \text{ に関して}$$

Γ のプレイの過程は次のとおりである:

すなわち,各プレイヤー k が1つの数 $\tau_k = 1, \cdots, \beta_k$ を選ぶ.各プレ

---

[70] $n+1$ 個の手番はまったく無関係であるから時間的にどのような順に並べられているかは問題ではない.

[71] **5.2.2** の最後に強調したように,われわれは効用の単純化された概念に満足しているので「数学的期待値」を変更することなく使ってもかまわない.このことにより,特により一層巧妙な「期待値」の概念はすべて除外されている.しかし,この素朴な効用の概念を改善する場合には,これらの「期待値」が試みられている.(例えば,「セント・ペテルブルグのパラドックス」の中の D. Bernoulli の「精神的期待値」がそうである.)

イヤーは他のプレイヤーの選択については何も知らずに自らの選択を行わねばならない．選択がすべて終わった後に，審判者にゆだねられ，この審判者がプレイヤー k に関するプレイの結果を $\mathcal{H}_k(\tau_1, \cdots, \tau_n)$ と決定するのである．

11.3　簡単化されたゲームにおける戦略の役割

11.3　この体系においては，これ以上の「戦略」については，どのような種類のものも述べられないことを注意しておこう．すなわち，各プレイヤーはただ1つの手番だけをもち，他のことは何も知らずにその手番を行わねばならないのである[72]．この厳密な最終的な形における問題の完全な結晶化は**11.1.1**以後の各節の操作，すなわちもとの手番から戦略への推移によってなされたのである．これからは，これらの戦略を手番として扱うので，高次元の戦略の必要はないであろう．

11.4　ゼロ和制限の意味

11.4　最終的な体系の中でのゼロ和ゲーム（**5.2.1**を参照せよ）の占める位置を決定することにより，議論を終えることにしよう．

10.1.1の記号によれば，Γ がゼロ和ゲームであるということは，

(11:3)　Ω のすべての π に関して，$\displaystyle\sum_{k=1}^{n} \mathcal{F}_k(\pi) = 0$

であった．もし**11.2.2**の意味で $\mathcal{F}_k(\pi)$ の代わりに $\mathcal{G}_k(\tau_0, \tau_1, \cdots, \tau_n)$ を用いれば，

(11:4)　すべての $\tau_0, \tau_1, \cdots, \tau_n$ に関して，$\displaystyle\sum_{k=1}^{n} \mathcal{G}_k(\tau_0, \tau_1, \cdots, \tau_n) = 0$

となる．さらに**11.2.3**の意味での $\mathcal{H}_k(\tau_1, \cdots, \tau_n)$ を導入すれば，

---

[72] **11.1.1**で与えられた戦略の定義にもどろう．すなわち，このゲームにおいては，プレイヤー k はただ1つの手番——$\mathfrak{M}_k$——だけをもち，しかもこれはプレイの過程には無関係なのである．そしてこのプレイヤーはまったく情報なしに $\mathfrak{M}_k$ において選択を行わなければならない．したがって彼の戦略は単に手番 $\mathfrak{M}_k$ におけるある決まった選択にほかならない——すなわち $\tau_k = 1, \cdots, \beta_k$ そのものである．

読者は，このゲームを分割を用いて表し，上で述べたことを**11.1.3**の（11:A）における戦略の正式な定義と比べてみるとよいであろう．

(11:5)　すべての $\tau_1, \cdots, \tau_n$ に関して，$\displaystyle\sum_{k=1}^{n} \mathcal{H}_k(\tau_1, \cdots, \tau_n) = 0$
となる．逆に，条件（11:5）が成り立てば，**11.2.3** で定義したゲーム Γ はゼロ和ゲームとなる．

第3章　ゼロ和2人ゲーム：理論

12　序　論

12.1　一般的な観点

12.1.1　前章において，一般 n 人ゲームの形式的な特徴づけをすべて終わった（**10.1** を参照せよ）．その結果，厳密な戦略の概念を発展させることにより，ゲームのこみいった一般的な体系をより一層簡単な特別の形で置き換えることができ，しかもこの2つはまったく同等であることがわかった（**11.2** を参照せよ）．以下の議論においては，ときにはその一方を用いたほうが都合が良いし，またときにはもう一方を用いたほうが都合が良いこともある．したがって，それぞれに専門用語としての名前をつけておくとこが望まれる．この2つを各々展開形，標準形とよぶことにしよう．

この2つはまったく同等なものであり，それぞれの個々の場合に技術的により都合の良い方法を用いることは，すべてわれわれに任せられていることである．われわれは実際，この可能性を最大限に利用するつもりであり，したがって，これがわれわれの考察の一般的な有効性にまったく影響を与えないことを，もう一度強調しておかなければならない．

実際には，標準形は一般的な定理を導くのに適しており，一方，展開形は個々の場合の分析にむいている．すなわち，前者はすべてのゲームに共通な性質を確立するために用いることができ，一方，後者は各々のゲームの特有な差を明らかにし，これらの差を決定する構造上の特徴を明らかにしている．（前者については **14**，**17**，後者については例えば **15** を参照せよ．）

12.1.2　すべてのゲームについての形式的な記述は終わっているので，ここでは実際的な理論構築にとりかからなければならない．このためには，簡単なゲームからより複雑なゲームへと体系的に議論を進めるのがよいであろう．

それゆえ，すべてのゲームについて，その複雑さの程度にしたがって順序づけをすることが望ましい．

すでに参加者の数によってゲームを分類した．——すなわち n 人の参加者からなるゲームを n 人ゲームとよんだ．——また，ゲームがゼロ和かどうかによっても分類した．したがって，ゼロ和 n 人ゲームと一般 n 人ゲームとは区別しなければならない．後になって一般 n 人ゲームは，ゼロ和 $(n+1)$ 人ゲームに非常に密接に関連していることがわかるであろう．——実際，前者の理論は，後者の理論の特別な場合として得られるのである．(**56.2.2** を参照せよ．)

12.2　1人ゲーム

12.2.1　まず1人ゲームに関するいくつかの注意から始めよう．標準形においては，このゲームは（ただ1人の）プレイヤー1が $\tau = 1, \cdots, \beta$ を選び，その結果，彼は $\mathcal{H}(\tau)$ を得るということからできている[1]．ゼロ和の場合は明らかにとるに足らないものであり[2]，それについては何もいうことはない．一般的な場合は一般の関数 $\mathcal{H}(\tau)$ に相当し，行動——すなわちプレイ——の「最良の」すなわち「合理的な」方法は明らかに次のとおりである．すなわち，プレイヤー1は $\mathcal{H}(\tau)$ を最大にするように $\tau = 1, \cdots, \beta$ を選ぶのである．

1人ゲームのこの極端な単純化はもちろん，変数 τ が（手番における）選択ではなく，プレイヤーの戦略を表しているからこそ可能になる．すなわち，τ はプレイの過程においておこりうると考えられるすべての状況に対する彼の行動の「理論」を完全に表現しているのである．しかし，1人ゲームでさえも，非常にこみ入った型になりうることを覚えておかねばならない．すなわち，それは（ただ1人のプレイヤーの）人的手番に加えて偶然手番も含み，しかもその各々は多くの代替案からできているのであり，また各人的手番においてプレイヤーが利用可能な情報の量は，いくつかの規定された方法によって変わるのである．

12.2.2　このようにして生ずる多くの複雑さや微妙さは，「ペイシェンス」，「ソリティア」などのトランプの1人ゲームによくみられる．しかし，われわれの知るかぎりでは，通常の1人ゲームにはみられないような重要な可能性

---

[1] **11.2.3** の最後の (11:D:a)，(11:D:b) を参照せよ．その場合の添数をここでは 1 としている．
[2] ゼロ和の場合は $\mathcal{H}(\tau) = 0$ となる．**11.4** を参照せよ．

も存在する．不完全情報，すなわちただ1人のプレイヤーの人的手番における先行性と既知性の不一致の可能性である（**6.4** を参照せよ）．このような不一致がおきるためには，プレイヤーは2つの人的手番 $\mathfrak{M}_\kappa, \mathfrak{M}_\lambda$ において，各々もう1つの手番の選択の結果について何も知らされていてはならない．このような情報の欠如した状態というのはなかなかおきるものではないが，**6.4.2** で議論したように，プレイヤーを2人またはそれ以上の同じ利害関係をもち，しかも情報の伝達が不完全であるような人々に「分割」すれば，十分におこりうるものである．**6.4.2** において，ブリッジが2人ゲームにおけるこの例となっていることをみた．そこでこれによく似た1人ゲームも簡単につくれるであろう．——しかし残念なことに「ソリティア」というゲームは，このような形はしていない[3]．

しかし，ある経済組織においては実際にこの可能性が考えられる．すなわち，分配計画の機構については議論の余地のない（すなわち，交換は行われずただ1つの不変の分配だけが存在する）ような厳密に確立された共産社会がそうである．——このような社会の構成メンバー[4]は，すべて厳密に同じ利害関係をもっているので，この組織は1人ゲームとして扱わねばならない．しかしメンバーの間の情報の伝達が不完全だと考えられることにより，すべての種類の不完全情報がおこりうる．

したがってこの場合には戦略（すなわち計画）の概念を一貫して用いることにより，簡単な最大化問題に変えられる．以前の議論をもとにして考えれば，いまや経済を簡単な最大化問題——すなわち「ロビンソン・クルーソー」の形——として定式化することは，この場合——そしてこの場合だけ——に適当であることが明らかになるであろう．

12.2.3 また以上の考察から，単なる最大化による——すなわち「ロビンソン・クルーソー」のような——アプローチの限界も示される．前に述べた，厳密に確立され問題とされることもない分配計画をもつ社会の例からわかるように，この場合にはその分配計画そのものに対して合理的で批判的な評価を与えることはできない．最大化問題を得るためには，分配計画の全体を絶対的で

---

[3] 2人の参加者の間の競争ゲームとなる「ダブルソリティア」というゲームも存在している．すなわちこれは2人ゲームである．

[4] 彼らの間では，何人かのメンバーの提携と他の提携との争い同様，提携のメンバー間の争いの可能性も除外しているので，個々のメンバー自身をプレイヤーと考えることはできない．

犯されることなく，また批判されることもないゲームのルールの中で考えなければならない．ゲームのルールを紛争や競争——すなわちゲームの戦略——が扱えるようにするためには，n 人ゲーム（ただし $n \geq 2$）を考えねばならず，それによってその問題の単純な最大化の面は犠牲にされねばならない．

12.3 偶然と確率

12.3 さらに議論を進める前に——18，19 世紀に主に発達した——「数学的ゲーム」の文献の多くは，主にわれわれがすでに残してきた事柄の側面だけを扱っていることを述べておきたいと思う．すなわち偶然の影響だけを扱っているのである．もちろんこれは，確率，特に数学的期待値の概念の計算法の発見とその適当な応用によりもたらされたものである．われわれはこの目的のために必要な演算を **11.2.3** において行った[5)6)]．

したがって，偶然の役割を評価する——すなわち確率と数学的期待値を計算する——ことだけに数学的手法が用いられるようなこれらのゲームにはもはや興味はない．このようなゲームは，ときには確率論の興味深い練習問題となるが[7)]，本来のゲーム理論には属さないものであることに，読者も同意してくれるものと思う．

12.4 次の目的

12.4 さて，より複雑なゲームの分析にとりかかろう．一般 1 人ゲームはすでに取り扱ったので，残ったゲームのうち最も簡単なゲームは，ゼロ和 2 人ゲームとなる．したがってまずそれから議論しよう．

後になれば，一般 2 人ゲームをゼロ和 3 人ゲームとして扱ってもよいことがわかる．われわれの議論のテクニックによれば，まずゼロ和 3 人ゲームを取り上げねばならないことがわかるであろう．その後この理論をゼロ和 n 人

[5)] もちろん，これらの発見の大きな重要性の価値を下げようなどとは少しも思っていない．これらの大きな力により，事柄の偶然性を現在行っているように容易に扱えるのである．しかし，われわれはいま確率の概念だけでは解決できないような問題に関心をもっている．したがって，これらの十分に解決されていない問題に注意を集中しなければならない．

[6)] 数学的期待値の使用と数量化された効用の概念との間の重要な関連については，**3.7** およびその前の考えを参照せよ．

[7)] ルーレットのようないくつかのゲームは，もっと奇妙な性質をもっている．ルーレットにおいてはプレイヤーの数学的な期待値は明らかに負である．したがって，もし金銭的な収益と効用を同一視するなら，このゲームに参加する動機は理解できないであろう．

ゲーム ($n = 1, 2, 3, \cdots$) に拡張し，この後はじめて一般 n 人ゲームを研究すれば都合が良いであろう．

13 関数解析

13.1 基本的定義

13.1.1 次の目的は——**12.4** で述べたように——ゼロ和 2 人ゲームを余す所なく議論することである．十分に議論するためには，これまで用いてきた以上の関数解析の記号体系——または少なくともその体系のある一部——を用いなければならない．ここで必要となるのは関数，変数，最大，最小の概念，および後の 2 つ（最大，最小）を関数演算として用いるという概念である．これらはすべて少し説明と例を必要とするので，ここでそれを与えておこう．

この説明と例を与えた後に，最大，最小およびこれらの 2 つのある結合，すなわち鞍点の値に関するいくつかの定理を証明しよう．これらの定理は，ゼロ和 2 人ゲームの理論において重要な役割を果たすであろう．

13.1.2 関数 ϕ とは——ϕ の変数とよばれる——ある実体 $x, y, \cdots$ から——ϕ の値とよばれる——1 つの実体 u がどのように決定されるかを述べる依存関係である．したがって u は ϕ および $x, y, \cdots$ によって決定され，この決定——すなわち依存関係——は記号を用いた式により，

$$u = \phi(x, y, \cdots)$$

と表されるだろう．原則として，関数 ϕ 自身——これは，一般的にただ $u = \phi(x, y, \cdots)$ が $x, y, \cdots$ に依存することを表すだけの抽象的な実体である——と，ある $x, y, \cdots$ についての関数の値 $\phi(x, y, \cdots)$ とは区別されねばならない．しかし実際に数学において用いる場合には，便宜的に ϕ の代わりに $\phi(x, y, \cdots)$ ——ただし $x, y, \cdots$ は不確定なものである——と書くと都合の良いことがしばしばある（下の例 (c)-(e) を参照せよ．(a)，(b) は一層よくない表記である．124 ページの脚注 8）を参照せよ）．

もちろん，関数 ϕ を表すためには——とりわけ——その変数 $x, y, \cdots$ の数を明らかにしなければならない．したがって，1 変数関数 $\phi(x)$，2 変数関数 $\phi(x, y)$ などが存在する．

例をいくつかあげよう：

(a) 算術的な演算 $x+1$ および x^2 は 1 変数関数である[8]．

(b) 加法，乗法の算術的な演算 $x+y$, xy は 2 変数関数である[8]．

(c) 任意の固定された k については，**9.2.4** の $\mathcal{F}_k(\pi)$ は（π の）1 変数関数である．しかし，これはまた (k, π) 2 変数関数とみることもできる．

(d) 任意の固定された k に対して，**11.1.3** における (11:A) の $\sum_k (\kappa, D_\kappa)$ は $(\kappa, D_\kappa$ の）2 変数関数である[9]．

(e) 任意の固定された k に対して，**11.2.3** の $\mathcal{H}_k(\tau_1, \cdots, \tau_n)$ は $(\tau_1, \cdots, \tau_n)$ の n 変数関数である[9]．

13.1.3 関数 ϕ を表すためには，さらに変数 $x, y, \cdots$ のどのような選択に対して $\phi(x, y, \cdots)$ の値が定義されるかも明らかにせねばならない．これらの $x, y, \cdots$ の選択——すなわち組み合わせ——によって，ϕ の定義域がつくられる．

例 (a)-(e) により，関数の定義域についての多くの可能性のうちのいくつかが示されている：それらは他のものに加えて，算術的または解析的な実体からできているかもしれない．実際：

(a) この定義域はすべての整数からできていると考えてもよいし——またすべての実数からできていると考えてもよい．

(b) (a) で用いられたどちらかのカテゴリーに属する数のすべての対が定義域をかたちづくる．

(c) この定義域はゲーム Γ のプレイを表すすべての π からなる集合 Ω である（**9.1.1** および **9.2.4** を参照せよ）．

(d) この定義域は正の整数 κ と 1 つの集合 D_κ からできている．

(e) この定義域はある正の整数の体系からできている．

関数 ϕ はその変数が正の整数なら算術関数であり，実数なら数値関数であり，集合なら集合関数である（例えば (d) における D_κ のような場合である）．

さしあたっては，算術関数と数値関数に主に関心を向けよう．

本節を終わるにあたって，われわれが行ったように関数の概念をとらえれば当然生じてくる結果を注意しておこう．それは何かというと，変数の数，その定義域，関数の値の変数への依存により関数が次のようにつくられるということである．すなわちもし 2 つの関数 ϕ, ψ が同じ変数 $x, y, \cdots$ と定義域をも

---

[8] これらは上の規準的な形 $\phi(x)$, $\phi(x, y)$ をしてはいないが．

[9] (d) および (e) の k を (c) の k と同様に変数として扱うこともできる．

ち，しかもこの定義域のすべてにおいて $\phi(x,y,\cdots) = \psi(x,y,\cdots)$ なら，すべての点において ϕ, ψ は同一になるのである[10]．

13.2 最大，最小の演算
13.2.1 実数の値

$$\phi(x,y,\cdots)$$

をもつような関数 ϕ を考える．

まず ϕ が1変数関数であるとしよう．もしすべての他の選択 x' に関して，$\phi(x_0) \geq \phi(x')$ となるように変数 $x = x_0$ がとられたとしよう．そのとき ϕ は最大値 $\phi(x_0)$ をもち，$x = x_0$ で最大値をとるという．

この最大値 $\phi(x_0)$ は一意的に決定されることを注意しておこう．すなわち，いくつかの x_0 に対して $x = x_0$ で最大値をとると考えられるが，それらはすべて同じ値 $\phi(x_0)$ を与えるのである[11]．この値を $\mathrm{Max}\,\phi(x)$ と表す．すなわち $\phi(x)$ の最大値である．

ここで $\geq$ を $\leq$ に変えれば，ϕ の最小値 $\phi(x_0)$ の概念，および ϕ がそこで最小値をとる x_0 の概念が得られる．この場合もいくつかのそのような x_0 が存在するが，それらはすべて同じ値 $\phi(x_0)$ を与える．この値を $\mathrm{Min}\,\phi(x)$ によって表す．すなわち $\phi(x)$ の最小値である．

$\mathrm{Max}\,\phi(x)$ および $\mathrm{Min}\,\phi(x)$ は共に最初からその存在を保証されてはいないことを注意しておこう[12]．

しかしながら，もし——変数 x が動きうる——ϕ の定義域が有限個の要素からできていれば，$\mathrm{Max}\,\phi(x)$ および $\mathrm{Min}\,\phi(x)$ の存在は明らかである．われわれがこれから議論する関数は実際にほとんどがこのようなものである[13]．残りの関数に関しては，その領域の幾何学的な制限および関数の連続性の結果と

---

[10] 関数の概念は集合の概念と密接に結びついており，上で述べたことは **8.2** の説明と並行してとらえられねばならない．

[11] 証明：2つのこのような x_0，例えば x_0' と x_0'' があったとしよう．そうすれば $\phi(x_0') \geq \phi(x_0'')$ かつ $\phi(x_0'') \geq \phi(x_0')$．したがって $\phi(x_0') = \phi(x_0'')$ となる．

[12] 例えばもし $\phi(x) \equiv x$ とし，すべての実数をその定義域とすれば，$\mathrm{Max}\,\phi(x), \mathrm{Min}\,\phi(x)$ は共に存在しない．

[13] 典型的な例としては，**11.2.3**（すなわち **13.1.2** の (e)）の関数 $\mathcal{H}_k(\tau_1, \cdots, \tau_n)$ および **14.1.1** の関数 $\mathcal{H}(\tau_1, \tau_2)$ があげられる．

して生じるであろう[14].とにかく,われわれは最大,最小が存在するような関数だけを考えているのである.

13.2.2 次に ϕ が任意個の変数 $x,y,z,\cdots$ をもつとしよう.1つの変数,例えば x を選び,他の $y,z,\cdots$ を定数と考えることにより,$\phi(x,y,z,\cdots)$ を x の1変数関数とみなすことができる.したがって,**13.2.1** におけると同様にして,$\text{Max}\,\phi(x,y,z,\cdots)$, $\text{Min}\,\phi(x,y,z,\cdots)$ をつくりうる.ただし,この最大,最小はもちろん x に関してである.

しかし,他の変数 $y,z,\cdots$ の各々についても同様の操作が考えられるので,最大,最小の演算が x に関して行われたことを示さねばならない.そこでただ $\text{Max}\,\phi$, $\text{Min}\,\phi$ と書くだけでは不十分であるので,$\text{Max}_x\,\phi(x,y,z,\cdots)$, $\text{Min}_x\,\phi(x,y,z,\cdots)$ と書くことにする.このようにして関数 $\phi(x,y,z,\cdots)$ に $\text{Max}_x, \text{Min}_x, \text{Max}_y, \text{Min}_y, \text{Max}_z, \text{Min}_z, \cdots$ なる演算の任意の1つを適用できる.それらの演算はすべて異なっており,記号によってその違いは明らかにされている.

この記号は1変数関数に関しても好都合であり,われわれは次のようにこれを用いる.すなわち,**13.2.1** の $\text{Max}\,\phi(x)$, $\text{Min}\,\phi(x)$ の代わりに $\text{Max}_x\,\phi(x)$, $\text{Min}_x\,\phi(x)$ と書くのである.

ときには,最大,最小の定義域 S を明らかにすると都合の良い——もしくはそれが必要である——こともあるだろう.例えば,関数 $\phi(x)$ は S 以外の(ある) x でも定義されているが,最大,最小は S の中だけで,考えるような場合である.このような場合には,単に $\text{Max}_x\,\phi(x)$, $\text{Min}_x\,\phi(x)$ と書くのではなく

$$\text{Max}_{x\in S}\,\phi(x), \quad \text{Min}_{x\in S}\,\phi(x)$$

と書くことにする.

$\phi(x)$ を関数として表すより $\phi(x)$ の値——例えば $a,b,\cdots$——を1つ1つ列

---

[14] 典型的な例としては,**17.4** の関数 $K(\vec{\xi},\vec{\eta})$, $\text{Max}_{\vec{\xi}}\,K(\vec{\xi},\vec{\eta})$, $\text{Min}_{\vec{\eta}}\,K(\vec{\xi},\vec{\eta})$ ならびに **17.5.2** の関数 $\text{Min}_{\tau_2}\sum_{\tau_1=1}^{\beta_1}\mathcal{H}(\tau_1,\tau_2)\xi_{\tau_1}$, $\text{Max}_{\tau_1}\sum_{\tau_2=1}^{\beta_2}\mathcal{H}(\tau_1,\tau_2)\eta_{\tau_2}$ があげられる.これらの関数の変数は $\vec{\xi}$ または $\vec{\eta}$ またはその両方であり,これらに関して結果として最大と最小がつくられる.

もう1つの場合が **46.2.1**,特に 525 ページの脚注 77)で議論されているが,そこではこの問題の数学的な背景およびその文献も考えられている.上の例が十分に基本的であるので,ここでこれらの問題を取り上げるには及ばないであろう.

挙するほうが簡単なこともある．このような場合には，$\text{Max}_x \phi(x)$, $[\text{Min}_x \phi(x)]$ と書く代わりに，$\text{Max}(a, b, \cdots)$, $[\text{Min}(a, b, \cdots)]$ と書く[15]．

13.2.3 $\phi(x, y, z, \cdots)$ は変数 $x, y, z, \cdots$ の関数であるが，$\text{Max}_x \phi(x, y, z, \cdots)$, $\text{Min}_x \phi(x, y, z, \cdots)$ はただ $y, z, \cdots$ だけの関数であることに注意しよう．単に印刷の上だけでみれば，$\text{Max}_x \phi(x, y, z, \cdots)$, $\text{Min}_x \phi(x, y, z, \cdots)$ の中にも x が現れてはいるが，この x はもはやこれらの関数の変数ではない．演算 $\text{Max}_x, \text{Min}_x$ によって，x は変数ではなくなり，単に演算の添数になったといえる[16]．

$\text{Max}_x \phi(x, y, z, \cdots)$, $\text{Min}_x \phi(x, y, z, \cdots)$ はなお変数 $y, z, \cdots$ の関数となっているから[17]，次のような式をつくることができる．

$$\text{Max}_y \text{Max}_x \phi(x, y, z, \cdots), \quad \text{Max}_y \text{Min}_x \phi(x, y, z, \cdots)$$
$$\text{Min}_y \text{Max}_x \phi(x, y, z, \cdots), \quad \text{Min}_y \text{Min}_x \phi(x, y, z, \cdots)$$

同様にして，

$$\text{Max}_x \text{Max}_y \phi(x, y, z, \cdots), \quad \text{Max}_x \text{Min}_y \phi(x, y, z, \cdots)$$

などもつくれる[18]．また，（もし存在するとすれば）x, y 以外の 2 つの変数を用いても同じ演算が定義できるし，2 つ以上の変数についても同様に定義できる．

$\phi(x, y, \cdots)$ の変数の数と等しい数の最大，最小の演算を行った後には，結局——ただしこの演算は順序や組み合わせは任意であるが，各変数 $x, y, z, \cdots$ につき正確に 1 回ずつ行われねばならないものとする——変数をまったく含まない関数，すなわち定数となる．

---

[15] もちろん $\text{Max}(a, b, \cdots)$, $[\text{Min}(a, b, \cdots)]$ とは単に $a, b, \cdots$ の中で最大 [最小] のものである．

[16] 変数 x を消すような演算のうち，解析でよく知られているのは定積分である．すなわち $\phi(x)$ は x の関数であるが，$\int_0^1 \phi(x) dx$ は定数である．

[17] **13.2.2** においては，$y, z, \cdots$ を一定のパラメーターと考えた．しかし x が消された以上は，変数 $y, z, \cdots$ を一定のパラメーターと考える必要はない．

[18] もし 2 つまたはそれ以上の演算が適用される場合には，最も内側の演算がまず行われてその変数が消され，順次外側へ向かって同じように演算が行われていくことに注意せよ．

13.3 交換問題

13.3.1 13.2.3 の議論により，$\text{Max}_x, \text{Min}_x, \text{Max}_y, \text{Min}_y, \text{Max}_z, \text{Min}_z, \cdots$ を完全に関数演算とみなすための基礎が与えられる．ただし，関数演算とは1つの関数を別の関数に移すような演算である[19]．これらの演算のいくつかを連続的に適用できることがすでにわかっている．この場合には，一見したところ連続的な演算が適用される順序が問題となりそうである．

しかし実際にそうであろうか？ 正確には，もし（同じ関数に対して）2つの演算を連続的に適用する場合にその順序が問題にならなければ，この2つの演算は交換されるというのである．次に問題となるのは，演算 Max_x, $\text{Min}_x, \text{Max}_y, \text{Min}_y, \text{Max}_z, \text{Min}_z, \cdots$ がすべて互いに交換されるか否かということである．

そこでこの問題に答えることにしよう．このためにはただ2つの変数，例えば x, y だけを用いればよく，それにより ϕ も x, y だけの関数と考えてよい[20]．

それゆえ 2 変数関数 $\phi(x, y)$ を考えよう．そうすれば交換性の重要な問題は明らかに次のように表される：

すなわち，以下の 3 つの等式のうち一般に正しいのはどれかということである：

(13:1) $\quad \text{Max}_x \text{Max}_y \phi(x, y) = \text{Max}_y \text{Max}_x \phi(x, y),$
(13:2) $\quad \text{Min}_x \text{Min}_y \phi(x, y) = \text{Min}_y \text{Min}_x \phi(x, y),$
(13:3) $\quad \text{Max}_x \text{Min}_y \phi(x, y) = \text{Min}_y \text{Max}_x \phi(x, y)$[21]．

(13:1)，(13:2) は正しいが (13:3) は正しくないこと，すなわち任意の 2 つの最大または任意の 2 つの最小の間での交換は可能であるが，最大と最小の間の交換は一般に成り立たないことがわかる．また，どのような場合に最大と最小が交換できるかを決定する基準も得られる．

この最大，最小の交換の問題は，ゼロ和 2 人ゲームにおいて決定的に重要であることがわかるであろう（**14.4.2** および **17.6** を参照せよ）．

---

[19] これらの演算によって各々1つの変数が消されるから，この関数は変数が1つ少なくなる．
[20] もし x, y 以外の ϕ の変数があったとしても，ここでの分析においては定数として扱ってかまわない．
[21] 上の——$\text{Max}_x \text{Min}_y$ の——x, y を交換することにより，$\text{Min}_x \text{Max}_y$ の場合は得られるので，この場合については説明の必要はない．

13.3.2 まず (13:1) を考えよう．もし x, y を1つの変数として扱えば，$\text{Max}_x \text{Max}_y \phi(x, y)$ が $\phi(x, y)$ の最大値であることは直観的に明らかに違いない．すなわち，ある適当な x_0, y_0 に対して $\phi(x_0, y_0) = \text{Max}_x \text{Max}_y \phi(x, y)$ ならば，すべての x', y' に関して $\phi(x_0, y_0) \geq \phi(x', y')$ である．

以上のように直観的には明らかではあるが，一応数学的な証明も与えておこう：$\text{Max}_y \phi(x, y)$ が $x = x_0$ で x に関して最大となるような x_0 を選び，その後 $\phi(x_0, y)$ が $y = y_0$ で y に関して最大となるような y_0 を選ぶ．そうすれば，

$$\phi(x_0, y_0) = \text{Max}_y \phi(x_0, y) = \text{Max}_x \text{Max}_y \phi(x, y)$$

そしてすべての x', y' に関して，

$$\phi(x_0, y_0) = \text{Max}_y \phi(x_0, y) \geq \text{Max}_y \phi(x', y) \geq \phi(x', y')$$

これで証明を終わる．

次に x, y を交換することにより x, y を1つの変数として扱うなら，$\text{Max}_y \text{Max}_x \phi(x, y)$ も同様に $\phi(x, y)$ の最大となることがわかる．

したがって (13:1) の両辺は同じ特質をもち，互いに等しくなる．これで (13:1) が証明された．

Max の代わりに Min に対しまったく同じ議論が適用できる．ただすべての $\geq$ の代わりに $\leq$ を用いておかねばならない．これにより (13:2) も証明される．

2変数 x, y を1つとして扱う工夫は，本来非常に好都合であることが時々ある．それを用いる場合（例えば **18.2.1** において，ここにおける $x, y, \phi(x, y)$ の代わりに $\tau_1, \tau_2, \mathcal{H}(\tau_1, \tau_2)$ を用いるような場合）には，$\text{Max}_{x, y} \phi(x, y)$ および $\text{Min}_{x, y} \phi(x, y)$ と書くであろう．

13.3.3 この点においては図示が役立つであろう．x, y に関する ϕ の定義域は，有限集合であるとしよう．簡単のために，（この定義域において）x のとりうる値を $1, \cdots, t$ で表し，y のとりうる値を $1, \cdots, s$ で表そう．そうすれば，この定義域内のすべての x, y ——すなわち $x = 1, \cdots, t, y = 1, \cdots, s$ のすべての組み合わせ——に相当する $\phi(x, y)$ の値は，長方形の図に配列できる：すなわち，t 行 s 列からなる長方形を用いるが，$x = 1, \cdots, t$ は行に相当し，$y = 1, \cdots, s$ は列に相当するのである．行 x と列 y が交わる場——簡単に場 x, y ということにする——には $\phi(x, y)$ の値を書きこむ（図11）．数学にお

	1	2	…………	y	…………	s
1	$\phi(1,1)$	$\phi(1,2)$	…………	$\phi(1,y)$	…………	$\phi(1,s)$
2	$\phi(2,1)$	$\phi(2,2)$	…………	$\phi(2,y)$	…………	$\phi(2,s)$
⋮	⋮	⋮		⋮		⋮
x	$\phi(x,1)$	$\phi(x,2)$	…………	$\phi(x,y)$	…………	$\phi(x,s)$
⋮	⋮	⋮		⋮		⋮
t	$\phi(t,1)$	$\phi(t,2)$	…………	$\phi(t,y)$	…………	$\phi(t,s)$

図 11

いて長方形行列として知られているこの配列により，関数 $\phi(x,y)$ は完全に特徴づけられることになる．$\phi(x,y)$ の各値は行列の要素となっている．

さて，この行列からわかるように $\mathrm{Max}_y \phi(x,y)$ は行 x における $\phi(x,y)$ の最大値である．したがって，

$$\mathrm{Max}_x \mathrm{Max}_y \phi(x,y)$$

は行の最大値のうちの最大値となる．一方，

$$\mathrm{Max}_x \phi(x,y)$$

は列 y における $\phi(x,y)$ の最大値である．したがって $\mathrm{Max}_y \mathrm{Max}_x \phi(x,y)$ は列の最大値のうちの最大値となる．**13.3.2** における（13:1）に関しての主張は，ここで次のように述べることができる．すなわち，行の最大値の最大値と列の最大値の最大値とは等しい．つまり，共に行列における $\phi(x,y)$ の実際の最大値になっているのである．少なくともこの形においてはこれらの主張は直観的に明らかに違いない．（13:2）についての主張も Max を Min に換えることにより同様に得られる．

13.4 混合した場合．鞍点

13.4.1 さてここで（13:3）を考えよう．**13.3.3** の術語を用いれば，（13:3）

の左辺は行の最小値のうち最大のものを示し，右辺は列の最大値のうち最小のものを示している．これらの2つの数は実際の最大値にも実際の最小値にもなっておらず，一見したところでは，一般にこれらの2つの数が等しくなるとは思われない．実際，たしかにこれらは等しくない．この2つの数が異なるような関数が2つの図12, 13において与えられており，等しくなるような関数が図14に与えられている．（これらの図はすべて，**13.3.3**および図11の説明と同じように解釈してもらいたい．）

これらの図は——最大と最小の交換の問題全体と同様——ゼロ和2人ゲームの理論に重要な役割を果たすであろう．実際，この理論におけるいくつかの重要な可能性をもつあるゲームがこの図によって示されることがわかるであろう（**18.1.2**を参照せよ）．しかし，当分の間はこれらの応用にはふれることなく，この図そのものを議論したいと思う．

$t = s = 2$

	1	2	行の最小値
1	1	-1	-1
2	-1	1	-1
列の最大値	1	1	

行の最小値の最大 $= -1$
列の最大値の最小 $= 1$

表 12

$t = s = 3$

	1	2	3	行の最小値
1	0	-1	1	-1
2	1	0	-1	-1
3	-1	1	0	-1
列の最大値	1	1	1	

行の最小値の最大 $= -1$
列の最大値の最小 $= 1$

表 13

$t = s = 2$

	1	2	行の最小値
1	-2	1	-2
2	-1	2	-1
列の最大値	-1	2	

行の最小値の最大 $= -1$
列の最大値の最小 $= -1$

図 14

13.4.2 (13:3) は一般的に正しいとも誤まりであるともいえないので，その両辺

(13:4)　　$\mathrm{Max}_x \mathrm{Min}_y \phi(x,y)$,　　$\mathrm{Min}_y \mathrm{Max}_x \phi(x,y)$

の関係をもっとくわしく議論しようと思う．(13:3) の動きをある程度まで示している図 12-14 により，この動きがどのようなものであるかを解く手がかりが与えられる．その手がかりを明らかにすると，特に：

(13:A)　3つの図すべてにおいて，(13:3) の左辺（すなわち (13:4) の最初の式）は (13:3) の右辺（すなわち，(13:4) の第2式）より小さいかまたは等しい．

(13:B)　図14——すなわち (13:3) が成り立つ場合——においては，行列の中に行の最小値となり，同時に列の最大値ともなるような場が存在する．他の図12，13——すなわち (13:3) が成り立たない場合——においては，そのような場は存在しない．

ここで (13:B) に述べた場の変化を表す一般的な概念を導入するのが適切であろう．そこでわれわれはこれを次のように定義する：

$\phi(x,y)$ を任意の2変数関数とする．このときもし $\phi(x,y_0)$ が $x=x_0$ で最大値をとり，同時に $\phi(x_0,y)$ が $y=y_0$ で最小値をとるなら，x_0,y_0 を ϕ の鞍点という．

鞍点という名を用いたのは次の理由による．x,y のすべての要素（$x=1,\cdots,t$，$y=1,\cdots,s$，図11を参照せよ）からなる行列を山地地形学的な図と考えよう．ただし，場 x,y の上の山の高さはそこでの $\phi(x,y)$ の値になっているものとする．そうすれば鞍点 x_0,y_0 の定義により，実際その点（すなわち場 x_0,y_0 の上）において，鞍または峠になることが示されている．すなわち，行 x_0 は山の尾根に相当しており，列 y_0 はこの尾根を横切る（谷から谷への）道となっているのである．

13.5.2 における式 (13:C*) もまたこの説明に一致している[22]．

13.4.3　図12，13により，鞍点をまったくもたない ϕ が存在することが示されている．一方，ϕ がいくつかの鞍点をもつことも考えられる．しかし——

---

[22] これらのすべては——正確に特別な場合というわけではないが——極値問題，変分法などを含むもっと一般的な数学理論と密接に関連している．M. Morse, "The Critical Points of Functions and the Calculus of Variations in the Large," *Bull. Am. Math. Society*, Jan.-Feb. 1929, pp.38 cont., および "What is Analysis in the large?," *Am. Math. Monthly*, Vol.XLIX, 1942, pp.358 cont. を参照せよ．

もしいくつかの鞍点が存在したとしても——それらはすべて同じ値 $\phi(x_0, y_0)$ を与えなければならない[23]．この値を——もし存在するとすれば—— $\text{Sa}_{x/y}\phi(x, y)$, すなわち $\phi(x, y)$ の鞍点の値と表すことにする[24]．

次に（13:A），（13:B）の指摘を一般化した定理を明確にしておこう．それらを（13:A*），（13:B*）によって示し，すべての関数 $\phi(x, y)$ について有効であることを強調しておく．

(13:A*) 常に $\text{Max}_x \text{Min}_y \phi(x, y) \leq \text{Min}_y \text{Max}_x \phi(x, y)$ である．
(13:B*) ϕ の鞍点 x_0, y_0 が存在すれば，そしてそのときにのみ，
$$\text{Max}_x \text{Min}_y \phi(x, y) = \text{Min}_y \text{Max}_x \phi(x, y) \text{ となる．}$$

13.5 主要な事柄の証明

13.5.1 まずすべての関数 $\phi(x, y)$ に対して2つの集合 A^ϕ, B^ϕ を定義しよう．$\text{Min}_y \phi(x, y)$ は x の関数であるので，この関数が $x = x_0$ で最大値をとるようなすべての x_0 からなる集合を A^ϕ とする．また $\text{Max}_x \phi(x, y)$ は y の関数であるので，この関数が $y = y_0$ で最小値をとるようなすべての y_0 からなる集合を B^ϕ とする．

そこで次に（13:A*），（13:B*）を証明しよう．

(13:A*) の証明：$x_0 \in A^\phi, y_0 \in B^\phi$ をとる．そうすれば，
$$\text{Max}_x \text{Min}_y \phi(x, y) = \text{Min}_y \phi(x_0, y) \leq \phi(x_0, y_0)$$
$$\leq \text{Max}_x \phi(x, y_0) = \text{Min}_y \text{Max}_x \phi(x, y)$$

すなわち：たしかに $\text{Max}_x \text{Min}_y \phi(x, y) \leq \text{Min}_y \text{Max}_x \phi(x, y)$ となる．

(13:B*) における鞍点の存在の必要性の証明：
$$\text{Max}_x \text{Min}_y \phi(x, y) = \text{Min}_y \text{Max}_x \phi(x, y)$$

---

[23] これは **13.5.2** の（13:C*）から導かれる．同じくらい簡単で直接的な証明は次のとおりである．その証明のために2つの鞍点 x_0, y_0 を考え，それを x_0', y_0', x_0'', y_0'' としよう．そうすれば
$$\phi(x_0', y_0') = \text{Max}_x \phi(x, y_0') \geq \phi(x_0'', y_0') \geq \text{Min}_y \phi(x_0'', y) = \phi(x_0'', y_0'')$$
すなわち $\phi(x_0', y_0') \geq \phi(x_0'', y_0'')$. 同様にして，$\phi(x_0'', y_0'') \geq \phi(x_0', y_0')$. したがって $\phi(x_0', y_0') = \phi(x_0'', y_0'')$ となる．

[24] 演算 $\text{Sa}_{x/y}\phi(x, y)$ により，変数 x, y が共に消されることは明らかである．**13.2.3** を参照せよ．

とし，$x_0 \in A^\phi$, $y_0 \in B^\phi$ をとろう．そうすれば，

$$\text{Max}_x \phi(x, y_0) = \text{Min}_y \text{Max}_x \phi(x, y)$$
$$= \text{Max}_x \text{Min}_y \phi(x, y) = \text{Min}_y \phi(x_0, y).$$

したがってすべての x' に関して，

$$\phi(x', y_0) \leq \text{Max}_x \phi(x, y_0) = \text{Min}_y \phi(x_0, y) \leq \phi(x_0, y_0),$$

すなわち $\phi(x_0, y_0) \geq \phi(x', y_0)$ ——したがって $\phi(x, y_0)$ は $x = x_0$ で最大値をとる．またすべての y' に関して，

$$\phi(x_0, y') \geq \text{Min}_y \phi(x_0, y) = \text{Max}_x \phi(x, y_0) \geq \phi(x_0, y_0)$$

すなわち $\phi(x_0, y_0) \leq \phi(x_0, y')$ ——したがって $\phi(x_0, y)$ は $y = y_0$ で最小値をとる．

以上より，これらの x_0, y_0 は鞍点となる．

(13:B*) における鞍点の存在の十分性の証明：x_0, y_0 を鞍点としよう．そうすれば，

$$\text{Max}_x \text{Min}_y \phi(x, y) \geq \text{Min}_y \phi(x_0, y) = \phi(x_0, y_0)$$
$$\text{Min}_y \text{Max}_x \phi(x, y) \geq \text{Max}_x \phi(x, y_0) = \phi(x_0, y_0)$$

したがって，

$$\text{Max}_x \text{Min}_y \phi(x, y) \geq \phi(x_0, y_0) \geq \text{Min}_y \text{Max}_x \phi(x, y)$$

これを (13:A*) と結びつければ，

$$\text{Max}_x \text{Min}_y \phi(x, y) = \phi(x_0, y_0) = \text{Min}_y \text{Max}_x \phi(x, y)$$

となり，求める等式が得られる．

13.5.2 13.5.1 の考察により，注意すべき結果がさらにいくつか生じてきた．いま鞍点の存在を仮定することにしよう．——すなわち，(13:B*) の等式が成り立つとするのである．

そうすればすべての鞍点 x_0, y_0 に関して，

(13:C*)　$\phi(x_0, y_0) = \text{Max}_x \text{Min}_y \phi(x, y) = \text{Min}_y \text{Max}_x \phi(x, y).$

証明：これは **13.5.1** における（13:B*）の十分性の証明の最後の等式に一致している．

(13:D*)　x_0 が A^ϕ に属し y_0 が B^ϕ に属していれば，そしてそのときにのみ，x_0, y_0 は鞍点になる[25]．

十分性の証明：x_0, y_0 がそれぞれ A^ϕ, B^ϕ に属するものとしよう．そうすれば，**13.5.1** の（13:B*）の必要性の証明とまったく同様にして x_0, y_0 が鞍点であることが示される．

必要性の証明：x_0, y_0 を鞍点としよう．(13:C*) を用いることにより，すべての x' に対して，

$$\mathrm{Min}_y\,\phi(x', y) \leq \mathrm{Max}_x\,\mathrm{Min}_y\,\phi(x, y) = \phi(x_0, y_0) = \mathrm{Min}_y\,\phi(x_0, y)$$

すなわち $\mathrm{Min}_y\,\phi(x_0, y) \geq \mathrm{Min}_y\,\phi(x', y)$ となり——$\mathrm{Min}_y\,\phi(x, y)$ は $x = x_0$ で最大値をとる．したがって x_0 は A^ϕ に属する．同様にすべての y' に関して，

$$\mathrm{Max}_x\phi(x, y') \geq \mathrm{Min}_y\mathrm{Max}_x\phi(x, y) = \phi(x_0, y_0) = \mathrm{Max}_x\phi(x, y_0)$$

すなわち $\mathrm{Max}_x\,\phi(x, y_0) \leq \mathrm{Max}_x\,\phi(x, y')$ となり——$\mathrm{Max}_x\,\phi(x, y)$ は，$y = y_0$ で最大値をとる．したがって y は B^ϕ に属する．これで証明を終わる．

ところで，定理 (13:C*), (13:D*) によれば **13.4.2** の最後に述べられていた類似の概念の限界が明らかになる．すなわち，鞍点の概念が通常の（山地地形学的な）鞍または峠の概念より狭いことがわかるのである．実際 (13:C*) より，すべての鞍は——もし存在するとすれば——同じ高さをもつことがわかる．また (13:D*) より——もし集合 A^ϕ, B^ϕ を数の間の 2 つの距離として表すなら[26]——すべての鞍を合わせることにより，長方形の平面がかたちづくられる[27]．

13.5.3　ある特別な $x, y, \phi(x, y)$ の場合に関して，鞍点の存在を証明することにより本節を終わろう．またこの特別な場合は，重要な一般性をもつこともわかるであろう．まず 2 変数 x, u からなる関数 $\psi(x, u)$ が与えられている

---

[25] 本節冒頭の仮定のもとでのみ成り立つ！　さもなければ，鞍点はまったく存在しない．
[26] もし x, y が正の整数なら，それらの定義域を適当に変えることにより，これはもたらされる．
[27] 132 ページの脚注 22) に述べられている一般的な数学的概念には，これらの制限は加えられない．それらの概念は通常の峠の概念に正確に一致している．

とする．次に u の定義域において値をもつ変数からなる関数 $f(x)$ を考え，変数 x はそのまま用い，変数 u については代わりに関数 f そのものを用いることにする[28]．以上より，$\psi(x, f(x))$ なる式は x, f により決定される．したがって，$\psi(x, f(x))$ を変数 x, f の関数として取り扱えるので，それを $\phi(x, y)$ に代わるものとしよう．

ここでわれわれはこれらの $x, f, \psi(x, f(x))$——すなわち $x, y, \phi(x, y)$ に代わるものとして——に関し鞍点が存在することを証明したい．すなわち，

(13:E)　　$\text{Max}_x \text{Min}_f \psi(x, f(x)) = \text{Min}_f \text{Max}_x \psi(x, f(x))$

を証明したいのである．

証明：すべての x に関し $\psi(x, u_0) = \text{Min}_u \psi(x, u)$ となるような u_0 を選ぶ．この u_0 は x に依存しているので，関数 f_0 を $u_0 = f_0(x)$ により定義できる．したがって $\psi(x, f_0(x)) = \text{Min}_u \psi(x, u)$ となる．それゆえに，

$$\text{Max}_x \psi(x, f_0(x)) = \text{Max}_x \text{Min}_u \psi(x, u)$$

となる．さらに，

(13:F)　　$\text{Min}_f \text{Max}_x \psi(x, f(x)) \leq \text{Max}_x \text{Min}_u \psi(x, u)$

となる．さて，$\text{Min}_f \psi(x, f(x))$ は $\text{Min}_u \psi(x, u)$ と同じものである．なぜなら，f は 1 つの x における値 $f(x)$ を通してのみこの式に入り，それをわれわれは u と書いているからである．したがって，$\text{Min}_f \psi(x, f(x)) = \text{Min}_u \psi(x, u)$ となり，

(13:G)　　$\text{Max}_x \text{Min}_f \psi(x, f(x)) = \text{Max}_x \text{Min}_u \psi(x, u)$

となる．

(13:F)，(13:G) より $\text{Max}_x \text{Min}_f \psi(x, f(x)) \geq \text{Min}_f \text{Max}_x \psi(x, f(x))$ となる．さらに (13:A*) より $\text{Max}_x \text{Min}_f \psi(x, f(x)) \leq \text{Min}_f \text{Max}_x \psi(x, f(x))$ となるから，(13:E) は成り立ち，証明は完了する．

---

[28] 読者には次のことを注意してもらいたい．すなわち，f はそれ自身 1 つの関数であるが，また完全に他の関数の変数ともなっているのである．

14 厳密に決定されたゲーム

14.1 問題の定式化

14.1.1 さてゼロ和2人ゲームを考えることにしよう．ここでもまた標準形を用いることにする．このゲームは2つの手番からなっている．すなわち，プレイヤー1は $\tau_1 = 1, \cdots, \beta_1$ を，プレイヤー2は $\tau_2 = 1, \cdots, \beta_2$ を選び，各選択において相手の選択の結果はまったく知らされていないものとする．またこの場合にプレイヤー1, 2が得る量は，各々 $\mathcal{H}_1(\tau_1, \tau_2), \mathcal{H}_2(\tau_1, \tau_2)$ である[29]．

ゲームがゼロ和であるので，**11.4** より，

$$\mathcal{H}_1(\tau_1, \tau_2) + \mathcal{H}_2(\tau_1, \tau_2) \equiv 0.$$

これを次のように書き換えておく．

$$\mathcal{H}_1(\tau_1, \tau_2) \equiv \mathcal{H}(\tau_1, \tau_2), \quad \mathcal{H}_2(\tau_1, \tau_2) \equiv -\mathcal{H}(\tau_1, \tau_2).$$

次にプレイヤー 1, 2 の望みにより，どのようにして事象すなわち τ_1, τ_2 の選択が決定されるかを考えてみよう．ここで τ_1, τ_2 は，最終的には（手番における）選択を表すのではなく，プレイヤーの戦略，すなわち，そのゲームに関する完全な「理論」または「計画」を表していることを思い出しておかなければならないのはもちろんである．

さしあたっては，これはその程度にとどめておく．τ_1, τ_2 の「裏」にあるものを探り，プレイの過程を分析することにしよう．

14.1.2 プレイヤー 1, 2 の望みは非常に単純である．1は $\mathcal{H}_1(\tau_1, \tau_2) \equiv \mathcal{H}(\tau_1, \tau_2)$ を最大にしようと思い，2は $\mathcal{H}_2(\tau_1, \tau_2) \equiv -\mathcal{H}(\tau_1, \tau_2)$ を最大にしようと思っている．すなわち，$\mathcal{H}(\tau_1, \tau_2)$ について1は最大化を望み，2は最小化を望むことになる．

したがって，2人のプレイヤーの関心は同じ対象，すなわち1つの関数 $\mathcal{H}(\tau_1, \tau_2)$ に集中される．しかし，2人の意図するところは——ゼロ和2人ゲームにおいて当然予期されるべきことではあるが——まったく逆である．す

---

[29] **11.2.3** の (11:D) を参照せよ．

なわち，1は最大化をそれに対し2は最小化をはかる．この問題の独特のむずかしさは，どちらのプレイヤーも自らの努力の目的である $\mathcal{H}(\tau_1, \tau_2)$，すなわち，その変数 τ_1, τ_2 の両方ともは制御できないという点にある．1は最大化をはかるが τ_1 だけしか制御できず，2は最小化をはかるが τ_2 だけしか制御できない．このような場合にはどうなるであろうか？

例えば τ_1 の1つを選択したとしても，それだけでは $\mathcal{H}(\tau_1, \tau_2)$ が大きくなるか小さくなるかは必ずしも決定できない点にむずかしさがある．一般に τ_1 の $\mathcal{H}(\tau_1, \tau_2)$ への影響は決まってはいない．すなわち，もう1つの変数，この場合には τ_2，の選択と結びつけられてはじめて決定される．(**2.2.3** において議論した経済学における困難と比較してみよ．)

1つの変数，例えば τ_1 を選択するプレイヤー1からみても，他の変数を偶然の事象とは明らかに考えられないことを注意しておこう．他の変数，この場合は τ_2，は他のプレイヤーの意思に依存しており，その意思はそのプレイヤーにとって「合理的」なものでなければならない．(**2.2.3** の最後および **2.2.4** を参照せよ．)

14.1.3 この点においては **13.3.3** で行われた図による表示を用いるのが便利である．$\mathcal{H}(\tau_1, \tau_2)$ を長方形行列で表す：すなわち，β_1 行，β_2 列からなる長方形をつくり，$\tau_1 = 1, \cdots, \beta_1$ は前者（すなわち行）を数えるために用い，$\tau_2 = 1, \cdots, \beta_2$ は後者（すなわち列）を数えるために用いる．また，場 τ_1, τ_2 には行列の要素 $\mathcal{H}(\tau_1, \tau_2)$ を書き入れることにする．(**13.3.3** の図 11 を参照せよ．図 11 における ϕ, x, y, t, s はここ（図 15）での $\mathcal{H}, \tau_1, \tau_2, \beta_1, \beta_2$ に相当する．)

関数 $\mathcal{H}(\tau_1, \tau_2)$ にはまったく制限が加えられていないことを理解してもらいたい．すなわち，まったく任意に $\mathcal{H}(\tau_1, \tau_2)$ を選べる[30]．実際，単に，

$$\mathcal{H}_1(\tau_1, \tau_2) \equiv \mathcal{H}(\tau_1, \tau_2), \quad \mathcal{H}_2(\tau_1, \tau_2) \equiv -\mathcal{H}(\tau_1, \tau_2)$$

と定義することにより，任意の与えられた関数 $\mathcal{H}(\tau_1, \tau_2)$ は，**11.2.3** の (11:D) の意味において1つのゼロ和2人ゲームを定義することになる（**14.1.1** を参照せよ）．前節で述べたプレイヤー 1, 2 の望みをここで次のように具体的に表

---

[30] もちろんその定義域は規定されている．すなわち，$\tau_1 = 1, \cdots, \beta_1$，$\tau_2 = 1, \cdots, \beta_2$ であるようなすべての組 τ_1, τ_2 からなっている．これは有限の集合であるから，すべての最大と最小が存在する．**13.2.1** の最後を参照せよ．

	1	2	⋯⋯	τ_2	⋯⋯	β_2
1	$\mathcal{H}(1,1)$	$\mathcal{H}(1,2)$	⋯⋯	$\mathcal{H}(1,\tau_2)$	⋯⋯	$\mathcal{H}(1,\beta_2)$
2	$\mathcal{H}(2,1)$	$\mathcal{H}(2,2)$	⋯⋯	$\mathcal{H}(2,\tau_2)$	⋯⋯	$\mathcal{H}(2,\beta_2)$
⋮	⋮	⋮		⋮		⋮
τ_1	$\mathcal{H}(\tau_1,1)$	$\mathcal{H}(\tau_1,2)$	⋯⋯	$\mathcal{H}(\tau_1,\tau_2)$	⋯⋯	$\mathcal{H}(\tau_1,\beta_2)$
⋮	⋮	⋮		⋮		⋮
β_1	$\mathcal{H}(\beta_1,1)$	$\mathcal{H}(\beta_1,2)$	⋯⋯	$\mathcal{H}(\beta_1,\tau_2)$	⋯⋯	$\mathcal{H}(\beta_1,\beta_2)$

図 15

すことができる．2人のプレイヤーは共に，行列の要素 $\mathcal{H}(\tau_1,\tau_2)$ の値だけに関心をもっている．プレイヤー1はその値を最大にしたいが，行——すなわち，数 τ_1——だけしか制御できない．またプレイヤー2はその値を最小にしたいが彼の場合は列——すなわち，数 τ_2——しか制御できない．

そこでわれわれは次に，この特別な決戦の結果を十分に説明しなければならない[31]．

14.2 劣関数ゲームと優関数ゲーム

14.2 ゲーム Γ 自身を直接に分析するのではなく——この分析についてはまだ準備がなされていない——Γ に密接に関連しており，しかも直ちに議論のできる2つの他のゲームを考えることにしよう．

Γ の分析における困難さは，明らかにプレイヤー1が τ_1 の選択に際しプレイヤー2の選択 τ_2 の結果を知らず，またその逆もおこるということから生じてくる．そこで，Γ をこの困難さがおこらないような他のゲームと比較してみよう．

---

[31] もちろん，これが真の決戦でないことは重要である．すなわち，2人のプレイヤーは相反する利害関係をもってはいるが，彼らが利益を得るために用いる方法は互いに相反してはいない．逆にこれらの「方法」——すなわち τ_1, τ_2 の選択——は明らかに独立である．この不一致により，この問題全体が特徴づけられるのである．

まず最初にゲーム Γ_1 を定義する．このゲームは，プレイヤー 1 はプレイヤー 2 が選択を行う前に選択を行わねばならず，しかもプレイヤー 2 は自らの選択に際しプレイヤー 1 が τ_1 に与えた値を完全に知っている（すなわち 1 の手番は 2 の手番よりも先である），という点だけが Γ と異なっているものとしよう[32]．このゲームでは，プレイヤー 1 はゲーム Γ の自らの立場に比べ明らかに不利である．そこでこのゲーム Γ_1 を Γ の劣関数ゲームとよぶことにする．

同様にして，第 2 のゲーム Γ_2 を定義する．このゲームにおいては，今度はプレイヤー 2 が先に選択を行わねばならず，プレイヤー 1 はプレイヤー 2 が τ_2 に与えた値を完全に知ったうえで選択を行うという点だけが Γ と異なっているものとする（すなわち，2 の手番は 1 の手番よりも先である）[33]．このゲームでは，プレイヤー 1 は Γ における自らの立場に比べ明らかに有利である．そこでこのゲーム Γ_2 を Γ の優関数ゲームとよぶことにする．

これらの 2 つのゲーム Γ_1, Γ_2 を導入することにより，次のことがわかる．すなわち Γ_1, Γ_2 に関しては，「最善のプレイの方法」——すなわち合理的行動の概念——が明確な意味をもつことは常識から考えても明らかであるに違いないのである．——これはまた厳密な議論によっても明らかにされるであろう．一方，ゲーム Γ は明らかに 2 つのゲーム Γ_1, Γ_2 の「間」にある．例えば，1 からみれば Γ_1 は常に Γ より不利であり，Γ_2 は常に Γ より有利である[34]．したがって，Γ_1, Γ_2 は Γ に関係する重要な量の下限および上限を与えると考えられる．もちろん，われわれはこれらのすべてを余す所なく正確に議論するであろう．しかし，先験的にこれらの「境界」は著しく異なることがあり，Γ の理解についてかなり不確かさを残すことがありうる．実際，一見したところでは，これは多くのゲームにあてはまりそうである．しかし，われわれは，——一層工夫することにより——すべての問題に完璧に答えられるような正確な Γ の理論を最後には得られるように，このテクニックをうまく取り扱うであろう．

---

[32] したがって Γ_1 は——非常に簡単ではあるが——もはや標準形ではない．
[33] したがって Γ_2 は——非常に簡単ではあるが——もはや標準形ではない．
[34] もちろん，正確には「不利である」ではなく「不利かまたは同等である」，また「有利である」ではなく「有利かまたは同等である」というべきであろう．

14.3 補助的なゲームの議論

14.3.1 まず劣関数ゲーム Γ_1 を考えよう．このゲームでは，プレイヤー 2 はプレイヤー 1 が選択 τ_1 を行った後，その τ_1 の値を完全に知ったうえで自らの選択を行う．2 は $\mathcal{H}(\tau_1, \tau_2)$ の最小化を望んでいるので，この τ_1 に関して $\mathcal{H}(\tau_1, \tau_2)$ の値を最小にするように τ_2 を選ぶことは明らかである．言い換えれば：1 はある τ_1 の値を選んだときに，すでに $\mathcal{H}(\tau_1, \tau_2)$ の値がどうなるかを確信をもって予見できるのである．この値は $\text{Min}_{\tau_2} \mathcal{H}(\tau_1, \tau_2)$ となるであろう[35]．これはもちろん τ_1 だけの関数である．ここで 1 は $\mathcal{H}(\tau_1, \tau_2)$ の最大化を望み，また自らの τ_1 の選択により $\text{Min}_{\tau_2} \mathcal{H}(\tau_1, \tau_2)$ の値は決定される――この値は τ_1 のみに依存し，τ_2 にはまったく依存しない――ので，彼は $\text{Min}_{\tau_2} \mathcal{H}(\tau_1, \tau_2)$ を最大にするように τ_1 を選ぶであろう．したがってこの値は結局，

$$\text{Max}_{\tau_1} \text{Min}_{\tau_2} \mathcal{H}(\tau_1, \tau_2)$$

となる[36]．

要約すれば

(14:A:a) 1 にとって劣関数ゲーム Γ_1 をプレイする良い方法（戦略）は，A に属する τ_1 を選ぶことである．――ここで A とは $\text{Min}_{\tau_2} \mathcal{H}(\tau_1, \tau_2)$ が最大値 $\text{Max}_{\tau_1} \text{Min}_{\tau_2} \mathcal{H}(\tau_1, \tau_2)$ をとるような τ_1 の集合である．

(14:A:b) 2 にとっての良いプレイの方法とは，1 がある値 τ_1 をとった場合に[37]，B_{τ_1} に属する τ_2 を選ぶことである．――ここで B_{τ_1} とは，

---

[35] τ_2 は一意的に決定されるとは限らないことを注意しておこう．すなわち，τ_1 が与えられたときに，τ_2 の関数である $\mathcal{H}(\tau_1, \tau_2)$ はいくつかの τ_2 の値に対し最小値をとるかもしれないのである．しかし $\mathcal{H}(\tau_1, \tau_2)$ の値は，これらの τ_2 のすべてに対し同じであり，一意的に決定された最小値 $\text{Min}_{\tau_2} \mathcal{H}(\tau_1, \tau_2)$ となるであろう．（**13.2.1** を参照せよ．）

[36] 上の脚注 35) と同じ理由により，たしかに τ_1 の値は一意的ではないかもしれないが，$\text{Min}_{\tau_2} \mathcal{H}(\tau_1, \tau_2)$ の値は問題となっているすべての τ_1 に対し等しく，

$$\text{Max}_{\tau_1} \text{Min}_{\tau_2} \mathcal{H}(\tau_1, \tau_2)$$

の値は一意的に決定される最大値となる．

[37] 2 は τ_2 の選択を行う場合に τ_1 の値を知らされている．――これは Γ_1 のルールである．戦略の概念（**4.1.2** および **11.1.1** の最後を参照せよ）から，この点において，すべての τ_1 の値に関して――1 がうまくプレイしたか否かにかかわらず，すなわち選択された値が A に属しているかいないかにかかわらず――2 の τ_2 の選択に対し，1 つのルールが与えられていなければならないことになる．

$\mathcal{H}(\tau_1, \tau_2)$ が最小値 $\text{Min}_{\tau_2} \mathcal{H}(\tau_1, \tau_2)$ をとるような τ_2 の集合である[38].

これらのことをもとにさらに次のようにも述べられる：

(14:A:c)　もしプレイヤー1, 2が共に劣関数ゲーム Γ_1 をうまくプレイする，すなわち τ_1 が A に属し τ_2 が B_{τ_1} に属しているなら，$\mathcal{H}(\tau_1, \tau_2)$ の値は，

$$v_1 = \text{Max}_{\tau_1} \text{Min}_{\tau_2} \mathcal{H}(\tau_1, \tau_2)$$

に等しくなる．

この主張の数学的な正しさは，集合 A, B_{τ_1} の定義を思い出し，これを適当に主張の中にとり入れることにより直ちにわかるであろう．われわれはこれを練習問題として読者に任せることにする．——ただしこの問題は「定義されたものによって定義する」という古典的な操作にすぎない．しかしこの叙述は，常識からも明らかであるに違いない．

これまでの議論を通して，ゲーム Γ_1 のすべてのプレイが各プレイヤーに関し1つの決まった値をもつことが明らかになった．この値とは，プレイヤー1にとっては先の v_1 であり，プレイヤー2にとっては $-v_1$ である．

v_1 の意味を一層くわしく述べれば次のようになる：

(14:A:d)　プレイヤー1は，プレイヤー2の行動にかかわらず，適切にプレイすることにより少なくとも v_1 の利得を得ることができる．またプレイヤー2はプレイヤー1の行動にかかわらず，適切にプレイすることにより少なくとも $-v_1$ の利得を得ることができる．

（証明：前者は A に属する任意の τ_1 を選ぶことにより得られ，後者は B_{τ_1} に属する任意の τ_2 を選ぶことにより得られる[39]．詳しくは読者に任せる．しかし，この証明はまったく簡単である．）

上の叙述は内容は，まったく同じであるが次のようにも述べられる：

(14:A:e)　プレイヤー2は，適切なプレイを行うことによりプレイヤー1の

---

[38] 結局，この τ_1 は既知のパラメーターとして取り扱われ，すべてのものがこれに依存すると考えられる．——この中には τ_2 がそこから選ばれるべきである B_{τ_1} も含まれている．

[39] τ_1 は τ_2 の結果を何も知らずに選択されるが，一方，τ_2 は τ_1 の結果を完全に知ったうえで選択されることを思い出せ．

行動にかかわらず，プレイヤー1の利得を確実に v_1 以下にできる．すなわち，1が v_1 より多くの利得を得ないようにできる．またプレイヤー1は適切にプレイすることにより，プレイヤー2の行動にかかわらず，プレイヤー2の利得を確実に $-v_1$ 以下にできる．すなわち2が $-v_1$ より多くの利得を得ないようにできる．

14.3.2　「解」はある程度明らかであるにもかかわらず，Γ_1 についてかなりくわしく議論した．すなわち，状況を明確に把握できる人なら誰でも「数学的にではなく」，常識をはたらかせることにより Γ_1 の解について同じ結論に到達できると思われる．それにもかかわらず，この場合について非常にくわしく議論せねばならないのはなぜかというと，それは，この場合が「数学を用いなければ」ほとんど把握できない状況を分析する多くの場合の基礎となっているからである．またこのような複雑な場合を分析する基礎となるものだけでなく，複雑さそのものの本質的な部分もすべてこの最も簡単な場合に含まれている．この簡単な場合のプレイヤー各々の立場を明確にすることにより，後に生じてくるより複雑な場合のプレイヤーの立場を具体的に知ることができる．また，このような方法をとらなければ，すべての個々の基準によってどれだけのものが達成されるかを正確に判断することはできない．

14.3.3　さて今度は優関数ゲーム Γ_2 を考えよう．

Γ_2 と Γ_1 との違いはプレイヤー1とプレイヤー2の役割が入れ替わっている点だけである：すなわちプレイヤー2は最初に τ_2 の選択を行わねばならず，プレイヤー1は τ_2 の値を完全に知ったうえで，τ_1 の選択を行えばよいのである．

しかし，Γ_2 はプレイヤー1，2を入れ替えることにより Γ_1 から生じるとはいっても，そのゲームを行う過程において，各々のプレイヤーの関数 $\mathcal{H}_1(\tau_1, \tau_2)$，$\mathcal{H}_2(\tau_1, \tau_2)$，すなわち $\mathcal{H}(\tau_1, \tau_2)$，$-\mathcal{H}(\tau_1, \tau_2)$ は Γ_2 においても Γ_1 と変わらないことを覚えておかねばならない．すなわち，1は $\mathcal{H}(\tau_1, \tau_2)$ の最大化を望み，2は最小化を望むのである．

これらのことが理解されれば，読者は **14.3.1** における考察をここでも実際にそのままくり返すことができるであろう．そこで，われわれは重要な定義を Γ_2 に適用できるようにいい直すだけにしておく．

(14:B:a)　2にとって優関数ゲーム Γ_2 をプレイする良い方法（戦略）は，集

合 B に属する τ_2 を選ぶことである．——ここで B とは，$\text{Max}_{\tau_1} \mathcal{H}(\tau_1, \tau_2)$ が最小値 $\text{Min}_{\tau_2} \text{Max}_{\tau_1} \mathcal{H}(\tau_1, \tau_2)$ をとるような τ_2 の集合である．

(14:B:b)　1にとっての良いプレイの方法（戦略）とは，2がある値 τ_2 をとった場合に[40]，集合 A_{τ_2} に属する τ_1 を選ぶことである．——ここで A_{τ_2} とは，$\mathcal{H}(\tau_1, \tau_2)$ が最大値 $\text{Max}_{\tau_1} \mathcal{H}(\tau_1, \tau_2)$ をとるような τ_1 の集合である[41]．

これらをもとにして，さらに次のようにも述べられる．

(14:B:c)　もしプレイヤー1, 2が共に優関数ゲーム Γ_2 をうまくプレイする，すなわち τ_2 が B に属し τ_1 が A_{τ_2} に属しているなら，$\mathcal{H}(\tau_1, \tau_2)$ の値は

$$v_2 = \text{Min}_{\tau_2} \text{Max}_{\tau_1} \mathcal{H}(\tau_1, \tau_2)$$

に等しくなる．

全体の議論から，ゲームのすべてのプレイが各プレイヤーに関し1つの決まった値をもつことが明らかになるであろう．この値とは，プレイヤー1にとっては先の v_2 であり，プレイヤー2にとっては $-v_2$ である．

Γ_2 と Γ_1 との対称性を強調するために，**14.3.1** の最後の考察を少し変更を加えてくり返すことにしよう．これにより，ここでは v_2 の重要性をよりくわしく知ることができるであろう．

(14:B:d)　プレイヤー1は，プレイヤー2の行動にもかかわらず，適切にプレイすることにより少なくとも v_2 の利得を得ることができ，プレイヤー2は，プレイヤー1の行動にかかわらず，適切にプレイすることにより少なくとも $-v_2$ の利得を得ることができる．

（証明：後半は B から τ_2 を任意に選ぶことにより得られ，前半は A_{τ_2} から τ_1 を任意に選ぶことにより得られる[42]．(14:A:d) の証明を参照せよ．）

同じ内容であるが，また次のように述べることもできる：

---

[40] 1 は τ_1 の選択を行う場合に，τ_2 の値を知らされている．——これは Γ_2 のルールである（141ページの脚注37）を参照せよ）．

[41] 結局，この τ_2 は既知のパラメーターとして取り扱われ，すべてのものがこれに依存すると考えられる．この中には τ_1 がそこから選ばれるべきである集合 A_{τ_2} も含まれている．

[42] τ_2 は τ_1 の値をまったく知らずに選択されねばならないのに対し，τ_1 は τ_2 の値を完全に知ったうえで選択されることを思い出せ．

(14:B:e) プレイヤー2は，適切にプレイすることにより，プレイヤー1の行動にかかわらず，プレイヤー1の利得を確実に v_2 以下にできる．すなわち，彼が v_2 より多くは得ないようにできる．逆にプレイヤー1は，適切にプレイすることにより，プレイヤー2の行動にかかわらず，プレイヤー2の利得を確実に $-v_2$ 以下にできる．すなわち彼が $-v_2$ より多くは得ないようにできる．

14.3.4 **14.3.1** および **14.3.3** で与えられた Γ_1, Γ_2 の議論は，互いに対称的であり双対的であった．すなわち，先に（**14.3.3** のはじめに）指摘したように，プレイヤー1と2の役割を取り替えることにより各々の議論はもう一方から得ることができた．しかし Γ_1, Γ_2 そのものがこの取り替えに関して対称的なのではない．実際，上の叙述は，プレイヤー1, 2の取り替えはまた2つのゲーム Γ_1, Γ_2 も取り替えることになり，したがって両方のゲームを修正することになるという事実を述べ直したものである．また Γ_1, Γ_2 の最善の戦略に関して，**14.3.1**，**14.3.3** において述べた種々の叙述——すなわち前に述べた (14:A:a), (14:A:b), (14:B:a), (14:B:b) ——がプレイヤー1, 2に関して対称的でないという事実も，これに一致している．これらのことからもわかるように，プレイヤー1, 2の取り替えにより，Γ_1, Γ_2 に関する定義も取り替えられることになり，両方とも修正されてしまうのである[43]．

したがって，**14.3.1** および **14.3.3** の最後に述べたように——すなわち前に掲げた (14:A:c), (14:A:d), (14:A:e), (14:B:c), (14:B:d), (14:B:e)（ただし (14:A:c), (14:B:c) の最後の公式は除く）——1つのプレイの値（Γ_1 に関する v_1, Γ_2 に関する v_2）の特徴づけがプレイヤー1, 2に関して完全に対称的であることは注目に値する．これは先に述べたことにしたがえば，これらの特徴づけが Γ_1, Γ_2 に対しまったく同様に行われると主張することと同じである[44]．もちろん，これらのこともすべて先の特徴づけの関連部分をみれば，

---

[43] もし各々のプレイヤーが自らの関数 $\mathcal{H}_1(\tau_1, \tau_2), \mathcal{H}_2(\tau_1, \tau_2)$ を取り替えた後もその関数は前と変わらないとすれば，すなわち，1と2の人的手番が Γ において同じ性質をもつとすれば，2人のプレイヤー1, 2に関して，もとのゲーム Γ は対称的であることを注意しておこう．
$\mathcal{H}_1(\tau_1, \tau_2), \mathcal{H}_2(\tau_1, \tau_2)$ が固定されているようなもっと狭い対称性の概念については，**14.6** を参照せよ．

[44] この点については，慎重に考察しなければならない．これらの特徴づけは当然プレイヤー1, 2の役割を取り替えることにより互いにもう一方から得られる．しかし，この場合には，プレイヤーの取り替えがまったく行われないときでさえ叙述はまったく同じである．これは，各々の対称性がその

直ちに明らかになるであろう.

このようにして，2つのゲーム Γ_1, Γ_2 における各プレイヤーの個々の役割がまったく異なるにもかかわらず，**14.3.1** および **14.3.3** の (14:A:c), (14:A:d), (14:A:e), (14:B:c), (14:B:d), (14:B:e) により，プレイの値をゲーム Γ_1, Γ_2 に関して同じ方法で，またプレイヤー 1, 2 に関し対称的に定義することができた．このことから，プレイの値の定義がそのまま他のゲーム——特にすでに知っているように Γ_1 と Γ_2 の中間に存在するゲーム Γ——に対しても適用できるのではないかと考えられる．もちろんこの考えは，値の概念そのものにのみ適用されるだけで，値の概念を導く議論には適用されない．実際これらの議論は，Γ_1, Γ_2 に特有であり，各々異なっている．したがって，Γ そのものに対してはまったく用いることはできない．すなわち，(14:A:a), (14:A:b), (14:B:a), (14:B:b) よりも (14:A:d), (14:A:e), (14:B:d), (14:B:e) からの発展のほうに期待がかけられる．

これらは明らかに，単に発見的な指摘である．これまで Γ に関し，プレイの値がこのようにして数字で表されうることを証明しようとはしなかった．そこで，これからこのギャップを補うためにくわしい議論を行っていこう．最初は明らかなそして容易ならざる困難さのために，この方法の適用可能性が制限されると思うかもしれないが，しかし，これらの困難さも新しい工夫の導入（**14.7.1** および **17.1**-**17.3** を各々参照せよ）により取り除くことができるであろう．

14.4 結　　論

14.4.1 プレイヤー 1 に関するかぎり，ゲーム Γ_1, Γ_2 について，プレイの値が各々

$$v_1 = \text{Max}_{\tau_1} \text{Min}_{\tau_2} \mathcal{H}(\tau_1, \tau_2)$$

$$v_2 = \text{Min}_{\tau_2} \text{Max}_{\tau_1} \mathcal{H}(\tau_1, \tau_2)$$

となることは，前に完全に説明されている[45]．

1 にとってゲーム Γ_1 は Γ_2 より不利である——Γ_1 において 1 は相手より先

原因となっているのである．

[45] プレイヤー 2 についてはしたがって $-v_1$, $-v_2$ となる．

に相手の選択の可能性をすべて考慮したうえで選択しなければならないが，Γ_2 においては状況はまったく逆になる——ので，その結果として Γ_1 の値が Γ_2 の値より小さいかまたは等しい（すなわち明らかに大きくはない）のは当然であろう．これが厳密な「証明」かどうかが問題になるかもしれない．厳密かどうかを決定するのは困難であるが，とにかくこれに含まれている言葉による議論をくわしく分析すれば，それがすでに述べた同じ主張に対する数学的な証明とまったく同様であることがわかるであろう．実際，問題となっている

$$v_1 \leq v_2$$

なる主張は，**13.4.3** の（13:A*）に一致している．（その場合の ϕ, x, y はここでは $\mathcal{H}, \tau_1, \tau_2$ に対応している．）

v_1, v_2 を Γ とは異なっている2つのゲーム Γ_1, Γ_2 に属する値と考える代わりに，プレイヤー 1, 2 の「推論能力」に関する適当な仮定を置けば，Γ そのものに関連した値と考えることもできる．

実際，ゲーム Γ のルールによれば，各プレイヤーは相手の選択の結果を知らずに自らの選択（人的手番）を行わなければならない．しかし，プレイヤーの1人，例えば2が，彼の相手を「発見する」，すなわち相手の戦略に関して何かを知ることも考えられないことではない[46]．何からその知識を得たかは問題ではない．すなわち前に行われたプレイの経験から得ることもあろうがそれだけにかぎられるわけでもない．とにかく，われわれはプレイヤー2がプレイヤー1の戦略を知っていると仮定するのである．もちろんこのような状況においては，プレイヤー1が自らの戦略を変えてくることが考えられる．しかし，ここでは理由はともかく，彼はそうはしないと仮定することにしよう[47]．これらの仮定をおいたうえで，はじめて，プレイヤー2は相手を「発見した」といえるのである．

この場合には，Γ の状態はまったく Γ_1 と等しくなり，それゆえに **14.3.1** の議論がすべてそのまま適用される．

---

[46] ゲーム Γ において——それが標準形で表されていれば——戦略はちょうどそのプレイヤーの唯一の人的手番における実際の選択となっている．標準形がこのゲームのもとの展開形からどのようにしてつくられたかを思い出してほしい．そうすれば，この選択が同様にもとのゲームにおける戦略に相当していることがはっきりするであろう．

[47] これらの仮定の説明については **17.3.1** を参照せよ．

同様にして，反対にプレイヤー 1 が相手を「発見する」可能性も考えることができる．このときには Γ の状態がまったく Γ_2 に等しくなり，したがって **14.3.3** の議論がすべてそのまま適用される．

以上のような見方をすれば次のようにもいえるであろう：

ゲーム Γ のプレイの値は，次の 2 つの極端な仮定のうちの 1 つが置かれれば明確な意味をもつ数量となる．その 2 つの仮定とは，1 つはプレイヤー 2 が相手を「発見する」という仮定であり，もう 1 つはプレイヤー 1 が相手を「発見する」という仮定である．前者の場合には，プレイの値は 1 については v_1，2 については $-v_1$ となり，後者の場合には，1 については v_2，2 については $-v_2$ となる．

14.4.2 以上の議論により，もし Γ そのもの——それ以上の制限や修正はまったく加えられていない——のプレイの値が定義されたとすれば，それは v_1 と v_2 の間になければならないことがわかる．（ただし，ここではプレイヤー 1 についての値を考えている．）すなわち Γ 自身のプレイの希望値（ただしプレイヤー 1 について）を v とすれば，

$$v_1 \leq v \leq v_2$$

となっていなければならない．

v が動きうる v_1 と v_2 の間の長さは，

$$\Delta = v_2 - v_1 \geq 0$$

となる．

Δ はまた，（ゲーム Γ において）相手に「発見される」代わりに，相手を「発見する」ことによって得られる利益を表してもいる[48]．

さて，次にどちらのプレイヤーが相手を「発見した」としても，関係のないようなゲーム，すなわち，それによる有利さがゼロであるようなゲームも考えられる．上の記号にしたがえば，

$$\Delta = 0$$

---

[48] この利益の表現は，両方のプレイヤーに適用されることを注意せよ：プレイヤー 1 の利益は $v_2 - v_1$ であり，プレイヤー 2 の利益は $(-v_1) - (-v_2)$ であるが，この 2 つは互いに等しい，すなわち共に Δ となるのである．

すなわち,

$$v_1 = v_2$$

ならば, そしてそのときにのみ, このような場合が生じることになる. すなわち定義にもどれば,

$$\text{Max}_{\tau_1} \text{Min}_{\tau_2} \mathcal{H}(\tau_1, \tau_2) = \text{Min}_{\tau_2} \text{Max}_{\tau_1} \mathcal{H}(\tau_1, \tau_2)$$

の場合である. このような性質をもつゲーム Γ を厳密に決定されたゲームとよぶことにしよう.

ここで上の条件の最後の形については, **13.3.1** の (13:3) および **13.4.1-13.5.2** の議論との比較が必要となる. (その場合の ϕ, x, y はここでの $\mathcal{H}$, τ_1, τ_2 に対応していることは前に述べたとおりである.) 実際, **13.4.3** の (13:B*) の叙述によれば, ゲーム Γ は鞍点 $\mathcal{H}(\tau_1, \tau_2)$ をもてば, そしてそのときにのみ, 厳密に決定されたゲームとなるといえる.

14.5 厳密な決定の分析

14.5.1 ゲーム Γ が厳密に決定されている, すなわち鞍点 $\mathcal{H}(\tau_1, \tau_2)$ をもつとしよう.

この場合には――**14.4.2** の分析を考慮すれば――,

$$v = v_1 = v_2$$

を (プレイヤー 1 の) Γ のプレイの値として解釈できるのではないかと思われる. v_1, v_2 の定義, **13.4.3** の鞍点の定義を思い出し, **13.5.2** の (13:C*) を用いれば, 上の等式は,

$$v = \text{Max}_{\tau_1} \text{Min}_{\tau_2} \mathcal{H}(\tau_1, \tau_2) = \text{Min}_{\tau_2} \text{Max}_{\tau_1} \mathcal{H}(\tau_1, \tau_2)$$
$$= \text{Sa}_{\tau_1/\tau_2} \mathcal{H}(\tau_1, \tau_2)$$

と書くこともできる.

14.3.1 の最後および **14.3.3** の最後でなされた方法にもどることにより, 上の値は容易に (プレイヤー 1 の) Γ のプレイの値として解釈できる.

特に, **14.3.1** および **14.3.3** の (14:A:c), (14:A:d), (14:A:e), (14:B:c), (14:B:d), (14:B:e) は, 前には各々 Γ_1, Γ_2 に適用されたが, ここでは Γ その

ものに関して得られる．まず，(14:A:d) および (14:B:d) に相当する主張を述べておこう．

(14:C:d)　プレイヤー1は適切にプレイすることにより，プレイヤー2の行動にかかわらず，少なくとも v_1 の利得を必ず得られる．

　　　　プレイヤー2は適切にプレイすることにより，プレイヤー1の行動にかかわらず，少なくとも $-v_1$ の利得を必ず得られる．

これを証明するために，再度，**14.3.1** の (14:A:a) の集合 A と **14.3.3** の (14:B:a) の集合 B とをつくるが，これらの集合は実際には **13.5.1** の集合 A^ϕ, B^ϕ に等しいものである（ただしその場合の ϕ はここでは $\mathcal{H}$ に相当している）．前と同様にして：

(14:D:a)　A とは，$\text{Min}_{\tau_2} \mathcal{H}(\tau_1, \tau_2)$ が最大値をとるような τ_1 の集合である．すなわち，

$$\text{Min}_{\tau_2} \mathcal{H}(\tau_1, \tau_2) = \text{Max}_{\tau_1} \text{Min}_{\tau_2} \mathcal{H}(\tau_1, \tau_2) = v$$

となるような τ_1 の集合である．

(14:D:b)　B とは，$\text{Max}_{\tau_1} \mathcal{H}(\tau_1, \tau_2)$ が最小値をとるような τ_2 の集合である．すなわち，

$$\text{Max}_{\tau_1} \mathcal{H}(\tau_1, \tau_2) = \text{Min}_{\tau_2} \text{Max}_{\tau_1} \mathcal{H}(\tau_1, \tau_2) = v$$

となるような τ_2 の集合である．

さて，(14:C:d) の証明は次のように簡単に行われる．

まず，プレイヤー1が A から τ_1 を選ぶとしよう．そうすれば，プレイヤー2の行動にかかわらず，すなわち，すべての τ_2 に関して $\mathcal{H}(\tau_1, \tau_2) \geq \text{Min}_{\tau_2} \mathcal{H}(\tau_1, \tau_2) = v$ となり，1の利得は v 以上になる．

次に，プレイヤー2が B から τ_2 を選ぶとしよう．そうすれば，プレイヤー1の行動にかかわらず，すなわち，すべての τ_1 に関して $\mathcal{H}(\tau_1, \tau_2) \leq \text{Max}_{\tau_1} \mathcal{H}(\tau_1, \tau_2) = v$ となり，1の利得は v 以下，したがって2の利得は $-v$ 以上になる．

これで証明は完了した．

次に (14:A:e) および (14:B:e) との関連に移ろう．実際上で定義された

(14:C:d) は，その内容を変えることなく次のようにも定義できる：

(14:C:e) プレイヤー 2 は適切に行動することにより，プレイヤー 1 の行動にかかわらず，確実に 1 の利得を v 以下にできる．すなわち，1 が v より多くは得ないようにできる．

　　プレイヤー 1 は適切に行動することにより，プレイヤー 2 の行動にかかわらず，確実に 2 の利得を −v 以下にできる．すなわち，2 が −v より多くは得ないようにできる．

(14:C:d) と (14:C:e) から，v をプレイヤー 1 に関する Γ のプレイの値，−v をプレイヤー 2 に関する値と考えてよいことが十分によくわかるであろう．

14.5.2 さて次に，(14:A:a), (14:A:b), (14:B:a), (14:B:b) との関連を考えてみよう．

14.5.1 の (14:C:d) により，ゲーム Γ をプレイする場合のプレイヤー 1 の良い方法とは，プレイヤー 2 の行動にかかわらず 1 にとってのプレイの値以上の利得を彼に保証するような方法，すなわち，すべての τ_2 に関して $\mathcal{H}(\tau_1, \tau_2) \geq v$ となるような τ_1 の選択であると考えられるであろう．これは，$\text{Min}_{\tau_2} \mathcal{H}(\tau_1, \tau_2) \geq v$ と同じことである．

さて，常に $\text{Min}_{\tau_2} \mathcal{H}(\tau_1, \tau_2) \leq \text{Max}_{\tau_1} \text{Min}_{\tau_2} \mathcal{H}(\tau_1, \tau_2) = v$ である．したがって，τ_1 についての上の条件より $\text{Min}_{\tau_2} \mathcal{H}(\tau_1, \tau_2) = v$，すなわち (**14.5.1** の (14:D:a) によれば) τ_1 は A に属する，という条件が導かれる．

再度 **14.5.1** の (14:C:d) により，今度はプレイヤー 2 についてゲーム Γ をプレイする場合の良い方法が，次のように，すなわちプレイヤー 1 の行動にかかわらず 2 にとってのプレイの値以上の利得を 2 に保証するような方法，つまり，すべての τ_1 に関し $-\mathcal{H}(\tau_1, \tau_2) \geq -v$ となるような τ_2 の選択，であると考えられるだろう．すなわち，すべての τ_1 について $\mathcal{H}(\tau_1, \tau_2) \leq v$ である．これは，$\text{Max}_{\tau_1} \mathcal{H}(\tau_1, \tau_2) \leq v$ と同じことである．

さて，常に $\text{Max}_{\tau_1} \mathcal{H}(\tau_1, \tau_2) \geq \text{Min}_{\tau_2} \text{Max}_{\tau_1} \mathcal{H}(\tau_1, \tau_2) = v$ である．したがって，τ_2 についての上の条件より，$\text{Max}_{\tau_1} \mathcal{H}(\tau_1, \tau_2) = v$，すなわち (**14.5.1** の (14:D:b) によれば) τ_2 は B に属する，という条件が導かれる．

以上のことより：

(14:C:a)　1 にとってゲーム Γ をプレイする良い方法 (戦略) とは，A に属す

る τ_1 を選ぶことである．——ここで A とは **14.5.1** の (14:D:a) の集合である．

(14:C:b) 2 にとってゲーム Γ をプレイする良い方法（戦略）とは，B に属する τ_2 を選ぶことである．——ここで B とは **14.5.1** の (14:D:b) の集合である[49]．

最後に，本節の冒頭に述べたように，プレイの定義から (14:A:c), (14:B:c) に相当する叙述が導かれる：

(14:C:c) もしプレイヤー 1，プレイヤー 2 が共にゲーム Γ をうまくプレイすれば——すなわち τ_1 が A に属し，τ_2 が B に属していれば——$\mathcal{H}(\tau_1, \tau_2)$ の値は（1 についての）プレイの値，すなわち v に等しくなる．

13.5.2 の (13:D*) および **14.5.1** の (14:D:a), (14:D:b) の前の集合 A, B に関する注意から，次の事実が与えられることを付け加えておく：

(14:C:f) プレイヤー 1, 2 が共にゲーム Γ をうまくプレイする——すなわち τ_1 が A に属し，τ_2 が B に属する——ならば，そしてそのときにのみ，τ_1, τ_2 は $\mathcal{H}(\tau_1, \tau_2)$ の鞍点となる．

14.6 プレイヤーの取り替え．対称性

14.6 厳密に決定されたゲームについては，**14.5.1** および **14.5.2** の (14:C:a)-(14:C:f) ですべて解決された．この点に関して，——Γ_1, Γ_2 について——**14.3.1, 14.3.3** においては，(14:A:a), (14:A:b), (14:B:a), (14:B:b) から (14:A:d), (14:A:e), (14:B:d), (14:B:e) を導いたが，一方，——Γ 自身について——**14.5.1, 14.5.2** においては，(14:C:d), (14:C:e) から (14:C:a), (14:C:b) を導いたことを注意しておこう．(14:A:a), (14:A:b), (14:B:a), (14:B:b) のための **14.3.1, 14.3.3** の議論は，(14:C:d), (14:C:e) のための **14.5.1, 14.5.2** の議論より，ずっと発見的であったことを考えてみれば，この注意は好都合であろう．

関数 $\mathcal{H}(\tau_1, \tau_2) \equiv \mathcal{H}_1(\tau_1, \tau_2)$ を用いたことにより，議論にある非対称性が生

---

[49] このゲームは Γ であるので，各プレイヤーは相手の（τ_1, τ_2 の）選択の結果を知らずに自らの選択を行わなければならない．Γ_1 についての **14.3.1** の (14:A:b), および Γ_2 についての **14.3.3** の (14:B:b) と対照してみよ．

じた．プレイヤー 1 に特別な役割が与えられることになる．しかし，プレイヤー 2 にこの特別な役割を与えて（$\mathcal{H}(\tau_1, \tau_2) \equiv \mathcal{H}_2(\tau_1, \tau_2)$ なる関数を代わりに用いたとして）も，同じ結果が得られることは直観的にも明らかである．しかし，このプレイヤー 1, 2 の取り替えは後にある影響を及ぼすので，これについて簡単であるが数学的な議論を与えておこう．

ゲーム Γ ——ここでは必ずしも厳密に決定されたゲームとは限らない——において，プレイヤー 1, 2 を取り替えることは結局，関数 $\mathcal{H}_1(\tau_1, \tau_2), \mathcal{H}_2(\tau_1, \tau_2)$ の代わりに $\mathcal{H}_2(\tau_1, \tau_2), \mathcal{H}_1(\tau_1, \tau_2)$ を用いることになる[50)51)]．したがって，この取り替えにより，関数 $\mathcal{H}(\tau_1, \tau_2)$ は $-\mathcal{H}(\tau_2, \tau_1)$ に置き換えられる．

ここで関数の符号が変わっているので，最大，最小の演算が変換されることになる．したがって **14.4.1** で定義された

$$\mathrm{Max}_{\tau_1} \mathrm{Min}_{\tau_2} \mathcal{H}(\tau_1, \tau_2) = \mathrm{v}_1,$$
$$\mathrm{Min}_{\tau_2} \mathrm{Max}_{\tau_1} \mathcal{H}(\tau_1, \tau_2) = \mathrm{v}_2$$

は

$$\mathrm{Max}_{\tau_1} \mathrm{Min}_{\tau_2} [-\mathcal{H}(\tau_2, \tau_1)] = -\mathrm{Min}_{\tau_1} \mathrm{Max}_{\tau_2} \mathcal{H}(\tau_2, \tau_1)$$
$$= -\mathrm{Min}_{\tau_2} \mathrm{Max}_{\tau_1} \mathcal{H}(\tau_1, \tau_2)^{52)} = -\mathrm{v}_2,$$
$$\mathrm{Min}_{\tau_2} \mathrm{Max}_{\tau_1} [-\mathcal{H}(\tau_2, \tau_1)] = -\mathrm{Max}_{\tau_1} \mathrm{Min}_{\tau_2} \mathcal{H}(\tau_2, \tau_1)$$
$$= -\mathrm{Max}_{\tau_2} \mathrm{Min}_{\tau_1} \mathcal{H}(\tau_1, \tau_2)^{52)} = -\mathrm{v}_1$$

となる．それゆえ，$\mathrm{v}_1, \mathrm{v}_2$ は $-\mathrm{v}_2, -\mathrm{v}_1$ となる[53)]．したがって，

[50)] これはもはや **14.3.4** で用いられたプレイヤーの取り替えの操作ではない．**14.3.4** の場合には，各手番における情報の配列と状態にのみわれわれは興味をもっており，プレイヤー 1, 2 は各々の関数 $\mathcal{H}_1(\tau_1, \tau_2), \mathcal{H}_2(\tau_1, \tau_2)$ を，自らの関数としてもつと考えられていた（145 ページの脚注 43）を参照せよ）．この意味で Γ は対称的であった．すなわち，この取り替えによって影響を受けなかった（同じく 145 ページの脚注 43）を参照せよ）．

ここでは，プレイヤー 1, 2 の役割を，その関数 $\mathcal{H}_1(\tau_1, \tau_2), \mathcal{H}_2(\tau_1, \tau_2)$ に至るまで，完全に取り替えることにする．

[51)] τ_1 はプレイヤー 1 の選択を表し，τ_2 は 2 の選択を表しているので，変数 τ_1, τ_2 も取り替えなければならない．したがって，ここでは τ_2 の定義域が $1, \cdots, \beta_1$ となるので——前の $\mathcal{H}_k(\tau_1, \tau_2)$ の場合と同様に——$\mathcal{H}_k(\tau_1, \tau_2)$ についてもコンマの前の変数の定義域は $1, \cdots, \beta_1$，後の変数の定義域は $1, \cdots, \beta_2$ となる．

[52)] これは単に記号の変換にすぎない．すなわち，変数 τ_1, τ_2 が τ_2, τ_1 となっただけである．

[53)] これはたしかに 146 ページの脚注 45）に一致している．

$$\Delta = v_2 - v_1 = (-v_1) - (-v_2)$$

は影響を受けず[54]，もし Γ が厳密に決定されたゲームなら，取り替えが行われた後のゲームも厳密に決定されたゲームとなる．なぜなら，$\Delta = 0$ は変わらないからである．ただし，取り替えが行われた後のゲームにおいては，$v = v_1 = v_2$ が，

$$-v = -v_1 = -v_2$$

となる．

最後に，**14.5.1**，**14.5.2** の (14:c:a)-(14:c:f) がプレイヤー 1, 2 が取り替えられた後も成り立つことは容易に証明される．

14.7 厳密には決定されないゲーム

14.7.1 以上で厳密に決定されたゲームについては完全に分析したのであるが，そうでないゲームについてはまだ何も分析していない．厳密には決定されないようなゲーム I については $\Delta > 0$ である．すなわち，そのようなゲームにおいては，相手を「発見する」ことにより自らは有利になるのである．したがって，このゲームの結果は Γ_1, Γ_2 における値とは異なり，それゆえにプレイの良い方法も Γ_1, Γ_2 とは異なる．そのため，**14.3.1**，**14.3.3** の考察は Γ の分析の指針とはなりえず，また **14.5.1**，**14.5.2** の考察も $\mathcal{H}(\tau_1, \tau_2)$ の鞍点の存在と

$$\text{Max}_{\tau_1} \text{Min}_{\tau_2} \mathcal{H}(\tau_1, \tau_2) = \text{Min}_{\tau_2} \text{Max}_{\tau_1} \mathcal{H}(\tau_1, \tau_2)$$

の有効性，すなわち Γ が厳密に決定されたゲームであることを用いているので，Γ の分析に役立ちはしない．もちろん **14.4.2** の最初の不等式はこの場合にも成り立つと思われる．この不等式によれば，（プレイヤー 1 についての）Γ のプレイの値 v は——もしこの一般化においてもゲームの値の概念がつくられうるなら（ただし，いままでのところまだその可能性については明らかにしていない[55]）——，

---

[54] これはたしかに 148 ページの脚注 48) に一致している．
[55] しかし **17.8.1** を参照せよ．

$$v_1 \leq v \leq v_2$$

によって制限される.

しかし制限されたとしても, v の動きうる範囲 $\Delta = v_2 - v_1 > 0$ は残されており, さらに全体の状況も概念的に不十分である.

次のように考え, まったく分析をあきらめてしまいたくなる人もいるかもしれない. すなわち, そのようなゲーム Γ においては相手を「発見する」ことにより有利になるのであるから, 解を得るためには「誰が誰を発見するのか」, またどの程度まで発見するのか, を明確にする仮定が必要なのではないかと考えるわけである[56].

しかし実際にはそうではなく, $\Delta > 0$ であっても前と同様にして解が求められることが **17** からわかるであろう. しかし, 最初からそのような困難さにとりかかることはせず, まず $\Delta > 0$ であるゲームと $\Delta = 0$ であるゲームに分けることにしよう. 前者——すなわち厳密には決定されないゲーム——は, ここで簡単に扱われくわしい分析は **17.1** で行われるであろう. また後者——すなわち厳密に決定されたゲーム——は, ここでかなりくわしく分析されるであろう.

14.7.2 鞍点をもたない関数 $\mathcal{H}(\tau_1, \tau_2)$ が存在するので (**13.4.1**, **13.4.2** を参照せよ. その場合の $\phi(x,y)$ が $\mathcal{H}(\tau_1, \tau_2)$ に相当している), 厳密には決定されないゲーム Γ も存在する. 前にあげた例——すなわち 131 ページの図 12, 13 の行列により表された関数——をここで適用するために, もう一度検討しておくのがよいであろう. すなわち, それらの例のもとになっているゲームを明確に表しておくのがよいであろう. (各場面に $\phi(x,y)$ を $\mathcal{H}(\tau_1, \tau_2)$ で置き換えよ. すなわちすべての行列において τ_2 は列の数であり τ_1 は行の数である. また 138 ページの図 15 も参照せよ.)

図 12: これは「コイン合わせ」を表している. τ_1, τ_2 について——1 を「表」とし 2 を「裏」としよう. そうすれば, もし τ_1, τ_2 が「マッチ」すれば——すなわち互いに等しければ——行列の要素は 1 となり, もし「マッチ」しなければ –1 となる. したがって, プレイヤー 1 はプレイヤー 2 に「マッチ」しようとする. すなわち, プレイヤー 1 は 2 と「マッチ」すれば (1 単位を) 得,

---

[56] わかりやすくいえば: $\Delta > 0$ により, このゲームにおいては各プレイヤーが同時に相手よりうまく行動することはできない. したがって, 各プレイヤーがどの程度賢いかを知りたいのである.

「マッチ」しなければ（1単位を）失うのである．

図13：これは「じゃんけん」を表している．τ_1, τ_2 について——1を「グー」，2を「パー」，3を「チョキ」としよう．行列の上の1, −1の分布の状態から，「パー」は「グー」に勝ち，「チョキ」は「パー」に勝ち，「グー」は「チョキ」に勝つことがわかる[57]．このようにしてプレイヤー1は2に勝てば（1単位を）得，負ければ（1単位を）失うのである．さもなければ（すなわちもし両方のプレイヤーが同じ選択を行えば），ゲームは引き分けとなる．

14.7.3 これらの2つの例には，厳密には決定されないゲームにおいて生じてくる困難さが特に明確に示されている．すなわち，これらの例が非常に簡単であるので，困難さがちょうど完全に試験管の中に分離されているようなものなのである．その困難さというのは，「コイン合わせ」においても「じゃんけん」においても，どのプレイの方法——すなわちどの τ_1, τ_2 ——が良いともいえない点である．すなわち「表」にしても「裏」にしても本質的に有利とか不利とかいうことはなく，また「グー」，「パー」，「チョキ」にしても本質的な有利，不利はないのである．重要なのは相手の行動を推測することだけであるが，しかしプレイヤーの「知力」についてこれ以上仮定せずに，どのようにしてそれを表すのであろうか？[58]

もちろん，厳密には決定されずしかも種々のより巧みな技術的な点からみて重要な一層複雑なゲームもある（**18**, **19** を参照せよ）．しかし主な困難さに関するかぎり，「コイン合わせ」や「じゃんけん」のような簡単なゲームにおいてもその特徴は十分に含まれているのである．

14.8　厳密な決定のくわしい分析のプログラム

14.8　われわれの解が有効であるような——厳密に決定されたゲーム Γ は，したがって特別な場合だけを表しているが，それだからといってこのゲーム Γ の表しうる範囲を過小に評価してはならない．ゲーム Γ を標準形を用いて表しているときには，特にこのような過小評価におちいりやすい．すなわち，標準形により物事が実際よりも簡単になってしまうのである．ここで τ_1, τ_2 はゲームの展開形における戦略を表しており，それは **14.1.1** で述べたように非常に複雑な構造をしていることを思い出してほしい．

---

[57]「パーはグーをおおい，チョキはパーを切り，グーはチョキを砕く．」
[58] 前に述べたように，**17.1** においてこれが可能であることがわかるであろう．

したがって，厳密な決定の意味を理解するためには，そのゲームの展開形と関連させながら分析していかなければならない．このことから——人的手番にしろ偶然手番にしろ——手番のくわしい性質に関する問題，例えばプレイヤーの情報の状態の問題などが生じてくる．すなわち，**12.1.1** に述べたように展開形にもとづいて構造を分析しなければならなくなる．

われわれは，特に人的手番を行う各プレイヤーがその前に行われたすべての手番の選択の結果を完全に知らされているゲームに関心をもっている．このようなゲームはすでに **6.4.1** でふれられており，そこではこれらのゲームは各々一般に合理的な性質をもつと考えられると述べられていた．したがってここでは，そのようなゲームがすべて厳密に決定されたゲームであることを証明することにより，この合理的な性質をたしかにもつことを明らかにしよう．またこのことは，すべての手番が人的である場合だけでなく，偶然手番が存在する場合にも正しいこともわかるであろう．

15 完全情報をもつゲーム

15.1 目的の記述．帰納法

15.1.1 さてこれから，ゼロ和2人ゲームのうち厳密に決定されたゲームだけがおこるクラスをできるだけ広げるために，ゼロ和2人ゲームをもう少しくわしく研究していこう．すなわち——ゲームの評価のためには欠かせない——**14.4.1** の量

$$v_1 = \text{Max}_{\tau_1} \text{Min}_{\tau_2} \mathcal{H}(\tau_1, \tau_2)$$
$$v_2 = \text{Min}_{\tau_2} \text{Max}_{\tau_1} \mathcal{H}(\tau_1, \tau_2)$$

が

$$v_1 = v_2 = v$$

を満たすようなゲームのできるだけ広いクラスをみつけるのである．

まず，ゲーム Γ において完全情報になっている場合——すなわち既知性と先行性が一致している場合（**6.4.1** と **14.8** の最後を参照せよ）——には，Γ が厳密に決定されたゲームとなることを示そう．また，この結果の概念上の重要性も議論するであろう（**15.8** を参照せよ）．実際この結果は，v_1, v_2 に関する

より一般的な規則の特別な場合となっているのである（**15.5.3** を参照せよ）．

まず，まったく制限されていない一般 n 人ゲームに話を絞り，非常に一般的な議論から始めることにしょう．この強い一般性は後のステップにおいて役に立つことであろう．

15.1.2 Γ を一般 n 人ゲームとし，展開形で与えられているものとする．われわれは Γ のある側面をとらえるために，まず **6**，**7** で行ったように集合論の術語を用いずに議論を進め（**15.1** を参照せよ），その後，**9**，**10** のようにその議論を集合および分割を用いて述べ直すことにしよう（**15.2** およびそれ以下を参照せよ）．読者はおそらく最初の議論だけで完全に理解できるだろう．すなわち，第 2 の議論はむしろ形式的なものであり，完全に厳密さのために，すなわちわれわれが実際に **10.1.1** の公理に厳密にもとづいて議論していることを示すために行われるにすぎない．

まず Γ におけるすべての手番の列：$\mathfrak{M}_1, \mathfrak{M}_2, \cdots, \mathfrak{M}_\nu$ を考え，第 1 の手番 $\mathfrak{M}_1$ とそのときの状態に注意を向けることにしよう．

この手番に先行性は何もないので，この手番にとって既知性も何もない．すなわち，この手番の特質は何に左右されることもなく一定である．このことにより，まず $\mathfrak{M}_1$ が偶然手番か人的手番か，もし人的手番ならどのプレイヤーの手番なのか——すなわち **6.2.1** の意味で $k_1 = 0, 1, \cdots, n$ のどの値が選ばれるか——ということがわかる．また $\mathfrak{M}_1$ における代替案の数 α_1 もわかり，偶然手番については（すなわち $k_1 = 0$ のとき），確率 $p_1(1), \cdots, p_1(\alpha_1)$ の値がわかる．$\mathfrak{M}_1$ における選択の結果は——それが偶然手番であろうと人的手番であろうと——$\sigma_1 = 1, \cdots, \alpha_1$ の 1 つとなる．

さてゲーム Γ を数学的に分析するには，数学のすべての分野で広く用いられている「完全に帰納的な」方法にもとづいて行うのがよいのではないかと思う．もしそれが成り立てば，Γ の分析は Γ より 1 つ少ない手番をもつ他のゲームにより置き換えられる[59]．この置き換えとは，まず 1 つの $\bar{\sigma}_1 = 1, \cdots, \alpha_1$ を選び，次に手番 $\mathfrak{M}_1$ が除かれ，$\mathfrak{M}_1$ の選択の代わりに（新しいゲームのルールにより）σ_1 の値がすでに $\bar{\sigma}_1$ に指定されている点だけが Γ と異なるよ

---

[59] すなわち，ν 個ではなく $\nu - 1$ 個の手番をもつゲームである．この「帰納的」ステップをくり返し適用すれば——ただしそれが実行可能であるとして——ゲーム Γ は最後には 0 個の手番をもつゲーム，すなわちその結果が固定され，変わることのないゲームになってしまう．もちろんこれが Γ の完全な解である（**15.6.1** の（15:c:a）を参照せよ）．

うなゲームを $\Gamma_{\bar{\sigma}_1}$ と表すことにより行われる[60]. 実際, $\Gamma_{\bar{\sigma}_1}$ は Γ より1つ少ない手番 $\mathcal{M}_2,\cdots,\mathcal{M}_\nu$ をもっている[61]. そしてもし $\Gamma_{\bar{\sigma}_1}$, $\bar{\sigma}_1 = 1,\cdots,\alpha_1$ のすべての重要な性質から Γ のそれが導き出せるなら,「帰納的」方法は成功したことになる.

15.1.3 しかしながら, $\Gamma_{\bar{\sigma}_1}$ をつくれる可能性は Γ に与えられたある制限に左右されることを注意しておかねばならない. 実際, ゲーム $\Gamma_{\bar{\sigma}_1}$ で人的手番を行うすべてのプレイヤーはこのゲームのルールを完全に知らされていなければならない. さてこの知識とはもとのゲーム Γ のルールおよび $\mathcal{M}_1$ における指定された選択の値, すなわち $\bar{\sigma}_1$ についての知識である. したがって, $\mathcal{M}_1$ における選択の結果がもとのゲーム Γ のルールにより $\mathcal{M}_2,\cdots,\mathcal{M}_\nu$ の人的手番を行うプレイヤーに知らされている, すなわち $\mathcal{M}_1$ がすべての人的手番 $\mathcal{M}_2,\cdots,\mathcal{M}_\nu$ に対し既知であるときにのみ——Γ においてプレイヤーの情報の状態を決定するルールを修正することなく——Γ から $\Gamma_{\bar{\sigma}_1}$ をつくることができる. 次のようにいい直しておこう:

(15:A)　Γ が次の性質をもつときにのみ, ——Γ の構造をわざわざ本質的に変えることなく——$\Gamma_{\bar{\sigma}_1}$ をつくることができる:

(15:A:a)　$\mathcal{M}_1$ がすべての人的手番 $\mathcal{M}_2,\cdots,\mathcal{M}_\nu$ に対し既知である[62].

---

[60] 例えば Γ をチェスとして, $\bar{\sigma}_1$ を「白」すなわちプレイヤー1の開始手番——すなわち $\mathcal{M}_1$ における選択——とする. そうすれば $\Gamma_{\bar{\sigma}_1}$ もまたチェスにはなるが, それは通常のチェスにおける第2手番——すなわち「黒」, プレイヤー2の手番——の性質をもつ手番からしかも「開始手番」$\bar{\sigma}_1$ によってつくられた状態から始まるゲームとなる. この指定された「開始手番」は (E2 から E4 へのように) 通常の手番になるかもしれないが, 必ずしもそうなるとは限らない.

同じことは「審判者」がプレイヤーに決まった——既知であり前もって選ばれている——「手札」を配るトーナメントブリッジにおいてもみられる. (例えばデュプリケートブリッジにおいて行われる.)

最初の例においては, 指定された手番 $\mathcal{M}_1$ はもとは (「白」, プレイヤー1の) 人的手番であったが, 第2の例においては (「札を配る」という) 偶然手番であった.

時折りいくつかのゲームで「ハンディキャップ」が用いられるが, これは1つまたはそれ以上の上で述べた操作と同じである.

[61] 実際には添数として $1,\cdots,\nu-1$ を用い, しかも $\bar{\sigma}_1$ への依存を示すために, 例えば $\mathcal{M}_1^{\bar{\sigma}_1},\cdots,\mathcal{M}_{\nu-1}^{\bar{\sigma}_1}$ と書くべきであろう. しかし $\mathcal{M}_2,\cdots,\mathcal{M}_\nu$ のほうが簡単であるので, こちらを用いることにする.

[62] ここでは **6.3** の術語を用いている. すなわち **7.2.1** の意味での特別な依存の形を用いている. **7.2.1** の一般的な表現を用いれば (15:A:a) は次のように述べなければならない. すなわち, すべての人的手番 $\mathcal{M}_\kappa$, $\kappa = 2,\cdots,\nu$ に対し集合 Φ_κ は関数 σ_1 を含んでいる.

15.2 正確な状態（第1ステップ）

15.2.1 さて次に，**15.1.2**，**15.1.3** を **9**，**10** で導入した分割および集合の術語を用いて表すことにしよう（**15.1.2** の最初を参照せよ）．したがって **10.1** の記号を用いることにする．

$\mathcal{A}_1$ は1つの集合 Ω からなり（**10.1.1** の（10:1:f）を参照せよ），$\mathcal{B}_1$ の部分分割である（**10.1.1** の（10:1:a）を参照せよ）．したがって $\mathcal{B}_1$ もまた1つの集合 Ω からできている（他の集合は空である）[63)64)]．すなわち：

$$B_1(k) = \begin{cases} \Omega & \text{ただ1つの } k, \text{例えば } k = k_1 \text{ に関して} \\ \ominus & k_1 \text{ 以外のすべての } k \text{ に関して} \end{cases}$$

この $k_1 = 0, 1, \cdots, n$ により $\mathfrak{M}_1$ の特性が決定される．すなわちこれは **6.2.1** で考えた k_1 である．もし $k_1 = 1, \cdots, n$ ——すなわち手番が人的——であるなら，$\mathcal{A}_1$ はまた $\mathcal{D}_1(k_1)$ の部分分割でもある（**10.1.1** の（10:1:d）よりこれは $B_1(k_1)$ の中だけで仮定されている．しかしここでは $B_1(k_1) = \Omega$ である）．したがって $\mathcal{D}_1(k_1)$ もまた1つの集合 Ω からできていることになる[65)]．また $k \neq k_1$ に関しては $B_1(k) = \ominus$ であるから（**10.1.1** の（10:A:g）を参照せよ），$B_1(k)$ の中の分割である $\mathcal{D}_1(k)$ は空でなければならない．

したがって $\mathcal{A}_1$ の中から正確に1つの A_1，これは Ω そのものである，をとれ，$k_1 = 1, \cdots, n$ に関してもすべての $\mathcal{D}_1(k)$ から正確に1つの D_1，これも Ω である，をとれるが，一方，$k_1 = 0$ に関してはすべての $\mathcal{D}_1(k)$ の中に D_1 は存在しない．

手番 $\mathfrak{M}_1$ は $\mathcal{C}_1(k_1)$ の1つの C_1 を選ぶことからなる．もし $k_1 = 0$ なら偶然によって選ばれ，$k_1 = 1, \cdots, n$ ならプレイヤー k_1 によって選ばれる．C_1 は自動的に，前者の場合は唯一の $A_1 (= \Omega)$ の部分集合となり，後者の場合は唯一の $D_1 (= \Omega)$ の部分集合となる．これらの C_1 の数は α_1 である（**9.1.5**，特に 96 ページの脚注 55）を参照せよ）．また問題となっている A_1, D_1 は固定さ

[63)] この $\mathcal{B}_1$ は **8.3.1** の（8:B:a）の例外である．87 ページ脚注 39）の（8:B:a）に関する注意および 95 ページの脚注 53）を参照せよ．

[64)] 証明：Ω は $\mathcal{A}_1$ に属し，この $\mathcal{A}_1$ は $\mathcal{B}_1$ の部分分割である．したがって Ω は $\mathcal{B}_1$ の1つの要素の部分集合となる．この要素が Ω に等しくなければならない．したがって $\mathcal{B}_1$ の他のすべての要素は Ω とは交わりをもたない（**8.3.1** を参照せよ）．すなわち空である．

[65)] $A_1, \mathcal{D}_1(k_1)$ は $\mathcal{B}_1$ とは違って（上の脚注を参照せよ），**8.3.1** の（8:B:a），（8:B:b）を共に満たしていなければならない．したがって，$A_1, \mathcal{D}_1(k_1)$ は共に Ω 以外の要素はもっていない．

れているので，α_1 は明らかに一定である．α_1 は $\mathcal{M}_1$ における代替案の数であり，**6.2.1** および **15.1.2** で用いられた α_1 である．

C_1 は **15.1.2** の $\sigma_1 = 1, \cdots, \alpha_1$ に対応しており，それらを各々 $C_1(1), \cdots, C_1(\alpha_1)$ と表すことにする[66]．ここで **10.1.1** の（10:1:h）により——容易に証明されることではあるが——$\mathcal{A}_2$ もまた $C_1(1), \cdots, C_1(\alpha_1)$ の集合，すなわち $\mathcal{C}_1$ となることが示される．

ここまでの分析は完全に一般的であり，すべてのゲームの $\mathcal{M}_1$ に関し（ある程度までは $\mathcal{M}_2$ に関しても）有効であった．読者はこれらの性質を **8.4.2** および **10.4.2** のように日常の言葉に直してみるとよいであろう．

次に $\Gamma_{\bar{\sigma}_1}$ に移ろう．このゲームは——**15.1.2** で述べたように——$\sigma_1 = \bar{\sigma}_1$ とおいて手番 $\mathcal{M}_1$ を指定することによりゲーム Γ から得られる．同時にゲームの手番は $\mathcal{M}_2, \cdots, \mathcal{M}_\nu$ に制限される．これらのことから——実際のプレイを表す——要素 π はもはやすべての Ω の上を動くわけではなく $C_1(\bar{\sigma}_1)$ に制限される．したがって **9.2.1** で列挙された分割も $k = 2, \cdots, \nu$ のものに制限される[67]（$\mathcal{A}_\kappa$ に関しては $\kappa = \nu + 1$）．

15.2.2 次に **15.1.3** の制限に相当するものを考えてみよう．**15.2.1** の最後で明らかにされた変史を行えるかどうかは，Γ に与えられる制限に左右される．

先に示したようにプレイ——すなわち π ——を $C_1(\bar{\sigma}_1)$ の中に制限したい．したがって Γ を記述するために用いられ，しかも Ω の部分集合であったすべての集合は $C_1(\bar{\sigma}_1)$ の部分集合に直されねばならない．——また分割も $C_1(\bar{\sigma}_1)$（またはその部分集合）内の分割に直されねばならない．これはどのようにして行えばよいのであろうか？

Γ を描写するために用いられた分割（**9.2.1** を参照せよ）は2つのクラスに分けられる：1つは客観的な事実を示す分割——すなわち $\mathcal{A}_\kappa$，$\mathcal{B}_\kappa = (B_\kappa(0), B_\kappa(1), \cdots, B_\kappa(n))$ および $\mathcal{C}_\kappa(k)$，$k = 0, 1, \cdots, n$——であり，もう1つはプレイヤーの情報の状態を示す分割[68]，すなわち $\mathcal{D}_\kappa(k)$，$k = 1, \cdots, n$ である．

---

[66] これらは **6.2**，**9.1.4** および **9.1.5** の代替案 $A_1(1), \cdots, A_1(\alpha_1)$ を示している．
[67] われわれは $\kappa = 1, \cdots, \nu - 1$ と変えたくない．159ページの脚注61）を参照せよ．
[68] $\mathcal{A}_\kappa$ は審判者の情報の状態を示しているが，これは客観的な事実である：なぜなら，その時点までの出来事がどの程度プレイの過程を決定したかを正確に示しているからである（**9.1.2** を参照せよ）．

もちろん，$\kappa \geq 2$ と仮定する（**15.2.1** の最後を参照せよ）．

最初のクラスに属する分割については，ただ各々の要素を，その要素と $C_1(\bar{\sigma}_1)$ との交わりで置き換えるだけでよい．したがって，$\mathcal{B}_\kappa$ とはその要素 $B_\kappa(0), B_\kappa(1), \cdots, B_\kappa(n)$ を $C_1(\bar{\sigma}_1) \cap B_\kappa(0), C_1(\bar{\sigma}_1) \cap B_\kappa(1), \cdots, C_1(\bar{\sigma}_1) \cap B_\kappa(n)$ によって置き換えればよい．$\mathcal{A}_\kappa$ については，この操作さえ必要ではない：$\mathcal{A}_\kappa$ は $\mathcal{A}_2$ の部分分割である（なぜなら $\kappa \geq 2$ であるから．**10.4.1** を参照せよ），すなわち，どの2つも交わりをもたない集合 $(C_1(1), \cdots, C_1(\alpha_1))$ の集合系であるから（**15.2.1** を参照せよ）．$C_1(\bar{\sigma}_1)$ の部分集合であるような $\mathcal{A}_\kappa$ の要素，すなわち $C_1(\bar{\sigma}_1)$ 内にある $\mathcal{A}_\kappa$ の部分だけを考えればよい．$\mathcal{C}_\kappa(k)$ は $\mathcal{B}_\kappa$ と同様に扱うべきであるが，この議論は後に行うことにする．

第2のクラスに属する分割――すなわち $\mathcal{D}_\kappa(k)$ ――については，前とは異なった取り扱いが必要になる．なぜなら，$\mathcal{D}_\kappa(k)$ の要素をそれと $C_1(\bar{\sigma}_1)$ との交わりで置き換えればプレイヤーの情報の状態が変えられることになってしまい[69]，それゆえにそのような取り扱いは避けるべきだからである．ただ $\mathcal{A}_\kappa$ の場合に可能であった方法だけは，この場合にも許される：すなわち，$\mathcal{D}_\kappa(k)$ をそのうちの $C_1(\bar{\sigma}_1)$ にある部分で置き換える方法である．しかし，この方法も――前の $\mathcal{A}_\kappa$ の場合と同様に――$\mathcal{D}_\kappa(k)$ が（$\kappa \geq 2$ に関して）$\mathcal{A}_2$ の部分分割になっているときにのみ適用できるだけである．したがってこれを仮定しなければならない．

次に $\mathcal{C}_\kappa(k)$ を考えよう：$\mathcal{C}_\kappa(k)$ は $\mathcal{D}_\kappa(k)$ の部分分割であるから（**10.1.1** の (10:1:C)），（上の仮定より）$\mathcal{A}_2$ の部分分割でもある．したがって，$\mathcal{C}_\kappa(k)$ もそのうち $C_1(\bar{\sigma}_1)$ にある部分で置き換えることができる．

そこで次のことがわかるであろう：すなわち，Γ に対する必要な制限とは，すべての $\mathcal{D}_\kappa(k)$（$\kappa \geq 2$）が $\mathcal{A}_2$ の部分分割になっていなければならないことである．ここで **8.4.2** および **10.1.2** の (10:A:d*), (10:A:g*) の説明を思い出してもらいたい．そうすれば，これらの説明から上の制限により，すべてのプレイヤーが自らの人的手番 $\mathfrak{M}_2, \cdots, \mathfrak{M}_\nu$ において $\mathcal{A}_2$ で表された手番 $\mathfrak{M}_1$ の後（すなわち手番 $\mathfrak{M}_2$ の前）の事柄の状態について，完全に知らされていることがわかるであろう．（**10.4.2** の (10:B) の前の議論も参照せよ．）すなわち，$\mathfrak{M}_1$ は手番 $\mathfrak{M}_2, \cdots, \mathfrak{M}_\nu$ のすべてに対して既知でなければならないの

---

[69] すなわち，そのプレイヤーに情報をより多く与えてしまうことになる．

である．

このようにして，**15.1.3** の条件（15:A:a）を再度得ることができた．ゲーム $\Gamma_{\bar{\sigma}_1}$ が **10.1.1** の条件を満たすことは簡単に証明されるので，読者に任せることにしよう．

15.3 正確な条件（完全な帰納法）

15.3.1 15.1.2 の最後で述べたように，われわれは $\Gamma_{\bar{\sigma}_1}$, $\bar{\sigma}_1 = 1,\cdots,\alpha_1$ のすべての特性から，Γ の特性を知りたいと思っている．なぜなら，もしそれに成功すれば，それは「完全な帰納法」の典型的な1つのステップになるからである．

しかし，いまのところ，われわれがなんらかの（数学的な）特性を知っているのはゼロ和2人ゲームだけである．すなわち，これらのゲームについては v_1, v_2 なる量がわかっている（**15.1.1** を参照せよ）．そこでまず Γ をゼロ和2人ゲームと仮定しよう．

さて，Γ の v_1, v_2 が $\Gamma_{\bar{\sigma}_1}$, $\bar{\sigma}_1 = 1,\cdots,\alpha_1$, の v_1, v_2 を用いて実際に表されうることを確かめよう（**15.1.2** を参照せよ）．もしこれが実際に成功するなら，今度は「帰納法」がさらに最後まで行われること：すなわち同様にして $\Gamma_{\bar{\sigma}_1,\bar{\sigma}_2}, \Gamma_{\bar{\sigma}_1,\bar{\sigma}_2,\bar{\sigma}_3},\cdots,\Gamma_{\bar{\sigma}_1,\bar{\sigma}_2,\cdots,\bar{\sigma}_\nu}$ がつくられることが望まれる[70]．ここで重要なのは，これらのゲームにおけるステップの数が（Γ については）ν, ($\Gamma_{\bar{\sigma}_1}$ については）$\nu - 1$, さらに，$\nu - 2$, $\nu - 3,\cdots$ と減少していき，最後に ($\Gamma_{\bar{\sigma}_1,\bar{\sigma}_2,\cdots,\bar{\sigma}_\nu}$ については) 0 となる点である．すなわち $\Gamma_{\bar{\sigma}_1,\bar{\sigma}_2,\cdots,\bar{\sigma}_\nu}$ は，(105ページの脚注65）で述べられたゲームのように）「空の」ゲームとなってしまうのである．このゲームにおいては手番が存在せず，プレイヤー k の利得は $\mathcal{F}_k(\bar{\sigma}_1,\cdots,\bar{\sigma}_\nu)$ に固定されることになる．

以上，**15.1.2**, **15.1.3**——すなわち **6**, **7**——の術語を用いて述べてきたわけであるが，次に **15.2.1**, **15.2.2**——すなわち **9**, **10**——の術語を用いて述べてみよう．それによれば，（Γ についての）Ω が，（$\Gamma_{\bar{\sigma}_1}$ については）$\mathcal{A}_2$ の $C_1(\bar{\sigma}_1)$, ($\Gamma_{\bar{\sigma}_1,\bar{\sigma}_2}$ については）$\mathcal{A}_3$ の $C_2(\bar{\sigma}_1,\bar{\sigma}_2)$, ($\Gamma_{\bar{\sigma}_1,\bar{\sigma}_2,\bar{\sigma}_3}$ については）$\mathcal{A}_4$ の $C_3(\bar{\sigma}_1,\bar{\sigma}_2,\bar{\sigma}_3)$ 等々というように徐々に減少していき，最後に ($\Gamma_{\bar{\sigma}_1,\bar{\sigma}_2,\cdots,\bar{\sigma}_\nu}$ については）$\mathcal{A}_{\nu+1}$ の $C_\nu(\bar{\sigma}_1,\bar{\sigma}_2,\cdots,\bar{\sigma}_\nu)$ となるといえるであろう．しかもこ

---

[70] $\bar{\sigma}_1 = 1,\cdots,\alpha_1$; $\bar{\sigma}_2 = 1,\cdots,\alpha_2$, ただし $\alpha_2 = \alpha_2(\bar{\sigma}_1)$; $\bar{\sigma}_3 = 1,\cdots,\alpha_3$, ただし $\alpha_3 = \alpha_3(\bar{\sigma}_1,\bar{\sigma}_2)$, 等々．

の最後の集合は，(**10.1.1** の (10:1:g) より) ただ1つの要素，例えば $\bar{\pi}$ をもっているだけである．したがって，ゲーム $\Gamma_{\bar{\sigma}_1,\bar{\sigma}_2,\cdots,\bar{\sigma}_\nu}$ の結果は固定されており：プレイヤー k の利得は $\mathcal{F}_k(\bar{\pi})$ に固定されることになる．

したがって，ゲーム $\Gamma_{\bar{\sigma}_1,\bar{\sigma}_2,\cdots,\bar{\sigma}_\nu}$ の性質は――完全に――明らかである．すなわち，このゲームの値がどうなるかはすべてのプレイヤーにとって明らかなのである．それゆえに，もし $\Gamma_{\bar{\sigma}_1}$ から Γ が導ければ，それと同じ方法により $\Gamma_{\bar{\sigma}_1,\bar{\sigma}_2,\cdots,\bar{\sigma}_\nu}$ から $\Gamma_{\bar{\sigma}_1,\bar{\sigma}_2,\cdots,\bar{\sigma}_{\nu-1}}$，さらに $\Gamma_{\bar{\sigma}_1,\bar{\sigma}_2,\cdots,\bar{\sigma}_{\nu-2}}$ 等々と $\Gamma_{\bar{\sigma}_1,\bar{\sigma}_2}$, $\Gamma_{\bar{\sigma}_1}$ まで導くことができ，最後には Γ も導くことができる．

しかしこの方法も，すべてのゲームの列 $\Gamma_{\bar{\sigma}_1}, \Gamma_{\bar{\sigma}_1,\bar{\sigma}_2}, \Gamma_{\bar{\sigma}_1,\bar{\sigma}_2,\bar{\sigma}_3}, \cdots, \Gamma_{\bar{\sigma}_1,\bar{\sigma}_2,\cdots,\bar{\sigma}_\nu}$ がつくれる場合，すなわち，**15.1.3** または **15.2.2** の最後の条件がこれらのゲームすべてについて満たされる場合にのみ有効である．そこで，この条件を任意の一般 n 人ゲーム Γ に関しても明確にしておきたい．したがって，次に再度一般 n 人ゲーム Γ にもどることにしよう．

15.3.2 その条件とは，**15.1.2**, **15.1.3** (すなわち **6**, **7**) の術語によれば，$\mathcal{M}_1$ が $\mathcal{M}_2, \mathcal{M}_3, \cdots, \mathcal{M}_\nu$ のすべてに，また $\mathcal{M}_2$ が $\mathcal{M}_3, \mathcal{M}_4, \cdots, \mathcal{M}_\nu$ のすべてに既知でなければならない等々，ということ，すなわち既知性が先行性と一致しなければならないということである．

15.2.1, **15.2.2**――すなわち **9**, **10**――の術語によってももちろん同じことが得られる．すなわち，$\kappa \geq 2$ なるすべての $\mathcal{D}_\kappa(k)$ は $\mathcal{A}_2$ の部分分割でなければならず，$\kappa \geq 3$ なるすべての $\mathcal{D}_\kappa(k)$ は $\mathcal{A}_3$ の部分分割でなければならない等々，つまり，もし $\kappa \geq \lambda$ ならすべての $\mathcal{D}_\kappa(k)$ は $\mathcal{A}_\lambda$ の部分分割でなければならないということが得られる[71]．いかなる場合にも，$\mathcal{A}_\kappa$ は $\mathcal{A}_\lambda$ の部分分割となるから (**10.4.1** を参照せよ)，すべての $\mathcal{D}_\kappa(k)$ が $\mathcal{A}_\kappa$ の部分分割となる条件が満たされていればよい．しかし，$\mathcal{A}_\kappa$ は $\mathcal{B}_\kappa(k)$ の中で $\mathcal{D}_\kappa(k)$ の部分分割である (**10.1.1** の (10:1:d) より)．したがって，この条件は $\mathcal{D}_\kappa(k)$ が $\mathcal{B}_\kappa(k)$ 内の $\mathcal{A}_\kappa$ の部分になるというようにも言い換えられる[72]．したがって，**10.4.2** の (10:B) により，この条件が満たされれば Γ において先行性と既知性が完全に一致することがわかる．

---

[71] これは $\lambda = 2, 3, \cdots$ についてである．なぜなら $\lambda = 1$ については，$\mathcal{A}_1$ が1つの集合 Ω からできている (**10.1.1** の (10:1:f) より) ので，すべての分割が $\mathcal{A}_1$ の部分分割となり，自動的に成り立つからである．

[72] 動機についてもしお望みならば，88 ページの脚注 41) の議論を参照せよ．

以上の考察より次のことが成り立つであろう．

(15:B)　各々 $\nu, \nu-1, \nu-2, \cdots, 0$ 個の手番をもったゲーム
(15:1)　$\Gamma, \Gamma_{\bar{\sigma}_1}, \Gamma_{\bar{\sigma}_1, \bar{\sigma}_2}, \Gamma_{\bar{\sigma}_1, \bar{\sigma}_2, \bar{\sigma}_3}, \cdots, \Gamma_{\bar{\sigma}_1, \bar{\sigma}_2, \cdots, \bar{\sigma}_\nu}$

の全体の列がつくられるための必要十分条件は，ゲーム Γ において先行性と既知性が一致していること——すなわち，そのゲームにおいて完全情報になっていること——である（**6.4.1** と **14.8** の最後を参照せよ）．

もし Γ がゼロ和2人ゲームなら，**15.6.2** において示される $\Gamma_{\bar{\sigma}_1}$ から Γ を導くための工夫を各ステップに用いて，列 (15:1) を——簡単なゲーム $\Gamma_{\bar{\sigma}_1, \bar{\sigma}_2, \cdots, \bar{\sigma}_\nu}$ から重要なゲーム Γ へと——逆向きにたどっていくことにより，Γ の性質を明らかにできる．

15.4　帰納的ステップの正確な議論

15.4.1　次に，前に示唆された Γ_{σ_1} [73)] から Γ への「帰納的ステップ」にとりかかることにしよう．ここで，Γ は **15.1.3** または **15.2.2** の最後の条件だけを満たしていればよいが，この Γ はゼロ和2人ゲームでなければならない．

したがって，$\sigma_1 - 1, \cdots, \alpha_1$ のすべてについて Γ_{σ_1} をつくることができ，しかもそれらもまたゼロ和2人ゲームとなる．Γ における2人のプレイヤーの戦略を $\sum_1^1, \cdots, \sum_1^{\beta_1}$ および $\sum_2^1, \cdots, \sum_2^{\beta_2}$ と表す．もし2人のプレイヤーが $\sum_1^{\tau_1}, \sum_2^{\tau_2}$ なる戦略を用いれば，各々のプレイヤーのプレイの結果の「数学的期待値」は，

$$\mathcal{H}_1(\tau_1, \tau_2) \equiv \mathcal{H}(\tau_1, \tau_2), \qquad \mathcal{H}_2(\tau_1, \tau_2) \equiv -\mathcal{H}(\tau_1, \tau_2)$$

によって表される（**11.2.3** および **14.1.1** を参照せよ）．次に，Γ_{σ_1} における2人のプレイヤーの戦略を $\sum_{\sigma_1/1}^1, \cdots, \sum_{\sigma_1/1}^{\beta_{\sigma_1/1}}$ および $\sum_{\sigma_1/2}^1, \cdots, \sum_{\sigma_1/2}^{\beta_{\sigma_1/2}}$ と表す．この場合にも，もし2人のプレイヤーが戦略 $\sum_{\sigma_1/1}^{\tau_{\sigma_1/1}}, \sum_{\sigma_1/2}^{\tau_{\sigma_1/2}}$ を用いれば，各プレイヤーのプレイの結果の「数学的期待値」は，

$$\mathcal{H}_{\sigma_1/1}(\tau_{\sigma_1/1}, \tau_{\sigma_1/2}) \equiv \mathcal{H}_{\sigma_1}(\tau_{\sigma_1/1}, \tau_{\sigma_1/2}),$$
$$\mathcal{H}_{\sigma_1/2}(\tau_{\sigma_1/1}, \tau_{\sigma_1/2}) \equiv -\mathcal{H}_{\sigma_1}(\tau_{\sigma_1/1}, \tau_{\sigma_1/2})$$

[73)] 間違うこともないと思われるので，これからは $\bar{\sigma}_1, \bar{\sigma}_2, \cdots, \bar{\sigma}_\nu$ の代わりに $\sigma_1, \sigma_2, \cdots, \sigma_\nu$ と書くことにする．

によって表される. そこで, Γ および Γ_{σ_1} について **14.4.1** の v_1, v_2 をつくることにする. ただし, Γ_{σ_1} の場合には $v_{\sigma_1/1}, v_{\sigma_1/2}$ によって表すものとする. したがって,

$$v_1 = \mathrm{Max}_{\tau_1} \mathrm{Min}_{\tau_2} \mathcal{H}(\tau_1, \tau_2)$$

$$v_2 = \mathrm{Min}_{\tau_2} \mathrm{Max}_{\tau_1} \mathcal{H}(\tau_1, \tau_2)$$

および,

$$v_{\sigma_1/1} = \mathrm{Max}_{\tau_{\sigma_1/1}} \mathrm{Min}_{\tau_{\sigma_1/2}} \mathcal{H}_{\sigma_1}(\tau_{\sigma_1/1}, \tau_{\sigma_1/2})$$

$$v_{\sigma_1/2} = \mathrm{Min}_{\tau_{\sigma_1/2}} \mathrm{Max}_{\tau_{\sigma_1/1}} \mathcal{H}_{\sigma_1}(\tau_{\sigma_1/1}, \tau_{\sigma_1/2})$$

となる. われわれの目的は v_1, v_2 を $v_{\sigma_1/1}, v_{\sigma_1/2}$ によって表すことである.

ここで手番 $\mathcal{M}_1$ の性質を決定する **15.1.2**, **15.2.1** の k_1 が重要な役割を果たす. $n = 2$ であるから, k_1 のとりうる値としては 0, 1, 2 が考えられる. したがってわれわれは, この3つの値をとる場合を別々に考えなければならない.

15.4.2 最初に $k_1 = 0$, すなわち $\mathcal{M}_1$ が偶然手番である場合を考えよう. この場合に, 代替案 $\sigma_1 = 1, \cdots, \alpha_1$ をとる確率は **15.1.2** で述べた $p_1(1), \cdots, p_1(\alpha_1)$ である. ($p_1(\sigma_1)$ とは, **10.1.1** の (10:A:h) の $p_1(C_1)$ における C_1 に **15.2.1** の $C_1 = C_1(\sigma_1)$ を代入したものである.)

ここで Γ におけるプレイヤー 1 の戦略 $\sum_1^{\tau_1}$ は, 明らかに Γ_{σ_1} におけるプレイヤー 1 の戦略 $\sum_{\sigma_1/1}^{\tau_{\sigma_1/1}}$ を偶然変数 $\sigma_1 = 1, \cdots, \alpha_1$ のすべての値に関して明確にすることによって得られる[74]. すなわち, $\sum_1^{\tau_1}$ はすべてのおこりうる組み合わせ $\tau_{1/1}, \cdots, \tau_{\alpha_1/1}$ に関しての $\sum_{1/1}^{\tau_{1/1}}, \cdots, \sum_{\alpha_1/1}^{\tau_{\alpha_1/1}}$ の全体に対応している.

同様に, Γ におけるプレイヤー 2 の戦略 $\sum_2^{\tau_2}$ も, Γ_{σ_1} におけるプレイヤー 2 の戦略 $\sum_{\sigma_1/2}^{\tau_{\sigma_1/2}}$ を偶然変数 $\sigma_1 = 1, \cdots, \alpha_1$ のすべての値に関して明確にすることにより得られる. すなわち, $\sum_2^{\tau_2}$ はすべての可能な組み合わせ $\tau_{1/2}, \cdots, \tau_{\alpha_1/2}$ に関しての $\sum_{1/2}^{\tau_{1/2}}, \cdots, \sum_{\alpha_1/2}^{\tau_{\alpha_1/2}}$ の全体に対応している.

さて, Γ と Γ_{σ_1} の結果の「数学的期待値」は明らかに次の公式によって結びつけられる.

---

[74] これは直観的に明らかである. 読者には, **11.1.1** および **11.1.3** の (11:A) の定義を **15.2.1** で述べられた状態に適用することにより, これを論理的に証明してもらいたい.

$$\mathcal{H}(\tau_1, \tau_2) = \sum_{\sigma_1=1}^{\alpha_1} p_1(\sigma_1)\mathcal{H}_{\sigma_1}(\tau_{\sigma_1/1}, \tau_{\sigma_1/2})$$

したがって v_1 の定義より,

$$v_1 = \text{Max}_{\tau_1} \text{Min}_{\tau_2} \mathcal{H}(\tau_1, \tau_2)$$

$$= \text{Max}_{\tau_{1/1},\cdots,\tau_{\alpha_1/1}} \text{Min}_{\tau_{1/2},\cdots,\tau_{\alpha_1/2}} \sum_{\sigma_1=1}^{\alpha_1} p_1(\sigma_1)\mathcal{H}_{\sigma_1}(\tau_{\sigma_1/1}, \tau_{\sigma_1/2})$$

右辺の一番端の $\sum_{\sigma_1=1}^{\alpha_1}$ の σ_1-項

$$p_1(\sigma_1)\mathcal{H}_{\sigma_1}(\tau_{\sigma_1/1}, \tau_{\sigma_1/2})$$

は,ただ 2 つの変数 $\tau_{\sigma_1/1}, \tau_{\sigma_1/2}$ だけを含んでいる.それゆえに変数の組

$$\tau_{1/1}, \tau_{1/2}; \cdots ; \tau_{\alpha_1/1}, \tau_{\alpha_1/2}$$

は,

$$\sigma_1 = 1, \cdots ; \quad \sigma_1 = \alpha_1$$

の各項において別々に現れてくる.したがって,$\text{Min}_{\tau_{1/2},\cdots,\tau_{\alpha_1/2}}$ をつくる場合に各項を別々に最小化することができ,$\text{Max}_{\tau_{1/1},\cdots,\tau_{\alpha_1/1}}$ をつくる場合にも各項別々に最大化することができる.以上の議論より,

$$\sum_{\sigma_1=1}^{\alpha_1} p_1(\sigma_1)\text{Max}_{\tau_{\sigma_1/1}} \text{Min}_{\tau_{\sigma_1/2}} \mathcal{H}_{\sigma_1}(\tau_{\sigma_1/1}, \tau_{\sigma_1/2}) = \sum_{\sigma_1=1}^{\alpha_1} p_1(\sigma_1)v_{\sigma_1/1}$$

となる.このようにして,結局

(15:2) $\quad v_1 = \sum_{\sigma_1=1}^{\alpha_1} p_1(\sigma_1)v_{\sigma_1/1}$

となる.

もし Max と Min の位置が取り替えられたなら,同じ議論をそのままくり返すことにより,

(15:3) $\quad v_2 = \sum_{\sigma_1=1}^{\alpha_1} p_1(\sigma_1)v_{\sigma_1/2}$

が導かれる．

15.4.3 次に $k_1 = 1$ の場合を考えるわけであるが，ここでは **13.5.3** の結果を用いなければならないだろう．**13.5.3** の結果は，非常に形式的であったことを考えてみれば，ゲームに関する直観的にもっともらしい事実を形式的に述べているにすぎないことを示すことにより，読者にとってその結果をとらえやすいものにしておくことが望ましいであろう．またこのことにより，なぜこの結果が $k_1 = 1$ の場合に用いられなければならないかもはっきりするであろう．

なおこれから，**13.5.3** の結果に与える説明は **14.2-14.5**——特に **14.5.1**，**14.5.2**——の考察にもとづいているため，**13.5.3** においては与えることができなかったことを付け加えておく．

そこで，ゼロ和 2 人ゲーム Γ を標準形（**14.1.1** を参照せよ）で考え，また Γ の劣関数ゲーム Γ_1，優関数ゲーム Γ_2（**14.2** を参照せよ）も考えよう．

もしわれわれが Γ の標準形をあたかもそれが展開形であるかのように扱うことを決定し，**11.2.2**，**11.2.3** の方法により（新しい）標準形をつくるために戦略などを導入したなら，**11.3**，特に 116 ページの脚注 72) で述べたように何もおこらないであろう．しかし，優関数ゲーム Γ_2，劣関数ゲーム Γ_1 に関しては状況が変わってくる．すなわち，これらは 140 ページの脚注 32) および 33) で述べたように標準形では与えられない．したがって，これらのゲームは **11.2.2**，**11.2.3** の方法により——これから見出そうとしている——標準形で考えるのが適当であり，またそうしなければならないだろう．

Γ_1, Γ_2 の解は **14.3.1**，**14.3.3** で見出されているので，それらが厳密に決定されていることが予期される[75)]．

Γ_1 を考えれば十分であるので（**14.3.4** の最初を参照せよ），まず Γ_1 の考察から始めよう．

Γ に対して，記号 $\tau_1, \tau_2, \mathcal{H}(\tau_1, \tau_2), v_1, v_2$ を用い，Γ_1 の対応する概念は $\tau_1', \tau_2', \mathcal{H}'(\tau_1', \tau_2'), v_1', v_2'$ と表すことにする．

[75)] **14.3.1**，**14.3.3** の「解」の基礎となっている原理は，**14.5.1**，**14.5.2** において厳密に決定された場合を取り扱うために用いた原理の踏石とはなっているが，まったく同じではないので，これはまさに発見的な議論である．議論が，「非数学的に」，純粋に言葉で表されることにより，かなり納得できるものになるということもたしかに正しい．しかし，われわれは **14.3.2** の同じ状況において与えたのと同じ理由により，物事を数学的に解決するほうを好むのである．

Γ_1 におけるプレイヤー1の戦略は，1つの（固定された）値 τ_1 $(=1,\cdots,$ $\beta_1)$ を明確にすることによって示され，一方プレイヤー2の戦略は，τ_1 $(=1,\cdots,\beta_1)$ のすべての値に対して τ_1 に依存して決まる1つの値 τ_2 $(=1,\cdots,$ $\beta_2)$ を明確にすることによって示される[76]．したがって τ_2 は τ_1 の関数，すなわち $\tau_2 = \mathcal{T}_2(\tau_1)$ となる．

このようにして τ_1' は τ_1 となるが，τ_2' は関数 $\mathcal{T}_2$ に相当し，$\mathcal{H}'(\tau_1', \tau_2')$ は $\mathcal{H}(\tau_1, \mathcal{T}_2(\tau_1))$ に相当する．したがって，

$$v_1' = \text{Max}_{\tau_1} \text{Min}_{\mathcal{T}_2} \mathcal{H}(\tau_1, \mathcal{T}_2(\tau_1))$$
$$v_2' = \text{Min}_{\mathcal{T}_2} \text{Max}_{\tau_1} \mathcal{H}(\tau_1, \mathcal{T}_2(\tau_1))$$

となる．それゆえに，Γ_1 が厳密に決定されたゲームである，すなわち $v_1' = v_2'$ が成り立つという主張は，**13.5.3** の (13:E) に正確に一致する．つまり，(13:E) における $x, u, f(x), \psi(x, f(x))$ を，$\tau_1, \tau_2, \mathcal{T}_2(\tau_1), \mathcal{H}(\tau_1, \mathcal{T}_2(\tau_1))$ で置き換えればよい．

この **13.5.3** の結果と Γ_1 の厳密に決定された性質の同等性により，**13.5.3** がこれからの議論においてなぜ重要な役割を果たすかがわかるであろう．Γ_1 は——われわれがここにおける議論の究局の目標としている（**15.3.2** を参照せよ）——完全情報をもつゲームの中では，非常に簡単なものである．次に Γ_1 の第1手番について議論しよう：その第1手番とはプレイヤー1の人的手番——すなわち $k_1 = 1$ である．

15.5 帰納的ステップの正確な議論（続き）

15.5.1 さて $k_1 = 1$，すなわち $\mathcal{M}_1$ がプレイヤー1の人的手番である場合を考えよう．

Γ におけるプレイヤー1の戦略 $\sum_1^{\tau_1}$ は，（固定された）$\sigma_1^0 (= 1, \cdots, \alpha_1)$ の値および $\Gamma_{\sigma_1^0}$ におけるプレイヤー1の（固定された）戦略 $\sum_{\sigma_1^0/1}^{\tau_{\sigma_1^0/1}}$ を明確にすることにより示される[77]．すなわち，$\sum_1^{\tau_1}$ は $\sigma_1^0, \tau_{\sigma_1^0/1}$ の組に対応している．

---

[76] これは直観的に明らかである．読者には **14.2** で与えられた Γ_1 の定義を分割と集合の術語を用いて定式化し直し，さらに **11.1.1** および **11.1.3** の (11:A) の定義を適用することにより，これを形式的に証明しておいてもらいたい．

とにかく重要なのは，Γ_1 においてプレイヤー1の人的手番がプレイヤー2の人的手番に対し既知であるという点である．

[77] 166 ページの脚注 74)，または上の脚注 76) を参照せよ．

一方，Γ におけるプレイヤー 2 の戦略 $\sum_2^{\tau_2}$ は，$\Gamma_{\sigma_1^0}$ におけるプレイヤー 2 の戦略 $\sum_{\sigma_1^0/2}^{\tau_{\sigma_1^0/2}}$ を変数 $\sigma_1^0 = 1, \cdots, \alpha_1$ のすべての値について明確にすることにより示される[78]．よって，$\tau_{\sigma_1^0/2}$ は σ_1^0 の関数 $\tau_{\sigma_1^0/2} = \mathcal{T}_2(\sigma_1^0)$ となる．すなわち，$\sum_2^{\tau_2}$ は関数 $\mathcal{T}_2$ に対応し，明らかに，

$$-\mathcal{H}(\tau_1, \tau_2) = \mathcal{H}_{\sigma_1^0}(\tau_{\sigma_1^0/1}, \mathcal{T}_2(\sigma_1^0))$$

となる．それゆえ，v_1 についての公式より：

$$v_1 = \text{Max}_{\sigma_1^0, \tau_{\sigma_1^0/1}} \text{Min}_{\mathcal{T}_2} \mathcal{H}_{\sigma_1^0}(\tau_{\sigma_1^0/1}, \mathcal{T}_2(\sigma_1^0))$$
$$= \text{Max}_{\tau_{\sigma_1^0/1}} \text{Max}_{\sigma_1^0} \text{Min}_{\mathcal{T}_2} \mathcal{H}_{\sigma_1^0}(\tau_{\sigma_1^0/1}, \mathcal{T}_2(\sigma_1^0))$$

さて，**13.5.3** の (13:G) より，

$$\text{Max}_{\sigma_1^0} \text{Min}_{\mathcal{T}_2} \mathcal{H}_{\sigma_1^0}(\tau_{\sigma_1^0/1}, \mathcal{T}_2(\sigma_1^0)) = \text{Max}_{\sigma_1^0} \text{Min}_{\tau_{\sigma_1^0/2}} \mathcal{H}_{\sigma_1^0}(\tau_{\sigma_1^0/1}, \tau_{\sigma_1^0/2})$$

これは (13:G) の $x, u, f(x), \psi(x, u)$ を $\sigma_1^0, \tau_{\sigma_1^0/2}, \mathcal{T}_2(\sigma_1^0), \mathcal{H}_{\sigma_1^0}(\tau_{\sigma_1^0/1}, \tau_{\sigma_1^0/2})$ で置き換えただけである[79]．その結果，

$$v_1 = \text{Max}_{\tau_{\sigma_1^0/1}} \text{Max}_{\sigma_1^0} \text{Min}_{\tau_{\sigma_1^0/2}} \mathcal{H}_{\sigma_1^0}(\tau_{\sigma_1^0/1}, \tau_{\sigma_1^0/2})$$
$$= \text{Max}_{\sigma_1^0} \text{Max}_{\tau_{\sigma_1^0/1}} \text{Min}_{\tau_{\sigma_1^0/2}} \mathcal{H}_{\sigma_1^0}(\tau_{\sigma_1^0/1}, \tau_{\sigma_1^0/2})$$
$$= \text{Max}_{\sigma_1^0} v_{\sigma_1^0/1}$$

次に v_2 についての公式により[80]：

$$v_2 = \text{Min}_{\mathcal{T}_2} \text{Max}_{\sigma_1^0, \tau_{\sigma_1^0/1}} \mathcal{H}_{\sigma_1^0}(\tau_{\sigma_1^0/1}, \mathcal{T}_2(\sigma_1^0))$$
$$= \text{Min}_{\mathcal{T}_2} \text{Max}_{\sigma_1^0} \text{Max}_{\tau_{\sigma_1^0/1}} \mathcal{H}_{\sigma_1^0}(\tau_{\sigma_1^0/1}, \mathcal{T}_2(\sigma_1^0))$$

さて，**13.5.3** の (13:E)，(13:G) により，

---

[78] 166 ページの脚注 74)，または 169 ページの脚注 76) を参照せよ．
[79] $\tau_{\sigma_1^0/1}$ はこの場合は定数として扱われなければならない．
 もちろんこのステップはむしろ当然である．――前の議論を参照せよ．
[80] **15.4.2** と対照すれば，v_1 と v_2 の取り扱いに本質的な相違があることがわかるであろう．

$$\text{Min}_{\mathcal{T}_2} \text{Max}_{\sigma_1^0} \text{Max}_{\tau_{\sigma_1^0/1}} \mathcal{H}_{\sigma_1^0}(\tau_{\sigma_1^0/1}, \mathcal{T}_2(\sigma_1^0))$$
$$= \text{Max}_{\sigma_1^0} \text{Min}_{\mathcal{T}_2} \text{Max}_{\tau_{\sigma_1^0/1}} \mathcal{H}_{\sigma_1^0}(\tau_{\sigma_1^0/1}, \mathcal{T}_2(\sigma_1^0))$$
$$= \text{Max}_{\sigma_1^0} \text{Min}_{\tau_{\sigma_1^0/2}} \text{Max}_{\tau_{\sigma_1^0/1}} \mathcal{H}_{\sigma_1^0}(\tau_{\sigma_1^0/1}, \tau_{\sigma_1^0/2})$$

これは (13:E), (13:G) の x, u, $f(x)$, $\psi(x,u)$ を σ_1^0, $\tau_{\sigma_1^0/2}$, $\mathcal{T}_2(\sigma_1^0)$, $\text{Max}_{\tau_{\sigma_1^0/1}} \mathcal{H}_{\sigma_1^0}(\tau_{\sigma_1^0/1}, \tau_{\sigma_1^0/2})$ で置き換えただけである[81]．この結果として，

$$v_2 = \text{Max}_{\sigma_1^0} \text{Min}_{\tau_{\sigma_1^0/2}} \text{Max}_{\tau_{\sigma_1^0/1}} \mathcal{H}_{\sigma_1^0}(\tau_{\sigma_1^0/1}, \tau_{\sigma_1^0/2})$$
$$= \text{Max}_{\sigma_1^0} v_{\sigma_1^0/2}.$$

要約すれば（ただし σ_1^0 の代わりに σ_1 と書く）:

(15:4)　　$v_1 = \text{Max}_{\sigma_1} v_{\sigma_1/1}$,

(15:5)　　$v_2 = \text{Max}_{\sigma_1} v_{\sigma_1/2}$.

15.5.2　最後に $k_1 = 2$，すなわち $\mathfrak{M}_1$ がプレイヤー 2 の人的手番である場合を考えよう．

これはプレイヤー 1 と 2 を取り替えれば，先の場合（$k_1 = 1$ の場合）に帰着される．

14.6 で議論したように，この取り替えにより v_1, v_2 は $-v_2$, $-v_1$ に変わり，したがって $v_{\sigma_1/1}$, $v_{\sigma_1/2}$ も $-v_{\sigma_1/2}$, $-v_{\sigma_1/1}$ に変わる．これらの変換を上の公式 (15:4), (15:5) に代入すれば，Max を Min に変えなければならないことは明らかである．したがって:

(15:6)　　$v_1 = \text{Min}_{\sigma_1} v_{\sigma_1/1}$,

(15:7)　　$v_2 = \text{Min}_{\sigma_1} v_{\sigma_1/2}$.

15.5.3　**15.4.2**, **15.5.1**, **15.5.2** の公式 (15:2)-(15:7) は次のように要約できるだろう:

変数 $\sigma_1 (= 1, \cdots, \alpha_1)$ の関数 $f(\sigma_1)$ のすべてに対し 3 つの演算 $M_{\sigma_1}^{k_1}$, $k_1 = 0, 1, 2$ を次のように定義する:

---

[81] この場合には，$\text{Max}_{\tau_{\sigma_1^0/1}}$ の演算によって $\tau_{\sigma_1^0/1}$ が消されている．
　　このステップは当然であるとはいえない．すなわちこのステップのためには，**15.4.3** で述べたように **13.5.3** の主要な結果である (13:E) を用いなければならない．

$$(15:8) \quad M_{\sigma_1}^{k_1} f(\sigma_1) = \begin{cases} \sum_{\sigma_1=1}^{\alpha_1} p_1(\sigma_1) f(\sigma_1) & k_1 = 0 \text{ に関して} \\ \text{Max}_{\sigma_1} f(\sigma_1) & k_1 = 1 \text{ に関して} \\ \text{Min}_{\sigma_1} f(\sigma_1) & k_1 = 2 \text{ に関して} \end{cases}$$

そうすれば,

$$\text{v}_k = M_{\sigma_1}^{k_1} \text{v}_{\sigma_1/k} \quad k = 1, 2 \text{ に関して}$$

となる.

この演算 $M_{\sigma_1}^{k_1}$ に関して,いくつか簡単な特長を強調しておきたい.

まず,$M_{\sigma_1}^{k_1}$ により変数 σ_1 は消される.すなわち,$M_{\sigma_1}^{k_1} f(\sigma_1)$ はもはや σ_1 に依存しない.これは $k_1 = 1, 2$——すなわち $\text{Max}_{\sigma_1}, \text{Min}_{\sigma_1}$——については,**13.2.3** ですでに指摘されていた.また $k_1 = 0$ については明らかであり,ついでながら,この演算は 127 ページの脚注 16) において例として用いられた積分に類似していることも述べておく.

第 2 に,$M_{\sigma_1}^{k_1}$ はゲーム Γ に明確に依存している.これは,k_1 が Γ の中でおこり,σ_1 が $1, \cdots, \alpha_1$ の範囲をもつことから明らかである.また $k_1 = 0$ の場合には,$p_1(1), \cdots, p_1(\alpha_1)$ を用いることによってさらに依存することになる.

第 3 に,$k = 1, 2$ に関する v_k の $\text{v}_{\sigma_1/k}$ への依存は,k_1 の各々の値について同じである.

最後に,——偶然手番に関しては平均値 $\sum_{\sigma_1=1}^{\bar{\alpha}_1} p_1(\sigma_1) f(\sigma_1)$,第 1 のプレイヤーの人的手番に関しては最大値,そしてその相手の人的手番に関しては最小値を含む——これらの演算を純粋に言葉の(数学を用いない)議論によって容易に正当化できることを注意しておく.しかし,それにもかかわらず,v_1, v_2 の正確な位置を十分に正当に評価するためには,厳密な数学的扱いが必要であるように思われる.すなわちこれを純粋に言葉だけで議論しようとするなら——たとえあいまいさはさけられたとしても——非常に複雑になり,ほとんど意味のないものになってしまうことはさけられないであろう.

15.6 完全情報の場合の結果

15.6.1 さてここで **15.3.2** の最後に表した状況にもどり,そこで述べた仮定をすべて置くことにしよう.すなわち,ゲーム Γ はゼロ和 2 人ゲームでし

15 完全情報をもつゲーム

かも完全情報であるとするのである．前に示された計画にそい，さらに「帰納的」ステップを処理する **15.5.3** の公式 (15:8) を共に用いることにより，Γ の主要な性質を決定することができる．

まず——細部には立ち入らず——このような Γ が常に厳密に決定されたゲームであることを証明しよう．この証明にはゲームの長さ ν に関して「完全帰納法」を用いる（**15.1.2** を参照せよ）．このためには次の2つの事柄を証明すればよい．

(15:C:a) 最小の長さをもった，すなわち $\nu = 0$ であるゲームのすべてに対しこれが成り立つこと．

(15:C:b) 所与の $\nu = 1, 2, \cdots$ に関して長さ $\nu - 1$ のゲームのすべてに対しこれが成り立てば，長さ ν のゲームのすべてに対してもまた成り立つこと．

(15:C:a) の証明：もし長さ $\nu = 0$ なら，ゲームはまったく手番をもたないことになる．すなわち，プレイヤー 1, 2 に固定された額——例えば w, $-$w ——を支払うことになる[82]．したがって $\beta_1 = \beta_2 = 1$，ゆえに $\tau_1 = \tau_2 = 1$，$\mathcal{H}(\tau_1, \tau_2) = \mathrm{w}$ となり[83]，それゆえに，

$$v_1 = v_2 = \mathrm{w}$$

すなわち，Γ は厳密に決定されたゲームでしかも $v = \mathrm{w}$ となる[84]．

(15:C:b) の証明：Γ を長さ ν のゲームとする．そうすれば Γ_{σ_1} は長さ $\nu - 1$ のゲームとなる．したがって仮定より，すべての Γ_{σ_1} は厳密に決定されたゲームとなり，それゆえに $v_{\sigma_1/1} \equiv v_{\sigma_1/2}$ となる．ここで **15.5.3** の公式 (15:8) より[85]，$v_1 = v_2$ であることが示される．それゆえに Γ もまた厳密に決定されたゲームとなり証明は完了した．

---

[82] 105 ページ脚注 65) のゲーム，または **15.3.1** の $\Gamma_{\bar{\sigma}_1, \bar{\sigma}_2, \cdots, \bar{\sigma}_\nu}$ を参照せよ．分割，集合を用いて表せば：$\nu = 0$ に関しては **10.1.1** の (10:1:f)，(10:1:g) により，Ω はただ1つの要素，例えば $\bar{\pi}$ をもつことが示される．すなわち $\Omega = \{\bar{\pi}\}$ である．したがって，w $= \mathcal{F}_1(\bar{\pi})$，$-$w $= \mathcal{F}_2(\bar{\pi})$ が上で示した役割を果たす．

[83] すなわち，各々のプレイヤーはただ1つの戦略をもつだけであり，その戦略とは何もしないことである．

[84] もちろんこれはむしろ明らかなことであり，重要なのは (15:C:b) のほうである．

[85] すなわち，**15.5.3** の最後に述べた k_1 の各値に対し，$k = 1, 2$ についての公式が同じであるという事実のことである．

15.6.2 次に，より詳しく分析し Γ の $v_1 = v_2 = v$ を明確に決定しよう．このためには上の **15.6.1** の結果さえ必要としない．

15.3.2 の最後におけると同様に，各々

$$\nu, \nu-1, \nu-2, \cdots, 0$$

の長さをもったゲームの列

(15:9)　　$\Gamma, \Gamma_{\sigma_1}, \Gamma_{\sigma_1,\sigma_2}, \cdots, \Gamma_{\sigma_1,\sigma_2,\cdots,\sigma_\nu}$ [86]

をつくる．これらのゲームの v_1, v_2 を

$$v_k, v_{\sigma_1/k}, v_{\sigma_1,\sigma_2/k}, \cdots, v_{\sigma_1,\sigma_2,\cdots,\sigma_\nu/k}$$

と表すものとする．

15.3.2 の最後に表された「帰納的」ステップに **15.5.3** の (15:8) を適用しよう．すなわち，**15.5.3** の $\sigma_1, \Gamma, \Gamma_{\sigma_1}$ を 各 $\kappa = 1, \cdots, \nu$ に関して σ_κ, $\Gamma_{\sigma_1,\cdots,\sigma_{\kappa-1}}, \Gamma_{\sigma_1,\cdots,\sigma_{\kappa-1},\sigma_\kappa}$ で置き換えるのである．そうすれば **15.5.3** の k_1 は $\Gamma_{\sigma_1,\cdots,\sigma_{\kappa-1}}$ の第1手番，すなわち Γ の手番 $\mathfrak{M}_\kappa$ に関連することになる．それゆえ $k_\kappa(\sigma_1,\cdots,\sigma_{\kappa-1})$ と表すとよいだろう（**7.2.1** を参照せよ）．したがって **15.5.3** の $M^{k_1}_{\sigma_1}$ の代わりに，$M^{k_\kappa(\sigma_1,\cdots,\sigma_{\kappa-1})}_{\sigma_\kappa}$ なる演算をつくる．このようにして

(15:10)　　$v_{\sigma_1,\cdots,\sigma_{\kappa-1}/k} = M^{k_\kappa(\sigma_1,\cdots,\sigma_{\kappa-1})}_{\sigma_\kappa} v_{\sigma_1,\cdots,\sigma_\kappa/k}$　　$k = 1, 2$ に関して

を得る．

次に (15:9) の列の最後の要素であるゲーム $\Gamma_{\sigma_1,\cdots,\sigma_\nu}$ を考えよう．これは **15.6.1** の (15:C:a) の議論にあてはまる．すなわち，まったく手番をもたないゲームである．このゲームのただ1つのプレイ[87]を $\bar{\pi} = \bar{\pi}(\sigma_1, \cdots, \sigma_\nu)$ と表そう．したがってその固定された w [88] は $\mathcal{F}_1(\bar{\pi}(\sigma_1,\cdots,\sigma_\nu))$ に等しくなる．それゆえに，

(15:11)　　$v_{\sigma_1,\cdots,\sigma_\nu/1} = v_{\sigma_1,\cdots,\sigma_\nu/2} = \mathcal{F}_1(\bar{\pi}(\sigma_1,\cdots,\sigma_\nu))$

---

[86] 165 ページの脚注 73) を参照せよ．
[87] **15.3.1** の $\Gamma_{\bar{\sigma}_1,\cdots,\bar{\sigma}_\nu}$ についての注意を参照せよ．
[88] **15.6.1** の (15:C:a)，特に 173 ページの脚注 82) を参照せよ．

となる．

次に (15:10) で κ を ν とおいて (15:11) に適用し，さらにその結果に $\kappa = \nu - 1$ の場合の (15:10) を適用するというように，次々に $\kappa = \nu - 1, \cdots, 2, 1$ の場合の (15:10) を適用していく．このようにして，

(15:12) $\quad v_1 = v_2 = v = M_{\sigma_1}^{k_1} M_{\sigma_2}^{k_2(\sigma_1)} \cdots M_{\sigma_\nu}^{k_\nu(\sigma_1, \cdots, \sigma_{\nu-1})} \mathcal{F}_1(\bar{\pi}(\sigma_1, \cdots, \sigma_\nu))$

が得られる．

これによって再度 Γ が厳密に決定されたゲームであることが証明され，しかも今度はその値を求める公式も明確に与えられた．

15.7 チェスへの応用

15.7.1 既知性と先行性が一致するような——すなわち完全情報であるような——ゼロ和 2 人ゲームに関しての **6.4.1** の示唆，および **14.8** の主張がいまや確立された．前には，これらのゲームが特に合理的な性質をもっているといった一般的な意見を述べただけであったが，ここで問題のゲームが厳密に決定されたものであることを示すことにより，以前のあいまいな見解に正確な意味を与えた．さらに——どのような「一般的意見」にもほとんどもとづかない 1 つの事実——すなわち，これが偶然手番を含むゲームについても成り立つことをも示した．

完全情報をもつゲームの例はすでに **6.4.1** で与えた．すなわち（偶然手番をもたないものとしては）チェスであり，（偶然手番をもつものとしては）バックギャモンである．したがってこれらのゲームのすべてについては（プレイの）明確な値および明確な最善の戦略の存在がすでに確立されている．しかし，その存在は抽象的なゲームにおいて確立されたにすぎず，われわれの方法は多くの場合ゲームの構造からあまりに長くなりすぎるので，実際に用いることはできない[89]．

この点に関しチェスをもう少しくわしく考察しておくのがよいだろう．

チェスにおいては，プレイの結果——すなわち **6.2.2** または **9.2.4** の関数 $\mathcal{F}_k$ のすべての値——は $1, 0, -1$ に限られている[90]．したがって **11.2.2** の $\mathcal{G}_k$

---

[89] これは主に ν の非常に大きな値による．チェスについては 82 ページの脚注 32) のチェスの項を参照せよ．（そこでの ν^* はここでの ν である．**7.2.3** の最後を参照せよ．）
[90] これは，プレイヤー k が「勝った」か「引き分けた」か「負けた」かを簡単に表す方法である．

は同じ値をもち，しかもチェスにおいては偶然手番がないので **11.2.3** の関数 $\mathcal{H}_k$ についても同じことが成り立つ[91]．以下の議論においては，**14.1.1** の関数 $\mathcal{H} = \mathcal{H}_1$ を用いる．

$\mathcal{H}$ は $1, 0, -1$ なる値しかもちえないから，数

(15:13) $\quad \mathrm{v} = \mathrm{Max}_{\tau_1} \mathrm{Min}_{\tau_2} \mathcal{H}(\tau_1, \tau_2) = \mathrm{Min}_{\tau_2} \mathrm{Max}_{\tau_1} \mathcal{H}(\tau_1, \tau_2)$

は，必ず次の値のうちの 1 つとなる．

$$\mathrm{v} = 1, 0, -1$$

(15:13) が以下のことを意味することについての議論は簡単であるので，読者に任せることにしよう．

(15:D:a) 　もし $\mathrm{v} = 1$ なら，プレイヤー 1（「白」）はプレイヤー 2（「黒」）の行動にかかわらず「勝つ」戦略をもっている．

(15:D:b) 　もし $\mathrm{v} = 0$ なら，互いに相手の行動にかかわらず「引き分ける」ことのできる戦略をもっている．

(15:D:c) 　もし $\mathrm{v} = -1$ なら，プレイヤー 2（「黒」）はプレイヤー 1（「白」）の行動にかかわらず「勝つ」戦略をもっている[92]．

15.7.2 　このことから，もしチェスの理論が実際に完全に知られてしまったら，プレイすることは何もないのではないかと思われる．この完全な理論により，3 つの可能性 (15:D:a), (15:D:b), (15:D:c) のどれが実際におこるかが示され，それによって前もってプレイが決定されてしまうのではないかと思われる．すなわちその決定とは，(15:D:a) の場合には「白」に関して，(15:D:b) の場合には「引き分け」に関して，(15:D:c) の場合には「黒」に関

---

[91] $\mathcal{G}_k$ のすべての値は $\mathcal{F}_k$ の 1 つの値であり，$\mathcal{H}_k$ のすべての値は——偶然手番がないので——$\mathcal{G}_k$ の 1 つの値である．**11.2.2**, **11.2.3** を参照せよ．もし偶然手番が存在すれば，$\mathcal{H}_k$ の値は「勝つ」確率から「負ける」確率を引いたもの，すなわち 1 と −1 の間のある数になる．

[92] 偶然手番があれば $\mathcal{H}(\tau_1, \tau_2)$ は「勝つ」確率から「負ける」確率を引いたものとなる．上の脚注 91) を参照せよ．プレイヤーはこの数の最大化または最小化をはかり，一般には (15:D:a)-(15:D:c) のように明確に 3 つに分けることはできない．

　バックギャモンは完全情報であり，しかも偶然手番を含むゲームであるが，上で述べた可能性を示す良い例とはなっていない．すなわちバックギャモンでは，プレイにともなって報酬が変わり簡単に「勝つ」「引き分ける」「負ける」で区別することができない．——つまり，$\mathcal{F}_k$ の値が $1, 0, -1$ に制限されはしないのである．

してである．

しかし，われわれの証明はこれらの3つの代替案の1つ（しかもただ1つ）の有効性は保証できるが，実際にどれがおきるかを決定することはできない．この比較的な人間的困難さにより，不完全であり発見的であるプレイの方法が必要となり，その方法が「楽しい」チェスをつくっている．もしその困難さがなければ，このゲームにおいて「努力」および「驚き」の要素がまったくなくなってしまうであろう．

15.8 代替的な言葉による議論

15.8.1 最後に本章の主な結果——すなわち完全情報であるゼロ和2人ゲームはすべて厳密に決定されたゲームであること——に対し，もう1つのより簡単ではあるが前ほどには論理的ではないアプローチを与えておこう．

以下の論法が実際に証明となっているかどうかは問題であろう．すなわち，われわれは上で述べたタイプのすべてのゲームΓの各プレイに1つの値を帰することのできるような正しい議論としてそれを定式化したいが，それでもなお批判の余地が残っている．しかし，われわれは **15.4-15.6** におけるようにΓの1つのプレイの値として同じ値vを得ており，しかもそこでは正確に定義された概念を用い非常に厳密な証明も与えているので，ここでそれらの批判がどうして価値をもちえないのかをくわしく示す必要はないであろう．ここでのもっともらしい議論の価値とは，それが把握しやすく，しかも完全情報ではあるがゼロ和2人ではない他のゲームすべてに適用できる点にある．ここではっきりさせておきたいのは，一般の場合にも同じ批判がなされ，しかもその場合にはもはや価値のないものとしてかたづけるわけにはいかないということである．実際，その場合の解は（完全情報をもつゲームにおいてさえ）まったく異なった方法で見出されるであろう．このことにより，ゼロ和2人の場合と一般の場合の相違点がより明確になり，さらに一般の場合の取り扱いに関し必要な基本的に異なった方法を正当化するうえで，この批判がより一層重要性をもつであろう（**24** を参照せよ）．

15.8.2 完全情報をもつゼロ和2人ゲームΓを考える．すべて **15.6.2** と同じ記号を用いる：すなわち$\mathfrak{M}_1, \mathfrak{M}_2, \cdots, \mathfrak{M}_\nu; \sigma_1, \sigma_2, \cdots, \sigma_\nu; k_1, k_2(\sigma_1), \cdots, k_\nu(\sigma_1, \sigma_2, \cdots, \sigma_{\nu-1})$；確率；演算$M_{\sigma_1}^{k_1}, M_{\sigma_2}^{k_2(\sigma_1)}, \cdots, M_{\sigma_\nu}^{k_\nu(\sigma_1, \cdots, \sigma_{\nu-1})}$；$\Gamma$から導いたゲームの列（15:9）；および関数$\mathfrak{F}_1(\bar{\pi}(\sigma_1, \cdots, \sigma_\nu))$を用いる．

ゲーム Γ を議論するにあたって，最初に最終手番 $\mathcal{M}_\nu$ から始め，その後 $\mathcal{M}_{\nu-1}, \mathcal{M}_{\nu-2}, \cdots$ ともどっていくことにする．まず（手番 $\mathcal{M}_1, \mathcal{M}_2, \cdots$, $\mathcal{M}_{\nu-1}$ の）選択 $\sigma_1, \sigma_2, \cdots, \sigma_{\nu-1}$ はすでになされたものとし，これから（手番 $\mathcal{M}_\nu$ の）選択 σ_ν が行われるものと仮定しよう．

もし $\mathcal{M}_\nu$ が偶然手番，すなわち $k_\nu(\sigma_1, \sigma_2, \cdots, \sigma_{\nu-1}) = 0$ なら，σ_ν は各々確率 $p_\nu(1), p_\nu(2), \cdots, p_\nu(\alpha_\nu(\sigma_1, \cdots, \sigma_{\nu-1}))$ をもった値 $1, 2, \cdots, \alpha_\nu(\sigma_1, \cdots, \sigma_{\nu-1})$ をとる．したがって（プレイヤー 1 の）最終報酬 $\mathcal{F}_1(\bar{\pi}(\sigma_1, \cdots, \sigma_{\nu-1}, \sigma_\nu))$ の数学的期待値は，

$$\sum_{\sigma_\nu=1}^{\alpha_\nu(\sigma_1,\cdots,\sigma_{\nu-1})} p_\nu(\sigma_\nu) \mathcal{F}_1(\bar{\pi}(\sigma_1, \cdots, \sigma_{\nu-1}, \sigma_\nu))$$

となる．

もし $\mathcal{M}_\nu$ がプレイヤー 1 または 2 の人的手番，すなわち $k_\nu(\sigma_1, \cdots, \sigma_{\nu-1}) = 1$ または 2 なら，プレイヤーは自らの選択 σ_ν によって $\mathcal{F}_1(\bar{\pi}(\sigma_1, \cdots, \sigma_{\nu-1}, \sigma_\nu))$ を最大化または最小化すると考えられる．すなわち，結果としては各々 $\mathrm{Max}_{\sigma_\nu} \mathcal{F}_1(\bar{\pi}(\sigma_1, \cdots, \sigma_{\nu-1}, \sigma_\nu))$ または $\mathrm{Min}_{\sigma_\nu} \mathcal{F}_1(\bar{\pi}(\sigma_1, \cdots, \sigma_{\nu-1}, \sigma_\nu))$ が考えられる．

すなわち——選択 $\sigma_1, \cdots, \sigma_{\nu-1}$ が行われた後では——このプレイに対し考えられる結果はとにかく，

$$M_{\sigma_\nu}^{k_\nu(\sigma_1,\cdots,\sigma_{\nu-1})} \mathcal{F}_1(\bar{\pi}(\sigma_1, \cdots, \sigma_\nu))$$

となる．

次に（手番 $\mathcal{M}_1, \cdots, \mathcal{M}_{\nu-2}$ の）選択 $\sigma_1, \cdots, \sigma_{\nu-2}$ だけがすでに行われ，これから（手番 $\mathcal{M}_{\nu-1}$ の）選択 $\sigma_{\nu-1}$ が行われるものとしよう．

上でみたように，$\sigma_{\nu-1}$ の選択が明らかになれば，$M_{\sigma_\nu}^{k_\nu(\sigma_1,\cdots,\sigma_{\nu-1})} \mathcal{F}_1(\bar{\pi}(\sigma_1,$ $\cdots, \sigma_\nu))$ となる——ただし，これは演算 $M_{\sigma_\nu}^{k_\nu(\sigma_1,\cdots,\sigma_{\nu-1})}$ によって σ_ν が消されるので $\sigma_1, \cdots, \sigma_{\nu-1}$ だけの関数である——ので上と同様にして議論をすすめる．上の議論における $\nu; \sigma_1, \cdots, \sigma_\nu; M_{\sigma_\nu}^{k_\nu(\sigma_1,\cdots,\sigma_{\nu-1})} \mathcal{F}_1(\bar{\pi}(\sigma_1, \cdots, \sigma_\nu))$ を $\nu-1; \sigma_1, \cdots, \sigma_{\nu-1}; M_{\sigma_{\nu-1}}^{k_{\nu-1}(\sigma_1,\cdots,\sigma_{\nu-2})} M_{\sigma_\nu}^{k_\nu(\sigma_1,\cdots,\sigma_{\nu-1})} \mathcal{F}_1(\bar{\pi}(\sigma_1, \cdots, \sigma_\nu))$ で置き換えるだけでよいから——選択 $\sigma_1, \cdots, \sigma_{\nu-2}$ が行われた後に——考えられるプレイの結果は，

$$M^{k_{\nu-1}(\sigma_1,\cdots,\sigma_{\nu-2})}_{\sigma_{\nu-1}}M^{k_\nu(\sigma_1,\cdots,\sigma_{\nu-1})}_{\sigma_\nu}\mathcal{F}_1(\bar\pi(\sigma_1,\cdots,\sigma_\nu))$$

となる．

同様にして——選択 $\sigma_1,\cdots,\sigma_{\nu-3}$ が行われた後に——考えられるプレイの結果は，

$$M^{k_{\nu-2}(\sigma_1,\cdots,\sigma_{\nu-3})}_{\sigma_{\nu-2}}M^{k_{\nu-1}(\sigma_1,\cdots,\sigma_{\nu-2})}_{\sigma_{\nu-1}}M^{k_\nu(\sigma_1,\cdots,\sigma_{\nu-1})}_{\sigma_\nu}\mathcal{F}_1(\bar\pi(\sigma_1,\cdots,\sigma_\nu))$$

となる．

最後に——プレイが始まる前に——プレイ全体に対して考えられる結果は，

$$M^{k_1}_{\sigma_1}M^{k_2(\sigma_1)}_{\sigma_2}\cdots M^{k_{\nu-1}(\sigma_1,\cdots,\sigma_{\nu-2})}_{\sigma_{\nu-1}}M^{k_\nu(\sigma_1,\cdots,\sigma_{\nu-1})}_{\sigma_\nu}\mathcal{F}_1(\bar\pi(\sigma_1,\cdots,\sigma_\nu))$$

となり，これは **15.6.2** の (15:12) の v とまったく同じである[93]．

15.8.3 **15.8.2** の方法に対し，Γ のプレイの「値」へのこのアプローチは，すべてのプレイヤーの「合理的」行動を前提にしている．すなわち，プレイヤー 1 の戦略は，プレイヤー 2 の戦略が最適であるという仮定にもとづき，逆にプレイヤー 2 の戦略も 1 の戦略が最適であるという仮定にもとづいている．

明確に示せば：$k_{\nu-1}(\sigma_1,\cdots,\sigma_{\nu-2})=1$, $k_\nu(\sigma_1,\cdots,\sigma_{\nu-1})=2$ としよう．そうすれば，人的手番 $\mathfrak{M}_{\nu-1}$ を行うプレイヤーは，$\mathfrak{M}_\nu$ においてプレイヤー 2 が「合理的に」σ_ν を選ぶものとして $\sigma_{\nu-1}$ の選択を行う．実際この仮定がなければ，プレイヤー 1 が $\sigma_{\nu-1}$ を選んだからといって，プレイの結果が必ず $\mathrm{Min}_{\sigma_\nu}\mathcal{F}_1(\bar\pi(\sigma_1,\cdots,\sigma_\nu))$，すなわち $M^{k_\nu(\sigma_1,\cdots,\sigma_{\nu-1})}_{\sigma_\nu}\mathcal{F}(\bar\pi(\sigma_1,\cdots,\sigma_\nu))$ になるとはいえないであろう．(**15.8.2** の $\mathfrak{M}_{\nu-1}$ についての議論を参照せよ．)

さて **4.1.2** の後半で，他人に対して「合理性」を仮定することはさけねばならないと結論した．**15.8.2** の論法はこの結論にあってはいなかった．

---

[93] この方法のある特定のゲームへの適用を考える場合に，この方法においては Γ の長さ ν を固定していることを忘れてはならない．もし——ほとんどのゲームでそうであるように (81 ページの脚注 29) を参照せよ) ——ν が実際には変わるものであるなら，**7.2.3** の最後で述べたように，Γ に「ダミー手番」を付け加えて ν を一定にしなければならない．これを行った後はじめて，$\mathfrak{M}_\nu,\mathfrak{M}_{\nu-1},\cdots,\mathfrak{M}_1$ と逆行することが可能になる．

実用的な面では，もちろん **15.4-15.6** の方法より優れているとはいえない．

たぶん，三目並べのようないくつかの非常に簡単なゲームだけが，どちらの方法でも実際に取り扱えるであろう．

しかし，ゼロ和2人ゲームにおいては，相手が不合理に行動しても自らは決して損を受けないので，相手の合理性を仮定してもよいといえる．実際，プレイヤーは2人しかおらず，しかも利得の和はゼロであるから，相手自らが——不合理に行動することによって——損失を被れば，それは必然的にもう1人のプレイヤーに同額の利得を生じせしめることになる[94]．このままでは，この理論は完全であるなどとはまったくいえないが，かなり苦心して完全に近くすることもできるであろう．しかし，われわれは **15.4-15.6** の証明においてはこれらの批判を免れているので，これを厳密に取り扱う必要はないであろう[95]．

しかし，上の議論はこの **15.4-15.6** の証明の重要な側面に関しおそらく意味あるものであり，**15.8.1** の最後に述べられた——ゼロ和2人の条件を課せられない——もっと一般的な場合における修正された条件に，どのようにそれが影響を与えるかを後にみるであろう．

16 線形性と凸性

16.1 幾何学的な背景

16.1.1 われわれは次に，すべてのゼロ和2人ゲームに対して成り立つ解を見出さねばならない．——すなわち，この場合には厳密に決定されない場合を取り扱う困難さが生じてくる．しかしこの場合にも，厳密に決定された場合の分析に用いたのと同じ考えが役に立つことであろう．すなわち，それらの考えがすべてのゼロ和2人ゲームに対しても用いられるように拡張されうる．ただし，そのためには確率論のある結果を利用せねばならないし（**17.1**，**17.2** を参照せよ），あまり一般的とはいえないある数学的な工夫も必要となる．**13** における分析もそのための1つの手段を与えるが，その他の手段については，線形性と凸性の数学幾何学的理論に頼ることが好都合であるに違いない．凸体[96]についての2つの定理が特に重要となるだろう．

---

[94] もし和が常にゼロであるとはいえないか，または2人を超えるプレイヤーが存在するとすれば，これは必ずしも成り立つとはいえない．くわしくは **20.1**，**24.2.2**，**58.3** を参照せよ．

[95] この点に関しては，特に **14.5.1** の (14:D:a), (14:D:b), (14:C:d), (14:C:e), ならびに **14.5.2** の (14:C:a), (14:C:b) を参照せよ．

[96] T. Bonessen and W. Fenchel, "Theorie der konvexen Körper," in *Ergebnisse der Mathematik und ihrer Grenzgebiete*, vol.III/1, Berlin, 1934 を参照せよ．さらにくわしい

これらの理由により，以下において——必要な程度まで——線形性と凸性の概念を議論することにしよう．

16.1.2 n 次元線形（ユークリッド）空間の概念を基礎から分析する必要はない．必要となるのは，この空間が n 個の数値を用いた座標によって表されることだけである．したがって，各 $n = 1, 2, \cdots$ に対し，n 次元線形空間 L_n を n 個の実数の組 $(x_1, \cdots, x_n)$ のすべてからなる集合と定義する．これらの n 個の組は，**13.1.2**, **13.1.3** の意味で定義域 $(1, \cdots, n)$ をもつ変数 i の関数 x_i とみることもできる[97]．われわれは——通例にしたがい——i を変数ではなく添数とよぶことにするが，それだからといってこの場合の性質が変わるわけではない．特に，すべての $i = 1, \cdots, n$ に対し $x_i = y_i$ であれば，そしてそのときにのみ，

$$(x_1, \cdots, x_n) = (y_1, \cdots, y_n)$$

となる（**13.1.3** の最後を参照せよ）．L_n は，定義域が固定された有限の集合——すなわち集合 $\{1, \cdots, n\}$ ——である場合におこりうる最も簡単な（数値的）関数の空間であるとみることもできる[98]．

L_n のこれらの n 個の組——すなわち関数——を L_n の点またはベクトルとよび，

(16:1) $\quad \vec{x} = (x_1, \cdots, x_n)$

と書く．各 $i = 1, \cdots, n$ に対する x_i ——すなわち関数 x_i の値——はベクトル $\vec{x}$ の要素となる．

16.1.3 ——以後の分析にとって重要なことではないが——L_n を抽象ユークリッド空間ではなく，座標系がすでに選定されたユークリッド空間であるとしよう[99]．これは，L_n の原点および座標ベクトルを明確に数値的に表せることによるのであるが（以下を参照）——この点についてくわしく述べようとは

研究については，H. Weyl, "Elementare Theorie der konvexen Polyeder," *Commentarii Mathematici Helvetici*, Vol.VII, 1935, pp.290-306 を参照せよ．

[97] すなわち，n 組 $(x_1, \cdots, x_n)$ は単に **8.2.1** の意味での集合ではない．添数 $i = 1, \cdots, n$ による x_i の並べ方も，x_i の値の全体と同様，意味をもつのである．95 ページの脚注 53) の類似した状況を参照せよ．

[98] 現代の分析の多くは，この考え方を強固にする傾向がある．

[99] これは少なくとも正統的な幾何学の立場である．

思わない.

L_n のゼロベクトルすなわち原点は,

$$\vec{0} = (0, \cdots, 0)$$

であり, L_n の n 個の座標ベクトルは,

$$\vec{\delta}^j = (0, \cdots, 1, \cdots, 0) = (\delta_{1j}, \cdots, \delta_{nj}) \quad j = 1, \cdots, n$$

である. ただし,

$$\delta_{ij} = \begin{cases} 1 & i = j \text{ に関して}^{100)\,101)} \\ 0 & i \neq j \text{ に関して} \end{cases}$$

これらの準備をしたうえで, 次に L_n のベクトルの基本的な演算および性質について述べよう.

16.2　ベクトル演算

16.2.1　ベクトルを含む主な演算とは, ベクトル $\vec{x}$ に 1 つの数 t を掛けるスカラー積, および 2 つのベクトルを加えるベクトル加法である. この 2 つの演算は, 問題となっているベクトルの要素についての乗法, 加法によって定義される. より正確にいえば：
スカラー積とは：

$$t(x_1, \cdots, x_n) = (tx_1, \cdots, tx_n)$$

であり,
ベクトルの加法とは：

$$(x_1, \cdots, x_n) + (y_1, \cdots, y_n) = (x_1 + y_1, \cdots, x_n + y_n)$$

である.

---

[100] したがって, ゼロベクトルはすべての要素が 0 であるが, 一方, 座標ベクトルは 1 つを除く他のすべての要素が 0 である. ——すなわち, その 1 つの要素とは 1 であり, もし第 j 座標ベクトルなら, その要素の添数は j である.

[101] δ_{ij} は「クロネッカー・ワイエルシュトラスの記号」であり, 多くのところで非常に役に立つものである.

これらの演算の代数は非常に簡単で明らかであるので，それについては議論しない．しかし，すべてのベクトル $\vec{x}=(x_1,\cdots,x_n)$ を，その要素および L_n の座標ベクトルにより，

$$\vec{x} = \sum_{j=1}^{n} x_j \vec{\delta}^j$$

と表せることは，注意しておく[102]．

　L_n の重要な部分集合をいくつか次にあげよう：

(16:A:a)　次の（線形，非同次の）等式を考える．

(16:2:a)　$\sum_{j=1}^{n} a_i x_i = b$ 　($a_1,\cdots,a_n$, b は定数である)．

$$a_1 = \cdots = a_n = 0$$

の場合にはこの等式は決して成り立たないから，この場合は除く．この等式を満たすすべての点（ベクトル）$\vec{x}=(x_1,\cdots,x_n)$ は超平面をつくる[103]．

(16:A:b)　1つの超平面

(16:2:a)　$\sum_{i=1}^{n} a_i x_i = b$

を与えると，これによって L_n の 2 つの部分が定義され，この超平面は L_n を次の 2 つの部分に分割する．

(16:2:b)　$\sum_{i=1}^{n} a_i x_i > b$

と

(16:2:c)　$\sum_{i=1}^{n} a_i x_i < b$

---

[102] x_j は 1 つの数であるから，$x_j \vec{\delta}^j$ においては x_j はスカラー乗数となる．また $\sum_{j=1}^{n}$ はベクトルの和である．

[103] $n=3$ の場合，すなわち通常の（3 次元ユークリッド）空間の場合には，ちょうど，通常の（2 次元）平面が存在する．一般の場合にも（($n-1$) 次元の）平面に類似したものとなるので，超平面とよぶ．

である．これらは超平面によってつくられた2つの半空間である．

もし $a_1,\cdots,a_n,b$ を $-a_1,\cdots,-a_n,-b$ と取り替えても，超平面 (16:2:a) は影響を受けないが，2つの半空間 (16:2:b)，(16:2:c) は入れ替わる．したがって，常に半空間は (16:2:b) の形で与えると仮定してもかまわないであろう．

(16:A:c) 2つの点（ベクトル）$\vec{x},\vec{y}$ と $1-t \geq 0$ である1つの $t \geq 0$ を与える．そうすれば——力学の意味での——各々 $t, 1-t$ の重みをもつ $\vec{x},\vec{y}$ の重心は $t\vec{x}+(1-t)\vec{y}$ となる．

等式
$$\vec{x}=(x_1,\cdots,x_n),\quad \vec{y}=(y_1,\cdots,y_n)$$
$$t\vec{x}+(1-t)\vec{y}=(tx_1+(1-t)y_1,\cdots,tx_n+(1-t)y_n)$$
により，これは十分に明らかであろう．

L_n の部分集合 C でそのすべての点の重心のすべてを含む——すなわち $\vec{x},\vec{y}$ に対し，すべての $t\vec{x}+(1-t)\vec{y}, 0 \leq t \leq 1$ を含む——ものは凸である．

読者は，これが，$n=2,3$——すなわち通常の平面または空間——に関しての慣習的な凸性の概念であることに気づくだろう．実際，$t\vec{x}+(1-t)\vec{y}, 0 \leq t \leq 1$ のすべての点からなる集合は，正確に点 $\vec{x}$ と $\vec{y}$ を結ぶ線形の（直線）区間，すなわち区間 $[\vec{x},\vec{y}]$ となっている．したがって凸集合とは，その任意の2点 $\vec{x},\vec{y}$ に対し，2点の区間 $[\vec{x},\vec{y}]$ も含むような集合である．図16により，$n=2$，すなわち平面の場合の状態が示されている．

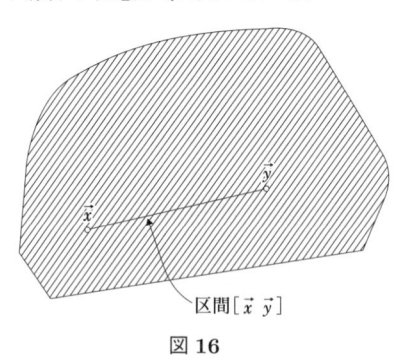

図 16

16.2.2 明らかに任意の数の凸集合の交わりも凸集合となる．したがって，もし任意の数の点（ベクトル）$\vec{x}^1,\cdots,\vec{x}^p$ が与えられれば，それらの点すべてを含む最小の凸集合，すなわち $\vec{x}^1,\cdots,\vec{x}^p$ を含むすべての凸集合の交わりが存在する．これは $\vec{x}^1,\cdots,\vec{x}^p$ の張る凸集合である．$n=2$（すなわち平面）の場合を具体的に示すことはこの場合にも役立つ．図 17 を参照せよ．そこでは $p=6$ の場合が図示されている．この集合がすべての点（ベクトル）

$$(16:2\text{:d}) \quad \sum_{j=1}^{p} t_j \vec{x}^j \quad (\sum_{j=1}^{p} t_j = 1 \text{ となるすべての } t_1 \geq 0,\cdots,t_p \geq 0 \text{ に関して})$$

からできていることは容易に証明される．

証明：(16:2:d) の点はすべての $\vec{x}^1,\cdots,\vec{x}^p$ を含む 1 つの集合をつくる．$\vec{x}^j$ は $t_j=1$ かつ他のすべての $t_i=0$ としたものである．

(16:2:d) の点は凸集合をつくる：実際，もし $\vec{x}=\sum_{j=1}^{p}t_j\vec{x}^j,\ \vec{y}=\sum_{j=1}^{p}s_j\vec{x}^j$ ならば，$t\vec{x}+(1-t)\vec{y}=\sum_{j=1}^{p}u_j\vec{x}^j$，ただし $u_j=tt_j+(1-t)s_j$ となる．

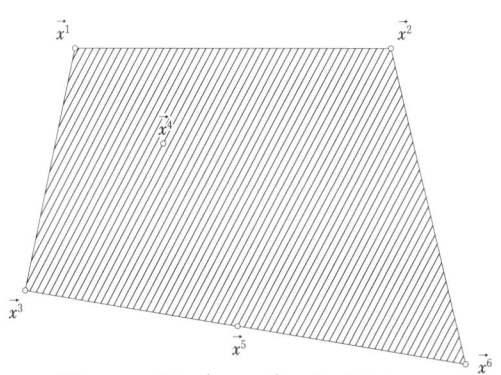

影をつけた領域：$\vec{x}^1,\cdots\cdots,\vec{x}^6$ の張る凸集合

図 17

$\vec{x}^1,\cdots,\vec{x}^p$ を含む任意の凸集合 D はまた (16:2:d) のすべての点を含む．これを $p=1,2,\cdots$ のすべてに関する帰納法により証明しよう．

証明：$p=1$ に関しては $t_1=1$ となり，それゆえ $\vec{x}^1$ は (16:2:d) の唯一の点となるから，明らかである．

$p-1$ に関して成り立つとし，p の場合を考える．もし $\sum_{j=1}^{p-1} t_j = 0$ ならば $t_1 = \cdots = t_{p-1} = 0$ となり，(16:2:d) の点は $\vec{x}^p$ となるから D に属する．もし $\sum_{j=1}^{p-1} t_j > 0$ ならば $t = \sum_{j=1}^{p-1} t_j$ とおく．それゆえに $1 - t = \sum_{j=1}^{p} t_j - \sum_{j=1}^{p-1} t_j = t_p$，したがって $0 < t \leq 1$ となる．$j = 1, \cdots, p-1$ に対し，$s_j = t_j/t$ とおく．そうすれば $\sum_{j=1}^{p-1} s_j = 1$ であり，したがって $p-1$ に関する仮定から $\sum_{j=1}^{p-1} s_j \vec{x}^j$ は D 内にある．D は凸であるから，

$$t \sum_{j=1}^{p-1} s_j \vec{x}^j + (1-t) \vec{x}^p$$

もまた D に属する．しかしこのベクトルは，

$$\sum_{j=1}^{p-1} t_j \vec{x}^j + t_p \vec{x}^p = \sum_{j=1}^{p} t_j \vec{x}^j$$

に等しくなるから，これもまた D に属する．

これで証明は完了した．

(16:2:d) の $t_1, \cdots, t_p$ は，それ自身 L_p 内の 1 つのベクトル $\vec{t} = (t_1, \cdots, t_p)$ の要素とみなすこともできる．それゆえ，

$$t_1 \geq 0, \cdots, t_p \geq 0$$

および

$$\sum_{j=1}^{p} t_j = 1$$

によって定義される．それらが属している集合に名称を与えておくのがよいだろう．その集合を S_p で表すものとする．さらに上の定義の前半，すなわち $t_1 \geq 0, \cdots, t_p \geq 0$ によって表される集合にも名称を与えておくと便利である．そこで，その集合を P_p で表す．集合 S_p, P_p は共に凸である．

$p = 2$（平面），$p = 3$（空間）の場合を図示しよう．P_2 は正象限，すなわち

図 18

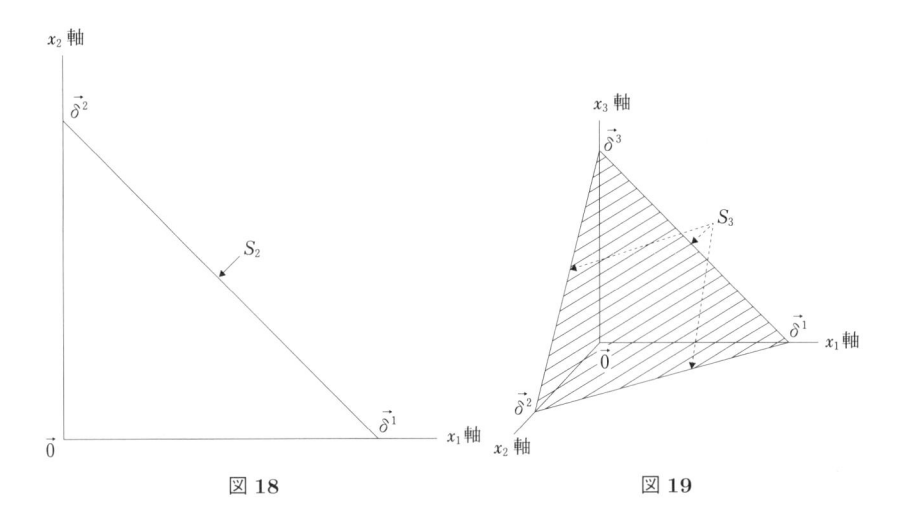

図 19

正の x_1 軸と x_2 軸の間の領域となる (図 18). P_3 は正八分空間, すなわち正の x_1 軸, x_2 軸, x_3 軸の間の領域となる. ——すなわち正の軸の組 $x_1, x_2; x_1, x_3; x_2, x_3$ によって制限された平面象限の間の領域となる (図 19). S_2 は P_2 を横切る直線区間となる (図 18). S_3 も同様に P_3 を横切る三角形の面となる (図 19). S_2, S_3 を当然それらが入っている P_2, P_3 に (L_2, L_3 にはなおのこと) 関係なく, それだけ取り出して描くことも役立つ (図 20, 21). これらの図の上で, x_1, x_2 または x_1, x_2, x_3 に対応する距離をそれぞれ示しておく.

(ここで, 図 20, 21 において, x_1, x_2, x_3 と印された距離は, x_1, x_2, x_3 なる座標そのものではないこと, およびこれらの座標は S_2 または S_3 外の L_2 または L_3 にあるため, S_2 または S_3 の中では描けないが, x_1, x_2, x_3 と印された距離が座標に対して比例的であると, 容易にわかることを再度強調しておく.)

16.2.3 もう 1 つの重要な概念としてはベクトルの長さが考えられる. $\vec{x} = (x_1, \cdots, x_n)$ の長さとは,

$$|\vec{x}| = \sqrt{\sum_{i=1}^{n} x_i^2}$$

である. 2 つの点 (ベクトル) の距離とはそれらの差の長さ:

図 20　　　　　　　図 21

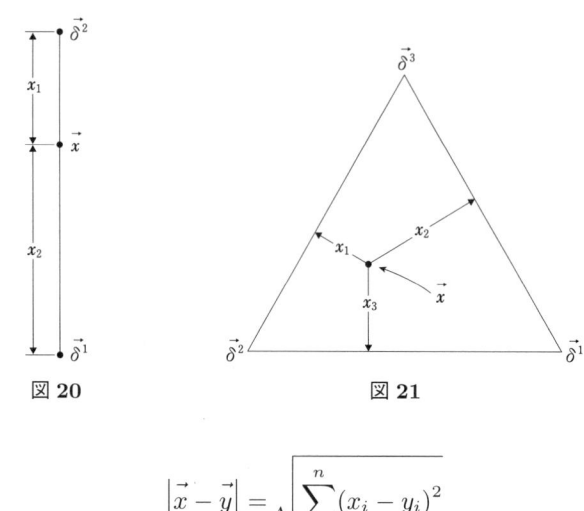

$$\left|\vec{x}-\vec{y}\right|=\sqrt{\sum_{i=1}^{n}(x_i-y_i)^2}$$

である．したがって，$\vec{x}$ の長さは原点 $\vec{0}$ からの距離となる[104]．

16.3　支持超平面の定理

16.3　さて，ここで凸集合の重要な一般的性質を確立しよう．

(16:B)　p 個のベクトル $\vec{x}^1,\cdots,\vec{x}^p$ を与えたとしよう．そうすれば，あるベクトル $\vec{y}$ は $\vec{x}^1,\cdots,\vec{x}^p$ の張る凸集合 C (**16.2.1** の (16:A:c) を参照せよ) に属するか，さもなければ C のすべての点を含む半空間 (例えば **16.2.1** の (16:2:b)，**16.2.1** の (16:A:b) を参照せよ) をつくり，しかも $\vec{y}$ を含むような超平面 (**16.2.1** の (16:2:a)) が存在する．

これはたとえ $\vec{x}^1,\cdots,\vec{x}^p$ の張る凸集合が任意の凸集合に変わったとしても成り立つ．この形において，これは近代凸集合論の1つの基本的なツールである．

$n=2$ (平面) の場合について次に図示する：図 22 は，(前に述べたように有限個の点の張る) 図 17 の凸集合を用いているが，一方，図 23 は一般の凸集合 C を用いている[105]．

---

[104] これらの概念のユークリッド——ピタゴラス——の意味はただちにわかる．
[105] トポロジーに習熟している読者に対し，次のことを付け加えておく．正確にいえば，この文章は

16 線形性と凸性

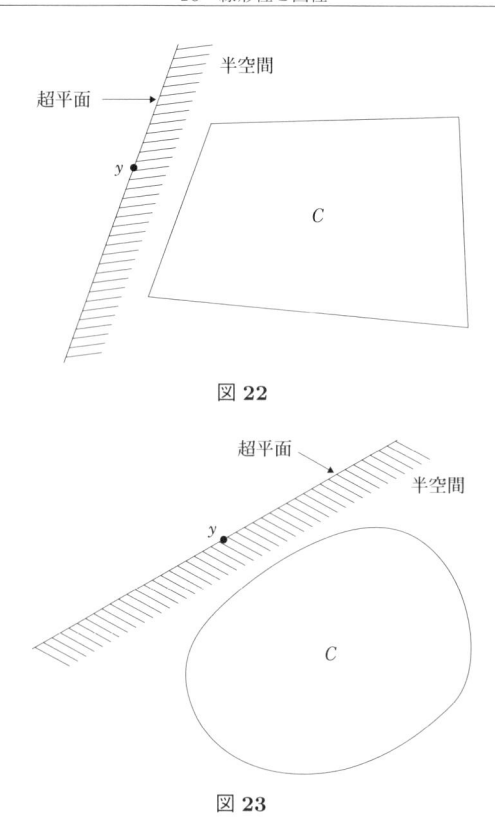

図 22

図 23

　(16:B) を証明する前に，$\vec{y}$ が超平面に属し，それゆえ半空間には属していないので，(16:B) の後半がおこれば決して前半はおこりえないことを注意しておこう．(すなわち，それは前の (16:A:b) の (16:2:a) を満たし，(16:2:b) は満たさない．)

　さて証明を与えよう：

　証明：$\vec{y}$ が C に属さないと仮定する．そうすれば，$\vec{y}$ にできるだけ近い C の点——すなわち，

$$\left|\vec{z}-\vec{y}\right|^2 = \sum_{i=1}^{n}(z_i-y_i)^2$$

——閉凸集合の場合に——制限されねばならない．これによって，以下の証明で用いる最小値の存在が保証される．これらの概念については，525 ページの脚注 77) を参照せよ．

が最小値をとるような点 z ——が考えられる．

C の他の任意の点 $\vec{u}$ を考える．そうすれば，$0 \leq t \leq 1$ なるすべての t に対して $t\vec{u} + (1-t)\vec{z}$ もまた凸集合 C に属する．z の最小性（上を参照せよ）により，

$$\left| t\vec{u} + (1-t)\vec{z} - \vec{y} \right|^2 \geq \left| \vec{z} - \vec{y} \right|^2$$

すなわち，

$$\left| (\vec{z} - \vec{y}) + t(\vec{u} - \vec{z}) \right|^2 \geq \left| \vec{z} - \vec{y} \right|^2$$

すなわち，

$$\sum_{i=1}^{n} \{(z_i - y_i) + t(u_i - z_i)\}^2 \geq \sum_{i=1}^{n} (z_i - y_i)^2$$

とならなければならない．

初等的な代数により，これは，

$$2 \sum_{i=1}^{n} (z_i - y_i)(u_i - z_i) t + \sum_{i=1}^{n} (u_i - z_i)^2 t^2 \geq 0$$

となる．したがって $t > 0$（もちろん $t \leq 1$ である）とすれば，

$$2 \sum_{i=1}^{n} (z_i - y_i)(u_i - z_i) + \sum_{i=1}^{n} (u_i - z_i)^2 t \geq 0$$

となる．もし t が 0 に収束するとすれば，左辺は $2 \sum_{i=1}^{n} (z_i - y_i)(u_i - z_i)$ に収束する．したがって，

(16:3) $\quad \displaystyle\sum_{i=1}^{n} (z_i - y_i)(u_i - z_i) \geq 0$

となる．$u_i - y_i = (u_i - z_i) + (z_i - y_i)$ であるから，これは，

$$\sum_{i=1}^{n} (z_i - y_i)(u_i - y_i) \geq \sum_{i=1}^{n} (z_i - y_i)^2 = \left| \vec{z} - \vec{y} \right|^2$$

となる．ここで（$\vec{z}$ は C に属し，$\vec{y}$ は属していないから）$\vec{z} \neq \vec{y}$ である．したがって $\left| \vec{z} - \vec{y} \right|^2 > 0$ である．それゆえ，上の式の左辺は正，すなわち，

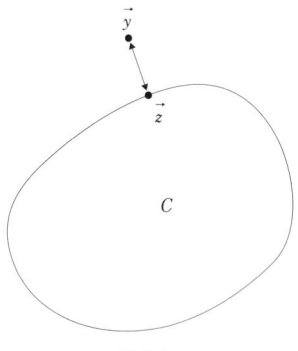

図 24

(16:4) $$\sum_{i=1}^{n}(z_i-y_i)u_i > \sum_{i=1}^{n}(z_i-y_i)y_i$$

となる．$a_i = z_i - y_i$ とおけば，$\vec{z} \neq \vec{y}$（上を参照せよ）により，$a_1 = \cdots = a_n = 0$ は除外される．さらに $b = \sum_{i=1}^{n} a_i y_i$ とおく．このようにして，

(16:2:a*) $$\sum_{i=1}^{n} a_i x_i = b$$

によって $\vec{y}$ の属する超平面は定義される．次に，

(16:2:b*) $$\sum_{i=1}^{n} a_i x_i > b$$

は，この超平面によって生成される半空間となり，しかも (16:4) により，たしかに $\vec{u}$ がこの半空間に属することが示される．

$\vec{u}$ は C の任意の要素であったから，これで証明は完了した．

この代数的な証明を図によって幾何学的に表すこともできる．

まず $n = 2$（平面）の場合を考えてみよう．図 24 にその状況が図示されている．$\vec{z}$ は $\vec{y}$ にできるだけ近い，すなわち $\vec{y}$ と $\vec{z}$ との距離 $|\vec{z} - \vec{y}|$ が最小値をとるような C に属する点である．$\vec{y}, \vec{z}$ は固定されており，$\vec{u}$ は (C の) 動点であるから，(16:3) により 1 つの超平面とそれによって生成される半空間が定義される．$\vec{z}$ がこの超平面に属し，しかも超平面が 3 つの点のなす角を直角とする $\vec{u}$（すなわち，ベクトル $\vec{z} - \vec{y}$ と $\vec{u} - \vec{z}$ が直交するような $\vec{u}$）からなることの証明は容易である．これにより，実際に $\sum_{i=1}^{n}(z_i - y_i)(u_i - z_i) = 0$ となる．明らかに，C のすべての点はこの超平面上，または超平面を境にして $\vec{y}$

$\vec{u}$
$\vec{y}$
区間 $[\vec{z}, \vec{u}]$
$\vec{z}$ よりも $\vec{y}$ に近い区間の部分
$\vec{z}$
(16:3) の超平面

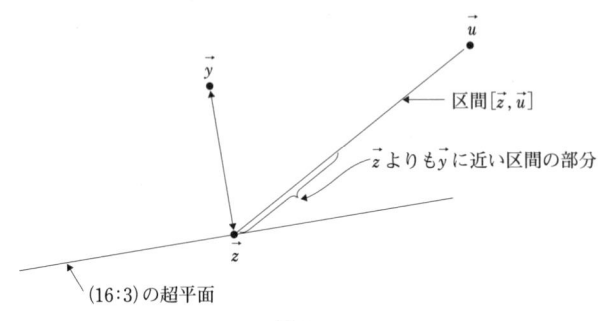

図 25

と反対側にある．もし C の任意の点 $\vec{u}$ が $\vec{y}$ の側にあれば，区間 $[\vec{z}, \vec{u}]$ 内のいくつかの点と $\vec{y}$ との距離は，$\vec{z}$ と $\vec{y}$ との距離よりも短くなる．（図 25 を参照せよ．190 ページから 191 ページの計算——そこで正しく解釈されていたが——は，これを正確に示している．）C は $\vec{z}, \vec{u}$, それゆえ $[\vec{z}, \vec{u}]$ のすべてを含んでいるので，これは $\vec{z}$ が C の中で最も近いことに矛盾する．

次に (16:3) から (16:4) への移行は，この超平面の $\vec{z}$ から $\vec{y}$ への平行な移動と同じことである（平行というのは，$u_i, i = 1, \cdots, n$ の係数 $a_i = z_i - y_i$ が変わらないからである）．この場合には $\vec{y}$ は超平面上にあり，C のすべての点はこの超平面の生成する半空間の一方に属している（図 26）．

$n = 3$（空間）の場合にも同様にして図示できる．

一般の n に関してさえも，この図形的な方法により説明できる．もし読者が自分は n 次元の「図形的直観力」をもっていると信じられるなら，上で述べた事柄を n 次元の場合にも有効な 1 つの証明と考えてもかまわない．もしそうでなければ次のように議論することにより，これをさけることもできる：n がいくつであろうと，証明全体としては同時に 3 つの点，すなわち $\vec{y}, \vec{z}, \vec{u}$ しか扱わない．そこで，これらの与えられた 3 点を通る（2 次元の）平面が常に描ける．もしこの平面内で考えれば，図 24-26 およびそれにともなう議論はそのまま用いることができる．

たしかに図形によっても証明できるが，とにかく，前に述べた純粋に代数的な証明のほうがより厳密である．主に代数的な証明において用いられた演算の理解の助けとなるように，図形による幾何学的な証明を与えたわけである．

図 26

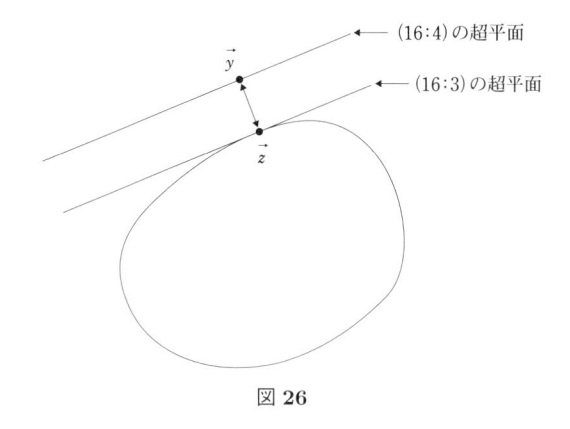

16.4 行列に関する代替的な定理

16.4.1 以下の研究の基礎となる結論が **16.3** の (16:B) より導かれる.

13.3.3 で述べたような n 行 m 列で，要素が $a(i,j)$ の長方形行列をまず考えよう．(**13.3.3** の図 11 を参照せよ．そこでの ϕ, x, y, t, s はここでは a, i, j, n, m に対応している．) すなわち $a(i,j)$ は 2 変数 $i = 1, \cdots, n$, $j = 1, \cdots, m$ のまったく任意の関数である．次に L_n のベクトルをつくる：そのベクトルとは各 $j = 1, \cdots, m$ に対しては $\vec{x}^j = (x_1^j, \cdots, x_n^j)$, $x_i^j = a(i,j)$ であり，各 $l = 1, \cdots, n$ に対しては座標ベクトル $\vec{\delta}^l = (\delta_{il})$ であるようなベクトルである．(後者については **16.1.3** の最後を参照せよ．そこでの j はここでは l に代わっている．) ここで $p = n + m$ に関する **16.3** の定理 (16:B) をこれらの $n + m$ 個のベクトル $\vec{x}^1, \cdots, \vec{x}^m, \vec{\delta}^1, \cdots, \vec{\delta}^n$ に適用しよう．(この $n + m$ 個のベクトルがさきの $\vec{x}^1, \cdots, \vec{x}^p$ に代わるものである．) $\vec{y} = \vec{0}$ としよう．

$\vec{x}^1, \cdots, \vec{x}^m, \vec{\delta}^1, \cdots, \vec{\delta}^n$ が張る凸集合 C は $\vec{0}$ を含むかもしれない．もし実際に含むとすれば，**16.2.2** の (16:2:d) から，

$$\sum_{j=1}^{m} t_j \vec{x}^j + \sum_{l=1}^{n} s_l \vec{\delta}^l = \vec{0}$$

(16:5) $t_1 \geq 0, \cdots, t_m \geq 0, \quad s_1 \geq 0, \cdots, s_n \geq 0$

(16:6) $\sum_{j=1}^{m} t_j + \sum_{l=1}^{n} s_l = 1$

と結論できる．$t_1,\cdots,t_m,s_1,\cdots,s_m$ が（先の）$t_1,\cdots,t_p$ に代わるものである．要素を用いて表せば，

$$\sum_{j=1}^{m} t_j a(i,j) + \sum_{l=1}^{n} s_l \delta_{il} = 0$$

となる．左辺の第2項は s_i に等しいから，

(16:7) $\quad \displaystyle\sum_{j=1}^{m} a(i,j)t_j = -s_i$

となる．ここで，もし $\displaystyle\sum_{j=1}^{m} t_j = 0$ ならば $t_1 = \cdots = t_m = 0$ となり，したがって (16:7) より $s_1 = \cdots = s_n = 0$ となるから，(16:6) に反する．それゆえ $\displaystyle\sum_{j=1}^{m} t_j > 0$ である．(16:7) は，

(16:8) $\quad \displaystyle\sum_{j=1}^{m} a(i,j)t_j \leq 0$

と置き換えられる．そこで $j = 1,\cdots,m$ に関して $x_j = t_j \Big/ \displaystyle\sum_{j=1}^{m} t_j$ とおこう．そうすれば $\displaystyle\sum_{j=1}^{m} x_j = 1$ であり，(16:5) より $x_1 \geq 0,\cdots,x_m \geq 0$ である．したがって，

(16:9) $\quad \vec{x} = (x_1,\cdots,x_m)$ は S_m に属し

(16:8) から，

(16:10) $\quad i = 1,\cdots,n$ に関して，$\displaystyle\sum_{j=1}^{m} a(i,j)x_j \leq 0$

となる．

　今度は逆に C が $\vec{0}$ を含まない可能性を考えよう．そうすれば，**16.3** の定理 (16:B) より $\vec{y}$ を含み（**16.2.1** の (16:2:a) を参照せよ），C のすべての点を一方の半空間に含むような超平面（**16.2.1** の (16:2:b) を参照せよ）の存在が導かれる．この超平面を

$$\sum_{i=1}^{n} a_i x_i = b$$

と表す．この超平面に $\vec{0}$ が属していることにより，$b=0$ となる．したがって，問題の半空間は，

(16:11) $\quad \displaystyle\sum_{i=1}^{n} a_i x_i > 0$

となる．$\vec{x}^1, \cdots, \vec{x}^m, \vec{\delta}^1, \cdots, \vec{\delta}^n$ はこの半空間に属している．$\vec{\delta}^l$ に関して考えれば，(16:11) より $\displaystyle\sum_{i=1}^{n} a_i \delta_{il} > 0$，すなわち $a_l > 0$ となる．したがって，

(16:12) $\quad a_1 > 0, \cdots, a_n > 0$

である．$\vec{x}^j$ に関しては (16:11) より，

(16:13) $\quad \displaystyle\sum_{i=1}^{n} a(i,j) a_i > 0$

となる．ここで $i = 1, \cdots, n$ に関して $w_i = a_i \Big/ \displaystyle\sum_{i=1}^{n} a_i$ とおこう．そうすれば，$\displaystyle\sum_{i=1}^{n} w_i = 1$ となり，(16:12) より $w_1 > 0, \cdots, w_n > 0$ となる．したがって，

(16:14) $\quad \vec{w} = (\vec{w}_1, \cdots, \vec{w}_n)$ は S_n に属する．

また (16:13) より，

(16:15) $\quad j = 1, \cdots, m$ に関して，$\displaystyle\sum_{i=1}^{m} a(i,j) w_i > 0$

となる．

(16:9)，(16:10)，(16:14)，(16:15) を要約すれば，次のようになる：

(16:C) $\quad n$ 行 m 列の長方形行列が与えられたとしよう．この行列の要素を $a(i,j),\ i = 1, \cdots, n,\ j = 1, \cdots, m$ とすれば，

(16:16:a) $\quad j = 1, \cdots, n$ に関して，$\displaystyle\sum_{j=1}^{m} a(i,j) x_j \leq 0$

となる S_m のベクトル $\vec{x} = (x_1, \cdots, x_m)$ が存在するか，または

(16:16:b)　$j=1,\cdots,m$ に関して，$\sum_{i=1}^{n} a(i,j)w_i > 0$

となる S_n のベクトル $\vec{w}=(w_1,\cdots,w_n)$ が存在する．

(16:16:a)，(16:16:b) は互いに排反であることが示される．

証明：(16:16:a)，(16:16:b) が共に成り立つと仮定しよう．(16:16:a) の各々に w_i を乗じ，$i=1,\cdots,n$ について加える．そうすれば $\sum_{i=1}^{n}\sum_{j=1}^{m} a(i,j)w_i x_j \leq 0$ となる．次に (16:16:b) の各々に x_j を乗じ，$j=1,\cdots,m$ について加えれば，

$$\sum_{i=1}^{n}\sum_{j=1}^{m} a(i,j)w_i x_j > 0$$

となり矛盾が生じる[106]．

16.4.2 次に行列 $a(i,j)$ を負の転置行列に置き換えよう．すなわち，(前のように行ではなく) 列を $i=1,\cdots,n$ で表し，(列ではなく) 行を $j=1,\cdots,m$ で表し，行列の要素を ($a(i,j)$ ではなく) $-a(i,j)$ としよう．(したがって，n,m もまた取り替えられることになる．)

ここで 16.4.1 の最終的な結果をこの新しい行列に適用できるように書き直しておこう．ただし，この結果を定式化する場合に，$\vec{w}=(w_1,\cdots,w_n)$ の役割を $\vec{x}'=(x'_1,\cdots,x'_m)$ が果たし，$\vec{x}=(x_1,\cdots,x_m)$ の役割を $\vec{w}'=(w'_1,\cdots,w'_n)$ が果たすものとする．また結果はもとの行列の言葉で表すことにする．

そうすれば書き直された結果は次のようになる．

(16:D)　n 行 m 列の長方形行列が与えられたとしよう．その行列の要素を $a(i,j)$，$i=1,\cdots,n$ で表すものとすれば，

(16:17:a)　$i=1,\cdots,n$ に関して，$\sum_{j=1}^{m} a(i,j)x'_j < 0$

となる S_m のベクトル $\vec{x}'=(x'_1,\cdots,x'_m)$ が存在するか，または

---

[106] 非負であるだけでなく正になる．実際，0 になるためには $x_1=\cdots=x_m=0$ とならねばならないが，これは $\sum_{j=1}^{m} x_j = 1$ から不可能だからである．

(16:17:b)　$j=1,\cdots,m$ に関して，$\sum_{i=1}^{n} a(i,j)w'_i \geq 0$

となる S_n のベクトル $\vec{w}'=(w'_1,\cdots,w'_n)$ が存在する．しかも，この 2 つ（(16:17:a) と (16:17:b)）は互いに両立しない．

16.4.3　ここで **16.4.1** と **16.4.2** の結果を結びつける．そうすれば，(16:17:a)，または (16:16:b)，または (16:16:a) と (16:17:b) を同時に考えねばならず，またこの 3 つの可能性は互いに両立しえないことになる．

同じ行列 $a(i,j)$ を用い，**16.4.1**，**16.4.2** のベクトル $\vec{x}',\vec{w}',\vec{x},\vec{w}$ を $\vec{x},\vec{w},\vec{x}',\vec{w}'$ と書けば次の結論が得られる．

(16:E)
(16:18:a)　$i=1,\cdots,n$ に関して，$\sum_{j=1}^{m} a(i,j)x_j < 0$

となる S_m のベクトル $\vec{x}=(x_1,\cdots,x_m)$ が存在するか，または，

(16:18:b)　$j=1,\cdots,m$ に関して，$\sum_{i=1}^{n} a(i,j)w_j > 0$

となる S_m のベクトル $\vec{w}=(w_1,\cdots,w_n)$ が存在するか，または，

(16:18:c)　$j=1,\cdots,n$ に関して，$\sum_{j=1}^{m} a(i,j)x'_j \leq 0$

$j=1,\cdots,m$ に関して，$\sum_{i=1}^{n} a(i,j)w'_j \geq 0$

となる S_m のベクトル $\vec{x}'=(x'_1,\cdots,x'_m)$ と S_m のベクトル $\vec{w}'=(w'_1,\cdots,w'_n)$ が存在する．

この 3 つの (16:18:a)，(16:18:b)，(16:18:c) は両立しない．

一方で (16:18:a) と (16:18:c) を結びつけ，他方で (16:18:b) と (16:18:c) を結びつけることにより，簡単ではあるが弱い結論が得られる[107][108]．

---

[107] (16:19:a)，(16:19:b) の 2 つは互いに背反的ではない．この 2 つの結合はちょうど (16:18:c) となる．
[108] この結果は **16.4.1** の最終的な結果からも得られる．すなわち，(16:19:a) はその場合の (16:16:a) に相当し，(16:19:b) はその場合の (16:16:b) を弱めたものとなっている．これによって全体の状況がより良く洞察されるので，よりくわしく議論しておいた．

(16:F)

(16:19:a)　$j=1,\cdots,n$ に関して，$\sum_{j=1}^{m} a(i,j)x_j \leq 0$

となる S_m のベクトル $\vec{x}=(x_1,\cdots,x_m)$ が存在するか，または，

(16:19:b)　$j=1,\cdots,m$ に関して，$\sum_{i=1}^{n} a(i,j)w_j \geq 0$

となる S_m のベクトル $\vec{w}=(w_1,\cdots,w_n)$ が存在する．

16.4.4 次に歪対称行列 $a(i,j)$，すなわち **16.4.2** で述べた負の転置行列と，もとの行列が一致するような行列，すなわち $n=m$ で，

$$i,j=1,\cdots,n \text{ に関して，} a(i,j)=-a(j,i)$$

となるような行列を考えよう．

そうすれば **16.4.3** の条件（16:19:a）と（16:19:b）は同じものとなる：実際（16:19:b）は，

$$\sum_{i=1}^{n} a(i,j)w_i \geq 0$$

であり，これは，

$$-\sum_{i=1}^{n} a(j,i)w_i \geq 0 \quad \text{すなわち} \quad \sum_{i=1}^{n} a(j,i)w_i \leq 0$$

となる．これを $\sum_{j=1}^{n} a(i,j)w_i \leq 0$ とするためには，i,j を j,i[109]と書き換えるだけでよく，したがって $\sum_{j=1}^{n} a(i,j)x_j \leq 0$ とするためには，$\vec{w}$ を $\vec{x}$ と書き換えるだけでよい[109]．またこれは，ちょうど（16:19:a）になっている．

それゆえに，(16:19:a)，(16:19:b) をどちらか1つ——例えば（16:19:b）——で置き換えることができる．したがって次の結論が得られる：

(16:G)　もし行列 $a(j,i)$ が歪対称ならば（したがって $n=m$ となる．上を参照せよ），

---

[109] ここでは $n=m$ であるから，単に記号が変わるだけであることを注意しておく．

$j = 1, \cdots, n$ に関して,$\sum_{j=1}^{n} a(i,j) w_i \geq 0$

となる S_n のベクトル $\vec{w} = (w_1, \cdots, w_n)$ が存在する.

17 混合戦略.すべてのゲームの解

17.1 2つの基本例についての議論

17.1.1 ——特に **14.7** で注意した——厳密に決定されないゲームにおける困難を克服するためには,このようなゲームの最も簡単な例を考え直してみるのが良いであろう.このようなゲームとしてはコイン合わせやじゃんけんが考えられる (**14.7.2**,**14.7.3** を参照せよ).これらのゲームの「問題」となる点については,経験的,常識的な態度が存在している.したがってこれらの態度を観察し分析することによって,厳密に決定されない (ゼロ和 2 人) ゲームを解く手がかりが得られるのではないだろうか.

例えばコイン合わせでは——「表」をプレイしても「裏」をプレイしても——他の方法より良いとはいえず,問題となるのは相手の意図を見出すことであると指摘されていた.しかしこのゲームのルールにより,各プレイヤーは自らの選択を行うときに相手の行動を知ることはできないことが明確に規定されているので,上記のことから解を見出す道が閉ざされたようにも思える.しかし,上の意見はこの場合の現実に完全に一致しているとはいえない.すなわち,少なくとも適度に知的な相手とコイン合わせをプレイする場合には,プレイヤーは相手の意図を見出そうとはせず,連続したゲームにおいて「表」と「裏」を不規則にプレイすることにより,自らの意図を見出されないことのほうに注意を集中するであろう.われわれは 1 つのプレイにおける戦略を表したいので——実際,われわれは連続したプレイの列における過程ではなく 1 つのプレイにおける過程を議論しなければならない——上記のことは次のように述べておくのがよいであろう.プレイヤーの戦略は「裏」をプレイすることからなっているものでもなく,「表」をプレイすることからなっているものでもない,それは,確率 $\frac{1}{2}$ で「裏」をそして確率 $\frac{1}{2}$ で「表」をプレイすることからなっているのである.

17.1.2 コイン合わせを合理的にプレイするためには，プレイヤーは——各プレイにおいて自らの選択を行う前に——なんらかの50%：50%偶然装置により，「表」をプレイするか「裏」をプレイするかを決定するであろう[110]．重要なのは，この方法により損失を免れるということである．実際，相手がどのような戦略をとろうと，このプレイヤーのプレイの結果に対する期待値はゼロとなるであろう[111]．これは，相手が特に「裏」だけをプレイするときにも，また特に「表」だけをプレイするときにも成り立ち，最後には，相手が——このプレイヤーと同様に——ある確率をもって「表」と「裏」をプレイする場合にも成り立つ[112]．

したがって，もしコイン合わせをプレイするプレイヤーが「統計的」戦略，すなわち可能なプレイの方法を（そのプレイヤーが選んだ）ある確率によって「混合する」ことを用いうるものとすれば，このプレイヤーは損失を被らないですむ．実際，上で相手の行動の如何にかかわらず損失を被らないような戦略を明確にした．同じことは，相手のプレイヤーについても成り立つ．すなわち相手も，このプレイヤーの行動の如何にかかわらずこのプレイヤーを決して勝たせないような戦略をとりうる[113]．

読者はこれが **14.5** の議論に非常に類似していることに気づかれるであろう[114]．そこでの議論によれば，ゼロをコイン硬貨合わせの1つのプレイの値と考え，「表」と「裏」の50%：50%統計的混合を1つの良い戦略と考えるのが理にかなったことのように思える．

じゃんけんの場合の状況もまったく同様である．常識から，3つの代替案（グー，パー，チョキ）の各々を確率 $\frac{1}{3}$ でプレイするのが良い方法であることはわかる[115]．この場合にも，**14.5** の意味で上の戦略が良い戦略であると解

---

[110] 例えば——もちろん相手にはその結果がわからないようにして——サイコロをふることもできる．そのときもし出た目が偶数であれば「裏」をプレイし，奇数であれば「表」をプレイするのである．
[111] すなわち，これらの状態のもとでは，相手がどのような行動に出ようともマッチする確率はマッチしない確率と同様 $\frac{1}{2}$ となるので，このプレイヤーの勝つ確率は負ける確率と等しくなる．
[112] 例えば $p, 1-p$．このプレイヤー自身についての確率は $\frac{1}{2}, \frac{1}{2}$ とする．
[113] もちろんこれはすべて統計的な意味においてである：すなわち，プレイヤーが負けえないとは，負ける確率が勝つ確率以下ということであり，勝ちえないとは，勝つ確率が負ける確率以下ということである．コイン合わせにおいては引き分けはありえないから，実際には各プレイヤーは勝つか負けるかしかない．
[114] 特に **14.5.1** の (14:c:d), (14:c:e) を意味している．

釈されるだけでなく，プレイの値も前と同様に考えられるであろう[116]．

17.2 この観点の一般化

17.2.1 さて，コイン合わせおよびじゃんけんについて見出された結果をすべてのゼロ和2人ゲームに拡張してみよう．

標準形，すなわち2人のプレイヤーのとりうる選択として $\tau_1 = 1, \cdots, \beta_1$, $\tau_2 = 1, \cdots, \beta_2$，プレイヤー1の結果として $\mathcal{H}(\tau_1, \tau_2)$ を前と同様に用いる．厳密に決定されているゲームであるとは仮定しない．

ここで **17.1** で成功した方法をくり返すことにしよう．すなわち，ある決まった戦略を選択することによってではなく，いくつかの戦略をある決まった確率で選択することによって，自らのゲームの「理論」を構成しているプレイヤーを再度考えることにする[117]．したがって，プレイヤー1は $\tau_1 = 1, \cdots, \beta_1$ の1つの数——すなわちそれに相当する戦略 $\sum_1^{\tau_1}$——を選ぶのではなく——各々戦略 $\sum_1^1, \cdots, \sum_1^{\beta_1}$ の確率となっている——β_1 個の数 $\xi_1, \cdots, \xi_{\beta_1}$ を選ぶ．プレイヤー2も同様に $\tau_2 = 1, \cdots, \beta_2$ の1つの数——すなわちそれに相当する戦略 $\sum_2^{\tau_2}$——を選ぶのではなく——各々戦略 $\sum_2^1, \cdots, \sum_2^{\beta_2}$ の確率となっている——β_2 個の数 $\eta_1, \cdots, \eta_{\beta_2}$ を選ぶ．これらの確率はそれぞれ重複することなく，しかも全体を尽くしている代替案に属しているので，数 $\xi_{\tau_1}, \eta_{\tau_2}$ は次の条件

(17:1:a)　すべての $\xi_{\tau_1} \geq 0$ に関して，$\displaystyle\sum_{\tau_1=1}^{\beta_1} \xi_{\tau_1} = 1$

(17:1:b)　すべての $\eta_{\tau_2} \geq 0$ に関して，$\displaystyle\sum_{\tau_2=1}^{\beta_2} \eta_{\tau_2} = 1$

---

[115] 偶然装置が前と同様に導入される．200ページの脚注110）で述べたサイコロを用いることもできる．例えば，1または2の目が出れば「グー」，3または4が出れば「パー」，5または6が出れば「チョキ」と決定すればよい．
[116] じゃんけんにおいては引き分けがあるが，前と同様，損失がないとは負ける確率が勝つ確率以下であるということであり，利益がないとはその逆である．200ページの脚注113）を参照せよ．
[117] もちろん，これらの確率がすべての戦略に関して同じであること（前節の例における $\frac{1}{2}, \frac{1}{2}$ または $\frac{1}{3}, \frac{1}{3}, \frac{1}{3}$）は本質的ではない．これが同じになるのは，種々の代替案がゲームにおいて対称的な方法で用いられる場合だけに限られるであろう．したがって，今後は戦略を明確にするうえで確率はなくてはならぬものであるが，一方，特別な値をとるのは本質的ではないと仮定したうえで議論をすすめていくことにしよう．

にしたがうだけで他の条件にはしたがわない．

ベクトル $\vec{\xi} = (\xi_1, \cdots, \xi_{\beta_1})$, $\vec{\eta} = (\eta_1, \cdots, \eta_{\beta_2})$ をつくれば，上の条件から **16.2.2** の意味で $\vec{\xi}$ は S_{β_1} に，$\vec{\eta}$ は S_{β_2} に属していなければならない．

このようにすれば，プレイヤーは前のように自らの戦略を選ぶのではなく可能な戦略をすべてプレイし，各戦略をプレイする確率だけを選ぶことになる．この一般化により，厳密に決定されない場合の主要な困難をある点まで免れることができる．各プレイヤーにとって，自らの意図を相手に知られることにより明らかに不利になることが[118]，この場合の特徴となっていた．したがって，このようなゲームにおいてはプレイヤーは相手に自らの意図を見出させないことが重要であると考えている[119]．いくつかの戦略をでたらめに，ただし各戦略の確率だけは決まっているものとしてプレイすることにより，かなり効果的に自らの意図を相手に発見されずにすむであろう：この工夫により，相手はこのプレイヤーの戦略がどうなるかをたぶん発見できないであろう，なぜなら，このプレイヤー自らも自分の戦略がどうなるかを知らないからである[120]．すなわち，無知とは情報を直接的にしろ間接的にしろ漏らさないための 1 つのセーフガードとなるのである．

17.2.2 ここでわれわれは，プレイヤーの行動の自由を付随的に制限してしまったかのように思えるかもしれない．プレイヤーが他のすべての戦略を除外して，1 つの決まった戦略をプレイしたい，またはあるいくつかの戦略をある確率で用い，その他の戦略はまったく除外しておきたいと思うこともやはりおこりうるであろう[121]．これらの可能性も，われわれの考えの中に完全に含まれていることを強調しておく．ある戦略をまったくプレイしたくないプレイヤーは，単にその確率をゼロとしておけばよく，他のすべての戦略を除外して

---

[118] **14.7.1** の $\Delta > 0$.
[119] しかしこれだけが重要であるというわけではない．
[120] もし相手がこのプレイヤーの「スタイル」について十分な統計的経験をもつか，または非常に明敏で，このプレイヤーの期待行動を理論的に説明できるなら，種々の戦略の確率——頻度——を見出せるかもしれない．（これが起こるかいなか，そしてどのようにして起こるかについては議論するに及ばない．**17.3.1** を参照せよ．）しかし，確率および偶然の概念によっては，どのような状況においても誰も個々の場合に実際にどうなるかを予測することはできない．（そのような確率が消えるような例外もある，下を参照せよ．）
[121] この場合には，相手に自らの戦略を発見される危険が明らかに増大する．しかし，この問題の戦略が他の戦略に比べ本質的に有利であるので，この戦略をとるに値することもおこりうるかもしれない．これは——例えば，厳密に決定された場合の「良い」戦略に関して極端な形として——生じてくる（**14.5**, 特に **14.5.2** の (14:c:a), (14:c:b) を参照せよ）．

1つの戦略だけをプレイしたいプレイヤーは，その戦略の確率を1とし他のすべての戦略の確率をゼロとしておけばよい．

したがって，もしプレイヤー1が戦略 $\sum_{1}^{\tau_1}$ だけをプレイしたければ，$\vec{\xi}$ として座標ベクトル $\vec{\delta}^{\tau_1}$ を選べばよい（**16.1.3** を参照せよ）．同様に，プレイヤー2も戦略 $\sum_{2}^{\tau_2}$ だけをプレイしたければ，$\vec{\eta}$ として $\vec{\delta}^{\tau_2}$ を選べばよい．

以上の考察より，われわれは S_{β_1} のベクトル $\vec{\xi}$，S_{β_2} のベクトル $\vec{\eta}$ を各々プレイヤー1，2の統計的戦略または混合戦略とよぶことにしよう．すでにみたように，座標ベクトル $\vec{\delta}^{\tau_1}$，$\vec{\delta}^{\tau_2}$ は各々プレイヤー1，2のもとの戦略 τ_1，τ_2——すなわち $\sum_{1}^{\tau_1}$，$\sum_{2}^{\tau_2}$——に相当している．これらを厳密な戦略または純粋戦略とよぼう．

17.3 個々のプレイに適用された場合のこの方法の正当性

17.3.1 ここで読者は，これまでの議論を通して，同じように不可欠であると強調してきた2つの観点の間に矛盾があることを知り不安になったかもしれない．1つの観点においては，われわれの理論は静的なものであり（**4.8.2** を参照せよ），連続的なプレイの列の過程ではなく1つのプレイの過程を分析するとしてきた（**17.1** を参照せよ）．しかしもう1つの観点においては，自らの戦略を相手に知られることの危険性に関する考察をその中心と考えた（**14.4**，**14.7.1** そして **17.2** の最後も再度参照せよ）．連続的に観察しないとすれば，一体どのようにして——特にいくつかの異なった戦略をでたらめに混合してプレイする——プレイヤーの戦略を見出せるというのであろうか！ われわれは，この観察が多くのプレイにわたることを除外してきた．したがって，1つのプレイにおいて観察せねばならないことになるであろう．たとえゲームのルールによって連続的な観察が可能だとしても——すなわちルールによって長い反復的なプレイが行われたとしても——観察はプレイのコースにおいてただ徐々にかつ連続的に行われるだけであろう．したがって，1つのプレイのはじめには利用できないことになる．しかも，全体がさまざまな動的な考察と結びつけられることになる．——しかし，われわれは静的な理論に関心をもっているのである！ しかもゲームのルールはそのような観察の機会を与えることさえできないであろう[122]．現にコイン合わせやじゃんけんのような簡単な例に

---

[122] すなわち1つのプレイの間に相手の行動を「徐々に」「連続的」に観察することになる．

おいてはそうであった．このような対立および矛盾は **17** だけではなく **14** の議論においても現れていた——ただしそこでは戦略の選択に対し確率を用いることはなかった——が，この **17** の議論においては確率が用いられている．

では一体どのようにして解けばよいであろうか？

17.3.2 その答えは次のとおりである：

まずはじめに，**14** および **17** で得られる最終的な証明——すなわち **14.5** および **17.8** の議論——はこのような対立した要素はまったく含んでいない．したがって，たとえ証明を導く発見的な方法に問題があったとしても，最終的な証明は正しいといえるであろう．

しかしその方法も正当化できる．しかもなんら譲歩することもなくできる．すなわち，われわれは静的な観点をもち，ただ 1 つのプレイだけを分析するのである．われわれは——ここではゼロ和 2 人ゲームに対して——十分な理論を見出そうとしている．したがって——すでにすべての理論的なテストに合格した——既存の理論の強固な基礎から演繹的に議論するのではなく，そのような基礎となる理論を探し出そうとしているのである[123]．さて，この場合に論理学の習慣的な道具，特に間接証明法を用いるのはまったく道理にかなったことであろう．この方法とは，ある望ましいタイプの十分な理論がすでにあるものとし[124]，この想像上考えられた状況の結果を描き，その後仮定した理論がどのようなものでなければならないかについて，くわしく結論を引き出すというプロセスからできている．もしこのプロセスがうまく適用されれば，問題のタイプの仮説理論は，ただ 1 つの可能性が残るだけになるまで狭められうるであろう．——すなわち，この工夫によって理論が発見され決定されることになる[125]．もちろん，より一層「うまく」適用されて可能性がなくなってし

---

[123] もちろん，われわれの方法は経験的なものである．すなわち，典型的と思われる最も簡単なゲームの特徴を理解し，定式化し，一般化しようとしている．結局これは，経験を基礎とする科学すべての標準的な方法である．

[124] これは（まだ）実際には理論をもっておらず，またたとえ理論があったとしても，それがどのようなものであるかさえ，（まだ）想像できないことを十分に知ったうえでのことである．

これらすべては——自らの分野において——あらゆる科学の分野における他のどのような間接的証明より劣っていることはない（他の間接的証明とは，例えば，数学および物理学における背理法による証明である）．

[125] 物理学においては，これが行われたいくつかの重要な例がある．特殊および一般相対性理論または波動力学に対する系統的なアプローチは，このような方法とみなしうるであろう．A. D'Abro, *The Decline of Mechanism in Modern Physics*, New York, 1939 を参照せよ．

まう——すなわち，この望ましいタイプの矛盾のない理論が考えられない——こともおこりうる[126]．

17.3.3 そこでプレイヤーにどうするべきかを教え，しかもまったく納得のできるゼロ和2人ゲームの完全な理論があると考えよう．もしプレイヤーたちがそのような理論を知っているならば，各プレイヤーは自らの戦略が相手に「発見された」と考えなければならないだろう．相手はその理論を知っており，それにしたがわなければ賢明でないことも知っている[127]．したがって，満足のいく理論の存在を仮定することにより，プレイヤーの戦略が相手に「発見された」ときの状況の研究が理にかなったものとなる．そして，2つの極端なゲーム Γ_1 および Γ_2——すなわち，プレイヤー1の戦略が「発見された」ゲームおよびプレイヤー2の戦略が「発見された」ゲーム——を一致させることができてはじめて，満足のいく理論が存在しうることになる．

最初の取り扱い——確率を用いない（すなわち純粋戦略をもつ）場合——については，どの程度までこれが行えるかが **14.5** において決定されていた．

厳密に決定された場合に，確率を用いないという前提のうえでは満足のいく理論が存在していることはみた．そこで今度は確率を用いることによって（すなわち混合戦略によって），さらにその理論を押しすすめていこう．確率が存在しない場合，すなわち **14.5** で用いられたと同じ工夫が再び用いられるであろう．——すなわち他のプレイヤーの戦略を「発見する」ことの分析である．

今度は仮説理論が完全にそしてすべての場合に（単に厳密に決定された場合だけでなく——**17.5.1**，**17.6** を参照せよ），決定されうることがわかるであろう[128]．

---

[126] これもまた物理学においておこった．量子力学における N. ボーア=ハイゼンベルグの「同時に観測できない量」の分析に対しては，このような解釈ができる．N. Bohr, *Atomic Theory and the Description of Nature*, Cambridge, 1934 および P. A. M. Dirac, *The Principles of Quantum Mechanics*, London, 1931, Chap.1 を参照せよ．
[127] それにしたがわなければなぜ賢明でないかは，ここでは問題ではない．すなわちその理論は，まったく納得のできるものだと仮定したのである．
これが不可能ではないことは最終的な結果からわかるであろう．われわれは満足のいく理論を見出すであろうが，それにもかかわらず，その理論においてはプレイヤーの戦略は相手に発見されてしまう．しかしその理論は，相手に戦略を発見されても何の損失も被らないような行動をプレイヤーに指示する．（**17.6** の定理および **17.8** の完全な解の議論を参照せよ．）
[128] すなわちここでの工夫だけを用いた理論である．もちろん「絶対的な」記述ができると主張するものではない．もしここでの条件が実現されえないものであるとわかれば，理論を構築するためにまた別の基礎が必要となるであろう．実際に（純粋戦略を用いた）**14** から（混合戦略を用いた）**17** へ

理論が発見されれば，それを直接的議論によって独立に正当化しなければならない[129]．これは **14.5** において厳密に決定された場合に関して行ったことであり，ここでの完全な理論に関しても **17.8** で行うであろう．

17.4 劣関数ゲームと優関数ゲーム（混合戦略に関して）

17.4.1 結局ここでは，プレイヤー 1 が S_{β_1} から任意の要素 $\vec{\xi}$ を選び，プレイヤー 2 が S_{β_2} から任意の要素 $\vec{\eta}$ を選ぶことになる．したがってもしプレイヤー 1 が戦略 $\sum_1^{\tau_1}$ だけをプレイしたければ，$\vec{\xi}$ として座標ベクトル $\vec{\delta}^{\tau_1}$ （**16.1.3** を参照せよ）を選ぶであろうし，同様にプレイヤー 2 も戦略 $\sum_2^{\tau_2}$ をプレイしたければ，ベクトル $\vec{\eta}$ として $\vec{\delta}^{\tau_2}$ を選ぶであろう．

再度プレイヤー 1 はプレイヤー 2 の選択した $\vec{\delta}$ を知らず $\vec{\xi}$ を選択し，逆にプレイヤー 2 もプレイヤー 1 の選択した $\vec{\xi}$ を知らずに $\vec{\eta}$ を選択するものとしよう．

もちろんその意味するところは，これらの選択が行われたときにプレイヤー 1 は実際に（すべての）$\tau_1 = 1, \cdots, \beta_1$ を確率 ξ_{τ_1} で用い，プレイヤー 2 は（すべての）$\tau_2 = 1, \cdots, \beta_2$ を確率 η_{τ_2} で用いるということである．これらの選択は独立に行われるものであるから，その結果の数学的期待値は，

$$(17{:}2) \quad \mathrm{K}(\vec{\xi}, \vec{\eta}) = \sum_{\tau_1=1}^{\beta_1} \sum_{\tau_2=1}^{\beta_2} \mathcal{H}(\tau_1, \tau_2) \xi_{\tau_1} \eta_{\tau_2}$$

となる．

言い換えれば，最初のゲーム Γ を，本質的には同じ構造をもっているが次に述べるような形式的な相違をもつ新しいゲームで置き換えたことになる．その相違とは——プレイヤーの選択の——番号 τ_1, τ_2 がベクトル $\vec{\xi}, \vec{\eta}$ で置き換えられ，関数 $\mathcal{H}(\tau_1, \tau_2)$ が——プレイの結果というよりはむしろその「数学的期待値」である——$\mathrm{K}(\vec{\xi}, \vec{\eta})$ で置き換えられている点である．これらをすべて考慮することにより，Γ に対するここでの観点の構造が **14.1.2** のそれと同一であることが示される．——すなわち上で述べたように，そのただ 1 つの相違は $\tau_1, \tau_2, \mathcal{H}(\tau_1, \tau_2)$ が $\vec{\xi}, \vec{\eta}, \mathrm{K}(\vec{\xi}, \vec{\eta})$ で置き換えられていることだけである．

の移行はこれを行ったことになる．

[129] 上で概略を述べた間接的議論は，必要条件を与えるにすぎない．したがって，それによって不合理なことが確立されたり（背理法による証明），可能性が 1 つに狭められたりするかもしれないが，しかし後者の場合にはただ 1 つ残った可能性が十分でもあることを示さなければならない．

この同形性により，もとの Γ に対して用いたのと同じ工夫，すなわち **14.2**，**14.3.1**，**14.3.3** で述べた優関数ゲーム Γ_1 と劣関数ゲーム Γ_2 の比較の適用が示唆される.

17.4.2 したがって Γ_1 においては，プレイヤー 1 がまず $\vec{\xi}$ を選択し，その後相手の選択の結果 $\vec{\xi}$ を完全に知ったうえでプレイヤー 2 が $\vec{\eta}$ を選択する. Γ_2 においては，選択の順序が逆になる．それゆえ，**14.3.1** の議論がそのまま適用される．ある $\vec{\xi}$ を選ぶプレイヤー 1 は，プレイヤー 2 が $K(\vec{\xi},\vec{\eta})$ を最小にするように $\vec{\eta}$ を選ぶと考えることができる．すなわちプレイヤー 1 の選択 $\vec{\xi}$ により，値は $\mathrm{Min}_{\vec{\eta}}\, K(\vec{\xi},\vec{\eta})$ となると考えられる．これは $\vec{\xi}$ だけの関数であるから，プレイヤー 1 は $\mathrm{Min}_{\vec{\eta}}\, K(\vec{\xi},\vec{\eta})$ を最大にするように $\vec{\xi}$ を選ぶべきであるということになる．したがって Γ_1 のプレイの値は（プレイヤー 1 に関して），

$$v_1' = \mathrm{Max}_{\vec{\xi}}\, \mathrm{Min}_{\vec{\eta}}\, K(\vec{\xi},\vec{\eta})$$

となる．同様にして Γ_2 のプレイの値は（プレイヤー 1 に関して），

$$v_2' = \mathrm{Min}_{\vec{\eta}}\, \mathrm{Max}_{\vec{\xi}}\, K(\vec{\xi},\vec{\eta})$$

であることもわかる．(**14.3.1** および **14.3.3** における (14:A:a)-(14:A:e)，(14:B:a)-(14:B:e) の正当化がそのまま再度適用されるので，相手の行動の合理性を明確に仮定することは実際には重要ではない.)

14.4.1 と同様にして，プレイヤー 1 にとって Γ_1 が Γ_2 よりも好ましくないという明確な事実により，

$$v_1' \leq v_2'$$

が証明されるといってよい．もしこれに疑問があれば，**13.4.3** の (13:A*) に厳密な証明がなされている．そこでの x, y, ϕ は $\vec{\xi}, \vec{\eta}, K$ に相当している$^{130)}$. もし

$$v_1' = v_2'$$

となれば，**14.5** の考察がそのまま適用される．**14.5** の議論 (14:C:a)-

$^{130)}$ $\vec{\xi}, \vec{\eta}$ はベクトル，すなわち実数の列 $(\xi_1, \cdots, \xi_{\beta_1}$ および $\eta_1, \cdots, \eta_{\beta_2})$ であるが，各々ここでつくる最大，最小の 1 つの変数とみなしてもいっこうにかまわない．もちろん，その定義域は **17.2** で導入した集合 S_{β_1}, S_{β_2} である．

(14:C:f), (14:D:a), (14:D:b) により「最善の」戦略 $\vec{\xi}, \vec{\eta}$ の概念が決定され，(プレイヤー1の) プレイの「値」は，

$$v' = v'_1 = v'_2$$

に決定される[131]．鞍点 K が存在すればそしてそのときのみ，**13.4.3** の (13:B*) により以上のことがすべて生じる．(そこでの x, y, ϕ はここでは $\vec{\xi}, \vec{\eta}$, K に相当している．)

17.5 一般的な厳密な決定

17.5.1 われわれは，(14:A:c) および (14:B:c) の v_1, v_2 をここでは v'_1, v'_2 によって置き換え，しかも上の議論により，後者すなわち v'_1, v'_2 が前者 v_1, v_2 の機能を果たしうることが示された．しかし，前に $v_1 = v_2$ に依存したのと同様に $v'_1 = v'_2$ に依存している．したがってこの代替により，なんらかの利点があるのかという疑問が当然生じてくるであろう．

(任意の与えられた Γ に対し) $v'_1 = v'_2$ となることにより，$v_1 = v_2$ となることよりもより良い見通しがたてば，明らかに利点があるといってよいであろう．$v_1 = v_2$ であるときに Γ を厳密に決定されたゲームとよんだ．ここでは，$v_1 = v_2$ であるときに Γ を特殊な厳密に決定されたゲーム，$v'_1 = v'_2$ であるときに Γ を一般の厳密に決定されたゲームとよんで区別するのが好ましいであろう．この用語の正当性は，前者から後者が導かれることにより示される．

この意味するところは常識からいっても正しい：すなわち混合戦略の導入により，プレイヤーが自らの戦略を発見されない可能性が増加したので，v'_1, v'_2 は実際に v_1, v_2 の間にあると考えてよいであろう．このような理由により，

(17:3)　　$v_1 \leq v'_1 \leq v'_2 \leq v_2$

と主張することもできる．(もちろん，この不等式は上で述べた内容を保証している．)

疑いの生じる余地をなくすために (17:3) の厳密な証明を与えるが，これは別の補題の系として証明するほうが都合が良いであろう．

17.5.2　そこでまず次の補題を証明しよう：

---

[131] この議論は **17.8** を参照すれば，余す所なくくり返されているであろう．

(17:A)　S_{β_1} のすべての $\vec{\xi}$ に対して,

$$\mathrm{Min}_{\vec{\eta}}\,\mathrm{K}(\vec{\xi},\vec{\eta}) = \mathrm{Min}_{\vec{\eta}} \sum_{\tau_1=1}^{\beta_1}\sum_{\tau_2=1}^{\beta_2} \mathcal{H}(\tau_1,\tau_2)\xi_{\tau_1}\eta_{\tau_2}$$

$$= \mathrm{Min}_{\tau_2} \sum_{\tau_1=1}^{\beta_1} \mathcal{H}(\tau_1,\tau_2)\xi_{\tau_1}$$

S_{β_2} のすべての $\vec{\eta}$ に対して,

$$\mathrm{Max}_{\vec{\xi}}\,\mathrm{K}(\vec{\xi},\vec{\eta}) = \mathrm{Max}_{\vec{\xi}} \sum_{\tau_1=1}^{\beta_1}\sum_{\tau_2=1}^{\beta_2} \mathcal{H}(\tau_1,\tau_2)\xi_{\tau_1}\eta_{\tau_2}$$

$$= \mathrm{Max}_{\tau_1} \sum_{\tau_2=1}^{\beta_2} \mathcal{H}(\tau_1,\tau_2)\eta_{\tau_2}$$

である.

証明：第1の公式のみを証明する．第2の公式の証明は，$\leq$ を $\geq$ と変え，Max を Min と変えるだけでまったく同様になる.

特別なベクトル $\vec{\eta} = \vec{\delta}^{\tau'_2}$ (**16.13.3** および **17.2** の最後を参照せよ) を考えることにより,

$$\mathrm{Min}_{\vec{\eta}} \sum_{\tau_1=1}^{\beta_1}\sum_{\tau_2=1}^{\beta_2} \mathcal{H}(\tau_1,\tau_2)\xi_{\tau_1}\eta_{\tau_2} \leq \sum_{\tau_1=1}^{\beta_1}\sum_{\tau_2=1}^{\beta_2} \mathcal{H}(\tau_1,\tau_2)\xi_{\tau_1}\delta^{\tau'_2}_{\tau_2}$$

$$= \sum_{\tau_1=1}^{\beta_1} \mathcal{H}(\tau_1,\tau'_2)\xi_{\tau_1}.$$

これがすべての τ'_2 について成り立つから，

(17:4:a)　　$\mathrm{Min}_{\vec{\eta}} \sum_{\tau_1=1}^{\beta_1}\sum_{\tau_2=1}^{\beta_2} \mathcal{H}(\tau_1,\tau_2)\xi_{\tau_1}\eta_{\tau_2} \leq \mathrm{Min}_{\tau'_2} \sum_{\tau_1=1}^{\beta_1} \mathcal{H}(\tau_1,\tau'_2)\xi_{\tau_1}$

となる．一方, すべての τ_2 に対して,

$$\sum_{\tau_1=1}^{\beta_1} \mathcal{H}(\tau_1,\tau_2)\xi_{\tau_1} \geq \mathrm{Min}_{\tau_2} \sum_{\tau_1=1}^{\beta_1} \mathcal{H}(\tau_1,\tau_2)\xi_{\tau_1}$$

となる．S_{β_2} の任意の $\vec{\eta}$ をとり，上式に η_{τ_2} を掛け $\tau_2 = 1,\cdots,\beta_2$ について加える．そうすれば $\sum_{\tau_2=1}^{\beta_2} \eta_{\tau_2} = 1$ であることから，

$$\sum_{\tau_1=1}^{\beta_1}\sum_{\tau_2=1}^{\beta_2}\mathcal{H}(\tau_1,\tau_2)\xi_{\tau_1}\eta_{\tau_2} \geq \mathrm{Min}_{\tau_2}\sum_{\tau_1=1}^{\beta_1}\mathcal{H}(\tau_1,\tau_2)\xi_{\tau_1}$$

が結果として生じる．これがすべての $\vec{\eta}$ に対して成り立つから，

(17:4:b) $\quad \mathrm{Min}_{\vec{\eta}}\sum_{\tau_1=1}^{\beta_1}\sum_{\tau_2=1}^{\beta_2}\mathcal{H}(\tau_1,\tau_2)\xi_{\tau_1}\eta_{\tau_2} \geq \mathrm{Min}_{\tau_2}\sum_{\tau_1=1}^{\beta_1}\mathcal{H}(\tau_1,\tau_2)\xi_{\tau_1}$

となる．(17:4:a), (17:4:b) より，補題の公式が導かれる．

もし上の公式を **17.4** の v_1', v_2' の定義と結びつけれれば，

(17:5:a) $\quad v_1' = \mathrm{Max}_{\vec{\xi}}\,\mathrm{Min}_{\tau_2}\sum_{\tau_1=1}^{\beta_1}\mathcal{H}(\tau_1,\tau_2)\xi_{\tau_1},$

(17:5:b) $\quad v_2' = \mathrm{Min}_{\vec{\eta}}\,\mathrm{Max}_{\tau_1}\sum_{\tau_2=1}^{\beta_2}\mathcal{H}(\tau_1,\tau_2)\eta_{\tau_2}$

が得られる．これらの公式は言葉によって簡単に説明される．すなわち，v_1' を計算する際には，プレイヤー1にだけ（τ_1 の代わりに）$\vec{\xi}$ を用いることによって自らの戦略を相手に発見されないよう保護せねばならず，プレイヤー2に対してはもとのままの方法で（$\vec{\eta}$ ではなく）τ_2 を用いさせるようなものである．v_2' を計算するに際しては，2人のプレイヤーの役割が交換される．これは常識からも明らかである．すなわち v_1' はゲーム Γ_1（**17.4** および **14.2** を参照せよ）に属しており，そこではプレイヤー2はプレイヤー1の選択について十分に知ったうえで選択を行う——したがってプレイヤー2に対してはプレイヤー1によって戦略を発見されないように保護する必要はない．v_2' はゲーム Γ_2（**17.4** および **14.2** を参照せよ）に属しており，この場合にはプレイヤー1とプレイヤー2の役割を交換すればよい．

さて，もし上の公式の $\mathrm{Max}_{\vec{\xi}}$ において $\vec{\xi}$ の変域を制限すれば，v_1' の値はこれ以下となる．そこでベクトル $\vec{\xi} = \vec{\delta}^{\tau_1'}$ に制限することにしよう（$\tau_1' = 1,\cdots,$ β_1, **16.1.3** および **17.2** の最後を参照せよ）．そうすれば，

$$\sum_{\tau_1=1}^{\beta_1}\mathcal{H}(\tau_1,\tau_2)\delta_{\tau_1}^{\tau_1'} = \mathcal{H}(\tau_1',\tau_2)$$

であるので，これによって，

$$\mathrm{Max}_{\tau_1'} \mathrm{Min}_{\tau_2} \mathcal{H}(\tau_1', \tau_2) = \mathrm{v}_1$$

と置き換えられる．したがって，

$$\mathrm{v}_1 \leq \mathrm{v}_1'$$

が示されたことになる．同様に（上の補題の証明の最初の注意を参照せよ），$\vec{\eta}$ を $\vec{\eta} = \vec{\delta}^{\tau_2}$ に制限することにより，

$$\mathrm{v}_2 \geq \mathrm{v}_2'$$

が成り立つことが示される．$\mathrm{v}_1' \leq \mathrm{v}_2'$（**17.4** を参照せよ）とともに，これらの不等式より，

(17:3) $\quad \mathrm{v}_1 \leq \mathrm{v}_1' \leq \mathrm{v}_2' \leq \mathrm{v}_2$

が証明される．これは望んでいた結果であった．

17.6 主要定理の証明

17.6 予期されていたとおり，一般的な厳密な決定（$\mathrm{v}_1' = \mathrm{v}_2'$）は特殊な厳密な決定（$\mathrm{v}_1 = \mathrm{v}_2$）の成り立つすべての場合に成り立つことが確立された．さらにいくつかの場合——すなわち $\mathrm{v}_1' = \mathrm{v}_2'$ とはできるが $\mathrm{v}_1 = \mathrm{v}_2$ とはできない場合——にもこれが成り立つことは，コイン合わせやじゃんけんの議論から明らかである[132]．したがって **17.5.1** の意味で，特殊な厳密な決定から一般的な厳密な決定への移行によって前進したといえるであろう．しかし，現在知っていることだけではこの前進はコントロールすべきところすべてをカバーしてはいない．一般的にさえ厳密に決定されないようなゲーム Γ が存在しうる．——すなわち，

$$\mathrm{v}_1' < \mathrm{v}_2'$$

となる可能性がまだ残っているのである．もしこれがおこれば，**14.7.1** の議論がすべて再度適用され，しかもより広く適用される．すなわち，相手の戦略を発見することにより，明らかに，

---

[132] どちらのゲームにおいても $\mathrm{v}_1 = -1, \mathrm{v}_2 = 1$ であった（**14.7.2**，**14.7.3** を参照せよ）が，一方 **17.1** の議論により，$\mathrm{v}_1' = \mathrm{v}_2' = 0$ となることがわかる．

$$\Delta' = v_2' - v_1' > 0$$

の利益があり,「誰が誰の戦略を発見するか」についていくつかの仮定が付け加えられなければ,ゲーム理論がどのように組み立てられるかをみるのは困難である.

したがって,これが決しておこらないことを示すことができれば,それは決定的な事実となる.すべてのゲーム Γ に関して,

$$v_1' = v_2'$$

すなわち,

(17:6) $\mathrm{Max}_{\vec{\xi}} \mathrm{Min}_{\vec{\eta}} K(\vec{\xi}, \vec{\eta}) = \mathrm{Min}_{\vec{\eta}} \mathrm{Max}_{\vec{\xi}} K(\vec{\xi}, \vec{\eta})$,

もしくは同じことではあるが,(**13.4.3** の (13:B*))を再度用いて,ただしそこでの x, y, ϕ はここでは $\vec{\xi}, \vec{\eta}, K$ に相当している)$K(\vec{\xi}, \vec{\eta})$ の鞍点が存在すればよい.

これは

(17:2) $K(\vec{\xi}, \vec{\eta}) = \sum_{\tau_1=1}^{\beta_1} \sum_{\tau_2=1}^{\beta_2} \mathcal{H}(\tau_1, \tau_2) \xi_{\tau_1} \eta_{\tau_2}$

の形をした関数 $K(\vec{\xi}, \vec{\eta})$ のすべてに対し有効な一般的定理である.係数 $\mathcal{H}(\tau_1, \tau_2)$ はまったく制限を受けない,すなわち **14.1.3** で述べたようにまったく任意の行列をかたちづくる.変数 $\vec{\xi}, \vec{\eta}$ は実際には実数 $\xi_1, \cdots, \xi_{\beta_1}$ および $\eta_1, \cdots, \eta_{\beta_2}$ の列であり,その定義域は集合 S_{β_1}, S_{β_2} である(207ページの脚注 130)を参照せよ).(17:2) の形をした関数 $K(\vec{\xi}, \vec{\eta})$ を双一次形とよぶ.

16.4.3 の結果を用いれば証明は簡単である[133].その証明は次のとおりで

---

[133] この定理は著者の1人がゲーム理論について最初に公けにした論文においてはじめて述べられ,かつ証明された.J. von Neumann, "Zur Theorie der Gesellschaftsspiele," *Math. Annalen*, Vol.100 (1928), pp.295-320.

このミニマックス問題のやや一般的なものは,生産の均衡に関連した数理経済学の別の問題として生じてきた.

J. von Neumann, "Über ein ökonomisches Gleichungssystem und eine Verallgemeinerung des Brouwer'schen Fixpunktsatzes," *Ergebnisse eines Math. Kolloquiums*, Vol.8 (1937), pp.73-83.

数理経済学に関する2つの非常に異なった問題が——まったく異なった方法で議論されていたが

ある：

16.4.3 の (16:19:a), (16:19:b) をそこでの $i, j, n, m, a(i,j)$ をここでは τ_1, $\tau_2, \beta_1, \beta_2, \mathcal{H}(\tau_1, \tau_2)$ に，また $\vec{w}, \vec{x}$ を $\vec{\xi}, \vec{\eta}$ に置き換えて適用する．

もし (16:19:b) が成り立てば，

$$\tau_2 = 1, \cdots, \beta_2 \text{ に関して，} \sum_{\tau_1=1}^{\beta_1} \mathcal{H}(\tau_1, \tau_2)\xi_{\tau_1} \geq 0$$

すなわち，

$$\mathrm{Min}_{\tau_2} \sum_{\tau_1=1}^{\beta_1} \mathcal{H}(\tau_1, \tau_2)\xi_{\tau_1} \geq 0$$

となる S_{β_1} に属する $\vec{\xi}$ をとれる．したがって **17.5.2** の公式 (17:5:a) より，

$$v_1' \geq 0$$

となる．

もし (16:19:a) が成り立てば，

$$\tau_1 = 1, \cdots, \beta_2 \text{ に関して，} \sum_{\tau_2=1}^{\beta_2} \mathcal{H}(\tau_1, \tau_2)\eta_{\tau_2} \leq 0$$

——同じ数学的問題——数理経済学ではあまり知られていないタイプの問題，すなわち「ミニマックス型」——になることは注意を払う価値があるだろう．ここには，第 2 の論文で述べられたように，他のいくつかの方面においてと同様いくつかのより深い理論的な関連がある．問題はより一層明確にされるべきである．

最初の論文において与えられた定理の証明には，むしろある位相数学と関数解析が用いられていた．第 2 の論文には，まったく位相数学的であり，定理を位相数学の重要な工夫，すなわちいわゆる L. E. J. Brouwer の「不動点定理」と結びつける前とは異なった証明がなされていた．この点は S. Kakutani, "A Generalization of Brouwer's Fixed Point-theorem," *Duke Math. Journal*, Vol.8 (1941), pp.457-459 によってさらに明確にされ，証明も簡単化された．

これらの証明はすべて明らかに初等的なものではない．最初の初等的な証明は，E. Borel およびその協力者たちによって編集された "Traité du Calcul des Probabilités et de ses Applications," Vol.IV, 2: "Applications aux Jeux de Hasard," Paris (1938) の中の Note by J. Ville, "Sur la Théorie Générale des Jeux où intervient l'Habileté des Joueurs," pp.105-113 の中で，J. Ville によって与えられた．

これから与えようとしている証明は，J. Ville によってはじめて行われた初等化を押しすすめたものであり，特に簡単に思える．そのかぎとなるのはもちろん **16** の凸性の理論，特に **16.4.3** の結果との関連である．

すなわち,

$$\text{Max}_{\tau_1} \sum_{\tau_2=1}^{\beta_2} \mathcal{H}(\tau_1, \tau_2)\eta_{\tau_2} \leq 0$$

となる S_{β_2} に属する $\vec{\eta}$ をとれる.したがって **17.5.2** の公式 (17:5:b) より,

$$v_2' \leq 0$$

となる.

それゆえに $v_1' \geq 0$ かまたは $v_2' \leq 0$, すなわち,

(17:7) 決して $v_1' < 0 < v_2'$ とはならないことがわかる.

次に任意の数 w をとり,関数 $\mathcal{H}(\tau_1, \tau_2)$ を $\mathcal{H}(\tau_1, \tau_2) - w$ で置き換える[134].これによって $K(\vec{\xi}, \vec{\eta})$ は $K(\vec{\xi}, \vec{\eta}) - w \sum_{\tau_1=1}^{\beta_1} \sum_{\tau_2=1}^{\beta_2} \xi_{\tau_1}\eta_{\tau_2}$, すなわち——$\vec{\xi}, \vec{\eta}$ は S_{β_1}, S_{β_2} 内にあり,したがって $\sum_{\tau_1=1}^{\beta_1} \xi_{\tau_1} = \sum_{\tau_2=1}^{\beta_2} \eta_{\tau_2} = 1$ であるから——$K(\vec{\xi}, \vec{\eta})$ − w によって置き換えられる.したがって v_1', v_2' は $v_1' - w, v_2' - w$ で置き換えられる[135].したがって (17:7) をこれらの $v_1' - w, v_2' - w$ に適用することにより,

(17:8) 決して $v_1' < w < v_2'$ とはならないことが導かれる.

ここで w はまったく任意であったから,$v_1' < v_2'$ に関して $v_1' < w < v_2'$ となるような w を選ぶことができ,(17:8) に矛盾する.したがって $v_1' < v_2'$ とはならず,望んでいたとおり $v_1' = v_2'$ となることが証明された.これで証明を終わる.

17.7 純粋戦略と混合戦略による取り扱いの比較

17.7.1 さらに分析を進める前に,もう一度

---

[134] すなわちゲーム Γ を Γ とまったく同じようにしてプレイされるが,最後にプレイヤー 1 の利得が Γ よりも一定量 w だけ減る(したがって,プレイヤー 2 の利得は増える)ような新しいゲームで置き換えるわけである.

[135] もし前の脚注の説明を覚えていればこれはただちに明らかであろう.

$$v'_1 = v'_2$$

の意味を考えておこう．これのもつ重要な意味は，常に $v'_1 = v'_2$ となるが，常に $v_1 = v_2$ となるとは限らないことである——すなわち，常に一般的な厳密な決定は成り立つが，特殊な厳密な決定は常に成り立つわけではない（**17.6** の最初を参照せよ）．

すなわち，数学的に表現すれば：

常に，

(17:9) $\quad \text{Max}_{\vec{\xi}} \text{Min}_{\vec{\eta}} K(\vec{\xi}, \vec{\eta}) = \text{Min}_{\vec{\eta}} \text{Max}_{\vec{\xi}} K(\vec{\xi}, \vec{\eta})$

すなわち，

(17:10) $\quad \text{Max}_{\vec{\xi}} \text{Min}_{\vec{\eta}} \sum_{\tau_1=1}^{\beta_1} \sum_{\tau_2=1}^{\beta_2} \mathcal{H}(\tau_1, \tau_2) \xi_{\tau_1} \eta_{\tau_2}$
$\qquad\qquad = \text{Min}_{\vec{\eta}} \text{Max}_{\vec{\xi}} \sum_{\tau_1=1}^{\beta_1} \sum_{\tau_2=1}^{\beta_2} \mathcal{H}(\tau_1, \tau_2) \xi_{\tau_1} \eta_{\tau_2}$

となる．(17:A) を用いれば，これを，

(17:11) $\quad \text{Max}_{\vec{\xi}} \text{Min}_{\tau_2} \sum_{\tau_1=1}^{\beta_1} \mathcal{H}(\tau_1, \tau_2) \xi_{\tau_1} = \text{Min}_{\vec{\eta}} \text{Max}_{\tau_1} \sum_{\tau_2=1}^{\beta_2} \mathcal{H}(\tau_1, \tau_2) \eta_{\tau_2}$

と書くこともできる．しかし常に，

(17:12) $\quad \text{Max}_{\tau_1} \text{Min}_{\tau_2} \mathcal{H}(\tau_1, \tau_2) = \text{Min}_{\tau_2} \text{Max}_{\tau_1} \mathcal{H}(\tau_1, \tau_2)$

となるとは限らない．

(17:9) と (17:12) とを比べよう：(17:9) は常に成り立つが (17:12) は常に成り立つというわけではない．しかし，この 2 つの相違は単に $\vec{\xi}, \vec{\eta}, K$ と $\tau_1, \tau_2, \mathcal{H}$ の違いだけである．なぜ前者を後者の代わりに用いるだけで正しくない主張 (17:12) が正しい主張 (17:9) に変わるのであろうか？

その理由は，(17:12) の $\mathcal{H}(\tau_1, \tau_2)$ がその変数 τ_1, τ_2 のまったく任意の関数である（**14.1.3** を参照せよ）のに対し，(17:9) の $K(\vec{\xi}, \vec{\eta})$ はその変数 $\vec{\xi}, \vec{\eta}$ ——すなわち $\xi_1, \cdots, \xi_{\beta_1}, \eta_1, \cdots, \eta_{\beta_2}$ ——の非常に特殊な関数，すなわち双一次形であることに求められる．(**17.6** の前半を参照せよ．) したがって，この $\mathcal{H}(\tau_1, \tau_2)$ の完全な一般性により，(17:12) のどのような証明も不可能になり，一方 $K(\vec{\xi}, \vec{\eta})$ の特殊性——すなわち双一次形——により，**17.6** で与えられた

ように (17:9) の証明の基礎が与えられる[136].

17.7.2 $K(\vec{\xi},\vec{\eta})$ が一般化の特徴をすべてもつプロセスによって $\mathcal{H}(\tau_1,\tau_2)$ から得られる，すなわちもとの純粋戦略の厳密な概念を **17.2** で述べたように混合戦略で置き換える，つまり τ_1, τ_2 を $\vec{\xi}, \vec{\eta}$ で置き換えることにより得られる，にもかかわらず $K(\vec{\xi},\vec{\eta})$ が $\mathcal{H}(\tau_1,\tau_2)$ より特殊であるというのは矛盾しているのではないかと思うのももっともである．

しかし，よりくわしく調べてみればこの矛盾は解消するであろう．$K(\vec{\xi},\vec{\eta})$ は $\mathcal{H}(\tau_1,\tau_2)$ と比べれば，たしかに非常に特殊な関数である．しかしその変数の定義域は $\mathcal{H}(\tau_1,\tau_2)$ の変数 τ_1, τ_2 よりも非常に広いのである．実際 τ_1 は有限集合 $\{1,\cdots,\beta_1\}$ をその定義域としているが，$\vec{\xi}$ は集合 S_{β_1} の上を動き，それは β_1 次元線形空間 S_{β_1} の $(\beta_1 - 1)$ 次元面となっている（**16.2.2** の最後と **17.2** を参照せよ）．τ_2 と $\vec{\eta}$ に関しても同様である[137]．

実際に S_{β_1} の $\vec{\xi}$ の中に $\{1,\cdots,\beta_1\}$ の種々の τ_1 に相当する特別な点が存在している．そのような１つの τ_1 を与えれば（**16.1.3** および **17.2** の最後におけるように），座標ベクトル $\vec{\xi} = \vec{\delta}^{\tau_1}$ をつくることができ，このベクトルは戦略 $\sum_1^{\tau_1}$ だけを選び，他のすべての戦略は除外することを表していることがわかる．同様にして，S_{β_2} の特別な $\vec{\eta}$ と $\{1,\cdots,\beta_2\}$ の中の τ_2 とを関連づけることができる．すなわち，１つの τ_2 を与えれば戦略 $\sum_2^{\tau_2}$ だけを選択し，他のすべては除外することを表す座標ベクトル $\vec{\eta} = \vec{\delta}^{\tau_2}$ をつくることができるのである．

ここで明らかに：

---

[136] $K(\vec{\xi},\vec{\eta})$ が双一次形であることは，確率が介在するところではいつでも「数学的期待値」を用いることに起因している．この概念の線形性がその中で解を見出したという意味で，解の存在と関連していることは重要であろう．数学的には，これにより一層興味深くながめられる．すなわち，「数学的期待値」に代わる他の概念が，解——すなわちゼロ和２人ゲームに関する **17.6** の結果——を妨げないかどうかを研究することもできる．

「数学的期待値」の概念は多くの面において明らかに基本的なものである．効用の理論からみたこの概念の重要性については特に **3.7.1** で示されている．

[137] $\vec{\xi} = (\xi_1,\cdots,\xi_{\beta_1})$ は要素として ξ_{τ_1}, $\tau_1 = 1,\cdots,\beta_1$, をもっており，$\tau_1$ も含んでいる．しかしそこには基本的な相違がある．すなわち $\mathcal{H}(\tau_1,\tau_2)$ においては τ_1 自身が変数であるのに対し，$K(\vec{\xi},\vec{\eta})$ においては $\vec{\xi}$ が変数であり，τ_1 はいわば変数の中の変数となっているのである．$\vec{\xi}$ は実際に τ_1 の関数であり（**16.1.2** の最後を参照せよ），この関数が $K(\vec{\xi},\vec{\eta})$ の変数となっている．τ_2 と $\vec{\eta}$ においても同様である．

また τ_1, τ_2 のほうからいえば，$\mathcal{H}(\tau_1,\tau_2)$ は τ_1, τ_2 の関数であるのに対し，$K(\vec{\xi},\vec{\eta})$ は τ_1, τ_2 の関数の関数となっている（数学の用語ではこれを汎関数という）．

$$K(\vec{\delta}^{\tau_1}, \vec{\delta}^{\tau_2}) = \sum_{\tau_1'=1}^{\beta_1} \sum_{\tau_2'=1}^{\beta_2} \mathcal{H}(\tau_1', \tau_2') \delta_{\tau_1}^{\tau_1'} \delta_{\tau_2}^{\tau_2'}$$

$$= \mathcal{H}(\tau_1, \tau_2)^{138)}$$

となる．このようにして関数 $K(\vec{\xi}, \vec{\eta})$ は，その特殊な性質にもかかわらず関数 $\mathcal{H}(\tau_1, \tau_2)$ の全体を含んでいる．したがって，$K(\vec{\xi}, \vec{\eta})$ はそうであるべきであったように，2つの関数のうちのより一般的な概念に実際になっている．$\vec{\xi}, \vec{\eta}$ のすべてが特殊な形 $\vec{\delta}^{\tau_1}, \vec{\delta}^{\tau_2}$ をしている——すなわち，すべての混合戦略が純粋戦略である——わけではないので[139]，$K(\vec{\xi}, \vec{\eta})$ は実際に $\mathcal{H}(\tau_1, \tau_2)$ より一般的である．$K(\vec{\xi}, \vec{\eta})$ は $\mathcal{H}(\tau_1, \tau_2)$ を τ_1, τ_2 のより狭い定義域——すなわち $\vec{\delta}^{\tau_1}, \vec{\delta}^{\tau_2}$——から $\vec{\xi}, \vec{\eta}$ のより広い定義域——すなわち S_{β_1}, S_{β_2} のすべて——に拡張したものである——すなわち純粋戦略から混合戦略に拡張したものである——といえるだろう．$K(\vec{\xi}, \vec{\eta})$ が双一次形であることにより，単にこの拡張が線形推定によって行われることが示される．このプロセスが用いられねばならないのは，もちろん「数学的期待値」の線形性によるのである[140]．

17.7.3 (17:9)-(17:12) にもどろう．そうすればここで (17:9)-(17:11) の正しさと (17:12) の誤りが次のように表されることがわかる．

(17:9), (17:10) により，各プレイヤーはもし純粋戦略 τ_1, τ_2 の代わりに混合戦略 $\vec{\xi}, \vec{\eta}$ を用いることができれば，相手に自らの戦略をまったく発見されないことが示される．(17:11) によれば，もし相手の戦略を発見しようとしているプレイヤーが τ_1, τ_2 を用い，自らの戦略を発見されまいとしているプレイヤーだけが $\vec{\xi}, \vec{\eta}$ によって守られたとすれば，やはりこの結果が正しいことが示される．最後に (17:12) の誤りにより，2人のプレイヤーが共に——特に自らの戦略が偶然発見されてしまうプレイヤーが——何の損失なしに $\vec{\xi}, \vec{\eta}$ の守りなしですましえないことが示される．

17.8 一般的な厳密な決定の分析

17.8.1 ここで——**17.4** の終わりで述べたように——**14.5** の内容を，

---

[138] $\vec{\delta}^{\tau_1}, \vec{\delta}^{\tau_2}$ がどのような戦略の選択を表しているかを考えれば，この公式の意味は明らかであろう．
[139] すなわち，いくつかの戦略が正の確率で実際に用いられるかもしれない．
[140] 数値で表された効用の概念と線形の「数学的期待値」との基本的な関係は，**3.7.1** の最後に指摘されていた．

17.6 で明らかにされたゼロ和2人ゲームは一般的に厳密に決定されるという事実を特に考えに入れることにより，定式化し直そう．この結果によれば，

$$v' = \text{Max}_{\vec{\xi}} \text{Min}_{\vec{\eta}} K(\vec{\xi}, \vec{\eta}) = \text{Min}_{\vec{\eta}} \text{Max}_{\vec{\xi}} K(\vec{\xi}, \vec{\eta})$$
$$= \text{Sa}_{\vec{\xi}|\vec{\eta}} K(\vec{\xi}, \vec{\eta})$$

と定義できる．(**13.5.2** の (13:C*) および **13.4.3** も参照せよ．)

14.5.1 の (14:D:a)，(14:D:b) における集合 A, B の定義と同様に――各々 S_{β_1}, S_{β_2} の部分集合である――2つの集合 $\bar{A}, \bar{B}$ をつくろう．これらは **13.5.1** の集合 A^ϕ, B^ϕ となっている（ただし ϕ はここでは K に相当している）．次のように定義する：

(17:B:a) $\bar{A}$ とは $\text{Min}_{\vec{\eta}} K(\vec{\xi}, \vec{\eta})$ が最大値をとる，すなわち，

$$\text{Min}_{\vec{\eta}} K(\vec{\xi}, \vec{\eta}) = \text{Max}_{\vec{\xi}} \text{Min}_{\vec{\eta}} K(\vec{\xi}, \vec{\eta}) = v'$$

となるような $\vec{\xi}$ の集合である．

(17:B:b) $\bar{B}$ とは $\text{Max}_{\vec{\xi}} K(\vec{\xi}, \vec{\eta})$ が最小値をとる，すなわち，

$$\text{Max}_{\vec{\xi}} K(\vec{\xi}, \vec{\eta}) = \text{Min}_{\vec{\eta}} \text{Max}_{\vec{\xi}} K(\vec{\xi}, \vec{\eta}) = v'$$

となるような $\vec{\eta}$ の集合である．

ここで **14.5** の議論がくり返せることになる．このために，**14.5** におけると同じように (14:C:a)-(14:C:f) の主張を列挙することにしよう[141]．

まず，次のことに注意しよう：

(17:C:d) プレイヤー1は――プレイヤー2の行動の如何にかかわらず――適切にプレイすることにより v' 以上の利得をあげられる．

プレイヤー2は――プレイヤー1の行動の如何にかかわらず――適切にプレイすることにより $-v'$ 以上の利得をあげられる．

証明：プレイヤー1が $\bar{A}$ から $\vec{\xi}$ を選ぶものとしよう．そうすれば，プレイヤー2の行動の如何にかかわらず，すなわちすべての $\vec{\eta}$ に関して $K(\vec{\xi}, \vec{\eta}) \geq$

---

[141] したがって (a)-(f) はその自然な順序とは異なった順序で述べられるであろう．**14.5** の列挙は，**14.3.1**, **14.3.3** のそれにもとづき，**14.3.1**, **14.3.3** の論法はやや異なった道筋をとっていたので，**14.5** においても自然な順序とは異なっていた．

$\text{Min}_{\vec{\eta}} \text{K}(\vec{\xi}, \vec{\eta}) = v'$ とできる．プレイヤー 2 が $\bar{B}$ から $\vec{\eta}$ を選ぶものとしよう．そうすれば，プレイヤー 1 の行動の如何にかかわらず，すなわちすべての $\vec{\xi}$ に関して $\text{K}(\vec{\xi}, \vec{\eta}) \leq \text{Max}_{\vec{\xi}} \text{K}(\vec{\xi}, \vec{\eta}) = v'$ とできる．以上で証明を終わる．

次に，(17:C:d) は明らかに次の記述と同等である：

(17:C:e)　プレイヤー 2 は適切にプレイすることによりプレイヤー 1 の利得を確実に v' 以下にできる．すなわち，プレイヤー 1 がどのように行動しようともその利得が v' を超えないようにできる．

　プレイヤー 1 は適切にプレイすることによりプレイヤー 2 の利得を確実に $-v'$ 以下にできる．すなわち，プレイヤー 2 がどのように行動しようともその利得が $-v'$ を超えないようにできる．

17.8.2　第 3 に，——(17:C:d)，(17:C:e) および (17:C:d) の証明の中の考察をもとに——次のように主張することもできる．

(17:C:a)　プレイヤー 1 がゲーム Γ をプレイする良い方法（戦略の組み合わせ）は $\bar{A}$ に属する任意の $\vec{\xi}$ を選ぶことである．——ただし $\bar{A}$ とは上の (17:B:a) の集合である．

(17:C:b)　プレイヤー 2 がゲーム Γ をプレイする良い方法（戦略の組み合わせ）は $\bar{B}$ に属する任意の $\vec{\eta}$ を選ぶことである．——ただし $\bar{B}$ とは上の (17:B:b) の集合である．

第 4 に，(17:C:d)——または同じことであるが (17:C:e)——の主張と結びつけることにより：

(17:C:c)　もしプレイヤー 1 と 2 がゲーム Γ をうまくプレイしたなら——すなわちもし $\vec{\xi}$ が $\bar{A}$ に，$\vec{\eta}$ が $\bar{B}$ に属しているなら——$\text{K}(\vec{\xi}, \vec{\eta})$ の値は（プレイヤー 1 に関しての）プレイの値——v'——に等しくなる，と主張できる．

13.5.2 の (13:D*) および上の (17:B:a)，(17:B:b) の前の集合 $\bar{A}, \bar{B}$ に関する注意により，次の主張がなされることを付け加えて注意しておこう．

(17:C:f)　もし $\vec{\xi}, \vec{\eta}$ が $\text{K}(\vec{\xi}, \vec{\eta})$ の鞍点であるならば，そしてそのときにのみ，プレイヤー 1, 2 は共にゲーム Γ をうまくプレイする．——すなわち $\vec{\xi}$

は $\bar{A}$ に属し，$\vec{\eta}$ は $\bar{B}$ に属する．

以上のことから，v′ を実際に（プレイヤー 1 についての）Γ におけるプレイの値と解釈してよく，しかも $\bar{A}, \bar{B}$ がそれぞれプレイヤー 1, 2 についての Γ をプレイする良い方法を含んでいることが十分に明らかにされた．(17:C:a)-(17:C:f) の論法全体について，自己発見的なところや不確かなところはまったくない．プレイヤーの「情報」について，すなわち「誰が誰の戦略を発見したか」などについてはまったく余分の仮定は置かなかった．そればかりか，1 人のプレイヤーについて，われわれの得た結果は他のプレイヤーの合理的行動を信じたうえで得られたものでもない．——これはその重要性をくり返し強調してきた点である．(**14.1.2** の最後および **15.8.3** もまた参照せよ．)

17.9 良い戦略のさらに深い特性

17.9.1 前節の結果——すなわち，**17.8.2** の (17:C:c) および (17:C:f) ——により，ここで得た解の要素——すなわち数 v′ およびベクトルの集合 $\bar{A}, \bar{B}$ ——についての簡単でありかつ明確な特徴づけもまた与えられる．

前に掲げた (17:C:c) により，$\bar{A}, \bar{B}$ は v′ を決定する．したがって，$\bar{A}, \bar{B}$ だけを分析すればよいであろう．そこで，やはり前に掲げた (17:C:f) を用いて分析を行おう．

その規準により $\vec{\xi}, \vec{\eta}$ が $K(\vec{\xi}, \vec{\eta})$ の鞍点になっていれば，そしてそのときにのみ，$\vec{\xi}$ は $\bar{A}$ に属し $\vec{\eta}$ は $\bar{B}$ に属することがわかる．これにより，

$$K(\vec{\xi}, \vec{\eta}) = \begin{cases} \text{Max}_{\vec{\xi}'}\, K(\vec{\xi}', \vec{\eta}) \\ \text{Min}_{\vec{\eta}'}\, K(\vec{\xi}, \vec{\eta}') \end{cases}$$

となる．$K(\vec{\xi}, \vec{\eta})$ については **17.4.1** および **17.6** の (17:2) の表現を用い，$\text{Max}_{\vec{\xi}'}\, K(\vec{\xi}', \vec{\eta}), \text{Min}_{\vec{\eta}'}\, K(\vec{\xi}, \vec{\eta}')$ については **17.5.2** の補題 (17:A) の表現を用いることにより，この等式はより明確に：

$$\sum_{\tau_1=1}^{\beta_1} \sum_{\tau_2=1}^{\beta_2} \mathcal{H}(\tau_1, \tau_2) \xi_{\tau_1} \eta_{\tau_2} = \begin{cases} \text{Max}_{\tau_1'} \sum_{\tau_2=1}^{\beta_2} \mathcal{H}(\tau_1', \tau_2) \eta_{\tau_2} \\ \text{Min}_{\tau_2'} \sum_{\tau_1=1}^{\beta_1} \mathcal{H}(\tau_1, \tau_2') \xi_{\tau_1} \end{cases}$$

となる. $\sum_{\tau_1=1}^{\beta_1}\xi_{\tau_1}=\sum_{\tau_2=1}^{\beta_2}\eta_{\tau_2}=1$ であることを考慮すれば,

$$\sum_{\tau_1=1}^{\beta_1}\left[\text{Max}_{\tau_1'}\left\{\sum_{\tau_2=1}^{\beta_2}\mathcal{H}(\tau_1',\tau_2)\eta_{\tau_2}\right\}-\sum_{\tau_2=1}^{\beta_2}\mathcal{H}(\tau_1,\tau_2)\eta_{\tau_2}\right]\xi_{\tau_1}=0,$$

$$\sum_{\tau_2=1}^{\beta_2}\left[-\text{Min}_{\tau_2'}\left\{\sum_{\tau_1=1}^{\beta_1}\mathcal{H}(\tau_1,\tau_2')\xi_{\tau_1}\right\}+\sum_{\tau_1=1}^{\beta_1}\mathcal{H}(\tau_1,\tau_2)\xi_{\tau_1}\right]\eta_{\tau_2}=0$$

と書くこともできる. ここで, これらの等式の左辺の $\xi_{\tau_1},\eta_{\tau_2}$ の係数はすべて非負であり[142], $\xi_{\tau_1},\eta_{\tau_2}$ 自身も非負である. したがって, これらの等式は左辺の各項が各々ゼロになるときにのみ成立する. すなわち, 係数がゼロとならない各 $\tau_1=1,\cdots,\beta_1$ に対しては $\xi_{\tau_1}=0$ となり, 同様に係数がゼロとならない各 $\tau_2=1,\cdots,\beta_2$ に対しては $\eta_{\tau_2}=0$ となるときにのみ成立するのである.

要約すれば:

(17:D) 次のことが成り立てば, そしてそのときにのみ, $\vec{\xi}$ は $\bar{A}$ に属し $\vec{\eta}$ は $\bar{B}$ に属する:

$\sum_{\tau_2=1}^{\beta_2}\mathcal{H}(\tau_1,\tau_2)\eta_{\tau_2}$ がその最大値をとらないような各 $\tau_1=1,\cdots,\beta_1$ に対しては, $\xi_{\tau_1}=0$ となる.

$\sum_{\tau_1=1}^{\beta_1}\mathcal{H}(\tau_1,\tau_2)\xi_{\tau_1}$ がその最小値をとらないような各 $\tau_2=1,\cdots,\beta_2$ に対しては, $\eta_{\tau_2}=0$ となる.

これらの性質を言葉で明確にするのも容易である. すなわち次のように表される. もし $\vec{\xi},\vec{\eta}$ が良い混合戦略であるとすれば, $\vec{\eta}$ に対して (プレイヤー1にとって) 最適でないような τ_1 はすべて $\vec{\xi}$ には含まれず, また $\vec{\xi}$ に対して (プレイヤー2にとって) 最適でないような τ_2 はすべて $\vec{\eta}$ には含まれない. すなわち $\vec{\xi},\vec{\eta}$ は——予期されていたとおり——互いに最適である.

17.9.2 この点においてもう1つの注意を与えておこう.

(17:E) 各プレイヤーにとって純粋戦略であるような最適の戦略が存在すれ

---

[142] 最大, 最小はどのようにして生じるのかを考えてみよ!

ば，そしてそのときにのみ，ゲームは特殊な厳密に決定されたゲームとなる．

いままでの議論，特に純粋戦略から混合戦略へ移行した際のプロセスを考えてみれば，この主張は直感的にたしかであるといえるかもしれない．しかし数学的な証明も与えておこう，この証明もまた簡単なものであり，次に述べるとおりである：

17.5.2 の後半において，v_1 および v_1' は共に $\text{Min}_{\tau_2} \sum_{\tau_1=1}^{\beta_1} \mathcal{H}(\tau_1, \tau_2) \xi_{\tau_1}$ に $\text{Max}_{\vec{\xi}}$ を適用することによって得られ，ただ $\vec{\xi}$ の定義域が異なるだけであることをみた．v_1 に対してはその定義域はすべての $\vec{\delta}^{\tau_1}$ $(\tau_1 = 1, \cdots, \beta_1)$ の集合であり，v_1' に対しては S_{β_1} のすべてであった．すなわち前者の場合は純粋戦略であり，後者の場合は混合戦略であった．したがって，後者の定義域における最大値が（少なくとも一度は）前者の定義域でとられるなら，そしてそのときにのみ $v_1 = v_1'$，すなわち2つの最大値は等しくなる．このことから上の (17:D) により，（少なくとも）1つの純粋戦略が $\bar{A}$ に属さねばならない，すなわち良い戦略にならねばならないことがわかる．すなわち

(17:F:a) プレイヤー1にとって純粋戦略であるような良い戦略が存在すれば，そしてそのときにのみ $v_1 = v_1'$ となる．

同様に：

(17:F:b) プレイヤー2にとって純粋戦略であるような良い戦略が存在すれば，そしてそのときにのみ $v_2 = v_2'$ となる．

さて，$v_1' = v_2' = v'$ で，しかも厳密な決定から $v_1 = v_2 = v'$，すなわち $v_1 = v_1'$，$v_2 = v_2'$ である．したがって (17:F:a)，(17:F:b) をあわせて，(17:E) が与えられる．

17.10 失敗とその結果．不変最適性

17.10.1 これまでの議論により，良い混合戦略とはどのようなものであるかが明らかになった．そこで，他の混合戦略について少し述べておこう．つまり，良くない戦略（すなわちベクトル $\vec{\xi}, \vec{\eta}$）の「良さ」からの隔たりを表し，失敗——すなわち良くない戦略を用いること——から生じる結果がどうなるか

を表しておきたいのである．この問題には興味深いものがいくつかあるが，これを完全に議論し尽くそうとするわけではない．

S_{β_1} の任意の $\vec{\xi}$ および S_{β_2} の任意の $\vec{\eta}$ に関して数値関数

(17:13:a) $\alpha(\vec{\xi}) = v' - \text{Min}_{\vec{\eta}} \, K(\vec{\xi}, \vec{\eta})$
(17:13:b) $\beta(\vec{\eta}) = \text{Max}_{\vec{\xi}} \, K(\vec{\xi}, \vec{\eta}) - v'$

をつくる．**17.5.2** の補題 (17:A) により，これは，

(17:13:a*) $\alpha(\vec{\xi}) = v' - \text{Min}_{\tau_2} \sum_{\tau_1=1}^{\beta_1} \mathcal{H}(\tau_1, \tau_2) \xi_{\tau_1}$

(17:13:b*) $\beta(\vec{\eta}) = \text{Max}_{\tau_1} \sum_{\tau_1=1}^{\beta_2} \mathcal{H}(\tau_1, \tau_2) \eta_{\tau_2} - v'$

となる．定義

$$v' = \text{Max}_{\vec{\xi}} \, \text{Min}_{\vec{\eta}} \, K(\vec{\xi}, \vec{\eta}) = \text{Min}_{\vec{\eta}} \, \text{Max}_{\vec{\xi}} \, K(\vec{\xi}, \vec{\eta})$$

により，常に，

$$\alpha(\vec{\xi}) \geq 0, \quad \beta(\vec{\eta}) \geq 0$$

となることが保証される．ここで，**17.8** の (17:B:a)，(17:B:b) および (17:C:a)，(17:C:b) により，$\alpha(\vec{\xi}) = 0$ であれば，そしてそのときにのみ，$\vec{\xi}$ は良い戦略となり，$\beta(\vec{\eta}) = 0$ であれば，そしてそのときにのみ $\vec{\eta}$ は良い戦略となることがわかる．

したがって，$\alpha(\vec{\xi}), \beta(\vec{\eta})$ は一般の $\vec{\xi}, \vec{\eta}$ が良い戦略からどの程度隔たっているかを示す，数字で表された便利な尺度となる．$\alpha(\vec{\xi}), \beta(\vec{\eta})$ がどのようなものであるかを言葉で明確に定式化することにより，この解釈が一層正当化される．すなわち，上の公式 (17:B:a)，(17:B:b)，つまり，(17:13:a*)，(17:13:b*) により，プレイヤーがある戦略をとることにより——そのプレイヤーに関するプレイの値に比べ[143]——どれだけの損失を被るリスクを冒しているかが明らかになる．ここで「リスク」とは，与えられた条件のもとでおこりうる最も悪い状態という意味で用いている[144]．

---
[143] すなわち，損失とはプレイの値から実際の結果を減じたものであり，プレイヤー1にとっては $v' - K(\vec{\xi}, \vec{\eta})$，プレイヤー2にとっては $(-v') - (-K(\vec{\xi}, \vec{\eta})) = K(\vec{\xi}, \vec{\eta}) - v'$ である．
[144] 実際，前の脚注および (17:13:a)，(17:13:b) を用いれば，

しかしながら，$\alpha(\vec{\xi})$, $\beta(\vec{\eta})$ によっては，$\vec{\xi}$ または $\vec{\eta}$ を用いるプレイヤーにこの（最大の）損失を与えるような相手の戦略を知ることはできないことを理解しておけねばならない．特に，もし相手がある良い戦略，すなわち $\bar{B}$ 内の $\vec{\eta}_0$ または $\bar{A}$ 内の $\vec{\xi}_0$ を用いるとしても，これがそれ自身問題となっている最大の損失を与えるかどうかはまったく定かではない．もしプレイヤーが（良くない）$\vec{\xi}$ または $\vec{\eta}$ を用いれば，相手のプレイヤーが次のような $\vec{\eta}'$, $\vec{\xi}'$ を用いたときに最大の損失が生じる．

(17:14:a) $K(\vec{\xi}, \vec{\eta}') = \mathrm{Min}_{\vec{\eta}}\, K(\vec{\xi}, \vec{\eta})$
(17:14:b) $K(\vec{\xi}', \vec{\eta}) = \mathrm{Max}_{\vec{\xi}}\, K(\vec{\xi}, \vec{\eta})$

すなわち，$\vec{\eta}'$ は与えられた $\vec{\xi}$ に対し最適であり，$\vec{\xi}'$ は与えられた $\vec{\eta}$ に対し最適である．しかし，すべての $\vec{\xi}$ または $\vec{\eta}$ に対して最適となるような任意の固定された $\vec{\eta}_0$ または $\vec{\xi}_0$ が存在するかどうかについては，まだ確かではない．

17.10.2　したがって，すべての $\vec{\xi}$ または $\vec{\eta}$ に対し最適となる——すなわち，すべての $\vec{\xi}, \vec{\eta}$ に関して **17.10.1** の (17:14:a) または (17:14:b) を満たす——1つの $\vec{\eta}'$ または $\vec{\xi}'$ を不変最適とよぼう．不変最適 $\vec{\eta}'$ または $\vec{\xi}'$ は，すべて必ず良い戦略でなければならない．これは概念的に明らかであり，厳密な証明も簡単に行える[145]．しかし，すべての良い戦略もまた不変最適となるのか？　さらに，果たして不変最適戦略は存在するのか？　という問題がまだ残されている．

その答えは一般には否定的である．したがって，コイン合わせやじゃんけんにおいては，各々 $\vec{\xi} = \vec{\eta} = \left(\frac{1}{2}, \frac{1}{2}\right)$ または $\left(\frac{1}{3}, \frac{1}{3}, \frac{1}{3}\right)$ が（プレイヤー2に対

$$\alpha(\vec{\xi}) = v' - \mathrm{Min}_{\vec{\eta}}\, K(\vec{\xi}, \vec{\eta}) = \mathrm{Max}_{\vec{\eta}}\, \{v' - K(\vec{\xi}, \vec{\eta})\},$$
$$\beta(\vec{\eta}) = \mathrm{Max}_{\vec{\xi}}\, K(\vec{\xi}, \vec{\eta}) - v' = \mathrm{Max}_{\vec{\xi}}\{K(\vec{\xi}, \vec{\eta}) - v'\}$$

となる．すなわち各々最大の損失である．
[145] 証明：$\vec{\eta}'$ について証明するだけで十分である．$\vec{\xi}'$ についての証明も同様にして行える．$\vec{\eta}'$ を不変最適としよう．$\vec{\eta}'$ に対し最適となる1つの $\vec{\xi}^*$，すなわち，

$$K(\vec{\xi}^*, \vec{\eta}') = \mathrm{Max}_{\vec{\xi}}\, K(\vec{\xi}, \vec{\eta}')$$

となる $\vec{\xi}^*$ を選ぶ．定義より，

$$K(\vec{\xi}^*, \vec{\eta}') = \mathrm{Min}_{\vec{\eta}}\, K(\vec{\xi}^*, \vec{\eta}).$$

したがって，$\vec{\xi}^*, \vec{\eta}'$ は $K(\vec{\xi}, \vec{\eta})$ の鞍点となるから，**17.8.2** の (17:C:f) により，$\vec{\eta}'$ は $\bar{B}$ に属する．——すなわち $\vec{\eta}'$ は良い戦略である．

してもプレイヤー 1 に対しても）唯一の良い戦略となる[146]．もしプレイヤー 1 が異なったプレイ——例えば，常に「表」または「グー」であるようなプレイ[147]——を行ったとすれば，相手がそれに対して「裏」[148]または「パー」[148]をプレイしたときに 1 は損失を被る．しかし，そうすれば相手の戦略も良い——すなわち各々 $(\frac{1}{2}, \frac{1}{2})$ または $(\frac{1}{3}, \frac{1}{3}, \frac{1}{3})$ であるような——戦略ではなくなる．もし相手が良い戦略をプレイすれば，プレイヤーの失敗は問題にならなくなる[149]．

19.2 および **19.10.3** において，ポーカーと「ハッタリ」の必要性に関して——さらに微妙で複雑な方法で——もう 1 つのこのような例を考えるであろう．

以上のことはすべて次のように要約される．すなわち，良い戦略はたしかに防御的な点からみれば完璧であるが，一方（おこりうる）相手の失敗から最大の利得を得ることは（一般的には）できない．——すなわち，攻撃的にはつくられていないのである．

しかし，それにもかかわらず **17.8** の結論は説得力のあるものであることを思い出さねばならない．すなわち，攻撃的な理論はこの意味において本質的に新しい考えがなければつくりだせないのである．これを承服しかねる読者は，もう一度コイン合わせまたはじゃんけんの状況を描いてみればよいであろう．そうすれば，非常に簡単なこれらの 2 つのゲームにより決定的な点が明らかになると思われる．

上で述べた点を強調しすぎることに対し，次のようなもう 1 つの警告が与えられる．すなわち，上で述べた「攻撃的」という意味にはまったく該当しない，すなわち，いままでの理論で十分扱える多くのものが，いわゆる通常用いられる「攻撃的」という名のもとに扱われることがあるというのである．これは **17.10.3** で述べるように，完全情報をもつすべてのゲームについて成り立つ[150]．それはまた，ポーカーにおける「ハッタリ」のような不完全情報によ

---

[146] **17.1.1** を参照せよ．他のどのような確率も「発見された」ときに損失を招くであろう．以下を参照せよ．
[147] これは各々 $\vec{\xi} = \vec{\delta}' = (1,0)$ または $(1,0,0)$ である．
[148] これは各々 $\vec{\eta} = \vec{\delta}' = (0,1)$ または $(0,1,0)$ である．
[149] すなわち，「表」（または「グー」）のような悪い戦略を負かすことのできるのは「裏」（または「パー」）であり，これ自身もまた悪い戦略である．
[150] したがってチェスやバックギャモンも含まれる．

って必ず生じてくる典型的に「攻撃的な」行動にもまたあてはまる[151]．

17.10.3 最後に，不変最適戦略が存在するような（ゼロ和2人）ゲームの重要なクラスが存在することを注意しておこう．**15**，特に **15.3.2**, **15.6**, **15.7** で分析した完全情報をもつゲームがこのようなクラスをなしている．実際，**15** で与えたこれらのゲームが特殊な厳密に決定されたゲームであるとの証明を少し修正することにより，上の主張もまた打ち立てられる．その証明により，不変最適純粋戦略が与えられることであろう．しかしここではこれ以上は立ち入らないことにする．

完全情報をもつゲームは常に特殊な厳密に決定されたゲームであるので（上を参照せよ），特殊な厳密に決定されたゲームと（2人のプレイヤーの両方に対して）不変最適戦略の存在するゲームとの間により基本的な関係があると考えられるかもしれない．われわれはここではこれ以上の議論は行わないが，この関係について次の事実だけは述べておこう：

(17:G:a)　もし（2人のプレイヤーに対し）不変最適戦略が存在すれば，そのゲームは特殊な厳密に決定されたゲームであることが示される．
(17:G:b)　しかし，(17:G:a) の逆は成り立たないことも証明される．
(17:G:c)　特殊な厳密な決定の概念を改善することにより，不変最適戦略の存在と密接な関係をもつと考えられる．

17.11　プレイヤーの取り替え．対称性

17.11.1 対称性またはもっと一般的にゲーム Γ におけるプレイヤー 1 と 2 との取り替えの影響を考えてみよう．これはもちろん，**14.6** の分析の続きとなるであろう．

そこで指摘したように，プレイヤーの取り替えにより関数 $\mathcal{H}(\tau_1, \tau_2)$ は $-\mathcal{H}(\tau_2, \tau_1)$ によって置き換えられる．**17.4.1** および **17.6** の公式 (17:2) により，$K(\vec{\xi}, \vec{\eta})$ の場合は $-K(\vec{\eta}, \vec{\xi})$ に置き換えられることが示される．**16.4.2** の用語を用いれば，($\mathcal{H}(\tau_1, \tau_2)$ の）行列をその負の転置行列によって置き換えることになる．(**14.1.3** を参照せよ)．

このようにして，**14** におけるのとまったく同様に考察することができ，τ_1,

---

[151] 先の議論は，むしろ「ハッタリ」の失敗を示すのに用いられる．**19.2** および **19.10.3** を参照せよ．

τ_2, $\mathcal{H}(\tau_1,\tau_2)$ を $\vec{\xi}$, $\vec{\eta}$, $K(\vec{\xi},\vec{\eta})$ と置き換えれば同じ形式的な結果が生じてくる．（前の **17.4** および **17.8** の事柄を参照せよ．）

14.6 において，$\mathcal{H}(\tau_1,\tau_2)$ を $-\mathcal{H}(\tau_2,\tau_1)$ に置き換えることにより，v_1, v_2 は $-v_2$, $-v_1$ となることをみた．この考えをそのままくり返すことにより，$K(\vec{\xi},\vec{\eta})$ を $-K(\vec{\eta},\vec{\xi})$ に置き換えれば，v_1', v_2' は $-v_2'$, $-v_1'$ となることが示される．要約すれば：プレイヤー 1, 2 の取り替えにより，v_1, v_2, v_1', v_2' は $-v_2, -v_1, -v_2', -v_1'$ となる．

（特殊な）厳密な決定について確立された **14.6** の結果により，$v = v_1 = v_2$ は $-v = -v_1 = -v_2$ となる．もしこの性質がなければ，このような改善を行うことはできない．

ここでは常に一般的に厳密に決定されている，それゆえ $v' = v_1' = v_2'$ であることはわかっている．したがって，$-v' = -v_1' = -v_2'$ が導かれる．

言葉のうえでは，この結果の内容は明らかであろう．すなわち（プレイヤー 1 に対する）Γ のプレイの値の概念を十分に明確にできているので，この値がプレイヤーの役割の取り替えにともない，その符号を変えねばならないこともごく自然であるとわかるであろう．

17.11.2 ゲーム Γ が対称性をもつときも厳密に述べることができる．これは，プレイヤー 1, 2 がゲームにおいてまったく同じ役割を果たす場合である．——すなわち，ゲーム Γ が 2 人のプレイヤー 1, 2 を取り替えることによって得られたゲームと同一である場合である．上で述べたことにしたがえば，これは，

$$\mathcal{H}(\tau_1,\tau_2) = -\mathcal{H}(\tau_2,\tau_1),$$

または，同じことであるが，

$$K(\vec{\xi},\vec{\eta}) = K(\vec{\eta},\vec{\xi})$$

となることを示している．行列 $\mathcal{H}(\tau_1,\tau_2)$ または双一次形 $K(\vec{\xi},\vec{\eta})$ のこの性質は **16.4.4** で導入され，歪対称性とよばれていた[152)153)]．

[152)] 行列 $\mathcal{H}(\tau_1,\tau_2)$ またはそれに相当する双一次形 $K(\vec{\xi},\vec{\eta})$ に対し，対称性は，

$$\mathcal{H}(\tau_1,\tau_2) = \mathcal{H}(\tau_2,\tau_1)$$

この場合には，v_1, v_2 は $-v_2, -v_1$ に一致しなければならない．したがって $v_1 = -v_2$ となり，また $v_1 \geq v_2$ であるので，$v_1 \geq 0$ となる．しかし，v' は $-v'$ に一致しなければならない．したがって，

$$v' = 0$$

と結論することもできる[154]．したがって，対称ゲームの各プレイの値はゼロとなることがわかる．

ただし，Γ が対称ゲームでなくてもゲーム Γ の各プレイの値 v' はゼロになりうることを注意しておかねばならない．$v' = 0$ となるようなゲームを公平とよぶことにしよう．

14.7.2，14.7.3 の例によりこれが示されている．すなわち，じゃんけんは対称（したがってフェアな）ゲームであり，コイン合わせ（**17.1** を参照せよ）は公平なゲームではあるが対称ゲームではない[155]．

または，同じことであるが，

$$K(\vec{\xi}, \vec{\eta}) = K(\vec{\eta}, \vec{\xi})$$

と定義される．ゲーム Γ の対称性が行列またはその双一次形の歪対称性に同等で，その対称性と同等でないことは注目に値する．

[153] したがって，歪対称性によって **14.1.3** の図 15 の行列表の主対角成分（$(1,1), (2,2)$ などの場からなっている）を考えてみれば，それは自らの負の値に等しいことがわかる．（上の脚注で述べた意味での対称性によれば，主対角成分はそれ自身に等しくなる．）

いま図 15 の行列が長方形であり，β_1 列，β_2 行からなるものとしよう．ところが，ここで考慮している場合においては，この投影によって行列の形が変わってはならない．したがって，行列は正方形――すなわち $\beta_1 = \beta_2$――とならなければならない．しかし，Γ においてプレイヤー 1, 2 は同じ役割を果たすと仮定しているので，自動的に行列は正方行列となる．

[154] これは，もちろん $v_1' = v_2'$ を知っていることによる．もしこれ――すなわち **16.4.3** の一般定理（16:F）――を知らなければ，上で v_1, v_2 に対して得たのと同じ結果を v_1', v_2' に対して得られるだけであるに違いない．すなわち，$v_1' = -v_2'$ であること，および $v_1' \geq v_2'$ より $v_1' \geq 0$ となることしか結論できない．

[155] コイン合わせにおいてはプレイヤー 1 と 2 は異なった役割を果たす．すなわち，1 はマッチさせようとし，2 はマッチされまいとする．もちろんこの相違は本質的なものではなく，非対称性がこのように本質的でないからこそコイン合わせは公平なゲームになると感じるかもしれない．これはくわしく述べることもできるが，ここではそうはしないものとする．対称ではないが公平であるもっと良い例は，ひどく非対称的ではあるが各プレイヤーの有利，不利が非常にうまく調節されているため公平――すなわち $v' = 0$――となるようなゲームによって与えられる．

まったくうまくいくというわけではないが，普通の「サイコロふり」もそのようなゲームとなる．このゲームにおいては，プレイヤー 1――すなわちただ 1 人の「プレイヤー」――は各々 $1, \cdots, 6$ の数のついた 2 つのサイコロをふる．したがって，ふるたびに数の合計 $2, \cdots, 12$ のどれかが結果として生じる．この数の合計の各々は次の確率でおこる：

対称ゲームにおいては，**17.8** の (17:B:a)，(17:B:b) の集合 $\bar{A}, \bar{B}$ は明らかに同一である．$\bar{A} = \bar{B}$ であるから，**17.9** の最終的な規準 (17:D) において $\vec{\xi} = \vec{\eta}$ とおいてよいであろう．そこで，この場合には次のように言い換えられる：

(17:H) 対称ゲームにおいて次のことが成り立つならば，そしてそのときにのみ，$\vec{\xi}$ は $\bar{A}$ に属する．すなわち次のことは，$\sum_{\tau_1=1}^{\beta_1} \mathcal{H}(\tau_1, \tau_2)\xi_{\tau_1}$ が，(τ_2 において) その最小値をとらないような各 $\tau_2 = 1, \cdots, \beta_2$ に関しては $\xi_{\tau_2} = 0$ となることである．

17.9 の結びの注意の言葉を用いれば，上の条件は次のように表される．すなわち，$\vec{\xi}$ はそれ自身に対し最適である．

17.11.3 ――すべての対称ゲームにおいて $v' = 0$ となるという――**17.11.1**，**17.11.2** の結果は **17.8** の (17:C:d) と結びつけることができ，それによって次の事実が得られる．

(17:I) 対称ゲームにおいては，各プレイヤーは適切にプレイすることにより相手がどのように行動しようとも損失を避けることができる[156]．

合計	2	3	4	5	6	7	8	9	10	11	12
36 回のうち生じる回数	1	2	3	4	5	6	5	4	3	2	1
確率	$\frac{1}{36}$	$\frac{2}{36}$	$\frac{3}{36}$	$\frac{4}{36}$	$\frac{5}{36}$	$\frac{6}{36}$	$\frac{5}{36}$	$\frac{4}{36}$	$\frac{3}{36}$	$\frac{2}{36}$	$\frac{1}{36}$

ルールは「プレイヤー」が 7 または 11 を出せば（「すぐに」）勝ちとなるというものである．逆に 2, 3 または 12 が出れば負けとなるものとする．もし他の (4, 5, 6 または 8, 9, 10) が出た場合には，最初の数が再度出るまで続けてふる（この場合には勝ちとなる）か，もしくは 7 が出るまで続けてふる．（この場合は負けとなる．）プレイヤー 2 (「ハウス」) はプレイに影響を及ぼさない．

プレイヤー 1 および 2（すなわち「プレイヤー」と「ハウス」）に対してルールが非常に異なるにもかかわらず，両者の勝つ可能性はほとんど等しい．くわしく論ずることはしないが，簡単な計算によれば，合計 495 回のうち「プレイヤー」には 244 回の勝つ見込みがあり，「ハウス」には 251 回の勝つ見込みがある．すなわち――1 単位の賭け金に対してプレイされた――プレイの値は

$$\frac{244 - 251}{495} = -\frac{7}{495} = -1.414\%$$

となる．したがって，かなり公平であることには違いないが，それ以上のことがいえるかどうかは疑問である．

[156] すなわち，確実に利得を 0 以上にできる．

数学的に次のようにいうこともできるであろう：
もし行列 $\mathcal{H}(\tau_1, \tau_2)$ が歪対称ならば，

$$\tau_2 = 1, \cdots, \beta_2 \text{に関して，} \quad \sum_{\tau_1=1}^{\beta_1} \mathcal{H}(\tau_1, \tau_2)\xi_{\tau_1} \geq 0$$

となるような S_{β_1} のベクトル $\vec{\xi}$ が存在する．

これは **16.4.4** の最後の結果（16:G）に一致しているので，直接得ることもできるであろう．そのためには，（16:G）にここで用いている記号を導入すれば十分であろう．すなわち，そこでの $i, j, \alpha(i,j)$ を $\tau_1, \tau_2, \mathcal{H}(\tau_1, \tau_2)$ に，また $\vec{w}$ を $\vec{\xi}$ に置き換えるわけである．

われわれの理論をこの事実にもとづいて形成する，すなわち，**17.6** の定理を上の結果から導き出すことさえ可能である．言い換えれば，すべての Γ の一般的な厳密な決定性は，対称ゲームのそれから導き出すこともできる．その証明もそれ自身興味深いものではあるが，**17.6** の誘導のほうがより直接的であるのでここでは議論しないものとする．

（対称ゲームにおいて）損失から自ら守れるのは，混合戦略 $\vec{\xi}, \vec{\eta}$ を用いることができるからこそである（**17.7** の最後を参照せよ）．もしプレイヤーが純粋戦略 τ_1, τ_2 しか用いえないとすれば，自らの戦略を発見され，その結果損失を被る危険が生じる．これを確かめるためには，じゃんけんに関して見出したことを思い出せば十分である（**14.7** および **17.1.1** を参照せよ）．同じ事実を **19.2.1** において，ポーカーと「ハッタリ」の必要性に関連して認識することであろう．

第4章 ゼロ和2人ゲーム：例

18 いくつかの基本的なゲーム

18.1 最も簡単なゲーム

18.1.1 われわれはゼロ和2人ゲームについての一般的な議論を終えた．そこで，次にそのようなゲームの個々の例を考察することにしよう．これらの例により，われわれの理論の種々の要素のもつ意味が一般的な抽象議論よりもよく示されるであろう．特にわれわれの理論によって指示されたいくつかの形式的なステップにどのようにして常識的な解釈が与えられるかが，これらの例により示されるであろう．**19.2**, **19.10** および **19.16** で述べられる「実用的」，「心理学的」な現象の主要な点を厳密に理論化できることがわかると思う[1]．

18.1.2 数 β_1, β_2 の大きさ——すなわち，標準形ゲームにおいて2人のプレイヤーが直面している代替案の数——により，まずゲーム Γ の複雑さの度合いが評価される．これらの数のどちらかまたは両方が1の場合は無視してよいであろう．なぜなら，これによって問題のプレイヤーは選択を行うことがまったくできず，ゲームに影響を及ぼすことがないからである[2]．したがって，われわれが関心をもつ最も簡単なゲームは，

(18:1)　　$\beta_1 = \beta_2 = 2$

となるようなクラスのゲームである．**14.7** においてコイン合わせがそのよう

---

[1] これらの事柄は，厳密な（数学的）取り扱いに本来適してはいないという意見が広く支持されているので，特に強調するわけである．

[2] したがってゲームは実際には1人ゲームになってしまい，もちろんそうなればもはやゼロ和ではなくなる．**12.2** を参照せよ．

	1	2
1	$\mathcal{H}(1,1)$	$\mathcal{H}(1,2)$
2	$\mathcal{H}(2,1)$	$\mathcal{H}(2,2)$

図 27

なゲームであることをみた．その行列表は **13.4.1** の図 12 に与えられていた．そのようなゲームのもう 1 つの例は **13.4.1** の図 14 に与えられている．

そこで次に (18:1)，すなわち図 27 で表される最も一般的なゲームを考えることにしよう．このゲームは，例えばコイン合わせに適用する場合に，たとえマッチした場合の利得がマッチの仕方によって必ずしも同じでなくても（いやまったく利得でなくても），またマッチしなかった場合の損失が場合によって必ずしも同じでなくても（いやまったく損失でなくても），適用することができる[3]．この場合について，**17.8** の結果——すなわちゲーム Γ と良い戦略の集合 $\bar{A}, \bar{B}$ ——を議論することにしよう．これらの概念は (**17.6** の定理にもとづく) **17.8** の一般存在定理によって打ち立てられたものであるが，ここではこの特別な場合において明確に計算することによりそれらの集合を再度得ることとし，それによってその機能および可能性についていくつかのさらに深い洞察を行いたいと思う．

18.1.3 図 27 で与えられたゲームに対してはいくつか整理できる点があり，それによって徹底的な議論がかなり簡単化される．

まず，プレイヤー 1 の 2 つの選択のどちらを $\tau_2 = 1, \tau_1 = 2$ とするかはまったく任意である．すなわち，これら——行列の 2 つの行——を取り替えてもかまわない．

第 2 に，プレイヤー 2 の選択のどちらを $\tau = 1, \tau_2 = 2$ とするかもまたまったく任意である．すなわち，これら——行列の 2 つの列——を取り替えてもかまわない．

最後に，2 人のプレイヤーのどちらを 1 とよび，2 とよぶかもまたまったく任意である．すなわち，これらを取り替える—— $\mathcal{H}(\tau_1, \tau_2)$ を $-\mathcal{H}(\tau_1, \tau_2)$ に置き換える (**14.6** および **17.11** を参照せよ) ——ことも許される．これによ

---

[3] 図 12 と図 27 を比較することにより，コイン合わせにおいては，$\mathcal{H}(1,1) = \mathcal{H}(2,2) = 1$ (マッチしたことによる利得)，$\mathcal{H}(1,2) = \mathcal{H}(2,1) = -1$ (マッチしないことによる損失) であることが示される．

り，結局行列の行と列を取り替え，さらにその要素の符号を変えることになる．

以上のことを合わせて考えることにより，本質的には同じであるようなゲームを $2 \times 2 \times 2 = 8$ 通りに整理することができる．

18.2 これらのゲームの詳細な数量的な議論

18.2.1 さて厳密な議論にとりかかろう．この議論とはいくつかの代替的な可能性，すなわち下に列挙する「ケース」を考察することである．

これらのケースは $\mathcal{H}(\tau_1, \tau_2)$ が 2 つの変数 τ_1, τ_2 に関して，その最大値および最小値をとる場の位置のさまざまな可能性によって区別される．その可能性の限定は最初はまったく任意であるが，それによってすべての可能性が直ちに導かれることから，事後的に正当化される．

そこで，$\mathrm{Max}_{\tau_1,\tau_2} \mathcal{H}(\tau_1,\tau_2)$ および $\mathrm{Min}_{\tau_1,\tau_2} \mathcal{H}(\tau_1,\tau_2)$ を考えることにしよう．これらの値の各々は少なくとも一度はとられるであろうし，一度以上とられるかもしれない[4]．しかしこの点については関心はない．まず種々のケースの定義から始めよう．

18.2.2 ケース (A)：$\mathrm{Max}_{\tau_1,\tau_2}$ をとる場と $\mathrm{Min}_{\tau_1,\tau_2}$ をとる場の 2 つの場が同じ行にもなく，また同じ列にもないようにとることができる．

$\tau_2 = 1, 2$ だけでなく $\tau_1 = 1, 2$ も取り替えることにより，最初に述べた ($\mathrm{Max}_{\tau_1,\tau_2}$ の) 場を $(1,1)$ とすることができる．そうすれば，次に述べた ($\mathrm{Min}_{\tau_1,\tau_2}$ の) 場は $(2,2)$ とならなければならない．したがって，

$$(18:2) \quad \mathcal{H}(1,1) \begin{Bmatrix} \geq \mathcal{H}(1,2) \geq \\ \geq \mathcal{H}(2,1) \geq \end{Bmatrix} \mathcal{H}(2,2)$$

となる．それゆえに $(1,2)$ は鞍点である[5]．

したがって，この場合にはゲームは厳密に決定されたゲームとなり，

$$(18:3) \quad \mathrm{v}' = \mathrm{v} = \mathcal{H}(1,2)$$

となる．

18.2.3 ケース (B)：このケースでは，上に規定したように選択すること

---

[4] コイン合わせ (232 ページの脚注 3) を参照せよ) においては，$\mathrm{Max}_{\tau_1,\tau_2}$ は 1 であり，$(1,1)$ および $(2,2)$ でとられる．一方 $\mathrm{Min}_{\tau_1,\tau_2}$ は -1 であり，$(1,2)$ および $(2,1)$ でとられる．

[5] **13.4.2** を思い出せ．$(2,1)$ ではなく $(1,2)$ をとらなければならないことに注意しよう．

は不可能である.

問題の ($\text{Max}_{\tau_1,\tau_2}$ および $\text{Min}_{\tau_1,\tau_2}$ の) 2つの場を選ぼう. そうすれば, その2つの場は同じ行または同じ列にある. 前者の場合には, この2つの場がとにかく同じ列になるようにプレイヤー1, 2を取り替えるものとしよう[6].

もし必要なら, $\tau_2 = 1, 2$ だけでなく $\tau_1 = 1, 2$ を取り替えることにより, 再度最初に述べた ($\text{Max}_{\tau_1,\tau_2}$ の) 場を $(1,1)$ とすることができる. したがって問題の列は $\tau_2 = 1$ となる. そうすれば, 次に述べた ($\text{Min}_{\tau_1,\tau_2}$ の) 場は $(2,1)$ にならねばならない[7]. したがって

$$(18:4) \quad \mathcal{H}(1,1) \begin{Bmatrix} \geq \mathcal{H}(1,2) \geq \\ \geq \mathcal{H}(2,2) \geq \end{Bmatrix} \mathcal{H}(2,1)$$

となる.

実際には $\mathcal{H}(1,1) = \mathcal{H}(1,2)$ または $\mathcal{H}(2,2) = \mathcal{H}(2,1)$ なることは除外される. この場合には, $\text{Max}_{\tau_1,\tau_2}$ と $\text{Min}_{\tau_1,\tau_2}$ の場に関して, それを $(1,2), (2,1)$ または $(1,1), (2,2)$ と選ぶことが許され, ケース (A) がもたらされるからである[8].

したがって, (18:4) を次のように強めることができる.

$$(18:5) \quad \mathcal{H}(1,1) \begin{Bmatrix} > \mathcal{H}(1,2) \geq \\ \geq \mathcal{H}(2,2) > \end{Bmatrix} \mathcal{H}(2,1)$$

次にこれをさらに分離しなければならない:

18.2.4　ケース (B_1):

$(18:6) \quad \mathcal{H}(1,2) \geq \mathcal{H}(2,2)$

この場合には (18:5) を次のように強めることができる.

$(18:7) \quad \mathcal{H}(1,1) > \mathcal{H}(1,2) \geq \mathcal{H}(2,2) > \mathcal{H}(2,1)$

---

[6] この2人のプレイヤーの取り替えにより, すべての行列の要素の符号が変えられる (上を参照せよ). したがって, $\text{Max}_{\tau_1,\tau_2}$ と $\text{Min}_{\tau_1,\tau_2}$ が取り替えられることになる. しかしそれにもかかわらず, それらは同じ列にあるだろう.

[7] 正確にいえば次のとおりである:それはまた $(1,1)$ になるかもしれない. しかし, そうなれば $\mathcal{H}(\tau_1, \tau_2)$ の $\text{Max}_{\tau_1,\tau_2}$ と $\text{Min}_{\tau_1,\tau_2}$ は同じ値となり, $\mathcal{H}(\tau_1, \tau_2)$ は一定の値となる. したがって $(2,1)$ を $\text{Min}_{\tau_1,\tau_2}$ として用いることもできるのである.

[8] コイン合わせの例のように, $\mathcal{H}(1,1) = \mathcal{H}(2,2)$ および $\mathcal{H}(1,2) = \mathcal{H}(2,1)$ は完全におこりうるのである. 232ページの脚注3) および235ページの脚注9) を参照せよ.

したがって $(1,2)$ が再度鞍点となる．

それゆえこの場合にもゲームは厳密に決定され，再度

(18:8)　　$v' = v = \mathcal{H}(1,2)$

となる．

18.2.5 ケース (B_2)：

(18:9)　　$\mathcal{H}(1,2) < \mathcal{H}(2,2)$

この場合には（18:5）は次のように強められる．

(18:10)　　$\mathcal{H}(1,1) \geq \mathcal{H}(2,2) > \mathcal{H}(1,2) \geq \mathcal{H}(2,1)$[9]

ゲームは厳密には決定されない[10]．

しかし **17.9** の特徴的な条件（17:D）を満たすことにより，良い戦略，すなわち $\bar{A}$ に属する $\vec{\xi}$，および $\bar{B}$ に属する $\vec{\eta}$ は容易に見出すことができる．さらに次のようにもできる．すなわち，$\sum_{\tau_2=1}^{2} \mathcal{H}(\tau_1,\tau_2)\eta_{\tau_2}$ がすべての τ_1 に関して同じになるように $\vec{\eta}$ を選び，$\sum_{\tau_1=1}^{2} \mathcal{H}(\tau_1,\tau_2)\xi_{\tau_1}$ がすべての τ_2 に関して同じになるように $\vec{\xi}$ を選ぶことができるのである．そのためには，次のようにしなければならない：

(18:11)　　$\begin{cases} \mathcal{H}(1,1)\eta_1 + \mathcal{H}(1,2)\eta_2 = \mathcal{H}(2,1)\eta_1 + \mathcal{H}(2,2)\eta_2 \\ \mathcal{H}(1,1)\xi_1 + \mathcal{H}(2,1)\xi_2 = \mathcal{H}(1,2)\xi_1 + \mathcal{H}(2,2)\xi_2 \end{cases}$

これにより，

(18:12)　　$\xi_1 : \xi_2 = \mathcal{H}(2,2) - \mathcal{H}(2,1) : \mathcal{H}(1,1) - \mathcal{H}(1,2)$
　　　　　　$\eta_1 : \eta_2 = \mathcal{H}(2,2) - \mathcal{H}(1,2) : \mathcal{H}(1,1) - \mathcal{H}(2,1)$

となる．これらの比率が次の常に成り立つ条件，

$$\xi_1 \geq 0, \quad \xi_2 \geq 0, \quad \xi_1 + \xi_2 = 1$$
$$\eta_1 \geq 0, \quad \eta_2 \geq 0, \quad \eta_1 + \eta_2 = 1$$

---

[9] これは実際にコイン合わせの場合である．232 ページの脚注 3）および 234 ページの脚注 8) を参照せよ．
[10] 明らかに $v_1 = \text{Max}_{\tau_1} \text{Min}_{\tau_2} \mathcal{H}(\tau_1,\tau_2) = \mathcal{H}(1,2)$, $v_2 = \text{Min}_{\tau_2} \text{Max}_{\tau_1} \mathcal{H}(\tau_1,\tau_2) = \mathcal{H}(2,2)$ であり，$v_1 < v_2$ となる．

のもとで満たされなければならない.規定された比率(すなわち (18:12) の右辺)が (18:10) により正であるので,これは可能になる.したがって,

$$\xi_1 = \frac{\mathcal{H}(2,2) - \mathcal{H}(2,1)}{\mathcal{H}(1,1) + \mathcal{H}(2,2) - \mathcal{H}(1,2) - \mathcal{H}(2,1)},$$

$$\xi_2 = \frac{\mathcal{H}(1,1) - \mathcal{H}(1,2)}{\mathcal{H}(1,1) + \mathcal{H}(2,2) - \mathcal{H}(1,2) - \mathcal{H}(2,1)}.$$

さらに,

$$\eta_1 = \frac{\mathcal{H}(2,2) - \mathcal{H}(1,2)}{\mathcal{H}(1,1) + \mathcal{H}(2,2) - \mathcal{H}(1,2) - \mathcal{H}(2,1)},$$

$$\eta_2 = \frac{\mathcal{H}(1,1) - \mathcal{H}(2,1)}{\mathcal{H}(1,1) + \mathcal{H}(2,2) - \mathcal{H}(1,2) - \mathcal{H}(2,1)}$$

となる.この $\vec{\xi}, \vec{\eta}$ が一意的に決定されること,すなわち $\vec{A}, \vec{B}$ が他の要素を含まないことも示すことができる.

証明:もし $\vec{\xi}$ または $\vec{\eta}$ のどちらかが上で見出した以外のものであれば,$\vec{\eta}$ または $\vec{\xi}$ は **17.9** の特徴的な条件 (17:D) により要素 0 をもたねばならない.しかしそうなれば,$\vec{\eta}$ または $\vec{\xi}$ は上の値とは異なってしまう.なぜなら上の値においては,どちらの要素も共に正だからである.したがって,もし $\vec{\xi}$ または $\vec{\eta}$ のどちらかが上の値と異なれば,結局両方共に異なることになり,要素 0 をもつことになる.そのときには,2 つのベクトルは共に他の要素が 1,すなわち座標ベクトルとなる[11].したがって,それらが示す $\mathrm{K}(\vec{\xi},\vec{\eta})$ の鞍点は実際には $\mathcal{H}(\tau_1,\tau_2)$ の 1 つとなる.——**17.9** の (17:E) を参照せよ.したがって,ゲームは厳密に決定されたことになる.しかし,この場合にはそうではないことがわかっている.

これで証明は完了した.

ここで (18:11) の 4 つの表現は同じ値,すなわち,

$$\frac{\mathcal{H}(1,1)\mathcal{H}(2,2) - \mathcal{H}(1,2)\mathcal{H}(2,1)}{\mathcal{H}(1,1) + \mathcal{H}(2,2) - \mathcal{H}(1,2) - \mathcal{H}(2,1)}$$

をもち,**17.5.2** の (17:5:a), (17:5:b) により,これは v′ の値となる.したがって,

$$(18{:}13) \quad \mathrm{v}' = \frac{\mathcal{H}(1,1)\mathcal{H}(2,2) - \mathcal{H}(1,2)\mathcal{H}(2,1)}{\mathcal{H}(1,1) + \mathcal{H}(2,2) - \mathcal{H}(1,2) - \mathcal{H}(2,1)}$$

---

[11] $(1,0)$ または $(0,1)$ である.

となる．

18.3 性質上の特徴

18.3.1 **18.2** の理論的な結果は種々の方法により要約され，そのもつ意味はより明らかになる．まず次の規準から始めよう：

場 $(1,1), (2,2)$ は図27の行列表の1つの対角線をなし，場 $(1,2), (2,1)$ はもう1つの対角線をなす．

2つの数の集合 E, F を考え，もし E のすべての要素が F のすべての要素より大きいかまたは E のすべての要素が F のすべての要素より小さければ，E と F とは分離されるということにしよう．

次に **18.2** のケース $(A), (B_1), (B_2)$ を考えよう．最初の2つのケースにおいてはゲームが厳密に決定され，行列の1つの対角成分はもう1つの対角成分と分離されない[12]．最後のケースにおいてはゲームは厳密には決定されず，行列の1つの対角成分はもう1つの対角成分と分離される[13]．

したがって対角成分の分離は，ゲームが厳密に決定されないための必要十分条件となる．この規準は，**18.2** において **18.1.3** の整理を用いることにより得られた．しかし **18.1.3** で述べられた3通りの整理のプロセスは，厳密な決定にも対角成分の分離にも影響を及ぼさない[14]．したがって，第1の規準は常に有効である．次のようにいい直しておこう：

(18:A) ゲームは行列の1つの対角成分がもう1つの対角成分と分離されれば，そしてそのときにのみ厳密には決定されない．

18.3.2 ケース (B_2)，すなわちゲームが厳密には決定されない場合においては，われわれが見出した $\vec{A}$ の（唯一の）$\vec{\xi}$ および $\vec{B}$ の（唯一の）$\vec{\eta}$ は共に要素のどちらもが0ではない．一意性だけでなく，これも **18.1.3** で述べられた整理によっては影響を受けない[15]．したがって，次のようにいえるであろう：

---

[12] ケース (A)：$(18:2)$ より，$\mathcal{H}(1,1) \geq \mathcal{H}(1,2) \geq \mathcal{H}(2,2)$．ケース (B_1)：$(18:7)$ より，$\mathcal{H}(1,1) > \mathcal{H}(1,2) \geq \mathcal{H}(2,2)$．

[13] ケース (B_2)：$(18:10)$ より，$\mathcal{H}(1,1) \geq \mathcal{H}(2,2) > \mathcal{H}(1,2) \geq \mathcal{H}(2,1)$．

[14] 前者はこの整理が記号の上だけの変更であり，ゲームに関して本質的でないことから明らかである．また後者は直ちに証明される．

[15] これらもまた直ちに証明される．

(18:B) もしゲームが厳密に決定されなければ，ただ1つの良い戦略 $\vec{\xi}$（すなわち $\bar{A}$ に属する）およびただ1つの良い戦略 $\vec{\eta}$（すなわち $\bar{B}$ に属する）が存在し，そのどちらもが正の要素のみをもつ．

すなわち，2人のプレイヤーは共に混合戦略を用いなければならない．

(18:B) にしたがえば，$\vec{\xi}$ または $\vec{\eta}$（ただし $\vec{\xi}$ は $\bar{A}$ に属し $\vec{\eta}$ は $\bar{B}$ に属する）の要素はどれも0にはならない．したがって **17.9** の規準により，(18:11) の前の議論——それは前に述べたときには十分であったが必要ではなかった——が必要条件でもあること（もちろん十分条件でもある）が示される．したがって (18:11) は満たされねばならず，その結果はすべて正しいことになる．これは，特に (18:11) の後で与えられた値 $\xi_1, \xi_2, \eta_1, \eta_2$ および (18:13) において与えられた v' の値にあてはまる．したがって，これらの公式はすべてゲームが厳密に決定されないときにはいつでも適用される．

18.3.3 次にもう1つの規準を定式化しよう：

一般の行列 $\mathcal{H}(\tau_1, \tau_2)$——138ページの図15を参照——において（しばらくの間 β_1, β_2 は任意としておく），1つの行（例えば τ_1'）または列（例えば τ_2'）の各要素がもう1つの行（例えば τ_1''）または列（例えば τ_2''）の対応する要素より例外なく小さくなければ，τ_1' または τ_2' は τ_1'' または τ_2'' より優勢であるという．すなわち，すべての τ_2 に対して $\mathcal{H}(\tau_1', \tau_2) \geq \mathcal{H}(\tau_1'', \tau_2)$，またはすべての τ_1 に対して $\mathcal{H}(\tau_1, \tau_2') \geq \mathcal{H}(\tau_1, \tau_2'')$ ならば，τ_1' または τ_2' は τ_1'' または τ_2'' より優勢であるというのである．

この概念は次のような簡単な意味をもっている．τ_1' の選択はプレイヤー1にとって少なくとも τ_1'' を選択するのと同程度に良い．——またプレイヤー2にとって τ_2' を選択するのは多くとも τ_2'' を選択するのと同程度に良いのである．——もちろん，どちらの場合も相手の行動には関係なくそうなるのである[16]．

次に目下の問題（$\beta_1 = \beta_2 = 2$）に移ろう．再度 **18.2** のケース $(A), (B_1)$, (B_2) を考える．最初の2つの場合には1つの行または列が他より優勢である[17]．最後の場合には，行にも列にも優勢の関係はない[18]．

---

[16] もちろんこれは例外的なことである．一般には，2つの代替的な選択のどちらが良いかは相手の行動によって左右される．

[17] ケース (A)：(18:2) により，列1が列2より優勢である．(ケース B_1)：(18:7) により，行1が行2より優勢である．

[18] ケース (B_2)：容易に証明されるように，(18:10) は4つの可能性すべてを排除している．

したがって，行または列に優勢の関係があるということは Γ が厳密に決定されるための必要十分条件となる．最初の規準と同様これも **18.1.3** でなされた整理を **18.2** で用いることにより得られる．そして前と同様，整理の方法は厳密な決定にも行または列の優勢の関係にも影響を及ぼさない．したがって，この規準もまた常に有効である．次のようにいい直しておこう：

(18:C) ゲーム Γ は，1 つの行または列が他の行または列より優勢であれば，そしてそのときにのみ，厳密に決定される．

18.3.4 (18:C) の条件が厳密な決定に十分であることは驚くに値しない．すなわち，それは 2 人のプレイヤーのうちの 1 人にとって，すべての条件のもとで彼のなしうる選択の 1 つが少なくとも他の選択と同程度に良いことを意味している（上を参照せよ）．したがって，そのプレイヤーはどうすべきかを知っており，相手もそのプレイヤーの行動を予測できる，すなわちこれは厳密な決定を意味するであろう．

もちろん，これらの考えはもう 1 人のプレイヤーが合理的に行動することを前提としており，われわれのもとの議論はそれに依存してはいない．**15.8** の最初および最後の注意はある程度まで，このより簡単な状況に適用される．

しかしながら，この (18:C) の結果の真の重要性は必要条件が同様に確立される点にある．すなわち，この行または列の完全な優勢の関係以上に，巧みな概念で厳密な決定をもたらしうるものは何もないのである．

ここでは最も簡単な $\beta_1 = \beta_2 = 2$ の場合を考えていることを覚えておかなければならない．**18.5** において，β_1, β_2 が増加した場合に条件がすべての点においてより複雑になることをみることであろう．

18.4　いくつかの個々のゲームの議論．（コイン合わせの一般形）

18.4.1 以下に述べるのは，**18.2** および **18.3** の結果のいくつかの応用である．

(a) 図 27 の $\mathcal{H}$ 行列が 131 ページの図 12 で与えられた通常の形をしたコイン合わせ．このゲームの値が，

$$v' = 0$$

であり，(唯一の) 良い戦略が

$$\vec{\xi} = \vec{\eta} = \left(\frac{1}{2}, \frac{1}{2}\right)$$

であることはすでに知っている．(**17.1** を参照せよ．**18.2** の公式により直ちに与えられるであろう．)

18.4.2 (b) 表でマッチした場合には2倍のプレミアがつくようなコイン合わせ．したがって，図27の行列は図12の行列とは異なり $(1,1)$ 要素が2倍になっている：

	1	2
1	2	-1
2	-1	1

図 **28a**

対角成分は分離される（1 および 2 は -1 より大となっている）．したがって良い戦略は一意に決定され，しかも混合戦略である（(18:A), (18:B) を参照せよ）．**18.2.5** のケース (B_2) の適切な公式を用いることにより，値

$$v' = \frac{1}{5}$$

および，良い戦略

$$\vec{\xi} = \left(\frac{2}{5}, \frac{3}{5}\right), \quad \vec{\eta} = \left(\frac{2}{5}, \frac{3}{5}\right)$$

を得る．

　表がマッチすることに対して加えられたプレミアムにより，マッチさせようとしているプレイヤー1にとってのプレイの値が増大したことがわかるであろう．またこのプレミアムにより表を選ぶほうがもっともらしくなり，それゆえ危険になるので，プレイヤー1が表を選ぶ確率は減少する．表でマッチすれば余分の損失を直接被る危険があるので，プレイヤー2も同じようにして影響を受ける．この言葉による議論はもっともらしいところもあるにはあるが，厳密なものではない．しかし，この結果をもたらした公式は厳密なものであった．

18.4.3 (c) 表でマッチすれば2倍のプレミアがつくが（プレイヤー1が），表を選んでマッチしなければ3倍のペナルティが課せられるようなコイン合わせ．したがって，図27の行列は次のように修正される：

	1	2
1	2	−3
2	−1	1

図 28b

対角成分は分離される(すなわち1および2は −1, −3 より大きい).したがって良い戦略は一意に決定され,しかも混合戦略である(前を参照せよ).前に用いた公式により,値は,

$$v' = -\frac{1}{7}$$

となり,適切な戦略は,

$$\vec{\xi} = \left(\frac{2}{7}, \frac{5}{7}\right), \quad \vec{\eta} = \left(\frac{4}{7}, \frac{3}{7}\right)$$

となる.

この結果に前と同様に言葉の説明を与えることは,読者に任せよう.このタイプの他の例は,ここで行った方向にそって簡単につくることができる.

18.4.4 (d) われわれは **18.1.2** において,コイン合わせのこれらの変形がまずゼロ和2人ゲームの最も簡単な形をしていることを知った.このことにより,それらの変形はある一般的な意味をもち,それはさらに **18.2** および **18.3** の結果により強固なものとなる:実際,このクラスのゲームが最も簡単な形において,どのような条件のもとで厳密に決定されたりされなかったりするかを見出した.さらに同じ意味において,これらのゲームとコイン合わせの関連はただ1つの点だけであることを指摘しておきたい.まったく物質的な外観は異なるように思える他のゲームも,実際にはこのクラスに属することもあるであろう.このような例を次に与えよう:

考察されるゲームは,シャーロック・ホームズの冒険の中の1つのエピソードである[19)][20)].

[19)] Conan Doyle, *The Adventures of Sherlock Holmes*, New York, 1938, pp.550-551.

[20)] もちろん問題となっている状況は,実際の生活においておこりうる幾多の争いの例としても評価される.O. Morgenstern, *Wirtschaftsprogrose*, Vienna, 1928, p.98 によって,そのようなものとして説明されている.

しかし著者は,同著または "Vollkommene Voraussicht und wirtschaftliches Gleichgewicht," *Zeitschrift für Nationalökonomie*, Vol.6, 1934 におけるような悲観的な見方

シャーロック・ホームズはモリアティ教授の追跡から逃れるために，ロンドンからドーバーへ，そして大陸へ行きたいと思っている．汽車に乗りこんだ後，発車するときになって彼はモリアティがプラットホームに現れるのをみた．シャーロック・ホームズは，自分をみた相手が当然急行に乗り追いついてくるに違いないと考えるであろう．——この点において彼の考えはまったく正しい．そこで，シャーロック・ホームズはドーバーまで行くかそれともただ1つの途中駅であるカンタベリーで降りるかのどちらかを選択しなければならない．彼の相手も——十分に知的であり，これらの可能性を描くことができると考えられるので——同じ選択に直面するであろう．両者は共に相手の対応する決定を知らずに汽車から降りなければならない．もしこれらの手段の結果として，結局同じ駅で降りれば，シャーロック・ホームズは確実に殺されると考えてよいであろうし，もしシャーロック・ホームズが無傷でドーバーに着けば，うまく逃げえたことになる．

シャーロック・ホームズにとっての特に良い戦略とは何であろうか？　このゲームは明らかにコイン合わせとある類似性をもっており，モリアティ教授はマッチさせようとしているプレイヤーになる．それゆえ彼をプレイヤー1とし，シャーロック・ホームズをプレイヤー2としよう．ドーバーまで行く選択を1で示し，途中駅で降りる選択を2で示そう．（これは τ_1 および τ_2 にあてはまる．）

ここで図27の $\mathcal{H}$ 行列を考えよう．場 $(1,1)$ および $(2,2)$ はモリアティ教授がシャーロック・ホームズをとらえる場合に相当し，対応する行列の要素は当然非常に高い値——例えば100——となる．場 $(2,1)$ はシャーロック・ホームズがうまくドーバーへ逃げ，一方モリアティはカンタベリーで降りた場合を意味している．これは，この場合の行動に関するかぎりモリアティが負けたことを表しており，行列の要素は大きな負の値——ただし大きさは前に述べた正の値より小さい値——例えば50となるべきである．場 $(1,2)$ はシャーロック・ホームズが途中駅で降り，モリアティからは逃げられたが大陸へは渡れない状

はしない．

　したがって，われわれの解は，K. Menger, *Neuere Fortschritte in den exacten Wissenschaften*, "Einige neuere Forschritte in der exacten Behandlung Socialwissenschaftlicher Probleme," Vinna, 1936, pp.117 and 131 によって示された同じ性質をもつ疑問にも答える．

況を意味している．この場合は引き分けとみなすのが最も良く，したがって行列の要素は 0 となる．

$\mathcal{H}$ 行列は図 29 によって与えられる：

	1	2
1	100	0
2	−50	100

図 29

(b), (c) と同様，対角成分は分離される．(すなわち，100 は 0, −50 よりも大きい．) したがって，良い戦略はこの場合にも一意に決定され，しかも混合戦略である．前に用いられた公式により，(モリアティにとっての) 値は

$$v' = 40$$

と与えられ，良い戦略 (モリアティにとっては $\vec{\xi}$ であり，シャーロック・ホームズにとっては $\vec{\eta}$ である) は，

$$\vec{\xi} = \left(\frac{3}{5}, \frac{2}{5}\right), \quad \vec{\eta} = \left(\frac{2}{5}, \frac{3}{5}\right)$$

と与えられる．

したがって，モリアティは 60% の確率でドーバーへ行くべきであり，逆にシャーロック・ホームズは 60% の確率で途中駅で降りるべきである．——残りの 40% はどちらの場合も，もう一方の選択にあてられる[21]．

18.5　いくつかのやや複雑なゲーム議論

18.5.1　17.8 において得られたゼロ和 2 人ゲームの一般的な解により，あ

---

[21] コナン・ドイルの物語では——言い訳をすれば——混合戦略を無視し，その代わりに実際の展開を述べている．その展開にしたがえば，シャーロック・ホームズは途中駅で降り，モリアティの乗った急行列車がドーバーまで行くのを見守ることに成功する．コナン・ドイルの解は，よりおこりやすいコースを各々相手のコースと決めてしまう (すなわち 60% の確率のものを確実なものとしてしまう) かぎり，(純粋戦略への) 制限のもとでは最も良いものである．しかしながら，この方法によりシャーロック・ホームズが完全に勝つという点は少々誤っている．なぜなら，上でみたように勝ち目 (すなわちプレイの値) は明らかにモリアティのほうに有利だからである．($\vec{\xi}, \vec{\eta}$ に関する結果によれば，シャーロック・ホームズは彼の乗った列車が駅を出たときに 48% の確率で死んだも同然であるということになる．この点に関して，敗者は始まる前から決まっているので，旅の行程全体は必要ではないというモルゲンシュテルンの前記の著書の p.98 における示唆と比較してみよ．)

る代替案および概念が前面に押し出される．すなわち，厳密に決定されているか否かの問題，プレイの値 v'，良い戦略の集合 $\bar{A}, \bar{B}$ である．これらのすべてに対し，18.2 において非常に簡単に明確な特徴づけを行い，しかも決定した．これらは，18.3 においてそれらの結果が定式化し直されるにいたってさらに目立つこととなった．

この簡単化により，いくつかの誤解が生じるかもしれない．実際，18.2，18.3 の結果は，明らかに最も簡単な種類の計算を行うことにより得られた．厳密な決定に関する 18.3 の組み合わせ的な規準 (18:A)，(18:C) も——少なくとも最終的な形においては——いままでに経験したどの規準よりもかなり簡単であった．そこで，17.8 のやや複雑な考察（および厳密に決定された場合におけるそれに相当する 14.5 の考察）が必要かどうかという疑問が生じてくる．——特にそれらの考察は 17.6 の数学的な定理にもとづいており，その定理は 16 における線形性と凸性の分析を必要とする．もしこれらすべてを 18.2 および 18.3 の形式の議論で置き換えることができるなら，16 および 17 の議論の様式はまったく道理に合わないものとなってしまう[22]．

しかしそうではない．18.3 の終わりに指摘されたように，18.2 および 18.3 の手順と結果が非常に簡単なのは，それが最も簡単なタイプのゼロ和 2 人ゲームだけにしか適用されないことによるのである．すなわち，$\beta_1 = \beta_2 = 2$ で特徴づけられるコイン合わせのクラスのゲームだけにしか適用されないのである．一般的な場合に関しては，16 および 17 のより抽象的な手段がいまのところ不可欠なものであるように思われる．

いくつかの例により，18.2，18.3 の主張が β のより大きな値に対して成り立たないことを示せば，16 および 17 の手段を正しく評価する手助けとなりうるであろう．

18.5.2 実際には $\beta_1 = \beta_2 = 3$ のゲームを考えれば十分であろう．実際，それはコイン合わせにもやや関連している．——第 3 の代替案を導入してより一般的にしただけである．

したがって，2 人のプレイヤーは共に代替的な選択 1, 2, 3（すなわち τ_1, τ_2 の値）をもつことになる．読者は，選択 1 は「表」の選択，2 は「裏」の選択，3 は「取り消し」のようなものと考えればよいであろう．プレイヤー 1 はまた

---

[22] もちろん厳密さを欠くわけではない，しかし基本的な問題にむずかしい数学的な手段を用いる必要はないであろう．

前と同様マッチさせようとする．もし一方のプレイヤーが「取り消し」を行えば，他のプレイヤーが「表」を選ぶか「裏」を選ぶかは問題ではなくなる．——問題なのは，この2つのうちの1つを選ぶかそれとも彼もまた「取り消し」を行うかということである．したがって行列はここでは図30のようになる：

τ_1 \ τ_2	1	2	3
1	1	-1	γ
2	-1	1	γ
3	α	α	β

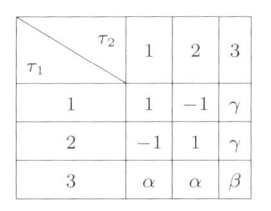

図30

最初の4つの要素——すなわち最初の2行のはじめの2つの要素——はコイン合わせのよく知られたパターンである（図12を参照せよ）．αの値をもつ2つの場は，プレイヤー1が「取り消し」を行い，プレイヤー2がそうはしない場合に効力をもつ．γの値をもつ2つの場は，その逆の場合に有効となる．βの値をもつ要素は，2人のプレイヤーが共に「取り消し」を行う場合を示している．適当な値（正，負またはゼロ）を割り当てることにより，これらの事柄のどれかにプレミアをつけることもペナルティを課すこともでき，また無差別にすることもできる．

図30を特殊化する——すなわち上のα, β, γを適当に選ぶ——ことにより，この時点で必要としている例をすべて得られるであろう．

18.5.3 われわれの目的は，**18.3**の結果(18:A)，(18:B)，(18:C)がどれ1つとして一般的に成り立たないことを示すという点にある．

(18:A) について：この厳密な決定の規準は明らかに$\beta_1 = \beta_2 = 2$という特殊な場合に限定される．β_1, β_2のより大きな値に対しては，2つの対角成分だけでは行列の長方形を尽くすわけにはいかなくなり，それゆえに，前のように対角成分の上の事柄だけで特徴づけを行うことはできなくなる．

(18:B) について：厳密には決定されないが，1人のプレイヤーにとって良い純粋戦略が存在する（もちろんもう1人のプレイヤーにとってはそうではない）ようなゲームの例を与えよう．この例には，プレイヤーの1人はいくつかの良い戦略をもっているが，もう一方のプレイヤーはただ1つしかもっ

ていないという特殊性も含まれている.

図 30 のゲームにおいて，α, β, γ を次のように選ぼう.

τ_1 \ τ_2	1	2	3
1	1	-1	0
2	-1	1	0
3	α	α	$-\delta$

図 31

$\alpha > 0, \delta > 0$ である. 読者は前に指示された意味で，どの「取り消し」にプレミアをつけペナルティを課すかを自ら決定してもらいたい.

17.8 の規準を用いてこのゲームを完全に議論しよう.

$\vec{\xi} = \left(\dfrac{1}{2}, \dfrac{1}{2}, 0 \right)$ に関しては常に $\mathrm{K}(\vec{\xi}, \vec{\eta}) = 0$ となる. すなわちこの戦略を用いれば，プレイヤー 1 は損失を被ることはない. したがって $v' \geq 0$ である. $\vec{\eta} = \vec{\delta}^2 = (0,0,1)$ に関しては常に $\mathrm{K}(\vec{\xi}, \vec{\eta}) \leq 0$ となる[23]. すなわち，この戦略を用いればプレイヤー 2 は損失を被ることはない. したがって $v' \leq 0$ である. それゆえに，

$$v' = 0$$

となる. したがって，常に $\mathrm{K}(\vec{\xi}, \vec{\eta}) \geq 0$ となるならば，そしてそのときにのみ $\vec{\xi}$ は良い戦略となり，常に $\mathrm{K}(\vec{\xi}, \vec{\eta}) \leq 0$ となるならば，そしてそのときにのみ $\vec{\eta}$ は良い戦略となる[24]. 前者は，

$$\xi_1 = \xi_2 = \frac{1}{2}, \quad \xi_3 = 0,$$

ならば，そしてそのときにのみ成り立つことが容易にわかり，後者は，

$$\eta_1 = \eta_2 \leq \frac{\delta}{2(\alpha + \delta)}, \quad \eta_3 = 1 - 2\eta_1,$$

ならば，そしてそのときにのみ成り立つことが容易にわかる.

したがって，すべての良い戦略 $\vec{\xi}$ からなる集合 $\bar{A}$ はたしかに 1 つの要素からなり，それは純粋戦略ではない. 一方，すべての良い戦略 $\vec{\eta}$ からなる集合

---

[23] 実際には $-\delta \xi_3$ に等しくなる.
[24] これらの既述に対し言葉による簡単な解釈を与えることは読者に任せる.

$\bar{B}$ は無限に多くの戦略からなり，その中の 1 つは純粋戦略である．すなわち，$\vec{\eta} = \vec{\delta}^3 = (0,0,1)$ である．

集合 $\bar{A}, \bar{B}$ は，図 21 の図による表現を用いることにより具体的に示すことができる（図 32, 33 を参照せよ）．

(18:C) について：厳密に決定されるが，どの 2 つの行も互いに優勢でなく，またどの 2 つの列も同様に互いに優勢でないような例を与えよう．実際には，それ以上のことも行うであろう．

18.5.4 しばらくの間 β_1, β_2 を任意の数としておく．行または列の間の優勢関係の意味は，**18.3** の最後で考えておいた．その意味は，プレイヤーの 1 人が自らの可能な選択の 1 つを他に比べて簡単に直ちに無視できることであった．——そしてこのことにより，究局的には厳密な決定に結びつきうる可能性がいくぶん狭められた．

特に：もし行 τ'_1 が行 τ''_1 よりも優勢であれば——すなわちすべての τ_2 に対して $\mathcal{H}(\tau''_1, \tau_2) \leq \mathcal{H}(\tau'_1, \tau_2)$ ならば——τ'_1 はプレイヤー 1 にとってすべての可能性を考えてみても少なくとも τ''_1 より良いので，τ''_1 の選択を考える必要はない．また：もし列 τ''_2 が列 τ'_2 よりも優勢であれば——すなわちすべての τ_1 に対して $\mathcal{H}(\tau_1, \tau''_2) \geq \mathcal{H}(\tau_1, \tau'_2)$ ならば——τ'_2 はプレイヤー 2 にとってすべての可能性を考えてみても少なくとも τ''_2 より良いので，τ''_2 の選択を考える必要はない．（**18.3**，特に 238 ページの脚注 16) を参照せよ．これはもちろん発見的な考察である．248 ページの脚注 25) を参照せよ．）

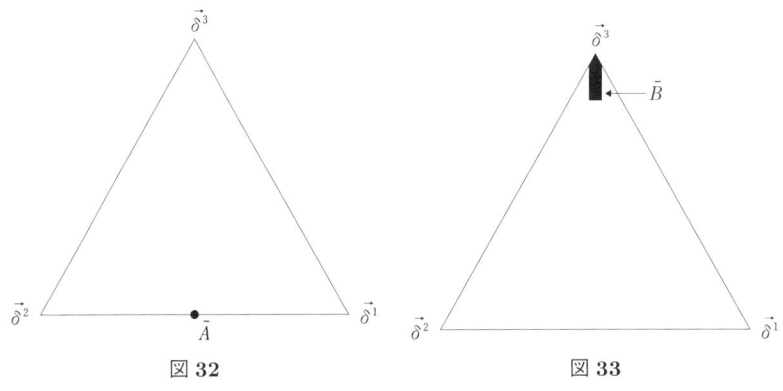

図 32

図 33

次にもっと一般的な枠組みを用いよう：もし行で τ''_1——すなわち τ''_1 に相当するプレイヤー 1 の純粋戦略——よりも $\tau'_1 \neq \tau''_1$ なるすべての行の平均

——すなわち $\xi_{\tau_1''} = 0$ となる 1 つの混合戦略 $\vec{\xi}$——が優勢であれば，他の τ_1' を用いるほうがプレイヤー 1 にとってすべての可能性を考えてみても少なくとも τ_1'' よりは良いので，τ_1'' の選択を考える必要はない．この状況を数学的に表せば次のようになる：

$$(18\text{:}14\text{:a}) \quad \begin{cases} \text{すべての } \tau_2 \text{ に関して，} \mathcal{H}(\tau_1'', \tau_2) \leq \sum_{\tau_1=1}^{\beta_1} \mathcal{H}(\tau_1, \tau_2)\xi_{\tau_1} \\ \vec{\xi} \text{ は } S_{\beta_1} \text{ に属し，} \xi_{\tau_1''} = 0. \end{cases}$$

もし列 τ_2''——すなわち τ_2'' に相当するプレイヤー 2 の純粋戦略——よりも $\tau_2' \neq \tau_2''$ なるすべての列の平均——すなわち $\eta_{\tau_2''} = 0$ となる 1 つの混合戦略 $\vec{\eta}$——が優勢であれば，プレイヤー 2 についても同じような状況が生じる．この状況の数式による表現は以下のとおりである：

$$(18\text{:}14\text{:b}) \quad \begin{cases} \text{すべての } \tau_1 \text{ に関して，} \mathcal{H}(\tau_1, \tau_2'') \geq \sum_{\tau_2=1}^{\beta_2} \mathcal{H}(\tau_1, \tau_2)\eta_{\tau_2} \\ \vec{\eta} \text{ は } S_{\beta_2} \text{ に属し，} \eta_{\tau_2''} = 0. \end{cases}$$

結論は上の場合と同様である．

したがって，(18:14:a) または (18:14:b) が生じるようなゲームにおいては，プレイヤーの 1 人にとっての可能な選択を直ちにしかも正しく狭めることができる[25]．

18.5.5 次に (18:14:a)，(18:14:b) の適用可能性が非常に限られていることを示そう．すなわち，(18:14:a) も (18:14:b) も共に有効でないような厳密に決定されたゲームを与えることにしよう．

それゆえ，図 30 のクラスのゲーム（すなわち $\beta_1 = \beta_2 = 3$ のゲーム）にもどる．$0 < \alpha < 1, \beta = 0, \gamma = -\alpha$ とする：

---

[25] これはもちろん完全に発見的な議論である．**14.5** および **17.8** で完全に議論しているのでここで議論する必要はない．しかし，ここでの議論によって前の議論を置き換えることができ，しかも少なくとも簡単にできるのではないかと思うかもしれない．しかし本書において，これから与える例によりそのような望みは消し去られることであろう．

また別の過程からも結果が導かれる．すなわち，もし (18:14:a) または (18:14:b) が成り立てば，それと **17.8** を結びつけることにより良い戦略の集合 $\bar{A}$ および $\bar{B}$ についての情報を得ることができるのである．しかし，ここでその問題を取り上げることはしない．

18 いくつかの基本的なゲーム

τ_1 \ τ_2	1	2	3
1	1	-1	$-\alpha$
2	-1	1	$-\alpha$
3	α	α	0

図 34

読者は，どの「取り消し」の組み合わせに，前に示した意味でのプレミアをつけペナルティを課すかを自分で決定してほしい．

このゲームについての議論は次のとおりである：

要素 (3, 3) は明らかに鞍点であり，それゆえゲームは厳密に決定され，

$$v = v' = 0$$

である．ここで（**18.5.3** で用いた方法を用いることにより）すべての良い戦略 $\vec{\eta}$ の集合 $\bar{B}$ と同様，すべての良い戦略 $\vec{\xi}$ の集合 $\bar{A}$ も正確に 1 つの要素からなることが容易に示される．その戦略とは，純粋戦略 $\vec{\delta}^3 = (0, 0, 1)$ である．

一方，読者は (18:14:a)，(18:14:b) がここでは共に決して成り立たないこと，すなわちどの 2 つの行のどのような平均をとっても第 3 の行よりも優勢であることはなく，どの 2 つの列のどのような平均をとっても第 3 の列よりも優勢でないことを，ほとんど困難なく証明できるであろう．

18.6 偶然と不完全情報

18.6.1 前節において議論された例により，偶然——より正確にいえば確率——の役割がゲームにおいて必ずしも明らかでない，すなわち，ゲームのルールにより直ちに与えられるとは必ずしもいえないことが明らかになる．図 27 および 30 で表されたゲームには，偶然を考慮したルールはない．すなわち，手番は例外なく人的である[26]．それにもかかわらず，それらのほとんどは厳密に決定されない，すなわち，適切な戦略は確率を明らかに用いる混合戦略であることが見出されている．

一方，完全情報をもつゲームの分析によりこれらのゲームは常に厳密に決定される，すなわち，適切な戦略が確率をまったく含まない純粋戦略であること

---

[26] すべてのゲームを標準形に直してみれば一層はっきりする．標準形は人的手番だけしか含んでいないので，すべてのゲームは偶然手番をもたないゲームに同等であることが証明される．

も示されている．(**15** を参照せよ．)

したがって，プレイヤーの行動，すなわち用いられる戦略という点からみれば，重要なのはゲームが厳密に決定されるか否かであり，それが偶然手番を含むか含まないかではない．

完全情報をもつゲームについての **15** の結果により，厳密な決定性とプレイヤーの情報の状態を決定するルールとの間に密接な関係のあることが示される．この点を明らかにし，特に偶然手番の存在がまったく無関係であることを示すために，ここで次のことを示しておこう．すべての（ゼロ和2人）ゲームにおいて任意の偶然手番は人的手番の組み合わせによって表され，それゆえゲームの戦略的可能性はまったく同じである．プレイヤーの不完全情報の状態を含むルールを与えなければならない．しかし，次のことこそわれわれが示したいと思っていることである．すなわち，不完全情報は（他の事柄の中に）明らかな偶然手番のすべてのおこりうる結果を含んでいる[27]．

18.6.2 そこで偶然手番 $\mathfrak{M}_\kappa$ を含む（ゼロ和2人）ゲーム Γ を考えよう[28]．いつもどおり代替案を $\sigma_\kappa = 1, \cdots, \alpha_\kappa$ と並べ，その確率 $p_\kappa^{(1)}, \cdots, p_\kappa^{(\alpha_\kappa)}$ は $1/\alpha_\kappa$ に等しいと仮定しよう[29]．次に $\mathfrak{M}_\kappa$ を2つの人的手番 $\mathfrak{M}'_\kappa$, $\mathfrak{M}''_\kappa$ で置き換えよう．$\mathfrak{M}'_\kappa$, $\mathfrak{M}''_\kappa$ は各々プレイヤー1および2の人的手番である．この2

---

[27] もちろん偶然手番を直接に取り除くのは，**11.1** で述べたように（純粋）戦略および審判者の選択を導入した後でなければならない．実際——ゲームをその標準形に直す最後の段階として——**11.2.3** における期待値を明確に導入することにより，残っている偶然手番を除いた．

しかし，ここではゲームの構造をあまり根本から変えることなく偶然手番を取り除くことにしよう．各偶然手番を，プレイヤーの戦略を決定する各々の役割は常に区別され各々に評価されるようにしたままで人的手番（後にわかるように2つの手番）によって置き換えることにしよう．この細かな取り扱いにより，上に述べた要約的な方法よりも複雑な構造上の問題により明確な考えを与えることができる．

[28] ここでの目的のためには，$\mathfrak{M}_\kappa$ の特性がそれまでのプレイのコースに依存しているかいないかは関係ない．

[29] これは実際にはまったく一般性を失わない．これを確かめるために，問題の確率が任意の有理数——例えば $r_1/t, \cdots, r_{\alpha_\kappa}/t$ ($r_1, \cdots, r_{\alpha_\kappa}$ と t は整数）——であると仮定しよう．(ここに実際には制限がある．——しかしそれは，非常に小さいものである．——なぜなら任意の確率は有理数で十分に近似できるからである．)

次に，偶然手番 $\mathfrak{M}_\kappa$ を $\sigma'_\kappa = 1, \cdots, t$ ($\sigma_\kappa = 1, \cdots, \alpha_\kappa$ ではなく）で示される $r_1 + \cdots + r_{\alpha_\kappa} = t$ 個の代替案をもつように変える．それゆえ，σ'_κ の最初の r_1 個の値は $\sigma_\kappa = 1$ と同じ効果をプレイに与え，σ'_κ の次の r_2 個の値は $\sigma_\kappa = 2$ と同じ効果を与える等々である．そうすれば，$\sigma'_\kappa = 1, \cdots, t$ のすべてに同じ確率 $1/t$ を与えることは，$\sigma_\kappa = 1, \cdots, \alpha_\kappa$ にもとの確率 $r_1/t, \cdots, r_{\alpha_\kappa}/t$ を与えるのと同じ効果をもつ．

つは共に α_κ 個の代替案をもっており,それを $\sigma'_\kappa = 1, \cdots, \alpha_\kappa$ および $\sigma''_\kappa = 1, \cdots, \alpha_\kappa$ と表しておこう.これらの手番がどのような順序で行われるかは問題ではないが,2つの手番は共に($\mathfrak{M}'_\kappa, \mathfrak{M}''_\kappa$ を含めた)どの手番の結果に関する情報ももたずに行われなければならない,と規定しておく.関数 $\delta(\sigma', \sigma'')$ を次の行列表で定義する.(図 35 を参照せよ.その行列の要素が $\delta(\sigma', \sigma'')$ である[30].)$\mathfrak{M}'_\kappa, \mathfrak{M}''_\kappa$——すなわちそれに相当する(人的な)選択 $\sigma'_\kappa, \sigma''_\kappa$——のゲームの結果への影響は,(偶然な)選択 $\sigma_\kappa = \delta(\sigma'_\kappa, \sigma''_\kappa)$ をもつ手番 $\mathfrak{M}_\kappa$ の影響と同じである.この新しいゲームを Γ^* としよう.この Γ^* の戦略的可能性が Γ のそれと同様であると主張するのである.

σ' \ σ''	1	2	......	$\alpha_\kappa - 1$	α_κ
1	1	α_κ	......	3	2
2	2	1	......	4	3
.	.	.		.	.
$\alpha_\kappa - 1$	$\alpha_\kappa - 1$	$\alpha_\kappa - 2$	......	1	α_κ
α_κ	α_κ	$\alpha_\kappa - 1$	......	2	1

図 35

18.6.3 実際,プレイヤー 1 が Γ^* において Γ の与えられた混合戦略,手番 $\mathfrak{M}'_\kappa$ に関してさらにくわしくいえば[31],$\sigma'_\kappa = 1, \cdots, \alpha_\kappa$ のすべてを同じ確率 $1/\alpha_\kappa$ で選択する混合戦略を用いるとしよう.そうすれば,ゲーム Γ^* は——プレイヤー 1 のこの戦略に関して——プレイヤー 2 からみれば Γ と同じになる.すなわち,$\mathfrak{M}''_\kappa$ におけるプレイヤー 2 のどのような選択(すなわち任意の $\sigma''_\kappa = 1, \cdots, \alpha_\kappa$)も,もとの偶然手番 $\mathfrak{M}_\kappa$ と同じ結果をもたらすのである.図 35 を一目みれば,その行列の $\sigma'' = \sigma''_\kappa$ 列が $\sigma = \delta(\sigma', \sigma'') = 1, \cdots, \alpha_\kappa$

---

[30] 算術的には,
$$\delta(\sigma', \sigma'') \begin{cases} = \sigma' - \sigma'' + 1 & \sigma' \geq \sigma'' \text{ に関して} \\ = \sigma' - \sigma'' + 1 + \alpha_\kappa & \sigma' < \sigma'' \text{ に関して} \end{cases}$$
である.したがって,$\delta(\sigma', \sigma'')$ は常に $1, \cdots, \alpha_\kappa$ のうちの 1 つの数となる.

[31] $\mathfrak{M}'_\kappa$ は人的手番であるので,Γ^* においては彼の戦略がそれを与えなければならない.しかし $\mathfrak{M}_\kappa$ は偶然手番であるので,Γ においてはその必要はない.

のすべての数を正確に 1 度ずつ含むこと——すなわち，$\delta(\sigma', \sigma'')$ が（プレイヤー 1 の戦略により）$\mathfrak{M}_\kappa$ がそうであったように，$1, \cdots, \alpha_\kappa$ のすべての値を確率 $1/\alpha_\kappa$ でとること——がわかるであろう．したがって，プレイヤー 1 からみれば Γ^* は少なくとも Γ と同じ程度に良いのである．

プレイヤー 1 および 2 を取り替えて同じ議論を行えば——したがって，図 35 における行列の行が上で列の行った役割を果たすことになる——プレイヤー 2 からみても Γ^* が少なくとも Γ と同じ程度に良いことがわかるであろう．

2 人のプレイヤーの見方は正反対であるので，以上のことにより Γ^* と Γ が同等であることが導かれる[32]．

18.7 以上の結果の説明

18.7.1 Γ のすべての偶然手番に **18.6.2**，**18.6.3** で述べた操作をくり返し適用すれば，それらはすべて取り除くことができ——したがって，**18.6.1** の最終的な主張を証明することになる．この結果の意味は，この操作のいくつかの実際的な例を用いて示すことにより，より良く理解されうる．

(A) 次のまったく基本的な「チャンス・ゲーム」を考えよう．2 人のプレイヤーは，50%-50% の確率で，どちらがどちらに 1 単位を払うかを決定する．**18.6.2**，**18.6.3** の工夫を適用することにより，この正確に 1 つの偶然手番からなるゲームを 2 つの人的手番からなるゲームに変えることができる．$\alpha_\kappa = 2$ に関する図 35 の行列——$\delta(\sigma', \sigma'')$ の値 1, 2 を実際の支払い 1, -1 によって置き換えた——を一目みれば，それが図 12 に一致していることがわかる．**14.7.2**，**14.7.3** を思い出せば——直ちに明らかであるけれども——このことはこのゲームがコイン合わせに属するゲームであることを意味していることがわかる．

すなわち：コイン合わせは人的手番と不完全情報により，確率 $\frac{1}{2}, \frac{1}{2}$ をつくり出す自然な工夫となっている．（**17.1** を思い出せ！）

(B)「引き分け」も許すように (A) を変えよう．2 人のプレイヤーは

---

[32] これらの考察に **11** および **17.2**，**17.8** の正確な理論づけを与えることは読者に任せよう．これはまったく何の困難もともなわないが，やや長たらしいものになる．上の言葉だけの議論によっても，現在考えている現象の本質をより明確で簡単な方法により推論できると思う．——われわれはそれを望んでいる．

$33\frac{1}{3}\%$, $33\frac{1}{3}\%$, $33\frac{1}{3}\%$ の確率を用いて，どちらがどちらに1単位を払うか，さもなければどちらもまったく払わないかを決定する．**18.6.2**，**18.6.3**の工夫を再度用いよう．今度は $\alpha_\kappa = 3$ の場合の図35——，$\delta(\sigma', \sigma'')$ の値1, 2, 3を実際の支払い0, 1, -1 によって置き換えた——は図13に一致する．**14.7.2**，**14.7.3**により，これはじゃんけんの種類のゲームであることがわかる．すなわち，じゃんけんは人的手番と不完全情報により，確率 $\frac{1}{3}, \frac{1}{3}, \frac{1}{3}$ をつくり出す自然な工夫である．(**17.1**を思い出せ！)

18.7.2 (C) 次に述べることが成り立つとすれば，図35の $\delta(\sigma', \sigma'')$ は他の関数で置き換えることができ，その定義域 $\sigma'_\kappa = 1, \cdots, \alpha_\kappa$ および $\sigma''_\kappa = 1, \cdots, \alpha_\kappa$ さえ他の定義域 $\sigma'_\kappa = 1, \cdots, \alpha'_\kappa$ および $\sigma''_\kappa = 1, \cdots, \alpha''_\kappa$ で置き換えることができる：すなわち，図35の行列のすべての列が $1, \cdots, \alpha_\kappa$ の各々を同じ数だけ含み[33]，しかもすべての行が $1, \cdots, \alpha_\kappa$ の各々を同じ数だけ含んでいればよいのである[34]．実際 **18.6.2** の考察においては，$\delta(\sigma'_\kappa, \sigma''_\kappa)$（および $\alpha'_\kappa, \alpha''_\kappa$）のこの2つの性質のみを用いていた．

カードを扱う前に用心して「カット」することが，このカテゴリーに属することは容易にわかる．52枚のカードのうちの1枚を確率 $\frac{1}{52}$ の偶然手番として選ぶ場合には，通常カードを「混ぜる」ことが行われる．これにより偶然手番となるが，もし混ぜるプレイヤーが正直でないとすれば，それはこのプレイヤーの「人的」手番になってしまうかもしれない．これを防ぐために，他のプレイヤーは混ぜられたカードの1つの場所を指定することができ，その点においてカードを「カット」することにより，問題のカードは配られる．この2つの手番の組み合わせにより——たとえそれらが人的であるにしても——最初から意図された偶然手番と同等になる．もちろん，この工夫が効果をもつためには情報が欠如していることが必要となる．

ここで $\alpha_\kappa = 52$, $\alpha'_\kappa = 52! =$ カードの可能な配列の数，$\alpha''_\kappa = 52$ は「カット」の方法の数である．この枠組みに関して細かく考え $\delta(\sigma'_\kappa, \sigma''_\kappa)$ を選ぶことは読者に任せよう[35]．

---

[33] したがって $\alpha'_\kappa/\alpha_\kappa$ 倍するのである；それにより α'_κ は α_κ の倍数とならねばならない．
[34] したがって $\alpha''_\kappa/\alpha_\kappa$ 倍するのである；それにより α''_κ は α_κ の倍数とならねばならない．
[35] カードを混ぜることはただ1枚のカードをつくるために用いられると仮定した．もし全体の「手札」を扱うならば，「カット」によって絶対に完全に防止されるとはいえない．不正直な混ぜ手は，1回の「カット」では防止できないようにカードの配列に関連をもたせることができ，それによって正当でない利益を得られる．

19 ポーカーとハッタリ

19.1 ポーカーの説明

19.1.1 **18.3** において,より明確には **18.4** において議論されたように,$\beta_1 = \beta_2 = 2$ の場合が最も簡単なゼロ和2人ゲームを構成していることはくり返し強調されてきた.そこで,われわれは **18.5** で一般ゼロ和2人ゲームにおいて生じうる複雑さの例をいくつか与えた,しかし,一般的な結果(すなわち **17.8** の結果)の意味を理解するには,一層複雑なタイプの特別なゲームをくわしく議論するのがよいであろう.これはより望ましいことでさえある,なぜなら,$\beta_1 = \beta_2 = 2$ のゲームに関しては,τ_1, τ_2 の選択は(純粋)戦略とよばれたが,ほとんどその名に値しないものであったからである.すなわち,「手番」とよんでもほとんどいいすぎではないようなものだったのである.実際,これらの非常に簡単なゲームにおいては,展開形と標準形の間にほとんど差異はなく,それゆえ標準形の1つの特徴である戦略と手番の同等性が,これらのゲームにおいてはさけることのできないものである.そこで,ここではプレイヤーがいくつかの手番をもち,それゆえ標準形へのそして戦略への移行がもはや無意味な操作ではないような展開形のゲームを考えよう.

19.1.2 ここで厳密に議論するゲームはポーカーである[36].しかしながら,

---

[36] ポーカーに関する一般的な考察および以下の各節でふれられるその変形の数学的な議論は1926-28年に J. von Neumann によって行われた.しかし,まだ公けにはされていない.("Zur Theorie der Gesellschaftsspiere"(「団体ゲームの理論のために」), *Math. Ann.*, Vol.100 [1928] における総括的な論及を参照せよ.)これは,特に **19.4-19.10** の対称的な変形,すなわち **19.11-19.13** の変形 (A),(B),およびこれらの議論すべてを支配している「ハッタリ」の説明全体に適用される.**19.14-19.16** の非対称的な変形 (C) は,上の事柄を公けにするために 1942年に考えられた.

212ページの脚注133)でふれた E. Borel と J. Ville の仕事もまたポーカーに対する考察を含んでいる.(Vol.IV. 2: "Applications aux Jeux de Hasard," Chap.V: "Le jeu de Poker".) それらは非常に有益ではあるが,主にポーカーに応用される確率の評価を,一般的なゲーム理論の基礎となっている方法を体系的に用いることなく多少とも発見的な方法で行っている.

ポーカーの明確な戦略的側面("La Relance"=「オーバービッド」)は前著の pp.91-97 で分析されている.これもまたポーカーの単純化された変形とみなすことができる.——すなわち **19.4-19.10** および **19.14-19.16** で考察する2つのものと比較しうるものである.実際には,後者と密接に関連している.

これらの2つの変形を比較したいと思う読者には次の指摘が役立つであろう.

(I) 本書のビッド a, b は前著の $1 + \alpha, 1$ に相当している.

実際のポーカーは徹底した議論にはあまりにも複雑であるので，簡単化のためにいくつかの修正を加えなければならず，その中のいくつかはまったく根本から修正するものである[37]．それにもかかわらず，ポーカーの基本的な概念およびその決定的な性質は，簡単化された形においても保たれているように思える．それゆえ，これまでに打ち立てられた理論を応用することによって得られる結果をもとに一般的な結論および説明を導くことが可能になる．

最初に，ポーカーは実際には何人でもプレイできるが[38]，ここではゼロ和2人ゲームの議論を行うので，プレイヤーの数は2としておこう．

ポーカーというゲームは各プレイヤーに1組のカードの中から5枚ずつを配ることから始める[39]．このようにして得られる5枚のカードの考えられる組み合わせ——2,598,960通りである[40]——は「手札」とよばれ，線形の順序づけがなされている．すなわち，そのすべての手札の中でどれが最も強いか，2番目に強いのはどれか，3番目は… というように最も強いものから最も弱いものまで完全に決定するルールがある[41]．ポーカーには多くの変形があり，それらは2つの種類に分けられる．すなわち，「スタッド」ゲームと「ドロー」ゲームである．「スタッド」ゲームにおいてはプレイヤーの手札は最初

(Ⅱ) 本書の **19.4-19.10** の変形と前著のそれとの相違は以下のとおりである：もしプレイヤー1が「低い」ビッドで始めれば，本書の変形ではそれにより手札の比較が行われる．しかし，前著においては「低い」ビッドの量を無条件に失ってしまう．すなわち，最初の「近い」ビッドをわれわれは「勝負する」として扱う——**19.14** の最初，特に287ページの脚注90) を参照せよ——のに対し，前著では「パス」として扱うのである．われわれの取り扱いのほうが，実際のポーカーの問題となっている点をより良く近似していると信じている．そして，特に「ハッタリ」を正しく分析し説明するためにはそれが必要となるに違いない．詳細なテクニックは297ページの脚注100) を参照せよ．

[37] しかし **19.11** および **19.16** の最後を参照せよ．

[38] 「最適」——その意味を説明することはしない——は4人または5人であると考えられる．

[39] これは52枚全部からなることもときにはあるが，参加者が少ない場合にはその一部——通常は32枚または28枚——が用いられる．ときには，特別の働きをもつ1枚または2枚の余分のカード「ジョーカー」が付け加えられることもある．

[40] これは52枚全体からなるカードの組の場合に成り立つ．組み合わせ理論の分野にくわしい読者は，これが「52個から重複を許すことなく5個を選ぶ組み合わせ」の数であることに気づくであろう．すなわち，

$$\binom{52}{5} = \frac{52 \cdot 51 \cdot 50 \cdot 49 \cdot 48}{1 \cdot 2 \cdot 3 \cdot 4 \cdot 5} = 2,598,960$$

である．

[41] この記述はよく知られた「ローヤルフラッシュ」，「ストレートフラッシュ」，「フォーカード」，「フルハウス」などの専門用語を意味している．しかし，ここでそれらを議論する必要はない．

に配られたそのままであり，プレイの間を通して変えてはならない.「ドロー」ゲームにおいてはプレイヤーは種々の方法で手札の全部または一部を交換でき，変形のいくつかにおいては，プレイの過程において何回か連続して手札を交換できる．われわれは最も簡単なおこりうるゲームを議論したいので，スタッドゲームだけを検証することにしよう．

この場合には手札を手札，すなわちカードの組み合わせとして議論する必要はない．手札の総数を S ──52枚の組に関しては $S = 2,598,960$ であることはすでにみた──によって示すことにより，各プレイヤーはその代わりに $s = 1, \cdots, S$ の中の1つの数を抜き出すといってもよいであろう．その考えというのは $s = S$ が最強な可能な手札に相当し，$s = S - 1$ が第2に強い手札に相当し，$\cdots$，最後に $s = 1$ が最も弱い手札に相当するということである．「公平な扱い」とは，結局すべての可能な手札が同じ確率をともなっておこるということであるので，上の数 s の抜き出しを1つの偶然手番，すなわち可能な数 $s = 1, \cdots, S$ の各々が同じ確率 $1/S$ をもつと考えなければならない．したがってゲームは2つの偶然手番から始まる．その2つとは，プレイヤー1による数 s の抜き出しとプレイヤー2による s の抜き出しであり[42]，それぞれ s_1, s_2 と示すことにしよう．

19.1.3 一般的なポーカーというゲームの第2の側面は，プレイヤーによる「ビッド」からなっている．その概念とは，プレイヤーの1人がビッド，それはより少ないかまたはより多い金銭の量を意味している，を行った後に相手が「パス」，「勝負」または「オーバービッド」のどれかを選択するということである．パスとは，それ以上議論せずに自らの最後のビッド（それは必ず現在のビッドより低くなければならない）の量を払うことを意味する．この場合には，2人のプレイヤーがどのような手札をもっているかには無関係である．手札はまったく明らかにされない．「勝負」とはビッドが受け入れられたことを意味する．すなわち手札が比べられ，強い手札をもったプレイヤーがそのときのビッドの量を受け取る．「勝負」によってプレイは終わる．「オーバービッド」とは，相手が現在のビッドより高いビッドを逆に行うことを意味し，それによってプレイヤーの役割は逆転し，前のビッダーが，今度はパス，勝

---

[42] 実際のポーカーにおいては，第2のプレイヤーは第1のプレイヤーの手札がすでに取り除かれた1組の札から手札を抜き出す．われわれは，ポーカーの他のいくつかの重要でない複雑さと同様これも無視しよう．

負,オーバービッドの選択を行う等々となる[43].

19.2 ハッタリ

19.2.1 以上のすべての事柄の要点とは,強い手札をもったプレイヤーは勝つ見込みが大きいので,高いビッドを行う——しかも何回もビッドをつりあげる——ということである.したがって,高いビッドまたはオーバービッドを行うプレイヤーは強い手札をもっている,と——事後的に——相手は考えることであろう.これによって相手は「パス」しようとするであろう.しかし「パス」の場合には手札を比べることはしないので,弱い手札をもったプレイヤーでさえ高いビッドまたはオーバービッドを行うことにより,(誤った)強いという印象を与えて——すなわちこのようにすれば相手をパスさせることもできるので——強い相手から利得を得ることもときにはある.

この策略は「ハッタリ」として知られている.経験を積んだプレイヤーならば,それを用いることは疑うべくもない.上に述べたことが真の動機であるかは問題であり,実際には第2の解釈が考えられる.すなわち,もしプレイヤーの1人は強い手札をもった場合にのみ高いビッドを行うことが知られているとすれば,相手のプレイヤーはそのような場合にはパスをするであろう.それゆえプレイヤーは実際に強い手札をもち,高いビッドまたはオーバービッドを行える場合にもいつもそうすることはできなくなる.したがって,この関連について相手に不確かさを与えておくこと——すなわち,弱い手札の場合にも時には高いビッドを行うと相手に知らせておくこと——が望まれる.

要約すれば:ハッタリには2つの動機が考えられる,1つは(実際には)弱い場合にも強いという(誤った)印象を与えることであり,もう1つは(実際には)強い場合にも弱いという(誤った)印象を与えることである.この2つはともに逆の合図の(**6.4.3**を参照せよ)——すなわち相手を誤らせる——例である.しかし,ハッタリの最初のタイプはそれが「成功」したとき,すなわち相手が実際に「パス」したときに,これによって望みの利得が保証されるので最もうまくいくが,一方第2のタイプはそれが「失敗」したとき,すな

---

[43] この案は,通常は最初に無条件に支払う「アンティ(場所代)」が必要なために複雑になってしまう——変形のいくつかにおいては最初のビッダーについて,他の変形においては参加したいすべてのプレイヤーについて——,また他の変形については,ドローする権利を得るために余分の支払いが必要になったりなどもする.われわれはこれらをすべて無視しよう.

わち相手が「勝負」するを行ったときにこれによって相手に望みどおり混乱した情報を与えたことになるので，最もうまくいくことに注意しなければならない[44]．

19.2.2 そのような間接的な動機による——したがって明らかに不合理な——ビッドの可能性により，また別の結果も生じてくる．そのようなビッドは必ず危険をともなうので，適切な反撃によりそれらをより危険なものにすることは価値があると考えられる．——したがって，相手によってこのようなビッドの使用は制限される．しかしそのような反撃もまさにその事実によって間接的な動機による手段となる．

これらのもつれあった動機もわれわれの厳密な理論で解決できるので，これらの発見的な考察はこのぐらいで終わりにしておく．**19.10**および **19.15.3**，**19.16.2** において，ハッタリを取り巻く現象がどのようにして数量的に理解されるか，またどのようにしてその動機が主導権の所有などのようなゲームの主要な戦略的特徴と結びつくかがわかるであろう．

19.3 ポーカーの説明（続き）

19.3.1 ここでポーカーの専門的なルールに戻ろう．オーバービッドが無限に続くことのないように，通常はビッドの数が制限される[45]．非現実的に高く——相手に与える不合理性の効果がほとんど予測しえないような——高いビッドを避けるために，各ビッドまたはオーバービッドに対する最大額も制限される．あまりに小さいオーバービッドも習慣的に禁止される．これについては後にその理由の妥当性を示すことであろう（**19.13**の最後を参照せよ）．ビッ

---

[44] この点において，先に述べた指導原理を再度無視していると非難されるかもしれない．すなわち，上の議論は明らかに一連のプレイ（それによって相手の習慣を統計的に知ることが可能となる）を仮定しており，明らかに「動的」な性質をもっている．しかし，われわれはこの考察が1つの孤立したプレイにも適用されうるものでなければならず，厳密に静的なものでもあることをくり返し主張しておく．

読者は **17.3** を参照してほしい．そこでは，この明らかな矛盾が注意深く検証されていた．そこでの考察はこの場合にも完全に有効であり，われわれの方法を正当化するに違いない．ここで，われわれの矛盾——すなわち多くのプレイと動的な用語の使用——が単に言葉のうえだけのものであることを付け加えておこう．このようにして議論をより簡潔にでき，しかもより日常的な言語で語ることができるようになるであろう．しかし **17.3** においては，これらの疑わしい描写をどのようにして良い戦略を見出す厳密に静的な問題で置き換えうるかについてくわしく述べられていた．

[45] これは **7.2.3** の終止ルールである．

ドおよびオーバービッドの大きさについての制限を最も簡単な形で表すことにしよう：2つの数 a, b

$$a > b > 0$$

が最初から与えられ，すべてのビッドに関して次の2つの可能性だけがあるものと仮定する．ビッドが a の場合にはそれは「高く」， b の場合にはそれは「低い」のである．――明らかに問題となる唯一の事柄である――a/b の割合を変えることにより， a/b が1よりかなり大きい場合にはゲームを危険性の大きいものとでき， a/b が1よりほんの少し大きい場合にはゲームを比較的安全なものとできる．

ビッドおよびオーバービッドの回数の制限は，ここでは全体の体系を簡単にするために用いられるであろう．実際のプレイにおいては，プレイヤーの1人が最初のビッドを行うことから始め，その後プレイヤーが交替して行う．

1人のプレイヤーによって主導権が所有されること――しかしそれは最初に行動しなければならないこととともにおこる！　――に含まれる有利，不利は，それ自身興味深い問題をつくる．これが役割をもつ（非対称な）ポーカーの形式を **19.14**, **19.15** において議論するであろう．しかし，この問題をも取り扱うことは最初はさけたい．言葉を変えれば，最も純粋でかつ最も簡単な形式におけるポーカーの他の本質的な特徴を得るために，さしあたっては対称性からの逸脱はすべてさけたいのである．それゆえ，2人のプレイヤーは共に相手の選択を知らずに最初のビッドを行うものと仮定しよう．両者が最初のビッドを行った後はじめて相手の選択を互いに知ることができる，すなわち，彼のビッドが「高い」か「低い」かがわかる．

19.3.2 さらにプレイヤーに「パス」か「勝負」かの選択しか与えない，すなわち「オーバービッド」を除くことにより，より簡単にしよう．実際「オーバービッド」というのは，すでに最初の高いビッドに含まれている傾向をよりくわしくより強く表すだけのものである．できるだけ事柄を簡単にしたいと思っているので，同じ傾向をもついくつかの過程を与えることはさける．（しかし **19.11** の (C), **19.14**, **19.15** を参照せよ．）

したがって以下の条件を定める．2人のプレイヤーが共に互いのビッドを知ったときを考えよう．もしそのときに双方のビッドが共に「高い」かまたは共に「低い」かであれば手札が比べられ，強い手札をもったプレイヤーが各々

a または b を相手から得る．もし手札が等しければ，支払いは行われない．一方，もし一方のビッドが「高」くもう一方が「低」ければ，低いビッドを行ったプレイヤーは「パス」か「勝負」かの選択を行う．「パス」とは（お互いの手札を考えることなく）低いビッドの額を相手に払うことであり，「勝負」とは自らの「低い」ビッドを「高い」ビッドに変えることであり，状況はまるで双方が最初に「高い」ビッドを行ったかのように扱われることになる．

19.4 ルールの正確な定式化

19.4 ここで，上で了解されたルールを正確に表すことにより簡単化されたポーカーのこれまでの説明を要約しておこう．

まず，偶然手番により各プレイヤーは自らの「手札」，すなわち各々 $1/S$ の確率をもつ $s = 1, \cdots, S$ のうちの1つの数を得る．プレイヤー1, 2の手札を各々 τ_1, τ_2 と表す．

この後，各プレイヤーは人的手番により，a または b，すなわち「高い」ビッドまたは「低い」ビッドを選択する．各プレイヤーは自らの手札は知っているが，相手の手札および（ビッドの）選択については何も知らずに自らの（ビッドの）選択を行う．最後に，各プレイヤーは相手の選択については知らされるが，相手の手札については知らされない．（各々は自らの手札および選択についてはもちろん知っている．）もし一方のビッドが「高く」もう一方が「低い」ことがわかれば，後者は「勝負」または「パス」の選択を行う．

プレイは以上のとおりである．プレイが終わったときに次のようにして支払いが行われる．もし一方が「高く」ビッドしもう一方が「低く」ビッドするがその後「勝負」を行えば，$s_1 \gtreqless s_2$ にしたがって，プレイヤー1はプレイヤー2から各々 $\begin{smallmatrix} a \\ 0 \\ -a \end{smallmatrix}$ を得る．もし両方ともに「低く」ビッドすれば，$s_1 \gtreqless s_2$ にしたがって，プレイヤー1はプレイヤー2から各々 $\begin{smallmatrix} b \\ 0 \\ -b \end{smallmatrix}$ を得る．もし一方が「高く」ビッドしもう一方が「低く」ビッドしその後「パス」を行えば，「高いビッドを行ったプレイヤー」が $\dfrac{1}{2}$ となるにしたがい，プレイヤー1はプレ

イヤー2から $\genfrac{}{}{0pt}{}{b}{-b}$ の額を得る[46]．

19.5 戦略の説明

19.5.1 このゲームにおける（純粋）戦略は明らかに次のようにくわしく述べられる．すなわち，すべての「手札」$s = 1, \cdots, S$ に対して，「高い」ビッドを行うか「低い」ビッドを行うか，そして後者の場合には，さらにもしこの「低い」ビッドに対し相手が「高い」ビッドならば，「勝負」を行うか「パス」を行うかということを述べればよい．これは数字で表された添数 $i_s = 1, 2, 3$ によってより簡単に示される．$i_s = 1$ は「高い」ビッドを意味し，$i_s = 2$ は「低い」ビッドで（もし必要となれば）その後「勝負」を行うことを意味し，$i_s = 3$ は「低い」ビッドで（もし必要となれば）その後「パス」を行うことを意味する．したがって戦略とは，すべての $s = 1, \cdots, S$ に対してのこのような添数 i_s ——すなわち列 $i_1, \cdots, i_S$——を明らかにすることとなる．

これはプレイヤー1および2の双方に適用される．そこで，上の戦略を $\sum_1 (i_1, \cdots, i_S)$ または $\sum_2 (j_1, \cdots, j_S)$ と示すことにしよう．

したがって，各プレイヤーは同じ数の戦略をもち，その数は列 $i_1, \cdots, i_s$ の数と同じ——すなわち正確に 3^S——である．**11.2.2** の記号を用いて，

$$\beta_1 = \beta_2 = \beta = 3^S$$

となる．もし **11.2.2** の記号に厳密に固執するならば，次に列 $i_1, \cdots, i_s$ も $\tau_1 = 1, \cdots, \beta$ と数え上げ，それによってプレイヤー1, 2の戦略も $\sum_1^{\tau_1}, \sum_2^{\tau_2}$ と表さなければならない．しかし，ここでの記号を続けて用いたいと思う．

---

[46] 形式的に絶対誤りのないようにするためには，第2章の **6** および **7** の形式にしたがってなお整理しなければならない．したがって，最初に述べた2つの偶然手番（手札の配り分け）は手番1および2とよばなければならず，それに続く2つの人的手番（ビッド）は手番3, 4, そして最後の人的手番（「パス」または「勝負」）は手番5とよばなければならない．

手番5の場合には，その手番を行うプレイヤーおよびその代替案の数はともに **7.1.2** および **9.1.5** で述べたように，それ以前のプレイの道筋に依存する．（もし双方のプレイヤーが共に「高い」ビッドまたは共に「低い」ビッドを行えば，代替案の数は1となり，どちらのプレイヤーがこの無意味な人的手番を行おうとそれは問題ではなくなる．もし一方が「高く」ビッドしもう一方が「低く」ビッドすれば，その人的手番は「低い」ビッドを行ったプレイヤーのものとなる．）

第2章の記号を用いるためには，s_1, s_2 に関しては σ_1, σ_2, 「高い」，「低い」ビッドに関しては σ_3, σ_4, 「パス」，「勝負」に関しては σ_5 を用いなければならないだろう．

これらの相違のすべてを片づけることは読者に任せる．

次に，2人のプレイヤーが戦略 $\sum_1(i_1,\cdots,i_S), \sum_2(j_1,\cdots,j_S)$ を用いたときのプレイヤー1の受け取る額を表さなければならない．これは行列の要素 $\mathcal{H}(i_1,\cdots,i_S \mid j_1,\cdots,j_S)$ である[47]．

もしプレイヤーが実際に手札 s_1, s_2 をもてば，プレイヤー1が受け取る支払いの額は（上で述べたルールを用いて）次のようにして表される．すなわち，それは $\mathcal{L}_{sgn(s_1-s_2)}(i_{s_1}, j_{s_2})$ である．ただし，$sgn(s_1 - s_2)$ は $s_1 - s_2$ の符合であり[48]，3個の関数

$$\mathcal{L}_+(i,j), \quad \mathcal{L}_0(i,j), \quad \mathcal{L}_-(i,j) \quad i,j = 1,2,3$$

は次の行列表で示される[49]．

i \ j	1	2	3
1	a	a	b
2	a	b	b
3	$-b$	b	b

$\mathcal{L}_+(i,j)$

図 36

i \ j	1	2	3
1	0	0	b
2	0	0	0
3	$-b$	0	0

$\mathcal{L}_0(i,j)$

図 37

i \ j	1	2	3
1	$-a$	$-a$	b
2	$-a$	$-b$	$-b$
3	$-b$	$-b$	$-b$

$\mathcal{L}_-(i,j)$

図 38

次に前に述べたように，s_1, s_2 は偶然手番から生じる．したがって，

$$\mathcal{H}(i_1,\cdots,i_S \mid j_1,\cdots,j_S) = \frac{1}{S^2} \sum_{s_1,s_2=1}^{S} \mathcal{L}_{sgn(s_1-s_2)}(i_{s_1}, j_{s_2})[50]$$

となる．

---

[47] 列 $i_1,\cdots,i_S$ の全体が行の添数であり，列 $j_1,\cdots,j_S$ の全体が列の添数である．最初に用いた記号では，戦略は $\sum_1^{\tau_1}, \sum_1^{\tau_2}$ であり，行列の要素は $\mathcal{H}(\tau_1, \tau_2)$ であった．

[48] すなわち，$s_1 \gtreqless s_2$ に対して各々 $\overset{+}{\underset{-}{0}}$ である．それは，どちらの手札が強いかを算術的に表現するものである．

[49] 読者は，これらの行列表を言葉によるルールの記述と比較し，その妥当性を証明しておくとよいであろう．

注意しておくべきもう1つの事柄は，ゲームが対称性をもつならば

$$\mathcal{L}_+(i,j) \equiv -\mathcal{L}_-(j,i), \quad \mathcal{L}_0(i,j) \equiv -\mathcal{L}_0(j,i)$$

となるということである．

[50] 読者は，262ページの脚注49)の関係の結果として，

19.5.2 次に **17.2** の意味での（混合）戦略に移ろう．これらは S_β に属するベクトル $\vec{\xi}, \vec{\eta}$ である．ここで用いている記号で考えるためには，これらのベクトルの要素もまた新しい方法で示さなければならない．すなわち，$\xi_{\tau_1}, \eta_{\tau_2}$ ではなく $\xi_{i_1,\cdots,i_S}, \eta_{j_1,\cdots,j_S}$ と書かなければならない．

プレイヤー 1 の利得の期待値を評価する **17.4.1** の (17:2) は，

$$\mathrm{K}(\vec{\xi},\vec{\eta}) = \sum_{i_1,\cdots,i_S,j_1,\cdots,j_S} \mathcal{H}(i_1,\cdots,i_S \mid j_1,\cdots,j_S)\xi_{i_1,\cdots,i_S}\eta_{j_1,\cdots,j_S}$$

$$= \frac{1}{S^2} \sum_{i_1,\cdots,i_S,j_1,\cdots,j_S} \sum_{s_1,s_2} \mathcal{L}_{sgn(s_1-s_2)}(i_{s_1},j_{s_2})\xi_{i_1,\cdots,i_S}\eta_{j_1,\cdots,j_S}$$

と表される．2 つの $\sum$ を取り替え，

$$\mathrm{K}(\vec{\xi},\vec{\eta}) = \frac{1}{S^2} \sum_{s_1,s_2} \sum_{i_1,\cdots,i_S,j_1,\cdots,j_S} \mathcal{L}_{sgn(s_1-s_2)}(i_{s_1},j_{s_2})\xi_{i_1,\cdots,i_S}\eta_{j_1,\cdots,j_S}$$

と書けば好都合である．ここで，

(19:1) $\displaystyle \rho_i^{s_1} = \sum_{\substack{i_{s_1} \text{を除く } i_1,\cdots,i_S \\ i_{s_1}=i}} \xi_{i_1,\cdots,i_S}$

(19:2) $\displaystyle \sigma_j^{s_2} = \sum_{\substack{j_{s_2} \text{を除く } j_1,\cdots,j_S \\ j_{s_2}=j}} \eta_{j_1,\cdots,j_S}$

とおけば，上の等式は，

(19:3) $\displaystyle \mathrm{K}(\vec{\xi},\vec{\eta}) = \frac{1}{S^2} \sum_{s_1,s_2} \sum_{i,j} \mathcal{L}_{sgn(s_1-s_2)}(i,j)\rho_i^{s_1}\sigma_j^{s_2}$

となる．

(19:1)-(19:3) の意味を言葉で説明することは，意味があるだろう．

(19:1) は，混合戦略 $\vec{\xi}$ を用いるプレイヤー 1 が「手札」s_1 をもったときに i を選択する確率が $\rho_i^{s_1}$ であることを示しており，(19:2) は，混合戦略 $\vec{\eta}$ を用いるプレイヤー 2 が「手札」s_2 をもったときに j を選択する確率が $\sigma_j^{s_2}$ であ

$$\mathcal{H}(i_1,\cdots,i_S \mid j_1,\cdots,j_S) = -\mathcal{H}(j_1,\cdots,j_S \mid i_1,\cdots,i_S)$$

を証明できるだろう．すなわち，

$$\mathcal{H}(i_1,\cdots,i_S \mid j_1,\cdots,j_S)$$

が歪対称であり，これもまたゲームの対称性を表すものである．

ることを示している[51]．ここで，期待値 $K(\vec{\xi}, \vec{\eta})$ がこれらの確率 $\rho_i^{s_1}$, $\sigma_j^{s_2}$ のみに依存し，その基礎となる確率 $\xi_{i_1,\cdots,i_S}, \eta_{j_1,\cdots,j_S}$ 自身に依存しないことは直観的に明らかである[52]．公式 (19:3) が正しいことは直ちに容易にわかる．すなわち，$\mathcal{L}_{sgn(s_1-s_2)}(i,j)$ の意味および $\rho_i^{s_1}$, $\sigma_j^{s_2}$ の説明を思い出せば十分である．

19.5.3 $\rho_i^{s_1}, \sigma_j^{s_2}$ の意味およびその形式的な定義 (19:1), (19:2) から，それらが，条件

(19:4)　　すべての $\rho_i^{s_1} \geq 0$　　　$\sum_{i=1}^{3} \rho_i^{s_1} = 1$

(19:5)　　すべての $\sigma_j^{s_2} \geq 0$　　　$\sum_{j=1}^{3} \sigma_j^{s_2} = 1$

を満たすことは明らかである．一方，この条件を満たす $\rho_i^{s_1}$, $\sigma_j^{s_2}$ は (19:1), (19:2) により適当な $\vec{\xi}, \vec{\eta}$ から得られる．これは数学的にも[53]，また直観的にも明らかである．そのような $\rho_i^{s_1}$, $\sigma_j^{s_2}$ の体系は可能な手続様式を明らかにする

---

[51] **19.4** より，i または $j=1$ は「高い」ビッドを意味し，$i=2,3$ は後に各々「勝負」または「パス」を行う（意図をもった）「低い」ビッドを意味することはわかっている．

[52] これは，（純粋）戦略の 2 つの異なった混合が実際には同じ効果をもつことを意味している．
簡単な例によってこれを示そう．$S=2$ とおく．すなわち「高い」手札と「低い」手札しかないものとする．$i=2,3$ を 1 つと考える．すなわち「高い」ビッドと「低い」ビッドしかないものとする．そうすれば，4 つの（純粋）戦略が考えられる．そこでそれらに次の名前を与えよう：
「Bold」：すべての手札に対し「高い」ビッドを行う．
「Cautious」：すべての手札に対し「低い」ビッドを行う．
「Normal」：「高い」手札に対し「高い」ビッドを行い，「低い」手札に対し「低い」ビッドを行う．
「Bluff」：「低い」手札に対し「高い」ビッドを行い，「高い」手札に対し「低い」ビッドを行う．
このときに，「Bold」と「Cautious」の 50%-50% の混合は，事実上「Normal」と「Bluff」の 50%-50% の混合と同じことになる．すなわち，共にプレイヤーは——偶然にしたがってどのような手札に対しても 50%-50% の確率で「高い」ビッドまたは「低い」ビッドを行うことを意味している．
それにもかかわらず，ここでの記号にしたがえばこれらは 2 つの異なった「混合」戦略——すなわちベクトル $\vec{\xi}$——となる．
もちろんこれは，一般の場合にはまったく適しているここでの記号が，多くの特殊なゲームにおいては余分であることを意味している．これは，一般性を目指す数学の議論においてはよくみられることである．
われわれが一般的理論をめざしているかぎり，この余分を説明する理由はなかった．しかし，ここでは特殊なゲームを考えているので，それを取り除くことであろう．

[53] 例えば $\xi_{i_1,\cdots,i_S} = \rho_{i_1}^{1} \cdots \rho_{i_S}^{S}$, $\eta_{j_1,\cdots,j_S} = \sigma_{j_1}^{1} \cdots \sigma_{j_S}^{S}$ とおき，上の (19:4), (19:5) の結果として **17.2.1** の (17:1:a), (17:1:b) を証明せよ．

確率の1つであり——それゆえ，ある混合戦略に対応していなければならない．

(19:4)，(19:5) により，3次元ベクトル

$$\vec{\rho}^{s_1} = (\rho_1^{s_1}, \rho_2^{s_1}, \rho_3^{s_1}), \quad \vec{\sigma}^{s_2} = (\sigma_1^{s_2}, \sigma_2^{s_2}, \sigma_3^{s_2})$$

をつくるのが適当だとわかるであろう．そうすれば，(19:4)，(19:5) はすべての $\vec{\rho}^{s_1}, \vec{\sigma}^{s_2}$ が S_3 に属することを正確に述べている．

これにより，これらのベクトルの導入によってどれだけ簡単化されたかがわかる．すなわち，$\vec{\xi}$（または $\vec{\eta}$）は S_β に属するベクトルであり，$\beta-1 = 3^S-1$ 個の定数に依存する．また，$\vec{\rho}^{s_1}$（または $\vec{\sigma}^{s_2}$）は S_3 に属する S 個のベクトルであり，各々は2個の定数に依存する．したがって，それらを共にすれば結局 $2S$ 個の定数に依存することになる．しかも，$3^S - 1$ は適当な S に対して $2S$ よりもかなり大きいものである[54]．

19.6 問題の記述

19.6 われわれは対称ゲームを扱っているので，**17.11.2** の (17:H) で与えられた良い（混合）戦略——すなわち $\bar{A}$ に属する $\vec{\xi}$——の特徴を用いることができる．それは次のように述べられる：$\vec{\xi}$ はそれ自身に対して最適でなければならない．——すなわち，$\vec{\eta} = \vec{\xi}$ に関して $\mathrm{Min}_{\vec{\eta}} \mathrm{K}(\vec{\xi}, \vec{\eta})$ はとられなければならない．

さて **19.5** において，$\mathrm{K}(\vec{\xi}, \vec{\eta})$ は実際は $\vec{\rho}^{s_1}, \vec{\sigma}^{s_2}$ に依存することをみた．そこで，その代わりに $\mathrm{K}(\vec{\rho}^1, \cdots, \vec{\rho}^S \mid \vec{\sigma}^1, \cdots, \vec{\sigma}^S)$ と書いてもよいであろう．そうすれば，**19.5.2** の (19:3) により（$\sum$ を少し配列し直せば），

$$(19:6) \quad \mathrm{K}(\vec{\rho}^1, \cdots, \vec{\rho}^S \mid \vec{\sigma}^1, \cdots, \vec{\sigma}^S) = \frac{1}{S^2} \sum_{s_1, i} \sum_{s_2, j} \mathcal{L}_{sgn(s_1-s_2)}(i,j) \rho_i^{s_1} \sigma_j^{s_2}$$

となり，しかも良い戦略における $\vec{\rho}^1, \cdots, \vec{\rho}^S$ の特徴により，

$$\mathrm{Min}_{\vec{\sigma}^1, \cdots, \vec{\sigma}^S} \mathrm{K}(\vec{\rho}^1, \cdots, \vec{\rho}^S \mid \vec{\sigma}^1, \cdots, \vec{\sigma}^S)$$

は $\vec{\sigma}^1 = \vec{\rho}^1, \cdots, \vec{\sigma}^S = \vec{\rho}^S$ においてとられる．これについての明確な条件は，

---

[54] 実際に S は約 250 万である（255 ページ脚注 40）を参照せよ）．したがって $3^S - 1$ と $2S$ は共に大きい，しかし，前者はまったく途方もなく大きいのである．

17.9.1 の同様の問題におけるのと本質的には同じ方法で見出すことができる。そこで，簡単に議論しておこう。

(19:6) の $\text{Min}_{\vec{\sigma}^1,\cdots,\vec{\sigma}^S}$ は，$\vec{\sigma}^1,\cdots,\vec{\sigma}^S$ を分離してもその各々に対して最小値をとる。それゆえ，そのような1つの $\vec{\sigma}^{s_2}$ を考えよう。それは，S_3 に属するという条件によってのみ制限を受ける——すなわち，その条件とは，

$$ \text{すべての } \sigma_j^{s_2} \geq 0, \quad \sum_{j=1}^{3} \sigma_j^{s_2} = 1 $$

である。(19:6) は，これらの3つの要素 $\sigma_1^{s_2}, \sigma_2^{s_2}, \sigma_3^{s_2}$ の一次式である。したがって，それは考えられる最小の係数（j に関して，下を参照せよ）をもたない要素 $\sigma_j^{s_2}$ のすべてが消えてしまうところで $\vec{\sigma}^{s_2}$ に関して最小値をとる。

$\sigma_j^{s_2}$ の係数は，

$$ \frac{1}{S^2} \sum_{s_1, i} \mathcal{L}_{sgn(s_1-s_2)}(i,j) \rho_i^{s_1} \text{ であり，} \frac{1}{S} \gamma_j^{s_2} $$

と示される。したがって (19:6) は，

(19:7)　$\text{K}(\vec{\rho}^1,\cdots,\vec{\rho}^S \mid \vec{\sigma}^1,\cdots,\vec{\sigma}^S) = \dfrac{1}{S} \sum_{s_2, j} \gamma_j^{s_2} \sigma_j^{s_2}$

となり，（$\vec{\sigma}^{s_2}$ に関する）最小の条件は次のとおりである：

(19:8)　$\gamma_j^{s_2}$ が（j において[55]）最小値をとらないような各 s_2, j の組に対しては $\sigma_j^{s_2} = 0$ となる。

したがって良い戦略の特徴——すなわち $\vec{\sigma}^1 = \vec{\rho}^1,\cdots,\vec{\sigma}^S = \vec{\rho}^S$ における最小化——は次のようになる。

(19:A)　次の事柄が成り立てば，そしてそのときにのみ $\vec{\rho}^1,\cdots,\vec{\rho}^S$ は良い戦略，すなわち $\bar{A}$ に属する $\vec{\xi}$ を表すことになる。
　　　$\gamma_j^{s_2}$ が（j において[55]）最小値をとらないような各 s_2, j の組に対しては $\rho_j^{s_2} = 0$ となる。

最後に，図36-38の行列表を用いて $\gamma_j^{s_2}$ を明確に表しておこう。それらは

---

[55]　j においてといっているのであり，s_2, j においてとはいっていない！

次のようになる.

(19:9:a) $\quad \gamma_1^{s_2} = \dfrac{1}{S}\left\{\displaystyle\sum_{s_1=1}^{s_2-1}(-a\rho_1^{s_1} - a\rho_2^{s_1} - b\rho_3^{s_1}) - b\rho_3^{s_2} \right.$
$\quad\quad\quad\quad\quad \left. + \displaystyle\sum_{s_1=s_2+1}^{S}(a\rho_1^{s_1} + a\rho_2^{s_1} + b\rho_3^{s_1})\right\},$

(19:9:b) $\quad \gamma_2^{s_2} = \dfrac{1}{S}\left\{\displaystyle\sum_{s_1=1}^{s_2-1}(-a\rho_1^{s_1} - b\rho_2^{s_1} - b\rho_3^{s_1}) \right.$
$\quad\quad\quad\quad\quad \left. + \displaystyle\sum_{s_1=s_2+1}^{S}(a\rho_1^{s_1} + b\rho_2^{s_1} + b\rho_3^{s_1})\right\},$

(19:9:c) $\quad \gamma_3^{s_2} = \dfrac{1}{S}\left\{\displaystyle\sum_{s_1=1}^{s_2-1}(b\rho_1^{s_1} - b\rho_2^{s_1} - b\rho_3^{s_1}) + b\rho_1^{s_2} \right.$
$\quad\quad\quad\quad\quad \left. + \displaystyle\sum_{s_1=s_2+1}^{S}(b\rho_1^{s_1} + b\rho_2^{s_1} + b\rho_3^{s_1})\right\}.$

19.7 離散的問題から連続的問題への移行

19.7.1 **19.6** の規準 (19:A) は公式 (19:7), (19:9:a), (19:9:b), (19:9:c) とともに用いれば, すべての良い戦略を決定することができる[56]. この議論は, 多くの代替案の分析を含む, かなり厄介な組み合わせ理論的性質をもっている. 得られる結果は戦略の「微妙な構造」とよぶこともできる非常に微妙な細部を除いては, 下に述べるやや修正された仮定のもとで導かれる結果と性質上は類似している. これについては **19.12** において, さらにくわしく述べることであろう.

さしあたっては「微妙な構造」の問題ではなく, 解の主要な特徴に主に関心を集中しよう. まず最初に, 考えられる手札の列 $s = 1, \cdots, S$ の「粒状の」構造に注意を向けることにしよう.

もしすべての考えられる「手札」の強さを 0% から 100% の尺度, いやむしろ 0 から 1 の分数で表せば, 考えられる最も弱い手札である 1 は 0 に相当し, 最も強い手札である S は 1 に相当する. したがって, 「手札」 $s \,(= 1, \cdots, S)$ はこの尺度上の $z = \dfrac{s-1}{S-1}$ に置かれなければならない. すなわち, 次の対応が得られる:

---
[56] この決定はわれわれの 1 人がすでに行っており, どこか別の機会に発表することであろう.

考えられる「手札」	古い尺度 $s =$	1	2	3	……	$S-1$	S
	新しい尺度 $z =$	0	$\dfrac{1}{S-1}$	$\dfrac{2}{S-1}$	……	$\dfrac{S-2}{S-1}$	1

図 39

したがって，z の値は区間

(19:10) $0 \leq z \leq 1$

を非常に密に満たすが[57]，それにもかかわらず離散的な列であることには変わりはない．これが上で述べた「粒状の」構造である．そこで次にこれを連続的なものに変えよう．

すなわち，手札 s ——すなわち z ——を選ぶ偶然手番は，区間 (19:10) の任意の z を選び出すことができると仮定するのである．(19:10) の任意の部分の確率はその部分の長さとなる．すなわち，z は (19:10) の上で一様に分布しているものと仮定する[58]．プレイヤー 1, 2 の「手札」を各々 z_1, z_2 によって示そう．

19.7.2   以上の変更によりベクトル $\vec{\rho}^{s_1}, \vec{\sigma}^{s_2}$ ($s_1, s_2 = 1, \cdots, S$) をベクトル $\vec{\rho}^{z_1}, \vec{\rho}^{z_2}$ ($0 \leq z_1, z_2 \leq 1$) と書き換えなければならない．しかし，それらはもちろん前と同じ性質をもつ確率ベクトルである．すなわち，S_3 に属するベクトルである．その結果として，その要素（確率）$\rho_i^{s_1}, \sigma_j^{s_2}$ ($s_1, s_2 = 1, \cdots, S; i, j = 1, 2, 3$) は，要素 $\rho_i^{z_1}, \sigma_j^{z_2}$ ($0 \leq z_1, z_2 \leq 1; i, j = 1, 2, 3$) となり，(**19.6** の (19:9:a), (19:9:b), (19:9:c) における) $\gamma_j^{s_2}$ も同様に $\gamma_j^{z_2}$ となる．

次に **19.6** の公式 (19:7), (19:9:a), (19:9:b), (19:9:c) における K および $\gamma_j^{s_2}$ に関する式を書き換えよう．明らかに，すべての和

$$\frac{1}{S}\sum_{s_1=1}^{S}, \quad \frac{1}{S}\sum_{s_2=1}^{S}$$

は積分

$$\int_0^1 \cdots dz_1, \quad \int_0^1 \cdots dz_2$$

---

[57] S が約 250 万であることが思い出されるであろう（255 ページの脚注 40) を参照せよ）．
[58] これは，いわゆる幾何学的確率である．

により置き換えなければならず，和

$$\frac{1}{S}\sum_{s_1=1}^{s_2-1}, \quad \frac{1}{S}\sum_{s_1=s_2+1}^{S}$$

は積分

$$\int_0^{z_2}\cdots dz_1, \int_{z_2}^1 \cdots dz_1$$

により置き換えなければならないが，一方，係数 $1/S$ の後の独立項は無視してもさしつかえない[59)60)]．これらのことが理解されれば，K および $\gamma_j^{s_2}$（すなわち $\gamma_j^{z_2}$）に関する公式は次のようになる：

(19:7*) $K = \sum_j \int_0^1 \gamma_j^{z_2} \sigma_j^{z_2} dz_2$

(19:9:a*) $\gamma_1^{z_2} = \int_0^{z_2}(-a\rho_1^{z_1} - a\rho_2^{z_1} - b\rho_3^{z_1})dz_1 + \int_{z_2}^1 (a\rho_1^{z_1} + a\rho_2^{z_1} - b\rho_3^{z_1})dz_1$

(19:9:b*) $\gamma_2^{z_2} = \int_0^{z_2}(-a\rho_1^{z_1} - b\rho_2^{z_1} - b\rho_3^{z_1})dz_1 + \int_{z_2}^1 (a\rho_1^{z_1} + b\rho_2^{z_1} + b\rho_3^{z_1})dz_1$

(19:9:c*) $\gamma_3^{z_2} = \int_0^{z_2}(b\rho_1^{z_1} - b\rho_2^{z_1} - b\rho_3^{z_1})dz_1 + \int_{z_2}^1 (b\rho_1^{z_1} + b\rho_2^{z_1} + b\rho_3^{z_1})dz_1$

さらに **19.6** の特徴づけ (19:A) は次のようになる：

(19:B) γ_j^z が（j において[61)]）最小値をとらないような各 z, j について $\rho_j^z = 0$ となれば，そしてそのときにのみ，（S_3 に属するベクトル）$\vec{\rho}^{z_2}$ ($0 \leq z_2 \leq 1$) は良い戦略を表している[62)]．

[59)] くわしくいえば，(19:9:a) および (19:9:c) における $-b\rho_3^{s_2}$ および $b\rho_1^{s_2}$ という中間項を意味している．

[60)] これらの項は $s_1 = s_2$，すなわちここでの記号にしたがえば $z_1 = z_2$ に相当し，しかも z_1, z_2 は連続変数であるので，それらが（偶然に）一致する確率は実際は 0 となる．

　数学的には，これらの操作は $S \to \infty$ とする極限プロセスを実行するということにより表すことができる．

[61)] j においてといっているのであり，z, j においてとはいっていない！

[62)] 公式 (19:7*)，(19:9:a*)，(19:9:b*)，(19:9:c*) およびこの規準をまた，最初から $\vec{\xi}, \vec{\eta}$ の代わりに $\vec{\rho}^{z_1}, \vec{\sigma}^{z_2}$ を用いてこれを「連続的」に直したうえで議論すれば，直ちに導くことができるであろう．しかし，われわれの用いた方法が厳密で完全であることを明らかにするために，**19.4-19.7** において行ったようなより長く，より明確な方法を好んだ．読者は，上で述べたより簡潔で直接的な

19.8 解の数学的な決定

19.8.1 ここで適切な戦略 $\vec{\rho}^z$, すなわち **19.7** の (19:B) に含まれている条件の解を決定しよう.

まず $\rho_2^z > 0$ となったとしよう[63]. このような z については,必ず $\mathrm{Min}_j \gamma_j^z = \gamma_2^z$, したがって $\gamma_1^z \geq \gamma_2^z$ となる.すなわち,

$$\gamma_2^z - \gamma_1^z \leq 0$$

である.これに (19:9:a*), (19:9:b*) を代入することにより,

(19:11) $\quad (a-b)\left(\displaystyle\int_0^z \rho_2^{z_1} dz_1 - \int_z^1 \rho_2^{z_1} dz_1\right) + 2b\displaystyle\int_z^1 \rho_3^{z_1} dz_1 \leq 0$

となる.ここで $\rho_2^z > 0$ となる z の上限を z^0 としよう[64].そうすれば,連続性から $z = z^0$ に関してもまた (19:11) は成り立つ. $\rho_2^{z_1} > 0$ は $z_1 > z^0$ に関しては成り立たない——仮定より——ので,(19:11) における $\displaystyle\int_{z^0}^1 \rho_2^{z_1} dz_1$ はこの場合には 0 となる.それゆえ,この項の符号 − を + に変えることができ,(19:11) は:

$$(a-b)\int_0^1 \rho_2^{z_1} dz_1 + 2b\int_{z^0}^1 \rho_3^{z_1} dz_1 \leq 0$$

となる.しかし,$\rho_2^{z_1}$ は常に 0 以上であり,仮定よりときには正となる.したがって,第 1 項は正である[65)66]. 第 2 項は明らかに 0 以上である.したがっ

議論を練習問題として行うとよいであろう.

このような連続的なパラメーターが入ってくるゲーム理論を体系的にしかも直接的に組み立てることに非常に気をひかれることであろう.すなわち,この理論は,ここで行っているようにその応用について十分に一般性をもち,しかも離散的ゲームから極限へのプロセスも必要としないのである.

この方向にそった興味深い研究は,212 ページの脚注 133 でふれた J. Ville の著書において行われた.すなわち,その書の pp.110-113 に述べられている.そこにおいて連続性はたしかに仮定されているが,それはあまりに制限が強すぎて,多くに応用することは不可能であるように思える.——特にここにおいての応用も不可能であろう.

[63] すなわち,考えている適切な戦略は $j=2$, すなわち,ある条件のもとで後に「勝負する」を行う意図をもって「低い」ビッドを行うこと,を与えるのである.

[64] すなわち,$\rho_2^z > 0$ となる最大の z は z^0 の任意に近くでおこる.(しかし,$z < z^0$ となるすべての z に対して $\rho_2^z > 0$ となることは必要としない.) この z^0 は $\rho_2^z > 0$ なる z が存在すれば,必ず存在する.

[65] もちろん $a - b > 0$ である.

[66] 積分論および測度論などの細かく微妙な点まで立ち入る必要はないであろう.われわれは,ここで用いている関数がスムースで正の関数は正の積分をもつことなどを仮定する.もしわれわれが上で

て，矛盾が生じる．すなわち，

(19:12)　$\rho_2^z \equiv 0$

であることが示された[67]．

19.8.2　$j=2$ の場合を取り除いたので次に $j=1$ と $j=3$ の場合の関係を分析しよう．$\rho_2^z = 0$ であるので，$\rho_1^z + \rho_3^z \equiv 1$，すなわち：

(19:13)　$\rho_3^z = 1 - \rho_1^z$

となり，したがって，

(19:14)　$0 \leq \rho_1^z \leq 1$

となる．

次に，区間 $0 \leq z \leq 1$ の中に常に $\rho_1^z \equiv 0$ となるか，または常に $\rho_1^z \equiv 1$ となる部分区間が存在しうる[68]．どちらの種類の区間の内部にも属さない——すなわち，その任意に近く $\rho_1^{z'} \neq 0, \rho_1^{z'} \neq 1$ なる z' がとれるような——z を中間の値とよぼう．$\rho_1^{z'} \neq 0$ または $\rho_1^{z'} \neq 1$（すなわち $\rho_3^{z'} \neq 0$）は各々，$\text{Min}_j\, \gamma_j^{z'} = \gamma_1^{z'}$ または $\gamma_3^{z'}$ となることを意味する．それゆえ，中間の値 z の任意に近くにおいて，$\gamma_1^{z'} \leq \gamma_3^{z'}$ および $\gamma_1^{z'} \geq \gamma_3^{z'}$ となる．したがって，そのような z に関しては連続性により[69]，$\gamma_1^z = \gamma_3^z$，すなわち，

$$\gamma_3^z - \gamma_1^z = 0$$

となる．(19:9:a*)，(19:9:c*) を代入し，(19:12)，(19:13) を思い出すことにより，

$$(a+b)\int_0^z \rho_1^{z_1}dz_1 = (a-b)\int_z^1 \rho_1^{z_1}dz_1 + 2b\int_z^1 (1-\rho_1^{z_1})dz_1 = 0$$

述べたような適切な数学的理論を用いれば，厳密な取り扱いも容易である．
[67] 読者にはこれを言葉で定式化してもらいたい．後に「勝負」を行う（意図のもとで）「低い」ビッドが行われるような手札の（仮定的な）上限に関する条件を分析することにより，そのような可能性を排除し，それによってその近くで少なくとも「高い」ビッドがより好まれることを示した．もちろんこれは，「オーバービッド」を禁じて簡単化するという条件のもとで成り立つものである．
[68] すなわち，プレイヤーが常に「高い」ビッドを行うか，または（後に「パス」を行う前提のもとで）常に「低い」ビッドを行うように指示する戦略の存在するところである．
[69] γ_j^z は，積分 (19:9:a*)，(19:9:b*)，(19:9:c*) によって定義されているので，たしかに連続となる．

すなわち,

(19:15) $\quad (a+b)\left(\int_0^z \rho_1^{z_1} dz_1 - \int_z^1 \rho_1^{z_1} dz_1\right) + 2b(1-z) = 0$

となる.

次に2つの中間の値 z', z'' を考えよう. (19:15) を $z = z'$ および $z = z''$ に適用し減じよう. そうすれば,

$$2(a+b)\int_{z'}^{z''} \rho_1^{z_1} dz_1 - 2b(z'' - z') = 0$$

すなわち,

(19:16) $\quad \dfrac{1}{z'' - z'} \int_{z'}^{z''} \rho_1^{z_1} dz_1 = \dfrac{b}{a+b}$

が得られる. 言葉で表せば: 2つの中間の値 z', z'' の間では, ρ_1^z の平均は $\dfrac{b}{a+b}$ となる.

したがって, 区間

$$z' \leq z \leq z''$$

においては, $\rho_1^z \neq 0$, $\rho_1^z \neq 1$ は共におこりえない, なぜなら, もしそうなれば平均は0また1となるからである. したがって, この区間は（少なくとも）もう1つの中間の値 z を含んでいなければならない. すなわち, 2つの任意の中間の値の間に（少なくとも）第3の中間の値が存在する. この結果をくり返し用いることにより, 2つの中間の値 $\bar{z}'$, $\bar{z}''$ の間にさらに中間の値 z がいたるところ稠密に存在することが示される. したがって, (19:16) が成り立つような $\bar{z}'$, $\bar{z}''$ が z', z'' の間にいたるところ稠密に存在する. しかし, そうすれば連続性により, z', z'' の間のすべての $\bar{z}'$, $\bar{z}''$ に関して (19:16) が成り立たなければならない[70]. したがって, z', z'' の間のどこにおいても, $\rho_1^z = \dfrac{b}{a+b}$ とならないようなものは存在する余地がなくなる[71].

---

[70] (19:16) における積分は明らかに連続である.
[71] 1つの z を確率0でおおう——すなわち確率の合計が0となる（例えば, 固定された z の有限個の確率）——ような孤立した例外も明らかに存在しうる. それらはどの積分も変えはしない. 厳密な数学的取り扱いは容易であろうし, これに関してはその必要もないように思える（271ページの脚

19.8.3 次に，もし中間の値 z が存在するとすれば，その最大および最小のものが存在する．そこで，そのようなものとして $\bar{z}', \bar{z}''$ を選ぼう．そうすれば，

$$(19:17) \quad \rho_1^z = \frac{b}{a+b} \quad \bar{z}' \leq z \leq \bar{z}'' \text{ を通して}$$

となる．

もし中間の値 z が存在しないとすれば，（すべての z に対して）$\rho_1^z \equiv 0$ となるかまたは（すべての z に対して）$\rho_1^z \equiv 1$ となる．そのどちらもが解とならないことは容易に示せる[72]．したがって，中間の値 z が必ず存在し，それとともに $\bar{z}', \bar{z}''$ が存在し，(19:17) が有効となる．

19.8.4 すべての z に関して (19:15) の左辺は $\gamma_3^z - \gamma_1^z$ であるから，$z = 1$ に関して，

$$\gamma_3^1 - \gamma_1^1 = (a+b) \int_0^1 \rho_1^{z_1} dz_1 > 0$$

となる（なぜなら，$\rho_1^{z_1} \equiv 0$ は除かれるからである）．連続性により，$\gamma_3^z - \gamma_1^z > 0$ となる．すなわち，1 に非常に近い z に対しても $\gamma_1^z < \gamma_3^z$ は依然として成り立つ．したがって，このような z に対しては $\rho_3^z = 0$，すなわち $\rho_1^z = 1$ となる．このようにして，(19:17) は $\bar{z}'' < 1$ なることを必要とする．ここで，$\bar{z}'' \leq z \leq 1$ には中間の値 z はまったく存在しない．したがって，この区間を通して $\rho_1^z \equiv 0$ または $\rho_1^z \equiv 1$ となる．これまでの結果によれば前者は除かれ

注 66) を参照せよ）．したがって，$\bar{z}' \leq z \leq \bar{z}''$ においては，例外なく $\rho_1^z = \frac{b}{a+b}$ と仮定するのが最も簡単なように思える．

一方では区間 $\bar{z}' \leq z \leq \bar{z}''$ を扱い，他方では区間 $0 \leq z < \bar{z}'$ および $\bar{z}'' < z \leq 1$ を扱う，すなわち，点 $\bar{z}', \bar{z}''$ は前者の区間に含めるような次ページの公式を評価するときにはこのことを頭に置いておかなければならない．これはもちろん無関係である．すなわち 2 つの孤立した点——この場合には $\bar{z}'$ と $\bar{z}''$ ——はどのように扱ってもさしつかえない（上を参照せよ）．

しかしながら，z 自身を比較するときには $<$ と $\leq$ の間に重要な相違はないが，γ_j^z についてはそうはいかないことを読者は注意しておかなければならない．したがって，$\gamma_1^z > \gamma_3^z$ は $\rho_1^z = 0$ を意味するが，$\gamma_1^z \geq \gamma_3^z$ からはそのような結果は生じないのである（図 41 と図 47, 48 の議論もまた参照せよ）．

[72] すなわち，すべての状態において（後に「パス」を行う意図をもって）「低い」ビッドを行うことも，すべての状態において「高い」ビッドを行うことも，良い戦略とはならない．

数学的証明：$\rho_1^z \equiv 0$ に関しては $\gamma_1^0 = -b, \gamma_3^0 = b$ と計算され，したがって $\gamma_1^0 < \gamma_3^0$ となり $\rho_3^0 = 1 \neq 0$ に反する．$\rho_1^z \equiv 0$ に関しては $\gamma_1^0 = a, \gamma_3^0 = b$ と計算され，したがって $\gamma_1^0 < \gamma_3^0$ となり $\rho_1^0 = 1 \neq 0$ に反する．

る．したがって，

(19:18)　　$\rho_1^z \equiv 1$　　$\bar{z}'' \leq z \leq 1$ を通して

となる．

19.8.5　最後に (19:17) の下限 $\bar{z}'$ を考えよう．もし $\bar{z}' > 0$ ならば，区間 $0 \leq z \leq \bar{z}'$ が存在する．この区間は中間の値 z をまったく含まない．したがって，$0 \leq z \leq \bar{z}'$ においては $\rho_1^z \equiv 0$ または $\rho_1^z \equiv 1$ となる．$\gamma_3^z - \gamma_1^z$，すなわち (19:15) の左辺の1次微分は，明らかに $2(a+b)\rho_1^z - 2b$ となる．したがって，$0 \leq z < \bar{z}'$ においてもし $\rho_1^z \equiv 0$ ならば，この導関数は $2(a+b) \cdot 0 - 2b = -2b < 0$ となり，もし $\rho_1^z \equiv 1$ ならば，$2(a+b) \cdot 1 - 2b = 2a > 0$ となる．すなわち，$\gamma_3^z - \gamma_1^z$ は $0 \leq z < \bar{z}'$ において，各々単調減少または単調増加となる．上限（すなわち中間の値の点 $\bar{z}'$）においては，その値は0であるから，$0 \leq z < \bar{z}'$ において各々 $\gamma_3^z - \gamma_1^z > 0$ または < 0，すなわち $\gamma_1^z < \gamma_3^z$ または $\gamma_3^z < \gamma_1^z$ となる．前者の場合には必ず $\rho_3^z \equiv 0$，$\rho_1^z \equiv 1$ となり，後者の場合には必ず $\rho_1^z \equiv 0$，$\rho_3^z \equiv 1$ となる．しかし，はじめに置いた仮定では各々 $\rho_1^z \equiv 0, \rho_1^z \equiv 1$ であった．したがって，どちらの場合にも矛盾が生じる．

それゆえに，

(19:19)　　$\bar{z}' = 0$

となる．

19.8.6　そこで，次に中間の値 $z = \bar{z}' = 0$ に関して，(19:15) が有効であることにより $\bar{z}''$ を決定しよう．このとき，(19:15) は，

$$-(a+b)\int_0^1 \rho_1^{z_1} dz_1 + 2b = 0$$

$$\int_0^1 \rho_1^{z_1} dz_1 = \frac{2b}{a+b}$$

となる．しかし，(19:17), (19:18), (19:19) により，

$$\int_0^1 \rho_1^{z_1} dz_1 = \bar{z}'' \cdot \frac{b}{a+b} + (1 - \bar{z}'') \cdot 1$$
$$= 1 - \frac{a}{a+b} \cdot \bar{z}''$$

となる．したがって，

$$1 - \frac{a}{a+b}\bar{z}'' = \frac{2b}{a+b}$$
$$\frac{a}{a+b}\bar{z}'' = 1 - \frac{2b}{a+b} = \frac{a-b}{a+b}$$

すなわち,

(19:20) $\quad \bar{z}'' = \dfrac{a-b}{a}$

となる．

(19:17), (19:18), (19:19), (19:20) を結びつけることにより,

(19:21) $\quad \rho_1^z \begin{cases} = \dfrac{b}{a+b} & 0 \leq z \leq \dfrac{a-b}{a} \text{ に関して} \\ = 1 & \dfrac{a-b}{a} < z \leq 1 \text{ に関して} \end{cases}$

となる．(19:12), (19:13) と合わせ，これで戦略を完全に特徴づけることができた．

19.9 解のくわしい分析

19.9.1 **19.8** の結果によれば，ここで考えている形のポーカーにおいては，良い戦略は1つ，しかもただ1つしか存在しないことになる[73]．これは **19.8** の (19:21), (19:12), (19:13) において表されている．この戦略を図示しておこう．そうすれば以下の言葉による議論もより容易になることであろう．(図40を参照せよ．この図の実際の比率は，$a/b \sim 3$ に相当する．)

線———は $\rho = \rho_1^z$ を示す曲線である．したがって，直線 $\rho = 0$ からの———の高さは「高い」ビッドを行う確率 ρ_1^z であり，———からの直線 $\rho = 1$ の高さは（必ず後に「パス」を行うという前提のもとで）「低い」ビッドを行う確率 $\rho_3^z = 1 - \rho_1^z$ である．

19.9.2 ここで，**19.7** の公式 (19:9:a*), (19:9:b*) (19:9:c*) により係数 γ_j^z が計算できる．その公式の初等的な証明は読者に任せることとして図示だ

---

[73] われわれは，実際には **19.8** において，決定された戦略以外の何ものもより良くはなりえないことを示しただけである．ある戦略が実際に良いとは，「連続的」な場合への移行に少々問題があるが，(少なくとも) 1つの良い戦略の存在が確立されてはじめて結論される．しかし，以下において問題の戦略が良いものである，すなわち **19.7** の (19:B) を満たすことを証明することであろう．

けをしておこう．(図41を参照せよ．実際の比率は図40と同じである．すなわち $a/b \sim 3$ である——図40を参照せよ．) 線――――は $\gamma = \gamma_1^z$ を示す曲線，線……は $\gamma = \gamma_2^z$ を示す曲線，線― ― ―は $\gamma = \gamma_3^z$ を示す曲線である．図により，――――と― ― ―（すなわち γ_1^z と γ_3^z）は $0 \leq z \leq \dfrac{a-b}{a}$ において一致し，……と― ― ―（すなわち γ_2^z と γ_3^z）は $\dfrac{a-b}{a} \leq z \leq 1$ において一致することが示される．3つの曲線はすべて $z = \dfrac{a-b}{a}$ で結ばれる2つの線形の部分からできている．臨界点 $z = 0, \dfrac{a-b}{a}, 1$ における γ_j^z の実際の値が図において与えられている[74]．

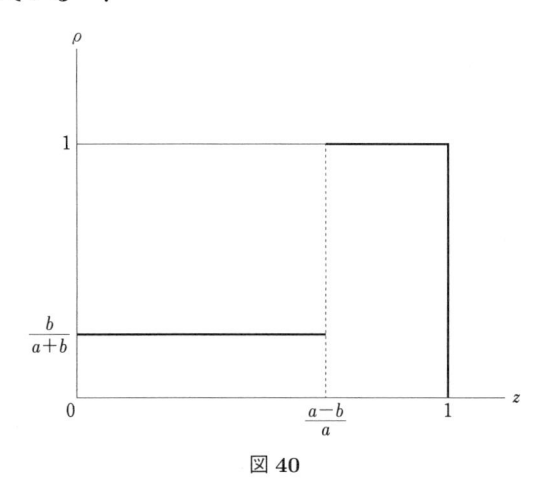

図40

19.9.3 図40と41を比較すれば，われわれの戦略が実際に適切であること，すなわち **19.7** の (19:B) を満たすことがわかる．実際：$\rho_1^z \neq 0, \rho_3^z \neq 0$ となる $0 \leq z \leq \dfrac{a-b}{a}$ においては，γ_1^z および γ_3^z は共に最も低い曲線となる．すなわち $\mathrm{Min}_j \gamma_j^z$ に等しくなる．$\rho_1^z \neq 0$ だけが成り立つ $\dfrac{a-b}{a} < z \leq 1$ においては，γ_1^z だけが最も低い曲線となる．すなわち $\mathrm{Min}_j \gamma_j^z$ に等しくなる．（常に $\rho_2^z = 0$ であるから，γ_2^z の動きは問題ではない．）

また **19.7** の (19:7*) より，K すなわちプレイの値も計算することができる．K = 0 となることが容易に得られるであろう．これは，ゲームが対称であることから予想されたとおりの結果である．

---
[74] これらの結果の証明は簡単に計算できるので読者に任せる．

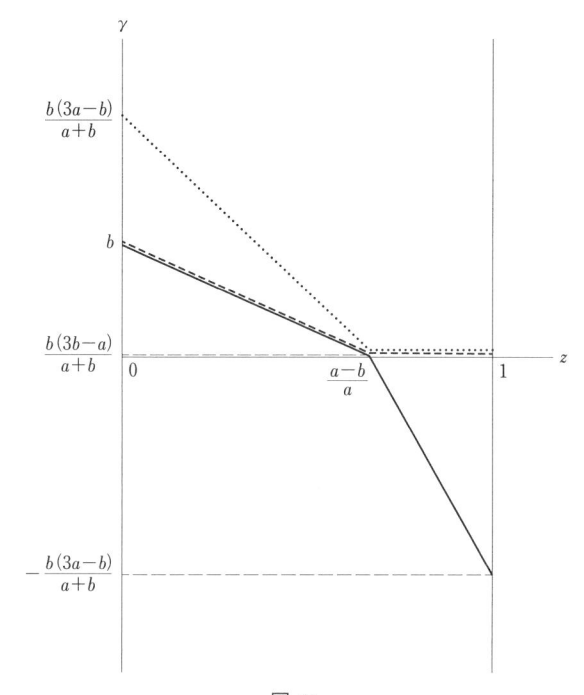

図 41

19.10 解の説明

19.10.1 19.8, 19.9 の結果は数学的には完全であるが，言葉による注釈および説明が少し必要である．そこでこれからそれを与えることにしよう．

まず，図 40 において与えられた適切な戦略の図示により，十分に強い手札に対しては $\rho_1^z = 1$, すなわちプレイヤーは「高い」ビッドを行うだけであることが示される．これは手札が $z > \dfrac{a-b}{a}$ の場合である．しかし，より弱い手札に対しては $\rho_1^z = \dfrac{b}{a+b}$, $\rho_3^z = 1 - \rho_1^z = \dfrac{a}{a+b}$, したがって $\rho_1^z, \rho_3^z \neq 0$ となる．すなわち，プレイヤーは（ある確率をもって）「高い」ビッドまたは「低い」ビッドを不規則に行う．これは手札が $z \leq \dfrac{a-b}{a}$ の場合である．（この場合には）「高い」ビッドが行われるのは「低い」ビッドが行われることに比べ稀である．実際 $\dfrac{\rho_3^z}{\rho_1^z} = \dfrac{a}{b}$ で $a > b$ である．この式はまた，もし「高い」ビ

ッドのコストが (「低い」ビッドのそれに比べて) 増大すれば, ますます「高い」ビッドが行われることが稀になることを示している.

ここで, 「弱い」手札のもとで「高い」ビッドを行うこと——これは (ある) 確率で不規則に行われ, 「高い」ビッドのコストが増大するにつれより稀になる——には, 次のような明確な解釈がなされる. すなわち, これは普通のポーカーにおける「ハッタリ」である.

本書の議論のためにポーカーを非常に簡単化したため, 「ハッタリ」は非常に基本的な形をとって現れてきた. しかし, それにもかかわらずその徴候は誤ってはいない. すなわち, プレイヤーは強い手札 $\left(z > \dfrac{a-b}{a}\right)$ に対しては常に「高い」ビッドを行い, 弱い手札 $\left(z < \dfrac{a-b}{a}\right)$ に対しては (確率 $\dfrac{a}{a+b}$ で) ほとんど「低い」ビッドを行うが, (確率 $\dfrac{b}{a+b}$ で) 不規則に「ハッタリ」を行うこともときにはあることがわかる.

19.10.2 第2に, 「ハッタリ」の範囲 $0 \leq z \leq \dfrac{a-b}{a}$ における条件は, また別の事柄——すなわち良い戦略からの逸脱, つまり **17.10.1**, **17.10.2** で議論した「不変最適性」「防御的」「攻撃的」——にも少し光を投げかける.

プレイヤー2が良い戦略を用いない, すなわち上で得られた ρ_j^z とは異なる確率 σ_j^z を用いるものとする. さらに, プレイヤー1は前のとおり ρ_j^z, すなわち良い戦略を用いるものとする. そうすれば, **19.7** における (19:9:a*), (19:9:b*), (19:9:c*) の γ_j^z に対して図41の図示を用いることができ——プレイヤー1に関する——プレイの結果を **19.7** の (19:7*) により,

$$(19:22) \quad K = \sum_j \int_0^1 \gamma_j^z \sigma_j^z dz$$

と表すことができる. したがって, もし **19.6** の条件 (19:8) に類似した次の条件が満たされれば, プレイヤー2の σ_j^z はプレイヤー1の ρ_j^z に対して最適となる:

(19:C)　γ_j^z が (j に関して[75]) その最小値をとらないような各 z, j の組に対して $\sigma_j^z = 0$ となる.

---

[75] j に関してといっているのであり, z, j に関してとはいっていない!

すなわち，(19:C) は σ_j^z が ρ_j^z 自身に対する ρ_j^z と同様に適切である——すなわち K = 0 を与える——ための必要十分条件である．さもなければ，σ_j^z はより悪くなってしまう．——すなわち K > 0 を与えることとなる．言い換えれば：

(19:D)　相手が良い戦略を守っているときに失敗したとしても，すなわち良い戦略 ρ_j^z から逸脱した戦略 σ_j^z を用いたとしても，まったく損失を被らないための必要十分条件は，σ_j^z が上の (19:C) を満たすことである．

ここで，(19:C) が $z > \dfrac{a-b}{a}$ に対しては $\sigma_2^z = \sigma_3^z = 0$ を意味するが，$z \leq \dfrac{a-b}{a}$ に対しては単に $\sigma_2^z = 0$ を意味するだけであることは，図41 を一目みれば十分に明らかであろう[76]．すなわち，(19:C) は強い手札 $\left(z > \dfrac{a-b}{a}\right)$ に対しては「高い」ビッドを行うだけであることを規定する．またそれは，すべての手札に対して後に「勝負」を行う意図をもって「低い」ビッドを行うことは禁じるが，弱い手札に対して，すなわち「ハッタリ」の範囲 $\left(z \leq \dfrac{a-b}{a}\right)$ において，「高い」ビッドを行う確率と（後に「パス」を行う意図をもって）「低い」ビッドを行う確率の比を決定することはできない．

19.10.3　したがって，正しくない「ハッタリ」以上のものを意味するような良い戦略からの逸脱を行えば，それは直ちに損失に結びつく．それには相手が良い戦略を守れば十分である．正しくない「ハッタリ」は，相手が良い戦略をプレイすれば損失を生じることはない．しかし，相手は良い戦略から適当に逸脱することにより損失を与えることができる．すなわち「ハッタリ」の重要性は，善良なプレイヤーに対してプレイする実際のプレイにあるのではなく，相手の潜在的な良い戦略からの逸脱に対して備えるという防御にあるといえる．これは **19.2** の終わりに行われた注意，特にそこにおいて「ハッタリ」に対して与えた第2の説明と一致する[77]．実際，「ハッタリ」によって生じる不確かさの要素は，ちょうどそこで述べ，また **19.2** の終わりに分析した相手の

---

[76] 実際には，$z = \dfrac{a-b}{a}$ なる場合に対しては $\sigma_2 \neq 0$ となることさえおこりうる．しかし，この z の孤立した値の確率は 0 であるから，無視できる．272 ページの脚注 71) を参照せよ．
[77] これらはすべて現在考えている形のポーカーに関して成り立つ．さらに深い見方については **19.16** を参照せよ．

戦略に対する制限となっている．

「ハッタリ」についての結果は **17.10.2** の結論ともまた合致している．このポーカーの変形における唯一の良い戦略は永久に最適ではないことがわかる．(**17.10.2** の最初の注意，特に 224 ページの脚注145) を参照せよ．) そして，「ハッタリ」は，**17.10.2** の後半で議論した意味において防御的な尺度であることもわかるであろう．

19.10.4 第3に，これで最後であるが，**17.10.2** において示された攻撃的な段階を少しみておこう．すなわち，良い戦略から逸脱することにより，相手が正しく「ハッタリ」を行わない場合に得られる利得を考えてみよう．

役割を転換しよう：すなわち，プレイヤー1が正しくない「ハッタリ」を行う，すなわち図40とは異なる ρ_j^z を用いる，とする．正しくない「ハッタリ」が考えられているだけであるから，依然として，

$$\rho_2^z = 0 \quad \text{すべての } z \text{ に関して}$$
$$\left.\begin{array}{l}\rho_1^z = 1 \\ \rho_3^z = 0\end{array}\right\} \quad \text{すべての } z > \frac{a-b}{a} \text{ に関して}$$

と仮定する．したがってわれわれは，

(19:23)　ある $z = z_0 < \dfrac{a-b}{a}$ に関して，$\rho_1^z \gtrless \dfrac{b}{a+b}$ [78)]

という結果だけに興味をもつのである．

19.8 の (19:15) の左辺は，$\gamma_3^z - \gamma_1^z$ の表現として依然として有効である．ここで $z < z^0$ となる1つの z を考えよう．そうすれば，(19:23) の $\gtrless$ は $\int_0^z \rho_1^{z_1} dz_1$ には影響を与えないが，$\int_z^1 \rho_1^{z_1} dz_1$ は $\substack{\text{増加} \\ \text{減少}}$ させ，したがって，(19:15) の左辺すなわち $\gamma_3^z - \gamma_1^z$ を $\substack{\text{減少} \\ \text{増加}}$ させる．(19:23) の変化がなければ，$\gamma_3^z - \gamma_1^z = 0$ となる (図41を参照せよ) ので，ここでは $\lessgtr 0$ となるであろう．

[78)] 実際には，これは1つ以上の z に対して必要となる．272 ページの脚注71) を参照せよ．最も簡単な仮定は，これらの不等号が問題となっている z_0 の小さな近傍において成り立つということである．

これを 271 ページの脚注66) および 272 ページの脚注71) の意味において厳密に取り扱うことは容易であろう．しかし，そこで述べた理由によりそれは行わないことにする．

すなわち, $\gamma_3^z \lessgtr \gamma_1^z$ である. 次に,
$$z_0 < z \leq \frac{a-b}{a}$$
なる 1 つの z を考える. そうすれば, (19:23) の $\gtrless$ は $\int_z^1 \rho_1^{z_1} dz_1$ には影響を与えないが, $\int_0^z \rho_1^{z_1} dz_1$ は $\begin{matrix}\text{増加}\\\text{減少}\end{matrix}$ させ, したがって (19:15) の左辺, すなわち $\gamma_3^z - \gamma_1^z$ を $\begin{matrix}\text{増加}\\\text{減少}\end{matrix}$ させる. (19:23) の変化がなければ, $\gamma_3^z - \gamma_1^z = 0$ となる (図 41 を参照せよ) ので, ここでは $\gtrless 0$ となるであろう. すなわち, $\gamma_3^z \gtrless \gamma_1^z$ である. 要約すれば:

(19:E)　(19:23) の $\gtrless$ なる変化により,

$$z < z_0 \text{ に関しては, } \gamma_3^z \lessgtr \gamma_1^z$$
$$z_0 < z \leq \frac{a-b}{a} \text{ に関しては, } \gamma_3^z \gtrless \gamma_1^z$$

となる. したがって, 相手は現在の ρ_j^z とは異なる σ_j^z を用いることにより利得をあげる, すなわち, (19:22) の K を減少させることができる. つまり, $z < z_0$ に関しては $\begin{matrix}\sigma_1^z\\\sigma_3^z\end{matrix}$ を犠牲にして $\begin{matrix}\sigma_3^z\\\sigma_1^z\end{matrix}$ を増やす, すなわち, ρ_1^z の値 $\frac{b}{a+b}$ から極値 $\begin{matrix}0\\1\end{matrix}$ へと σ_1^z を $\begin{matrix}\text{減少}\\\text{増加}\end{matrix}$ させればよく, $z_0 < z \leq \frac{a-b}{a}$ に対しては $\begin{matrix}\sigma_3^z\\\sigma_1^z\end{matrix}$ を犠牲にして $\begin{matrix}\sigma_1^z\\\sigma_3^z\end{matrix}$ を増やす, すなわち ρ_1^z の値 $\frac{b}{a+b}$ から極値 $\begin{matrix}1\\0\end{matrix}$ へと σ_1^z の値を $\begin{matrix}\text{増加}\\\text{減少}\end{matrix}$ させればよい. 言い換えれば:

(19:F)　相手がある手札 z_0 に対して, あまりに $\begin{matrix}\text{多く}\\\text{少なく}\end{matrix}$「ハッタリ」を行えば, 彼は次のような良い戦略からの逸脱により打撃を与えられる: その逸脱とは, z_0 より弱い手札に対してはより $\begin{matrix}\text{少なく}\\\text{多く}\end{matrix}$「ハッタリ」を行い, z_0 より強い手札に対してはより $\begin{matrix}\text{多く}\\\text{少なく}\end{matrix}$「ハッタリ」を行うことである.

　　すなわち, z_0 より強い手札に対しては相手の失敗を模倣し, 弱い手

札に対してはその反対を行うのである．

これらは，正しい「ハッタリ」がいかにして相手のあまりに多いまたはあまりに少ない「ハッタリ」を防ぐか，およびその直接の結果を正確にくわしく述べたものである．この方向にそった考察はこの点を超えてなされうるが，これ以上議論を進めることはしない．

19.11 ポーカーのより一般的な形

19.11 以上の議論はポーカーの戦略的構造およびその可能性に多くの光を投げかけるが，それはゲームのルールをかなり簡単化したことによってなしえたのである．これらの簡単化は，**19.1**，**19.3** および **19.7** において定式化され課せられた．このゲームを真に理解するためには，ここでこれらを取り除くことに努めなければならない．

しかしそうだからといって，取り除いたすべてのゲームの非現実的な複雑さ（**19.1** を参照せよ）を必ずもとにもどさなければならないといっているわけではない[79]．ただ，ゲームのいくつかの簡単でしかも重要な特徴が同じように失われており，それらを考え直すことが非常に有益であるといっているのである．特に次のことを考えている：

(A)「手札」は連続的ではなく離散的であるべきである．（**19.7** を参照せよ．）

(B) ビッドの方法は2つ以上あるべきである．（**19.3** を参照せよ．）

(C) 各プレイヤーがビッドを行う機会は1つ以上あるべきであり，それらは同時に行われるのではなく，交互のビッドもまた考えられるべきである．（**19.3** を参照せよ．）

これらの条件 (A)，(B)，(C) を同時に満たす――そしてその良い戦略を見出す――問題は解かれていない．それゆえ，われわれはさしあたって (A)，(B)，(C) を別々に付け加えることで満足しなければならない．

(A) および (B) についてはその解が完全に知られているが，(C) についてはまだ非常に限られた前進しかなされていない．これらの数学的な結論をくわしく与えることは非常に程度が高くなるので，(A)，(B)，(C) に関する結果を簡単に述べるにとどめよう．

---

[79] まして，2人ゲーム以外のものを考えようなどと望むものではない．

19.12 離散的な手札

19.12.1 まず (A) を考えよう.すなわち,**19.1.2** で導入され **19.4-19.7** において用いられた手札の離散的な尺度 $s = 1, \cdots, S$ にもどることにしよう.この場合には,解は多くの点において図 40 の解に類似している.一般に $\rho_2^s = 0$ であり,$s > s^0$ となる s に関して $\rho_1^s = 1$ となり,一方 $s < s^0$ となる s に関して $\rho_1^s \neq 0, 1$ となるようなある s^0 が存在する.また,もし z の尺度に変えれば (図 39 を参照せよ),$\dfrac{s^0 - 1}{s - 1}$ は $\dfrac{a - b}{a}$ に非常に近づくことにもなる[80].したがって「ハッタリ」を行う範囲がありそれを超えれば——図 40 におけるとまったく同様に——「高い」ビッドを行う範囲がある.

しかし,$s < s^0$,すなわち「ハッタリ」を行う範囲について,ρ_1^s は図 40 の $\dfrac{b}{a+b}$ にまったく等しくはないし,またそれに近いともいえない[81].それらは,S の算術的な特性に依存する量によってこの値のまわりを振動し,$S \to \infty$ としても消えることはない.しかしながら,ρ_1^s の平均値は $\dfrac{b}{a+b}$ へと向かう[82].言い換えれば:

離散的ゲームの良い戦略は,連続的ゲームのそれに非常によく類似している.すなわち,(「ハッタリ」と「高い」ビッドの) 2 つの範囲の分割に関するかぎり,細部すべてに対しそれは正しい.また,これらの範囲の位置と大きさおよび「高い」ビッドの範囲においておこる事象に関しても正しい.しかし「ハッタリ」の範囲においては,それは (近似的に同じ強さをもったいくつかの手札に関して) 平均的に述べる場合にのみ正しいといえるだけである.個々の手札に関しての正確な結果は図 40 に与えられたものとはおおいに異なり,(a/b に関しての) s および S の算術的な特性に依存するのである[83].

19.12.2 このようにして,図 40 に非常に正確に一致する戦略——すなわち,$s < s^0$ なるすべての s に対して $\rho_1^s \equiv \dfrac{b}{a+b}$ となる戦略——は良いもので

---

[80] 正確には:$S \to \infty$ に関して,$\dfrac{s^0 - 1}{S - 1} \to \dfrac{a - b}{a}$ となる.

[81] すなわち,s がどのように変化しようとも $S \to \infty$ に関して,$\rho_1^s \to \dfrac{b}{a+b}$ とはならない.

[82] 実際にほとんどの $s < s^0$ に関して,$\dfrac{1}{2}(\rho_1^s + \rho_1^{s+1}) = \dfrac{b}{a+b}$ となる.

[83] したがって図 40 と同様の図を描けば,図の左の部分は直線 (すなわち $0 \leq z \leq \dfrac{a-b}{a}$ において $\rho = \dfrac{b}{a+b}$) とはならず,この平均値のまわりをひどく振動するのである.

はなく，良い戦略からはまったくおおいに異なったものとなる．しかし，それにもかかわらず，この「平均的」戦略をプレイすることにより被る最大の損失はあまり大きくないことが示される．より正確にいえば，$S \to \infty$ に対してそれは 0 に向かうのである[84]．

したがって次のことがわかる．離散的ゲームにおいては，正しい「ハッタリ」の方法は非常にこみいった「微妙な構造」をしているが，プレイヤーがそれを用いたとしても非常に小さな有利さしか保証されない．

この現象はおそらく典型的なものであり，さらに複雑な実際のゲームにおいても表れてくるであろう．それにより，この理論において連続性を主張したり期待したりするには，非常な注意深さが必要であることがわかるであろう[85]．しかし，実際的な重要性――すなわち，それによってもたらされる利得および損失――は少ないようであり，全体としては，非常に経験の多いプレイヤーにおいてさえおそらく未知のことであろう．

19.13 m 通りのビッドが可能な場合

19.3.1 第 2 に (B) を考えよう：すなわち，手札は連続なものとして保ちながら 2 通り以上のビッドを許すものとしよう．すなわち，2 通りのビッド

$$a > b \, (> 0)$$

を，例えば：

$$a_1 > a_2 > \cdots > a_{m-1} > a_m \, (> 0)$$

と並べられたより大きな m 通りのビッドで置き換えるのである．この場合にも，解は図 40 の解とある類似性をもつ[86]．$z > z^0$ に関してはプレイヤーが最高のビッドだけを行い，一方 $z < z^0$ に関しては種々のビッド（常に最高のビッド a を含むが他のビッドも含む）をある決定された確率で不規則に行うようなある z^0 [87] が存在する．プレイヤーがどのビッドをどのような確率で行わ

---

[84] 実際にはそのオーダーは $1/S$ である．実際のポーカーにおいて，S が 250 万であることを思い出してもらいたい（255 ページの脚注 40）を参照せよ）．

[85] これに関連して，269 ページの脚注 62）の後半の注意を思い出してもらいたい．

[86] 実際には，より高いビッドにして「勝負する」ことを禁じるルールにより制限を加えてはじめて解は決定される．すなわち，各プレイヤーは同時に最終的で最も高いビッドを行い，もし相手のビッドがより高ければ「パス」をする（そしてその結果を受け入れる）ものと考えるのである．

なければならないかは，z の値によって決定される[88]．したがって，図 40 におけるとまったく同様に「ハッタリ」の範囲があり，それを超えれば「高い」ビッドの範囲——実際には最も高いビッドの範囲以外のなにものでもない——がある．しかし，「ハッタリ」は——その生じる範囲 $z \leq z^0$ において——図 40 におけるよりもずっと複雑であり，多種多様な構造をもつのである．

この構造をくわしく分析することにより，非常に興味深い側面がいくつか明らかになるが，これ以上立ち入ることはしない．しかし，その特質の 1 つについては述べておこう．

19.13.2　2 つの値

$$a > b > 0$$

を与えられたものとし，各々を最高および最低のビッドとしよう．すなわち：

$$a_1 = a, \qquad a_m = b$$

とするのである．次に $m \to \infty$ とし，残りのビッド $a_2, \cdots, a_{m-1}$ を区間

(19:24)　　$b \leq x \leq a$

を際限なく稠密にうめるように選ぶものとしよう．（286 ページの脚注 89) に与えられた 2 つの例を参照せよ．）もしここで述べられた良い戦略が 1 つの極限——すなわち $m \to \infty$ に関する漸近的な戦略——に近づくならば，この戦略はビッドに対して上限と下限だけが（a および b に）決定されており，この間（すなわち (19:24) の区間）の任意のビッドを行うことのできるゲームの

---

[87]　図 40 の $z = \dfrac{a-b}{a}$ に類似するものである．

[88]　もしそのプレイヤーが行わなければならないビッドが $a_1, a_p, a_q, \cdots, a_n$ ($1 < p < q < \cdots < n$) ならば，それらの確率は各々

$$\frac{1}{ca_1}, \frac{1}{ca_p}, \frac{1}{ca_q}, \cdots, \frac{1}{ca_n}, \quad \left(c = \frac{1}{a_1} + \frac{1}{a_p} + \cdots + \frac{1}{a_n}\right)$$

とならねばならないことが示されうる．すなわち，もしあるビッドが行われたとすれば，その確率はそのビッドのコストに反比例する．

ある z が与えられたときに，$a_p, a_q, \cdots, a_n$ のどれが実際に行われるかは，より複雑な規準によって決定されるが，それはここでは議論しない．

上の c はすべての確率の和を 1 にするためにのみ必要であることを注意しておこう．読者は自分で図 40 の確率が上の値となることを証明されたい．

良い戦略と解釈できるであろう．すなわち，**19.3** の最初に述べられたビッドの間の最小の区間の条件は取り除かれるのである．

ところがこうはいかない．例えば，$a_1 = a$ と $a_m = b$ の間に $a_2, \cdots, a_{m-1}$ を算術的な列で挿入することもできるし，また幾何学的な列で挿入することもできる[89]．どちらの場合にも $m \to \infty$ とすれば漸近的な戦略が得られるが，2 つの戦略は多くの基本的な点で異なっている．

もし (19:24) のすべてのビッドが許されるようなゲームをこの点から考えれば，そのゲームの良い戦略を直接的に決定することが可能である．上で述べられた 2 つの戦略は共に，多くの他の戦略と同様良い戦略であることがわかる．

ビッドの間の最小の区間を捨て去ることにより，どれだけ複雑になるかがこれから示されるであろう．すなわち，制限された場合の良い戦略は有限個のビッドをもつ近接したすべての場合の良い戦略の近似とはなりえないのである．このようにして，**19.12** の最後の注意が再度強調されるわけである．

19.14 代替的なビッド

19.14.1 第 3 にそしてこれが最後になるが (C) を考えよう：この方向にそったこれまでの進歩は，2 人のプレイヤーの同時のビッドを 2 つの連続的なビッドで置き換えられるということだけである．すなわち，プレイヤー 1 がまずビッドを行い，その後プレイヤー 2 がビッドを行うという議論で置き換えられるのである．

したがって，**19.4** で述べられたルールは次のように修正される：

まず，各プレイヤーは偶然手番により各々の $1/S$ なる同じ確率をもつ自らの手札 $s = 1, \cdots, S$ を得る．プレイヤー 1, 2 の手札を各々 s_1, s_2 と示そう．

この後[90]，プレイヤー 1 は人的手番によって a または b ——すなわち「高

---

[89] 前者は，

$$p = 1, 2, \cdots, m-1, m \text{ に関して，} a_p = \frac{1}{m-1}((m-p)a + (p-1)b)$$

によって定義され，後者は，

$$p = 1, 2, \cdots, m-1, m \text{ に関して，} a_p = \sqrt[m-1]{a^{m-p}b^{p-1}}$$

によって定義される．

[90] 今後は，プレイヤー 2 がすでに「低い」ビッドを行い，これはプレイヤー 1 が「勝負」を行うかそれとも「オーバービッド」を行うかという手番であるかのように話を進める．ここでは，「パス」

い」ビッドまたは「低い」ビッド——のどちらかを選ぶ[91]．プレイヤー1は自らの手札は知っているが，相手の手札については一切知らされていない．もしプレイヤー1が「低い」ビッドを行えば，プレイは終了する．もし「高い」ビッドを行えば，今度はプレイヤー2が人的手番によりaまたはb——すなわち「高い」ビッドまたは「低い」ビッド——を選択する[92]．プレイヤー2は自らの手札および相手の選択について知っているが，相手の手札についてはまったく知らされていない．

プレイは以上のとおりである．プレイが終了すれば支払いが次のようにして行われる．もしプレイヤー1が「低い」ビッドを行えば，$s_1 \gtreqless s_2$ に関してプレイヤー1はプレイヤー2から各々 $\begin{matrix} b \\ 0 \\ -b \end{matrix}$ を受け取る．もし，2人のプレイヤーが共に「高い」ビッドを行えば，$s_1 \gtreqless s_2$ に関してプレイヤー1はプレイヤー2から各々 $\begin{matrix} a \\ 0 \\ -a \end{matrix}$ を受け取る．もしプレイヤー1が「高い」ビッドを行いプレイヤー2が「低い」ビッドを行えば，プレイヤー1はプレイヤー2からbなる額を受け取る[93]．

19.14.2 ここで，**19.5**において最初のポーカーの変形に対して行ったのと基本的には同様に，純粋戦略および混合戦略について議論することが可能となる．

われわれはこの議論の中心部を与えるが，その方法は，**19.4-19.7**の道筋を覚えている読者にとってはまったく明らかなものであろう．

このゲームの純粋戦略は次の事柄の明確化からなる．すなわち，すべての手札 $s = 1, \cdots, S$ に対して「高い」ビッドを行うか「低い」ビッドを行うかということである．これは，数値による添数 $i_s = 1, 2$ で示せばより簡単になる．ただし $i_s = 1$ は「高い」ビッドを意味し，$i_s = 2$ は「低い」ビッドを意味す

は無視する．
[91] すなわち，「オーバービッド」または「勝負」である．286ページの脚注90）を参照せよ．
[92] すなわち，「勝負」または「パス」である．上の脚注91）とは意味が変わっていることに注意せよ．
[93] これらのルールを解釈するにあたっては上の脚注を思い出すこと．形式的な点からみれば，261ページの脚注46）が必要な変更を加えたうえで思い出されねばならない．

る．したがって，戦略とはすべての $s = 1, \cdots, S$ に対してこのような添数 i_s，すなわち列 $i_1, \cdots, i_S$ を明示するものとなる．

これはプレイヤー1，プレイヤー2の双方に適用される．そこで，上の戦略を $\sum_1(i_1, \cdots, i_S)$, $\sum_2(j_1, \cdots, j_S)$ と表すことにしよう．かくして，各プレイヤーは同数の戦略をもつ．——その数は列 $i_1, \cdots, i_S$ の数，すなわち 2^S に等しい．**11.2.2** の記号を用いれば，

$$\beta_1 = \beta_2 = \beta = 2^S$$

である．（しかし，ゲームは対称的ではない！）

次に，2人のプレイヤーによって戦略 $\sum_1(i_1, \cdots, i_S)$ および $\sum_2(j_1, \cdots, j_S)$ がとられた場合のプレイヤー1の受け取る利得を表さねばならない．これは行列の要素 $\mathcal{H}(i_1, \cdots, i_S \mid j_1, \cdots, j_S)$ となる．もし2人のプレイヤーが実際に手札 s_1, s_2 をもてば，プレイヤー1が受け取る利得は（前に述べたルールを用いることにより）次のように表される．すなわち，それは $\mathcal{L}_{sgn(s_1-s_2)}(i_{s_1}, j_{s_2})$ であり，$sgn(s_1 - s_2)$ は $s_1 - s_2$ の符号を示し，3つの関数

$$\mathcal{L}_+(i,j), \quad \mathcal{L}_0(i,j), \quad \mathcal{L}_-(i,j)$$

は次の行列表によって示される：

i \ j	1	2
1	a	b
2	b	b

図 42

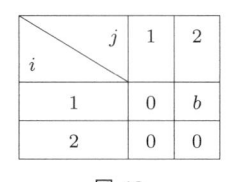

i \ j	1	2
1	0	b
2	0	0

図 43

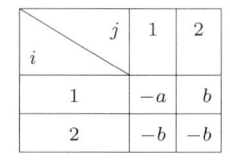

i \ j	1	2
1	$-a$	b
2	$-b$	$-b$

図 44

ここで，s_1, s_2 は前に述べたように偶然手番によって得られる．したがって：

$$\mathcal{H}(i_1, \cdots, i_S \mid j_1, \cdots, j_S) = \frac{1}{S^2} \sum_{s_1, s_2 = 1}^{S} \mathcal{L}_{sgn(s_1-s_2)}(i_{s_1}, j_{s_2})$$

となる．

19.14.3 次に，**17.2** の意味における混合戦略に移ろう．これは S_β に属す

るベクトル $\vec{\xi},\vec{\eta}$ である．これらのベクトルの要素にも（純粋）戦略と同様，添数をつけなければならない：すなわち，$\xi_{\tau_1},\eta_{\tau_2}$ ではなく $\xi_{i_1,\cdots,i_S},\eta_{i_1,\cdots,i_S}$ と書かねばならない．

プレイヤー 1 の利得の期待値を評価する **17.4.1** の (17:2) は次のように表される．

$$\mathrm{K}(\vec{\xi},\vec{\eta}) = \sum_{i_1,\cdots,i_S,j_1,\cdots,j_S} \mathcal{H}(i_1,\cdots,i_S \mid j_1,\cdots,j_S)\xi_{i_1,\cdots,i_S}\eta_{j_1,\cdots,j_S}$$

$$= \frac{1}{S^2}\sum_{i_1,\cdots,i_S,j_1,\cdots,j_S}\sum_{s_1,s_2}\mathcal{L}_{sgn(s_1-s_2)}(i_{s_1},j_{s_2})\xi_{i_1,\cdots,i_S}\eta_{j_1,\cdots,j_S}$$

2 つの $\sum$ を取り替え，

$$\mathrm{K}(\vec{\xi},\vec{\eta}) = \frac{1}{S^2}\sum_{s_1,s_2}\sum_{i_1,\cdots,i_S,j_1,\cdots,j_S}\mathcal{L}_{sgn(s_1-s_2)}(i_{s_1},j_{s_2})\xi_{i_1,\cdots,i_S}\eta_{j_1,\cdots,j_S}$$

と書けば便利である．ここで，

(19:25) $\quad \rho_i^{s_1} = \sum_{\substack{i_{s_1}\text{を除く }i_1,\cdots,i_S \\ i_{s_1}=i}} \xi_{i_1,\cdots,i_S},$

(19:26) $\quad \sigma_j^{s_2} = \sum_{\substack{j_{s_2}\text{を除く }j_1,\cdots,j_S \\ j_{s_2}=j}} \eta_{j_1,\cdots,j_S}$

とおけば，上の等式は，

(19:27) $\quad \mathrm{K}(\vec{\xi},\vec{\eta}) = \frac{1}{S^2}\sum_{s_1,s_2}\sum_{i,j}\mathcal{L}_{sgn(s_1-s_2)}(i,j)\rho_i^{s_1}\sigma_j^{s_2}$

となる．

19.14.4 これらのことはすべて **19.5.2** で述べたことと同様である．そこにおけるのと同様 (19:25) により，$\rho_i^{s_1}$ は混合戦略 $\vec{\xi}$ を用いるプレイヤー 1 が自らの手札 s_1 のときに i を選ぶ確率であることが示される．また (19:26) により，$\sigma_j^{s_2}$ は混合戦略 $\vec{\eta}$ を用いるプレイヤー 2 が自らの手札 s_2 のときに j を選ぶ確率であることが示される．期待値 $\mathrm{K}(\vec{\xi},\vec{\eta})$ はこれらの確率のみに依存し，そのもととなる確率 $\xi_{i_1,\cdots,i_S},\eta_{j_1,\cdots,j_S}$ 自身には依存しないことも直観的に明らかである．(19:27) はこのことを表しており，これにもとづいて容易に導くことができるであろう．

$\rho_i^{s_1},\sigma_j^{s_2}$ の意味およびその形式的な定義 (19:25), (19:26) から，次の条件

が満たされることも明らかである：

(19.28) すべての $\rho_i^{s_1} \geq 0$ $\quad \sum_{i=1}^{2} \rho_i^{s_1} = 1$

(19.29) すべての $\sigma_j^{s_2} \geq 0$ $\quad \sum_{j=1}^{2} \sigma_j^{s_2} = 1$

また，この条件を満たす任意の $\rho_i^{s_1}$, $\sigma_j^{s_2}$ が (19:25), (19:26) により適当な $\vec{\xi}$, $\vec{\eta}$ から得られることも明らかである．(**19.5.3** におけるこれに相当する段階，特に 264 ページの脚注 53) を参照せよ.) それゆえ，2 次元ベクトル

$$\vec{\rho}^{s_1} = (\rho_1^{s_1}, \rho_2^{s_2}), \quad \vec{\sigma}^{s_2} = (\sigma_1^{s_2}, \sigma_2^{s_2})$$

をつくるのが適切であろう．そのとき，(19:28), (19:29) によりすべての $\vec{\rho}^{s_1}$, $\vec{\sigma}^{s_2}$ が正確に S_2 に属していることがわかる．

このようにして，$\vec{\xi}$（または $\vec{\eta}$）は S_β の 1 つのベクトル，すなわち $\beta - 1 = 2^S - 1$ 個の定数に依存するベクトルであったが，$\vec{\rho}^{s_1}$（または $\vec{\sigma}^{s_2}$）は S_2 に属する S 個のベクトル，すなわちその各々が 1 個の定数に依存するベクトルとなる．したがって，それらは結局 S 個の定数に依存することとなり，それによって，$2^S - 1$ を S に減少させたことになる．(**19.5.3** の最後を参照せよ.)

19.14.5 次に (19:27) を **19.6** におけるのと同じように書き直そう．

(19:30) $\quad \mathrm{K}(\vec{\rho}^1, \cdots, \vec{\rho}^S \mid \vec{\sigma}^1, \cdots, \vec{\sigma}^S) = \dfrac{1}{S} \sum_{s_2, j} \gamma_j^{s_2} \sigma_j^{s_2}$

ただし，係数は，

$$\frac{1}{S}\gamma_j^{s_2} = \frac{1}{S^2} \sum_{s_1, i} \mathcal{L}_{sgn(s_1 - s_2)}(i, j) \rho_i^{s_1}$$

である．すなわち，図 42-44 の行列表を用いれば，

(19:31:a) $\quad \gamma_1^{s_2} = \dfrac{1}{S}\left\{ \displaystyle\sum_{s_1=1}^{s_2-1}(-a\rho_1^{s_1} - b\rho_2^{s_1}) + \sum_{s_1=s_2+1}^{S}(a\rho_1^{s_1} + b\rho_2^{s_1})\right\}$

(19:31:b) $\quad \gamma_2^{s_2} = \dfrac{1}{S}\left\{ \displaystyle\sum_{s_1=1}^{s_2-1}(b\rho_1^{s_1} - b\rho_2^{s_1}) + b\rho_1^{s_1} + \sum_{s_1=s_2+1}^{S}(b\rho_1^{s_1} + b\rho_2^{s_1})\right\}$

である．ゲームはもはや対称的ではないので，2 人のプレイヤーの役割を取り替えた場合に相当する公式もまた必要となる．この公式は：

$$(19{:}32) \quad \mathrm{K}(\vec{\rho}^1,\cdots,\vec{\rho}^S \mid \vec{\sigma}^1,\cdots,\vec{\sigma}^S) = \frac{1}{S}\sum_{s_1,i}\delta_i^{s_1}\rho_i^{s_1}$$

ただし，係数は，

$$\frac{1}{S}\delta_i^{s_1} = \frac{1}{S^2}\sum_{s_2,j}\mathcal{L}_{sgn(s_1-s_2)}(i,j)\sigma_j^{s_2}$$

である．すなわち，図 42-44 の行列表を用いれば，

$$(19{:}33{:}\mathrm{a}) \quad \delta_1^{s_1} = \frac{1}{S}\left\{\sum_{s_2=1}^{s_1-1}(a\sigma_1^{s_2}+b\sigma_2^{s_2}) + b\sigma_2^{s_2} + \sum_{s_2=s_1+1}^{S}(-a\sigma_1^{s_2}+b\sigma_2^{s_2})\right\}$$

$$(19{:}33{:}\mathrm{b}) \quad \delta_2^{s_1} = \frac{1}{S}\left\{\sum_{s_2=1}^{s_1-1}(b\sigma_1^{s_2}+b\sigma_2^{s_2}) + \sum_{s_2=s_1+1}^{S}(-b\sigma_1^{s_1}-b\sigma_2^{s_2})\right\}$$

となる．良い戦略であるかどうかの規準は，この場合も本質的には **19.6** の規準のくり返しである．すなわち，ここで考えている変形の非対称性により，ここで用いる規準は **17.9** の一般的規準（17:D）から得られるが，その方法は **19.6** の規準が **17.11.2** の最後の対称的な規準から得られた方法と同様である．すなわち：

(19:G)　次の事柄が成り立てば，そしてそのときにのみ——すべて S_2 に属する——$\vec{\rho}^1,\cdots,\vec{\rho}^S$ および $\vec{\sigma}^1,\cdots,\vec{\sigma}^S$ は良い戦略となる．
$\gamma_j^{s_2}$ が（j において[94]）最小値をとらない各 s_2,j に関して $\sigma_j^{s_2}=0$ であり，$\delta_i^{s_1}$ が（i において[94]）その最大値をとらない各 s_1,i に関して $\rho_i^{s_1}=0$ である．

19.14.6　次に，離散的な手札 s_1,s_2 を **19.7** の意味における連続的な手札に置き換えよう．（特に **19.7** の図 39 を参照せよ．）**19.7** で述べたように，これによってベクトル $\vec{\rho}^{s_1},\vec{\sigma}^{s_2}$ $(s_1,s_2=1,\cdots,S)$ はベクトル $\vec{\rho}^{z_1},\vec{\sigma}^{z_2}$ $(0 \leq z_1,z_2 \leq 1)$ で置き換えられるが，このベクトルもまた前と同じ性質をもつ確率ベクトルである．すなわち S_2 に属する．したがって，要素 $\rho_i^{s_1},\sigma_j^{s_2}$ は要素 $\rho_i^{z_1},\sigma_j^{z_2}$ に置き換わり，同様に $\delta_i^{s_1},\gamma_j^{s_2}$ も $\delta_i^{z_1},\gamma_j^{z_2}$ となる．公式 (19:30)，(19:31:a)，(19:31:b) および (19:32)，(19:33:a)，(19:33:b) における和は，

---

[94] $j\,(i)$ においてといっているのであり，$s_2,j\,(s_1,i)$ においてとはいっていない！

19.7 の (19:7*), (19:9:a*), (19:9:b*), (19:9:c*) におけると同様積分に変わる.それゆえ：

(19:30*) $\quad K = \sum_j \int_0^1 \gamma_j^{z_2} \sigma_j^{z_2} dz_2$

(19:31:a*) $\quad \gamma_1^{z_2} = \int_0^{z_2} (-a\rho_1^{z_1} - b\rho_2^{z_1})dz_1 + \int_{z_2}^1 (a\rho_1^{z_1} + b\rho_2^{z_1})dz_1$

(19:31:b*) $\quad \gamma_0^{z_2} = \int_0^{z_2} (b\rho_1^{z_1} - b\rho_2^{z_1})dz_1 + \int_{z_2}^1 (b\rho_1^{z_1} + b\rho_2^{z_1})dz_1$

および,

(19:32*) $\quad K = \sum_i \int_0^1 \delta_i^{z_2} \rho_i^{z_2} dz_2$

(19:33:a*) $\quad \delta_1^{z_1} = \int_0^{z_1} (a\sigma_1^{z_2} + b\sigma_2^{z_2})dz_2 + \int_{z_1}^1 (-a\sigma_1^{z_2} + b\sigma_2^{z_2})dz_2$

(19:33:b*) $\quad \delta_2^{z_1} = \int_0^{z_1} (b\sigma_1^{z_2} + b\sigma_2^{z_2})dz_2 + \int_{z_1}^1 (-b\sigma_1^{z_2} - b\sigma_2^{z_2})dz_2$

が得られる.良い戦略に対する規準もここで同様に変形される.(これは **19.6** の離散的な規準から **19.7** の連続的な規準への変化と同様である.)すなわち,次の規準が得られる.

(19:H) $\quad \vec{\rho}^{z_1}$ および $\vec{\sigma}^{z_2}$ ——$(0 \leq z_1, z_2 \leq 1)$ すべて S_2 に属している——は,次の事柄が成り立てば,そしてそのときにのみ,良い戦略となる.

各 z_2, j に関して,$\gamma_j^{z_2}$ が (j において[95]) その最小値をとらないならば $\sigma_j^{z_2} = 0$ であり,各 z_1, i に関して,$\sigma_i^{z_1}$ が (i において[95]) その最小値をとらないならば $\rho_i^{z_1} = 0$ である.

19.15 すべての解の数学的な表現

19.15.1 良い戦略 $\vec{\rho}^z$ および $\vec{\sigma}^z$,すなわち **19.14** の最後に述べられた暗黙の条件の解は,完全に決定することができる.そのための数学的な方法は,**19.8** においてポーカーの最初の変形の良い戦略——すなわち **19.7** の最後に

---
[95] j (i) においてといっているのであり,z_2, j (z_1, j) においてといっているのではない.

述べられた暗黙の条件の解——を決定するときに用いたものと同じである．

ここでは数学的議論を与えることはせず，その結果として生ずる良い戦略 $\vec{\rho}^z$ および $\vec{\sigma}^z$ について述べるだけにしよう．良い戦略 $\vec{\rho}^z$ はただ1つだけであるが，良い戦略 $\vec{\sigma}^z$ は多くのものからできている．（図45-46を参照せよ．これらの図の実際の比率は $a/b \sim 3$ に相当している．）

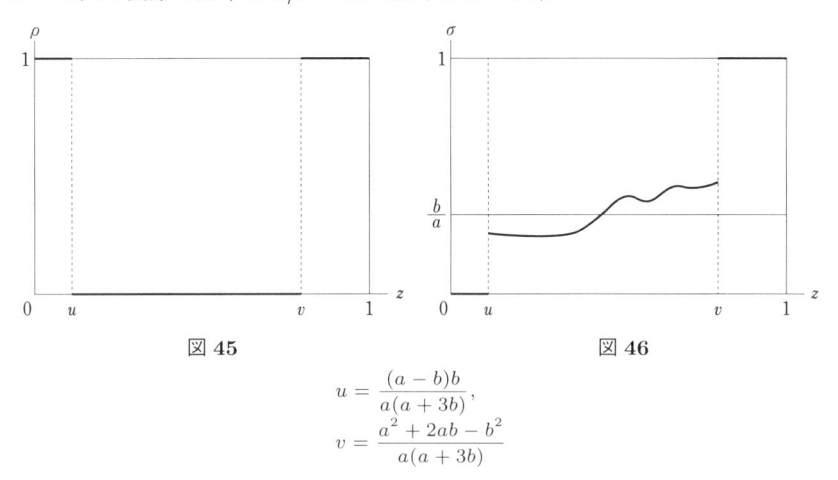

図 45　　　　　　　　　図 46

$$u = \frac{(a-b)b}{a(a+3b)},$$
$$v = \frac{a^2 + 2ab - b^2}{a(a+3b)}$$

線———は各々曲線 $\rho = \rho_1^z$ および $\sigma = \sigma_1^z$ を表している．したがって，直線 $\rho = 0$ ($\sigma = 0$) の上の———の高さは「高い」ビッドの確率 ρ_1^z (σ_1^z) を表す．したがって———の上の直線 $\rho = 1$ ($\sigma = 1$) の高さは「低い」ビッドの確率 $\rho_2^z = 1 - \rho_1^z$ ($\sigma_2^z = 1 - \sigma_1^z$) を表すことになる．（図46の）区間 $u \leq z \leq v$ における $\sigma = \sigma_1^z$ 曲線の不規則な部分 ⌒ は，良い戦略 $\vec{\sigma}^z$ の多様性を表している．実際，$\sigma = \sigma_1^z$ 曲線のこの部分は次の（必要十分）条件にしたがうものである．

$$\frac{1}{v - z_0} \int_{z_0}^v \sigma_1^z dz \begin{cases} = \dfrac{b}{a} & z_0 = u \text{ のとき} \\ \geq \dfrac{b}{a} & u < z_0 < v \text{ のとき} \end{cases}$$

言葉で表せば：u と v の間では σ_1^z の平均は b/a となり，この区間の任意の右側の区間においては σ_1^z の平均は b/a 以上となる．

このようにして，$\vec{\rho}^z$ および $\vec{\sigma}^z$ は共に次の3つの区間における3つの異なった行動を示す[96]：

第1に：$0 \leq z < u$. 第2に：$u \leq z \leq v$. 第3に：$v < z \leq 1$. これらの3つの区間の長さは $u, v-u, 1-v$ であり，u, v に関するやや複雑な表現は，次の容易に証明される比率によって最もよく思い出されうるであろう．その比率とは，

$$u : 1-v = a-b : a+b$$
$$v-u : 1-v = a : b$$

である．

19.15.2 **19.14.6** の公式 (19:31:a*), (19:31:b*) および (19:33:a*), (19:33:b*) により，ここで係数 γ_j^z, δ_i^z を計算することができる．われわれは (**19.9** における図 41 と同様) 公式を与える代わりに図によって示そう．その初等的な証明は読者に任せる．$\vec{\rho}^z, \vec{\sigma}^z$ が良い戦略であるか否かについては，差 $\delta_1^z - \delta_2^z, \gamma_2^z - \gamma_1^z$ のみが問題となる．実際，**19.14** の最後の規準は次のように定式化することができる．すなわち，この差が正のときには常に各々 $\rho_2^z = 0$ または $\sigma_2^z = 0$ となり，この差が負のときには常に各々 $\rho_1^z = 0$ または $\sigma_1^z = 0$ となる．そこで，これらの差を表したグラフを与えよう．（図 47, 48 を参照せよ．実際の比率は図 45, 46 と同様，すなわち $a/b \sim 3$ である．——図 45, 46 を参照せよ．）

線——は曲線 $\gamma = \gamma_2^z - \gamma_1^z$ を示し，線——は曲線 $\delta = \delta_1^z - \delta_2^z$ を示している．（図 48 における）区間 $u \leq z \leq v$ の $\delta = \delta_1^z - \delta_2^z$ 曲線の不規則な部分は，（図 46 における）同じ区間の $\sigma = \sigma_1^z$ 曲線の同様に不規則な部分に相当している．——すなわち，これによってもまた良い戦略 $\vec{\sigma}^z$ の多様性が示される．$\sigma = \sigma_1^z$ 曲線のこの部分に対する制限（図 46 の後の議論を参照せよ）は，$\delta = \delta_1^z - \delta_2^z$ 曲線のこの部分が影を施した三角形/////の中に存在しなければならないことを意味する（図 48 を参照せよ）．

19.15.3 図 45 を図 47 と，そして図 46 を図 48 と比較してみれば，その戦略が実際に良いものであることがわかる．すなわち，それらは (19:H) を満たすことが示される．これは **19.9** における図 40 と図 41 の比較と同様に証明できるので，その証明は読者に任せよう．

K の値もまた **19.14.6** の (19:30*) または (19:32*) より得られる．その

---
[96] これらの区間の端点などに関しては，272 ページの脚注 71) を参照せよ．

図 47   図 48

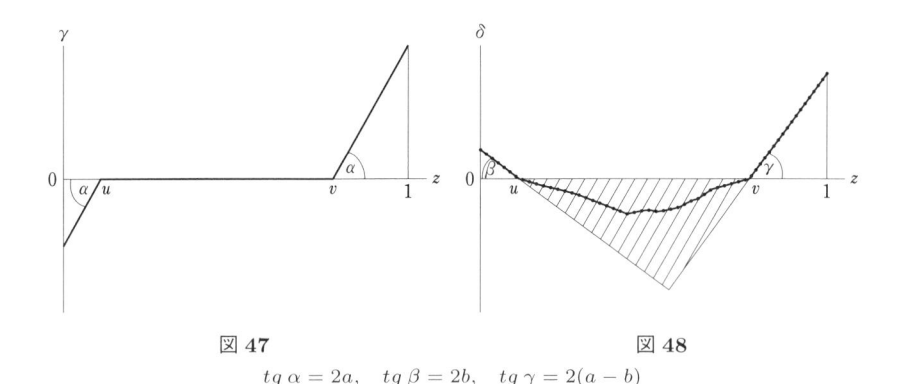

$$tg\,\alpha = 2a, \quad tg\,\beta = 2b, \quad tg\,\gamma = 2(a-b)$$

結果は，

$$K = bu = \frac{(a-b)b^2}{a(a+3b)}$$

である[97]．したがって，プレイヤー1はプレイに対して正の期待値をもつ．——すなわち，主導権をとることによる有利さ[98]をもつことになる．

19.16 解の解釈．結論

19.16.1 ここで，**19.10** において **19.8**，**19.9** の結果を議論したのと同様に，**19.15** の結果も議論しなければならない．われわれはこの問題についてくわしく議論することはせず，いくつかの注意を与えるにとどめようと思う．

図 40 の 2 つの範囲の代わりに，図 45，46 においては 3 つの範囲が現れてきた．最も高い範囲（すなわち最も右側の範囲）は，どちらの図においても（すなわちどちらのプレイヤーに関しても）「高い」ビッドしか行わないことに対応している．しかしながら，他の範囲における行動はそのように一様ではない．

プレイヤー2（すなわち図 46）に関する中間の範囲は図 40 の最も低い範囲と同じ「ハッタリ」——すなわち，同じ手札に対して「高い」ビッド，「低い」ビッドを不規則に行うこと——の範囲を表している．しかし，その確率はま

---

[97] 数値的なオリエンテーション：もし $a/b = 3$，ただしこれはいままでの図示のもととなっている比率である，ならば $u = \frac{1}{9}$, $v = \frac{7}{9}$ であり，$K = \frac{b}{9}$ となる．

[98] $a/b \sim 3$ ならば，これは約 $b/9$（上の脚注 97）を参照せよ）である．すなわち「低い」ビッドの約 11% である．

ったく任意というわけではないが,図40と同様一意に決定されもしない[99]. そして,プレイヤー2が常に「低い」ビッドを行う——すなわち,手札があまりに弱く混合戦略はとれない——場合を示す(図46の)最も低い範囲がある.

さらにプレイヤー2の中間の範囲においては,γ_j^z は図41におけると同様無差別である.——すなわち,図41においては $\gamma_2^z - \gamma_1^z = 0$ であり,これは図47においてもそうである.したがって,この範囲における彼の行動の動機は,**19.10**の最後の部分で議論したのと同様間接的なものである.実際,ここにおける「高い」ビッドは,本来の「ハッタリ」よりはむしろ「ハッタリ」に対する防御である.プレイヤー2のこのビッドによりプレイは終了するので,実際に本来の「ハッタリ」を行う動機はないが,時折り「高い」ビッドを行うこと——すなわち「勝負する」を行うこと——により,相手の「ハッタリ」を牽制する必要がある.

プレイヤー1(すなわち図45)においては状況は異なっている.彼は,最も低い範囲においては「高い」ビッドを行うだけでなければならず,中間の範囲においては「低い」ビッドを行うだけでなければならない.この非常に弱い手札での「高い」ビッド——一方,中位の手札では「低い」ビッドを行う——は,最も純粋な形での攻撃的な「ハッタリ」である.δ_i^z はこの「ハッタリ」の範囲(すなわち最も低い範囲)ではまったく無差別ではなく,図48のその範囲においては $\delta_1^z - \delta_2^z > 0$ である.——すなわち,この条件のもとでは「ハッタリ」に失敗すれば直ちに損失を被る.

19.16.2 要約すれば:われわれの新しいポーカーの変型により「ハッタリ」の2つの種類が区別された.純粋に攻撃的な「ハッタリ」は主導権をもったプレイヤーによって行われ,防御的な「ハッタリ」——すなわち,相手が「ハッタリ」を行っていると疑い,中位の手札でも不規則に「勝負する」を行うこと——は最後にビッドを行うプレイヤーによってなされる.——2人のプ

---

[99] 図46の後の議論を参照せよ.$\sigma_1^z = 0$ および1のみがそれらの条件に適するようなことさえおこりうる.例えば,中間の区間の $\dfrac{a-b}{a}$ より低い部分においては $\sigma_1^z = 0$ であり,$\dfrac{b}{a}$ より高い部分においては $\sigma_1^z = 1$ のような場合である.

もちろん,そのような解(すなわち決して $\sigma_1^z \neq 0, 1$ とならないような解——図45によれば,$\rho_1^z \neq 0, 1$ ともならないような解)が存在することにより,この変形は厳密に決定される.しかし,そのような(すなわち純粋戦略にもとづく)議論によっては,図46において実際に導き出されたような解を明らかにすることはできないであろう.

レイヤーが同時にビッドするため——主導権が2人のプレイヤーに分割されていた最初のポーカーの変形においては，ここで2つの事柄の混合として認識できる方法を含んでいた[100]．

これらすべてにより，——より長い（交互に行う）ビッドとオーバービッドの列をもつ——実際のポーカーにいかに接近すべきかという価値のある自己発見的なヒントが与えられる．数学的にはむずかしい問題であるが，おそらく利用可能なテクニックをこえるものではないであろう．それに対する考察は，他の機会に公けにするであろう．

---

[100] 254ページの脚注36）で述べられたE. Borelの変形は，われわれの方法と類似した方法によりその著書において取り扱われている．われわれの術語を用いれば，E. Borelの過程は次のように表される．

Max-Min（Maxはプレイヤー1に関してであり，Minはプレイヤー2に関してである）は，純粋戦略に対しても混合戦略に対しても決定される．この2つは同一である．——すなわち，この変形は厳密に決定される．このようにして得られた良い戦略は，われわれの図46の良い戦略と類似している．結果的に，「ハッタリ」の特徴は図40および図45のように明らかには現れない．上の書における同様の考察を参照せよ．

第5章　ゼロ和3人ゲーム

20　予備的な概説

20.1　一般的な観点

20.1.1　ゼロ和2人ゲームの理論については完了したので，**12.4**で述べた次の段階へ進もう．次の段階とはゼロ和3人ゲームの理論を打ち立てることである．このためには，プレイに対してまったく新しい観点が必要となる．これまでに議論してきたタイプのゲームも，それ自身の特徴的な問題をもっていた．すなわち，ゼロ和1人ゲームは最大化問題として特徴づけられたし，ゼロ和2人ゲームはもはや1つの最大化問題としては表しえない利害の明らかな対立として特徴づけられた．そして，1人ゲームからゼロ和2人ゲームへの移行により，問題の純粋最大化という性質が取り除かれたのと同様，ゼロ和2人ゲームからゼロ和3人ゲームへの移行により利害の純粋な対立が取り除かれる．

20.1.2　実際，ゼロ和3人ゲームにおける2人のプレイヤーの関係が多様性をもちうることは明らかである．ゼロ和2人ゲームにおいては，1人のプレイヤーが得たものは何でも必ず相手の損失となり，その逆も成立する．——それゆえ，常に利害はまったく対立している．ゼロ和3人ゲームにおいては，1人のプレイヤーのある行動——簡単化のためそれは彼にとって明らかに有利なものであるとしておく——は他の2人のプレイヤーにとって不利になることがあるかもしれないが，しかしそれはまた，2人のプレイヤーの1人には有利であり，他の1人にとっては（なおさら）不利になることがあるかもしれない[1]．このようにして，何人かのプレイヤーはその利害の類似性を経験するこ

---

[1] もちろん，これらはすべて，ゼロ和2人ゲームにおいてわれわれがすでに認識し克服した複雑さおよび困難さのすべてにしたがうものである．すなわち，ある行動があるプレイヤーにとって有利で

ともときにはあり，この類似性が全体的なものか部分的なものかということなどまで，よりくわしい理論は決定しなければならないと考えられる．一方，利害の対立も（ゼロ和である）ゲームにおいては存在するに違いない．──したがって，その理論はその結果として生じてくる複雑な状況も解きほぐさなければならないであろう．

特に，プレイヤーが種々の方策の中から1つを選択することがおこるかもしれない．すなわち，そのプレイヤーは他のプレイヤーと類似した利害をもつようにも，また対立した利害をもつようにも自らの行動を調節でき，さらに他の2人のどちらと（ことによれば）どの程度まで，そのような類似性を打ち立てたいかを選択できるという方策である．

20.1.3 類似した利害を確立するプレイヤーの選択の可能性はただちに同盟を選択する場合へとつながる．同盟がつくられたときには，それに含まれている2人のプレイヤーの間のある種の相互理解が必要であると考えられる．それはまた次のようにも述べられるであろう．利害の類似性は協力関係を望ましいものにし，それゆえ同盟内の2人のプレイヤーの同意におそらく導くであろう．一方，利害が対立していれば，その代替案を選んだプレイヤーはおそらく独立に自らの利益を求めて行動するだけに違いない．

これらすべては，ゼロ和2人ゲームにはまったくその痕跡はありえない．その場合には，どちらのプレイヤーも（まさに）相手の損失なくしては利害を得ることはできず，協約とか協定は意味のないものである[2]．これは，常識からいっても明らかであるに違いない．もし正式な立証（証明）が必要ならば，プレイヤーの間の協約や協定にふれることなく，ゼロ和2人ゲームの理論を完成しえたことを考えてみればよいであろう．

あるか不利であるかは，その行動だけによるのではなく他のプレイヤーの行動にも左右されるのである．しかし，最初は新しい困難さだけを分離して，その純粋な形において分析しよう．その後，もとの困難な点との相互の関係を議論するであろう．

[2] もちろんこれは一般的な（すなわち変動和）2人ゲームにおいては異なっている．その場合には，2人のプレイヤーがより大きな利得を得るために協力することも考えられる．したがって，一般的な2人ゲームとゼロ和3人ゲームの間にはある類似性がある．

第11章，特に **56.2.2** においてこの背後に一般的な関係があることをみるであろう．すなわち，その関係とは，一般 n 人ゲームがゼロ和 $n+1$ 人ゲームと密接に結びついていることである．

20.2 提　携

20.2.1　このようにして，われわれはゼロ和3人ゲームの（ゼロ和2人ゲームとは）性質的に異なる特徴を知った．それが唯一の特徴であるか否かは，後になってはじめて決定される問題である．もし他の新しい概念をまったくもちこまずにゼロ和3人ゲームの理論を完成できれば，この一意性を主張できることになる．これは，本質的には **23.1** に到達したときに行われるであろう．さしあたっては，単にこれがゼロ和3人ゲームにおける新しい主要な要素であることだけを注意し，他の特徴を取り上げる前にそれを十分に議論するものとしよう．

そこで，われわれはプレイヤーが選択できる代替案のうち他のプレイヤーと協力するか対立するかに関するものを中心に考えよう．すなわち，提携の可能性——どのプレイヤーの間でどのプレイヤーに対して提携がつくられるかという問題——を分析したいのである[3]．

それゆえにこの側面が主要であり，他のすべては除かれているようなゼロ和3人ゲーム，すなわち，提携のみが問題でありすべてのプレイヤーは提携のみを目標と考えて行動するようなゲームの例をつくりたいのである[4]．

20.2.2　この点において，われわれはまた次のことにふれることもできるであろう．自らと協力し，残りのプレイヤーに対するように勧誘できるプレイヤーは2人しかいないので，彼はせいぜい2つの可能な提携の中から1つを選べるだけである．われわれはゼロ和3人ゲームの研究により，この選択がどのように行われ，しかも一体どのプレイヤーがそのような選択をなしうるか

---

[3] 次の事実は注目に値する：提携は，ゲームの参加者が3人になったときにゼロ和ゲームにおいてははじめて現れる．2人ゲームにおいてはプレイヤーの数が十分ではない．すなわち，提携には少なくとも2人のプレイヤーが必要であるが，そうすれば誰もそれに対立する者が残らなくなるのである．しかし，3人ゲームにおいては自然に提携が含まれるが，プレイヤーの数は依然として乏しく提携は明確に制限される．すなわち，提携は正確に2人のプレイヤーから構成され，（残りの）1人のプレイヤーに正確に相対するものでなければならない．

もし4人またはそれ以上のプレイヤーが存在すれば，状況はかなりこみ入ったものとなる．——すなわち，いくつかの提携がつくられ，これらが互いに合併したり対立したりすることなどもあるかもしれない．このいくつかの例は，**36.1.2** の最後およびそれ以下，**37.1.2** の最後およびそれ以下に現れている．また別の同盟的な現象については **38.3.2** の最後に述べられている．

[4] これは，ゼロ和2人ゲームの理論におけるコイン合わせの考えと方法的には同じ工夫である．**14.7.1** において，ゼロ和2人ゲームの明らかな新しい特徴はどちらのプレイヤーが相手（の戦略）を「発見する」かを決定するのが困難であることだと認識した．コイン合わせは，この「発見」によって完全に示され，それ以外はまったく問題にならないようなゲームであった．

を明らかにせねばならないであろう．しかし，もしプレイヤーが1つの提携構成の可能性しかもたないとすれば（結局どのような方法でこの操作を解釈しようとも），一体どのような意味で提携が存在するのかはまったく不明確になってしまう：すなわち，ゲームのルールにより必ずただ1つの方法しかありえないような行動にプレイヤーが直面しているとすれば，その行動は（協力的な）提携よりは（一面的な）戦略の性質をもつといえるであろう．もちろん，これらの考察は現在の分析の段階ではむしろあいまいで不確かなものである．しかし，それにもかかわらずこれらの区別は後に決定的なものとなるので，われわれは取り上げたわけである．

少なくともこの段階では，1人のプレイヤーが直面している可能な提携の選択が，他のプレイヤーの選択とどのように関連しているかということもまた不確かであるかもしれない．実際，1人のプレイヤーにとっていくつかの代替案が存在しているからといって，他のプレイヤーにとっても同じであるかどうかは確かではない．

21 3人の単純多数決ゲーム

21.1 ゲームの記述

21.1 次に上で述べた例，すなわちプレイヤーの間の協定——提携——だけが考慮すべき問題であるような単純ゼロ和3人ゲームを定式化しよう．

問題となるゲームは次のとおりである：

各プレイヤーは人的手番により，他の2人のプレイヤーの1人の番号を選ぶ[5]．各プレイヤーは他の2人の選択については知ることなく自らの選択を行う．

この後，支払いが次のようにして行われる．もし2人のプレイヤーが相互に番号を選んだならば，その2人は対をつくるという[6]．正確に1つの対が

---

[5] プレイヤー1は2もしくは3を，プレイヤー2は1もしくは3を，プレイヤー3は1もしくは2を選ぶ．

[6] 対の形成は，それをつくる2人のプレイヤーの利益となることが後にわかるであろう．したがって，後節の協定および提携の議論により，プレイヤーは対の形成を可能にするために，提携を結ぶことが示されるであろう．しかし，対と提携の概念の差異はみすごされてはならない．すなわち，対とはここで定義するゲームのルールの集合において現れてくる形式的な概念であり，提携とはこのゲーム（および，やがてわかるように他の多くのゲーム）に関する理論に属する概念である．

存在するか，さもなければまったく対が存在しえないことは明らかであろう[7)8)]．もし正確に1つの対が存在するとすれば，それに属する2人のプレイヤーは各々1/2単位ずつ獲得し，第3の（除外された）プレイヤーはそれに対応して1単位を失うことになる．もし対が存在しなければ，誰も何も得られないことになる[9)]．

このゲームが現実の社会的なプロセスを非常によく表したモデルであることは，読者にも容易に認識されることであろう．われわれはこのゲームを（3人のプレイヤーの）単純多数決ゲームとよぼう．

21.2 ゲームの分析．「協定」の必要性

21.2.1 ゲームがプレイされるときに存在する状況を理解しよう．

まずはじめに，このゲームにおけるプレイヤーの行動は明らかにパートナー——すなわちそのプレイヤーと対を形成しようとしている他のプレイヤー——を探すことだけである．このゲームは非常に単純で他の戦略的な可能性はまったくないので，他のどのような理由にもとづく行動もおこりえない．各プレイヤーは，他のプレイヤーの手番については知ることなく自らの人的手番を行うので，プレイの過程においてプレイヤーの協力関係を確立することはできない．協力したいと思う2人のプレイヤーは，プレイの前に——すなわちゲームの外で——この問題について意見の一致を得なければならない．（パートナーの番号を選ぶことによって）協約にしたがって（自らの人的手番を行う）プレイヤーは，パートナーもまた同様に行動することを確信せねばならない．上で述べたように，ゲームのルールにのみ関心をもつかぎり，そのような確信がどのような根拠にもとづくものであるかは判断できない．言い換えれば，もし存在するとすれば，一体何によってそのような協約の「神聖さ」が

[7)] すなわち，2つの異なった対は同時には存在しえない．実際（もし2つの対が存在したとすれば），その2つの対は（3人しかプレイヤーがいないのであるから），1人のプレイヤーを共通して含んでいなければならない．しかも，このプレイヤーによって選ばれた番号がどちらの対においても，もう1人のプレイヤーとなっていなければならない．——すなわち，2つの対は同一となるのである．

[8)] 対が存在しないような場合，例えば1は2を，2は3を，3は1を選ぶような場合，もおこりうる．

[9)] まったく形式的に正確を期すために，これはなお第2章の6，7の形式にしたがって配列されていなければならない．これについては，261ページの脚注46）で議論した状況と同様であるので読者に任せる．

主張されるのか？　それ自身——**6.1** および **10.1** で明らかにされたゲームのルールによって——協約およびその実施に対する装置を与えるようなゲームも存在しうる[10]．しかしゲームは必ずしもこの装置をもたない，上で述べた単純多数決ゲームはたしかにもたないので，われわれはこの可能性にもとづいて考察を進めることはできない．したがって，ゲームの外で決定される協約を考慮せずにはすまないであろう．もしそれを考慮しなければ，単純多数決ゲームにおいて一体何がプレイヤーの行動を支配しているのかをみきわめることは困難になる．すなわち，やや異なった形でこれを表せば：

われわれは，与えられたゲームにおける参加者の合理的行動についての理論の確立を試みている．単純多数決ゲームの考察においては，われわれは「協約」，「協定」などの補助的な概念なしには，そのような理論の定式化がこれ以上困難である点にまで到達しているのである．後の機会に，われわれはこれらの概念を除くためにはどのような理論的構造が必要となるかを研究しようと思う．この目的のためには，本書の完全な理論が基礎として必要であろうし，その研究も第 12 章，特に **66** で示される方向にそって行われるであろう．とにかく，現在はわれわれの立場は非常に弱く，その理論もこの「自己否定」を許すほどには十分に発展していないのである．それゆえ，われわれは以下の議論において，ゲームの外で提携が結ばれる可能性を用いるであろう．そして，その提携は契約した当事者たちによって守られることが仮定されているのである．

21.2.2　この協約は，ブリッジに類似するいくつかのゲームにおける「約束事」と少々似通った点もある．——しかしそれは根本的に異なっており，ブリッジに類するゲームにおいては1つの「組織」(すなわち2人の「人」に分割される1人のプレイヤー) にのみ影響を与えたが，ここでは2人のプレイヤーの関係に直面しているのである．この点において，読者は **6.4.2** および **6.4.3** の最後の部分，特に 74 ページの脚注 14) における「約束事」およびそれに関連した問題の議論を読み返しておけば役立つであろう．

---

[10] それは，1人のプレイヤーに次のような人的手番を与えることによってなされる．すなわちその手番とは，他の1人のプレイヤーにのみその結果が知らされ，しかも第1のプレイヤーの将来の方策を (たぶん条件付きにではあるが) 表すものであり，そして，このプレイヤーが後にこの方策を守ることを規定するかもしくは守らない場合に (ゲームの結果を決定する関数において) ペナルティを課すものでなければならない．

21.2.3 もしわれわれの理論が――孤立した1つのプレイの分析としてではなく――同じゲームの連続した長いプレイの統計的な分析として用いられるならば，1つの代替的な説明が考えられる．そのときには，協約およびすべての形の協力関係をそのような連続した長いプレイにおける反復によって自ら確立されたものとしてみるべきであろう．

プレイヤーが自らの過去を維持し，またパートナーの過去の行動を信頼したいという希望から，実施の装置を導き出すことは不可能ではないであろう．しかしながら，われわれの理論は個々のプレイに適用するものとみなしたい．しかも，それにもかかわらず，これらの考えも実質上ある意味をもっている．状況はゼロ和（2人）ゲームの（混合）戦略の分析において遭遇したものと類似している．読者は **17.3** の議論を必要な修正を加えたうえでこの状況に適用すべきであろう．

21.3 ゲームの分析：提携．対称性の役割

21.3 ひとたび単純多数ゲームにおいてプレイヤー間に協約が存在したとすると，その筋道は明らかである．このゲームにおいて，協力関係を結んだプレイヤーは確実に勝つ機会を与えられ――しかもどのプレイヤーも他のどのような種類の合理的行動の機会も与えられない．ルールは非常に基本的であるので，この点はまったく確実なものであるに違いない．

また，このゲームは3人のプレイヤーに関してまったく対称的である．これはゲームのルールに関するかぎり正しい．すなわち，ルールによって他のどのプレイヤーにも同等に与えられていない可能性が1人のプレイヤーに与えられることはない．もちろん，プレイヤーがこれらの可能性の中で何を行うかはまた別の問題であろう．彼らの行動は非対称的であるかもしれない．実際，協定すなわち提携がたしかに生じるので，それは必ず非対称になるのである．3人のプレイヤーの間ではただ1つの（2人のプレイヤーの）提携しか存在する余地はなく，1人のプレイヤーは必ず取り残されるであろう．ゲームのルールはまったく公平（この場合には対称的）であるにもかかわらず，いかにしてプレイヤーの行動が必ずしも対称になりえないかを観察することは，非常に有益なことである[11)12)]．

[11)] われわれは，**17.11.2** においてゼロ和2人ゲームではそのようなことがおこらないのをみた．その場合には，もしゲームのルールが対称的であれば，2人のプレイヤーは共に同じ額を得（すなわ

したがって，このゲームの重要な戦略的側面は，2人のプレイヤーの提携の可能性だけである[13]．しかもゲームのルールはまったく対称的であるので，3つの可能な提携[14]はすべて同じ立場で考えられなければならない．もし1つの提携がつくられれば，ゲームのルールにより同盟を結んだ2人は第3の（除外された）プレイヤーから1単位を得ることになる．──ただしその2人の各々が1/2単位ずつを得る．

これらの3つの可能な提携のうちどれがつくられるかは──少なくとも現在の段階では──理論の範囲を超えている．(**4.3.2**の最後を参照せよ．) すなわち，まったく提携がつくられないとすれば，それは不合理であるとだけはいえるであろうが，どの提携がつくられるかということに関しては，まだ分析を試みていない条件が必要となるであろう．

22 さらにくわしい例

22.1 非対称的な分配．補償の必要性

22.1.1 少なくとも当分の間は，これまでの各節において述べた注意により単純多数決ゲームの問題は論じ尽くされている．そこで，次にこのゲームを特徴づけている非常に特殊な仮定を1つ1つ取り除いていかねばならない．

ち，ゲームの値はゼロである)，2人は共に同じ良い戦略をもった．すなわち，彼らの行動もしくは彼らが最終的に得る結果において差異を期待できる理由はなかった．

　上で述べたような特殊な状況が生じてくるのは──2人以上のプレイヤーが存在するときの──提携および提携によってプレイヤーの間に生じる「強要」の出現によるのである．(現在の3人のプレイヤーの場合には，「強要」は，各提携がただ2人のプレイヤーすなわちプレイヤーの総数よりは少ないが半数よりは多い数のプレイヤーから成り立ちうることによって生じてくるのである．しかし，より多数のプレイヤーに関してこのような「強要」が得られないと仮定するのは誤りであろう．)

[12] もちろん，この形は社会組織において最もよくみられるものである．それはまた，これらの制度，特に「自由放任主義」にもとづく仮説的な秩序に対して向けられた批判において何度も現れてくる議論である．それはまったく形式的には公平──すなわちゲームのルールが対称的──であっても，参加者によるルールの使用が公平であり，対称的であることは保障されないという議論である．実際，この「保障されない」というのは控えめな表現である．すなわち，合理的行動の完璧な理論により，参加者が非対称的な協定において提携を結ぶよう導かれることが示される．

　これらの提携の厳密な理論が発展する程度まで，この古典的な批判が実際に理解されうるであろう．この特有な「社会」現象は，3人もしくはそれ以上の参加者の場合にのみ生じることは再度強調しておく価値があるだろう．

[13] もちろんこのゲームにおいては，このような提携は単にルールの意味での対をかたちづくるために互いの番号を選ぶことに対する同意である．この状況はすでに **4.3.2** のはじめに予想されていた．

[14] プレイヤー1, 2; 1, 3; 2, 3 の間の提携である．

その非常に特殊な性質は，提携の役割を純粋な孤立された形において——すなわち試験管の中で——観察するためには必要なものであったが，この段階は完了したのである．われわれはより一般的な状況に考えを合わせていかねばならない．

22.1.2 われわれがまず取り除く特殊化は次のとおりである．単純多数ゲームにおいては，任意の提携はその相手から 1 単位を得ることができた．そしてゲームのルールにより，この 1 単位はパートナーの間で平等に分割されねばならなかった．ここで，各提携は同じ総収益を得るが，ゲームのルールにより異なった分配が行われるようなゲームを考えよう．簡単化のために，プレイヤー 1 と 2 の提携においてのみこの場合が生じるとしよう．ただし，プレイヤー 1 が例えば ϵ なる量だけ余計に分配されるとする．この修正されたゲームのルールは次のとおりである：

手番は **21.1** で述べられた単純多数ゲームの場合と同様であり，対の定義もまた同様である．もし対 1, 2 がつくられれば，プレイヤー 1 は $\frac{1}{2} + \epsilon$[15] を得，プレイヤー 2 は $\frac{1}{2} - \epsilon$ を得る．そして，プレイヤー 3 は 1 単位を失う．もし他の対（すなわち 1, 3 または 2, 3）がつくられれば，それに属する 2 人のプレイヤーは各々 $\frac{1}{2}$ 単位を得，一方（除外された）第 3 のプレイヤーは 1 単位を失う．

このゲームにおいてはどのようなことがおこるであろうか？

まず最初に，このゲームはなお生じうる 3 つの提携——これは 3 つのおこりうる対に対応する——の可能性によって特徴づけられる．一見したところ，プレイヤー 1 は少なくともプレイヤー 2 との提携においては最初の単純多数決ゲームにおけるよりも ϵ だけ多く得られるので，有利になるように思えるかもしれない．

しかしながら，この有利さはまったく誤ったものである．もしプレイヤー 1 がプレイヤー 2 との対において余分の ϵ を得ることを実際に主張すれば，次の結果が生じる．プレイヤー 1 からみれば対 1, 2 のほうがより望ましいので，対 1, 3 は決して形成されない．また，プレイヤー 2 からみれば対 2, 3 のほうがより望ましいので，対 1, 2 は決して形成されない．しかし，対 2, 3 はプレイヤー 1 の特別な望みに注意を払う必要のないプレイヤー 2, 3 の提携によっ

---

[15] $0 < \epsilon < \frac{1}{2}$ と仮定するのは当然であろう．

てもたらされうるので，まったくその形成を妨害されることはない．こうして対 2, 3 が形成され，その他の対は形成されないであろう．すなわち，プレイヤー 1 は $\frac{1}{2}+\epsilon$ はおろか $\frac{1}{2}$ 単位も得ることはできず，除外されたプレイヤーとなり 1 単位を失うことは確かであろう．

したがって，プレイヤー 1 が対 1, 2 において特権を有する立場を守ろうとすれば，それは彼にとって不幸を招くことになってしまうのである．彼のなしうる最善の方法は，対 1, 2 をプレイヤー 2 にとって競争的位置にある対 2, 3 と同程度に魅力的なものにすることである．すなわち，2 との対の形成において余分の ϵ をパートナーに返せば，賢明な行動といえるであろう．1 が ϵ のうち何も保持しえないことは注意しておかねばならない．すなわち，もし彼が自らのために余分の量 ϵ' を保持しようとすれば[16]，上の議論が ϵ の代わりに ϵ' を用いるだけで，そのままくり返されるのである[17]．

22.1.3 各提携の総利得が 1 であることは常に維持したまま，最初の単純多数決ゲームの変形をいくつか考えることができるであろう．例えば，プレイヤー 1 は対 1, 2，1, 3 の各々において $\frac{1}{2}+\epsilon$ を得るが，プレイヤー 2, 3 は対 2, 3 において平等に分割するようなルールを考えることもできる．この場合には，プレイヤー 1 が余分の ϵ またはそのうちのいくらかを保持しようとするかぎり，プレイヤー 2, 3 は 1 と協力したいとは思わないであろう．したがって，このようなプレイヤー 1 の試みは確実に再度 1 に対して 2, 3 の提携が形成されることを導き，1 は 1 単位を失うであろう．

2 人のプレイヤーが，すべての対において第 3 のプレイヤーよりも有利であるような場合も考えられる．例えば対 1, 3 および 2, 3 において，プレイヤー 1 および 2 は各々 $\frac{1}{2}+\epsilon$ を得るが 3 は $\frac{1}{2}-\epsilon$ しか得られず，対 1, 2 においてはともに $\frac{1}{2}$ 単位ずつ得るような場合である．この場合には，プレイヤー 1 および 2 は互いに提携することには関心をもたず，プレイヤー 3 は彼らの各々にとってより望ましいパートナーとなるであろう．これは，プレイヤー 3 の協力を求める競争的なせりになると考えられるに違いない．これにより結局は，プレイヤー 3 に余分の利益 ϵ を返済することになるに違いない．これによって

---

[16] もちろん $0 < \epsilon' < \epsilon$ である．
[17] したがって，プレイヤー 1 の最終的な不幸——すなわち対 2, 3 の確実な形成——の動機は弱くはなるであろうが，不幸であることには変わりはなく，前と同様，確実なのである．これに関連して 310 ページの脚注 19) を参照せよ．

のみ対 1, 2 が再度競争の場に現れ，その結果均衡が回復されることであろう．

22.1.4 3 人のプレイヤーすべてが 3 つの対のすべてにおいて異なった利得を得るような変形についての考察は，読者に任せよう．さらに上の分析をより進めることは可能であり，いくつかのもっともらしい反対に答えるためにもそれが望まれもするが，われわれはそうはしないであろう．われわれは現在のアプローチに関して，ある種の一般的な正当性を確立しえたことで満足している．そのアプローチとは次のように要約される．1 人のプレイヤーがある提携において何を得られるかは，その事態に対してゲームのルールが与えるものだけでなく，そのプレイヤーおよび彼のパートナーに関して可能な他の（競争的な）提携にも依存する．ゲームのルールは絶対的で犯すことのできないものであるから，これはある条件のもとで提携したパートナーの間に補償金が支払わねばならないことを意味している．すなわち，プレイヤーは将来提携を結ぶパートナーに明確な価格を支払わねばならないに違いないことを意味しているのである．補償金の額はプレイヤーの各々に開かれている他の代替案によって左右されるであろう．

前に述べた例は，これらの法則を最初に例示するものとして役立った．このことを理解しながら，われわれは次にこの問題を再度そしてより一般的に取り上げ，より正確な方法で取り扱うであろう[18]．

22.2 強さの異なる提携．議論

22.2.1 これまでの議論にしたがい，ここで一般化へ到達するための遠大なステップを踏み出そう．次のことがおこるようなゲームを考える．

もしプレイヤー 1, 2 が協力すれば，両者はプレイヤー 3 から c なる量だけを得ることができ，もしプレイヤー 1, 3 が協力すれば，両者はプレイヤー 2 から b なる量だけを得ることができ，もしプレイヤー 2, 3 が協力すれば，両者はプレイヤー 1 から a なる量だけを得ることができる．

ゲームのルールについてこれ以上のものはまったく仮定しない．したがって，上述の量がどのような手段で——すなわち，どのような複雑さの順序で——保証されるかについては述べる必要はない．そればかりか，これらの量が

---

[18] これが，本節の発見的な議論をさらに深く分析する必要がない理由である．——すなわち，以下の節の議論がすべてを扱っているのである．

これらの可能性はすべて **4.3.2** の最初および **4.3.3** において予期されていた．

パートナーの間でどのように分割されるか，パートナーがこの分配を変えるか否か，そして変えるとすればどのようにして変えるか等についても述べることはしない．

しかし，われわれはこのゲームを完全に議論することができるであろう．だがそのためには，提携がおそらくパートナー間でやりとりされる補償金と関係しているであろうことを覚えておかねばならない．その議論は次のとおりである：

22.2.2 プレイヤー 1 の状況を考えよう．彼は 2 つの代替的な提携を結ぶことができる：すなわち，プレイヤー 2 またはプレイヤー 3 との提携である．プレイヤー 1 は，どのような状態でも x なる量を維持しようとするものと仮定しよう．この場合には，プレイヤー 2 は，プレイヤー 1 との提携において $c-x$ なる量以上を得ることは期待できない．同様に，プレイヤー 3 もプレイヤー 1 との提携において $b-x$ なる量以上を得ることは期待できない．ここで，もしこれらの上限の量の和——すなわち $(c-x)+(b-x)$ なる量——が，プレイヤー 2 とプレイヤー 3 の相互の提携によって得られる量よりも少なければ，プレイヤー 1 はパートナーを見出せないと仮定するのが安全であろう[19]．2 と 3 の提携は a なる量を獲得できる．したがって次のことがわかる：もしプレイヤー 1 がいかなる状態のもとでも x なる量を獲得したいとしたときに，もしその x が，

$$(c-x)+(b-x) < a$$

を満たすならば，彼はパートナーを見出すことができなくなる．

すなわち，もし

$$(c-x)+(b-x) \geq a$$

でないならば，x を獲得したいという望みは非現実的で不合理なものとなるのである．この不等式はまったく同等に，

---

[19] もちろん，プレイヤーはそれがどんなに小さなものであろうと，得ることのできる利得に無関心でないことをわれわれは仮定している．これはゼロ和 2 人ゲームの議論においても暗黙のうちに仮定されていた．

「経済人」の伝統的な考えも，明らかにそうだと考えられる程度までこの仮定を含んでいる．

$$x \leq \frac{-a+b+c}{2}$$

と書き換えることもできる．次のように言い換えておこう：

(22:1:a) プレイヤー1は，すべての状態のもとで $\alpha = \dfrac{-a+b+c}{2}$ なる量を超えて獲得することを合理的に主張し続けることはできない．

同じ考えはプレイヤー2およびプレイヤー3に対してもくり返され，それによって次の記述が与えられる：

(22:1:b) プレイヤー2は，すべての状態のもとで $\beta = \dfrac{a-b+c}{2}$ なる量を超えて獲得することを合理的に主張し続けることはできない．

(22:1:c) プレイヤー3は，すべての状態のもとで $\gamma = \dfrac{a+b-c}{2}$ なる量を超えて獲得することを合理的に主張し続けることはできない．

22.2.3 さて，規準 (22:1:a)–(22:1:c) は単に必要条件にすぎなかったので，考察をよりおし進めていけばその上限 α, β, γ はさらに低められる——すなわちプレイヤーが目指すものにさらにいくつかの制限が付け加えられる——と，事前的に想像する人がいるかもしれない．しかし，次の簡単な考察が示すように，そうではない．

直ちに，

$$\alpha + \beta = c, \quad \alpha + \gamma = b, \quad \beta + \gamma = a$$

であることが証明できる．言い換えれば：もしプレイヤー1, 2, 3が (22:1:a)，(22:1:b)，(22:1:c) で許された量，すなわち各々 α, β, γ を超えた量を目指さないとすれば，結びついた任意の2人のプレイヤーはその提携内でこれらの量を実際に得ることができる．したがって，先の主張は完全に正当化される．もちろん——提携を形成した——2人のプレイヤーだけが実際に彼らの「正当化された」支払いを受けられるのであり，提携から除外された第3のプレイヤーは各々 α, β, γ は獲得できず，その代わりに $-a, -b, -c$ を得るであろう[20]．

22.3 不等式．公式

22.3.1 この点において1つの問題が明確になる．プレイヤー1, 2, 3のすべては，もし提携に加わることができれば，各々 α, β, γ なる量を獲得できるが，もしそれに失敗すれば，その代わりに $-a, -b, -c$ を獲得できるだけである．これは，α, β, γ がそれに対応する $-a, -b, -c$ より大きいときにのみ意味をもつ．なぜなら，もしそうでなければ，プレイヤーは提携に加わろうとはせず，1人でプレイしたほうが有利であることがわかるからである．それゆえ，問題は3つの差

$$p = \alpha - (-a) = \alpha + a,$$
$$q = \beta - (-b) = \beta + b,$$
$$r = \gamma - (-c) = \gamma + c$$

がすべて0以上であるかどうかということになる．

それらがすべて互いに等しいことが直ちにわかるであろう．実際：

$$p = q = r = \frac{a+b+c}{2}$$

である．この量を $\Delta/2$ と表そう．そうすれば，先の問題は

$$\Delta = a + b + c \geq 0$$

か否かということになる．この不等式は次のようにして証明される：

22.3.2 プレイヤー1, 2の提携は c なる量を獲得でき，それ以上は獲得できない．もしプレイヤー1が1人でプレイしたとしても，プレイヤー2, 3によって $-a$ より悪い結果に陥れられることは防止できる．なぜなら，プレイヤー2, 3の提携は（プレイヤー1）から $+a$ なる量は獲得できるが，それ以上は獲得できない，すなわち，プレイヤー1は他から何の協力も受けずに独力で $-a$ を獲得できるからである．同様に，プレイヤー2も他から協力を受けずに独力で $-b$ を獲得できる．したがって，プレイヤー1, 2はたとえ互いの協力に失敗したとしても，合わせて $-(a+b)$ なる量は獲得できる．彼らがあらゆる状態のもとで得られる最大の量は合わせて c であるから，これによって $c \geq -a - b$，すなわち $\Delta = a + b + c \geq 0$ なることが示される．

---
[20] 実際に，これらの量は他のプレイヤーの提携が各々プレイヤー1, 2, 3から奪い取ることのできるものである．各提携がこれ以上獲得することは不可能である．

22.3.3 この証明により次の注意が示唆される：

第1に：われわれの議論はプレイヤー1にもとづいたものであった．しかし，その結果得られた $\Delta = a+b+c \geq 0$ が3人のプレイヤーに関して対称であることにより，もしプレイヤー2またはプレイヤー3の状況を分析したとしても，同じ不等式が得られたであろう．このことにより，3人のプレイヤーの役割においてある対称性の存在することが示される．

第2に：$\Delta = 0$ は $c = -a-b$ またはまったく同様に $\alpha = -a$ を意味し，さらに，3人のプレイヤーを循環的に置換することにより得られるこれに相当する等式の2つの組を意味する．それゆえ，この場合にはどの提携も存在する理由をもたない．どの2人のプレイヤーも完全に協力したときに得られる量と同じ量（例えば，プレイヤー1および2の場合には $-a-b=c$ なる量である）を協力することなく獲得できるのである．同様に，すべてが述べられ行われた後に，提携に加わりえた各プレイヤーは他の協力なしに独力で獲得できる量以上得ることはできない．（例えばプレイヤー1に関してこの量は $\alpha = -a$ である．）

一方，もし $\Delta > 0$ ならば，すべてのプレイヤーは提携に加わることにより明確な利益を得る．この場合の利益は，3人のプレイヤーすべてに対し同じであり $\Delta/2$ である．

ここにおいて，すべてのプレイヤーに関する状況のある側面が対称性をもつことが再度示された：すなわち $\Delta/2$ は提携を求める誘因であり，それはすべてのプレイヤーに対して同じである．

22.3.4 われわれの得た結果は，次の表によって表すことができる：

プレイヤー		1	2	3
プレイの値	提携を形成する場合	α	β	γ
	提携を形成しない場合	$-a$	$-b$	$-c$

図 49

もし，

$$a' = -a + \frac{1}{3}\Delta = \alpha - \frac{1}{6}\Delta = \frac{-2a+b+c}{3},$$
$$b' = -b + \frac{1}{3}\Delta = \beta - \frac{1}{6}\Delta = \frac{a-2b+c}{3},$$

$$c' = -c + \frac{1}{3}\Delta = \gamma - \frac{1}{6}\Delta = \frac{a+b-2c}{3}$$

とおけば，

$$a' + b' + c' = 0$$

となり，上表を次のように等しく表しうる：

(22:A)　1つのプレイは，プレイヤー1, 2, 3に対して各々a', b', c'なる基本値をもつ．(これらの値の和は0であるので，これは可能な見積りである．上述を参照せよ．) しかしながら，プレイは提携の形成をたしかにともなう．提携を形成する2人のプレイヤーは，(基本値の他に) $\Delta/6$のプレミアを獲得し，除外されたプレイヤーは$-\Delta/3$なる損失を被る．

　　　したがって，提携を形成する動機は各プレイヤーにとって$\Delta/2$であり，常に$\Delta/2 \geq 0$である．

23　一般的な場合

23.1　徹底的な議論．非本質的ゲームと本質的ゲーム

23.1.1　ここで，すべての制限を取り除くことができる．

Γを完全に任意なゼロ和3人ゲームとしよう．それを**22.2**，**22.3**の分析の範囲内にもちこむためには簡単な考えで十分である．次のように議論する：

もし2人のプレイヤー，例えば1と2が——分配すなわちプレイヤー間で支払う補償金の問題は後に解決することとして当座は考えず——完全に協力することを決めれば，Γはゼロ和2人ゲームとなる．この新しいゲームにおける2人のプレイヤーとは，提携1, 2 (ここでは2人の「自然な人」からなる合成されたプレイヤーである) とプレイヤー3となる．このようにみれば，Γには第3章のゼロ和2人ゲームの理論が適用できる．ゲームの各プレイは明確な値をもつ (**17.4.2**で定義したv'のことである)．提携1, 2に関するプレイの値をcと表そう (現在の解釈では，提携1, 2はプレイヤーの1人である)．

同様に，プレイヤー1, 3の間の絶対的な提携を仮定し，Γをこの提携とプレイヤー2の間のゼロ和2人ゲームとみなすこともできる．そのときには，提携1, 3に関するプレイの値をbと表す．

最後に，プレイヤー 2, 3 の間の絶対的な提携を仮定し，Γ をこの提携とプレイヤー 1 の間のゼロ和 2 人ゲームとみなすこともできる．そのときには，提携 2, 3 に関するプレイの値を a と表す．

われわれは——しかし！——このような提携のどれかが必ず生じるとは仮定していないことを理解しておかねばならない．a, b, c なる量は単に計算上定められたものであり，**17.6** の主要な（数学的）定理にもとづいてかたちづくったものである．（a, b, c の明確な表現（式）については以下を参照せよ．）

23.1.2 ここで，ゼロ和 3 人ゲーム Γ に対し **22.2**, **22.3** の議論が有効であることは明らかである．すなわち，プレイヤー 1, 2, 1, 3, 2, 3 の提携は各々（除外されたプレイヤー 3, 2, 1 から）c, a, b なる量を獲得でき，それ以上は獲得できない．したがって，**22.2**, **22.3** のすべての結果が成り立ち，特に提携内および定形外のすべてのプレイヤーの状況を表した，最後に定式化された結果も成り立つ．

23.1.3 これらの結果は，ゼロ和 3 人ゲームが $\Delta = 0$ および $\Delta > 0$ となる可能性に対応して，2 つの数量的に異なったカテゴリーに分類されることを示している．実際：

$\Delta = 0$ の場合：この場合には提携の存在する理由はなく，各プレイヤーは独力で，すなわち他のすべてのプレイヤーに対して「1 人で」プレイしても，任意の提携に入って得ることのできる量と同じ量を獲得できることをみた．この場合にそしてこの場合にのみ，各プレイヤーに関する各プレイの値を一意に定めることができる．——ただしこれらの 3 つの値の総和はゼロである．これらの値とは，**22.3** の最後に述べられた基本値 a', b', c' である．この場合には，**22.3** の公式により $a' = \alpha = -a$, $b' = \beta = -b$, $c' = \gamma = -c$ であることが示される．この場合のゲーム，すなわち提携を考えることが重要でないようなゲームを，われわれは非本質的ゲームとよぶことにしよう．

$\Delta > 0$ の場合：この場合には **22.3** の最後に議論したように，提携を形成する明確な動機がある．そこで与えられた記述をくり返す必要はないが，ここでは $\alpha > a' > -a$, $\beta > b' > -b$, $\gamma > c' > -c$ となることだけを述べておこう．この場合のゲーム，すなわち提携が重要であるようなゲームを，本質的ゲームとよぶことにしよう．

上述の非本質と本質という分類は，現在はただゼロ和 3 人ゲームに適用されるだけである．しかし，それはすべてのゲームにまで拡張され，主要な区別

となることをわれわれは後にみるであろう．

23.2 完全な公式

23.2 この結果をさらに深く分析する前に，解が表された方法を用いて a, b, c なる量——そしてそれにもとづく $\alpha, \beta, \gamma, a', b', c', \Delta$ ——について，純粋に数学的な注意をいくつか与えておこう．

ゼロ和3人ゲームを **11.2.3** の標準形で考えることにしよう．その場合には，プレイヤー 1, 2, 3 は（他の2人の選択についてはまったく知らされずに）各々変数 τ_1, τ_2, τ_3 を選択し，$\mathcal{H}_1(\tau_1, \tau_2, \tau_3), \mathcal{H}_2(\tau_1, \tau_2, \tau_3), \mathcal{H}_3(\tau_1, \tau_2, \tau_3)$ なる値を得る．もちろん（ゲームはゼロ和であるから）：

$$\mathcal{H}_1(\tau_1, \tau_2, \tau_3) + \mathcal{H}_2(\tau_1, \tau_2, \tau_3) + \mathcal{H}_3(\tau_1, \tau_2, \tau_3) \equiv 0$$

である．変数の定義域は：

$$\tau_1 = 1, 2, \cdots, \beta_1,$$
$$\tau_2 = 1, 2, \cdots, \beta_2,$$
$$\tau_3 = 1, 2, \cdots, \beta_3$$

である．ここで，プレイヤー 1, 2 の絶対的な提携とプレイヤー 3 の間に生じる2人ゲームにおいては，次の状況が得られる：

合成されたプレイヤー 1, 2 は変数 τ_1, τ_2 をもち，他のプレイヤー 3 は変数 τ_3 をもつ．前者は，

$$\mathcal{H}_1(\tau_1, \tau_2, \tau_3) + \mathcal{H}_2(\tau_1, \tau_2, \tau_3) \equiv -\mathcal{H}_3(\tau_1, \tau_2, \tau_3)$$

なる値を得，後者はこの値の符号を変えたものを得る．

合成されたプレイヤー 1, 2 の混合戦略は，$S_{\beta_1\beta_2}$ の1つのベクトル $\vec{\xi}$ であり，その要素を ξ_{τ_1, τ_2} と表すことができる[21]．したがって，$S_{\beta_1\beta_2}$ の $\vec{\xi}$ は，

$$\xi_{\tau_1, \tau_2} \geq 0, \quad \sum_{\tau_1, \tau_2} \xi_{\tau_1, \tau_2} = 1$$

によって特徴づけられる．

プレイヤー 3 の混合戦略は，S_{β_3} のベクトル $\vec{\eta}$ であり，その要素を η_{τ_3} と表

---

[21] τ_1, τ_2 の組の数はもちろん $\beta_1\beta_2$ 個である．

す．S_{β_3} の $\vec{\eta}$ は，

$$\eta_{\tau_3} \geq 0, \quad \sum_{\tau_3} \eta_{\tau_3} = 1$$

によって特徴づけられる．

それゆえ，**17.4.1** における (17:2) の双一次形 $K(\vec{\xi}, \vec{\eta})$ は，

$$K(\vec{\xi}, \vec{\eta}) \equiv \sum_{\tau_1, \tau_2, \tau_3} \{\mathcal{H}_1(\tau_1, \tau_2, \tau_3) + \mathcal{H}_2(\tau_1, \tau_2, \tau_3)\} \xi_{\tau_1, \tau_2} \eta_{\tau_3}$$

$$\equiv -\sum_{\tau_1, \tau_2, \tau_3} \mathcal{H}_3(\tau_1, \tau_2, \tau_3) \xi_{\tau_1, \tau_2} \eta_{\tau_3}$$

となり，最終的には，

$$c = \mathrm{Max}_{\vec{\xi}} \, \mathrm{Min}_{\vec{\eta}} \, K(\vec{\xi}, \vec{\eta}) = \mathrm{Min}_{\vec{\eta}} \, \mathrm{Max}_{\vec{\xi}} \, K(\vec{\xi}, \vec{\eta})$$

となる．

b, a に関する式は，この表現の細部のすべてにおいてプレイヤー 1, 2, 3 を循環的に置換することにより得られる．

$\alpha, \beta, \gamma, a', b', c'$ そして Δ を表す公式をくり返そう：

$$\Delta = a + b + c \qquad 必ず \geq 0 \text{ である}$$
$$\alpha = \frac{-a+b+c}{2}, \quad a' = \frac{-2a+b+c}{3},$$
$$\beta = \frac{a-b+c}{2}, \quad b' = \frac{a-2b+c}{3},$$
$$\gamma = \frac{a+b-c}{2}, \quad c' = \frac{a+b-2c}{3}$$

そして，さらに，

$$\Delta \geq 0,$$
$$a' + b' + c' = 0,$$
$$\alpha = a' + \frac{\Delta}{6}, \quad \beta = b' + \frac{\Delta}{6}, \quad \gamma = c' + \frac{\Delta}{6},$$
$$-a = a' - \frac{\Delta}{3}, \quad -b = b' - \frac{\Delta}{3}, \quad -c = c' - \frac{\Delta}{3}$$

となる．

24 反論についての議論

24.1 完全情報の場合とその意義

24.1.1 われわれはゼロ和3人ゲームの解を得たが，それはすべての可能性を説明し，n 人ゲームの解を探求する場合にとらねばならない方向を指し示すものであった．すなわち，その方向とはすべての可能な提携およびそれらが互いに有している競争的関係の分析であり——その分析により提携の形成を希望するプレイヤーが互いに支払う補償金が決定されなければならないのである．

われわれは，プレイヤーの数 n が $n \geq 4$ の場合には，$n = 3$ の場合よりもこの分析が一層困難であることをすでに指摘した（301 ページの脚注 3）を参照せよ）．

この問題にとりかかる前に少し立ち止まり，われわれの立場を考え直すのがよいであろう．以下において，われわれはすべてのプレイヤーが「対をつくった」後に互いに対立する最終的な提携の値を決定するためにゼロ和2人ゲームの理論を用い，提携の形成および提携の参加者間の補償金に重きをおいて議論する（**25.1.1**，**25.2** を参照せよ）．しかし，この側面はわれわれが主張したいと思っているように実際に普遍的なものであろうか？

われわれは，ゼロ和3人ゲームの議論においてすでにそれを強く肯定するような議論をいくつか行った．もしこの基礎のもとに（すべての n に対して）n 人ゲームの理論を構築することができれば，それは結局決定的な肯定的議論となるであろう．しかし否定的な議論——反論——も存在し，それは完全情報をもつゲームに関連しておこる．

われわれがここで議論する反論は，上述の特殊なカテゴリーに属するゲームにのみ適用される．したがって，たとえそれが正しいとしても，すべてのゲームに適用される代替的な理論が与えられるわけではない．しかし，われわれは提示した見解が一般的な正当性をもつことを主張したいので，たとえそれがある特殊な場合にのみ適用されるものだとしても，すべての反論を価値のないものにしておかねばならないのである[22]．

---

[22] 言い換えれば：1つの理論の一般的な正当性を主張するためには，すべての反対論者に対して証明しなければならない．

24.1.2 完全情報をもつゲームについてはすでに **15** において議論した．それにおいてそれらのゲームが重要な特質をもち，しかもその性質は——われわれの議論が主に依存してきた標準形だけではなく——展開形を用いて考えたときにのみ完全に理解されうることをみた（**14.8** もまた参照せよ）．

15 の分析は，最初は（すべての n に関する）n 人ゲームを考えることにより始められたが，後にはゼロ和 2 人ゲームに分析を狭めねばならなかった．特に，最後にはそれを言葉によって議論する方法を見出したが（**15.8** を参照），それは注目すべき特徴をいくつか有していた：第 1 に，反論をまったく免れているわけではないが考える価値があると思われること．第 2 に，用いた論法は一般的なゼロ和 2 人ゲームの解明に用いた論法とはやや異なること——しかもそれはこの特別な場合に用いられるだけであるが，他の論法よりも直接的である．第 3 に，その論法により——完全情報をもつゼロ和 n 人ゲームに関して——われわれの一般的な理論と同じ結果が導かれること．以上がその特徴であった．

ここで，$n \geq 3$ 人のプレイヤーの場合に関してもまたこの論法を用いたいと思うかもしれない．実際，関連している節である **15.8.2** における表面的な観察においては，それが（そこにおけるように）$n = 2$ 人のプレイヤーの場合に限られる理由は直接的には何も明らかにされてはいなかった（しかし **15.8.3** を参照せよ）．しかし，この方法は提携やプレイヤー間の協定などにはふれていない．それゆえ，もしそれが $n = 3$ 人のプレイヤーの場合に使用可能であるとすれば，われわれの現在のアプローチには重大な疑問が生じる[23]．それ

---

[23] すべての完全情報をもつゼロ和 3 人ゲームにおいて，$\Delta = 0$ となると考えることによりこの問題を回避しようとする人もいるかもしれない．これは提携を不必要なものにしてしまう．**23.1** の最後を参照せよ．

完全情報をもつゲームが厳密に決定されることにより，ゼロ和 2 人ゲームの理論の困難さをさけたように（**15.6.1** を参照せよ），ゼロ和 3 人ゲームの困難さは非本質であることによりさけられるであろう．

しかしこれは成り立たない．これを確かめるためには，単純多数決ゲーム（**21.1** を参照せよ）のルールを次のように変更すれば十分である．プレイヤー 1, 2, 3 は，前の手番の結果を知ってこの順に自らの人的手番（すなわち，各々 τ_1, τ_2, τ_3 を選択すること，**21.1** を参照せよ）を行うものとしよう．3 つの提携 1, 2, 1, 3, 2, 3 の値 c, b, a が前と同様，

$$c = b = a = 1, \quad \Delta = a + b + c = 3 > 0$$

となることは容易に証明される．

21.2 の特別な考察に関して，このゲームを詳細に議論することにはある関心をもつが，ここでは

ゆえ，**15.8** の方法がなぜ3人またはそれ以上のプレイヤーの場合には決定的なものでないかを示すことにしよう．

このために問題となっている論法のいくつかの特徴的な手段をくり返そう（**15.8.2** を参照せよ．そこで用いた記号をまた用いるであろう）．

24.2　詳細な議論．3人またはそれ以上のプレイヤーの間での補償金の必要性

24.2.1　完全情報が行われているゲーム Γ を考えよう．$\mathfrak{M}_1, \mathfrak{M}_2, \cdots, \mathfrak{M}_\nu$ をその手番，$\sigma_1, \sigma_2, \cdots, \sigma_\nu$ をこれらの手番に関する選択，$\pi(\sigma_1, \sigma_2, \cdots, \sigma_\nu)$ をこれらの選択によって特徴づけられるプレイ，そして $\mathfrak{F}_j(\pi(\sigma_1, \cdots, \sigma_\nu))$ をプレイヤー $j (= 1, 2, \cdots, n)$ に関するプレイの結果としよう．

手番 $\mathfrak{M}_1, \mathfrak{M}_2, \cdots, \mathfrak{M}_{\nu-1}$ がすでに行われ，それらの選抜の結果が $\sigma_1, \sigma_2, \cdots, \sigma_{\nu-1}$ であるとして，最終手番 $\mathfrak{M}_\nu$ およびその σ_ν を考えよう．もしそれが偶然手番——すなわち $k_\nu(\sigma_1, \cdots, \sigma_{\nu-1}) = 0$——ならば，さまざまな可能な値 $\sigma_\nu = 1, 2, \cdots, \alpha_\nu(\sigma_1, \cdots, \sigma_{\nu-1})$ は各々確率 $p_\nu(1), p_\nu(2), \cdots, p_\nu(\alpha_\nu(\sigma_1, \cdots, \sigma_{\nu-1}))$ をもつ．もしこれがプレイヤー k の人的手番——すなわち $k_\nu(\sigma_1, \cdots, \sigma_{\nu-1}) = k = 1, 2, \cdots, n$——ならば，プレイヤー k は $\mathfrak{F}_k(\pi(\sigma_1, \cdots, \sigma_{\nu-1}, \sigma_\nu))$ を最大にするように σ_ν を選ぶであろう．この σ_ν を $\sigma_\nu(\sigma_1, \cdots, \sigma_{\nu-1})$ と表そう．このようにして，プレイの値は手番 $\mathfrak{M}_1, \mathfrak{M}_2, \cdots, \mathfrak{M}_{\nu-1}$ の後（そして $\mathfrak{M}_\nu$ の前！）に（各プレイヤー $j = 1, \cdots, n$ にとって）すでにわかっている——すなわち，$\sigma_1, \sigma_2, \cdots, \sigma_{\nu-1}$ のみの関数としてわかっているのである——と議論できる．実際，上述によれば，それは，

$$\mathfrak{F}'_j(\pi'(\sigma_1, \cdots, \sigma_{\nu-1})) \begin{cases} = \displaystyle\sum_{\sigma_\nu=1}^{\alpha_\nu(\sigma_1,\cdots,\sigma_{\nu-1})} p_\nu(\sigma_\nu) \mathfrak{F}_j(\pi(\sigma_1, \cdots, \sigma_{\nu-1}, \sigma_\nu)) \\ \qquad k_\nu(\sigma_1, \cdots, \sigma_{\nu-1}) = 0 \text{ に関して} \\ = \mathfrak{F}_j(\pi(\sigma_1, \cdots, \sigma_{\nu-1}, \sigma_\nu(\sigma_1, \cdots, \sigma_{\nu-1}))) \\ \qquad \text{ただし，} \sigma_\nu = \sigma_\nu(\sigma_1, \cdots, \sigma_{\nu-1}) \text{ は} \\ \qquad \mathfrak{F}_k(\pi(\sigma_1, \cdots, \sigma_{\nu-1}, \sigma_\nu)) \text{ を最大にする．} \\ \qquad k_\nu(\sigma_1, \cdots, \sigma_{\nu-1}) = k = 1, \cdots, n \text{ に関して} \end{cases}$$

この問題をさらに続けて議論することはしない．

したがって，このゲーム Γ は，まるで（$\mathfrak{M}_\nu$ を除いた）手番 $\mathfrak{M}_1, \mathfrak{M}_2, \cdots,$ $\mathfrak{M}_{\nu-1}$ のみから構成されているかのように扱うことができる．

この工夫により，最終手番 $\mathfrak{M}_\nu$ を取り除くことができた．そこで，これをくり返すことにより，同様にして手番 $\mathfrak{M}_{\nu-1}, \mathfrak{M}_{\nu-2}, \cdots, \mathfrak{M}_2, \mathfrak{M}_1$ を次々に取り除くことができ，最終的には（各プレイヤー $j = 1, 2, \cdots, n$ に関する）プレイの明確な値を得ることができる．

24.2.2 この方法を批判的に評価するために，最後の2つの段階 $\mathfrak{M}_{\nu-1}, \mathfrak{M}_\nu$ を考え，それらが各々2人の異なったプレイヤー，例えば1, 2の人的手番であるとしよう．この状況においては，プレイヤー2が $\mathcal{F}_2(\sigma_1, \cdots, \sigma_{\nu-1}, \sigma_\nu)$ を最大化するように σ_ν を選ぶことは確実であろう．これによって，$\sigma_\nu = \sigma_\nu(\sigma_1, \cdots, \sigma_{\nu-1})$ が与えられる．次に，プレイヤー1が $\sigma_{\nu-1}$ を選ぶにあたって，これを頼りにできることも仮定した．すなわち，彼は（実際に獲得できる）$\mathcal{F}_1(\sigma_1, \cdots, \sigma_{\nu-1}, \sigma_\nu)$ を $\mathcal{F}_1(\sigma_1, \cdots, \sigma_{\nu-1}, \sigma_\nu(\sigma_1, \cdots, \sigma_{\nu-1}))$ で書き換えても間違いはなく，後者の量を最大にすると仮定したのである[24]．しかし，彼は実際にこの仮定を信頼できるのであろうか？

最初に，$\sigma_\nu(\sigma_1, \cdots, \sigma_{\nu-1})$ は一意に決定されることさえないかもしれない．すなわち，$\mathcal{F}_2(\sigma_1, \cdots, \sigma_{\nu-1}, \sigma_\nu)$ は（所与の $\sigma_1, \cdots, \sigma_{\nu-1}$ に対して）いくつかの σ_ν において最大値をとるかもしれないのである．ゼロ和2人ゲームにおいてはこれは無関係であった．その場合には，$\mathcal{F}_1 \equiv -\mathcal{F}_2$ であり，したがって $\mathcal{F}_2$ に同じ値を与える2つの σ_ν はまた $\mathcal{F}_1$ にも同じ値を与える[25]．しかしゼロ和3人ゲームにおいては，第3のプレイヤーと彼の $\mathcal{F}_3$ の存在により $\mathcal{F}_2$ が $\mathcal{F}_1$ を決定することはない！　それゆえここではじめて，1人のプレイヤーにとっては重要でない相違がもう1人のプレイヤーにとっては意味をもちうるという事態が生じる．これは，各プレイヤーの獲得量が（正確に）他のプレイヤーの損失量となるゼロ和2人ゲームにおいてはおこりえないものであった．

---

[24] これは $\sigma_1, \cdots, \sigma_{\nu-2}, \sigma_{\nu-1}$ のみからなる関数であり，しかも $\sigma_1, \cdots, \sigma_{\nu-2}$ については $\mathfrak{M}_{\nu-1}$ において既知であり，$\sigma_{\nu-1}$ についてはプレイヤー1が制御できるので，彼はこの量を最大化できるのである．

しかし，$\mathcal{F}_1(\sigma_1, \cdots, \sigma_{\nu-1}, \sigma_\nu)$ はプレイヤー1が知らされてもいず，また制御もできない σ_ν に保存しているので，いかなる方法を用いてもこれを最大化することはできない．

[25] 実際，**15.8.2** においては，$\mathcal{F}_2$ についてはまったくふれなかった．すなわち，$\mathcal{F}_2$ を最大化する代わりに $\mathcal{F}_1$ の最小化を述べた．したがって，$\sigma_\nu(\sigma_1, \cdots, \sigma_{\nu-1})$ を導入する必要さえなく，$\mathcal{F}_1$ に対する Max および Min の演算によってすべてが記述された．

もし2つの σ_ν がプレイヤー2にとっては同じ重要性をもつがプレイヤー1にとってはそうではないとすれば，プレイヤー1はどのように考えねばならないのであろうか？　彼は，自らにとってより好ましい σ_ν をプレイヤー2に選択させるよう試みるであろうと，ある人は考えるに違いない．プレイヤー1はこれによって生じた差異のいくらかをプレイヤー2に支払うことができるであろう．

　これが許されれば，プレイヤー1は $\mathcal{F}_2(\sigma_1,\cdots,\sigma_{\nu-1},\sigma_\nu)$ を最大化しないような σ_2 をプレイヤー2に選択させることさえ可能であると考えられるに違いない．この変化によって，プレイヤー2の被った損失がプレイヤー1の得た利益よりも少ないかぎり[26]，プレイヤー1はプレイヤー2の損失を償うことができ，おそらく自らの利益の一部を彼に与えることであろう．

24.2.3　しかし，もしプレイヤー1がプレイヤー2にこの補償金を与えうるとすれば，プレイヤー3からプレイヤー2への同様な申し出も考慮しなければならない．すなわち，プレイヤー2が自らの σ_ν の選択に際し，$\mathcal{F}_2(\sigma_1,\cdots,\sigma_{\nu-1},\sigma_\nu)$ を最大化することにはまったく何の根拠もないのである．プレイヤー2の損失がプレイヤー1の利益によって代償されるか，それともプレイヤー3の利益によって代償されるかにしたがい，協定および補償金が決定されうるので，2つの σ_ν を比較するにあたっては，このことを考慮せねばならない．すなわち，σ_ν を変更することにより，提携1,2または2,3が利益を得られるかどうかを分析しなければならない．

24.2.4　これにより提携が再度描かれる．くわしく分析すれば，**22.2**, **22.3**, **23** の考察および結果がすべての細部にわたって導かれる．しかしここでこれを完全にくわしく実行する必要はないであろう．結局これは特別な場合にすぎないのであり，もし協定および補償金すなわち提携が許されるならば，**22.2**, **22.3**, **23** の議論はまったく一般的に正当性をもつのである．

　われわれはすでに，**15.8.3** において認識した **15.8.2** の議論の弱点がゼロ和2人ゲームを超えた場合に破壊的になり，それによって本章の初期の節において予想したように提携などの装置が正確に導かれることを示したいと望んだ．上の分析からこれは明らかになったに違いない，それゆえわれわれはゼロ和3人ゲームを扱う最初の方法にもどることができる．——すなわち，**22.2**,

---

[26] すなわち，それはプレイヤー3の犠牲のもとに生じることである．

22.3, **23** の結果はまったく正当なものであると主張できる．

第6章　一般理論の定式化：ゼロ和n人ゲーム

25　特性関数

25.1　動機と定義

25.1.1　ここで，一般的なnに関するゼロ和n人ゲームに目を転じよう．$n=3$の場合に関して第5章で得た経験は，これから展開しようとする一般理論においてプレイヤーの間の提携の可能性が決定的な役割を果たすことを示唆している．それゆえ，この「可能性」を数量的に表す数学的な道具を発展させることが重要となる．

われわれはゼロ和2人ゲームに関しては（プレイの）「値」という厳密な概念をもっているので，ある任意のプレイヤーのグループに対しても，それが他のすべてのプレイヤーからなる提携と対峙するならば，「値」を与えることができる．われわれは以下の議論において，このむしろ発見的な指示に厳密な意味を与えるであろう．とにかくこのようにして，一般理論の基礎とできる数学的概念に到達することができ——そして結局この試みがうまくいく——ということが重要なのである．

そこで，次にこの試みを実行するための厳密に数学的な定義を述べることにしよう．

25.1.2　n人のプレイヤーからなるゲームΓを考え，簡単化のためにプレイヤーを$1,2,\cdots,n$と表そう．ここで，すべてのプレイヤーからなる集合$I=\{1,2,\cdots,n\}$を導入しておくと好都合である．このゲームのプレイの過程については，まったく予言または仮定することなく，次のことが観察される．もしプレイヤーを2つの組に分類し，各々の組を絶対的な提携——すなわち各組の中では完全な協力が行われる——として扱えば，その結果としてゼロ和2人ゲームが生じてくる[1]．正確にいえば：SをIの任意の部分集合とすれ

ば，$-S$ は I におけるその補集合となる．われわれは，一方では S に属するすべてのプレイヤー k が互いに協力し，他方では $-S$ に属するすべてのプレイヤー k が互いに協力する結果生ずるゼロ和2人ゲームを考えるのである．

このようにみれば，Γ に第3章のゼロ和2人ゲームの理論を適用することが可能となる．このゲームの各プレイは明確に定義された値をもつ（**17.8.1** で定義した v' のことである）．そこで（ここではプレイヤーの1人である）S に属するすべての k からなる提携に関するプレイの値を v(S) によって表すことにしよう．

v(S) の数学的な式は次のようにして得られる[2]：

25.1.3 いまゼロ和2人ゲーム Γ が **11.2.3** の標準形であるとしよう．その場合には，各プレイヤー $k = 1, 2, \cdots, n$ は（各々他の $n-1$ 個の選択については知らされることなく）変数 τ_k を選択し，

$$\mathcal{H}_k(\tau_1, \tau_2, \cdots, \tau_n)$$

なる量を得る．もちろん（ゲームはゼロ和であり）：

(25:1) $$\sum_{k=1}^{n} \mathcal{H}_k(\tau_1, \cdots, \tau_n) \equiv 0$$

である．変数の定義域は：

$$\tau_k = 1, \cdots, \beta_k \qquad k = 1, 2, \cdots, n \text{ に関して}$$

である．ここで，S に属するすべてのプレイヤーの絶対的な提携（プレイヤー 1'）と $-S$ に属するすべてのプレイヤーの絶対的な提携（プレイヤー 2'）との間に生じる2人ゲームにおいては，次のような状況が得られる：

合成されたプレイヤー 1' は k が S のすべての要素の上を動くような変数 τ_k の集まりをもつ．この集まりは1つの変数として扱う必要がある．それゆえ，それを1つの記号 τ^S で表そう．合成されたプレイヤー 2' は，k が $-S$ のすべての要素の上を動くような変数 τ_k の集まりである．この集まりもまた1つの変数であり，記号 τ^{-S} によって表される．プレイヤー 1' は，

---

[1] これはちょうど **23.1.1** において $n = 3$ の場合に行ったことである．一般的な可能性についてはすでに **24.1** の冒頭にふれられていた．

[2] これは $n = 3$ という特別な場合にのみ適用された **23.2** の組み立てのくり返しである．

(25:2) $\quad \bar{\mathcal{H}}(\tau^S, \tau^{-S}) = \sum_{k \in S} \mathcal{H}_k(\tau_1, \cdots, \tau_n) = -\sum_{k \in -S} \mathcal{H}_k(\tau_1, \cdots, \tau_n)$[3)]

なる量を獲得し，プレイヤー $2'$ はこの符号を変えた量を獲得する．

プレイヤー $1'$ の混合戦略は S_{β^S} のベクトル $\vec{\xi}$ であり[4)]，その要素を ξ_{τ^S} で表す．したがって，S_{β^S} のベクトル $\vec{\xi}$ は，

$$\xi_{\tau^S} \geq 0, \quad \sum_{\tau^S} \xi_{\tau^S} = 1$$

で特徴づけられる．

プレイヤー $2'$ の混合戦略は $S_{\beta^{-S}}$ のベクトル $\vec{\eta}$ であり[5)]，その要素を $\eta_{\tau^{-S}}$ と表す．したがって，$S_{\beta^{-S}}$ のベクトル $\vec{\eta}$ は，

$$\eta_{\tau^{-S}} \geq 0, \quad \sum_{\tau^{-S}} \eta_{\tau^{-S}} = 1$$

で特徴づけられる．

それゆえ，**17.4.1** における (17:2) の双一次形 $K(\vec{\xi}, \vec{\eta})$ は，

$$K(\vec{\xi}, \vec{\eta}) = \sum_{\tau^S, \tau^{-S}} \bar{\mathcal{H}}(\tau^S, \tau^{-S}) \xi_{\tau^S} \eta_{\tau^{-S}}$$

であり，結局，

$$v(S) = \text{Max}_{\vec{\xi}} \text{Min}_{\vec{\eta}} K(\vec{\xi}, \vec{\eta}) = \text{Min}_{\vec{\eta}} \text{Max}_{\vec{\xi}} K(\vec{\xi}, \vec{\eta})$$

となる．

25.2 概念の議論

25.2.1 上述の関数 $v(S)$ は I のすべての部分集合 S に関して定義され，実数をその値としてもつ．したがって，それは **13.1.3** の意味での数値的集合関数である．われわれはこれをゲーム Γ の特性関数とよぼう．くり返し指摘してきたように，この関数をもとにゼロ和 n 人ゲームの完全な理論が構築でき

[3)] 第 1 式の τ^S, τ^{-S} は合わせて，他の 2 つの式の $\tau_1, \cdots, \tau_n$ の集まりを形成している．したがって τ^S, τ^{-S} は $\tau_1, \cdots, \tau_n$ を決定する．
　最後の 2 つの式はもちろんゼロ和という特質を書き換えただけである．
[4)] β^S は可能な集まり τ^S の総数である．すなわち，k が S のすべての要素の上を動く場合のすべての β_k の積である．
[5)] β^{-S} は可能な集まり τ^{-S} の総数である．すなわち，k が $-S$ のすべての要素の上を動く場合のすべての β_k の積である．

ると期待される．

この主張の意味するものを明確にしておくのがよいであろう．われわれはプレイヤーの間の提携，すべての提携におけるパートナーの間の補償金，提携の間の合併または対立について述べられるすべてのことを，特性関数 v(S) のみを用いて決定しようと思う．一見したところでは，この計画は特に以下の 2 つの点で無理ではないかと思われるかもしれない：

(a) v(S) を定義するために用いられたのは，まったく架空のゼロ和 2 人ゲームであり，それは実際の n 人ゲームとは理論的に構築された点によってのみ関連しているだけであった．したがって，v(S) は仮定的な状況にもとづいており，n 人ゲームそのものには厳密にもとづいているとはいえない．

(b) v(S) は，1 つの与えられたプレイヤーの提携（明確には集合 S）がその相手（集合 $-S$）から獲得できるものについては述べているが——S に属する k 人のパートナーの間で，その企てによって獲得した収益はどのように分割されるかについては述べてはいない．分割，すなわち「配分」は，実際には個々の関数 $\mathcal{H}_k(\tau_1, \cdots, \tau_n)$（ただし k は S に属するものである）によって直接に決定されるのであるが，もちろん v(S) はこれにはそれほど依存していないのである．実際に，v(S) は部分和 $\mathcal{H}(\tau^S, \tau^{-S})$ にもとづく双一次形 $K(\vec{\xi}, \vec{\eta})$ の鞍点となるので（**25.1.3** の公式を参照せよ），$\mathcal{H}(\tau^S, \tau^{-S})$ によってのみ決定される，いやそれ以下のものによって決定されるとさえいえるのである．

25.2.2 以上の考察にもかかわらず，われわれは特性関数 v(S) によって「配分」（上の (b) を参照せよ）を含むすべてが決定されることを見出しうる，と期待しているのである．第 5 章におけるゼロ和 3 人ゲームの分析により，$\mathcal{H}_k(\tau_1, \cdots, \tau_k)$ を用いての直接的な分配（すなわち「配分」）は，提携が形成されうる前にプレイヤーが互いに行うある「補償金」の体系によって必ず埋め合わせられることが示されている．「補償金」は本質的には提携 S 内の各パートナー（すなわち S に属する各 k）が S を脱け，他の提携 T に加入する可能性によって決定されるべきである．（われわれは S に属する何人かのパートナーの集合が同時に申し合わせて脱退する可能性などの影響もまた考慮せねばならないかもしれない．）すなわち，v(S) の S に属するプレイヤー k に対する「配分」は他の v(T) によって決定されるべきであり[6]，——$\mathcal{H}_k(\tau_1, \cdots,$

---

[6] これはすべて **4.3.3** の注意の意味での「仮想上の」存在の役割におおいにもとづくものである．

τ_n) によって決定されるべきではない．われわれは第5章においてゼロ和3人ゲームに関してこれを証明した．われわれが構築しようとしている理論の主なる対象の1つは，一般 n 人ゲームに関しても同様のことが成立することを打ち立てることである．

25.3 基本的な性質

25.3.1 一般的なゲームの理論に関する特性関数 $v(S)$ の重要性を明らかにする前に，この関数の数学的実体そのものを考察しよう．それが $I = \{1, 2, \cdots, n\}$ のすべての部分集合 S に対して定義された数値的集合関数であることは知っている．そこで，その基本的な性質を決定しよう．

その基本的な性質とは以下のものであることがわかるであろう：

(25:3:a)　$v(\ominus) = 0$
(25:3:b)　$v(-S) = -v(S)$
(25:3:c)　$S \cap T = \ominus$ ならば，$v(S \cap T) \geq v(S) + v(T)$．

われわれはまずすべてのゲームの特性集合関数 $v(S)$ が (25:3:a)-(25:3:c) を満たすことを証明する．

25.3.2 最も簡単な証明は概念的なものであり，実際に数学的な公式をまったく用いることなく行うことができる．しかしながら，われわれは **25.1.3** において厳密な数学式を与えたので——Max，Min，および，適当なベクトル変数を用いた——厳密な数学的，形式的な証明を望む人がいるかもしれない．それゆえわれわれは概念的な証明が，希望される形式的，数学的な証明に厳密に同等であり，しかもその移行はまったく実質的な困難なしに行われうることを強調しておく．また，概念的な証明は本質的な考えを簡潔かつ単純な方法でより明らかにするにもかかわらず，形式的な証明は多くの厄介な記号を用いるので，われわれは前者の証明を与えようと思う．興味のある読者には概念的な証明から形式的な証明を構築することが，よい演習問題となるのであろう．

25.3.3 (25:3:a) の証明[7]：提携 $\ominus$ はまったく構成員をもたない，それゆ

---

[7] われわれが空集合 $\ominus$ さえ提携として扱っていることに注意されたい．読者は常にこれを注意深く考えねばならない．それは奇妙にみえるが，手段としては無害であり，まったく一般集合論の意味にそうものである．実際，空集合を考慮から除外することは技術的にまったく厄介なことになるであろう．

え常にゼロなる量を得る．したがって v(⊖) = 0 である．

(25:3:b) の証明：v(S) と v(−S) は同じ（架空の）ゼロ和 2 人ゲーム——すなわち提携 −S に対して提携 S がプレイすることによるゲーム——から生じたものである．その 2 つの合成されたプレイヤーに関するこのゲームのプレイの値は，それぞれ v(S) および v(−S) である．したがって v(−S) = −v(S) となる．

(25:3:c) の証明：提携 S は（適切な混合戦略を用いることにより）相手から最高 v(S) なる量を獲得できる．同様に提携 T も最高 v(T) なる量を獲得できる．したがって，提携 S∪T はたとえ部分提携 S と T が互いに協力しないとしても，相手から v(S) + v(T) なる量を獲得できる[8]．提携 S∪T はいかなる条件のもとでも最大限 v(S∪T) を獲得できるので，v(S∪T) ≥ v(S) + v(T) となる[9]．

25.4　直接的な数学的結果

25.4.1　さらに分析を進める前に，上述の (25:3:a)-(25:3:c) からいくつかの結果を導いておこう．これらは，(25:3:a)-(25:3:c) を満たす任意の数値的集合関数 v(S)，それがゼロ和 n 人ゲームの特性関数であるか否かにはかかわらず，に関して成り立つという意味で導かれるのである．

もちろんこの空なる提携はまったく手番，変数，影響，利得，そして損失をもちはしない．そして，これはとるに足らないものである．

⊖ の補集合，すなわちすべてのプレイヤーの集合 I もまた可能な提携として扱われるであろう．これもまた集合論的観点からみれば好都合な手段である．この提携はまったく相手をもたないのであるから，先ほどよりは少ないにしてもやはり奇妙なものと思えるかもしれない．これは多数のプレイヤー——したがって多数の手番および変数——をもつにもかかわらず，（ゼロ和ゲームにおいては）影響を及ぼすこともなく，利得または損失をもつこともない．したがって，これもまたとるに足らないものである．

[8] ここでは S∩T = ⊖ を用いていることに注意せよ．もし S と T が共通の要素をもっていれば，提携 S∪T を部分提携 S および T に分割できなくなる．

[9] この証明は，**22.3.2** における $a + b + c \geq 0$ の証明をほとんどそのままくり返したものである．われわれはその関係から (25:3:c) を導くこともできるであろう：I を 3 つの互いに交わらない部分集合 S, T, −(S∪T) に分割することを考えよう．この 3 つの（部分集合に）対応する（仮想的な）独立の提携を，これによって Γ から変形されたゼロ和 3 人ゲームの 3 人のプレイヤーとして扱おう．そうすれば，v(S), v(T), v(S∪T) は **22.3.2** における −a, −b, c に相当する．したがって $a + b + c \geq 0$ により，−v(S) − v(T) + v(S∪T) ≥ 0，すなわち v(S∪T) ≥ v(S) + v(T) となる．

(25:4)　$v(I) = 0$.

　　証明[10]：(25:3:a), (25:3:b) により, $v(I) = v(-\ominus) = -v(\ominus) = 0$.

(25:5)　もし $S_1, \cdots, S_p$ が互いに交わらない I の部分集合であれば,

$$v(S_1 \cup \cdots \cup S_p) \geq v(S_1) + \cdots + v(S_p).$$

　　証明：(25:3:c) をくり返し適用すれば直ちに証明される．

(25:6)　もし $S_1, \cdots, S_p$ が I の分割，すなわち I の互いに交わらない部分集合でその和が I となるものならば,

$$v(S_1) + \cdots + v(S_p) \leq 0$$

　　証明：$S_1 \cup \cdots \cup S_p = I$ であるから, (25:4) により $v(S_1 \cup \cdots \cup S_p) = 0$. それゆえ (25:5) から (25:6) が導かれる．

25.4.2　(25:4)-(25:6) は (25:3:a)-(25:3:c) の結果であるが，それらによって——いやそれらよりやや少ないものによって——(25:3:a)-(25:3:c) を同等に置き換えることができる．正確には：

(25:A)　条件 (25:3:a)-(25:3:c) は，$p = 1, 2, 3$ のみに関する (25:6) の主張と同等である．ただし, (25:6) は $p = 1, 2$ に関しては等号 = で，$p = 3$ に関しては不等号 ≤ で述べられなければならない．

　　証明：(25:6) を $p = 2$ に関して等号 = で書けば，$v(S) + v(-S) = 0$ となる（ただし，S_1 を S, S_2 を $-S$ と書くものである）．すなわち $v(-S) = -v(S)$ となり，これは (25:3:b) そのものである．

　　(25:6) を $p = 1$ に関して等号 = で書けば，$v(I) = 0$ となる（この場合には S_1 は I とならねばならない）——これは (25:4) そのものである．(25:3:b) により，これは (25:3:a) とまったく同様である．（上述の (25:4) の証明を参照せよ．）

　　(25:6) を $p = 3$ に関して不等号 ≤ で書けば，$v(S) + v(T) + v(-(S \cup T)) \leq 0$

---

[10] ゲームから生じた $v(S)$ に関しては, (25:3:a), (25:4) はともに概念的に 329 ページの脚注 7) に含まれる．

となる（ただし，S_1, S_2 を S, T と書き，したがって S_3 は $-(S \cup T)$ である）．
すなわち，

$$-v(-(S \cup T)) \geq v(S) + v(T)$$

である．(25:3:b) から，これは $v(S \cup T) \geq v(S) + v(T)$ となり，(25:3:c) そのものである．

したがって，われわれの主張は (25:3:a)-(25:3:c) を結合したものと正確に同等である．

26 与えられた特性関数をもつゲームの構築

26.1 構築

26.1.1 ここで **25.3.1** の逆を証明する：すなわち，条件 (25:3:a)-(25:3:c) を満たす任意の数値的集合関数 $v(S)$ に関して，この $v(S)$ を特性関数とするゼロ和 n 人ゲーム Γ が存在することを証明するのである．

混乱を避けるために，(25:3:a)-(25:3:c) を満たすある与えられた数値的集合関数を $v_0(S)$ と表しておくのがよいであろう．われわれはそれをもとにあるゼロ和 n 人ゲーム Γ を定義し，Γ の特性関数を $v(S)$ と表そう．そのとき，$v(S) \equiv v_0(S)$ となることを証明しなければならない．

そこで，(25:3:a)-(25:3:c) を満たす数値的集合関数 $v_0(S)$ が与えられたとしよう．われわれはゼロ和 n 人ゲーム Γ を次のように定義する[11]：

各プレイヤー $k = 1, 2, \cdots, n$ は人的手番により，k を含む I の部分集合 S_k を選ぶ．各プレイヤーは他のプレイヤーの選択とは無関係に自らの選択を行う[12]．

この後，行われる支払いは次のように決定される：

(26:1)　S に属するすべての k に対して $S_k = S$ となる

---

[11] このゲーム Γ は本質的には **21.1** において定義された3人単純多数決ゲームに類似し，それをより一般的にしたものである．われわれは本書の以下の部分において，この類似性の詳細を指摘する脚注をそえるであろう．

[12] n 個の要素からなる I は，k を含む 2^{n-1} 個の部分集合 S をもち，われわれは添数 $\tau_k(S) = 1, 2, \cdots, 2^{n-1}$ でそれを教え上げることができる．もしここでプレイヤー k が S_k ではなく，添数 $\tau_k = \tau_k(S_k) = 1, 2, \cdots, 2^{n-1}$ を選ぶとすれば，ゲームはすでに **11.2.3** の標準形になる．明らかにすべての $\beta_k = 2^{n-1}$ である．

ようなプレイヤーの任意の集合 S を環とよぶ[13)14)]．共通の要素をもつ任意の 2 つの環は同一である[15)]．言い換えれば：（プレイにおいて実際につくられた）すべての環の全体は，I の互いに交わらない部分集合の体系である．

このように定義された環のどれにも属さないプレイヤーは，単独集合とよばれる（1 要素）集合を自分自身でつくる．したがって，（プレイにおいて実際につくられた）すべての環と単独集合の全体は I の分割，すなわち I の互いに交わらない部分集合でその和が I になるようなものの体系となる．これらの集合を $C_1, \cdots, C_p$ と表し，その要素の数を各々 $n_1, \cdots, n_p$ と表す．

次にプレイヤー k を考える．彼は，これらの集合 $C_1, \cdots, C_p$ のうちの正確に 1 つ，例えば C_q に属する．そのときプレイヤー k は，

(26:2) $\quad \dfrac{1}{n_q} v_0(C_q) - \dfrac{1}{n} \sum_{r=1}^{p} v_0(C_r)$ なる量を得る[16)]．

これでゲーム Γ の記述を終わる．そこで，この Γ がゼロ和 n 人ゲームであり，希望どおり特性関数 $v_0(S)$ をもつことを次に示そう．

26.1.2 ゼロ和性の証明：集合 C_q の 1 つを考える．それに属する n_q 人のプレイヤーは，各々（26:2）で述べたように同じ量を得る．したがって C_q のプレイヤーは全体で，

(26:3) $\quad v_0(C_q) - \dfrac{n_q}{n} \sum_{r=1}^{p} v_0(C_r)$

を獲得する．すべてのプレイヤー $1, \cdots, n$ が獲得する総量を得るためには，(26:3) をすべての集合 C_q，すなわち $q = 1, \cdots, p$ のすべてについて加えなければならない．この和は明らかに，

[13)] 環は **21.1** における対に類似するものである．したがって 302 ページの脚注 6) の内容が適用される．特に環は，各プレイの実際の過程に影響を及ぼす提携を導くゲームのルールの集合における明確な概念である．
[14)] 言葉でいえば：環とはプレイヤーの集合であり，これに属するプレイヤーがすべてこの集合そのものを選んだようなものである．**21.1** における対の定義との類似性は明らかである．その相違は形式的な都合によるものであり，**21.1** においては各プレイヤーが彼の希望する対をなす他の構成員を指示したが，ここでは環全体を指示すると考える．この相違をよりくわしく分析することは容易だがその必要はないであろう．
[15)] 証明：S, T を共通の要素 k をもつ 2 つの環としよう．そうすれば (26:1) により，$S_k = S$ かつ $S_k = T$，したがって $S = T$ である．
[16)] プレイの過程，すなわち $S_1, \cdots, S_n$ の選択——もしくは 332 ページの脚注 12) の意味においては $\tau_1, \cdots, \tau_n$ の選択——により $C_1, \cdots, C_p$ が決定され，(26:2) が決定される．もちろん (26:2) は一般理論の $\mathcal{H}_k(\tau_1, \cdots, \tau_n)$ である．

$$\sum_{q=1}^{p} v_0(C_q) - \sum_{r=1}^{p} v_0(C_r)$$

すなわち 0 となる[17].

特性関数が $v_0(S)$ となることの証明：Γ の特性関数を $v(S)$ とする．$v(S)$ は特性関数であるから，$v(S)$ に関して (25:3:a)-(25:3:c) が成り立ち，また仮定により，$v_0(S)$ に関しても (25:3:a)-(25:3:c) が成り立つことを思い出してもらいたい．したがって，(25:4)-(25:6) も $v(S)$ および $v_0(S)$ の双方に対して成り立つ．

まず，

(26:4)　I のすべての部分集合 S に関して $v(S) \geq v_0(S)$

となることを証明しよう．もし S が空であれば，(25:3:a) により両辺共にゼロとなる．それゆえ S は空でないとしてよい．この場合には，S に属するすべてのプレイヤー k からなる提携は，S を確実に環とするように，S_k の選択を決定できる．S に属するすべての k に関して $S_k = S$ とすれば十分である．($-S$ に属する) 他のプレイヤーがどのように行動しようとも，このようにして S は (環または単独集合) $C_1, \cdots, C_p$ の 1 つ，例えば C_q となるであろう．したがって，$C_q = S$ に属する各 k は (26:2) の量を獲得し，提携 S 全体としては (26:3) の量を得る．ここで，体系

$$C_1, \cdots, C_p$$

が I の分割となることをわれわれは知っている．したがって (25:6) により，$\sum_{r=1}^{p} v_0(C_r) \leq 0$ となる．すなわち，(26:3) は $v_0(C_q) = v_0(S)$ 以上となる[18]．言い換えれば，提携 S に属するプレイヤーは $-S$ のプレイヤーの行動の如何にかかわらず，少なくとも $v_0(S)$ なる量は確実に獲得できる．これにより $v(S) \geq v_0(S)$，すなわち (26:4) が導かれる．

---

[17] 明らかに $\sum_{q=1}^{p} n_q = n$ である．

[18] (26:3)，すなわち提携 S によって得られる総量は S に属するプレイヤーのみによって決定されるわけではないことに注意されたい．しかし，その下限 $v_0(S)$ は導き出され決定されている．

ここで，われわれは希望していた公式

(26:5)　$v(S) = v_0(S)$

を打ち立てることができる．まず (26:4) を $-S$ に適用しよう．そうすれば，(25:3:b) により $-v(S) \geq -v_0(S)$，すなわち，

(26:6)　$v(S) \leq v_0(S)$

となる．したがって，(26:4)，(26:6) を合わせれば (26:5) が与えられる[19]．

26.2 要　約

26.2.1　要約すれば：**25.3-26.1** において，われわれは考えられるすべてのゼロ和 n 人ゲーム Γ の特性関数 $v(S)$ を完全に数学的に特徴づけることができた．もし **25.2.1** において述べた推測が正しいとわかれば，すなわちもし提携の全体的な性質が $v(S)$ によって表され，それにもとづいてゲームの完全な理論を打ち立てることができれば，$v(S)$ に対するわれわれの特徴づけにより，理論の厳密な数学的基礎が示されたことになる．このようにして，$v(S)$ の特徴づけおよび (25:3:a)-(25:3:c) の関数的関係は本質的に重要となる．

それゆえ，われわれはまずこれらの関係の意味とその直接的な性質を数学的に分析することから始めよう．われわれは (25:3:a)-(25:3:c) を満たす関数を——たとえそれがゲームにはまったく関係なく関数そのものとしてみられる場合にも——特性関数とよぶことにする．

27　戦略上同等．非本質的ゲームと本質的ゲーム

27.1　戦略上同等．縮約形

27.1.1　特性関数 $v(S)$ をもつゼロ和 n 人ゲームを考えよう．数 $\alpha_1^0, \cdots, \alpha_n^0$ の体系もまた所与であるとする．ここで，以下の点においてのみ Γ と異なり，

---

[19] 提携 S と $-S$ との間の（想像上の）2 人ゲームにおける良い戦略の議論において（上の証明は実際にその場合のことになるのだが），われわれは純粋戦略のみを考え，混合戦略についてはまったく考えていないことに注意されたい．言い換えれば，これらの 2 人ゲームはすべて厳密に決定されたものとなる．

しかし，これはわれわれの追求している目的とは無関係である．

その他は細部まですべて一致する新しいゲーム Γ' をつくる．その異なる点とは，Γ' は Γ とまったく同様にプレイされるが，すべてのプレイが終了した時点で，Γ' においてプレイヤー k は Γ において（同じプレイの後）獲得した量に α_k^0 を加えたものを獲得するという点である．($\alpha_1^0, \alpha_2^0, \cdots, \alpha_n^0$ は完全に定数であることを注意せよ！）したがって，もし Γ が関数

$$\mathcal{H}_k(\tau_1, \cdots, \tau_n)$$

をもつ **11.2.3** の標準形で与えられれば，Γ' もまたこれに対応する関数 $\mathcal{H}'_k(\tau_1, \cdots, \tau_n) = \mathcal{H}_k(\tau_1, \cdots, \tau_n) + \alpha_k^0$ をもつ標準形で与えられる．明らかに，Γ' が（Γ と同様）ゼロ和 n 人ゲームとなるための必要十分条件は

(27:1) $$\sum_{k=1}^{n} \alpha_k^0 = 0$$

であり，われわれはそれを仮定しよう．

Γ' の特性関数を $v'(S)$ と表そう．そうすれば，

(27:2) $$v'(S) \equiv v(S) + \sum_{k \in S} \alpha_k^0$$

となることは明らかである[20]．さて，2つのゲーム Γ, Γ' の戦略上の可能性は明らかにまったく同じである．2つのゲームの唯一の相違は，各プレイの後の固定された支払い α_k^0 だけである．そしてこれらの支払いは完全に固定されており，どのプレイヤーによっても，そしてプレイヤーのすべてによっても，変更できないものである．また，各プレイヤーの立場は固定された量だけ移行するが，戦略上の可能性，すなわち提携をつくる動機や可能性などはまったく影響を受けないということもできる．言い換えれば：もし2つの特性関数 $v(S)$ と $v'(S)$ が (27:2) によって互いに関連していれば[21]，特性関数 $v(S)$ をもつすべてのゲームは，すべての戦略的な点からみて特性関数 $v'(S)$ をも

---

[20] $v(S), v'(S)$ が提携 S を用いてどのようにして定義されたかを思い出せば，この関係の正当性は明らかになるであろう．$\mathcal{H}_k(\tau_1, \cdots, \tau_n), \mathcal{H}'_k(\tau_1, \cdots, \tau_n)$ を用いて (27:2) を形式的に証明することもまた容易である．

[21] これらの条件のもとでは (27:1) は成り立ち，わざわざ仮定する必要はない．実際，**25.4.1** の (25:4) により，$v(I) = v'(I) = 0$ であり，したがって (27:2) から，

$$\sum_{k \in I} \alpha_k^0 = 0; \quad \text{すなわち}, \sum_{k=1}^{n} \alpha_k^0 = 0$$

となる．

つあるゲームにまったく同等であり，その逆も成り立つ．すなわち，v(S) と v′(S) は2つの戦略上同等なゲームの族を表しているのである．この意味では，v(S) と v′(S) 自身を同等と考えてもよいであろう．

以上のことはすべて **26.2** で再度述べられていた推測とは独立である．その推測によれば，同じ v(S) をもつゲームはすべて同じ戦略上の特質をもっていることになる．

27.1.2 (27:2) の変形により ((27:1) に注意を払う必要はない．336ページの脚注21) を参照せよ)，すでにみたように，集合関数 v(S) は戦略的にまったく同等な集合関数 v′(S) で置き換えられる．そこでこの関係を戦略上同等とよぶ．

次に，この特性関数の戦略上同等という概念の数学的な性質に目を向けよう．

戦略上同等な特性関数 v(S) のそれぞれの族から，特に簡単な v̄(S) を代表として選び出すことが望まれる．その考えは次のとおりである．v(S) が与えられれば，この代表 v̄(S) は簡単に決定されるであろう，そして一方，v(S) と v′(S) の2つはその代表 v̄(S) と v̄′(S) が同一であれば，そしてそのときにのみ，戦略上同等といえるであろう．さらにわれわれは，これらの代表 v̄(S) をもとの v(S) よりも分析が容易に行えるような形で選ぶことができるかもしれない．

27.1.3 われわれが特性関数 v(S) および v′(S) から始めるとき，戦略上同等の概念は (27:2) のみにその基礎を置きうる．すなわち，(27:1) はその結果として生じてくる (336ページの脚注21) を参照せよ)．しかしながら，われわれはここで1つの特性関数 v(S) のみから始め，それに戦略上同等であるすべての可能な v′(S) を観察することにしよう．——それは，その中から代表 v̄(S) を選び出すためである．それゆえ，われわれが用いてもよいのはどの体系 $\alpha_1^0, \cdots, \alpha_n^0$ なのか，すなわち ((27:2) を用いた場合には) これらの体系を用いれば，v(S) が特性関数であるという事実から，v′(S) についても同じ事実 (すなわち特性関数であること) がともなわれるのかが問題として生じてくる．その答えは，われわれがこれまでに述べてきたことおよび直接的な証明によって直ちにわかる．すなわち，(27:1) がその必要十分条件なのである[22]．

---

[22] この細かな議論はペダンティックに思えるかもしれない．われわれは，ただ2つの特性関数 v(S) および v′(S) から始めたときには，(27:1) は余分なものであるが，1つの特性関数のみから

したがって，われわれは代表 $\bar{v}(S)$ を求める際に n 個の不確定な量 $\alpha_1^0, \cdots, \alpha_n^0$ を意のままに扱えるが，実際は $\alpha_1^0, \cdots, \alpha_n^0$ は1つの制限（27:1）にしたがっており，それゆえ $(n-1)$ 個の自由なパラメーターを意のままに扱えることになる．

27.1.4 それゆえ，われわれは所望する代表 $\bar{v}(S)$ を $(n-1)$ 個の条件にしたがわせうると考えてよいであろう．このようにして，

(27:3)　　$\bar{v}(\{1\}) = \bar{v}(\{2\}) = \cdots = \bar{v}(\{n\})$[23)]

なる等式を選ぶ．すなわち，すべてのプレイヤーの1人提携——つまりどのプレイヤーも自分だけ取り残された場合である——は，同じ値をもたねばならないとする．

われわれは (27:2) を (27:3) に代入し，これを (27:1) と合わせることにより，$\alpha_1^0, \cdots, \alpha_n^0$ に関するすべての条件を定式化できるであろう．それゆえ：

(27:1*)　　$\displaystyle\sum_{k=1}^{n} \alpha_k^0 = 0,$

(27:2*)　　$v(\{1\}) + \alpha_1^0 = v(\{2\}) + \alpha_2^0 = \cdots = v(\{n\}) + \alpha_n^0$

が得られる．これらの方程式の体系を解けば，正確に1つの $\alpha_1^0, \cdots, \alpha_n^0$ の体系が得られる．すなわち，

(27:4)　　$\displaystyle\alpha_k^0 = -v(\{k\}) + \frac{1}{n}\sum_{j=1}^{n} v(\{j\})$[24)]

である．

それゆえ，次のようにいえる：

(27:A)　　われわれは，特性関数 $v(S)$ が (27:3) を満たせば，そしてそのときにのみ，それは縮約されたという．そうすれば，すべての特性関数

始めたときには，(27:1) が必要になることを明らかにしただけである．
[23)] これらが n 個ではなく $(n-1)$ 個の等式であることを注意せよ．
[24)] 証明：(27:2*) の n 項の値を β と表す．そうすれば，(27:2*) は $\alpha_k^0 = -v(\{k\}) + \beta$ となり，それゆえ (27:1*) は，

$$n\beta - \sum_{k=1}^{n} v(\{k\}) = 0; \quad \text{すなわち}, \beta = \frac{1}{n}\sum_{k=1}^{n} v(\{k\})$$

となる．

$v(S)$ は正確に1つの縮約された $\bar{v}(S)$ と戦略上同等になる．この $\bar{v}(S)$ は，公式 (27:2) および (27:4) から与えられ，われわれはそれを $v(S)$ の縮約形とよぶ.

この縮約された関数が，われわれの求めていた代表となるであろう.

27.2 不等式．数量 γ

27.2 縮約された特性関数 $\bar{v}(S)$ を考えよう．(27:3) の n 項の値を $-\gamma$ と表す，すなわち,

(27:5)　$-\gamma = \bar{v}(\{1\}) = \bar{v}(\{2\}) = \cdots = \bar{v}(\{n\})$

である．(27:5) を次のように述べることもできる：

(27:5*)　すべての1要素集合 S に関して，$\bar{v}(S) = -\gamma$

25.3.1 の (25:3:b) と結びつけることにより，(27:5*) は，

(27:5**)　すべての $(n-1)$ 要素集合 S に関して，$\bar{v}(S) = \gamma$

と変形される．

ここで (27:5), (27:5*), (27:5**) はどれも——γ を定義した以外は——(27:3) の言い換え，すなわち縮約された $\bar{v}(S)$ の特質にすぎないことを再度強調しておく．

さて，**25.4.1** の (25:6) を1要素集合 $S_1 = \{1\}, \cdots, S_n = \{n\}$ に適用しよう．(よって $p = n$ である．) そうすれば，(27:5) により $-n\gamma \leq 0$，すなわち：

(27:6)　$\gamma \geq 0$

となる．

ついで I の任意の部分集合 S を考え，p をその要素の数とする．すなわち，$S = \{k_1, \cdots, k_p\}$ である．ここで **25.4.1** の (25:5) を1要素集合 $S_1 = \{k_1\}, \cdots, S_p = \{k_p\}$ に適用すれば，(27:5) により,

$$\bar{v}(S) \geq -p\gamma$$

となる．また $(n-p)$ 個の要素をもつ $-S$ にも適用すれば，**25.3.1** の (25:3:b) により，上述の不等式は今度は，

$$-\bar{v}(S) \geq -(n-p)\gamma; \quad \text{すなわち}, \bar{v}(S) \leq (n-p)\gamma$$

となる．2つの不等式を結びつけることにより，

(27:7)　すべての p 要素集合 S に関して，$-p\gamma \leq \bar{v}(S) \leq (n-p)\gamma$

となる．

(27:5*) と $\bar{v}(\ominus) = 0$（すなわち **25.3.1** の (25:3:a)）は，次のように定式化される：

(27:7*)　$p = 0, 1$ に関しては，(27:7) の左の不等号は $=$ になる．

(27:5**) と $\bar{v}(I) = 0$（すなわち **25.4.1** の (25:4)）は，次のように定式化される：

(27:7**)　$p = n-1, n$ に関しては，(27:7) の右の不等号は $=$ になる．

27.3　非本質性と本質性

27.3.1　これらの不等式を分析するにあたって，ここで2つの場合を区別しておくのがよいであろう．

この区別とは，(27:6) にもとづくものである：

第1の場合：$\gamma = 0$．この場合には，(27:7) によりすべての S に対して $\bar{v}(S) = 0$ となる．これはまったくつまらない場合であり，明らかにこれ以上の可能性はない．この場合には，提携が戦略をとる誘因もないし，対立や競争もおきない．すなわちどのような提携を結んでも利点はないので，各プレイヤーは独立にプレイするのである．実際どのプレイヤーも，他のプレイヤーの行動の如何にかかわらず独力で量ゼロを獲得でき，どの提携においてもそのすべてのメンバーはゼロ以上は獲得できない．したがって，明らかにこのゲームのプレイの値はすべてのプレイヤーに対してゼロである．

もし一般的な特性関数がそのような $\bar{v}(S)$ と戦略上同等ならば——すなわちその縮約形が $\bar{v}(S) \equiv 0$ ならば——プレイヤー k に関して α_k^0 変化しただけの同じ状態が生じる．この特性関数 $v(S)$ をもつゲーム Γ のプレイにより，プレ

イヤー k の値は明らかに α_k^0 となる．すなわち，彼は他のプレイヤーの行動の如何にかかわらず独力でもこの値を獲得でき，どのような提携によっても全体としてより良くなることはまったくない．

このような縮約形 $\bar{v}(S) \equiv 0$ をもつ特性関数 $v(S)$ からなるゲーム Γ を非本質的ゲームとよぶ[25]．

27.3.2 第 2 の場合：$\gamma > 0$．単位を変更することにより[26]，$\gamma = 1$ とできる[27]．これによって，ゲームの戦略的に重要な面に影響を及ぼさないことは明らかであり，このようにするのがまったく好都合なこともときにはある．しかし，ここではそうはしないものとする．

とにかく，この場合にはプレイヤーには提携を形成したいと思う十分な理由がある．1人だけ取り残されたプレイヤーは，すべて γ となる量を失う（すなわち $-\gamma$ を得る．(27:5*) または (27:7*) を参照せよ）が，協力した $(n-1)$ 人のプレイヤーは，すべて全体で γ なる量を獲得する（すなわち彼らの提携は γ を得る．(27:5*) または (27:7*) を参照せよ）[28]．

したがって，提携の適切な戦略がここで非常に重要となる．

われわれは，その特性関数 $v(S)$ が $\bar{v}(S) \equiv 0$ とならないような縮約形 $\bar{v}(S)$ をもつようなゲーム Γ を本質的ゲームとよぶ[29]．

27.4 種々の規準．非加法的効用

27.4.1 特性関数 $v(S)$ が与えられたときに，われわれはその縮約形 $\bar{v}(S)$ の γ に関する式を明確にしておきたい（上述を参照せよ）．

---

[25] これが（ゼロ和 3 人ゲームの特別な場合に対し）**23.1.3** において非本質的という言葉に与えられた意味と一致することは，**27.4.1** の最後にわかるであろう．

[26] 支払いが行われるので，貨幣的な単位を意味する．より広い意味では，効用の単位としてもよい．**2.1.1** を参照せよ．

[27] これは，$\gamma = 0$ である第 1 の場合においては不可能であった．

[28] もちろんこれがすべてではない．希望する価値のある他の——1 人より多く $(n-1)$ 人より少ないプレイヤーからなる——提携も存在するかもしれない．（もしこれがおこれば，$n-1$ は 1 より 1 を超えて大きくなければならない——すなわち $n \geq 4$ でなければならない．）このことは，1 より大きく $(n-1)$ より小さい要素をもつ集合 S の $\bar{v}(S)$ に依存する．しかし，これらの提携の役割を正確に評価できるのは完全なくわしいゲーム理論だけである．

ここでの目的——すなわちこの状況のもとで提携の重要性を打ち立てること——のためだけならば，上述のように，孤立したプレイヤーと（対立するプレイヤーの存在する中で最も大きな提携である）$(n-1)$ 人のプレイヤーの提携を比較するだけで十分である．

[29] 341 ページの脚注 25) を再度参照せよ．

まず，$-\gamma$ は $\bar{v}(\{k\})$，すなわち $v(\{k\}) + \alpha_k^0$ の共通の値であり，(27:4) により $\dfrac{1}{n}\displaystyle\sum_{j=1}^{n} v(\{j\})$ となる[30]．したがって，

(27:8) $\quad \gamma = -\dfrac{1}{n}\displaystyle\sum_{j=1}^{n} v(\{j\})$

である．それゆえ，結局次のようになる：

(27:B) ゲーム Γ は

$$\sum_{j=1}^{n} v(\{j\}) = 0 \quad (\text{すなわち } \gamma = 0)$$

ならば，そしてそのときのみ，非本質的であり，

$$\sum_{j=1}^{n} v(\{j\}) < 0 \quad (\text{すなわち } \gamma > 0)$$

ならば，そしてそのときのみ本質的である[31]．

ゼロ和 3 人ゲームに関しては，**23.1** の記号を用いれば $v(\{1\}) = -a$, $v(\{2\}) = -b$, $v(\{3\}) = -c$, それゆえ $\gamma = \dfrac{1}{3}\Delta$ となる．したがって，ここでの本質的および非本質的の概念を特殊化したものがゼロ和 3 人ゲームにおける **23.1.3** の概念である．両方の場合において，これらの概念の解釈を考えた際にこのことが期待されていた．

27.4.2 他にもいくつか非本質性の規準を定式化することができる：

(27:C) ゲーム Γ は，その特性関数 $v(S)$ が次のような形で与えられれば，そしてそのときにのみ，非本質的となる：適当な体系 $\alpha_1^0, \cdots, \alpha_n^0$ に関して，

$$v(S) \equiv \sum_{k \in S} \alpha_k^0$$

---

[30] それゆえ，$-\gamma$ は 338 ページ脚注 24) の β である．
[31] $\gamma \geq 0$ であると同様 $\displaystyle\sum_{j=1}^{n} v(\{j\}) \leq 0$ であるので，どちらか一方が必ず生じることはすでにわかっている．

証明：実際，このことは (27:2) により $v(S)$ が $\bar{v}(S) \equiv 0$ と戦略上同等であることを正確に示している．この $\bar{v}(S)$ は縮約されたものであるので $v(S)$ の縮約形となる――そしてこれは非本質性を意味している．

(27:D)　ゲーム Γ は，その特性関数 $v(S)$ が常に **25.3.1** の (25:3:C) において等号 $=$ を成り立たせれば，すなわち，

$$\text{もし } S \cap T = \ominus \text{ならば，} v(S \cup T) = v(S) + v(T)$$

となれば，そしてそのときにのみ非本質的となる．

証明：必要性：上の (27:C) の形で与えられた $v(S)$ は，明らかにこの性質を満たしている．

十分性：この等式をくり返し用いることにより，**25.4.1** の (25:5) において等号が成り立つ．すなわち，

$$v(S_1 \cup \cdots \cup S_p) = v(S_1) + \cdots + v(S_p)$$

$$\text{もし } S_1, \cdots, S_p \text{が相互に分離されたものならばとなる．}$$

任意の S，例えば $S = \{k_1, \cdots, k_p\}$ を考えよう．そうすれば，$S_1 = \{k_1\}, \cdots, S_p = \{k_p\}$ により，

$$v(S) = v(\{k_1\}) + \cdots + v(\{k_p\})$$

となり，したがって，

$$v(S) = \sum_{k \in S} \alpha_k^0$$

ただし，$\alpha_1^0 = v(\{1\}), \cdots, \alpha_n^0 = v(\{n\})$ となる．それゆえ，(27:C) により Γ は非本質的である．

27.4.3　(27:C) および (27:D) の規準は共に，すべての提携の値がその構成員の値を加えることにより得られることを表している[32]．経済学の文献において，値の加法性，いやむしろその頻繁なる欠如がどのような役割を果たしてきたかが思い出されるであろう．その中でも，値が一般に加法的でない場合は最も重要であった，しかし，それはすべての理論的なアプローチに非常に重

---

[32] (提携 S の)「値」という語を $v(S)$ の量として用いていることが読者には理解されよう．

要な困難を与えていた．そして，これらの困難はいまだに克服されていないといえるであろう．この点に関連して，補完的関係，総合価値，配分などのような概念についての議論を思いおこさねばならない．われわれは，いまやわれわれの理論において，これに対応する局面に立ち入っているのであり，加法性は興味のない（非本質的な）場合にのみ成り立ち，真に重要な（本質的な）ゲームは，非加法的な特性関数をもつことを見出したのは意義深いことなのである[33]．

数学の測度論にくわしい読者は，さらに次のようなことにも気づくであろう．加法的な——すなわち非本質的ゲームにおける——$v(S)$ は正確に I の測度関数であり，I に合計測度ゼロを与える．したがって，一般の特性関数 $v(S)$ は測度の概念の新しい一般化となる．この注意は，深い意味で経済的価値に関連する先の注意に結びついている．しかし，この問題をさらに探求することはあまりにも困難であり不可能である[34]．

27.5 本質的な場合における不等式

27.5.1 27.2 の不等式，特に (27:7), (27:7*), (27:7**) にもどろう．$\gamma = 0$（非本質的な場合）に関しては，すべてのことがまったく明らかである．それゆえ $\gamma > 0$（本質的な場合）と仮定する．

さて，(27:7), (27:7*), (27:7**) は $\bar{v}(S)$ に関して，S のすべての要素の数 p に対する可能な値の範囲を定める．この範囲は $p = 0, 1, 2, \cdots, n-2, n-1, n$ の各々に対して，図 50 に図示されている．

以上の注意を付け加えることができる：

27.5.2 第 1 に：本質的ゲーム——すなわち $\gamma > 0$ のとき——においては，必ず $n \geq 3$ となることがわかるであろう．さもなければ，公式 (27:7), (27:7*), (27:7**)——またはそれらの内容を表す図 50——は，対立を生じる．すなわち，$n = 1$ または 2 に対しては $(n-1)$ 要素集合 S は 0 または 1 個の要素をもち，したがって $\bar{v}(S)$ は一方では γ となり，他方では 0 または $-\gamma$

---

[33] もちろん，ここではこの問題の 1 つの特殊な側面にしか関係していない．すなわち，われわれは提携——すなわち協力した行動——の値のみを考えており，経済的な財とかサービスの値については考えてはいないのである．しかし，読者はその特殊化がその外見ほどには到達しがたいものではないことに気づくであろう．すなわち，財およびサービスは，実際にはそれらの交換という経済活動——すなわち協力した行動——を代表しているのである．

[34] 測度論はまた別の関連において再度現れてくる．**41.3.3** を参照せよ．

図 50

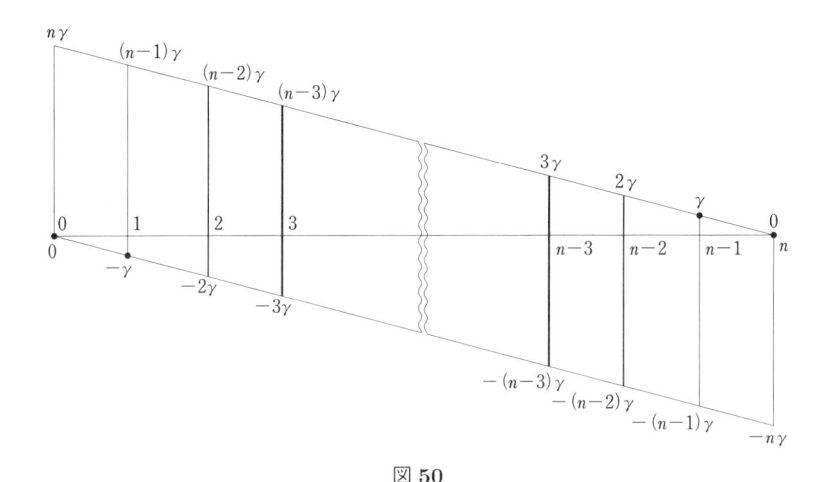

横座標：S の要素の数 p.
$0, -\gamma, \gamma, 0$ における点または太線：各 p に対応する S に関する $\bar{v}(S)$ の値の範囲.

とならねばならず，それは不可能なのである[35]．

第 2 に：本質的ゲームにおいて考えられる参加者の数が最小の場合，すなわち $n = 3$ の場合には，公式 (27:7), (27:7*), (27:7**) ——または図 50 ——によりすべてが決定される．すなわち，$0, 1, n-1, n$ 要素集合に関する $\bar{v}(S)$ の値がそれらによって述べられ，しかも $n = 3$ の場合におこりうるすべての要素の数は $0, 1, 2, 3$ なのである．(341 ページ脚注 28) の注意もまた参照せよ．) これは **23.1.3** で見出された事実とも一致しており，それによれば，本質的ゼロ和 3 人ゲームにはただ 1 つのタイプしか存在していないのである．

第 3 に：それ以上の参加者の数，すなわち $n \geq 4$ の場合には，問題は新しい様相を帯びてくる．公式 (27:7), (27:7*), (27:7**) ——または図 50——が示すように，集合 S の要素の数 p はこの場合には $0, 1, n-1, n$ 以外の値をとりうるのである．すなわち，ここでは区間

(27:9)　　$2 \leq p \leq n-2$

---

[35] もちろん，ゼロ和 1 人ゲームにおいてはまったく何もおこらず，ゼロ和 2 人ゲームにおいてはまったく提携の現れない理論を得ている．したがって，これらのすべての場合においては非本質性が当然予期される．

の値をとりうるようになるのである[36]．この区間においては，上述の公式はもはや $\bar{v}(S)$ の値を一意に決定することはできず，その代わりに区間

(27:7)　　$-p\gamma \leq \bar{v}(S) \leq (n-p)\gamma$

を決定できるだけとなる．そして，この長さはすべての p に対して $n\gamma$ である（再度図50を参照せよ）．

27.5.3　この点に関して，区間（27:7）の全体が本当に有効であるのか——すなわち，$\bar{v}(S)$ に関するいくつかの新しい念入りな考察により，さらにこの区間は狭められないのか——という問題が生じてくるかもしれない．答えは：否である．（すなわち狭められないのである．）実際 $n \geq 4$ なるすべての n に対して，(27:9) の各 p について $\bar{v}(S)$ が適当な p 要素集合 S をとれば，$-p\gamma$ および $(n-p)\gamma$ の両方の値をとるような1つのゲーム Γ_p を定義することができる．ここではこれ以上くわしくは述べなくても，この問題については十分であろう．

　要約すれば：ゲーム理論の真の分岐は，$n \geq 4$ の場合にはじめて現れる．（同じ考えがくわしく述べられていた341ページの脚注28) を参照せよ．）

27.6　特性関数についてのベクトル演算

27.6.1　本節を終わるにあたって，より形式的な性質についていくつか注意しておくのがよいであろう．

　特性関数 $v(S)$ を表す **25.3.1** の条件 (25:3:a)-(25:3:c) はあるベクトル的な性質をもっている．すなわち，**16.2.1** で定義されたスカラー積，ベクトル加法というベクトル演算に類似した演算が許される．より正確に述べよう：

　スカラー積：定数 $t \geq 0$ と特性関数 $v(S)$ が与えられれば，$tv(S) \equiv u(S)$ もまた特性関数となる．ベクトル加法：2つの特性関数 $v(S)$, $w(S)$ が与えられれば[37]，$v(S) + w(S) \equiv z(S)$ もまた特性関数となる．それに相当する **16.2** の定義と異なっているのは，$t \geq 0$ としなければならない点だけである[38][39]．

---

[36] それは $(n-3)$ 個の要素をもっており，$n \geq 4$ となるやいなやこの数は正となる．
[37] ここではすべてが同じ n および同じプレイヤーの集合

$$I = \{1, 2, \cdots, n\}$$

について述べているものでなければならない．

27.6.2 上で定義された2つの演算には直接的実用的な説明がなされる：

スカラー積：もし $t = 0$ であれば $\mathrm{u}(S) \equiv 0$，すなわち **27.3.1** の問題のないゲームとなる．それゆえ $t > 0$ としてよいであろう．この場合には，この演算は結局効用の単位の変更，すなわち因数 t を乗じたものとなる．

ベクトル加法：これは $\mathrm{v}(S)$ および $\mathrm{w}(S)$ に対応するゲームの重ね合わせに相当する．同じプレイヤー $1, 2, \cdots, n$ が2つのゲームを同時に，しかし独立にプレイすることが想像されるであろう．すなわち，ルールに関するかぎり，一方のゲームのどの手番も他方のゲームには影響を及ぼさないと考えられる．この場合には，結合されたゲームの特性関数は，明らかにそれを構成する2つのゲームの特性関数の和となる[40]．

27.6.3 われわれは，これらの演算，すなわちこれらがゲームの戦略上の状況に与える影響については体系だてて研究することはしない．しかしながら，この問題について——徹底的に行うわけではないが——いくつかの注意をしておくのも役に立つであろう．

まずスカラー積とベクトル加法の演算の結合も，またここで直ちに説明できることがわかる．したがって，特性関数

(27:10)　　$\mathrm{z}(S) \equiv t\mathrm{v}(S) + s\mathrm{w}(S)$

は，最初から効用の単位がそれぞれ t 倍および s 倍されている $\mathrm{v}(S)$ および $\mathrm{w}(S)$ の重ね合わせによって生じるゲームに属することになる．

もし $s = 1 - t$ ならば，(27:10) は **16.2.1** の (16:A:c) の意味における重心の形成となる．

35.3.4（特に 415 ページ以下の脚注 25)）の議論により，この一見基本的にみ

---

[38] 実際，$t < 0$ とすれば **25.3.1** の (25:3:c) は成り立たなくなる．もとの $\mathcal{H}_k(\tau_1, \cdots, \tau_n)$ に $t < 0$ を乗ずることは，まったく可能であることに注意しよう．$t = -1$ を乗ずること，すなわち符号の変更を考えるのが最も簡単である．しかし，$\mathcal{H}_k(\tau_1, \cdots, \tau_n)$ の符号の変更は $\mathrm{v}(S)$ の符号の変更にはまったく対応しない．利得と損失が逆転すれば，戦略上の考えは非常に複雑な方法で修正されるので，常識からいっても上記のことは明らかに違いない．（この逆転とその結果のいくつかはチェスのプレイヤーのよく知るところである．）この主張を形式的に強固なものにするためには，**25.1.3** の定義をみればよいであろう．

[39] このスカラー積を満たすベクトル空間は，ときには正のベクトル空間とよばれることもある．この体系だった理論に立ち入る必要はわれわれにはないであろう．

[40] これは直観的に明らかに違いない．**25.1.3** を用いて厳密に証明するのも，記号が少々厄介ではあるが実際には困難ではない．

える演算でさえも，戦略に関して非常に複雑な結果をもたらしうることが明らかになるであろう．

次に，われわれの演算が戦略において何の結果ももたらしえないような場合もいくつかあることがわかる．

第1に，$t > 0$ のみによるスカラー積は単位を変えるだけであり，そのような結果はもたらさない．

第2に――これは重要な意味をもつが――，27.1で議論した戦略上同等性は1つの重ね合わせとなる．すなわち，v(S) のゲームから戦略上同等な v'(S) のゲームへ移行するには，前者に非本質的ゲームを重ね合わせればよいのである[41]．(**27.1.1**の(27:1)および(27:2)，非本質性に関しては**27.3.1**および**27.4.2**の(27:C)を参照せよ．)われわれは，これを次のように表現してよいであろう．非本質的ゲームとは，提携が何の役割も果たさないようなゲームであることは知っている．そのようなゲームを他のゲームに重ね合わせても，その戦略上同等性を妨げることはない．すなわち，それによってもゲームの戦略的な構造は影響を受けない．

28 群，対称性および公平

28.1 置換，その群とゲームに対する影響

28.1.1 ここで n 人ゲーム Γ における対称性の役割，より一般的にいえば，プレイヤー $1, \cdots, n$――すなわちその番号――を取り替えることの影響を考えてみよう．これは，もちろんゼロ和2人ゲームについて**17.11**で行った研究に対応しそれを拡張したものとなっている．

以下の分析は主として $n = 2$ に関して**17.11**でとったステップのくり返しから始まる．しかし，記号 $1, \cdots, n$ の取り替えは一般の n に関しては $n = 2$ に関するよりも多くの可能性を有するので，それについて少々より体系だてて議論を進めねばならない．

n 個の記号 $1, \cdots, n$ を考え，これらの記号の任意の置換 P をつくる．P は

---

[41] 特性関数 $w(S) \equiv \sum_{k \in S} \alpha_k^0$ ならば，上述の記号において，

$$v'(S) \equiv v(S) + w(S)$$

である．

すべての $i = 1, \cdots, n$ に関して，それが P によってどの i^P （これもまた $= 1, \cdots, n$ である）に変わるかを述べることにより表される．それゆえ，われわれは，

(28:1)　　$P : i \to i^P,$

または，完全に数え上げることにより：

(28:2)　　$P : \begin{pmatrix} 1, & 2, & \cdots, & n \\ 1^P, & 2^P, & \cdots, & n^P \end{pmatrix}$

と書く[42]．

置換の中で，いくつか特別に述べておくべきものがある：

(28:A:a)　すべての $i\,(=1,\cdots,n)$ をまったく変えないような恒等置換 I_n：

$$i \to i^{I_n} = i.$$

(28:A:b)　2 つの置換 P, Q が与えられたときに，まず P を行い，ついで Q を行う 2 つの置換の積 PQ：

$$i \to i^{PQ} = (i^P)^Q.$$

可能なすべての置換の数は n の階乗，

$$n! = 1, 2, \cdots, n$$

であり，それらの全体は置換の対称群 $\sum_n$ をつくる．次の 2 つの条件：

(28:A:a*)　I_n は G に属する．
(28:A:b*)　もし P, Q が G に属していれば，PQ も G に属する．

を満たすような $\sum_n$ の任意の部分体系 G を置換の群という[43]．

---

[42] したがって，$n = 2$ に関しては，2 つの要素 1, 2 の取り替えは置換 $\begin{pmatrix} 1, 2 \\ 2, 1 \end{pmatrix}$ となる．恒等置換（以下を参照せよ）は $I_n = \begin{pmatrix} 1, 2, \cdots, n \\ 1, 2, \cdots, n \end{pmatrix}$ である．

[43] 群についての重要かつ広大な理論については L. C. Mathewson, *Elementary Theory of Finite Groups*, Boston, 1930; W. Burnside, *Theory of Groups of Finite Order*, 2nd Ed., Cambridge, 1911; A. Speiser, *Theorie der Gruppen von endlicher Ordnung*, 3rd Edit.,

置換 P により，$I = \{1, \cdots, n\}$ のすべての部分集合 S は他の部分集合 S^P に変えられる[44]．

28.1.2 これらの一般的でしかも予備的な注意の後に，この概念を任意の n 人ゲーム Γ に適用しよう．

Γ のプレイヤーを表す記号 $1, \cdots, n$ に置換 P を施そう．すなわち，プレイヤー $k = 1, \cdots, n$ を k の代わりに k^P により表そう．これにより，ゲーム Γ は他のゲーム Γ^P に変形される．Γ を Γ^P に置き換えることにより，次の2点においてその影響が現れるに違いない：まず，プレイの過程におけるプレイヤーの行動に対する影響である．——すなわち，各プレイヤーが選択する変数 τ_k の添数 k において影響が生じる．他の1つは，プレイヤーに対するプレイの結果における影響である．——すなわち，この結果を表す関数 $\mathcal{H}_k$ の添数 k において影響が生じる[45]．それゆえ，Γ^P は再度標準形であり，関数 $\mathcal{H}_k^P(\tau_1, \cdots, \tau_n)$, $k = 1, \cdots, n$ をもつ．$\mathcal{H}_k(\tau_1, \cdots, \tau_n)$ を用いて $\mathcal{H}_k^P(\tau_1, \cdots, \tau_n)$ を表す際に：Γ においてはプレイヤー k は $\mathcal{H}_k$ をもつが，Γ^P においてはこのプレイヤーは k^P であり，それゆえ $\mathcal{H}_{k^P}^P$ をもつことを忘れてはならない．もし変数 $\tau_1, \cdots, \tau_n$ をもつ $\mathcal{H}_{k^P}^P$ をつくるならば，Γ^P において k と表されるプレイヤーが変数 τ_k を選択するときのゲーム Γ^P の結果を表すことになる．それゆえ，Γ^P においては k^P となる Γ におけるプレイヤー k は τ_{k^P} を選び，$\mathcal{H}_k$ における変数は $\tau_{1^P}, \cdots, \tau_{n^P}$ とならねばならない．したがって：

(28:3) $\quad \mathcal{H}_{k^P}^P(\tau_1, \cdots, \tau_n) \equiv \mathcal{H}_k(\tau_{1^P}, \cdots, \tau_{n^P})$

である[46][47]．

Berlin, 1937 を比較せよ．

われわれは群論について，どのような結果も概念も必要とはしないが，この分野をより深く研究したいと望む読者のためにのみ，上の文献を挙げておく．

われわれは説明を複雑な群論と結びつけるつもりはないが，次の理由により，その基本的な用語をいくつか導入しておく．その理由とは，対称性の性質および構造を真に理解するためには，（少なくとも）群論の基本に少し習熟していなければならないということである．この方向にそって進みたいと思う読者に，正確な術語を用いることにより，慣れてもらいたいとわれわれは思う．

対称性と群論の関係をよりくわしく説明したものとしては，H. Weyl, "Symmetry," *Journ. Washington Acad. of Sciences*, Vol.XXVIII (1938), pp.253ff. がある．

[44] もし $S = \{k_1, \cdots, k_p\}$ ならば，$S^P = \{k_1^P, \cdots, k_p^P\}$ となる．

[45] 153 ページの脚注 50) における $n = 2$ の場合の類似の状況を参照せよ．

[46] 読者は，関数 $\mathcal{H}$ 自身の添字 k に対する上添字 P は左辺に現れ，変数 τ_k の添字 k に対する上添字 P は右辺に現れていることに気づくであろう．これが正しい配列であり，(28:3) の前の議論が

Γ と Γ^P の特性関数を各々 $\mathrm{v}(S)$, $\mathrm{v}^P(S)$ と表す. Γ^P において集合 S^P をつくるプレイヤーは, Γ において集合 S をつくるプレイヤーと同一であるから,

(28:4) すべての S に関して, $\mathrm{v}^P(S^P) \equiv \mathrm{v}(S)$

となる[48].

28.1.3 もし (ある P に対して) Γ が Γ^P と一致すれば, Γ は P に関して不変的または対称的という. (28:3) により, これは,

(28:5) $\quad \mathcal{H}_{k^P}(\tau_1, \cdots, \tau_n) \equiv \mathcal{H}_k(\tau_{1^P}, \cdots, \tau_{n^P})$

によって表される. これが成り立てば, (28:4) は,

(28:6) すべての S に関して, $\mathrm{v}(S^P) \equiv \mathrm{v}(S)$

となる.

任意に Γ を与えたときに, それに関して Γ が対称的であるようなすべての P の体系 G_Γ をつくることができる. 先に述べた (28:A:a), (28:A:b) から, 恒等置換 I_n が G_Γ に属し, しかも P, Q が G_Γ に属せば, その積 PQ も G_Γ に属することは明らかである. それゆえ, G_Γ は先の (28:A:a*), (28:A:b*) により 1 つの群となる. われわれは G_Γ を Γ の不変群とよぶ.

(28:6) がここで次のように述べられることに注意しよう:

そのために必要であった.

この点を限りなく明確にとらえておくことは, 次の点で重要となる. すなわち, もしそうでないとすれば, 上添字 P と Q を (この順序で) Γ に連続して適用することが, 上添字 PQ を (単一に) Γ に適用することと同じ結果をもたらすということに確信をもちえなくなるのである. 読者には, この証明は置換の計算を扱うよい練習問題となるであろう.

$n = 2$, $P = \begin{pmatrix} 1, 2 \\ 2, 1 \end{pmatrix}$ の場合には, P をどちらの側に適用しても同じ結果が生じる. したがって, この点について完璧にしておく必要はない. 153 ページの脚注 50) を参照せよ.

[47] ゼロ和 2 人ゲームにおいては, $\mathcal{H} \equiv \mathcal{H}_1 \equiv -\mathcal{H}_2$ であり, 同様に $\mathcal{H}^P \equiv \mathcal{H}_1^P \equiv -\mathcal{H}_2^P$ である. したがってこの場合には (上記の $n = 2$ および $P = \begin{pmatrix} 1, 2 \\ 2, 1 \end{pmatrix}$ を参照せよ), (28:3) は $\mathcal{H}^P(\tau_1, \tau_2) \equiv -\mathcal{H}(\tau_2, \tau_1)$ となる. これは **14.6** および **17.11.2** の公式に一致している.

しかし, これはゼロ和 2 人ゲームにおいてのみ用いることのできる簡単化であり, 他のすべての場合においては一般的な公式 (28:3) のみに頼らねばならない.

[48] この証明としては, **25.1.3** の公式にもとづく計算によるものより概念的なもののほうがより明確で簡単である. しかし計算による証明も困難であるというわけではない, ただ記号がより多くなるにすぎない.

(28:7) もし G_Γ の中に，$S^P = T$ となる，すなわち S を T に移す P が存在すれば，$\mathrm{v}(S) = \mathrm{v}(T)$．

G_Γ のサイズ——すなわちその要素の数——は，Γ が「どの程度対称的であるか」を測るある種の尺度となる．もし（恒等置換 I_n を除く）すべての置換 P が Γ を変えれば，G_Γ は I_n のみからなることになる．——すなわち Γ は全体的非対称である．もしどの置換 P も Γ を変えなければ，G_Γ はすべての P からなる，すなわちそれは対称群 $\sum_n$ となる．——Γ は全体的対称である．もちろん，この両極端の間に多くの中間的な場合が存在し，Γ の対称性（もしくはその欠如）の正確な構造は群 G_Γ によって明らかにされる．

28.1.4 (28:7) の後の条件は，S と T が同じ数の要素をもつことを示している．しかし，もし G_Γ が十分小さければ，すなわち Γ が十分に非対称的であれば，逆は必ずしも成り立たない．それゆえ，この逆が許されるような，すなわち次が成り立つような群 $G = G_\Gamma$ を考えるのは，興味深いことである：

(28:8) もし S, T が同じ数の要素をもてば，G の中に $S^P = T$ となる——すなわち S を T に移す——ような P が存在する．

G が対称群 $\sum_n$ であるときには，すなわち全体的対称な Γ の $G = G_\Gamma = \sum_n$ に対しては，この条件 (28:8) は明らかに満足される．それはまた，より小さなある群，すなわち全体的対称とはならないある Γ に関しても満たされる[49]．

---

[49] $n = 2$ に対しては，$\sum_n$ には恒等置換以外にはただ1つの置換 $\left(p = \begin{pmatrix} 1, 2 \\ 2, 1 \end{pmatrix} \right)$ の先の論及を参照せよ）しか含まれていない．よって，$G = \sum_n$ がただ1つの対称性の可能性となる．

それゆえ，$n \geq 3$ の場合を考え，(28:8) を満たす G を集合転移とよぼう．そうすれば $G \neq \sum_n$ が集合転移となるかどうかという問題が群論的にある興味をよぶが，われわれは本書においてはそれにかかわる必要はない．

それにもかかわらず，群論に興味をもつ読者のために以下のことを述べておこう：

$\sum_n$ の部分群でその半分の要素（すなわち $\frac{1}{2}n!$ 個）をもつものが存在し，交代群 A_n として知られている．この群は群論において非常な重要性をもち，十分に議論されてきた．$n \geq 3$ に対してそれが集合転移となっていることは容易にわかる．

そこで実際の問題は次のようになる：$n \geq 3$ のどれに対して集合転移な群 $G \neq \sum_n ; A_n$ が存在す

28.2 対称性と公平

28.2.1 とにかく，$G = G_\Gamma$ に対して (28:8) が成り立つときには，常に (28:7) から，

(28:9)　$v(S)$ は S の要素の数のみに依存する，と結論できる．

すなわち：

(28:10)　$v(S) = v_p$，
　　　　ただし p は S の要素の数 $(p = 0, 1, \cdots, n)$ である．

となる．

すべての特性関数 $v(S)$ を完全に表している **25.3.1** の条件 (25:3:a)-(25:3:c) を考えよう．(28:10) が成り立つときに，それを v_p によって書き換えることは容易である．書き換えた結果は，

(28:11:a)　$v_0 = 0$
(28:11:b)　$v_{n-p} = -v_p$
(28:11:c)　$p + q \leq n$ に関して，$v_{p+q} \geq v_p + v_q$

である．

27.1.4 の (27:3) が明らかに (28:10) (すなわち (28:9)) の結果として導かれるから，$v(S)$ は自動的に縮約されたものとなる．——$\gamma = -v_1$ である．それゆえ，特に **27.2** の (27:7)，(27:7*)，(27:7**)，すなわち図 50 の条件も成り立つ．

条件 (28:11:c) は，**25.4.2** の (25:A) に用いたのと同様の方法を用いることにより書き直すことができる．

$r = n - p - q$ とおく．そうすれば (28:11:b) により，(28:11:c) は次のよ

るか？
　$n = 3, 4$ に対してはまったく存在しないことは容易に示される．$n = 5, 6$ に対してはそのような群はたしかに存在する．($n = 5$ に対しては 20 個の要素をもつ集合転移な群 G が存在し，一方 $\sum_5$, $\mathcal{A}_5$ は各々 120 個，60 個の要素をもつ．$n = 6$ に対しては 120 個の要素をもつ集合転移な群 G が存在し，一方 $\sum_6$, $\mathcal{A}_6$ は各々 720 個，360 個の要素をもつ．) $n = 7, 8$ に対してはさらにくわしい群論による議論によって，そのような群は存在しないことが示されている．$n = 9$ に対しては問題はまだ解決されていない．$n > 9$ に対してはそのようなグループはまったく存在しないように思われるが，この主張はいまだすべてのこのような n に対して打ち立てられてはいない．

うに述べられる：

(28:11:c*)　もし $p+q+r=n$ ならば，$v_p + v_q + v_r \leq 0$

ここで，(28:11:c*) は p, q, r に関して対称であるから[50]，適当に置換することにより $p \leq q \leq r$ とすることができる．さらに，$p = 0$（したがって $r = n - q$）のときは，(28:11:a)，(28:11:b) から (28:11:c*)（ただし等号 = になるが）が導かれる．したがって $p \neq 0$ と仮定してもよい．それゆえ，$1 \leq p \leq q \leq r$ に対してのみ (28:11:c*) を要求すればよく，(28:11:c) についても同様である．最後に，$r = n - p - q$ であるので，不等式 $q \leq r$ は $p + 2q \leq n$ を意味することを注意しよう．次のようにいい直しておく：

(28:12)　$1 \leq p \leq q$, $p + 2q \leqq n$ となるときにのみ，(28:11:c) を必要とすれば十分である[51]．

28.2.2　特性関数についての性質 (28:10) は対称性によってもたらされたものであるが，この性質自身もまた重要なものである．可能な最も簡単な特別な場合，すなわち $n = 2$ について考えてみれば，それは明らかになるであろう．

実際，$n = 2$ に対しては (28:10) は単に **17.8.1** の v' がゼロとなることを意味する[52]．これは，**17.11.2** の用語でいえばゲームが公平であることを意味している．この概念を次のように拡張する：n 人ゲーム Γ はその特性関数 $v(S)$ が (28:9) を満たす，すなわちそれが (28:10) の v_p となるときに公平であるという．ここで，**17.11.2** におけると同様にして，対称性の概念において実際に本質的なものは何であるかをこのゲームの公平の概念が具体的に示している．しかし，ゲームの公平の概念——そして同様に全体的対称性の概念——は，個々のすべてのプレイヤーが（うまくプレイしたとしても）個々のプ

---

[50] その主張，仮定の両方において．
[51] これらの不等式は最初の $p + q \leq n$ にかわるものであり，明らかにはるかに強いものである．それらは $3p \leq p + 2q \leq n$ および $1 + 2q \leq p + 2q \leq n$ を意味するので，
$$p \leq \frac{n}{3}, \quad q \leq \frac{n-1}{2}$$
となる．
[52] 定義により，$v' = v(\{1\}) = -v(\{2\})$．$n = 2$ に対しては，((28:10) に同等である) (28:9) のただ 1 つの本質的な主張は $v(\{1\}) = v(\{2\})$ となることである．上記のことにより，これは $v' = -v'$，すなわち $v' = 0$ となることを正確に示している．

レイにおいて同じ運命をたどるかどうかについてそれを示しているとも示していないともいえないのである．$n=2$ についてはこれは成り立ったが，$n \geq 3$ については成り立たない！（前者については **17.11.2** を参照し，後者については 305 ページの脚注 11），12) を参照せよ．）

28.2.3 最後に，**27.2** の (27:7)，(27:7*)，(27:7**)，もしくは図 50 により，すべての縮約ゲームは $n=3$ の場合には対称的であり，それゆえ公平であるが，$n \geq 4$ の場合にはそうはならないことを注意しておこう．（**27.5.2** の議論を参照せよ．）いま，制限のないゼロ和 n 人ゲームは，**27.1** で議論したように，固定された余分の支払い $\alpha_1, \cdots, \alpha_n$ を（それぞれプレイヤー $1, \cdots, n$ に）与えることにより縮約形にできる．したがって，ゼロ和 3 人ゲームの不公平——すなわち，その非対称性において何が実際に影響しているか——は，この $\alpha_1, \alpha_2, \alpha_3$，すなわち固定された明確な支払いにより完全に表される．（**22.3.4** の「基本値」a', b', c' もまた参照せよ．）しかし，$n \geq 4$ なるゼロ和 n 人ゲームにおいては，その縮約形が必ずしも公平になるとは限らないので，上記のようなことは常に可能であるとはもはやいえない．すなわち，そのようなゲームにおいては，プレイヤーの戦略上の立場の間により一層基本的な相違があり，それは $\alpha_1, \cdots, \alpha_n$——すなわち固定された明確な支払い——によっては表しえないのである．これは，第 7 章において議論を進めるにつれ，十分明らかになるであろう．同じ点に関連して，341 ページの脚注 28) を思い出すのも役立つであろう．

29 ゼロ和 3 人ゲームの再考

29.1 性質上の議論

29.1.1 われわれはいまや中心となる企てにとりかかる準備を終わった：その企てとは，ゼロ和 n 人ゲームの理論の原理を定式化することであり[53]，先の諸節で定義した特性関数 v(S) は，この操作のために必要な道具を提供する．

われわれは前と同じ方法をとるであろう：まず，より研究を進めるための基

---

[53] もちろん一般 n 人ゲームが依然として残っている，しかし，それはゼロ和ゲームの助けを借りて解決できるであろう．最も重要なステップは現在とりかかっているもの，すなわちゼロ和 n 人ゲームへの移行である．

礎として役立つ特別な場合を選ばねばならない．そして，これはすでに解決されてはいるが，一般の場合の特徴も十分に有していると考えられるものとなるであろう．この特別な場合において見出された（部分的な）解を分析することにより，一般の場合を支配するルールを明らかにしようと試みるであろう．**4.3.3** および **25.2.2** において述べたことにしたがえば，ゼロ和3人ゲームをこの問題の特別な場合とするのが妥当であるに違いない．

29.1.2 それゆえ，ゼロ和3人ゲームについて現在の解を得るまでの議論を再考しよう．明らかに，本質的な場合に関心が向く．われわれはここでそれを縮約形で考えてもよく，しかも $\gamma = 1$ としてもよいことを知っている[54]．この場合の特性関数は，**27.5.2** の第2の場合で議論したように，次のように完全に決定されている：

$$(29:1) \quad S \text{ が } \begin{cases} 0 \\ 1 \\ 2 \\ 3 \end{cases} \text{個の要素をもつときに，} v(S) = \begin{cases} 0 \\ -1 \\ 1 \\ 0 \end{cases} \text{[55]}$$

このゲームにおいては，（2人の）提携が形成されればそれによってすべてが決定されることを知った．そしてわれわれの議論[56]により，次の主要な結果がもたらされた：

3つの提携が形成され，それにより3人のプレイヤーは図51の結果をもってプレイを終了するであろう：

この「解」については説明が必要であり，特に次の注意がなされる[57]：

29.1.3

(29:A:a)　上述の3つの分配は，ゲームのすべての戦略的可能性に相当して

---

[54] **27.1.4** および **27.3.2** を参照せよ．
[55] **23.1.1** の記号では，これは $a = b = c = 1$ を意味している．ここで言及されている議論の一般的な部分は，**22.2**，**22.3**，**23** における議論である．上述の特殊化により，実際にはさらに前の（より特別な）**22.1** の場合へともどされる．したがって，（戦略上同等および縮約についての）**27.1** の考察により，ゼロ和3人ゲームにおいてこの影響が実際に生じてくる．すなわち，前に述べたように，一般的な場合をそれより前の特別な場合にもどすのである．
[56] **22.2.2**，**22.2.3** における議論である．しかしこれらは，実際は **22.1.2**，**22.1.3** の議論を念入りに行ったものにすぎない．
[57] これらの注意は **4.3.3** の考察を再度思い出させる．(29:A:d) に関連して **4.6.2** の後半もまた思い出されるであろう．

提携＼プレイヤー	1	2	3
(1, 2)	$\frac{1}{2}$	$\frac{1}{2}$	-1
(1, 3)	$\frac{1}{2}$	-1	$\frac{1}{2}$
(2, 3)	-1	$\frac{1}{2}$	$\frac{1}{2}$

図 51

いる．

(29:A:b)　それらのどれもそれ自身では解と考えることはできない．実際に解を構成するのは，3つすべての体系であり相互の関係である．

(29:A:c)　特に3つの分配は全体で，これまでは非常に粗雑に述べてきた「安定性」を有している．実際，これらの3つの分配以外で均衡が見出されることは不可能であり，それゆえプレイヤー間のどのような種類の対立も常に結局は3つの分配の1つに導くに違いないと考えるべきであろう．

(29:A:d)　この「安定性」は，3つの分配の全体をながめたときのみの特徴であることが再度顕著になる．どの1つもそれだけでは安定性を有しない．各分配はそれだけではもし別の提携が過半数に広まればさけられてしまう．

29.1.4　ここで常に (29:A:a)-(29:A:d) の注意を念頭に置きながら，図51の解を導く自己発見的な原理を正確に定式化することにとりかかろう．

356ページの脚注56) においてふれた議論の簡潔な要約となっている——図51の3つの分配の体系の直観的に認識されうる「安定性」をより正確に述べることにより，われわれは先の性質上の議論においてすでにとった立場へもどることになる[58]．それは，次のように述べられる：

(29:B:a)　たとえ他のどのような分配の計画が3人のプレイヤーに考慮すべきものとして与えられたとしても，次の理由によりそれは拒絶されるであろう：その理由とは，十分な数のプレイヤー[59]が自らの利害においてその与えられた分配よりも解（すなわち図51）の分配のうちの少なく

---

[58] このような観点は **4.4**-**4.6** にわたって広くとられており，**4.4.1** および **4.6.2** において特に明確に現れている．

[59] もちろんこの場合には2人である．

とも1つをより好み，解の分配からのほうが有利さを得られると確信しているかまたは確信できる[60]ということである．

(29:B:b) しかしながら，もし解の分配の1つが与えられれば，そのようなプレイヤーのグループを見出すことはできない．

この発見的な原理の長所をより正確に議論することにしよう．

29.2 数量的な議論

29.2.1 $\beta_1, \beta_2, \beta_3$ をプレイヤー 1, 2, 3 の間の可能な分配の方法であるとしよう．すなわち，

$$\beta_1 + \beta_2 + \beta_3 = 0$$

である．そうすれば，定義により，$v(\{i\})\ (=-1)$ はプレイヤー i が（他のすべてのプレイヤーの行動の如何にかかわらず）独力で獲得しうる量であるから，彼が $\beta_i < v(\{i\})$ なる分配をすべて妨げることは確実である．したがって，

$$\beta_i \geq v(\{i\}) = -1$$

と仮定しよう．またプレイヤー 1, 2, 3 は置換してもかまわないから，

$$\beta_1 \geq \beta_2 \geq \beta_3$$

とする．

ここで $\beta_2 < \frac{1}{2}$ としよう．そうすれば，明らかに $\beta_3 < \frac{1}{2}$ となる．したがって，プレイヤー 2, 3 は共により多くの量 $\frac{1}{2}$ を獲得できる[61]図51の最後の

---

[60] この「確信すること」の意味については **4.4.3** で議論した．以下の議論により，この意味が完全に明らかになるであろう．

[61] このような変化により，2人のプレイヤーの各々は別々にそして個人的に利益を得ていることに注意されたい．（この2人の）全体としての利益のみに注意しても十分ではないのである．例えば図51の第1の分配を第2の分配と比較してみよう．プレイヤー 1, 3 は，全体としては前者から後者への変化により利益が増している．——しかしそれにもかかわらず，第1の分配は他のすべての分配と同様解を構成する適切な分配となっているのである．

この変化により，プレイヤー3は（-1 に代わって $\frac{1}{2}$ を得ることになり）実際に利益が増しているが，プレイヤー1にとっては（どちらの場合にも $\frac{1}{2}$ を得ることになり）この変化は無関係である．それでもプレイヤー1は，埋め合わせがなければ動かないであろう．——ここではこのような埋め合わせは考えられていない．この点についてのより注意深い議論については，本節の最後の部分を参照

分配$^{62)}$を好むであろう．さらに，この分配による配分量 $\frac{1}{2}, \frac{1}{2}$ を合わせても $v(\{2,3\}) = 1$ を超えることはないので，（第 3 のプレイヤーの行動の如何にかかわらず）彼らがこの分配による有利さを獲得できることも明らかである．

他方，もし $\beta_2 \geq \frac{1}{2}$ とすれば，明らかに $\beta_1 \geq \frac{1}{2}$ となる．$\beta_3 \geq -1$ であるので，これは $\beta_1 = \beta_2 = \frac{1}{2}, \beta_3 = -1$，すなわち図 51 の第 1 の分配のときにのみ可能となる．（先の脚注 61）を参照せよ．）

これにより，**29.1.4** の最後の (29:B:a) が確立される．同所の (29:B:b) も直ちに導かれる．すなわち，図 51 の 3 つの分配の各々において，自らの立場を改善したいと望むプレイヤーが確実に 1 人存在するが$^{63)}$，ただ 1 人しか存在しないため，それを実行することはできないのである．なぜなら，彼のパートナーとして考えられる 2 人のプレイヤーは，現在の同盟を放棄してその不満足なプレイヤーと組むことにより何も得られないからである．すなわち，各々はすでに $\frac{1}{2}$ を獲得しており，図 51 の代替的などの分配においてもそれ以上得ることはできないのである$^{64)}$．

29.2.2 この点はある発見的な工夫によりさらに明確にされうる．

われわれは，不満足なプレイヤーが自らのパートナーに自発的に望んでなってくれるプレイヤーを見出せないことを知っているが，さらにこのプレイヤーは，自らと組むよう積極的に他のプレイヤーに誘いかけることもできない．すなわち，将来の提携による利益から $\frac{1}{2}$ を超える量を与えることを申し出ても駄目なことはたしかなのである．このような申し出を効果のないものとみなす理由は，2 つの方法により示される．まず純粋に形式的な理由としては，この申し出が図 51 の体系外の分配に相当することにより除外されうることがあげられる．さらに，将来のパートナーとなる見込みのあるものは，すべてそのような条件のもとで提携を受け入れることを愚かなこと$^{65)}$と考える真に主観的な動機をもち，それにより後に不利になるのではないかと恐れることも理由

せよ．

$^{62)}$ われわれはプレイヤー 1, 2, 3 の並べ換えを特に明示していないので，図 51 の最後の分配は実際には 3 つのすべてを代表している．

$^{63)}$ -1 を獲得するプレイヤーである．

$^{64)}$ この議論を一般的な（縮約されていない）$v(S)$——すなわち，一般的な a, b, c，および **22.3.4** の量——を用いてくり返すことは読者にとってよい練習問題となるであろう．結果は同じになる．われわれの戦略上同等および縮約の理論は正しいので，結果が異なることはありえない（356 ページの脚注 55) を参照せよ）．

$^{65)}$ または安定でないかあるいは倫理的でないことと考える．

としてあげられる．——提携の形成に先んじてさらに交渉するわけであるが，そのようなプレイヤーはその場合に特に弱い立場とみられてしまうのである．(**22.1.2**, **22.1.3** の分析を参照せよ．)

したがって，不満足なプレイヤーはそのパートナーとなる可能性をもつ2人のプレイヤーの無関心さに打ち勝つことはできない．次のことを強調しておこう．パートナーとなる可能性をもつ2人のプレイヤーの側からみれば，図51の他の分配へ移る積極的な動機はなく，まさにその無関心さがあるタイプの安定性の特徴となっているのである[66]．

30　一般的な定義の正確な形

30.1　定　義

30.1.1　一般の n に関するゼロ和 n 人ゲーム Γ の場合にもどろう．Γ の特性関数を $\mathrm{v}(S)$ とする．

明確な定義を与えることにしよう．

先の諸節の示唆するところにしたがい，次の性質をもつ n 個の数 $\alpha_1,\cdots,\alpha_n$ の集合を分配もしくは配分とよぶことにする．

(30:1)　$i=1,\cdots,n$ に関して，$\alpha_i \geq \mathrm{v}(\{i\})$,

(30:2)　$\sum_{i=1}^{n} \alpha_i = 0.$

この $\alpha_1,\cdots,\alpha_n$ の体系は，**16.1.2** の意味における n 次元線形空間のベクトルとみなすのが便利であろう．すなわち，

$$\vec{\alpha} = (\alpha_1,\cdots,\alpha_n)$$

とする．

集合 S（すなわち $I=\{1,\cdots,n\}$ の部分集合）は，

(30:3)　$\sum_{i \in S} \alpha_i \leq \mathrm{v}(S)$

となるときに，配分 $\vec{\alpha}$ に対して有効であるという．

---

[66] 図51の1つの分配から他の分配への変化に際しては，常に1人のプレイヤーは確実に反対し，1人は確実に賛成する．したがって，残りのプレイヤーが自らの無関心さによってその変化を妨げることになる．

次の性質をもつ集合 S が存在するときに，配分 $\vec{\alpha}$ はもう 1 つの配分 $\vec{\beta}$ を支配するといい，記号では，

$$\vec{\alpha} \succ \vec{\beta}$$

と書く：

(30:4:a)　S は空ではない．
(30:4:b)　S は $\vec{\alpha}$ に対して有効である．
(30:4:c)　S に属するすべての i に関して，$\alpha_i > \beta_i$ である．

配分の集合 V は次の性質をもつときに解となる：

(30:5:a)　V に属するどの $\vec{\beta}$ も，V に属する $\vec{\alpha}$ によって支配されることはない．
(30:5:b)　V に属さないすべての $\vec{\beta}$ は，V に属するある $\vec{\alpha}$ によって支配される．

(30:5:a) と (30:5:b) は 1 つの条件として述べることができる．

(30:5:c)　V の要素は正確に V のどの要素によっても支配されないような配分となっている．

(53 ページの脚注 79) を参照せよ．)

30.1.2　これまでの諸節そしてはじめの **4.4.3** の考察を思い起こせば，これらの定義の意味はもちろん具体的に描くことができる．

最初に，ここで定義した分配すなわち配分は上述 2 箇所でふれた同じ名前のより直観的な概念に相当している．われわれが有効集合とよんだものは，$\vec{\alpha}$ によって与えられるものを獲得できると「現に確信しているかもしくは確信しうる」プレイヤーの集まりそのものである．**4.4.3** および **29.1.4** の (29:B:a) を再度参照せよ．支配の定義における条件 (30:4:c) は，これらのすべてのプレイヤーが $\vec{\beta}$ よりも $\vec{\alpha}$ を選好する積極的な動機をもつことを表している．それゆえ，われわれが完全に **4.4.1** および **29.1.4** の (29:B:b) の選好の意味において支配を定義したことは明らかであろう．解の定義は，**29.1.4** の (29:B:a)，(29:B:b) ばかりでなく，**4.5.3** において与えられたものとも完全に一致している．

30.2 議論と要約

30.2.1 以上の定義のすべてを導く動機は，前節の中で詳細に述べられている．しかし，それらの主な特徴のいくつか——特に解の概念——をくり返し強調しておこう．

4.6 において，ゲームの解の概念が日常用いる「行動基準」の概念に正確に相当していることをすでにみた．(30:5:a)，(30:5:b) の条件は，**4.5.3** の (4:A:a)，(4:A:b) の条件に相当しており，実行可能な行動基準と考えられるある種の「内部的安定性」をまさに表している．これは **4.6** において，性質については入念に議論されていた．そこで，ここでは議論がここでとっている厳密な性質を考慮に入れ，それらの概念を厳密な方法で定式化し直す．われわれが注意しておきたいのは次のことである[67]．

30.2.2

(30:A:a) 解 V を考えよう．われわれは，V に属する 1 つの配分 $\vec{\beta}$ に関して $\vec{\alpha}' \succ \vec{\beta}$ なる（V に属さない）外部の配分 $\vec{\alpha}'$ が存在することは除外しなかった[68]．もしこのような $\vec{\alpha}'$ が存在すれば，プレイヤーの態度は次のようになるに違いないと想像される：もし解 V（すなわちこの配分の体系）がプレイヤー $1, \cdots, n$ によって「受け入れられる」ならば，彼らは V の中の配分 $\vec{\beta}$ のみが「安定な」分配の方法と考えているに違いない．$\vec{\alpha}' \succ \vec{\beta}$ となる V に属さない $\vec{\alpha}'$ が有効集合をなすプレイヤーにとっては，より好ましいはずなのに彼らをひきつけられないのは，それが「安定でない」ためである．（ゼロ和 3 人ゲーム，特に各プレイヤーが提携内で決められた量以上を受け取らない理由についてのくわしい議論を参照せよ．**29.2** の最後およびそこで触れた部分を参照せよ．）$\vec{\alpha}'$ を「安定でない」とみなすことは，また $\vec{\alpha} \succ \vec{\alpha}'$ となり V に属する $\vec{\alpha}$ の存在によっても裏づけられる（下の (30:A:b) を参照せよ）．もちろん，これらの議論はすべてある意味で循環的であり，再度 V を「行動基準」として，すなわち「安定性」の規準として選ぶことに依存している．しかし，この種の循環性は日常「安定性」を扱ううえでよくみられるもの

---

[67] これから述べる (30:A:a)-(30:A:c) の注意は，**4.6.2** の考えをより入念に，そしてより正確に与えるものである．注意 (30:A:a) は **4.6.3** と同じ関係をもっている．

[68] 実際，決して $\vec{\alpha}' \succ \vec{\beta}$ とならないような配分 $\vec{\beta}$ は非本質的ゲームにおいてしか存在しないことが，**31.2.3** の (31:M) でわかるであろう．

である．

(30:A:b) もしプレイヤー $1,\cdots,n$ が解 V を「行動基準」として受け入れているならば，V（すなわちその要素）の助けにより，V に属さないすべての配分の信用を落としうることが，彼らの V への信用を維持するために必要となる．実際，外部の（V に属さない）すべての $\vec{\alpha}'$ に対して $\vec{\alpha} \succ \vec{\alpha}'$ なる V に属する $\vec{\alpha}$ が存在しなければならない．（これは，われわれの仮定 (30:5:b) であった．）

(30:A:c) 最後に，V の中には内部矛盾があってはならない．すなわち，V に属する $\vec{\alpha}, \vec{\beta}$ に対しては，決して $\vec{\alpha} \succ \vec{\beta}$ とはならない．（これは，われわれのもう1つの仮定 (30:5:a) であった．）

(30:A:d) もし支配，すなわち $\succ$ なる関係が推移性をもつとすれば，(30:A:b) と (30:A:c) の条件（すなわち仮定 (30:5:a) と (30:5:b)）により，(30:A:a) のかなり微妙な状況が除外されてしまうであろう．明確にすれば：(30:A:a) の状況では，V に属する $\vec{\beta}$, V に属さない $\vec{\alpha}'$ に対して，$\vec{\alpha}' \succ \vec{\beta}$ であった．(30:A:b) により，$\vec{\alpha} \succ \vec{\alpha}'$ となるような V に属する $\vec{\alpha}$ が存在する．ここで，もし支配が推移性をもつとすれば，$\vec{\alpha} \succ \vec{\beta}$ と結論することができる．ところが，$\vec{\alpha}, \vec{\beta}$ はともに V に属するのであるから，これは (30:A:c) に矛盾する．

(30:A:e) 上述の考察により，V は全体としてはじめて解となり，ある種の安定性をもつ——しかし，その要素は個々にはどれも解ともならず安定性ももたない——ことがより一層明らかになる．(30:A:a) において強調された循環的な性質により，同じゲームにいくつかの解 V が存在しうることも正当化される．すなわち，現実の同じ状況においても，いくつかの安定な行動基準が存在しうるのである．もちろん，これらの各々はそれ自身安定で矛盾のないものであるが，相互には対立し合うものである．(**4.6.3** の最後，および **4.7** の最後も参照せよ．)

以下の議論の多くにおいて，この解の多様性が実際，非常に一般的な現象であることをみるであろう．

30.3 飽和の概念

30.3.1 ここで，より形式的な性質についての注意をいくつか挿入してお

くのがよいであろう．これまで，われわれは導入した概念の意味および動機に主に注意を向けてきた，しかし上で定義した解の概念は注意するに値するいくつかの形式的な特徴をもっている．

この後もこれまでどおりの取り扱いを続けていくので，これから述べる形式的——論理的——な考察も直ちに用いられることはなく，詳細に議論されることもないであろう．しかし，われわれはこれらの注意がここでわれわれの理論の構造をより完全に理解するために役立つと考える．さらに，ここで用いる手法は，**51.1-51.4** のまったく異なった内容に対しての重要な技術的応用ともなるのである．

30.3.2 その要素 x, y に対して，ある関係 $x\mathcal{R}y$ が成り立つような領域（集合）D を考えよう．D の 2 つの要素 x, y の間に $\mathcal{R}$ が成り立つことを式 $x\mathcal{R}y$ で表す[69]．$\mathcal{R}$ は D のどの対 x, y に対して $x\mathcal{R}y$ が成り立つか，どの対に対して成り立たないかを明確に述べることにより定義される．もし $x\mathcal{R}y$ が $y\mathcal{R}x$ と同等であるならば，$x\mathcal{R}y$ は対称的であるという．すべての関係 $\mathcal{R}$ に対して，$x\mathcal{R}y$ と $y\mathcal{R}x$ の結合を意味する $x\mathcal{R}^S y$ により新しい関係 $\mathcal{R}^S$ を定義することができる．$\mathcal{R}^S$ が常に対称的であり，$\mathcal{R}$ が対称的であればそしてそのときにのみ $\mathcal{R}$ と一致することは明らかであろう．われわれは $\mathcal{R}^S$ を $\mathcal{R}$ の対称化された形とよぶ[70]．

ここで次の定義を行おう：

(30:B:a)　D の部分集合 A が $\mathcal{R}$-充足であるとは，A のすべての x, y に対して $x\mathcal{R}y$ が成り立つことである．

(30:B:b)　D の部分集合 A および D の要素 y が $\mathcal{R}$-両立であるとは，A のすべての x に対して $x\mathcal{R}y$ が成り立つことである．

この 2 つから直ちに次のことが結論される：

(30:C:a)　D の部分集合 A が $\mathcal{R}$-充足であるとは，A と $\mathcal{R}$-両立な y の全体か

---

[69] $\mathcal{R}(x, y)$ なる形の式を用いれば，より便利なことも時々はあるが，われわれの目的のためには $x\mathcal{R}y$ のほうが好ましい．

[70] いくつかの例をあげよう：D をすべての実数からなる集合とする．関係 $x = y$ と $x \neq y$ は共に対称的である．しかし，$x \leq y$, $x \geq y$, $x < y$, $x > y$ の 4 つの関係はいずれも対称的ではない．前の 2 つの対称化された形は $x = y$（すなわち $x \leq y$ と $x \geq y$ を結合したもの）であり，後の 2 つの対称化された形はありえないことになる（すなわち $x < y$ と $x > y$ の結合となる）．

らなる集合が A を含むことである．

そこで，次を定義しよう：

(30:C:b)　D の部分集合 A が $\mathcal{R}$-飽和であるとは，A と $\mathcal{R}$-両立な y の全体からなる集合が正確に集合 A に一致することである．

したがって，(30:C:b) を確実にするために，(30:C:a) に付け加えねばならない条件は次のようになる：

(30:D)　もし y が A に属していなければ，その y は A と $\mathcal{R}$-両立にはならない．すなわち，A に属する x で $x \mathcal{R} y$ とならないようなものが存在する．

したがって，$\mathcal{R}$-飽和性は (30:B:a) と (30:D) によっても同等に定義されうる．

30.3.3　これらの概念をさらに深く調べる前に，例をいくつか与えておこう．例の中の主張の証明は容易なので，読者に任せるものとする．

第 1 に：D を任意の集合とし，$x \mathcal{R} y$ を $x = y$ なる関係としよう．そうすれば，A が $\mathcal{R}$-充足であるとは，A が空集合または 1 要素集合であることを意味し，A が $\mathcal{R}$-飽和であるとは，A が 1 要素集合であることを意味する．

第 2 に：D を実数の集合とし，$x \mathcal{R} y$ を $x \leq y$ なる関係とする[71]．そうすれば，A が $\mathcal{R}$-充足であるとは，上と同じことを意味するが[72]，A が $\mathcal{R}$-飽和であるとは，A が D の最大の要素からなる 1 要素集合であることを意味する．したがって，もし D が最大の要素をもたなければ（例えば，すべての実数からなる集合ならば），そのような A は存在せず，もし D が最大の要素をもてば（例えば，有限ならば），A はただ 1 つに決まる．

第 3 に：D を平面とし，$x \mathcal{R} y$ は x, y が同じ高さ（縦座標）をもつことを表すとしよう．そうすれば，A が $\mathcal{R}$-充足であるとは，A のすべての点が同じ高さをもつ，すなわち横軸に平行に並ぶことを意味する．また $\mathcal{R}$-飽和性は，A が横軸に平行な直線に正確に一致することを意味する．

---

[71]　D はこのような関係が定義されている他の集合とすることもできる．**65.4.1** の第 2 の例を参照せよ．

[72]　367 ページの脚注 73) を参照せよ．

第4に：D をすべての配分の集合とし，$x\mathcal{R}y$ は支配 $x \succ y$ の否定を表すとしよう．そうすれば，(30:B:a), (30:D) を **30.1.1** の (30:5:a), (30:5:b) と比較することにより，または同じことであるが，(30:C:b) を同所の (30:5:c) と比較することにより，A が $\mathcal{R}$-飽和であるとは，A が解であることを意味することがわかる．

30.3.4 条件 (30:B:a) を一目みれば，関係 $x\mathcal{R}y$ の充足性により，関係 $y\mathcal{R}x$ についても同様に充足性が成り立ち，それゆえ，その結果 $x\mathcal{R}^S y$ についても充足性が成り立つことがわかる．言い換えれば：$\mathcal{R}$-充足性は $\mathcal{R}^S$-充足性と同じものである．

したがって，充足性は対称性をもつ関係においてのみ研究されねばならない概念である．

これは，定義としての条件 (30:B:a) が x, y について対称的な形をしているためである．これと同等な条件 (30:C:a) には，この対称性は示されてはいないが，もちろんこれによって証明が無価値なものになるというわけではない．

ここで $\mathcal{R}$-飽和性に関する定義の条件 (30:C:b) は，その構造において (30:C:a) に非常に類似している．これもまた対称的ではない．しかしながら，(30:C:a) は同等な対称的形式 (30:B:a) を有しているにもかかわらず，(30:C:b) に関してはこうはなっていない．(30:C:b) に対応する同等な形とは，われわれも知っているとおり (30:B:a) と (30:D) の結合であり――(30:D) はまったく対称的ではないのである．すなわち，(30:D) は $x\mathcal{R}y$ が $y\mathcal{R}x$ に置き換われば本質的に変えられてしまうのである．したがって，次のことがわかる：

(30:E)　$\mathcal{R}$-充足性は，$\mathcal{R}$ を $\mathcal{R}^S$ に置き換えても影響を受けないが，$\mathcal{R}$-飽和性に対してはこうはならないように思われる．

（$\mathcal{R}$-充足性の条件である）条件 (30:B:a) は，$\mathcal{R}$ および $\mathcal{R}^S$ に関して同様である．$\mathcal{R}^S$ に関する条件 (30:D) は $\mathcal{R}^S$ が $\mathcal{R}$ を意味するので，$\mathcal{R}$ に関する同様の条件から導かれる．したがって：

(30:F)　$\mathcal{R}^S$-飽和性は $\mathcal{R}$-飽和性により示されることがわかる．

上で述べた2つの飽和性のタイプの間の相違は実際に存在する：$\mathcal{R}$-飽和で

なく $\mathcal{R}^S$-飽和であるような集合の例を明示的に与えることは容易である[73]．

したがって，飽和性についての研究を対称性をもつ関係に限ることはできない．

30.3.5 対称的な関係 $\mathcal{R}$ に関しては，飽和性という性質は非常に簡単である．そこで，不要な複雑さをさけるために，本節においては $x\mathcal{R}x$ が常に成り立つと仮定しよう[74]．

ここで次を証明しよう：

(30:G) $\mathcal{R}$ を対称的であるとしよう．そうすれば，A の $\mathcal{R}$-飽和性はそれが最大の $\mathcal{R}$-充足性をもつものであることと同等である．すなわち，A が $\mathcal{R}$-充足性をもち，A を真に含むようなどの集合も $\mathcal{R}$-充足性をもたないことと同等である．

証明：$\mathcal{R}$-飽和性は，条件 (30:D) とともに $\mathcal{R}$-充足性（すなわち条件 (30:B:a)）を意味する．したがって，もし A が $\mathcal{R}$-充足ならば，(30:D) が A を真に含むようなすべての集合は $\mathcal{R}$-充足でないことに同等であることを証明するだけでよい．

(30:D) の十分性：もし $B \supset A$ が $\mathcal{R}$-充足であれば，A には属さず B に属する任意の y は (30:D) に反する[75]．

(30:D) の必要性：(30:D) に反する1つの y を考えよう．そうすれば，

$$B = A \cup (y) \supset A$$

である．ここで B は $\mathcal{R}$-充足となる．すなわち，B に属する x', y' に関して常に $x'\mathcal{R}y'$ となるのである．実際，x', y' がともに A に属していれば，これは A の $\mathcal{R}$-充足性から直ちにしたがう．もし x', y' が共に y に等しければ，単に $y\mathcal{R}y$ となるだけである．もし x', y' の一方が A に属し他方が y に等しければ，$\mathcal{R}$ の対称性により，x' が A に属し $y' = y$ であると仮定してよい．ここで (30:D) の否定により，われわれの結論したいことが導かれる．

もし $\mathcal{R}$ が対称的でないならば，次のことが主張できるだけである：

---

[73] 例えば，**30.3.3** の最初の2つの例は相互に $\mathcal{R}^S$ と $\mathcal{R}$ の関係にある（364ページの脚注70）を参照せよ）．それらの充足性の概念は同一であったが，飽和性の概念は異なっていた．

[74] これは明らかに，**30.3.3** の重要な例，すなわち $x\mathcal{R}y$ が $x \succ y$ の否定であることについて成り立つ．なぜなら，決して $x \succ x$ とはならないからである．

[75] ここまでは $\mathcal{R}$ に対する余分な制限は用いられていないことに注意せよ．

(30:H)　A の $\mathcal{R}$-飽和性はそれが $\mathcal{R}$-充足性をもつ最大のものであることを意味する．

証明：最大の $\mathcal{R}$-充足性は最大の $\mathcal{R}^S$-充足性と同じである．(30:E) を参照せよ．$\mathcal{R}^S$ は対称性をもつので，これは (30:G) により結局は $\mathcal{R}^S$-飽和性となる．そしてこれは (30:F) により $\mathcal{R}$-飽和性の結果である．

$\mathcal{R}$ の対称性に関する結果の意味するところは次のとおりである．任意の $\mathcal{R}$-充足な集合から始めたときに，この集合は可能なかぎり——すなわち，これ以上増加させれば $\mathcal{R}$-充足性を失うところまで——増加させられるに違いない．このようにして，最後に最大の $\mathcal{R}$-充足な集合が得られる．——すなわち，これは (30:G) によれば $\mathcal{R}$-飽和な集合である[76]．この議論により，$\mathcal{R}$-飽和な集合の存在が保証されるばかりでなく，すべての $\mathcal{R}$-充足な集合は $\mathcal{R}$-飽和な集合に拡張できると結論してもよいことになる．

$\mathcal{R}$-飽和な集合の部分集合はすべて $\mathcal{R}$-充足とならねばならないことに注意せよ[77]．それゆえ，上記の主張は逆の記述もまた成り立つことを意味する．

30.3.6　われわれの理論における解の存在がそのような方法で確立されるならば，非常に好都合であろう．しかしながら，一見したところ明らかなようにそうはならない．われわれが用いねばならない関係 $x\mathcal{R}y$——支配 $x \succ y$ の否定，**30.3.3** を参照せよ——は明らかに非対称的である．したがって (30:G) は適用できず，(30:H) を適用できるだけである．すなわち，最大の充足性は飽和性，すなわち解に対する必要条件にすぎず，十分条件ではない．

この困難さが根深いことは次のようにしてみることができる：もし上の $\mathcal{R}$

---

[76]　D が有限であるときには，この余さず列挙する方法は問題ではない．——すなわち有限個のステップで終わる．

しかし，すべての配分からなる集合は通常は無限個の成分からなるので，D が無限集合である場合が重要となる．D が無限であるときにも，上述の余さず列挙する方法が無限個のステップを経ることにより実行されうることは，依然として発見的に正当であろう．超限帰納法として知られるこの方法は，広範な集合論の研究の対象となっている．いわゆる選択公理に依存する厳密な方法によりこれを行うことができる．

興味ある読者は 84 ページの脚注 35) の F. Hausdorff の中の文献をみよ．また，E. Zermelo, "Beweis dass jede Menge wohlgeordnet werden kann," *Math. Ann.*, Vol.59 (1904), p.514ff. and *Math. Ann.*, Vol.65 (1908), p.107ff. をも参照せよ．

これらの事柄はわれわれの問題からは遠くはなれ，またわれわれの目的に関しても厳密には必要ではない．それゆえこれらの問題をさらに深く考えることはしない．

[77]　部分集合に移ったときにも，明らかに (30:B:a) の性質は失われない．

を対称的なものに変えれば，解の存在の証明に用いることができるばかりでなく，同じ操作により，任意の $\mathcal{R}$-充足な配分の集合を拡張して解にする可能性の証明も行うことができるであろう（上記を参照せよ）．そこで，すべてのゲームは解をもつと予想されるが，ある充足的集合がどの解の部分集合とならないようなゲームも存在することをみるであろう[78]．したがって，$\mathcal{R}$ を対称性をもつものに変える工夫は用をなしえない，なぜなら，この工夫は，おそらく成り立つと思われる第1の主張の証明においても，さらに，たしかに成り立つことのない第2の主張の証明においても，同様に役立つからである[79]．

われわれが用いねばならない関係（「$x \succ y$ の否定」）は事実上非対称であるので，読者はこの議論の無益さを感じるかもしれない．しかし技法的な面からみれば，次のような性質をもつまた別の関係 $x\mathcal{S}y$ が見出されるかもしれないと考えられる．$x\mathcal{S}y$ は $x\mathcal{R}y$ とは同等ではない．実際 $\mathcal{S}$ は対称的であり $\mathcal{R}$ はそうではないが，$\mathcal{S}$-飽和性は $\mathcal{R}$-飽和性と同等である．この場合には $\mathcal{R}$-飽和な集合は $\mathcal{S}$-飽和な集合であり，$\mathcal{S}$-充足——必ずしも $\mathcal{R}$-充足でなくてもよい——な集合は常に $\mathcal{S}$-飽和，すなわち $\mathcal{R}$-飽和な集合に拡張されるので，$\mathcal{R}$-飽和な集合は存在せねばならないのである[80]．この解の存在問題の解明への計画は外見ほど気まぐれなものではない．実際，われわれは後に類似の問題を正確にこの方法を用いて解くであろう（**51.4.3** を参照せよ）．しかしながら，ここしばらくの間はこれはすべて望みおよび可能性にとどまるものである．

30.3.7 前節において，われわれは $\mathcal{R}$-充足な集合がすべて $\mathcal{R}$-飽和な集合の部分集合であるか否かという問題を考察した．それにおいて，われわれが用いねばならない関係 $x\mathcal{R}y$（「$x \succ y$ の否定」，非対称である）に対してはその答えが否定的であることを知った．この事実については，簡単に注意しておく必要があると思われる．

もし答えが肯定的であれば，それは，(30:B:a) を満たすすべての集合が (30:B:b) および (30:D) を満たす集合に拡張されうること，すなわち，**30.1.1** の記号にしたがえば，(30:5:a) を満たすすべての配分の集合が (30:5:a) および (30:5:b) を満たす集合に拡張されうることを意味することになる．

---

[78] 389 ページの脚注 99) を参照せよ．
[79] これはむしろ数学の技法の面で役立つ原理である．この方法の不適切さは，もしこれが適用可能であるとすれば，証明がなされすぎてしまうという事実からも推測できるであろう．
[80] 重要な点は $\mathcal{R}$-飽和性と $\mathcal{S}$-飽和性は互いに同等と仮定されているが，$\mathcal{R}$-充足性と $\mathcal{S}$-充足性は同等とは考えられていないことである．

これを **4.6.2** の用語を用いて書き直しておくことは有益であろう．それは次のように述べられる：内部矛盾をもたないすべての行動基準は，安定なもの——すなわち，内部矛盾をもたないだけでなく外部のどの配分によってもくつがえされることのない行動基準——に拡張することができる．

上述のことが一般には成り立たないとする **30.3.6** の注意は，少し重要な意味をもっている．行動ルールの集合は，安定な行動基準の核（すなわち部分集合）となるためには，単に内部矛盾を免れているだけでなく，より深い構造的な性質をもたねばならないことになるであろう[81]．

30.4 3つの直接的な目標

30.4.1 以上で制限をつけないゼロ和 n 人ゲームの解の特徴が明確になった．それゆえ，われわれはこの概念の性質について，体系だった研究を始めることができる．この研究の初期の段階と関連して，3つの特別な研究を行うのが適切であると思われる．これらの研究は以下の特別な場合を扱うものである：

第1に：**4** の議論を通して，純粋な解の概念は1つの配分の概念——すなわち，現在の用語によれば1要素集合の概念——であるという考えをくり返し述べておいた．**4.4.2** においては，特にこれが結局は支配に関して「第1」の要素を見出すことであると知った．われわれは，**30.2** の厳密な議論におけると同様 **4** のそれに続く箇所において，この努力を無価値なものにし，解として配分の集合 V の導入をやむをえないものにするのは主に支配の概念の非推移性であることをみた．

それゆえ，次の問題に正確な解答を与えることに興味をおぼえる．——そして，ここでは実際にそれが行える立場にある．その問題とは，どのゲームに対して1要素集合 V が存在するか？ ということであり，そのようなゲームの解について何か他にいえることはないか？ ということである．

第2に：**30.1.1** の条件は，ゼロ和3人ゲーム，特にその本質的な場合の経験から導出したものである．それゆえ，この場合を現在の厳密な理論の光のも

---

[81] もし **30.3.6** の最後で述べた関係 S が見出されれば，この S——R でない——により，どのような行動基準がこの核（すなわち，部分集合）となるかが明らかになるであろう．それは S-充足な集合である．

これに相当する操作が成功する **51.4** の類似した状況を参照せよ．

とで考え直してみることには興味をおぼえる．もちろん，われわれは **22**，**23** の予備的な方法により得た解が，現在の仮定の意味においてもまた解となることを知っている．——実際，これはわれわれの議論において一貫している指導原理であった．それにもかかわらず，この証明を明示的にしておくことが望まれる．しかし，実際に重要なのは，現在の仮定によりそれらのゲームに余分な解もまたもたらされるのではないかということを確認する点にある．（われわれはすでに同じゲームに対しいくつかの解の存在が考えられないものでないことをみた．）

それゆえ，われわれは本質的ゼロ和3人ゲームに関するすべての解を決定することにしよう．——その結果はむしろ驚くべきものであるが，後にみるように不合理なものではない．

30.4.2 以上の2つの項目で，$n \leq 3$ なるゼロ和3人ゲームのすべてについては実際に語り尽くされる．**27.5.2** の最初の注意において，$n = 1, 2$ に関してはこれらのゲームが非本質的となることをみた．それゆえ，$n = 3$ の非本質的な場合および本質的な場合と合わせれば，これで $n \leq 3$ におけるすべての場合を扱うことになる．

この計画が完全に行われれば，$n \geq 4$ なるゲームを残すのみとなる．——そして，この場合には新しい種類の困難が生じることをわれわれは知っている（341ページの脚注28）の示唆するところ，および **27.5.3** の最後を参照せよ）．

30.4.3 第3に：われわれは **27.1** において戦略上同等の概念を導入した．この関係がその名の示すとおりの役割を果たすこと，すなわち，それにより結ばれた2つのゲームは同じ戦略上の可能性，および提携形成の動機などをもつことは正当であるとみられていた．しかし，ここでは解の概念を厳密な基礎の上に築いたことにより，この発見的な予想にも厳密な証明が必要となる．

これらの3つの問題は，各々 **31.2.3** の (31:P)，**32.2**，および **31.3.3** の (31:Q) において解かれるであろう．

31 第1の結果

31.1 凸性，平坦性および支配に関するいくつかの規準

31.1.1 本節は，解に関する種々の補助的な結果，および非本質性，本質性，支配，有効性のようなそれを取り巻く他の概念の証明にあてられる．ここ

では，これらのすべての概念は厳密な基礎の上に築かれているので，それらの性質は完全に厳密に確立されねばならないだけではなく，そのようなことは可能である．以下の結論のいくつかはペダンティックなように思われ，数学的な証明ではなく，言葉で説明することもできるのではないかと思えることもときにはあるかもしれない．しかし，そのような言葉で説明する方法は本節のごく一部においてのみ可能であり，全体を考慮すれば，すべてを完全に数学的な厳密性をもって体系的にとらえるのが最も良い方法であると思われる．

解を見出すうえで重要な役割を果たすいくつかの原理は，(31:A)，(31:B)，(31:C)，(31:F)，(31:G)，(31:H) であり，それらはある提携に関してその提携が常に考慮に入れられるか，決して考慮に入れられないかを事前的に決定するものである．これらの原理に対し，形式的な証明だけではなく，(上で示した意味において) 言葉による説明を付け加えることが適切であると思われる．

他の結果も，それとは異なった方向においてそれぞれ独自の興味を有している．それらを合わせることにより，新しく得た概念を取り巻く状況の第1の方向づけが与えられる．**30.4** の第1と第3の問題の答えは (31:P) と (31:Q) において与えられ，前述のもう1つの問題も (31:M) において解かれる．

31.1.2 2つの配分 $\vec{\alpha}, \vec{\beta}$ を考え，$\vec{\alpha} \succ \vec{\beta}$ かまたはそうでないかを決定しなければならないとしよう．これは結局は，**30.1.1** の (30:4:a)-(30:4:c) の性質をもつ集合 S が存在するか否かを決定することになる．これらの1つ，(30:4:c) は，

$$S に属するすべての i に関して，\alpha_i > \beta_i$$

である．これを主条件とよぼう．他の2つ，(30:4:a)，(30:4:b) は予備条件である．

さて，この支配の概念を扱う――すなわち **30.1.1** の意味での解 V を見出す――際の主要な技術上の困難の1つは，これらの予備条件の存在である．そこで，いわばそれらをさけうること，すなわちそれらがそのもとでは必ず満たされるような規準，およびそのもとでは必ず満たされないような規準を見出すことが非常に望まれる．後者のタイプの規準を見出すためには，すべての配分 $\vec{\alpha}$ に関して予備条件が満たされてはならないことを決して必要とはしない．――ある他の配分 $\vec{\beta}$ に対して主条件を満たすようなすべての配分 $\vec{\alpha}$ について，

31 第 1 の結果

それが成り立っていれば十分である.（(31:A) または (31:F) の証明を参照せよ. そこではこのことが正確に用いられている.）

われわれは与えられた配分の集合 V が解であるか否かを決定する問題に関して，この性質をもつ規準に興味をおぼえる. すなわち，この V が **30.1.1** の条件（30:5:a），（30:5:b）——条件（30:5:c）——を満たすか否かの問題である. これは結局どの配分 $\vec{\beta}$ が V の要素によって支配されるかを決定することになる.

上述のような状況において予備条件をまとめて扱う規準は，もしそれが $\vec{\alpha}$ にはまったくふれず[82)83)] S のみに言及するものであれば，最も望ましいといえる.（(31:F)，(31:G)，(31:H) を参照せよ.）しかし $\vec{\alpha}$ を含む規準も望まれるかもしれない.（(31:A) を参照せよ.）また別の $\vec{\alpha}'$ の動きにふれることにより，S と $\vec{\alpha}$ を扱うような規準もわれわれは考慮するであろう.（もちろん，$\vec{\alpha}'$, $\vec{\alpha}$ は共に V に属している.（31:B) を参照せよ.）

これらの可能性をカバーするために，次の用語を導入する:

われわれは与えられた配分の集合 V の要素によって支配されるすべての配分 $\vec{\beta}$ の決定を目指した証明を考えている. それゆえ，$\vec{\alpha} \succ \vec{\beta}$（$\vec{\alpha}$ は V に属する）なる関係，およびある集合 S がそのような関係に対して予備条件に合うか否かという問題に関心をもつことになる. もし S および $\vec{\alpha}$ が常に予備条件に合うことを（ある適切な規準が S によって満たされることにより）知っているならば，S を確実に必要であるとよぶ. また，もし S および $\vec{\alpha}$ の予備条件への合致の可能性が（これが決しておこらないこと，もしくは他の何らかの理由により，上記の分類も参照せよ）無視できることを（再度，ある適切な規準は S によって満たされるが，今度はそれが他の事柄も含むことにより，上述を参照せよ）知っているならば，集合 S を確実に不必要であるとよぶ.

これらの考えはこみ入っているように思えるかもしれないが，非常に自然な技術的視点を表している[84)].

[82)] 重要なのは，われわれの最初の $\vec{\alpha} \succ \vec{\beta}$ の定義においては，予備条件が S および $\vec{\alpha}$（$\vec{\beta}$ ではなく）にふれている点である. 明確にすれば：(30:4:b) がまさにそうである.
[83)] $\vec{\beta}$ を支配する V の仮説的な要素である.
[84)] 形式論理学にくわしい読者のために次のことを注意しておく：
「確実に必要」および「確実に不必要」の属性は論理学上のものである. ある種の論理的な欠落があっても（ある種の）証明を無価値なものにしないことを（なんらかの方法で）示しうることにより，それらの属性は特長づけられる. 明確にすれば：証明を $\vec{\beta}$ の V に属する要素 $\vec{\alpha}$ による支配に関

ここで，確実に必要と確実に不必要の特質についてある規準を与えよう．各規準の後にその内容を言葉で説明するが，その説明によりわれわれの技法が読者にとってより明確になることであろう．

31.1.3 まず3つの基本的な規準を与える：

(31:A) S の中に $\alpha_i = v(\{i\})$ となる i が存在すれば，S は所与の（Vに属する）$\vec{\alpha}$ に対して確実に不必要となる．

説明：すべての参加者に（個々に）彼らが独力で獲得できる量を超える量を与えると約束できないような提携は考えるに及ばない．

証明：もし $\vec{\alpha}$ がある配分に対して主条件を満たせば，$\alpha_i > \beta_i$ となる．$\vec{\beta}$ は配分であるから，$\beta_i \geq v(\{i\})$．したがって $\alpha_i > v(\{i\})$ となり，これは $\alpha_i = v(\{i\})$ に矛盾する．

(31:B) S が下記の $\vec{\alpha}'$ ($\in$ V) に対して確実に必要で（しかも考慮されているもので）あれば，S は $\vec{\alpha}$ ($\in$ V) に対して確実に不必要である．

(31:1) すべての $i \in S$ に関して，$\alpha'_i \geq \alpha_i$．

説明：もし同じ参加者をもち，そのすべてに（個々に）少なくともそれ以上の量を保証する別の提携がたしかに考慮されるとすれば，もとの提携は考慮するに及ばない．

証明：$\vec{\alpha}, \vec{\beta}$ は主条件を満たす：すなわち S に属するすべての i に関して $\alpha_i > \beta_i$ としよう．すると，(31:1) より，$\vec{\alpha}'$ と $\vec{\beta}$ もまたそれを満たし，S に属するすべての i に関して $\vec{\alpha}'_i > \vec{\beta}_i$ となる．S と $\vec{\alpha}'$ は考慮されているので，このようにして，それらにより $\vec{\beta}$ のVの要素による支配が確立されることになり，S と $\vec{\alpha}$ を考慮する必要がなくなる．

するものとしよう．そして，集合 S の助けにより生じるこの支配 $\vec{\alpha} \succ \vec{\beta}$（$\vec{\alpha}$ はVに属する）が考慮されているものとしよう．もし（S と $\vec{\alpha}$ が問題の属性を有しているときに）それらをまるで予備条件を常に満たす（かもしくは決して満たさない）かのように——実際にはそれらの条件を調べることなく——扱えるならば，この証明は依然として正しいことになる．われわれが今後行う数学的証明においては，この方法がしばしば用いられるであろう．

同じ S が（2つの異なる規準を用いることにより，同じ $\vec{\alpha}$——例えばすべての $\vec{\alpha}$——に対して）確実に必要にも確実に不必要にもなることもおこりうる．これは単に上述の2つの省略がどのような証明も無効にしないことを意味している．例えば，$\vec{\alpha}$ がどの配分に関しても主条件を満たさないときもある．((31:E:b) の場合において (31:F) と (31:G) を結びつけることによりその例は得られる．もう1つの例は，423ページの脚注36），586ページの脚注32）において指摘されている.)

(31:C) $T \subseteq S$ が確実に必要で（考慮されているもので）あれば，S は確実に不必要となる．

説明：その部分集合がすでに確実に考慮に値しているような提携は考えるに及ばない．

証明：$\vec{\alpha}\ (\in \mathsf{V})$ と $\vec{\beta}$ が S に関して主条件を満たすものとしよう．すると，それらは $T \subseteq S$ に関しても当然主条件を満たす．T と $\vec{\alpha}$ は考慮されているので，このようにして，それらによって $\vec{\beta}$ の V の要素による支配が確立され，S と $\vec{\alpha}$ を考える必要はなくなる．

31.1.4 われわれは次に，これ以上の規準を直ちに必要となるよりはやや広い基礎の上で導入しよう．このためにまず次のことから考える：

任意の集合 $S = \{k_i, \cdots, k_p\}$ に関して，**25.4.1** の (25:5) を $S_1 = \{k_1\}$，$\cdots, S_p = \{k_p\}$ として適用する．そうすれば，

$$v(S) \geq v(\{k_1\}) + \cdots + v(\{k_p\})$$

すなわち，

(31:2) $\displaystyle v(S) \geq \sum_{k \in S} v(\{k\})$

が得られる．(31:2) の左辺と右辺の差は提携 S をつくることに固有の（参加者全員を合わせた）全体としての利益を表している．これを S の凸性といい，もしこの有利さが消えるならば，すなわち，

(31:3) $\displaystyle v(S) = \sum_{k \in S} v((k))$

となるならば，S は平坦であるという．

以下の結果が直ちに導かれる：

(31:D) 次の集合は常に平坦である：
(31:D:a) 空集合，
(31:D:b) すべての 1 要素集合，
(31:D:c) 平坦集合のすべての部分集合．
(31:E) 次の主張のいずれもがゲームの非本質性と同等である：
(31:E:a) $I = \{1, \cdots, n\}$ が平坦である，

(31:E:b)　S および $-S$ がともに平坦であるような S が存在する，

(31:E:c)　すべての S が平坦である．

証明：(31:D:a)，(31:D:b) について：これらの集合に関しては (31:3) は明らかである．

(31:D:c) について：$S \subseteq T$ で T は平坦であるとし，$R = T - S$ とおこう．すると，(31:2) により，

(31:4)　$v(S) \geq \sum_{k \in S} v(\{k\})$,

(31:5)　$v(R) \geq \sum_{k \in R} v(\{k\})$.

T は平坦であるから，(31:3) により，

(31:6)　$v(T) = \sum_{k \in T} v(\{k\})$.

$S \cap R = \ominus$, $S \cup R = T$ であるから，

$$v(S) + v(R) \leq v(T),$$

$$\sum_{k \in S} v(\{k\}) + \sum_{k \in R} v(\{k\}) = \sum_{k \in T} v(\{k\}).$$

したがって，(31:6) を適用すれば，

(31:7)　$v(S) + v(R) \leq \sum_{k \in S} v(\{k\}) + \sum_{k \in R} v(\{k\})$.

ここで (31:4)，(31:5)，(31:7) を比較することにより，それらすべてにおいて等号が成り立つことになる．(31:4) における等号は S の平坦性を示すことにほかならない．

(31:E:a) について：その主張は **27.4.1** の (27:B) に一致している．

(31:E:c) について：その主張は **27.4.2** の (27:C) に一致している．

(31:E:b) について：非本質的ゲームにおいては，(31:E:c) により，これはすべての S に関して成り立つ．逆にこれが（少なくとも 1 つの）S に対して成り立てば，

$$v(S) = \sum_{k \in S} v(\{k\}), \quad v(-S) = \sum_{k \notin S} v(\{k\})$$

となり，したがって (**25.3.1** の (25:3:b) を用いて) 加えることにより，

$$0 = \sum_{k=1}^{n} v(\{k\})$$

すなわち，(31:E:a) もしくは **27.4.1** の (27:B) により，ゲームは非本質的となる．

31.1.5 われわれは，いまや：

(31:F) S は平坦であれば確実に不必要である．

ことを証明できる状況にある．

説明：提携は，ゲームによりその参加者が独立したプレイヤーとして独力で獲得する（参加者全体を合わせた）総利益を超える利益が許されなければ，考慮するに及ばない[85]．

証明：もしこの集合 S の助けにより $\vec{\alpha} \succ \vec{\beta}$ であるならば，必ず $S \neq \ominus$ であり，S に属するすべての i に関して $\alpha_i > \beta_i$ かつ $\beta_i \geq v(\{i\})$．したがって $\alpha_i > v(\{i\})$．それゆえ，$\sum_{i \in S} \alpha_i > \sum_{i \in S} v(\{i\})$ となり，S が平坦であるから，これは $\sum_{i \in S} \alpha_i > v(S)$ を意味する．ところが S は有効でなければならないから，$\sum_{i \in S} \alpha_i \leq v(S)$ となり，上記に矛盾する．

(31:G) $-S$ が平坦であり $S \neq \ominus$ であれば，S は確実に必要である．

説明：ある提携は，もし（空ではなく，しかも）(31:F) で述べられた種類の 1 つのものに敵対するならば，考慮しなければならない．

証明：予備条件はすべての配分 $\vec{\alpha}$ に関して成り立つ．

(30:4:a) について：$S \neq \ominus$ が仮定されている．

(30:4:b) について：常に $\alpha_1 \geq v(\{i\})$ であるから，$\sum_{i \notin S} \alpha_i \geq \sum_{i \notin S} v(\{i\})$．

---

[85] これは (31:A) に関連してはいるがそれと同一ではないことに注意せよ！ 実際：(31:A) は α_i，すなわち各参加者の個々に対してなされる約束を扱っており，一方 (31:F) は（平坦性を決定する）$v(S)$，すなわちすべての参加者を合わせたものに関するゲームの可能性を扱っている．しかしどちらの規準もこれらを $v(\{i\})$，すなわち各プレイヤーが個々に独力で獲得できる量に関連づけている．

$\sum_{i=1}^{n} \alpha_i = 0$ であるから,左辺は $-\sum_{i \in S} \alpha_i$ に等しい.さらに $-S$ は平坦であるから,右辺は v$(-S)$,すなわち (**25.3.1** の (25:3:b) を用いれば) $-$v(S) に等しい.したがって $-\sum_{i \in S} \alpha_i \geq -v(S)$,$\sum_{i \in S} \alpha_i \leq v(S)$,すなわち S は有効となる.

(31:F), (31:G) から特殊化することにより次が得られる:

(31:H) p 要素集合は,もし $p = n - 1$ であれば確実に必要であり,$p = 0, 1, n$ であれば確実に不必要である.

説明:提携はそれに敵対するものがただ 1 人だけであれば考慮されねばならず,一方提携自身が空であるか,1 人のプレイヤーのみ(!)からなるか,あるいは敵対するものがまったくいない場合には考慮するには及ばない.

証明:$p = n - 1$:$-S$ はただ 1 つの要素からなり,それゆえ上述の (31:D) によって平坦である.したがって (31:G) より直ちにこの主張はしたがう.

$p = 0, 1$:(31:D) および (31:F) により直ちに導かれる.

$p = n$:この場合には,$S = I = \{1, \cdots, n\}$ は必ず主条件を満たさない.実際,この場合にはすべての $i = 1, \cdots, n$ に関して $\alpha_i > \beta_i$ とならねばならず,それゆえ $\sum_{i=1}^{n} \alpha_i > \sum_{i=1}^{n} \beta_i$ とならねばならない.ところが,$\vec{\alpha}, \vec{\beta}$ は配分であるので,両辺は共にゼロとなる.――これは上式に矛盾する.このようにして,S の必要性が問題となるのは $p \neq 0, 1, n-1, n$,すなわち区間

(31:8) $2 \leq p \leq n - 2$

に限られる.この区間は $n \geq 4$ の場合にのみ役割をもつ.議論される状況は **27.5.2** の最後および **27.5.3** におけるものと類似しており,$n = 3$ の場合は,特に簡単な場合であるように再度思われる.

31.2 すべての配分の体系.1 要素からなる解

31.2.1 次にすべての配分の体系の構造を議論しよう.

(31:I) 非本質的ゲームにおいては,正確に 1 つの配分:

(31:9) $\vec{\alpha} = (\alpha_1, \cdots, \alpha_n)$,$i = 1, \cdots, n$ に関して $\alpha_i = v(\{i\})$

が存在し，本質的ゲームにおいては，無限に多くの配分——$(n-1)$-次元連続体——が存在するが，(31:9) はその中の 1 つとはならない．

証明：配分

$$\vec{\beta} = (\beta_1, \cdots, \beta_n)$$

を考え，

$$i = 1, \cdots, n \text{ に関して，} \beta_i = \mathrm{v}(\{i\}) + \epsilon_i$$

とおく．すると，**30.1.1** の特徴的な条件 (30:1)，(30:2) は，

(31:10) $\quad i = 1, \cdots, n$ に関して，$\epsilon_i \geq 0$

(31:11) $\quad \displaystyle\sum_{i=1}^{n} \epsilon_i = -\sum_{i=1}^{n} \mathrm{v}(\{i\})$

となる．

もし Γ が非本質的であるとすれば，**27.4.1** の (27:B) により $-\displaystyle\sum_{i=1}^{n} \mathrm{v}(\{i\}) = 0$ が与えられ，それゆえ，(31:10)，(31:11) は結局 $\epsilon_1 = \cdots = \epsilon_n = 0$，すなわち (31:9) はただ 1 つの配分となる．

もし Γ が本質的であるとすれば，**27.4.1** の (27:B) により $-\displaystyle\sum_{i=1}^{n} \mathrm{v}(\{i\}) > 0$ が与えられ，それゆえ，(31:10)，(31:11) は無限に多くの解をもち，それらは $(n-1)$-次元連続体をつくる[86]．したがって，配分 $\vec{\beta}$ に関しても同様のことが成り立つ．ところが，(31:9) の $\vec{\alpha}$ は $\epsilon_1 = \cdots = \epsilon_n = 0$ となり，ここでは (31:11) に反するので，その中の 1 つとはならない．

直ちに次の結果がしたがう：

(31:J) 解 V は決して空ではない．

証明：すなわち，空集合 $\ominus$ は解ではないことを示せばよい．実際：任意の配分 $\vec{\beta}$ を考える．——(31:I) により少なくとも 1 つは存在する．$\vec{\beta}$ は $\ominus$ に属さず，$\ominus$ に属し，しかも $\vec{\alpha} \succ \vec{\beta}$ なる $\vec{\alpha}$ は存在しない．したがって，$\ominus$ は **30.1.1** の (30:5:b) に反する[87]．

---

[86] ただ 1 つの等式：(31:11) だけが存在する．
[87] この議論はペダンティックに思えるかもしれない．しかし，もし配分に関する条件が対立してい

31.2.2 われわれは前に，

(31:12)　$\vec{\alpha} \succ \vec{\beta}, \quad \vec{\beta} \succ \vec{\alpha}$

が同時に成り立つことは決して不可能ではないと指摘した[88]．しかしながら：

(31:K)　$\vec{\alpha} \succ \vec{\alpha}$ とは決してならない．

　証明：**30.1.1** の (30:4:a)，(30:4:c) は $\vec{\alpha} = \vec{\beta}$ に関して対立する．

(31:L)　本質的ゲームと配分 $\vec{\alpha}$ が与えられたときに，$\vec{\beta} \succ \vec{\alpha}$ とはなるが $\vec{\alpha} \succ \vec{\beta}$ とはならないような配分 $\vec{\beta}$ が存在する[89]．

　証明：

$$\vec{\alpha} = (\alpha_1, \cdots, \alpha_n)$$

とおき，等式

(31:13)　$\alpha_i = \mathrm{v}(\{i\})$

を考える．ゲームは本質的であるから，(31:I) により (31:13) がすべての $i = 1, \cdots, n$ に関して成り立つことは除かれる．(31:13) が，例えば $i = i_0$ に関して成り立たないとしよう．$\vec{\alpha}$ は配分であるから，$\alpha_{i_0} \geq \mathrm{v}(\{i_0\})$．したがって (31:13) の不成立は $\alpha_{i_0} > \mathrm{v}(\{i_0\})$，すなわち，

(31:14)　$\alpha_{i_0} = \mathrm{v}(\{i_0\}) + \epsilon, \quad \epsilon > 0$

を意味する．ここで，ベクトル

$$\vec{\beta} = (\beta_1, \cdots, \beta_n)$$

れば（すなわち (31:I) がなければ），$\mathsf{V} = \ominus$ も解となるであろう．

[88] これらの 2 つの支配の集合 S は互いに交わらないものでなければならないであろう．(31:H) により，これらの集合は 2 以上の要素を各々もっていなければならない．したがって (31:12) は，$n \geq 4$ のときにのみおこりうる．

よりくわしい考察により，$n = 4$ の場合も除きうるが，$n \geq 5$ なるすべての n に対しては，(31:12) は実際におこりうる．

[89] したがって $\vec{\alpha} \neq \vec{\beta}$ である．

を

$$\beta_{i_0} = \alpha_{i_0} - \epsilon = \mathrm{v}(\{i_0\})$$
$$i \neq i_0 \text{ に関して, } \beta_i = \alpha_i + \frac{\epsilon}{n-1}$$

によって定義する．これらの等式により，$\beta_i \geq \mathrm{v}(\{i\})$[90]，および $\sum_{i=1}^n \beta_i = \sum_{i=1}^n \alpha_i = 0$[91] なることが明確になる．したがって，$\vec{\beta}$ は $\vec{\alpha}$ とともに配分となる．

そこで $\vec{\alpha}, \vec{\beta}$ に関して 2 つの主張を証明しよう．

$\vec{\beta} \succ \vec{\alpha}$：$i \neq i_0$ なるすべての i に関して，すなわち $S = -\{i_0\}$ なる集合 S に属するすべての i に関して，$\beta_i > \alpha_i$ である．この集合は $(n-1)$ 個の要素をもち，しかも ($\vec{\beta}, \vec{\alpha}$ に関して）主条件を満たす．したがって，(31:H) により $\vec{\beta} \succ \vec{\alpha}$.

$\vec{\alpha} \succ \vec{\beta}$ ではないこと：$\vec{\alpha} \succ \vec{\beta}$ としよう．すると主条件を満たす集合 S が必ず存在せねばならず，その集合は (31:H) により除外されない．したがって，S は 2 個以上の要素をもたねばならない．したがって，S の中に $i \neq i_0$ なる i が必ず存在する．前者は ($\vec{\beta}$ のつくり方から) $\beta_i > \alpha_i$ を意味し，一方後者は (主条件により) $\alpha_i > \beta_i$ を意味する．——これは矛盾である．

31.2.3 われわれの興味の中心をなしていた結論を導き出すことが可能になる．

(31:M) ゲームが非本質的であれば，そしてそのときにのみ，決して $\vec{\alpha}' \succ \vec{\alpha}$ とはならないような配分 $\vec{\alpha}$ が存在する[92].

証明：十分性：もしゲームが非本質的であれば，そのゲームは (31:I) により正確に 1 つの配分 $\vec{\alpha}$ を有し，これは (31:K) により望みの性質をもつ．

必要性：もしゲームが本質的であり $\vec{\alpha}$ が配分であれば，(31:L) の $\vec{\alpha}' = \vec{\beta}$

---

[90] $i = i_0$ に関しては，実際に $\beta_{i_0} = \mathrm{v}(\{i_0\})$ であり，$i \neq i_0$ に関しては，$\beta_i > \alpha_i \geq \mathrm{v}(\{i\})$ である．
[91] β_i と α_i との差は i の 1 つの値 ($i = i_0$) に関する ϵ と i の $(n-1)$ 個の値（すべての $i \neq i_0$）に関する $-\dfrac{\epsilon}{n-1}$ であるから，$\sum_{i=1}^n \beta_i = \sum_{i=1}^n \alpha_i$ となる．
[92] **30.2.2** の (30:A:a) における考察，特に 362 ページの脚注 68) を参照せよ．

により $\vec{\alpha}' = \vec{\beta} \succ \vec{\alpha}$ が導かれる．

(31:N) 1要素からなる解を有するゲーム[93]は必ず非本質的となる．

証明：問題の1要素解を $\mathsf{V} = \{\vec{\alpha}\}$ と表す．この V は **30.1.1** の (30:5:b) を満たさねばならない．これは現在の状況のもとでは次のことを意味する．$\vec{\alpha}$ 以外のすべての $\vec{\beta}$ は $\vec{\alpha}$ により支配される．すなわち，

$$\vec{\beta} \neq \vec{\alpha} \text{ ならば } \vec{\alpha} \succ \vec{\beta}$$

である．

ここで，もしゲームが本質的であるならば，(31:L) によりこれに反する $\vec{\beta}$ が与えられる．

(31:O) 非本質的ゲームは正確に1つの解 V を有し，これは (31:I) の $\vec{\alpha}$ を
     もつ1要素集合 $\mathsf{V} = \{\vec{\alpha}\}$ である．

証明：(31:I) により，正確に1つの配分，すなわち (31:I) の $\vec{\alpha}$ が存在する．解 V は (31:J) により空とはなりえない．したがって，ただ1つの可能性は $\mathsf{V} = \{\vec{\alpha}\}$ なることである．ここで，$\mathsf{V} = \{\vec{\alpha}\}$ は実際に解となる．すなわち，これは **30.1.1** の (30:5:a)，(30:5:b) を満たす：その理由は前者は (31:K) により，後者は (31:I) から α がただ1つの配分となることによる．

ここで，**30.4.1** の最初の問いに完全に答えを与えることができる．

(31:P) ゲームは非本質であれば，そしてそのときにのみ1要素解を有する
     (先の脚注93) を参照せよ）．そして，そのときには他の解を有すること
     はない．

証明：これはまさに (31:N) と (31:O) の結果を結びつけたものである．

31.3 戦略上同等に対応する同形

31.3.1 **27.1** の意味で戦略上同等な特性関数 $v(S)$ と $v'(S)$ をもつ2つのゲー

---

[93] このゲームが1要素集合となるかもしれず，ならないかもしれない他の解を有する可能性を除外するものではない．(31:N) と (31:O) ——もしくは (31:P) ——の結果を結びつけることにより示されるように，実際にこれは（われわれの現在の仮定のもとでは）決しておこらない．しかし，現在行っている考察はこれらすべてと独立なものである．

ム Γ と Γ' を考える．これらが **30.1.1** で定義された概念からみて，実際に同等であることを証明しよう．これは **30.1.1** の定義の基礎をなす実体，すなわち配分の間の同形対応を確立することによりなされる．すなわち，われわれは Γ の配分と Γ' の配分の 1 対 1 対応を確立したいと思っている．その 1 対 1 対応とは配分の概念に関し同形である，すなわち，Γ に関する有効集合，支配，および解が Γ' に関するそれらのものに移されることである．

その考え方は，**27.1.1** の発見的な示唆を単に厳密に念入りに行うだけのものであり，それゆえに，読者は必要ではないのではないかと思うかもしれない．しかしながら，これらの考察は「同形性の証明」の非常に有益な例を与えるものであり，さらに言葉による証明と厳密な証明との関連に対する先の注意が再度用いられるかもしれない．

31.3.2 **27.1.1** の (27:1), (27:2) の意味において，戦略上同等性が $\alpha_1^0, \cdots, \alpha_n^0$ により与えられているとしよう．Γ のすべての配分 $\vec{\alpha} = (\alpha_1, \cdots, \alpha_n)$ と Γ' のすべての配分 $\vec{\alpha}' = (\alpha'_1, \cdots, \alpha'_n)$ を考える．われわれは，上述の性質をもつ 1 対 1 対応

(31:15) $\quad \vec{\alpha} \rightleftarrows \vec{\alpha}'$

を求めるのである．

(31:15) がどのようなものであるべきかは，**27.1.1** 冒頭の動機から容易に推測される．そこでは，プレイヤー k に対する固定された支払い α_k^n をゲームに付け加えることにより，Γ から Γ' への移行を表した．この原理を配分にも適用すれば，

(31:16) $\quad k = 1, \cdots, n$ に関して，$\alpha'_k = \alpha_k + \alpha_k^0$ [94].

したがって，(31:15) の対応は等式 (31:16) により定義される．

31.3.3 ここで (31:15), (31:16) の先に述べた性質を証明しよう．

Γ の配分は Γ' の配分に写像される：これは，**30.1.1** の (30:1), (30:2) により，以下のことを意味する．

---

[94] もし (固定された) ベクトル $\vec{\alpha}^0 = (\alpha_1^0, \cdots, \alpha_n^0)$ を導入すれば，(31:16) はベクトル的に $\vec{\alpha}' = \vec{\alpha} + \vec{\alpha}_1^0$ と書くこともできる．すなわち，それは配分のベクトル空間における ($\vec{\alpha}$ だけの) 移動である．

(31:17) $i = 1, \cdots, n$ に関して，$\alpha_i \geq \mathrm{v}(\{i\})$

(31:18) $\sum_{i=1}^{n} \alpha_i = 0$

ならば，

(31:17*) $i = 1, \cdots, n$ に関して，$\alpha_i' \geq \mathrm{v}'(\{i\})$

(31:18*) $\sum_{i=1}^{n} \alpha_i' = 0$

となる．このような性質は，(31:17), (31:17*) については $\mathrm{v}'(\{i\}) = \mathrm{v}(\{i\}) + \alpha_i^0$ (**27.1.1** の (27:2)) となることにより，また (31:18), (31:18*) については $\sum_{i=1}^{n} \alpha_i^0 = 0$ (同所の (27:1)) となることにより，成り立つ．

Γ に関する有効性は Γ′ に関する有効性に転ずる：これは **30.1.1** の (30:3) により，

$$\sum_{i \in S} \alpha_i \leq \mathrm{v}(S)$$

ならば，

$$\sum_{i \in S} \alpha_i' \leq \mathrm{v}'(S)$$

なることを意味する．このような性質は (31:16) を (27:2) と比較することにより明らかになる．

Γ に関する支配は Γ′ に関する支配に転ずる：これは **30.1.1** の (30:4:a)-(30:4:c) に関しての同様なことを意味する．(30:4:a) は当然成り立つ．(30:4:b) は有効性であり，上で解決した．(30:4:c) は，$\alpha_i > \beta_i$ ならば $\alpha_i' > \beta_i'$ なることであり，これは自明である．Γ の解は Γ′ の解に写像される：これは **30.1.1** の (30:5:a), (30:5:b) (もしくは 30:5:c)) に関しての同様なことを意味する．このような条件は支配にのみ関連し，これについてはすでに解決した．

以上の結果をまとめておこう．

(31:Q)　もし2つのゲーム Γ と Γ′ が戦略上同等ならば，それらの配分の間に同形性——すなわち **30.1.1** で定義された概念を変えることのない Γ の配分の Γ′ の配分への1対1写像——が存在する．

32 本質的ゼロ和3人ゲームのすべての解の決定

32.1 数学的問題の定式化．図による表現

32.1.1 次に **30.4.1** で定式化された第2の問題に移ろう：すなわち，本質的ゼロ和3人ゲームについてのすべての解の決定である．

このゲームを縮約形で考えてもよく，$\gamma = 1$ とできることをわれわれは知っている[95]．この場合の特性関数は，先に議論したように完全に決定することができる[96]：

$$(32{:}1) \quad S \text{ が} \begin{cases} 0 \\ 1 \\ 2 \\ 3 \end{cases} \text{個の要素をもつときには，} v(S) = \begin{cases} 0 \\ -1 \\ 1 \\ 0 \end{cases}$$

配分はベクトル

$$\vec{\alpha} = (\alpha_1, \alpha_2, \alpha_3)$$

であり，その3つの要素は **30.1.1** の (30:1), (30:2) を満たさねばならない．この条件は，ここでは ((30:1) を考慮することにより)，

$(32{:}2) \quad \alpha_1 \geq -1, \quad \alpha_2 \geq -1, \quad \alpha_3 \geq -1$

$(32{:}3) \quad \alpha_1 + \alpha_2 + \alpha_3 = 0$

となる．**31.2.1** の (31:I) により，この $\alpha_1, \alpha_2, \alpha_3$ は2次元の連続体——すなわち平面上で表現しうるもの——をかたちづくるだけであることをわれわれは知っている．実際，(32:3) は非常に簡単な平面で表現することが可能である．

32.1.2 このために，われわれは平面上に互いに $60°$ の角をなす3つの軸をとる．平面上の任意の点に対し，$\alpha_1, \alpha_2, \alpha_3$ を3つの軸からの方向をもつ垂直な距離と定義する．全体的な配置，特に $\alpha_1, \alpha_2, \alpha_3$ に付けられる符号は，図52に与えられている．任意の点に関して，この3つの垂直距離の幾何学

---

[95] **29.1** 冒頭の議論およびそこで与えた参考箇所，すなわち，**27.1** の最後と **27.3** の第2の注意を参照せよ．

[96] **29.1** 冒頭の議論または **27.5** の第2の場合を参照せよ．

的な和がゼロとなり，逆に和がゼロとなるようなどんな3次元ベクトル $\vec{\alpha} = (\alpha_1, \alpha_2, \alpha_3)$ も1つの点に相当することは容易に証明される．

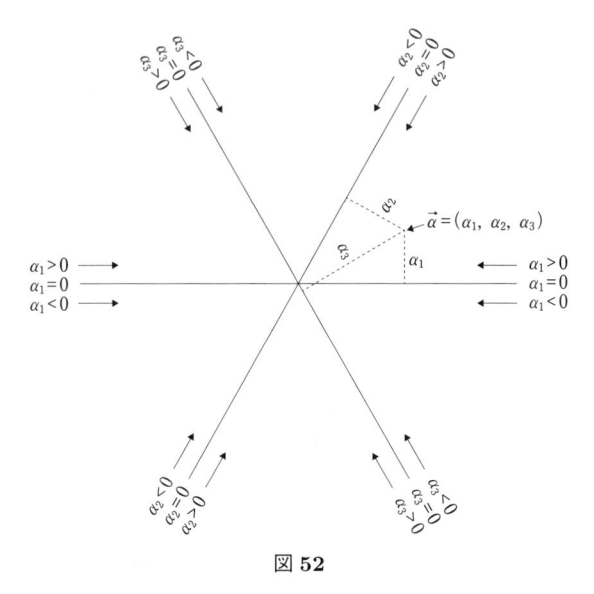

図 52

したがって，図52の図による表現は条件 (32:3) を正確に表している．それゆえ，残りの条件 (32:2) は図52の平面内の点 $\vec{\alpha}$ に課せられる制限に等しくなる．この制限とは，明らかにその点が3つの直線 $\alpha_1 = -1$, $\alpha_2 = -1$, $\alpha_3 = -1$ によってつくられる三角形の周上もしくは内部に位置せねばならないことである．図53がこれを示している．

このようにして，影を施した部分は基本三角形とよばれ，(32:2), (32:3) を満たす $\vec{\alpha}$——すなわち配分——を表している．

32.1.3 次に，この図の上で支配の関係を表そう．$n = 3$ であるので，(31:H) から (**31.1.5** の最後の (31:8) の議論も参照せよ)，$I = \{1, 2, 3\}$ の部分集合 S の中の2要素からなるものは確実に必要であり，他のすべてのものは確実に不必要であることがわかっている．すなわち，すべての解 V を決定する際に考慮しなければならない集合は，まさに

$$\{1,2\}; \ \{1,3\}; \ \{2,3\}$$

だけである．したがって，

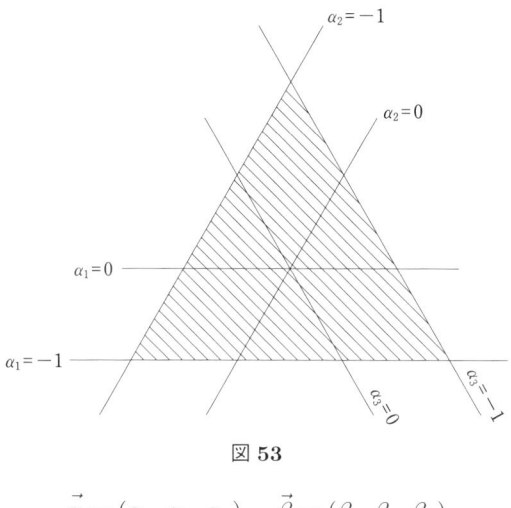

32 本質的ゼロ和3人ゲームのすべての解の決定

図 53

$$\vec{\alpha} = (\alpha_1, \alpha_2, \alpha_3), \quad \vec{\beta} = (\beta_1, \beta_2, \beta_3)$$

に関する支配

$$\vec{\alpha} \succ \vec{\beta}$$

は

(32:4) $\alpha_1 > \beta_1, \alpha_2 > \beta_2$ または $\alpha_1 > \beta_1, \alpha_3 > \beta_3$ または $\alpha_2 > \beta_2, \alpha_3 > \beta_3$

のいずれかを意味する．図によれば：図54において，$\vec{\alpha}$ は影を施した部分の点を支配し，他の点を支配することはない[97]．

このようにして，点 $\vec{\alpha}$ は図55で示された六分円のうちの3つ（すなわち，A, C, E）を支配する．これから，$\vec{\alpha}$ が他の3つの六分円（すなわち B, D, F）によって支配されることは容易に結論される．したがって，$\vec{\alpha}$ を支配せず，しかも $\vec{\alpha}$ によって支配されないような点は，これらの六分円を分ける3つの直線（すなわち，6つの半直線）の上に存在するだけである．すなわち，

(32:5) もし $\vec{\alpha}, \vec{\beta}$ が互いに他を支配しなければ，$\vec{\alpha}$ から $\vec{\beta}$ への方向は基本三角形の一辺に平行である．

---

[97] 特にこの範囲の境界線上の点も支配しない．

図 54

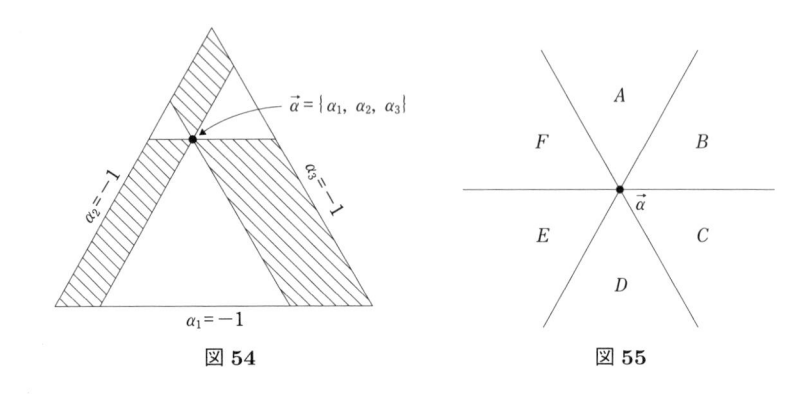

図 55

32.1.4 さて，すべての解を体系だてて見出すことにとりかかろう．

解 V，すなわち **30.1.1** の条件 (30:5:a), (30:5:b) を満たす基本三角形の集合を考える．以下においては，これらの条件をいちいち明示することなく広く用いるものとする．

ゲームは本質的であるから，V は少なくとも 2 つの点，例えば $\vec{\alpha}$ と $\vec{\beta}$ を含まねばならない[98]．(32:5) により，$\vec{\alpha}$ から $\vec{\beta}$ への方向は基本三角形の 1 つの辺に平行であり，プレイヤーの番号 1, 2, 3 を置換することにより，この平行な辺を $\alpha_1 = -1$，すなわち横軸にすることができる．したがって，$\vec{\alpha}, \vec{\beta}$ は水平な直線 l の上に位置する．ここで次の 2 つの可能性が生じるが，われわれはそれらを別々に扱う：

(a) V のすべての点が l 上に位置する．

(b) V のいくつかの点は l 上に位置しない．

32.2 すべての解の決定

32.2.1 まず (b) を考えよう．l 上に位置しない任意の点は，$\vec{\alpha}, \vec{\beta}$ の双方に関して (32.5) を満たさねばならない．すなわち，$\vec{\alpha}, \vec{\beta}$ を底辺とする 2 つの正三角形のうちの 1 つの第 3 の頂点にならねばならない：つまり，図 56 の 2 点 $\vec{\alpha}', \vec{\alpha}''$ である．したがって，$\vec{\alpha}'$ または $\vec{\alpha}''$ のどちらかは V に属する．$\vec{\alpha}, \vec{\beta}, \vec{\alpha}'$ または $\vec{\alpha}, \vec{\beta}, \vec{\alpha}''$ と異なる V の任意の点は (32.5) を再度満たさねばならず，しかも今度は $\vec{\alpha}, \vec{\beta}, \vec{\alpha}'$ または $\vec{\alpha}, \vec{\beta}, \vec{\alpha}''$ のすべてに関して満たさねばな

---

[98] これは図 54 においても直ちに観察できる．

らない．しかしながら，これは図 56 をみれば直ちに明らかなように不可能である．よって，V は正確にこれらの 3 つの点——すなわち図 57 の三角形 I または II の位置をとる三角形の 3 つの頂点——から構成されることになる．図 57 を図 54 または図 55 と比較することにより，三角形 I の頂点によってはこの三角形の内部は支配されえないことがわかる．これによって I は除外される[99]．

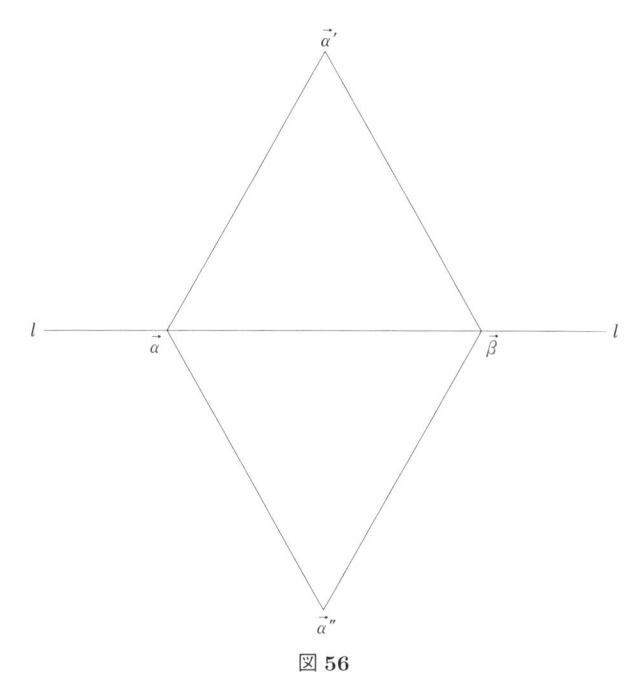

図 56

同じ比較をすることにより，三角形 II の頂点は図 58 で示された網点を施した部分を支配しえないことがわかる．したがって，三角形 II はこれらの網点を施した部分が完全に基本三角形の外部に位置するような方法で基本三角形内に置かれねばならない．このことは，II の 3 頂点が，図 59 に示されるように基本三角形の 3 辺上に位置せねばならないことを意味している．このようにして，これらの 3 つの頂点は基本三角形の 3 辺の中点となる．

---

[99] これは，**30.3.6** において述べられた例を与えるものである．すなわち，三角形 I の 3 頂点は互いに支配せず，**30.3.6** の意味での 1 つの満足な集合を形成する．それにもかかわらず，それらは解の部分集合として適当ではないのである．

図 57

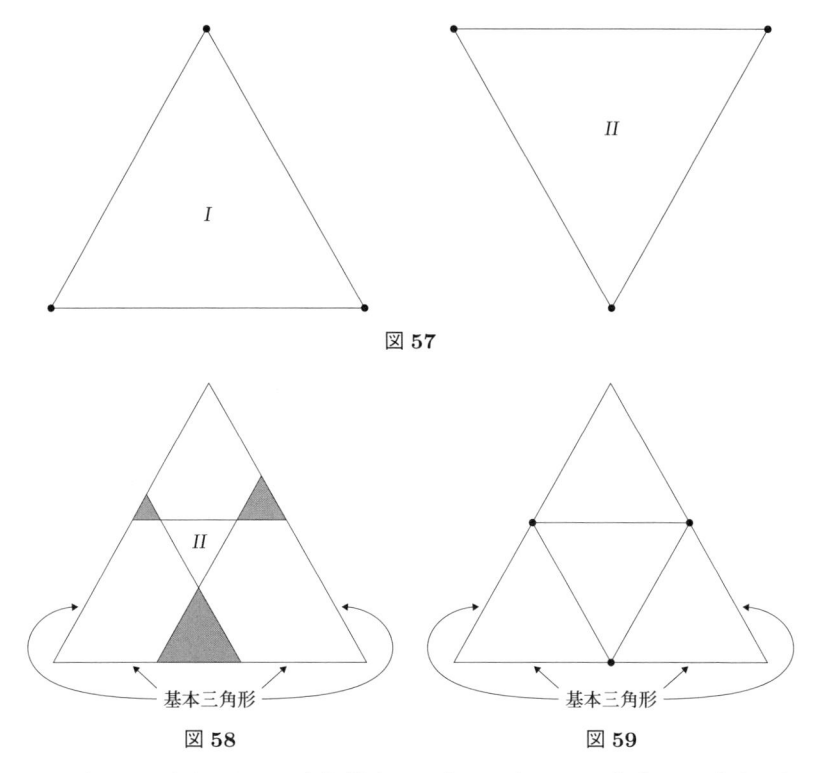

図 58

図 59

　図 59 と図 54 または図 55 を比較することにより，この集合 V は実際に解となる．直ちに，これらの 3 中点が点（ベクトル）

(32.6) $\left(-1, \frac{1}{2}, \frac{1}{2}\right)$, $\left(\frac{1}{2}, -1, \frac{1}{2}\right)$, $\left(\frac{1}{2}, \frac{1}{2}, -1\right)$

である．すなわち，この解 V が図 51 の集合となっていることは証明できる．

32.2.2　次に **32.1.4** の (a) を考えよう．この場合には，V のすべての点が水平線 l 上に位置する．(32:5) により，l 上のどの 2 点も互いに支配しない，それゆえ l 上のすべての点は V によって支配されない．したがって，(基本三角形内の) l 上のすべての点は V に属さねばならない．すなわち，V は正確に l の基本三角形内の部分となっているのである．したがって，V の要素 $\vec{\alpha} = (\alpha_1, \alpha_2, \alpha_3)$ は，等式

(32.7)　$\alpha_1 = c$

によって特徴づけられる．図示すれば：図 60 である．

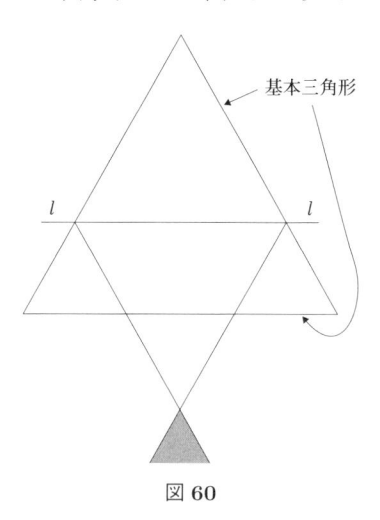

図 60

図 60 を図 54 または図 55 と比較することにより，直線 l は図 60 の網点を施した部分を支配しえないことがわかる．したがって，網点を施した部分が基本三角形の内部にまったく位置しないように直線 l は置かれねばならない．このことは，基本三角形の l と交わる 2 辺の中点よりも l が下方に位置せねばならないことを意味する[100]．(32:7) の術語を用いれば：$c < \frac{1}{2}$ である．一方，l が基本三角形と交わるためには $c \geq -1$ となることが必要である．したがって，

(32:8) $\quad -1 \leq c < \dfrac{1}{2}$

となる．

図 60 を図 54 または図 55 と比較することにより，これらの条件のもとで[101]，集合 V ─── すなわち l ─── が実際に 1 つの解となることが示される．

---

[100] l の制限位置，すなわち中点自身を通る場合は除かれねばならない．その理由は，この位置においては網点を施した部分の頂点が基本三角形上にあり ─── この点もまた V，すなわち l によって支配されないためにこれが許されないからである．

　これに相当する禁止が (b) の場合，すなわち図 58 の網点を施した部分においては生じないことに注意されたい．その場合にも，頂点は V によって支配されはしなかったが，V に属していた．一方，現在の場合には，考慮している頂点は V，すなわち l に属さない．

　この制限位置の除外は以下の不等式において ─── $\leq$ ではなく ─── $<$ をもたらす．

[101] (32:8)，すなわち l が基本三角形と交わり，しかもその中線より下にあるという条件である．

しかし，この解の形式（32:7）は番号 1, 2, 3 を適当に置換することによりもたらされた．したがって，

(32:7*)　　$\alpha_2 = c$,
(32:7**)　 $\alpha_3 = c$

によって特徴づけられ，しかも常に（32:8）を満たすという 2 つの解がさらに存在する．

32.2.3 要約すれば：
以下は解の完全なリストである：

(32:A)　（32:8）を満たすすべての c に関して：(32:7)，(32:7*)，(32:7**) の 3 つの集合．
(32:B)　集合 (32:6)．

33　結　論

33.1　解の多様性．差別とその意味

33.1.1　**32** の結果には注意深い考察と注釈が必要である．われわれは本質的ゼロ和 3 人ゲームのすべての解を決定した．**30.1** の厳密な定義を明確にする前に，**29.1** においてどのような解をわれわれが望んでいるかをすでに決定した．そして，これは (32:B) として再度ここで現れてきた．しかし，さらに他の解も見出した．すなわち (32:A) であり，それは無限に多くの集合をもち，その各々が配分自身の無限集合であった．これらの余分な解は何を表しているのであろうか？

例えば (32:A) の (32:7) の形を考えてみよう．これは (32:8) のすべての c に対して (32:7) を満たす，すなわち $\alpha_1 = c$ となるすべての配分 $\vec{\alpha} = (\alpha_1, \alpha_2, \alpha_3)$ からなる解を与える．これに加えて，それらは **30.1.1** の条件 (30:1)，(30:2)——すなわち **32:1.1** の (32:2)，(32:3)——のみを満たしていなければならない．言い換えれば：われわれの解は，すべての

(33:1)　　$\vec{\alpha} = (c, a, -c - a)$,　　$-1 \leq a \leq 1 - c$

から構成されていることになる．

この解の意味は明らかに以下のとおりである：プレイヤーの1人（この場合には 1）が他の2人（この場合には 2,3）によって差別されている．この2人はプレイヤー1の得る量 c を彼に割り当てる．この量は解，すなわち受け入れられる行動基準のすべての配分に関して同じである．プレイヤー1の社会における位置は他の2人のプレイヤーによって規定されており，提携を導きうるすべての交渉から除かれている．しかしながら，このような交渉は他の2人の間で続けられ，彼らの取り分である $-c$ の分配は完全に彼らの交渉能力により決定される．解，すなわち受け入れられる行動基準は，この取り分が彼らの間で分けられる，すなわち $a, -c-a$ によって表される方法に対してはまったく制限を与えない[102]．これは驚くべきことではない．除外されたプレイヤーは完全に「追放」されたものであるから，パートナーが逃げ去るというおそれは提携の各参加者から取り除かれている．それゆえ，取り分の明確な分割を決定する方法はまったくないのである[103][104]．

ついでながら：配分の1つの集合というわれわれの解の概念が，いかにしてこの状況をも扱いうるかを調べることはまったく有益であろう．

33.1.2 1人のプレイヤーに対する「差別」の概念についてもう少し述べておくべきことがある．

第 1 に，完全に恣意的に行われるわけではない．差別を量的に表す c は **32.2.2** の (32:8) により制限される．ここで (32:8) の一部，$c \geq -1$ の意味は十分に明確であるが，もう1つの $c < \frac{1}{2}$ [105] の意味はかなり難解である（しかし，以下を参照せよ）．それは，すべて次の点にもどる：差別のどの体系も安定な行動基準——すなわち社会の秩序——と両立しうるが，それはその安定性をそこなわないためにはある量的な条件を満たしていなければならないかもしれない．

第 2 に，差別は必ずしもそれを受けるプレイヤーにとって明らかに不利と

---

[102] 双方が ≥ -1 とならねばならないこと——すなわち，他から何の援助もなく独力でプレイヤーが獲得できる量よりは多いこと——は除いている．

$a, -c-a \geq -1$ はもちろん (33:1) の $-1 \leq a \leq 1-c$ である．

[103] **25.2** の最後の議論を参照せよ．そこで $v(S)$ が第 1 位であることを導くために述べた議論はこの場合には作用しないが——それにもかかわらず解を決定していることに注意されたい！

[104] **32.2.2** の (32:8) により，「取り分」すなわち $-c$ なる量は正にも負にもなりうることを注意されたい．

[105] しかも $c < \frac{1}{2}$ においては $=$ が除かれているが，$c \geq -1$ においてはそうではない．

いうわけではない．それは明らかに有利——すなわち，固定された値 c が他のプレイヤーの期待しうる最善の量以上である——とはなりえない．もし有利になるとすれば，(33:1) により $c \geq 1-c$，すなわち $c \geq \frac{1}{2}$ となる——これは (32:8) によりまさに禁じられている．しかし，明らかに不利なのは $c=-1$ の場合だけであり，これは ((32:8) により) たしかに c に関しておこりうる値ではあるが，これが c のとりうるただ 1 つの値ではない．$c=-1$ はプレイヤーが除外されているばかりでなく，100 パーセント搾取されていることを意味している．$-1 < c < \frac{1}{2}$ なる ((38:2) の) 残りの c は，徐々に差別の形がより不利でなくなることに対応している．

33.1.3 われわれの解の概念が，無差別な (32:B) の行動基準と差別的な (32:A) の行動基準——後者の場合には 100 パーセント不利な場合 $c=-1$ と徐々に不利でなくなる連続的な集まり $-1 < c < -\frac{1}{2}$ との双方を含むものである——のすべての微妙な相違を表現しうることは注目に値するであろう．われわれはこのような事柄を究明したのではないが——29.1 の発見的な議論はたしかにこの精神において行われたものではなかった——それにもかかわらず，厳密な理論そのものによってこれらの結論に達せざるをえなかった点が特に意義深いのである．しかも，これらの状況は極端に簡単なゼロ和 3 人ゲームの枠組みの中でさえ生じたのである！

$n \geq 4$ の場合には，差別，偏見，特権などのあらゆる種類の仕組みのおこる可能性がかなり大きくなることを予期しておかねばならない．さらに，解 (32:B) に類似するもの，すなわち非差別的な「客観的」解も常に究明せねばならないが，その状況がまったく簡単ではないことがわかるであろう．また，一般非ゼロ和ゲームの正しい理解——そしてそれによる経済学への応用——まで導くのは，まさに差別的な「非客観的」解の研究であることもわかるであろう．

33.2 静学と動学

33.2 ここで静学と動学に関する **4.8.2** の議論をふり返ってみることは有益であろう．そこで述べたことがここで用いられている．すなわち，われわれの理論がここで到達した側面はすでに実際に示唆されていたのである．

29.2 およびそこで言及した箇所において，すでに提携の形成に先んじてその条件を決定する交渉，期待，恐れについて考察した．これらはすべて **4.8.2**

で述べた準動学的な形のものである．同じことは，いかにしてさまざまな配分がその解への関連に依存して相互に支配しうるかしえないか，すなわち，確立された行動基準によって是認された行動がいかにして互いに対立することなく，しかも是認されない種々の行動を信用のおけないものになしうるのか，という **4.6** さらには **30.2** の議論に用いられている．

　静学理論においてこのような考えを用いることについての理由，およびその必要性は **4.8.2** で述べられていた．したがって，ここでくり返す必要はないであろう．

第7章　ゼロ和4人ゲーム

34　予備的な概論

34.1　一般的な観点

34.1　われわれはいまやゼロ和 n 人ゲームの一般理論を手にしているが，その知識の状態はまだ満足すべきものにはほど遠い．定義を形式的に述べたことを除いては，まだ表面からほんの少し入りこんだというにすぎない．われわれの行った応用——すなわち解の決定に成功した特別の場合——は，予備的な方向づけを与ええたにすぎないと考えられる．**30.4.2** において指摘されたように，これらの応用は $n \leq 3$ の場合はすべてカバーしているが，一般的な問題と比べこれがいかにわずかなものであるかは，これまでの議論から明らかである．このようにして，われわれは $n \geq 4$ なるゲームに目を向けねばならず，提携の相互作用が非常に複雑な形をとって現れてくるのもこの場合であると考えられる．これらの現象を支配する装置に習熟してはじめて，このような問題の性質により深い洞察が加えられるようになるであろう．

本章はゼロ和4人ゲームにあてられる．このゲームについてわれわれはいまだ多くの未知の部分を有している．その知識の不足により，不完全なそして主に詭弁的な取り扱いが必要となる[1]．しかし，この不完全な叙述によってさえも，以前には（すなわち $n \leq 3$ の場合には）遭遇しえなかった一般理論のさまざまな重要な定性的性質が明らかにされるであろう．実際，この側面の数学的結果を解釈することにより，具体的な「社会的」概念や定式化にかなり自然に導かれるのである．

---

[1] 例えば，発見的な工夫にかなり重きが置かれる．

34.2 本質的ゼロ和4人ゲームの形式

34.2.1 ゼロ和4人ゲームの性質についての概念を得るために，まず純粋に記述的な分類から始める．

それゆえ，任意のゼロ和4人ゲーム Γ が与えられたとしよう．ここで，それを縮約形で考えてもさしつかえない：また $\gamma = 1$ としよう[2]．**27.2** の (27:7*) および (27:7**) から知っているとおり，以上の主張は特性関数に関する次の論述に相当する：

$$(34:1) \quad S \text{ が} \begin{cases} 0 \\ 1 \\ 3 \\ 4 \end{cases} \text{個の要素をもつときに，} v(S) = \begin{cases} 0 \\ -1 \\ 1 \\ 0 \end{cases} \text{ となる．}$$

このようにして，以上の正規化によっては2要素集合 S の $v(S)$ のみが依然として決定されない．それゆえ，これらの集合に注意を向けよう．

すべてのプレイヤーの集合 $I = \{1, 2, 3, 4\}$ は，次の6個の2要素集合 S を有している．

$$\{1,2\}, \{1,3\}, \{1,4\}, \{2,3\}, \{2,4\}, \{3,4\}$$

ここで，以上の S の各々は同じ列の他の1つをその補集合として有するので，このような集合の $v(S)$ を独立変数として扱うことはできない．明確にすれば：1番目と6番目，2番目と5番目，3番目と4番目は各々互いに補集合となっている．したがって，それらの $v(S)$ は互いに符号が逆になる．また **27.2** の不等式 (27:2) により（ただし $n = 4, p = 2$ である），これらのすべての $v(S)$ は2以下であり -2 以上であることも思い出される．したがって，もし

$$(34:2) \quad \begin{cases} v(\{1,4\}) = 2x_1, \\ v(\{2,4\}) = 2x_2, \\ v(\{3,4\}) = 2x_3 \end{cases}$$

とおけば，

---

[2] **27.1.4** および **27.3.2** を参照せよ．読者はこの議論とゼロ和3人ゲームに関する **29.1.2** の議論との類似に気づかれるであろう．これについては，後にさらにくわしく述べられる．

$$(34:3) \quad \begin{cases} v(\{2,3\}) = -2x_1, \\ v(\{1,3\}) = -2x_2, \\ v(\{1,2\}) = -2x_3 \end{cases}$$

となり,さらに,

$(34:4) \quad -1 \leq x_1, x_2, x_3 \leq 1$

となる.

逆に:もし (34:4) を満たす任意の3つの数 x_1, x_2, x_3 が与えられれば, (34:1)-(34:3) により, ($I = \{1,2,3,4\}$ のすべての部分集合 S に対して)関数 v(S) を決定できるが,この v(S) がゲームの特性関数であることを決定せねばならない. **26.1** により,これはこの v(S) が **25.3.1** の条件 (25:3:a)-(25:3:c) を満たすことを意味する.もちろん, (25:3:a) および (25:3:b) は明らかに満たされ,よって (25:3:c) のみが残る. **25.4.2** により,これは,

もし S_1, S_2, S_3 が I の分割ならば, v(S_1) + v(S_2) + v(S_3) ≤ 0

を示すことを意味する. (**25.4.1** の (25:6) も参照せよ.) もし集合 S_1, S_2, S_3 のいずれか1つが空集合であれば,他の2つは互いに補集合となり,それゆえ **25.3.1** の (25:3:a), (25:3:b) によって等号が成り立つ.そこで,集合 S_1, S_2, S_3 のどれも空集合でないと仮定してよいであろう.全体で4個の要素が利用できるので,これらの集合の1つ,例えば $S_1 = S$ は2要素をもたねばならず,一方他の2つは1要素集合となる.したがって,上記の不等式は,

$$v(S) - 2 \leq 0, \quad \text{すなわち } v(S) \leq 2$$

となる.もしすべての2要素集合 S に関してこれを表せば, (34:2), (34:3) により不等式は次のごとく変形される.

$$2x_1 \leq 2, \quad 2x_2 \leq 2, \quad 2x_3 \leq 2$$
$$-2x_1 \leq 2, \quad -2x_2 \leq 2, \quad -2x_3 \leq 2$$

ところが,これは (34:4) の仮定と同等である.このようにして次の事実が証明された.

(34:A)　（$\gamma = 1$ とした縮約形における）本質的ゼロ和 4 人ゲームは，不等式 (34:4) を満たす 3 つの数 x_1, x_2, x_3 と正確に対応する．このようなゲームとの対応，すなわちその特性関数と x_1, x_2, x_3 との対応は，等式 (34:1)-(34:3) によって与えられる[3]．

34.2.2　上述の本質的ゼロ和 4 人ゲームの 3 つの数 x_1, x_2, x_3 による表示は，簡単な幾何学的図形によって示されうる．x_1, x_2, x_3 なる数を 1 つの点の直交座標と考えることができる[4]．この場合には，不等式 (34:4) は立方体 Q を正確に満たす空間の一部を表す．この立方体は，図 61 に示されているようにその 6 個の面が 6 平面

$$x_1 = \pm 1, \quad x_2 = \pm 1, \quad x_3 = \pm 1$$

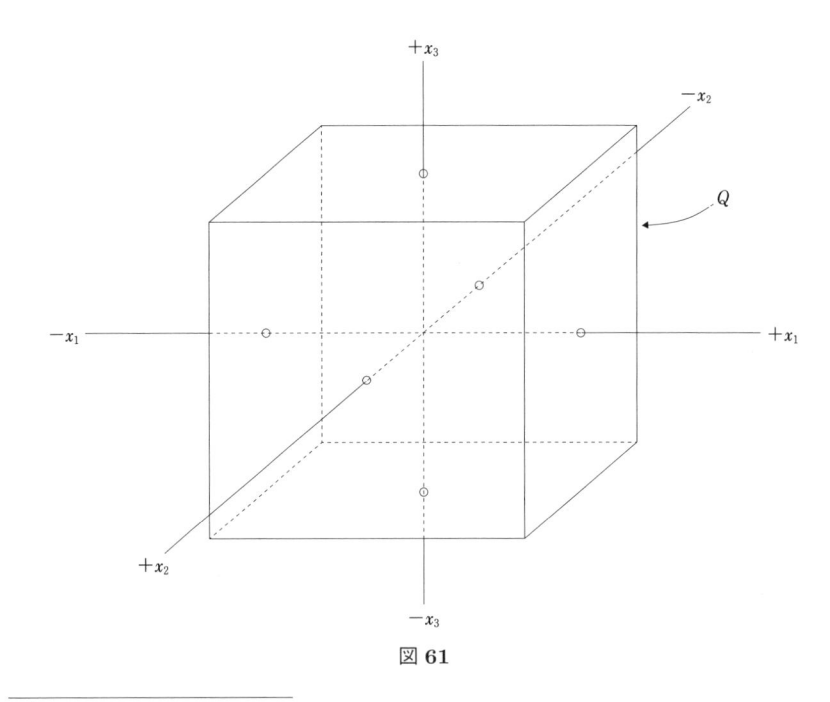

図 **61**

---

[3] 読者は，この結果をゼロ和 3 人ゲームに関する **29.1.2** の結果と比較してみるとよい．いかに可能性が増大したかに気づくであろう．

[4] これらの数を **16.1.2** およびそれ以下の意味での L_3 の 1 つのベクトルの要素と考えてもよい．この観点は 415 ページの脚注 25) におけるように，より好都合なこともときにはあるだろう．

であるので中心が座標の原点に位置し，その辺が長さ2である．

したがって，各本質的ゼロ和4人ゲーム Γ はこの立方体の内部もしくは表面上の1点で正確に表され，またその逆も成り立つ．これらのゲームをこのような方法でとらえ，その特性を Q の幾何学的条件と関連づけることは非常に役立つ．Q の明確に意味をもつ点と対応するゲームを認識することは特に有益である．

しかし，この問題にとりかかる前に対称性についていくつかの問題を考えておこう．われわれはプレイヤー1,2,3,4の置換と，Q の幾何学的変形（動き）との間の関連を明らかにしたいと思っている．実際：**28.1** により前者はゲーム Γ の対称性に対応し，一方，後者は明らかに幾何学的対象の対称性を表している．

34.3 プレイヤーの置換

34.3.1 本質的ゼロ和4人ゲームの幾何学的表示を発展させるためには，恣意的な，すなわち，はじめの状況の対称性の一部を損なうような操作を行わねばならない．実際，2要素集合 S の v(S) を表すに際し，座標 x_1, x_2, x_3 を導入するために，(6個ある) これらの集合のうち3個を選び出さねばならない．実際に (34:2)，(34:3) においては，プレイヤー4に特別な役割を与え，その後プレイヤー1,2,3と量 x_1, x_2, x_3 の対応をそれぞれ確立することにより，上記のことを行った ((34:2) を参照せよ)．このようにして，プレイヤー1,2,3の置換によって座標 x_1, x_2, x_3 に関しても同じ置換がひきおこされる．——ここまでは配列も対称的である．ところが，これらはプレイヤー1,2,3,4の総計24個の置換の中の6個にしかすぎない[5]．したがって，プレイヤー4と他の1人との置換はこのような方法によっては考慮されないのである．

34.3.2 そこで次のような置換を考えよう．直ちにその理由はわかるであろうが，まずプレイヤー1と4を相互に取り替え，2と3を相互に取り替えるような置換 A を考える[6]．この置換により，x_1 は変化を受けないが，x_2, x_3

---

[5] **28.1.1** を参照せよ．これらは定義 (28:A:a)，(28:A:b) にしたがうものである．
[6] **29.1** の記号を用いれば：

$$A = \begin{pmatrix} 1,2,3,4 \\ 4,3,2,1 \end{pmatrix}, \quad B = \begin{pmatrix} 1,2,3,4 \\ 3,4,1,2 \end{pmatrix}, \quad C = \begin{pmatrix} 1,2,3,4 \\ 2,1,4,3 \end{pmatrix}$$

である．

は $-x_2, -x_3$ に置き換えられることは，等式 (34:2)，(34:3) を一目みれば明らかであろう．同様にして以下のことも示される：プレイヤー 2 と 4，そして 1 と 3 を取り替える置換 B により，x_2 はそのままであるが，x_1, x_3 は，$-x_1$, $-x_3$ と置き換えられ，プレイヤー 3 と 4，そして 1 と 2 を取り替える置換 C により，x_3 はそのままであるが x_1, x_2 は $-x_1, -x_2$ と置き換えられる．

したがって，3 つの置換 A, B, C はその符号に関してのみ変数 x_1, x_2, x_3 に影響を及ぼす．すなわち，各置換は 2 つの符号を変え残りの 1 つの符号は変えないのである．

上述の各置換はまた，各々 4 を 1, 2, 3 と取り替えるので，プレイヤー 1, 2, 3 の 6 個の置換と結びつければ，プレイヤー 1, 2, 3, 4 のすべての置換を生ぜしめることになる．さて，後者の 6 個の置換が（符号の変化なしに）x_1, x_2, x_3 の 6 個の置換に相当することはすでにみた．したがって，1, 2, 3, 4 の 24 個の置換は，各々が符号に変化なく，もしくはその 2 つの符号が変化して結びつけられた x_1, x_2, x_3 の 6 個の置換に相当する[7]．

34.3.3 これは次のように述べることもできる：立方体 Q をそれ自身へ移すあらゆる移動を考えてみれば，その移動が座標平面（すなわち平面 x_2, x_3; x_1, x_3; x_1, x_2）への射影と結合された座標軸 x_1, x_2, x_3 の置換から構成されていることがたやすく示される．数学的にいえば，このような移動は，$x_1, x_2,$ x_3 の間の符号を任意に変えたうえでの x_1, x_2, x_3 の置換となる．上記の移動は 48 通りの可能性がある[8]．このような可能性のうちの半分，すなわち符号の変化の数が偶数（つまり 0 または 2）となる 24 通りだけが，プレイヤーの置換に対応する．

立方体 Q をそれ自身に移すだけでなく，図 62 に示されている正四面体 I, V, VI, VII をもそれ自身に移すのも，まさにこの 24 個であることは容易に示される．このような移動は，それにより常に Q の頂点 ● が ● に，また ○ は ○ に移されるが，● が ○ に移されることは決してないことによっても特徴づけられる[9]．

---

[7] これらの符号は各場合について $1 + 3 = 4$ 通りの可能性があり，それゆえ，1, 2, 3, 4 の 24 個の置換を表すためには，x_1, x_2, x_3 に対して $6 \times 4 = 24$ 個の操作を有することになる．——これは当然のことである．

[8] 各変数に対して，その符号が変化するか否かの 2 通りの可能性がある．これは全体で $2^3 = 8$ 通りである．x_1, x_2, x_3 の 6 個の置換と合わせれば，結局 $8 \times 6 = 48$ 通りの操作が得られる．

[9] この移動の群は群論，特に結晶学においてはよく知られているものであるが，われわれはこの点

35 立方体 Q のいくつかの特別な点についての議論

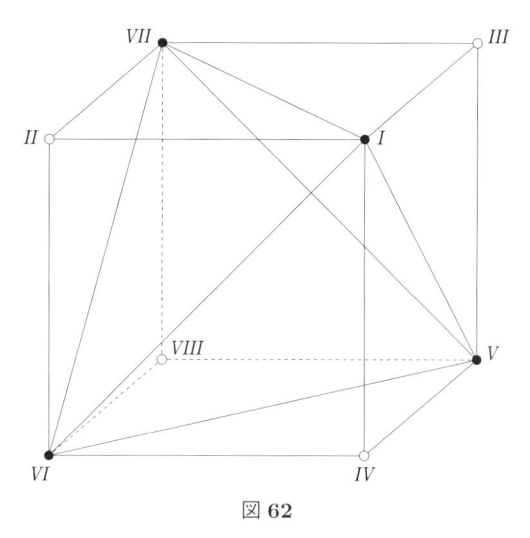

図 62

　ここで立方体 Q の特別な点：すなわち頂点●または○，中心（図 61 の原点），および Q の主対角線上の点に対応するゲームを直接に述べることにより，上記の記述を一層直接的に解釈できるようになるであろう．

35 立方体 Q のいくつかの特別な点についての議論

35.1 頂点 I（および V, VI, VII）

35.1.1 まず，●の 4 頂点 I, V, VI, VII に対応するゲームの決定から始めよう．これらの頂点がプレイヤー $1, 2, 3, 4$ を適当に置換することにより，互いに生じることはすでに知られている．それゆえ，その中の 1 つ，例えば I を考察すれば十分である．

　点 I は座標 x_1, x_2, x_3 の値 $1, 1, 1$ に対応している．したがって，このゲームの特性関数 $v(S)$ は次のようになる：

をこれ以上論じることはしない．

$$(35:1) \quad S \text{ が} \begin{cases} 0 \\ 1 \\ 2\ (4\text{ が }S\text{ に} \\ \quad\text{属する}) \\ 2\ (4\text{ が }S\text{ に} \\ \quad\text{属さない}) \\ 3 \\ 4 \end{cases} \text{個の要素をもつときには, } v(S) = \begin{cases} 0 \\ -1 \\ 2 \\ \\ -2 \\ \\ 1 \\ 0 \end{cases}$$

となる．(これは **34.2.1** の (34:1), (34:2), (34:3) から直ちに証明される．)
第 6 章の数学的理論をこのゲームに適用することはせず，まずこのゲームに対し直接的直観的な解釈ができるかどうかを調べてみよう．

まず，1 人だけ取り残されたプレイヤーは -1 なる量を失うことに注意しよう．このようなプレイヤーは，他の誰の助けも受けることなくそれ以上の損失から自らを守りうるので，これは明らかに彼にとっておこりうる最悪の事態である[10]．したがって，-1 なる量を獲得したプレイヤーは完全なる敗北者であるとみなすことができる．また，2 人のプレイヤーからなる提携も -2 なる量を獲得した場合には，提携内の各プレイヤーは -1 を必ず獲得するに違いないので，敗北したと考えてよい[11)12)]．このゲームにおいては，プレイヤー 4 を含まない 2 人のプレイヤーからなる提携は，上記の意味で敗北することになる．

次に補集合に移ろう．もしある提携が上記の意味で敗北するなら，その補集合を勝利提携と考えるのは当然である．それゆえ，プレイヤー 4 を含む 2 要素集合は勝利提携と考えられねばならない．同様に，孤立したまま取り残されたプレイヤーは誰でも敗北すると考えられるので，3 人の提携は常に勝利す

[10)] このような見方は，**23** および **32.2** における 3 人ゲームに関する結果によって，もっと基本的には **30.1.1**，特に条件 (30:1) における配分の定義によって確認される．
[11)] このようなプレイヤーもそのパートナーも必ず -1 を下まわる量を受け入れる必要はなく，しかも 2 人合わせて -2 を得るのであるから，これがただ 1 つの分け方になる．
[12)] **31.1.4** の術語を用いれば，このような提携は平坦的である．もちろん，このような提携を構成しても何の利益もなく，それゆえ 2 人のプレイヤーにとってそれを形成する動機もありえない．しかし，もし他の 2 人のプレイヤーが結びつき，第 3 の仲間を獲得しようとはしないような状況がおこったとすれば，残りの 2 人のプレイヤーを 1 つの提携として扱ってかまわない．

る．3要素提携が勝利することは，それがプレイヤー4を含んでいる場合には重要なことではない．なぜなら，この提携においてもしプレイヤー4が含まれていれば，彼を含む2人のメンバーはすでに勝利しているからである．しかし1,2,3が勝利提携となることは，その真部分集合がすべて敗北することを考えてみれば重要である[13]．

35.1.2 したがって，このゲームはおこりうる種々の提携：

(35:2)　$\{1,4\}, \{2,4\}, \{3,4\}, \{1,2,3\}$

のいずれかに加わるための戦いであるとみなすのがよいであろう．ただし，これらの提携の獲得しうる量は：

(35:3)　$v(\{1,4\}) = v(\{2,4\}) = v(\{3,4\}) = 2, \quad v(\{1,2,3\}) = 1$

である．

これが本質的ゼロ和3人ゲームにおいて見出した状況に非常に類似していることに注意されたい．その場合には，勝利提携は：

(35:2*)　$\{1,2\}, \{1,3\}, \{2,3\}$

であり，これらの提携の獲得しうる量は：

(35:3*)　$v(\{1,2\}) = v(\{1,3\}) = v(\{2,3\}) = 1$

であった．

3人ゲームにおいては，勝利者の間での (35:3*) の取り分の分割を次の仮

---

[13] われわれは「敗北する」および「勝利する」という言葉をほとんど専門用語のように用いたが，これはわれわれの意図するところではないことを読者に注意しておく．実際，これらの概念は厳密な取り扱いに非常に適している．「敗北する」および「勝利する」という概念は **31.1.5** の (31:F) と (31:G) で考えた集合 S に実際に一致している．すなわち，各々 S が平坦であるかもしくは $-S$ が平坦であるような S に一致しているのである．しかし，この問題は第10章においてのみこのような方法で考えるであろう．

さしあたっては，われわれの考えはまったく発見的なものであり，**21, 22** におけるゼロ和3人ゲームの発見的議論と同じ精神でとらえられねばならない．唯一の相違は，議論における経験および慣れが実質的に増大したことにより，ここではかなり簡潔に議論できるということである．

われわれはいまやゲームについての解の厳密な理論をすでに有しているので，このような予備的な発見的分析を数学的理論に厳密にもとづく正確な分析で補わねばならない．まさにこれを行うであろう．(上述の各節および **36.2.3** の最初も参照せよ．)

定を用いて決定した．勝利提携に属するプレイヤーは，どの勝利提携においても同じ量を獲得する．プレイヤー$1, 2, 3$についてのこの量を各々α, β, γによって表せば，(35:3*) により，

(35:4*) $\quad \alpha + \beta = \alpha + \gamma = \beta + \gamma = 1$

となり，これから，

(35:5*) $\quad \alpha = \beta = \gamma = \dfrac{1}{2}$

となる．これらの値は実際，上記の考察によってもたらされたものである．

　同じ法則を4人ゲームにおいても用いよう．各プレイヤー$1, 2, 3, 4$が勝利提携に加わりえたときに獲得する量を各々$\alpha, \beta, \gamma, \sigma$と表す．すると，(35:3)により，

(35:4) $\quad \alpha + \sigma = \beta + \sigma = \gamma + \sigma = 2, \quad \alpha + \beta + \gamma = 1$

となり，これから，

(35:5) $\quad \alpha = \beta = \gamma = \dfrac{1}{3}, \quad \sigma = \dfrac{5}{3}$

となる．3人ゲームに関して **21**, **22** において用いられたあらゆる発見的な議論がくり返し適用できるであろう[14]．

35.1.3 要約すれば：

(35:A) 　これは，プレイヤー4が勝利するために特に恵まれた立場にあるゲームである．すなわち，誰かと同盟するだけで彼は勝利提携を形成することができる．一方，彼の協力がなければ他の3人のプレイヤーは結びつかねばならない．この有利さは——もし上記の結論が信用できるものならば——各プレイヤー$1, 2, 3, 4$が勝利者となったときに獲得すべき量においても現れている．これらの量はそれぞれ$\frac{1}{3}, \frac{1}{3}, \frac{1}{3}, \frac{5}{3}$である．プレイヤー4の有利さは勝利したときのみのものであることに注意するべきである．もし敗北すればすべてのプレイヤーは同じ立場にある（すなわち-1を得る）．

---

[14] もちろんそれにより，**30.1** にもとづく厳密な議論を用いることなく議論できる．

最後に述べた状況はもちろん，縮約による正規化によって得られたものである．しかし，正規化には関係なくこのゲームは次の特徴を示している：1 人のプレイヤーの他のプレイヤーに対する数量的な有利さは，2 人共に勝利した場合と 2 人共に敗北した場合とでは異なる．

　これは，3 人ゲームにおいては **22.3.4** の結論である定式化から明らかなようにおこりえなかった．したがって，参加者が 4 人になったときに現れてくる重要な新しい要素の兆候をはじめてわれわれは得たことになる．

　35.1.4　最後に 1 つ注意しておくのがよいであろう．このゲームにおいては，プレイヤー 4 の戦略上の有利さというのは，彼にとっては勝利のためにただ 1 人の同盟者だけが必要であるにもかかわらず，彼がいなければ 3 人のプレイヤーが全員同盟を組まなければならないという点である．プレイヤー 4 を含まないすべての提携が敗北するようなゲームを構築することにより，一層極端な形のゲームに移ろうと試みる人もいるかもしれない．この試みは不可能であるというよりはむしろ，このような有利さはもはや戦略的性質をもたないことを明確にしておくことは重要である．実際このようなゲームにおいては，

$$S \text{ が} \begin{cases} 0 \\ 1 \\ 2 \\ 3 \end{cases} \text{個の要素をもち}, 4 \text{ が } S \text{ に属さないならば}, \mathrm{v}(S) = \begin{cases} 0 \\ -1 \\ -2 \\ -3 \end{cases}$$

であり，したがって，

$$S \text{ が} \begin{cases} 1 \\ 2 \\ 3 \\ 4 \end{cases} \text{個の要素をもち}, 4 \text{ が } S \text{ に属すならば}, \mathrm{v}(S) = \begin{cases} 3 \\ 2 \\ 1 \\ 0 \end{cases}$$

である．これは，

$$\mathrm{v}(\{1\}) = \mathrm{v}(\{2\}) = \mathrm{v}(\{3\}) = -1, \quad \mathrm{v}(\{4\}) = 3$$

のように縮約されてはいない．**27.1.4** の縮約の過程をこの $\mathrm{v}(S)$ に適用すれば，その縮約形は，

$$\bar{v}(S) \equiv 0$$

となる．すなわち，ゲームは非本質的である．（これは **27.4** の (27:B) から直接的に示すことができる．）このようにして，このゲームは各プレイヤー $1, 2, 3, 4$ に各々一意的に定まった値 $-1, -1, -1, 3$ を与える．

言い換えれば：このゲームにおけるプレイヤー 4 の有利さは，固定された支払い（すなわち現金）によるものであり，戦略上の可能性によるものではない．もちろん，前者は後者よりもより明確で形をともなうものであるが，縮約の過程において取り除かれるので理論的興味はあまり感じられない．

35.1.5 本節の冒頭において，頂点 V, VI, VII と I との相違はプレイヤーの置換によるものだけであることをみた．I におけるプレイヤー 4 の特別な役割が，V, VI, VII において，それぞれプレイヤー $1, 2, 3$ によって果たされることは容易に示される．

35.2 頂点 VIII（および II, III, IV）．3 人ゲームと「ダミー」

35.2.1 次に ○ の 4 頂点，すなわち $II, III, IV, VIII$ に対応するゲームを考える．それらは，プレイヤー $1, 2, 3, 4$ を適当に置換することにより互いに生じるものであるので，そのうちの 1 つ，例えば VIII を考えるだけで十分である．

点 VIII は座標 x_1, x_2, x_3 の値 $-1, -1, -1$ に対応する．したがって，このゲームの特性関数 $v(S)$ は，

$$(35:6) \quad S \text{ が} \begin{cases} 0 \\ 1 \\ 2\,(4\text{ が }S\text{ に属する}) \\ 2\,(4\text{ が }S\text{ に属さない}) \\ 3 \\ 4 \end{cases} \text{個の要素をもつときには,} \quad v(S) = \begin{cases} 0 \\ -1 \\ -2 \\ 2 \\ 1 \\ 0 \end{cases}$$

（これは，**34.2.1** の (34:1), (34:2), (34:3) から直ちに証明できる．）この場合にも，第 6 章の数学的理論をこのゲームに適用することはせず，まず直接

的直観的な解釈ができるか否かを調べてみよう．

このゲームの重要な特徴は，**25.3** の (25:3:C) の不等式が等式になる，すなわち，$T = \{4\}$ のときに：

(35:7)　もし $S \cap T = \ominus$ ならば，$v(S \cup T) = v(S) + v(T)$

となることである．すなわち：もし S がプレイヤー 4 を含まない提携を表していれば，この提携への 4 の加入はなんら利益をもたらさないのである．すなわち，当の提携にもそれに対峙するものにもまったく影響を及ぼさないのである．これは明らかに (35:7) によって表された加法性の意味するところである[15]．

35.2.2　この状況は以下の結論を示唆する．——この結論はもちろん純粋に発見的なものである[16]．プレイヤー 4 はどの提携に加入したとしても共にまったく無関係であるので，プレイヤー 4 はゲームの戦略を構成する交渉において何の役割も果たさないと仮定してもよいであろう．彼は他のプレイヤーから孤立しており，独力で獲得できる量——$v(S) = -1$——は彼にとってのゲームの実際の値である．一方，他のプレイヤー $1, 2, 3$ は厳密に彼らの間だけでゲームをプレイすることになり，したがって彼らは 3 人ゲームを行うことになる．この 3 人ゲームを表す最初の特性関数 $v(S)$ の値は：

---

[15] 4 の協力を得ることの無関係さは，(35:7) によって表され，

$$v(S \cup T) = v(S)$$

によって表されるのではないことに注意されたい．すなわち，プレイヤーがパートナーとして「無関係」になるのは，彼の加入によって提携の値が変えられない場合ではなく，彼が提携外で得ていた量——そのもの——を正確に提携にもちこむ場合なのである．

この注意は不必要に思えるかもしれない．しかし，特に縮約形でないゲームでしかも $v(\{4\}) > 0$ の場合には，誤解を生む危険がある．——すなわち，4 の加入により（戦略上は無関係であるにもかかわらず）実際に提携の値は増加するのである．

また，S と $T = \{4\}$ との互いの無関係性は厳密に相互的な関係であることにも注意されたい．

[16] 後に **30.1** にもとづいて厳密な議論を行うであろう．その時点において，これらのすべてのゲームはより一般的なある重要性をもつクラスのゲームの特別な場合であることを見出すであろう．（第 9 章，特に **41.2** を参照せよ．）

$$(35:6^*) \quad \begin{aligned} &v(\ominus) = 0, \\ &v(\{1\}) = v(\{2\}) = v(\{3\}) = -1, \\ &v(\{1,2\}) = v(\{1,3\}) = v(\{2,3\}) = 2, \\ &v(\{1,2,3\}) = 1, \end{aligned} \Bigg\} \begin{aligned} &I' = \{1,2,3\} \text{ がここで} \\ &\text{はすべてのプレイヤー} \\ &\text{の集合を表す.} \end{aligned}$$

である.（(35:6) からこれを証明せよ.）

一見したところ，この3人ゲームは $v(I')$（I' はここではすべてのプレイヤーの集合である）がゼロではないので奇妙に思われるかもしれない．しかしながら，これはまったく当然のことなのである．すなわち，プレイヤー4 を除くことによりゲームはゼロ和ではなくなっている，つまり，プレイヤー4 に -1 を割り当てたため残りのプレイヤー全体で1なる値を保持しているのである．われわれはまだこのような状況を体系的に扱ってはいない．（409ページの脚注16）を参照せよ.）しかし，このような状態が 27.1 で用いた変形を少し一般化することにより修正されることは明らかである．1,2,3からなるゲームを各プレイヤーが前もって $\frac{1}{3}$ の量を現金で得ていると仮定し，その後 $(35:6^*)$ の $v(S)$ の値から同じ量を差し引いてこれを埋め合わせるというように修正しよう．**27.1** におけるとちょうど同じように，このような修正はゲームの戦略には影響を及ぼさない．すなわち，戦略上同等なゲームがつくられる[17]．

上述の補償金を考慮に入れれば[18]，次のような新しい特性関数が得られる．

---

[17] **27.1.1** の術語によれば，$\alpha_1^0 = \alpha_2^0 = \alpha_3^0 = -\frac{1}{3}$ である．われわれが侵したそこでの条件は：$\sum_i \alpha_i^0 = 0$ である．われわれは非ゼロ和ゲームから始めたのであるから，これは当然である．

もし $\alpha_4^0 = 1$ とおいてプレイヤー4を含めれば，$\sum_i \alpha_i^0 = 0$ も守られる．これによってもプレイヤー4が孤立していることは前と同様であるが，$v(\{4\}) = 0$ とするために必要な補償金が支払われる．そして，これは明らかに結果として生じる．

現在の状況においては，あらゆる戦略上同等な形の中で議論の基礎を与えるのは，ゲームの縮約形ではないと要約できるであろう．

[18] すなわち，$v(S)$ から $\frac{1}{3}$ に S の要素の数を乗じたものを引くのである．

$$(35:6^{**}) \quad \begin{aligned} v'(\ominus) &= 0 \\ v'(\{1\}) = v'(\{2\}) = v'(\{\{3\}) &= -\frac{4}{3} \\ v'(\{1,2\}) = v'(\{1,3\}) = v'(\{2,3\}) &= \frac{4}{3} \\ v'(\{1,2,3\}) &= 0 \end{aligned}$$

これは——単位の違いを除けば——**32** において議論した本質的ゼロ和3人ゲームの縮約形となっている.すなわち,**32.1.1** の (32:1) の $\gamma = 1$ の代わりに,ここでは $\gamma = \frac{4}{3}$ としているのである.したがって,**23.1.3** の発見的な結果もしくは **32** の厳密な結果が適用できる[19].とにかく,両方の場合に現れ,最も簡単である解,すなわち **32.2.3** の (32:B) に注意を集中しよう.これは,**32.2.1** の配分の集合 (32:6) であり,ここでの $\gamma = \frac{4}{3}$ なる値をこれに乗じなければならない.すなわち:

$$\left\{-\frac{4}{3}, \frac{2}{3}, \frac{2}{3}\right\}, \left\{\frac{2}{3}, -\frac{4}{3}, \frac{2}{3}\right\}, \left\{\frac{2}{3}, \frac{2}{3}, -\frac{4}{3}\right\}$$

となる.(もちろんプレイヤーは 1,2,3 である.)言い換えれば:プレイヤー 1,2,3 の戦略上の目標は,とにかく 2 人の提携を形成することであり,これに成功した,すなわち勝利したプレイヤーは $\frac{2}{3}$ を獲得し,敗北したプレイヤーは $-\frac{4}{3}$ を得る.ここで,最初のゲームにおいては,プレイヤー 1,2,3 の各々はこの上にさらに $\frac{1}{3}$ なる量を得る.——したがって,上記の量 $\frac{2}{3}, -\frac{4}{3}$ は $1, -1$ と置き換えられねばならない.

35.2.3 要約すれば:

(35:B)　これは,プレイヤー 4 があらゆる提携から除外されたゲームである.他のプレイヤー 1,2,3 の戦略上の目標は,とにかく 2 人の提携を形成することである.プレイヤー 4 はとにかく -1 を得る.プレイヤー 1, 2, 3 の各々は勝利者になれば 1 を獲得し,敗北すれば -1 を獲得する.これらはすべて発見的な考察にもとづくものである.

もっと簡単に,この 4 人ゲームは単に「膨張した」3 人ゲームにすぎないといってもさしつかえない.すなわち,「ダミー」プレイヤー 4 を付け加えることにより,膨張させられたプレイヤー 1,2,3 の本質的ゼロ和 3 人ゲームな

---

[19] もちろん,ここでの議論もとにかく発見的なものである.厳密な扱いについては,409 ページの脚注 16) を参照せよ.

のである．後に，この概念がより一般的な意義をもつことをみるであろう．(409ページの脚注16)を参照せよ．)

35.2.4 このゲームにおけるプレイヤー4のダミーの役割を，**33.1.2**で議論したような**32.2.3**の差別解においてプレイヤーが受ける除外と比較する人がいるかもしれない．しかしながら，この2つの現象には重要な差異がある．ここでの構成においては，プレイヤー4はいかなる提携の形成に対してもまったく貢献することはない．彼は特性関数v(S)によって孤立しているのである．われわれの発見的な考察により，彼はあらゆる受容できる解においてすべての提携から除外されるに違いないことが示唆されている．**46.9**において，厳密な理論によってもまさにこの事実が打ち立てられることをみるであろう．**33.1.2**の意味での差別解を受ける除外されたプレイヤーは，考慮中のある特別な状況においてのみ除外されるだけである．そのゲームの特性関数に関するかぎり，彼の役割は他のすべてのプレイヤーと同様である．言い換えれば：われわれが現在考えているゲームにおける「ダミー」は，状況の客観的事実（すなわち特性関数v(S)）によって除外されるのである[20]．また，差別解における除外されたプレイヤーは特別な行動基準（すなわち解）が表す（安定ではあるが）恣意的な「偏見」によってのみ除外されているのである．

本節の冒頭において，頂点II, III, IVはプレイヤーの置換によってのみVIIIと異なることをみた．VIIIにおけるプレイヤー4の特別な役割は，II, III, IVにおいては各々プレイヤー1, 2, 3によって果たされる．

35.3 Qの内部に関してのいくつかの注意

35.3.1 Qの中心，すなわち座標x_1, x_2, x_3の値$0, 0, 0$に対応するゲームを次に考えよう．明らかに，このゲームはプレイヤー1, 2, 3, 4をどのように置換しても影響を受けない，すなわち対称的である．全体的な対称性は，x_1, x_2, x_3のあらゆる置換およびその中の任意の2つの符号を変化させても不変であることを意味する（**34.3**を参照せよ），したがって，$x_1 = x_2 = x_3 = 0$であるのでQの中でのこのようなゲームはこれだけであることに注意されたい．

このゲームの特性関数v(S)は次のとおりである：

---

[20] これは**4.6.3**の意味での「物理的な背景」である．

(35:8)　S が $\begin{cases} 0 \\ 1 \\ 2 \\ 3 \\ 4 \end{cases}$ 個の要素をもつときに，$v(S) = \begin{cases} 0 \\ -1 \\ 0 \\ 1 \\ 0 \end{cases}$ である[21]．

(**34.2.1** の (34:1)，(34:2)，(34:3) により，これは直ちに証明される．) このゲームの厳密な解は無数にある．実際，これらの解はむしろ途方にくれるほどの多様性をもっているといわねばならない．厳密な理論を一貫して用いることにより，望みの程度までそれらを整理し体系だてることはいまだに行われていない．それにもかかわらず，既知の例はこの理論の細部に対し示唆に富んだ洞察を与える．われわれは，**37** および **38** において上述の例をもう少しくわしく考察するであろう．

さしあたっては，次の（発見的な）注意を与えるにとどめておく：この（全体的）対称なゲームの考えは，明らかに多数の提携（すなわち3人からなる提携）がすべて勝利し，一方，引き分け（すなわち各々2人からなる2つの提携が形成される）の場合には支払いが行われないことを示す．

35.3.2 Q の中心は，われわれの組み立ての中での唯一の（全体的）対称なゲームを表していた．すなわち，Q の中心はプレイヤー 1, 2, 3, 4 のすべての置換に関して対称であった．幾何学的な図により，別の対称性：すなわち座標 x_1, x_2, x_3 のあらゆる置換に関しての対称性の考えも示唆される．このようにして，

(35:9)　$x_1 = x_2 = x_3$

なる Q 内の点が選ばれる．そして，このような点は Q の主対角線，すなわち直線

(35:10)　I-中心-VIII

を形成する．

34.3.1 の冒頭において，この対称性はまさにプレイヤー 1, 2, 3 のあらゆる

---

[21] この表示によりゲームの対称性が再度示され，しかもこの性質により一意的に特徴づけられる．**28.2.1** の分析を参照せよ．

置換に関してのゲームの不変性を意味するものであることをみた．言い換えれば：

主対角線 (35:9), (35:10) はプレイヤー 1, 2, 3 に関して対称的である，すなわちプレイヤー 4 のみが特別な役割をもちうるすべてのゲームを代表している．

Q には他に 3 つの主対角線 (II-中心-V, III-中心-VI, IV-中心-VII) があり，それらは明らかにまた別のプレイヤー（各々プレイヤー 1, 2, 3 である）だけが特別な役割をもつゲームに対応している．

(35:9), (35:10) の主体角線にもどろう．前に考察した 3 つのゲーム（すなわち，I, VIII, 中心）はこの上に位置している．実際，このようなゲームにおいてはプレイヤー 4 のみが特別な役割をもっていた[22]．このカテゴリーに属するゲームの全体が 1 つのパラメーターの変化からなっていることに注意しよう．(35:9) によれば，このようなゲームは，

(35:11)　$-1 \leq x_1 \leq 1$

である値 x_1 によって特徴づけられる．上述の 3 つのゲームは，それぞれ端の値 $x_1 = 1$, $x_1 = -1$, および中心の値 $x_1 = 0$ に相当している．厳密な理論の作用についてさらに洞察するためには，このような x_1 のすべての値に対して正確な解を決定し，その後 x_1 が (35:10) にそって連続的に変化するにつれ，これらの解がどのように移っていくかを調べてみることが望まれる．特別な値 $x_1 = -1, 0, 1$ に関して認識された質的に種類の異なる解が，相互にいかにして移るかを見出すことは特に有益であろう．**36.3.2** において，この点に関して現在利用可能な知識について示唆を与えるであろう．

35.3.3　もう 1 つの興味ある問題は次のとおりである：解がいかなるものであるかについてある直観的な絵が描けるゲーム，すなわち Q 内の点を考えよう．例えば頂点 VIII を考えよう．そのときに，VIII の非常に近傍にあるゲーム，すなわち x_1, x_2, x_3 の値がほんのわずか変化したゲームを考える．さて，このような近傍のゲームに関する正確な解を見出すこと，そしてその解がもとのゲームの解とどのように細部において異なっているか——すなわち，x_1, x_2, x_3 の小さなずれがいかにして解のずれをひきおこすか——を調べる

---

[22] ただし，中心においては彼も特別な役割を果たしていなかった．

ことが望まれる[23]．この問題の特別な場合は，**38.2.7** におけるだけでなく，**36.1.2** および **37.1.1** の最後においても考察されるであろう．

35.3.4 これまでは Q の中で多少とも特別な位置を占める点によって代表されるゲームを考えてきた[24]．しかし，より一般的なおそらくより典型的な問題は，表示する点 X が Q の内部の「一般的な」位置——すなわちなんら特別の目立った性質をもたない位置——のどこかにあるときに生じるのである．

ここで，このような点における問題の取り扱い，以下の考え方によってうまく発見的に導かれると考える人がいるかもしれない．頂点 I-VIII における状態については，ある発見的な洞察をすでに加えた（**35.1** および **35.2** を参照せよ）．Q の任意の点 X は，これらの頂点によってとにかく「囲まれて」いる．より正確にいえば，もし適当な重みが用いられれば，それはこれらの頂点の重心となるのである．したがって，X によって表されるゲームの戦略は，（より熟知している）I-VIII によって表されるゲームの戦略をなんらかの方法で結びつけたものであると考える人がいるかもしれない．この「結合」がある意味において，X と I-VIII を関連づけた重心の形成と同様であることを望む人さえいるかもしれない[25]．

---

[23] これは数理物理学においてはよく知られている方法である．そこでは，さしあたって一般的な形では解きえない問題を考える際に用いられている．すなわち，摂動による分析である．

[24] 頂点，中心，そして主対角線の全体である．

[25] Q の 2 点 $X = (x_1, x_2, x_3)$, $Y = (y_1, y_2, y_3)$ を考えよう．これらを L_3 のベクトルとみなすこともでき，実際この意味において，重心の形成

$$tX + (1-t)Y = (tx_1 + (1-t)y_1, tx_2 + (1-t)y_2, tx_3 + (1-t)y_3)$$

は理解される（**16.2.1** の（16:A:C）を参照せよ）．

ここで，もし $X = (x_1, x_2, x_3)$ と $Y = (y_1, y_2, y_3)$ が **34.2.1** の（34:1)-(34:3）の意味における特性関数 v(S) と w(S) を定義したならば，$tx + (1-t)Y$ は同じアルゴリズムにより，特性関数

$$u(S) \equiv tv(S) + (1-t)w(S)$$

を与えるであろう．（われわれが引用した公式を調べてみれば，この関係は容易に証明される．）そして，この同じ u(S) は，**27.6.3** の（27:10）により v(S) と w(S) の重心として導入されるのである．

したがって，ここでの考察は **27.6** の考察と矛盾なく調和するものである．ただ 2 点だけではなく，それ以上の点（すなわち I-VIII の 8 点）の重心を扱うことは本質的な問題ではない．つまり，このような操作は 2 点の場合のくり返しとして得られるのである．

以上の注意からわかるように，本書の以下の部分で指摘される困難は **27.6.3** で示唆したように，**27.6.3** に直接にかかわり合っているのである．

36.3.2 および **38.2.5-38.2.7** において，このような事柄は Q の限られた部分では正しいが，Q 全体においてはたしかに正しくないことをみるであろう．実際，Q のある内部で，I-VIII によって示されるいかなるものとも性質的に異なる現象が生じる．このような現象は戦略を含む各種の概念を扱い，それらについて推定する際に非常に大きな注意を払わねばならないことを示している．現時点では，数学的な接近方法はまったく初歩の段階であるから，この点についてなんらかの自信を得るためには，さらに多くの経験が必要となるであろう．

36 主対角線に関する議論

36.1 頂点 VIII の近傍：発見的な議論

36.1.1 Q のあらゆる点によって代表されるゲームについての解を完全に与えるためには，これまでの4人ゲームの理論はまだ十分に体系だてて展開されているとはいえない．このようなゲームのすべてに対して1つの解を明示することさえできていない．これまでの研究によっては，Q のある部分における解（ときには1つ，ときにはそれ以上）が決定されえたにすぎない．解の完全なリストが確証をもって打ち立てられたのは，8個の頂点 I-VIII のみである．現時点では，解が知られている Q の部分はむしろ偶然に並んだ直線，平面，そして空間である．それらは Q の全体にわたって分散してはいるが，それを完全に満たしているとはいえない．

頂点 I-VIII について知られている解の余す所のないリストは，第9章および第10章の結果の助けにより容易に打ち立てられる．この2つの章においては，これらのゲームは一般理論のある大きな部分に適合するであろう．ここでは，特別な解が知られている場合においてこれらの特別な解を記述する詭弁的なアプローチのみを取り扱うことにしよう．これらの研究の現在の状況を正確に説明しても[26]，上記の目的のためにはほとんど役立たないであろうし，しかも，それだけで多くの部分をとりすぎることになってしまうであろう．本当に例示的であると思われる例だけをいくつか与えることにしよう．

36.1.2 われわれは，まず Q の主対角線 I-中心-VIII の VIII，$x_1 = x_2$

---

[26] これは後にわれわれの1人が数学的な書物に発表するであろう．

36 主対角線に関する議論

$= x_3 = -1$ (**35.3.3** を参照せよ) の近くの状態を考察し,$x_1 = x_2 = x_3 > -1$ の状態への拡張をできるだけ試みるであろう. (図 63 を参照せよ.) この対角線の上では,

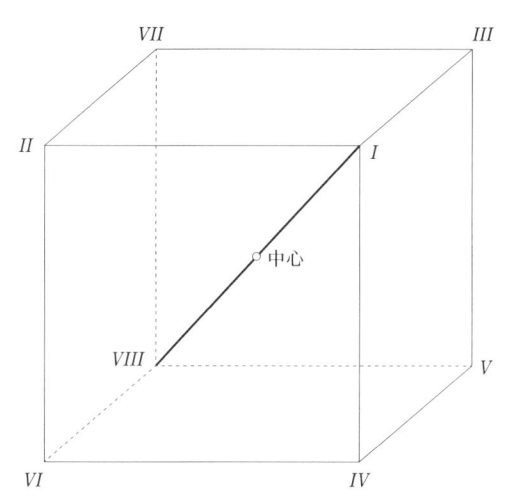

図 63

$$(36:1) \quad S \text{ が} \begin{cases} 0 \\ 1 \\ 2\,(4 \text{ が } S \text{ に} \\ \quad \text{属する}) \\ 2\,(4 \text{ が } S \text{ に} \\ \quad \text{属さない}) \\ 3 \\ 4 \end{cases} \text{個の要素をもつときには,} \; v(S) = \begin{cases} 0 \\ -1 \\ 2x_1 \\ \\ -2x_1 \\ \\ 1 \\ 0 \end{cases}$$

(これは,$x_1 = 1$ とすれば **35.1.1** の (35:1),$x_1 = -1$ とすれば **35.2.1** の (35:6) を与えることに注意されたい.) われわれは,$x_1 > -1$ であるがあまり大きすぎないことを仮定している.――どの程度まで大きくてもよいかは後にわかるであろう.まず,この状況を発見的に考察しよう.

x_1 は -1 からあまり離れていないと考えられているので，**35.2** の議論がなおある導きを与える．1, 2, 3 の間の2人からなる提携がここでも最も重要な戦略上の目標となるが，もはやそれだけではない．すなわち，**35.2.1** の (35:7) は成り立たず，その代わりに $T = \{4\}$ のときに，

(36:2)　もし $S \cap T = \ominus$ ならば，$v(S \cup T) > v(S) + v(T)$

である[27]．実際，(36:1) からこの超過分は，常に[28] $2(1+x_1)$ であることが容易に証明される．$x_1 = -1$ についてはこの超過分は消えるが，われわれは x_1 を -1 よりわずかに大きいとしており，それゆえこのような超過分もわずかに 0 より大きくなる．プレイヤー 4 を含まない先の2人のプレイヤーからなる提携に関しては，(36:2) の差[29]は (36:1) により常に $2(1-x_1)$ となることを注意しよう．$x_1 = -1$ についてはこれは 4 となるが，われわれは x_1 を -1 よりわずかに大きいとしており，それゆえこの差は 4 よりわずかに小さくなるであろう．

このようにして，(4 を除く2人のプレイヤーの間の) 最初の提携は (プレイヤー 4 が関係してくる) 他のいかなるものよりもはるかに強い性質をもつことになる．——しかしそれにもかかわらず，後者の提携も無視することはできない．最初の提携はより強いものであるから，まず最初に形成され，しかもいったん形成されれば，他の2人のプレイヤーと交渉する際にあたかも1人のプレイヤーであるかのように行動すると考えてよいであろう．したがって，最終的に結晶化されたものとしてはある種の3人ゲームが行われると予想してもよいであろう．

36.1.3 例えば $(1, 2)$ を「最初の」提携と考えれば，推測される3人ゲームはプレイヤー $(1, 2), 3, 4$ の間のゲームとなる[30]．このゲームにおいては，**23.1** の a, b, c は，$a = v(\{3, 4\}) = 2x_1$，$b = v(\{1, 2, 4\}) = 1$，$c = v(\{1, 2, 3\}) = 1$ となる[31]．したがって，そこで得られた結果（これはすべてまったく発

---
[27] ただし，$S = \ominus$ または $-T$ ではないとする．この場合には，常に (36:2) において等号が成り立ってしまう．すなわち，現在の状況においては，S は1個または2個の要素をもたねばならない．
[28] 上の脚注 27 により，S が1個または2個の要素をもち，しかもプレイヤー 4 を含まない場合である．
[29] すなわち，S, T は2つの1要素集合であり，プレイヤー 4 を含まない．
[30] $\{1, 2\}$ は法律上の人間であり，一方，3, 4 はわれわれの考えでは自然な人間であるといってもよい．

見的なものである！）を適用すれば，プレイヤー $\{1,2\}$ は，（最終的に提携を結ぶことにより）勝利したときには $\alpha = \dfrac{-a+b+c}{2} = 1 - x_1$ を獲得し，敗北したときには $-a = -2x_1$ を得ることになる．さらにプレイヤー 3 は，勝利したときには $\beta = \dfrac{a-b+c}{2} = x_1$，敗北したときには $-b = -1$ を獲得し，プレイヤー 4 は，勝利の場合には $\gamma = \dfrac{a+b-c}{2} = x_1$，敗北の場合には $-c = -1$ を獲得する．

$\{1,2\}$ と同様 $\{1,3\}$, $\{2,3\}$ も最初の提携として形成されうるので，(**21-22** の) 3 人ゲームの最初の議論におけると同様，これらの提携のパートナーは利得を等しく分割すると予想するに足る理由がある．したがって，そのメンバーは，このような提携が勝利したときには（上述を参照せよ）各々 $\dfrac{1-x_1}{2}$ を獲得し，敗北したときには各々 x_1 を獲得すると考えられる．

36.1.4 要約すれば：もしこれらの推測の正当性が証明されれば，状況は次のようになる：

もし「最初の」提携が $\{1,2\}$ であり，これが最終的提携の同盟者としてプレイヤー 3 を見出すことに成功すれば，プレイヤー 1, 2, 3, 4 はそれぞれ $\dfrac{1-x_1}{2}$, $\dfrac{1-x_1}{2}$, x_1, -1 なる量を獲得する．もしプレイヤー 4 が同盟者となれば，これらの量は $\dfrac{1-x_1}{2}$, $\dfrac{1-x_1}{2}$, -1, x_1 と置き換えられる．もし「最初の」提携 $\{1,2\}$ が成功しない，すなわちプレイヤー 3, 4 がこれに対抗して連合するときには，プレイヤーはそれぞれ $-x_1, -x_1, x_1, x_1$ を獲得する．

もし「最初の」提携が $\{1,3\}$ または $\{2,3\}$ であれば，それに対応してプレイヤー 1, 2, 3 の置換が上記の事柄に適用されねばならない．

36.2 頂点 VIII の近傍：厳密な議論

36.2.1 ここで，以上のすべてのことを正確に検証しておく必要がある．明らかにこれらの発見的な示唆は以下の推測に対応している：

V を次の配分の集合としよう：

---

[31] 以下の公式のすべてにおいて，x_1 は -1 に近い——すなわち負と考えられる——ことを覚えておいてもらいたい．したがって，$-x_1$ が利益であり x_1 は損失である．

$$(36:3) \quad \begin{aligned} \vec{\alpha}' &= \left(\frac{1-x_1}{2}, \frac{1-x_1}{2}, x_1, -1\right) \\ \vec{\alpha}'' &= \left(\frac{1-x_1}{2}, \frac{1-x_1}{2}, -1, x_1\right) \\ \vec{\alpha}''' &= (-x_1, -x_1, x_1, x_1) \end{aligned}$$
およびプレイヤー（すなわち要素）1, 2, 3 を置換することにより，これから生じる配分である．

(419ページの脚注31) を参照せよ．) もし x_1 が -1 に近ければ，この V は 30.1 の厳密な意味における解になると考えられる．そこでわれわれは，本当にそうなるのか，そして x_1 のいかなる区間においてそうなるのかを，正確に決定しなければならない．

この決定がもし実行されれば次の結果が生じる：

(36:A) (36:3) の集合 V は，
$$-1 \leq x_1 \leq -\frac{1}{5}$$
であれば，そしてそのときにのみ解となる．

そうすれば，これは，上記の発見的な考察が（始点 $x_1 = -1$, すなわち頂点 VIII から）どれだけ離れた点まで，正しい結果を導くかという問題に対する解答となる[32]．

36.2.2 (36:A) の証明は，なんら重要な技術的困難をともなわずに厳密に行うことができる．それは，連続した特別の場合をむしろ機械的に処理することであり，なんら原理的な問題の分類に貢献するものではない[33]．それゆえ，

---

[32] われわれは，V が (x_1 の示された範囲において) 問題となっているゲームの唯一の解であると，(36:A) が主張しているわけではないことを強調しておきたい．しかしながら，多くの同様にして組み立てられた集合をもってしても，$x_1 \leq -\frac{1}{5}$ (すなわち (36:A) の範囲) における他の解を明らかにすることはできなかった．$-\frac{1}{5}$ よりわずかに大きな（すなわち (36:A) の範囲よりわずかに外部にある）x_1 に関しても，そこでは (36:A) の V はもはや解ではないが，同様の事柄がそれに代わる解に対しても成り立つ．**36.3.1** の (36:B) を参照せよ．

もちろん，前にくり返し議論されたような「差別的な」タイプの他の解が常に存在していることを問題にしているのではない．それらは，ここで考慮している有限個の解 V とは根本的に異なっているのである．

以上の議論により，解の性質において，
$$x_1 = -\frac{1}{5} \quad (対角線\ I\text{-}中心\text{-}VIII\ の上の)$$
でなんらかの質的変化が生じるというわれわれの見方が正当化されるであろう．

[33] 読者は，この証明をゼロ和2人ゲームの理論と関連して与えられたいくつかの証明，例えば

読者はそう望むならばその証明を読まずに省いてもよく，それによって説明の本筋との関連を失うこともないであろう．ただ (36:A) の内容だけを覚えておけばよいであろう．

それにもかかわらず，われわれは以下の理由によりその証明を完全に行う：(36:3) の集合 V は，発見的な考察により，すなわち **30.1** の厳密な理論を用いることなく見出された．与えられる厳密な証明は **30.1** のみにもとづいており，それによってわれわれは唯一の基本的に満足できる立場，すなわち厳密な理論の立場にひきもどされる．発見的な考察は，より良い技法がまったく欠如していることによる解を推測するための工夫にすぎず，ときには解をこのような方法で推測しうることは，厳密な理論にとって幸運なことである．しかし，このような推測は後に厳密な方法によって検証されねばならない．いやむしろこの方法によって，(含まれているパラメーターの) どの領域においてその推測が正当性をもつのかが決定されねばならない．

読者がこのような 2 つの方法——発見的方法と厳密な方法——を明示的に対照し比較しうるように，厳密な証明をわれわれは与えるのである．

36.2.3 証明は次のとおりである：

もし $x_1 = -1$ ならば頂点 VIII となり，(36:3) の V は **35.2.3** で発見的に (解として) 導入し，しかも容易に厳密に検証しうる集合と一致する (409 ページの脚注 16) も参照せよ)．それゆえ，ここではこの場合は無視し，

(36:4) $\quad x_1 > -1$

と仮定しよう．

われわれはまず，集合 $S \subseteq I = \{1, 2, 3, 4\}$ のどれが **31.1.2** の意味で確実に必要であるか，または確実に不必要であるかを確立せねばならない．——なぜなら，まさにそこで考えたタイプの証明を行おうとしているからである．

直ちに次のことが観察される：

(36:5) **31.1.5** の (31:H) により，3 要素集合 S は確実に必要であり，2 要素集合についてはどちらか不明であり，他のすべての集合は確実に不

16.4 と **17.6** との結合と対照してもよいであろう．これらの証明はもっとわかりやすく，より多くの領域をカバーしており，問題の性質を明らかにし，数学の他の分野との関連を与えるものである．この理論の後のほうで，このような証明が見出される．例えば **46** を参照せよ．しかしながら，そのほとんどはまだ初期の段階で，技術的に満足できない状態にある．この後の考察はその典型である．

必要である[34]．

(36:6) 1つの2要素集合が確実に必要であるとわかれば，それを部分集合とするすべての3要素集合は **31.1.3** の (31:C) により，無視してもさしつかえない．

そこで，次に2要素集合を調べてみよう．もちろん，これは (36:3) の集合 V の中のすべての $\vec{\alpha}$ に対して行われねばならない．

まず，$\vec{\alpha}'$ と結びついて生じる2要素集合 S について考えよう[35]．$\alpha'_4 = -1$ であるので，**31.1.3** の (31:A) により S が4を含む可能性は除外してもさしつかえない．もし $\alpha'_1 + \alpha'_2 \le v(\{1,2\})$，すなわち $1 - x_1 \le -2x_1, x_1 \le -1$ ならば，$S = \{1,2\}$ は有効になるが，これは (36:4) によりおこりえない．もし $\alpha'_1 + \alpha'_3 \le v(\{1,3\})$，すなわち $\dfrac{1+x_1}{2} \le -2x_1, x_1 \le -\dfrac{1}{5}$ ならば，$S = \{1,3\}$ は有効になる．したがって，われわれが満たされるべきであると仮定した条件

(36:7) $\quad x_1 \le -\dfrac{1}{5}$

がはじめて現れてくる．1と2は $\vec{\alpha}'$ において同じ役割を果すので，$S = \{2,3\}$ については考える必要はない（先の脚注35)を参照せよ）．

次に $\vec{\alpha}''$ に移ろう．$\alpha''_3 = -1$ であるので，3を含む S を除外する（上を参照せよ）．$\vec{\alpha}'$ と $\vec{\alpha}''$ は，第1，第2要素については一致するので，$S = \{1,2\}$ は前と同様処理される．もし $\alpha''_1 + \alpha''_4 \le v(\{1,4\})$，すなわち $\dfrac{1+x_1}{2} \le 2x_1, x_1 \ge \dfrac{1}{3}$ ならば，$S = \{1,4\}$ は有効となるが，これは (36:7) によりおこりえない．$S = \{2,4\}$ も同様にして無視できる．

最後に，$\vec{\alpha}'''$ を考えよう．$S = \{1,2\}$ は有効である．なぜなら，$\alpha'''_1 + \alpha'''_2 = v(\{1,2\})$，すなわち $-2x_1 = -2x_1$ となるからである．$S = \{1,3\}$ は次の理由により考慮する必要はない：われわれはすでに $\vec{\alpha}'''$ に関して $S = \{1,2\}$ を考察しており，もし2と3を置換すれば（上述の脚注35)を参照せよ），これは要素 $-x_1, -x_1$ をもつ $\{1,3\}$ にもあてはまる．(36:7) により，$-x_1 \ge x_1$ であるので，$\vec{\alpha}'''$ に関して要素 $-x_1, x_1$ をもつ最初の $S = \{1,3\}$ は **31.1.3** の (31:B) から不必要となる．$S = \{2,3\}$ も同様にして無視しうる．もし

---

[34] これは $n = 4$ に起因している．
[35] ここでのそして以下のすべての議論において議論を短縮するために，(36:3) で述べたように 1, 2, 3 の置換を自由に適用するものとする．したがって，読者は後にわれわれの結果に対して 1, 2, 3 の置換を適用されたい．

$\alpha_1''' + \alpha_4''' \leq \mathrm{v}(\{1,4\})$, すなわち $0 \leq 2x_1$, $x_1 \geq 0$ ならば, $S = \{1,4\}$ は有効になるが, これは (36:7) によりおこりえない. $S = \{2,4\}$ も同様にして無視しうる. $S = \{3,4\}$ は有効である: なぜなら, $\alpha_3''' + \alpha_4''' = \mathrm{v}(\{3,4\})$, すなわち $2x_1 = 2x_1$ となるからである.

要約すれば:

(36:8) 2 要素集合 S の中で, 以下に与えられる 3 つの集合が確実に必要であり, 他のすべてのものは確実に不必要である:

$$\vec{\alpha}' \text{については } \{1,3\}, \quad \vec{\alpha}''' \text{については } \{1,2\} \text{ と } \{3,4\}$$

3 要素集合 S に関しては: **31.1.3** の (31:A) により, $\vec{\alpha}'$ については 4, $\vec{\alpha}''$ については 3 を含むものは除外してもさしつかえない. したがって, $\vec{\alpha}'$ については $\{1,2,3\}$, $\vec{\alpha}''$ については $\{1,2,4\}$ が残るだけである. このうち, 前者は (36:8) の集合 $\{1,3\}$ を含むので (36:6) により除外される. $\vec{\alpha}'''$ については, すべての 3 要素集合が (36:8) の集合 $\{1,2\}$ もしくは集合 $\{3,4\}$ を含むので, (36:6) により除外される.

要約すれば:

(36:9) 3 要素集合 S の中で, 以下に与えられる集合のみが確実に必要であり, 他のすべてのものは確実に不必要である[36].

$$\vec{\alpha}'' \text{についての } \{1,2,4\}$$

36.2.4 次に **30.1.1** の (30:5:a), すなわち V のどの $\vec{\alpha}$ も V の他の $\vec{\beta}$ を支配しえないことを証明しよう.

$\vec{\alpha} = \vec{\alpha}'$ の場合: (36:8), (36:9) により $S = \{1,3\}$ を用いねばならない. $\vec{\alpha}'$ は, この S を通して, 1, 2, 3 を置換した $\vec{\alpha}'$, $\vec{\alpha}''$ または $\vec{\alpha}'''$ を支配しうるであろうか? このためには, まず問題となっている配分の第 1, 第 2, 第 3 要素の中に, x_1 (これは $\vec{\alpha}'$ の第 3 要素である) より小さい要素が存在せねばならない. したがって $\vec{\alpha}'$ と $\vec{\alpha}'''$ は除外される[37]. $\vec{\alpha}''$ においても第 1, 第 2 要素は

---

[36] すべての 3 要素集合は, 上の (36:5) により確実に必要であるので, これは 373 ページの脚注 84) の最後に述べた現象を示す, また別の例といえる.

[37] 実際, $\dfrac{1-x_1}{2} \geq x_1$, すなわち $x_1 \leq \dfrac{1}{3}$, および $-x_1 \geq x_1$, すなわち $x_1 \leq 0$ である. ——

除外され（脚注37）を参照せよ），第3要素だけが条件に合う．しかしこの場合には，この配分 $\vec{\alpha}''$ の第1，第2，第3要素のいま1つのものは $< \dfrac{1-x_1}{2}$（これは $\vec{\alpha}'$ の第1要素である）とならねばならず，これはおこりえない．なぜなら，$\vec{\alpha}''$ の第1，第2要素は共に $= \dfrac{1-x_1}{2}$ となるからである．

$\vec{\alpha} = \vec{\alpha}''$ の場合：(36:8)，(36:9) により，$S = \{1,2,4\}$ を用いねばならない．$\vec{\alpha}''$ は，この集合 S を通して第1，第2，第3要素を任意に置換した $\vec{\alpha}', \vec{\alpha}''$ もしくは $\vec{\alpha}'''$ を支配しうるであろうか？ このためには，まず問題となっている配分の第4要素が x_1（これは $\vec{\alpha}''$ の第4要素である）より小さくならねばならない．したがって $\vec{\alpha}''$ と $\vec{\alpha}'''$ を除外される．$\vec{\alpha}'$ に関しては，さらにその要素 1, 2, 3 のうちの2つが $\dfrac{1-x_1}{2}$（これは $\vec{\alpha}''$ の第2要素であると同時に第1要素でもある）より小さくならねばならず，これはおこりえない．なぜなら，これらの要素の1つが $\dfrac{1-x_1}{2}$ と異なるだけだからである．

$\vec{\alpha} = \vec{\alpha}'''$ の場合：(36:8)，(36:9) により $S = \{1,2\}$ を用い，その後 $S = \{3,4\}$ を用いねばならない．$S = \{1,2\}$：$\vec{\alpha}'''$ は S を通して上述のように支配しうるであろうか？ このためには，問題となっている配分の第1，第2，第3要素の中に $-x_1$（これは $\vec{\alpha}'''$ の第2要素であり第1要素である）より小さくなる2つの要素が存在せばならない．これらの要素の1つが $-x_1$ と異なるだけであるから，これは $\vec{\alpha}'''$ についてはおこりえない．さらに，$\vec{\alpha}'$ または $\vec{\alpha}''$ についても，それらの要素の1つが $\dfrac{1-x_1}{2}$ と異なるだけであるから，これはおこりえない[38]．$S = \{3,4\}$：$\vec{\alpha}'''$ は S を通して上述のように支配しうるであろうか？ このためには，まず問題となっている配分の第4要素が x_1（これは $\vec{\alpha}'''$ の第4要素である）より小さくなっていなければならない．したがって $\vec{\alpha}''$ と $\vec{\alpha}'''$ は除外される．$\vec{\alpha}'$ については，さらに第1，第2，第3要素の間に x_1（これは $\vec{\alpha}'''$ の第3要素である）より小さいものが存在せばならないが，これはおこりえない．なぜなら，これらの要素はすべて x_1 以上となるからである（424ページの脚注37）を参照せよ）．

これで (30:5:a) の証明を終わる．

これは共に (36:7) による．
[38] しかも，$\dfrac{1-x_1}{2} \geq -x_1$，すなわち $x_1 \geq -1$ である．

36.2.5 次に **30.1.1** の (30:5:b)，すなわち，Vの要素によって支配されない配分 $\vec{\beta}$ はVに属さねばならないことを証明しよう．

Vの要素によって支配されない $\vec{\beta}$ を考える．まず $\beta_4 < x_1$ と仮定する．もし $\beta_1, \beta_2, \beta_3$ のどれか1つが x_1 より小さいならば，(1,2,3を置換することにより) $\beta_3 < x_1$ とできる．これにより，(36:8) の $S = \{3,4\}$ を通して $\vec{\alpha}''' \succ \vec{\beta}$ となる．したがって，

$$\beta_1, \beta_2, \beta_3 \geq x_1$$

である．もし $\beta_1, \beta_2, \beta_3$ のどれか2つが $\dfrac{1-x_1}{2}$ より小さいならば，(1,2,3を置換することにより) $\beta_1, \beta_2 < \dfrac{1-x_1}{2}$ とできる．これにより，(36:9) の $S = \{1,2,4\}$ を通して $\vec{\alpha}'' \succ \vec{\beta}$ となる．したがって，$\beta_1, \beta_2, \beta_3$ のうち多くとも1つが $\dfrac{1-x_1}{2}$ より小さくなる．すなわち，2つは $\dfrac{1-x_1}{2}$ 以上である．1,2,3を置換すれば，

$$\beta_1, \beta_2 \geq \dfrac{1-x_1}{2}$$

となる．明らかに $\beta_4 \geq -1$ である．したがって，$\vec{\beta}$ の各要素は $\vec{\alpha}'$ の対応する要素以上となり，しかも共に配分であるので，結局両者は一致することとなる[39]．すなわち $\vec{\beta} = \vec{\alpha}'$ となり，それゆえVに属する．

次に $\beta_4 \geq x_1$ と仮定しよう．もし $\beta_1, \beta_2, \beta_3$ のどれか2つが $-x_1$ より小さいならば，(1,2,3を置換することにより) $\beta_1, \beta_2 < -x_1$ とできる．これにより，(36:8) の $S = \{1,2\}$ を通して $\vec{\alpha}''' \succ \vec{\beta}$ となる．したがって，$\beta_1, \beta_2, \beta_3$ のうち多くとも1つが $-x_1$ より小さくなる．すなわち，2つは $-x_1$ 以上である．1,2,3を置換することにより，

$$\beta_1, \beta_2 \geq -x_1$$

となる．もし $\beta_3 \geq x_1$ ならば，上記のすべてのことから $\vec{\beta}$ の各要素は $\vec{\alpha}'''$ の対応する要素以上となり，しかも共に配分であるから (425ページの脚注39)を参照せよ)，結局両者は一致し，$\vec{\beta} = \vec{\alpha}'''$ となる．それゆえVに属する．

そこで $\beta_3 < x_1$ としよう．もし β_1, β_2 のどちらかが $\dfrac{1-x_1}{2}$ より小さいなら

---

[39] したがって，共にすべての要素の和は等しくゼロである．

ば，(1, 2 を置換することにより) $\beta_1 < \dfrac{1-x_1}{2}$ とでき，これにより，(36:8) の $S = \{1, 3\}$ を通して $\vec{\alpha}' \succ \vec{\beta}$ となる．したがって，

$$\beta_1, \beta_2 \geq \dfrac{1-x_1}{2}$$

である．明らかに $\beta_3 \geq -1$ である．したがって，$\vec{\beta}$ の各要素は $\vec{\alpha}''$ の対応する要素より以上であり，しかも共に配分である (425 ページの脚注 39) を参照せよ) ので，両者は一致し $\vec{\beta} = \vec{\alpha}''$ となる．それゆえ V に属する．

これで (30:5:b) の証明を終わる[40]．

したがって，われわれは (36:A) の規準を確立したことになる[41]．

36.3　主対角線上の他の部分

36.3.1　x_1 が **36.2.1** の領域 (36:A) の外部に移ったとき，すなわち $x_1 = -\frac{1}{5}$ における境界を超えたときには，同所の (36:3) の V は解とはなりえなくなる．($x_1 = -\frac{1}{5}$ に隣接する) $x_1 > -\frac{1}{5}$ なるある領域において有効な解は，(36:3) の V にさらに配分

(36:10)　$\vec{\alpha}^{IV} = \left\{ \dfrac{1-x_1}{2}, -x, \dfrac{-1+x_1}{2}, x_1 \right\}$ および (36:3) におけると同様の置換を施したもの

を付け加えることにより，実際に見出すことができる[42]．厳密に述べれば，実際には次のようになる：

(36:B)　(36:3) および (36:10) の集合 V は，

$$-\dfrac{1}{5} < x_1 \leq 0$$

---

[40] 読者はこの分析の過程において，(36:8)，(36:9) の集合のすべてが支配のために用いられ，$\vec{\beta}$ が (36:3) の 3 つの $\vec{\alpha}', \vec{\alpha}'', \vec{\alpha}'''$ のすべてと次々に等しくならなければならなかったことに気づくであろう．

[41] $x_1 = -1$ に関しては，本証明の冒頭に述べた注意を参照せよ．

[42] 上の証明を検証することにより，x_1 が $-\frac{1}{5}$ より大きくなったときにはこの証明はうまくいかないことがわかる：集合 $S = \{1, 3\}$ (および $\{2, 3\}$) はもはや $\vec{\alpha}'$ に関して有効ではない．もちろんこれにより，単に $\{1, 3\}$ (および $\{2, 3\}$) が含まれているという理由だけにより除外されていた 3 要素集合 $S = \{1, 2, 3\}$ は，再度考慮されることになる．

したがって，V のこの要素，$\vec{\alpha}'$ による支配はここではより困難となり，それゆえ解を求めるうえで集合 V の増大が考慮されねばならないことは，格別驚くべきことではない．

ならば，そしてそのときにのみ解となる[43]．

(36:B) の証明のタイプは上で与えた (36:A) の証明とまったく同様であるので，ここではそれを議論することはしない．

領域 (36:A) および (36:B) は，おこりうる区間 $-1 \leq x_1 \leq 1$ の全体のうち $x_1 \leq 0$ なる部分——すなわち，対角線 VIII-中心-I の半分である VIII-中心——をおおい尽くしている．

36.3.2 **36.2.1** の (36:A) および **36.3.1** の (36:B) において述べられたVと同様の性質をもつ解が，もう一方の側 $x_1 > 0$ ——すなわち対角線の半分中心-I——においても見出されている．この区間においては，(36:A) および (36:B) によっておおわれた最初の区間と同種の質的変化が生ずることがわかる．実際には，次の3つの区間が存在する．すなわち：

(36:C)　$0 \leq x_1 < \dfrac{1}{9}$

(36:D)　$\dfrac{1}{9} < x_1 \leq \dfrac{1}{3}$

(36:E)　$\dfrac{1}{3} \leq x_1 \leq 1$

(図64を参照せよ．この図と図63を比較せよ．)

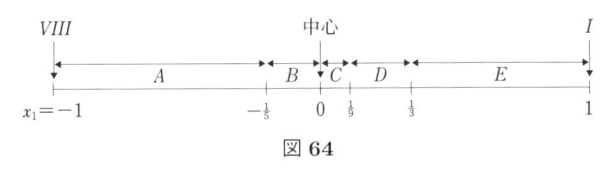

図 64

(36:C)，(36:D)，(36:E) に属する解を議論することはしない[44]．

しかし，読者は次のことに気づくであろう：$x_1 = 0$ は（隣接する）2つの領域 (36:B) および (36:C) の両方に属し，$x_1 = \dfrac{1}{3}$ も同様に領域 (36:D) および (36:E) の両方に属する．これに対応する解Vをくわしく検証すればわ

---

[43] (36:A) には属するが (36:B) には属さない点 $x_1 = -\dfrac{1}{5}$ における不連続性に注意せよ！ 厳密な理論は，このような状況においてさえまったく明確である．
[44] 同じ領域の一部をおおうまた別の解の族については，**38.2** で議論するであろう．特に，**38.2.7** および 448 ページの脚注 67) を参照せよ．

かるように，$x_1 = 0$ および $\frac{1}{3}$ において V の質的な変化はおこるが，これが不連続ではないために上記のことが生じるのである．

一方，点 $x_1 = \frac{1}{9}$ は隣接する領域 (36:C), (36:D) のどちらにも属していない．このような 2 つの領域において有効な解 V のタイプは，共に $x_1 = \frac{1}{9}$ では適用できないことがわかる．実際，この点における状況はいまだ十分には明らかにされていない．

37 中心とその周囲

37.1 中心の周囲の状況に関する最初の方向づけ

37.1.1 前節の考察は，立方体 Q の 1 次元部分集合，すなわち対角線 VIII-中心-I に限られていた．**34.3** で述べたように，プレイヤー $1, 2, 3, 4$ の置換を用いれば，Q の 4 つの主対角線はすべて処理しうることになる．前節と同様の技法を用いることにより，Q の他の 1 次元直線にそう解も見出しうる．したがって，Q においては解の知られている直線の非常に広大な網が張られていることになる．しかし，われわれはそれらの解を列挙しはしない．なぜなら，特にここで利用できる情報はおそらく事柄の一時的な状態に対応しているにすぎないと思われるからである．

しかしながら，次のことを述べておかねばならない．立方体 Q の 3 次元の全体を明らかにせねばならないときには，孤立した 1 次元の直線にそう解の探究は，問題への最初の接近にすぎないのである．もし——たとえそれが小さなものであるにしても——そのすべての点が同じ性質の解をもつような立方体の 3 次元の部分を見出すことができれば，期待できる条件についてのいくつかの考えが得られるであろう．このような 3 次元の部分が，Q の中心のまわりに存在するのである．このような理由から，次に中心における状況を議論することにしよう．

37.1.2 中心は，座標 x_1, x_2, x_3 の値 $0, 0, 0$ に相当し，**35.3.1** で指摘したように，われわれの構築したゲームの中の唯一の（完全な）対称ゲームを表している．このゲームの特性関数は：

(37:1) S が $\begin{cases} 0 \\ 1 \\ 2 \\ 3 \\ 4 \end{cases}$ 個の要素をもつときに，$v(S) = \begin{cases} 0 \\ -1 \\ 0 \\ 1 \\ 0 \end{cases}$

である．（同所の(35:8)を参照せよ．）これに相当する**35.1**, **35.2**, **36.1**の場合と同様，発見的な分析から始めることにしよう．

明らかに，このゲームにおいてはすべての戦略的努力の目的は3人提携を形成することにある．1人だけ取り残されたプレイヤーは明らかに敗北者であり，3人の提携はすべて同じ意味で勝利者である．そして，もし2人のプレイヤーからなる2つの提携が各々対峙した状態でゲームが終われば，これは引き分けと解釈されねばならない．

ここで生じてくる定性的な問題は次のとおりである：このゲームの目的は3人からなる提携をつくることである．プレイに先んじて行われる交渉において，まず2人の提携がつくられるであろう．次に，この提携は残りの2人のプレイヤーと交渉し，そのうち1人の協力をとりつけ，他の1人と対抗しようと試みるであろう．この第3のプレイヤーを確保する際に，彼が最初の2人のメンバーと同じ条件のもとで最終的な提携に参加することを許されるか否かは疑わしい．もしそれが肯定的ならば，最終的な提携の獲得量1は，3人の参加者に平等に，すなわち $\frac{1}{3}, \frac{1}{3}, \frac{1}{3}$ と分けられる．もしそれが否定的ならば，（最初の2人からなる提携に属する）もとの2人のメンバーはおそらく2人とも同じ量を獲得するであろうが，それは $\frac{1}{3}$ より多くなるであろう．したがって，1は多少とも次のように分割されるであろう．$\frac{1}{3}+\epsilon, \frac{1}{3}+\epsilon, \frac{1}{3}-2\epsilon$，ただし $\epsilon > 0$ である．

37.1.3   最初の考えは，**35.1**で点 I を分析した際に遭遇したものに類似していると思われるかもしれない．そこでは，提携 $\{1,2,3\}$ は，それがもし形成されれば，3人の参加者を平等の条件のもとに含んでいた．また第2の考えは，**36.1**-**36.2**で分析した区間における状況に相当している．そこでは，（プレイヤー4ではない）任意の2人のプレイヤーがまず結びつき，その後，残りの2人のプレイヤーのどちらか1人がより不利な条件のもとでこの提携に加わることを許した．

37.1.4 現在の状況は，これらのどちらにも完全に類似しているというわけではない．

最初の場合には，提携 $\{1,2\}$ はプレイヤー 3 を絶対に必要とするので，彼に強い条件を課すことはできなかった．すなわち，もし 3 が 4 と結びつけば 1 と 2 は完全に敗北し，しかも 4 は勝利するためにはただ 1 人しか必要としないので，$\{1,2\}$ は 1 つの提携として 4 と結びつき，3 に対抗することは不可能だったのである（**35.1.3** の記述を参照せよ）．ところが，現在のゲームにおいてはそうではない：提携 $\{1,2\}$ は 4 と同様に 3 を扱うことができ，たとえ 3 と 4 が $\{1,2\}$ に対抗して結びついたとしても，結果は引き分けに終わるだけである．

第 2 の場合においては，最初の 2 人の提携は，最終的な 3 人の提携よりはるかに強い構造をもっているので，3 人の提携に最後に加入するメンバーに対する差別は当然である．実際，x_1 が -1 に近づくにつれ，後者の提携は次第に価値のないものとなる．**36.1.2** の最後の注意を参照せよ．現在のゲームにおいては，このような質的な相違はまったく認識されない：最初の（2 人の）提携は敗北か引き分けかを明らかにし，一方，最終的な（3 人の）提携の形成は引き分けか勝利かを決定する．

この 2 つの考えを試みる以外には，決定するための十分な基礎をわれわれはもたない．しかしそれを行う前に，われわれの考察の重要な限界について注意しておくのがよいであろう．

37.2　2 つの代替案と対称性の役割

37.2.1　上述の 2 つの考えの 1 つと同じものが，4 つの 3 人提携のすべてに関して成り立つと仮定していることに注意してもらいたい．実際ここでは，対称性をもつ解，すなわち配分 $\vec{\alpha} = (\alpha_1, \alpha_2, \alpha_3, \alpha_4)$ とともに，それらを置換したすべてのものを含む解を求めようとしているのである．

ところで，ゲームの対称性は，一般にはその解の各々がそれに対応して対称性をもつことを決して意味しない．**33.1.1** で議論した差別解は，3 人ゲームについてのこの状況を明確にしている．**37.6** において，ここで考慮している対称的な 4 人ゲームについてのこのような例をさらに見出すことであろう．

しかし，対称的なゲームについての非対称な解の性質は，現在のような初歩の発見的な概括によってはほとんど見出しえないくらい難解である．（上で述

べた3人ゲームにおいて生じる類似した状況を参照せよ．）そしてこのようなわけで，ここでは対称的な解のみを求めようとする．

37.2.2 さらにもう1つ述べておかねばならないことがある：非対称な解が存在したとしても，上述の2つの考えのような一般的組織的な原則がすべての参加者の全体に対して有効であるか，またはまったく有効でないかのどちらかであるということは，考えられないことではない．参加者の数が依然として非常に少なく，しかもあまりに少ないために，異なった組織の原則をもついくつかの参加者のグループが実際には形成されえないような状況を考察することにより，このような推測も補強される．実際，われわれはただ4人の参加者しか考えておらず，いかなる種類の組織に関しても3人が最小の数であるという十分な証拠をもっている．これらのややあいまいな考えについては，**43.4.2** の（43:L）およびそれ以下の少なくとも1つの例にににおいて，厳密な確証が得られるであろう．しかしながら，当分の間はそれらに厳密な証明を与えることは不可能である．

37.3 中心における最初の代替案

37.3.1 そこで，**37.1.2** の2つの代替案を考察しよう．それらを逆の順序で取り上げていくものとする．

まず，最初の2人の参加者がかなり不利な条件のもとで第3の参加者を受け入れると仮定しよう．このときには，最初の（2人の）提携は最終的な（3人の）提携がはっきりと形成されるための中核となると考えねばならない．それゆえ，この最後の局面においては，最初の提携は他の2人のプレイヤーと交渉する際に1人のプレイヤーのように行動すると予想され，したがって，3人ゲームのようなゲームがもたらされる．もしこの見方に誤りがなければ，**36.1.3** のこれに相当する考察をくり返してもさしつかえはないことになる．

例えば，「最初の」提携として $\{1,2\}$ をとれば，推測される3人ゲームはプレイヤー $\{1,2\}, 3, 4$ の間のゲームとなる．それゆえ，上で引用された考察は，数値を変化させ $a=0, b=c=1$，したがって $\alpha=1, \beta=\gamma=0$ とすれば，そのまま適用される[45]．

「最初の」提携はどの2人のプレイヤーから構成されてもよいのであるか

---

[45] この議論と先に述べられたものとの根本的な相違は，プレイヤー4がもはや「最初の」提携から除外されない点である．

ら，(**21-22** における) 3 人ゲームの議論と同様の発見的理由により，提携内のパートナーは平等に分割すると考えられる．分割されるべき量は，同盟が見出されたときには 1 であり，引き分けに終わったときには 0 である[46]．

37.3.2 要約すれば：もし上述の推測が正しければ，状況は次のようになる：

もし「最初の」提携が $\{1,2\}$ で同盟者の獲得に成功し，しかも最終的な提携に加わるプレイヤーが 3 であったとすれば，プレイヤー $1,2,3,4$ は，各々 $\frac{1}{2}, \frac{1}{2}, 0, -1$ なる量を獲得する．もし「最初の」提携が成功せず引き分けに終われば，これらの量は $0,0,0,0$ によって置き換えられる．

もしプレイヤーの配置が異なれば，それに対応するプレイヤー $1,2,3,4$ の置換が上述の量に対して行われねばならない．

次に，以上のすべてに対し厳密な検証を行わねばならない．明らかに，この発見的な示唆は次の推量に相当している：

V を次の配分の集合としよう．

$$(37:2) \quad \begin{aligned} \vec{\alpha}' &= \left(\frac{1}{2}, \frac{1}{2}, 0, -1\right) \\ \vec{\alpha}'' &= (0,0,0,0) \end{aligned} \quad \text{およびプレイヤー（すなわち，要素）} 1,2,3,4 \text{ を} \\ \text{置換することにより，これらから得られる配分．}$$

この V が 1 つの解であると予想される．

36.2 で行ったのと同様のタイプの厳密な考察を行うことにより，この V が実際に **30.1** の意味での解となることが示される．この考察は後に与えられるより一般的な証明に含まれるので，ここで与えることはしない．(432 ページの脚注 46) の引用箇所を参照せよ．)

---

[46] すべての「最初の」提携が，ここでは 2 つの異なった方法（すなわち引き分けかまたは勝利）で終わるので，この場合の議論は引用された場合（もしくは **36.1.3** におけるこれに対応する応用の場合）におけるよりもかなり弱くなっている．推論の価値に対する十分な決定は，厳密な理論が適用されてはじめて得られる．このために，望まれる正当化が **38.2.1**-**38.2.3** の証明において実際に行われる．実際，ここの場合は **38.2.3** の (38:D) において，

$$y_1 = y_2 = y_3 = y_4 = 1$$

となる特別な場合だからである．

37.4 中心における第2の代替案

37.4.1 次に，最終的な3人の提携がその参加者のすべてを平等な条件のもとで含むと仮定しよう．そうすれば，もしこの提携が例えば $\{1,2,3\}$ であるとすれば，プレイヤー $1,2,3,4$ は各々 $\frac{1}{3}, \frac{1}{3}, \frac{1}{3}, -1$ なる量を獲得する．

このことから，これによって導かれる配分の集合 V，すなわち次の配分 $\vec{\alpha} = (\alpha_1, \alpha_2, \alpha_3, \alpha_4)$ の集合が解となると結論するのは，軽率であるといわざるをえない．

(37:3) $\quad \vec{\alpha}''' = \left(\frac{1}{3}, \frac{1}{3}, \frac{1}{3}, -1\right)$ および (37:2) におけると同様の置換による配分．

われわれは，有利な2人の中核が先に存在することを仮定しない場合に，いかにして最終的な提携がこの「1つの形」を形成するかを，いまだ理解しようと試みてはいない．

37.4.2 先の (37:2) の解においては，このような説明は明確になされていた．最終的な提携が何層もの構造をもっていることは，配分 $\vec{\alpha}'$ によって表されており，まさにこの分配の計画に対する動機は配分 $\vec{\alpha}''$ によって表される引き分けのおそれにあるからである．正確にいえば：$\vec{\alpha}'$ は $\vec{\alpha}''$ と結びついてはじめて1つの解を形成し，単独では解とはならないのである．

(37:3) においては，この第2の要素が欠けている．30.1 の意味における検証を直接施すことにより，$\vec{\alpha}'''$ は条件 (30:5:a) は満たすが，(30:5:b) は満たしえないことが明らかになる．すなわち，これらの解は相互に支配することはないが，他のいくつかの配分も支配しえないのである．したがって，さらにいくつかの要素が V に付け加えられねばならない[47]．

(37:2) の $\vec{\alpha}'' = (0,0,0,0)$ は $\vec{\alpha}'''$ によって支配されるので，この付け加えられる配分は明らかに $\vec{\alpha}''$ ではない[48]．言い換えれば，$\vec{\alpha}'''$ の1つの解への拡張（すなわち **4.3.3** の意味での安定）には，(37:2) の $\vec{\alpha}'$ の場合と同様，(37:3) の $\vec{\alpha}'''$ の場合にもまったく異なった配分（すなわち脅し）が必要となるのであ

---

[47] 誤解をさけるために：相互に支配しない配分の集合がすべて1つの解へ拡張されうるとは，一般には決していえない．実際，与えられた配分の集合をある（未知の）解の部分集合とみなす問題は，いまだ解かれていない．**30.3.7** を参照せよ．

ここでは，(37:3) の V に対して，このような拡張が可能であることを期待しているのであり，後にこの期待が正しいことがわかるであろう．

[48] $S = \{1,2,3\}$ を通してである．

る．

ここで必要となっている段階への発見的な動機を見出すのは，非常に困難であるように思える．しかしながら，幸いなことに直ちに厳密な方法をとることができ，それによってこれ以上の発見的な考察は不必要となるのである．実際，(37:3) の V の解への拡張には，1つそしてただ1つの対称的な方法しか存在しえないことが厳密に証明される．このためには，次の配分 $\vec{\alpha} = (\alpha_1, \alpha_2, \alpha_3, \alpha_4)$ を付け加えればよい：

(37:4) $\quad \vec{\alpha}^{IV} = \left(\dfrac{1}{3}, \dfrac{1}{3}, -\dfrac{1}{3}, -\dfrac{1}{3} \right)$ および (37:2) におけると同様の置換を施した配分．

37.4.3 もしこの解，すなわち (37:4) の要素 $\vec{\alpha}^{IV}$ に対する常識的な解釈が望まれるならば，次のようにいわねばならない．すなわち，それは ((37:2) のこれに対応する $\vec{\alpha}''$ のように) 引き分けを意味しているのではなく——むしろ可能な (2人のメンバーからなる) 勝利提携と他の2人のプレイヤーとの間のある種の妥協を意味しているのである．しかし上で述べたように，われわれは (37:3) および (37:4) の V に対する発見的な解釈を完全に見出そうとしているのではない．実際，厳密な理論のこの部分はすでにこの可能性をはるかに超えてしまっているといってもよいであろう[49]．さらに，後に述べるいくつかの例により，この解の特異性はより一層広い基礎の上に示されるであろう．その場合にも，上で述べた厳密な証明は行わないことにする．

37.5 中心の2つの解の比較

37.5.1 中心を表すゲームに関して見出した2つの解 (37:2) と (37:3)，(37:4) により，解の可能な多様性についての新しい例が与えられる．もちろん前にも，すなわち **33.1.1** の本質的3人ゲームの場合にも，この現象は観察された．しかし，1つを除いた他のすべての解は，ある意味で異常なものであった (われわれはこれを「差別的」とよぶことにより表した)．この場合には，ただ1つの解だけが配分の有限集合となり，その解だけがゲームそのものと同じ対称性を有していた (すなわちすべてのプレイヤーに関して対称的であった)．しかし，ここでは状態がまったく異なっている．われわれは，共に配

---

[49] もちろんこれらの事柄は，たとえ発見的な考察から生じたとしても，数理物理学理論においてはよく知られているものである．

分の有限集合であり[50]，しかもゲームの対称性を完全に有している2つの解を見出した．**37.1.2**の議論からわかるように，この2つの解を「異常」とか「差別的」とか考えることは，いかなる意味においても困難である．それらは，3人提携への最後の参加者が加入の際に受ける処遇により本質的に区別され，それゆえ，社会組織のまったく正常な2つの原則に対応していると考えられる．

37.5.2　しかし，どちらかといえば解 (37:3)，(37:4) のほうがより正常ではないと思えるかもしれない．(37:2) においても，(37:3)，(37:4) においても，解の性質はそれを完全に決定する配分，すなわち $\vec{\alpha}'$ および $\vec{\alpha}'''$ によって各々決定された．これらの配分に，余分の「安定化のための」配分 $\vec{\alpha}''$ および $\vec{\alpha}^{IV}$ が付け加えられねばならなかった．ここで，第1の解におけるこの余分な $\vec{\alpha}''$ は引き分けという明らかに発見的な意味をもっていたが，第2の解における余分の $\vec{\alpha}^{IV}$ の性質はより複雑であるように思われる．

しかし，より徹底的に分析を行えば，第1の解に容易に接近しうる発見的な方法では，説明も予想もできないようないくつかの特異な現象が明らかになる．

これらの現象は，われわれの理論のいくつかの可能性および解釈をむしろ驚くべき方法で示すので，一般的な観点からも非常に示唆に富んでいるのである．それゆえ，われわれは以下でこの現象を細かく分析する．第2の解に対するこれに類似した展開は，いまだなされていないことを注意しておこう．

37.6　中心における非対称な解

37.6.1　まず最初に，**37.3.2**の (37:2) に密接に関連するいくつかの有限ではあるが非対称な解が存在する．なぜなら，それらは配分 $(\frac{1}{2}, \frac{1}{2}, 0, -1)$ のいくつかを含んでいるからである[51]．これらの解の1つは，対角線 I-中心-VIII にそって両側から中心に接近していったときに得られる解であり，そこでは**36.3**で述べた解が用いられることになる．すなわち：そこで述べた領域 (36:B) および (36:C) を連続的に合わせることにより得られる．(点 $x_1 = $

---

[50] 与えられた配分および置換を施した異なったものを数えてみれば，解 (37:2) は 13 個の要素からなり，解 (37:3)，(37:4) は 10 個の要素からなっていることが容易にわかる．
[51] すなわち，この配分から置換によって得られる，12個のすべてではなくそのうちのいくつかのものである．

0，すなわち中心は両方の領域に属することが思い出されるであろう．**36.3.2**を参照せよ．）この解はまた社会組織に特有な原則を表すために用いられうるので，簡単に述べておこう．

この解は，対角線 I-中心-VIII 上のゲームに属する解と同様の対称性を有している．なぜなら，この解は実際にそれらの一部となっているからである：すなわち，プレイヤー 1, 2, 3 に関しては対称であるが，プレイヤー 4 は特別な位置を占めているのである[52]．それゆえ，対角線上の解を記述したのと同様の方法で，例えば **36.2.1** の (36:3) と同様にして，この解を表すことにしよう．ここでは，プレイヤー 1, 2, 3 の置換を表に出さないだけであるが，(37:3) および (37:4) の記述においては，プレイヤー 1, 2, 3, 4 のすべての置換を表に出さなかった．

37.6.2 比較を容易にするために，**37.3.2** の最初の完全に対称な解 (37:2) の定義を（1, 2, 3 の置換のみを許す）ここでの記号を用いて書き直そう．それは，次の配分から構成される[53]：

$$(37{:}2^*) \quad \left.\begin{array}{l} \vec{\beta}' = \left(\dfrac{1}{2}, \dfrac{1}{2}, 0, -1\right) \\[4pt] \vec{\beta}'' = \left(\dfrac{1}{2}, \dfrac{1}{2}, -1, 0\right) \\[4pt] \vec{\beta}''' = \left(\dfrac{1}{2}, 0, -1, \dfrac{1}{2}\right) \\[4pt] \vec{\beta}^{IV} = (0, 0, 0, 0) \end{array}\right\} \text{およびプレイヤー 1, 2, 3 を置換することにより，これらから生じる配分．}$$

さて，われわれが述べている（非対称な）解は，以下の配分から構成される：

---

[52] この解において，プレイヤー 4 が実際に他のプレイヤーと異なる位置を占めていることにより，これは先に述べた対称的な 2 つの解とは区別されることになる．

[53] ここでの $\vec{\beta}', \vec{\beta}'', \vec{\beta}'''$ は **37.3.2** の (37:2) の α' を尽くしているが，$\vec{\beta}^{IV}$ は同所の $\vec{\alpha}''$ である．

$\vec{\alpha}'$ は 3 つの配分 $\vec{\beta}', \vec{\beta}'', \vec{\beta}'''$ によって代表されねばならない．なぜなら，この表示の体系によりプレイヤー 4 が見出されるのは，これらの 3 つの可能な配分の位置（すなわち，値 $\frac{1}{2}, 0, -1$）のどれであるかを述べる必要が生じるからである．

(37:5) (37:2*) における $\vec{\beta}',\vec{\beta}'',\vec{\beta}^{IV}$ およびプレイヤー 1, 2, 3 を置換することにより，これらから生じる配分．
$$\vec{\beta}^V = \left(\frac{1}{2}, 0, -\frac{1}{2}, 0\right)\ {}^{54)}$$

(37:5) が解となることの証明はここでも省略する．その代わりに，この解と (37:2) の解——すなわち **37.3.2** における第 1 の（対称的な）解——との相違についての解釈を示唆しておこう．

37.6.3 この相違は，

$$\vec{\beta}''' = \left(\frac{1}{2}, 0, -1, \frac{1}{2}\right)$$

を

$$\vec{\beta}^V = \left(\frac{1}{2}, 0, -\frac{1}{2}, 0\right)$$

によって置き換えた点にある．つまり：——プレイヤー 4 が「最初の」提携，すなわち最大の量 $\frac{1}{2}$ を獲得するグループに属するような——配分 $\vec{\beta}'''$ を取り除き，別の配分 $\vec{\beta}^V$ で置き換えているのである．この場合には，プレイヤー 4 は $\vec{\beta}'''$ におけるよりもやや少なく獲得し，1, 2, 3 の中の敗北するプレイヤー（ここの配列ではプレイヤー 3）は $\vec{\beta}'''$ におけるよりもやや多く獲得する．この相違はちょうど $\frac{1}{2}$ であり，それゆえ，プレイヤー 4 は引き分けの位置 0 にひきもどされ，プレイヤー 3 は完全に敗北した位置 -1 から中間の位置 $-\frac{1}{2}$ に動かされるのである．

したがって，プレイヤー 1, 2, 3 は「特権を与えられた」グループを形成し，その外部のプレイヤーは誰も「最初の」提携に参加できないのである．しかし，「最初の」提携には 2 人の参加者の加入する余地しかないために，この特権グループの 3 人のメンバーの間でさえも提携に関して抗争が続くことになる．特権グループの 1 人のメンバーが，$\vec{\beta}''$ におけるように完全に敗北することさえありうることは，注目に値する．——しかしこれは，「最初の」提携を形成する彼の「グループ」の過半数が，彼が選ばれるべきであった「最終的な」提携の第 3 のメンバーとして，「特権を与えられていない」プレイヤー 4 を加入させうるときにのみおこるのである．

[54)] この配分 $\vec{\beta}^V$ は，**37.4.2** の (37:4) における $\vec{\alpha}^{IV}$ の配列を思い出させる．しかし，その類似についてはいまだ何もなされてはいないのである．

37.6.4 読者は，これが社会組織の形としてまったくおこりうることに気づかれるであろう．この形は，3人ゲームの「差別」解のように簡単ではないが，差別的であることは確かである．これは，ゲームそのものというよりはむしろその解によってより複雑で繊細な社会的な相互関係を表しているのである[55]．これは，多少とも勝手なものであると考える人もいるかもしれないが，われわれは非常に小規模な「社会」を考えているので，すべての可能な行動基準をその可能性が狭まるように，むしろ正確にかつ巧妙に調整せねばならないのである．

他のすべてのプレイヤー（4ではなく1, 2, 3）に対する同様の差別が適当な解によって表され，それが立方体 Q の他の3つの対角線にともなわれることは，ほとんど何の工夫もなく示すことができるであろう．

38 中心の近傍の解の族

38.1 中心における最初の代替案に属する解の変形

38.1.1 **37.3.2** の解（37:2）の細部の分析を続けよう．それにより，この解はある特別な変形を施しても解としての性質を失わないことがわかるであろう．

この変形とは，**37.3.2** の配分（37:2）に1つの共通な（正の）数値 z を乗ずることである．これにより，次の配分の集合が得られる：

$$(38\!:\!1) \quad \begin{aligned} \vec{\gamma}' &= \left(\frac{z}{2}, \frac{z}{2}, 0, -z\right) \\ \vec{\gamma}'' &= (0, 0, 0, 0) \end{aligned} \quad \text{およびプレイヤー } 1, 2, 3, 4 \text{ を置換することにより，これらから生じる配分．}$$

これらが配分となるためには，その要素がすべて -1（すなわち共通の値 $v(\{i\})$）以上となっていなければならない．$z > 0$ であるから，これは $-z \geq -1$ となることのみを意味する．すなわち

$$(38\!:\!2) \quad 0 < z \leq 1$$

である．

$z = 1$ の場合には，(38:1) は **37.3.2** に一致する．(38:2) の他のすべての z

---

[55] この特徴に関しては **35.2.4** の議論を参照せよ．

については，同じゲームの解となるかは事前的には明らかでないように思われる．しかし簡単な議論により，$z > \frac{2}{3}$——すなわち (38:2) が，

(38:3) $\quad \frac{2}{3} < z \leq 1$

によって置き換えられれば，そしてそのときにのみ，解となることが示される．この解の族の重要性は，それが立方体 Q の中心を取り囲むある 3 次元の部分にまで拡張されうることにより，さらに増大する．この議論により，これらの研究においてより広い応用性をもった技法を示す機会が与えられるので，われわれはこの議論を完全に行っておかねばならないであろう．

これらの結果についての解釈は，後に試みられるであろう．

38.1.2 まず **37.1.2** の (37:1) によって記述されたゲーム（すなわち Q の中心）についての，上述の (38:1) によって定義された解 V を考察することは，他のゲームにおける **37.3.2** の (37:2) の最初の集合 V を考察することにより置き換えられることを注意しておこう．実際，(38:1) は (37:2) に z を乗ずることにより得られた．この代わりに，(37:2) をそのまま保ち，その特性関数 (37:1) に $1/z$ を乗ずることもできるであろう．これにより，Q による幾何学的表現のために必要であった正規化 $\gamma = 1$ が損なわれることになる．——しかし，あえてそれを受け入れることにする．

それゆえ，われわれがここで行おうとしていることは，次のように定式化できる：

これまでは，与えられたゲームから出発し，その解を求めてきた．ところがここでは，この過程を逆転し，解から出発してそのゲームを見出そうとするのである．正確にいえば：ある与えられた配分の集合 V から出発し，この V が解となるような特性関数 v(S)（すなわちゲーム）を求めるのである[56]．

---

[56] この逆転の方法は——そこに含まれている自由の種類および程度に関して——数学的方法の弾力性の非常な特徴となっている．最初は，それにより考察されねばならない問題の方向性が，最も厳密な数学的観点以外からみれば不自然な方向に偏るように思えるが，それにもかかわらず，このような方法は効果的なのである．すなわち，適切な技術的な処理により，最終的には他のいかなる方法においても見出されなかった解が明らかにされるのである．

発見的な考察から方向性が与えられたこれまでの例の後に，まったく発見的な手助けに頼ることなく純粋に数学的な操作によって——すなわち上でふれた逆転によって——解が見出される場合を研究することは，非常に有益である．

このような工夫（すなわち，もっぱら技術的であり非概念的なもの）に満足できない読者のために，これらの工夫が数学的分析においては自由にかつ正当に用いられていることを付け加えておく．

37.1.2 の (37:1) の v(S) に共通の数を乗ずることは,

(38:4)　　S が 2 要素集合であるとき, v(S) = 0

はそのままであるが, それ以外には, ゲームの縮約形 (**27.1.4** を参照せよ), すなわち,

(38:5)　　v({1}) = v({2}) = v({3}) = v({4})

を必要とするだけであることを意味する. 実際, この (38:5) の共通の値は $-1/z$ であり, (38:4), (38:5) および **25.3.1** の (25:3:a), (25:3:b) により, この v(S) はまさに (37:1) に $1/z$ を乗じたものとなる. 上述の (38:3) の主張により, **37.3.2** の (37:2) の V は, (38:5) の共通の値 (すなわち $-1/z$) が -1 以下でかつ $-\frac{3}{2}$ より大きければ, そしてそのときにのみ, 解となることがわかる.

38.1.3 次にもう 1 段階進み, 縮約の必要性, すなわち (38:5) を落とそう. そこで, v(S) には (38:4) のみを必要とし, その値を 2 要素集合 S に限ることにしよう. 問題の最終的な形は次のように書き直される:

(38:A)　　以下を満たすあらゆるゼロ和 4 人ゲームを考える.
(38:6)　　すべての 2 要素集合 S に関して, v(S) = 0
　　　　　このようなゲームの中で, **37.3.2** の (37:2) の V が解となるのはいかなるものであるか?

われわれは正規化および v(S) の縮約の条件を落としているので, Q における幾何学的表現とのあらゆる関連を見出すのは困難であることがわかるであろう. それゆえ, 後に得る結果を Q の枠組みの中へもどすためには, 最後に特別な操作を加える必要がある.

38.2　厳密な議論

38.2.1 問題 (38:A) の未知の部分は,

(38:7)　　v({1}) = $-y_1$, v({2}) = $-y_2$, v({3}) = $-y_3$, v({4}) = $-y_4$

われわれは, 厳密な方法よりも発見的な方法のほうがより容易に扱えることをくり返し見出してきた. ここではその逆の例を与えるのである.

なる値である．(38:A) の条件により，実際にこれらの数 y_1, y_2, y_3, y_4 に対していかなる制限が与えられるかを決定しよう．このゲームは，もはや対称的ではない[57]．したがって，この場合には，プレイヤー 1, 2, 3, 4 の置換はこれに対応する y_1, y_2, y_3, y_4 の置換をともなってはじめて正当となる[58]．

まず最初に，ある与えられたプレイヤー k が，**37.3.2** の (37:2) のベクトルにおいて結びつけられる要素のうち最小のものは -1 である．したがって，このベクトルは $-1 \geq v(\{k\})$，すなわち，

(38:8) $k = 1, 2, 3, 4$ に関して，$y_k \geq 1$

となれば，そしてそのときにのみ，配分となるであろう．

このようにして，配分の集合としての V の性質が確立された．そこで，これが解であるか否かを検証しよう．この考察は，**36.2.3**–**36.2.5** において与えられた証明に類似している．

38.2.2 **36.2.3** の結果 (36:5), (36:6) が再度適用される．2 要素集合 $S = \{i, j\}$ は，$\alpha_i + \alpha_j \leq 0$ のときに $\vec{\alpha} = (\alpha_1, \alpha_2, \alpha_3, \alpha_4)$ に対して有効である ((38:A) を参照せよ)．したがって，(37:2) の $\vec{\alpha}', \vec{\alpha}''$ に関して次のことがわかる．$\vec{\alpha}''$ については：あらゆる 2 要素集合 S が有効である．$\vec{\alpha}'$ については：プレイヤー 4 を含まない 2 要素集合 S は有効ではないが，4 を含むもの，すなわち $S = \{1, 4\}, \{2, 4\}, \{3, 4\}$ は明らかに有効である．しかし，$S = \{1, 4\}$ を考えれば，他の 2 つは棄却してもかまわない．すなわち，$S = \{2, 4\}$ は 1 と 2 を置換することにより $\{1, 4\}$ から生じ，しかも $\vec{\alpha}'$ に影響を及ぼすことはない[59]．さらに $\frac{1}{2} \geq 0$ であるので，$S = \{3, 4\}$ は 1 と 3 を置換した後には，実際には $\{1, 4\}$ より劣っているからである[60]．

要約すれば：

---

[57] $y_1 = y_2 = y_3 = y_4$ ではないとする．
[58] しかし，**37.3.2** の (37:2) の定式化において行ったように，1, 2, 3, 4 の置換の使用はまったく問題にはならない．
[59] この置換および以下のこれに類似するものは，上の脚注 57) にもかかわらず，明らかに正当な工夫である．422 ページの脚注 35) および上述の脚注 58) を参照せよ．
[60] $\alpha_4' = -1$ であるので，$v(\{4\}) = -1$ のときには $S = \{1, 4\}$ を含むすべての集合は棄却することができる．これは $y_4 = 1$ のときであり，おこる可能性は十分にある．しかし，何もこうしなければならないというわけではない．$y_4 = 1$ と $y_4 > 1$ を共に扱うためには，われわれはそうしないほうがよいと考えている．

(38:B) 2要素集合 S の中で，次に与えるものは確実に必要であるが，その他のすべてのものは確実に不必要である：

$\vec{\alpha}'$ に関しては $\{1,4\}$[61]， $\vec{\alpha}''$ に関してはすべてのもの．

3要素集合に関しては：上述の性質により，$\vec{\alpha}''$ についてはすべての3要素集合を (36:6) によって除外することができ，さらに $\vec{\alpha}'$ については $\{1,4\}$ もしくは $\{2,4\}$ を含むものを除外することができる[62]．このようにして，$\vec{\alpha}'$ については $S=\{1,2,3\}$ が残るだけとなる．

要約すれば：

(38:C) 3要素集合 S の中では，次に与える1つの集合のみが確実に必要であり，他のすべてのものは確実に不必要である：

$\vec{\alpha}'$ に関しての $\{1,2,3\}$．

30.1.1 の (30:5:a)，すなわち V の元 $\vec{\beta}$ を支配する V の元 $\vec{\alpha}'$ は存在しえないことについての証明は，読者に任せるものとする．（**36.2.4** のこれに相当する証明の箇所を参照せよ．実際には，以下の (30:5:b) の証明にも必要な段階が含まれている．）

38.2.3 次に，**30.1.1** の (30:5:b)，すなわち V の要素によって支配されない配分 $\vec{\beta}$ が V に属することを証明しよう．

そのために，V の要素によっては支配されない配分 $\vec{\beta}$ を考えよう．もし $\beta_1,\beta_2,\beta_3,\beta_4$ のどれか2つが 0 より小さければ，(1,2,3,4 を置換することにより) $\beta_1,\beta_2<0$ とすることができる．このことにより，(38:B) の $S=\{1,2\}$ を通して $\vec{\alpha}'' \succ \vec{\beta}$ が与えられる．したがって，$\beta_1,\beta_2,\beta_3,\beta_4$ の多くとも1つが 0 より小さくなる．もしすべてが 0 より小さくないのであれば，結局すべて 0 以上となる．それゆえ，$\vec{\beta}$ の各要素は $\vec{\alpha}''$ のこれに対応する要素以上となり，しかも両者は共に配分であるから (425ページの脚注39) を参照せよ)，結局一致することになる．それゆえ $\vec{\beta}$ は V に属することとなる．

---

[61] および 1,2,3,4 のすべての置換．これによって $\vec{\alpha}'$ も修正される．
[62] 後者は 1 と 2 とを置換することにより前者から得られ，しかもその置換は $\vec{\alpha}'$ に影響を及ぼさない．

したがって，$\beta_1,\beta_2,\beta_3,\beta_4$ のうち正確に 1 つは 0 より小さい．1, 2, 3, 4 を置換することにより，$\beta_4 < 0$ とすることができる．

もし β_1,β_2,β_3 のいずれか 2 つが $\frac{1}{2}$ より小さければ，(1, 2, 3 を置換することにより) $\beta_1,\beta_2 < \frac{1}{2}$ とできる．さらに $\beta_4 < 0$ である．したがって，3 と 4 とを置換することにより，(38:C) の $S = \{1,2,3\}$ を通して $\vec{\alpha}' \succ \vec{\beta}$ となる．したがって，β_1,β_2,β_3 のうち多くとも 1 つが $\frac{1}{2}$ より小さい．もしどれも $\frac{1}{2}$ よりも小さくないとすれば，$\beta_1,\beta_2,\beta_3 \geq \frac{1}{2}$ となる．したがって，$\beta_4 \leq -\frac{3}{2}$ である．ところが $\beta_4 \geq v(\{4\}) = -y_4$ であるから，これにより $-y_4 \leq -\frac{3}{2}$，すなわち $y_4 \geq \frac{3}{2}$ とならねばならない．したがって，この可能性を排除するためには $y_4 < \frac{3}{2}$ としなければならず，1, 2, 3, 4 を自由に置換できるので，結局は，

(38:9) $\quad k = 1, 2, 3, 4$ に関して，$y_k < \dfrac{3}{2}$

とさえしなければならない．

もしこの条件が満たされれば，β_1,β_2,β_3 のうち正確に 1 つが $< \frac{1}{2}$ であると結論できる．1, 2, 3 を置換することにより，$\beta_3 < \frac{1}{2}$ とすることができる．

したがって，$\beta_1,\beta_2 \geq \frac{1}{2}$, $\beta_3 \geq 0$ である．もし $\beta_4 \geq -1$ であれば[63]，$\vec{\beta}$ の各要素は，$\vec{\alpha}'$ のこれに対応する要素以上となる．しかも両者は共に配分であるから (425 ページの脚注 39) を参照せよ)，結局 2 つは一致することとなり，それゆえ $\vec{\beta}$ は V に属することとなる．

したがって $\beta_4 < -1$ であり，また $\beta_3 < \frac{1}{2}$ でもある．それゆえ，1 と 3 とを置換することにより，(38:B) の $S = \{1,4\}$ を通して $\vec{\alpha}' \succ \vec{\beta}$ が与えられる．

結局，これは矛盾であり，これによって **30.1.1** の (30:5:b) が証明されたことになる．

この証明のために必要であった条件 (38:9) は，実際には必要条件でもある：

$$\vec{\beta}' = \left(\frac{1}{2}, \frac{1}{2}, \frac{1}{2}, -\frac{3}{2}\right)$$

が V によって支配されず，しかも，それが配分となるのを妨げる唯一の方法は $-\frac{3}{2} < v(\{4\}) = -y_4$, すなわち $y_4 < \frac{3}{2}$ とすることであることは容易に証

---

[63] もし $v(\{4\}) = -1$, すなわち $y_4 = 1$ ならば，たしかにこの場合となる．しかし，われわれはそれを仮定しようとは思わない．(441 ページの脚注 60) を参照せよ．)

明される[64]．$1,2,3,4$ を置換すれば，(38:9) が与えられる．

したがって，正確に (38:8) と (38:9) が必要となる．要約すれば：

(38:D) **37.3.2** の (37:2) の V が (38:A) のゲームに対する解（先の場合には (38:6)，(38:7) であった）となるための必要条件条件は，

(38:10) $k=1,2,3,4$ に関して，$1 \leq y_k < \dfrac{3}{2}$

となることである．

38.2.4 ここで，一時的に放棄していた正規化と縮約を再度導入しよう．これらは，(38:A) のすぐ後で指摘したように，以上の結果を Q に結びつけるために必要なのである．

27.1.4 の縮約公式をみればわかるように，プレイヤー k の取り分は，

$$\alpha_k^0 = -\mathrm{v}(\{k\}) + \frac{1}{4}\{\mathrm{v}(\{1\}) + \mathrm{v}(\{2\}) + \mathrm{v}(\{3\}) + \mathrm{v}(\{4\})\}$$
$$= y_k - \frac{1}{4}(y_1 + y_2 + y_3 + y_4)$$

かつ

$$\gamma = -\frac{1}{4}\{\mathrm{v}(\{1\}) + \mathrm{v}(\{2\}) + \mathrm{v}(\{3\}) + \mathrm{v}(\{4\})\}$$
$$= \frac{1}{4}(y_1 + y_2 + y_3 + y_4)$$

となる量 α_k^0 によって変えられねばならない．2 要素集合 $S=\{i,j\}$ については，$\mathrm{v}(S)$ は最初の値 0 から，

---

[64] V がこの $\vec{\beta}'$ を支配しえない場合に（$y_4 \leq \frac{3}{2}$ なるとき），$\vec{\beta}'$ を V に付け加えて V を解にしようとしてもうまくいかないことに注意しよう．実際，$\vec{\beta}'$ は $S=\{1,2,3\}$ を通して $\vec{\alpha}''=(0,0,0,0)$ を支配するので，V から $\vec{\alpha}''$ を取り除くことが必要となり，それによって新しく支配されない配分などが生じてくるのである．

もし $y_1=y_2=y_3=y_4=\frac{3}{2}$ ならば，単位を $\frac{2}{3}$ だけ変化させることにより，このゲームは **37.1.2** の (37:1) の形にもどされることになり，それによって $\vec{\beta}'$ も **37.4.1** の (37:3) の $\vec{\alpha}^{IV}=\left(\frac{1}{3},\frac{1}{3},\frac{1}{3},-1\right)$ に移されることになる．したがって，ここの V を解としようとさらに試みれば，おそらく徐々に **37.4.1**-**37.4.2** の (37:3)，(37:4) に変形させていくことになるであろう．われわれが **37.3.2** の (37:2) から出発したことを考えてみれば，これは注目に値することである．

(37:2) と (37:3)，(37:4) の 2 つの解についてのこれらの関連は，さらに深く研究されねばならない．

$$\alpha_i^0 + \alpha_j^0 = y_i + y_j - \frac{1}{2}(y_1 + y_2 + y_3 + y_4)$$
$$= \frac{1}{2}(y_i + y_j - y_k - y_l)$$

(ただし k, l は i, j 以外の2人のプレイヤー)へと増加することになる．

上記の γ は((38:10) により) 明らかに1以上，したがって正であり，ゲームは本質的となる．正規化は，すべてのプレイヤーの取り分だけでなく，特性関数をも γ で割ることによって行われる．したがって，$S = \{i, j\}$ に関しては，v(S) はここではさらに，

$$\frac{\alpha_i^0 + \alpha_j^0}{\gamma} = 2\frac{y_i + y_j - y_k - y_l}{y_1 + y_2 + y_3 + y_4}$$

と修正されることになる．

そうすれば，これは正規化され，しかも縮約された特性関数の形となり，**34.2.1** において Q による表示のために用いられたものとなる．同所の (34:2) を上式と合わせることにより，Q に属する座標 x_1, x_2, x_3 に関しての公式

(38:11) $\begin{cases} x_1 = \dfrac{y_1 - y_2 - y_3 + y_4}{y_1 + y_2 + y_3 + y_4}, \\ x_2 = \dfrac{-y_1 + y_2 - y_3 + y_4}{y_1 + y_2 + y_3 + y_4}, \\ x_3 = \dfrac{-y_1 - y_2 + y_3 + y_4}{y_1 + y_2 + y_3 + y_4} \end{cases}$

が得られる．

38.2.5 このようにして，(38:10) と (38:11) を合わせることにより，上記の解——すなわち上述のように変形された **37.3.2** の解 (37:2) ——が用いられうる Q の部分が定義される．この定義は完全なものではあるが明示的ではない．そこで，これを明確にしよう．すなわち，座標 x_1, x_2, x_3 をもつ Q の点が与えられたときに，(38:10) および (38:11) が共に (適当な y_1, y_2, y_3, y_4 により) 満たされうるか否かを決定することにしよう．

仮定的な y_1, y_2, y_3, y_4 について，

(38:12) $\quad y_1 + y_2 + y_3 + y_4 = \dfrac{4}{z}$

とおく．ただし，この z は定数ではない．そうすれば，等式 (38:11) は，

$$(38\text{:}12^*)\quad \begin{cases} y_1 - y_2 - y_3 + y_4 = \dfrac{4x_1}{z}, \\ -y_1 + y_2 - y_3 + y_4 = \dfrac{4x_2}{z}, \\ -y_1 - y_2 + y_3 + y_4 = \dfrac{4x_3}{z} \end{cases}$$

となる．(38:12) および (38:12*) は，y_1, y_2, y_3, y_4 に関して解くことができ，

$$(38\text{:}13)\quad \begin{cases} y_1 = \dfrac{1 + x_1 - x_2 - x_3}{z}, \quad y_2 = \dfrac{1 - x_1 + x_2 - x_3}{z}, \\ y_3 = \dfrac{1 - x_1 - x_2 + x_3}{z}, \quad y_4 = \dfrac{1 + x_1 + x_2 + x_3}{z} \end{cases}$$

となる．ここで (38:11) は満たされ，しかも (38:10) を満たすように z を選択できるという自由をわれわれは用いねばならない．

次の 4 つの数の最大のものを w，最小のものを v としよう．

$$(38\text{:}14)\quad \begin{array}{l} u_1 = 1 + x_1 - x_2 - x_3, \quad u_2 = 1 - x_1 + x_2 - x_3, \\ u_3 = 1 - x_1 - x_2 + x_3, \quad u_4 = 1 + x_1 + x_2 - x_3. \end{array}$$

x_1, x_2, x_3 を所与としているので，これらの 4 つの数の値は既知である．

ここで，(38:10) は明らかに $1 \le v/z$ かつ $w/z < \frac{3}{2}$，すなわち，

$$(38\text{:}15)\quad \frac{2}{3}w < z \le v$$

であることを意味している．この条件が，

$$(38\text{:}16)\quad \frac{2}{3}w < v$$

であれば，そしてそのときにのみ，(z について) 満たされうることは明らかである．そして (38:16) が満たされれば，条件 (38:15) は z に関して無限に多くの値——すなわち全区間——を許すことになる．

38.2.6 (38:15)，(38:16) からなんらかの結論を導く前に，**37.3.2** の解 (37:2) がここでの変形によりどのようになるかを表す公式を明確にしておこう．(37:2) の $\vec{\alpha}', \vec{\alpha}''$ をとり，第 k 要素 (すなわちプレイヤー k の取り分) に α_k なる量を加え，これを γ で割っておく．

これらの処理により，要素 k のおこりうる値——すなわち (37:2) の $\frac{1}{2}, 0$, -1——は次のように変形される．まず $k = 1$ を考え，(38:13) と同様 α_k および γ に関する上述の式を用いよう．そうすれば：

$\frac{1}{2}$ は, $\dfrac{\frac{1}{2}+\alpha_1}{\gamma} = \dfrac{2+4y_1-(y_1+y_2+y_3+y_4)}{y_1+y_2+y_3+y_4} = \dfrac{z}{2}+x_1-x_2-x_3$

0 は, $\dfrac{\alpha_1}{\gamma} = \dfrac{4y_1-(y_1+y_2+y_3+y_4)}{y_1+y_2+y_3+y_4} = x_1-x_2-x_3$

-1 は, $\dfrac{-1+\alpha_1}{\gamma} = \dfrac{-4+4y_1-(y_1+y_2+y_3+y_4)}{y_1+y_2+y_3+y_4} = -z+x_1-x_2-x_3$

となる．他の $k=2,3,4$ については，これらの式は各々 $x_1-x_2-x_3$ が $-x_1+x_2-x_3, -x_1-x_2+x_3, x_1+x_2+x_3$ によって置き換えられるだけである[65]．

((38:14) を思い出しつつ) 要約すれば：

(38:E)　要素 k は以下のように変形される：
$\frac{1}{2}$ は $z/2+u_k-1$ となり，
0 は u_k-1 となり，
-1 は，$-z+u_k-1$ となる．
ただし，u_1,u_2,u_3,u_4 は (38:14) で与えられたものである．

(37:2) を (38:E) の修正を用いて書き直すことは読者に任せるが，そこで必要となる 1,2,3,4 の置換を正しく行うように注意してもらいたい．中心——すなわち $x_1=x_2=x_3=0$ ——に関しては，当然のことではあるが，(38:E) は **38.1.1** の公式 (38:1) を再度もたらすことになる．

38.2.7　次に (38:15), (38:16) の議論にもどろう．条件 (38:16) は，(38:14) の 4 つの数 u_1,u_2,u_3,u_4 があまり離れていないこと——その最小値が最大値の $\frac{2}{3}$ よりも大きいこと——すなわち，相対的な尺度で測れば 2:3 以下の規模で変化することを表している．

これは，$x_1=x_2=x_3=0$ となる中心においてはたしかに正しい．そこでは，u_1,u_2,u_3,u_4 はすべて 1 である．したがって，この場合には $v=w=1$ となり，(38:15) は $\frac{2}{3}<z\leq 1$ となる．これは，本議論のはじめになされた主張を証明するものである (**38.1.1** の (38:3) を参照せよ)．

(38:16) が成り立つ Q の部分を Z と表そう．そうすれば，中心のごく近傍も Z に属することになる[66]．それゆえ，Z は Q の内部の 3 次元の部分であ

---

[65] これは等式 (38:13) の形，および同じことではあるが，**34.3.2** で記述された座標 x_1, x_2, x_3 に対するプレイヤー 1, 2, 3, 4 の置換の影響を考慮することにより，直ちに導かれる．

[66] もし x_1, x_2, x_3 が 0 から $\frac{1}{15}$ 以上離れていなければ，(38:14) の 4 つの数 u_1, u_2, u_3, u_4 の

り，Q の中心をその内部に含んでいる．

Z と Q の対角線，例えば I-中心-VIII との関連についても説明することができる．Z はこの対角線の以下の部分を含んでいる．(図 64 を用いれば)：一方は正確に C を含み，もう一方は B のほとんど半分を含む[67]．これらの解が，**36.3** で述べられた (36:B)，(36:C) における有効な解の族とは異なっていることを最後に付け加えておく．

38.3 解の解釈

38.3.1 以上のようにして決定した解の族は，いくつかの注目すべき特徴を有している．

まず，この族が解となるような（すなわち Z のすべての点における）ゲームのあらゆるものに対して，この族は無限に多くの解を与える[68]．そして，**37.5.1** で述べたことはすべて再度適用される．すなわち，これらの解は配分の有限集合であり[69]，ゲームの完全な対称性を保っている[70]．したがって，これらの解のどれ1つをとっても「差別的」ではない．そればかりか，同所で議論した「組織の原則」における相異をこれらの解に帰することは不可能となる．それにもかかわらず，これらの解を区別する定性的な言葉による形で述べられうる簡単な「組織の原則」が存在する．それを定式化しよう．

各々は $1 + \frac{3}{15} = \frac{6}{5}$ より小さくかつ $1 - \frac{3}{15} = \frac{4}{5}$ より大きくなり，したがって，相対的な尺度では $\frac{6}{5} : \frac{4}{5} = \frac{3}{2}$ より小さいところで変化することになる．それゆえ，依然として Z の内部にあることになる．言い換えれば：Z は Q と同じ中心をもち，Q の（直線的な）大きさの $\frac{1}{15}$ の大きさをもつ立方体を含むことになる．

実際には，Z はこれよりやや大きく，その体積は Q の約 $\frac{1}{1000}$ となる．

[67] この対角線上では $x_1 = x_2 = x_3$ であり，それゆえ，u_1, u_2, u_3, u_4 はそれぞれ $1 - x_1, 1 - x_1, 1 - x_1, 1 + 3x_1$ となる．よって，$x_1 \geq 0$ に関しては $v = 1 - x_1, w = 1 + 3x_1$ であるから，(38:16) は $x_1 < \frac{1}{9}$ となる．さらに，$x_1 \leq 0$ に関しては $v = 1 + 3x_1, w = 1 - x_1$ であるから，(38:16) は $x_1 > -\frac{1}{11}$ となる．したがって，その交わりは次のとおりである：

$$0 \leq x_1 < \frac{1}{9} \text{ (これはまさに } C \text{ である)}$$

$$0 \geq x_1 > -\frac{1}{11} \text{ (} B \text{ は } 0 \geq x_1 > -\frac{1}{5} \text{ である)}$$

[68] われわれが見出した解は 4 つのパラメーター y_1, y_2, y_3, y_4 を含んでいるが，一方それらの解が有効であるゲームは，3 つのパラメーター x_1, x_2, x_3 しか含んではいない．

[69] 各々は **37.3.2** の (37:2) のように 13 個の要素をもっている．

[70] 中心 $x_1 = x_2 = x_3 = x_4 = 0$ においては $y_1 = y_2 = y_3 = y_4$ ((38:13) を参照せよ)，すなわち 1,2,3,4 において対称的である．対角線上 $x_1 = x_2 = x_3$ においては $y_1 = y_2 = y_3$ ((38:13) を参照せよ)，すなわち 1,2,3 に関して対称的である．

38.3.2 (38:E) を考えよう．これは **37.3.2** の (37:2) が受ける変化を表している．この解におけるプレイヤー k のおこりうる最悪の結果は，明らかにその最後の式——すなわち $-z+u_k-1$——である（なぜなら，これは -1 に対応するからである）．この式は，$z < u_k$ または $z = u_k$ に応じて，-1 より大きいかまたは -1 に等しくなる．ここで，u_1, u_2, u_3, u_4 を (38:14) の 4 つの数とし，その最小のものを v とする．(38:15) により $z \leq v$，すなわち常に $-z + u_k - 1 \geq -1$ となり，特に等号は，おこりうる最大の z の値 $z = v$ に関してのみ成り立つ．——しかも，u_k がその最小値 v をとるような k についてのみ成り立つのである．

これを書き直せば：

(38:F)　この解の族においては，おこりうる最悪の結果がおこったとしても，一般にプレイヤー k は単独で獲得しうる量——すなわち $\mathrm{v}(\{k\}) = -1$ ——よりも明らかにより良い状態に直面する．この有利さは，z がその最大値 $z = v$ をとったときに，しかも (38:14) のこれに対応する数 u_1, u_2, u_3, u_4 が (38:14) における最小値をとるような k についてのみ消滅する．

言い換えれば：このような解においては，敗北したプレイヤーも一般には完全に「搾取される」ことはなく，おこりうる最低の水準——すなわち単独でも維持できる水準，つまり $\mathrm{v}(\{k\}) = -1$ ——にまで引き下げられることはない．われわれは，先に **33.1** で議論した 3 人ゲームの「よりゆるやかな」種類の「差別」解（すなわち $c > -1$ のときの解．**33.1.2** を参照せよ）において，勝利提携の一部に対するこのような制限を観察した．しかしその場合には，このような制限を受ける対象となるプレイヤーは，いかなる解においてもただ 1 人だけであり，この現象は，提携を結ぶための競争からこの 1 人のプレイヤーを除くことをともなっていた．ところが，ここでは差別とか隔離とかは一切なく，その代わりにこの制限がすべてのプレイヤーに適用され，Q の中心（**38.1.1** の (38:1) の $z < 1$ の場合）においては解は対称的でさえあった[71]．

---

[71] このほかに，ある重要性をもった定量的な相違もある．ここでの構成（4 人ゲームの Q の中心）においても，先にふれた構成（**33.1** の意味での 3 人ゲーム）においても，(われわれが見出した解において) 1 人のプレイヤーが獲得しうる最善の量は $\frac{1}{2}$ であり，最悪量は -1 である．

　敗北した場合に，プレイヤーが獲得しうる上限は，彼が完全には「搾取」されていない場合の解に

38.3.3 一般には，4つの数 (38:14) の u_1, u_2, u_3, u_4 は各々異なっており，ただ1つだけがその中の最小値 v に等しいので，z がその最大値 v をとるときでさえ，一般にはただ1人のプレイヤーのみがこのような有利さを失うだけである．u_1, u_2, u_3, u_4 がすべてその最小値 v に等しい——すなわち相互に等しい——場合にのみ，4人のプレイヤーすべてがこの有利さを失うわけであり，これが $x_1 = x_2 = x_3 = 0$, すなわち中心においてのみ生じることは，(38:14) を一目みれば明らかであろう．

この敗北するプレイヤーが完全には「搾取」されないという現象は，われわれの解——すなわち社会組織の解——の非常に重要な（しかし決して必要ではない）おこりうる特徴である．一般理論においてもまた，このような現象は大きな役割を果たすように思われる．

最後に，われわれがふれたものの，**36.3.2** においては記述しえなかった解もまた，すべてこの特徴を有していることを付け加えておこう．これらの解は，図64の C におけるものである．しかしそれにもかかわらず，それらはここで考察した解とは異なっているのである．

おいてはいまみたように $-\frac{2}{3}$ (すなわち $\frac{2}{3} < z \leq 1$ なる $-z$) であり，先の場合には $\frac{1}{2}$ (すなわち，$-1 \leq c < \frac{1}{2}$) であった．したがって，この範囲は $\dfrac{(-\frac{2}{3}) - (-1)}{\frac{1}{2} - (-1)} = \dfrac{\frac{1}{3}}{\frac{3}{2}} = \dfrac{2}{9}$, すなわち先の場合には重要な区間の 100% をカバーしていたとすれば，ここでは $22\frac{2}{9}$% をカバーすることとなる．

第8章　$n \geq 5$ なる参加者の場合についてのいくつかの注意

39　種々のクラスのゲームにおけるパラメーターの数

39.1　$n = 3, 4$ の場合

39.1　本質的ゲームがわれわれの実際の問題を構成し，しかもそれらは常に縮約形で $\gamma = 1$ となる形をとりうることを，われわれは知っている．この表現においては，ゼロ和3人ゲームはまさに1つしか存在しえなかったが，ゼロ和4人ゲームは3次元多様体をなした[1]．さらに，(一意的に定まる)ゼロ和3人ゲームは自動的に対称であるが，一方あらゆるゼロ和4人ゲームの3次元多様体は正確に1つの対称ゲームを含むことも，われわれは知っている．

そこで，上述のゲームの多様性の各々に関して，それがいくつの次元を有しているか——すなわち，そのクラスのゲームを特徴づけるためには不明確なパラメーターのいくつにある定まった(数)値が割り当てられねばならないか——を述べることにより，上述の事柄を表すことにしよう．これは，$n \geq 3$ なるすべての n に拡張された図65の表の形により最もよく表される[2]．われわれが上で述べた事柄は，この表の $n = 3, 4$ の箇所に再度みられるであろう．

39.2　$n \geq 3$ の場合のすべての状況

39.2.1　次に，これらのすべてのクラスのゲームおよび対称的なクラスのゲームについて，ゼロ和 n 人ゲームのパラメーターを決定することにより表を完成しよう．特性関数は，$I = \{1, \cdots, n\}$ の部分集合 S の数と同数——すなわち 2^n 個——の v(S) の集まりとなる．これらの数は **25.3.1** の制限

---

[1] 一般的な考察に関しては **27.1.4** および **27.3.2**，ゼロ和3人ゲームに関しては **29.1.2**，ゼロ和4人ゲームに関しては **34.2.1** を参照せよ．

[2] $n = 1, 2$ に関しては本質的ゼロ和ゲームはまったく存在しない．

(25:3:a)-(25:3:c) にしたがい，さらに **27.2** の (27:5) によって表される縮約された性質および正規化 $\gamma = 1$ によるこれらの制限にもしたがう．上の制限の中の (25:3:b) により，v(S) が与えられたときにはいつでも v($-S$) が決定されることにより，パラメーターの数は半減する[3]．したがって，2^n 個ではなく 2^{n-1} 個となる．次に，(25:3:a) により残りの v(S) のうち 1 つ，すなわち v($\ominus$) が決定され，(27:5) によりさらに残りの v(S) のうち n 個，すなわち v($\{1\}$),$\cdots$,v($\{n\}$) が決定される．したがってこれらにより，パラメーターの数は $(n+1)$ 個だけ減少することになる[4]．よって，$(2^{n-1} - n - 1)$ 個のパラメーターが存在することとなる．最後に，(25:3:c) は不等式を含んでいるだけなので，これを考慮に入れる必要はない．

39.2.2 もしゲームが対称であれば，v(S) は S の要素の数 p に依存するだけとなる．すなわち，v(S) $= v_p$ である．**28.2.1** を参照せよ．したがって，特性関数は $p = 0, 1, \cdots, n$ の数——すなわち $(n+1)$ 個——と同数の v_p の集まりとなる．これらの数は，**28.2.1** の制限 (28:11:a)-(28:11:c) にしたがう．自動的に縮約形となるから，$v_1 = -\gamma = -1$ が再度必要となる．(28:11:b) により，v_p が与えられれば v_{n-p} が決定されるから，これにより $n - p \neq p$ なるパラメーターの数は半減する．$n - p = p$ ——すなわち $n = 2p$，これは n が偶数である場合にのみおこり，このときは $p = n/2$ である——のときには[5]，(28:11:b) により v_p は 0 となってしまう．したがって，最初の $(n+1)$ 個の代わりに，もし n が奇数ならば $\dfrac{n+1}{2}$ 個，偶数ならば $\dfrac{n}{2}$ 個のパラメーターが存在することとなる．次に (28:11:a) により，残りの v_p のうちの 1 つ，すなわち v_0 が決定され，さらに $v_1 = -\gamma = -1$ によりもう 1 つの残りの v_p，すなわち v_1 が決定される．よって，パラメーターの数は 2 個減少することとなり[6]，結局，$\dfrac{n+1}{2} - 2$ 個もしくは $\dfrac{n}{2} - 2$ 個となる．最後に，(28:11:c) は不等式を含んでいるだけなので考慮に入れる必要はない．

39.2.3 これらのすべての情報を図 65 の表にまとめておく．特に $n = 3, 4, 5, 6, 7, 8$ の場合の値を明確に示しておく．——ただし，最初の 2 つはすでに述

---

[3] S と $-S$ とは決して同じ集合ではない！
[4] $S = \ominus, \{1\}, \cdots, \{n\}$ は互いに異なり，さらに互いの補集合とも異なっている．
[5] これを 452 ページの脚注 3) と対照せよ！
[6] $p = 0, 1$ は互いに異なり，互いの $n - p$ とも異なる．(後者は $n \geq 3$ だからこそ成り立つのである．)

プレイヤーの数	すべてのゲーム	対称ゲーム
3	0*	0*
4	3	0*
5	10	1
6	25	1
7	56	2
8	119	2
…	…	…
n	$2^{n-1} - n - 1$	n が奇数ならば $\frac{n+1}{2} - 2$ n が偶数ならば $\frac{n}{2} - 2$

*ゲームが一意的であることを示す.

図 65 本質的ゲーム(縮約形であり,しかも $\gamma = 1$ である)

べられたものである.

もし必要ならば,図 65 の左側の縦欄の数の急速な増加により,ゲームの参加者の増加につれてそのゲームの複雑さがいかに増していくか,が示されている.右側の縦欄においても,すなわち対称ゲームにおいても,やはり数は増加しているが,それがはるかにゆっくりしたものであることは注意に値すると思われる.

40 対称 5 人ゲーム

40.1 対称 5 人ゲームの定式化

40.1.1 われわれはゼロ和 5 人ゲームに直接にとりかかろうとはしない.体系だった理論は,それを行えるほどにはまだ十分に発展していない.また,(ゼロ和 4 人ゲームで用いたような)記述的な詭弁的な接近方法も,パラメーターの数が 10 では少々近づきがたいといえる.

しかし後者の意味において,対称ゼロ和 5 人ゲームを検証することは可能である.パラメーターの数 1 は小さいがゼロではなく,これは考察するに値する定性的な新しい現象である. $n = 3, 4$ の場合にはただ 1 つの対称ゲームが存在するだけであり,それゆえ,対称ゲームの構造がなんらかの多様性をもつのは $n = 5$ の場合が最初である.

40.1.2 対称ゼロ和5人ゲームは，**28.2.1**で定式化された制限 (28:11:a)-(28:11:c) にしたがう v_p, $p = 0, 1, 2, 3, 4, 5$ によって特徴づけられる．(28:11:a)，(28:11:b) により ($\gamma = 1$ とすれば)，

(40:1) $\quad v_0 = 0, \quad v_1 = -1, \quad v_4 = 1, \quad v_5 = 0$

および $v_2 = -v_3$, すなわち,

(40:2) $\quad v_2 = -\eta, \quad v_3 = \eta$

となる．ここで (28:11:c) により，$p + q \leq 5$ に関して $v_{p+q} \geq v_p + v_q$ である．さらに同所の制限 (28:12) に p, q がしたがうとすると，$p = 1, q = 1, 2$ となり[7]，それゆえ，次の2つの不等式が ((40:1), (40:2) を用いることにより) 得られる：

$$p = 1, q = 1: \quad -2 \leq -\eta; \quad p = 1, q = 2: \quad -1 - \eta \leq \eta;$$

すなわち，

(40:3) $\quad -\dfrac{1}{2} \leq \eta \leq 2$

である．

要約すれば：

(40:A)　対称ゼロ和5人ゲームは，(40:1), (40:2) の助けにより1つのパラメーター η によって特徴づけられる．η の定義域は (40:3) である．

40.2　2つの極端な場合

40.2.1　上述の対称ゲームの姿を明確にしておくことは有益であろう．まず，区間 (40:3) の両端：

$$\eta = 2, \ -\dfrac{1}{2}$$

を考えよう．

---

[7] これは (28:12) を調べるか，あるいは354ページの脚注51) の不等式を用いることにより，容易に証明される．これらにより $1 \leq p \leq \frac{5}{3}$, $1 \leq q \leq 2$ となり，さらに p, q は整数であるから，$p = 1, q = 1, 2$ となる．

第 1 に $\eta = 2$ の場合を考える：この場合には，すべての 2 要素集合 S に対して $v(S) = -2$ である．すなわち，2 人のプレイヤーからなるすべての提携は敗北する[8]．したがって，(これの補集合である) 3 人からなる提携は勝利提携となる．このようにして，次の記述により全体が語られる：徐々に提携が形成されていく過程において，敗北から勝利への移行は参加者の規模が 2 人から 3 人へ増加したときにおこり，しかもこの点において 100% 変わることになる[9]．

要約すれば：

(40:B) $\eta = 2$ の場合には，ゲームは 3 人のプレイヤーからなる提携を形成することをすべてのプレイヤーが唯一の目的とするゲームとなる．

40.2.2 次に $\eta = -\frac{1}{2}$ を考える．この場合には，次のように考えられる：

$$S \text{ が} \begin{cases} 4 \\ 2 \end{cases} \text{個の要素をもつときに，} \quad v(S) = \begin{cases} 1 \\ \frac{1}{2} \end{cases}$$

4 人からなる提携は常に勝利する[10]．

ここで，上述の公式により，2 人提携は 4 人提携の獲得量を比例配分したものを獲得していることがわかる．したがって，後者と同様，前者も勝利提携と考えるのが正当であろう．もし勝利の本質をなすものは何であるかというより広い視点をとれば，このゲームの全貌は次のようなものであると断言してもさしつかえない：提携の形成において，敗北から勝利への移行は，参加者の規模が 1 人から 2 人へ増加した場合におこり，しかもこの点において 100% 変わる[11]．

---

[8] **35.1.1** の議論，特に 405 ページの脚注 13) を参照せよ．

[9] 1 人プレイヤーは 2 人の場合とまったく同様に敗北し，4 人の場合も 3 人の場合よりより多く勝利することはない．もちろん，3 人からなる提携は第 4 の参加者を受け入れようとはしない．すなわち，たとえ受け入れたとしても，それはおこりうる最悪の条件のもとで受け入れると（発見的に）考えるのが正しいであろう．しかしこの場合にも，残りの孤立したプレイヤーは敗北するので，4 人の提携を 1 つとしてみなせばこの提携は勝利することになる．

[10] いかなるゼロ和 n 人ゲームにおいても，$n-1$ 人からなるあらゆる提携は勝利する．なぜなら，孤立したプレイヤーは常に敗北するからである．上述の脚注 8) でふれた箇所を参照せよ．

[11] 1 人のプレイヤーは敗北し，2 人または 4 人のプレイヤーは勝利する．3 人のプレイヤーからなる提携はこみ入っており，少し注意しておく必要がある．3 要素集合 S については $v(S) = -\frac{1}{2}$ で

要約すれば：

(40:C) $\eta = -\frac{1}{2}$ は，すべてのプレイヤーが2人のプレイヤーからなる提携の形成を唯一の目的とするようなゲームを表している．

40.2.3 (40:B) および (40:C) をもとに，(40:3) の区間にある各々のゲームの解を発見的に容易に推測することができる．これは，これらの配分の集合が実際に解であることを厳密に証明することと同様，容易である．しかし，われわれはこれ以上考察を進めることはしない．

(40:3) の他の η の考察へ進む前に，(40:B) および (40:C) が明らかに，ゲームを一般的に明確にする方法の中で最も簡単な例であることを注意しておこう．このような方法は（405ページの脚注13）でふれた第10章の方法よりもより一般的であり）どこか他のところで徹底的に考察されるであろう．（非対称ゲームについてもまた考察される．）それは算術的な性質からくるいくつかの制限にしたがい，それゆえ明らかに，もし p が n の約数であれば，p 人からなるすべての提携が勝利するような（本質的対称ゼロ和）n 人ゲームは存在しえないことになる．なぜなら，もしこのような事柄がおこれば，n/p 人からなる提携は必ず形成され，しかもすべてのプレイヤーが勝利し誰も損失を被らないことになるからである．一方，$p = n-1$ の場合の同じ条件は，ゲームにまったく制限を与えることはない（455ページの脚注10）を参照せよ）．

40.3 対称5人ゲームと 1, 2, 3-対称4人ゲームとの関連

40.3.1 ここで，(40:3) の内部にある η を考えよう．この状況は **35.2** の最後に議論したものに類似している．われわれは (40:3) の両端の状態については発見的な考察をすでに行った（上述を参照せよ）．(40:3) のすべての点も，なんらかの形でこれらの両端の点によって「囲まれている」ことになる．もっと正確にいえば，(40:3) の各点は，適当な重みをつければこの両端の点の重心となっているのである[12]．先に述べた注意が次のように再度適用される：

ある．すなわち，-1 の他に2要素集合から $\frac{1}{2}$ を獲得する．したがって，3人からなる提携は，（これに含まれる）2人からなる勝利提携に残りの孤立し敗北した1人のプレイヤーを個々に加えたものより，より良くなるとはいえない．すなわち，この提携は勝利グループと敗北グループとの結びつきであり，この操作によっても各々の状態はまったく変更されないのである．

[12] 読者は，**40.1.2** の等式 (40:1)，(40:2) の助けにより，415ページの脚注25）の意味でこの合成を容易に実行することができるであろう．

この組み立てにより，(40:3) のすべてのゲームは極端な場合である (40:B)，(40:C) の結合として表されるが，それにもかかわらず，前者の戦略が後者の戦略から直ちに得られるとは期待できないのである．ゼロ和4人ゲームにおける経験がそれを物語っている．

しかしながら，ある発見的な方向性を与えるいま1つの4人ゲームとの類似性がある．ここでのパラメーターの数が，プレイヤー 1, 2, 3 に関して対称であるゼロ和4人ゲームのパラメーターの数と同一なのである．すなわち，ここでは，

(40:3) $\quad -\dfrac{1}{2} \leq \eta \leq 2$

なるパラメーターが存在し，一方，前に述べたゲームにおいては，

(40:4) $\quad -1 \leq x_1 \leq 1$[13]

を動く，パラメーター x_1 が存在したのである．

この（全体的）対称5人ゲームと1,2,3-対称4人ゲームとの間の類似性は，いままでのところ完全に形式的なものである．しかし，その背後にはより深い意味がある．それを確かめるために，次のように議論を進めていこう．

40.3.2 (40:3) の η をもつ対称5人ゲームを考える．次に，プレイヤー4と5を結びつけて，1人のプレイヤー，すなわちプレイヤー $4'$ とすることによりこのゲームを修正する．新しいゲームを Γ' と表す．Γ' がまったく新しいゲームであることを確かめておくことが重要である．われわれは，Γ においてプレイヤー4と5が必ず一緒に行動し提携を形成するなどとは主張していないし，まさにこの提携を促す一般的に有効な戦略的考察が存在するとも主張していない[14]．われわれは4と5とを結びつけねばならない．そのためにはゲームのルールを修正せねばならず，それによって Γ は Γ' と置き換えられるのである．

ここで，Γ は対称5人ゲームであり，一方，Γ' は1,2,3-対称4人ゲームである[15]．Γ の η が与えられれば，Γ' の x_1 によって定義される (40:4) と

---

[13] **35.3.2** を参照せよ．そこで用いた Q における表現においては $x_1 = x_2 = x_3$ である．

[14] これは **36.1.2** の議論と対照されねばならない．そこでは，2人のプレイヤーの同様の結びつきが戦略的に正しいという条件のもとで行われていた．

[15] Γ の参加者はプレイヤー 1, 2, 3, 4, 5 であり，すべて最初の Γ においては同じ役割を果たして

(40:3) との対応がいかなるものであるかをみるために，このような x_1 を決定したいと思うのであろう．その後，上の記述にもかかわらず Γ と Γ' の戦略——すなわち解——の間に関連がないかどうかを調べるであろう．

Γ' の特性関数 $v'(S)$ は，Γ の特性関数 $v(S)$ を用いて直ちに表すことができる．実際：

$$v'(\{1\}) = v(\{1\}) = -1, \quad v'(\{2\}) = v(\{2\}) = -1,$$
$$v'(\{3\}) = v(\{3\}) = -1, \quad v'(\{4'\}) = v(\{4,5\}) = -\eta;$$
$$v'(\{1,2\}) = v(\{1,2\}) = -\eta, \quad v'(\{1,3\}) = v(\{1,3\}) = -\eta,$$
$$v'(\{2,3\}) = v(\{2,3\}) = -\eta, \quad v'(\{1,4'\}) = v(\{1,4,5\}) = \eta,$$
$$v'(\{2,4'\}) = v(\{2,4,5\}) = \eta, \quad v'(\{3,4'\}) = v(\{3,4,5\}) = \eta;$$
$$v'(\{1,2,3\}) = v(\{1,2,3\}) = \eta, \quad v'(\{1,2,4'\}) = v(\{1,2,4,5\}) = 1,$$
$$v'(\{1,3,4'\}) = v(\{1,3,4,5\}) = 1, \quad v'(\{2,3,4'\}) = v(\{2,3,4,5\}) = 1;$$

であり，さらにもちろん，

$$v'(\ominus) = v'(\{1,2,3,4'\}) = 0$$

である．

Γ は正規化され縮約されていたが，Γ' はそのどちらもなされていない．ここで x_1, x_2, x_3 を計算したい，すなわち **34.2.2** の Q に関連づけたいので，Γ' もこのような形にせねばならない．

それゆえ，まず **27.1.4** の正規化の公式を適用しよう．これらの公式により，プレイヤー $k = 1, 2, 3, 4'$ の取り分は，

$$\alpha_k^0 = -v'(\{k\}) + \frac{1}{4}\{v'(\{1\}) + v'(\{2\}) + v'(\{3\}) + v'(\{4\})\},$$

および，

$$\gamma = -\frac{1}{4}\{v'(\{1\}) + v'(\{2\}) + v'(\{3\}) + v'(\{4\})\}$$

なる量 α_k^0 だけ変えられねばならないことがわかる．したがって，

いる．Γ' の参加者はプレイヤー 1, 2, 3，および合成されたプレイヤー $\{4,5\}$：すなわち $4'$ である．明らかに 1, 2, 3 は同じ役割を果たすが，$4'$ は異なっている．

$$\alpha_1^0 = \alpha_2^0 = \alpha_3^0 = \frac{1-\eta}{4}, \quad \alpha_4^0 = -\frac{3(1-\eta)}{4}, \quad \gamma = \frac{3+\eta}{4}$$

となる.

明らかに((40:3)により),この γ は $\geq \dfrac{3-\frac{1}{2}}{4} = \dfrac{5}{8} > 0$ であって,よってゲームは本質的である.したがって,正規化はすべてのプレイヤーの取り分を γ で割ることによって行われることになる.

このようにして,2要素集合 $S = \{i, j\}$ について $v'(S)$ は,

$$v''(S) = \frac{v'(S) + \alpha_i^0 + \alpha_j^0}{\gamma}$$

で置き換えられることとなる.結局,簡単な計算により,

$$v''(\{1,2\}) = v''(\{1,3\}) = v''(\{2,3\}) = -\frac{2(3\eta-1)}{3+\eta}$$

$$v''(\{1,4'\}) = v''(\{2,4'\}) = v''(\{3,4'\}) = \frac{2(3\eta-1)}{3+\eta}$$

となる.

そうすれば,これは Q で表すために **34.2** において用いたのと同様の正規化され縮約された特性関数となる.**34.2.1** の (34:2) と上述の式を合わせることにより,公式

$$x_1 = x_2 = x_3 = \frac{3\eta-1}{3+\eta}$$

が得られる.$x_1 = x_2 = x_3$ とすれば,この関係はまた次のように書き直すこともできる.

(40:5) $\quad (3-x_1)(3+\eta) = 10$

ここで,(40:5)により,η-定義域 (40:3) が x_1-定義域 (40:4) に写像されることは容易に証明される.明らかに写像は単調である.くわしくは図66および x_1 と η の値とを対応した付表において示されている.この図の曲線は x_1 と η-平面における関係 (40:5) を表している.この曲線は明らかに双曲線(の1つの弧)である.

40.3.3 1,2,3-対称4人ゲームの分析により,結局は **36.3.2** で述べられた結果が得られた.これらのゲームは Q の対角線 I-中心-VIII で表され,各々がある定性的な形の解によって特徴づけられる5つの群 A-E に分割された.

図 66

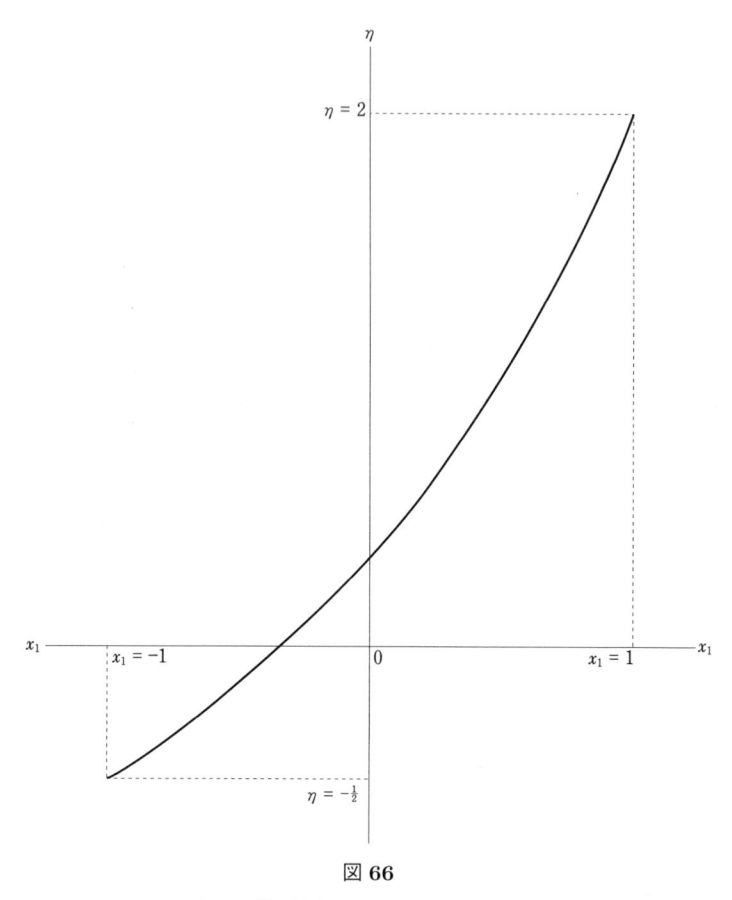

x_1 と η の値の対応：
x_1: -1 $-\frac{1}{2}$ $-\frac{1}{5}$ 0 $\frac{1}{9}$ $\frac{1}{5}$ $\frac{1}{3}$ $\frac{1}{2}$ 1
η: $-\frac{1}{2}$ $-\frac{1}{7}$ $\frac{1}{8}$ $\frac{1}{3}$ $\frac{6}{13}$ $\frac{4}{7}$ $\frac{3}{4}$ 1 2

対角線 I-中心-VIII，すなわち区間 $-1 \leq x_1 \leq 1$ の上での領域 A-E の位置は，図 64 において示されている．

それゆえ，ここでの結果は，対称 5 人ゲーム Γ の解についての発見的な導きがそれに対応する $1,2,3$-対称 4 人ゲーム Γ' とのクラスごとの比較により得られるのではないか，という望みをもって対称 5 人ゲーム Γ の考察を進めることを示唆している．

図 66 の表を用いれば，$-\frac{1}{2} \leq \eta \leq 2$ における領域 $\bar{A}$-$\bar{E}$ を得ることができ，

図 67

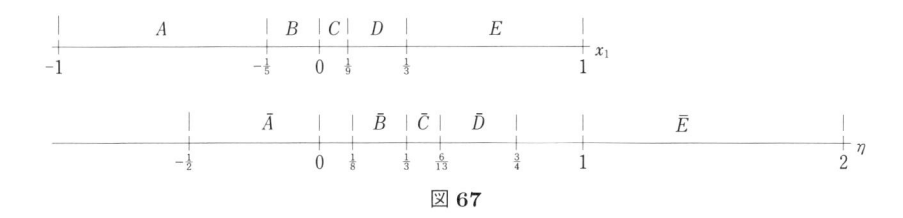

それは $-1 \leq x_1 \leq 1$ における領域 A-E の像となっている．くわしくは図 67 に示されている．

この基礎のもとに対称 5 人ゲームのくわしい分析を行うことができる．これにより，領域 $\bar{A}, \bar{B}$ は実際にわれわれが予想したとおりの役割を果たすが，領域 $\bar{C}, \bar{D}, \bar{E}$ は他の $\bar{C}', \bar{D}'$ によって置き換えられねばならないことが明らかになる．$-\frac{1}{2} \leq \eta \leq 2$ における領域 $\bar{A}$-$\bar{D}'$ および $-1 \leq x_1 \leq 1$ におけるその逆像 A-D'（これは図 66 の表の助けにより再度得られる）は図 68 において示されている．

図 67 の η-線のほうが図 68 の x_1-線より 1, 2, 3-対称 4 人ゲームに関して重要であるにもかかわらず，後者のほうがより対称的であることは注目に値する．

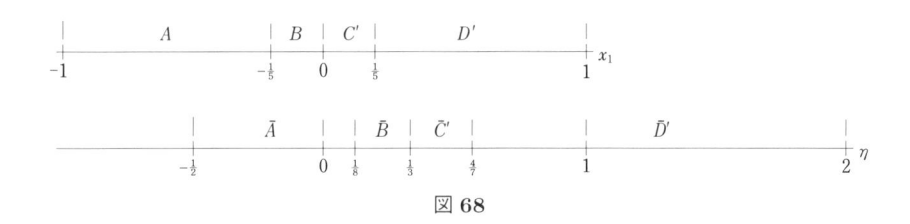

図 68

40.3.4 対称 5 人ゲームの分析によって，直接に与えられる知識以外にもまたある発見的な価値あるものが与えられる．実際，対称 5 人ゲーム Γ とそれに対応する 1, 2, 3-対称 4 人ゲーム Γ' とを比較し両者の解の差異を研究することにより，プレイヤー 4 と 5 の 1 人の（合成された）プレイヤー $4'$ への合併による戦略上の影響を調べることができる．（上で示した領域 $\bar{A}, \bar{B}$ におけるように）解がまったく本質的に異ならない程度に，この合併により本当に重要な戦略的考え方には影響が及ばなかったといえる[16]．一方，このような相

---

[16] もちろん，Γ の解においてはプレイヤー 4 と 5 が最終的に敵対する提携に属するような場合も考えねばならない．これに類似したものが Γ' においておこりえないことは明らかである．本質的な

違が生じた場合には（これは，残りの領域において生じる），4と5がΓにおいて協力したときでさえ，彼らの分離の可能性によりこの結合状態が乱されるという興味深い状況に直面する[17].

　解の厳密な概念にもとづいて議論を完璧に行うことは，紙面の都合上不可能である．

差異を除いて，われわれが意味するすべては，4と5との提携を示すΓの解における配分がΓ′の解における同じ配分に相当するということだけである．
　このような考えはより深い考察を必要とし，それは可能ではあるが，ここで行うにはあまりに困難である．

[17] すでに **22.2** における3人ゲームの最初の議論により，提携内での取り分の分割は，各パートナーが孤立する可能性によって決定されることが明らかにされている．しかし，ここで描いている状況は異なっている．現在のΓにおいては，プレイヤー4とプレイヤー5との取り分の合計さえ，この「虚像的」事実によって影響されうるのである．
　この可能性についての定性的な考えは，次のように考えることにより最もよく認識される：4と5との事前的な提携がさらに未来の同盟者と交渉しているときに，このような提携の立場は（Γ′におけるように），分解しえないと考えられている場合と（Γにおけるように）敵対する可能性のある場合とでは異なってくるのである．

第9章 ゲームの合成と分解

41 合成と分解

41.1 すべての解が決定されうるn人ゲームの探究

41.1.1 前の2つの章により,参加者の数nが$4, 5, \cdots$等と増大するにつれ,われわれの問題が急速に複雑になっていくことが明確に伝えられたことであろう.それらは不完全ではあったが,このような考察は非常に膨大になる傾向があるので,5人を超える場合には,このような——類推による——接近方法を押し進めることは,まったく望みがないと思われるに違いない[1].さらに,このようにして得られた結果は断片的なものであり,理論の一般的可能性を知るうえでの有用性は非常に限られたものであった.

一方,より大きなnの値について成り立つ条件を調べることは,絶対に必要なことである.これらが経済学および社会学への応用への期待に関して非常に重要であることは別として,以下のことも考慮しなければならない.すなわち,nが増加すれば常に新しい現象が現れてくるということである.これは$n = 2, 3, 4$の各々について明らかであり(**20.1.1**, **20.2**, **35.1.3**, および301ページの脚注3) の注意を参照せよ),たとえ$n = 5$について新しい現象が見出されなかったとしても,それはわれわれがこの場合についてくわしい知識を有していないためなのである.それは後に発展し,$n = 6$の場合にはじめて非常に重要な性質をもつ現象が現れてくるであろう(**46.1.2**の最後を参照せよ).

41.1.2 以上のような理由により,より大きなnをもつゲームを解明していくためにはいくつかの技術が必要となる.現在の状態では,体系的もしくは徹底的にこれを行えるような技術はなんら望むことはできない.したがって,

---

[1] 第8章ですでにみたように,5人の参加者の場合でさえ対称的なゲームに制限しなければならなかった.

多くの参加者を含み[2]，しかもその解が明確に求まるようないくつかの特別なクラスのゲームを見出していくのが自然な筋道であろう．適当な特別な場合——これは技術的に取り扱い可能であり，しかも本質的な原理を表しているものとする——について完全に理解することが，体系だちしかも完璧な理論を発見させるためのペースメーカーとなりうることは，多くの厳密な自然科学の分野においてよく経験されてきたことである．

われわれはこのような特別な場合の族を2つ取り上げて定式化し，議論を進めていこう．これは，2つの4人ゲームのより広い一般化とみなすことができる．——したがって，2つの4人ゲームの各々は2つの族の原型となっている．これらの2つの4人ゲームは，**34.2.2**で導入した立方体Qの8個の頂点に対応している：実際，これらの頂点がただ2つの戦略的に異なったタイプのゲームを表しているだけであることをみた．——すなわち，**35.1**で議論した頂点I, V, VI, VII，および**35.2**で議論した頂点$II, III, IV, VIII$の2つのタイプである．したがって，Qの頂点IおよびVIIIが本章と次章において行われる一般化の原型となっているのである．

41.2 第1のタイプ．合成と分解

41.2.1 まず**35.2**で議論したQの頂点VIIIを考察しよう．**35.2.2**で明らかにされたように，このゲームは次のような顕著な特徴を有している．4人の参加者は2つの別の集合（1つは3要素からなり，他の1つは1要素からなる）に分けられ，それぞれの間には交渉はまったくない．すなわち，各集合のプレイヤーは別のゲームを厳密にそれぞれの中でまったく他の集合に関係することなくプレイする，と考えてさしつかえない．このゲームの自然な一般化は，次の性質をもつ$n = k + l$参加者からなるゲームΓとなる．参加者は，各々交渉しないkおよびl個の要素からなる2つの集合に分けられる．すなわち，各集合のプレイヤーは別の2つのゲーム，例えばΔとHを厳密にそれぞれのプレイヤーの間でまったく他の集合に関係することなくプレイすると考えてかまわない[3]．

---

[2] しかも，各プレイヤーが本質的な役割を果たすようなものである．

[3] **35.2**のもとのゲームにおいては，第2の集合は1人の孤立したプレイヤーからなると考えられ，そのプレイヤーはまた「ダミー」とよばれた．これにより，上で述べたゲームにも次のような一般化が示唆される．すなわち，このゲームは参加者が2つの集合に分けられ，第1の集合は厳密に自

ゲーム Γ, Δ, H の間のこのような関係を次の用語によって表すことにする：Δ, H を合成すれば Γ となり，逆に Γ はその成分 Δ, H に分解される[4]．

41.2.2 上述の言葉による定義を厳密に扱う前に，いくつかの性質上の注意を与えておくのがよいであろう：

まず，この合成と分解の方法は近代数学の多くの分野に用いられ成功を収めた方法と非常に類似していることに気づかねばならない[5]．これらの事柄は非常に専門的な数学的性質を有しているので，ここでそれについて述べることはしない．われわれのここでの方法が，この類似した方法に起因するものであると述べておけば十分であろう．これによって得られ，より深い説明に用いることのできる，徹底的でありしかもそれほど簡単ではない結果は，技術的な観点からみてむしろ勇気を鼓舞する徴候となるのである．

41.2.3 第 2 に，読者は合成という操作がまったく形式的かつ仮想的な性質を有するものであると感じるかもしれない．2 つの異なったプレイヤーの集合によってプレイされ，しかも相互に何の影響も及ぼし合わない 2 つのゲーム Δ と H を，なぜ 1 つのゲーム Γ と考えねばならないのであろうか？

われわれの結果により，ルールに関するゲーム Δ と H との完全な分離が，必ずしもそれらの解について同じことを意味しないことがわかるであろう．すなわち：2 つのプレイヤーの集合は互いに直接には影響し合わないが，それにもかかわらず，それら 2 つを 1 つの集合——1 つの社会——とみなした場合に

らの中だけでプレイを行い，一方，第 2 の集合に属するプレイヤーは自らの運命に関してもまた他のプレイヤーの運命に関してもゲームに影響しないのである．（この場合にも，彼らは「ダミー」となる．）

しかしながら，これは本文中で述べた一般化の特殊な場合である．これは第 2 の集合であるゲーム H を非本質的ゲーム，すなわちその参加者の各々が明確な値をもちその値は他の誰からも影響を受けないようなゲーム，とすることにより，上述の一般化に包含される．（**27.3.1** および **43.4.2** の最後を参照せよ．非本質的ゲームにおいては，プレイヤーは不適当な行動をとることにより自らの立場を悪くしうると考えられる．「ダミー」に関しては，この可能性を除いておかねばならない．——しかし，これはたいして重要なことではない．）

われわれが行おうとしている一般の議論（すなわち Δ および H が共に本質的である場合）により，**35.2** の頂点 VIII が属するような特別な場合——すなわち「ダミー」（H が非本質的）の場合——には生じない新しい現象が実際に明らかにされる．この新しい現象は **46.7**, **46.8** において議論され——何も新しいことが生じない——「ダミー」の場合は **46.9** において議論される．

[4] 合成と分解の概念は，2 要素以上の場合にも自然に拡張されると考えられる．これは **43.2**, **43.3** で行われる．

[5] G. Birkhoff and S. Maclane, *A Survey of Modern Algebra*, New York, 1941, Chapt. XIII を参照せよ．

は，それらの間の関連を確立する行動の基準が存在しうるのである[6]．この状況の意味は，前述のわれわれの結果に到達したときにより完璧にくわしく述べられるであろう．

41.2.4 さらに，この合成の手続きが経済理論におけると同様，自然科学においてもまったく普遍的なものであることに注意せねばならない．このようにして，2つの分離した力学的体系——極端な場合を考えれば，例えば木星の上での体系と天王星の上での体系——を1つとして考えるのはまったく正当なのである．同様に2つの分離した国の内部経済——その間の関係は無視するものとする——を1つと考えることも可能である．もちろんこれは，2つの体系の間の相互に働く力を導入するための予備的な段階である．したがって最初の例においては，2つの体系として2つの惑星，木星と天王星を各々選び（これらは2つとも太陽の重力場にある），その後2つの惑星が互いに作用し合う重力の相互作用を導入することができる．また第2の例においては，相互作用は国際貿易，国際資本移動，移住などをともなって現れてくる．

同様に，ゲーム Γ の分解もそれに隣接するそれ自身は，分解を許さないような他のゲームを解明する際の手段として用いることができる[7]．

しかし，われわれの現在の考察においては後者の修正は考慮されない．われわれの興味は，本節の冒頭で述べられたように，解によって導入される関連にある．

41.3 厳密な定義

41.3.1 ここで，ゲームの合成と分解を数学的に厳密に表すことにしよう．
集合 $J = \{1', \cdots, k'\}$ を形成する k 人のプレイヤー $1', \cdots, k'$ がゲーム Δ をプレイし，集合 $K = \{1'', \cdots, l''\}$ を形成する l 人のプレイヤー $1'', \cdots, l''$ がゲームHをプレイするとしよう．ここで，Δ とHとはプレイヤーの分離した集合であり[8]，さらにゲーム Δ とHとは，相互にまったく影響し合わな

---

[6] この現象と前に述べた（**21.3，37.2.1** を参照せよ）ゲームの対称性が必ずしもすべての解における同様の対称性を意味しないという現象との間には，ある類似性がある．

[7] **35.3.3** を参照せよ．そこでは，**35.2** により分解可能なゲームである頂点 I の近傍にこの手段が用いられていた．415ページ脚注23）の摂動についての注意もまたこれに関連している．

[8] もし同じプレイヤー $1, \cdots, n$ が同時に2つのゲームをプレイするならば，まったく異なった状況が生じてくる．それは，**27.6.2** および **35.3.4** でふれられたゲームの重ね合わせである．この場合の戦略に対する影響は，**35.3.4** で指摘されたように非常に複雑であり，一般的な規則によっては

いものであることを再度強調しておく．この2つのゲームの特性関数を各々 $v_\Delta(S)$, $v_H(T)$ と表す．ただし，$S \subseteq J$ および $T \subseteq K$ である．

合成されたゲーム Γ をつくる際に，その $n = k+l$ 人のプレイヤーとして同じ記号 $1', \cdots, k', 1'', \cdots, l''$ を便宜的に用いるものとする[9]．それらは集合 $I = J \cup K = \{1', \cdots, k', 1'', \cdots, l''\}$ を形成する．

明らかに $R \subseteq I$ なるすべての集合 R は一意的に，

(41:1) $\quad R = S \cup T, \quad S \subseteq J, \quad T \subseteq K$

と表され，この公式の逆は，

(41:2) $\quad S = R \cap J, \quad T = R \cap K$ となる[10]．

ゲーム Γ の特性関数を $v_\Gamma(R)$ と表す．ただし $R \subseteq I$ である．ゲーム Δ と H が互いに影響し合うことなく結びつくという直観的な事実は，次の量的な式で表される：Γ における提携 $R \subseteq I$ の値は，Δ におけるその J に属する部分集合 $S (\subseteq J)$ の値と，H における K に属する部分集合 $T (\subseteq K)$ の値とを加えることにより得られる．公式によって表せば：

(41:3) $\quad v_\Gamma(R) = v_\Delta(S) + v_H(T) \quad$ ただし R, S, T は (41:1)，すなわち (41:2) によって結びつけられている[11]．

41.3.2 (41:3) の形により，合成された $v_\Gamma(R)$ をその成分である $v_\Delta(S)$, $v_H(T)$ を用いて表すことができる．しかし，(41:3) にはその逆の問題に対する解も含まれている：すなわち，$v_\Delta(S)$, $v_H(T)$ を $v_\Gamma(R)$ を用いて表しうることである．

実際，$v_\Delta(\ominus) = v_H(\ominus) = 0$[12]．したがって，逆に (41:3) において $T = \ominus, S = \ominus$ とおくことにより：

ほとんど表しえない．
[9] 通常 $1, \cdots, n$ と表すが，ここではそうはしないのである．
[10] この公式 (41:1)，(41:2) の意味は，直接言葉で表すことができる．これを定式化することは読者にとって有益であろう．
[11] もちろん，**25.1.3** にもとづいて厳密に導くこともむずかしいことではない．この場合には，**25.3.2** のすべてが用いられる．
[12] 空集合 $\ominus$ は，J および K の両方の部分集合となっていることに注意せよ．J と K は分離しているので，$\ominus$ が唯一の共通部分集合である．

(41:4) $S \subseteq J$ に関して，$v_\Delta(S) = v_\Gamma(S)$
(41:5) $T \subseteq K$ に関して，$v_H(T) = v_\Gamma(T)$[13]

が得られる．

ここで，われわれはゲーム Γ の2つの集合 J および K に関する分解という事実を説明することができる．すなわち：（$I = J \cup K$ の要素の間の）ある与えられたゲーム Γ は，2つの適当な（J の要素の間の）ゲーム Δ と（K の要素の間の）ゲーム H とに分解できるのである．この Γ の性質は未知の Δ, H の存在を含む不確かなものである．しかし，これは Γ の明確な性質として表すことができる．

実際：もし2つのこのような Δ, H が存在したとすれば，これらは (41:4)，(41:5) で表されるものにほかならない．したがって，問題となっている Γ の性質は，(41:4)，(41:5) の Δ, H が (41:3) を満たすということである．それゆえ，(41:4)，(41:5) を (41:3) に代入し，さらに (41:1) を用いて R を S, T で表すことにより：

(41:6) $S \subseteq J, T \subseteq K$ に関して，$v_\Gamma(S \cup T) = v_\Gamma(S) + v_\Gamma(T)$

が得られる．すなわち，(41:1) の代わりに（S, T を R で表す）(41:2) を用いれば，

(41:7) $R \subseteq I$ に関して，$v_\Gamma(R) = v_\Gamma(R \cap J) + v_\Gamma(R \cap K)$

となる．

41.3.3 (41:6)，(41:7) の等式を正しく評価するためには，これらが基礎としている基本的原理をくわしく考え直さねばならない．これは，次の **41.4-42.5.2** の各節で行われるであろう．しかし，これらの方程式の解釈について次の2つの見解が直ちに考えられる．

第1に：(41:6) は，集合 $S \subseteq J$ と集合 $T \subseteq K$ の間の提携が魅力のないものであることを表している．——すなわち，J の中のプレイヤー間では互いに結びつく動機があり，K の中のプレイヤーについても同様であるが，J と K の境界を超えてまで行動にでることはないのである．

---

[13] これは，空集合 $\ominus$ を1つの提携として扱うことの技術的な有益さを表す1つの例である．329ページの脚注7) を参照せよ．

第2に：数学的な測度論に習熟している読者に対して，**27.4.3** の最後に続いてより深い観察を行おう．(41:7) は，まさにカラテオドリの可測性の定義である．この概念は，加法的測度の理論に関してはまったく基本的なものであり，カラテオドリのこれに対する接近方法はこれまでの中で技術的に優れたものであると思われる[14]．本書においてこの定義が現れてきたことは注目すべきことであり，さらに深く研究するに値すると思われる．

41.4 分解の分析

41.4.1 われわれは Γ の分解可能性の規準 (41:6), (41:7) を，(41:4), (41:5) から得られる $v_\Delta(S)$, $v_H(T)$ を基本的条件 (41:3) に代入することにより得た．しかし，この結論は欠陥を有している．すなわち，(41:4), (41:5) により形式的に定義される $v_\Delta(S)$, $v_H(T)$ をつくり出す2つのゲーム Δ, H を見出しうることを証明していないのである．

この余分の条件は，なんら困難なく定式化できる．**25.3.1** からわかるように，$v_\Delta(S)$ および $v_H(T)$ が同所の (25:3:a)-(25:3:c) の条件を満たすことをこの条件は意味している．所与の $v_\Gamma(R)$ がゲーム Γ からつくり出されると仮定していること，すなわち，$v_\Gamma(R)$ が上記の条件を満たすことを理解しておかねばならない．したがって，問題は次のようになる：

(41:A) $v_\Gamma(R)$ は上記の (41:6)，すなわち，(41:7) とともに **25.3.1** の (25:3:a)-(25:3:c) を満たす．そのときに，(41:4), (41:5) の $v_\Delta(S)$ および $v_H(T)$ もまた **25.3.1** の (25:3:a)-(25:3:c) を満たすであろうか？また，もしそうならないとすれば，$v_\Gamma(R)$ に対してどのようなより強い仮定が課せられねばならないであろうか？

これを決定するために，**25.3.1** の (25:3:a)-(25:3:c) を $v_\Delta(S)$ および $v_H(T)$ に関して別々に検証することにしよう．便宜的に，この3つの条件を異なった順序で取り上げるものとする．

41.4.2 (25:3:a) について：(41:4), (41:5) により，これは $v_\Delta(S)$, $v_H(T)$ に関しても $v_\Gamma(R)$ と同様の内容となる．

(25:3:c) について：(41:4), (41:5) により，これは $v_\Gamma(R)$ に関して成り立

---

[14] C. Carathéodory, *Vorlesungen über Reelle Funktionen*, Berlin, 1918, Chapt. V を参照せよ．

ば $v_\Delta(S)$, $v_H(T)$ に関しても成り立つ．——$R \subseteq I$ から $S \subseteq J$ および $T \subseteq K$ に制限されるだけである．

残りの (25:3:b) を議論する前に，**25.4.1** の (25:4) に関する注意をしておこう．これは，(25:3:a)-(25:3:c) の結果として得られるので，それから導くのが正当である．——そして，この予想により (25:3:b) の分析は単純化されることがわかるであろう．

今後，I, J, K の補集合をとりまぜて用いねばならなくなる．それゆえ，$-S$ なる記号はさけ，その代わりに各々 $I-S, J-S, K-S$ と表記することにする．

(25:4) について：$v_\Delta(S)$ および $v_H(T)$ に関して，集合 I の役割は各々 J および K が果たすことになる．したがって，この条件は：
$$v_\Delta(J) = 0,$$
$$v_H(K) = 0$$
となる．(41:4), (41:5) により，これから，

(41:8)　$v_\Gamma(J) = 0,$
(41:9)　$v_\Gamma(K) = 0.$

$K = I - J$ であるから，(25:3:b)（$v_\Gamma(S)$ については成り立つと仮定されている）により，

(41:10)　$v_\Gamma(J) + v_\Gamma(K) = 0.$

したがって，(41:10) により，(41:8) と (41:9) は一方が成り立てば必ず他方も成り立つ．

(41:8) または (41:9) において，(41:6) または (41:7) からは生じない，新しい条件を実際に得た．

(25:3:b) について：$v_\Delta(S)$ および $v_H(T)$ に関する妥当性を $v_\Gamma(R)$ について仮定されている妥当性から導くことにしよう．対称性により，$v_\Delta(S)$ を考えれば十分である．

証明すべき関係は，

(41:11)　$v_\Delta(S) + v_\Delta(J - S) = 0$

である．(41:4) により，これは，

(41:12)　　$v_\Gamma(S) + v_\Gamma(J-S) = 0$

を意味する．いずれにしても必要となる (41:8) により，これは，

(41:13)　　$v_\Gamma(S) + v_\Gamma(J-S) = v_\Gamma(J)$

と書き直される．(もちろん $S \subseteq J$ である．)

(41:13) を証明するために，$v_\Gamma(R)$ の $R = J-S$ および $R = J$ の場合について (25:3:b) を適用しよう．これらの集合に関して，$I-R = S \cup K$, $I-R = K$ となる．したがって，(41:13) は，

$$v_\Gamma(S) - v_\Gamma(S \cup K) = -v_\Gamma(K),$$

すなわち，

$$v_\Gamma(S \cup K) = v_\Gamma(S) + v_\Gamma(K)$$

となるが，これは (41:6) の $T = K$ となる特別の場合である．

このようにして，本節冒頭に述べた欠陥を埋め，(41:A) の問題に答えたことになる．

(41:B)　$v_\Gamma(R)$ に課せられねばならないより強い仮定は：(41:8) すなわち (41:9) である．

これらをすべてまとめれば，分解可能性に関する **41.3.2** の問題に答えることができる：

(41:C)　ゲーム Γ は，(41:6) すなわち (41:7) および (41:8) すなわち (41:9) なる条件を満たせば，そしてそのときにのみ，集合 J と K に分解される (**41:3:2** を参照せよ)．

41.5　修正の望ましさ

41.5.1　(41:C) において，分解可能性について同等であることを示した2つの条件は非常に異なった性質を有している．すなわち，(41:6)(つまり (41:7)) は真に本質的であるのに対し，(41:8)(つまり (41:9)) はむしろ付

随的な状況のみを表している．われわれは後にこれを厳密に示すであろうが，まず性質上の注意を与えておくのが有益であろう．分解の概念の原型は，**41.2.1** の最初に述べたゲーム，すなわち **35.2** の頂点 VIII で表されるゲームであった．ところで，このゲームは (41:6) は満たすが (41:8) は満たさない．(前者は **35.2.1** の (35:7) からしたがい，後者は $v(J) = v(\{1,2,3\}) = 1 \neq 0$ からしたがう．) それにもかかわらず，われわれはこのゲームを分解可能であると考えた (すなわち，$J = \{1,2,3\}$, $K = \{4\}$ と考えたのである)．——いかにして分解可能性の必要条件である条件 (41:8) を侵すような状況がおこりえるのであろうか？

41.5.2 その答えは簡単である：上述のゲームに関して，その成分である ($J = \{1,2,3\}$ における) Δ と ($K = \{4\}$ における) H は，**25.3.1** の (25:3:a)-(25:3:c) を完全には満たさない．正確にいえば，**25.4.1** の結果 (25:4) を満たさないのである．すなわち，$v_\Delta(J) = v_H(K) = 0$ は成り立たない．(そして，われわれはまさにこの条件から (41:8) を導き出したのであった．) 言い換えれば：Γ の成分はゼロ和ゲームではない．もちろん，この点は **35.2.2** で適切に考察し完全に明らかにされている．

したがって，条件 (41:8) は，ゼロ和以外のゲームを考えることを余儀なくさせることもありうることを認識して，この (41:8) を取り除くよう努めねばならない．

42 理論の修正

42.1 ゼロ和条件の一部放棄

42.1 われわれのゲーム[15]に関してゼロ和条件を完全に放棄することは，**11.2.3** の意味でそれを特徴づけていた関数 $\mathcal{H}_k(\tau_1, \cdots, \tau_n)$ がまったく制限されないことを意味する．すなわち，**11.4** および **25.1.3** の条件

$$(42:1) \quad \sum_{k=1}^{n} \mathcal{H}_k(\tau_1, \cdots, \tau_n) \equiv 0$$

が落ち，それに代わる条件もまったくないことを意味するのである．**25** における特性関数の構築においては，(25:1) すなわち (42:1) に依存していたた

---

[15] ここで再度プレイヤーを $1, \cdots, n$ と表すことにする．

め，これによりかなり重要な修正が必要となり，新たに最初からやり直さなければならないであろう．

最終的にはこの修正が必要となるが（第11章を参照せよ），さしあたってはまだ必要ではない．

現在何を必要としているかを正確に知るために，以下の **42.2.1**，**42.2.2** において，補助的な考察を行うことにしよう．

42.2 戦略上同等．定和ゲーム

42.2.1 条件 (41:6) および (41:8) を満たすかもしれず，満たさないかもしれない1つのゼロ和ゲーム Γ を考える．Γ から，**27.1.1**，**27.1.2** の意味でそこに述べられた $\alpha_1^0, \cdots, \alpha_n^0$ をもち，戦略上同等なゲーム Γ' に移ろう．Γ に関する (41:6) が Γ' に関するものと同等なことは明らかである[16]．

しかし，(41:8) に関しては状況はまったく異なっている．Γ から Γ' への移行により，(41:8) の左辺は $\sum_{k \in J} \alpha_k^0$ だけ変化し，それゆえ一方で (41:8) が成り立ったとしても，それによって他方においても成り立つとは決していえない．実際，次の事柄が成り立つ：

(42:A) すべての Γ に関して，それと戦略上同等でしかも (41:8) を満たすようなゲーム Γ' を選ぶことができる．

証明：証明すべきことは[16]，
$$\mathrm{v}(J) + \sum_{k \in J} \alpha_k^0 = 0$$
となるように $\sum_{k=1}^{n} \alpha_k^0 = 0$ （これは，**27.1.1** の (27:1) である）なる $\alpha_1^0, \cdots, \alpha_n^0$ を選べるということである．J が空集合でもなく I でもないときには，$\sum_{k \in J} \alpha_k^0$ に任意の値を割り当てられるから，これは明らかに可能である．J が空集合もしくは I となるときには，**25.3.1** の (25:3:a) および **25.4.1** の (25:4) により $\mathrm{v}(J) = 0$ となるから，証明すべきことはない．

この結果は次のように解釈できる：もしわれわれがゼロ和以外のゲームの

---

[16] **27.1.1** の (27:2) による．(42:A) の $\mathrm{v}_\Gamma(S)$, $\mathrm{v}_{\Gamma'}(S)$ が同所の (27:2) の $\mathrm{v}(S)$, $\mathrm{v}'(S)$ となっていることに注意されたい．

考察をやめるならば[17]，条件 (41:6) は，ゲーム Γ がそれ自身分解不能であっても，それと戦略上同等な分解可能なゲーム Γ' が存在することを示している[18]．

42.2.2 上述の厳密な結果により，われわれの現在の準備の弱点がどこにあるかが明らかになる．分解可能性は重要な戦略上の性質となっているので，2 つの戦略上同等なゲームのうち 1 つが分解可能であり，もう 1 つがそうではないということは不都合である．したがって，戦略上同等のもとでは，分解可能性が変化しないようにこれらの概念を拡張することが望まれる．

言い換えれば：戦略上同等を定義する **27.1.1** の変形 (27:2) が，分解可能なゲーム Γ とその成分 Δ と H との間の関連を妨げないように，概念を修正したいと思っているのである．この関連は (41:3) により表され：

(42:2)　$S \subseteq J, T \subseteq K$ に関して，$v_\Gamma(S \cup T) = v_\Delta(S) + v_H(T)$

となる．ここで，もし (27:2) を同じ α_k^0 を用いて 3 つのゲーム $\Gamma, \Delta,$ H に適用すれば，(42:2) は明らかに成り立つ．予備的な条件 (27:1) だけが唯一の問題となる点である．これは，$\Gamma, \Delta,$ H に関して各々，

$$\sum_{k \in I} \alpha_k^0 = 0, \quad \sum_{k \in J} \alpha_k^0 = 0, \quad \sum_{k \in K} \alpha_k^0 = 0$$

となることであり，最初の関係はここで成り立つと仮定しているが，他の 2 つは成り立たない．

したがって，自然な脱出の方法としては，**27.1.1** の (27:1) をまったく捨て去ってしまうことが考えられる．すなわち，われわれの考えているゲームの範囲を——(27:1) は条件とせず——変形公式 (27:2) のみによって，ゼロ和ゲームと戦略上同等となるすべてのゲームを含むことにより広げるのである．

27.1.1 でみたように，これは結局関数

$$\mathcal{H}_k(\tau_1, \cdots, \tau_n)$$

を新しい関数

---

[17] すなわち，Γ のみならずその成分である $\Delta,$ H についても，こうとするのである．
[18] **35.2.2** における成分の取り扱いも，410 ページの脚注 17) で明確に検証されているように，結局はまさにこのようになるのである．

$$\mathcal{H}'_k(\tau_1,\cdots,\tau_n) \equiv \mathcal{H}_k(\tau_1,\cdots,\tau_n) + \alpha_k^0$$

によって置き換えることになる．($\alpha_1^0,\cdots,\alpha_n^0$ はもはや (27:1) にはしたがわない．) このようにして，**42.1** の (42:1) を満たす関数 $\mathcal{H}_k(\tau_1,\cdots,\tau_n)$ の体系から得られる関数 $\mathcal{H}'_k(\tau_1,\cdots,\tau_n)$ の体系は，容易に特徴づけられる．その特徴は（同所の (42:1) ではなく），

(42:3) $$\sum_{k=1}^n \mathcal{H}'_k(\tau_1,\cdots,\tau_n) \equiv s^{19)}$$

となる．

要約すれば：

(42:B)　ゼロ和ゲームから定和ゲームへ移行することにより，考察するゲームの範囲を拡大したことになる[20]．同時に，**27.1.1** で導入した戦略上同等の概念を同所の変形 (27:2) により定義し直し，条件 (27:1) を落とすことにより拡張したことになる．

42.2.3　上記の一般化により，戦略上同等の概念の本筋は変更を受けないことを認識しておかねばならない．次の2つの点を考慮することにより，これは最もよく認識されるであろう．

第1に，**25.2.2** においてゲームの数量的な性質を特性関数のみを用いて理解しようとしていることを述べた．これに関する前提は，もとの（より狭い）ゼロ和ゲームにおけると同様，現在考えている定和ゲームの範囲においても正しいことを悟らねばならない．その理由は次のとおりである：

(42:C)　あらゆる定和ゲームは1つのゼロ和ゲームと戦略上同等である．

証明：(27:2) の変形により，上記 (42:3) の s は，$s + \sum_{k=1}^n \alpha_k^0$ によって明ら

---

[19] s は任意の定数で正にも負にも0にもなりうる．このゲームをゼロ和からつくり出す変形 (27:2) においては，明らかに，

$$\sum_{k=1}^n \alpha_k^0 = s$$

である．
[20] これにより，**42.1** 冒頭の記述に正確な意味づけがなされたことになる．それによれば，われわれはまだすべてのゲームを制限なく考えることはできないということであった．

かに置き換えられる．ここで，この $s + \sum_{k=1}^{n} \alpha_k^0$ を 0 とするように，すなわち所与の定和ゲームを（戦略上同等な）ゼロ和ゲームに移行せしめるように，$\alpha_1^0, \cdots, \alpha_n^0$ を選ぶことができる．

第 2 に，新しい戦略上同等の概念は，われわれが導入した新しい（非ゼロ和）ゲームのためにのみ必要である．もとの（ゼロ和）ゲームに関しては，それは古い概念と同等である．言い換えれば：もし 2 つのゼロ和ゲームが **27.1.1** の変形 (27:2) によって互いに他から得られるならば，(27:1) は自動的に満たされるのである．実際，これは 336 ページの脚注 21) ですでにみられた．

42.3 新理論における特性関数

42.3.1 ((42:3) を満たす $\mathcal{H}'_k(\tau_1, \cdots, \tau_n)$ をもつ) 定和ゲーム Γ' が与えられれば，**25.1.3** の定義をくり返して用いることにより，その特性関数 $v'(S)$ を導入することができる[21]．他方，**42.2.2**，**42.2.3** の議論で示唆された手順を行うこともできる．関数 $\mathcal{H}'_k(\tau_1, \cdots, \tau_n)$ をもつ Γ' を **42.2.2** におけるようにして，関数 $\mathcal{H}_k(\tau_1, \cdots, \tau_n)$ をもつゼロ和ゲーム Γ から得ることができる．すなわち，適当な $\alpha_1^0, \cdots, \alpha_n^0$ を用いて（336 ページの脚注 20) を参照せよ），

(42:4) $\mathcal{H}'_k(\tau_1, \cdots, \tau_n) \equiv \mathcal{H}_k(\tau_1, \cdots, \tau_n) + \alpha_k^0$

とするのである．そうすれば，Γ' の特性関数 $v'(S)$ は **27.1.1** の (27:2) により，

(42:5) $v'(S) \equiv v(S) + \sum_{k \in S} \alpha_k^0$

と定義することができる．

ここで 2 つの方法は同等である．すなわち，(42:4)，(42:5) の $v'(S)$ は **25.1.3** を再度用いることにより得られる $v'(S)$ と一致する．実際，**25.1.3** の公式を調べてみれば，その公式に (42:4) を代入することにより，(42:5) は

---

[21] Γ' はもはやゼロ和ではないが，2 つの例外を除き **25.1.3** の論法全体がそのまま適用できる．**25.1.3** の (25:1) および (25:2) において，最も右にある項に s を付け加えねばならない．((42:1) ではなく (42:3) を用いねばならないので，そうなるのである．) この相違はまったく重要ではない．

結果として導かれることが直ちにわかるであろう[22)23)].

42.3.2 **25.3.1** および **26.2** で指摘したように，v(S) は条件 (25:3:a)-(25:3:c) を満たすならば，そしてそのときにのみ，特性関数となる．（その証明は **25.3.3** と **26.1** で行った．）定和ゲームの場合には，これらの条件はどうなるであろうか？

この問題に答えるために，前記の (25:3:a)-(25:3:c) が **25.4.1** の (25:4) を意味することを思い出そう．したがって，上記の条件に (25:4) を付け加え，さらに (25:3:b) の右辺に v(I) を付け加えることができる．（これは (25:4) により (25:3:b) に変化を与えない．）こうして，あらゆるゼロ和ゲームの特性関数 v(S) は次のようになる：

(42:6:a)　v($\ominus$) = 0
(42:6:b)　v(S) + v($-S$) = v(I)
(42:6:c)　$S \cap T = \ominus$ ならば，v(S) + v(T) ≤ v($S \cup T$)

さらに，

(42:6:d)　v(I) = 0.

ここで，あらゆる定和ゲームの v(S) は **42.3.1** の変形 (42:5) をこれらの v(S) に施すことによって得られる．この変形が (42:6:a)-(42:6:d) にいかにして影響を与えるであろうか？

(42:6:a)-(42:6:c) はまったく影響を受けないが，(42:6:d) は完全に消されてしまうことが直ちに証明される[24)]．それゆえ：

(42:D)　v(S) は，条件 (42:6:a)-(42:6:c) を満たすならば，そしてそのときにのみ，定和ゲームの特性関数となる．

[22)] この考察の言葉による表現は容易に見出される．
[23)] (42:2), (42:5) のみによって v′(S) の定義を決定しようとすれば，あいまいさの問題が生じてくるであろう．実際：ある与えられた定和ゲーム Γ' は，明らかに (42:4) により多くの異なったゼロ和ゲームから得られるが，そのときに (42:5) は常に同じ v′(S) を生み出すであろうか？

これが成り立つことは直ちに容易に証明できる．しかし，(42:5) の v′(S) が常に **25.1.3** のそれに等しいこと——さらに v′(S) が Γ' のみにより明確に決定されること——により，この必要はないであろう．
[24)] (42:5) によれば，(42:6:d) の右辺は $\sum_{i \in I} \alpha_i^0$ すなわち $\sum_{i=1}^{n} \alpha_i^0$ となり，この和はまったく任意である．

ことがわかる．（なお，今後 $v'(S)$ を $v(S)$ と記すことにする．）
　上述のように，(42:6:d) はもはや成り立たない．しかし，

(42:6:d*)　$v(I) = s$

は成り立つ．実際，**25.1.3** の手順を考えてみれば，(42:3) からこれは明らかである．475 ページの脚注 19) と上述の脚注 24)（ここの $v(S)$ は 476 ページでは $v'(S)$ である）を比較することによっても，これは結論される．さらに (42:6:d*) は直観的にも明らかである：すべてのプレイヤーの提携は，ゲームの固定された和 s を獲得する．

42.4　新理論における配分，支配，解

42.4.1　今後，われわれは任意の定和ゲームの特性関数，すなわち (42:6:a)-(42:6:c) のみにしたがう関数 $v(S)$ を考えていくものとする．

　この広い領域においてまずやらねばならないことは，**30.1.1** で定義された配分，支配，解の概念の拡張である．

　まず分配すなわち配分から始めよう．**30.1.1** により，これらをベクトル

$$\vec{\alpha} = (\alpha_1, \cdots, \alpha_n)$$

として解釈することができる．同所の条件 (30:1)，(30:2) のうち (30:1) は依然として成り立つ．すなわち：

(42:7)　$\alpha_i \geq v(\{i\})$

は変化を受けない．——そこで述べられた理由は[25]，ここでも妥当である．しかし，同所の (30:2) は修正せねばならない．ゲームの和は一定値 s であるので（上述の (42:3) および (42:6:d*) を参照せよ），各配分はこの量を分割したものでなければならない．——すなわち，当然のこととして，

(42:8)　$\displaystyle\sum_{i=1}^{n} \alpha_i = s$

と仮定される．(42:6:d*) により，これは，

---

[25] $\alpha_i < v(\{i\})$ は受け入れられない．例えば **29.2.1** の最初を参照せよ．

(42:8*) $\sum_{i=1}^{n} \alpha_i = \mathrm{v}(I)$.

に等しい[26].

　有効性，支配，解の概念は，前にこれらの概念を導き出した議論においてもたらされた**30.1.1**の論法[27]をそのまま用いて導き出すならば，ここでの一般化によってもその力をまったく失わないと思われる．

　42.4.2 この考え方は，次の事実をみることにより最終的な確証を得る．

(42:E)　われわれの定和ゲーム Γ, Γ' の戦略上同等の新しい概念に関して[28]，それらの配分の間の同形——すなわち Γ の配分から Γ' の配分への1対1写像——が存在し，これによって**30.1.1**の概念[29]は変化を受けない．

　これは**31.3.3**の(31:Q)に類似しており，同様にして証明できる．前と同様，配分 Γ の配分 $\vec{\alpha} = (\alpha_1, \cdots, \alpha_n)$ と Γ' の配分 $\vec{\alpha}' = (\alpha'_1, \cdots, \alpha'_n)$ の間の対応

(42:9)　$\vec{\alpha} \rightleftarrows \vec{\alpha}'$

を

(42:10)　$\alpha'_k = \alpha_k + \alpha_k^0$

によって定義する．ただし，$\alpha_1^0, \cdots, \alpha_n^0$ は**27.1.1**の(27:2)のものである．

　ここで，**31.3.3**の(31:Q)の証明がほとんどそのまま行われる．唯一の相違は，**30.1.1**の(30:2)がここでは(42:8)で置き換えられていることであるが，**27.1.1**の(27:2)により $\mathrm{v}'(I) = \mathrm{v}(I) + \sum_{i=1}^{n} \alpha_i^0$ となるので，この相違もまたおのずと処理される[30]．再度**31.3**を調べてみれば，読者は，そこで述

---

[26] ゼロ和ゲームという特殊な場合には，$s = \mathrm{v}(I) = 0$ であるので，(42:8)，(42:8*)は——当然——前述の(30:2)と一致する．
[27] すなわち，同所の(30:3)；(30:4:a)-(30:4:c)；(30:5:a)，(30:5:b)または(30:5:c)の各々である．
[28] **42.2.2**の最後に，すなわち**27.1.1**の(27:1)ではなく(27:2)により，定義されたものである．
[29] **42.4.1**で再度定義されたものである．
[30] この点においてのみ証明で $\sum_{i=1}^{n} \alpha_i^0 = 0$ (すなわち，もはや必要としていない**27.1.1**の

べられていた他のすべてのことがここでも同様に適用されることがわかるであろう.

42.5 新理論における本質性，非本質性，分解可能性

42.5.1 われわれは **42.2.3** の (42:C) から，すべての定和ゲームがゼロ和ゲームに同等であることを知った．したがって，常に定和ゲームのクラスから戦略上同等性によってゼロ和ゲームのクラスへ移ることにより，(42:E) から **31** の一般的な結果は，ゼロ和ゲームだけでなく定和ゲームにも適用されることになる．

これにより，定和ゲームについての非本質性は非本質ゼロ和ゲームとの戦略上同等性によって定義される．それゆえ，次のように述べられる：

(42:F) ゼロ和ゲームは，$\bar{v}(S) \equiv 0$ なるゲームと戦略上同等であれば，そしてそのときにのみ，非本質的である (**23.1.3** または **27.4.2** の (27:C) を参照せよ)．上述により，同じことは定和ゲームに関しても成り立つ．(しかし，非本質性および戦略上同等性の新しい定義を用いねばならない．)

もちろん，本質性は非本質性の否定として定義される．

42.3.1 の変形公式 (42:5) を **27.4** の規準に適用すればわかるように，そこにはあまり重要でない変更しか存在しない．

27.4.1 の (27:8) は，

$$(42:11) \quad \gamma = \frac{1}{n}\left\{v(I) - \sum_{j=1}^{n} v(\{j\})\right\}$$

によって置き換えられる．なぜなら，この公式の右辺は (42:5) のもとでも変わらず，$v(I) = 0$ の場合（すなわちゼロ和ゲームの場合）には，この公式は前述の (27:8) となるからである．

(27:8) の代わりに (42:11) を用いることにより，**27.4.1** の規準 (27:B) の2つの公式の右辺の 0 は $v(I)$ で置き換えられねばならなくなる．**27.4.2** の規準 (27:C), (27:D) は (42:5) のもとでも変わることなく，したがって影響を受けない．

(27:1)) が用いられていた．

42.5.2 さてここで，**41.3-41.4**の合成と分解の議論をすべての定和ゲームを含むより広い領域の中で行うことが可能となる．

41.3はすべて，そのままくり返すことができる．

41.4については，そこで定式化された問題 (41:A) が再度生じてくる．**41.3.2**の (41:6)，すなわち (41:7) を超えるなんらかの仮定がここで必要となるか否かを決定するためには，$(v_\Gamma(R), v_\Delta(S), v_H(T)$ のすべてに関して) **25.3.1**の (25:3:a)-(25:3:c) の代わりに**42.3.2**の (42:6:a)-(42:6:c) を調べねばならない．

(42:6:a), (42:6:c) は，**41.4**の (25:3:a), (25:3:c) とまったく同様にして直ちに処理される．(42:6:b) については，**41.4**の (25:3:b) の証明が本質的には適用可能であるが，ここでは**41.4**の (41:8) もしくは (41:9) のような) 余分の条件はまったく必要ではない．問題を簡単にするために，これを完全に証明しておこう．

(42:6:b) について：$v_\Delta(S)$ および $v_H(T)$ についてのこの式の妥当性を，$v_\Gamma(R)$ について仮定されている妥当性から導く．対称性により，$v_\Delta(S)$ を考えれば十分である．証明すべき関係は，

$$(42{:}12) \quad v_\Delta(S) + v_\Delta(J-S) = v_\Delta(J)$$

である．(41:4) により，これは，

$$(42{:}12^*) \quad v_\Gamma(S) + v_\Gamma(J-S) = v_\Gamma(J)$$

なることを意味する．

$(42{:}12^*)$ を証明するために，$v_\Gamma(R)$ についての (42:6:b) を $R = J-S$ と $R = J$ に適用しよう．各々について $I - R = S \cup K$, $I - R = K$ となる．したがって，$(42{:}12^*)$ は，

$$v_\Gamma(S) + v_\Gamma(I) - v_\Gamma(S \cup K) = v_\Gamma(I) - v_\Gamma(K)$$

すなわち，

$$v_\Gamma(S \cup K) = v_\Gamma(S) + v_\Gamma(K)$$

となり，これは (41:6) において $T = K$ とした特別な場合である．

このようにして，**41.4**の結果 (41:C) を次のように改良したことになる：

(42:G) あらゆる定和ゲームを含む領域においては，ゲーム Γ が集合 J と K に関して分解可能である (**41:3:2** を参照せよ) ための必要十分条件は，それが条件 (41:6)，すなわち (41:7) を満たすことである．

42.5.3 **41.4** の (41:C) を **42.5.2** の (42:G) と比較してみればわかるように，ゼロ和ゲームから定和ゲームへの移行により，分解可能性についての望ましくない条件であった条件 (41:8)，すなわち (41:9) が取り除かれた．

分解可能性は，ここでは (41:6)，すなわち (41:7) のみによって定義され，戦略上同等のもとでは変えられることはない．——これは当然そうあるべきである．

また，ゲーム Γ が 2 つの (それを構成する) ゲーム Δ と H (これらはすべて定和である！) とに分解されるときには，これらはすべて戦略上同等性によってゼロ和となしうることもわかる (Γ については **42.2.3** の (42:C)，Δ, H については **42.2.1** の (42:A) およびそれ以下を参照せよ)．

このようにして，われわれは 2 つのゲームの領域——ゼロ和と定和——の 1 つを，考えている問題に対する便利さに応じて常に用いることができる．

本章の残りの部分においては，もし明確にそうでないことが述べられていなければ，定和ゲームの考察を続けていくものとする．

43 分解分割

43.1 分離集合．成分

43.1 われわれは，ゲーム Γ の分解可能性については定義しなかったが，すべてのプレイヤーの集合 I の互いに補集合となる 2 つの集合 J, K への分解に関しては定義した．

それゆえ，次のような考え方をとることができる：ゲーム Γ を所与とし，J, K を変わりうるものと考える．J により K は決定される (実際 $K = I - J$ である) ので，J を変わりうるものと考えれば十分である．そうすれば，次の問題が生じてくる：

(プレイヤーの集合 I をもつ) ゲーム Γ が与えられたときに，いかなる集合 $J \subseteq I$ (およびそれに対応する $K = I - J$) に関して，Γ が分解可能となるであろうか？

これがおこるような集合 J ($\subseteq I$) を Γ の分離集合とよぶ．この分解において得られる成分としてのゲーム Δ (**41.2.1** および **41.3.2** の (41:4) を参照せよ) は Γ の J-成分という[31]．

こうして，分離集合 J は **41.3.2** の (41:6)，すなわち (41:7) によって定義される．ただし，$K = I - J$ が代入されねばならない．

読者は，この概念が非常に簡単な直観的意味をもつことに気づかれるであろう：分離集合は，ゲームのルールに関するかぎり，他のプレイヤーに影響も及ぼさないし，また影響されることもないプレイヤーの自己完結的なグループである．

43.2 すべての分離集合の体系の性質

43.2.1 ある与えられたゲームのあらゆる分離集合の全体は，簡単な性質の集まりによって特徴づけられる．これらの性質のほとんどは直観的直接的な意味をもっており，数学的証明は不必要であると思われる．それにもかかわらず，われわれは直観的な意味を脚注において述べながら，体系的に議論を進め証明を与えよう．以下においては，(Γ の特性関数) $v_\Gamma(S)$ を $v(S)$ と表すものとする．

(43:A)　J はその補集合 K が分離集合であれば，そしてそのときにのみ，自らも分離集合となる[32]．

証明：Γ の分割可能性は，J と K が対称的であることを意味する．

(43:B)　$\ominus$ と I とは分離集合である[33]．

証明：$v(\ominus) = 0$ であるから，(41:6) または (41:7) は $J = \ominus$, $K = I$ としても明らかに成り立つ．

43.2.2

(43:C)　もし J', J'' が分離集合であれば，$J' \cap J''$ および $J' \cup J''$ も分離集合

---

[31] 同様の定義により，ゲーム H (**41.2.1** および **41.3.2** の (41:5) を参照せよ) は，Γ の K-成分 ($K = I - J$) となる．
[32] プレイヤーの 1 つの集合が **43.1** の意味で自己完結的であることは，その補集合の自己完結性と明らかに同等である．
[33] これらが自己完結的であることは，同義反復である．

である[34].

　証明：$J' \cup J''$ について：J', J'' は分離集合なので，J, K に関する (41:6) は，$J', I-J', J'', I-J''$ についても同様に成り立つ．われわれは $J' \cup J'', I-(J' \cup J'')$ についてこれを証明したい．それゆえ，$S \subseteq J' \cup J''$, $T \subseteq I-(J' \cup J'')$ なる2つを考えよう．S' を J' の中の S の部分集合とすれば，$S'' = S - S'$ は J' の補集合に属し，$S \subseteq J' \cup J''$ であるので，S'' は J'' にも属する．よって，$S = S' + S''$, $S' \subseteq J'$, $S'' \subseteq J''$ となる．ここで，$S' \subseteq J'$, $S'' \subseteq I-J''$ および $J', I-J'$ に関する (41:6) により，

(43:1)　　$v(S) = v(S') + v(S'')$

となる．次に，$S'' \subseteq I-J'$ および $T \subseteq I-(J' \cup J'') \subseteq I-J'$ ゆえ，$S'' \cup T \subseteq I-J'$．また，$S' \subseteq J'$．明らかに，$S' \cup (S'' \cup T) = S \cup T$．したがって，$J', I-J'$ についての (41:6) により，

(43:2)　　$v(S \cup T) = v(S') + v(S'' \cup T)$

となる．最後に，$S'' \subseteq J''$ および $T \subseteq I-(J' \cup J'') \subseteq I-J''$ ゆえ，$J'', I-J''$ についての (41:6) により，

(43:3)　　$v(S'' \cup T) = v(S'') + v(T)$

となる．

　ここで (43:3) を (43:2) に代入し，右辺を (43:1) を用いて縮めると，

$$v(S \cup T) = v(S) + v(T)$$

---

[34] 交わり $J' \cap J''$ について：2つの自己完結的な集合 J', J'' が空でない交わりをもつことは読者にとって奇異に感じられるかもしれない．しかし，$J' = J''$ という例からわかるように，これはおこりうるのである．より重要な例は，自己完結的な集合がより小さな（すなわち真部分集合である）自己完結的集合の和となりうることである．(**43.3** の (43:H) を参照せよ．) ここでの主張は，もし2つの自己完結的集合 J', J'' が空でない交わり $J' \cap J''$ をもてば，この交わりが自己完結的な部分集合となることである．この形においては，この主張も正しいと思えるであろう．
　和 $J' \cup J''$ について：2つの自己完結的な集合の和が再度自己完結的になることは当然である．空でない交わり $J' \cap J''$ が存在するときには，これはややあいまいであるが，この場合にも実際には，上で議論したように支障をきたさない．以下の証明も実際には主にこの場合の細部を厳密に考慮したものとなっている．

となり，これは望んでいたように (41:6) となっている．

$J' \cap J''$ について：(43:A) と上の結果を用いよう．J', J'' は分離集合ゆえ，$I - J', I - J'', (I - J') \cup (I - J'')$ も分離集合となり，最後の集合は明らかに $I - (J' \cap J'')$ であるから[35] $J' \cap J''$ も分離集合となる．——最後の $J' \cap J''$ は望んでいた式である．

43.3 すべての分離集合の体系の特徴．分解分割

43.3.1 $\ominus, I$ は当然分離集合であるが (前述の (43:B) を参照せよ)，それ以外にはこのような集合は存在しないかもしれない．この場合にはゲーム Γ を分解不能という[36]．この問題についてはこれ以上ふれずに[37]，Γ の分離集合についての考察を続けていこう．

(43:D) Γ の分離集合 J と Γ の J-成分 Δ を考える．そのときに，$J' \subseteq J$ が Δ の分離集合となるための必要十分条件は，それが Γ の分離集合となっていることである[38]．

証明：(41:4) を考えれば，(41:6) により，

(43:4) $S \subseteq J', T \subseteq J - J'$ に関して，$v(S \cup T) = v(S) + v(T)$

となるときは，J' は Δ の分離集合となる．(この $v(S)$ は $v_\Gamma(S)$ に相当している．) 再度 (41:6) を用いれば，

(43:5) $S \subseteq J', T \subseteq I - J'$ に関して，$v(S \cup T) = v(S) + v(T)$

となるときに，J' は Γ の分離集合となる．

ここで，(43:4) と (43:5) の同等性を証明せねばならない．$J \subseteq I$ であるから，(43:4) は (43:5) の特殊な場合である．——したがって (43:4) から (43:5) が導かれることを証明するだけでよい．

そこで (43:4) を仮定しよう．$J, K = I - J$ について，Γ に関する (41:6)

---

[35] 交わりの補集合は補集合の和となる．
[36] 実際にはほとんどのゲームが分解不可能である；さもなければ，**42.5.2** の規準 (42:G) は **41.3.2** の制限的な等式 (41:6)，(41:7) を必要とすることになるからである．
[37] しかし！ 脚注 36) およびその参照箇所を参照しておくこと．
[38] 自己完結的な集合内で自己完結的であることは，もとの (全体) 集合内でそうなることと同じである．この内容は明らかなように思える．しかし，そうではないことが証明からわかるであろう．

を用いてもさしつかえない.

$S \subseteq J', T \subseteq I - J'$ の2つを考える. T' を J における T の部分集合とすれば, $T'' = T - T'$ は $I - J$ に属する. したがって, $T = T' \cup T''$, $T' \subseteq J$, $T'' \subseteq I - J$ および $J, I - J$ についての Γ に関する (41:6) により,

(43:6)　$v(T) = v(T') + v(T'')$

となる. 次に, $S \subseteq J' \subseteq J$ および $T' \subseteq J$ であるから, $S \cup T' \subseteq J$. また, $T'' \subseteq I - J$. 明らかに, $(S \cup T') \cup T'' = S \cup T$. したがって, $J, I - J$ についての Γ に関する (41:6) により,

(43:7)　$v(S \cup T) = v(S \cup T') + v(T'')$

となる. 最後に, $S \subseteq J', T' \subseteq I - J', T' \subseteq J$ ゆえに $T' \subseteq J - J'$. したがって, (43:4) により,

(43:8)　$v(S \cup T') = v(S) + v(T')$

となる.

ここで (43:8) を (43:7) に代入し, その後右辺を (43:6) により縮める. これにより, まさに望んでいた (43:5) が得られる.

43.3.2 (43:D) により, $J \neq \ominus$ であり, その真部分集合 $J' \neq \ominus$ が分離集合とはならないような集合 J について考察することが価値をもってくる. われわれはこのような集合を極小分離集合とよぶが, その理由は明らかであろう.

われわれの分割不可能性および極小性の定義を考える. (43:D) は直ちに:

(43:E)　(Γ の) J-成分が分解不可能であるための必要十分条件は, J が極小分離集合となることである.

を意味する.

極小分離集合は非常に簡単な性質をもって配列しており, あらゆる分離集合の全体を決定する. その内容は次のように述べられる:

(43:F)　2つの異なる極小分離集合はすべて分離している.
(43:G)　すべての極小分離集合の和は I となる.

(43:H)　極小分離集合の考えられるすべての集まりのあらゆる和をつくることにより，すべての分離集合の全体そのものが得られる[39]．

証明：(43:F) について：J', J'' を交わりをもつ 2 つの極小分離集合としよう．そうすれば，$J' \cap J'' \neq \ominus$ は J' にも J'' にも属するので，(43:C) により分離集合になる．したがって，J' および J'' の極小性は，$J' \cap J''$ が J' にもまた J'' にも等しいことを意味する．したがって，$J' = J''$ である．

(43:G) について：I に属するすべての k がある極小分離集合に属することを示せば十分である．

プレイヤー k を含む分離集合が存在する．（I はその 1 つである．）J をこのような集合すべての交わりとしよう．J は (43:C) により分離集合である．もし J が最小でなければ，$J' \neq \ominus, J$，しかも J の部分集合となる分離集合 J' が存在する．ここで，$J'' = J - J' = J \cap (I - J')$ もまた (43:A)，(43:C) により分離集合であり，明らかに $J' \neq \ominus, J$ ともなっている．J' または $J'' = J - J'$ が k を含んでいなければならない．——そこで J' が含んでいるとしよう．すると，J' はその交わりが J となるような集合の 1 つである．したがって，$J' \supseteq J$ である．ところが，$J' \subseteq J$ かつ $J' \neq J$ であるから，これは矛盾を生じる．

(43:H) について：極小分離集合の和のすべては，(43:C) によって分離集合となる．したがって，その逆を証明すれば十分である．

K を 1 つの分離集合とする．もし J が極小分離集合であれば，(43:C) により $J \cap K$ も分離集合となり，$J \cap K \subseteq J$ である．——したがって，$J \cap K = \ominus$，もしくは $J \cap K = J$ となる．最初の場合には J, K は分離していることとなり，第 2 の場合には $J \subseteq K$ となる．したがって，

(43:I)　あらゆる極小分離集合 J は K と分離しているかまたは K の部分集合となっている．

前者の場合の J の和を K' とし，後者の場合の J の和を K'' としよう．$K' \cup K''$ はあらゆる極小分割集合の和となるから，(43:G) により，

(43:9)　　$K' \cup K'' = I$

---

[39] これらの主張の直観的な意味はまったく明らかである．これらは Γ の最大の分割可能性の構造を正しく特徴づけるものである．

である．そのつくられ方から，K' は K と分離しており，K'' は K の部分集合となっている．すなわち，

(43:10)　　$K' \subseteq I - K, \quad K'' \subseteq K$

である．ここで，(43:9)，(43:10) をあわせて考えれば，$K'' = K$ とならねばならない．したがって，望んでいたとおり K は適当な極小集合の集まりの和となる．

43.3.3 (43:F)，(43:G) により，極小分離集合は **8.3.1** の意味での I についての分割を形成することが明らかになる．われわれはこれを Γ の分解分割とよび，Π_Γ と表すことにしよう．ここで，(43:H) は次のように表すことができる：

(43:H*)　　分離集合 $K \subseteq I$ は次の性質により特徴づけられる：K に関するかぎり，Π_Γ の各要素の点は同様の行動をとる．——すなわち，Π_Γ の各要素は，K のまったく内部にあるか，もしそうでなければまったく外部にある．

このようにして，Π_Γ は Γ のルールによって確立されたプレイヤー間の結びつきを損うことなく[40]，I における Γ の分解がどこまで押し進められうるかを表していることになる．(43:E) により，Π_Γ の要素はまた Γ を分解不可能成分に分解するという事実によっても特徴づけられる．

43.4　分解分割の性質

43.4.1　分解分割 Π_Γ の性質が確立されたので，この分割の細かさの効果について研究するのが自然であろう．われわれは2つの極端な可能性だけを分析してみようと思う．Π_Γ ができるかぎり細かい場合，すなわちこれによって I が1要素集合にまで分解される場合——および Π_Γ ができるかぎり粗い場合，すなわちこれによって I がまったく分解されない場合の2つである．言い換えれば：前者の場合には Π_Γ は（I に属する）すべての1要素集合の全体であり——後者の場合には Π_Γ は I だけから構成されている．

この2つの極端な場合の意味は容易に知ることができる：

---

[40] すなわち，結果として生ずる集合の自己完結性をそこなうことなく．

(43:J)　Π_Γ が（I に属する）すべての 1 要素集合の全体となるための必要十分条件は，ゲームが非本質的となることである．

証明：(43:H) または (43:H*) により，Π_Γ の上記の性質はあらゆる J ($\subseteq I$) が分離集合となることと明らかに同等である．すなわち，(**43.1** により) 任意の 2 つの補完的な集合 J と K ($= I - J$) に関してゲーム Γ は分解可能となるのである．これは (41:6) がこのようなすべての場合に成り立つことを意味している．ところが，このことからわかるように，(41:6) により，S, T (すなわち $S \subseteq J, T \subseteq K$) に課せられる条件は単に S, T が交わらないことを意味している．したがって，これにより，

$$S \cap T = \ominus \text{ に関して, } v(S \cup T) = v(S) + v(T)$$

となる．

ところが，これはまさに **27.4.2** の (27:D) による非本質性の条件である．

(43:K)　Π_Γ が I から構成されるための必要十分条件は，ゲーム Γ が分解不可能となることである．

証明：(43:H)（または (43:H*)）から明らかなように，Π_Γ の上記の性質は $\ominus, I$ だけが分離集合となることと同等である．ところが，これはまさに **43.3** の冒頭で述べた分解不可能性の定義となっている．

これらの結果からわかるように，分解不可能性と非本質性は 1 つのゲームに関する両極端となっている．特に，非本質性は **43.3** の最後に述べた Γ の分解がゲーム Γ のルールによって確立された結びつきを決して断ち切ることなく，個々のプレイヤーにまで押し進められることを意味している[41]．読者はこの内容を **27.3.1** の非本質性の最初の定義と比較されたい．

43.4.2　非本質性，分解不可能性とプレイヤーの数 n の関係は次のとおりである：

$n = 1$ の場合：この場合は実際的にはほとんど重要ではない．このようなゲームは明らかに分解不可能であり[42]，同時に **27.5.2** の最初の注意により非本質的でもある．

---

[41] すなわち，このゲームにおいてはすべてのプレイヤーが自己完結的である．
[42] I は 1 要素集合であるから，$\ominus, I$ だけが部分集合となる．

このときに，分解不可能性と非本質性は，(43:J), (43:K) により $n \geq 2$ の場合には両立しえないが，$n = 1$ の場合にはそうはならないことに気づくであろう．

$n = 2$ の場合：これらのゲームは **27.5.2** の最初の注意により必ず非本質的となる．したがって分解可能である．

$n \geq 3$ の場合：これらのゲームに関しては分解可能性は例外的な事象である．実際，分解可能性はある $J \neq \ominus, I$ について (41:6) が成り立つことを意味する．したがって，$K = I - J \neq \ominus, I$ である．よって，J に属する j, K に属する k を選ぶことができる．そうすれば，(41:6) において $S = \{j\}$, $T = \{k\}$ とすることにより，

(43:11) $\quad v(\{j, k\}) = v(\{j\}) + v(\{k\})$

となる．ここで，$v(S)$ の値が満たさねばならない等式は（もしゼロ和ゲームを考えていれば）**25.3.1** の (25:3:a), (25:3:b)，すなわち **42.3.2** の (42:6:a), (42:6:b) だけである．(43:11) においてはただ $\{j\}, \{k\}, \{j, k\}$ なる集合が現れているだけであり，$n \geq 3$ であるから[43]，これらは上述の等式において現れてくる集合——すなわち $\ominus, I$ または補集合——ではない．したがって，(43:11) は一般には満たされない余分の条件となる．

以上からわかるように，分解不可能なゲームは $n = 2$ とはなりえない．したがって $n = 1$ かまたは $n \geq 3$ である．これを (43:E) と結びつけることにより次の特殊な結果を得る：

(43:L)　分解分割 Π_Γ のすべての要素は1要素集合であるか，さもなければ $n \geq 3$ 個の要素をもつ集合である．

Π_Γ における1要素集合は1要素分割集合である[44]．——すなわちそれらは自己完結的であり，（提携の戦略という観点からみて）ゲームの他の部分から分離したプレイヤーに相当している．彼らは **35.2.3** および 464 ページ脚注 3) の意味での「ダミー」である．したがって，われわれが得た結果 (43:L) は次の事実を表している：「ダミー」でないプレイヤーは各々 $n \geq 3$ 人のプレ

---

[43] $n = 2$ の場合にはそうはならない．すなわち $\{j, k\} = I$ となり，$\{j\}$ と $\{k\}$ とは互いに補集合となる．

[44] このような分割集合はもちろん自動的に極小である．

イヤーからなる分解不可能な成分ゲームを行う．

これは社会組織の一般原理となっているように思われる．

44 分解可能なゲーム．理論のより一層の拡張

44.1 （分解可能な）ゲームの解とその成分の解

44.1 われわれは合成と分解の研究について記述的な部分は完了した．ここで，問題の中心部へと進もう．すなわち，分解可能なゲームにおける解の究明を行うのである．

J および $I - J = K$ に関して分解可能なゲームを考え，J-成分（ゲーム）を Δ，K-成分（ゲーム）を H としよう．われわれはこれらの3つのゲームをすべてゼロ和とするために，**42.5.3** の冒頭で説明した戦略上同等を用いる．

H の解だけでなく Δ の解も既知であると仮定する．このときにこれらによって Γ の解が決定されるであろうか？ 言い換えれば：分解可能なゲームの解がその成分の解からいかにして得られるか？

ここで，この点について一見したところもっともらしく思える推測があるので，それを定式化することにしよう．

44.2 配分および配分の集合の合成と分解

44.2.1 **41.3.1** の記号を使用する．しかし $v_\Gamma(S)$ を $v(S)$ と書いているので，(41:4)，(41:5) により $v_\Delta(S)$, $v_H(S)$ もこれによって置き換えられる．

一方，Γ, Δ, H の配分を区別せねばならない[45]．この区別を表す際には，プレイヤーが参加しているゲームではなく，配分が関係しているプレイヤーの集合を示すほうが好都合である．すなわち，配分に対して，Γ, Δ, H ではなく I, J, K なる記号をつけることにする．この意味で，I（すなわち Γ）に関する配分を

$$(44:1) \quad \vec{\alpha}_I = (\alpha_{1'}, \cdots, \alpha_{k'}, \alpha_{1''}, \cdots, \alpha_{l''})$$

と表し，J, K（すなわち Δ, H）に関する配分を

$$(44:2) \quad \vec{\beta}_J = (\beta_{1'}, \cdots, \beta_{k'})$$

---

[45] ここで，プレイヤーに関して **41.3.1** の記号を再度導入するのが便利である．

(44:3) $\vec{\gamma}_K = (\gamma_{1''}, \cdots, \gamma_{l''})$

と表す．もしこれらの配分が，

(44:4) $\quad i' = 1', \cdots, k'$ に関して，$\alpha_{i'} = \beta_{i'}$
$\quad\quad\quad j'' = 1'', \cdots, l''$ に関して，$\alpha_{j''} = \gamma_{j''}$

という関係で結びつけられていれば，$\vec{\alpha}_I$ は $\vec{\beta}_J, \vec{\gamma}_K$ の合成によって得られ，$\vec{\beta}_J, \vec{\gamma}_K$ は $(J, K$ についての$)$ $\vec{\alpha}_I$ の分解から得られる，そして $\vec{\beta}_J, \vec{\gamma}_K$ は $\vec{\alpha}_I$ の $(J\text{-}, K\text{-})$ 成分である，という．われわれはゼロ和ゲームを扱っているので，これらの配分はすべて **30.1.1** の条件 (30:1), (30:2) を満たしていなければならない．ところで，(44:4) によって結びつけられた $\vec{\alpha}_I, \vec{\beta}_J, \vec{\gamma}_K$ に関しては，これは直ちに証明できる．

30.1.1 の (30:1) について：$\vec{\beta}_J, \vec{\gamma}_K$ についてのこれが成り立つことは明らかに $\vec{\alpha}_I$ について成り立つことと同等である．

30.1.1 の (30:2) について：$\vec{\beta}_J, \vec{\gamma}_K$ について ((44:4) を用いれば)，これは，

(44:5) $\displaystyle\sum_{j'=1'}^{k'} \alpha_{i'} = 0$

(44:6) $\displaystyle\sum_{j''=1''}^{l''} \alpha_{j''} = 0$

となる．$\vec{\alpha}_I$ に関して，これは結局

(44:7) $\displaystyle\sum_{i'=1'}^{k'} \alpha_{i'} + \sum_{j''=1''}^{l''} \alpha_{j''} = 0$

となる．したがって，$\vec{\beta}_J, \vec{\gamma}_K$ に関してのこれが成り立つことにより，$\vec{\alpha}_I$ に関しても成り立つことが導かれるが，$\vec{\alpha}_I$ に関して成り立つからといって $\vec{\beta}_J, \vec{\gamma}_K$ に関して成り立つとはいえない．——実際 (44:7) は (44:5) と (44:6) の同等性を意味するがどちらかが成り立つことは意味しない．

したがって：

(44:A) 任意の 2 つの配分 $\vec{\beta}_J, \vec{\gamma}_K$ は常に 1 つの $\vec{\alpha}_I$ に合成されうるが，他方 1 つの配分 $\vec{\alpha}_I$ が 2 つの $\vec{\beta}_J, \vec{\gamma}_K$ に分解されうるための必要十分条件は，(44:5) すなわち (44:6) が満たされることである．

このような $\vec{\alpha}_I$ をわれわれは $(J, K$ に関して$)$ 分解可能とよぶ．

44.2.2 この状況はゲームそのものにおいておこる状況と類似している．すなわち，ゲームにおいても合成は常に可能であるが，分解はそうではないのである．分解は例外的な出来事である[46]．

最後に，配分の合成の概念が簡単な直観的意味をもつことに注意せねばならない．これは **41.2.1**，**41.2.3**，**41.2.4** においてゲームに関し同じ役割を果たした2つの分離した出来事を「1つとみなす」という操作に相当している．$\vec{\alpha}_I$ の ($\vec{\beta}_J, \vec{\gamma}_K$ への) 分離が可能であるための必要十分条件は，2つの自己完結的なプレイヤーの集合 J, K が，どの配分 $\vec{\alpha}_I$ によっても「正当な値」——すなわちゼロ——を与えられることである．これが条件 (44:A) (すなわち (44:5)，(44:6)) の意味である．

44.2.3 配分 $\vec{\beta}_J$ の集合 V_J と配分 $\vec{\gamma}_K$ の集合 W_K を考える．V_J に属するすべての $\vec{\beta}_J$ と W_K に属するすべての $\vec{\gamma}_K$ との合成により得られる配分 $\vec{\alpha}_K$ からなる集合を U_I とする．このときに，U_I は $\mathsf{V}_J, \mathsf{W}_K$ の合成から得られる，$\mathsf{V}_J, \mathsf{W}_K$ は U_I の (J, K に関する) 分解から得られる，そして $\mathsf{V}_J, \mathsf{W}_K$ は U_I の (J-, K-) 成分であるという．

明らかに，合成という操作はいかなる $\mathsf{V}_J, \mathsf{W}_K$ についてもに実行可能である．——しかし，ある与えられた U_I は必ずしも (J, K に関して) 分解されるとはかぎらない．もし U_I を分解できれば，われわれはこの U_I を (J, K に関して) 分解可能であるという．

この U_I の分解可能性により，U_I 自身が非常に強い制限を受けることに注意されたい．特に，U_I のすべての要素 $\vec{\alpha}_I$ が分解可能とならねばならない (**44.2.2** の最後の説明を参照せよ)．

配分の集合 $\mathsf{U}_I, \mathsf{V}_J, \mathsf{W}_K$ に関するこれらの概念をより完全に説明するためには，ゲーム Γ, Δ, H の解に注意を集中するのがよいであろう．

44.3 解の合成と分解．主要な可能性と推測

44.3.1 $\mathsf{V}_J, \mathsf{W}_K$ を各々ゲーム Δ, H に関する解としよう．この2つの合成はある配分の集合 U_I をつくり出し，それはゲーム Γ に関する解になると考えられるかもしれない．実際，U_I は次のように定式化される行動基準を表

---

[46] ゲームの分解可能性と配分の分解可能性との間には大きな技術的差異がある．しかし，**41.3.2** の (41:4)，(41:5)，**41.4.2** の (41:8)，(41:9)，(41:10) と，ここでの (44:4)，(44:5)，(44:6)，(44:7) との間の類似性に注意せよ．

現するものである．われわれは本書において数学的に同等な表現は脚注に述べながら，(44:B:a)-(44:B:c) のもとで言葉による定式化を与えていく．そしてこれは読者に証明してもらいたいが，まさにわれわれの合成の定義となるのである．

(44:B:a) J のプレイヤーは常に全体で「正当な値」(ゼロ) を獲得し，K のプレイヤーも同様に全体でゼロを獲得する[47]．

(44:B:b) 集合 J に属するプレイヤーの運命と集合 K に属するプレイヤーの運命の間にはなんら関係はない[48]．

(44:B:c) J に属するプレイヤーの運命は行動の基準 V_J によって支配され[49]，K に属するプレイヤーの運命は行動の基準 W_K によって支配される[50]．

もし 2 つの成分ゲームが互いにまったく独立に行われるとすれば，各々分離した解 V_J, W_K を合成ゲーム Γ の 1 つの解 U_I とみなしてもかまわないであろう．

しかし解は厳密な概念であるから，この主張にも証明が必要である．すなわち，次の事実を証明せねばならない：

(44:C) もし V_J, W_K が Δ, H の解であれば，その合成によって得られた U_I は Γ の解である．

44.3.2 ついでながら，これは常識と数学的厳密性との関係を特徴づけるいま 1 つの例となっている．ある主張（ここでは V_J, W_K が解となるときには常に U_I が解となること）が常識によって必ず成り立つと考えられても，それがもし数学的に証明されなければ，理論の中で（ここでは **30.1.1** の定義にもとづいた理論）妥当であるとはいえない．この点で厳密性は常識に比べより重要であると思われるかもしれない．しかし，もし数学的な証明により常識的な結果が確立できなければ，その理論はまったく拒絶されるという場合もある

---

[47] U_I のすべての要素 $\vec{\alpha}_I$ は分解可能である．
[48] U_I を形成する際に用いられた任意の $\vec{\beta}_J$ と $\vec{\gamma}_K$ を合成することにより，U_I の要素 $\vec{\alpha}_I$ が与えられる．
[49] 上述の $\vec{\beta}_J$ はまさに V_J の要素である．
[50] 上述の $\vec{\gamma}_K$ はまさに W_K の要素である．

ことを考慮しておかねばならない．したがって，数学的方法という聖職者は，ただ——常識のみによってはできない方法で——理論を検証できるという点に広がっているだけである．

簡単にというわけではないが (44:C) の成り立つことは示される．

(44:C) の逆もまた成り立つ，すなわち次の事実も証明を必要とする，と考える人もいるかもしれない:

(44:D) もし U_I が Γ の解であれば，それは Δ, H の解 V_J, W_K に分類される．

これは一見したところまったく正しいようである: Γ は意図も目的もすべて異なる完全に分離した2つのゲームを合成したものであるから，Γ の解がこの合成的構造をもちえないことがありうるであろうか？

ところが，驚くべきことに (44:D) は一般には成り立たないのである．もし上述の方法論的記述に重きを置くならば，これによってわれわれの理論（すなわち **30.1.1**）を放棄せねばならない——それほどでないにしても，少なくとも大幅に修正せねばならない——と読者は考えるかもしれない．しかし，(44:D) については基礎となる「常識」はまったく疑わしいものなのである．実際，(44:D) に反するわれわれの結果には，非常に妥当性をもつ説明が与えられる．——しかもこの結果は社会組織におけるよく知られた現象ともうまく結びつくのである．

44.3.3 (44:D) の誤りとそれに代わる理論の妥当性を正しく理解するためには，よりくわしい考察が必要である．それにとりかかる前に，(44:D) の誤りが生じる理由の予想についていくつかの示唆を与えておくのがよいであろう．

(44:D) は2つの部分に分けて考えるのが自然である．

(44:D:a) もし U_I が Γ の解であれば，それは (J, K に関して) 分解可能である．

(44:D:b) もし Γ の解 U_I が (J, K に関して) 分解可能であれば，その成分 V_J, W_K は Δ, H に関する解となる．

ここで，(44:D:b) は正しいが (44:D:a) は誤りであることがわかるであろう．すなわち，分解可能なゲーム Γ が分解不可能な解をもつこともありうる

のである[51]．

ところで，解（もしくは任意の配分の集合）の分解可能性は**44.3.1**の(44:B:a)-(44:B:c)で表現される．したがってこれらの条件の1つまたはそれ以上が，上述の分解不可能な解に関しては成立してはならなくなる．後に，満たされない条件は(44:B:a)であることがわかるであろう（**46:11**を参照せよ）．この(44:B:a)が成り立たなければ，条件(44:B:b)，(44:B:c)は定式化さえできない．その意味において，(44:B:a)は主要な条件であるのでこれが満たされないことは重大な問題である．

分解の概念はある種の弾力性を有している．これは**42.2.1**，**42.2.2**，**42.5.2**において現れていた．そこではこの概念を修正することにより，ゲームの分解可能性に関係する不都合な補助的条件を除去することに成功した．ここでの困難さもこの方法で処理され——よって(44:D)は正しい満足できる定理で置き換えられることがわかるであろう．したがって，われわれは条件(44:B:a)を放棄できるように構成を修正することに努めねばならない．

この努力は成功し，その際には条件(44:B:b)，(44:B:c)は何の困難も与えることはなく，完全な結果が得られる．

44.4 理論の拡張．外部的要因

44.4.1 いまや**44.1**で（一時的に）導入した正規化を放棄できる段階にいたった：すなわち，ゲームをゼロ和のもとで考察するための標準化を放棄し，ゲームを定和で考える**42.2.2**の立場にもどるわけである．

これらのことを理解したうえで，(J, Kに関して）分解可能でありJ-, K-成分としてΔ, HをもつゲームΓを考えよう．

44.2.1, **44.2.2**で与えられた配分の分解可能性および分解不可能性は，さして重要でない修正を加えれば，ここでもくり返すことができる．(44:1)-(44:4)はそのまま用いられるが，(44:5)-(44:7)はその右辺が少々修正される．**30.1.1**の(30:2)は**42.4.1**の(42:8*)によって置き換えられるので，(44:5)-(44:7)の諸公式はここでは，

$$(44:5^*) \quad \sum_{i'=1'}^{k'} \alpha_{i'} = \mathrm{v}(J),$$

---

[51] これは対称ゲームが非対称な解をもちいるという現象とよく似たものである．**37.2.1**を参照せよ．

$(44:6^*)$ $\quad \sum_{j''=1''}^{l''} \alpha_{j''} = \mathrm{v}(K),$

および

$(44:7^*)$ $\quad \sum_{i'=1'}^{k'} \alpha_{i'} + \sum_{j''=1''}^{l''} \alpha_{j''} = \mathrm{v}(I) = \mathrm{v}(J) + \mathrm{v}(K)$

となる．(最後の等式の右側は **42.3.2** の (42:6:b)，もしくは同じことであるが，**41.3.2** の (41:6) において $S = J, T = K$ としたものによる．) この状況はまったく **44.2.1** におけるものと同様である．実際，これは **42.4.2** の同形対応を用いることにより **44.2.1** の状況から得られる．したがって $\vec{\alpha}_I$ は $(44:7^*)$ を満たすが，それが分解可能であるためには $(44:5^*)$, $(44:6^*)$ が必要である．——そして $(44:7^*)$ は $(44:5^*)$ および $(44:6^*)$ が同等であることを意味するが，そのどちらかが成り立つことは必ずしも意味しない．

よって，**44.2.1** の分解可能性の規準 (44:A) はここでも成り立つが，それには (44:5), (44:6) に代わり $(44:5^*)$, $(44:6^*)$ が用いられねばならない．そして **44.2.2** の最終的な結論は次のようにくり返される：$\vec{\alpha}_I$ の ($\vec{\beta}_J, \vec{\gamma}_K$ への) 分解が可能であるための必要十分条件は，2 つの自己完結的なプレイヤーの集合 J, K がこの配分 $\vec{\alpha}_I$ によって正当な値——ここでは $\mathrm{v}(J), \mathrm{v}(K)$ である——を与えられることである[52]．

この配分の分解可能性についての制約——その理由は **44.3.1** の (44:B:a) による——が困難の源となっていることを知っているので，それを取り除かねばならない．これは条件 $(44:5^*)$, $(44:6^*)$, すなわちそれらの源となる **42.4.1** の条件 $(42:8^*)$ の除去を意味する．

44.4.2 上述にしたがい，われわれは新しい配分の概念をもつ定和ゲーム Γ の理論を用いようと試みるであろう．これは **42.4.1** の $(42:8^*)$ ではなく **42.4.1** の (42:7) (すなわち **30.1.1** の (30:1)) にのみもとづくものである．言い換えれば[53]：

拡張された配分は次の性質をもつ数 $\alpha_1, \cdots, \alpha_n$ の全体である：

(44:8) $\quad i = 1, \cdots, n$ に関して，$\alpha_i \geq \mathrm{v}(\{i\})$

$\sum_{i=1}^{n} \alpha_i$ に対しては何の条件も与えない．このように拡張された配分もまたベク

---

[52] 前のゼロに代わるものである．
[53] 再度プレイヤーを $1, \cdots, n$ によって表す．

トル

$$\vec{\alpha} = (\alpha_1, \alpha_2, \cdots, \alpha_n)$$

とみなすものとする.

44.4.3 ここで配分の概念に根ざすあらゆる定義を考え直さねばならない. ——すなわち **30.1.1** および **44.2.1** の概念を考え直すのである. しかし, この前にこの拡張された配分の概念を説明しておくほうがよいであろう.

この概念の本質は, これがプレイヤーの間である量の分配を表している点である. ただし, その配分の量全体がゲーム Γ の定和になることは必ずしも必要とはしない.

このような考え方は, プレイヤーがただお互いの間だけで取引することだけを思い描くならば異質なものとなるであろう. しかしながら, われわれは常に配分とはあらゆるプレイヤーの全体に対して与えられる配分の計画であると考えてきた. (この考えは, 例えば **4.4**, **4.5** のすべてにおいて広く行われたものであり, **4.4.1** においてはまったく明示的に扱われていた.) このような申し出はプレイヤーの 1 人から行われるかもしれないが[54], これはさして問題ではない. 同様に, 外部的な要因によって可変的な配分が定まり, これを Γ のプレイヤーの考えのもとに提起すると考えることもできる. これらのすべてがこれまでの考察と調和するものであるが, これまでの考察においてはこのような「外部的要因」は——ゲームの利得に寄与したりそれを差し引いたりするのではなく——示唆を与えるにとどまっていた.

44.5 超過量

44.5.1 ここで, 拡張された配分の概念は「外部的要因」が実際に寄与もしくは回収すること——すなわち譲渡を含むこと——を示唆しうると考えてもよい. 拡張された配分 $\vec{\alpha} = (\alpha_1, \cdots, \alpha_n)$ に関してこの譲渡の量は,

---

[54] 提携を形成しようとするプレイヤーの 1 人から行われるのである. われわれは配分の全体を彼の申し出と考えているのであるから, これによって彼は提携に含まれないプレイヤーに対する配分の計画さえ行うと仮定せねばならないことになる. これらのプレイヤーに対し, 彼は各々の最小値 $v(\{i\})$ (おそらくはそれ以上, **38.3.2** および **38.3.3** を参照せよ) を与えればよいのである. 「提携に含まれるか含まれないか」という中間に位置するプレイヤーがいるかもしれない (**37.1.3** の第 2 案を参照せよ). もちろんこれらの恵まれないプレイヤーは自らの不満を効果的に用いることもでき, これによって支配の概念などが導かれるのである.

(44:9) $$e = \sum_{i=1}^{n} \alpha_i - v(I)$$
であり，$\vec{\alpha}$ の超過量とよばれる．したがって，

(44:10)
$e > 0$　　寄与するとき
$e = 0$　　譲渡が行われないとき
$e < 0$　　回収するとき

である．

　現実的な問題を得るためには，この量に適当な制限を加えることが必要となる．すなわち，この量を正しく見積もらねばならない．

　これらの譲渡がゲームといかにかかわっているかを知ることが重要である．これらの譲渡は外部からの示唆の一部であり，プレイヤーは支配の原理などにしたがい，その各々に重みをつけて受け入れるか拒絶するかを決定するであろう[55]．この過程において不満をもつプレイヤーの集合はすべてゲーム Γ にもどりうるが，これだけが1つの（拡張された）配分といま1つの配分におけるプレイヤー自身の立場に対する選好を表現できる規準となるものである[56]．したがって，ゲームは社会的過程の物理的背景を考慮に入れたとしても，組織のあらゆる細部にわたる安定性を決定するわけである．しかし，その主導権を握るのは外部的な示唆であり，それは上述の超過量の制約によって制限を受けるのである．

　44.5.2 超過量のこのような「制約」を求めるためには，その限界の値 e を明確に規定していくのが最も簡単である．この規定を解釈する際には (44:10) を忘れてはならない．

　$e \gtreqless 0$ の場合に存在する状況は，一見したところ矛盾しているように思えるかもしれない．特に $e < 0$，すなわち外部的要因が回収してしまうような場合は特にそうである．定和 $v(I)$ をもつゲームにもどりうるプレイヤーがなぜより不利な総量を受け入れるのであろうか？　すなわち，このような原則にも

---

[55] もちろん，これは社会的過程の記述としては狭く，おそらくは多少勝手なものであろう．しかしわれわれはこれを明確な制限された目的：すなわち安定均衡，つまり解の決定についてのみ用いていることを忘れてはならない．**4.6.3** の結びの注意により，これはまったく明らかである．

[56] もちろん，われわれは有効性と支配の定義を指しているのである．**4.4.1** と **4.4.3** の最初を参照せよ．——その正確な形は **30.1.1** に与えられている．われわれは **44.7.1** において厳密な定義をここで用いた概念にまで拡張するであろう．

とづいた「行動基準」,「社会的順序」がいかにして安定となるのであろうか？
しかしこれに対する次のような答えがある：もしすべてのプレイヤーが提携を
つくり一致した行動をとれば, ゲームは v(I) だけの価値がある. もしプレイ
ヤーが2つの敵対するグループに分割されれば, 各グループは自らの勝ち目
をより悲観的に考えねばならず, このような分割によって v(I) より不利な総
量が安定しうるのである[57].

$e > 0$, すなわち外部からの干渉が自由な贈与からなる場合には, より受け
入れられやすいと思うかもしれない. しかしこの場合にも, プレイヤー間での
贈与の分配が安定な取り決めによっていかにして決定されるかを知るために,
ゲームを研究せねばならない. プレイヤーは種々の提携に参加しうる可能性に
より, 各々の勝ち目を楽観的に見積るわけであるが, その見積りによってプレ
イヤーの各々の要求が決定されるであろう. したがって, 理論は各プレイヤー
の要求額を利用可能な総額に調整するものでなければならない.

44.6 超過量に対する制約. 新しい構成におけるゲームの非孤立的特色

44.6.1 以上の考察により, 超過量 e は ($e < 0$ なるときには) あまりに小
さすぎてはならず, また ($e > 0$ なるときには) あまりに大きすぎてもならな
いことがわかる. 前者の場合には, たとえ最悪の場合が生じプレイヤーが孤立
してゲームをプレイせねばならなくなったとしても, 各プレイヤーはゲームに
もどるほうを好むといった状況がおこる[58]. 後者の場合には,「自由贈与」が

---

[57] 発見的な方法における最初の定量的な方向性は次のとおりである. もしプレイヤーが互いに交
わりをもたない集合 (提携) $S_1, \cdots, S_p$ に分割されたとすれば, 各々の評価額の合計は v(S_1) $+$
$\cdots +$ v(S_p) となる. これは **42.3.2** の (42:6:c) により $\leq$ v(I) となる.

まったく奇妙なことであるが, $p = 2$ のときには **42.3.2** の (42:6:b) により, この和は実際に
$=$ v(I) となる. ——すなわち, このモデルにおいては3個またはそれ以上のグループが損失の原因
として必要なのである.

42.3.2 の (42:6:c) より, 明らかに上述の和 v(S_1) $+ \cdots +$ v(S_p) はすべて $\sum_{i=1}^{n}$v($\{i\}$) 以上と
なる. 他方, 後者は前者の1つとして含まれる (すなわち $p = n, S_i = \{i\}$ とおけばよい). したが
って, 各プレイヤーが他のすべてから孤立したときに損失は最大となる.

それゆえ $\sum_{i=1}^{n}$v($\{i\}$) $=$ v(I), すなわちゲームが非本質的となるときには上述の現象はすべて消滅
してしまうのである (**42.5.1** の (42:11) を参照せよ).

[58] これは, 提出された総量 v(I) $+ e$ が $\sum_{i=1}^{n}$v($\{i\}$) より小さくなるときに生じる. 最後の式は
v(I) $- n\gamma$ に等しい (これは **42.5.1** の (42:11) による) ので, これは $e < -n\gamma$ を意味するこ

「あまりに大きく」なる，すなわち考えられるどのような提携に属するプレイヤーも利用可能な総量を使い尽くそうと主張できなくなる，といったことが生じる．このときには，まさにこの贈与の超過により既存の組織の機構が解体してしまうのである．

われわれは 45 においてこれらの定性的な考察が正しいことをみ，さらに厳密な演繹により，このような作用の細部およびこれが成り立つための超過量の正確な値を知るであろう．

44.6.2 これらの考察のすべてにおいて，超過量は外部的要因からの寄与，もしくは回収となっているので，ゲーム Γ はもはや孤立した事象としてはとらええない．これにより，このような考えの連なりの全体がゲーム Γ の分解の理論との関連において生じてくるに違いないことは，想像にかたくない．実際，成分ゲーム Δ, H はもはやまったく孤立したものではなく，相互に関連をもつのである[59]．このようにして，Δ, H をこの方法でみることについては，十分な根拠があることになる．——すなわち，合成ゲーム Γ をもとの方法で（すなわち孤立したものとして）扱うべきかそれとも新しい方法でみなすべきかという点については，議論の余地があることになるのである．しかしながら，Γ に関するこのようなあいまいさは，結果に対して本質的な影響を及ぼすことはないことが後でわかるであろう．ただしその場合でも，Δ, H に関してのより広い接し方は絶対に必要であることが示される（**46.8.3** および **46.10** を参照せよ）．

ゲームが上述の意味で，外部的要因からの寄与または回収をもつ非孤立的な事象として考えられるときには，次のようにこのゲームを扱いたいと思うかもしれない：外部的要因もまた 1 人のプレイヤーとして扱い，このプレイヤーと他のプレイヤーを同時に含むより大きなゲーム Γ' に移行する．（Γ を含む）Γ' のルールは，望みの譲渡に関するメカニズムを与えるような方法で改訂されねばならない．このような要求に対し，われわれは最終的な結果の助けにより応えることができるであろうが，この問題はその場になってはじめてよよ

とになる．
　われわれは **45.1** において，これが正確に e が「あまりに小さい」という基準になっていることがわかるであろう．
[59] ゲームのルールに関するかぎりは，「相互作用」は欠如しているにもかかわらずである．**41.2.3**, **42.2.4** を参照せよ．

く考えられるような複雑さを秘めている．

44.7 新しい装置 $E(e_0)$, $F(e_0)$ の議論

44.7.1 **44.4.3** の冒頭に述べたもとの定義は，非常に簡単に考え直すことができる．

われわれは，**44.4.2** において拡張された配分を新しく定義した．有効性および支配については，**30.1.1** の定義を変更することなく適用できる[60]．——これらの定義へと導く議論においてそれらを支持する論法は，ここでの一般化によってもなんら効力を失うものではない．同じことは，同所の解の定義についてもいえるが[61]，1つだけ注意しておかねばならない：解の定義は，その中で解が形成されるすべての配分の集合に解の概念が依存していることを示していた．ところが，拡張された配分をもとにするここでの組み立てにおいては，**44.5.1** で指摘したように，それら——特にその超過量——に関する制約を考慮せねばならないであろう．このような制限は，考慮せねばならないあらゆる拡張された配分の集合を決定し，それによって解の概念も決定するであろう．

44.7.2 明確にいえば，われわれは 2 つの制約のタイプを考える．

第 1 は，超過量が規定されている場合である．この場合には，所与の e_0 に対し，等式

$$(44:11) \quad e = e_0$$

が成り立つ．この制限の意味は，外部からの移動が **44.5.2** の議論の意味で規定されていることである．

第 2 は，超過量の上限だけが規定されている場合である．この場合には，所与の e_0 に対し，不等式

$$(44:12) \quad e \leq e_0$$

が成り立つ．この制限は，外部からの譲渡に（それを受け取るプレイヤーからみて）最大値が割り当てられることを意味する．

われわれが実際に興味を覚えるのは，第 1 の場合，すなわち **44.5.2** の場合である．第 2 の場合は——その導入は最初は不自然に思えるかもしれないが

---

[60] すなわち，各々同所の (30:3)；(30:4:a)-(30:4:c) である．
[61] すなわち，同所の (30:5:a), (30:5:b), もしくは (30:5:c) である．

——第 1 の場合の説明に関して技術的に役立つことが示されるであろう．この 2 つの場合だけで必要な議論を完了することができるので，それ以上の代替的な場合についてはふれないことにする．

(44:11)（第 1 の場合）を満たすすべての拡張された配分の集合を $E(e_0)$ と表す．**44.5.1** の (44:9) を考えれば，(44:11) は，

$$(44{:}11^*) \quad \sum_{i=1}^{n} \alpha_i = \mathrm{v}(I) + e_0$$

と書き直せる．(44:12)（第 2 の場合）を満たすすべての拡張された配分の集合を $F(e_0)$ と表す．**44.5.1** の (44:9) を考えれば，(44:12) は，

$$(44{:}12^*) \quad \sum_{i=1}^{n} \alpha_i \leq \mathrm{v}(I) + e_0$$

と書き直せる．完全を期するために，$(44{:}11^*)$ および $(44{:}12^*)$ に付け加えねばならない拡張された配分の特徴をくり返しておく：

(44:13)　　$i = 1, \cdots, n$ に関して，$\alpha_i \geq \mathrm{v}(\{i\})$

(44:9) の定義は，$(44{:}11^*)$，$(44{:}12^*)$ および (44:13) と同様，**42.4.2** の同形対応のもとで不変であることに注意せよ．

44.7.3　ここで，解の定義は **30.1.1** のものが適用できる．この概念は中心的な役割を果たすので，ここでの条件に合わせて定義をもう一度述べておく．以下の定義を通して，[ ] で示してあるように，$E(e_0)$ は $F(e_0)$ で置き換えが可能である．

　　集合 $\mathsf{V} \subseteq E(e_0)$ $[F(e_0)]$ は次の性質をもつならば，$E(e_0)$ $[F(e_0)]$ の解となる．

(44:E:a)　　V に属する $\vec{\beta}$ は，V に属する $\vec{\alpha}$ によって支配されない．

(44:E:b)　　V に属さない $E(e_0)$ $[F(e_0)]$ のすべての $\vec{\beta}$ は，V に属するある $\vec{\alpha}$ によって支配される．

　　(44:E:a) と (44:E:b) は次のように 1 つにまとめることができる：

(44:E:c)　　V の要素は，V のどの要素によっても支配されないような $E(e_0)$ $[F(e_0)]$ の要素である．

$E(0)$ とすれば，もとの **30.1.1**（ゼロ和ゲーム）および **42.4.1**（定和ゲーム）

にもどることに注意されたい.

44.7.4 拡張された配分の合成，分解および成分の概念は，**44.2.1** の (44:1)-(44:4) によって再度定義される．**44.4.2** で指摘したように，配分の概念の拡張の技術的目的は，ここに満たされるにいたった．合成と同様分解も常に実行可能である．

集合 $E(e_0)$ および $F(e_0)$ についてのこれらの概念の関連は，あまり簡単ではない．したがって，その必要が生じたときにこの関連を取り扱うことにしよう．

拡張された配分の集合の合成，分解および成分については，**44.2.3** の定義がここでもそのままくり返される．

45 超過量の限界．拡張された理論の構造

45.1 超過量の下限

45.1 **30.1.1** および **42.4.1** の構成においては，配分は常に存在した．ところが，ここでは事情が異なってくる：ある e_0 に関して，集合 $E(e_0)$, $F(e_0)$ は空になるかもしれない．これは明らかに，**44.7.2** の (44:11*) あるいは (44:12*) が同所の (44:13) と対立する場合に生じる．——これは明らかに，どちらにおいても，

$$v(I) + e_0 < \sum_{i=1}^{n} v(\{i\})$$

となる場合である．**42.5.1** の (42:11) により，右辺は $v(I) - n\gamma$ に等しいので，これは，

(45:1) $e_0 < -n\gamma$

なることを意味する．

もし $E(e_0)$ $[F(e_0)]$ が空であれば，明らかに空集合がそれに対する解となる．——しかもそれはただ1つの部分集合であるから，ただ1つの解ともなる[62]．他方，$E(e_0)$ $[F(e_0)]$ が空でなければ，その解はすべて空とはなりえな

---

[62] 簡単だからといってこの状況をみすごしてはならない．実際に本文の記述は，380 ページの脚注 87) のくり返しとなっているのである．

い．これは，**31.2.1** の (31:J) の証明をそのままくり返すことにより導かれる．

不等式 (45:1) の右辺はゲーム Γ により決定される．そこで（**42.5.1** の (42:11) を用い，その符号を変えることにより），これを表す記号

(45:2)　　$|\Gamma|_1 = n\gamma = v(I) - \sum_{i=1}^{n} v(\{i\})$

を導入しよう．

ここで，上述の観察は次のように要約することができる．

(45:A)　　もし

$$e_0 < -|\Gamma|_1$$

ならば，$E(e_0), F(e_0)$ は空集合となり，空集合がそのただ 1 つの解となる．もしそうでなければ，$E(e_0), F(e_0)$ は空ではなく，そのどちらの解もすべて空とはなりえない．

この結果により，**44.6.1** の意味での e_0（すなわち e）の「あまりに小さい」値の存在することがはじめて示されることになる．実際，これは 501 ページの注 58) の定量的な見積りを立証するものである．

45.2　超過量の上限．孤立的配分および完全孤立的配分

45.2.1　次に，**44.6.1** の意味で「あまりに大きい」e_0（すなわち e）の値に移ろう．われわれが同所で予想した e の大きさの組織解体への影響は，いつその姿を現すであろうか？

44.6.1 で指摘したように，臨界的な現象は次のようになる：超過量があまりに大きく，想定しうる提携に属するいかなるプレイヤーも，おそらくそれを使い尽くすことを主張できなくなる．この考えを定量的に明確化していこう．

拡張された配分 $\vec{\alpha}$ の超過量 e ではなく，その配分自身を考えるのが最も都合がよい．もし，$\vec{\alpha}$ が各（空でない）集合 $S \subseteq I$ のプレイヤーに対し，各プレイヤーが Γ において提携を形成することによって得られる量よりも多く割り当てるならば，すなわち，

(45:3)　　すべての空でない集合 $S \subseteq I$ に関して，$\sum_{i \in S} \alpha_i > v(S)$

となるならば，このような $\vec{\alpha}$ はいかなる提携においてなされる主張をも超え

てしまうことになる．これを **30.1.1** の (30:3) と比較してみれば，われわれの規準は結局はすべての空でない集合 S の $\vec{\alpha}$ に関する非有効性を要求していることがわかるであろう．

実際に議論を進めていくうえでは，(45:3) をやや拡大し，極限の場合として等号も含めたほうが好都合であるとわかるであろう．そのときには，条件は，

(45:4)　　すべての $S \subseteq I$ に関して，$\sum_{i \in S} \alpha_i \geq \mathrm{v}(S)$[63]．

これらの $\vec{\alpha}$ に対し名称を与えておくのがよいであろう．(45:3) の $\vec{\alpha}$ を完全孤立的，(45:4) の $\vec{\alpha}$ を孤立的とよぶことにする．前に指摘したように，後者の概念が，実際にわれわれの証明において必要とされる．——この用語は共に，拡張された配分がゲームから孤立していること，すなわちゲーム内のいかなる提携によっても有効に支持されえないことを意味している．

45.2.2　さらにいま 1 つ有益な注意がある：

拡張された配分に課せられた唯一の制限は，**44.7.2** の (44:13)，すなわち：

(45:5)　　$i = 1, \cdots, n$ に関して，$\alpha_i \geq \mathrm{v}(\{i\})$

だけである．ここで，もし (45:4) の孤立性の条件が満たされる——さらに (45:3) の完全孤立性の条件が満たされる——ならば，条件 (45:5) を仮定する必要はなくなる．実際，(45:5) は (45:4) において $S = \{i\}$ とおいた特殊な場合となっているのである．

この注意は以下の証明において暗黙のうちに用いられるものである．

45.2.3　ここでわれわれは超過量にもどる，すなわち，孤立（または完全孤立）的配分を特徴づけることができる．形式的には次のように特徴づけられる：

(45:B)　　ゲーム Γ は次の性質をもつ数 $|\Gamma|_2$ を決定する：
(45:B:a)　　超過量 e をもつ完全孤立的な拡張された配分が存在するための必要
　　　　　十分条件は，

---

[63] (45:4) は (45:3) とは異なり，$S = \ominus$ のときにも成り立つので，もはや $S = \ominus$ を除く必要はない．実際，この場合には両辺共に 0 となってしまう．

$$e > |\Gamma|_2$$

となることである．

(45:B:b)　超過量 e をもつ孤立的な拡張された配分が存在するための必要十分条件は，

$$e \geq |\Gamma|_2$$

となることである[64]．

証明：孤立的な $\vec{\alpha}$ の存在[65]：α^0 をあらゆる $\mathrm{v}(S), S \subseteq I$ の中の最大値とする（よって $\alpha^0 \geq \mathrm{v}(\ominus) = 0$ である）．$\vec{\alpha}^0 = (\alpha_1^0, \cdots, \alpha_n^0) = (\alpha^0, \cdots, \alpha^0)$ とおく．すると，あらゆる空でない集合 $S \subseteq I$ に対して，$\sum_{i \in S} \alpha_i^0 \geq \alpha^0 \geq \mathrm{v}(S)$ となる．これは (45:4) であり，それゆえ $\vec{\alpha}^0$ は孤立的である．

孤立的な $\vec{\alpha}$ の性質：上述にしたがい，孤立的な

$$\vec{\alpha} = (\alpha_1, \cdots, \alpha_n)$$

が存在し，その超過量は $e = \sum_{i=1}^{n} \alpha_i - \mathrm{v}(I)$ である．(45:4) により（$S = I$ とおく）このような e はすべて 0 以上である．したがって，連続性によりこれらの e は最小値 e^* をもつ．超過量 e^* をもつ孤立的な $\vec{\alpha}^* = (\alpha_1^*, \cdots, \alpha_n^*)$ を選ぶ[66]．

ここで，

(45:6)　$|\Gamma|_2 = e^*$

とおく．

---

[64] この記述の直観的な意味はまったく簡単である：孤立的または完全孤立的配分を生み出すために，ある（正の）最小超過量が必要とされるのは当然であろう．$|\Gamma|_2$ はこの最小値もしくは下限である．「孤立」と「完全孤立」の概念はその極限において異なるだけである（すなわち (45:4) において等号が成り立つか成り立たないかだけである）から，各々の下限が同じであることの理由もわかるであろう．これらは，(45:B) に厳密に表現されている．

[65] これを証明する必要があることを注意せよ！　ここで与える下限の値はおおざっぱなものであり，より正確な値については後の (45:F) を参照されたい．

[66] この連続性の議論は，(45:4) において等号が含まれていることにより成り立つのである．

(45:B:a),(45:B:b) の証明：もし $\vec{\alpha} = (\alpha_1, \cdots, \alpha_n)$ が孤立的であれば，定義により $e = \sum_{i=1}^{n} \alpha_i - \mathrm{v}(I) \geq e^*$ となる．もし $\vec{\alpha} = (\alpha_1, \cdots, \alpha_n)$ が完全孤立的であれば，たとえ各 α_i から十分小さな $\delta > 0$ を引いたとしても，(45:3) は依然として成り立つ．よって，$\vec{\alpha}' = (\alpha_1 - \delta, \cdots, \alpha_n - \delta)$ も孤立的である．したがって，定義により $e - n\delta = \sum_{i=1}^{n}(\alpha_i - \delta) - \mathrm{v}(I) \geq e^*$, $e > e^*$ となる．

次に，

$$\sum_{i=1}^{n} \alpha_i^* - \mathrm{v}(I) = e^*$$

となる孤立的な $\vec{\alpha}^* = (\alpha_1^*, \cdots, \alpha_n^*)$ を考える．すると $\vec{\alpha}^*$ に対して (45:4) が成り立ち，それゆえ，もし各 α_i^* を $\delta > 0$ だけ増せば，(45:3) が成り立つ．したがって，$\vec{\alpha}'' = (\alpha_1^* + \delta, \cdots, \alpha_n^* + \delta)$ は完全孤立的である．その超過量は $e = \sum_{i=1}^{n}(\alpha_i^* + \delta) - \mathrm{v}(I) = e^* + n\delta$ となり，あらゆる $e = e^* + n\delta$, $\delta > 0$, すなわち，あらゆる $e > e^*$ は，完全孤立的配分の超過量となる．——したがって，もちろんのこと，e は孤立的配分の超過量となり，e^* は孤立的配分 $\vec{\alpha}^*$ の超過量となる．

このようにして，(45:B:a),(45:B:b) のすべてが (45:6) に関して成り立つことが示された．

45.2.4 拡張された配分の孤立性と完全孤立性は，また支配にも密接に関係している．その性質は以下の (45:C) および (45:D) に与えられている．これらは互いに奇妙な対照をなしている．この2つの概念は互いに強い類似性を有しているので——実際，後者は前者にその極限の場合を含めることにより得られる——これは注目に値する．

(45:C) 完全孤立的な拡張された配分 $\vec{\alpha}$ は，他のいかなる拡張された配分 $\vec{\beta}$ をも支配しない．

証明：もし $\vec{\alpha} \succ \vec{\beta}$ とすれば，$\vec{\alpha}$ は空でない有効集合をもたねばならない．

(45:D) 拡張された配分 $\vec{\alpha}$ が孤立的であるための必要十分条件は，それが他

のいかなる拡張された配分 $\vec{\beta}$ によっても支配されないことである.

証明:孤立的であることの十分性:$\vec{\alpha} = (\alpha_1, \cdots, \alpha_n)$ を孤立的であるとする.いま仮に有効集合 S を通して $\vec{\beta} \succ \vec{\alpha}$ であると仮定しよう.すると,S は空ではなく $\alpha_i < \beta_i$ ($i \in S$) である.したがって,$\sum_{i \in S} \alpha_i < \sum_{i \in S} \beta_i \leq v(S)$ となり,(45:4) に矛盾する.

孤立的であることの必要性:$\vec{\alpha} = (\alpha_1, \cdots, \alpha_n)$ が孤立的でないと仮定しよう.S を(必ず空ではなく)(45:4) が成り立たない,すなわち $\sum_{i \in S} \alpha_i < v(S)$ となる集合とする.すると,十分小さな $\delta > 0$ に対して,
$$\sum_{i \in S}(\alpha_i + \delta) \leq v(S)$$
となる.$\vec{\beta} = (\beta_1, \cdots, \beta_n) = (\alpha_1 + \delta, \cdots, \alpha_n + \delta)$ とおけば,常に $\alpha_i < \beta_i$ であり,しかも S は $\vec{\beta}$ に関して有効である:すなわち $\sum_{i \in S} \beta_i \leq v(S)$.このようにして $\vec{\beta} \succ \vec{\alpha}$ となる.

45.3　2つの極限値 $|\Gamma|_1, |\Gamma|_2$ についての議論.その比率

45.3.1　**45.1** の (45:2) および **45.2.3** の (45:B) において定義された2数 $|\Gamma|_1$, $|\Gamma|_2$ は共に,ある意味では Γ の本質性を数量的に測定する尺度である.より正確にいえば:

(45:E)　もし Γ が非本質的ならば,$|\Gamma|_1 = 0$, $|\Gamma|_2 = 0$.
　　　　もし Γ が本質的ならば,$|\Gamma|_1 > 0$, $|\Gamma|_2 > 0$.

となる.

証明:$|\Gamma|_1$ に関する記述は $|\Gamma|_1 = n\gamma$ であるから,**45.1** の (45:2) により,**27.3** あるいは **42.5.1** で述べ直された非本質性と本質性の定義に一致する.

$|\Gamma|_2$ に関する記述は,(45:F) の不等式を用いることにより,$|\Gamma|_1$ の性質から導かれる.ただしここでは,(45:F) を証明なしで使うものとする.

45.3.2　$|\Gamma|_1$ と $|\Gamma|_2$ との数量的な関連は次のように特徴づけられる:
常に,

(45:F)　$\dfrac{1}{n-1}|\Gamma|_1 \leq |\Gamma|_2 \leq \dfrac{n-2}{2}|\Gamma|_1$

となる.

証明：すでに学んだように，$|\Gamma|_1, |\Gamma|_2$ は戦略上同等のもとでは不変である．そこでゲーム Γ をゼロ和とし，さらに **27.1.4** の意味で縮約して考えてもさしつかえない．そこで，**27.2** の記号および関係式を用いることができる．

$|\Gamma|_1 = n\gamma$ であるから，

(45:7) $\quad \dfrac{n}{n-1}\gamma \leq |\Gamma|_2 \leq \dfrac{n(n-2)}{2}\gamma$

を証明すればよい．

(45:7) の最初の不等式の証明：$\vec{\alpha} = (\alpha_1, \cdots, \alpha_n)$ を孤立的とする．すると (45:4) により，$(n-1)$ 要素集合 $S = I - \{k\}$ に関して，$\sum_{i=1}^{n}\alpha_i - \alpha_k = \sum_{i \in S}\alpha_i \geq v(S) = \gamma$，すなわち，

(45:8) $\quad \displaystyle\sum_{i=1}^{n}\alpha_i - \alpha_k \geq \gamma$

となる．(45:8) を $k = 1, \cdots, n$ について加えることにより，$n\displaystyle\sum_{i=1}^{n}\alpha_i - \sum_{k=1}^{n}\alpha_k \geq n\gamma$，すなわち，$(n-1)\displaystyle\sum_{i=1}^{n}\alpha_i \geq n\gamma$，$\displaystyle\sum_{i=1}^{n}\alpha_i \geq \dfrac{n}{n-1}\gamma$ となる．ここで，$v(I) = 0$ ゆえ，$e = \displaystyle\sum_{i=1}^{n}\alpha_i$ である．したがって，あらゆる孤立的な配分に対して $e \geq \dfrac{n}{n-1}\gamma$ となり，したがって $|\Gamma|_2 \geq \dfrac{n}{n-1}\gamma$ となる．

(45:7) の第2の不等式の証明：

$\alpha^{00} = \dfrac{n-2}{2}\gamma,\ \vec{\alpha}^{00} = (\alpha_1^{00}, \cdots, \alpha_n^{00}) = (\alpha^{00}, \cdots, \alpha^{00})$ とおく．この $\vec{\alpha}^{00}$ は孤立的であり，あらゆる $S \subseteq I$ に対して (45:4) を満たす．実際：p を S の要素の数とすれば，以下の事実が成り立つ：

$p = 0 : S = \ominus$ となり，(45:4) は明らか．

$p = 1 : S = \{i\}$ となり，(45:4) は $\alpha^{00} \geq v(\{i\})$，すなわち，$\dfrac{n-2}{2}\gamma \geq -\gamma$ となるが，これは明らか．

$p \geq 2 :$ (45:4) は $p\alpha^{00} \geq v(S)$ となるが，**27.2** の (27:7) により，

$$v(S) \leq (n-p)\gamma,$$

したがって $p\alpha^{00} \geq (n-p)\gamma$, すなわち $p\dfrac{n-2}{2}\gamma \geq (n-p)\gamma$ となることを示せば十分である. これは結局 $p\dfrac{n}{2}\gamma \geq n\gamma$ となり, $p \geq 2$ なることより明らかである.

このようにして, $\vec{\alpha}^{00}$ は実際に孤立的となる. $\mathrm{v}(I) = 0$ であるから, 超過量は,
$$e^{00} = n\alpha^{00} = \frac{n(n-2)}{2}\gamma$$
となる. したがって, $|\Gamma|_2 \leq \dfrac{n(n-2)}{2}\gamma$ である.

45.3.3 (45:F) の不等式を $n = 1, 2, 3, 4, \cdots$ について続けて考察していくことは有益である:

$n = 1, 2$: この場合には, 不等式の下限の係数 $\dfrac{1}{n-1}$ は上限の係数 $\dfrac{n-2}{2}$ よりも大となる[67]. これは不合理だと思うかもしれない. しかし, $n = 1, 2$ に関しては Γ は必ず非本質的となるので (**27.5.2** の最初の注意を参照せよ), これらの場合は共に $|\Gamma|_1 = 0, |\Gamma|_2 = 0$ となり, したがって矛盾は消滅する.

$n = 3$: この場合には, 2 つの係数 $\dfrac{1}{n-1}$ と $\dfrac{n-2}{2}$ とは一致する: 共に $\frac{1}{2}$ に等しい. したがって, 不等式は等式

(45:9) $\quad |\Gamma|_2 = \dfrac{1}{2}|\Gamma|_1$

に統合される.

$n \geq 4$: この場合には, 下限の係数 $\dfrac{1}{n-1}$ は上限の係数 $\dfrac{n-2}{2}$ よりも明らかに小となる[68]. したがって, この場合には不等式により $|\Gamma|_2$ が存在しうる区間が残ることになる.

$|\Gamma|_2$ の下限は正確に $|\Gamma|_2 = \dfrac{1}{n-1}|\Gamma|_1$ である. すなわち, $n \geq 4$ なる各 n

---

[67] $n = 1$ の場合には $\infty, -\frac{1}{2}$, $n = 2$ の場合には $1, 0$ となる. $\infty, -\frac{1}{2}$ という不合理な値にも注意されたい.

[68] $\dfrac{1}{n-1} < \dfrac{n-2}{2}$ は, $2 < (n-1)(n-2)$ を意味するが, これは $n \geq 4$ なるすべての場合について明らかに成り立つ.

に対して，こうなるような本質的ゲームが存在する．また，$n \geq 4$ なる各 n に対して，$|\Gamma|_2 > \dfrac{1}{n-1}|\Gamma|_1$ となるような本質的ゲームも存在するであろうが，不等式の上限 $|\Gamma|_2 = \dfrac{n-2}{2}|\Gamma|_1$ にはおそらく到達しえないであろう．上限の正確な値はまだ決定されていない．われわれはここではこれらの事柄をこれ以上議論する必要はない[69]．

45.3.4 それゆえ，より定性的にいえば，$|\Gamma|_1, |\Gamma|_2$ は共にゲーム Γ の本質性を数量的に測る尺度であるということもできる．それらは，Γ の本質性を 2 つの異なった，しかもある程度まで独立な方法で測定する．実際，比率 $|\Gamma|_2/|\Gamma|_1$ は $n = 1, 2$ に関しては（本質的ゲームではない！）決して存在せず，$n = 3$ に関しては一定値 $\frac{1}{2}$ をとるが，$n \geq 4$ なる各 n に対しては Γ により変化する．

われわれは，**45.1**，**45.2** において，指示された超過量がプレイヤーたちを **44.6.1** の意味において「解体」させない範囲がこれらの 2 つの量により実際に測られることをみた．その結果から判断すれば，超過量 $e < -|\Gamma|_1$ は，その意味において「あまりに小さく」，超過量 $e > |\Gamma|_2$ は，その意味において「あまりに大きい」ことになる．この考えは，**46.8** においてはるかに正確な意味づけがなされるであろう．

45.4 孤立的配分と種々の解．$E(e_0), F(e_0)$ に関する定理

45.4.1 **44.7.3** における解の定義（44:E:C）と **45.2.4** における結果（45:D）から，直ちに次のことがわかる：

(45:G)　$E(e_0)$ $[F(e_0)]$ に関する解 V は，$E(e_0)$ $[F(e_0)]$ のあらゆる孤立的な拡張された配分を含まねばならない．

この結果は以下の考察において重要な役割を果たす．

$E(e_0), F(e_0)$ の役割について，**44.7.2** の最初に述べたことに続き，この 2 つの場合の相互の関連を完全に打ち立てることが重要であることは明らかである．すなわち，われわれは $E(e_0)$ と $F(e_0)$ に関する解の間の関連を決定せね

---

[69] $n = 4$ に関しては，$\frac{1}{3}|\Gamma|_1 \leq |\Gamma|_2 \leq |\Gamma|_1$ である．上述のように，われわれは $|\Gamma|_2 = \frac{1}{3}|\Gamma|_1$ となる本質的ゲームを知っており，また $|\Gamma|_2 = \frac{1}{2}|\Gamma|_1$ となるものも知っている．

ばならないのである．

　ところで，$E(e_0), F(e_0)$ とその各々の解の間の相違を直観的に完全に把握することは容易ではない．なぜ相違がなければならないかを先験的に知ることは困難である：前者の場合には外部からプレイヤーに与えられる「贈与」が e_0 と決められており，後者の場合には最大値が e_0 と決められている．e_0 まで寄与しうる「外部的要因」が「安定な」行動基準（すなわち解）において，いかにして e_0 より少なく寄与することを許されるのかを知るのは困難である．しかしながら，これまでの経験からこの点について早まった結論を出すことは危険である．例えば，われわれは **33.1** および **38.3** においてすでに，3人ゲームおよび4人ゲームが，孤立し敗北したプレイヤーが物理的に可能な限界まで「搾取され」ないような解を有することをみた．――そして，ここでの状況もその場合に少し類似しているのである．

　45.4.2 （45:G）はより明確に述べることができる：

　孤立的な拡張された配分 $\vec{\alpha}$ は，$F(e_0)$ に属するならば（45:G）により $F(e_0)$ に関するすべての解に属する．他方，$\vec{\alpha}$ は，$E(e_0)$ に属さなければ $E(e_0)$ のいかなる解にも属しえないことも明らかである．ここで次の定義を行おう：

(45:10)　$D^*(e_0)$ は $F(e_0)$ に属し $E(e_0)$ には属さない，あらゆる孤立的な拡張された配分の集合である．

したがって：$F(e_0)$ のどの解も $D^*(e_0)$ のすべての要素を含み，$E(e_0)$ のどの解も $D^*(e_0)$ の要素をまったく含まないことがわかる．よって，$D^*(e_0)$ が空でなければ，$F(e_0)$ と $E(e_0)$ が共通の解をもちえないことは明らかである．

　ところで，$D^*(e_0)$ の孤立的な $\vec{\alpha}$ は，$e \leq e_0$ であるが $e = e_0$ でない――すなわち，

(45:11)　$e < e_0$

となる――超過量 e をもつことにより特徴づけられる．これにより：

(45:H)　$D^*(e_0)$ が空であるための必要十分条件は，

$$e_0 \leq |\Gamma|_2$$

となることである．

と結論できる.

証明：上述の (45:B) および (45:11) により, $D^*(e_0) \neq \ominus$ となることは, $|\Gamma|_2 \leq e < e_0$ なる e が存在すること——すなわち $e_0 > |\Gamma|_2$ となること——と同値である. したがって $D^*(e_0) = \ominus$ は $e_0 \leq |\Gamma|_2$ となる.

このようにして, $e_0 > |\Gamma|_2$ なるときには, $F(e_0)$ の解と $E(e_0)$ の解はたしかに異なる. これもまた, e_0 が「あまりに大きすぎ」, $|\Gamma|_2$ より大きくなるときには正常な行動がとられないことの1つの証拠となる.

45.4.3 ここで, 上で示された相違は, ただ $E(e_0)$ および $F(e_0)$ の解の間のものだけであることが証明できる. もっと正確にいえば：

(45:I) 関係
(45:12) $\quad \mathsf{V} \rightleftarrows \mathsf{W} = \mathsf{V} \cup D^*(e_0)$

によって, $E(e_0)$ のすべての解 V と $F(e_0)$ のすべての解 W の間の1対1対応が確立される.

これは, 次節において証明される.

45.5 定理の証明

45.5.1 まず, 補題をいくつか証明することから始める.

最初のものはまったく明らかなものではあるが, 広く応用可能である：

(45:J) 2つの拡張された配分 $\vec{\gamma} = (\gamma_1, \cdots, \gamma_n)$ および $\vec{\delta} = (\delta_1, \cdots, \delta_n)$ が
(45:13) すべての $i = 1, \cdots, n$ に関して, $\gamma_i \geq \delta_i$

なる関係をもつとする. すると, すべての $\vec{\alpha}$ に関して, $\vec{\alpha} \succ \vec{\gamma}$ ならば $\vec{\alpha} \succ \vec{\delta}$ である.

もちろん, この結果の意味は, (45:13) が——支配の非推移性にもかかわらず——$\vec{\delta}$ の $\vec{\gamma}$ に対するある種の劣性を表していることである. しかし, この劣性は考えるほど完全なものではない. 例えば, $\vec{\delta}$ についての有効集合が $\vec{\gamma}$ についても有効であるとは限らないので, $\vec{\delta} \succ \vec{\beta}$ だからといって $\vec{\gamma} \succ \vec{\beta}$ とはいえない.（読者は **30.1.1** の基本的な定義を思い出されたい.）

(45:J) は, 拡張された配分の概念を用いるときにのみ現れてくることにも注意すべきである. もとの定義によれば (**42.4.1** を参照せよ), $\sum_{i=1}^{n} \gamma_i = \sum_{i=1}^{n} \delta_i$

であった．したがって，すべての $i = 1, \cdots, n$ に関して $\gamma_i \geq \delta_i$ ならば，すべての $i = 1, \cdots, n$ に関して $\gamma_i = \delta_i$, すなわち $\vec{\gamma} = \vec{\delta}$ となる．

45.5.2 次に，(45:I) の証明を直接導くための 4 つの補題に移ろう．

(45:K)　もし $F(e_0)$ に属し，孤立的な $\vec{\alpha}$ と $E(e_0)$ に属する $\vec{\beta}$ との間に $\vec{\alpha} \succ \vec{\beta}$ なる関係があれば，$E(e_0)$ に属し，孤立的でしかも $\vec{\alpha}' \succ \vec{\beta}$ なる $\vec{\alpha}'$ が存在する．

証明：支配 $\vec{\alpha} \succ \vec{\beta}$ に関する **30.1.1** の (30:4:a)–(30:4:c) の集合を S とする．$S = I$ とすれば，すべての $i = 1, \cdots, n$ に関して $\alpha_i > \beta_i$ となり，よって，

$$\sum_{i=1}^{n} \alpha_i - \mathrm{v}(I) > \sum_{i=1}^{n} \beta_i - \mathrm{v}(I)$$

となる．ところが，$\vec{\alpha}$ は $F(e_0)$ に属し，$\vec{\beta}$ は $E(e_0)$ に属するから，$\sum_{i=1}^{n} \alpha_i - \mathrm{v}(I) \leq e_0 = \sum_{i=1}^{n} \beta_i - \mathrm{v}(I)$ となり，上に矛盾する．

したがって，$S \neq I$ である．それゆえ，S に属さない $i_0 = 1, \cdots, n$ を選ぶことができる．$\vec{\alpha}' = (\alpha_1', \cdots, \alpha_n')$ を

$$\alpha_{i_0}' = \alpha_{i_0} + \epsilon$$

$$\alpha_i' = \alpha_i \quad i \neq i_0 \text{ に関して}$$

とする．ただし，ϵ は $\sum_{i=1}^{n} \alpha_i' - \mathrm{v}(I) = e_0$ となるような非負の数とする．したがって，すべての i に関して $\alpha_i' \geq \alpha_i$ となるから，$\vec{\alpha}'$ は孤立的となり，明らかに $E(e_0)$ に属する．さらに，$i \neq i_0$ すなわち S に属するすべての i に対して $\alpha_i' = \alpha_i$ であるから，$\vec{\alpha} \succ \vec{\beta}$ により $\vec{\alpha}' \succ \vec{\beta}$ となる．

(45:L)　$F(e_0)$ のすべての解 W は，ただ 1 つの $V \subseteq E(e_0)$ に関して，(45:I) の (45:12) の形をとる[70]．

証明：明らかに，問題の V は——もし存在したとすれば——交わり W ∩

---

[70] この V が $E(e_0)$ の解であるとはまだいっていない．——これは，(45:M) で明らかになるであろう．

$E(e_0)$ となる．したがって，一意に定まる．(45:12) が，

$$V = W \cap E(e_0)$$

に関して成り立つためには，W の残りが $D^*(e_0)$ となること，すなわち，

(45:14) $W - E(e_0) = D^*(e_0)$

となることだけが必要である．そこで (45:14) を証明しよう．

　$D^*(e_0)$ のあらゆる要素は孤立的で $F(e_0)$ に属している．――よって (45:G) により W にも属する．さらに，$E(e_0)$ には属していないから $W - E(e_0)$ には属する．したがって，

(45:15) $W - E(e_0) \supseteq D^*(e_0)$

　また，もし，

(45:16) $W - E(e_0) \subseteq D^*(e_0)$

ともなれば，(45:15), (45:16) を合わせることにより，望みどおり (45:14) が得られる．そこで (45:16) が成り立たないとしよう．

　まず，$W - E(e_0)$ には属するが $D^*(e_0)$ には属さない $\vec{\alpha} = (\alpha_1, \cdots, \alpha_n)$ を考える．すると，$\vec{\alpha}$ は $F(e_0)$ には属するが $E(e_0)$ には属さないので $\sum_{i=1}^{n} \alpha_i - v(I) < e_0$ となる．$\vec{\alpha}$ は $D^*(e_0)$ には属さないので，これにより $\vec{\alpha}$ が孤立的であることはない．したがって，$\sum_{i \in S} \alpha_i < v(S)$ となる空でない集合 S が存在する．

　ここで，

S に属する i に関して，　$\alpha'_i = \alpha_i + \epsilon$
S に属さない i に関して，$\alpha'_i = \alpha_i$

となる $\vec{\alpha}' = (\alpha'_1, \cdots, \alpha'_n)$ をつくる．ただし，依然として $\sum_{i=1}^{n} \alpha'_i - v(I) \leq e_0$ および $\sum_{i \in S} \alpha'_i \leq v(S)$ が成り立つように $\epsilon > 0$ を選ぶものとする．すると，$\vec{\alpha}'$ は $F(e_0)$ に属することになる．もしこれが W に属さないとすれば (W は $F(e_0)$ の解であるから)，$\vec{\beta} \succ \vec{\alpha}'$ となる $\vec{\beta}$ が W に存在する．すべての $\alpha'_i \geq$

α_i であるから，これは (45:J) により $\vec{\beta} \succ \vec{\alpha}$ なることを意味する．ところが，$\vec{\beta}, \vec{\alpha}$ は共に（解）W に属するから，これはおこりえない．したがって，$\vec{\alpha}'$ は W に属さねばならない．ここで，S に属するすべての i に関して $\alpha'_i > \alpha_i$ かつ $\sum_{i \in S} \alpha'_i \leq v(S)$ となる．よって，$\vec{\alpha}' \succ \vec{\alpha}$ である．ところが，$\vec{\alpha}', \vec{\alpha}$ は共に（解）W に属するから，これは矛盾である．

(45:M)　(45:L) の V は $E(e_0)$ の解となる．

証明：V $\subseteq E(e_0)$ は明らかであり，V は（$F(e_0)$ の解となっている）W と同様 **44.7.3** の (44:E:a) を満たす．なぜなら V $\subseteq$ W となっているからである．したがって，**44.7.3** の (44:E:b) を証明するだけでよい．

$E(e_0)$ には属するが V には属さない $\vec{\beta}$ を考える．すると，$\vec{\beta}$ はまた $F(e_0)$ には属するが W には属さない．したがって，$\vec{\alpha} \succ \vec{\beta}$ となる $\vec{\alpha}$ が W に存在する．(W は $F(e_0)$ の解である！) もしこの $\vec{\alpha}$ が $E(e_0)$ に属するとすれば，それは W $\cap E(e_0) = $ V にも属する．すなわち，$\vec{\alpha} \succ \vec{\beta}$ となる V に属する $\vec{\alpha}$ がとれることになる．

もし $\vec{\alpha}$ が $E(e_0)$ に属さなければ，それは W $- E(e_0) = D^*(e_0)$ に属することになり，それゆえ孤立的となる．このようにして，$\vec{\alpha} \succ \vec{\beta}$ であり，かつ $\vec{\alpha}$ は孤立的で $F(e_0)$ に属することになる．したがって，(45:K) により，孤立的で $E(e_0)$ に属する $\vec{\alpha}' \succ \vec{\beta}$ が存在する．(45:G) により，この $\vec{\alpha}'$ は W に属することになり（$E(e_0) \subseteq F(e_0)$, W は $F(e_0)$ の解である！），それゆえ，W $\cap E(e_0) = $ V に属する．したがって，V に属し $\vec{\alpha}' \succ \vec{\beta}$ となる $\vec{\alpha}'$ がとれることになる．

このようにして，**44.7.3** の (44:E:b) は常に成り立つ．

(45:N)　もし V が $E(e_0)$ の解であれば，(45:I) の (45:12) の W は $F(e_0)$ の解となる．

証明：W $\subseteq F(e_0)$ は明らか，そこで **44.7.3** の (44:E:a), (44:E:b) を証明する．

(44:E:a) について：W に属する 2 つの $\vec{\alpha}, \vec{\beta}$ に対して $\vec{\alpha} \succ \vec{\beta}$ と仮定する．$\vec{\alpha} \succ \vec{\beta}$ と (45:D) により，$\vec{\beta}$ が孤立的になることはない．よって $\vec{\beta}$ は $D^*(e_0)$ に属することはなく，それゆえ，

$$W - D^*(e_0) = V$$

に属する.したがって,$\vec{\alpha} \succ \vec{\beta}$ により $\vec{\alpha}$ もまた(解)V には属しえないので,$\vec{\alpha}$ は,

$$W - V = D^*(e_0)$$

に属する.以上より,$\vec{\alpha}$ は孤立的である.

ここで,(45:K) により,孤立的で $E(e_0)$ に属し $\vec{\alpha}' \succ \vec{\beta}$ となる $\vec{\alpha}'$ がつくられる.$\vec{\alpha}'$ は孤立的であるから,(45:G) により,$(E(e_0)$ の解)V に属する.したがって,$\vec{\alpha}', \vec{\beta}$ は共に(解)V に属する.ところが $\vec{\alpha}' \succ \vec{\beta}$ であるから,これは矛盾である.

(44:E:b) について:$F(e_0)$ には属するが W には属さない $\vec{\beta} = (\beta_1, \cdots, \beta_n)$ を考える.次に,$\vec{\beta}(\epsilon) = (\beta_1(\epsilon), \cdots, \beta_n(\epsilon)) = (\beta_1 + \epsilon, \cdots, \beta_n + \epsilon)$ $(\epsilon > 0)$ をつくる.ϵ を 0 から次の 2 つのどちらかが最初におこるまで増加させる:

(45:17) $\vec{\beta}(\epsilon)$ は $E(e_0)$ に属する[71].
(45:18) $\vec{\beta}(\epsilon)$ は孤立的である[72].

この 2 つの場合を分けて考えよう:

例えば $\epsilon = \epsilon_1 \geq 0$ について,(45:17) が先におこったとしよう:すなわち,$\vec{\beta}(\epsilon_1)$ は $E(e_0)$ に属するが孤立的ではないと考えるのである.

もし $\epsilon_1 = 0$ であれば,$\vec{\beta} = \vec{\beta}(0)$ は $E(e_0)$ に属する.$\vec{\beta}$ は V $\subseteq$ W には属さないので,$(E(e_0)$ の解)V の中に $\vec{\alpha} \succ \vec{\beta}$ なる $\vec{\alpha}$ が存在する.当然 $\vec{\alpha}$ は W にも属することになる.

次に $\epsilon_1 > 0$ とし,$\vec{\beta}(\epsilon_1)$ が V に属するとする.$\vec{\beta}(\epsilon_1)$ は孤立的ではないから,$\sum_{i \in S} \beta_i(\epsilon_1) < v(S)$ となる(空でない)$S \subseteq I$ が存在する.さらに,常に $\beta_i(\epsilon_1) > \beta_i$ であるから,$\vec{\beta}(\epsilon_1) \succ \vec{\beta}$ となる.さらに,$\vec{\beta}(\epsilon_1)$ は V に属するから,当然 W にも属する.

---

[71] すなわち,$\vec{\beta}(\epsilon)$ の超過量は e_0 に等しい.なぜなら,$\vec{\beta}(0) = \vec{\beta}$ は $F(e_0)$ に属する,すなわちその超過量が e_0 以下であり,ϵ の増加にともなって $\vec{\beta}(\epsilon)$ の超過量も増加するからである.

[72] すなわち,すべての $S \subseteq I$ に関して $\sum_{i \in S} \beta_i(\epsilon) \geq v(S)$ である.各 $\sum_{i \in S} \beta_i(\epsilon)$ は ϵ の増加にともなって増加する.

最後に, $\epsilon_1 > 0$ で $\vec{\beta}(\epsilon_1)$ は V に属さないとしよう. $\vec{\beta}(\epsilon_1)$ は $E(e_0)$ に属するので, $(E(e_0)$ の解) V の中に $\vec{\alpha} \succ \vec{\beta}(\epsilon_1)$ なる $\vec{\alpha}$ が存在する. 常に $\vec{\beta}_i(\epsilon_1) > \beta_i$ であるから, $\vec{\alpha} \succ \vec{\beta}(\epsilon_1)$ は (45:J) により $\vec{\alpha} \succ \vec{\beta}$ を意味する. さらに $\vec{\alpha}$ は V に属するから, 当然 W にも属する.

次に, 例えば $\epsilon = \epsilon_2 \geq 0$ において, (45:18) がまず最初におこるか, もしくは (45:17) と同時におこるとしよう. すなわち, $\vec{\beta}(\epsilon_2)$ は依然として $F(e_0)$ に属してはいるが孤立的であるとする.

もし $\vec{\beta}(\epsilon_2)$ が $E(e_0)$ に属せば, (45:G) により $(E(e_0)$ の解) V にも属する. もし $\vec{\beta}(\epsilon_2)$ が $E(e_0)$ に属さなければ, $D^*(e_0)$ に属する. したがって, $\vec{\beta}(\epsilon_2)$ はどちらにしても W に属する.

$\vec{\beta} = \vec{\beta}(0)$ が W に属さないので $\epsilon_2 = 0$ となることはありえない. したがって $\epsilon_2 > 0$ である.

$0 < \epsilon < \epsilon_2$ に関しては, $\vec{\beta}(\epsilon)$ は孤立的ではないから, $\sum_{i \in S} \beta_i(\epsilon) < v(S)$ となる空でない集合 $S \subseteq I$ が存在する. したがって, 連続性により $\sum_{i \in S} \beta_i(\epsilon_2) \leq v(S)$ となる空でない $S \subseteq I$ が存在する. さらに, 常に $\beta_i(\epsilon_2) > \beta_i$ であるから $\vec{\beta}_i(\epsilon_2) \succ \vec{\beta}$ であり, $\vec{\beta}(\epsilon_2)$ は W に属する.

要約すれば: すべての場合に $\vec{\alpha} \succ \vec{\beta}$ なる W に属する $\vec{\alpha}$ が存在する. (この $\vec{\alpha}$ は上述においては, 各々 $\vec{\alpha}, \vec{\beta}(\epsilon_1), \vec{\alpha}, \vec{\beta}(\epsilon_2)$ であった.) したがって, (44:E:b) が満たされる.

ここで, 前に保留しておいた証明を行うことができる:

(45:I) の証明: (45:L), (45:M), (45:N) を合わせることにより, 直ちに導かれる.

45.6 要約と結論

45.6.1 これまでに得られた主な結果は次のようにまとめられる:

(45:O) もし
(45:O:a) $e_0 < -|\Gamma|_1$

ならば, $E(e_0), F(e_0)$ は空であり, 空集合がそのただ 1 つの解となる.

もし
(45:O:b) $-|\Gamma|_1 \leq e_0 \leq |\Gamma|_2$

ならば，$E(e_0)$, $F(e_0)$ は空ではなく，共にすべてが空でないような同じ解をもつ，

もし

(45:O:c) $e_0 > |\Gamma|_2$

ならば，$E(e_0)$, $F(e_0)$ は空ではないが，両者に共通した解はなく，さらにすべての解が空ではない．

証明：(45:A)，(45:I) と (45:H) を結びつければ直ちに導かれる．

この結果から，点 $e_0 = -|\Gamma|_1, |\Gamma|_2$ の臨界的な性質が非常に明らかになり，**45.1** の最後およびそれに続く **45.4.2** の (45:H) で述べられた以下の点に関する見方がさらに裏打ちされることになる．すなわち，e_0 が **44.6.1** の意味で「あまりに小さくなる」「あまりに大きくなる」のは，この 2 点 $-|\Gamma|_1, |\Gamma|_2$ においてである．

45.6.2　ここで，後に (46.5 で) 有用となるいくつかの関係を証明することができる．

(45:P)　W を $F(e_0)$ の空でない解とする，すなわち $e_0 \geq -|\Gamma|_1$ とする，そうすれば，

(45:P:a) $\mathrm{Max}_{\vec{\alpha} \in \mathsf{W}}\, e(\vec{\alpha}) = e_0$

(45:P:b) $\mathrm{Min}_{\vec{\alpha} \in \mathsf{W}}\, e(\vec{\alpha}) = \mathrm{Min}\,(e_0, |\Gamma|_2)$[73]

さらに，

(45:P:c) $\mathrm{Max}_{\vec{\alpha} \in \mathsf{W}}\, e(\vec{\alpha}) - \mathrm{Min}_{\vec{\alpha} \in \mathsf{W}}\, e(\vec{\alpha}) = \mathrm{Max}\,(0, e_0 - |\Gamma|_2)$[74]

となる．

証明：まず，

$$e_0 - \mathrm{Min}\,(e_0, |\Gamma|_2) = \mathrm{Max}\,(e_0 - e_0, e_0 - |\Gamma|_2) = \mathrm{Max}\,(0, e_0 - |\Gamma|_2)$$

ゆえ，(45:P:c) は (45:P:a)，(45:P:b) からしたがう．そこで (45:P:a)，(45:P:b) を証明する．

---

[73] われわれの主張には，これらの $\mathrm{Max}_{\vec{\alpha} \in \mathsf{W}}, \mathrm{Min}_{\vec{\alpha} \in \mathsf{W}}$ が存在することも含まれている．

[74] 言葉で表せば：解 W における最大の超過量が $F(e_0)$ において許される最大の超過量 e_0 となる．W における最小の超過量は，もし $e_0 > |\Gamma|_2$ でなければ再度 e_0 となるが，$e_0 > |\Gamma|_2$ ならば $|\Gamma|_2$ となる．すなわち，最小値は $|\Gamma|_2$ を決して超えることなく，できるかぎり e_0 に近い値である．

W における超過量の区間の「長さ」は，もし存在するとすれば，e_0 の $|\Gamma|_2$ からの超過量である．

V を $E(e_0)$ の解とし，(45:I) にしたがって $\mathsf{W} = \mathsf{V} \cup D^*(e_0)$ と書く．$e_0 \geq -|\Gamma|_1$ ゆえ V は空ではない（(45:A) または，(45:O) による）．すでに知っているように，V においては $e(\vec{\alpha}) = e_0$ であり，$D^*(e_0)$ においては $e(\vec{\alpha}) < e_0$ である．

そこで $e_0 \leq |\Gamma|_2$ に関しては，$D^*(e_0)$ が（(45:H) によって）空となるから，

(45:19) $\mathrm{Max}_{\vec{\alpha} \in \mathsf{W}}\, e(\vec{\alpha}) = \mathrm{Max}_{\vec{\alpha} \in \mathsf{V}}\, e(\vec{\alpha}) = e_0$
(45:20) $\mathrm{Min}_{\vec{\alpha} \in \mathsf{W}}\, e(\vec{\alpha}) = \mathrm{Min}_{\vec{\alpha} \in \mathsf{V}}\, e(\vec{\alpha}) = e_0$

である．次に，$e_0 > |\Gamma|_2$ に関しては，D^* は（再度 (45:H) により）空ではなく $e(\vec{\alpha}) < e_0$ となるあらゆる孤立的な $\vec{\alpha}$ の集合である．したがって，**45.2.3** の (45:B:b) により，これらの $e(\vec{\alpha})$ の中に最小のもの $|\Gamma|_2$ が存在する．それゆえ，この場合には，

(45:19*) $\mathrm{Max}_{\vec{\alpha} \in \mathsf{W}}\, e(\vec{\alpha}) = \mathrm{Max}_{\vec{\alpha} \in \mathsf{V}}\, e(\vec{\alpha}) = e_0$
(45:20*) $\mathrm{Min}_{\vec{\alpha} \in \mathsf{W}}\, e(\vec{\alpha}) = \mathrm{Min}_{\vec{\alpha} \in D^*(e_0)}\, e(\vec{\alpha}) = |\Gamma|_2$

となる．

(45:19)，(45:19*) をまとめれば (45:P:a) が与えられ，(45:20)，(45:20*) をまとめれば (45:P:b) が与えられる．

46 分解可能なゲームにおけるすべての解の決定

46.1 分解の基本的な性質

46.1.1 ここでゲーム Γ の分解にもどろう．

Γ を $J, K\, (= I - J)$ に関して分解可能であり，J-，K-成分として Δ, H をもつゲームとする．

I に関する拡張された配分 $\vec{\alpha} = (\alpha_1, \cdots, \alpha_n)$ を任意に与え，その J-，K-成分 $\vec{\beta}, \vec{\gamma}$（$i \in J$ に関しては $\beta_i = \alpha_i$，$i \in K$ に関しては $\gamma_i = \alpha_i$）とその超過量をつくる．

$$(46:1)\begin{cases} I \text{における} \vec{\alpha} \text{の超過量}: & e = e(\vec{\alpha}) = \sum_{i=1}^{n} \alpha_i - \mathrm{v}(I), \\ J \text{における} \vec{\beta} \text{の超過量}: & f = f(\vec{\alpha}) = \sum_{i \in J} \alpha_i - \mathrm{v}(I), \\ K \text{における} \vec{\gamma} \text{の超過量}: & g = g(\vec{\alpha}) = \sum_{i \in K} \alpha_i - \mathrm{v}(K)^{75)} \end{cases}$$

(46:2) $\mathrm{v}(J) + \mathrm{v}(K) = \mathrm{v}(I)$

であるから（これは **42.3.2** の (42:6:b)，または同じことではあるが **41.3.2** の (41:6) で $S = J, T = K$ とおいたものによる），

(46:3) $e = f + g$

となる．

(46:A)　以下を得る．
(46:A:a)　$|\Gamma|_1 = |\Delta|_1 + |\mathrm{H}|_1,$
(46:A:b)　$|\Gamma|_2 = |\Delta|_2 + |\mathrm{H}|_2,$
(46:A:c)　Γ が非本質的であるための必要十分条件は，Δ, H が共に非本質的となることである．

証明：(46:A:a) について：**45.1** の定義 (45:2) を $\Gamma, \Delta, \mathrm{H}$ に順に適用すると，

(46:4)　$|\Gamma|_1 = \mathrm{v}(I) - \sum_{i \in I} \mathrm{v}(\{i\}),$

(46:5)　$|\Delta|_1 = \mathrm{v}(J) - \sum_{i \in J} \mathrm{v}(\{i\}),$

(46:6)　$|\mathrm{H}|_1 = \mathrm{v}(K) - \sum_{i \in K} \mathrm{v}(\{i\})$

が得られる．(46:4) を (46:5) と (46:6) の和と比較すれば，(46:2) により (46:A:a) が与えられる．

(46:A:b) について：$\vec{\alpha}, \vec{\beta}, \vec{\gamma}$ を前述のものとする（すなわち (46:1) の前に述べたものである）．すると，もし

[75)] これまでは，$\vec{\alpha}$ の超過量 e の $\vec{\alpha}$ への依存について明確な表現を与える必要がなかった．ここでは，f, g だけではなく e に関してもこの依存性を明確に表す．

すべての $R \subseteq I$ に関して, $\sum_{i \in R} \alpha_i \geq v(R)$

となれば, $\vec{\alpha}$ は (I において) 孤立的となる. **41.3.2** の (41:6) を思い出せば, この代わりに,

(46:7)　すべての $S \subseteq J, T \subseteq K$ に関して, $\sum_{i \in S} \alpha_i + \sum_{i \in T} \alpha_i \geq v(S) + v(T)$

と書くこともできる. さらに, もし

(46:8)　すべての $S \subseteq J$ に関して, $\sum_{i \in S} \alpha_i \geq v(S)$

(46:9)　すべての $T \subseteq K$ に関して, $\sum_{i \in T} \alpha_i \geq v(T)$

ならば, $\vec{\beta}, \vec{\gamma}$ も (J, K において) 孤立的となる. ここで, (46:7) は実は (46:8), (46:9) と同等である. 実際：(46:7) は (46:8) と (46:9) を加えることによって得られ, 逆に, (46:7) において $T = \ominus$ とすれば (46:8) が得られ, $S = \ominus$ とすれば (46:9) が得られる.

したがって, $\vec{\alpha}$ が孤立的であるための必要十分条件はその (J-, K-) 成分 $\vec{\beta}, \vec{\gamma}$ が共に孤立的となることとなる. 各々の超過量 e, f, g は (46:3) によって関連づけられており, これはその最小値についても成り立つ ((45:B:b) を参照せよ). したがって,

$$|\Gamma|_2 = |\Delta|_2 + |\mathrm{H}|_2$$

すなわち, 公式 (46:A:b) が導かれる.

(46:A:c) について：(46:A:a) または (46:A:b) を $\Gamma, \Delta,$ H に適用した (45:E) と結びつけることにより, 直ちに導かれる.

量 $|\Gamma|_1, |\Gamma|_2$ は共に **45.3.1** の意味でゲーム Γ の本質性を測る尺度となっている. 上述の結果は, ゲームの合成に関して $|\Gamma|_1, |\Gamma|_2$ が共に加法的となることを示している.

46.1.2　さらに議論を進めていった場合に有用となるいま 1 つの補題を次に述べる.

(46:B)　もし (Γ に関して) $\vec{\alpha} \succ \vec{\beta}$ であれば, この支配に関する **30.1.1** の集合 S を, 一般性を失うことなく $S \subseteq J$ または $S \subseteq K$ となるようにと

れる[76]).

証明：支配 $\vec{\alpha} \succ \vec{\beta}$ に関して，**30.1.1** の集合 S を考える．もし偶然に $S \subseteq J$ または $S \subseteq K$ であれば，証明すべきことは何もない，それゆえ，$S \subseteq J$ でもなく $S \subseteq K$ でもないと仮定してもさしつかえない．したがって，$S = S_1 \cup T_1$ となる．ただし，$S_1 \subseteq J, T_1 \subseteq K$ で，しかも S_1, T_1 は空ではない．

すべての $i \in S$ に関して，すなわちすべての $i \in S_1$ に関しても，またすべての $i \in T_1$ に関しても，$\alpha_i > \beta_i$ である．

さらに，
$$\sum_{i \in S} \alpha_i \leq \mathrm{v}(S)$$
である．左辺は明らかに $\displaystyle\sum_{i \in S_1} \alpha_i + \sum_{i \in T_1} \alpha_i$ に等しく，一方，右辺は **41.3.2** の (41:6) により $\mathrm{v}(S_1) + \mathrm{v}(T_1)$ に等しい．したがって，
$$\sum_{i \in S_1} \alpha_i + \sum_{i \in T_1} \alpha_i \leq \mathrm{v}(S_1) + \mathrm{v}(T_1)$$
それゆえ，
$$\sum_{i \in S_1} \alpha_i \leq \mathrm{v}(S_1), \quad \sum_{i \in T_1} \alpha_i \leq \mathrm{v}(T_1)$$
の少なくとも一方が成り立たねばならない．

このようにして，**30.1.1** の ($\vec{\alpha} \succ \vec{\beta}$ に関する) 支配の3つの条件のうち，(30:4:a)，(30:4:c) は S_1, T_1 の双方について成り立ち，(30:4:b) は少なくともどちらか一方については成り立つ．したがって，最初の S を $S_1 (\subseteq J)$ もしくは $T_1 (\subseteq K)$ で置き換えることができる．

これで証明は完了した．

46.2 分解とその解との関連：$F(e_0)$ に関する最初の結果

46.2.1 ここで，理論のこの部分の主要な目的へ向かって進むことにしよう．その目的とは，分解可能なゲーム Γ のすべての解 U_I の決定である．これは **46.6** において，7つの補題の連鎖をまとめることにより達成されるであろう．

[76) すなわち，S に対する余分の制限は（この場合には！）支配の概念を修正しない．

まず，いくつかのまったく記述的な観察から始めよう．

Γ の $F(e_0)$ に関する解 U_I を考える．もし U_I が空ならば，問題はない．それゆえ，U_I は空ではないと仮定する．―― (45:A)（または同じことであるが (45:0)）により，これは，

$$e_0 \geq -|\Gamma|_1 = -|\Delta|_1 - |\mathsf{H}|_1$$

と同等である．**46.1.1** の (46:1) の記号を用いて：

(46:10) $\begin{cases} \operatorname{Max}_{\vec{\alpha} \in \mathsf{U}_I} f(\vec{\alpha}) = \bar{\varphi}, \\ \operatorname{Min}_{\vec{\alpha} \in \mathsf{U}_I} f(\vec{\alpha}) = \underline{\varphi}, \\ \operatorname{Max}_{\vec{\alpha} \in \mathsf{U}_I} g(\vec{\alpha}) = \bar{\psi}, \\ \operatorname{Min}_{\vec{\alpha} \in \mathsf{U}_I} g(\vec{\alpha}) = \underline{\psi} \end{cases}$

をつくる[77]．

---

[77] これらの量がすべてつくられうること，すなわち，問題となっている最大と最小の存在が仮定されていることは，連続性を考えることにより簡単に確かめられる．

実際，$f(\vec{\alpha}) = \sum_{i \in J} \alpha_i - \mathrm{v}(J)$ および $g(\vec{\alpha}) = \sum_{i \in K} \alpha_i - \mathrm{v}(K)$ は，共に $\vec{\alpha}$ の，すなわちその要素 $\alpha_1, \cdots, \alpha_n$ の連続関数である．それゆえ，その最大値および最小値の存在は，$\vec{\alpha}$ の定義域――すなわち集合 U_I ――の連続性によるよく知られた結果となる．

必要な数学的背景――トポロジー――に熟知している読者のために，正確な記述とその証明を与える．（その基礎となる数学上の事実は，例えば 469 ページの脚注 14) に掲げたカラテオドリによって議論されている．同所に述べた彼の著書の 136 ページから 140 ページ，特に定理 5 を参照せよ.)

U_I は n 次元線形空間 L_n 内の集合である（**30.1.1** を参照せよ）．あらゆる連続関数が U_I において最大値と最小値を確実にもつといえるためには，U_I が有界かつ閉であることを確かめねばならない．

そこで：

(*) n 人ゲーム Γ の $F(e_0)$ [$E(e_0)$] に関する任意の解 U は L_n において有界であり，かつ閉集合でもある．

の証明を行うことにする．

証明：有界性：もし $\vec{\alpha} = (\alpha_1, \cdots, \alpha_n)$ が U に属するならば，(すべての i について) $\alpha_i \geq \mathrm{v}(\{i\})$，$\sum_{i=1}^{n} \alpha_i - \mathrm{v}(I) \leq e_0$ となり，それゆえ，$\alpha_i \leq \mathrm{v}(I) + e_0 - \sum_{j \neq i} \alpha_j \leq \mathrm{v}(I) + e_0 - \sum_{j \neq i} \mathrm{v}(\{i\})$ となる．したがって，各 α_i は固定された区間

$$\mathrm{v}(\{i\}) \leq \alpha_i \leq \mathrm{v}(I) + e_0 - \sum_{j \neq i} \mathrm{v}(\{i\})$$

に属さねばならなくなる．ゆえに，これらの $\vec{\alpha}$ は有界な集合をつくる．

閉性：これは，U の補集合の開性と同等である．この集合は **30.1.1** の (30:5:c) により，U に属

2つの $\vec{\alpha} = (\alpha_1, \cdots, \alpha_n)$, $\vec{\beta} = (\beta_1, \cdots, \beta_n)$ を与えたとすれば, $\vec{\alpha}$ と同じ J-成分をもち, $\vec{\beta}$ と同じ K-成分をもつ $\vec{\gamma} = (\gamma_1, \cdots, \gamma_n)$ がただ1つ存在する：

(46:11) $\quad i \in J$ に関して, $\gamma_i = \alpha_i$,
$\qquad\quad i \in K$ に関して, $\gamma_i = \beta_i$.

46.2.2 ここで次を証明する：

(46:C) 　もし $\vec{\alpha}, \vec{\beta} \in \mathsf{U}_I$ であれば, (46:11) の $\vec{\gamma}$ が $\in \mathsf{U}_I$ となるための必要十分条件は,

(46:C:a) $\quad f(\vec{\alpha}) + g(\vec{\beta}) \leq e_0$

　　　　となることである.
　　　　それに付随して

(46:C:b) $\quad e(\vec{\gamma}) = f(\vec{\alpha}) + g(\vec{\beta})$

　　　　が成り立つ.

証明：公式 (46:C:b) について：**46.1.1** の (46:3) により $e(\vec{\gamma}) = f(\vec{\gamma}) + g(\vec{\gamma})$, さらに明らかに $f(\vec{\gamma}) = f(\vec{\alpha})$, $g(\vec{\gamma}) = g(\vec{\beta})$ である.

(46:C:a) の必要性：$\mathsf{U}_I \subseteq F(e_0)$ ゆえ $e(\vec{\gamma}) \leq e_0$ となり, (46:C:b) によりこれは (46:C:a) に一致する.

(46:C:a) の十分性：$\vec{\gamma}$ は $\vec{\alpha}, \vec{\beta}$ と同じく明らかに拡張された配分であり, (46:C:a), (46:C:b) は $\vec{\gamma} \in F(e_0)$ を保証する[78].

次に, $\vec{\gamma} \notin \mathsf{U}_I$ と仮定する. すると, $\vec{\delta} \succ \vec{\gamma}$ なる $\vec{\delta} \in \mathsf{U}_I$ が存在する. この支配関係に対し, **30.1.1** の集合 S をとるが, (46:B) により $S \subseteq J$ または

するいずれかの $\vec{\alpha}$ によって支配されるような $\vec{\beta}$ のすべてからなる集合である.（この点において, U の解としての性質を導入していることに注意されたい！）

任意の $\vec{\alpha}$ に対して, $\vec{\beta} \prec \vec{\alpha}$ となる $\vec{\beta}$ のすべてからなる集合を $D_{\vec{\alpha}}$ と表す. すると, U の補集合は $\vec{\alpha} \in \mathsf{U}$ となるあらゆる $D_{\vec{\alpha}}$ の和集合となる.

任意個の（それが無限に多くとも）開集合の和はまた開集合となるから, 各 $D_{\vec{\alpha}}$ の開性を証明すれば十分である. すなわち：もし $\vec{\beta} \prec \vec{\alpha}$ ならば, $\vec{\beta}$ に十分近いすべての $\vec{\beta}'$ に対しても $\vec{\beta}' \prec \vec{\alpha}$ なることを導けばよい. さて, **30.1.1** の (30:4:a)-(30:4:c) による支配の定義 $\vec{\beta} \prec \vec{\alpha}$ において, $\vec{\beta}$ は (30:4:c) のみに現れてくる. しかも, (30:4:c) は $<$ の関係であるから, β_i の十分に小さな変化によってその有効性が損なわれることはない.

（$\vec{\alpha}$ は (30:4:b) においても現れ, (30:4:b) は $\leq$ の関係であるため, $\vec{\alpha}$ の微小な変化によっても成り立たなくなる. したがって, $\vec{\alpha}$ に対しては同様のことが正しくないことに注意されたい. しかし, われわれは $\vec{\alpha}$ ではなく $\vec{\beta}$ に関するこの性質を必要としているのである！）

[78] (46:C:a) はここにおいて用いるだけである.

$S \subseteq K$ となるように選べる.ところで,$\vec{\delta} \succ \vec{\gamma}$ は $S \subseteq J$ のときには $\vec{\delta} \succ \vec{\alpha}$ を意味し,$S \subseteq K$ のときには $\vec{\delta} \succ \vec{\beta}$ を意味する.$\vec{\delta}, \vec{\alpha}, \vec{\beta}$ は U_I に属しているから,このどちらも不可能である.

したがって,主張のとおり $\vec{\gamma}$ は U_I に属さねばならない.

(46:C) を明らかに同等な次の形に書き直しておく:

(46:D) V_J を U_I のあらゆる J-成分の集合,W_K を U_I のあらゆる K-成分の集合とする.

そのときに,U_I は次のようにして $\mathsf{V}_J, \mathsf{W}_K$ から得られる:

U_I は,以下を満たす J-成分 $\vec{\alpha}' \in \mathsf{V}_J$ と K-成分 $\vec{\beta}' \in \mathsf{W}_K$ をもつあらゆる $\vec{\gamma}$ の集合である.

(46:12) $e(\vec{\alpha}') + e(\vec{\beta}') \leq e_0$ [79].

46.3 続き

46.3 **44.3.2** の (44:D) における U_I の (J, K に関する) 分解可能性の定義を思い出せば,それが次の記述と同等であることが容易に見出せるであろう:

U_I は,そこで示唆されたように (46:D) の $\mathsf{V}_J, \mathsf{W}_K$ から得られるが,そのときに条件 (46:12) は必要としない.

したがって,(46:12) はどの程度まで U_I が分解可能でないかを表すものであると解釈できる.これは,**44.3.3** において (44:D:a) について述べたことに照らしてみるといくばくかの興味がある.

さらに次のように議論を推し進めることができる:(46:D) において (46:12) の必要性は容易に確立される.(それは,(46:C:a),すなわち (46:C) の証明における非常に簡単な最初の 2 段階に相当する.)したがって,(46:D) は,U_I がさけられないほど分解可能性から遠く離れてはいないことを表している.

これらはすべて **44.3.3** の (44:D:a) と結びつけてみれば,$\mathsf{V}_J, \mathsf{W}_K$ が Δ, H の解とならねばならないことを強く示している.しかしながら,ここでは

---

[79] この $\vec{\alpha}', \vec{\beta}'$ は (46:C) の $\vec{\alpha}, \vec{\beta}$ とは異なることに注意されたい.——すなわち,$\vec{\alpha}', \vec{\beta}'$ は $\vec{\gamma}$ の J-成分,K-成分であるばかりでなく,$\vec{\alpha}, \vec{\beta}$ の J-成分,K-成分でもある.$e(\vec{\alpha}'), e(\vec{\beta}')$ は,J, K においてつくられた $\vec{\alpha}', \vec{\beta}'$ の超過量である.しかし,それは $f(\vec{\gamma}), g(\vec{\gamma})$ に等しいばかりでなく,$f(\vec{\alpha}), g(\vec{\beta})$ にも等しい.(これらはすべて (46:C) に関連している.)

すべての概念を拡張しているので，どのような $F(f_0)$, $F(g_0)$ がとられるかを決定せねばならない．ここで，f_0 は J における超過量として，また g_0 は K における超過量として用いられている[80]．**46.2.1** の $\bar{\varphi}, \bar{\psi}$ が f_0, g_0 に相当することがわかる．

実際：

(46:E)
(46:E:a)　V_J は $F(\bar{\varphi})$ に関する Δ の解であり，
(46:E:b)　W_K は $F(\bar{\psi})$ に関する H の解である．

ことを証明できる．

しかし，まずは別の結果を導くほうが便利である．その結果とは，

(46:F)
(46:F:a)　$\bar{\varphi} + \underline{\psi} = e_0$,
(46:F:b)　$\underline{\varphi} + \bar{\psi} = e_0$.

(46:F) におけるだけでなく (46:E) においても，(a), (b) は各々 $J, \Delta, \bar{\varphi}, \underline{\varphi}$ を $K, \mathsf{H}, \bar{\psi}, \underline{\psi}$ と交換することにより，もう一方から得られることに注意されたい．したがって，どちらの場合においても，(a), (b) の一方だけを証明すれば十分である．——そこでわれわれは (a) を選ぶ．

(46:F:a) の証明：$f(\vec{\alpha})$ が最大値 $\bar{\varphi}$ をとるような $\vec{\alpha} \in \mathsf{U}_I$ を選ぶ．必ず $e(\vec{\alpha}) \leq e_0$ であり，定義により $g(\vec{\alpha}) \geq \underline{\psi}$ であるから，**46.1.1** の (46:3) により，

(46:13)　$\bar{\varphi} + \underline{\psi} \leq e_0$

となる．

ここで，(46:F:a) が成り立たないとする．すると，(46:13) はさらに，

(46:14)　$\bar{\varphi} + \underline{\psi} < e_0$

を意味することになる．$f(\vec{\alpha}) = \bar{\varphi}$ となる上述の $\vec{\alpha} \in \mathsf{U}_I$ を用い，さらに $g(\vec{\beta})$ がその最小値 $\underline{\psi}$ をとるような $\vec{\beta} \in \mathsf{U}_I$ を選ぶ．すると ((46:13) または (46:14) により)，$f(\vec{\alpha}) + g(\vec{\beta}) = \bar{\varphi} + \underline{\psi} \leq e_0$ である．したがって，(46:C)

---

[80] これが，与えられた I における超過量 e_0 の J と K の間の分配を定める問題のようなものであることに，読者は気づかれるであろう．

の $\vec{\gamma}$ はまた U_I に属することになる. さらに, (46:C) を (46:14) とともに用いることにより,

$$e(\vec{\gamma}) = f(\vec{\alpha}) + g(\vec{\beta}) = \bar{\varphi} + \underline{\psi} < e_0,$$

すなわち, $\sum_{i=I}^{n} \gamma_i < v(I) + e_0$ となる. ここで,

$$\vec{\delta} = (\delta_1, \cdots, \delta_n) = (\gamma_1 + \epsilon, \cdots, \gamma_n + \epsilon)$$

と定義する. ただし, $\sum_{i=1}^{n} \delta_i = v(I) + e_0$ となるように $\epsilon > 0$ を選ぶものとする. したがって, $\vec{\delta} \in F(e_0)$ となる.

もし $\vec{\delta} \notin \mathsf{U}_I$ であるとすれば, $\vec{\eta} \succ \vec{\delta}$ なる $\vec{\eta} \in \mathsf{U}_I$ が存在する. (45:J) により $\vec{\eta} \succ \vec{\gamma}$ となるが, $\vec{\eta}, \vec{\gamma}$ は共に U_I に属するから, これは不可能である. したがって, $\vec{\delta} \in \mathsf{U}_I$ となる. ここで, $\sum_{i \in J} \delta_i - v(J) > \sum_{i \in J} \gamma_i - v(J) = \sum_{i \in J} \alpha_i - v(J)$, すなわち $f(\vec{\delta}) > f(\vec{\alpha}) = \bar{\varphi}$ となり, これは $\bar{\varphi}$ の定義に矛盾する.

以上より, (46:F:a) は必ず成り立たねばならないことになり, 証明は完了した.

(46:E:a) の証明: もし $\vec{\alpha}' \in \mathsf{V}_J$ ならば, これは $\vec{\alpha} \in \mathsf{U}_I$ の J-成分である. したがって, $e(\vec{\alpha}') = f(\vec{\alpha}) \leq \bar{\varphi}$ となり (527 ページの脚注79) を参照せよ), それゆえ $\vec{\alpha}'$ は $F(\bar{\varphi})$ に属する. よって, $\mathsf{V}_J \subseteq F(\bar{\varphi})$ となる.

したがって, われわれは **44.7.3** の (44:E:a), (44:E:b) を証明すればよい.

(44:E:a) について: 2つの $\vec{\alpha}', \vec{\beta}' \in \mathsf{V}_J$ について, $\vec{\alpha}' \succ \vec{\beta}'$ となったとする. すると, $\vec{\alpha}', \vec{\beta}'$ は2つの $\vec{\gamma}, \vec{\delta} \in \mathsf{U}_I$ の J-成分となる. ところが, $\vec{\alpha}' \succ \vec{\beta}'$ は明らかに $\vec{\gamma} \succ \vec{\delta}$ を意味し, これは不可能である.

(44:E:b) について: $\vec{\alpha}' \in F(\bar{\varphi})$, $\vec{\alpha}' \notin \mathsf{V}_J$ となる $\vec{\alpha}'$ を考える. すると, 定義により $e(\vec{\alpha}') \leq \bar{\varphi}$ である. 上の (46:F:a) の証明において述べた $g(\vec{\beta}) = \underline{\psi}$ となる $\vec{\beta} \in \mathsf{U}_I$ を用いる. この $\vec{\beta}$ の K-成分を $\vec{\beta}'$ とする. $\vec{\beta}' \in \mathsf{W}_K$ であり, $e(\vec{\beta}') = g(\vec{\beta}) = \underline{\psi}$ である. したがって, $e(\vec{\alpha}') + e(\vec{\beta}') \leq \bar{\varphi} + \underline{\psi} = e_0$ となる ((46:F:a) を用いる). J-成分, K-成分 $\vec{\alpha}', \vec{\beta}'$ をもつ (I に関する) $\vec{\gamma}$ をつくると, $e(\vec{\gamma}) = e(\vec{\alpha}') + e(\vec{\beta}') \leq e_0$, すなわち $\vec{\gamma} \in F(e_0)$ となる.

$\vec{\gamma}$ はその J-成分 $\vec{\alpha}'$ が V_J に属さないから, U_I に属さない. したがって, $\vec{\delta} \succ \vec{\gamma}$ となる $\vec{\delta}$ が ($F(e_0)$ に対する解) U_I の中に存在する.

支配 $\vec{\delta} \succ \vec{\gamma}$ に関する **30.1.1** の集合を S とする. (46:B) により, $S \subseteq J$ ま

たは $S \subseteq K$ と仮定してもさしつかえない.

まず $S \subseteq K$ と仮定する. $\vec{\gamma}$ は, $\vec{\beta}$ と同じ K-成分 $\vec{\beta}'$ をもつので, $\vec{\delta} \succ \vec{\gamma}$ から $\vec{\delta} \succ \vec{\beta}$ を結論できる. $\vec{\delta}, \vec{\beta}$ は共に U_I に属するから, これは不可能である.

したがって, $S \subseteq J$ となる. $\vec{\delta}$ の J-成分を $\vec{\delta}'$ と表す. $\vec{\delta} \in \mathsf{U}_I$ であるから, $\vec{\delta}' \in \mathsf{V}_J$ となる. $\vec{\gamma}$ は $\vec{\alpha}'$ の J-成分をもつ. したがって, $\vec{\delta} \succ \vec{\gamma}$ から $\vec{\delta}' \succ \vec{\alpha}'$ と結論できる.

こうして, V_J から $\vec{\delta}' \succ \vec{\alpha}'$ なる望みの $\vec{\delta}'$ がとれたことになる.

46.4 続き

46.4.1 (46:D), (46:E) により, Γ の一般解 U_I は Δ, H の適当な解 V_J, W_K を用いて表されることがわかった. それゆえ, この手続きの逆を試みるのも自然であろう. すなわち, V_J, W_K から始めて U_I を得るのである.

しかし, (46:D) の V_J, W_K がまったく任意にとられたわけではなかったことを思い出さねばならない. もし **46.2.1** の (46:10) の定義を (46:D) に照らして考え直すならば, 次の形に表されうることがわかるであろう:

$$(46{:}15) \quad \begin{cases} \mathrm{Max}_{\vec{\alpha}' \in \mathsf{V}_J}\, e(\vec{\alpha}') = \bar{\varphi}, \\ \mathrm{Min}_{\vec{\alpha}' \in \mathsf{V}_J}\, e(\vec{\alpha}') = \underline{\varphi}, \\ \mathrm{Max}_{\vec{\beta}' \in \mathsf{W}_K}\, e(\vec{\beta}') = \bar{\psi}, \\ \mathrm{Min}_{\vec{\beta}' \in \mathsf{W}_K}\, e(\vec{\beta}') = \underline{\psi}. \end{cases}$$

さらに (46:F) は, V_J, W_K によって決定されるこれら $\bar{\varphi}, \underline{\varphi}, \bar{\psi}, \underline{\psi}$ の相互の関係およびこれらと e_0 との関係を表している.

46.4.2 (46:F) が V_J, W_K に課せられる唯一の条件であることを示そう. そのために, Δ, H の任意の2つの空でない解 V_J, W_K から始め(これらは必ずしも Γ の解 U_I から得られたものでなくてもよい), 次の命題を与えておこう:

(46:G) V_J を $F(\bar{\varphi})$ に関する Δ の空でない解, W_K を $F(\bar{\psi})$ に関する H の空でない解とする. $\bar{\varphi}, \bar{\psi}$ は上の (46:15) を満たし, (46:15) の $\underline{\varphi}, \underline{\psi}$ について,

(46:16) $\bar{\varphi} + \underline{\psi} = \underline{\varphi} + \bar{\psi} = e_0$

とする.

(46:17)　　$e(\vec{\alpha}') + e(\vec{\beta}') \leq e_0$

となる任意の $\vec{\alpha}' \in \mathsf{V}_J,\ \vec{\beta}' \in \mathsf{W}_K$ について，J-成分，K-成分を $\vec{\alpha}', \vec{\beta}'$ とするような（I に関しての）$\vec{\gamma}$ をつくる．

このような $\vec{\gamma}$ の全体からなる集合を U_I と表す．

このようにして得られた U_I は，ちょうど $F(e_0)$ に関する Γ のあらゆる解に一致している．

証明：上記の性質をもつすべての U_I は，次のようにして得られる：すなわち，$\mathsf{V}_J, \mathsf{W}_K$ をつくって U_I に (46:D) を適用する．そうすれば，われわれの主張は (46:15) とともに (46:D), (46:E), (46:F) に含まれる．

このようにして得られた U_I は上記の性質をもつ：上述のように $\mathsf{V}_J, \mathsf{W}_K$ の助けによりつくられた U_I を考える．U_I が $F(e_0)$ に関する Γ の解となっていることを証明せねばならない．

U_I に属するすべての $\vec{\gamma}$ について，(46:17) により $e(\vec{\gamma}) = e(\vec{\alpha}') + e(\vec{\beta}') \leq e_0$ となり，それゆえ，$\vec{\gamma}$ は $F(e_0)$ に属する．こうして，$\mathsf{U}_I \subseteq F(e_0)$ である．

したがって，われわれのなすべきことは **44.7.3** の (44:E:a), (44:E:b) の証明となる．

(44:E:a) について：2つの $\vec{\eta}, \vec{\gamma} \in \mathsf{U}_I$ に対して $\vec{\eta} \succ \vec{\gamma}$ となったとする．上述のように $\vec{\gamma}, \vec{\eta}$ をつくるもととなった各々の J-成分，K-成分を $\vec{\alpha}', \vec{\beta}'$ および $\vec{\delta}', \vec{\epsilon}'$ とする．S を支配 $\vec{\eta} \succ \vec{\gamma}$ に関する **30.1.1** の集合とする．(46:B) により，$S \subseteq J$ または $S \subseteq K$ としてもさしつかえない．ここで，$S \subseteq J$ ならば $\vec{\eta} \succ \vec{\gamma}$ は $\vec{\delta}' \succ \vec{\alpha}'$ を意味する．ところが，$\vec{\delta}', \vec{\alpha}'$ は共に V_J に属するからこれは不可能である．さらに，$S \subseteq K$ ならば $\vec{\eta} \succ \vec{\gamma}$ は $\vec{\epsilon}' \succ \vec{\beta}'$ を意味するが，$\vec{\epsilon}', \vec{\beta}'$ が共に W_K に属するからこれもまた不可能である．

(44:E:b) について：背理法を用いるために $\vec{\eta} \succ \vec{\gamma}$ なる $\vec{\eta} \in \mathsf{U}_I$ が存在しない U_I に属さない $\vec{\gamma} \in F(e_0)$ が存在すると仮定する．$\vec{\alpha}', \vec{\beta}'$ を $\vec{\gamma}$ の J-成分，K-成分とする．

まず $e(\vec{\alpha}') \leq \bar{\varphi}$ とする．すると $\vec{\alpha}' \in F(\bar{\varphi})$ となる．したがって，$\vec{\alpha}' \in \mathsf{V}_J$ となるか，または $\vec{\delta}' \succ \vec{\alpha}'$ なる $\vec{\delta}' \in \mathsf{V}_J$ が存在する．後者の場合には，$e(\vec{\epsilon}')$ がその最小値 $\underline{\psi}$ となるような $\vec{\epsilon}' \in \mathsf{W}_K$ を選ぶ．$\vec{\delta}', \vec{\epsilon}'$ を J-成分，K-成分とするような $\vec{\eta}$ をつくる．$\vec{\delta}', \vec{\epsilon}'$ は各々 $\mathsf{V}_J, \mathsf{W}_K$ に属し，しかも $e(\vec{\delta}') + e(\vec{\epsilon}') \leq \bar{\varphi} + \underline{\psi} = e_0$ であるから $\vec{\eta} \in \mathsf{U}_I$ となる．さらに $\vec{\delta}' \succ \vec{\alpha}'$（これらは各々 $\vec{\eta}, \vec{\gamma}$ の

J-成分である）ゆえ, $\vec{\eta} \succ \vec{\gamma}$ となる. このようにして, $\vec{\eta}$ は $\vec{\gamma}$ に関する最初の仮定に反する. したがって, 考慮せねばならないのは $\vec{\alpha}'$ が V_J に属さねばならない場合であることが証明された.

言い換えれば：

(46:18)　$\vec{\alpha}' \in \mathsf{V}_J$ か, または $e(\vec{\alpha}') > \bar{\varphi}$.

前者の場合には必ず $e(\vec{\alpha}') \geq \underline{\varphi}$ であり, 後者の場合にはもちろん $e(\vec{\alpha}') > \bar{\varphi} \geq \underline{\varphi}$ である. したがって：

(46:19)　とにかく, $e(\vec{\alpha}') \geq \underline{\varphi}$ である.

J と K とを交換すれば (46:18), (46:19) は次のようになる：

(46:20)　$\vec{\beta}' \in \mathsf{W}_K$ か, または $e(\vec{\beta}') > \bar{\psi}$.
(46:21)　とにかく, $e(\vec{\beta}') \geq \underline{\psi}$ である.

ここで, もし (46:18) の後者のほうをとれば, (46:21) と結びつけることにより,

$$e(\vec{\gamma}) = e(\vec{\alpha}') + e(\vec{\beta}') > \bar{\varphi} + \underline{\psi} = e_0.$$

ところが $\vec{\gamma} \in F(e_0)$ ゆえ, これは不可能である. 同様に (46:20) の後者も不可能となる.

このようにして, (46:18) においてもまた (46:20) においても前者がとられることになる. すなわち, $\vec{\alpha}', \vec{\beta}'$ は $\mathsf{V}_J, \mathsf{W}_K$ に属することになる. $\vec{\gamma}$ は $F(e_0)$ に属するから,

$$e(\vec{\alpha}') + e(\vec{\beta}') = e(\vec{\gamma}) \leq e_0.$$

したがって $\vec{\gamma} \in \mathsf{U}_I$ とならねばならず, これは最初の仮定に反する.

46.5　$F(e_0)$ における完全な結果

46.5.1　結果 (46:G) は完全ではあるが, 1点だけ不十分なところがある. すなわち, その基礎となっている条件 (46:16) および (46:17) がまったく不明確なのである. そこで, この2つの条件を同等ではあるがはるかに明確な条件によって置き換えることにしよう.

46 分解可能なゲームにおけるすべての解の決定

このために，最初は所与と仮定した数 $\bar{\varphi}, \bar{\psi}$ についての考察から始める．$F(\bar{\varphi}), F(\bar{\psi})$ に関して，Δ, H のいかなる解 V_J, W_K を（46:G）の意味で用いることができるであろうか？

まず第 1 に，V_J, W_K はすべて空であってはならない．（45:A）または（45:O）を（Γ の代わりに）Δ, H に適用することにより，これは，

(46:22) $\quad \bar{\varphi} \geq -|\Delta|_1, \quad \bar{\psi} \geq -|H|_1$

を意味することがわかる．

次に（46:15）を考え，**45.6.1** の（45:P）を（Γ ではなく）Δ, H に適用する．すると，(45:P:a) により（46:15）の 2 つの Max-等式は必ず成り立つが，(45:P:b) により（46:15）の 2 つの Min-等式は，

(46:23) $\quad \underline{\varphi} = \text{Min}\,(\bar{\varphi}, |\Delta|_2), \quad \underline{\psi} = \text{Min}\,(\bar{\psi}, |H|_2)$

と変形される．それゆえ，$\underline{\varphi}, \underline{\psi}$ を（46:23）によって定義しよう．

ここで（46:16），すなわち，

(46:16) $\quad \bar{\varphi} + \underline{\psi} = \underline{\varphi} + \bar{\psi} = e_0$

を考える．（46:16）の最初の等式は，

$$\bar{\varphi} - \underline{\varphi} = \bar{\psi} - \underline{\psi}$$

すなわち，（46:23）により，

(46:24) $\quad \text{Max}\,(0, \bar{\varphi} - |\Delta|_2) = \text{Max}\,(0, \bar{\psi} - |H|_2)$

とも書ける[81]．

46.5.2 ここで 2 つの場合が考えられる：

ケース（a）：（46:24）の両辺がゼロである場合．このときには，（46:24）の各 Max において 0-項は他の項の値以上である．すなわち，$\bar{\varphi} - |\Delta|_2 \leq 0, \bar{\psi} - |H|_2 \leq 0$，つまり，

(46:25) $\quad \bar{\varphi} \leq |\Delta|_2, \quad \bar{\psi} \leq |H|_2$

---

[81] (45:P:c) とその証明を参照せよ．

となる．逆に：もし (46:25) が成り立てば，(46:24) は $0 = 0$ となる，すなわち，自動的に (46:24) は満たされる．ここで，定義 (46:23) は，

(46:26) $\quad \varphi = \bar{\varphi}, \quad \psi = \bar{\psi}$

となり，それゆえ (46:16) の条件全体は

(46:27) $\quad \bar{\varphi} + \bar{\psi} e_0$

となる[82]．(46:25) と (46:27) により，また，

(46:28) $\quad e_0 \leq |\Delta|_2 + |\mathrm{H}|_2 = |\Gamma|_2$

ともなる．

ケース (b)：(46:24) の両辺が 0 でない場合．このときには，(46:24) の各 Max において 0-項は他の項の値よりも小さくなる．——すなわち，$\bar{\varphi} - |\Delta|_2 > 0$, $\bar{\psi} - |\mathrm{H}|_2 > 0$, つまり，

(46:29) $\quad \bar{\varphi} > |\Delta|_2, \quad \bar{\psi} > |\mathrm{H}_2|$

である[83]．

逆に：もし (46:29) が成り立てば，(46:24) は $\bar{\varphi} - |\Delta|_2 = \bar{\psi} - |\mathrm{H}|_2$ となり，これは必ずしも成り立つとは限らない．(46:24) を，

(46:30) $\quad \bar{\varphi} = |\Delta|_2 + \omega, \quad \bar{\psi} = |\mathrm{H}|_2 + \omega$

と書くこともできる．このときには，(46:29) は簡単に，

(46:31) $\quad \omega > 0$

となる．ここで定義 (46:23) は，

(46:32) $\quad \varphi = |\Delta|_2, \quad \psi = |\mathrm{H}|_2$

---

[82] (46:16) のうち最初の部分だけが (46:24) を導くために用いられ，本議論はその部分を基礎として組み立てられている．

[83] 重要なのは，(46:25)，(46:29) がすべての可能性を尽くしていることである．——すなわち，$\bar{\varphi} \leq |\Delta|_2, \bar{\psi} > |\mathrm{H}|_2$ もしくは $\bar{\varphi} > |\Delta|_2, \bar{\psi} \leq |\mathrm{H}|_2$ となることは決してありえない．この点に注意されたい．もちろん，これは等式 (46:24) によるのである．すなわち，この等式により両辺は共に 0 となるか，さもなければどちらも 0 とならないのである．

これのもつ意味は以下の補題において見出されるであろう．

となり，それゆえ，(46:16) の条件全体[84]は，

$$|\Delta|_2 + |H|_2 + \omega = e_0,$$

すなわち，

(46:33)　　$e_0 = |\Gamma|_2 + \omega$

となる．(46:31) と (46:33) により，また，

(46:34)　　$e_0 > |\Gamma|_2$

ともなる．

46.5.3 要約すれば：

(46:H)　(46:G) の条件 (46:16)，(46:17) は，結局は次のようになる．

　　以下の2つの場合のうち，どちらか1つが必ず成り立つ：

　　ケース (a)：(1)　　$-|\Gamma|_1 \leq e_0 \leq |\Gamma|_2,$
　　　　　　　　(2)　　$-|\Delta|_1 \leq \bar{\varphi} \leq |\Delta|_2,$
　　　　　　　　(3)　　$-|H|_1 \leq \bar{\psi} \leq |H|_2,$
　　　　　　　　(4)　　$\bar{\varphi} + \bar{\psi} = e_0,$

が同時に成り立つ．

　　ケース (b)：(1)　　$e_0 > |\Gamma|_2,$
　　　　　　　　(2)　　$\bar{\varphi} > |\Delta|_2,$
　　　　　　　　(3)　　$\bar{\psi} > |H|_2,$
　　　　　　　　(4)　　$e_0 - |\Gamma|_2 = \bar{\varphi} - |\Delta|_2 = \bar{\psi} - |H|_2,$

が同時に成り立つ[85]．

　証明：ケース (a)：$e_0 \geq -|\Gamma|_1, \bar{\varphi} \geq -|\Delta|_1, \bar{\psi} \geq -|H|_1$ がすべて成り立つことはすでに知っている．他の条件は，(46:28), (46:25), (46:27) に一致しており，これによってこの場合は完全に記述される．

---

[84] 534 ページの脚注 82) を参照せよ．
[85] 読者は，(a), (b) に関して (1)-(3) は強い類似性をもっているが，(4) はまったく異なっていることに気づかれるであろう．しかしそれにもかかわらず，これらはすべて1つの一貫した理論を厳密に議論することにより得られたのである．
　これについては後にもう少しくわしく述べることにする．

ケース (b)：これらの条件は (46:34), (46:29), (46:30), (46:33) に一致しており，これによってこの場合は完全に記述される（ω を消去したとしても (1)–(3) のもとで (46:31) は必ず成り立つ）．

46.6 $E(e_0)$ における完全な結果

46.6 (46:G) と (46:H) により，$F(e_0)$ に関する Γ の解は完全かつ明確に特徴づけられた．ここで (46:H) の場合，(a), (b) が **45.6.1** の (45:O:b), (45:O:c) に一致していることも明らかである．実際，(46:H) の (a), (b) は各々の条件 (1) で区別されるが，これは (45:O:b), (45:O:c) にほかならないのである．

そこで，(46:G), (46:H) の結果を (45:I), (45:O) の結果と結びつける．すると，情報をすべて利用することにより解の全貌が明らかになる．

(46:I) もし

(46:I:a)　(1)　$e_0 < -|\Gamma|_1$

ならば，$E(e_0)$ に関しても $F(e_0)$ に関してと同様空集合が Γ の唯一の解となる．

もし

(46:I:b)　(1)　$-|\Gamma|_1 \leq e_0 \leq |\Gamma|_2$

ならば，Γ は $E(e_0)$ に関しても $F(e_0)$ に関しても同じ解 $\bar{\mathsf{U}}_I$ をもつ．この $\bar{\mathsf{U}}_I$ は次のようにして得られる集合にほかならない．

　　(2)　$-|\Delta|_1 \leq \bar{\varphi} \leq |\Delta|_2$
　　(3)　$-|\mathrm{H}|_1 \leq \bar{\psi} \leq |\mathrm{H}|_2$
　　(4)　$\bar{\varphi} + \bar{\psi} = e_0$

となるような 2 つの $\bar{\varphi}, \bar{\psi}$ を任意に選ぶ．

$E(\bar{\varphi}), E(\bar{\psi})$ に関する Δ, H の 2 つの解 $\bar{\mathsf{V}}_J$ と $\bar{\mathsf{W}}_K$ を任意に選ぶ．すると，$\bar{\mathsf{U}}_I$ は **44.7.4** の意味で $\bar{\mathsf{V}}_J$ と $\bar{\mathsf{W}}_K$ の合成によって得られたものと一致する．

もし

(46:I:c)　(1)　$e_0 > |\Gamma|_2$

ならば，Γ の $E(e_0)$ に関する解 $\bar{\mathsf{U}}_I$ と $F(e_0)$ に関する解 U_I は同じではない．この $\bar{\mathsf{U}}_I$ と U_I は，以下のようにして得られる集合にほかならな

い.

(4) $\quad e_0 - |\Gamma|_2 = \bar{\varphi} - |\Delta|_2 = \bar{\psi} - |\mathrm{H}|_2$

によって定義される

(2) $\quad \bar{\varphi} > |\Delta|_2$

(3) $\quad \bar{\psi} > |\mathrm{H}|_2$

となる2数 $\bar{\varphi}, \bar{\psi}$ をつくる.

$E(\bar{\varphi}), E(\bar{\psi})$ に関する Δ, H の任意の解を $\bar{\mathsf{V}}_J, \bar{\mathsf{W}}_K$ とする.

すると, $\bar{\mathsf{U}}_I$ は次の集合の和集合となる：$\bar{\mathsf{V}}_J$ と $e(\vec{\beta}') = |\mathrm{H}|_2$ となる孤立的な $(K$ の$)$ $\vec{\beta}'$ の全体からなる集合との合成；$e(\vec{\alpha}') = |\Delta|_2$ となる $(J$ の$)$ 孤立的な $\vec{\alpha}'$ の全体からなる集合と $\bar{\mathsf{W}}_K$ との合成；$e(\vec{\alpha}') = \varphi$ となる $(J$ の$)$ 孤立的な $\vec{\alpha}'$ の全体からなる集合と $e(\vec{\beta}') = \psi$ となる $(K$ の$)$ 孤立的な $\vec{\beta}'$ の全体からなる集合との合成, ただし,

(5) $\quad |\Delta|_2 < \varphi < \bar{\varphi}, \quad |\mathrm{H}|_2 < \psi < \bar{\psi}$

かつ

(6) $\quad \varphi + \psi = e_0$

となるあらゆる対 φ, ψ をとるものとする. U_I は条件 (6) を

(7) $\quad \varphi + \psi \leq e_0$

と置き換えさえすれば, 同じ手続きにより求められる.

証明：(46:I:a) について：この条件は (45:O:a) に一致する.

(46:I:b) について：これは, 以下の変更を除けば (46:H) のケース (a) の言い換えにすぎない.

第1に：$\Gamma, \Delta, \mathrm{H}$ の E, F に関する解が同一であること. これは, (45:O:b) を $\Gamma, \Delta, \mathrm{H}$ に適用することにより正しいことが示される. (45:O:b) も (46:I:b) の (1), (2), (3) により必ず成り立つ.

第2に：$\bar{\mathsf{V}}_J = \mathsf{V}_J, \bar{\mathsf{W}}_K = \mathsf{W}_K$ から $\bar{\mathsf{U}}_I = \mathsf{U}_I$ をつくった方法は, 条件 (46:17) を省いているので (46:H) において述べた方法と異なっている. これは, (46:17) が自動的に満たされていることが観察されるので問題ではなくなる. すなわち, $\mathsf{V}_J = \bar{\mathsf{V}}_J \subseteq E(\bar{\varphi}), \mathsf{W}_K = \bar{\mathsf{W}}_K \subseteq E(\bar{\psi})$, したがって $\vec{\alpha}' \in \mathsf{V}_J, \vec{\beta}' \in \mathsf{W}_K$ に関して常に $e(\vec{\alpha}') = \bar{\varphi}, e(\vec{\beta}') = \bar{\psi}$ となり, それゆえ (4) によって $e(\vec{\alpha}') + e(\vec{\beta}') = e_0$ となる.

(46:I:c) について：これは, 以下の変更を除けば (46:H) のケース (b) の

言い換えにすぎない：

((46:H) におけるような F に関する解だけではなく) Γ の E, F の双方に関する解を考える．そして ((46:H) におけるような F の関する解ではなく) Δ, H の E に関する解だけを用いる．前者すなわち Γ の $\bar{\mathsf{U}}_I, \mathsf{U}_I$ を，後者（すなわち Δ の $\bar{\mathsf{V}}_J$, H の $\bar{\mathsf{W}}_K$）から得る方法は，(46:H) のものとは当然異なってくる．

この違いを取り除くためには，次のように議論を進めていかねばならない：(45:I) と (45:O:c) を Γ, Δ, H に適用する．これらの成立は，(46:I:c) の (1), (2), (3) より明らか．その後，この定義が (46:H) に代入される．もしこれらの操作が (46:H)（ここでは (46:I:c)）について可能であれば，ちょど上述の定式化そのものが結果として導かれる[86]．

46.7 結果の一部の図示

46.7 (46:I) の結果は，複雑に思えるかもしれないが，実際にはいくつかの簡単な性質上の原則を正確に表したものにすぎない．それに先だって複雑な数学的演繹を行ったのは，もちろん，これらの原理がまったく明らかでなく，そうでもしなければ発見することも証明することもできなかったためである．他方，得られた結果は簡単に図示することができる．

まず，より形式的な注意から始めよう．

3つのケース (46:I:a)–(46:I:c) を一目みれば次のことが明らかになる：(46:I:a) についてはこれ以上述べることはないが，他の2つの場合 (46:I:b), (46:I:c) はいくつかの共通した特徴をもっている．実際，双方の場合において Γ の解となる $\bar{\mathsf{U}}_I, \mathsf{U}_I$ は，2つの数 $\bar{\varphi}, \bar{\psi}$ と，それに対応する Δ, H のある解 $\bar{\mathsf{V}}_J, \bar{\mathsf{W}}_K$ の助けにより得られる．$\bar{\mathsf{U}}_I, \mathsf{U}_I$ を表す数量的な要素は，数 $\bar{\varphi}, \bar{\psi}$ である．528ページの脚注80) で指摘しておいたように，それらは与えられた I における超過量 e_0 の J と K への分配のようなものを表している．

$\bar{\varphi}, \bar{\psi}$ は，(46:I:b), (46:I:c) の場合には各々の条件 (2)–(4) によって特徴づけられる．(46:I:b), (46:I:c) についてのこれらの条件を比較しよう．

まず，これらの条件は次の共通した特徴を有している：すなわち，これらの条件は，Γ についての超過量 e_0 がしたがう場合分けとまったく同じ Δ, H の

---

[86] 読者はこの変更を実行してみるとよい．そうすれば，これは少々厄介ではあるが，まったく何の困難もなく行われることがわかるであろう．

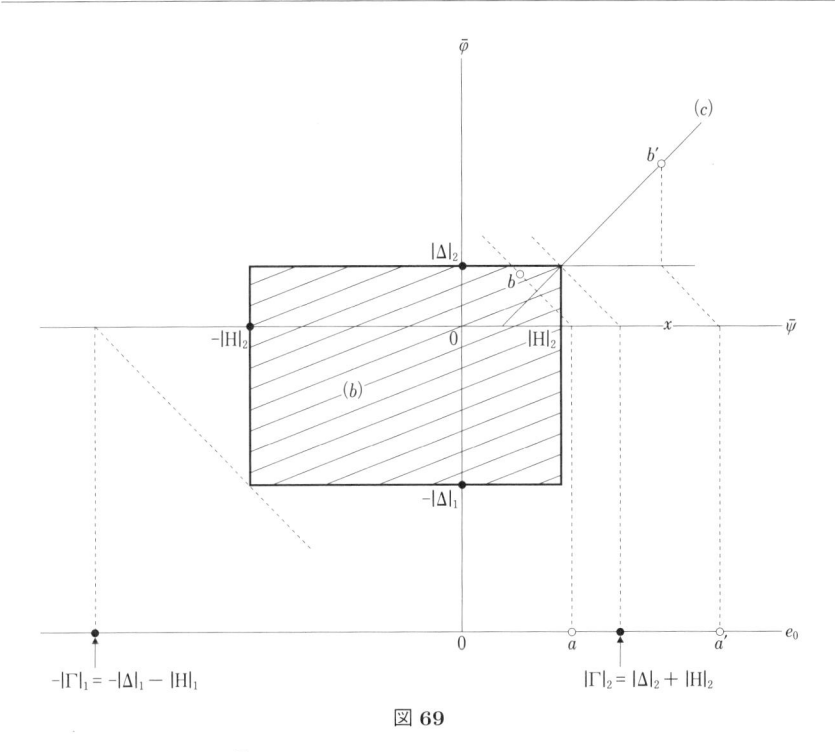

46 分解可能なゲームにおけるすべての解の決定   539

図 69

場合分けに超過量 $\bar{\varphi}, \bar{\psi}$ をしたがわせる．

しかし，次の点でまったく本質的に異なっている：すなわち，(46:I:b) においては $\bar{\varphi}, \bar{\psi}$ に対してただ1つの等式条件が課せられるだけであるのに対し，(46:I:c) においては2つの等式条件が課せられる[87]．もちろん不等式もときには等式になることもあるが (**46.8.3** の (46:J) を参照せよ)，一般には上に示したとおり不等式である．

e_0 と $\bar{\varphi}, \bar{\psi}$ との関係は図 69 により図示される．

この図は $\bar{\varphi}$-$\bar{\psi}$ 平面とその下に e_0-直線を表したものである．後者 (e_0-直線) の上には $-|\Gamma|_1, |\Gamma|_2$ が記され，それによって分けられた3つの範囲は (46:I:a)–(46:I:c) のケースに対応している．(46:I:b) のケースの $\bar{\varphi}$-$\bar{\psi}$ 領域は，$\bar{\varphi}$-$\bar{\psi}$ 平面において (b) と記された影を施した長方形の全体であり，(46:I:c) のケースの $\bar{\varphi}$-$\bar{\psi}$ 領域は (c) と記された直線である．

---

[87] (2), (3) はどちらの場合にも不等式である．(4) は (46:I:b) においては1つの等式であるが，(46:I:c) においては2つの等式である．

任意の $\bar{\varphi}, \bar{\psi}$-点が与えられれば，破線------にしたがってその e_0 の値が導かれる．――このようにして，b, b' により各々 a, a' が与えられるわけである．逆に任意の e_0-値が与えられれば，逆の手続きを行うことによりその $\bar{\varphi}$-$\bar{\psi}$ 点が与えられ，このようにして a は b における全区間を与え，一方 a' は b' を一意に定めるわけである[88]．

46.8 説明：正常な範囲．種々の性質の遺伝性

46.8.1 図 69 にはさらに注釈が必要であり，それは (46:I) の完全なる理解の助けとなるに違いない．

第 1 に：(46:I:a) および (46:I:c) の場合，つまり各々 $e_0 < -|\Gamma|_1$ および $e_0 > |\Gamma|_2$ の場合は，e_0 の値が **44.6.1** の意味で「あまりに小さい」か「あまりに大きい」，すなわち $-|\Gamma|_1 \leq e_0 \leq |\Gamma|_2$ なる (46:I:b) の場合が，ある意味で正常な範囲である，ことがくり返し示されてきた（最後の箇所は (45:O) の後の注意である）．ところで，図からわかるように，Γ の超過量 e_0 が正常な範囲にあるときには，それに対応する Δ, H の超過量 $\bar{\varphi}, \bar{\psi}$ も各々の正常な範囲内にある[89]．言い換えれば：

正常な行動（の (46:I:b) における超過量の位置）は，Γ から Δ, H に遺伝するのである．

第 2 に：(46:I:b) の場合――すなわち正常な範囲の場合――には，前にくり返しみたように，$\bar{\varphi}, \bar{\psi}$ は e_0 から一意には決定されない．他方，(46:I:c) の場合には一意に決定される．これは，前者の領域が $\bar{\varphi}$-$\bar{\psi}$ 平面の長方形 (b) であるのに対し，後者の領域が直線 (c) のみであるという事実によって図示されている．

ところで，(46:I:b) の 2 つの端点――すなわち $e_0 = -|\Gamma|_1, |\Gamma|_2$ となる場合――においては，$\bar{\varphi}, \bar{\psi}$ について可能な区間が 1 点に制限されることは注意しておくに値する[90]．これによって，(46:I:b) の可変的な $\bar{\varphi}, \bar{\psi}$ から (46:I:c) の固定された 1 点 $\bar{\varphi}, \bar{\psi}$ への移行が連続となるのである．

第 3 に：第 1 の注意は，正常な行動（すなわち (46:I:b) に相当する超過量

---

[88] 図 69 の図示が実際に (46:I:b), (46:I:c) を表していることについての証明は，簡単であるので読者に任せることにする．
[89] すなわち，$-|\Gamma|_1 \leq e_0 \leq |\Gamma|_2$ ならば $-|\Delta|_1 \leq \bar{\varphi} \leq |\Delta|_2$, $-|H|_1 \leq \bar{\psi} \leq |H|_2$ となるのである．(46:I:b) を参照せよ．
[90] これは退化のおこる 1 つの場合であり，**46.7** の最後に述べられている．

の位置) が Γ から Δ, H へ遺伝されることを述べていた．一般に超過量が消滅するときには，このような遺伝性は成立しない．すなわち，$e_0 = 0$[91] は一般には $\bar{\varphi} = 0, \bar{\psi} = 0$ を意味しないのである．(**44.7** の) われわれの現在の理論を (**42.4.1** の，これはすでに知っているように **30.1.1** の最初のものと同等である) 旧理論と区別している超過量がまさに消滅しているのである．$e_0 = 0$ のときの $\bar{\varphi}, \bar{\psi}$ の多様性については，最後の (第 6 の) 注意においてより詳細に検討するものとする．しかしながら，それを行う前に，新理論ともとの形の理論との間の関連に注意を向けよう．

第 4 に：ここで，たとえ主要な関心がもとの形の理論のみにあったとしても，現在のより広い形の理論を考えねばならないことが明らかになる．実際：最初の意味 ($e_0 = 0$) での分解可能なゲーム Γ の解を見出すためには，より広い新しい意味での (すなわち，ゼロにならないかもしれない $\bar{\varphi}, \bar{\psi}$ に関する) 成分ゲーム Δ, H の解が必要である．

これにより，**44.6.2** の注意により正確な意味づけがなされる：すなわち，ここでゲーム (Δ または H) が非孤立的とみなされるときには，旧理論から新理論への移行の過程が必要となることが特に明確になるのである．この考えについての厳密な定式化は **46.10** において行われる．

46.8.2 第 5 に：ここで，**44.3.2** の (44:D) および **44.3.3** の (44:D:a)，(44:D:b) についての最終的な記述の正当性を示すことができる．もし旧理論を新理論で代替すれば，(46:I:b) は (44:D) が (46:I:b) の場合に成り立つことを示す．犠牲を払うことになるが，(46:I:c) は，(46:I:c) の場合には (44:D) が成り立たないことを示している．したがって，(44:D) のもっともらしい考えの正当性を保証したいならば，新理論への移行とともに，(46:I:b) の場合——すなわち正常な場合——への制限が必要となる．

もし (44:D), (44:D:a), (44:D:b) をあくまでも旧理論で説明するならば，(44:D), (44:D:a) は成り立たないが[92]，(44:D:b) は条件付きでやはり成り立つ[93]．

46.8.3 第 6 に：$e_0 = 0$ は一般には $\bar{\varphi} = 0, \bar{\psi} = 0$ を意味しないことをみ

---

[91] もちろん，$e_0 = 0$ は正常な場合 (46:I:b) に属している．すなわち，$-|\Gamma|_1 \leq 0 \leq |\Gamma|_2$ である．

[92] $e_0 = 0, \bar{\varphi} \neq 0, \bar{\psi} \neq 0$ となりうるからである．この場合には **44.3.3** で述べたように分解可能性の条件 **44.3.1** の (44:B:a) が成り立たなくなる．

[93] $e_0 = 0, \bar{\varphi} = 0, \bar{\psi} = 0$ となる特別な場合を表している．

た．この「一般に」とは何を意味するのであろうか？

$\bar{\varphi}, \bar{\psi}$ は (46:I:b) の条件 (2)-(4) にしたがう．$e_0 = 0$ であるから，(4) は $\bar{\psi} = -\bar{\varphi}$ であることを意味し，(2)，(3) は $\bar{\varphi}$ のみで表すことができる．それらは，

$$(46:35) \quad \begin{Bmatrix} -|\Delta|_1 \\ -|H|_2 \end{Bmatrix} \leq \bar{\varphi} \leq \begin{Bmatrix} |\Delta|_2 \\ |H|_1 \end{Bmatrix}$$

となる．

ここで (45:E) を Δ, H に適用すれば，次のことがわかる：

もし Δ, H が共に本質的であれば，(46:35) の下限は 0 より小さく，上限は 0 より大きくなる．それゆえ，$\bar{\varphi}$ は実際に 0 と異なる値をとりうる．もし Δ または H が非本質的であれば，(46:35) は $\bar{\varphi} = 0$ を意味し，それゆえ $\bar{\psi} = 0$ である．

これを明確にしておこう：

(46:J) $e_0 = 0$ ならば $\bar{\varphi} = 0, \bar{\psi} = 0$ となる，すなわち，旧理論の意味においてさえ，**44.3.2** の (44:D) が成り立つための必要十分条件は，Δ または H が非本質的となることである．

46.9 ダミー

46.9.1 ここで，464 ページの脚注 3) で述べたより狭いタイプの分解を取り扱うことができる——すなわち，ゲームに「ダミー」を加えるのである．

プレイヤー $1', \cdots, k'$ からなるゲーム Δ を考える[94]．これを「ダミー」の列 K に加えることにより「ふくらませる」．すなわち，プレイヤー $1'', \cdots, l''$ からなる非本質的ゲーム H と Δ とを合成するのである．すると，合成されたゲームは Γ となる．

このようなすべてのゲームに対して旧理論を適用しよう．**31.2.1** の (31:I) により，非本質的ゲーム H にはちょうど 1 つの配分が存在する．——たとえば，これを $\vec{\gamma}_K^0 = (\gamma_{1''}^0, \cdots, \gamma_{l''}^0)$ とする[95]．**31.2.3** の (31:O) または (31:P) により，H はただ 1 つの解をもつ：すなわち，1 要素集合 $\{\vec{\gamma}_K^0\}$ である．

ここで (46:J) および (46:I:b) により，Γ の一般解は Δ の一般解と H の

---

[94] ここでプレイヤーに関して **41.3.1** の記号を再度導入しておくと好都合である．

[95] **44.2** の記号を思い出せ．

一般解の合成から得られる．——しかも後者は一意に定まる！

言い換えれば：

J（すなわち Δ）のあらゆる配分 $\vec{\beta}_J = (\beta_{1'}, \cdots, \beta_{k'})$ を $\vec{\gamma}_K^0$ と合成する，すなわち要素 $\gamma_{1''}^0, \cdots, \gamma_{l''}^0$ を付け加えることにより I（すなわち Γ）の配分 $\vec{\alpha}_I$ に「ふくらませる」：$\vec{\alpha}_I = (\beta_{1'}, \cdots, \beta_{k'}, \gamma_{1''}^0, \cdots, \gamma_{l''}^0)$ とするのである．すると，この「膨張」——すなわち合成——の手続きにより Δ の一般解から Γ の一般解がつくり出される．

この結果は次のように要約することができる．「ダミー」を付け加えることによるゲームの「膨張」は，その解に本質的には影響しない．——「ダミー」を表す要素をすべての配分に付け加えさえすればよいのであり，その各要素の値は，各「ダミー」が非本質的ゲーム H で獲得するはずのものである．なお，この値はダミー間の関係を表している．

46.9.2 最後に，(46:J) において合成が上で述べた特別なタイプのものでなければ，そしてそのときにのみ，旧理論は新理論の簡単な性質をもちえなくなり，**46.8.1** の第3の注意で指摘したように，その遺伝性が損われることになる．

46.10 ゲームの埋めこみ

46.10.1 **46.8.1** の第4の注意においてゲームが非孤立的とみなされるときには，旧理論から新理論への移行が必要となるという **44.6.2** の指摘をくり返し強調しておいた．この考えに最終的かつ厳密な説明を行うことにする．

ここでは，考察の対象となるゲームを Δ，そのプレイヤーの集合を J と表しておくほうが便利である．この Δ はまったく一般的であるとする．——すなわち，Δ の非分解性が仮定されているとする．

まず，この与えられたゲーム Δ を非孤立的な事象として扱うのに必要な概念を導入することから始める：これは結局，より広い組み立ての中にこの Δ を変更することなく埋めこむということになる．このより広い組み立てを別のゲーム Γ と表しておくと都合がよい．ここで，もし Γ が Δ と他のゲーム H との合成となっているならば，Δ は Γ に埋めこまれる，または，Γ は Δ を埋めこむと定義する[96]．言い換えれば，Δ は自らが成分となっているようなす

---

[96] ゲーム H およびそのプレイヤー K はまったく任意である．ただし，K と J とは互いに交わらないものとする．

べてのゲームに埋めこまれるわけである[97]．

46.10.2 次に，Δ を非孤立的事象とみなすことにより Δ の解を調べることにしよう．上記の事柄に照らしてみれば，これは結局 Δ のあらゆる埋めこみ Γ のすべての解を列挙し，Δ に関するところでそれらを解釈することに一致する．この最後の操作は，**44.7.4** の意味で J-成分を考えることにほかならない．**46.8.2** の第5の注意により，これは正常な範囲 (b) の解を考えるときにのみ可能となる．

Γ の解を旧理論の意味で考えるべきなのか新理論の意味で考えるべきなのか，迷う人がいるかもしれない．前者は **44.6.2** の立場からより正当化されるように思われるかもしれない：すなわち，ゲームに対する外部からの影響は，Δ から H への移行により考慮されているので，もはや旧理論から外へ出る理由は何もないのである[98]．しかし，Δ についての結果は Γ についてどちらの理論を用いようともまったく同じであるから，この問題を解決する必要はまったくなくなる．しかし，もし Γ について新理論を用いるならば，上で議論されたように (46:I:b) の場合に限らねばならない．

したがって，問題は最終的には次の形になる：

(46:K) Δ のあらゆる埋めこみ Γ とこれらの Γ のすべての解とを：

(a) 旧理論，すなわち $E(0)$ の意味において，

(b) 正常な範囲における，すなわち (46:I:b) のあらゆる $E(e_0)$ に関する新理論において考える．

解の J-成分はどうなるか？

46.10.3 答えは非常に簡単である：

(46:L) (46:K) で述べられた (Γ の解の) J-成分はちょうど次の集合となる：正常な範囲における，すなわち (46:I:b) のあらゆる $E(\bar{\varphi})$ に関する Δ のすべての解．これは (46:K) の (a) においても (b) においても成り立つ．

---

[97] 成分の成分はそれ自身またもとの成分となる（これに対応する定義，特に **43.3.1** の (43:D) を思い出せ）から，埋めこみの埋めこみもまた埋めこみとなる．言い換えれば：埋めこみは推移性を満たす．これにより，埋めこみにもとづくいかなる間接的な関係も考慮しなくてよいことになる．

[98] さらに，544 ページの脚注 97) において指摘された推移性により，Γ をさらに埋めこむようなものは直接的に Δ の埋めこみとみなすことができる．

証明：$e_0 = 0$ は (46:I:b) に属する (541 ページの脚注 91) を参照せよ），したがって (a) は (b) よりも狭くなる．それゆえ，(b) から得られるあらゆる集合が上述の集合の中に含まれ，しかもこれらのすべての集合が (a) を用いた場合にも得られることを示しさえすればよい．

最初の主張は，正常な範囲 (b) の遺伝性にほかならない．

第2の主張は，(46:I:b) から得られるが，そのためには次のことを示さねばならない：$-|\Delta|_1 \leq \bar{\varphi} \leq |\Delta|_2$ なる $\bar{\varphi}$ が与えられたときに，$\bar{\varphi} + \bar{\psi} = 0$ でしかも H が $E(\bar{\psi})$ についての解をもつような H と $-|\mathrm{H}|_1 \leq \bar{\psi} \leq |\mathrm{H}|_2$ なる $\bar{\psi}$ が見出せること．そこで，このような H が存在し，しかも3人ゲームとして考えられることを示そう．

実際：H を一般の $\gamma > 0$ をもつ本質的3人ゲームとする．すると 45.1 の (45.2) により $|\mathrm{H}|_1 = 3\gamma$，45.3.3 の (45.9) により $|\mathrm{H}|_2 = \frac{1}{2}|\mathrm{H}|_1 = \frac{3}{2}\gamma$ となる．ここで $\bar{\psi} = -\bar{\varphi}$ とならねばならないが，上で知ったように，

$$-3\gamma \leq \bar{\psi} \leq \frac{3}{2}\gamma$$

となる．したがって，γ を十分に大きくとれば $\bar{\psi} = -\bar{\varphi}$ は明らかに満たされる．さらに，$E(\bar{\psi})$ に関する H の解がまた必要となるが，($-3\gamma \leq \bar{\psi} \leq \frac{3}{2}\gamma$ に関する) このような解の存在は 47 で示されるであろう．

46.10.4 この結果について2つの注意がさらに付け加えられねばならない：

第1に：旧理論が依然として遺伝性をもつような方法で埋めこみの手続きを扱うならば，次のことを調べておかねばならない：すなわち，Δ と H による Γ の合成は $e_0 = 0$ ならば $\bar{\varphi} = 0$（したがって $\bar{\psi} = 0$）となるようなものでなければならない．(46:J) により，これは Δ, H の少なくとも一方が非本質的であることを意味する．後者は，「ダミー」のみが Δ に付け加えられることを表している（(46:J) を参照せよ）．

要約すれば：

(46:M) 旧理論が依然として遺伝性をもつための必要十分条件は，もとのゲーム Δ が非本質的であるか，または埋めこみが Δ に対する「ダミー」の付加に限られることである．

第2に：超過量を生み出し，旧理論から新理論への移行を容易にする外部

的要因をいま 1 人のプレイヤーとして扱うことが，**44.6.2** においてすでに，示唆されていた．

上述の結果 (46:M) により，やや変更を加えられた見方の正当性が示される：**44.6.2** の外部的要因は Δ に付け加えられるゲーム H――いやむしろそのプレイヤーの集合 K――となっているのである．

ところで，希望された結果を得るためにはゲーム H が本質的とならねばならないことを，われわれはすでにみた．さらに，本質的ゲームが $n \geq 3$ 以上の参加者を必要とすることも知っており，(46:M) の証明は $n = 3$ なる参加者をもつ適当な H が実際に存在することを示していた．

したがって：

(46:N) 　**44.6.2** の外部的要因は，新しいプレイヤーのグループとみなすことができる．――ただし，1 人のプレイヤーとしてみなすことはできない．実際，このグループが影響力をもつための最小のプレイヤーの数は 3 である．

46.10.5 以上の考察により，(正常な範囲 (b) における) 旧理論から新理論への移行が正当化され，この移行の性質が分類された．われわれはここで，**44.3** の「常識」による推測が旧理論においては成り立たないが，変更を加えた新しい領域においては成り立つことを調べる．これにより，理論が満足できる方法でまとめられる．

44.4.3-46.10.4 の議論の中心をなす原理は次のようなものであった：考察するゲームは最初は孤立した事象とみなされていたが，その後ゲーム自身を修正することなく，あらゆる可能な方法でこのような孤立性が取り除かれ，より大きなゲームへとふくらまされた．この思索の順序は，自然科学，特に力学においては珍しいものではない．最初の段階はいわゆる閉じた体系の分析に相当し，第 2 の段階は相互に影響し合わないより大きなあらゆる可能な閉じた体系に最初の体系を拡張することに相当している．

この手続きの方法論的重要性は，理論物理学の最近の文献においてさまざまな形で強調されてきた．特に量子力学の構成の分析においてそれは著しい．それがわれわれの現在の分析において非常に本質的なところで利用されうることは注目に値する．

46.11 正常な範囲の重要性

46.11.1 (46:I:b) の結果により，合成ゲームの正常な範囲におけるあらゆる解に対して——すなわち，もちろん旧理論の意味におけるあらゆる解に対しても——数 $\bar{\varphi}, \bar{\psi}$ が定義される．この事実と解との関連における $\bar{\varphi}, \bar{\psi}$ の直接的な性質は，非常に基本的に重要であるので，数学によらない説明を十分に加えておく必要があるだろう．

われわれは，2つの互いに交わらない集合 J と K によってプレイされる2つのゲーム Δ, H を考えている．これらのゲームのルールは，相互の物理的関係がまったくないことを規定している．それにもかかわらず，われわれはそれらを1つのゲーム Γ とみなす．——しかし，もちろんこのゲームは2つの孤立した成分 Δ, H をもつ合成されたゲームである．

そこで，構造全体，すなわち合成ゲーム Γ のあらゆる解を見出すことにしよう．Γ 以外のものは何も考察する必要はないので，われわれは **30.1.1** および **42.4.1** の旧理論を用いるものとする[99]．このとき，解 U_I のすべてが各々次の性質をもつある数 $\bar{\varphi}$ [100] を決定することはすでに示した：すなわち，U_I のあらゆる配分 $\vec{\alpha}$ に対して，Δ のプレイヤー（すなわち J）は全体で $\bar{\varphi}$ なる量を獲得し，H のプレイヤー（すなわち K）は全体で $-\bar{\varphi}$ なる量を獲得する．したがって，U_I で表される組織の原理は，（特に）H のプレイヤーがあらゆる状態において $\bar{\varphi}$ なる量を Δ のプレイヤーに譲渡することを規定する．

その他の U_I——すなわち組織の原理または行動基準——の特徴は次のとおりである．

第1に：もし他のグループからの譲渡 $\bar{\varphi}$ が確実に行われるとすれば，Δ のプレイヤーは各々の関連において，安定な行動基準によって統制されていなければならない[101]．

第2に：もし他のグループへの譲渡 $\bar{\varphi}$ が確実に行われるとすれば，H のプレイヤーは各々の関連において，安定な行動基準によって統制されていなければならない[102]．

第3に税としての譲渡 $\bar{\varphi}$ は **46.8.3** の制約 (46:35) 内になければならない．

---

[99] すなわち $e_0 = 0$ である．
[100] $\bar{\varphi} + \bar{\psi} = e_0 = 0$ ゆえ，$\bar{\psi} = -\bar{\varphi}$ は導入しない．
[101] すなわち，U_I の J-成分 V_J が $E(\bar{\varphi})$ に関する Δ の解となっていることである．
[102] すなわち，U_I の K-成分 W_K が $E(-\bar{\varphi})$ に関する H の解となっていることである．

(46:35) $\begin{Bmatrix} -|\Delta|_1 \\ -|H|_2 \end{Bmatrix} \leq \bar{\varphi} \leq \begin{Bmatrix} |\Delta|_2 \\ |H|_1 \end{Bmatrix}$

46.11.2 これらのルールの意味は，明らかに Γ のあらゆる解，すなわち任意の安定な社会的秩序が２つのグループの一方からもう一方への一定の税の支払いをもとにしていることである．この税の量は解の不可欠な部分となっている．このような量のうちおこりうるもの，すなわち解において現れうるものは，上述の (46:35) により厳密に決定されている．この条件は特に以下の事柄を表している：

第１に：税がゼロである，すなわち一方から他方への税の移動がない場合もおこりうる１つの場合となっている．

第２に：税がゼロであることは，２つのゲーム Δ, H の１つが非本質的であれば，そしてそのときにのみおこる (**46.8.3** の第６の注意を参照せよ)．

第３に：他のすべての場合においては，正の税，負の税共に可能である．——すなわち，Δ のプレイヤー，H のプレイヤーは共に税を支払うグループになりうる．

(46:35) の制約は，２つのゲーム Δ, H, すなわち２つのグループの客観的な物理的可能性により定められる[103]．これらの制約は，各グループがいかなる社会組織もそれ以上押し下げることのできない最小の値 $-|\Delta|_1, -|H|_1$ をもつこと，およびそれ以上押し上げることのできない最大の値 $|\Delta|_2, |H|_2$ をもつことを表している．

したがって，ある物理的な背景，すなわちゲーム，例えば Δ について，２つの数 $|\Delta|_1, |\Delta|_2$ は次のように解釈することができる：$-|\Delta|_1$ はあらゆる状態のもとで耐えられる最悪のものであり，$|\Delta|_2$ はあらゆる状態のもとで見出しうる外部が受け入れてくれる最大の要求である[104]．

ここで，**45.3.1**-**45.3.2** の結果 (45:E) と (45:F) は新しい意味をもつ：これらの結果により，２つの数 $|\Delta|_1, |\Delta|_2$ が０になるのは共に０になるときのみであり (Δ が非本質的なときである)，両者の比は有限な範囲内に常に位置

---

[103] しかし，実際に量 $\bar{\varphi}$ がこの制限範囲のどこに位置するかは，客観的なデータではなく，解すなわち全体として受け入れられるようになった行動基準によって決定される．

[104] これらはすべて Δ のすべてのプレイヤーからなる提携の値 v(J) を０とすること，すなわち，われわれは，グループ内の協力の欠如と Δ の社会組織のまずさとに純粋に起因する損失，および外部のグループにおける協力の欠如と Δ の社会組織の有利さとに純粋に起因する利得を議論していること，を思い出さねばならない．

する.

46.12 譲渡現象の最初の発生：$n=6$

46.12 われわれは，合成ゲーム Γ の理論の新しい要素の特徴が，2つの成分 Δ, H が共に本質的となるときにはじめて明らかになることを，くり返しみてきた（すなわち，**46.8.3** の (46:J) および **46.11.2** の第 2，第 3 の注意においてである）．これは，e_0 ではあるが，

$$\bar{\varphi} = -\bar{\psi} \neq 0,$$

すなわち，**46.11** の意味において非ゼロ税がおこる場合である．

ところで，ゲームは本質的であるためには 3 人以上のプレイヤーをもたねばならない．したがって，もし Δ, H の双方が本質的となるならば，合成ゲーム Γ は 6 人以上のプレイヤーをもたねばならないことになる．

さらに以下の考察が示すように，実際には 6 人のプレイヤーで十分である：Δ, H を $\gamma = 1$ なる本質的 3 人ゲームとする．すると，$|\Delta|_1 = |H|_1 = 3$, $|\Delta|_2 = |H|_2 = \frac{3}{2}$ である（**46.10.3** を参照せよ）．したがって $-\frac{3}{2} \leq \bar{\varphi} \leq \frac{3}{2}$ について，$\bar{\varphi}$ および $\bar{\psi} = -\bar{\varphi}$ は共に $-\frac{3}{2}$ と $\frac{3}{2}$ との間に位置する．これは，**47** においてみるように，$E(\bar{\varphi})$, $E(\bar{\psi})$ に関する Δ, H の解 V_J, W_K の存在を意味する．その合成 U_I をつくれば，U_I は所与の $\bar{\varphi}$ をもつ合成ゲーム Γ の解となる．$\bar{\varphi}$ は $-\frac{3}{2} \leq \bar{\varphi} \leq \frac{3}{2}$ によって制限されているだけであるので，$\bar{\varphi} \neq 0$ となるようにとることもできる．

このようにして次が証明された：

(46:O) われわれの合成ゲームの理論の特徴的な新しい要素（$e_0 = 0$ かつ $\bar{\varphi} = -\bar{\psi} \neq 0$ となる可能性，上述を参照せよ）がある適当なゲームにおいて観察できるためのプレイヤーの最小数は $n = 6$ である．

われわれは，プレイヤーの数の増加にともない，必ずより少数のプレイヤーについて生じた概念の扱いが一層複雑になるだけでなく，新しい性質をもった現象もまた生じるという信念をくり返し説明してきた．たしかに，プレイヤーの数が 2, 3, 4 と次々に増加していくにつれて，このような現象の発生が観察された．それゆえ，ここでプレイヤーの数が 6 となったときに同様の現象が

47 新理論における本質的3人ゲーム

47.1 本議論の必要性

47.1 最後に，新理論にしたがった本質的3人ゲームの解の議論がわれわれに残されている．

われわれはすでに **46.10** および **46.12** においてこれらの解の存在を利用したのでこの議論が必要であるが，この議論自身も興味深い点を有している．**46.12** においてこれらの解に対して与えた解釈および分解の理論におけるこれらの解の果たす中心的役割を考えてみれば[106]，その構造に対して詳細な知識を得ることの望ましさがはっきりするであろう．さらに，これらの細部に習熟しておくことにより，ある重要性をもった別の解釈への移行も容易になる．（**47.8**, **47.9** を参照せよ．）最後に，ここで問題となっている解を決定する際に用いられる原理は，より広い応用性をもっていることが見出されるであろう．（**60.3.2**, **60.3.3** を参照せよ．）

47.2 予備的考察

47.2.1 本質的3人ゲームを考え Γ と記す．$\gamma = 1$ と正規化しておく．したがって，$|\Gamma|_1 = 3$, $|\Gamma|_2 = \frac{3}{2}$ である（**46.12** を参照せよ）．$E(e_0)$ に関する Γ の解を求めたい[107]．前述の応用においては，正常な範囲 $-3 \leq e_0 \leq \frac{3}{2}$ だけを必要としたが，ここではあらゆる e_0 について議論したいと思う．

これからの議論は **32** で旧理論を扱う際に用いた図を用いて行うことにする．それゆえ，いくつかの点で **32** の筋道をたどることになるであろう．

特性関数は **32.1.1** におけると同様，次のようになる：

---

[105] 6人のプレイヤーが存在するときにのみ現れる新しい性質をもついくつかの現象については，**53.2** を参照せよ．
[106] これだけがまったく一般的な性質をもった問題であり，ここでその解の全貌を明らかにできる！
[107] 前述の応用においては Δ, $\bar{\varphi}$ および H, $\bar{\psi}$ ($= -\bar{\varphi}$) なる記号を用いたが，ここでは Γ と書くことにする．

もちろん，ここでの Γ は前述の分解可能な Γ とは無関係である．

(47:1)　S が v$(S) = \begin{cases} 0 \\ 1 \\ 2 \\ 3 \end{cases}$ 個の要素をもつときに，$\begin{cases} 0 \\ -1 \\ 1 \\ 0 \end{cases}$ である．

（拡張された）配分をベクトル

$$\vec{\alpha} = (\alpha_1, \alpha_2, \alpha_3)$$

で表すと，その 3 つの要素は **44.7.2** の (44:13) を満たしておらねばならず，それゆえ：

(47:2)　$\alpha_1 \geq -1, \quad \alpha_2 \geq -1, \quad \alpha_3 \geq -1$

である．

さらに，$E(e_0)$ においては，**44.7.2** の (44:11*) により超過量は e_0 とならねばならず，それゆえ，

(47:3)　$\alpha_1 + \alpha_2 + \alpha_3 = e_0$

となる[108]．

47.2.2 この $\vec{\alpha}$ を **32.1.2** の図を用いて表したいのであるが，このような図は和が 0 になる 3 数しか表しえなかった．そこで，

(47:4)　$\alpha^1 = \alpha_1 - \dfrac{e_0}{3}, \quad \alpha^2 = \alpha_2 - \dfrac{e_0}{3}, \quad \alpha^3 = \alpha_3 - \dfrac{e_0}{3}$

と定義する．すると，(47:2)，(47:3) は，

(47:2*)　$\alpha^1 \geq -\left(1 + \dfrac{e_0}{3}\right), \quad \alpha^2 \geq -\left(1 + \dfrac{e_0}{3}\right), \quad \alpha^3 \geq -\left(1 + \dfrac{e_0}{3}\right),$

(47:3*)　$\alpha^1 + \alpha^2 + \alpha^3 = 0$

となる[109]．

---

[108] 読者は (47:1)-(47:3) を **32.1.1** の (32:1)-(32:3) と比較してみるとよい．——ただ 1 つの違いは，(47:3) にあることに気づかれるであろう．

[109] この (47:2*)，(47:3*) を **32.1.1** の (32:2)，(32:3) と比較してみると，(47:3*)，(32:3) は一致しているが，(47:2*) と (32:2) は，比率が $1 + \dfrac{e_0}{3}$ だけ異なっていることがわかるであろう．

このようにして，$\alpha_1, \alpha_2, \alpha_3$ を $\alpha^1, \alpha^2, \alpha^3$ と置き換えさえすれば，**32.1.2** の図が適用可能となる．すなわち，この制限を満たしさえすれば，図 52 が使用可能となる．

以上の理由により，われわれは $E(e_0)$ のあらゆるベクトル $\vec{\alpha} = (\alpha_1, \alpha_2, \alpha_3)$ に関して，その通常の意味での要素だけでなく，(47:4) の意味での準要素 $\alpha^1, \alpha^2, \alpha^3$ もつくることにする．そしてこの準要素の助けにより，図 52 の図による表示を利用できるのである．

したがって，この図のための平面はまさに条件 (47:3*) を表している．それゆえ，いま 1 つの条件 (47:2*) は，図 52 の平面内で点 $\vec{\alpha}$ に対して課せられた制限と同等であり，これは **32.1.2** における類似した制限と同様にして得られる：$\vec{\alpha}$ は 3 直線 $\alpha^1 = -\left(1 + \dfrac{e_0}{3}\right)$, $\alpha^2 = -\left(1 + \dfrac{e_0}{3}\right)$, $\alpha^3 = -\left(1 + \dfrac{e_0}{3}\right)$ によってつくられる三角形の内部に位置しなければならない．これは，比率が $1 + \dfrac{e_0}{3}$ だけ変わっている点を除けば[110]，図 53 の状況そのものであり，図 70 において表されている．影を施した部分は**基本三角形**とよばれ，(47:2*), (47:3*) を満たす $\vec{\alpha}$，すなわち $E(e_0)$ を満たす $\vec{\alpha}$ を表している．

47.2.3 この図を用いて支配関係を表そう．ここでは新理論を用いているので，支配 $\vec{\alpha} \succ \vec{\beta}$ に関する **30.1.1** の集合 S について——すなわち，その確実必要性，確実不必要性について——の **31.1** の考察はもはや用いえない．そこで S をあらためて議論し直そう．

まず，S が 1 要素集合あるいは 3 要素集合になりえないことは依然として正しい．実際，前者の場合，$S = \{i\}$ においては **30.1.1** により $\alpha_i \leq v(\{i\}) = -1, \alpha_i > \beta_i$ であり，したがって $\beta_i < -1$ となる．ところが (47:2) により $\beta_i \geq -1$ であるから，これは矛盾である．後者の場合，$S = \{1, 2, 3\}$ においては，**30.1.1** により $\alpha_1 > \beta_1, \alpha_2 > \beta_2, \alpha_3 > \beta_3$，したがって $\alpha_1 + \alpha_2 + \alpha_3 > \beta_1 + \beta_2 + \beta_3$ となる．ところが，(47:3) により $\alpha_1 + \alpha_2 + \alpha_3 = \beta_1 + \beta_2 + \beta_3 = e_0$

---

[110] 551 ページの脚注 109) を参照せよ．ここで，もちろんわれわれは $1 + \dfrac{e_0}{3} \geq 0$, すなわち，
$$e_0 \geq -3 = -|\Gamma|_1$$
を仮定している．もし $1 + \dfrac{e_0}{3} < 0$, すなわち $e_0 < -3 = -|\Gamma|_1$ ならば，条件 (47:2*), (47:3*) が両立しえない，そして，実際 (45:A) からわかるように，この場合には $E(e_0)$ は空である．

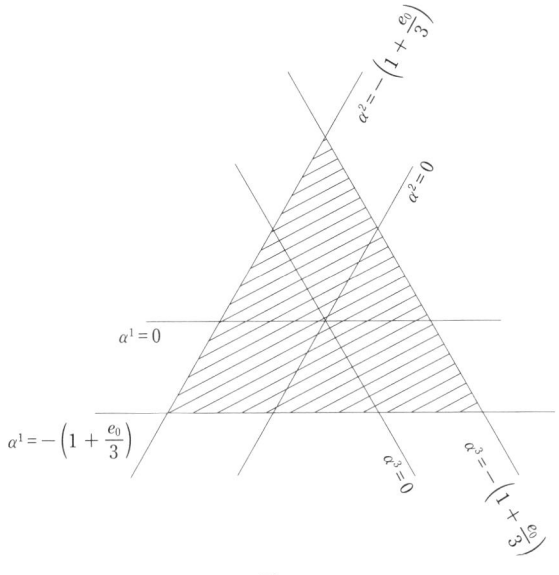

図 70

となるから，これは矛盾である．

したがって，S は 2 要素集合 $S = \{i,j\}$ とならねばならない[111]．すると，支配関係は $\alpha_i + \alpha_j \leq \mathrm{v}(\{i,j\}) = 1$, $\alpha_i > \beta_i$, $\alpha_j > \beta_j$，すなわち，

$$\alpha^i + \alpha^j \leq 1 - \frac{2e_0}{3},$$

および $\alpha^i > \beta^i$, $\alpha^j > \beta^j$ を意味する．(47:3*) により，第 1 の条件は，

$$\alpha^k \geq -\left(1 - \frac{2e_0}{3}\right)$$

と書き直せる．

次のように書き直しておこう：支配

$$\vec{\alpha} \succ \vec{\beta}$$

は，

---

[111] i,j,k は $1,2,3$ の置換を表している．

$$(47\!:\!5)\quad\begin{cases}\phantom{\text{または，}}\alpha^1>\beta^1,\quad \alpha^2>\beta^2,\quad \alpha^3\geq -\left(1-\dfrac{2e_0}{3}\right)\text{か,}\\ \text{または，}\quad \alpha^1>\beta^1,\quad \alpha^3>\beta^3,\quad \alpha^2\geq -\left(1-\dfrac{2e_0}{3}\right)\text{か,}\\ \text{または，}\quad \alpha^2>\beta^2,\quad \alpha^3>\beta^3,\quad \alpha^1\geq -\left(1-\dfrac{2e_0}{3}\right)\end{cases}$$

であることを意味する[112].

47.3 6つの場合の議論．ケース (I)-(III)

47.3.1 以上の準備のもとに，あらゆる e_0 の値について $E(e_0)$ に関する Γ の解 V を議論していこう．

6つの場合に分けると好都合であることがわかるであろう．ケース (I) は (45:O:a) に，ケース (II)-(IV) および (V) の1点は (45:O:b)（正常な範囲）に，そしてケース (V)（上の点は除く）と (VI) は (45:O:c) に相当するものである（(45:O:a)，(45:O:b)，(45:O:c) はすべて **45.6.1** において述べた場合である）．

47.3.2 ケース (I)：$e_0<-3$．この場合には，$1+\dfrac{e_0}{3}<0$ ゆえ，(47:2*)，(47:3*) は両立しえず，$E(e_0)$ は空である（552ページの脚注110）を参照せよ）．したがって，V もまた空とならねばならない．

ケース (II)：$e_0=-3$．この場合には $1+\dfrac{e_0}{3}=0$ ゆえ，(47:2*)，(47:3*) は $\alpha^1=\alpha^2=\alpha^3=0$，すなわち $\alpha_1=\alpha_2=\alpha_3=\dfrac{e_0}{3}=-1$ を意味し，

$$\vec{\alpha}=(-1,-1,-1)$$

となる．したがって，$E(e_0)$ は1要素集合であり，**31.2.3** の (31:O) の証明と同じ議論により，V $= E(e_0)$ とならねばならない．これからわかるように，この状況は非本質的ゲームにおいて遭遇した状況に非常に類似している．**31.2.3** を参照せよ．

ケース (III)：$-3<e_0\leq 0$．この場合には $1+\dfrac{e_0}{3}>0$ であり，図70が使用できる．また $1+\dfrac{e_0}{3}\leq 1-\dfrac{2e_0}{3}$ ゆえ，**47.2.3** の (47:5) の余分の条件は，基本三角形上においては自動的に満たされる．したがって，(47:5) は，

---

[112] これは，**32.1.3** の (32:4) とは各行の最後の余分の条件が異なっているだけである．

32.1.3 の (32:4) に一致する (554 ページの脚注 112) を参照せよ). それゆえ, 比率 $1+\dfrac{e_0}{3}$ を入れて考えれば, **32.1.3-32.2.3** の議論がすべて適用される.

このようにして, この場合には **32.2.3** で述べられた解を取り上げ, (α^i から α_i への移行のために) 各要素に $1+\dfrac{e_0}{3}$ を乗じ $\dfrac{e_0}{3}$ を加えれば, 求める $E(e_0)$ の解が得られる.

47.4 ケース (IV): 第 1 の部分

47.4.1 ケース (IV): $0 < e_0 < \dfrac{3}{2}$. この場合には, $0 < 1-\dfrac{2e_0}{3} < 1+\dfrac{e_0}{3}$ となる. したがって, 直線

$$\alpha^1 = -\left(1-\frac{2e_0}{3}\right), \quad \alpha^2 = -\left(1-\frac{2e_0}{3}\right), \quad \alpha^3 = -\left(1-\frac{2e_0}{3}\right)$$

(これは (47:5) の余分の条件を規定する) は, 図 71 で示されているように図 70 の基本三角形と交わる. この 3 つの直線は基本三角形を 7 つの部分に分割するが, 各部分はどの 2 要素集合が (47:5) の意味で有効となっているかを述べることにより特徴づけられる. その一覧表は, 図 71 の下に与えた. 次に, 基本三角形の各点について, それが支配する領域に影を施すことにより[113], 図 54 と類似した図を導ける. これは, (47:5) にしたがい, 図 72 において行われている. 図 71 の 7 つの部分は各々別々に扱わねばならず, 図 72 のあらゆる影を施した部分は基本三角形の全体と交わるように続いていなければならない.

図 72 より, 領域①のいかなる点も, ①の外部の点によって支配されえないことは明らかである[114]. したがって, $E(e_0)$, すなわち基本三角形の全体についての解 V を特徴づける **44.7.3** の条件 (44:E:c) は, (基本三角形の全体, すなわち $E(e_0)$ ではなく) ①を取り上げた場合に①における V の部分についてもまた成り立っていなければならない. ところが, ①は比率 $1-\dfrac{2e_0}{3}$ を除けば図 53 の基本三角形に類似した三角形である[115]. 図 54 と図 72 の①とを比較してみれば, 支配の条件が同じであることがわかるであろう.

47.4.2 結局, 比率 $1-\dfrac{2e_0}{3}$ を考慮に入れさえすれば, ①における V に対

---

[113] その境界は除く.
[114] その境界も含む.
[115] $1-\dfrac{2e_0}{3} > 0$ であることに注意せよ.

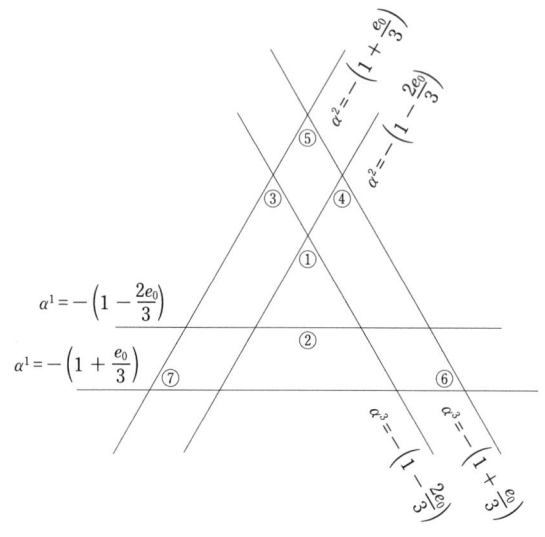

図 71

領域	有効な 2 要素集合 S
①	$\{1,2\}$, $\{1,3\}$, $\{2,3\}$
②	$\{1,2\}$, $\{1,3\}$
③	$\{1,2\}$, $\{2,3\}$
④	$\{1,3\}$, $\{2,3\}$
⑤	$\{2,3\}$
⑥	$\{1,3\}$
⑦	$\{1,2\}$

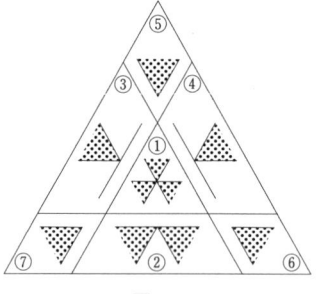

図 72

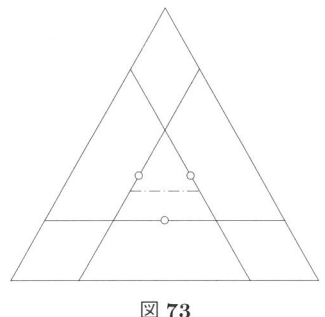

47 新理論における本質的3人ゲーム

図73

しては，**32.1.3-32.2.3** の議論がすべて適用される．したがって，①におけるVは図73で示されているように集合 ° . ° もしくは集合 – · – · – となる．（直線 – · – · – は，点 ° ° より下の任意の位置をとりうる．）しかし，あらゆる解を生み出すためには，– · – · – は1, 2, 3のすべての置換にしたがわねばならない――すなわち，三角形を0°，60°，120°ずつ回転しなければならないのである．(**32.2.3** を参照せよ．° . ° はそこでの (32:B) であり，– · – · – は (32:A) である．)

①におけるVを見出しえたので，次にVの残りの部分の決定へと進もう．Vは解であるから，残りの部分は①におけるVによって支配されない領域に位置しなければならない．図73を図72と比較してみれば，この支配されない領域は次のようなものであることがわかるであろう：

集合 ° . ° に関しては図74の3つの三角形 △ からなり，集合 – · – · – に関しては図75の3つの三角形 △ からなる[116]．

図72から明らかなように，これらの三角形のどの点も別の三角形の点によっては支配されない[117]．したがって，**44.7.3** の条件 (44:E:c)，これは

---

[116] これらの三角形の位置は図75の最下部に位置するものを除けば，すべて図において明確に示される．この最下部に位置する三角形は，明らかに内部三角形（領域①）の外部に位置している――これは，**32.2.2** の条件 (32:8) と同等である．**32.2.2** の図60を参照せよ．しかし，外部三角形（基本三角形）に対するその三角形の位置はそれほど明確ではない：すなわち，それは1点に収縮するかもしれず，さらには消滅してしまうかもしれないのである．

この収縮，消滅の現象が，内部三角形の辺の長さが外部三角形の $\frac{1}{4}$ より小さいときにおこりえないことは容易に確かめられるであろう――これは $1 - \frac{2e_0}{3} \geq \frac{1}{4}\left(1 + \frac{e_0}{3}\right)$ でない，すなわち $e_0 \leq 1$ でないことを意味している．しかし，この問題についてはこれ以上立ち入らないことにする．

[117] これはすべて，図74または図75に言及している――しかし，もちろん同じ議論において，双方に同時にいえるわけではない．

$E(e_0)$, すなわち基本三角形全体についての解 V を特徴づけ——さらに（基本三角形全体，すなわち $E(e_0)$ の代わりに）①を取り上げた場合の①における V をも特徴づけるわけであるが，により次のように述べることができる：(44:E:c) は，三角形 △ をとったときにも各三角形における V に関して成り立つ．

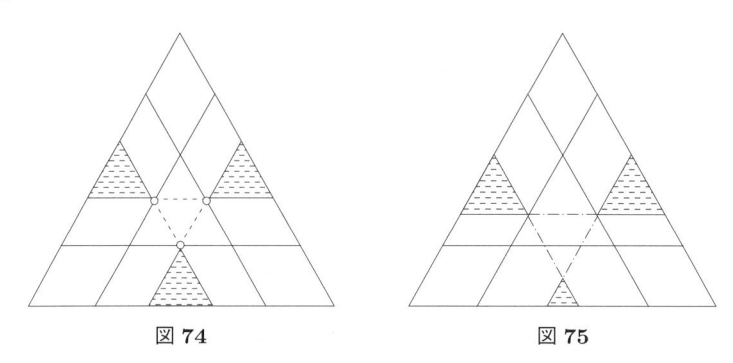

図 74　　　　　**図 75**

47.5　ケース (IV)：第 2 の部分

47.5.1　そこでこれらの三角形の 1 つをとり T と表そう．基本三角形におけるその位置[118]，およびその中のある与えられた点によって支配される影線を施した領域（これは図 72 から写したものである）は，図 76 に示されている．ここで三角形 T に注意を集中し，その中での支配の概念を考える——そして，これに関しての (44:E:c) の解を決定する．まず T だけを独立に描き，そこに座標系 x, y を導入する．（図 77．）

頂点 o は T の点によって支配されることはなく，したがって V に属さねばならない[119][120]．

47.5.2　ここで，T における V の異なる高さ y をもつ 2 点を考える．上部の点が下部の点を支配しないためには，後者は前者によってつくられる 6 つ

---

[118] $0°$，$60°$，$120°$ ずつの回転も考えることにする．図 75 の下部に位置する三角形の頂点は，内部三角形上にはなくその下部にあるが（上の脚注 116 を参照せよ），これはわれわれの議論に影響しない．

[119] 図 75 の下部に位置する三角形以外の三角形 △ については，また別の考察からもこれにしたがう：図 74，図 75 が示すように，このような三角形の頂点は内部三角形（領域①）の境界部に属し，われわれも知っているとおり，結局は①における V に属するのである．

[120] 図 75 の下部に位置する三角形 △（すなわち T）が 1 点（これはもちろん o である）に退化する（557 ページの脚注 116）を参照せよ）ときには，この点で T における V は決定されたことになる．

図 76

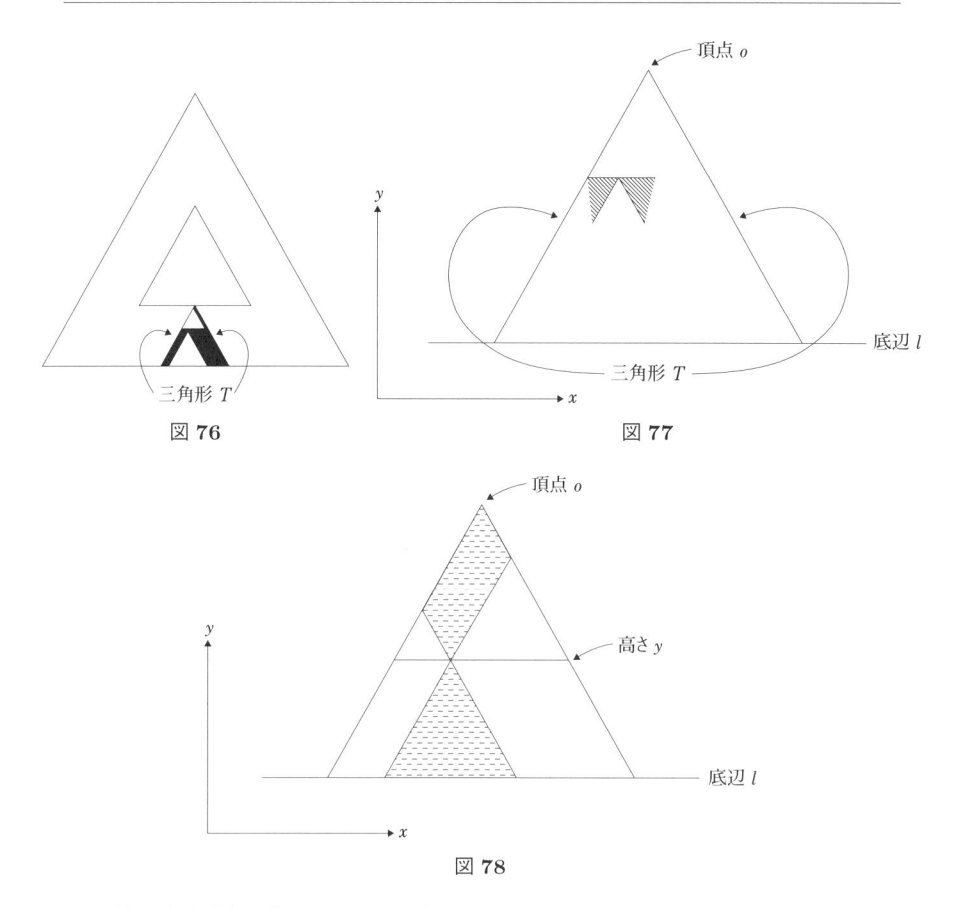

図 77

図 78

の領域のうち影を施した2つに属していてはならない，すなわち，下部の点は上部の点の下にある領域のまん中の部分に属していなければならない．またこの逆もいえる．したがって，T における V のある点が与えられれば，それと異なる高さ y をもつ T における V のあらゆる点は，図 78 に示されている2つの領域 ▨ の1つに属さねばならない．

47.5.3 次に V の1点より多くの点が高さ y_1 をもつと仮定しよう．すなわち，V の異なる2点 p, q が高さ y_1 をもつとするのである（図 79）．ここで，三角形 ▲ の内部の点 r を選ぶ．図 79 と図 77 とを比較すれば，この r は p, q を共に支配することがわかる．p, q は V に属するのであるから，r は V には属しえない．したがって，V の中に r を支配する点 s が存在しなければなら

図 79

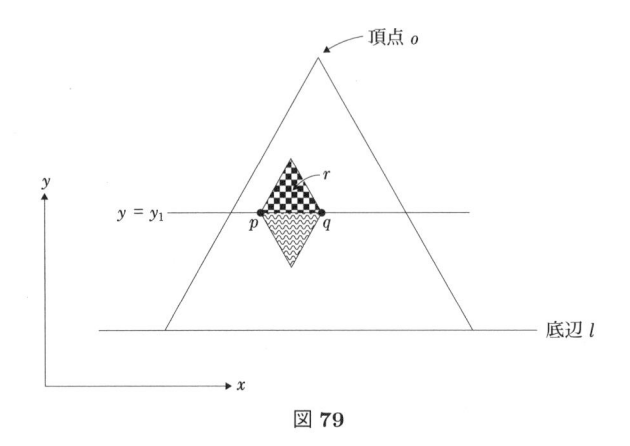

ない．さらに再度図 79 と図 77 とを比較することにより，r を支配する点はまた，p または q を支配せねばならないこともわかる．s, p, q はすべて V に属するのであるから，これは矛盾である．

47.5.4 次に，(三角形 T，すなわち底辺 l と頂点 o の間における) y_1 が V のいかなる点の高さにもなっていないと仮定する．高さ $y \geq y_1$ をもつ V の点が必ず存在する．例えば頂点 o はそのような点である．そこで，できるかぎり低い高さ $y \geq y_1$ をもつ V の点 p をとる．すなわち，p は最小の y をもつ点である[121]．(図 80.) この最小値を $y = y_2$ と表す．明らかに $y_1 < y_2$ である．y_2 の定義により，V のいかなる点も $y_1 \leq y < y_2$ なる高さ y をもたず，上で述べたように p だけが高さ $y = y_2$ をもつ V の点となる．

次に p を $y = y_1$ に垂直に射影して q を得たとする．q は V に属しえないから，V に属する s によって支配される．したがって，s は q より下に位置することはなく，その高さは $y \geq y_1$ である．上述を参照すれば，結局 $y \geq y_2$ となる．図 80 と図 77 とを比較してみれば，p は q を支配しないことがわかる．したがって，$s \neq p$ ならば必ず $y \neq y_2$ となるから，$y > y_2$ すなわち s は (明らかに) p の上方に位置することになる．ここで図 80 と図 77 とを再度比較してみると，p の上方の点 s が q を支配するときにはまた必ず p をも支配することがわかる．s, p は共に V に属するからこれは矛盾である．

47.5.5 要約すれば：(l と o の間の) すべての y はちょうど V のある 1 点

---
[121] V が閉集合であるからこれは可能である．525 ページの脚注 77) の (*) を参照せよ．

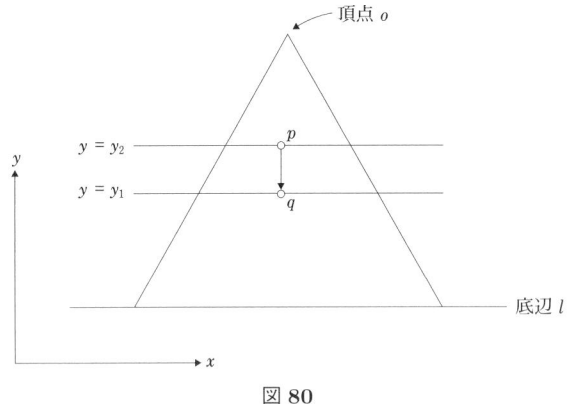

47 新理論における本質的3人ゲーム　　　561

図80

の高さとなっている．もし y が変化するならば，この点は図78の制限のもとで，すなわちそこで示された6分面 ⌖ から外へ出ることなく変化する．言い換えれば：

(47:6)　　（T における）V は o から l への曲線であり，その方向は垂直線から30°以上離れることはない[122]（図81を参照せよ）．

逆に，もし (47:6) を満たす曲線が与えられれば，図81と図77とを比較することにより，V の点によって支配される領域がちょうど T における V の補集合を掃き出すことが明らかになる．したがって，(47:6) は T における V を正確に決定することになる[123]．

ここで，図81の曲線を図74および図75の各三角形 △ に挿入することにより，$E(e_0)$（すなわち，基本三角形）に関する一般解が得られる．その結果は，各々図82, 図83に示されている[124]．

これらの図は依然として，旧理論における本質的3人ゲームの解を示す図と著しく類似していることがわかるであろう（図73の内部三角形において示されるように，**32.2.3** を参照せよ）．新しい要素は小三角形内の曲線から構成されており，それらはすべて図82と図83の2つの大きな三角形の周辺部に

---

[122] したがって連続である．
[123] これは，T が 1 点に退化する場合にもやはり正しい．557ページの脚注116) を参照せよ．
[124] 図83の下部の三角形は1点に退化するかもしれず，さらにはまったく消滅してしまうかもしれない．557ページの脚注116) を参照せよ．

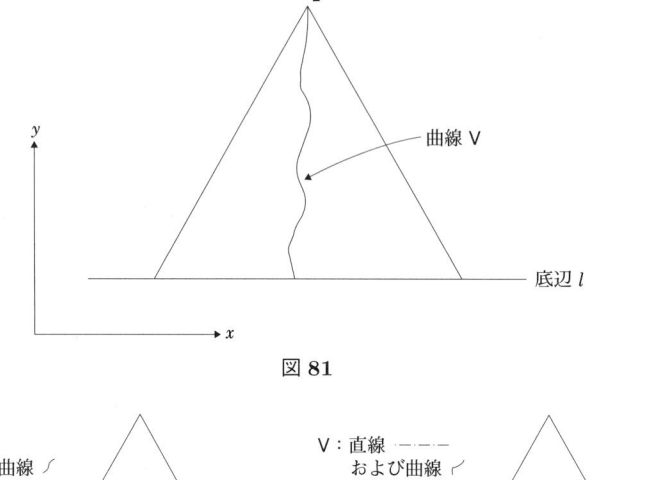

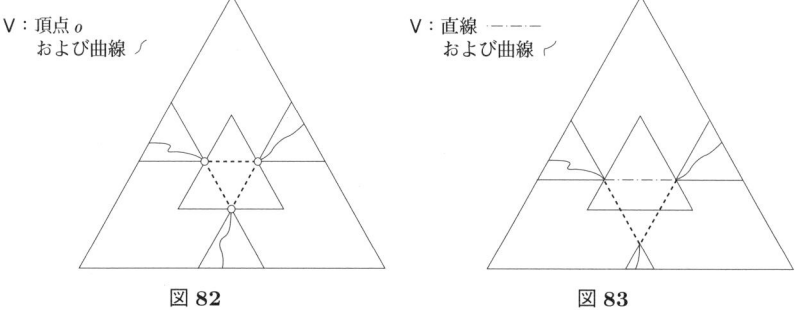

図 81: 頂点 o、曲線 V、底辺 l、座標軸 x, y

図 82: V：頂点 o および曲線

図 83: V：直線 ――― および曲線

位置している．この周辺部の広さは，図 71 およびそれ以後の図で示されているように e_0 によって測られる[125]．したがって，e_0 が 0 となるときには，われわれの新理論は旧理論と同じものになる．

ここで，解がこれまでに比べはるかに多種にわたることも指摘しておくだけの価値があるだろう：すなわち（上述の制約（47:6）のもとで），曲線全体が自由に選ばれるのである．後にこれらの曲線がさらに重要な意味をもつことをみるであろう．（**47.8** を参照せよ．）

---

[125] 外部の（基本）三角形の各辺は $\alpha^i = -\left(1 + \dfrac{e_0}{3}\right)$ で与えられ，内部三角形の各辺は $\alpha^i = -\left(1 - \dfrac{2e_0}{3}\right)$ で与えられる（図 71 を参照せよ）．$-\left(1 + \dfrac{e_0}{3}\right)$ と $-\left(1 - \dfrac{2e_0}{3}\right)$ の差は e_0 である．

47.6 ケース（V）

47.6.1 ケース（V）：$\frac{3}{2} \leq e_0 < 3$. この場合には，$1 - \frac{2e_0}{3} \leq 0 < 1 + \frac{e_0}{3}$ および $-2\left(1 - \frac{2e_0}{3}\right) < 1 + \frac{e_0}{3}$ となる[126]．容易に示されるように，これらの不等式は，図71の内部三角形が向きは逆転するものの依然として外部（基本）三角形の内部に位置していることを表している．これは図84に示されている．後者（すなわち基本三角形）は再度7つの領域に分割され，その各々は **47.2.3** の（47:5）の意味でどの2要素集合が有効であるかによって特徴づけることができる．ここでの状況とケース（IV）（すなわち図71）の状況とは領域①の行動において異なっているだけである．その一覧表は図84の下に与えてある．

ここで，基本三角形の各点について，それが支配する影を施した部分[127]を示す，図54および図72に類似した図を描くことができる．これは（47:5）にしたがい図85においてなされている．

図85より明らかなように，領域①[128]のすべての点は，いかなる点によっても支配されない[129]．したがって，Vは①のすべてを含んでいなければならない．

47.6.2 ①におけるVが見出せたので，次にVの残りの部分の決定に進もう．Vが解であるので，この残りの部分は，Vの既知の部分，すなわち①によって支配されない領域に属していなければならない．図85を考えることにより，この支配されない領域は3つの三角形②，③，④からなっていることがわかる[130]．

図85から明らかなように，この3つの三角形のいかなる点も他の三角形内

---

[126] 後者の不等式は $e_0 < 3$ と同等である．
[127] その境界は除く．
[128] その境界も含む．
[129] すなわち，$E(e_0)$ のいかなる $\vec{\alpha}$ によっても支配されないのである．それらがどの $\vec{\alpha}$ によっても支配されない——すなわち **45.2.4** の（45:D）により孤立的配分である——ことは容易に示される．

また，領域①の内点は他のどの点も支配しない．すなわち，$E(e_0)$ のどの $\vec{\alpha}$ も支配しないのである．それらがどの $\vec{\alpha}$ をも支配しない——すなわち完全孤立的配分である．**45.2.4** の（45:C）を参照せよ——ことも容易に示される．

以上の事柄は，**45.2** の定義を用いることにより直接証明することもできる．

[130] 基本三角形の残りの部分は①の境界（これは上で述べたように①に属する）によって支配される．

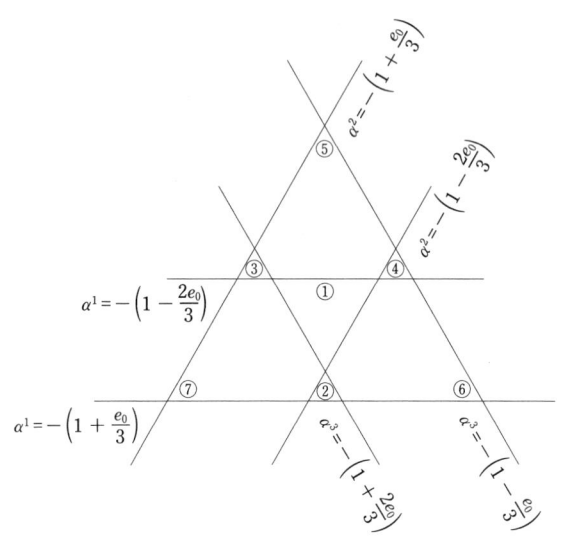

図 84

領域	有効な 2 要素集合 S
①	
②	$\{1,2\}$, $\{1,3\}$
③	$\{1,2\}$, $\{2,3\}$
④	$\{1,3\}$, $\{2,3\}$
⑤	$\{2,3\}$
⑥	$\{1,3\}$
⑦	$\{1,2\}$

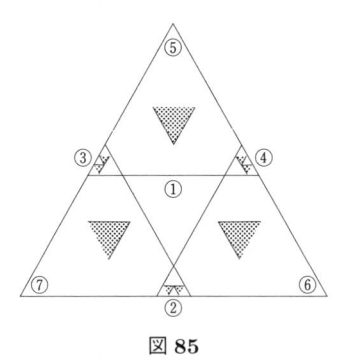

図 85

の点によって支配されはしない．したがって，**47.4.2** の議論により，V の条件はまさに次のようなものであることがわかる：（基本三角形全体，すなわち $E(e_0)$ の代わりに）この3つの三角形を考えた場合に，その各々における V の部分に関して，**44.7.3** の (44:E:c) が成り立たねばならない．

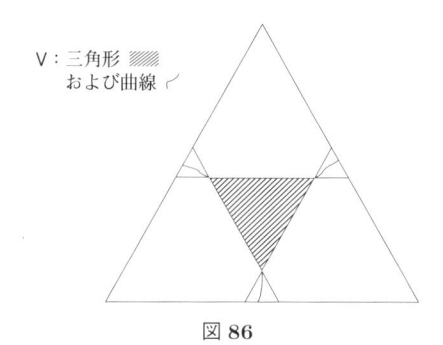

図 86

三角形②，③，④における条件は，三角形 T について図 76，77 で述べた条件と同じである．したがって，**47.5.1**–**47.5.4** の議論がすべてそのままくり返され，②，③，④における V は **47.5.5** の (47:6) によって特徴づけられる図 81 のような曲線となる．

ここで，図 85 の②，③，④にこれらの曲線を挿入することにより，$E(e_0)$（すなわち基本三角形）についての一般解 V を得ることができる．その結果は図 86 に示されている．これらの解についてのよりくわしい説明については **47.8**，**47.9** を参照せよ．

47.7　ケース（VI）

47.7.1　$e_0 \geq 3$．この場合には，$1 - \dfrac{2e_0}{3} < 0 < 1 + \dfrac{e_0}{3}$ および $-2\left(1 - \dfrac{2e_0}{3}\right) \geq 1 + \dfrac{e_0}{3}$ となる[131]．これらの不等式は，容易に示されるように，図 84 の内部三角形がその向きは依然として同じではあるが，外部（基本）三角形の境界線に達しそれを超えることもありうるということを表している[132]．これは図 87 に示されている．ここでの状況とケース（V）の状況とのただ1つの相異点は，領域②，③，④が消滅していることである．その一覧表は図 87 の下に与えてある．

---

[131] この最後の不等式は $e_0 \geq 3$ と同等である．
[132] $e_0 > 3$ のときである．

図 87 に示す領域について:

$\alpha^1 = -\left(1 - \dfrac{2e_0}{3}\right)$

$\alpha^1 = -\left(1 + \dfrac{e_0}{3}\right)$

$\alpha^2 = -\left(1 + \dfrac{e_0}{3}\right)$

$\alpha^2 = -\left(1 - \dfrac{2e_0}{3}\right)$

$\alpha^3 = -\left(1 - \dfrac{2e_0}{3}\right)$

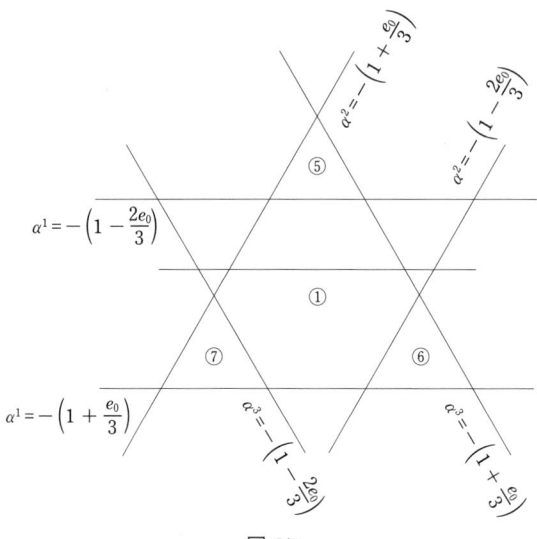

$\alpha^3 = -\left(1 + \dfrac{e_0}{3}\right)$

図 87

領域	有効な 2 要素集合 S
①	
⑤	$\{2,3\}$
⑥	$\{1,3\}$
⑦	$\{1,2\}$

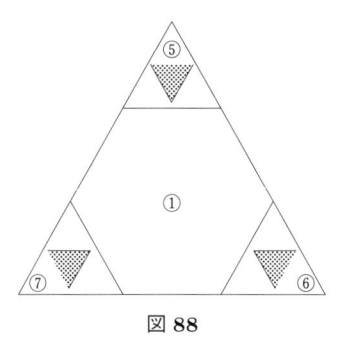

図 88

支配関係を示す図 54, 72, 85 に類似した図は図 88 に示されている．

47.6.1 の議論がそのままくり返され，①のすべてが V に含まれることが証明される．図 88 を考えてみれば，①によって支配されない基本三角形の部分が存在しないことは明らかである[133]．したがって，V はちょうど①となる．この解についてのよりくわしい議論に関しては **47.9** を参照せよ．

47.8　結果の解釈：解における曲線（1 次元の部分）

47.8.1　**47.2-47.7** の議論において得られた解に対しては，簡単にその意味を分析しておく必要がある．非常に顕著なことは，いくつかの性質上の特徴がくり返し現れてきて——旧理論の本質的 3 人ゲームの解としてよく知られたものと異なる——解の構造をうまく特徴づけることである．その特徴というのは：$e_0 > 0$ となると現れ（$e_0 < 3$ であるかぎり消滅しない）——**47.5.5** の制限 (47:6) にしたがう——曲線であり，もう 1 つは $e_0 > \frac{3}{2}$ のときに現れる 2 次元の部分である．そこでこれらについての説明を行おう．

まずケース (IV) を考える：$0 < e_0 < \frac{3}{2}$ (すなわち「正常な」範囲内にある）．旧理論の非差別解を拡張したここでの解を考える（**33.1.3** および **32.2.3** の (32:B) を参照せよ）．このような解は図 82 に示されている．

この図には旧理論における解と類似した解をつくる 3 点 ° が示されている．例えば，最下点 ° をとれば，

$$\alpha^1 = -\left(1 - \frac{2e_0}{3}\right) = -1 + \frac{2e_0}{3}, \quad \alpha^2 = \alpha^3 = \frac{1}{2}\left(1 - \frac{2e_0}{3}\right) = \frac{1}{2} - \frac{e_0}{3},$$

すなわち，

$$\alpha_1 = -1 + e_0, \quad \alpha_2 = \alpha_3 = \frac{1}{2}$$

であることは容易に証明される．したがって，この 3 点は 2 人のプレイヤーが提携を形成して全額（それは結局 1 になる）を獲得し，2 人で平等に分ける状態を表している——しかし，敗北したプレイヤーは全体としての利用可能な超過量 e_0 を保持するので，最小値 -1 まで引き下げられることはありえないことも表している．

次に（2 つの三角形の間の部分において）これらの 3 点 ° から出る曲線は，

---

[133] 基本三角形の残りの部分は①の境界（これは①に含まれる）によって支配される．

全超過量 e_0 が敗北したプレイヤーにすべて残されはしない状況を表している．超過量のいくらかの獲得を主張することにより，勝利提携はゲームにおいて実際に獲得できる量1より多くをとりたてることができる——すなわちこの提携は有効ではなくなる．（図71，72における領域②，③，④を参照せよ．）それゆえ，この提携の行動——すなわちその内部での取り分の配分——は，もはやゲームの現実性——すなわちパートナー間の脅し——ではなく，行動基準によって決定されることになる．これは曲線によって表され，この曲線も解の一部となっている．パートナー間の可能な脅しにより，この曲線もまたある程度まで制限を受けるが（**47.5.5** の（47:6）を参照せよ），それを超えてしまえば，まったく任意に動くことになる．このような任意性がまさに安定な行動基準の多様性を表していることを再度強調しておかねばならない——しかし，1つの行動基準すなわち解は，1つの曲線すなわちこの状況における行動のルールを意味するものであることも強調しておく．

47.8.2 以上の考察により次のような解釈の試みが示唆される：

(47:A) 　正の超過量が存在するときには，ある提携がその有効な最大量以上に，すなわち超過量の一部を獲得できる状態もおこりうる．この可能性は，まったく行動基準によるものであり，ゲームの物理的な可能性によるものではない．こうして得られる超過量の割合は0%から100%の間を変化し，行動基準によっては決定されえない．しかしながら，後者によって獲得された超過量の一部が提携のメンバーの中でいかに分配されるかは，一意的に決定される．この分割のルールは，多くの可能な行動基準のうちどれが選ばれるかによって左右され，もし後者が変化するならば，このルールもまったく自由にというわけではないが，かなり広範囲に変化する．

われわれは（47:6）にしたがうだけで明確には決定されない曲線が多くの解において現れることをすでにみてきたが，これから先もそれは現れてくるであろう．そのような場合にはいつも上述の解釈は適当であると思われる．

（ある与えられた解において），勝利提携と敗北プレイヤーとの間の超過量の分配が明確に決定されないことは，社会的順序が規定されている場合においてさえある社会的調整の道が残されていることを表す1つの例となっている．さらに，この曲線はこのような確定的ではない分配が決定された場合には，何

人かのプレイヤーが一定の慣習によって互いに結びつきうることを表している．（これについてのよりくわしい例は，**67.2.3**の第3の注意，**67.3.3**および**62.6.2**でみるであろう．）

47.9　続き：解における領域（2次元の部分）

47.9.1　**47.8.2**の解釈（47:A）は，図83で示されている旧理論の差別解（**33.1.3**および**32.2.3**の（32:A）を参照せよ）の拡張に適用することにより検証することができる．これにより，特に図83の下部の三角形内の曲線に関していくつかの示唆にとんだ観点がもたらされる．しかし，ここではこれ以上くわしくは議論しない．

その代わりに，ケース（V），（VI），特に $e_0 > \frac{3}{2}$ のときにもどろう（これらは，**44.6.1**，**45.2**の意味での「あまりに大きい」超過量となっている）．これらの場合は，その解が2次元の部分をもっていることにより特徴づけられる．実際に2つの異なった状況が考えられる：

(a) ケース（V），すなわち $\frac{3}{2} < e_0 < 3$．解Vは2次元の領域①を含んでいるが，それだけではなく，**47.8**で議論された曲線も含んでいる（図86を参照せよ）．

(b) ケース（VI），すなわち $e_0 \geq 3$．解Vは2次元の領域①に一意に定まり，他には存在しない（図88を参照せよ）．

解の中に2次元部分が存在することは，行動基準が少なくともある限界のもとで分配のルールを含みえないことを示している．ケース（a），（b）においては，これらの限界が明確にされている．ケース（a）においては，**47.8**の曲線はこの限界の外に位置する．すなわち，行動基準は依然としてある提携を容認するのである――ケース（b）においては，これはもはやおこりえない．

47.9.2　したがって，「あまりに大きい」超過量――すなわち外部的要因からの譲渡（贈与）――の「組織分解」効果は，次の2段階を経て現れてくる：ケース（a）においては，それは中心的な領域では存在するが，ある慣習的な提携の形成を排除するものではない．ケース（b）においては，行動基準はもはや提携を許しはせず，分配についてある種の制約的な原理をおくだけである．

われわれは，これらの連続した組織分解の段階が各々 $e_0 = \frac{3}{2}, 3$ において達成されることをみてきた[134]．

以上の考察は，行動基準と組織の可能性に関してその性質上非常に示唆に富んでいるように思われる．さらに，理論の一層の発展において有益な道しるべを与えるであろう．しかし，読者は数量的な結果からこれ以上の結論を導くことについては注意せねばならない：すなわち，これらの結果は超過量をもつ3人ゲーム[135]，つまり超過量をもつ最も簡単なモデルから導かれたものであり，参加者の増加が状態を根本的に変化させることは，これまでに十分に明らかになっているのである．

---

[134] $|\Gamma|_2 = \frac{3}{2}$ に注意せよ．

[135] したがって，旧理論における分解可能な6人ゲームにも適用される．**46.12** を参照せよ．

第10章　単純ゲーム

48　勝利提携，敗北提携とこれらがおこるゲーム

48.1　41.1の第2のタイプ．提携による決定

48.1.1　**34.1**で定式化された計画は，**34.2.2**で導入された立方体Qの8個の頂点に対応するゲームのより一層の一般化に備えるものであった．頂点VIII（これはまたII, III, IVを代表するものでもある）は**35.2.1**で取り上げられ，第9章全体で議論された合成・分解の理論を導く一般化のもとを与えた．そこで本章においては，頂点I（これはまたV, VI, VIIを代表するものでもある）に移り，同じような形で取り扱っていくことにしよう．

頂点Iにおいて，その特別性を識別できる原理を一般化することにより，単純ゲームとよばれるある拡張されたクラスのゲームに到達することができる．このクラスのゲームを研究することにより，**34.1**の意味での一般理論をより深く理解する場合に役立つ多くの情報が得られる．

48.1.2　**35.1**で議論されたQの頂点Iを考える．**35.1.1**で述べられたように，このゲームは次のような顕著な特徴を有している：プレイヤーの目的は，プレイヤー4と1人の同盟者もしくはプレイヤー4以外の3人のプレイヤーの提携を形成することである．これらの提携はいずれも文字どおり勝利する．この条件に足りない提携はいずれも完全に敗北する．すなわち，数量的な要素，つまり特性関数によって表される支払いは2次的なものとして扱われるのである．——このゲームの主要な目的はあくまでも，ある決定的な提携の形成に成功することである．

この記述により，プレイヤーの数4と決定的な提携の特別な組は特別かつ偶然的なものであり，より一般的な原理がこの特別な場合から導出されうるであろうことが強く示唆される．

48.1.3 この一般化を行うに際して，次の観察が有益となる．上述の例において，決定的な提携——プレイヤーがその形成を唯一の目的としているもの——は，

(48:1)　$\{1,4\}, \{2,4\}, \{3,4\}, \{1,2,3\}$

であった．ここで，勝利提携だけではなく，それを（真に）含むすべての集合

(48:2)　$\{1,2,4\}, \{1,3,4\}, \{2,3,4\}, \{1,2,3,4\}$

を考えておくと好都合である．ここで重要なのは，(48:2) の提携には勝利のために必ずしも必要でない参加者が含まれているにもかかわらず，これらの提携が勝利提携となっていることである．——すなわち，それに敵対するプレイヤーは敗北するのである[1]．これらの敵対するプレイヤーは (48:1), (48:2) における集合の補集合となる提携，すなわち集合

(48:3)　$\{2,3\}, \{1,3\}, \{1,2\}, \{4\}$
　　　　$\{3\},\ \ \{2\},\ \ \{1\},\ \ \ominus$

を形成する．このようにして，(48:1), (48:2) は勝利提携を含み，(48:3) は敗北提携を含むことになる．

$I = \{1,2,3,4\}$ のあらゆる部分集合がこの 2 つのクラス：(48:1), (48:2) または (48:3) に必ず属することは容易に示される[2]．

48.2　勝利提携と敗北提携

48.2.1　次に n 人のプレイヤーの集合：$I = \{1,\cdots,n\}$ を考えよう．**48.1.3** の計画は，I のあらゆる部分集合の体系を 2 つのクラス W と L とに部分分割することに一般化される．ここで W の部分集合は勝利提携を代表し，L の部分集合は敗北提携を代表するものである．**48.1.3** でつくられた性質に類似したものが次のようにしてつくられる：

I のあらゆる部分集合の族を $\bar{I}$ とする[3]．I のあらゆる部分集合 S からその（I における）補集合への写像：

---

[1] すなわち，その補集合は **31.1.4** の意味で平坦である．**35.1.1** の議論を参照せよ．
[2] $\{1,2,3,4\}$ は $2^4 = 16$ 個の部分集合をもち，そのうち 8 個は (48:1), (48:2) に，残りの 8 個は (48:3) に属する．
[3] I は n 個の要素をもっているので，$\bar{I}$ には 2^n 個の要素があることになる．

(48:4) $S \to -S$

は，明らかに $\bar{I}$ からそれ自身への1対1写像となる．ここで，次のことがわかる：

(48:A:a) あらゆる提携は勝利か敗北のいずれかであり，その両方になることはない．——すなわち，W と L は $\bar{I}$ において互いに一方の補集合となる．

(48:A:b) （I において）補集合をとることにより，勝利提携は敗北提携に，またその逆に敗北提携は勝利提携に移される．——すなわち，写像 (48:4) により，W は L に，また L は W に写像される．

(48:A:c) ある提携の部分集合が勝利提携ならば，その提携自身も勝利提携である．——すなわち，W はその要素を含むあらゆる集合を含む．

(48:A:d) もしある提携が敗北提携の部分集合ならば，その提携自身も敗北提携である．——すなわち，L はその要素のあらゆる部分集合を含む．

48.2.2 ゲームにおける勝利と敗北の概念を議論する前に，条件 (48:A:a)-(48:A:d) の構造をもう少しくわしく分析しておこう．

まず第1に目につくのは，われわれは W と L の両方のクラスを必要としているにもかかわらず，この2つは互いに一方が決まれば自動的に決まるということである．実際，次の2つの方法によりこれは行われる：W または L の1つが与えられれば，(48:A:a)，(48:A:b) は他を構成するために用いることができる．すなわち，この2つのクラスの一方から始めて，次のようにしてもう一方が得られるのである．

(48:A:a) により：所与の集合を全体としてとらえ，その（$\bar{I}$ における）補集合をつくる．

(48:A:b) により：所与の集合の各要素を別々にとらえ，その（I における）補集合で置き換える[4]．

また，もし W または L が各々性質 (48:A:c)，(48:A:d) を有していれば，もう一方の集合——(48:A:a) または (48:A:b) によって前者から得られた

---

[4] 読者は，この条件の注目すべき構造に気づかれるであろう：すなわち，所与の集合は，全体としてその補集合をとろうと，その要素の各々についてその補集合をとろうと，同じ結果を生ぜしめるのである．

集合である——も (48:A:c), (48:A:d) の性質を有することにも注意しておかねばならない[5].

上述からわかるように, ここで考えている構造の全体を 2 つの集合 W, L のどちらをもとにしても築くことができる. ただ, 変形 (48:A:a), (48:A:b) が W または L から同じ集合 (ここでは W および L のいま 1 つの集合) を導き, この集合が 2 つの条件 (48:A:c) および (48:A:d) のうちの関係のあるほうを満足せねばならないという制約だけは課しておかねばならない (このときに, (48:A:c) および (48:A:d) のいま 1 つのほうは, すでに見たように自動的に満たされるのである).

このようにして, W または L についてはただ 2 つの条件だけが存在することになる:1 つは (48:A:a) と (48:A:b) の同等性であり, もう 1 つは (48:A:c) と (48:A:d) の同等性である.

前者の条件は次のことを意味する:ある集合の要素でないものは, その集合の要素の (I における) 補集合に一致する. 言い換えれば:(I における) 2 つの補集合 $S, -S$ のうち, 一方だけがその集合に属する.

要約すれば:

集合 $W\ (\subseteq I)$ は以下の性質により特徴づけられる:

(48:W)

---

[5] これは実際に (48:A:a), (48:A:b) の両方について成り立ち, (48:A:a), (48:A:b) が同じ集合をつくり出すか否かとは無関係な問題である. 正確にいえば:

(48:B) 集合 M が性質 (48:A:c) [(48:A:d)] を有するとしよう. すると, (48:A:a) および (48:A:b) により M から得られた 2 つの集合——これらが同一であることは仮定しない——は, いま 1 つの性質 (48:A:d) [(48:A:c)] を有する.

証明:(48:A:a) および (48:A:b) による変形が, ともに (48:A:c) を (48:A:d) に移し, (48:A:d) を (48:A:c) に移すことを証明すればよい.

(48:A:c) は明らかに次と同等である.

(48:A:c*) もし $S \in M$ で $T \notin M$ であるならば, $S \subseteq T$ となることはない.

さらに (48:A:d) は次と同等である.

(48:A:d*) $S \notin M, T \in M$ であれば, $S \subseteq T$ となることはない.

ここで, 変形 (48:A:a) は「$\in M$」および「$\notin M$」を「$\notin M$」,「$\in M$」に変える. したがってこれにより, (48:A:c*) と (48:A:d*) は交換されることになる. 変形 (48:A:b) は $\subseteq$ と $\supseteq$ とを交換する (これは要素 S, T について個々に補集合をとることによりもたらされる. ただし記号 S, T は交換されねばならない). したがって, これによっても (48:A:c*) と (48:A:d*) は交換される.

(48:W:a)　（I における）2つの補集合 $S, -S$ のうち，一方だけが W に属する．
(48:W:b)　W はその要素を含むあらゆる集合を含む．

集合 L ($\subseteq I$) は以下の性質により特徴づけられる：

(48:L)
(48:L:a)　（I における）2つの補集合 $S, -S$ のうち，一方だけが L に属する．
(48:L:b)　L はその要素のあらゆる部分集合を含む．

次のようにいい直しておこう：
　もし W [L] が (48:W) [(48:L)] を満たすならば，(48:A:a) と (48:A:b) とは同じ集合 L [W] をつくり出す．W と L とは (48:A:a)-(48:A:d) を満たし，L [W] は (48:L) [(48:W)] を満たす．逆に，もし W, L が (48:A:a)-(48:A:d) を満たすならば，別々に (48:W)，(48:L) を満たす．

49　単純ゲームの特徴づけ

49.1　勝利提携と敗北提携の一般的概念

49.1.1　次に，ゲームそのものにおける勝利提携と敗北提携との関連を考察することにしよう．

それゆえ，ある n 人ゲーム Γ が与えられたと仮定する．以下の考察のすべてにおいては，**30.1.1** または **42.4.1** の意味での旧理論に議論を絞ったほうが好都合である．したがって，**42.5.3** ですでに指摘しておいたように，ゲーム Γ をゼロ和または定和と仮定してもかまわないわけであるが，ここでは Γ をゼロ和ゲームと考えることにする．

さらに Γ は何の制限も受けない，特に正規化されていないものとする．

49.1.2　まず敗北提携の概念を分析しよう．本質的には **35.1.1** の記述をくり返すことにより，次のように議論できる[6]．プレイヤー i は，もし1人だけとり残されれば $v(\{i\})$ なる量を獲得する．彼は誰の助けも借りずに，これ以上の損害は防げるのであるから，これが彼にとって最悪であることは明らかである．したがって，プレイヤー i はこの $v(\{i\})$ なる量を獲得したときには完

---

[6] 違いはここでの Γ がより一般的であることだけである．

全に敗北したと考えてもかまわないことになる．提携 S については，これが $\sum_{i \in S} v(\{i\})$ なる量を獲得したとすれば，このときに各プレイヤー $i \in S$ は必ず $v(\{i\})$ を得るわけであるから，敗北したと考えられるであろう[7]．こうして，敗北の規準は，

$$v(S) = \sum_{i \in S} v(\{i\})$$

となる．**31.1.4** の術語を用いれば，これは，S が平坦的であることを意味している．（404 ページの脚注 12) も参照せよ．）

ここであらゆる敗北提携の体系 L_Γ[8] について満足のいく定義が得られたことになる：

(49:L)　L_Γ はあらゆる平坦な集合 S ($\subseteq I$) の集合族である．

ここで，勝利提携とはいかなるものであるかも簡単にわかる．すなわち，勝利提携とはそれに敵対するものが敗北するような提携といえ，あらゆる勝利提携の体系 W_Γ[8] は次のようになる：

(49:W)　W_Γ は $-S$ が平坦的であるようなあらゆる集合 S ($\subseteq I$) の集合族である．

集合 W_Γ, L_Γ が戦略上同等のもとで不変であることは概念的にも明らかであり，また **27.1.1-27.1.2** の助けを借りれば直ちに証明することもできる．

49.1.3　上記の W_Γ, L_Γ が，**48.2.1** の (W, L に関する) 条件 (48:A:a)-(48:A:d) を満たすか否かは明らかではない．ここで考えているゲームは，先に述べたあらゆるプレイヤーの目的がある決定権をもつ提携を形成することだけであり，数量的な記述を必要としないような簡単なものではなく，より一般的なものだからである[9]．それゆえ，われわれが考えている性質を表すために

---

[7] どのプレイヤー i も $v(\{i\})$ より少ない量を受け取らねばならないことはなく，提携 S は全体で $\sum_{i \in S} v(\{i\})$ しか獲得していないのであるから，分割可能な方法はこれだけである．

[8] 混乱をさけるために，**48.2.2** の W, L の代わりに W_Γ, L_Γ なる記号を用いることにする．この両者の違いは，**48.2.2** では (W, L によって表される)「勝利」および「敗北」の概念に望まれる性質を仮設的に議論したのに対し，ここではある特別なゲーム Γ から得られた明確な集合を分析しているということである．

この 2 つの見方は，**49.3.3** の (49:E) において合わせて考えられるであろう．

は，なんらかの制限を与える必要が生じてくる．実際，この制限を正確に定式化することこそ，さしあたっての目的なのである．

しかし直接にそれにとりかかることはせず，まず (48:A:a)–(48:A:d) のうちのいくつが一般的な Γ において成り立つかを決定することから始める．いくつかの段階に分けてその解答を与えていく．

(49:A)　W_Γ, L_Γ は常に (48:A:b)–(48:A:d) を満たす．

証明：(48:A:b) について：**49.1.2** の (49:L) と (49:W) を比較してみれば明らか[10]．

(48:A:c)–(48:A:d) について：(48:A:b) の正当性は証明したので，**48.2.2** の (48:B) を適用することができ[11]，それゆえ (48:A:c) と (48:A:d) とは互いに他を意味し合うことになる．

ところが，(49:L) を考えれば，(48:A:d) は **31.1.4** の (31:D:c) に一致する．

このようにして，ここでの W_Γ, L_Γ と **48.2** の構造との相違は (48:A:a) にあることになる．——すなわち，W_Γ, L_Γ が互いに他の補集合となるか否かが問題となるのである．この問題点を2つの部分に分割して，

(49:1)
(49:1:a)　$W_\Gamma \cap L_\Gamma = \ominus$[12]，
(49:1:b)　$W_\Gamma \cup L_\Gamma = \bar{I}$[13]，

とする．

---

[9] 4人ゲームについての議論においては，数量的な記述の必要性が多く与えられていた．例えば，**36.1.2** の最後の議論を参照されたい．実際，この状況が通常の（一般的な）ものなのであり，ここで目指しているクラスのゲームはある意味で極端な場合となっているのである．**49.3.3** の結びとしての注意を参照せよ．

[10] まさにこの補集合をとるという操作により，「勝利」の概念は実際「敗北」の概念にもとづいてつくられているのである．

[11] ここで，**48.2.1** においてなぜ (48:A:b) を (48:A:a) から分離したかが明らかになる．すなわち，ここでは (48:A:b) は成り立つが，(48:A:a) は成り立たないのである．

[12] どの提携も同時に勝利もし敗北もすることはありえない——というこの主張が分離して述べられねばならないことは奇妙に思えるかもしれない．この意味は (49:B) および 578 ページの脚注 14 において明らかになるであろう．

[13] これは，あらゆる提携——すなわち I のあらゆる部分集合——が必ず勝利するかまたは敗北することを表している．もちろん，これは Γ を特殊化したいという願望にもとづいた考えである．

(49:1:a) はよく知られた次の概念にもどる：

(49:B)
(49:B:a)　(49:1:a) は Γ が本質的であれば，そしてそのときにのみ成り立つ．
(49:B:b)　もし Γ が非本質的であれば，$W_\Gamma = L_\Gamma = \bar{I}$ である[14]．

証明：(49:B:a) について：(49:1:a) を否定すれば，$S, -S$ が共に平坦となるようなある S が存在することになる．これは，結局 **31.1.4** の (31:E:b) により，Γ が非本質的であることと等しい．

(49:B:b) について：$W_\Gamma = L_\Gamma = \bar{I}$ はあらゆる $S \in \bar{I}$ が平坦であることを意味している．これは，**31.1.4** の (31:E:c) により Γ の非本質性に等しい．

(49:1:b) へ移る前に，W_Γ, L_Γ が (48:A:a)-(48:A:d) においては生じない 1 つの性質をもつことを注意しておこう．

(49:C)　L_Γ は空集合およびあらゆる 1 要素集合を含む[15]．

証明：これは，**31.1.4** の (31:D:a), (31:D:b) に一致する．

(49:C) は実際，新しい条件である．すなわち，(48:A:a)-(48:A:d) の結果として生じるものではないのである．これを以下の **49.2** において証明する．したがって，**48.2** のもっともらしい議論も W_Γ, L_Γ の必要な特徴をみおとしていたわけであり，それゆえ，ここでの条件がすべてを含んでいるということを確かめておかねばならない．すなわち，条件 (48:A:b)-(48:A:d), (49:C) および非本質性に対する (49:B) の結果によって，W_Γ, L_Γ が完全に特徴づけられることを確かめておかねばならないのである．これは後に **49.3** で行われるであろう．

49.2　1 要素集合の特別な役割

49.2.1　まず，上で明らかにされた (48:A:a)-(48:A:d) は満たすが[16]，(49:C) は満たさないような，2 つの体系 W, L の例を示すことから始めよう．

---

[14] したがって，ゲームが非本質的であるときには提携は同時に勝利もし敗北もする．——この場合には，両方の状態が無関係となることよりこれは明らかであろう．
[15] 1 人のプレイヤーからなる提携は——このプレイヤーが提携のパートナーを見出しえなかったのであるから——敗北するとみなされるのはゲームの全体的な分析の精神からみても明らかである．
[16] もとは (48:A:b)-(48:A:d) のみを述べていたわけであるが，上述のように強めたとしても問題はない．

49 単純ゲームの特徴づけ

実際に，このような W, L の対をすべて決定することができる．

(49:D) W, L は次のような形であれば，そしてそのときにのみ，(48:A:a)-(48:A:d) は満たすが (49:C) は満たさない：W は i_0 を含むあらゆる S の集合族であり，L は i_0 を含まないあらゆる S の集合族である．ここで i_0 は任意にとった 1 人のプレイヤーである．

証明：十分性：W, L が (48:A:a)-(48:A:d) を満たすようにつくられていることは直ちに証明される．1 要素集合 $\{i_0\}$ が W に属し L には属さないことから，(49:C) は成り立たない．

必要性：W, L が (48:A:a)-(48:A:d) を満たすが (49:C) は満たさないとする．$\{i_0\}$ を L に属さない 1 要素集合とすれば[17]，$\{i_0\}$ は W に属する．

i_0 を含むあらゆる S は $S \supseteq \{i_0\}$ となり，したがって (48:A:c) により W に属する．もし S が i_0 を含まないとすれば，$-S$ が i_0 を含むことになり，したがって上に述べたように $-S$ は W に属し，(48:A:b) により S は L に属する．

最後に，(48:A:a) により W, L は交わらないから，W は i_0 を含む S の集合族となり，L は i_0 を含まない S の集合族となる．

49.2.2 この結果について少し注釈を加えておこう．

(49:D) でつくられた W, L は (49:C) に反するから，いかなるゲームの W_Γ, L_Γ ともなりえない．(49:D) は W, L で表された「勝利」および「敗北」のある種の考えを非常に明らかにしているので，これは奇妙に思えるかもしれない．実際 W, L は，もしプレイヤー i_0 を含んでいれば勝利し，含んでいなければ敗北するという状況を表している．にもかかわらず，なぜいかなるゲームもこの記述に合うようにつくりえないのであろうか？

それは，上述の条件のもとでは「勝利」がまったく提携の形成の問題とはなっていないからなのである[18]：プレイヤー i_0 は，誰の助けも借りず必ず「勝利」する．なお悪いことには，われわれの術語においてこの i_0 の状況は勝利ではないのである．——すなわち，これは戦略的な操作の結果ではなく[19]，

---

[17] もし空集合が L に含まれないとすれば，(48:A:d) によっていかなる集合も L に属さないことになり，したがってすべての $\{i_0\}$ も L に属さないことになる．

[18] 同様の考察は，**35.1.4** の特別な場合においても行われた．

[19] われわれは常に，これは適当な提携の形成と同じことであると考えている．

ゲームのルールによって彼に与えられた固有の状態なのである[20]．提携がまったく有利さを意味しないようなゲームは非本質的である[21]——たとえ，プレイヤー i_0 がそのゲームにおいてかなりの固有の有利さをもっているとしても，そうなのである．

もちろん，これは上ですでに厳密に打ち立てられた（すなわち (49:C)，(49:D) において）結果に対する付加的な注釈であることに，読者は気づかれるであろう．

49.3 実際のゲームにおける体系 W, L の特徴づけ

49.3.1 次に，**49.1.3** の終わりに述べた第 2 の問題に移ろう．条件 (48:A:b)-(48:A:d) および (49:C)，さらに (49:1:a) を満たす 2 つの体系 W, L ($\subseteq \bar{I}$) が与えられているとしよう[22]．ここで，$W_\Gamma = W$, $L_\Gamma = L$ となるような本質的ゲーム Γ をつくりたいわけであるが，まず Γ を $\gamma = 1$ と標準化しておく．

集合 $S \in L_\Gamma$ は平坦性によって特徴づけられる．すなわち，$\mathrm{v}(S) = -p$ となるわけである．ただし，p は S の要素の数である[23]．集合 $S \in W_\Gamma$ は，$-S \in L_\Gamma$ によって特徴づけられる．すなわち，上述により $\mathrm{v}(-S) = -(n-p)$ となるわけである．ここで $\mathrm{v}(-S) = -\mathrm{v}(S)$ であるから，結局 $\mathrm{v}(S) = n-p$ と書いてもよいことになる．

したがって次のことが示された：

$W_\Gamma = W$, $L_\Gamma = L$ なる関係は以下と同等である：

(49:2)　q-要素集合 S ($q = 0, 1, \cdots, n-1, n$) に対して，
(49:2:a)　$\mathrm{v}(S) = n - q$ ならば，そしてそのときにのみ S は W に属し，
(49:2:b)　$\mathrm{v}(S) = -q$ ならば，そしてそのときにのみ S は L に属する．

---

[20] **22.3.4** の 3 人ゲームにおける基本値 a', b', c' の扱いを参照せよ．戦略上同等の議論全体（**27.1.1** を参照せよ）は同じ精神のもとで行われた．すなわち，このような有利さは戦略上同等な変形により，取り除きうるが，実際に提携の形成に起因する有利さは，除去しえないのである．

[21] したがって，その W_Γ, L_Γ は (49:D) で述べられたものではなく，(49:B:b) で述べられたものなのである．

[22] 主に本質的ゲーム ((49:B) を参照せよ) を目指しているので，(49:1:a) が必要となるのである．後に——(49:E) に示されているように——議論を完全なものにする．（すなわち非本質的なものを含むことにする．）

[23] すべての $\mathrm{v}(\{i\}) = -\gamma = -1$ であることを思い出せ．

したがって，次にわれわれがやらねばならないことは，(49:2) を満たす特性関数 v(S) をもつ（正規化され $\gamma = 1$ である）ゲーム Γ の構築である．

49.3.2 (49:2) により，W および L の S についての v(S) は決定されるから，どちらにも属さない S について v(S) を決定しさえすればよい．そこで，このような v(S) の値を 0 としてみる．したがって：

$$\mathrm{v}(S) = \begin{cases} S \in W \text{に関して}, & n-q \\ S \in L \text{に関して}, & -q \\ \text{その他の場合}, & 0^{24)} \end{cases} \Bigg\} \begin{matrix} S \text{は} q\text{-要素集合で} \\ q = 0, 1, \cdots, n-1, n. \end{matrix}$$

まず，v(S) が特性関数となる，すなわち **25.3.1** の (25:3:a)–(25:3:c) を満たすことを証明する．そのために，これらの条件と同等な **25.4.2** の (25:A) を証明することにする：

$p = 1$ の場合に (25.6) が $=$ となること：I が W に属することから直ちに v$(I) = 0$ となる．I が W に属することは，(48:A:b)，(49:C) により $\ominus = -I$ が L に属することから明らかである．

$p = 2$ の場合に (25.6) が $=$ となること：これは，S_1, S_2 が互いに一方の補集合となるときに，v(S_1) + v$(S_2) = 0$ となることである．もし S_1, S_2 が共に W, L に属さないならば，v(S_1) + v$(S_2) = 0$ となる．もし S_1, S_2 の一方が W または L に属するならば，(48:A:b) により，他方は各々 L または W に属することになる．S_1, S_2 は対称性をもつから，ここでは S_1 が L に，S_2 が W に属するものとする．S_1 は q 個の要素をもつとする．したがって S_2 は $n - q$ 個の要素をもつわけである．すると，v$(S_1) = -q$，v$(S_2) = q$ となる．

したがって，いずれにしても v(S_1) + v$(S_2) = 0$ となる．

$p = 3$ の場合に (25.6) が $\leq$ となること：これは S_1, S_2, S_3 が 2 つずつ互いに交わることなく，しかもその和が I となるときに，v(S_1) + v(S_2) + v$(S_3) \leq 0$ となることである．もし S_1, S_2, S_3 のどれも W に属さないとすれば，v(S_1) + v(S_2) + v$(S_3) \leq 0$ である$^{25)}$．もし S_1, S_2, S_3 の 1 つが W に属するときには，対称性によりその集合を S_3 としてもさしつかえない．したがって，$-S_3 = S_1 \cup S_2$ は (48:A:b) により L に属し，それゆえ，(48:A:d) により

[24)] 最初の 2 つが矛盾しないのは (49:1:a) による．
[25)] もし S が W に属さないならば，明らかに v$(S) \leq 0$ である．

S_1, S_2 は L に属することになる．ここで，S_1 は q_1 個の要素をもち，S_2 は q_2 個の要素をもつとする．したがって，S_3 は $n-q_1-q_2$ 個の要素をもつわけである．すると，$v(S_1) = -q_1$, $v(S_2) = -q_2$, $v(S_3) = q_1 + q_2$ となり，したがっていずれにしても $v(S_1) + v(S_2) + v(S_3) \leq 0$ となる．

49.3.3 このようにして，$v(S)$ はゲーム Γ に属することになる．そこで，他の主張を確認することにしよう．

$v(S)$（すなわち Γ）が正規化されており，しかも $\gamma = 1$ であること：実際 (49:C) により，あらゆる $v(\{i\}) = -1$ である．

$v(S)$ が (49:2) を満たすこと：(48:A:b) および $v(-S) = -v(S)$ により，(49:2) の 2 つの部分は，S と $-S$ を交換すれば互いに他方に移すことができる．それゆえ，第 2 の部分だけを考えておいてもかまわない．

もし $S \in L$ ならば，明らかに $v(S) = -q$ である．もし $S \notin L$ ならば，$v(S) = -q$ により $0 = -q^{26)}$，すなわち $q = 0$ とならねばならない．ところが，これは S が空になることを意味し (49:C) に矛盾する．

以上によりゲーム Γ は望まれる性質をすべて備えていることが示された．

そこでわれわれは次の完全な記述を証明することができる：

(49:E)　2 つの所与の体系 W, L $(\subseteq \bar{I})$ があるゲーム Γ の W_Γ, L_Γ となるためには，以下の条件が必要かつ十分である：

Γ が非本質的のとき：$W = L = \bar{I}$．

Γ が本質的のとき：(48:A:d)-(48:A:d), (49:C), (49:1:a)．

証明：Γ が非本質的なとき：(49:B:b) から直ちにしたがう．

Γ が本質的なとき：必要性は (49:A), (49:B:a), (49:C) において確立されている．十分性はつくり方から明らかである．

最後に (49:2) のいま 1 つの解釈を述べておこう．$v(S)$ の限界を示す **27.2** の不等式 (27:7)（これはまた図 50 にも示されている）を思い出せば，W_Γ は $v(S)$ がその上限の値をとるような S の集合であり，L_Γ は $v(S)$ がその下限の値をとるような S の集合であることがわかる．

[26)] $n - q \neq -q$ であるから，$S \in W$ とはなりえない，したがって $v(S) = 0$ である．

49.4 単純性の厳密な定義

49.4 (49:E) により，われわれは，**48.1.2** および **48.2.1** で述べられ **49.1.3** の最初でよりくわしく規定されたゲームのクラスに，厳密な定義を与えることができる．つまり，あらゆるプレイヤーの目標がある決定的な提携を形成することだけであり，数量的な記述を必要とする要因は他にはまったく含まれていないようなゲームのクラスを考えているのである．

(49:E) の本質的ゲームに関する部分と (49:1) を結びつけることにより，この考えは，

(49:1:b)　　$W_\Gamma \cup L_\Gamma = \bar{I}$

と形式的に表されることがわかる．実際，この条件は任意に与えられた集合 S が勝利提携または敗北提携のいずれかに属することを表し，それ以上の分類はなんら表していない．

したがって，(49:1:b) を満たす本質的ゲームを単純ゲームとわれわれはよぶことにする．

W_Γ, L_Γ は戦略上同等なゲームのもとでは不変であるから，単純性の概念もやはり不変である．

49.5 単純性のいくつかの基本的な性質

49.5.1 この単純性の概念について，詳細な数学的議論を行う前にもう一度 **49.3** の最後の注意を考えておこう．もしあらゆる S に関して v(S) が **27.2** の不等式 (27:7) によって割り当てられた領域の境界上[27]にあるならば，この注意の意味において本質的ゲームは単純ゲームとなる．

あらゆる本質的 n 人ゲーム（ただし正規化され，しかも $\gamma = 1$ であるとする）の変形は，図65に与えられたある次元をもつ幾何学的な配列とみなすことができる．もっと正確にいえば，不等式は問題となっている次元をもつ線形部分空間における凸多面体の領域 Q_n を定義するために用いられたのであり，この領域の点は，上述のすべてのゲームを代表しているのである[28]．

---

[27] 境界は次の2点からなる：上界は $n - p$ であり，下界は $-p$ である（ただし $\gamma = 1$ の場合），いずれにしろ，v(S) はこの2つの値のどちらかにならねばならない．

[28] n 次元線形幾何学に精通している読者は次のことに気づくであろう：Q_n は線形不等式によって定義されているので凸多面体をなす．**27.6** の議論によりこれは凸であると結論できることになる．

49.5.2 例えば：$n=3$ については，次元はゼロであり領域 Q_3 は1点となる．$n=4$ については，次元は3であり領域 Q_4 は **34.2.2** の立方体 Q_4 をなす．

ところで，単純ゲームとは各定義不等式の境界に位置するゲームなのである．凸多面体領域 Q_n に関して，これは次のことを意味する．つまり，$n=3, 4$ の場合には単純ゲームは Q_n の頂点なのである．

例えば：$n=3$ については，Q_3 は1点であり，すなわち頂点にほかならない．したがって，本質的3人ゲームは単純ゲームである[29]．$n=4$ については，Q_4 は立方体 Q であり，単純ゲームはその頂点，すなわち I-VIII となる[30]．

49.6 単純ゲームとその W, L. 極小勝利提携：W^m

49.6.1 (49:E) と単純性の定義を結びつけることにより次が得られる：

(49:F) 2つの与えられた体系 $W, L\ (\subseteq \bar{I})$ が，ある適当な単純ゲーム Γ の W_Γ, L_Γ となっているための必要十分条件は，(48:A:a)-(48:A:d)，(49:C) が成り立つことである．

(49:2) で述べられた S が I のあらゆる部分集合をおおい尽くしていることは単純性の定義である．したがって，ゲームが正規化されしかも $\gamma=1$ であるときに，W_Γ, L_Γ の知識により $\mathrm{v}(S)$ が決定されるのは，単純ゲームの場合だけである．すなわち，最後のただし書きがなければ，単純ゲームは戦略上同等なゲームまで決定されるのである．

次のように述べ直しておこう：

(49:G) 単純ゲームの場合には，そしてそのときにのみ，ゲーム Γ はその W_Γ, L_Γ により戦略上同等のゲームまで決定される．

---

[29] **50.1.1** の (50:A) もまた参照せよ．
[30] 頂点 I, V, VI, VII に関するかぎり，これは驚くほどのことではない：なぜなら，われわれの議論は **48.1** の議論から始まったのであり，単純ゲームの概念もそれらを一般化することによって得られたのであるから．

頂点 $II, III, IV, VIII$ が再度現れてきたことは少々不可思議である：なぜなら，われわれは分解可能性をもつゲームの原型として，**35.2** においてすでにそれらを取り扱ったのであるから．しかしながら，(50:A) および **51.6** の最初により容易にわかるように，それらは単純ゲームにもなっているのである．

したがって，(49:F) および (49:G) によれば，単純ゲームの理論は (48:A:a)-(48:A:d)，(49:C) を満たす体系の組 W, L の理論と同様に考えられるのである．

49.6.2 上述の組 W, L を研究するに際しては，**48.2.2**，特に同所の (48:W)，(48:L) および (49:2) を思い出さねばならない．これらの記述にしたがえば，組 W, L を決定するためには，W または L の一方を決定しておけば十分である．

条件 (48:A:a)-(48:A:d) は次のように置き換えられる：もし W が用いられるならば (48:W) によって，もし L が用いられるならば (48:L) によって置き換えられる．

(49:C) については，これは直接に L について述べている．(48:A:b) を適用することにより，W についても同様に述べることができる．——この場合には，述べられている集合をその補集合で置き換えねばならない．

完全を期すために，(48:W), (48:L) をそれに対応する形の (49:C) とともに述べ直しておく．

集合 W $(\subseteq \bar{I})$ は以下の性質により特徴づけられる：

(49:W*)
(49:W*:a)　(I における) 2 つの補完的な集合 $S, -S$ のうち 1 つだけが W に属する．
(49:W*:b)　W はその要素の上位集合を含む．
(49:W*:c)　W は I および $(n-1)$ 要素集合を含む．

集合 L $(\subseteq \bar{I})$ は以下の性質により特徴づけられる：

(49:L*)
(49:L*:a)　(I における) 2 つの補完的な集合 $S, -S$ のうち 1 つだけが L に属する．
(49:L*:b)　L はその要素の部分集合を含む．
(49:L*:c)　L は空集合およびあらゆる 1 要素集合を含む．

上で指摘したように，(49:W*) を満たす W，(49:L*) を満たす L のどちらにもとづいても理論を構築することができる．

49.6.3　しかし，上記の事柄を考えていくに際しては敗北提携よりも勝利

提携を明確にするほうがより一般的であると思われるので，われわれは最初に述べた方法を用いていくことにする．

これに関連して，W のある部分集合が W の重要性を分けもっていることに注意しよう．その集合とはいかなる真部分集合も W に属さないような W の要素 S からなる集合である．このような S を W（すなわち W_Γ）の極小要素とよび，W^m（すなわち W_Γ^m）と表すことにする．

この概念の直観的な意味は明らかである：すなわち，これらの極小勝利提携は実際に決定的なものであり，その提携への参加者をすべて必要とするような勝利提携である．(**48.1.3** の議論は，考察しているゲームに関してこのような提携を列挙することから始まっていたことが思い出されるであろう．)

49.7 単純ゲームの解

49.7.1 単純ゲームの概念へと導いた発見的な考察により，この範疇に属するゲームは一般に（ゼロ和）n 人ゲームよりも簡単であることがわかるであろう．これを確かめるためには，単純ゲームにおいて解がいかにして決定されるかを調べてみなければならない．しかも，ここでは旧理論を考えているので，**30.1.1** が確かめられねばならない[31]．まず単純ゲームにおいては，あらゆる集合が確実に必要かもしくは確実に不必要かである（**31.1.2** を参照せよ）という事実から，かなり解の探求が簡単化されると考えられるわけであるが，それを調べることから始めよう．

49.7.2 上記の説を確立するために，まず次を証明しておこう：

(49:H) あらゆる本質的ゲーム Γ において，W_Γ に属する集合 S はすべて確実に必要であり，L_Γ に属する集合 S は確実に不必要である．

証明：もし $S \in L_\Gamma$ ならば S は平坦的であり，したがって **31.1.5** の (31:F) により，確実に不必要である．もし $S \in W_\Gamma$ ならば，($-S \in L_\Gamma$ となるから) $-S$ は平坦的であり，さらに ($\ominus \in L_\Gamma$ であり，それゆえ $\ominus \notin W_\Gamma$ となるから) $S \neq \ominus$ である．よって，S は **31.1.5** の (31:G) により，確実に必要で

---

[31] 新理論――これは **44.7.2** およびそれ以下において導入されたものである――の術語によれば，われわれは $E(0)$，すなわち超過量 0 という値に制限された場合の解を見出そうとしているわけである．

この制限の重要性は **51.6** の第 3 の注意で明らかになるであろう．

ある．

ここで，単純ゲームに対する上記の見通しが，実際異なる2つの方法により実現されることがわかる．

(49:I) いかなる単純ゲーム Γ においても，W_Γ に属するあらゆる集合 S は確実に必要であり，他のすべての集合は確実に不必要である．

証明：(49:H) と単純ゲームにおいては L_Γ がちょうど W_Γ の補集合となるという事実とを結びつければ明らかである．

(49:J) いかなる単純ゲーム Γ においても，W_Γ^m に属するあらゆる集合 S は確実に必要であり，他のすべての集合は確実に不必要である[32]．

証明：(49:I) の W_Γ を **31.1.3** の (31:C) によりその部分集合 W_Γ^m で置き換えることができる．すなわち，$W_\Gamma - W_\Gamma^m$ に属する集合 S は，すべて確実に必要なクラスから確実に不必要なクラスへ移すことができるのである．実際，W_Γ に属するあらゆる S は，W_Γ^m に属する部分集合 T を有している．

以上の2つの規準 (49:I), (49:J) のうち，後者はより役立つものである．その重要性は，単純ゲームにおける解を実際に決定する段階になってはじめて確立されるであろう[33]．実際，単純ゲームの分析により，多くの参加者をもつゲーム理論においても有効なより深い洞察が得られるのである[34]．

50 多数決ゲームとその主要な解

50.1 単純ゲームの例：多数決ゲーム

50.1.1 さらに分析を進める前に，単純ゲーム，すなわち **49.6.1** の (49:F) における組 W, L の例を与えておくのがよいであろう．**49.6.2** により，(49:W*) で特徴づけられた W を議論しておけば十分であることがわかっている．

そこで，このWを導入するいくつかの考えられる方法——すなわち勝利の

---

[32] (49:I) と (49:J) とを比較してみれば，$W_\Gamma - W_\Gamma^m$ に属する集合 S は同時に確実に必要ともなり，確実に不必要ともなることがわかる．これは 373 ページ脚注 84) の最後の注意のいま1つの例ともなっている．

[33] **50.5.2** および **55.2** を参照せよ．

[34] **55.2–55.11**，特に **54** の一般的な注意を参照せよ．

概念の考えられる定義——を考えることにしよう.

多数決原理が,特に勝利の定義の適当なものとして考えられる.したがって,W をプレイヤー全体のうちの多数を含むような S の全体として定義することができる.しかしながら,引き分けは除かねばならないことに気づくであろう.——実際,(49:W*:a) によりこの W に関しては,あらゆる S について S または $-S$ がプレイヤー全体のうちの多数部分を含んでいなければならず,したがって両者がちょうど半分ずつプレイヤーを含む可能性は除外しておかねばならないのである.言い換えれば:参加者の総数は奇数でなければならない.

したがって,もし n が奇数であるならば,W は $\frac{n}{2}$ を超える要素をもつあらゆる S の集まりとして定義される[35].このようにして得られた単純ゲームを[36],直接多数決ゲームとよぶことにしよう.

これがおこりうる最小の n[37] は 3 である.$n = 3$ の場合には,ただ 1 つしか本質的 3 人ゲームは存在せず,しかもこの場合の W は,2 要素集合と 3 要素集合——すなわち,$\frac{3}{2}$ を超える要素をもつ集合——のみを含むことを知っている.したがって,次のことがわかる:

(50:A)　(唯一の) 本質的 3 人ゲームは単純ゲームであり,それは 3 人の参加者をもつ直接多数決ゲームとなっている.

以下の資格のある $n = 5, 7, \cdots$ に関しては,直接多数決ゲームは数多くある単純ゲームの 1 つの可能性にすぎない.

50.1.2　直接多数決ゲームは n が奇数のときにのみおこりうるが,単純ゲームは n が偶数のときにも存在する.——実際,われわれの用いた単純ゲームの原型 (**48.1.2**, **48.1.3** を参照せよ) は $n = 4$ であった.

しかしながら,多数決の概念は n が偶数の場合にも容易に拡張することができる.そのために,われわれはここで重み付き多数決の概念を次のようにして導入する:プレイヤー $1, \cdots, n$ の各々に数量化された重み,例えば $w_1, \cdots,$

---

[35] $\frac{n}{2}$ を超える最小の整数は $\frac{n+1}{2}$ である (n は奇数であることに注意!).したがって,S は $\frac{n+1}{2}$ 以上の要素をもたねばならないということもできる.
[36] 正確には:(n 人の参加者をもつ) 戦略上同等なゲームのクラスをさすのである.
[37] すなわち奇数であり,しかもゲームが本質的になりうるような n である.

w_n を与える．W を全重みの過半量を含む S の全体と定義する．これは：

(50:1) $$\sum_{i \in S} w_i > \frac{1}{2} \sum_{i=1}^{n} w_i$$

または，同じことであるが，

(50:2) $$\sum_{i \in S} w_i > \sum_{i \in -S} w_i$$

なることを意味する．ここでも，引き分けが除かれていることに注意しなければならない．しかし，この構成は前よりもより一般性をもっているので，直ちに (49:W*) の完全な議論にとりかかったほうがよいであろう．

50.1.3 そこで，(49:W*) が $w_1, \cdots, w_n$ に対していかなる制限を課すかを調べてみよう．

(49:W*:a) について：(50:2) により S が W に属することを表せるので，$-S$ は，

(50:3) $$\sum_{i \in S} w_i < \sum_{i \in -S} w_i$$

なるときに W に属することになる．したがって，(49:W*:a) は，(50:2) または (50:3) の一方は常に成り立つが，双方共に成り立つことはありえないことを意味している．これは明らかに，決して，

(50:4) $$\sum_{i \in S} w_i = \sum_{i \in -S} w_i$$

すなわち，同じことではあるが，

(50:5) $$\sum_{i \in S} w_i = \frac{1}{2} \sum_{i=1}^{n} w_i$$

とはなりえないことを意味している．

(49:W*:b) について：(50:1) の形の W の定義を用いれば，この条件は明らかに $w_i \geq 0$ のときには満たされる[38]．

(49:W*:c) について：(50:1) を再度用いれば，$I = \{1, \cdots, n\}$ が W に属することは明らかである．一般的な $(n-1)$ 要素集合 $S = I - \{i_0\}$ については，条件 (50:1) により，

---

[38] もちろんこれはまったく許容しうる条件である．実際，驚くべきことに必ずしも $w_i > 0$ となることは必要としていないのである．——すなわち，重みがゼロとなることもありうるのである．

$$w_{i_0} < \frac{1}{2}\sum_{i=1}^{n} w_i$$

となる．

要約すれば：

(50:B) 重み $w_1,\cdots,w_n$ は，次の条件を満たせば，そしてそのときにのみ，(50:1) または (50:2) により (49:W*) を満たす W を定義するために用いることができる．

(50:B:a) すべての $i_0 = 1,\cdots,n$ について，

$$0 \leq w_{i_0} < \frac{1}{2}\sum_{i=1}^{n} w_i.$$

(50:B:b) すべての $S \subseteq I$ について，

$$\sum_{i \in S} w_i \neq \frac{1}{2}\sum_{i=1}^{n} w_i.$$

言葉で表せば：プレイヤーは常に非負の重みをもつが，その各々は重みの合計の半分以上にはならない．さらに，プレイヤーをどのように結びつけても重みの合計が総重みの半分に等しくなることはない[39]．

このような W[40] から得られる単純ゲームを（重み $w_1,\cdots,w_n$ をもった n 人の参加者からなる）重み付き多数決ゲームとよぶ．このゲームを記号 $[w_1,\cdots,w_n]$ で表すことにする．

したがって，直接多数決ゲームは記号 $[1,\cdots,1]$ で表されることになる．

48.1.2，**48.1.3** で議論された Q の頂点 I で示される 4 人ゲームは，重み付き多数決ゲームとして表されることに気づくであろう．実際，**48.1.3** で見出された勝利の原則はプレイヤー 1, 2, 3 が共通の重みをもちプレイヤー 4 が 2 倍の重みをもつことによって表現できる．すなわち，このゲームは記号 $[1,1,1,2]$ で表されるのである．

---

[39] 最初の条件は **49.2** の困難を除き，第 2 の条件は引き分けを除く．
[40] 正確には：戦略上同等なゲームのクラスをさす．

50.2 同質性

50.2.1 多数決ゲームとそれを表す記号 $[w_1,\cdots,w_n]$ の導入により，単純ゲームを量的に（数量化して）分類し特徴づける道が開けた．この計画の完全なる実行が望まれると考えるには十分な理由がある：すなわち，単純性は組み合わせ理論的，集合論的に定義されたものであり，数量的に特徴づければより扱いやすくなると考えられるのである．このような特徴づけは通常は，考察している概念をより完全に数量的に理解することを容易にする．さらに，ここでは究極的には数量的に明確に表された解を求めようとしているのであり，それゆえ組み合わせ理論的な特徴づけよりも数量的な特徴づけのほうがより直接的に解に対応していると思われるのである．

しかしながら，この第 1 の段階はまだこのような移行を実行できるには程遠い．

つまり，1つには，単純ゲームは 1 つの記号 $[w_1,\cdots,w_n]$ だけでは表しえないかもしれない．——実際，1 つの記号で表される単純ゲームは無限に多くの記号で表される[41]．さらに，あらゆる単純ゲームがこのような記号をもちうるか否かも不明なのである[42]．

第 1 の欠点の考察から始めよう．同じ単純ゲームがいくつかの記号 $[w_1, \cdots, w_n]$ をもちうるので，ある選択の基準により，それらの中から特別な 1 つを取り出すことが自然な方法であろう．ここで，この基準において $w_1,\cdots,w_n$ の重要性および有用性を増加させるような条件を明確にすることが望まれる．

まず，いくつかの予備的な観察を行う．条件（50:1），（50:2）は差

$$(50:6) \quad a_S = 2\sum_{i\in S} w_i - \sum_{i=1}^n w_i = \sum_{i\in S} w_i - \sum_{i\in -S} w_i$$

についての考察を示唆する．この a_S は，提携 S の重みの合計が敵対する提携の重みの合計よりいくら大きくなるか——すなわち，S の有する重み付き多数性がいくつであるか——を表している．これから直ちに次の性質がわかる：

(50:C) $a_S = -a_{-S}$

証明：a_S についての上の式（50:6）を用いる．

---

[41] 明らかに十分に小さな w_i の変化は（50:1）の妥当性を損ないはしない．特に（50:B:b）により，（50:5）が除かれることを考えてみれば明らかであろう．

[42] ある種の単純ゲームは，このような記号をもたないことを **53.2** においてみるであろう．

(50:D:a) $a_S > 0$ であればそしてそのときにのみ $S \in W$.
(50:D:b) $a_S < 0$ であればそしてそのときにのみ $S \in L$.
(50:D:c) $a_S = 0$ はおこりえない．

証明：(50:D:a) について：自明である．

(50:D:b) について：(50:D:a)，(50:C) から直ちにしたがう．

(50:D:c) について：W, L ですべての S は尽くされるので，(50:D:a)，(50:D:b) から直ちにしたがう．これはまた (50:B:b) に一致する．

50.2.2 ここで，勝利を保障する a_S の量が各勝利提携に関して同じになるように，重み $w_1, \cdots, w_n$ を配列するのが自然であろう．しかしながら，W に属するすべての S に対して実際にこれを行うことは合理的ではない：もし $S \in W$ ならば，それを真に包含する集合 T もまた W に属することになり，$a_T > a_S$ となる[43]．このような T は，勝利のためには必ずしも必要でない参加者を含んでいるので，それを無視するのが自然であろう．すなわち，W の他の要素を真に包含しないような $S \in W$ のみについて，a_S の一定性が要求される．つまり，**49.6.3** の用語を用いれば：a_S は W の極小要素——W^m の要素——に関して一定であることを要求される．

したがって，次のように定義できる：

(50:E) もし (50:6) の a_S が W^m のすべての S について a と表される共通の値をもっているならば，重み $w_1, \cdots, w_n$ は同質的という．

(50:E) が成り立つときには，$[w_1, \cdots, w_n]$ ではなく $[w_1, \cdots, w_n]_h$ と書くことにする．

明らかに $a > 0$ である．共通の正の値は，$w_1, \cdots, w_n$ の重要な性質になんら影響を及ぼさないので，同質的な場合には最終的な正規化として $a = 1$ とできる．

最後に，**50.1.3** の終わりに述べたゲームが同質的であり，$a = 1$ と正規化されることを注意しておこう．このゲームというのは，奇数人の参加者をもつ単純多数決ゲーム $[1, \cdots, 1]$ と Q の頂点 I $[1, 1, 1, 2]$ であり，上で述べたようにこの 2 つは $[1, \cdots, 1]_h$ および $[1, 1, 1, 2]_h$ と書かれる．実際，両方の場合に，

---

[43] したがって，$T = I \supsetneq S$ に関して，もし S に属さないあらゆる i について $w_i = 0$ でないならば $a_I > a_S$ となる．

W^m のあらゆる S に対して $a_S = 1$ となることの証明は読者にとって容易なことであろう．

50.3 解を形成する際の配分の概念のより直接的な使用

50.3.1 上で導入した同質的な場合は，通常の経済学的な配分の概念と密接に関連している．そこでこれを示すことにしよう．

より正確にいえば：われわれは **30.1.1** において配分の一般的な概念を定義し，それにもとづいて解の概念を定義した．これらの概念をかたちづくる際に，われわれは経済学で用いられているのと同じ判断の基準に頼った．それゆえ，通常の経済学的な配分の概念と同じ関係が期待できるに違いないと思われる．しかしながら，われわれの考察は以上のような概念とはむしろかけ離れたものなのである．このことは，特に単一の配分ではなく配分の集合——すなわち解——がわれわれの理論の意図するものであると見出したときに必要であった構造においてみられる．ところが，ある種の単純ゲームに関しては，通常の経済学的な配分の概念との関連がもう少し直接的に打ち立てられる．問題となっているこの特別なゲームに関しては，この原始的な概念とわれわれの解との間の関連が直接的に確立されうるといってもよい．実際，これらのゲームの各々に関しては，解を見出す簡単な方法が与えられるであろう．

50.3.2 2つの解の概念，すなわち2つの方法はまったく効果的に互いに助け合う．つまり，通常の経済学的概念は解の形についての有益な推測を与え，それをもとに数学的理論によって問題となっている解が決定されるわけであるが，同時に通常の接近方法のための条件も，数学的理論により完全になるのである．（1つは **50.4**，いま1つは **50.5** およびそれ以降を参照せよ．）

以上のような考察は，また別の目的にも役立つ：つまり，通常の接近方法の限界が非常に明確にされる．通常の接近方法は，単純ゲームについてのみ機能するわけであるが，その場合にさえ数学的理論の助けを常にそしてまったく受けないというわけではない．さらに，この接近方法を用いてもゲームのすべての解が明らかにされるわけでもない．（この問題についてのよりくわしい注意は議論を通して常に出てくるが，特に **50.8.2** に著しい．）

この点に関して，あらゆるゲームがおこりうる社会的，経済的組織のモデルとなっており，その解のすべてがそこでのおこりうる行動基準となっていることを再度強調しておく．そして，ゲームおよびその解が上述の方法——すなわ

ち旧態依然とした経済学的な配分の概念——によっておおい尽くされないことは，社会理論および経済理論に対してゲームとその解が非常に有効であることを証明するものである．この特別な方法によって取り扱える単純ゲームは，同質的重み付き多数決ゲームと密接に関連していることが後にわかるであろう．同質的重み付き多数決ゲームは，単純ゲームの特殊なものである．

50.4 直接的な接近方法の議論

50.4.1 $\gamma = 1$ なる縮約形の単純ゲームを考え，これ以上の制限はなんら加えられていないものとする．体系的な理論は用いず，通常の経済学的な考えで議論してみよう．

明らかに，このゲームにおいては各プレイヤーは勝利提携の形成だけを唯一の目標としており，いったん極小勝利提携がつくられてしまえば，その参加者はそれ以上のプレイヤーの加入を欲しなくなる．したがって，極小勝利提携——W^m の S——こそ形成される構造であると仮定してもさしつかえないわけであり，それゆえプレイヤーの運命はただ2つの代替案を与えると仮定できることになる：つまり，極小勝利提携にうまく加われるか，それとも加われないかという2つである．後者の場合には，このプレイヤーは敗北し -1 なる量を得ることになる．前者の場合には，このプレイヤーは勝利するわけであり，通常の考えにしたがってこの勝利に値を決めておかねばならない．この値は，プレイヤー一人ひとりによって異なる．すなわち，プレイヤー i についてはこの量を $-1 + x_i$ と表すことにする．この x_i とは，プレイヤー i について，彼が敗北したときと勝利したときの差額である[44]．

50.4.2 次に経済学でよく用いられる議論を用いて，上述の $x_1, \cdots, x_n$ に課せられるべき条件を定式化していくことにしよう．

第1に：x_i が意味をもつためには必ず

(50:7) $\quad x_i \geq 0$

---

[44] ここでは勝利への道はただ1つである，すなわち，差額 x_i はプレイヤーがどのような（極小勝利）提携にうまく加わることができようとも同じである，と仮定する．単純ゲームにおいては，ただ1種の勝利，完全勝利——すなわち，あらゆる提携が完全に敗北するかもしくは完全に勝利するかのどちらかしか起こりえない——しか存在しえないので，上の仮定は妥当なものである．
　50.7.2 および **50.8.2** において，この立場でどこまで進められるかが明らかになる．この立場で進められるかぎり，われわれの体系的な理論とうまく結びつけることができるのである．

となっていなければならない．

第2に：もしあるプレイヤー i がいかなる極小勝利提携にも含まれていないとすれば，そのプレイヤーにとって -1 なる値以上獲得できるような代替案は存在しえないことになり，したがって，このような i に対しては，x_i を定義する必要はなくなる[45]．

第3に：もし極小勝利提携 S が有効であるとすれば，プレイヤー間の分割は次のようになる：S に属さないプレイヤー i はそれぞれ -1 を獲得し，属するプレイヤー i は $-1 + x_i$ を獲得する．このとき，これらの値の和はゼロになっていなければならない．つまり，これは，

$$0 = \sum_{i \notin S}(-1) + \sum_{i \in S}(-1 + x_i) = -n + \sum_{i \in S} x_i,$$

すなわち，

(50:8) $$\sum_{i \in S} x_i = n$$

なることを意味する．

われわれの記号体系においては，この分配は要素

$$\alpha_i = \begin{cases} -1 & i \notin S \text{ に関して} \\ -1 + x_i & i \in S \text{ に関して} \end{cases}$$

をもつベクトル $\vec{\alpha} = (\alpha_1, \cdots, \alpha_n)$ によって表される．このベクトルを $\vec{\alpha}^S$ と表すことにする．すると，先に述べた第1の条件およびこの第3の条件により，実際 $\vec{\alpha}^S$ は **30.1.1** の意味での配分になっているのである．

50.4.3 いつもの論法にしたがい，次に上で述べた3つの注意の等式および不等式から $x_1, \cdots, x_n$ を決定することにしよう．このためにはさらに次の点を考慮しておかねばならない：つまり，第3の注意において，S が極小勝利提携にならねばならない，すなわち，W^m に属さねばならないといったわけであるが，果たして，その場合に W^m に属するすべての S についてそれが成り立っているのかということである．

実際，現在行っている方法は補完的な財に帰属する価値をその代替的な使

---

[45] 実際に重要な単純ゲームにおいてはこのような i は存在しない．——すなわち，あらゆるプレイヤーがある極小勝利提携に属する．**51.7.1** の最初の注意および **51.7.3** の (51:O) を参照せよ．

用によって定めようという通常の方法にほかならないのである[46]．ところで，このような代替的な使用法は考慮されている異なる財よりもはるかに膨大である．——すなわち，W^m は n よりもはるかに多くの要素を有しているのである[47]．このような状況において代替的な使用法のいくつかは無益なものであり，第 3 の注意において考慮する必要はないのではないかと考える人もいるであろう．実際，われわれはこの原理を W^m に属する S のみを取り出す際にすでに用いているのである．つまり，$W - W^m$ （極小勝利提携ではない提携の集合）に属する S は明らかに無駄であり，それゆえ，W のあらゆる要素を取り出すことはしなかったのである．さて，W^m に属するあらゆる S を確実に有益な使用法と同一なものでなければならないとみなしうるであろうか？上述のような大雑把な意味においては，明らかにあらゆる $S \in W^m$ を考慮することは無駄ではない．すなわち，$S \in W^m$ のいかなる参加者も欠けてしまえば必ずその提携は敗北してしまうからである．ところが，多くの経済学における例が示しているように，これよりもより間接的な方法において有益でないような場合も起こってくるのである．したがって，第 3 の注意において W^m のどの S が用いられるべきかという問題は，答えを与えないままにしておくことにする．

しかしながら，もし W^m に属するある S が第 3 の注意に含まれないとすれば，すなわち，

(50:8) $$\sum_{i \in S} x_i = n$$

が成り立たないとすれば，このような S は明らかに利益がないことになる．つまり，(50:8) の $=$ の代わりに $>$ で置き換えて，

(50:9) $$\sum_{i \in S} x_i > n$$

としなければならないことになる．

このようにして次の問題が生じる：つまり，いかなる規準によって第 3 の注意が有効となる——すなわち (50:8) が成り立たねばならない—— $S \in W^m$ を決定するのかという問題である．ここで，(50:8) の成り立つ W^m の部分集

---

[46] ここでは，サービスといったほうがより適当であろう．考察すべき対象は，プレイヤー i の提携内での協力に際しての全サービスである．

[47] **53.1** の第 4 の注意を参照せよ．

合を U と表すことにしよう．すると，$W^m - U$ に属する S について (50:9) が成り立たねばならないことになり，したがって問題は U を決定することになる[48]．

50.5 一般理論との関連．厳密な定式化

50.5.1 上述の問題を解決するために，言葉による記述ではなく体系だった理論にもどることにしよう．**50.4** で述べたことからわかるように，われわれは極小勝利提携の 1 つの体系，すなわち集合 $U \subseteq W^m$ とその x_i を考えれば十分である．まず，**50.4** におけるように，

$$S \text{ が } U \text{ に属するときに } \alpha_i^S = \begin{cases} -1 & i \notin S \text{ に関して} \\ -1 + x_i & i \in S \text{ に関して} \end{cases}$$

となる配分

$$\vec{\alpha}^S = (\alpha_1^S, \cdots, \alpha_n^S)$$

をつくる．この $\vec{\alpha}^S$ $(S \in U)$ はすでに知っているように，**50.4** の条件

(50:7) $\quad x_i \geq 0$

(50:8) $\quad S \in U$ のとき $\displaystyle\sum_{i \in S} x_i = n$

により，実際に配分となる．次に $\vec{\alpha}^S$ $(S \in U)$ の集合 V をつくる．ここで，V が **30.1.1** の意味での解となっていれば，U および x_i が配分の決定に十分であることになる．

さて，このようにして得られた結果は言葉で表すことができ，通常の経済的観点からみてもまったく道理に合ったものであることがわかるであろう．しかし，この結果が通常の方法によってこのように明確な形で得られるか否かは疑問である．つまり，これは通常の純粋に言葉による経済学的接近に関してさえわれわれの数学的理論がその指針となりうることを示す 1 つの例となっているのである（**50.7.1** を参照せよ）．

50.5.2 V が解となっているか否かを調べることにしよう．

---

[48] ここで $W^m - U$ （したがって U）を (50:9) によって定義することはまったく誤りである．なぜなら，これだけでは $x_1, \cdots, x_n$ を十分に制限したことにはなっておらず，しかもわれわれはこの $x_1, \cdots, x_n$ の決定を実際の目的としているからである．

まず，どのような場合にある与えられた配分 $\vec{\beta} = (\beta_1, \cdots, \beta_n)$ が $\vec{\alpha}^T$, $T \in U$ によって支配されるかを決定する．ここで考えているのは単純ゲームであるから，支配に関する **30.1.1** の集合 S は W（もしくは W^m, **49.7.2** の (49:I) または (49:J) を用いよ）に属するものであると仮定してさしつかえない．さて，S に属するすべての i について $\alpha_i^T > \beta_i \geq -1$ であり，T に属さないすべての i について $\alpha_i^T = -1$ であるから，$S \subseteq T$ となる．また，T は $U \subseteq W^m$ に属し S は W に属するから，$S \subseteq T$ ならば $S = T$ とならねばならない．したがって：ここでの支配についての **30.1.1** の集合 S は結局 T となる．さらに，T は $U \subseteq W^m \subseteq W$ に属しているので確実に必要であり，有効集合として用いることができる．前の記述を参照せよ．したがって，支配 $\vec{\alpha}^T \succ \vec{\beta}$ は結局は次のようになる：$i \in T$ に関して $\alpha_i^T > \beta_i$, すなわち，

(50:10)　　$i \in T$ に関して，$\beta_i < -1 + x_i$.

配分 $\vec{\beta} = (\beta_1, \cdots, \beta_n)$ の各々に対して，

(50:11)　　$\beta_i \geq -1 + x_i$

となるあらゆる i からなる集合を $R(\vec{\beta})$ と表すことにする．すると，(50:10) は $R(\vec{\beta})$ と T とが互いに交わらないことを表していることになる．書き方を換えれば，これは，

(50:12)　　$-R(\vec{\beta}) \supseteq T$

となる．

したがって：

(50:F)　　$\vec{\alpha}^T \succ \vec{\beta}$ は (50:12) と同値である．

といえる．

以上より，次のように結論できるであろう：

(50:G)　　U^* を U に属するある部分集合を有するあらゆる $R(\subseteq I)$ からなる集合とし，

　　　　U^+ を $-R$ が U^* に属さないようなあらゆる $R(\subseteq I)$ からなる集合とする．

50 多数決ゲームとその主要な解

このときに, $\vec{\beta}$ が V のいかなる要素によっても支配されないための必要十分条件は, $R(\vec{\beta})$ が U^+ に属することである.

証明：$\vec{\beta}$ が V のある要素——すなわちある $\vec{\alpha}^T$, $T \in U$——によって支配されるというのは, ある $T \in U$ に対して, (50:12) が成り立つということである. これは, $-R(\vec{\beta})$ が U^* に属する, すなわち $R(\vec{\beta})$ が U^+ に属さないということと同値である.

したがって, $\vec{\beta}$ が V のいかなる要素によっても支配されなければ, そしてそのときにのみ $R(\vec{\beta})$ は U^+ に属することになる.

50.5.3 さらに議論を進める前に, (50:G) の集合 U^+ についての 4 つの簡単な性質を述べておこう.

(50:H:a)　　もし $U = W^m$ ならば, $U^* = U^+ = W$.

証明：$U = W^m$ とする. すると, U^* は W^m に属する部分集合——すなわち極小勝利部分集合となる部分集合——を有する集合から構成されることになる. したがって $U^* = W$ である. ところで, (50:G) において U^* から U^+ を導く操作は **48.2.1** の変形 (48:A:a) と (48:A:b) とを結びつけることであった. ところが, この 2 つの変形は W に適用された場合には互いに打ち消し合うものであることをわれわれはすでに知っている. したがって, $U^* = W$ から $U^+ = W$ が導かれる.

(50:H:b)　　U^* は単調増加な演算であり, U^+ は単調減少な演算である. すなわち, もし $U_1 \subseteq U_2$ ならば, $U_1^* \subseteq U_2^*$, $U_1^+ \supseteq U_2^+$.

証明：$U_1 \subseteq U_2 \Rightarrow U_1^* \subseteq U_2^*$ を示すためには (50:G) の定義を思い出せば十分である. $U_1 \subseteq U_2 \Rightarrow U_1^+ \supseteq U_2^+$ はこれからしたがう.

(50:H:c)　　あらゆる $U \subseteq W^m$ は $U^* \subseteq W \subseteq U^+$ を有する.

証明：(50:H:a) と (U_1, U_2 を U, W^m に置き換えた) (50:H:b) を結びつければ明らかである.

(50:H:d)　　U^*, U^+ は共にそれぞれの要素である集合の上位集合を含む.

証明：U^* については明らかである. この性質は, **48.2.1** の (48:A:c) で定

式化したものと同じである．（W がここでは U^*, U^+ に変わっているだけである．）ところで，(50:G) において U^* から U^+ を導く操作は，**48.2.1** における変形 (48:A:a), (48:A:b) を結びつけるものであるから（(50:H:a) の証明を参照せよ），**48.2.2** の (48:B) をこの2つの変形に適用すれば，ここで問題となっている性質は U^* から U^+ へ移ったときにも依然として成り立つことが示される．

50.5.4 U^*, U^+ は次のように簡単に言葉で説明できることにも注意しておこう．例えば，U に属する提携が勝利提携であることしか知らないときに，それ以外の提携のうちのどれが確実に勝利し，どれが確実に敗北しないといえるであろうか？

前者は U に属する部分集合をもつ提携，すなわち U^* に属する提携の場合であり，確実に敗北する提携はこの補集合，すなわち U^+ に属さない集合である．したがって，U^* は最初に述べた提携の集合であり，U^+ は次に述べた提携の集合となっている．

ここで，(50:H:a)-(50:H:c) の意味がはっきりする：すなわち，$U = W^m$ に対してはすべてのことがあいまいでなくなる：確実に勝利する提携はちょうど確実に敗北しない提携となっており，集合 W を形成する．U が W^m から小さくなると，この2つの提携の差は広がる．つまり，第1の集合は W の部分集合として減少し，第2の集合は W を含む集合として増加していくわけである．

(50:H:d) の主張も同様に正当化される．

50.6 結果の再定式化

50.6.1 **50.5.2** の (50:G) により次のことがいえる：

(50:I) V が解となるための必要十分条件は，$\vec{\beta}$ が V に属するときに $R(\vec{\beta})$ が U^+ に属することである．

したがって，われわれは (50:I) が成り立つ場合を決定しさえすればよいわけである．このために，$R \in U^+$ を考え $R(\vec{\beta}) = R$ となるような $\vec{\beta}$ を決定することにしよう．

次の3つの可能性が考えられる：

$$(50:13) \quad \sum_{i \notin R}(-1) + \sum_{i \in R}(-1+x_i) \gtreqless 0,$$

すなわち

$$(50:14) \quad \sum_{i \in R} x_i \gtreqless n.$$

もし $R(\vec{\beta}) = R$ なる $\vec{\beta}$ が存在したとすれば,

$$(50:15) \quad 0 = \sum_{i=1}^{n} \beta_i \geq \sum_{i \notin R}(-1) + \sum_{i \in R}(-1+x_i),$$

すなわち，(50:13), (50:14) において $\leq$ が成り立つことになる．したがって，(50:13), (50:14) において $>$ が成り立つとすれば，$R(\vec{\beta}) = R$ なる $\vec{\beta}$ は存在しえない．すなわち，(50:13), (50:14) において $>$ が成り立つような集合 $R \in U^+$ はこれ以上考えなくてよいわけである．逆に，(50:13), (50:14) において $<$ が成り立つような $R \in U^+$ を考えてみよう．このときには，$\sum_{i=1}^{n} \beta_i = 0$ かつ $\beta_i \geq \begin{Bmatrix} -1 & i \notin R \text{ に関して} \\ -1+x_i & i \in R \text{ に関して} \end{Bmatrix}$ となるような $\vec{\beta}$ は無限に多くの方法で選ばれる．このようなすべての $\vec{\beta}$ に対して，$R(\vec{\beta})$ は必ず R を含む．したがって，(50:H:d) により $\vec{\beta}$ は V に属することになる．ところが，V は有限集合であるから上述の $\vec{\beta}$ がすべて V に属することはありえず矛盾が生じる．すなわち，(50:13), (50:14) において $<$ が成り立つような集合 $R \in U^+$ は決して存在しないのである．

50.6.2 残されたのは，U^+ に属し (50:13), (50:14) において $=$ の成り立つような集合についての考察である．上述にしたがえば，この集合はちょうど V に属する $\vec{\beta}$ を与えるものでなければならない．

もし $\vec{\beta}$ が V に属する，すなわち $\vec{\beta} = \vec{\alpha}^T$, $T \in U$ であるとすれば，次のような状況が生じる：すなわち，$R(\vec{\beta})$ は T と $x_i = 0$ となるような i からなる集合を加えたものとなり，T は $U \subseteq U^* \subseteq U^+$ （後半の関係は (50:H:c) から導かれる）に属するから，$R(\vec{\beta})$ は U^+ に属する．さらに，

$$\sum_{i \in R(\vec{\beta})} x_i = \sum_{i \in T} x_i = n$$

となるから，(50:13), (50:14) において $=$ が成り立つ．したがって V に属する $\vec{\beta}$ はすべて考慮されたことになる．

逆に：(50:13)，(50:14) において ＝ が成り立つような U^+ に属する R を考える．$x_i = 0$ となるあらゆる i を R に加えたとしても，((50:H:d) により) R が U^+ に属することにも等式 (50:14) にも影響は及ばない．したがって，R はこのようなすべての i を含んでいると仮定してもさしつかえないことになる．

ここで，もし配分 $\vec{\beta}$ について $R(\vec{\beta}) = R$ となれば，R に属する i に対して $\beta_i \geq -1 + x_i$ となる．さらに，常に $\beta_i \geq -1$ であり，$\sum_{i=1}^{n} \beta_i = 0$ であるから，結局：

(50:16) $\quad \beta_i = \begin{cases} -1 & i \notin R \text{ に関して} \\ -1 + x_i & i \in R \text{ に関して} \end{cases}$

が導かれることになる．逆に：(50:16) が成り立てば，$\vec{\beta}$ は $R(\vec{\beta}) = R$ となるような配分となる．したがって，この場合に必要となるのは，(50:16) の $\vec{\beta}$ が $\vec{\alpha}^T$, $T \in U$ となることであり，これは T と R とが $x_i = 0$ となるような要素 i においてのみ異なることを意味する．しかもこの性質は，R についてのわれわれの最初の修正，すなわち，このような i をすべて R に含めることには無関係である．

要約すれば：

(50:J) V が解となるための必要十分条件は，以下の事柄が成り立つことである：$x_i = 0$ のときに i を無関係なプレイヤーとよぶことにする[49]．

すると U に属する T，およびそれと無関係な要素だけが異なるような集合についても，もちろん，

(50:8*) $\quad \sum_{i \in T} x_i = n$

となる．さらに，U^+ に属する他のすべての T に対して，

---

[49] このような i の存在により少々複雑になるわけであり，この複雑さはこのような i が実際に存在するようなゲームの例がないために，一層その度合いを増やしているのである．実際，このような i は決して存在しないと思うかもしれない．なぜなら，無関係な i はある極小勝利提携に属しながら，しかも決して分け前を受け取らないようなプレイヤーを表しているからである．

3 人ゲームの差別解における除外されたプレイヤーはこのような状況にあるわけであるが（$c = 1$ のときの 32.2.3 の (32:A) を参照せよ），この解が無限集合であったのに対し，ここでの V は有限集合なのである．

このような存在問題は興味をひかれるところであるが，とにかく現時点では一般性もしくは厳密性を失わないためにも，無関係な i を考えておかねばならないと思われる．

(50:9*) $$\sum_{i \in T} x_i > n$$
とならねばならない．

この結果を利用する際には，まず集合 $U \subseteq W^m$ を選び，ついで (50:8*) から x_i の決定を行い，最後にこれらの x_i が不等式

(50:7)　　$x_i \geq 0$

および (50:9*) を満たすかどうかを確かめればよい．

50.7　結果の解釈

50.7.1　**50.5.1** で述べておいたように，(50:J) の結果は言葉で表すことができる．それは次のとおりである：

解 V は，利益をもたらすと考えられる極小勝利提携の集合 U（すなわち $U \subseteq W^m$）を任意に選ぶことにより見出される．このときに x_i は等式 (50:8) を満たしていなければならない．しかしこの後，ある他の提携が (50:9*) の意味において明確に無駄であることを示しておかねばならない．これは，勝利することがわかっている提携（すなわち W）だけではなく，U の提携によっては確実に敗北したとはいえないすべての提携（すなわち U^+）に対しても必ず行われねばならない．――もちろん U 自身の提携は除いておいてかまわない[50]．

ここで，読者は **50.5.1** の最後の指摘がこの定式化によって実証されるか否かについて判断を下すことができるであろう．

50.7.2　(50:I) に関する適切な U を見出すという問題は一層難解である．U^+ の単調減少性（**50.5.3** の (50:H:b) を参照せよ）から次のことが導かれる：U すなわち等式の数が減少すれば，U^+ すなわち不等式の数が増加し，またその逆もいえる．

特に，もし U をできるかぎり大きくとる，すなわち $U = W^m$ とすれば，U^+ にともなう不等式はまったく何の困難ももたらさない．実際：**50.5.3** の (50:H:a) により，$U = W^m$ は $U^+ = W$ を意味する．W に属する T は W において極小な，すなわち $U = W^m$ に属するような部分集合 S を確実に有し

---

[50] 無関係な要素によってのみ異なる提携も除いておいてよい．

ている.ここで,もしTがこのSと無関係な要素以外に違いをもつとすれば,ある$i \in T - S$に対して$x_i > 0$となり,したがって$\sum_{i \in T} x_i > \sum_{i \in S} x_i = n$,すなわち希望どおり(50:9*)が得られる.

したがって,等式(50:8*)を((50:7)とともに)解くことができるならば,$U = W^m$は常に解Vを生ぜしめることになる.

ところが,**50.4.3**に指摘しておいたように,このような状態が常に生じると最初から期待することはできない.——特に,変数x_iよりも多くの等式(50:8*)(すなわちW^mの要素)が存在することもありうる.

しかし,この最後の反例は絶対的なものではない;実際,方程式の数が変数の数よりも多いにもかかわらず,解が存在するような単純ゲームを容易に見出すことができる[51].一方,方程式が解をもたないような単純ゲームも存在する.この場合の例は,あまり表には出てこないが[52],その現象そのものは明らかにかなり一般的なものである.これがおこるときには,適当な$U \subset W^m$を選ぶことによって解Vを見出しうるか否かを調べねばならない.この問題の困難さと微妙さについては,すでに本節の冒頭に述べておいた[53].

50.8 同質的多数決ゲームとの関連

50.8.1 ここで$U = W^m$の場合に考察を限ろう.すなわち等式の体系全体

(50:17) すべての$S \in W^m$に関して,$\sum_{i \in S} x_i = n$

が,

(50:7) $x_i \geq 0$

のもとに解かれうると仮定するのである.この場合には,すべての$\vec{\alpha}^S$, $S \in W^m$からなる集合Vが解であることをみた.そこでこのような状況において

---

[51] これは$n = 5$になってはじめて現れてくる.**53.1**の5番目の注意を参照せよ.
[52] これは$n = 6$になってはじめて現れてくる.**53.2.5**の5番目の注意を参照せよ.
[53] $U \subset W^m$から導かれる解Vをもつ単純ゲームの例は知られておらず,またこのような単純ゲームが存在しないということも証明されていない.さらに進んだ,あらゆる単純ゲームが適当な$U \subseteq W^m$から導かれる解Vをもつか否かという問題も,やはり解決されていない.

この問題はある重要性をもっていると思われるが,解決するのは困難である.また,これは212ページの脚注133)で述べられたすでに解決された問題とある種の類似性をもっているようにも思われるが,いままでのところこの関連を利用することも可能とはなっていない.

のみ，Vをゲームの主要単純解とよぶことにする．

ところで，これらの条件と同質的重み付き多数決ゲームを特徴づける条件の間にはある種の類似性がある．実際，後者は，

(50:18)　すべての $S \in W^m$ に関して，$\sum_{i \in S} w_i = b$

によって定義される．ただし，

$$b = \frac{1}{2}\left(\sum_{i=1}^{n} w_i + a\right), \quad a > 0 \quad (\textbf{50.2} \text{ の }(50\text{:D})(50\text{:E}) \text{ を結びつけよ})$$

かつ

(50:19)　$w_i \geq 0$

である．

実際には，類似性以上のものが存在し，それゆえ (50:18)，(50:19) を満たす w_i の体系が存在すれば，次のようにして (50:17)，(50:7) を満たす x_i の体系が得られる：(50:18) の b の値は正である[54]．したがって，あらゆる w_i に共通の正の要素を乗じてもなんら影響は及ばないから，この共通の要素として n/b をとることにより，(50:18) の b を n で置き換えることができる．すなわち，単に $x_i \equiv w_i$ とおくことができ，(50:18)，(50:19) は (50:17)，(50:7) となるわけである．

逆に，もし (50:17)，(50:7) を満たす x_i の体系が与えられた場合には，余計な困難さが生じてくる．まず，$w_i \equiv x_i$ とおくことはできる[55]．すると，(50:7) は (50:19) となり (50:17) からは $b = n$ とした (50:18)，すなわち $a = 2n - \sum_{i=1}^{n} w_i$ が導かれる．しかし，ここで最後の条件 $a > 0$ が果たして満たされるか——すなわち，

---

[54]　もしそうでないとすると，W^m に属する S において現れてくる i はすべて (50:18)，(50:19) により $w_i = 0$ を有することになる．すると，**50.2.1** の (50:6) および (50:19) により W^m に属する S について $a_S \leq 0$，したがって $a \leq 0$ となるが，これはおこりえないのである．

[55]　いかなる極小勝利提携にも属さない i は x_i をもたない（**50.4** の 2 番目の注意を参照せよ）にもかかわらず，われわれはこのような i の w_i を必要とするので，この場合は少々厄介である．しかしながら，この場合も実はたいして重要ではなく（上述の箇所を参照せよ），594 ページの脚注 44) の参考箇所から容易に導かれるように，ただ $w_i = 0$ とおけばよいのである．

$$(50\!:\!20) \quad \sum_{i=1}^{n} x_i < 2n$$

となるか——という問題が生じてくる．

要約すれば：

(50:K) あらゆる同質的重み付き多数決ゲームは主要単純解をもつ．

逆に，もし（単純）ゲームが主要単純解をもつとすれば，このゲームについての同質的重みがそれから得られるための必要十分条件は (50:20) が満たされることである．

50.8.2 この同質的重みと主要単純解の間の関連は重要である．しかし，同質的重み付き多数決ゲームは一般に主要単純解以外の解をもつことを注意しておく[56]．さらに，主要単純解をもつゲームが (50:20) を必ず満たすとは限らない，すなわち，必ずしも，

$$(50\!:\!21) \quad \sum_{i=1}^{n} x_i \lesseqgtr 2n^{57)}$$

において $<$ が成り立つとは限らないのである．

最後に，以上のことすべてに加えてこのような考察における主要な限界を見失ってはならない：すなわち，「日常的な」配分の概念を **50.8.1** の狭い形（すなわち $U = W^m$）で考えようと，**50.6**, **50.7.1** のものより広い形（すなわち $U \subseteq W^m$, **50.6.2** の (50:I) を参照せよ）で考えようと，それは単純ゲームに制限されているのである．**50.3** で指摘されていたように，これらの制限およびここで述べられた特別の解をのりこえることが必要であり，このためには完全に **30.1.1** の体系だった理論にもどらねばならないのである．

---

[56] 本質的 3 人ゲーム（$[1, 1, 1]_{h_j}$, **50.2** の最後を参照せよ）の主要単純解は，**29.1.2** の最初の解，すなわち **32.2.3** の (32:B) となっている．ところが，**32.2.3** および **33.1** から明らかなように，他の解も存在しているのである．

Q の頂点 I（$[1, 1, 1, 2]_{h_j}$, **50.2** の最後を参照せよ）の主要単純解は，**35.1.3** の最初の解である．われわれは後に，**55** においてより一般的な（n 人）ゲーム $[1, \cdots, 1, n-2]_h$ とともにこのゲームを議論するつもりである．

以上の記述から明らかなように，主要単純解以外の解も非常に重要なのである．**33.1** および **54.1** を参照せよ．

[57] $=$ は $n = 6$ においてはじめて現れてくる．**53.2.4** の 4 番目の注意を参照せよ．$>$ は $n = 6$ もしくは $n = 7$ においてはじめて現れてくる．**53.2.6** の 6 番目の注意を参照せよ．

51 あらゆる単純ゲームを数え上げる方法

51.1 予備的な注意

51.1.1 **50.1.1** より,われわれはもとの集合論的規準ではなく,数量的な規準によって特徴づけることのできる特別な単純ゲームを導入した(**50.2.1** の最初を参照せよ).しかしながら,このような数量的な方法はいくつもの方法で実行されうるのであり,しかもあらゆる単純ゲームがその方法によって特徴づけられるかどうかは確かではなかった.それゆえ,あらゆる単純ゲームを体系的に数え上げるような組み合わせ理論的(集合論的)な工夫が望まれるわけである.

実際,単純ゲームの可能性に対して洞察を得るため,特に上述の数量的な方法でどこまで特徴づけられるかをみるためには,このような工夫が必要不可欠である.後にわかるように,明らかでない可能性についての決定的な例は比較的多数のプレイヤーの場合にのみおこり[58],したがって,単なる言葉による分析はあまり有効とはなりえないのである.

51.1.2 われわれは **49.6.3** の最後に,あらゆる単純ゲームの数え上げは集合 W,すなわち **49.6.2** の (49:W*) を満たすあらゆる集合 W の数え上げと同等であることを指摘しておいた.さらにそこでは,W (つまりあらゆる勝利提携) ではなく,W^m (つまりあらゆる極小勝利提携) を用いたほうが有利であることも注意しておいた.

どちらの方法を用いてもあらゆる単純ゲームを数え上げることはできる.まず,W は W^m よりも定義が簡単であり,W^m は W の助けによって間接的に導入されるものであるから,概念的な観点からみれば W を用いるほうが好ましいといえる.ところが——現在の目的である——あらゆる単純ゲームの実際の数え上げの場合には W^m のほうが W よりも小さな集合であり[59],それゆえ容易に記述できるから,W^m を用いるほうが好ましいといえる.

---

[58] $n = 6, 7$ の場合である.**53.2** を参照せよ.
[59] W, L は互いに交わらない集合である.**48.2.1** の (48:A:b) により,これらの要素の数は同じであり,合わせると $\bar{I}$ のすべてを尽くす,つまり 2^n 個の要素をもつ.したがって,L と同様 W もちょうど 2^{n-1} 個の要素をもつ.

W^m の要素の数は変化するが,常にかなり小さなものである.(**53.1** の 4 番目の注意を参照せよ.)

われわれは 2 つの方法を続けて与えるつもりである．後にわかるように，これからの議論は **30.3** で導入された充足性と飽和性の概念を自然に適用したものとなっている．

51.2　飽和性による方法：W による数え上げ

51.2.1　集合 W は，**59.6.2** の (49:W*)，すなわち (49:W*) をつくる条件 (49:W*:a)-(49:W*:c) によって特徴づけられる．

しばらくの間 (49:W*:c) は考えないものとし，(49:W*:a)，(49:W*:b) を考えることにする．この 2 つの条件は，W のいかなる 2 つの要素も互いに交わらないものとはならないことを表している[60]．言い換えれば：互いに交わらないことの否定――すなわち $S \cap T \neq \ominus$ ――を $S\mathcal{R}_1 T$ と表したときに，(49:W*:a)，(49:W*:b) は $\mathcal{R}_1$-充足性を意味しているのである[61]．この考え方をより完全にすれば，次のようになる：

(51:A)　(49:W*:a)，(49:W*:b) は $\mathcal{R}_1$-飽和性と同等である[61]．

証明：W の $\mathcal{R}_1$-飽和性は，次のことを意味する：

(51:1)　W に属するすべての T に対して，$S \cap T \neq \ominus$ であれば，そしてそのときにのみ S は W に属する．

(49:W*:a)，(49:W*:b) から (51:1) が導かれること：W が (49:W*:a)，(49:W*:b) を満たすとする．すると，もし $S \in W$ ならば，あらゆる $T \in W$ に対して $S \cap T \neq \ominus$ となることはすでにわかっている．もし S が W に属さないとすれば，(49:W*:a) により $T = -S$ が W に属することになり，$S \cap T = \ominus$ となる．

(51:1) から (49:W*:a)，(49:W*:b) が導かれること：W が (51:1) を満たすとする．(49:W*:b)，(49:W*:a) の順に証明を行う．

(49:W*:b) について：もし S が (51:1) の規準に合っているとすれば，それを含む集合もすべて (51:1) の規準に合っていることになる．したがって，W はその要素を含む集合を含んでいることになる．

---

[60] 証明：S, T は W に属するものとし，$S \cap T = \ominus$ とする．すると $-S \supseteq T$ となるから，(49:W*:b) によって $-S$ は W に属することになり，(49:W*:a) に反する．
[61] **30.3.2** の定義を参照せよ．

(49:W*:a) について：上述にしたがえば，$-S \notin W$ であれば $-S$ のいかなる部分集合も W に含まれない．すなわち，すべての $T \in W$ が $-S$ の部分集合とならない，つまり，すべての $T \in W$ に対して $S \cap T \neq \ominus$ となる．(51:1) によりこれはまさに $S \in W$ なることを意味している．

このようにして，とにかく $S, -S$ のうちどちらか一方は必ず W に属する．

ところで，$S\mathcal{R}_1 T$ は明らかに対称的であるから，**30.3.5** の (30:G) を適用することができる[62]．

51.2.2 以上の事柄をもとに (49:W*) を議論するためには，ここで (49:W*:c) も考慮に入れねばならない．これは，2つの方法で行われる．第 1 の方法は後に行われる比較のために有効であると思われる．

(51:B)　W は $\mathcal{R}_1$-飽和でしかも $\ominus$ も 1 要素集合も含まなければ，そしてそのときにのみ (49:W*) を満たす．

証明：(49:W*) は (49:W*:a)，(49:W*:b) および (49:W*:c) の結びついたものである．まず最初の 2 つから，(51:A) により $\mathcal{R}_1$-飽和性が導かれる．次に (49:W*:a) が成り立つとすれば，(49:W*:c) は次のように表される：もし S が I もしくは $(n-1)$ 要素集合であれば，$-S \notin W$ となる．すなわち：$\ominus$ も 1 要素集合も W に属さないのである．

第 2 の方法は第 1 の方法より，より直接的に有効である．

V_0 を (49:W*:c) のすべての集合——すなわち I および I のあらゆる $(n-1)$ 要素部分集合——の体系とする．すると，

(51:C)　$V \cup V_0$ が $\mathcal{R}_1$-充足であれば，そしてそのときにのみ，V は (49:W*) を満たす W の部分集合となる．

証明：$W \supseteq V$ および W が (49:W*) を満たすことは，結局 $W \supseteq V$，W は (49:W*:a)，(49:W*:b) を満たす——すなわち W は (51:A) により $\mathcal{R}_1$-飽和である——こと，さらに W は (49:W*:c) を満たす——すなわち $W \supseteq$

---

[62] **30.3.5** では，$x\mathcal{R}x$——いまの場合には $S\mathcal{R}_1 S$——が一般に成り立つと仮定したことを思い出さねばならない．これにより，$S \neq \ominus$ となり——それゆえ，$S = \ominus$ に対しては成り立たないのである．

ところが (49:W*:a)，(49:W*:b) により $\ominus$ は W から除かれるから，**30.3.2** の意味での領域 D として $\bar{I}$（I のあらゆる部分集合の体系）ではなく $\bar{I} - \{\ominus\}$（I のあらゆる空でない部分集合の体系）を用いることもできる．これにより，$S = \ominus$ となる可能性は除かれる．

V_0 である——ことと等しい．言い換えれば：われわれは $\mathcal{R}_1$-飽和な $W \supseteq V \cup V_0$ を求めている——つまり $V \cup V_0$ を $\mathcal{R}_1$-飽和な集合にまで拡張しうるか否かを問題にしているのである．

ところで，**30.3.5** の (30:G) が適用されることはすでに知っているが，これにより **30.3.5** の最後の部分の考察もまた適用できるのである[63]．これを適用してみればわかるように，この拡張可能性は $V \cup V_0$ の $\mathcal{R}_1$-充足性と同等なのである．

51.2.3 (51:C) をより明確に書き直しておく：

(51:D)　V は，次の性質をもてば，そしてそのときにのみ，(49:W*) を満たす W の部分集合となる．

(51:D:a)　V に属するいかなる S, T も交わりをもつ．

(51:D:b)　V は $\ominus$ も 1 要素集合も含まない[64]．

証明：(51:C) により，$V \cup V_0$ の $\mathcal{R}_1$-充足性，すなわち V または V_0 のいかなる 2 つの集合 S, T も交わりをもたないこと，を表さなければならない．

S, T は共に V に属する：これは (51:D:a) に一致する．

S, T は共に V_0 に属する：共に $n-1$ 個以上の要素をもっているのであるから交わりをもたないことはありえない[65]．

S, T のうち 1 つは V にもう 1 つは V_0 に属するわけであるが，対称性により，ここでは $S \in V, T \in V_0$ と仮定しておいてもさしつかえない．したがって，V に属する S は I もしくは $(n-1)$ 要素集合と必ず交わらなければならない．これは，まさに (51:D:b) そのものである．

(51:D) により，あらゆる W を数え上げる問題が解かれる：つまり (51:D:a)，(51:D:b) を満たす任意の V から始め[66]，(51:D:a)，(51:D:b) を犯すことのないように V を少しずつ増やしていけばよいのである．この手続

---

[63] 領域 $D = \bar{I} - \{\ominus\}$ (609 ページの脚注 62) を参照) は有限であることに注意せよ．

[64] これについては 609 ページの脚注 62) も参照せよ．

[65] ここでは $2(n-1) > n$，すなわち $n > 2$，$n \geq 3$ を用いている．これは最初に明確にしておかねばならないことであるが——単純ゲーム (すなわち (49:W*) を満たす集合) は $n \geq 3$ になってはじめて生じるのであるから，$n \geq 3$ は当然仮定されているものと考えてよい (**49.4**，**49.5** を参照せよ)．

[66] 原理的には空集合から始めてもかまわない．すなわち，読者は V から $\ominus$ を除くことが (上述の参照せよ) $V = \ominus$ となる可能性になんら影響を及ぼさないことに注意すべきである．

きをこれ以上続けられなくなったときに，われわれは（(49:W*) を満たす）W の部分集合の中の極大のものに到達するわけであるが，これは W にほかならないのである．

この徐々に組み立てていく手続きをあらゆる可能な方法で実行することにより，問題となっている W はすべて得られることになる．

読者はこれを $n=3$ または $n=4$ について試みるとよいであろう．するとこの手続きは，あらゆる n に対して厳密かつ完璧なものではあるが，小さい n に対してさえ非常に厄介なものであることがわかるであろう．

51.3 W から W^m へ移る理由．W^m を用いることの困難さ

51.3.1 ここで **49.6** の集合 W^m を考える．

われわれは W^m を直接的に特徴づけ，さらにすべての W^m をつくり上げるなんらかの簡単な方法を見出したいわけである．以下に，異なる2つの特徴づけの方法を導き出すが，それらは共に飽和型のものである．最初のものは非対称の関係によるものであり，第2のものは対称的関係によるものである．したがって，**51.2** の W の構成と類似した目的のためには，第2の方法のほうがより適しているであろう．

しかし，その2つの方法の同等性はまったく示唆に富んでいるので，われわれは2つの特徴づけを共に与えることにする：つまり，第1の特徴づけはある（技術的な）点において解の定義（**30.3.3** および **30.3.7** を参照せよ）と類似しているので，同等な第2の方法に移行できることによりこのタイプの問題を解く糸口が与えられるのではないかという点で興味深い．われわれは以前（**30.3.7** において），解の概念についてこのような移行がいかに望ましいかを述べたことがある．

51.3.2 W を自らの要素を含む集合のすべてを含むような：例えば (49:W*:b) を満たすような集合族とする．するとその要素が極小となるような集合族 W^m によって W は決定される：実際，W が W^m のすべての要素を含むような集合族となることは明らかである．

したがって集合族 V が与えられたときに，$V=W^m$ となるような (49:W*) を満たす W を求めようとするならば，このような W は W^m のすべての要素を含む集合族 $\tilde{V}$ となっていなければならない．すなわち，(49:W*) を満たす W に関して $V=W^m$ となるための必要十分条件は，$W=\tilde{V}$ に対してこの2

つの条件が成り立つことなのである[67]．そこでこの $V = W^m$ なる特徴づけを飽和型の特徴づけに変えることにしよう．

そのために，まず $S \cap T = \ominus$ でもなく $S \supset T$ でもないことを $S\mathcal{R}_2 T$ と表すことにする．すると，

(51:E) (49:W*) を満たす W に関して，$V = W^m$ となるための必要十分条件は V が $\mathcal{R}_2$-飽和であり，$\ominus$ もいかなる1要素集合も含まないことである．

となる．

証明：上述にしたがい，$W = \tilde{V}$ が望みどおりの性質をもつかどうかを調べればよい．

$V = W^m$ なること：S をこのような W の極小の要素とする．すると，ある $T \in V$ に対して $S \supseteq T$ となる．したがって $T \in W$ となるから S の極小性により $S \supset T$ となることはなく，それゆえ $S = T$，すなわち $S \in V$ となる．

次に逆の性質が成り立つことを示す．すなわち，V に属するすべての S が実際に W の極小の要素となるかどうかということである．V に属するいかなる S も W に属することは明らかであるから，極小性により $S \supset T', T' \in W$，すなわち $S \supset T' \supseteq T$，$T \in V$ なることもおこりえない．このことにより $S \supset T$，$T \in V$ なることもおこりえないことになる．それは上の記述において $T = T'$ とおいてみれば明らかであろう．したがって次の条件が得られる．

(51:2) $S, T \in V$ に関して，決して $S \supset T$ とはならない．

W が (49:W*) を満たすこと：(49:W*:a)，(40:W*:b)，(49:W*:c) のそれぞれを考えねばならないわけであるが，ここでは順序を変えて述べていくことにする．

(49:W*:b) について：明らかに $W = \tilde{V}$ はその要素を含むような集合をすべて含んでおり，それゆえこの条件は自動的に満たされる．

(49:W*:c) について：(40:W*:a) を成り立つものとして考える．((49:W*:a) については下を参照せよ.) すると (49:W*:c) 次のように書き換えることができる：もし S が I かもしくは $(n-1)$ 要素集合であれば，

---

[67] すなわち，この2つの条件が成り立ちうるのは $W = \tilde{V}$ となるときのみであるが，その場合でさえ成り立たないこともあるのである．

$-S \notin W$ である．つまり $\ominus$ もあらゆる 1 要素集合も W には属さず，その部分集合も V には属さない．したがって次の条件が得られる：

(51:3)　$\ominus$ もいかなる 1 要素集合も V に属さない．

(49:W*:a) について：次の 2 つの部分に分けて考えることにする．

S', $-S'$ が共に W に属することはありえないこと：すなわち，もし S, T が V に属するとすれば，$S \subseteq S'$, $T \subseteq -S'$ とはなりえないということである．ところでこのような S' が存在したとすれば，$S \cap T = \ominus$ となるが，逆に $S \cap T = \ominus$ であれば，このような S' の存在は $S' = S$ とすれば明らかである．したがって，次の条件が得られる：

(51:4)　$S, T \in V$ に関して，決して $S \cap T = \ominus$ とはならない．

S, $-S$ のどちらが一方は必ず W に属すること：S, $-S$ のどちらも W に属さないと仮定すると，V に属するいかなる T についても $T \subseteq S$, $T \subseteq -S$ とはならない．後者により $S \cap T = \ominus$ とならないことがわかる．つまり V に属するいかなる T についても $T = S$, $S \supset T$, $S \cap T = \ominus$ とはなりえないわけであり，わかりやすくいえば：$S \notin V$ でしかも $S\mathcal{R}_2 T$ の否定を満たすようなすべての $T \in V$ は存在しない[68]．

すなわち $S \notin V$ ではあるが，すべての $T \in V$ について $S\mathcal{R}_2 T$ となる．

そこで，これが成り立ちえないこと，すなわち：

(51:5)　もしすべての $T \in V$ について $S\mathcal{R}_2 T$ ならば，$S \in V$ となる．

ことを示さねばならない．

以上述べてきたように，(51:2)-(51:5) が求める規準となるわけである．

まず (51:2) と (51:4) は次のようにまとめられる：あらゆる $S, T \in V$ に関して $S\mathcal{R}_2 T$，すなわち：

(51:6)　もし $S \in V$ ならば，すべての $T \in V$ に関して $S\mathcal{R}_2 T$．

(51:5) と (51:6) を合わせれば，これは V が $\mathcal{R}_2$-飽和であることを表している．したがって，これと (51:3) に規準は絞られるわけであり，これがまさ

---

[68] 実際にはこれは $S \supset T$ または $S \cap T = \ominus$ である．

にわれわれの証明したかったことである.

(51:E) は (51:B) とまったく類似している点で少々興味深い. すなわち W と W^m の特徴づけにおいて,

$$S\mathcal{R}_1 T : S \cap T = \ominus \text{ とならない}$$

ことが,

$$S\mathcal{R}_2 T : S \cap T = \ominus \text{ とも } S \supset T \text{ ともならない}$$

ことで置き換えられている点が異なっているだけである. しかしこれにより $\mathcal{R}_1$ は対称的であるにもかかわらず $\mathcal{R}_2$ は非対称的となるから, (51:B)——またはその基礎となる (51:A) を用いた方法——で (51:E) を用いることはできない.

51.4 接近方法の変更. W^m を用いての数え上げ

51.4.1 次に第2の方法に移ろう. この第2の方法とは次の問題を分析することである. 1つの集合族 V が与えられたときに, (49:W*) を満たす W に対して $V \subseteq W^m$ なることは一体何を意味するであろうか?

$V \subseteq W^m$ の意味は次のとおりである:あらゆる $S \in V$ が W の極小要素となる, すなわちこのような S は W に属するが, そのどのような真部分集合も W には属さないのである. ここで W は (49:W*:b) を満たしそのあらゆる要素も含む集合を含むから, S の極大の真部分集合, すなわち $S - \{i\}$, $i \in S$ のみについてこれが W に属さないことを示しておけばよい. さらに W は (49:W*:a) を満たすから, この代わりに $-(S - \{i\}) = (-S) \cup \{i\}$ が W に属することを示しておいてもさしつかえない. したがって, 次のことがわかる:

(51:F) $V \subseteq W^m$ (W は (49:W*) を満たす) は次のことと同値である:すなわち, あらゆる $S \in V$ に対して $S \in W$ となり, あらゆる $i \in S$ に対して $(-S) \cup \{i\} \in W$ となることと同値なのである.

ここで, 次のことが証明される:

(51:G) V が (49:W*) を満たす W に対して W^m の部分集合となるための必要十分条件は, 次の性質を V が有することである:

(51:G:a)　V に属するいかなる S, T に対しても $S \cap T = \ominus$ とならない．
(51:G:b)　上記の S, T に対して $S \supset T$ とはならない．
(51:G:c)　$S, T \in V$, $S \cup T = I$ に関して $S \cap T$ は 1 要素集合となる．
(51:G:d)　$\ominus$ もいかなる 1 要素集合も I も V に属することはない．

証明：まず，V_1 を $(-S) \cup \{i\}$, $S \in V$, $i \in S$ なる形をとるあらゆるものからなる集合とする．すると $V \subseteq W^m$ は (51:F) により $V \cup V_1 \subseteq W$ を意味する．さらにもし $V \cup V_1$ が (51:D:a), (51:D:b) を満たせば，(51:D) により (49:W*) を満たすある W に関してこれは必ずおこりうることになる．

それゆえ $V \cup V_1$ に関して (51:D:a), (51:D:b) を定式化してみる．

(51:D:a) について：S, T は共に V に属する場合：これは (51:G:a) に一致する．

S, T が共に V_1 に属する場合：すなわち $S = (-S') \cup \{i\}$, $T = (-T') \cup \{j\}$, $S', T' \in V$, $i \in S'$, $j \in T'$ となる場合．

この場合には，$S \cap T = \ominus$ により次の 4 つの性質が導かれる：$-S' \cap (-T') = \ominus$, すなわち $S' \cup T' = I$; $\{i\} \cap \{j\} = \ominus$, すなわち $i \neq j$; $-S' \cap \{j\} = \ominus$, すなわち $j \in S'$; $-T' \cap \{i\} = \ominus$, すなわち $i \in T'$．

要約すれば：$S' \cup T' = I$ でかつ i, j は S', T' の両方に属する，すなわち $S' \cap T'$ に属する，2 つの異なった要素であるということになる．

そこで，これがおこりえないことを述べておかねばならない．すなわち $S' \cup T' = I$ ならば $S' \cap T'$ は 2 つの異なった要素をもちえないのである．$S' \cap T'$ は (51:G:a) により空とはなりえないから，上述により必ず 1 要素集合とならねばならない．

したがって (S, T の代わりに S', T' を用いれば)，(51:G:c) が得られる．

次に S, T のうち 1 つは V に属し，いま 1 つは V_1 に属する場合：対称性によって $S \in V$, $T \in V_1$ と仮定する．したがって $T = (-T') \cup \{j\}$, $T' \in V$, $j \in T'$ である．$S \cap \{(-T') \cup \{j\}\} = \ominus$ であるから：$S \cap (-T') = \ominus$, すなわち $S \subseteq T'$ となる．また $S \cap \{j\} = \ominus$, すなわち $j \notin S$ ともなる．

まとめると：$S \subseteq T'$ であって $j \in T'$ $j \notin -S$ である．

ここで，これがおこりえないこと，すなわち $S \subset T'$ とはなりえないことを述べておかねばならない．これにより (S, T の代わりに T', S を用いれば)，まさに (51:G:b) が得られたことになる．

(51:D:b) について：⊖ およびいかなる 1 要素集合も V にも属さないし V_1 にも属さない．後者により ⊖ もいかなる 1 要素集合も $(-S)\cup\{i\}$, $S\in V$, $i\in S$ とならないことになる．ここで 1 要素集合のみがこのような $(-S)\cup\{i\}$ なる形をとりうるから，もしこれが成り立つならば $-S=\ominus$，すなわち $S=I$ である．

まとめると：⊖ もいかなる 1 要素集合もさらには I も V には属さない．これは (51:G:d) に一致する．

このようにして，求める条件 (51:G:a)-(51:G:d) が得られた．

(51:G) により，あらゆる W^m を数え上げる問題が解かれたわけであるが，これは W についての同じ問題を (51:D) によって解いた解とまったく類似している：つまり (51:G:a)-(51:G:d) を満たす任意の V から始めて[69]，この条件を犯すことのないように V を徐々に拡大していき，それ以上拡大できない点において，(49:W*) を満たす W の部分集合 W^m の中で最大となる V が得られるのである．——この V がとりもなおさず求める W^m である．

このように徐々に拡大していく方法を可能なあらゆる方法で行っていけば，問題の W^m がすべて得られるわけである．

51.4.2 前節の指摘からわかるように，あらゆる単純ゲームは実際に (51:G) にもとづいて数え上げられるわけであり，**52** においてわれわれは実際に行ってみることにする．しかしその前にいくつかの他の考察を行っておくほうがよいであろう．

そこで，(51:G) が飽和型の条件であるということをもう少しくわしく分析してみる．

まず (51:G:b) について，ここで述べられている 2 つの $S,T\in V$ はまったく任意であるから交換できることに注意する．すなわち (51:G:b) は：

(51:G:b*)　いかなる $S,T\in V$ も $S\supset T$ とも $S\subset T$ ともならない．

S,T が (51:G:a)，(51:G:b*)，(51:G:c) を満たすという性質，すなわち $S\cap T=\ominus$ とも $S\supset T$ とも $S\subset T$ ともならず，さらに $S\cap T$ が 1 要素集合でなければ $S\cup T=I$ ともならないこと，を $S\mathcal{R}_3 T$ と表すことにする．

すると (51:G) は V が (51:G:d) を満たし，$\mathcal{R}_3$-充足であることを示して

---

[69] 原理的には空集合から始めてもかまわない．

いる．そこで I のうち（51:G:d）を満たす——すなわち $\ominus$ でも 1 要素集合でも I でもない——部分集合の族 $\bar{\bar{I}}$ を D と表すことにすれば，**51.4.1** の最後の指摘からわかるように，W は $\bar{\bar{I}}$ の最大の $\mathcal{R}_3$-充足な部分集合となる．

さらに $S\mathcal{R}_3T$ は明らかに対称的である[70]．したがって **30.3.5** の（30:G）を適用することができ，

(51:H)　(49:W*) を満たす W について $V = W^m$ となるための必要十分条件は，V が（$\bar{\bar{I}}$ において）$\mathcal{R}_3$-飽和となることである．

が導かれる．

(51:E) と (51:H) を比較してみればわかるように，われわれは非対称な $\mathcal{R}_2$ から対称な $\mathcal{R}_3$ に移りえたわけである．これは 370 ページの脚注 81) で述べた約束を果たすものである．

51.4.3　(**51.3.2** の) $\mathcal{R}_2$ と $\mathcal{R}_3$ とを比較することは非常に有益である：

$S\mathcal{R}_2T : S \cap T = \ominus$ ともならず，$S \supset T$ ともならない．

$S\mathcal{R}_3T : S \cap T = \ominus$ とも $S \supset T$ とも $S \subset T$ とも，

さらに，$S \cap T$ が 1 要素集合でなければ $S \cup T = I$ ともならない．

単なる $\mathcal{R}_2$ の対称性からだけでは（**30.3.2** を参照せよ），$\mathcal{R}_3$ の最初の 3 つは導けるが最後の 1 つは導くことができない．しかも，この最後の部分は (51:G), (51:H) の本質的な部分であり，他の 3 つの部分とはいかなる方法によっても明白には結びつけられないのである．

以上により，**30.3.7** の計画を実行するための演算は——たとえ計画が実行可能であるとわかったとしても——いかに難解なものであるかがわかるであろう．

51.5　単純性と分解

51.5.1　単純ゲームと分解の概念との関係を考えてみよう．

そのために Γ を成分 Δ, H（I における補完的集合 J, K）をもつ分解可能なゲームとする．すると，Γ が単純ゲームであることは，Δ, H に対してどの

---

[70] さらに $\bar{\bar{I}}$ においては $S\mathcal{R}_3S$ も成り立つ：つまり，$S \cap S = \ominus$ となるのは $S = \ominus$ のときだけであり，$S \cup S = I$ となるのは $S = I$ のときだけであるが，$\bar{\bar{I}}$ に含まれる S についてはこのどちらもおこりえないし，$S \supset S$ なることはありえないのである．

ような意味をもつか，という問題に答えなければならない．

そのためにまず集合 W, L を決定することから始める．ここで，3つのゲーム Γ, Δ, H のすべてに関して W, L を考えねばならないので，どのゲームの W, L であるかを明示する必要がある．そこでそれぞれ W_Γ, L_Γ; W_Δ, L_Δ; W_H, L_H を表すことにする．

さらにゲーム Γ, Δ, H は本質的であるとも，また正規化してあるとも仮定していないが，それらはすべてゼロ和形であると仮定しておいたほうが便利であろう[71]．

(51:I)　$S = R \cup T$ $(R \subseteq J, T \subseteq K)$ が $W_\Gamma [L_\Gamma]$ に属するための必要十分条件は，R が $W_\Delta [L_\Delta]$ に属し T が $W_H [L_H]$ に属することである．

証明：まず，S を (I における) その補集合 $I - S$[72] で置き換え，R, T を (J, K における) それぞれの補集合で置き換える．するとこの変形により W_Γ, W_Δ, W_H は L_Γ, L_Δ, L_H と交換される．したがって，W について証明すればそれはそのまま L についての証明ともなりまたその逆もいえるので，ここでは後者（すなわち L）について証明する．

$S \in L_\Gamma$ は，

(51:7)　$\mathrm{v}(S) = \sum_{i \in S} \mathrm{v}(\{i\})$

によって表される．ところで Δ, H は Γ の成分であるから $\mathrm{v}(S) = \mathrm{v}(R) + \mathrm{v}(T)$ であり，したがって (51:7) は：

(51:8)　$\mathrm{v}(R) + \mathrm{v}(T) = \sum_{i \in R} \mathrm{v}(\{i\}) + \sum_{i \in T} \mathrm{v}(\{i\})$

と書ける．

また，$R \in L_\Delta, T \in L_H$ はそれぞれ，

(51:9)　$\mathrm{v}(R) = \sum_{i \in R} \mathrm{v}(\{i\}),$

---

[71] **46.10** の議論を覚えている読者は，ここで超過量の問題（Γ, Δ, H における **46.10** の $e_0, \bar{\varphi}, \bar{\psi}$）がどのように扱われるかを知りたいと思うであろう．この問題は **51.6** の議論において明らかにされる．

[72] ここでは異なる集合をもとにしてその補集合をとるから，通常の $-S, -R, -T$ のような表記法ではなくこのように書くほうが望ましい．

(51:10) $\quad \mathrm{v}(T) = \sum_{i \in T} \mathrm{v}(\{i\})$

によって表されるから，証明すべきことは (51:7) と (51:9)，(51:10) との同等性である．

(51:9)，(51:10) から (51:7) が導かれることは明らか．さらに常に，

$$\mathrm{v}(R) \geq \sum_{i \in R} \mathrm{v}(\{i\})$$

$$\mathrm{v}(T) \geq \sum_{i \in T} \mathrm{v}(\{i\})$$

となるから (**31.1.4** の (31:2) を参照せよ)，逆に (51:7) から (51:9)，(51:10) を導くこともできる．

51.5.2 ここでわれわれは，

(51:J)　Γ が単純ゲームとなるための必要十分条件は，2 つの成分 Δ, H の一方が単純ゲームとなりもう一方が非本質的ゲームとなることである．

ことを証明できる．

　証明：必要条件であること：Γ が単純ゲームであることにより：

(51:11)　任意の $S \subseteq I$ に関して，次の 2 つの命題のうちどちらか一方が必ず成り立つ：

(51:11:a)　$S \in W_\Gamma$

(51:11:b)　$S \in L_\Gamma$

そこで $S = R \cup T$ ($R \subseteq J$, $T \subseteq K$) とおき，(51:11) に (51:I) を適用すれば，以下が成り立つ：

(51:12)　任意の 2 つの $R \subseteq J$, $T \subseteq K$ に関して，次の 2 つの命題のうちどちらか一方が必ず成り立つ：

(51:12:a)　$R \in W_\Delta$ かつ $T \in W_\mathrm{H}$.

(51:12:b)　$R \in L_\Delta$ かつ $T \in L_\mathrm{H}$.

　ここで $R = \ominus$, $T = K$ とおけば $R \in L_\Delta$, $T \in W_\mathrm{H}$ となるから，(51:12:a) に関して W_Δ と L_Δ は共通の要素：R をもち，(51:12:b) に関して W_H と L_H は共通の要素：T をもつ．したがって **49.3.3** の (49:E) を (Γ ではなく Δ,

H に）適用してみれば，前者は Δ が非本質的であることを意味し，後者は H が非本質的であることを意味していることがわかる．

以上により：

(51:13)　もし Γ が単純ゲームであれば，Δ または H のどちらかが非本質的ゲームとなる．

ことがわかる．

十分条件であること：対称性により，ここでは H が非本質的であると仮定しておく．すると **49.3.3** の (49:E)（を Γ ではなく H に適用すること）により，あらゆる $T \subseteq K$ は W_H, L_H の両方共に属することがわかる．したがって，Γ の単純性についての (51:12) の特徴づけをここで次のように書き直すことができる．

(51:14)　任意の $R \subseteq J$ に関して，次の 2 つの命題のうちどちらか一方が必ず成り立つ：

(51:14:a)　$R \in W_\Delta$,

(51:14:b)　$R \in L_\Delta$.

これはまさに Δ の単純性を表している．したがって：

(51:15)　もし H [Δ] が非本質的ゲームであれば，Γ の単調性は Δ [H] の単調性と同等である．

ことがわかる．

最後に (51:13)，(51:15) を合わせれば，これで証明は完了する．

51.6　非本質性，単純性と合成．超過量の扱い

51.6　ここで (51:J) と **46.1.1** の (46:A:c) とを比較してみることは有益である．(46:A:c) において，われわれは分解可能なゲームはその 2 つの成分が非本質的であれば，そしてそのときにのみ非本質的となること——すなわち非本質性が合成のもとで遺伝的であること——を見出した．ところがすでに知っているように，本質性の最も単純な形態である単純性についてはこれは成り立たない：すなわち (51:J) により，分解可能なゲームはたとえその 2 つの成分が単純ゲームであったとしても単純ゲームとはならない，つまり (51:J) は

単純ゲーム Δ が合成のもとで依然として単純性を有しているのは，それが非本質的ゲーム H——すなわち「ダミー」の集合（452ページの脚注3）を参照せよ）——と結びつけられる場合であり，そしてそのときに限ることを示しているのである．

これに関連して，次の4つの注意を与えておく：

第1に：もし単純ゲーム Γ が上述のように成分となる（単純）ゲーム Δ に「ダミー」（すなわち非本質的ゲーム H の）を付け加えることにより得られるならば，Γ の解は Δ の解から直ちに得られる．これは実際 **46.9** においてくわしく述べておいた[73]．

第2に：**49.7** の冒頭において，われわれは単純ゲームについては旧理論を用いて分析することを述べておいた．それゆえいま導いた合成のタイプ（上の指摘を参照せよ）は，ちょうど旧理論が遺伝性をもっている合成のタイプと一致していることは注目に値する．（**46.9** の終わり，もしくは **49.10.4** の最初の指摘（46:M）を参照せよ．）

第3に：これに関連してなぜに単純ゲームの理論に関してゼロ以上の超過量——つまり **44.7** の意味における新しい形の理論——を考えることを慎しまねばならなかったかもはっきりしてくる．

実際：もしこれがうまくできるならば，**46.6** および **46.8** の結果より単純ゲームのあらゆる合成を扱えることになる．ところがすでにみたように単純ゲームの合成は単純ゲームとはならない．言い換えれば：一般の超過量をもつ単純ゲームの理論は直接にではないにしろ単純ゲームでないゲームも含んでしまうのである．それゆえ単純ゲームの理論を一般的に推し進めることができなかったとしても，それは驚くべきことではない[74]．

第4に：**46.10** の分析に照らしてみれば，上述の超過量に関する指摘は次のような重要な意味をもっていることがわかる：つまり，単純性の概念は一般的な埋めこみの操作を容認しないことが上述の指摘からわかる[75]．このこと

---

[73] もちろん，これはともかく常識から導かれると期待できることである．しかしながら，分解の理論の驚くべき結果——特に **46.11** にまとめられた結果——は，正確な結果を見失うことの危険性を示していた．このような場合には，**46.9** が確固とした基礎を与えていることを思い出せばよいのである．

[74] これはある意味において，369ページの脚注79）で述べた方法論的原理の応用とみることもできる．

[75] もし上述のように単に「ダミー」を付け加えるのでなければ．

からわかるように，**46.10.5** で考えられた方法論的な原理はいかなる場合にも適用できるというわけではない．

51.7　W^m による分解可能性の規準

51.7.1　**51.5** において，われわれは分解可能なゲーム Γ がいかなる場合に単純ゲームとなるかを議論した．そこで本節では，この逆の問題，つまり単純ゲームがいかなる場合に分解可能となるかの決定を考えることにしよう．

そのためにまず 1 つの単純ゲームが与えられているとする．このときに次の概念が後の議論において重要になってくる．その概念とは重要性という概念であり，次のように定義される：つまり，$i \in I$ が重要であるとは i がある $S \in W^m$ に属することである[76]．I のすべての重要な要素からなる集合——つまり W^m に属するすべての S の和——を I_0 と表す．

以上のことをもとに何段階かに分けて議論を進めていく：

(51:K)　もし Γ が単純ゲームでかつ分解可能であり，その成分である単純ゲームが Δ であれば (**(51:J)** および **51.5** の記号を参照せよ)，Γ と Δ とは同じ W^m をもつ．

証明：(51:I) により，W_Γ に属する $S = R \cup T$ ($R \subseteq J$, $T \subseteq K$) は任意の $R \in W_\Delta$ および任意の $T \in W_H$ をとることにより得られる．H が非本質的であるから，((51:J) による) $T \in W_H$ は単に任意の $T \subseteq K$ となる ((51:J) の証明を参照せよ)．したがってもし R, T が極小であれば，この $S = R \cup T$ は極小となり W_Γ^m に属する．ところが R, T が極小であるとは，$R \in W_\Delta^m$, $T = \ominus$，すなわち $S = R$ となることである．

結局 W_Γ^m と W_Δ^m は一致し，Γ と Δ とは同じ W^m をもつことになる．

(51:L)　(51:K) と同じ仮定のもとでは，必ず $J \supseteq I_0$ である．

証明：((51:K) により) Γ と Δ とは同じ W^m をもつから，同じ重要な要素

---

[76] したがってもし i を含む極小勝利提携が存在すれば，すなわち i が本質的役割を果たしているとすれば，プレイヤー i は重要性をもつことになる．

これとまったく逆の立場に立つプレイヤーは「ダミー」であることが後にわかる (**51.7.3** の最後を参照せよ)．

もちろんこれらはすべて単純ゲームに関してのことである．

をもつ. ——それゆえ集合 I_0 を形成する Γ の重要な要素はすべて集合 J を形成する Δ の参加者の中に含まれていることになる.

(51:M)　Γ が単純ゲームであることだけを仮定する. すると I_0 は分離集合[77]で, I_0-成分 Δ は単純ゲームであり $(I-I_0)$-成分 H は非本質的ゲームである ((51:J) を参照せよ).

証明：$S = R \cup T$, $R \subseteq I_0$, $T \subseteq I - I_0$ を考える. すると：

(51:16)　もし $R \in W$ ならば, そしてそのときにのみ, $S \in W$ である.

となる.

実際：もし $R \in W$ ならば $S \supseteq R$ もまた W に属している. 逆に：$S \in W$ とすれば $T \subseteq S$ となる極小の $T \in W$ が存在する. それゆえ $T \in W^m$ となりすべての $i \in T$ は I_0 に属する. したがって $T \subseteq I_0$ となり $T \subseteq S \cap I_0$ となるから R は T と同様に W に属する.

(51:17)　$T \in L$ ともなる.

実際：S を T ($\subseteq I - I_0$) で置き換える. すると上述の R, T は $\ominus, T$ となる. $\ominus \in L$ であるから (51:16) により T についても同様の結論が導かれる.

ここで：

(51:18)　$v(S) = v(R) + v(T)$

を証明する. $S \in L$ と $S \in W$ の場合をそれぞれ分けて考えることにする.

$S \in L$ の場合：$R, T \subseteq S$ はまた L に属する. したがって,

$$v(S) = \sum_{i \in S} v(\{i\}) = \sum_{i \in R} v(\{i\}) + \sum_{i \in T} v(\{i\}) = v(R) + v(T),$$

すなわち (51:18) が成り立つ.

$S \in W$ の場合：(51:16), (51:17) により $R \in W, T \in L$ となる. したがって,

$$v(S) = -\sum_{i \notin S} v(\{i\})$$

---

[77] **43.1** の意味において.

$$v(R) = -\sum_{i \notin R} v(\{i\}) = -\sum_{i \notin S} v(\{i\}) - \sum_{i \in T} v(\{i\})$$
$$v(T) = \sum_{i \in T} v(\{i\})$$

となり，それゆえ，

$$v(S) = v(R) + v(T)$$

つまり（51:18）が成り立つ．

ところで，(51:18) は I_0 が分離集合であることをまさに述べている．さらにすべての $T \subseteq I - I_0$ に関して，(51:17) により，

$$v(T) = \sum_{i \in T} v(\{i\})$$

となるから，$(I - I_0)$-成分 H は非本質的となる．したがって (51:J) により I_0-成分 Δ は単純ゲームとならねばならない．

これで証明は完了した．

51.7.2 ここで単純ゲーム Γ の分解可能性を余す所なく述べることができる．——すなわち，**43.3** の意味での分解分割 Π_Γ を示すことができる．

(51:N) (51:M) と同様の仮定をおく：分解分割 Π_Γ は集合 I_0 と $I - I_0$ に属するすべての1要素集合 $\{i\}$ である．

証明：あらゆる $\{i\}$, $i \in I - I_0$ が Π_Γ に属すること：(51:M) により $I - I_0$ は非本質的成分 H をもつ Γ の分離集合である．したがってあらゆる $\{i\}$, $i \in I - I_0$ は H の分離集合となり（例えば **43.4.1** の (43:J) を用いればよい），それゆえ Γ の分離集合ともなる（**43.4.1** の (43:D) を用いよ）．$\{i\}$ は1要素集合であるから必ず極小であり，したがって Π_Γ に属する．

I_0 が Π_Γ に属すること：(51:M) により I_0 は分離集合である．もし J が分離集合で空集合でなければ，(51:L) を J もしくは $I - J$ に適用することにより，$J \supseteq I_0$ かまたは $I - J \supseteq I_0$ すなわち $I_0 \cap J = \ominus$ となる．いずれにしても $J \subset I_0$ とはならない．したがって，I_0 は極小となるから Π_Γ に属する．

これ以外のいかなる J も Π_Γ に属さないこと：どのような $J \in \Pi_\Gamma$ も I_0 およびあらゆる $\{i\}$, $i \in I - I_0$ とは互いに交わらないものでなければならない（**43.3.2** の (43:F) を用いよ）．ここで，これらの集合の和は I であ

るから $J = \ominus$ とならねばならない．ところが $\ominus$ は Π_Γ の要素とはならない（**43.3.2** の最初を参照せよ）．

これで証明を完了した．

51.7.3　**43.4.1** における (43:K) と (51:N) を結びつけることにより：

(51:O)　単純ゲーム Γ が分解不可能であるための必要十分条件は $I_0 = I$, すなわちその参加者のすべてが重要となることである．

が導かれる[78]．最後に次のことを証明しておく．

(51:P)　単純ゲーム Γ はちょうど1つだけの単純かつ分解不可能な J-成分をもつ：つまり $J = I_0$ となる成分である．

証明：I_0-成分はつくることができ，しかも (51:M) により単純ゲームである．

そこで単純ゲームとなる J-成分を考える．すると (51:K) により，これは Γ と同じ W^m および同じ重要な要素をもち——それゆえこの同じ重要な要素は集合 I_0 をつくる．したがって J-成分の分解不可能性は (51:O) により $J = I_0$ と同等となる．

Γ の I_0-成分 Δ_0 を Γ のカーネルとよぶことにする．他のすべての参加者——すなわち $I - I_0$ に属するプレイヤー——は「ダミー」である ((51:M) または (51:N) および **43.4.2** の最後の部分を参照せよ)．したがって，ゲーム Γ における重要な事柄はすべてそのカーネル Δ_0 の中でおこることとなるが，これを確かめるためには **51.6** の最初の指摘を適用してみればよい．

52　小さな n に関する単純ゲーム

52.1　計画：$n = 1, 2$ は何の役割も果たさない．$n = 3$ の取り扱い

52.1　われわれは次に小さな値の n に関するあらゆる単純ゲームを数え上げてみることにする．**50.2**（591 ページの脚注 42）参照），**50.7.2**（604 ページの脚注 51），52），53) 参照），**50.8.2**（606 ページの脚注 56），57) 参照）において述べた例を与えるのに必要なかぎりは，これまでの詭弁的な方法を推し進め

---

[78] あるいは **43.4.1** における (43:K) を直接 (51:L), (51:M) と結びつけてもよい．

ていけばよい．

まず単純ゲームはすべて本質的であるから $n \geq 3$ なるゲームを考えるだけでよい．

$n=3$ の場合には次のような状況が生じる．(ただ1つの) 本質的3人ゲームは単純ゲームであり，記号 $[1,1,1]_h$ で表される[79]．

したがって今後は $n \geq 4$ の場合について話を進める．

52.2　$n \geq 4$ の場合の分析：2 要素集合とその W^m の分類における役割

52.2.1　$n \geq 4$ なるある n が与えられたとする．この n における単純ゲームをすべて数え上げたい．このためにはこれらのゲームをさらに分類するときの1つの原理であり，しかも小さな値の n に対しては非常に有効である次の原理を導入しておくと便利である．

その原理とは，ここで問題となっている数え上げが結局は集合 W^m の数え上げと一致するということである．この W^m に対してはすでに種々の利用可能な特徴づけ——例えば **51.4.1** の (51:G) のようなもの——がなされていることに注意されたい．

まず W^m に属する極小の集合を考えてみる．すると，**51.4.1** の (51:G:d) により W^m が空集合または1要素集合となることはないから，結局これは W^m における2要素集合を考えることを意味する．さらにこれらの集合は次の性質を有している：

(52:A)　2 要素集合が W^m に属するための必要十分条件は，それが W に属することである[80]．

証明：必要条件のほうは明らかである．そこでこの逆，つまり2要素集合 S が W に属する場合を考える．すると S の真部分集合は空集合かあるいは1要素集合となり，したがって W に属さない．それゆえ S は W^m に属する．

そこで W^m の2要素集合によって分類を進めていくことにしよう．

52.2.2　まず W^m が2要素集合をもたない場合が考えられるが，この可能性を C_0 と表しておく．

次に W^m がちょうど1つの2要素集合をもつ場合が考えられるわけである

---

[79] **50.1.1** の (50:A) および **50.2.2** の最後の注意を参照せよ．
[80] すなわち W に属する極小でない集合は少なくとも3つの要素をもたねばならない．

が，プレイヤー $1,\cdots,n$ を置換することにより，この集合を $\{1,2\}$ としてもさしつかえない．この可能性を C_1 と表す．

さらに W^m は2つまたはそれ以上の2要素集合をもつこともある．2つの場合を考える (51:G:a) により，これらの集合は共通の要素を有していなければならないが，プレイヤー $1,\cdots,n$ を置換することにより共通の要素を1，他の要素をそれぞれ2,3とすることができる．したがって W^m は $\{1,2\}$ および $\{1,3\}$ をもっていることになる．

W^m がこれ以上2要素集合をもたない可能性を C_2 で表す．

52.2.3 ここで，W^m がこれ以上の2要素集合をもちさらにそのいずれもが1を含まないと仮定する．

それゆえ，1を含まない W^m に属する2要素集合を考えてみれば，(51:G:a) により $\{1,2\}$ および $\{1,3\}$ と共通の要素をもっていなければならず——しかも1は除かれているからその共通の要素は2および3でなければならない．したがって，この2要素集合は $\{2,3\}$ とならねばならない．

このようにして $\{1,2\}$，$\{1,3\}$，$\{2,3\}$ が W^m に属する．（ここまでは1,2,3についてまったく対称的である．）

ここで，W^m に属する他の任意の2要素集合を考えてみる．この集合が1, 2, 3のすべてを含んでいることはないから，この3人のプレイヤーを置換することにより1を含まないようにできる．ところが，この集合は $\{1,2\}$，$\{1,3\}$ と共通の要素をもたねばならず——しかも上述のように1が除かれているから，この共通の要素は2と3とならねばならない．したがって，この集合は $\{2,3\}$ となるわけであるが，最初にわれわれは $\{2,3\}$ とは異なる集合を想定していたから，これは矛盾である．

したがって W^m は2要素集合 $\{1,2\}$，$\{1,3\}$，$\{2,3\}$ を含み，それ以上は含まない．この可能性を C^* で表す．

52.2.4 最後に考えねばならないのは，W^m が $\{1,2\}$，$\{1,3\}$ 以外でしかも1を含むような2要素集合を含む可能性である．

プレイヤー $4,\cdots,n$ を置換することにより，このような2要素集合に属するプレイヤーを $4,\cdots,k+1$ とする．ここで $k=3,\cdots,n-1$ である．

すると W^m は2要素集合 $\{1,2\},\{1,3\},\{1,4\},\cdots,\{1,k+1\}$ を含み，それ以上は含まないことになる．この可能性を C_k で表す．

52.2.5 ここで **52.2.2** の C_0,C_1,C_2 と **52.2.4** の C_k，$k=3,\cdots,n-1$ と

をまとめておくと便利である：つまり，

$$C_k, \ k = 0, \ 1, \cdots, n-1$$

としておく．

C_k の場合には，W^m は2要素集合 $\{1,2\}, \cdots, \{1, k+1\}$ を含み，それ以上は含まない．これにプレイヤー $1, \cdots, n$ の置換を施せば[81]，$\{1, n\}, \cdots, \{k, n\}$ で置き換えることができる．

$C_k, \ k = 0, 1, \cdots, n-1$ の場合でこれから用いるのはこの形である．C_k は2要素集合 $\{1, n\}, \cdots, \{k, n\}$ を含みそれ以上は含まない．

このような C_k 以外の可能性は **52.2.3** の C^* だけであるが，これについては変形は行わない．

52.3 C^*, C_{n-2}, C_{n-1} の場合の分解可能性

52.3.1 上述のようなすべての場合のうち，C^*, C_{n-2}, C_{n-1} の3つの場合は直ちに処理することができる．そこで，C^*, C_{n-1}, C_{n-2} の順に議論していく．

C^* について：$S \subseteq I$ を考える．もし S が $1, 2, 3$ のうちの2つまたはそれ以上，例えば $1, 2$ を含んでいるとすれば，$S \supseteq \{1, 2\}$ となる．$\{1, 2\} \in W$ であるから，S もまた W に属する．もし S が $1, 2, 3$ のうちの1つまたはそれ以下，例えば（多くとも）1を含んでいるとすれば，$S \subseteq -\{2, 3\}$ となる．$\{2, 3\} \in W$，すなわち $-\{2, 3\} \in L$ ゆえ S もまた L に属する．したがって W は $1, 2, 3$ のうちの2つまたはそれ以上を含む S から成り立っていることがわかる．つまり W^m は集合 $\{1, 2\}, \{1, 3\}, \{2, 3\}$ だけから成り立っているわけであり[82]，それゆえ $\{1, 2, 3\}$ はこのゲームに関しての **51.7** の I_0 となっている．

言い換えれば：ここで考えているゲームのカーネルは，参加者が $1, 2, 3$ であるような3人ゲームであり，その W^m は $\{1, 2\}, \{1, 3\}, \{2, 3\}$ から構成されているのである．前に述べたように——最も近くは **52.1** で述べた——この

---

[81] すなわち $\begin{pmatrix} 1, 2, 3, \cdots, n \\ n, 1, 2, \cdots, n-1 \end{pmatrix}$ である．**28.1.1** を参照せよ．

[82] これらは定義から W^m の2要素集合であるが——すでに示したように W^m はこれらの集合で完全におおい尽くされている．

3人ゲームは $[1,1,1]_h$ で表される．また残りの $n-3$ 人のプレイヤー $4,\cdots,n$ は「ダミー」となっている．

以上により次のことがわかる：

C^* の場合は $(n-3)$ 人の「ダミー」をともなうような3人ゲーム $[1,1,1]_h$ のみによって代表される．

52.3.2 C_{n-1} の場合：$S \subseteq I$ を考える．まず $n \in S$ と仮定する．もし S がこれ以上要素をもっていなければ，1要素集合 $\{n\}$ となり L に属する．もし S がさらに要素，例えば $i = 1,\cdots,n-1$，をもっているならば $S \supseteq \{i,n\}$ となり，$\{i,n\} \in W$ であるから S もまた W に属する．つまり，$n \in S$ ならば $S = \{n\}$ のときを除いて S は W に属することになる．これを $-S$ に適用してみると，$n \notin S$ ならば $-S$ が W に属さないとき，つまり $-S = \{n\}$，すなわち $S = \{1,\cdots,n-1\}$ であれば，そしてそのときにのみ，S は W に属することがわかる．

したがって W はちょうど次の S から構成される：すなわち最小の $\{n\}$ を除く n を含むすべての集合および最大の $\{1,\cdots,n-1\}$ だけからなる n を含まない集合である．この W が条件（49:W*）を実際に満たすことは容易に証明できる．またこのゲームは，プレイヤー $1,\cdots,n-1$ はすべて共通の重みをもち，プレイヤー n はその $n-2$ 倍の重みをもつ重み付き多数決ゲームとして考えることもできる．すなわち $[1,\cdots,1,n-2]$ と表すこともできる．

W^m は W から直ちに導かれ，次の S のみから構成されている：$\{1,n\}$, $\cdots,\{n-1,n\}$ および $\{1,\cdots,n-1\}$[83]．さらにこのゲームが同質的でありしかも $a = 1$ と正規化されていることも容易に示される．すなわち W^m に属するすべての S について $a_S = 1$ である（**50.2** を参照せよ）．したがって，このゲームは $[1,\cdots,1,n-2]_h$ と書くこともできる．

それゆえ次のことがわかる：

C_{n-1} の場合は n 人ゲーム $[1,\cdots,1,n-2]_h$ のみによって代表される．

52.3.3 C_{n-2} について：$S \subseteq I$ なる S を考える．まず $n \in S$ と仮定する．このときに，S が $n-1$ 以外の要素を含まなければ $S \subseteq \{n-1,n\}$ となる．$\{n-1,n\} \notin W^m$ であるから，もちろん W にも属さない（**52.2.1** の（52:A）

---

[83] したがって W^m に属する2要素集合は定義によって定められたように $\{1,n\},\cdots,\{n-1,n\}$ である．新しい事実は W^m の他の要素が $\{1,\cdots,n-1\}$ のみであるということである．
この最後の集合は $n \geq 4$ ゆえ2要素集合とはならないことに注意されたい．

による).したがって,S は $\{n-1, n\}$ とともに L に属する.一方,S が $n-1$ 以外の要素,例えば $i = 1, \cdots, n-2$ を含むとすれば,$S \supseteq \{i, n\}$ となる.$\{i, n\} \in W$ であるから S も W に属する.以上より:もし $n \in S$ で $S = \{n\}$ あるいは $\{n-1, n\}$ でなければ $S \in W$ となることがわかる.またこれを $-S$ に適用すれば,$n \notin S$ のときに $-S = \{n\}$ または $\{n-1, n\}$,すなわち $S = \{1, \cdots, n-1\}$ または $\{1, \cdots, n-2\}$ ならば,そしてそのときにのみ,$-S \notin W$ つまり $S \in W$ となることもわかる.

したがって,W は次の集合 S のみから構成されていることになる:$\{n\}$,$\{n-1, n\}$ 以外の n を含むあらゆる集合,および n を含まない場合には $\{1, \cdots, n-1\}$ と $\{1, \cdots, n-2\}$.この W が条件(49:W*)を満たすことは容易に証明される.

W^m はこの W から直ちに得られ,次の集合 S からのみ構成される.$\{1, n\}, \cdots, \{n-2, n\}$ および $\{1, \cdots, n-2\}$[84].したがって,このゲームについての **51.7** の I_0 は $\{1, \cdots, n-2, n\}$ である.

言い換えれば:ここで考えているゲームのカーネルはプレイヤー $1, \cdots, n-2, n$ からなる $(n-1)$ 人ゲームであり,その W^m は $\{1, n\}, \cdots, \{n-2, n\}$,$\{1, \cdots, n-2\}$ から構成されている.それゆえ,これは $n-1$ 人のプレイヤーに関しての C_{n-2} の場合となる.——上で議論した n 人のプレイヤーに関しての C_{n-1} の場合に類似していることに注意されたい.(n が $n-1$ と置き換わっているだけである.)したがって,このゲームは $[1, \cdots, 1, n-3]_h$ と表される.つまり,残りのプレイヤー $n-1$ は「ダミー」である.

以上により:

C_{n-2} の場合は 1 人のダミーをもつ $(n-1)$ 人ゲーム $[1, \cdots, 1, n-3]_h$ のみによって代表されることがわかった[85].

---

[84] したがって,W^m の 2 要素集合は $\{1, n\}, \cdots, \{n-2, n\}$ となり定義と一致する.ただ $\{1, \cdots, n-2\}$ だけが新しく W^m の要素に加わっている.

$n = 4$ の場合には $\{1, \cdots, n-2\}$ も 2 要素集合 $\{1, 2\}$ となり,C_{n-2} なるゲームのクラスは存在しない.(つまり,C_{n-2},$n = 4$ であるから実際には C_2 ではなく C^* となる.)

したがって,この C_{n-2} なるクラスは $n \geq 5$ の場合にのみ存在するわけである.

[85] これは $n \geq 5$ に関してであり,$n = 4$ の場合には成り立たない.上の脚注 84)を参照せよ.

52.4 $[1,\cdots,1,l-2]_h$ 以外の (ダミーをもつ) 単純ゲーム: C_k, $k=0,1,\cdots,n-3$ の場合

52.4.1 **52.3** の結果は，もう少しくわしく考察し定式化し直す価値がある．われわれは，すでに l 人のプレイヤーからなる同質的重み付き多数決ゲーム $[1,\cdots,1,l-2]_h$ がすべての $l \geq 4$ について形成されうることをみた[86]. $l=3$ の場合にもこのゲームは形成される：このときには 3 人の参加者をもつ単純多数決ゲーム $[1,1,1]_h$ となる．そこで $l \geq 3$ なるすべての l について上記の事実を用いることにする．

もし $n \geq 4$ であれば，各 $l = 3,\cdots,n$ に対して $[1,\cdots,1,l-2]_h$ を形成し，それに必要なだけの「ダミー」を付け加えることにより単純 n 人ゲームを得ることができる．

52.3 の結果からわかるように：$l=3, n$ そして ($n \geq 5$ の場合には) $n-1$ となるようなこのゲームをつくることにより，C^*, C_{n-1}, C_{n-2} の場合は完全におおい尽くされる．

ところでこの結果は，l の値が $l=3,\cdots,n$ となる可能性をすべては尽くしておらず少々奇妙である（上記を参照せよ）．すなわち，$n=4,5$ の場合には確かにすべてが尽くされているが，$n \geq 6$ の場合にはそうはならず $l=4,\cdots,n-2$ が残されているのである．これはどうしてであろうか？

その答えは次のとおりである：$(n-l)$ 人の「ダミー」をもつ $(l$ 人$)$ ゲーム $[1,\cdots,1,l-2]_h$ を考え，$l=3,\cdots,n$ かつ $n \geq 4$ と仮定する．すると，W^m は $\{1,l\},\cdots,\{l-1,l\}$ および $\{1,\cdots,l-1\}$ からなる[87]．したがって，$l=3$ のときには C^* の場合となり，$l = 4,\cdots,n$ のときには C_{l-1} の場合となる[88].

このようにして，われわれは上記のように構成されたゲームの中から C^*, $C_3,\cdots,C_{n-1}$ の場合の見本を得ることができた．ここで **52.3** の結果は次のように定式化できる：C^*, C_{n-2}, C_{n-1} の場合は，これらのゲームの中の適当なものによっておおい尽くされてしまう[89].

---

[86] 上述の C_{n-1} の場合を参照せよ．そこの n を l と書き直してある．
[87] プレイヤー $1,\cdots,l$ をカーネル $[1,\cdots,1,l-2]_h$ の参加者，プレイヤー $l+1,\cdots,n$ を「ダミー」と考えている．C_{n-2} の場合——$l=n-1$ であり，プレイヤー $n-1$ が「ダミー」であった——とは配列の方法が異なっており，プレイヤー $n-1$ と n とが交換されている．
[88] $l=3$ の場合には $(1,\cdots,l-1)$ が 2 要素集合となるので，C_2 は C^* で置き換えられる．
[89] したがって，$n \leq 4$ の場合には，C_2 は C^*, C_{n-2}, C_{n-1} の中には現れてくるが $C^*, C_3,\cdots, C_{n-1}$ の中には現れてこないから C_2 は存在しない．

以上の結果を次のように書き直しておく:

(52:B) われわれは $n \geq 4$ なるあらゆる単純 n 人ゲームを数え上げたいわけであるが, $(n-l)$ 人の「ダミー」をもつ (l 人) ゲーム $[1,\cdots,1,l-2]_h$ は, $l = 3,4,\cdots,n$ のすべての場合について単純 n 人ゲームとなっている. そして, それは各々 $C^*, C_3, \cdots, C_{n-1}$ の場合となっている. 他のあらゆる単純 n 人ゲームは (もし存在するとすれば), $C_0, C_1, \cdots, C_{n-3}$ の場合に属する[90].

52.5 $n = 4,5$ の処理

52.5.1 そこで次に $n = 4,5$ の場合を完全に議論し, $n = 6,7$ の場合についてはいくつかの特徴的な例を考えることにしよう.

$n = 4$ の場合は容易に解決できる. 上述の (52:B) により, C_0, C_1 だけを調べれば十分である. さらに, この場合には W^m は 2 要素集合をたかだか 1 個しか含んでいない. しかしながら, 2 要素集合の補集合が 2 要素集合となるから, W および L において同数の 2 要素集合が存在する. ここで同数とは, 全体の 2 要素集合の数 6 の半分, つまり 3 である. したがって, W は 3 つの 2 要素集合を含み W^m についても同様に 3 つの 2 要素集合が含まれることになるから[91], 上のように W^m がたかだか 1 個の 2 要素集合しか含まないということはおこりえない.

このようにして, $n = 4$ の場合の単純ゲームは (52:B) のものだけとなる. これを次のように表しておく:

(52:C) 4 人より少ないプレイヤーからなる単純ゲームにダミーを付け加えることによって得られるゲームを無視すれば[92], 単純 4 人ゲームは $[1,1,1,2]_h$ しか存在しない.

52.5.2 次に $n = 5$ の場合を考える. この場合には, (52:B) により $l = 0,1,2$ について調べねばならない. $n = 4$ の場合と異なり, これらの 3 つの場

---

[90] われわれがこれまでにおおい尽くすことのできた場合はすべて空であるか, または 1 つのゲームのみから構成されていた. **53.2.1** の最初の指摘を参照せよ.

[91] **52.2.1** の (52:A) による. この性質はこれからも注釈なしに続けて用いられるから注意されたい.

[92] すなわち, ただ 1 つの単純 3 人ゲーム $[1,1,1]_h$ にダミーを付け加えるわけである.

合すべてが必ずおこりうる．

C_0：いかなる 2 要素集合も W^m，すなわち W に属さない．したがって，2 要素集合はすべて L に属し，その補集合である 3 要素集合がすべて W に属する．つまり，W は 3 つ以上の要素をもつ集合のすべてから構成され，W^m はあらゆる 3 要素集合から構成されることになる．したがって，このゲームは単純多数決ゲーム $[1,1,1,1,1]_h$ である．

C_1：$\{1,2\}$ のみが W^m，すなわち W に属する 2 要素集合である．逆に補集合を考えれば：$\{3,4,5\}$ のみが L に属する 3 要素集合となり——他の 3 要素集合はすべて W に属する．このようにして，W は $\{1,2\}$，$\{3,4,5\}$ を除くあらゆる 3 要素集合，およびあらゆる 4 要素集合，5 要素集合から構成される．この W が (49:W*) を満たすこと，および W^m が次の集合からなることは容易に証明できる：

$\{1,2\}$，$\{a,b,c\}$，ただし $a=1,2$，$b,c=3,4,5$ のうちの任意にとった 2 つ．
また，このゲームが $[2,2,1,1,1]_h$ と表されることも容易に示される．

C_2：$\{1,2\}$，$\{1,3\}$ のみが W^m，すなわち W に属する 2 要素集合である．逆に補集合についていえば，$\{3,4,5\}$，$\{2,4,5\}$ のみが L に属する 3 要素集合となり——他の 3 要素集合はすべて W に属する．このようにして，W は $\{1,2\}$，$\{1,3\}$，$\{2,4,5\}$，$\{3,4,5\}$ を除くあらゆる 3 要素集合およびすべての 4 要素集合，5 要素集合から構成される．この W が (49:W*) を満たし，W^m が次の 5 つの集合からなることは容易に証明される．

$$\{1,2\},\ \{1,3\},\ \{2,3,4\},\ \{2,3,5\},\ \{1,4,5\}.$$

また，このゲームが $[3,2,2,1,1]_h$ と表されることも容易に示される．

したがって，$n=5$ の場合の単純ゲームは以上の 3 つと (52:B) で述べられたゲームだけである．次のように表しておこう：

(52:D)　5 人より少ないプレイヤーからなる単純ゲーム[93]にダミーを付け加えることにより得られるゲームを除けば，$[1,1,1,1,1]_h$，$[1,1,1,2,2]_h$[94]，$[1,1,2,2,3]_h$[94]，$[1,1,1,1,3]_h$ という 4 つの単純 5 人ゲームしか存在しない．

---

[93] すなわち，$[1,1,1]_h$ および $[1,1,1,2]_h$ である．
[94] ここでは，重みが順次増大するように（C_1，C_2 に属する）プレイヤーを置換してある．

53 $n \geq 6$ の場合の単純ゲームの新しい可能性

53.1 $n < 6$ の場合にみられた規則性

53.1 さらに議論を進める前に,これまでの記述からいくつかの結論を導き出しておく.

第1に:これまでに得られた単純ゲームはすべて,$[w_1, \cdots, w_n]_h$ の形で表される同質的重み付き多数決ゲームであった.これはたしかに $n = 4, 5$ の場合には証明されているが,果たして常に成り立つであろうか? 実は,604ページの脚注52) で述べたように,これは常に成り立つわけではなく,$n = 6$ の場合にはじめて反例が現れる.

第2に:これまではどのようなクラス C_k もゲームをたかだか1つしか含んでいなかった.しかし,これもまた $n = 6$ 以降の場合には成り立たない.(**53.2.1** の最初の指摘を参照せよ.)

第3に:同質的重み付き多数決ゲームの重みはかなり自由に選べると最初は思うかもしれないが,これまでの記述からわかるように,その選択の可能性は非常に制限される:例えば $n = 3, 4$ については1つ,$n = 5$ については4つの可能性しかない[95]. これまでのリストは完璧なものなので,以上の事柄は厳密に確立された客観的な事実であり,われわれの方法のもつ特殊性に少しも依存するものではないことを強調しておく.

第4に:W に属する要素の数 (2^{n-1}) は n によって決定されるが,W^m の要素の数は同じ n をもつ単純ゲームに関して多様性をもつという607ページ脚注59) の記述をここで確かめることができる.この現象は $n = 5$ から始まる.

$n = 3$ の場合には W は4個の要素をもち,W^m は一意に定まり3個の要素をもっている.$n = 4$ の場合には W は8個の要素をもち,W^m は4個の要素をもっている.(もちろん W^m は一意に定まる.)$n = 5$ の場合には W は16個の要素をもつが,W^m は4通りでき,それぞれ 10, 7, 5, 5 個の要素をもつ.

第5に:**50.4.3**, **50.6.2** (このときには $U = W^m$ である) の方程式 (50:8) の数は,変数の数よりも多くなるにもかかわらず,解——すなわち通常の意味

---
[95] もちろんプレイヤーの置換は無視している.

での配分の体系——をもつという604ページ脚注51)の記述を確かめられる.前者はW^mがnより多くの要素をもつことを意味するが,後者は同質的重み付き多数決ゲームにおいては必ず成り立つ(**50.8.1**の(50:K)を参照せよ).

上述により,$n=3,4$の場合にはW^mは必ずn個の要素をもつが,$n=5$の場合には5個の要素だけでなく10個または7個の要素をもつ場合もあることがわかった.しかも,これらのゲームはすべて同質的重み付き多数決ゲームである[96].

このような解が存在しない単純ゲームについては,**53.2.5**の第5の注意を参照されたい.

53.2 6つの主要な反例（$n=6,7$の場合）

53.2.1 次に$n=6,7$の場合に移ろう.これらの場合を完全に論じ尽くすことは,$n=6$の場合でさえ非常に膨大なことである.そこで,これはあきらめ——前に述べたように——$n=6,7$の場合にはじめて現れてくる現象を示すような単純ゲームの特徴的な例をいくつか与えるだけにしておこう.

第1の例：**53.1**の第2の注意で述べたように,$n=6$の場合にはC_kがいくつかのゲームを含む.実際,2つの同質的重み付き多数決ゲーム（633ページの脚注94）を参照せよ）

$$[1,1,1,2,2,4]_h,\ [1,1,1,3,3,4]_h$$

が互いに異なるが,共にC_2に属することは容易に証明される.

53.2.2 第2の例：**53.1**の最初の注意において,$n=6$の場合には同質的重み付き多数決ゲームとならないような,すなわち$[w_1,\cdots,w_n]_h$と表されないような単純ゲームが存在することを述べておいた.**50.8.1**の(50:K)によれば,これは主要単純解,すなわち通常の意味での配分の体系が存在しなければ,必ず成り立つ(**53.1**の5番目の注意を参照せよ).

このようなゲームは実際に存在し,次のようにさらに区別することさえ可能である.つまり,重み付き多数決ゲーム（同質的ではない！）$[w_1,\cdots,w_n]$を見出すことも可能であるし,そうもならない単なる単純ゲームを見出すことも可能である.

---

[96] このようにして$n=5$の場合に最初の反例$[1,1,1,1,1]_h$（単純多数決ゲーム）と$[1,1,1,2,2]_h$が現れた.

まず前者の場合を考えてみよう．

$n = 6$ とおく：W を，プレイヤー全体のうちの多数（すなわち4人以上のプレイヤー）を含むかまたはちょうど半数（すなわち3人）を含む，ただしプレイヤー 1, 2, 3 のうちの多数（すなわちこの3人のうちの2人以上）を必ず含むようなすべての部分集合 $S \subseteq I = \{1, \cdots, 6\}$ の集合族と定義する．言葉を換えれば：プレイヤー 1, 2, 3 は 4, 5, 6 に対して特権をもつグループを形成するが，その特権は次のように制限される：つまり，普通は全体の過半数が勝利し，半数ずつの場合にのみ特権をもったグループの多数を含むほうが勝利するのである．

この W が (49:W*) を満たすことは容易に証明される．このゲームは明らかに重み付き多数決ゲームであり，特権をもったグループ $\{1, 2, 3\}$ のメンバーに対して他の $\{4, 5, 6\}$ よりも大きな重みを与え，それが全体の過半数をくつがえすことのできないようにしておけばよい．$1 < w < 3$ となるような

$$[w, w, w, 1, 1, 1]$$

によってこのゲームは表される[97]．

これによって W^m は直ちに決定され，次の集合からなることがわかる：

$$(S_1) \begin{cases} (S_1'): & \{1, 2, 3\} \\ (S_1''): & \{a, b, h\} \quad \begin{matrix} a, b = 1, 2, 3 \text{ のうちの任意の2つ,} \\ h = 4 \text{ または } 5 \text{ または } 6 \text{ である．} \end{matrix} \\ (S_1'''): & \{a, 4, 5, 6\} \quad a = 1, 2 \text{ または } 3 \text{ である}[98]. \end{cases}$$

50.4.3, **50.6.2** の方程式 (50:8) ($U = W^m$ としておく) ——これによって **50.8.1** の意味での主要単純解が決定される——は次のとおりである：

---

[97] 例えば，$S = \{1, 2, 4\}$ が $-S = \{3, 5, 6\}$ に勝つ（すなわち，$2w + 1 > w + 2$ となる）ためには $w > 1$ とならねばならず，$S = \{3, 4, 5, 6\}$ が $-S = \{1, 2\}$ に勝つ（すなわち $w + 3 > 2w$ となる）ためには $w < 3$ とならねばならない．

[98] このようにして W^m は $1 + 9 + 3 = 13$ 個の要素をもつ．

$$(E_1) \begin{cases} (E_1'): & x_1 + x_2 + x_3 = 6 \\ (E_1''): & x_a + x_b + x_h = 6 \qquad a, b = 1, 2, 3 \text{ のうちの任意の 2 つ,} \\ & \hspace{3cm} h = 4, 5 \text{ または } 6 \text{ である.} \\ (E_1'''): & x_a + x_4 + x_5 + x_6 = 6 \quad a = 1, 2 \text{ または } 3 \text{ である.} \end{cases}$$

これらの方程式 (E_1) は解くことができない[99]. 実際, (E_1'') において $a = 1$, $b = 2$, $h = 4, 5, 6$ とすれば $x_4 = x_5 = x_6$ となり, (E_1''') において $a = 1, 2, 3$ とすれば $x_1 = x_2 = x_3$ となる. したがって (E_1') により $3x_1 = 6$, $x_1 = 2$ となるから, (E_1'') により $4 + x_4 = 6$, $x_4 = 2$ となる. ところが, 以上を (E_1''') に代入してみれば $2 + 6 = 6$ となり矛盾が生じる.

この現象の通常の経済的な側面は次のようになることに注意しておこう: (S_1'') (すなわち (E_1'')) はプレイヤー 4, 5, 6 のサービスが互いに代替可能であり, したがって同じ値をもつことを示している. また (S_1''') (すなわち (E_1''')) は 1, 2, 3 に対しての同様の事実を示している. そこで (S_1') と (S_1'') を比べてみると, グループ 1, 2, 3 の中の 1 人のプレイヤーがグループ 4, 5, 6 の 1 人のプレイヤーと代替可能であることがわかり——さらに (S_1'') と (S_1''') とを比べてみると, 前者の 1 人のプレイヤーが後者の 2 人のプレイヤーと代替可能であることがわかる. したがって, この 2 つのグループの間の代替率はまったく定義されえないのである. このような状況から自然に抜け出すためには, (S_1) の中で数え上げられた W^m のあるものが, プレイヤーのサービスを「有益に用いえない」とすればよい. これは **50.4.3** の意味で $U \subset W^m$ を選び出すことになる. (**50.7.1** および 604 ページの脚注 53) を参照せよ.) このゲームにおいて $U \subset W^m$ のあるものが必要な性質をもつかどうかは (**50.7.1** を参照せよ), 簡単ではあるが少々長たらしい組み合わせ理論の議論により決定することができるが, いまのところまだ行われていない. またこのような V はもし存在するとすれば, 数学的にありそうもない性質を有することが示されるので, おそらく存在しないであろうと思われる.

このゲームはまた別の奇妙な側面を有している: つまり, 有限個の配分しか含まず, さらにゲームそのもののもつ完全な対称性を反映するような解 V は

---

[99] たしかに, 13 個の方程式に対し変数が 6 個しかないが, **53.1** の 5 番目の注意で示したように, これだけでは必ずしも解が存在しないとはいえない.

存在しえないことが示されるのである．すなわち，プレイヤー 1, 2, 3 と 4, 5, 6 をそれぞれどのように交換しようとも変わらないような解である．この証明はかなり長くなるのでここでは議論しない[100]．したがって，自然な解とよばれるようなタイプの解は存在しないのである．

このことは，異常な解を「自然でない」と名づけ，それらを除外する際にいかに慎重にならねばならないかを示すものである．

53.2.3 第3の例：先に第2の指摘で述べた第2の可能性を考えてみよう．つまり $n = 6$ の場合の単純ゲームであり，このゲームが多数決ゲームとはならず $[w_1, \cdots, w_n]$ のように書けないことについてである．この可能性はさらに次のように分割される：主要単純解（上述を参照せよ）を有するようなゲームを見出しうる場合と，まったく主要単純解をもたないようなゲームを見出しうる場合である．

まず前者を考えてみる：

$n = 6$ とおく．プレイヤー全体の過半数（すなわち4人以上）もしくは半数（3人）で，しかもプレイヤー 1, 2, 3 のうちの偶数人（0人または2人）を含むような集合 S ($\subseteq I = \{1, \cdots, 6\}$) のすべてからなる集合族を W と定める．これを前述の第2の指摘における例と比べると次のことがわかる：プレイヤー 1, 2, 3 は特別な意味をもったグループをたしかに形成はするが，それは特権とよぶことはできない．——なぜなら，半数（すなわち3要素）の集合 S にそれらがまったく含まれていない場合もそれらが強く（すなわち正確に2人）含まれている場合と同様有利な結果を招き，一方それらのすべてが含まれている場合は弱く（すなわち正確に1人）含まれている場合と同様不利な結果を招くからである．つまり，S の中にプレイヤー 1, 2, 3 が含まれているか否かによって結果が決定されるのではなく，その含まれ方の算術的な関係によって決定されるのである[101]．

この W が **49.6.2** の (49:W*) を満たすことは容易に証明される[102]．

---

[100] 有限解 V が存在するか否かもわかってはいない．おそらくは存在しないものと思われる．

[101] 4, 5, 6 からなるグループも同じ意味をもつことに注意されたい：つまり，（ここで考えている規準を用いるためには）S は3個の要素をもたねばならず，したがって，1, 2, 3 の中から偶数個が含まれることは 4, 5, 6 の中から奇数個が S に含まれることと同等なのである．

社会組織の可能な形態の大きな複雑性とそれにともなう現象の極端な多様性については，これまでにもしばしばふれてきたが——もし必要とあれば——ここでみた現象もそれらをさらに一層強調するものとなっている．

そこで，次に W^m を決定しよう．まず，W は 4 個以上の要素をもつ集合をすべて含むから，W^m に 5 個以上の要素をもつ集合が属することはない．そこで，W に属する 4 要素集合を考える．

もしプレイヤー $1, 2, 3$ のうち W に属するものが偶数であれば，プレイヤー $4, 5$ または 6 を除くものとし[103]，奇数であれば，プレイヤー $1, 2$ または 3 を除くものとする[104]．どちらにしろプレイヤー $1, 2, 3$ の中の偶数人を含むような 3 要素集合が得られる．——すなわち W に属するものである．したがって，4 要素集合はすべて W^m に属さないこととなり，それゆえ W^m は W に属する 3 要素集合から構成される．つまり：

$$(S_2) \begin{cases} (S_2'): & (4, 5, 6) \\ (S_2''): & (a, b, h) \quad a, b = 1, 2, 3 \text{ のうちの任意の 2 つであり，} \\ & \qquad\qquad h = 4, 5 \text{ または } 6 \text{ である}^{105)}. \end{cases}$$

もしこのゲームが $[w_1, \cdots, w_n]$ で表されれば，
$$\text{すべての } S \in W \text{ に関して，} \sum_{i \in S} w_i > \sum_{i \notin S} w_i$$
となり，これを (S_2) で数え上げられた W^m の集合に適用すれば，特に：

$$w_4 + w_5 + w_6 > w_1 + w_2 + w_3,$$
$$w_1 + w_2 + w_6 > w_3 + w_4 + w_5,$$
$$w_1 + w_3 + w_5 > w_2 + w_4 + w_6,$$
$$w_2 + w_3 + w_4 > w_1 + w_5 + w_6$$

となる．これらの不等式を加えると：

$$2(w_1 + w_2 + w_3 + w_4 + w_5 + w_6) > 2(w_1 + w_2 + w_3 + w_4 + w_5 + w_6)$$

---

[102] S と $-S$ のうち一方は必ず W に属することに特に注意されたい：もし一方が 4 個以上の要素をもてば（したがってもう一方は 2 個以下の要素をもつことになるが），これは明らかである．その結果，$S, -S$ が共に 3 個の要素をもつ場合が残るが，この場合には，2 つのうち一方がプレイヤー $1, 2, 3$ のうち偶数人を含み，もう一方が奇数人を含むことになり，明らかに成り立つ．
[103] $1, 2, 3$ は 3 人であるから，これは可能である．
[104] $4, 5, 6$ は 3 人であるから，これは可能である．
[105] したがって，W^m は $1 + 9 = 10$ 個の要素をもつ．

となり矛盾である.

他方，**50.4.3**，**50.6.2** の等式 (50:8) ——これによって主要単純解が決定される——は，($U = W^m$ とすれば):

$$(E_2) \begin{cases} (E_2'): & x_4 + x_5 + x_6 = 6, \\ (E_2''): & x_a + x_b + x_h = 6, \quad a, b = 1, 2, 3 \text{ のうちの任意の2つであり}, \\ & h = 4, 5 \text{ または } 6 \text{ である}. \end{cases}$$

である．これらを解けば明らかに $x_1 = \cdots = x_6 = 2$ となる[106]．

通常の経済的術語で表せば，プレイヤー $1, 2, 3$ および $4, 5, 6$ からなるグループの間の構造的相異は重みや多数決によっては表すことができず，しかも（プレイヤーにとっての）価値に関するかぎり何の差異もないことになるであろう．

53.2.4 第4の例：上述の例は，また，同質的重み付き多数決原理と主要単純解の存在との間の **50.8.2** で述べたような相違を確立するためにも適切である．実際，この例は **50.8.2** の (50:21) において＝が成り立つ例となっている．つまり，$x_1 = \cdots = x_6 = 2$ であるから（上記を参照せよ），

$$\sum_{i=1}^{n} x_i = 12 = 2n$$

となるのである．

53.2.5 第5の例：ここで，第3の指摘における第2の場合：つまり，

$$[w_1, \cdots, w_n]$$

で表すこともできず，主要単純解ももたないような $n = 6$ の場合の単純ゲームを考える．

先の2つの例——第2および第3の指摘で与えられたもの——に比べて，これはそれほど自明な原理にはもとづいていない．この場合には，単純化の規準がすべて満たされていないことを考えれば，これも驚くにはあたらないであろう．

次のような例が考えられる：

---

[106] これが唯一の解であることも容易にわかる．

$n = 6$ とする．プレイヤー全体の過半数（すなわち 4 人以上）を含むか，もしくはちょうど半数（すなわち 3 人）を含みしかも次の条件を満たすような集合 S $(\subseteq I = \{1, \cdots, 6\})$ の集合族として W を定義する．その条件とは：S が 1 を含む場合には $\{1,3,4\}$ もしくは $\{1,5,6\}$ ではなく[107]——1 を含まない場合には $\{2,3,4\}$ もしくは $\{2,5,6\}$ となるという条件である[108)109)]．

この W が **49.6.2** の (49:W*) を満たすことは容易に証明できる．

W^m はたいした困難もなく決定することができ，次の集合からなることがわかる：

$$(S_3) \begin{cases} (S_3'): & \{1,2,b\} \quad b = 3,4,5, \text{ または } 6 \text{ である．} \\ (S_3''): & \{1,a,b\} \quad a = 3 \text{ または } 4, b = 5 \text{ または } 6 \text{ である}^{110)}. \\ (S_3'''): & \{2,p,q\} \quad p = 3, q = 4 \text{ または } p = 5, q = 6 \text{ である}^{110)}. \\ (S_3^{IV}): & \{3,4,5,6\}^{111)} \end{cases}$$

もしこのゲームが $[w_1, \cdots, w_n]$ で表されるならば，

$$\text{すべての } S \in W \text{ に関して}, \sum_{i \in S} w_i > \sum_{i \in -S} w_i$$

である．これを (S_3) で数え上げられた W^m の集合に適用すると，特に：

$$w_1 + w_3 + w_5 > w_2 + w_4 + w_6,$$
$$w_1 + w_4 + w_6 > w_2 + w_3 + w_5,$$
$$w_2 + w_3 + w_4 > w_1 + w_5 + w_6,$$

[107)] すなわち，$\{1,a,b\}$，$a = 2$，$b = 3,4,5$ または 6 か，それとも $a = 3$ または 4，$b = 5$ または 6 である．
[108)] 先に排除された集合 $\{1,5,6\}$ と $\{1,3,4\}$ の補集合である．
[109)] もし最後の——$\{1,3,4\}$，$\{1,5,6\}$ および $\{2,3,4\}$，$\{2,5,6\}$ に関する——例外がなければ，W は次のようにして定義される：つまり，プレイヤー 1 に特権が与えられる——すなわち，通常は過半数をとったほうが勝利するが，半数ずつの場合にはプレイヤー 1 によって決定される．
  このゲームが単に $[2,1,1,1,1,1]_h$ となることは容易に証明される．つまり，この例は特権に通常の意味での数値が与えられているので，第 2 の注意におけるものとある意味で類似はしているもののより簡単になっているのである．
  したがって——$\{1,3,4\}$，$\{1,5,6\}$ および $\{2,3,4\}$，$\{2,5,6\}$ に関する——複雑な例外が，この例に実質的な性格を与える決定的役割を果たしていることになる．
[110)] a と b は互いに独立に動くが，p と q はそうではないことに注意せよ．
[111)] したがって W^m は $4+4+2+1 = 11$ 個の要素をもつ．

$$w_2 + w_5 + w_6 > w_1 + w_3 + w_4$$

となり，この4つの不等式を辺々加え合わせると，

$$2(w_1 + w_2 + w_3 + w_4 + w_5 + w_6) > 2(w_1 + w_2 + w_3 + w_4 + w_5 + w_6)$$

となるから矛盾である．

一方，**50.4.3**，**50.6.2** の等式 (50:8) ($U = W^m$ とおいたもの) ——これによって主要単純解が決定される—— は：

$$(E_3) \begin{cases} (E_3'): & x_1 + x_2 + x_b = 6, \quad b = 3, 4, 5 \text{ または } 6 \text{ である．} \\ (E_3''): & x_1 + x_a + x_b = 6, \quad a = 3 \text{ または } 4, b = 5 \text{ または } 6 \text{ である．} \\ (E_3'''): & x_2 + x_p + x_q = 6, \quad p = 3, q = 4 \text{ または } p = 5, q = 6 \text{ である．} \\ (E_3^{IV}): & x_3 + x_4 + x_5 + x_6 = 6 \end{cases}$$

となる．この方程式体系 (E_3) は解きえない[112]．実際，(E_3'') により $x_3 = x_4$，$x_5 = x_6$ となるから，(E_3''') により $x_2 + 2x_3 = 6$，$x_2 + 2x_5 = 6$，したがって $x_3 = x_5$ となり，結局 $x_3 = x_4 = x_5 = x_6$ となる．次に，(E_3^{IV}) により $4x_3 = 6$，$x_3 = \frac{3}{2}$ となるが，一方，(E_3'')，(E_3''') により $x_1 + 3 = 6$，$x_2 + 3 = 6$，すなわち $x_1 = x_2 = 3$ となる．以上により，(E_3') は $3 + 3 + \frac{3}{2} = 6$ となり，これは矛盾である．

この方程式が解けないことの解釈については，前述の第2の指摘のこれに対応する点におけるのと本質的には同様の解釈があてはまる．

53.2.6 第6の例：われわれは先に，同質的重み付き多数決原理と主要単純解の存在との間の相違についてふれた．つまり，第4の指摘がそうであり，そこでは **50.8.2** の (50:21) において $=$ が成り立つような例を与えた．そこでここでは，(50:21) において $>$ が成り立つ例を与えることにする．

まず $n \leq 5$ の場合には，あらゆる単純ゲームが同質的重み付き多数決ゲームとなったから，ここでは $n \geq 6$ とせねばならない．$n = 6$ の場合については，求める種類の例が存在するかどうかわからない．——これから与える例は $n = 7$ の場合である．

---

[112] 変数6個に対し，10個の方程式がある．637ページの脚注99) を参照せよ．

$n = 7$ とする．W を，次の 7 つの 3 要素集合のどれか 1 つを含むような集合 $S\,(\subseteq I = \{1, \cdots, 7\})$ のすべてからなる集合族と定義する[113]：

(S_4):　　$\{1,2,4\}$, $\{2,3,5\}$, $\{3,4,6\}$, $\{4,5,7\}$, $\{5,6,1\}$, $\{6,7,2\}$, $\{7,1,3\}$

この定義に含まれている原理はさまざまな方法で解釈できる．

その 1 つは次のとおりである：(S_4) の 7 個の集合は，第 1 の集合——$\{1,2,4\}$——からプレイヤーを循環的に置換することによって得られる．つまり，各要素に $0,1,2,3,4,5,6$ のどれか 1 つを加え——ただし 3 つの要素に同じ数を加え——て増加させることによって得られるわけである．ここで，$8, 9, 10, 11, 12, 13$ はそれぞれ $1, 2, 3, 4, 5, 6$ と同一であるとみなすことにする[114]．

言い換えれば：これらの集合は，図 89 の ××× を印した集合にこの図によって与えられる 7 つの回転のどれか 1 つを施すことによって得られる．

いま 1 つの解釈：図 90 には，(S_4) の 7 個の集合が直接に記せるようにプレイヤー $1, \cdots, 7$ が配列されている．この 7 つの集合は 6 本の直線と円○で示されている[115]．

W が $(49{:}\mathrm{W}^*)$ を満たすことの証明は困難ではないが，このような組み合わせ理論的な問題に興味をもつ読者のために，ここでは証明せず読者に任せることにする．W^m は明らかに (S_4) の 7 個の集合からなる．

——第 3 および第 5 の指摘で述べた方向にしたがえば——これが重み付き多数決ゲームでないことは容易にわかるのでこの議論は省略する．

一方，**50.4.3**，**50.6.2** の等式 (50:8)（$U = W^m$ とする）——これによって主要単純解が決定される——は：

(E_4):　　$x_a + x_b + x_c = 7$,　　(a,b,c) は (S_4) の 7 個の集合のすべてである．

となる．この方程式は明らかに $x_1 = \cdots = x_7 = \frac{7}{3}$ によって解かれる[116]．

ここで，**50.8.2** の (50:21) において $>$ が成り立つ．実際：

---

[113] したがって W^m は 7 個の要素をもつ．
[114] 整数論の用語を用いれば：7 をモジュロとして縮約するのである．
[115] 射影幾何学に詳しい読者は，図 90 がいわゆる 7 点平面幾何の図となっていることに気づかれるであろう．問題の 7 個の集合は各々 3 点を含む直線となっており，円○もそのようなものとみなされるのである．

他の射影幾何学の知識は，ここでの目的には適していないように思われる．
[116] これが唯一の解であることも容易にわかる．

図 89　　　　　　　図 90

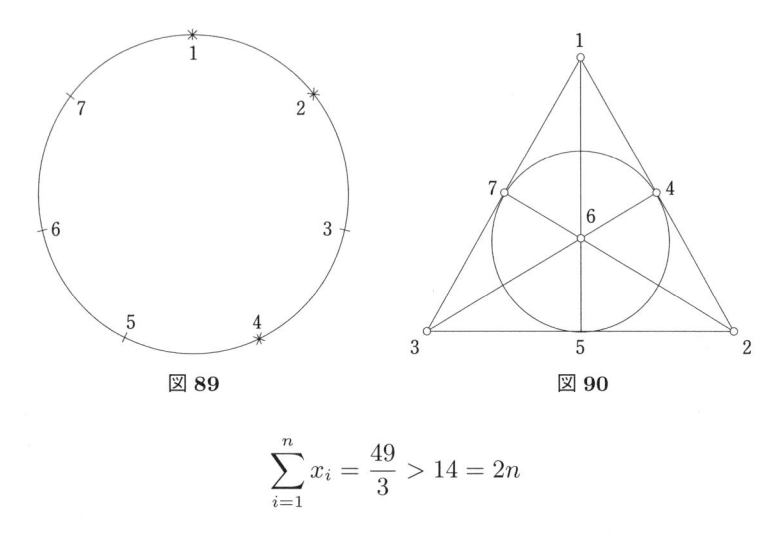

$$\sum_{i=1}^{n} x_i = \frac{49}{3} > 14 = 2n$$

である.

　第 2, 第 3, 第 4 の例の指摘で議論したゲームと同様このゲームも 1 つの組織の原理と対応しており，これについてくわしく調べておく必要がある．まず，このゲームにおいては W^m に属する集合，すなわち，決定的な勝利提携は常に少数派（つまり 3 要素集合）であるが，それにもかかわらず，どのプレイヤーも他に対する有利さをもってはいない．つまり，図 89 およびその議論からわかるように，プレイヤー $1, \cdots, 7$ をどのように循環的に置換しようとも——すなわち図 89 の円をどのように回転しようとも——ゲームの構造には影響しない．このようにして，いかなるプレイヤーも他のプレイヤーの位置に移すことができる[117]．したがって，ゲームの構造はプレイヤー個々の性質——すでにみたようにこれらはすべて正確に同じ位置にある——ではなく[118]，プレイヤーの間の関連によって決定される．実際，(S_4) によって関係している 3 人のプレイヤー[119] の間で達成される協定によって勝利か敗北かが

---

[117] しかし，例えば 2 つの 3 要素集合 $\{1,2,4\}$ と $\{1,3,4\}$ は異なった行動をとるから，ゲームは **28.2.1** の意味において公平ではない．つまり，$\{1,2,4\}$ は W に属し，$\{1,3,4\}$ は L に属している．（したがって，$\gamma = 1$ なる縮約形のゲームにおいては，前者の v(S) は 4, 後者の v(S) は -3 である．）

[118] この性質はゲームのルールによって各プレイヤーに与えられるものである．

[119] このゲームにおいては，どのような 2 人のプレイヤーの間にも意味のある関係は存在しない．つまり，どのような 2 人のプレイヤーも，（プレイヤー $1, \cdots, 7$ の）適当な置換によりゲームを変え

決定されるのである．

54 適当なゲームにおけるすべての解の決定

54.1 単純ゲームにおいて主要解以外の解を考える理由

54.1.1 われわれのこれまでの議論は，**50.5.1-50.7.2** で議論された特別な形の解，特に **50.8.1** の主要単純解に主眼を置くものであった．しかし，前節（特に **53.2** の例）の議論からわかったように，このアプローチだけではわれわれの直面している問題をすべてとらえるというわけにはいかない．

まず第1に，あらゆる単純ゲームがこのようなタイプの解をもっているとは決していえない．すでに $n = 6$ の場合に多くのこれに代わる新しい可能性が現れてきている．この6というのは，組み合わせ理論的には手頃な大きさの数であるが，社会組織という観点からみると小さなものであるのでこれは意味深い．

しかし，さらにくわしくいえば，これらの解が存在する場合にも，それどころか同質的重み付き多数決ゲームの場合にも，それだけで全体がわかるわけではない．この点についての最も基本的な例は，$[1,1,1]_h$ で表される本質的3人ゲームであり，このゲームにおいても多数の解が存在している．さらに，**33** の議論からわかるように，われわれの理論の特徴と意味を理解するためには，これらの解が本質的役割を果たしている——実際，いくつかの基本的な解釈はこの点においてはじめて得られた．

54.1.2 したがって，各単純ゲームのすべての解を決定することが重要になるが，すべての単純ゲームについてはそうはできないので，できるだけ多くの単純ゲームについてすべての解を決定することが重要となる．特に，各 n に対して少なくとも1つの単純ゲームについて解を決定せねばならない．この得られた結果から，n 人の参加者をもつ場合の解の構造的可能性と分類の原則について，なんらかの情報が得られると考えられる．

単純ゲーム以外のゲームについても，このような情報が得られるならそれにこしたことはない．しかしながら，特に単純ゲームの場合には，解が体系的に決定されるとき他のゲームに比べ明らかに利点が存在するのである．つまり，

ることなく任意に与えられた2人のプレイヤーに移せるのである．

単純ゲームにおいてはあらゆる集合 S が確実に必要か確実に不必要かのいずれかであるから (**49.7** を参照せよ), **30.1.1** の予備条件は何の困難ももたらさないのである (**31.1.2** を参照せよ).

実際, ここで直面している問題を解決しても, 少数の孤立した場合についての情報が得られるにすぎない. しかし, この情報はすべての n について適用されるものであり――n を意のままに変えることができるのである. したがって, これにより必ず本質的な見通しが導かれると思われる.

54.2 すべての解が知られているゲームの列挙

54.2.1 すべての解がすでにわかっているような場合を並べあげてみよう. それは次のとおりである:

(a) すべての非本質的ゲーム (**31.2.3** の (31:P) を参照せよ. **31.2.1** の (31:I) にその補足が与えられている).

(b) 旧理論 (超過量ゼロ) および新理論 (一般的な超過量) における本質的 3 人ゲーム. (前者については **32.2.3**, 後者については **47.2.1**-**47.7** の分析を参照せよ.)

(c) すべての分解可能なゲーム――成分ゲームの解がすべてわかっている場合の. (**46.6** の (46:I) を参照せよ.)

明らかに, (a) および (b) で与えられたゲームを結びつけるために (c) の工夫を用いることができる. ――そして, これによってあらゆる解がわかるようなゲームを得ることができる[120]. このような構築の手続きにおいて,

---

[120] これはまた次のようにも説明できる:

与えられたゲーム Γ は, **43.3** の最後および (43:E) の分解分割の定義にしたがえば分解不可能な成分を合成したものとなる. **43.4.2** の (43:L) により, このような分割によって再分されたプレイヤーの集合は 1 個もしくは 3 個以上の要素を含む.

それゆえ, 最も簡単な場合はすべて 1 要素集合となるときである. **43.4.1** の (43:J) によれば, これは非本質的ゲームとなり――上述の (a) の場合にもどる.

次に簡単な場合は, すべてが 1 要素集合かあるいは 3 要素集合となるときである. これはまさに (a), (b) から (c) によって得られるゲームであり, すべての解を知ることができる.

以上のことは, 分解不可能な要素 (すなわち分解分割の要素, **43.4.2** の (43:L) 参照) の大きさにもとづく分類が自然なものであることがわかるので満足がいく. つまり, あらゆる解を得るためにはまさにこの方向にそって議論を進めねばならない.

しかし, この結果が非常に限られたものであることも強調しておかねばならない:実際, ゲームが分解されるというのは非常に特殊な場合なのである (**42.5.2** の最後の規準にしたがい, **41.3.2** の (41:6) または (41:7) の定義式を思い出すこと). ほとんどの n 人ゲームは分解不可能であり, (c)

(a) は「ダミー」を与えるだけである (**43.4.2** の最後を参照せよ). したがって，ここでは構造的な情報を欲していることを考えてみれば，これはなしですますこともできる．このようにして，われわれは (b) に (c) を何回も作用させることによって得られるゲームだけを考えればよいことになり，その結果として，本質的3人ゲームの合成であるようなゲームが得られる[121].

54.2.2 以上により，すべての解がわかっているような $n = 3k$ 人ゲームが得られた．k は任意に選べるから，n はいくらでも大きくできる．ここまではなんら支障はない．ところが，このような n 人ゲームはまさに本質的3人ゲームの重合体にすぎず——プレイヤーは実際には3人からなる集合を形成しており，ゲームのルールもそれらを結びつけることができていないのである．たしかに，分解可能なゲームの解についての結果からわかるように，この場合にも典型的な解——すなわち典型的な行動基準——においては，これらのプレイヤーの集合は結びつけられている．しかし，われわれが知りたいのは，当然のことながらゲームのルールによって明確に規定された通常の結びつきのタイプがプレイヤーの組織——すなわち解や基準——にどのように影響するかということであり，しかも多くのプレイヤーからなる場合について知りたいのである．

したがって，われわれはあらゆる解が決定されるような n 人ゲームをさらに探し求めねばならない．

54.3 単純ゲーム $[1, \cdots, 1, n-2]_h$ を考える理由

54.3.1 上で指摘しておいたように，われわれはここで解がすべて決定されるような単純ゲームを探し出そうとしている[122]．$n \geq 3$ なるあらゆる n に関して，解がすべて決定されるようなゲームが1つは存在する．このゲームはこれまでに一般解を決定しえた唯一の n 人ゲームであり，特別の興味をそそられるものである．また，このゲームにはいくつかの興味ある解釈もなされる．

のような方法によっては到達しえないと考えられる．
[121] 戦略上同等の概念を適用すれば，すべて縮約形で考えることができる．しかし，γ をそれぞれ $\gamma_1, \cdots, \gamma_k$ と表すときに，($k = 1$ でないならば) 単位の変換によりすべてを1とすることはできない．実際，それらの比率 $\gamma_1 : \cdots : \gamma_k$ は単位を変換しても影響を受けないからである．
[122] この理由からわれわれは旧理論，すなわち超過量ゼロを用いる．**51.6** の第3，第4の指摘を参照せよ．

このゲームとは，**52.3** および **52.4** の (52:B) においてすでに現れていた $(n\,人)$ の同質的重み付き多数決ゲーム $[1,\cdots,1,n-2]_h$ である．

54.3.2 **52.3** で議論したように，このゲームにおいては極小勝利提携は $S:\{1,n\},\cdots,\{n-1,n\}$ および $\{1,\cdots,n-1\}$ である．すなわち，プレイヤー n は誰かと同盟をくみさえすれば勝利できるが，まったく孤立した場合には敗北する[123]．この結果からいくつかの注意がなされる：

第1に：このルールはプレイヤー n が優越的立場にあることを強く示唆している：つまり，n はただ1人と同盟すれば勝てるが，n 以外のプレイヤーは全員が同盟しなければ勝てない．実際，次のような状況が生じている：プレイヤー n は2人提携を必要とし，n 以外のプレイヤーは全体で1つの $n-1$ 人提携を必要とするから，$n-1>2$，すなわち $n\geq 4$ となる場合にしか優越性は存在しない．

$n=3$ の場合には3人のプレイヤーの間にはまったく差異はない：このときにはゲームはただ1つの本質的3人ゲーム $[1,1,1]_h$ であり，これは明らかに対称性をもっている．

第2に：このプレイヤー n の特権は最高のものである．つまり，n は勝利するためには少なくとも1人と同盟せねばならないわけであるが，これより少ないプレイヤーとの同盟だけでは勝利のために十分であるとはいえないのである[124]．n が同盟者なしで勝つ，すなわち1要素集合 $\{n\}$ が勝利することはありえない．——なぜなら，もしそうなったとするとゲームの本質性に矛盾してしまうからである．（これは **49.2** においてくわしく議論されている．）

55 単純ゲーム $[1,\cdots,1,n-2]_h$

55.1 予備的な注意

55.1 上で議論したゲームの解をすべて決定してみればわかることであるが，これらの解はおおいに性質の異なる複雑なクラスに分けられる．このこと

---

[123] あらゆる1要素集合が敗北するのと同様である．
[124] われわれは先に，$n=3$ の場合にはプレイヤー n はまったく特権を与えられていないと述べたが——ここでは考えられる最高の特権を与えられていると述べた．しかし，$n=3$ は何も例外的な場合ではない：$n=3$ の場合には本質的ゲームはただ1つしか存在しないため，そこにおけるプレイヤーの立場はただ1つだけであり，それを考えられる最良のものとよんでもさしつかえないのである．

から，先に述べたような解釈を行う機会が生まれてくる．われわれはそのいくつかをここで議論するが，同じ方向性をもったさらにくわしい議論はおそらく後に行われることであろう．

さて，解を正確に導出することは以下の各節（**55.2**–**55.11**）において行われるが，これはかなり複雑なものである．しかし，先に第9章の分解可能なゲームに関して述べたのと同じ理由により，ここでも完全な解の導出を行うことにする：つまり，証明自体が確実な解釈を行うための便利でかつ自然な媒介となるのである．したがって，各段階で考慮している組織の構造的特徴が現れてくるたびに言葉で説明していくことにする．実際，この状況は第9章におけるよりも本章の証明におけるほうがはるかにはっきりとしていると思われる．

55.2 支配．主要プレイヤー．ケース（I）と（II）

55.2.1 以上の準備をもとに n 人ゲーム $[1,\cdots,1,n-2]_h$ を体系的に研究していこう．なおこのゲームは縮約形であり，$\gamma=1$ と正規化されているものとしておく．

まず支配についての直接的観察から始める：

(55:A) $\vec{\alpha}=(\alpha_1,\cdots,\alpha_n)$, $\vec{\beta}=(\beta_1,\cdots,\beta_n)$ に関して，
$$\vec{\alpha}\succ\vec{\beta}$$
となるための必要十分条件は，

(55:1) ある $i=1,\cdots,n-1$ に関して，$\alpha_n>\beta_n$ かつ $\alpha_i>\beta_i$
となるかまたは

(55:2) すべての $i=1,\cdots,n-1$ に関して，$\alpha_i>\beta_i$
となることである．

証明：W^m が $\{1,n\},\cdots,\{n-1,n\},\{1,\cdots,n-1\}$ から構成されているので，これは **49.7.2** の (49:J) に一致する．

$\sum_{i=1}^{n}\alpha_i=\sum_{i=1}^{n}\beta_i=0$ であるから，(55:2) より，

(55:3) $\alpha_n<\beta_n$

とならねばならない．したがって：

(55:B) $\vec{\alpha} \succsim \vec{\beta}$ ならば必ず $\alpha_n \neq \beta_n$ である．

証明：対称性から $\vec{\alpha} \succ \vec{\beta}$ の場合だけを考えればよい．すると，すでにみたように (55:1) または (55:3) が成り立つから，どちらにしろ $\alpha_n \neq \beta_n$ となる．

この 2 つの結果は簡単なものではあるが，解釈を少し加えておく必要がある．

54.3 でこのゲームにおけるプレイヤー n が特権的な役割を有していることを述べた[125]．このプレイヤーの状況は，少なくとも 1 人の同盟者を見出さねばならないという制限から逃れられず（**54.3** の第 2 の注意を参照せよ），独占者の状況にたとえられる．つまり，他のプレイヤー全体が提携して彼に敵対すれば——そしてそのときにのみ——プレイヤー n を負かしうるのである．この n のようなプレイヤーをこのゲームの主要プレイヤーとよぶことにする[126]．

55.2.2　これらの状況は (55:1) および (55:2) に明確に示されている．つまり，(55:1) は主要プレイヤーとその同盟者（プレイヤー $i = 1, \cdots, n-1$ のうちの誰か）による支配を直接的に表したものであり，(55:2) は主要プレイヤーに対する他のプレイヤー全体の協力の状態を表している．(55:1)，(55:3) もしくは (55:B) からわかるように，主要プレイヤーは支配関係において確実に影響を受ける：つまり，(55:1)（主要プレイヤーにおける直接の支配の場合）においては有利に影響を受け，(55:2)（主要プレイヤーに敵対して他のプレイヤー全体が協力する場合）においては逆に不利になるのである．主要プレイヤー以外のプレイヤーは，支配関係においてまったく影響を受けないこともある[127]．

55.2.3　次にこのゲームの 1 つの解 V を考える[128]．

$$\text{Max}_{\vec{\alpha} \in V} \alpha_n = \bar{\omega}$$

---

[125] $n = 3$ の場合は除く．この場合については後によりくわしく述べる．
[126] $n = 3$ の場合については **54.3** の第 1 の注意の最後の部分を覚えておかねばならない．
[127] $i = 1, \cdots, n-1$ については，$\vec{\alpha} \succ \vec{\beta}$ かつ $\alpha_i = \beta_i$ となることがおこりうる．これは実際には $n \geq 4$ の場合にしかおこらない．$n = 3$ の場合の注意をもう一度参照すること．
[128] 旧理論の意味における解である．647 ページの脚注 122) を参照せよ．

$$\mathrm{Min}_{\vec{\alpha}\in\mathsf{V}}\alpha_n = \underline{\omega}^{129)}$$

とすれば明らかに,

$$-1 \leq \underline{\omega} \leq \bar{\omega}$$

となる.

$\underline{\omega}, \bar{\omega}$ の意味は簡単であり：解 V の中での主要プレイヤーの最悪および最善の結果を表しているにすぎない.

次の2つのケースに区別しておく：

(I)　$\underline{\omega} = \bar{\omega}$,
(II)　$\underline{\omega} < \bar{\omega}$.

55.3　ケース (I) の処理

55.3.1　ケース (I) を考える. これは, すべての $\vec{\alpha} \in \mathsf{V}$ に関して,

(55.4)　$\alpha_n = \bar{\omega}$

となる, すなわち主要プレイヤーが解に含まれるすべての配分において同じ量を獲得する場合である. 言い換えれば：(I) では主要プレイヤーは **33.1** の意味においてゲームの中で差別されているのである. 主要プレイヤーの中心的役割を考えてみれば, われわれの議論において第 1 の場合の分類がこの方向にそって行われるのも不合理ではなかろう[130)].

[129)] これらの量がつくりうること, すなわち最大値と最小値が存在し, それらがとられることは 525 ページの脚注 77) と同じ方法で確かめられる. 特に同所の (*) を参照せよ.
[130)] **33.1** を参照してみれば, この方法は本質的 3 人ゲームの分類方法に類似していることがわかる.
　本質的 3 人ゲームがここで考えているゲームにおいて $n = 3$ とした特別な場合であることを思い出してみれば, これも自然であると納得できるであろう. (例えば **54.3** の第 1 の注意の最後を参照せよ.)
　しかし, $n = 3$ の場合をよりくわしく考察してみればわかるように, この類似性もむしろ不十分であり, 1 つの制限を受けている：つまり, この場合にはゲームは実際対称的であり, 3 人のプレイヤーのいずれもが主要プレイヤーとよばれうるのである. (650 ページの脚注 126) を参照せよ.)
33.1 においては, 問題の差別は実際に 3 人のプレイヤーのいずれにも適用可能であるが, ここではプレイヤー n に恣意的に限っている！
　しかし, たとえわれわれの議論を ($n = 3$ だけでなく) $n \geq 3$ の場合をすべてカバーするようにしたいと思っても, いままでのところではこの差別を他のプレイヤーにも適用することはできない：なぜなら, $n \geq 4$ の場合には主要プレイヤーと彼の役割は一意的に定まるからである.

55.3.2 次にケース (I) の V を議論しよう．

(55:C) V はちょうど (55:4) を満たす $\vec{\alpha}$ の全体からなる集合となっている．

証明：すでにすべての $\vec{\alpha} \in V$ が (55:4) を満たすことはみた．もし逆にある $\vec{\beta}$ が (55:4) を満たすならば，あらゆる $\vec{\alpha} \in V$ に対して $\alpha_n = \beta_n$ となるから，(55:B) により $\vec{\alpha} \succ \vec{\beta}$ とはなりえない．したがって $\vec{\beta} \in V$ となる．

このようにして V は容易に決定されるわけであるが，ここでこの逆の問題にも答えておかねばならない．その問題とは，$\bar{\omega} \geq -1$ が与えられたときに (55:4) によって定められた V が解となりうるか，すなわち **30.1.1** の (30:5:a)，(30:5:b) を満たしうるか，ということである．

まず，(55:B) および (55:4) により，$\vec{\alpha}, \vec{\beta} \in V$ に対して $\vec{\alpha} \succ \vec{\beta}$ とはならないから (30:5:a) は自動的に満たされる．それゆえ **30.1.1** の (30:5:b) だけを調べれば十分である．つまり：

(55:5)　もし $\beta_n \neq \bar{\omega}$ ならば，$\alpha_n = \bar{\omega}$ となるある $\vec{\alpha}$ に対して $\vec{\alpha} \succ \vec{\beta}$ となる．

ことを保証せねばならない．より明確にいえば：(55:5) により，$\bar{\omega}$ に対してどのような制限が加えられるかを決定せねばならない．

(55:5) の $\beta_n \neq \bar{\omega}$ は次の 2 つの場合に分けられる：

(55:6)　$\beta_n > \bar{\omega}$,
(55:7)　$\beta_n < \bar{\omega}$.

まず第 1 に：

(55:D) (55:6) の場合には (55:5) は自動的に満たされる．

証明：$\beta_n > \bar{\omega}$, すなわち $\beta_n = \bar{\omega} + \epsilon$, $\epsilon > 0$ とし,

---

この状況を——一時的にでも——受け入れるためには，ケース (II) が最終的にいくつかの状況の合成されたものであることを心にとどめておかねばならない．

このようにして，$n = 3$ の場合には——**33.1** で分析された——**32.2.3** の分類と比較することにより次のことがわかる：つまり，ケース (I) は **32.2.3** の (32:A) がおこる場合の 1 つ，プレイヤー 3 に対する差別に相当しており，ケース (II) は (32:A) の残りの 2 つの場合，プレイヤー 1, 2 に対する差別，および (32:B) の場合，非差別解に相当している．したがって，(II) は $n = 3$ のときには実際は 3 つの可能性の集まりとなっている．

実際，この考えはすべての n に対して成り立つよう一般化される．**55.12.5** の第 4 の注意における (e) を参照せよ．

$$\vec{\alpha}=(\alpha_1,\cdots,\alpha_n)$$

を $\alpha_i = \beta_i + \dfrac{\epsilon}{n-1}$ $(i=1,\cdots,n-1)$, $\alpha_n = \beta_n - \epsilon = \bar{\omega}$ により定める．すると，$\vec{\alpha}$ は (55:2) により求める $\vec{\alpha} \succ \vec{\beta}$ なる配分となる．

したがって (55:7) の場合だけを考えればよい．この場合については：

(55:E)　$\bar{\omega}=-1$ ならば (55:7) は起こりえない．

ことが示される．

証明：$\beta_n \geq -1$ であるから，$\beta_n < \bar{\omega} = -1$ とはならない．

$\bar{\omega} > -1$ なる可能性については少々くわしく分析せねばならない[131]．

(55:F)　$\bar{\omega} > -1$ かつ $\beta_n < \bar{\omega}$ とする．すると，条件 (55:5) は $\bar{\omega} < n-2 - \dfrac{1}{n-1}$ なることと同値である．

証明：$\beta_n < \bar{\omega}$ とする．すると，$\alpha_n = \bar{\omega}$ なる $\vec{\alpha}$ に対して **55.2.1** の (55:3) は成り立たず，したがって支配関係 $\vec{\alpha} \succ \vec{\beta}$ は（(55:2) ではなく！）(55:A) の (55:1) を通して行われなければならない．$\alpha_n > \beta_n$ であるから，これは結局，

(55:8)　ある $i=1,\cdots,n-1$ に関して，$\alpha_i > \beta_i$

となるにすぎない．

したがって，(55:5) は $\alpha_n = \bar{\omega}$ であり，かつ (55:8) を満たす配分の存在を必要とする．

まず，1つの固定された $i=1,\cdots,n-1$ に関して (55:8) を考える．すると，この条件および $\alpha_n = \bar{\omega}$ がある配分 $\vec{\alpha}$ によって満たされるための必要十分条件は，β_i と $\bar{\omega}$ に $(n-2)$ 個の -1 を加えたものが 0 より小さい，すなわち $\beta_i + \bar{\omega} - (n-2) < 0$, $\beta_i < n-2-\bar{\omega}$ となることである．したがって，すべての $i=1,\cdots,n-1$ に関して (55:8) が満たされないための必要十分条件は，

---

[131] $\bar{\omega}=-1$ ならば，主要プレイヤーは孤立しているだけでなく（**V** により）最悪の状態に差別されている．（**33.1** を参照せよ．）

したがって，$\bar{\omega}=-1$ ならば解は完全に与えられるが，一方，$\bar{\omega}>-1$ の場合には (55:F) をよりくわしく分析せねばならない．これは驚くほどのことではない：なぜなら，極端な差別は中間の差別よりも基本的な事柄であり，それほど微妙な調整は必要としないからである．

(55:9) すべての $i = 1, \cdots, n-1$ に関して，$\beta_i \geq n-2-\bar{\omega}$

となる．

(55:5) は，$\beta_n < \bar{\omega}$ なるいかなる $\vec{\beta}$ に関してもこれがおこりえないことを表している．すなわち，いかなる配分 $\vec{\beta}$ も $-1 \leq \beta_n < \bar{\omega}$ のもとでは (55:9) を満たさない[132]．これにより，$(n-1)$ 個の $n-2-\bar{\omega}$ と 1 個の -1 を加えると >0 とならねばならない．すなわち，$(n-1)(n-2-\bar{\omega})-1>0, n-2-\bar{\omega} > \dfrac{1}{n-1}$，したがって $\bar{\omega} < n-2-\dfrac{1}{n-1}$ となり，求める不等式が得られた．

(55:E), (55:F) を結びつけ，(55:D) および (55:5), (55:6), (55:7) に関連して述べたことを思い出せば，以上の事柄は次のように要約される：

(55:G) $\bar{\omega}$ を

$$-1 \leq \bar{\omega} < n-2-\frac{1}{n-1}$$

なる任意の数とする．

$$\alpha_n = \bar{\omega}^{133)}$$

となるあらゆる $\vec{\alpha}$ の集合 V をつくる．ケース (I) においては，これらがちょうどすべての解 V となっている．

n が小さいときのこの $n-2-\dfrac{1}{n-1}$ の値は次のとおりである：

n	3	4	5	6
$n-2-\dfrac{1}{n-1}$	$\dfrac{1}{2}=0.5$	$\dfrac{5}{3}=1.67$	$\dfrac{11}{4}=2.75$	$\dfrac{19}{5}=3.8$

図 91

---

[132] (55:9) は $i = 1, \cdots, n-1$ に関して $\beta_i \geq -1$ を意味すると考えている．これは $n-2-\bar{\omega} \geq -1, \bar{\omega} \leq n-1$ を意味する．実際，(55:4) が配分によっては満たされなくなるから，すなわち $\bar{\omega}$ に $(n-1)$ 個の -1 を加えたものが >0 となるから，$\bar{\omega} > n-1$ なる場合は除いておかねばならない．

それゆえ (55:F) の仮定から $\bar{\omega} \leq n-1$ が導かれる．

[133] **33.1** における $n=3$ なる特別な場合の議論との並行性は，651 ページの脚注 130) においてもふれたが，これを追究していくとこの $\bar{\omega}$ が **33.1** の c に相当していることに気づく．$n=3$ の場合には，$n-2-\dfrac{1}{n-1}$ はたしかに 3 人ゲームにおける $\dfrac{1}{2}$ に一致している．

55.3.3 この結果の解釈は容易である：

この行動基準（解）は，ゲームから主要プレイヤーを除外することを前提としたものであり，これによって他のプレイヤーの間の分配はまったく不確定となり，主要プレイヤーに「割り当て」値 $\bar{\omega}$ を与える配分はすべて解に属することとなる．また，この「割り当て」値 $\bar{\omega}$ の上限 $n - 2 - \dfrac{1}{n-1}$ もまた **33.1.2** の方向性にそって解釈できるであろうが，この問題には立ち入らないことにする．

55.4 ケース（II）：V の決定

55.4.1 次にケース（I）よりもかなり困難なケース（II）に移る．(651 ページの脚注 130) の最後を参照せよ．) この場合には，

$$-1 \leq \underline{\omega} < \bar{\omega}$$

である．

これにより，V は次のような 3 つのそれぞれ交わらない集合に分解されることがわかる：

$\underline{V}$, $\alpha_n = \underline{\omega}$ となるすべての $\vec{\alpha} \in V$ からなる集合

$\bar{V}$, $\alpha_n = \bar{\omega}$ となるすべての $\vec{\alpha} \in V$ からなる集合

V^*, $\underline{\omega} < \alpha_n < \bar{\omega}$ となるすべての $\vec{\alpha} \in V$ からなる集合

$\underline{\omega}, \bar{\omega}$ の性質（**55.2.3** のはじめを参照せよ）により，$\underline{V}, \bar{V}$ は空にはなりえないが，V^* についてはそうとは断言できない[134)]．

55.4.2 まず最初に $\underline{V}$ を調べよう．

(55:H) $\vec{\alpha} \in \underline{V}, \vec{\beta} \in \bar{V} \cup V^*$ ならば，$i = 1, \cdots, n-1$ のすべてに関して $\alpha_i \geq \beta_i$ である．

証明：ある $i = 1, \cdots, n-1$ に関して $\beta_i > \alpha_i$ とする．すると，いま $\alpha_n = \underline{\omega}, \beta_n > \underline{\omega}$ から $\beta_n > \alpha_n$ となるから，(55:1) により，$\vec{\beta} \succ \vec{\alpha}$ となる．ところが，$\vec{\alpha}, \vec{\beta}$ は共に V に属するからこれはおこりえない．

[134)] 実際 (55:V) に先だって考えられる場合においては V^* は空である．

$$i = 1, \cdots, n-1 \text{ に関して、} \underline{\alpha}_i = \operatorname*{Min}_{\vec{\alpha} \in \underline{V}} \alpha_i{}^{135)}$$

をつくる.

ここで (55:H) から直ちに：

(55:I) $\vec{\beta} \in \bar{V} \cup V^*$ ならば、

$$\text{すべての } i = 1, \cdots, n-1 \text{ に関して、} \underline{\alpha}_i \geq \beta_i{}^{136)}$$

が導かれ、これはさらに，

(55:J) $\quad \displaystyle\sum_{i=1}^{n-1} \underline{\alpha}_i + \underline{\omega} \geq 0^{137)}$

となる.

証明：$\displaystyle\sum_{i=1}^{n-1} \underline{\alpha}_i + \underline{\omega} < 0$ とする. すると, $\gamma_i > \underline{\alpha}_i$ $(i = 1, \cdots, n-1)$ に関して $\gamma_n = \underline{\omega}, \displaystyle\sum_{i=1}^{n} \gamma_i = 0$ となる $\gamma_1, \cdots, \gamma_n$ をとることができるので、これによって配分 $\vec{\gamma} = (\gamma_1, \cdots, \gamma_n)$ をつくる$^{138)}$.

次に $\bar{V} \neq \ominus$ であるから, $\bar{V}$ のある要素 $\vec{\beta}$ をとる. すると (55:I) により, すべての $i = 1, \cdots, n-1$ に関して $\beta_i \leq \underline{\alpha}_i < \gamma_i$ となるから, (55:2) により $\vec{\gamma} \succ \vec{\beta}$ である. $\vec{\beta} \in V$ ゆえ, これによって $\vec{\gamma} \notin V$ となる.

したがって, $\vec{\alpha} \succ \vec{\gamma}$ なるある $\vec{\alpha} \in V$ が存在する. もし $\vec{\alpha} \in \underline{V}$ ならば, $\alpha_n = \underline{\omega} = \gamma_n$ ゆえ $\vec{\alpha} \succ \vec{\gamma}$ は (55:B) に矛盾する. よって $\vec{\alpha} \in \bar{V} \cup V^*$ とならねばならない. ここで (55:I) により, すべての $i = 1, \cdots, n-1$ に関して $\alpha_i \leq \underline{\alpha}_i < \gamma_i$ となるが, (55:A) の (55:1), (55:2) により——$\vec{\alpha} \succ \vec{\gamma}$ であるならば——少なくとも 1 つの $i = 1, \cdots, n-1$ に対して $\alpha_i > \gamma_i$ とならねばならな

[135)] この値がつくられうること, すなわちこの最小値が存在し, しかも実際にとられうることは, 525 ページの脚注 77) と同じ方法で確かめられる. 特に同所の (*) を参照せよ. そこで V に関して述べたことは, V と $\alpha_n = \underline{\omega}$ となる $\vec{\alpha}$ からなる閉集合の交わりである $\underline{V}$ についても同様に成り立つ.

[136)] β_i は最小値 $\underline{\alpha}_i$ を超えるかもしれないので, これは $\vec{\beta} \in \underline{V}$ なる $\vec{\beta}$ については成り立たない. しかし (55:L) を参照せよ.

[137)] 後の (55:12) を参照せよ.

[138)] 定義からすべての $\alpha_i \geq -1$ $(i = 1, \cdots, n-1)$, $\underline{\omega} \geq -1$ ゆえ, もちろん $\gamma_i \geq -1$ $(i = 1, \cdots, n-1, n)$ であることに注意されたい.

いから，これは矛盾である．

ここで $\underline{V}$ を完全に決定することができる：

(55:K) $\underline{V}$ は次の 1 つの要素のみからなる：

$$\vec{\underline{\alpha}}^0 = (\underline{\alpha}_1, \cdots, \underline{\alpha}_{n-1}, \underline{\omega}).$$

証明：$\vec{\alpha} = (\alpha_1, \cdots, \alpha_{n-1}, \alpha_n)$ を $\underline{V}$ の 1 つの要素とする．すると，$\underline{\alpha}_i, \underline{\omega}$ の定義により，

(55:10) $\begin{cases} \alpha_i \geq \underline{\alpha}_i & i = 1, \cdots, n-1 \text{ に関して} \\ \alpha_n = \underline{\omega} \end{cases}$

となる．ここで $\sum_{i=1}^{n} \alpha_i = 0$ および (55:J) により $\sum_{i=1}^{n-1} \underline{\alpha}_i + \underline{\omega} \geq 0$ となることから，(55:10) の不等式のすべてにおいて $>$ は成り立たない．したがって，

(55:11) $\begin{cases} \alpha_i = \underline{\alpha}_i & i = 1, \cdots, n-1 \text{ に関して} \\ \alpha_n = \underline{\omega} \end{cases}$

すなわち，

$$(\alpha_1, \cdots, \alpha_{n-1}, \alpha_n) = (\underline{\alpha}_1, \cdots, \underline{\alpha}_{n-1}, \underline{\omega})$$

となる．

よって，$\underline{V}$ は $(\underline{\alpha}_1, \cdots, \underline{\alpha}_{n-1}, \underline{\omega})$ 以外には要素をもたない．しかも $\underline{V} \neq \ominus$ であるから，これが $\underline{V}$ のただ 1 つの要素となる．

55.4.3 ところで，$\vec{\underline{\alpha}}^0 = (\underline{\alpha}_1, \cdots, \underline{\alpha}_{n-1}, \underline{\omega})$ は $\underline{V}$ に属するから，必ず配分となっていなければならない．それゆえ (55:J) は，

(55:12) $\sum_{i=1}^{n-1} \underline{\alpha}_i + \underline{\omega} = 0$

と強めることができる．また (55:I) も次のように強められる：

(55:L) もし $\vec{\beta} \in \mathsf{V}$ ならば，

$$\text{すべての } i = 1, \cdots, n-1 \text{ に関して，} \underline{\alpha}_i \geq \beta_i$$

証明：$\vec{\beta} \in \bar{\mathsf{V}} \cup \mathsf{V}^*$ の場合にはこれは (55:I) に帰着され，$\vec{\beta} \in \underline{\mathsf{V}}$ の場合には

(55:K) により $\beta_i = \underline{\alpha}_i$ となる.

最後に：

(55:M) $\quad \underline{\omega} = -1$

を証明して本節の分析を終わる.

証明：$\underline{\omega} > -1$, すなわち $\underline{\omega} = -1 + \epsilon$, $\epsilon > 0$ とし, $i = 1, \cdots, n-1$ に関して $\beta_i = \underline{\alpha}_i + \dfrac{\epsilon}{n-1}$, $\beta_n = \underline{\omega} - \epsilon = -1$ により,

$$\vec{\beta} = (\beta_1, \cdots, \beta_{n-1}, \beta_n)$$

と定義する. $\vec{\beta}$ は配分であり（上述の (55:12) を参照せよ）, $\beta_n < \underline{\omega}$ もしくは (55:L) により, $\vec{\beta} \notin \mathsf{V}$ となる.

したがって, $\vec{\alpha} \succ \vec{\beta}$ なる $\vec{\alpha} \in \mathsf{V}$ が存在する. (55:L) により, すべての $i = 1, \cdots, n-1$ に関して $\alpha_i \leq \underline{\alpha}_i < \beta_i$ であるが, (55:A) の (55:1), (55:2) により——$\vec{\alpha} \succ \vec{\beta}$ であるならば——少なくとも 1 つの $i = 1, \cdots, n-1$ に関して $\alpha_i > \beta_i$ とならねばならない. よって矛盾が生じる.

ここで (55:12) は,

(55:N) $\quad \displaystyle\sum_{i=1}^{n-1} \underline{\alpha}_i = 1$

となることに注意されたい.

本分析の重要な結果は (55:K), (55:L), (55:M) であり, 次のようにまとめられる[139]：

主要プレイヤーにとって最悪の結果は, 完全に敗北し -1 なる値を得ることである. このような結果をもたらす（V の中の）配置——すなわち配分——はただ 1 つだけであり, これは他のプレイヤーのすべてにとっては最良の配置となっている.

この（V の中の）配置は主要プレイヤーに敵対して他のすべてのプレイヤーが完全に協力する状態から生じるものである[140].

読者は, 以上の言葉による定式化がまったく複雑ではないにもかかわらず, 言葉によってではなく数学的方法のみを用いて確立されたことに注意してもら

---

[139] もちろん, これらはすべてケース (II) の場合にのみ適用されるものである.
[140] この表現は **55.2** の最後の部分でも——関連はあるもののこれとは少し違った意味で——用いられていた.

いたい．

55.5 ケース（II）：$\bar{V}$ の決定

55.5.1 われわれはここで $\bar{V}$ を決定することができる．

(55:O) ある $i = 1, \cdots, n-1$ に関して，$\beta_i \geq \underline{\alpha}_i$ かつ $\beta_n \geq \bar{\omega}$ となるような配分 $\vec{\beta} = (\beta_1, \cdots, \beta_n)$ を考える．すると $\vec{\beta} \in V$ である．

証明：$\vec{\beta} \notin V$ と仮定する．すると $\vec{\alpha} \succ \vec{\beta}$ なる $\vec{\alpha} \in V$ が存在するから，(55:A) の (55:1) または (55:2) のどちらかが必ず成り立つ．$\vec{\alpha} \in V$ ゆえ $\alpha_n \leq \bar{\omega} \leq \beta_n$ となり，(55:11) は成り立ちえない．また (55:L) により，すべての $i = 1, \cdots, n-1$ に関して $\alpha_i \leq \underline{\alpha}_i$ となるから，少なくとも1つの $i = 1, \cdots, n-1$ に関して $\alpha_i \leq \underline{\alpha}_i \leq \beta_i$ となり，(55:2) も成り立ちえない．よって，どちらの場合にも矛盾が導かれた．

(55:P) $i = 1, \cdots, n-1$ に関して，$\underline{\alpha}_i \geq n - 2 - \bar{\omega}$

証明：ある $i = 1, \cdots, n-1$ に関して $\underline{\alpha}_i < n - 2 - \bar{\omega}$，すなわち，

$$-(n-2) + \underline{\alpha}_i + \bar{\omega} < 0$$

と仮定する．すると，$\beta_j \geq -1$ $(j = 1, \cdots, n-1, j \neq i$，すなわち $(n-2)$ 個の $j)$，$\beta_i \geq \underline{\alpha}_i$，$\beta_n > \bar{\omega}$，$\sum_{j=1}^{n} \beta_j = 0$ となる $\beta_1, \cdots, \beta_n$ がとれるので，これによって配分

$$\vec{\beta} = (\beta_1, \cdots, \beta_n)$$

をつくる．この $\vec{\beta}$ は (55:O) の条件を満たしているので V に属するが，$\bar{\omega}$ の定義から $\beta_n \leq \bar{\omega}$ となっていなければならず，$\beta_n > \bar{\omega}$ に矛盾する．

ここで，

(55:13) $\alpha_* = \mathrm{Min}_{i=1,\cdots,n-1} \underline{\alpha}_i$ [141]

とおくと，(55:P) は：

---

[141] ここでは有限の領域に関しての最小値である！

(55:14) $\alpha_* \geq n - 2 - \bar{\omega}^{142)}$

となる．

(55:15) $\underline{\alpha}_i = \alpha_*$

となるようなすべての $i\,(=1,\cdots,n-1)$ の集合を S_* と書く．この集合はその性格から次の 2 つの性質をもっていなければならない．

(55:Q) $S_* \subseteq \{1, \cdots, n-1\}, \quad S_* \neq \ominus.$

55.5.2 さらに：

(55:R) $\alpha_* = n - 2 - \bar{\omega}.$

(55:S) $\vec{\mathsf{V}}$ は次の要素 $\vec{\alpha}^i$ からつくられている．ただし i は S_* のすべての値をとり，$\vec{\alpha}^i = (\alpha_1^i, \cdots, \alpha_{n-1}^i, \alpha_n^i)$ で

$$\alpha_j^i = \begin{cases} \underline{\alpha}_i = \alpha_* & j = i \text{ に関して} \\ \bar{\omega} & j = n \text{ に関して} \\ -1 & \text{その他の場合} \end{cases}$$

である．

(55:R) と (55:S) の証明：まず $\vec{\mathsf{V}}$ の要素 $\vec{\beta}$ を考えることから始める．

もしすべての $i = 1, \cdots, n-1$ に関して $\beta_i < \underline{\alpha}_i$ ならば，$\vec{\alpha}^0 = (\underline{\alpha}_1, \cdots, \underline{\alpha}_{n-1}, \underline{\omega})$ ゆえ (55:2) により $\vec{\alpha}^0 \succ \vec{\beta}$ となる．(55:K) により $\vec{\alpha}^0 \in \mathsf{V}$ となるから，$\vec{\alpha}^0, \vec{\beta}$ は共に V に属する——したがって $\beta_i < \underline{\alpha}_i$ とはなりえない．よって，

(55:16) ある $i = 1, \cdots, n-1$ に関して，$\beta_i \geq \underline{\alpha}_i \geq \alpha_*$

となる．

さらに，必ず

(55:17) すべての $j = 1, \cdots, n-1, j \neq i$ に関して，$\beta_j \geq -1$

[142)] しかしながら後の (55:R) を参照せよ．

となり，$\vec{\beta} \in \bar{\mathsf{V}}$ であるから，

(55:18)　　$\beta_n = \bar{\omega}$

となる．

ここで $\sum_{j=1}^{n} \beta_j = 0$ および (55:14) により，$-(n-2) + \alpha_* + \bar{\omega} \geq 0$ ゆえ，(55:16)，(55:17) においては $>$ は成り立たない．したがって $\underline{\alpha}_i = \alpha_*$，すなわち i は S_* に属し，

$$\beta_i = \begin{cases} \underline{\alpha}_i = \alpha_* & j = i \text{ に関して} \\ \bar{\omega} & j = n \text{ に関して} \\ -1 & \text{その他の場合} \end{cases}$$

すなわち，上で定義したように $\vec{\beta} = \vec{\alpha}^i$ となる．

以上により：

(55:19)　　$\bar{\mathsf{V}}$ に属するあらゆる $\vec{\beta}$ は必ず $i \in S_*$ をもつ $\vec{\alpha}^i$ と一致する．

ことがわかった．

さて，$\bar{\mathsf{V}} \neq \ominus$ であるから $\vec{\alpha}^i \in \mathsf{V}$ $(i \in S_*)$ が必ず存在する．したがって，この $\vec{\alpha}^i$ が配分であることにより，$\sum_{j=1}^{n} \alpha_j^i = 0$ すなわち $-(n-2) + \alpha_* + \bar{\omega} = 0$ となり，これは (55:R) に一致する．

最後に任意の $i \in S_*$ を考えると，(55:R) が成り立つことから，

$$-(n-2) + \alpha_* + \bar{\omega} = 0.$$

したがって $\sum_{j=1}^{n} \alpha_j^i = 0$，すなわち $\vec{\alpha}^i$ は配分となるが，$\alpha_i^i = \underline{\alpha}_i = \alpha_*$，$\alpha_n^i = \bar{\omega}$ ゆえ，(55:O) により $\vec{\alpha}^i$ は必ず V に属する．さらに $\alpha_n^i = \bar{\omega}$ であるから，$\vec{\alpha}^i$ は $\bar{\mathsf{V}}$ にも属する．すなわち，

(55:20)　　$i \in S_*$ となるあらゆる $\vec{\alpha}^i$ は配分であり $\bar{\mathsf{V}}$ に属する．

(55:19)，(55:20) を合わせれば (55:S) が導かれる．(55:R) は上ですでに

証明したので，これで証明は完了した．

55.5.3 この分析の重要な結果は，(55:R), (55:S) および集合 S_* の導入である．ここでもまた言葉を用いてまとめることができる[143]．

主要プレイヤーにとって最良の結果は一定の値 $\bar{\omega}$ を割り当てられることである．このために，彼はプレイヤーのある集合 S_* から自由に 1 人だけ同盟者を選ばねばならない．この S_* という集合は，**55.4** の最後に述べた主要プレイヤーに敵対する完全な協力の状態において最も好ましくない状況にあるプレイヤーから構成されている．

したがって，プレイヤー $1, \cdots, n-1$ が主要プレイヤーを完全に敗北させるために協力し合う場合に彼らの間で行う協定により，主要プレイヤーが完全に勝利を収める場合の行動が決定される．このような根本的にまったく異なった状況の「相互作用」は注意を払う価値がある[144]．また，主要プレイヤーが完全なる勝利を目指しているときに彼と自然に同盟を組むのが，彼に対立するメンバーの中で最も不利な状態にあるプレイヤーであるということも興味深い[145]．

55.4 の最後の注意は定式化と証明との対照に関連するものであったが，ここでも再度適用される．

55.6 ケース (II)：$\mathcal{A}$ と S_*

55.6 われわれは **55.4**, **55.5** において V の 2 つの部分 $\underline{V}, \bar{V}$ を決定した[146]．それゆえ，ここでは V の残された部分 V^* に目を向けることにする．

---

[143] もちろんこれらはすべてケース (II) の場合にのみ適用される．

[144] **4.3.3** において，われわれはすでに配分の「虚像的」な存在——すなわちそれがある 1 つの行動基準（解）に属すること——がそれと同じ基準のもとで存在する他のすべての配分へ及ぼす影響を述べておいた．3 人以上のゲームでわれわれが見出したほとんどすべての解は，この原理の確たる証拠となっている．このことについては初期の段階の議論において，すなわち **25.2.2** においてもふれておいた．しかしながら，ここでの例は特に印象深いものである．

[145] この原理を例示する政治的状況はよく知られており，この政治的状況による例証をもとにこの原理の一般的な有効性がしばしば主張される．しかしながら，この原理を純粋に言葉で説明することは他の多数の対立する状況についての原理を説明するために用いられてきたものよりもより良いとは決していえない．

重要なのは，いま考えている特殊なゲーム——すなわち社会構造——については，この原理だけが有効で他のいかなる原理も有効ではないという点である．これを確立するためにはいくらかこみ入った数学的証明が主要であった．つまり，純粋に言葉で正当性を主張しようとしてもそれは効果なく，あいまいなものなのである．

すべての $i \in S_*$ に関して $\alpha_i = \underline{\alpha}_i = \alpha_*$ となるようなすべての $\vec{\alpha}$ からなる集合を $\mathcal{A}$ とする. すると,

(55:T) $\underline{\mathsf{V}} \cup \mathsf{V}^* \subseteq \mathcal{A}$

となる.

証明:$\vec{\alpha} \in \underline{\mathsf{V}} \cup \mathsf{V}^*$ なる1つの $\vec{\alpha}$ を考える. すべての $i \in S_*$ に関して $\alpha_i = \underline{\alpha}_i$ なることを証明せねばならない.

まず (55:L) により, すべての $i = 1, \cdots, n-1$ に関して $\alpha_i \leq \underline{\alpha}_i$ である. したがって, $i \in S_*$ の場合に $\alpha_i < \underline{\alpha}_i$ なることを除外しておきさえすれば十分である.

そこで, $i \in S_*$ について (55:S) の $\vec{\alpha}^i$ をつくる. この $\vec{\alpha}^i$ は $\bar{\mathsf{V}}$ に属するから $\alpha_n^i = \bar{\omega}$ であり, $\vec{\alpha}$ は $\underline{\mathsf{V}} \cup \mathsf{V}^*$ に属するから $\alpha_n < \bar{\omega}$ である. したがって $\alpha_n^i > \alpha_n$ となる. また $\alpha_i < \underline{\alpha}_i$ により $\alpha_i^i = \underline{\alpha}_i > \alpha_i$ となるから, (55:1) により $\vec{\alpha}^i \succ \vec{\alpha}$ である. ――ところが $\vec{\alpha}^i, \vec{\alpha}$ は共に V に属するから, これはおこりえない.

(55:U) $\bar{\mathsf{V}} \subseteq \mathcal{A}$ となるのは, S_* が1要素集合となる場合かもしくは $\alpha_* = -1$ となる場合であり, そのときに限る. さもなければ, $\bar{\mathsf{V}}$ と $\mathcal{A}$ とは交わらない.

証明:$\vec{\alpha} \in \bar{\mathsf{V}}$ なる1つの $\vec{\alpha}$ を考える. すると, $i \in S_*$ に関して ((55:S) から) $\vec{\alpha} = \vec{\alpha}^i$ である. $\vec{\alpha}^i$ と $\mathcal{A}$ の定義を比較してみれば, これが $\mathcal{A}$ に属するのは S_* がただ1つの要素をもつかもしくは $\alpha_* = -1$ となる場合であり, そのときに限ることがはっきりするであろう.

(55:T), (55:U) の意味は次のとおりである:最も不利なグループ (S_*, **55.5** の最後を参照せよ) の各プレイヤーは, 主要プレイヤーが完全には成功しないようなあらゆる分配において最適に達する[147]. 主要プレイヤーが完全

---

[146] 集合 S_* は (55:Q) によって制限されているにもかかわらず依然として知られてはいない. $\underline{\alpha}_1, \cdots, \underline{\alpha}_{n-1}$ もまた知られてはいないが (55:N) によって制限はされている. α_* は $\underline{\alpha}_1, \cdots, \underline{\alpha}_{n-1}$ の最小値として定まる. また $\underline{\omega}, \bar{\omega}$ は (55:M), (55:R) によって与えられる. 以上の未知の数は後に決定されるであろう. (55:O′) (すなわち (55:L), (55:N′) および (55:P′)) を参照せよ.

しかしながら, $\underline{\mathsf{V}}$ および $\bar{\mathsf{V}}$ の形はすでに見出されており, 不確かな点も依然として残っているものの, それはさして重要な性質を有しているものではない.

に敗北した場合（すなわち $\underline{V}$）には，これはすべてのプレイヤー $1,\cdots,n-1$ に対して成り立つ（**55.4** の最後を参照せよ）．また主要プレイヤーが完全に勝利した場合には，これは最も不利なグループ（S_*，**55.5** の最後を参照せよ）に属するただ 1 人のプレイヤーに対して成り立つのである．

55.7 ケース (II′) と (II″)．ケース (II′) の処理

55.7.1 $S_* = \{1,\cdots,n-1\}$ なる場合を考え，これをケース (II′) とよぶ．この場合には，すべての $i = 1,\cdots,n-1$ に関して $\underline{\alpha}_i = \alpha_*$ となるから，(55:N) により $(n-1)\alpha_* = 1$ である．すなわち，$\alpha_* = \dfrac{1}{n-1}$ であり，(55:R) から，$\bar{\omega} = n-2 - \dfrac{1}{n-1}$ となる．もし $\vec{\alpha} \in \mathcal{A}$ ならば，$i = 1,\cdots,n-1$ に関して $\alpha_i = \underline{\alpha}_i = \alpha_* = \dfrac{1}{n-1}$ となるから，$\alpha_n = -1$，すなわち $\vec{\alpha} = \left(\dfrac{1}{n-1},\cdots,\dfrac{1}{n-1},-1\right)$ である．(55:T) により，これはすべての $\vec{\alpha} \in \underline{V} \cup V^*$ に対しても同様に成り立つ．

この $\vec{\alpha}$ は，(55:K) により明らかに $\underline{V}$ の唯一の要素 $\vec{\alpha}^0$ となっているから，V^* は空である．したがって $V = \underline{V} \cup \bar{V}$ となり，(55:K), (55:S) から次の事実が導かれる．

(55:V)　V は次の要素から構成される：

(a) $\vec{\alpha}^0 = \left(\dfrac{1}{n-1},\cdots,\dfrac{1}{n-1},-1\right),$

(b) $\vec{\alpha}^i,$

ただし，$i = 1,\cdots,n-1$ であり，

$$\vec{\alpha}^i = \{\alpha_1^i,\cdots,\alpha_{n-1}^i,\alpha_n^i\}$$

---

[147] つまり，与えられた基準——すなわち解——V の中での最適値である．プレイヤー i（$= 1,\cdots,n-1$）にとって，この最適（最大）な値とは (55:L) により $\underline{\alpha}_i$ である．——$\underline{\alpha}_i$ は，最初は V の一部分 $\underline{V}$ におけるそのプレイヤーの最も悲観的な値（最小値）として定められていたことに注意されたい．

$$\alpha_j^i = \begin{cases} \dfrac{1}{n-1} & j=i \text{ に関して}, \\ n-2-\dfrac{1}{n-1} & j=n \text{ に関して}, \\ -1 & \text{その他の場合} \end{cases}$$

である．

(55:V) はケース (II′) におけるただ1つの存在しうる解 V を決定している．しかし，この V がたしかに解となるとか，ケース (II′) に属するとかを必ずしも意味してはいない．実際，もしこの2つの条件のどちらか1つでも成り立たなければ——むしろ間接的にではあるが——ケース (II′) において解がまったく存在しないことを示したことになるのである．それゆえ，次にこの2つの条件が共に満たされることを証明しよう[148]．

55.7.2

(55:W) (55:V) の V はケース (II′) におけるただ1つの解である．

証明：ここでは，この V がケース (II′) における解であることを示しさえすれば十分である．——一意性は上述から，すなわち (55:V) から直ちに導かれる．

ケース (II′) であることは容易にわかる：明らかに，この V に関しては，

$$\underline{\omega} = -1, \quad \bar{\omega} = n-2-\frac{1}{n-1},$$

$$\underline{\alpha}_1 = \cdots = \underline{\alpha}_{n-1} = \alpha_* = \frac{1}{n-1}, \quad S_* = \{1, \cdots, n-1\}$$

となるからである．

そこでわれわれは，V が解であること，つまり **30.1.1** の (30:5:C) を証明しなければならない．このためには，V の要素によって支配されない配分 $\vec{\beta}$ がいかなるものであるかを決定する必要がある．

$\vec{\alpha}^0 \succ \vec{\beta}$ については，$\alpha_n^0 = -1$ であるから (55:1) は除外される．したがってこの支配関係は (55:2) を通してのみ行われるから，$i=1,\cdots,n-1$ に関

---

[148] この状況をケース (I) が解決された (55:G) と比較せよ．(55:G) は最初から必要かつ十分であったので，このような2次的条件はそこではまったく必要とされなかった．

して $\alpha_i^0 > \beta_i$, すなわち $\beta_i < \dfrac{1}{n-1}$ となっていなければならない.

$\vec{\alpha}^k \succ \vec{\beta}$, $k = 1, \cdots, n-1$ については, $i \neq k$ のときには (55:1) が除外され, さらに $i \neq k$ に関しては $\alpha_i^k = -1$ となるから (55:2) も除外される. したがって, この支配関係は, $i = k$ のときにのみ (55:1) を通して行われることになり, $j = k, n$ に関して $\alpha_j^k > \beta_j$, すなわち $\beta_k < \dfrac{1}{n-1}$, $\beta_n < n - 2 - \dfrac{1}{n-1}$ となる.

以上により, $\vec{\beta}$ が V の要素によって支配されないのは, ある $i = 1, \cdots, n-1$ について $\beta_i \geq \dfrac{1}{n-1}$ が成り立ち, かつ $\beta_n < n - 2 - \dfrac{1}{n-1}$ の場合にはすべての i について $\beta_i \geq \dfrac{1}{n-1}$ が成り立つ場合であり, しかもそのときに限ることがわかった.

したがって, $\beta_n < n - 2 - \dfrac{1}{n-1}$ ならば必ず $\beta_1, \cdots, \beta_{n-1} \geq \dfrac{1}{n-1}$ とならねばならず, また $\beta_n \geq -1$ である. よって $\sum_{i=1}^{n} \beta_i = 0$ により, この $\geq$ の関係式はすべて = が成り立つことになる. すなわち $\vec{\beta} = \vec{\alpha}^0$ である. 他方, $\beta_n \geq n - 2 - \dfrac{1}{n-1}$ ならば, 1つの i $(= 1, \cdots, n-1)$ に対して $\beta_i \geq \dfrac{1}{n-1}$ であり, かつ残りの $n - 2$ 個の j に関しては $\beta_j \geq -1$ である. したがって, $\sum_{j=1}^{n} \beta_j = 0$ により, 再度 $\geq$ で結ばれた関係式は = で結ばれることになる. すなわち, $\vec{\beta} = \vec{\alpha}^i$ である.

このようにして, V によって支配されない $\vec{\beta}$ は $\vec{\alpha}^0$ および $\vec{\alpha}^1, \cdots, \vec{\alpha}^{n-1}$, すなわち証明しようと思っていたとおり V の要素そのものであることが示された.

55.7.3 この解は有限個の要素しかもっていないので非常に重要である.——後にわかるように, このような性質をもつ解はこれだけである. もし主要プレイヤーに敵対するような他のプレイヤーの全体からなる提携が形成されば, この提携に属する $n - 1$ 人のプレイヤーは取り分を平等に分ける.——これが $\vec{\alpha}^0$ である. もし主要プレイヤーが同盟者を見出したとすれば, 彼はその同盟者に $\vec{\alpha}^0$ と同じだけを与えその残りを獲得する.——これが $\vec{\alpha}^1, \cdots, \vec{\alpha}^{n-1}$ である.

これらはすべてまったく合理的なものであり非差別的である[149]. しかし,

それにもかかわらずこれがただ 1 つの解であるというわけではない．実際 **55.3** においていま 1 つの解を見出したし（(55:G) を参照せよ），また以下の各節においてより多くの解が現れてくるであろう．

55.8 ケース (II″)：$\mathcal{A}$ と V′. 支配

55.8.1 次に $S_* \neq \{1,\cdots,n-1\}$ の場合を考え，ケース (II″) とよぶことにする．

(55:Q) を用いればこれは次のようにも定式化できる：

(55:X)　　$S_* \subset \{1,\cdots,n-1\}, \quad S_* \neq \ominus$

また次のようにいうこともできるであろう：ケース (II′) と (II″) とは，それぞれ主要プレイヤーに対峙する残りのプレイヤー全体の提携において差別が存在するか否かによって特徴づけられる．

ケース (II″) を議論していくにあたり，次の点を注意しておかねばならない：

55.4-55.7 の論法は数学的であったが，そこで得られた（間接的）結果は簡単に言葉によって説明することができた．すなわち，数学的な推論を比較的しばしば中断して，到達した各段階に言葉による説明を与えることが可能であった．

しかしここでは状況はまったく変わっており，言葉による説明が可能となる点まで達するには（これは **55.12** において行われる）長い数学的な推論が必要である．

55.8.2 次にこの推論へと移ろう．

V′ $= \mathcal{A} \cap$ V と書く（つまり V のうち $\mathcal{A}$ に属する部分である）．(55:T), (55:U) により (55:U) が成り立つか否かにしたがって，V′ $= \underline{\text{V}} \cup \text{V}^*$ または V′ $= \underline{\text{V}} \cup \text{V}^* \cup \bar{\text{V}} =$ V となる．

(55:Y)　　条件 (30:5:c) は $\mathcal{A}$ において V′ に関して成り立つ．

証明：(30:5:c) をそれと同等な **30.1.1** の (30:5:a), (30:5:b) で置き換える．

---

[149] この解の特別な場合（すなわち $n = 3, 4$）はよく知られている：$n = 3$ の場合にはこの解は本質的 3 人ゲームの非差別解であり，$n = 4$ の場合には **35.1** で議論されたものである．

(30:5:a) について：$V' \subseteq V$ であり V の要素は互いに他を支配しないから，V' の要素も互いに他を支配しない．

(30:5:b) について：$\vec{\beta} \in \mathcal{A}$, $\vec{\beta} \notin V'$ とする．このとき $\vec{\alpha} \succ \vec{\beta}$ なる $\vec{\alpha} \in V'$ を見出さねばならない．

まずはじめに，$\vec{\beta}$ は V にも属さないから $\vec{\alpha} \succ \vec{\beta}$ となるような $\vec{\alpha} \in V$ が存在する．ここでもし $\vec{\alpha} \notin \bar{V}$ ならば $\vec{\alpha} \in V'$ となり（((55:Y) の直前に述べた注意を参照せよ），求める結果が得られることになる．したがって，$\bar{V}$ から $\vec{\alpha}$ を除外することができれば十分である．

そこで $\vec{\alpha} \in \bar{V}$，すなわち ((55:S) により) $\vec{\alpha} = \bar{\alpha}^k$, $k \in S_*$ とする．$\vec{\alpha} \succ \vec{\beta}$ ゆえ $\bar{\alpha}^k \succ \vec{\beta}$ である．$i \neq k$ ($i = 1, \cdots, n-1$) に関して $\alpha_i^k = -1$ であるから，$i \neq k$ のときには (55:1) が除外され，また (55:2) も除外される．よって，この支配関係は $i = k$ のときに (55:1) を通して成り立つだけとなり，それゆえ $\alpha_k^k > \beta_k$，すなわち $\beta_k < \underline{\alpha}_k = \alpha_*$ となる．ところが $\vec{\beta} \in \mathcal{A}$ であるから，これはおこりえない．

55.8.3 このようにして，われわれは次に $\mathcal{A}$ に関するすべての解（すなわち 30.1.1 の (30:5:c) を満たすすべての集合）を見出さねばならない．このためには，$\mathcal{A}$ における支配の性質を決定しておかねばならない．

(55:Z) $\vec{\alpha}, \vec{\beta} \in \mathcal{A}$ について，$\vec{\alpha} \succ \vec{\beta}$ は $\alpha_n > \beta_n$ かつある $i \in \{1, \cdots, n-1\} - S_*$ に関して $\alpha_i > \beta_i$ となることに同値である．

証明：$\vec{\alpha} \succ \vec{\beta}$ について，$i \in S_*$ なるときには (55:1) が除外され，また S_* に属するすべての k に関して $\alpha_k = \beta_k (= \underline{\alpha}_k = \alpha_*)$ となるから，(55:2) も除外される．

したがって，支配関係は $i \in \{1, \cdots, n-1\} - S_*$ に対して (55:1) を通してのみ成立する．このことから，上述のとおり，$\alpha_n > \beta_n$, $\alpha_i > \beta_i$ が得られる．

われわれはあらゆる配分の集合を $\mathcal{A}$ で置き換え，(55:A) の支配の概念を (55:Z) で置き換えた．もしこうしなければ，あらゆる解を見出すという問題は前となんら変わるところがなくなってしまうのである．この置き換えによる進歩は，以下でわかるように (55:Z) の支配の概念を用いれば，(55:A) を用いるよりもずっと容易に議論が進められるという点である．

55.9 ケース (II″)：V′ の決定

55.9.1 p を S_* の要素の数とする.
すると：

(55:A′) $1 \leq p \leq n-2$

となる.

証明：(55:X) から直ちに導かれる.

(55:B′) $-1 \leq \alpha_* < \dfrac{1}{n-1}$.

証明：$-1 \leq \alpha_*$ は明らか. 次に $i \in S_*$ に関して $\alpha_i = \alpha_*$, $i \in \{1,\cdots,n-1\} - S_*$ に関して $\alpha_i > \alpha_*$ であり，かつ (55:A′) によってどちらの集合も空ではない. したがって $\sum_{i=1}^{n-1} \alpha_i > (n-1)\alpha_*$ となり，それゆえ (55:N) を用いれば $1 > (n-1)\alpha_*$, $\alpha_* < \dfrac{1}{n-1}$ が得られる. これは求めるものである.

$\vec{\alpha} \in \mathcal{A}$ は p 個の固定された要素を有している：つまり $\alpha_i (=\alpha_i=\alpha_*)$, $i \in S_*$ である. また $n-p$ 個の要素を有している：つまり α_i, $i \in \{1,\cdots,n\} - S_*$ である. これらの α_i は次の条件を満たしている.

(55:21) $i \in \{1,\cdots,n\} - S_*$ に関して，$\alpha_i \geq -1$

かつ $\sum_{i=1}^{n} \alpha_i = 0$, すなわち，

(55:22) $\sum_{i \in \{1,\cdots,n\} - S_*} \alpha_i = -p\alpha_*$.

(55:21) における下限を加えても (55:22) の和よりも小さい，すなわち $-(n-p) < -p\alpha_*$ である. 実際，これは $\alpha_* < \dfrac{n-p}{p} = \dfrac{n}{p} - 1$ なることを意味しており，(55:A′) から $p < n-1$, したがって $\dfrac{n}{p} - 1 > \dfrac{n}{n-1} - 1 = \dfrac{1}{n-1}$ となる. ここで，(55:B′) により $\alpha_* < \dfrac{1}{n-1}$ なることは保証されている.

したがって：

(55:C′)   領域 $\mathcal{A}$ は，$(n-p-1)$ 次元である.

ことがわかった.

55.9.2 次に V' と $\mathcal{A}$ をよりくわしく分析してみよう[150].

(55:23) $\quad \omega^* = n - p - 1 - p\alpha_*$

とおく．(55:R) により，

(55:24) $\quad \omega^* = \bar{\omega} - (p-1)(\alpha_* + 1).$

(55:D′) $\quad \omega^* = \bar{\omega}$ となるための必要十分条件は，S_* が1要素集合（すなわち $p = 1$）となるか，または $\alpha_* = -1$ となること，すなわち (55:U) の条件が満たされないことである．もしこうならなければ，$\omega^* < \bar{\omega}$ となる．

と書くことができる．

証明：(55:A′), (55:B′) により $p \geq 1, \alpha_* \geq -1$ であるから，(55:24) から直ちに導かれる．

(55:E′) $\quad \mathrm{Max}_{\vec{\alpha} \in \mathcal{A}} \alpha_n = \omega^*$
とおく．

(55:F′) $\quad$ この最大値は次のようなただ1つの $\vec{\alpha} \in \mathcal{A}$ においてのみとられる：

$$\vec{\alpha}^* = (\alpha_1^*, \cdots, \alpha_{n-1}^*, \alpha_n^*)$$

$$\alpha_i^* = \begin{cases} \alpha_i = \alpha_* & i \in S_* \text{ に関して，} \\ \omega^* & i = n \text{ に関して，} \\ -1 & \text{その他}^{151)}. \end{cases}$$

(55:E′), (55:F′) の証明：$\vec{\alpha} \in \mathcal{A}$ に関して，可変的な要素——$\alpha_i, i \in \{1, \cdots, n-1\} - S_*$——が最小値をとるときに α_n がその最大値をとることは $\mathcal{A}$

---

[150] 以下の補題 (55:D′)-(55:P′) は，**47.5.2-47.5.4** における図による議論と分析的には同等である．技術的な背景は異なるが，2つの証明の間の類似性は非常に顕著である．——興味ある読者は段階ごとに前の議論をふり返ってみるとよいであろう．

(55:C′) によれば，図による議論は，$(n-p-1)$ 次元空間（(55:A′) よりこれは1以上 $n-2$ 以下である）で行わねばならない．この理由から，われわれは解析的な議論を用いるのである．（前述の図による証明は平面上で行われた，すなわち2次元の場合しか考えていなかった．）

[151] この定義を (55:D′) と比較してみると，(55:U) の条件が満たされれば，そしてそのときにのみこの $\vec{\alpha}^*$ は $\vec{\alpha}^i (i \in S)$ となる——すなわち $\bar{\mathsf{V}}$ に属する——ことがわかる．

$\vec{\alpha}^*$ は $\mathcal{A}$ に属するので，これは (55:U) の結果に一致する．

の定義から明らかである．この最小値とは -1 である．したがってこの最大値に関しては，

$$\alpha_i = \begin{cases} \underline{\alpha}_i = \alpha_* & i \in S_* \text{ に関して,} \\ -1 & i \in \{1, \cdots, n-1\} - S_* \text{ に関して} \end{cases}$$

となる．ここで $\alpha_n = -\sum_{i=1}^{n-1} \alpha_i = -p\alpha_* + (n-1-p) = n-p-1-p\alpha_*$．したがって (55:23) により，これは $\alpha_n = \omega^*$ を意味する．

これで証明を終わる．

(55:G′) $\vec{\alpha}^* \in \mathsf{V}'$.

証明：$\vec{\alpha}^* \in \mathcal{A}$ は明らか．任意の $\vec{\alpha} \in \mathcal{A}$ に関して，(55:E′), (55:F′) から，

$$\alpha_n \leq \alpha_n^* (= \omega^*)$$

である．したがって，(55:Z) により $\vec{\alpha} \succ \vec{\alpha}^*$ とはならないから，(55:Y) により $\vec{\alpha}^* \in \mathsf{V}'$ とならねばならない．

55.9.3 以上の準備をもとに次の中心的な結論が導かれる：

(55:H′) もし $\vec{\alpha}, \vec{\beta} \in \mathsf{V}'$ ならば，$\alpha_n = \beta_n$ から $\vec{\alpha} = \vec{\beta}$ が導かれる．

証明：$\alpha_n = \beta_n$ となる 2 つの $\vec{\alpha}, \vec{\beta} \in \mathsf{V}'$ を考える．

$\gamma_i = \mathrm{Min}\,(\alpha_i, \beta_i)\ (i = 1, \cdots, n-1, n)$ とおき，まず：$\sum_{i=1}^{n} \gamma_1 < 0$，例えば $\sum_{i=1}^{n} \gamma_i = -\epsilon,\ \epsilon > 0$ とする．

$\vec{\delta} = \{\delta_1, \cdots, \delta_n\}$ を

$$\delta_i = \begin{cases} \gamma_i & i \in S_* \text{ に関して,} \\ \gamma_i + \dfrac{\epsilon}{n-p} & i \in \{1, \cdots, n-1, n\} - S^* \text{ に関して} \end{cases}$$

とおく．すると，この $\vec{\delta}$ は明らかに配分であり，$i \in S_*$ から $\delta_i = \gamma_i = \alpha_i = \beta_i = \underline{\alpha}_i = \alpha_*$ となるから，$\vec{\delta} \in \mathcal{A}$ となる．さらに $\delta_n > \gamma_n = \alpha_n = \beta_n$ で，$i \in \{1, \cdots, n-1\} - S_*$ に関して $\delta_i > \gamma_i = \alpha_i$ または β_i となるから，$\vec{\delta} \succ \vec{\alpha}$

または $\vec{\delta} \succ \vec{\beta}$ となる. $\vec{\alpha}, \vec{\beta}$ は共に V′ に属するから, これにより δ は V′ には属さない. したがって, $\vec{\eta} \succ \vec{\delta}$ となるような $\vec{\eta} \in$ V′ が存在する.

ここで, (55:Z) により $\eta_n > \delta_n$ であり, $i \in \{1, \cdots, n-1\} - S_*$ に関して $\eta_i > \delta_i$ である. さらに, $\eta_n > \delta_n > \gamma_n = \alpha_n = \beta_n$, $\eta_i > \delta_i > \gamma_i = \alpha_i$ または β_i となるから, $\vec{\eta} \succ \vec{\alpha}$ もしくは $\vec{\eta} \succ \vec{\beta}$ である. ところが $\vec{\alpha}, \vec{\beta}, \vec{\eta}$ はすべて V′ に属するから, これは矛盾.

したがって, $\sum_{i=1}^{n} \gamma_i < 0$ とはなりえず,

(55:25) $\quad \sum_{i=1}^{n} \gamma_i \geq 0$

となる. ここで, $\gamma_i \leq \alpha_i$, $\gamma_i \leq \beta_i$ かつ $\sum_{i=1}^{n} \alpha_i = \sum_{i=1}^{n} \beta_i = 0$ であるから, (55:25) によりこれらの $\leq$ の関係はすべて $=$ となる. すなわち $\gamma_i = \alpha_i = \beta_i$ である. これで求める $\vec{\alpha} = \vec{\beta}$ が証明された.

(55:I′)　すべての $\vec{\alpha} \in$ V′ に関して, α_n の値は, 区間

$$-1 \leq \alpha_n \leq \omega^*$$

を埋めつくしている.

証明：$\vec{\alpha} \in$ V′ に関して $\alpha_n \geq -1$ は明らかであり, $\alpha_n \leq \omega^*$ も (55:E′) から導かれる. したがって,

$$-1 \leq y_1 \leq \omega^*$$

において, すべての $\vec{\alpha} \in$ V′ に関して $\alpha_n \neq y_1$ なるような y_1 が存在しないことを証明すれば十分である.

まず, $\alpha_n \geq y_1$ なる $\vec{\alpha} \in$ V′ が必ず存在する：実際, (55:G′) により $\vec{\alpha}^* \in$ V′ であるから, $\alpha_n^* = \omega^* \geq y_1$ となる.

$$\text{Min}_{\vec{\alpha} \in \text{V}', \alpha_n \geq y_1} \alpha_n = y_2{}^{152)}$$

[152)] この場合に正確な最小値は必ずしもつくらなくてもよいのであるが, そうすると証明の手続きが以下で用いるものよりも少し長くなってしまう. この最小値がつくられうること, すなわち存在し, かつとられることは, 525 ページの脚注 77) と同様にして確かめられる. 特に同所の (*) を参照せよ. そこで V に関して述べられたことは, $\mathcal{A}$ に属する類似の集合 V′ およびその V′ と $\alpha_n \geq y_1$ な

をつくり，この最小値をとるような $\alpha_n^+ \geq y_1$ なる $\vec{\alpha}^+ \in \mathsf{V}'$ を選ぶ：$\alpha_n^+ = y_2$ である．$(55:\mathrm{H}')$ により，この $\vec{\alpha}^+$ は一意に定まる．

したがって $y_2 \geq y_1$ であり，必ず $\alpha_n^+ \neq y_1$ となるから，$y_2 \neq y_1$, すなわち，

(55:26) $y_1 < y_2$

である．y_2 の定義から，

(55:27) $\vec{\alpha} \in \mathsf{V}'$ に関して $y_1 \leq \alpha_n < y_2$ とならない

が導かれる．

ここで $y_1 = y_2 - \epsilon$, $\epsilon > 0$ とおき，配分

$$\vec{\beta} = (\beta_1, \cdots, \beta_{n-1}, \beta_n)$$

をつくる．ただし，$\beta_n = \alpha_n^+ - \epsilon = y_2 - \epsilon = y_1$, $i \in S_*$ に関して $\beta_i = \alpha_i^+ = \alpha_i = \alpha_*$, $i \in (1, \cdots, n-1) - S_*$ に関して $\beta_i = \alpha_i^+ + \dfrac{\epsilon}{n-1-p}$ とする．明らかに $\vec{\beta} \in \mathcal{A}$ であり，かつ $\beta_n = y_1$ となることにより，$\vec{\beta} \in \mathsf{V}'$ とはならない．したがって，$\vec{\gamma} \succ \vec{\beta}$ なるような $\vec{\gamma} \in \mathsf{V}'$ が存在する．

(55:Z) により，これから $\gamma_n > \beta_n$ でしかも少なくとも 1 つの $i \in \{1, \cdots, n-1\} - S_*$ に関して $\gamma_i > \beta_i$ となる．

ここで $\gamma_n > \beta_n = y_1$ であるから，(55:27) により $\gamma_n \geq y_2$ とならねばならない．$\gamma_n = y_2$ ならば（$(55:\mathrm{H}')$ により，上述を参照せよ），$\vec{\gamma} = \vec{\alpha}^+$ となるから上述の $i \in \{1, \cdots, n-1\} - S_*$ に関して $\gamma_i = \alpha_i^+ < \beta_i$ となる．ところが上で $\gamma_i > \beta_i$ としたのだからこれは矛盾．したがって $\gamma_n > y_2$ となる．

このようにして，$\gamma_n > y_2 = \alpha_n^+$ かつ上述の $i \in \{1, \cdots, n-1\} - S_*$ に関して $\gamma_i > \beta_i > \alpha_i^+$ となるから $\vec{\gamma} \succ \vec{\alpha}$ となる．ところが $\vec{\gamma}, \vec{\alpha}^+$ は共に V' に属するのであるからこれは矛盾である．

55.9.4 $(55:\mathrm{I}')$, $(55:\mathrm{H}')$ により次のことがわかる：

る $\vec{\alpha}$ の集合（これは閉集合である）との交わりに対しても同様に成り立つ．

この閉性が必要となるので，われわれは $\alpha_n > y_1$ ではなく $\alpha_n \geq y_1$ なる条件を用いたわけであるが，実際に目指しているのは $\alpha_n > y_1$ のほうである．しかしながら，ここで考えている場合には，この 2 つは結局同等であることが後にわかるであろう．（以下の (55:26) を参照せよ．）

$$-1 \leq y \leq \omega^*$$

におけるあらゆる y に関して，$\alpha_n = y$ なる $\vec{\alpha} \in \mathsf{V}'$ がただ 1 つ存在する．この $\vec{\alpha}$ を，

$$\vec{\alpha}(y) = (\alpha_1(y), \cdots, \alpha_{n-1}(y), \alpha_n(y))$$

と表す．明らかに $\alpha_n(y) = y$ であり，$i \in S_*$ に関して $\alpha_i(y) = \alpha_i = \alpha_*$ である．したがって，問題となる関数は $i \in \{1, \cdots, n-1\} - S_*$ に関する関数である．

これを (55:I′) と結びつけることにより，次が得られる：

(55:J′) V' は次の要素からなる：

$$\vec{\alpha}(y)$$

ただし，y は区間

$$-1 \leq y \leq \omega^*$$

を動き，$\vec{\alpha}(y) = (\alpha_1(y), \cdots, \alpha_{n-1}(y), \alpha_n(y))$

$$\alpha_i(y) = \begin{cases} \alpha_1 = \alpha_* & i \in S_* \text{ に関して,} \\ y & i = n \text{ に関して,} \\ y\text{（および }i\text{）の適当な関数} & i \in \{1, \cdots, n-1\} - S_* \text{ に関して} \end{cases}$$

である．

55.9.5 以上から得られる結論は次のとおりである：

(55:K′)　(55:J′) の関数 $\alpha_i(y)$, $i \in \{1, \cdots, n-1\} - S_*$ は次の条件を満たす：
(55:K′:a)　$\alpha_i(y)$ の定義域は区間

$$-1 \leq y \leq \omega^*$$

である．

(55:K':b)　$y_1 \leq y_2$ ならば $\alpha_i(y_1) \geq \alpha_i(y_2)$ である[153].
(55:K':c)　$\alpha_i(-1) = \underline{\alpha}_i$.
(55:K':d)　$\alpha_i(\omega^*) = -1$.
(55:K':e)　$\displaystyle\sum_{i \in \{1,\cdots,n-1\}-S_*} \alpha_i(y) = -p\alpha_* - y$ [154)155)].

証明：(55:K':a) について：(55:J') ですでに証明されていた.

(55:K':b) について：これが成り立たないと仮定し（適当な $i \in \{1,\cdots,n-1\}-S_*$ に関して）$y_1 \leq y_2$ かつ $\alpha_i(y_1) < \alpha_i(y_2)$ であるとする. このとき，も

---

[153] すなわち，$\alpha_1(y)$ は y の単調減少関数である.
[154] これらの条件から，$\alpha_1(y)$, $i \in \{1,\cdots,n-1\} - S_*$ なるすべての関数の連続性が導かれる. 実際，さらにいわゆるリプシッツの条件を証明することができる：

(55:28)　$|\alpha_i(y_2) - \alpha_i(y_1)| \leq |y_2 - y_1|$.

証明：この関係式は y_1, y_2 に関して対称であるから $y_1 \leq y_2$ としてもさしつかえない. そこで (55:K':e) を $y = y_1$, $y = y_2$ に適用してその差をとれば，

$$\sum_{i \in \{1,\cdots,n-1\}-S_*} \{\alpha_i(y_1) - \alpha_i(y_2)\} = y_2 - y_1.$$

(55:K':b) により左辺の各項 $\alpha_i(y_1) - \alpha_i(y_2)$ は 0 以上であるから，その各々は和 $y_2 - y_1$ よりも同じか小さくなる. このようにして，

$$0 \leq \alpha_i(y_1) - \alpha_i(y_2) \leq y_2 - y_1$$

となる.
ところが $\alpha_i(y_1) - \alpha_i(y_2) \geq 0$, $y_2 - y_1 \geq 0$ であるから，$\alpha_i(y_1) - \alpha_i(y_2) = |\alpha_i(y_1) - \alpha_i(y_2)|$, $y_2 - y_1 = |y_2 - y_1|$ である. したがって，求める

$$|\alpha_i(y_2) - \alpha_i(y_1)| \leq |y_2 - y_1|$$

が得られた.

読者は，われわれがまったく連続性を仮定しなかったにもかかわらずそれを証明しえたことに注意してもらいたい. これは，数学的な技術の面からみて非常に興味深いことである.

[155] (55:K':c), (55:K':d) は (55:K':e) に矛盾しないことに注意されたい. 実際：
$y = -1$ に関しては，(55:K':e) により $\displaystyle\sum_{i \in \{1,\cdots,n-1\}-S_*} \alpha_i(-1) = -p\alpha_* + 1$ となるから，

(55:K':c) により $\displaystyle\sum_{i \in \{1,\cdots,n-1\}-S_*} \underline{\alpha}_i = -p\alpha_* + 1$, すなわち $\displaystyle\sum_{i=1}^{n-1} \underline{\alpha}_i = 1$ とならねばならず，これは (55:N) と一致する.

$y = \omega^*$ に関しては，(55:K':e) により $\displaystyle\sum_{i \in \{1,\cdots,n-1\}-S_*} \alpha_i(\omega^*) = -p\alpha_* - \omega^*$ となるから，
(55:K':d) により $-(n-p-1) = -p\alpha_* - \omega^*$, すなわち $\omega^* = n - p - 1 - p\alpha_*$ とならねばならず，これは (55:23) と一致する.

ちろん $y_1 = y_2$ とはなりえないから，$y_1 < y_2$ である．すると $\vec{\alpha}(y_2) \succ \vec{\alpha}(y_1)$ となるが，$\vec{\alpha}(y_1), \vec{\alpha}(y_2)$ は共に V' に属するからこれは矛盾である．

(55:K':c) について：これは $\vec{\alpha}^0 \in \mathsf{V}'$ なる事実を述べ直したものである．実際 $\vec{\alpha}^0 \in \underline{\mathsf{V}}$ となっているから，もちろん $\vec{\alpha}^0 \in \mathsf{V}'$ である．((55:K), (55:M) を参照せよ．)

(55:K':d) について：これは $\vec{\alpha}^* \in \mathsf{V}'$ なる事実を述べ直したものである ((55:G') を参照せよ)．

(55:K':e) について：$\vec{\alpha}(y)$ は配分であるから $\sum_{i=1}^{n} \alpha_i(y) = 0$ である．これは (55:J') により $\sum_{i \in \{1,\cdots,n-1\}-S_*} \alpha_i(y) + p\alpha_* + y = 0$, すなわち $\sum_{i \in \{1,\cdots,n-1\}-S_*} \alpha_i(y) = -p\alpha_* - y$ なることを意味するが，これはまさに求めるものである．

55.10 ケース (II″) の処理

55.10.1 **55.8-55.9** で得られた結果により，解 V は完全に記述されている．実際：**55.8.2** の最初にみたように，$\mathsf{V} = \mathsf{V}' \cup \bar{\mathsf{V}}$ であり，条件 (55:U) が満たされるときには，そしてそのときに限り，($\bar{\mathsf{V}} \subseteq \mathsf{V}'$ となるから) $\bar{\mathsf{V}}$ は省略してもかまわないのであった．$\bar{\mathsf{V}}$ は (55:S) に，そして V' は (55:J') に記述されている．これらを特徴づけるために，パラメーター

$$\underline{\alpha}_i \ (i = 1, \cdots, n-1), \alpha_*, S_*, \bar{\omega}, \omega^*,$$
$$\alpha_i(y) \ (i \in \{1, \cdots, n-1\} - S_*, \ -1 \leq y \leq \omega^*),$$

が用いられたが，これらのパラメーターは (55:N)；**55.5.1** の (55:13), (55:15)；(55:R)；**55.9.2** の (55:23), (55:24)；(55:K') の各制限にしたがうものであった．

以上の内容は 7 つの節に分散して述べられているので，ここで完全な結果を 1 箇所にまとめておくと便利であろう．

(55:L')

(55:L':a) S_* は $\{1, \cdots, n-1\}$ の空でない真部分集合である．S_* の要素の数を p とすれば，$1 \leq p \leq n-2$ である．

(55:L':b) $\underline{\alpha}_1, \cdots, \underline{\alpha}_{n-1}$ は -1 以上の数であり, $\sum_{i=1}^{n-1} \underline{\alpha}_i = 1$ である.

(55:L':c) すべての $i \in S_*$ に関して $\underline{\alpha}_i = \alpha_*$ であり, すべての $i \in \{1, \cdots, n-1\} - S_*$ に関して $\underline{\alpha}_i > \alpha_*$ である.

(55:L':d) $\bar{\omega} = n - 2 - \alpha_*$, $\omega^* = n - p - 1 - p\alpha_*$ であり, $\bar{\omega} - \omega^* = (p-1)(\alpha_* + 1)$ である.

(55:L':e) $\alpha_i(y)$ は $i \in (1, \cdots, n-1) - S_*$ に関して,

$$-1 \leq y \leq \omega^*$$

で定義され, 条件 (55:K':a)-(55:K':e) を満たす.

V は次の各要素からなる:

(a) $\vec{\alpha}(y)$, ただし y は区間 $-1 \leq y \leq \omega^*$ を動き,

$$\vec{\alpha}(y) = (\alpha_1(y), \cdots, \alpha_n(y)),$$

$$\alpha_i(y) = \begin{cases} \alpha_i = \alpha_* & i \in S_* \text{ に関して,} \\ y & i = n \text{ に関して,} \\ (55\text{:L':e}) \text{ の}\alpha_i(y) & i \in \{1, \cdots, n-1\} - S_* \text{ に関して} \end{cases}$$

である.

(b) $\vec{\alpha}^i$, ただし i は S_* の全体を動き,

$$\vec{\alpha}^i = (\alpha_1^i, \cdots, \alpha_{n-1}^i, \alpha_n^i)$$

$$\alpha_j^i = \begin{cases} \underline{\alpha}_i = \alpha_* & j = i \text{ に関して,} \\ \bar{\omega} & j = n \text{ に関して,} \\ -1 & \text{その他の場合} \end{cases}$$

である.

注意:もし $p = 1$ (すなわち S_* が 1 要素集合) かまたは $\alpha_* = -1$ ならば $\bar{\omega} = \omega^*$ であり, (b) の $\vec{\alpha}^i$ は $y = \omega^*$ なるときの (a) の $\vec{\alpha}(y)$ に一致する. そうでない——すなわち $p \geq 2$, $\alpha_* > -1$ の——場合には $\bar{\omega} > \omega^*$ であり, (b) の $\vec{\alpha}^i$ は (a) の $\vec{\alpha}(y)$ と互いに交わらない.

読者は, 以上の記述が前に述べた結果の再定式化にすぎないことをほとんど

困難なく証明できるであろう.

55.10.2 (55:L′) に対して，(55:V) において行ったのと同様の考察を施しておかねばならない．つまり，(55:L′) から得られた V のすべてが解であり，しかもケース (II″) に属しているかどうかを調べておかねばならない．このような V のうちこの両方の条件を満たすものがケース (II″) におけるあらゆる解の完全な体系をつくるのである．そこで，(55:L′) のあらゆる V がこの2つの条件を満たすことを証明しよう.

(55:M′)　(55:L′) の V のみがケース (II″) におけるすべての解となる.

証明：(55:L′) のあらゆる V がケース (II″) の解となっていることを示せば十分である．——これを示しておけば——V のみがケース (II″) のすべての解となっていることは (55:L′) から導かれる.

ケース (II″) に属していることは容易に示される：明らかにこの V に関しては $\underline{\omega} = -1$ であり，(**55.2-55.5** で与えた定義の意味においての)

$$\bar{\omega}, \underline{\alpha}_1, \cdots, \underline{\alpha}_{n-1}, S_*$$

はちょうど (55:L′) においてこれらの記号を用いて表した量となっている[156]．したがって (55:L′:a) により，

$$S_* \subset \{1, \cdots, n-1\}$$

である.

したがって V が解となることを示せば十分である．ここでは V が **30.1.1** の (30:5:a), (30:5:b) を満たすことを証明する.

(30:5:a) について：$\vec{\alpha}, \vec{\beta} \in$ V に関して $\vec{\alpha} \succ \vec{\beta}$ と仮定する．まず，$\vec{\alpha}, \vec{\beta}$ が (55:L′) の (a), (b) のどちらの場合に属するかを区別しておかねばならない．この可能な組み合わせには以下に述べる4つがある.

$\vec{\alpha}, \vec{\beta}$ が共に (a) に属する場合：すなわち，$\vec{\alpha} = \vec{\alpha}(y_1), \vec{\beta} = \vec{\alpha}(y_2)$ であり，それゆえ $\vec{\alpha}(y_1) \succ \vec{\alpha}(y_2)$ となる．ここで，$i \in S_*$ の場合には (55:1) が除外され，また $i \in S_*$ に関しては $\alpha_i(y_1) = \alpha_i(y_2) = \underline{\alpha}_i = \alpha_*$ となるから，(55:2) も除外される．したがって，この支配関係は $i \in \{1, \cdots, n-1\} - S_*$ のときに

---

[156] $\bar{\omega}$ は (b) から，$\underline{\alpha}_1, \cdots, \underline{\alpha}_{n-1}$ は $y = -1$ とした場合の (a) から，そして α_*, S_* は (55:L′:c) から得られる.

(55:1) を通して成り立つだけである．(55:L':e) により，$\alpha_n(y_1) > \alpha_n(y_2)$，つまり $y_1 > y_2$ で，かつ適当な $i \in \{1, \cdots, n-1\} - S_*$ に対して $\alpha_i(y_1) > \alpha_i(y_2)$ となることを意味するが，これは (55:K':b) に矛盾する．

$\vec{\alpha}$ が (a) に属し $\vec{\beta}$ が (b) に属する場合：すなわち，$\vec{\alpha} = \vec{\alpha}(y)$, $\vec{\beta} = \vec{\alpha}^i$ ($i \in S_*$) であり，それゆえ $\vec{\alpha}(y) \succ \vec{\alpha}^i$ となる．ここで $\alpha_n(y) = y \leq \omega^* \leq \bar{\omega} = \alpha_n^i$ であるから (55:1) は除外され，$\alpha_i(y) = \alpha_i^i = \underline{\alpha}_i = \alpha_*$ であるから (55:2) も除外される．これは $\vec{\alpha}(y) \succ \vec{\alpha}^i$ に矛盾する．

$\vec{\alpha}$ が (b) に属し $\vec{\beta}$ が (a) に属する場合：すなわち，$\vec{\alpha} = \vec{\alpha}^i$ ($i \in S_*$), $\vec{\beta} = \vec{\alpha}(y)$ であり，それゆえ $\vec{\alpha}^i \succ \vec{\alpha}(y)$ となる．ここで，$\alpha_i^i = \alpha_i(y) = \underline{\alpha}_i = \alpha_*$ であり，$j \neq i, n$ に関しては $\alpha_j^i = -1 \leq \alpha_j(y)$，すなわちすべての $j = 1, \cdots, n-1$ に関して $\alpha_j^i \leq \alpha_j(y)$ となる．したがって (55:1), (55:2) 共に除外され，これは $\vec{\alpha}^i \succ \vec{\alpha}(y)$ に矛盾する．

$\vec{\alpha}, \vec{\beta}$ が共に (b) に属する場合：すなわち，$\vec{\alpha} = \vec{\alpha}^i$, $\vec{\beta} = \vec{\alpha}^k$ ($i, k \in S_*$) であり，それゆえ $\vec{\alpha}^i \succ \vec{\alpha}^k$ となる．このときには $\alpha_n^i = \alpha_n^k = \bar{\omega}$ ゆえ (55:B) に矛盾する．

(30:5:b) について：$\vec{\beta}$ が V の要素によって支配されないとする．これから $\vec{\beta} \in \mathsf{V}$ が導かれることを証明する．——これがいえれば (30:5:b) が確立される．

まず $\beta_n \geq \bar{\omega}$ と仮定する．もしすべての $i = 1, \cdots, n-1$ に関して $\beta_i < \underline{\alpha}_i = \alpha_*$ ならば，$\vec{\alpha}(-1) \succ \vec{\beta}$ となり仮定に矛盾する．したがって，ある $i = 1, \cdots, n-1$ に関して $\beta_i \geq \underline{\alpha}_i$ である．ここで，(55:R) の証明において用いた議論を用いれば，$i \in S_*$ かつ $\vec{\beta} = \vec{\alpha}^i$ となることがわかる．ゆえに，この場合には $\vec{\beta} \in \mathsf{V}$ となる．

次に $\beta_n < \bar{\omega}$ と仮定する．もしある $i \in S_*$ に関して $\beta_i < \underline{\alpha}_i = \alpha_*$ ならば，明らかに $\vec{\alpha}^i \succ \vec{\beta}$ となり仮定に矛盾する．したがって，すべての $i \in S_*$ に関して $\beta_i \geq \underline{\alpha}_i = \alpha_*$ である．

一方，$\sum_{i=1}^{n} \beta_i = 0$ から $\beta_n = -\sum_{i=1}^{n-1} \beta_i \leq n - p - 1 - p\alpha_* = \omega^*$，すなわち $-1 \leq \beta_n \leq \omega^*$ となる．そこで $y = \beta_n$ とおく．

すべての $i \in \{1, \cdots, n-1\} - S_*$ に関して $\beta_i \geq \alpha_i(y)$ とする．すると，明らかにすべての $i = 1, \cdots, n$ に関して $\beta_i \geq \alpha_i(y)$ となる．($i \in S_*$ および

$i = n$ に関しては $\beta_i = \alpha_i(y)$ となる. 上述を参照せよ.) したがって, $\sum_{i=1}^{n} \beta_i = \sum_{i=1}^{n} \alpha_i(y) = 0$ により上の不等号はすべて等号とならねばならないから, $\vec{\beta} = \vec{\alpha}(y)$ となり, それゆえこの場合にも $\vec{\beta} \in V$ となる.

最後に, 適当な $i \in \{1, \cdots, n-1\} - S_*$ に関して $\beta_i < \alpha_i(y)$ となる可能性が残されている. この場合には, y を ($y = \beta_n$ からある $y > \beta_n$ へ) 少し増加させても $\beta_i < \alpha_i(y)$ なる関係には影響は及ばない[157]. この新しい y に関しては, $y > \beta_n$, $\alpha_i(y) > \beta_i$ であるから $\vec{\alpha}(y) \succ \vec{\beta}$ となるが, これは仮定に矛盾する.

このようにしてすべての可能性が考慮された.

55.11 完全な結果の再定式化

55.11.1 ──われわれは問題を3つの場合に分割したが──その3つのケース (I), (II′), (II″) はそれぞれ (55:G), (55:W), (55:M′) によって完全に解決された. そこで, この3つの場合の解のクラスが相互にどの程度まで関連をもっているかを調べてみよう.

(55:L′) ──すなわちケース (II′) を記述する (55:M′) ──において生じる未決定のパラメーターの中には集合 S_* がある. (55:L′:a) によれば, この S_* は $\{1, \cdots, n-1\}$ の部分集合から $\{1, \cdots, n-1\}$ と $\ominus$ を除いたものとなっている. ここで, この除外された場合 $S_* = \{1, \cdots, n-1\}$ および $S_* = \ominus$ に対してなんらかの説明を与えられないかという問題が生じてくる.

$S_* = \{1, \cdots, n-1\}$ に対しての答えは簡単である. もし (ここでは (55:L′:a) を無視して) この S_* を用いれば, ((55:L′) の他の部分をすべて用いることにより) (55:L′:a) から $p = n-1$, (55:L′:b), (55:L′:c) から $\underline{\alpha}_1 = \cdots = \underline{\alpha}_{n-1} = \alpha_* = \dfrac{1}{n-1}$, そして (55:L′:d) から $\bar{\omega} = n - 2 - \dfrac{1}{n-1}$, $\omega^* = -1$ が得られる. しかし, $\{1, \cdots, n-1\} - S_* = \ominus$ であるから, (55:L′:e) の関数 $\alpha_i(y)$ は導入することができない. 区間 $-1 \leq y \leq \omega^*$ は ((55:L′:e) の (a) において) 重要な役割を果たしていたから, これが ($\omega^* = -1$ により) 1点 $y = -1$ に収縮してしまうことは注意しておかねばならない. ここで (55:V) と比較してみれば, これらの条件のもとで (55:L′) は (55:V) に一致するこ

---

[157] $\alpha_i(y)$ は連続である! 675 ページの脚注 154) を参照せよ.

とが明らかになる．

したがって次のようにまとめられる：

(55:N′) もし (55:L′:a) において $S_* = \{1, \cdots, n-1\}$ （したがって $p = n-1$ である）も含めたとすれば，(55:L′) はケース（II′）および（II″）のすべての解を列挙していることになる：つまりケース（II′）は $S_* = \{1, \cdots, n-1\}$ に相当しており，（II″）は $S_* \neq \{1, \cdots, n-1\}$ に相当している．

55.11.2 この結果から，もう1つの除外された部分 $S_* = \ominus$ は残りのケース（I）と関連づけられるのではないかと思う人がいるかもしれない．しかしながら，$S_* = \ominus$ のときの (55:L′) を調べ (55:G) と比較してみればわかるように，これは——少なくとも直接には——不可能である．

実際：$S_* = \ominus$（したがって $p = 0$ である）の場合に (55:L) を用いれば (b) は空となるから，V は (a) と一致する．——すなわち，V はすべての

$$\vec{\alpha}(y) = (\alpha_1(y), \cdots, \alpha_{n-1}(y), y)$$

の集合となる．ただし $-1 \leq y \leq \omega^*$ であり，$\alpha_1(y), \cdots, \alpha_{n-1}(y)$ は適当な関数である．他の不適当な部分は無視するとしても[158]，次のことに注意しておかねばならない：それは，この配列において $\vec{\alpha} \in V$ の α_n は $\alpha_1, \cdots, \alpha_{n-1}$ を決定するが，一方 (55:G) においては α_n は一定であり，

$$\alpha_1, \cdots, \alpha_{n-1}$$

は任意に決定されるということである[159]．

要約すれば：

(55:O′) すべての解 V は——ケース（I）については——(55:G)——ケー

---

[158] $p = 0$ であるから，ここでは (55:23) により $\bar{\omega} - \omega^* = -(\alpha_* + 1)$ となる．したがって，$\omega^* > \bar{\omega}$ となるゆえ，$\text{Max}_{\vec{\alpha} \in V} \alpha_n = \text{Max}_{-1 \leq y \leq \omega^*} y = \omega^*$ となるが，実際にはこれは $\bar{\omega}$ とならねばならないのである！

また $S_* \neq \ominus$ の場合には，(55:L′:b), (55:L′:c) により $\text{Min}_{i=1,\cdots,n-1} \underline{\alpha}_i = \alpha_*$ となる．一方 $S_* = \ominus$ の場合には，同様にして $\text{Min}_{i=1,\cdots,n-1} \underline{\alpha}_i > \alpha_*$ となるが，この $\text{Min}_{i=1,\cdots,n-1} \underline{\alpha}_i$ は α_* の定義そのものなのである！

[159] $S = \ominus$ のときの (55:L′) の V は，こうしてわれわれの解のリストには載らない集合であり，それゆえ解などではない．これは直接に証明することも簡単であろう．

ス (II′), (II″) については——(55:N′) によって列挙される．
(55:L′:a) が $S_* \neq \ominus$ なるすべての $S_* \subseteq \{1,\cdots,n-1\}$ を含むように拡大されたときには，(55:N′) は (55:L′) に一致する．$S_* = \ominus$ の場合は必ず除いておかねばならない．なぜなら，これを含めてしまうと (55:G) の解ではない V が生み出され，このような V は実際にまったく解などではないからである．

55.11.3 最後に次の注意を与えておこう：

(55:P′)
(55:P′:a)　ケース (II′)，すなわち $S_* = \{1,\cdots,n-1\}$, $p = n-1$ の場合においては $\omega^* = -1$ となる．つまり，(55:L′:e) の区間 $-1 \leq y \leq \omega^*$ は 1 点に収縮する．また $\alpha_* = \dfrac{1}{n-1}$ である．
(55:P′:b)　ケース (II″)，すなわち $S_* \subset \{1,\cdots,n-1\}$, $p < n-1$ の場合においては $\omega^* > -1$ となる．つまり，(55:L′:e) の区間 $-1 \leq y \leq \omega^*$ は 1 点には収縮しない．また $\alpha_* < \dfrac{1}{n-1}$ である．

証明：(55:P′:a) について：これについては (55:N′) のすぐ前ですでに証明した．
　(55:P′:b) について：(55:B′) の証明において $\alpha_* < \dfrac{n-p}{p}$ であることはみたから，$\omega^* + 1 = n - p - p\alpha_* > 0$, すなわち $\omega^* > -1$ である．$\alpha_* < \dfrac{1}{n-1}$ はすでに (55:B′) において述べられていた．

55.12　結果の解釈

55.12.1　ここで以上の結果の解釈にとりかかることにしよう．しかし，次の 2 つの理由からこれを余す所なく行うことはほとんど不可能である．その 1 つは——(55:O′)，すなわち (55:G)，(55:K′)，(55:L′) に述べられている——最終的な結果があまりにもこみ入っているため，それを正確に記述するためには言葉では無理であり，どうしても数学的表現に頼らねばならないということである．数学的な結果によって表された多くの微妙なニュアンスのうちのいくつかは，言葉による定式化ではまったく正しく取り扱うことはできないのである．いま 1 つの理由は，現在のような状況を実際に完全に解釈するためにはわれわれの経験と見通しがまだ十分ではないという点である．わ

れわれがここで考察しているゲームは，ある重要な意味において特徴的な n 人ゲームとなっている．これは，**54.1.2** および **54.3** で述べたとおりである．ところが，われわれが解を決定しえたのは孤立した場合にすぎないのである（**54.2.1** の列挙にもかかわらずそうなのである）．特徴的な n 人ゲームを実際に完全に説明しうるためには，このような議論をもっと積み重ねていかねばならないであろう．

しかし——完全さに目をつぶれば——ある程度の解釈を行っておくことは有益である．われわれはいままでにもこのような解釈が理論の一層の進歩についての価値ある指針を与えた例をいくつかみてきた．さらに，この解釈により非常に複雑な数学的結果の意味に対してもある光が投げかけられるのである．

完全性を求めようとはしていないので，解釈はいくつかの注意の形をとって行うのが最もよいであろう．

55.12.2　第 1 に：(55:G) で述べられたケース (I) の解は配分の無限集合である．同様のことは (55:L′) で述べられたケース (II″) の解についてもいえる ((55:N′) を参照せよ)．この場合には，y が区間全体を動きしかもその区間は 1 点に収縮しないからである．((55:P′:b) を参照せよ．) 一方，ケース (II′) の解はすでに **55.7** の最後でみたように配分の有限集合となる[160]．この解もまた，ゲームとまったく同じ対称性を有しているという興味ある性質をもっている．——すなわち，プレイヤー $1,\cdots,n-1$ をどのように置き換えてもこの解は変わらないのである．

このようにして，この解はわれわれのゲームの中で最も簡単な解となるのである．$n=3,4$ の場合の発見的な議論（これはそれぞれ **22**，**35.1** で行われた）によってこの解は導かれ，それは一般の n の場合へと容易に拡張される[161]．つまり，他の解を見出すためにはわれわれの形式的な理論のすべての

---

[160] 読者は，同じ効果をもつ (55:P′:a)，(55:P′:b) と比較してみるとよいであろう．
[161] （発見的な）議論は次のようにして行われる：主要プレイヤーは勝利するために 1 人の同盟者が必要であり，もし同盟者が得られたとすれば，$n-2$ を獲得できる．したがって，もし彼が ω なる量（これはわれわれの正確な議論における $\bar{\omega}$ に相当している）を手許にとどめておきたいとすれば，同盟者には $n-2-\omega$ を与えることができる．もし同盟者となりうる他の $n-1$ 人のプレイヤーが彼らだけで同盟をくんだ場合にそれ以上獲得できるとすれば，すなわち，

$$(n-1)(n-2-\omega) < 1$$

ならば，主要プレイヤーは同盟者を見出しえないことになる——彼の要求はこの点ではじめて制限を加えられることになる．

装置を用いなければならないわけである．

これまでの議論により，他の解もまったく無視できないことが読者にも十分に明らかになったことであろう．さらに，有限個の解の存在およびその一意性はあくまでも幸運な偶然にすぎないのであり，決して一般的なものではないのである[162]．

55.12.3 第 2 に：上述の解は最大の S_*：つまり $\{1,\cdots,n-1\}$ に対応するものであった．いま 1 つの極端な解は $S_* = \ominus$ にともなうものである（先の (55:O′) を参照せよ）．これは (55:G) で記述されたケース (I) の解であり，第 1 の注意における解と同様ゲームとまったく同じ対称性をもっている．実際この 2 つの場合——ケース (I) と (II′)——のみがこのような対称性を備えているのである[163]．

他方，この解は無限である．**55.3** ですでにみたように，解とは，主要プレイヤーがゲームにおいて **33.1** の意味で差別されているという組織の原理を表すものである．(55:G) を調べてみればわかるように，この行動基準——すなわち解——は他のプレイヤーの間の分配についてはまったく何の原理も与えない，つまり，主要プレイヤーが規定された量を受け取るような配分はすべてこの解に含まれるのである．これは常識から考えてもまったく合理的である：すなわち，主要プレイヤーが除外されているので，他のプレイヤーたちは自らの間で全員一致して結びつくことしかできないし，また彼らの関係における数量的な反撃（すなわち主要プレイヤーと結びつく可能性）は禁じられているから，彼らが相互に交渉した結果がどうなるかはまったくわからないのである．

55.12.4 第 3 に：残された解は (55:L′) で記述されたケース (II′) のも

このようにして，ω は $(n-1)(n-2-\omega) \geq 1$，すなわち $\omega \leq n-2-\dfrac{1}{n-1}$ なる制限を受け，したがって $\omega = n-2-\dfrac{1}{n-1}$ である．

それゆえ主要プレイヤーは，提携をつくることができれば $n-2-\dfrac{1}{n-1}$ を獲得し，もしそうでなければもちろん -1 を獲得する．他のプレイヤーに関してはそれぞれ $\dfrac{1}{n-1}$ および -1 となる．

ここで読者は，これが (55:V) において到達された解，すなわちケース (II) の解となっていることを確認できるであろう．

[162] 存在の不確実性については **53.2.2** の第 2 の注意の最後を参照せよ．また，一意性の成り立たない例は **38.3.1** で分析されている．

[163] 他の解はすべてケース (II″) に属し，それゆえ $S_* \neq \ominus$, $\{1,\cdots,n-1\}$ を有している．したがって，プレイヤー $1,\cdots,n-1$ を適当に置換することにより，S_* の要素はその外部に移すことができるわけであるが，それによって S_* は変化し，考えている解も変化してしまう．

の，すなわち $S_* \neq \ominus, \{1, \cdots, n-1\}$ の解である（(55:N′) を参照せよ）．この解は，上で扱った 2 つよりもはるかに複雑な集まりとなっている．実際，これはわれわれの数学的議論においてかなりの部分——そして最もこみいった部分——を占めていた．この解に対する解釈もまた前の 2 つに比べると困難かつ複雑であるので，主要な点だけを指摘しておくことにする．

われわれは (55:L′) の中で，この範疇に属するすべての行動基準による配分——すなわち解——において $\{1, \cdots, n-1\} - S_*$ のプレイヤーが主要プレイヤーとどのような因果関係によって結びついているかをくわしく記述した．すなわち，各プレイヤーの獲得する個々の量が主要プレイヤーに割り当てられる量によっていかにして一意的に決定されるかを述べたわけである．この関係は 1 つの定まった関数によって表現される[164]．これらの関数はさまざまな方法で選ぶことができ，それゆえにさまざまな異なった行動基準——すなわち解——がもたらされるわけであるが，1 つの定まった行動基準に対してはこれらの関数の 1 つが選択されねばならない．したがって，第 2 の注意において非常に目立っていたプレイヤー $1, \cdots, n$ の相関のなさは，ここでは消滅してしまっているのである．たしかに，主要プレイヤーと $\{1, \cdots, n-1\} - S_*$ のプレイヤーとの間で不確定なある種の交渉が行われてはいるものの[165]，後者（すなわち $\{1, \cdots, n-1\} - S_*$）のプレイヤー相互の関連は，行動基準によって完全に決定されてしまう．

ここで，第 2 の注意とここでの注意における状況の違い——すなわちケース (I) と (II″) との違い——をもう一度強調しておく．前者の場合には，主要プレイヤーを除くすべてのプレイヤーの間で交渉があり，その実体を記述するようなルールやプレイヤーの間の相関はまったく存在していない[166]．したがって，行動基準はこの点に関して何も提言しえなかったのである．後者の場合には，主要プレイヤーと他の何人かのプレイヤーの間に交渉が存在するが，行動基準は，ここでは主要プレイヤーの相手となるプレイヤーに対して明確な相関やルールを与えねばならず，それによって種々の行動基準が可能となるのである．

上で述べたようなケース (I) および (II′) において生じてくる質的な不明

---

[164] $\alpha_i(y), i \in \{1, \cdots, n-1\} - S_*$ である．
[165] これは (55:L′:e) における y の多様性に相当している．(55:P′:b) も参照せよ．
[166] 差別された主要プレイヤーに対する割り当ては除く．

確さは，われわれが**47.8**，**47.9**で調べたもののより一般的な形となっている．そこでの解の2次元（平面）部分と1次元（曲線）部分についての注意は，それぞれここでのケース（I）および（II″）に対しても適用可能なのである．

この相違をある種のもっともらしい言葉による議論で処理することも可能であろうが，それはまったく確信のもてるものではない．われわれが行ったように，数学的な議論によってはじめて本当の理由が与えられるのであり，その複雑さはそれを日常用いている言語に翻訳することがいかに困難なものであるかを示している．これは，言葉によって表すことはできても証明することのできない結果のまた別の例となっている．

55.12.5 第4に：残りの——S_* に属する——プレイヤーの状況も興味深い側面をもっている．

(55:L′) をみればわかるように，われわれの解のすべての配分においては，S_* に属するあらゆるプレイヤーが α_* を獲得するか，もしくはそのうちの1人が α_*，残りは -1 を獲得するかのどちらかである．これから直ちに次のことがわかる：

(a) もし S_* が1要素集合であるとすれば，S_* に属するプレイヤーは常に同じ量：α_* を獲得する．

(b) もし $\alpha_* = -1$ ならば，S_* の各プレイヤーは常に同じ量：-1 を獲得する．

(c) もし (a)，(b) のどちらでもなければ——すなわち (55:U) の条件（これは (55:D′) においても述べられていた）が満たされるならば——S_* の各プレイヤーは α_* と -1 という2つの異なる量の1つを常に獲得し，どちらも省くことはできない[167]．

これらのことから以下の説明的結論を導くことができる．

(d) (a)，(b) の場合には S_* のプレイヤーは **33.1** の意味で差別されているのであるが，(c) の場合にはそうではない．

(e) S_* が1要素集合：$S_* = \{i\}$, $i = 1, \cdots, n-1$ となる (a) の場合という

---

[167] すなわち，解の中の適当な配分をとれば両者ともに含まれうるのである．

のは，プレイヤー i のみが孤立している場合である．このときこのプレイヤーに割り当てられる量は (55:B′) によって制限され，

(55:29) $\quad -1 \leq \alpha_* < \dfrac{1}{n-1}$

となる．これは，第 2 の注意で述べたケース (I) の主要プレイヤーの差別とうまく補完し合っている[168]．このときに主要プレイヤーに割り当てられる量は (55:G) によって制限され，

(55:30) $\quad -1 \leq \bar{\omega} < n-2-\dfrac{1}{n-1}$

となる．

(f) もし S_* が 1 要素集合でないとすれば，(a), (b) のうち，(b)：$\alpha_* = -1$ のみがおこるだけである．

言い換えれば：

もし 1 人以上のプレイヤーが差別されていたとすれば，その中に主要プレイヤーが含まれることも他のすべてのプレイヤーが含まれることもなく，差別されたプレイヤーはすべて：

(55:31) $\quad \alpha_* = -1$

なる値を割り当てられる．

(g) (e), (f) から，差別されたプレイヤーの集合はまさに L[169]——すなわち敗北した集合——に一致していることがわかる．

(h) ただ 1 人のプレイヤーが差別されている場合には，(e) によりそのプレイヤーは必ずしもまったく不利となるような差別を受けるとは限らないことがわかる．すなわち，このプレイヤーは -1 より多く割り当てられるかもしれないのである．(55:29), (55:30) により，この割当量の上限も述べられている：それは明らかにこのプレイヤーが第 1 の注意で議論されたケース (I) の有限解において獲得する量と同じものである[170]．これによって，**33.1.2** の結果が $n=3$ からすべての n にまで拡張されたことは非満足すべきである．

---

[168] これは 651 ページの脚注 130) で指摘した困難を解決するものである．
[169] これは——**52.3** の C_{n-1} の場合の—— W の要素の列挙，したがってそれは L の要素の列挙ともなる，を思い出せば簡単に証明されるであろう．
[170] 主要プレイヤーに対しては $n-2-\dfrac{1}{n-1}$，他のプレイヤーに対しては $\dfrac{1}{n-1}$ である．割当量はこれらの量より少なくなければならない．

(i) 一方，1人以上のプレイヤーが差別された場合には[171]，(55:31) からわかるようにまったく譲与されるものはなく，この差別されたプレイヤーたちはすべて絶対的な最小値 -1 を与えられることになる．

(j) この主張は次の程度にまで限定されねばならない：もし S_* が1つ以上の要素をもっていれば，(55:29) の α_* は依然としてすべて可能である．—— 実際 (55:L′)，(55:B′) は明確にそれを許している．しかし，このときに S_* のプレイヤーの状況は (c) によって記述され，もはや差別的とはよべないのである：つまり，彼らは提携に加わることもできそれによって自らの地位を改善することもできるのである．

以上の注意，特に (g), (h), (i) に対してさらに注釈が必要なのは明らかであるが，ここでは以上のような記述にとどめ，また別の機会にこの問題にたちもどってくることにする．

55.12.6 第5に：われわれは多くの解を見出してきたわけであるが，それは多くのパラメーターによって特徴づけられ，そのいくつかはかなり自由に選びうる関数でさえあった．しかしながら，主要な分類はむしろ簡単なものである：つまり，集合 $S_* \subseteq \{1,\cdots,n-1\}$ によって影響を受けるのである[172]．$S_*, -S_*$ の組は明らかに $I = \{1,\cdots,n\}$ の2つの集合への分割をすべておおい尽くしている．おそらく，これは一般原理を最初に示すものとなっているであろう．単純ゲームにおいては，2つの補完的な集合の1つは必ず勝利し，もう1つは必ず敗北するので，これによってすべてのことが決定されると思われる．また一般のゲームにおいても，より多くの集合への分割が同様に重要となりうるであろう．とにかく，現在の特別な場合における S_* の役割により，すべてのゲームにおける一般的な分類原理がいかなるものであるかについての最初の考えが与えられるのである．

われわれはまだ，これらの推論をより正確な形で与えるところまで達していない．

---

[171] すなわち S_* の要素の数 $p \geq 2$ である．$p \leq n-2$ であるから ((55:L:a) を参照せよ)，これは $n-2 \geq 2$，すなわち $n \geq 4$ のときにのみ生じるのである．この理由から (i) と (j) という現象は $n=3$ の議論においては現れてこなかったのである．

[172] われわれは，第2の注意におけると同様に，(55:O′) に先だつ議論にもかかわらず，ケース (I) を表すものとして $S_* = \ominus$ をここでも用いることにする．

第11章　一般非ゼロ和ゲーム

56　理論の拡張

56.1　問題の定式化

56.1.1　われわれは，いまやゲームに対してのゼロ和制限を落とせる段階にまで到達した．すでにゼロ和制限をゆるめ——和がゼロではない——定和ゲームを考えるところまではいったわけであるが，このゲームは戦略上同等による同形を用いればゼロ和ゲームと同形であり，実際に意味のある拡張とはなっていなかった（**42.1** および **42.2** を参照せよ）．そこで，本章においては徹底した拡張を試み，和に関するあらゆる条件を落とすことにする．

前に，ゼロ和制限によりゲームと経済問題との間の関連がまったく弱められてしまうことを指摘した[1]．特に，ゼロ和制限を課すと，分配の問題が強調されるあまり真の「生産性」の問題が損なわれてしまうのである（**4.2.1**，特に 45 ページの脚注 69），そして **5.2.1** を参照せよ）．これは，特に1人ゲームの場合に顕著である：つまり，このような状況においては明らかに生産のみが問題であり，プレイヤー間の配分（分配）は考えなくてよい．そして，もしゼロ和であれば1人ゲームは何の問題も含んでおらず，非ゼロ和であれば最大化問題となる．

したがって，ここで理論をあらゆる非ゼロ和ゲームに拡張することにより，

---

[1] ゼロ和ゲームは，娯楽のためにプレイされるタイプのゲームを表すばかりでなく，その多くのものは明確な社会的性質との十分な関係を表していることに注意せねばならない．この点まで進まれた読者は，われわれがいままでに多くの場合に行ってきた解釈を思い出すことにより，上記の事柄が有効であることに気づかれることであろう．

したがって，ゼロ和ゲームと非ゼロ和ゲームとの間の区別は，純粋に社会的な問題と社会経済的な問題との区別をある程度まで反映していることになる．（本文中の次の文章はこれと同じ考えを表すものである．）

よく知られた経済の問題に密接に接近できると考えられる．以下の議論においては読者もすぐ気づかれると思うが，例や解釈の傾向が変わり：双方独占，寡占，市場などの問題が扱われるようになる．

56.1.2 ゲームに対してゼロ和制限を完全に放棄してしまうことは，**42.1** で指摘したように，**11.2.3** の意味でゼロ和制限を特徴づけていた関数 $\mathcal{H}_k(\tau_1,\cdots,\tau_n)$ にもはや何の制限も加えられないことを意味する．すなわち，**11.4** および **25.1.3** の条件

$$(56:1) \quad \sum_{k=1}^{n} \mathcal{H}_k(\tau_1,\cdots,\tau_n) \equiv 0$$

が落とされ，それに代わる条件もなんら課せられないのである．したがって，われわれは以後これをもとに議論を進めていく．

この変更により，われわれは理論そのものばかりでなくそのもととなっていたあらゆる概念も考え直さねばならない．つまり，特性関数，支配，解の概念であり——これらすべて，(56:1) が落とされた場合にはもはや定義されないのである．ここで生じてきた問題は概念的なものであり，ゼロ和ゲームの理論をもとに第6章〜第10章で扱われた問題のように単に技術的なものではないことを強調しておく[2]．

56.1.3 われわれはゼロ和ゲームの上記概念およびそれにもとづく理論に対してかなりの努力をすでに費やしており，ここでそのすべてを捨てて最初からやり直すことはまったくうんざりする．さらに，われわれは概念的な問題に直面しているので，これまで理論の基礎としてきた定性的な原理はゼロ和の場合を超えるとまったく効力を失うように思われる．したがって，この——ゼロ和から非ゼロ和への——最終的な一般化に際しては，これまでの努力はすべて無と化してしまうのである．それゆえ，われわれはなんとかしてこの困難を避ける道を探し出さねばならない．

この点において，**42.2** で生じた類似の状況が思い出されるであろう．そこでは，ゼロ和から定和への移行に際し——より狭い範囲ではあったが——同様の結果がもたらされる恐れがあった．しかし，その恐れも **42.3** および **42.4** で行われたように，戦略上同等による同形をうまく用いることにより回避することができた．

---

[2] 技術的な問題の中に，ある概念的な一般化を含むような方法でわれわれが取り扱いたいと思う問題があった：定和ゲームがそうであり，これは本文において後にくわしくふれられるであろう．

しかし，この工夫もこれまでに述べた適用によって使い尽くされている：つまり，戦略上同等によって，すべてのゼロ和ゲームの集まりはそのまますべての定和ゲームの集まりに拡張されており，それ以外のものには拡張されないのである．(これは，**42.2.2**, **42.2.3**, または **42.3.1** の考察から明らかであろう．)

したがって，われわれは非ゼロ和ゲームをすでに確立されたゼロ和ゲームと結びつけるなんらかの方法を他に見出さねばならない．

56.2 仮想プレイヤー．ゼロ和拡張 $\bar{\Gamma}$

56.2.1 さらに議論を進める前に，術語について明らかにしておかねばならない．われわれがここで考えているゲームは——**56.1.2** で述べたように——条件 (56:1) が落とされ，しかもそれに代わる条件が何も課せられないようなゲームである．このようなゲームを非ゼロ和ゲームとよんできたが，この表現が中立的意味で用いられていること——すなわち，(56:1) がたまたま成り立つようなゲームを何も必ず除外しようとしているのではないこと——を理解しておかねばならない．それゆえ，これらのゲームに対してこれほど否定的でない名称を与えておくほうが好ましいので，まったく制限されない $\mathcal{H}_k(\tau_1,\cdots,\tau_n)$ をもつゲームを$\dot{一}\dot{般}\dot{ゲ}\dot{ー}\dot{ム}$とよぶことにする[3]．

われわれは，一般ゲームをある方法でゼロ和ゲームの理論に結びつける計画を明確にしてきた．実際，これを進めて，いかなる一般ゲームもゼロ和ゲームとして解釈し直すことができるであろう．

一般ゲームはゼロ和ゲームよりもずっと大きな族をつくるので，これは矛盾であると思うかもしれない．しかし，われわれが行おうとしている方法は n 人一般ゲームを $n+1$ 人ゼロ和ゲームとして解釈することなのである．このようにして，一般ゲームからゼロ和ゲームへの移行によってもたらされる制限は参加者の数を増加させるという拡張によって補われるのである．——実際これは可能である[4]．

56.2.2 与えられた一般 n 人ゲームを $n+1$ 人ゼロ和ゲームに翻訳し直すのは，非常に簡単であり，しかも自然な方法である．

---

[3] これは **12.1.2** と一致する．
[4] 参加者の数の増加により，常にゲームの可能な構造が一般化され複雑化されるというくり返し述べられた原理をさらに示すものとして，これは役立ちうるであろう．

そのためには，残りの——実存する——n 人のプレイヤー全体が獲得する量をちょうど失うような——仮想の——$n+1$ 番目のプレイヤー（逆にこの $n+1$ 番目のプレイヤーは残りの n 人のプレイヤー全体の失う量に等しい量を獲得すると考えてもよい）を導入すればよい．もちろん，この $n+1$ 番目のプレイヤーはゲームの過程に何の影響も及ぼさないものとする．

これを数学的に表現しておこう：まず **11.2.3** の意味での関数 $\mathcal{H}_k(\tau_1,\cdots,\tau_n)$ $(k=1,\cdots,n)$ をもつようなプレイヤー $1,\cdots,n$ からなる一般 n 人ゲーム Γ を考え，

$$(56:2) \quad \mathcal{H}_{n+1}(\tau_1,\cdots,\tau_n) \equiv -\sum_{k=1}^{n} \mathcal{H}_k(\tau_1,\cdots,\tau_n)$$

によって定義される $\mathcal{H}_{n+1}(\tau_1,\cdots,\tau_n)$ をもつ仮想プレイヤー $n+1$ を導入する．

変数 $\tau_1,\cdots,\tau_n$ はそれぞれ——実存する——プレイヤー $1,\cdots,n$ によって制御されるものであり，これらのプレイヤーがゲームの過程に影響を与えることを示している．また仮想プレイヤーはゲームの過程にまったく影響を与えないので，彼の制御できる変数 τ_{n+1} は導入されていない[5]．

このようにしてゼロ和 $n+1$ 人ゲーム，すなわち Γ のゼロ和拡張ができた．これを $\bar{\Gamma}$ と表すことにする．

56.3 $\bar{\Gamma}$ の特質に関する問題

56.3.1 一般 n 人ゲーム Γ をゼロ和 $n+1$ 人ゲーム $\bar{\Gamma}$ として解釈し直す際に，一見したところ $\bar{\Gamma}$ の理論のすべてが Γ に関しても妥当であるように思える．もちろん，これはもっとくわしく調べておかねばならない．

そこで，次にこれを調べよう．この分析は，明確な理論にもとづいていたこれまでの各章における分析のように，純粋に数学的たりうることはできな

---

[5] **11.2.3** の形式化によれば，すべてのプレイヤー k に対して変数 τ_k が与えられていた．（ここの場合に適用させるためには，そこでの n を $n+1$ で置き換えねばならない．）したがって，仮想プレイヤー $n+1$ に対する変数 τ_{n+1} も考えねばならないのではないかと思う人がいるかもしれない．しかし，この要求は容易に解決される．つまり，ただ１つの値しかとりえない τ_{n+1} （すなわち **11.2.3** において $\beta_{n+1}=1$ とおく）を導入しておけば十分である．実際，すべての $\mathcal{H}_k(\tau_1,\cdots,\tau_n,\tau_{n+1})$ が τ_{n+1} から独立である限り，τ_{n+1} （すなわち β_{n+1}）の定義域はいかなるものでもよく——したがって，本文中で用いられていたように実際は関数 $\mathcal{H}_k(\tau_1,\cdots,\tau_n)$ となるのである．

い．われわれはもう一度提示された理論の基礎から分析し直そうとしているのであり，したがって分析は——たとえ補助的な数学的考察が用いられるしても——もっともらしい議論をその中心にしていかねばならないのである．この状況は，ゼロ和2人，3人，n人ゲームの理論に関しての決定を下した初期の各場合における状況とまったく同じである．（ゼロ和2人ゲームについては 14.1-14.5，17.1-17.9；ゼロ和3人ゲームについては第5章；ゼロ和 n 人ゲームについては 29，30.1，30.2 を参照せよ．また，一般 n 人ゲームについて——すなわち $\bar{\Gamma}$ と Γ の理論の関係について——これに相当する節は 56.2 から始まって 56.12 までである．）

この分析の結果として——30.1.1 の意味でのゼロ和 $n+1$ 人ゲームとしての——$\bar{\Gamma}$ の理論全体が Γ に適用されるわけではなく，その一部だけをわれわれは決定するにすぎないことがわかるであろう．言い換えれば，$\bar{\Gamma}$ のすべての解の全体ではなく，そのある部分が Γ の解となるのである．

56.3.2 仮想プレイヤーは，プレイヤーの獲得する量の総和をゼロに等しくするという数学的工夫として導入されたのであり，したがって彼は当然ゲームの進行状態にはまったく影響を及ぼしはしない．この原則は，**56.2.2** で与えられた $\bar{\Gamma}$ の定義にも正しくとりいれられている．しかしそれにもかかわらず，われわれはこの仮想プレイヤーがゲームに関するすべての交渉から本当に除外されているのかどうかという問題を考えねばならない．

この警告はまったく余分なものであるとはいえない．なぜなら，$\bar{\Gamma}$ が3人もしくはそれ以上のプレイヤーを含む場合には[6]，分析の初期の段階でみてきたように，ゲームが提携によって左右されてしまうからである．つまり，仮想プレイヤーが提携のどれかに加わったとすれば——これは参加者の間の補償金の支払いをこみ入ったものにしがちである——このプレイヤーを導入した精神にまったく反してしまう．もっと明確にすれば：仮想プレイヤーはプレイヤーではなく，形式的な目的のための形式的な工夫にすぎないのである．したがって，このプレイヤーがゲームにおいて直接的にも間接的にも何の役割も果たさなければ，このプレイヤーの導入も許されるわけであるが，いったん彼がゲームに干渉を始めると，彼の導入——すなわち Γ から $\bar{\Gamma}$ への移行——は誤った

---

[6] すなわち $n+1 \geq 3$，したがって $n \geq 2$ の場合である．したがって，一般1人ゲームのみが以下の反論を免れることになる．これは，一般 n 人ゲームは $n=1$ のときにのみ純粋最大化問題になるというくり返し強調してきた事実に一致するものである．

ものとなる．つまり，$\bar{\Gamma}$の実存するプレイヤー$1,\cdots,n$がΓにおいては存在しなかった可能性によってもたらされる危険に備えなければならなかったり，利益を得たりするので，$\bar{\Gamma}$はΓと同等であるとか，Γを解釈し直したものであるとは，もはやいえないのである．

56.3.3 仮想プレイヤーを導入した方法から，この反論は無意味ではないかと思う人がいるかもしれない．実際，実存プレイヤー$1,\cdots,n$がプレイの終わりに獲得する量

$$\mathcal{H}_1,\cdots,\mathcal{H}_n$$

は，仮想プレイヤーの制御できる変数をまったく含んでいない[7]——すなわち，このプレイヤーはプレイにおいて手番をまったくもっていない．このようなときに，彼はいかにして提携における望ましいパートナーとなるのであろうか？

一見したところ，この議論もある利点を備えているように思えるかもしれない．実際，このような条件のもとでは，実存プレイヤーのいかなる提携も仮想プレイヤーがいようといまいと同じようにうまくやっていけるように思える．この仮想プレイヤーはダミーにすぎないのではないだろうか？ もしそうならば，これ以上議論しなくてもΓの理論が$\bar{\Gamma}$にも適用できるであろう．ところがこうはならないのである．

なるほど，仮想プレイヤーはゲームの過程に影響を与えるような手番をもっていないので，どのような提携にとっても望ましいパートナーとはならない，すなわちどのプレイヤーもしくはプレイヤーのグループも彼の協力に対して（正の）補償金を払おうとはしない．しかし，彼自身は同盟者を見出すことによって利益を得るのである．つまり，彼がプレイの終わりに獲得する量——$\mathcal{H}_{n+1}(\tau_1,\cdots,\tau_n)$——は他のプレイヤーの手番——$\tau_1,\cdots,\tau_n$——に依存するので，他のプレイヤーに（正の）補償金を払って彼以外のプレイヤーとの協力をやめてもらうことは，彼にとって価値がある．これを誤解してはならない：つまり，Γがプレイされるかぎり，すなわち仮想プレイヤーが実際に形式的な存在であるかぎり，このような事態は生じないが，もし実際にプレイされるゲームが$\bar{\Gamma}$であれば，すなわち仮想プレイヤーが実存プレイヤーと同じ立

---

[7] 彼が獲得する量 $\mathcal{H}_{k+1} = -\sum_{k=1}^{n}\mathcal{H}_k$ も含んでいない．

場にあるかのように行動するならば，彼の他のプレイヤーへの補償金の申し出が予想されるのである．

56.3.4 仮想プレイヤーが他のプレイヤーに対し，自分に協力してくれることに対しての補償金を申し出るやいなや——これは上でみたように他のプレイヤーどうしの協力を妨げるものである——彼の影響も考慮に入れねばならなくなる．彼は提携に加わることを欲し，その代償として何がしかの価格を支払うことを申し出る．そして，この価格の支払いはゲームに対して意味のある手番を行いうる能力によって与えられる直接的な影響とまったく同様の影響を与える．

このようにして，仮想プレイヤーは自らの手番によって直接にゲームの過程に影響を及ぼすことはできないにもかかわらず，ゲームの中に入りこんでくる．実際，この仮想プレイヤーが他のプレイヤーに補償金を申し出るという政策を決定し，それによって上述のメカニズムが動き始めるのは，まさにこの彼の無力さにある．

この状況をよりよく理解するためには，1つの例を考えるのがよいであろう．

56.4 $\bar{\Gamma}$ の使用の限界

56.4.1 一般2人ゲームを考え，プレイヤー1,2はそれぞれ1人だけでは-1なる量しか確保できず，2人がまとまれば1を獲得できるとする．この結果をもたらすようなゲームのルールは容易に述べることができる[8]．特に簡単に組み合わせ理論的にまとめると次のようになる[9]：

各プレイヤーは，人的手番によって1,2の数のうち1つを選ぶ．各々は，他のプレイヤーの選択の如何にかかわらず自らの選択を一様に保つものとする．

このように選択を行った後，次のようにして支払いが行われる：もし2人のプレイヤーが共に1を選択していれば，各々は$\frac{1}{2}$ずつを獲得し，そうでなければ-1を獲得する[10]．

---

[8] したがって，双方独占がまさにこれに相当することが **60.2**, **61.2**, **61.3** においてわかるであろう．

[9] この組み立てを **21.1** において3人の単純多数決ゲームを定義する際に用いたものと比べてみるとよい．この2つの間にはたしかに類似性がある．

[10] **11.2.3** の記号を用いると：$\beta_1 = \beta_2 = 2$ で

このゲームが求める性質を備えていることは容易に証明できる.

そのために仮想プレイヤー 3 を導入し **56.2.2** で定義したようなゲームをつくる. このゲームの特性関数を v(S), $S \subseteq \{1,2,3\}$ とする. 上で述べたことから,

$$v(\{1\}) = v(\{2\}) = -1,$$
$$v(\{1,2\}) = 1$$

であり, また明らかに,

$$v(\ominus) = 0$$

である. さらに, (ゼロ和ゲームの) 特性関数の一般的性質から,

$$v(\{3\}) = -v(\{1,2\}) = -1,$$
$$v(\{1,3\}) = -v(\{2\}) = 1,$$
$$v(\{2,3\}) = -v(\{1\}) = 1,$$
$$v(\{1,2,3\}) = -v(\ominus) = 0$$

となる. まとめると:

(56:3) $\quad S$ の要素の数が $\begin{cases} 0 \\ 1 \\ 2 \\ 3 \end{cases}$ 個のとき, v(S) = $\begin{cases} 0 \\ -1 \\ 1 \\ 0 \end{cases}$

この公式 (56:3) は **29.1.2** の (29:1) にほかならない. すなわち, $\bar{\Gamma}$ は本質的ゼロ和 3 人ゲームを $\gamma = 1$ とした縮約形で表したものとなっている. このようにして, これは **21** で議論した 3 人の単純多数決ゲームと一致する[11].

$$\mathcal{H}_1(\tau_1, \tau_2) = \mathcal{H}_2(\tau_1, \tau_2) = \begin{cases} \frac{1}{2} & \tau_1 = \tau_2 = 1 \text{ に関して,} \\ -1 & \text{その他} \end{cases}$$

となる.

[11] もちろん, これらのゲームはすべて特性関数に関して一致しているわけであるが, **30.1.1** の理論全体は特性関数のみにもとづいてつくられているから, 結局はゲームそのものが一致していると考えてよい.

56 理論の拡張

ここで，前に **21-23** の発見的議論から知ったように，このゲームが提携の形成だけを目的としてすべてのプレイヤーが競争するゲームであることを思い出そう．実際，3人の単純多数決ゲームの性質を考えてみれば，これは直ちにわかることであろう（**21.2.1** を参照せよ）．したがって，仮想プレイヤーも提携に加わりたいと考えている．事実，ゲーム $\bar{\Gamma}$ は特性関数に関するかぎり，3人のプレイヤーに関して対称であるから2人の実存プレイヤー1,2はちょうど仮想プレイヤー3と同じ役割を果たし，それゆえ，この2人の提携に加わる能力とプレイヤー3の能力とがまったく異なっているというようなことはおこりえない[12]．

56.4.2 われわれは，また **56.3.3** の最後に用いた議論にもどり，それをこのゲームに適用することもできる：もし $\bar{\Gamma}$ における仮想プレイヤー3が実存プレイヤーのように行動したとすれば，彼は当然プレイヤー1,2の組の形成を阻止するような行動をとる．もしこの組が形成されれば彼は -1 を失い，もし形成されなければ2を獲得できるからである[13]．したがって，彼はプレイヤー1またはプレイヤー2に対し組を形成しえないような行動，すなわち各々 τ_1, τ_2 の値として1ではなく2を選ぶことをとれば，それに対して補償金を与えると申し出るであろう．この補償額は **22，23** の考察から決定することができ，$\frac{3}{2}$ となることがわかる[14]．読者は，この方法が3人の単純多数決ゲームに関しての既知の結果を導くという事実とともに，上記の事柄を証明するとよいであろう．

56.4.3 **56.4.1** の例により，**56.3.3** および **56.3.4** で明確にされた反論の

---

[12] 誤解をさけるために，次のことを再度強調しておく：ゲーム $\bar{\Gamma}$ のルールは $\mathcal{H}_k$ によってすべて表されるわけであるが，$\mathcal{H}_k$ が τ_1, τ_2 に依存し τ_3 には依存しないから，プレイヤー1,2,3に関してまったく対称とはいえない．1,2,3に対して，対称なのは特性関数 $v(S)$, $S \subseteq \{1,2,3\}$ のみである．しかしすでに知っているように，重要なのは $v(S)$ だけなのである．(696ページの脚注11)を参照せよ．)

[13] 696ページの脚注10) および (56:2) により，

$$\mathcal{H}_3(\tau_1, \tau_2) = -\mathcal{H}_1(\tau_1, \tau_2) - \mathcal{H}_2(\tau_1, \tau_2) = \begin{cases} -1 & \tau_1 = \tau_2 = 1 \text{ に関して,} \\ 2 & \text{その他の場合} \end{cases}$$

となる．

[14] この補償金により，(仮想プレイヤー3と結びついた) プレイヤー1またはプレイヤー2は -1 なる損失から $\frac{1}{2}$ なる利得を得ることができる．この $\frac{1}{2}$ なる利得は，プレイヤー1,2が組，すなわち提携を形成した場合に得る量である．また仮想プレイヤーの利得も2から $\frac{1}{2}$ に減少するが，この $\frac{1}{2}$ なる利得も実際にそうあるべき量なのである．

裏うちが与えられる．つまり，仮想プレイヤー $n+1$ は，直接に自らの手番を通してではなく補償金を申し出，それによって提携を形成するうえでの競争の条件およびその結果を修正するという間接的な方法を用いてゲーム $\bar{\Gamma}$ に影響を及ぼすのである．56.3.3 の終わりに指摘しておいたように，Γ すなわち仮想プレイヤーが単に形式的なつくり物であるかぎりにおいては，このような状況は生じない．それは，$\bar{\Gamma}$ において 30.1.1 の理論がそのまま適用されたとき——すなわち仮想プレイヤーがまるで実存プレイヤーのように行動してよい場合——におこる．言い換えれば，前節の考察において，われわれは仮想プレイヤーの，彼が導入された精神と相対立するような能力にその因を求めようとしているのではない．ただ，われわれのもとの理論を $\bar{\Gamma}$ に強硬に適用すると，このような不一致が生じることを示しただけである．したがって，ゼロ和ゲーム $\bar{\Gamma}$ は一般ゲーム Γ と無条件に同等であるとは考えられない．

ではどうすればよいであろうか？　これに答えるためには，その困難さが十分に表現されていた 56.4.1 の例についての分析にもどるのが一番よいであろう．

56.5　2つの可能な方法

56.5.1　ここで生じてきた困難は，56.4.1 においてもっぱら特性関数を用いて議論したためにもたらされたのだと考えることにより，これをさけることができると思う人がいるかもしれない．実際，56.4.1 のゲーム $\bar{\Gamma}$ は3人の単純多数決ゲームと一致していた——そこでは提携形成のメカニズムは疑うべくもない——が，それは同じ特性関数をもつというだけのことで，$\mathcal{H}_k$ については同じではなかった（特に 696 ページの脚注 11) および 697 ページの 12) を参照せよ）．したがって，特性関数のみに頼る記述をやめ，$\mathcal{H}_k$ にもとづく理論を組み立てることができると思うかもしれない．

しかしながら，よりくわしく調べてみると，この提案は——少なくとも当面の問題に関しては——まったく役立たないことがわかる．

第1に：特性関数 $v(S)$ を放棄し，そのもととなっている $\mathcal{H}_k$ を用いると，問題を扱うすべての手段が失われてしまう．ゼロ和ゲームについて，われわれは 30.1.1 の理論以外の一般理論をもっていないわけであるが，その 30.1.1 の理論はもっぱら $v(S)$ にもとづいているのである．したがって，この方法を用いると，一般ゲーム Γ からゼロ和ゲーム $\bar{\Gamma}$ への移行がまったく無意味にな

ってしまう．つまり，もとの一般ゲームと同様，ゼロ和ゲームも扱いえなくなってしまうのである．したがって，既存の理論を犠牲にすることは，その理論が他のすべての点においては十分に妥当性をもつにもかかわらず，他に逃げ道がまったくないことが確実な状況においてのみ合理的となりうるのである．ところが，この2つの条件はどちらも満たされてはいない．

第2に：特性関数からそのもととなっている$\mathcal{H}_k$にもどることは，先の各節の反論に対応していない．実際，**56.4.2**ばかりでなく**56.3.2**の終わりにおいても，われわれは$\mathcal{H}_k$を考慮に入れていた．われわれは，仮想プレイヤーが必ず直接に補償金を申し出ること——それは$\bar{\Gamma}$を同じ特性関数をもつ他のゲームで置き換えることにまったく依存せず必ずそうなるのであるが——を確立した[15]．

第3に：以下の議論からわかるであろうが，特性関数にもとづく理論を犠牲にする必要は必ずしもなく，その範囲を単に制限するだけで反論にも十分答えられるのである．

56.5.2 **56.3.2**-**56.4.2**を考え直してみればわかるように，仮想プレイヤーの行動に関しての現在の困難さを，すべて**30.1.1**の理論に負わせることはできなかった．

56.3.2-**56.3.4**および**56.4.2**の考察は，まったく発見的なものであり，これが特に重要であったのは，ある例において望ましくない結果が明確な形で得られた**56.4.2**の場合であった．実際，**56.4.2**の取り扱いは**21**-**23**における本質的ゼロ和3人ゲームの「予備的な」発見的議論にふれるだけで，**32**の厳密な理論にはふれていなかった．

——**56.4.2**および**56.4.1**において——生じた結果は厳密な理論の言葉を用いれば次のように記述することができる：**56.4.1**の一般2人ゲームはゼロ和3人ゲーム$\bar{\Gamma}$を導き，それは3人の単純多数決ゲームと一致している．**30.1.1**の厳密な理論はこのゲームについて種々の解を与えており，それは**33.1**において分類され分析されていた．ここで**56.4.1**および**56.4.2**の考察は，結局はこれらの解の中から特に1つ——すなわち**33.1.3**の非差別解——を選びだすことになるのである．

結局，次の問題が生じてくる：この——非差別——解だけを選ぶことが合理

---

[15] われわれは**56.4.1**においてはこのような用法をくり返し用いたが，**56.4.2**の議論においてはまったく用いなかった．

的であっただろうか？　他の解——すなわち 33.1.3 の意味での差別解——は反論を免れることができないのであろうか？

56.6　差別解

56.6.1　もしわれわれが異なった角度から本質的ゼロ和3人ゲーム——すなわち3人の単純多数決ゲーム——に接近し，その解の中から特に1つを選ばねばならないとしたら，非差別解を支持する強い仮定が必要となる．この解——すなわちそれの示す行動基準——は，3人のプレイヤーすべてに対して提携形成のための競争に平等な可能性を与え，差別しようとするいかなる明確な動機も存在していないので，このゲームの最も「自然な」解と考えたくなるであろう[16]．

ところが，現在の状況においては，差別するに足る十分な理由がある．つまり，ゲーム $\bar{\Gamma}$ においてプレイヤー 1, 2 は実存するプレイヤーであり，Γ に最初から参加しているのに対し，プレイヤー3は何回もくり返し強調されているように，形式的なつくり物にすぎないのである．先の各節の議論を通して，われわれはこのプレイヤー3が提携形成の競争に加わることはなく，他のプレイヤーのようには扱えないことを強調してきた．つまり，この状況に 30.1.1 の理論を適用できるのは，仮想プレイヤーに対して必ず差別が存在する——すなわち 33.1 において差別的とよばれた解の1つ，ただし除外されるプレイヤーは仮想プレイヤー3であるを選ぶ——場合だけである．

この差別解は除外されたプレイヤー——このプレイヤーは解，すなわち行動基準によって提携形成のための競争から除外されている——が，解のいかなる配分においても固定された量 c を割り当てられる，という事実によって特徴づけられることをわれわれは 33.1 でみた．33.1.2 で明らかにされたように，この量は必ずしも除外されたプレイヤーが1人で獲得できる最小の量とはならない——すなわち，$c = -1$ とは必ずしもならない．実際 c は，ある区間から選ぶことができた：すなわち $-1 \leq c < \frac{1}{2}$ である．

56.6.2　ここで議論をしばらく中断し，仮想プレイヤーを最悪の状況に陥れるような——すなわち $c = -1$ とするような——差別解について注釈を与えておこう．33.1.1 によれば，この解は仮想プレイヤー3が -1 を獲得し，2

---

[16] もちろん，他の解も 30.1.1 の厳密な意味において正しいわけであるが，それにもかかわらず上述の事柄は一見したところ合理的である．

人の実存プレイヤーが各々 -1 以上を獲得するような配分のみから構成されている．

そこでも指摘されていたように，これによっても解——すなわち行動基準——は2人の実存プレイヤーの間の取り分の分割についてはまったく制限を加えはしない．そこで与えられていた理由は，ここではずっと根本的な点において妥当となる：つまり，プレイヤー1, 2の交渉にまったく制限が加えられないのは，許容された行動基準がプレイヤー3の妨害を排除している——これは唯一のプレイヤー1, 2の関係に対する規範的な影響であった——からばかりではなく，こちらのほうがより良い理由と思われるが，実はプレイヤー3が存在していないという理由にもよるのである．これにより，プレイヤー1または2が「公平な取り分」をパートナーによって認められない場合に協力を捨て去り，その代わりにプレイヤー3と協力し，このプレイヤー3から補償金を得るという脅しが取り除かれることは容易にわかる．

56.7 代替的な可能性

56.7.1 56.6.1の終わりで中断されていた議論を続けよう．

$c = -1$に固執すべきかそれとも$-1 \leq c < \frac{1}{2}$をとり入れるべきかは問題である．一見したところ前者のほうがより妥当であるように思える．実際，$c > -1$ならば実存プレイヤーは仮想プレイヤーを最大限に搾取することはしない，すなわち（2人合わせて）とりうる最大量を獲得することはしない．このような自制を受け入れた安定な行動基準によって，仮想プレイヤーに支払う補償金と考えることもできるであろう．そして，われわれは仮想プレイヤーの提携および補償金への参加を除外しているので，これを禁じるのも一理ある．

しかしながら，この議論はまったく確固としたものではないことも認めなければならない．仮想プレイヤーによって支払われる（正の）補償金は，彼に支払われる補償金とは質的にまったく異なったものである．つまり，仮想プレイヤーは実在せず，それゆえ補償金を支払うことはないので，前者は明らかに不合理なものであるが，それに対して，後者はまったく合理的なものなのである．それは単に可能な全体としての有利さを利用する際の自制を表しており，われわれは安定な行動基準がこのような行動を要求できることを示す例をいくつか示してきた[17]．このような自制が現在の状況において問題外であるかどうかは最初から明らかなことではない[18]．これを除外することは——完全な

情報が存在する場合には——安定な行動基準が必ず全体の便益の最大化を達成することを意味する．現在の社会学の文献にくわしい読者は，この点についての議論がいまだ結論を出すには程遠いことを知っているであろう．

しかしながらわれわれは，cがその最小値に制限されねばならないことを示すことにより，われわれの理論の枠組みの中でこの問題を解決しえるであろう[19]．

56.7.2 しかしながら，さしあたっては両方の代替案を平行して展開していかねばならない．

そのために，われわれは一般n人ゲームΓとそれに対応するゼロ和$(n+1)$人ゲーム$\bar{\Gamma}$にもどる．ここで次の関連した概念を厳密に定義しておく．

(56:A:a) 　$\bar{\Gamma}$のすべての解$\bar{V}$の集合をΩと表す．

(56:A:b) 　数cを与えたときに，$\bar{V}$のあらゆる配分$\vec{\alpha} = (\alpha_1, \cdots, \alpha_n, \alpha_{n+1})$が$\alpha_{n+1} = c$[20]となるような$\bar{\Gamma}$の解$\bar{V}$の集合を$\Omega_c$と表す．

(56:A:c) 　Ω_cの和集合をΩ'と表す．

(56:A:d) 　$c = v(\{n+1\}) = -v(\{1,\cdots,n\})$となるような$\Omega_c$を$\Omega''$と表す[21]．

(56:A:c) に関して次のことがわかる：

あるcに関して集合$\Omega_c = \ominus$となることがあるが，このようなcはΩ'が

---

[17] もちろん，これは**33.1.2**の可能性を示すいま1つの例となっている．ゼロ和4人ゲームにおける例が**38.3.2**の(38:F)において与えられていた．さらに，**46.11**においては，あらゆる分解可能ゲームに関しても例が与えられていた．(この最後の例においては，自制は$\bar{\varphi} < 0$のときにはΔ，$\bar{\varphi} > 0$のときにはHのプレイヤーによってなされた．**46.11**を参照せよ．)
　プレイヤーは——われわれの理論においては常に——ゲームの可能性をすべて知らされていると仮定されているにもかかわらず，受けいれられた行動基準の圧力のもとでこのような自制が行われることをわれわれは強調しておく．

[18] しかしながら，もし自制が存在すれば，それは——安定ではあるが——非効率な社会組織の形態とみなされるであろう．

[19] すなわち，問題となっていた自制は現れず，最大の社会的便益が常に得られるのである．われわれは数値で表されしかも無制限に譲渡可能な効用および完備情報を仮定しているからこうなるのであり，この結果は広範に成り立つとは限らない．

[20] すなわち，仮想プレイヤーが解のいかなる配分においても常に同じ量cを獲得するような状況である．

[21] すなわち，仮想プレイヤーが解のいかなる配分においても他のすべてのプレイヤーと対立した場合に独自で獲得できる量しか獲得できないような状況である．これは——すでに知っているように——実存プレイヤーが全体の最大の便益を獲得することを意味している．

形成されるときには明らかに省かれる．したがって，$\alpha_{n+1} \geq \mathrm{v}(\{n+1\}) = -\mathrm{v}(\{1,\cdots,n\})$ により，必ず $c \geq -\mathrm{v}(\{1,\cdots,n\})$ とならねばならない．もしそうならなければ，$\Omega_c = \ominus$ となってしまうからである．さらに，

$$\alpha_{n+1} = -\sum_{k=1}^{n} \alpha_k \leq -\sum_{k=1}^{n} \mathrm{v}(\{k\})$$

により，必ず $c \leq -\sum_{k=1}^{n} \mathrm{v}(\{k\})$ とならねばならない．さもなければ，$\Omega_c = \ominus$ となってしまう．こうして c は，制限

(56:4) $\quad -\mathrm{v}(\{1,\cdots,n\}) \leq c \leq -\sum_{k=-1}^{n} \mathrm{v}(\{k\})$

にしたがう．実際には，もう少し制限はきびしくなる[22]．

(56:A:d) の Ω'' は，(56:4) の最小の c に属するものである．

56.8 新しい構成

56.8.1 56.3.2-56.4.3 の議論からわかるように，Ω に属する解のすべてが Γ に関して意味をもつものではない．**56.6.1** の分析により，これらの解はかなり制限はされているが，すべての解が意味をもつ体系は Ω', Ω'' のどちらであるかという問題はまだ解決されていない．

このようにして，この 2 つの体系 Ω', Ω'' はそれぞれ前述の 2 つの代替案に相当する．

そこで，この Ω', Ω'' を区別することにする．

ゲーム $\overline{\Gamma}$ の配分

(56:5) $\quad \vec{\alpha} = (\alpha_1, \cdots, \alpha_n, \alpha_{n+1})$

を考える．この要素 $\alpha_1, \cdots, \alpha_n, \alpha_{n+1}$ のうち，最初の n 個，すなわち $\alpha_1, \cdots, \alpha_n$ は実在する量，つまり実存プレイヤー $1, \cdots, n$ がそれぞれこの配分から獲

---

[22] 本質的ゼロ和 3 人ゲームを例にとると，(56:4) により，

$$-1 \leq c \leq 2$$

となるが，**32.2.2** ですでにみたように (Ω_c が空でないような) c の正確な領域は，

$$-1 \leq c < \tfrac{1}{2}$$

である．

得する量を表している．また最終要素 α_{n+1} は，仮想上の操作：つまり仮想プレイヤー $n+1$ に帰する量を表している．さらに，この要素 α_{n+1} は $\bar{\Gamma}$ を説明するうえでの仮想上の量であるばかりでなく，数学的にも不必要であり，$\alpha_1, \cdots, \alpha_n$ の値を知ればそれから決定することができる．実際（配分 $\vec{\alpha}$ の要素をすべて加えればゼロとならねばならないから），

(56:6) $\quad \alpha_{n+1} = -\sum_{k=1}^{n} \alpha_k$

である．したがって，$\vec{\alpha}$ をその要素 $\alpha_1, \cdots, \alpha_n$ のみによって表し，——もし必要ならば——α_{n+1} は (56:6) から導けるとしておくほうがよいであろう．そこでこれからは，

(56:7) $\quad \vec{\alpha} = ((\alpha, \cdots, \alpha_n))$

と書くことにする．この記号はもとの記号にとって代わるものではない．——すなわち，われわれはどちらがより適当であろうとも，(56:5) および (56:7) の双方を用いることにする．実際，われわれが (56:5) の一重括弧 ( ) の代わりに (56:7) において二重括弧 (( )) を用いたのは，この二重の表記法から生じる誤解をさけるためなのである[23]．

56.8.2 配分 $\vec{\alpha}$ は (56:5) の形において，ゼロ和制限および

(56:8) $\quad i = 1, \cdots, n, n+1$ に関して，$\alpha_i \geq v(\{i\})$

---

[23] もちろん，われわれはもとのゼロ和 n 人ゲームに関してはこれを行ってきた．その場合には，

$$\vec{\alpha} = (\alpha_1, \cdots, \alpha_n)$$

が（任意の固定された i_0 に関して）$i \neq i_0$ なる要素 α_i が与えられているときに，

$$\alpha_{i_0} = -\sum_{i \neq i_0} \alpha_i$$

から，すべて決定されるということであった．これにともない，**31.2.1** の (31:I) において，すでに（本質的）ゼロ和 n 人ゲームの配分が n 次元多様体ではなく $(n-1)$ 次元多様体をなすことをみた．

しかしながら，α_{i_0} を除いたとしても何の利点もなく，またたとえ取り除くとしてもどれを除くべきかを決定する方法はまったくない．本質的ゼロ和 3 人ゲームの図を用いての議論において，われわれは実際にすべての α_i を図示しようと努めた．(**32.1.2** を参照せよ．)

ところが α_{n+1} の特別な役割を考慮しているここでは，状況はまったく異なっている．α_{n+1} を除いておくことは，後の議論において重要となるのである．

なる条件にしたがっていた．そこでわれわれは（(56:6) によって）(56:7) に関しても (56:8) を考えてみなければならない．

まず，$i = 1, \cdots, n$ に関しては (56:8) は (56:7) から (56:5) への移行によってまったく影響を受けないが，$i = n+1$ に関しては (56:6) を用いねばならず，それによって，

$$\sum_{i=1}^{n} \alpha_i \leq -v(\{n+1\}) = v(\{1, \cdots, n\})$$

となる．したがって，(56:8) は次のようになる：

(56:9)　　$i = 1, \cdots, n$ に関して，$\alpha_i \geq v(\{i\})$

(56:10)　　$\sum_{i=1}^{n} \alpha_i \leq v(\{1, \cdots, n\})$

56.9　Γ がゼロ和ゲームである場合の再考

56.9.1　ここで，しばらく議論を中断してこの2つの条件の解釈を試みよう．

(56:9) は目新しいものではない．これは，ゼロ和ゲームに関してわれわれがすでに知っていること，すなわち，いかなるプレイヤーもいかなる場合にも，他のすべてのプレイヤーと敵対して独力で獲得できる量より少ない量は受け取らないことを表している．しかしながら，(56:10) ははじめて現れてきたが，$v(\{1, \cdots, n\})$ なる量をよりくわしく考えてみれば，この意味は明らかであろう．

$v(\{1, \cdots, n\})$ は，実存プレイヤー $1, \cdots, n$ のすべてからなる合成プレイヤーが仮想プレイヤー $n+1$ と敵対してプレイしたときに獲得するゲームの値である．この合成されたプレイヤーが，プレイの終わりに獲得する量はもちろん

$$\sum_{k=1}^{n} \mathcal{H}_k(\tau_1, \cdots, \tau_n)$$

であり，彼はこの式の中の変数 $\tau_1, \cdots, \tau_n$，すなわちすべての変数を制御できる．したがって，ゼロ和2人ゲームでは実存プレイヤーがすべての手番を制御でき，仮想プレイヤーはゲームの進行にまったく影響を及ぼさないことになる．

これを **14.1.1** で述べたゼロ和 2 人ゲームと比べてみると，ここでの $\sum_{k=1}^{n}\mathcal{H}_k$ は $\mathcal{H}$，変数 $\tau_1,\cdots,\tau_n$ は 1 つの変数 τ_1 に相当しているが，τ_2 に相当するものはここでは存在していない．

このゲームの（第 1 のプレイヤーに関する）値がすべての変数に関して最大化することにより得られるのは明らかである（なぜなら，すべての変数が第 1 のプレイヤーによって制御されているから）．これは，ここでの構成によれば，

(56:11) $\quad \text{Max}_{\tau_1,\cdots,\tau_n} \sum_{k=1}^{n} \mathcal{H}_k(\tau_1,\cdots,\tau_n)$

であり，**14.1.1** におけるこれに対応する式は，

(56:12) $\quad \text{Max}_{\tau_1} \mathcal{H}(\tau_1,\tau_2)$（実際には τ_2 は欠如している）

である．

もちろん，**14** の体系だった理論である **17** も同じ結果を導く：つまり，Min_{τ_2} という演算がないから，**14.4.1** における v_1, v_2 は互いに等しく，さらに (56:2) にも等しい．よって，ゲームは厳密に決定され，**14.4.2** および **14.5** の意味で (56:12) なる値をもつ．したがって，**17** の一般理論は必ず同じ値をもたらす．

したがって：

(56:13) $\quad v(\{1,\cdots,n\}) = \text{Max}_{\tau_1,\cdots,\tau_n} \sum_{k=1}^{n} \mathcal{H}_k(\tau_1,\cdots,\tau_n)$

となることがわかる．つまり，(56:10) は次のことを表しているのである：いかなる配分も，最も好ましい状態，すなわち完全に協力ししかもとりうる最善の戦略をとった場合に得られる総量以上の量をすべての（実存）プレイヤーに与えることはできない[24)25)]．

[24)] 実存プレイヤー全体についての最善の戦略の概念は，明確に定義されていることに注意されたい：つまり，もし完全な協力があれば，実存プレイヤーの全体は純粋最大化問題に直面するのである．

[25)] もしゲームがそのもとの形――すなわち **12.1.1** および **11.2.3** の正規化がなされていない形――において偶然手番を含んでいるならば，上述の「最も好ましい状態」はこれらを含んではいけないことになる．すなわち，協力と戦略の最適な選択のみが考えに入れられるべきで，偶然手番は期待値をつくることにより考慮されるべきなのである．実際，このようにして，われわれは **11.2.3** にお

要約すれば：

(56:B)　(56:7) の配分は次の制限にしたがう：
(56:B:a)　いかなる実存プレイヤーも，自らが他のすべてのプレイヤーと敵対して独力で獲得できる量未満では承服しない（(56.9) を参照せよ）．
(56:B:b)　実存プレイヤーをすべて合わせたとしても，最も好ましい状態，すなわち完全な協力が行われとりうる最善の戦略がとられた場合，に獲得できる量以上に得ることはできない（(56:10) および (56:13) を参照せよ）．

この定式化により，条件 (56:9)，(56:10)（すなわち (56:B:a)，(56:B:b)）の常識的意味が非常に明確になる：(56:9)（すなわち (56:B:a)）に反することは，（実存）プレイヤーの1人が，自らに与えられうるものより好ましくない量で我慢することを意味している．(56:10)（すなわち (56:B:b)）に反することは，（実存）プレイヤーの全体が，到達しうる最大よりもより好ましい量を受けとることを意味している．このような状態は明らかに不合理であるから，合理的に行動するプレイヤーは，このような状態のもとでは分配計画（すなわち配分）を考えはしないであろう．

56.9.2　さらに議論を進める前に，われわれの歩んできた行程をもう一度ふり返り，ここでの議論の構造と前に述べたものとを，両方が適用される場合について比較してみなければならない．

もっとはっきりいえば：先の各節における議論をもともとゼロ和であるような n 人ゲーム Γ に適用する場合を考えてみる．そして，このゲームについて **56.2.2** で述べたようにゼロ和 $n+1$ 人ゲーム $\bar{\Gamma}$ をつくり，**56.8.2** のように議論を進めてみる．

この操作のもつ意味を誤解してはならない．Γ 自身がゼロ和ゲームであるならば，**56.2.2** および **56.8.2** の操作は明らかにまったく不必要である．つまり，このような場合を処理できる理論をわれわれはすでに備えている．ところ

いて，

$$\mathcal{G}_k(\tau_0, \tau_1, \cdots, \tau_n)$$

（τ_0 は偶然手番全体の及ぼす影響を代表する）から現在用いている $\mathcal{H}_k(\tau_1, \cdots, \tau_n)$ へと移行したのであった．

が，すべてのゲームに妥当であるようなより一般理論をこれをもとに構成するためには，もとのゲームがゼロ和である場合に，（より特殊な）旧理論とこの一般理論が一致していなければならない．すなわち，新理論が余計であるような旧理論の領域においては，新理論と旧理論は一致していなければならないのである[26]．

56.9.3 Γ がゼロ和 n 人ゲームならば，

$$\sum_{k=1}^{n} \mathcal{H}_k(\tau_1, \cdots, \tau_n) \equiv 0,$$

すなわち，$\mathcal{H}_{n+1}(\tau_1, \cdots, \tau_n) \equiv 0$ となる．したがって，たとえ仮想プレイヤー $n+1$ が集合 S に付け加えられても（もしくは取り除かれても），$v(S)$ は変化を受けない．すなわち：

(56:14)　　$S \subseteq \{1, \cdots, n\}$ に関して，$v(S) = v(S \cup \{n+1\})$.

$S = \ominus, \{1, \cdots, n\}$ なる特別な場合には，

(56:15)　　$v(\{n+1\}) = 0,$
(56:16)　　$v(\{1, \cdots, n+1\}) = 0$

となる．

(56:14) と (56:15) を合わせれば，ゲーム $\bar{\Gamma}$ は分離集合 $\{1, \cdots, n\}, \{n+1\}$ に関して分解可能であることがわかる．つまり，その $\{1, \cdots, n\}$ 成分はもとのゲーム Γ であり，仮想プレイヤー $n+1$ はダミーである[27]．（分解については **43.1** および **42.5.2** の最後，ダミーについては 464 ページの脚注 3) および **43.4.2** の最後を参照せよ．）

ここで，われわれには次のことがわかった：

---

[26] これは数学的な一般化におけるよく知られた方法論的原則である．
[27] 読者は，ゲーム $\bar{\Gamma}$ において仮想プレイヤーが一般にはダミーではないことを思い出さねばならない．これは矛盾であるかのように思えるかもしれないが，非常に特殊な 2 人ゲーム Γ の場合であるが，**56.3** においてそうなることが示されている．実際，$\bar{\Gamma}$ の解 $\bar{V}$ を仮想プレイヤーに特別な役割を与えるような解に制限せねばならないのは，まさにゲーム $\bar{\Gamma}$ のルールが彼にダミーという役割を与えないからなのである．これが **56.3.2**-**56.6.2** の議論の意味するところである．
われわれは **57.5.3** において，仮想プレイヤーをダミーとするためには Γ のどのような性質が必要であり，しかも十分であるかを決定するであろう．

56.9.4 第1に：$\bar{\Gamma}$ は Γ にダミーを付け加えることにより得られるから，（旧理論における）Γ と $\bar{\Gamma}$ の解は相互に対応し，唯一の相違は，後者がダミー（すなわち仮想プレイヤー $n+1$）にも注意を払い，彼に $v(\{n+1\})$ なる量，すなわちゼロを割り当てる点だけである．(**46.9.1** もしくは **46.10.4** の (46:M) を参照せよ.)

われわれの提示した新理論によれば，Γ の解は（旧理論による）$\bar{\Gamma}$ の解から得られる．したがって，上述の考察からわかるように，Γ に対して得られるべき新しい解はすべて旧理論から得られる解に含まれるのである．さらにこの場合には，**56.7.2** の (56:A:a) の Ω の全体も得ることができる．――実際そうならなければならないのである．ところでこの場合には，Ω のすべての解が自動的に仮想プレイヤー $n+1$ に $v(\{n+1\})$ なる量を割り当てることにも注意されたい．すなわち $\Omega = \Omega_c$, $c = v(\{n+1\})$, $\Omega = \Omega''$ となるのである．(**56.7.2** の (56:A:b) および (56:A:d) を参照せよ.) したがって，Ω と Ω'' の間のいかなる集合――特に Ω', Ω'' は共に (56:A:c) および (56:A:d) に属するものとする――も Ω に一致し，われわれの目的に合致するのである．

言い換えれば：Ω' と Ω'' のどちらを選択するかは，この場合にはまったく重要ではない．ここでの代替案は共に旧理論と一致し，実際旧理論を放棄する必要はまったくありえないのである[28]．

56.9.5 第2に：ゼロ和 n 人ゲームの配分は旧理論では次のように定義された：

(56:C:a)　$\vec{\alpha} = (\alpha_1, \cdots, \alpha_n)$;

(56:C:b)　$i = 1, \cdots, n$ に関して，$\alpha_i \geq v(\{i\})$;

(56:C:c)　$\sum_{i=1}^{n} \alpha_i = 0$.

56.8.1 の (56:7) においては，これとは異なり，

(56:C:a*)　$\vec{\alpha} = ((\alpha_1, \cdots, \alpha_n))$

かつ，(56:9), (56:10) および (56:16) により，

(56:C:b*)　$i = 1, \cdots, n$ に関して，$\alpha_i \geq v(\{i\})$;

---

[28] Ω を制限する必要は，**56.5-56.6** の議論において非ゼロ和ゲーム Γ を考えることから生じてきた．

$$(56\text{:C:c*}) \quad \sum_{i=1}^{n} \alpha_i \leq 0$$

であった．

すでに先の注意からわかっているように，現在の場合においては，旧理論と新理論との間に実質的な差異は存在しない[29]．しかし，(旧理論からみて)(56:C:a)-(56:C:c) と (56:C:a*)-(56:C:c*) の 2 つの方法が，実際にはまったく一致するものであることを直接確かめておくのが有益である．

この 2 つの方法の異なっている点は，(56:C:c) と (56:C:c*) だけである．**44.7.2** の定義を思い出してみれば，(56:C:a)-(56:C:c) と (56:C:a*)-(56:C:c*) の間の相違は次のように記述できることがわかるであろう：つまり，前者は $E(0)$ の解を考え，後者は $F(0)$ の解を考えているのである．ところで，われわれは **46.8.1** において 0 がゲーム Γ の「正常な」領域に属し，かつ **45.6.1** の (45:O:b) により $E(0)$ と $F(0)$ が同じ解をもつことを述べておいた．したがって，この 2 つの方法はまったく一致するのである．

以上の 2 つの注意は，ゼロ和ゲーム Γ に対する 2 つの方法の予期される影響を分析するために，第 9 章の合成と分解の理論を体系だてて利用した．この新しい方法とは，主として Γ から $\bar{\Gamma}$ への移行であり，すでにみたように Γ にダミーを付け加えることによって行われた．これは，第 9 章で扱った一般的な合成よりもかなり特殊なものである．したがって，第 9 章で述べたより一般的な定理を用いることなく，ここでの結果は得ることができた．第 9 章の一般的な結果は，いかなる場合にも利用可能であり，さらに上述の取り扱いは，われわれの現在の考察がこのような一般的な結果にかなうものであることを示しているので，われわれはこの問題にはこれ以上立ち入らないことにする．

56.10 支配の概念の分析

56.10.1 われわれは，ここで一般 n 人ゲーム Γ，およびそのゼロ和拡張 $\bar{\Gamma}$ にもどり，**56.8** で導入した新しい配分の取り扱いを考える．

$\bar{\Gamma}$ のすべての解が，一般には Γ の解の概念を十分に定義しえないことは明らかであり，これは **56.5-56.6** の特別な場合の考察——すなわち詭弁的方法

---

[29] いや，むしろ予期された方向にそっては，何も打ち立てられなかったといったほうがよいかもしれない．——すなわち Ω' と Ω'' との間の決定はまだなされなかったのである．

56 理論の拡張

——によって確立されていた．そこで，この問題に体系だった接近を試みてみよう．つまり，このゲームに **30.1.1** で与えた解の形式的な定義を適用し，その定義のうちのどれが不十分で修正を要するかを，十分に一般性をもつように決定しようというのである．

このために，われわれは **56.8.1** の新しい配列（56:7）における（$\bar{\Gamma}$ の）配分の概念を用いる．この新しい配列における重要な点は，最初から $\bar{\Gamma}$ における実存プレイヤーの重要性に主眼を置いていることである．——つまり，$\bar{\Gamma}$ よりも Γ に注意を向けているのである．もちろん，これによって，われわれが **30.1.1** の正式の理論を一般 n 人ゲーム Γ ではなくゼロ和 $n+1$ 人ゲーム $\bar{\Gamma}$ に適用しているという事実が損われることはない．（Γ に適用することは不可能である．）

30.1.1 の概念はすべて支配の概念にもとづいていた．そこで，まず **30.1.1** で定義された支配の意味を **56.8.1** の新しい配列（56:7）による（$\bar{\Gamma}$ の）配分について表すことから始めよう．

2つの配分

$$\vec{\alpha} = ((\alpha_1, \cdots, \alpha_n)), \quad \vec{\beta} = ((\beta_1, \cdots, \beta_n))$$

を考える．支配関係

$$\vec{\alpha} \succ \vec{\beta}$$

は，

(56:18)　すべての $i \in S$ に関して，$\alpha_i > \beta_i$

となるような $\vec{\alpha}$ に関して有効な，すなわち，

(56:17)　$\displaystyle\sum_{i \in S} \alpha_i \leq \mathrm{v}(S)$

となる空でない集合 $S \subseteq \{1, \cdots, n, n+1\}$ が存在することを意味する．われわれは，これを $\alpha_i, \beta_i \ (i = 1, \cdots, n)$ だけを用いて表したい．そのためには，次に述べるように2つの場合を区別せねばならない．

56.10.2　第1に：S が $n+1$ を含まない場合．このときには，

(56:19)　$S \subseteq \{1, \cdots, n\}, \quad S \neq \ominus$

である．上記の条件 (56:17), (56:18) は，α_i, β_i $(i=1,\cdots,n)$ を含むだけであるから書き直す必要はない．さらに，(56:17) の v(S) においても $S \subseteq \{1,\cdots,n\}$ である．

第 2 に：S が $n+1$ を含む場合．この場合には，$T = S - \{n+1\}$ とおくと，

(56:20)　$T \subseteq \{1,\cdots,n\}, \quad T = \ominus$ ともなりうる．

となる．上記の条件 (56:17), (56:18) は，$\alpha_{n+1}, \beta_{n+1}$ を含むから書き直さねばならない．

ここで，$\{1,\cdots,n,n+1\}$ における $-S$，すなわち $\{1,\cdots,n,n+1\}-S$，および $\{1,\cdots,n\}$ における $-T$，すなわち $\{1,\cdots,n\}-T$ をつくるのは自然であろう．この 2 つの集合は明らかに同じものであるが，記号を区別しておくほうが後に役立つ．そこで前者を $\perp S$，後者を $-T$ と表すことにする．$\sum_{i=1}^{n+1} \alpha_i = 0$ であるから，

$$\sum_{i \in S} \alpha_i = -\sum_{i \in \perp S} \alpha_i = -\sum_{i \in -T} \alpha_i,$$
$$\mathrm{v}(S) = -\mathrm{v}(\perp S) = -\mathrm{v}(-T)$$

となる．したがって (56:17) は，

(56:21)　$\sum_{i \in -T} \alpha_i \geq \mathrm{v}(-T)$

となり，これは α_i $(i=1,\cdots,n)$ しか含んでいない．さらに (56:21) の v($-T$) において $-T \subseteq \{1,\cdots,n\}$ である．次に (56:18) は，

(56:22)　すべての $i \in T$ に関して，$\alpha_i > \beta_i$

かつ

$$\alpha_{n+1} > \beta_{n+1}$$

となる．この最後の不等式は，

(56:23)　$\sum_{i=1}^{n} \alpha_i < \sum_{i=1}^{n} \beta_i$

なることを意味する．(56:22), (56:23) もまた α_i, β_i $(i=1,\cdots,n)$ しか含

んでいない．

要約すれば：

(56:D) $\vec{\alpha} \succ \vec{\beta}$ は次のことを意味する．
(56:D:a) (56:19) と (56:17)，(56:18) を満たす S が存在するか；
もしくは
(56:D:b) (56:20) と (56:21)，(56:22)，(56:23) を満たす T が存在する．

これらの規準は，集合 $S, T, -T \subseteq \{1, \cdots, n\}$ および α_i, β_i $(i = 1, \cdots, n)$ しか含んでいないことに注意されたい．つまり，もとのゲーム Γ の実存プレイヤー $1, \cdots, n$ にふれているだけなのである．

56.10.3 支配の規準 (56:D) は **30.1.1** の最初の定義をそのまま適用することによって得られた．その適用というのもまず $\bar{\Gamma}$ に対して行われ，次いで Γ に合うように翻訳されたものであった．この操作は厳密に実行されたので，ここではその結果の解釈を試みることにしよう．つまり，(56:D) の条件が当面の問題について合理的な支配の定義を与えるか否かを確かめよう．

(56:D) によれば，支配は (56:D:a) と (56:D:b) の2つの場合に成立する．

(56:D:a) は **30.1.1** の最初の定義の言い換えにすぎない[30]．これは，各メンバーが $\vec{\beta}$ における自らの状態よりも $\vec{\alpha}$ におけるほうを好み（これは (56:18) である），かつグループ，すなわち同盟としてこの選好を実施できる（これは (56:17) である）ような（実存）プレイヤーのグループ（(56:19) の集合 S）が存在することを表している．

一方 (56:D:b) は，Γ つまり実存プレイヤーのみについてみれば，まったく新しい内容を含んでいる．これもまた，各メンバーが $\vec{\beta}$ における状態よりも $\vec{\alpha}$ におけるほうを好むような（これは (56:22) である）（実存）プレイヤーのグループ（(56:20) の集合 T）の存在を必要としている．しかし，このグループが問題となっている選好を実行できる能力（すなわち (56:17)）は必要とはされず，その代わりに，このグループから除外された実存プレイヤーが彼らに関するかぎり（T に）選好された配分をブロックできてはならない，という条件（これが (56:21) である）が新たに付け加えられる[31]．

---

[30] しかしながら，**30.1.1** の理論が意図してはいなかった一般ゲーム Γ に適用されている．
[31] 除外され $-T$ に属する（実存プレイヤー）は，$\vec{\alpha}$ によって割り当てられる量よりも多く彼らだけで獲得できる場合，すなわち，

最後に，（実存）プレイヤーの全体としては——すなわち社会全体としては——（拒絶された）配分 $\vec{\beta}$ におけるよりも（選好された）配分 $\vec{\alpha}$ におけるほうがより悪くなるという奇妙な条件も現れてきている（これは (56:23) である）．

56.10.4 この奇妙な代替案 (56:D:b) は，もちろん仮想プレイヤー $n+1$ を実存するプレイヤーとして扱ったことによりもたらされたものである．もしわれわれがそうはせず現実的なもの——すなわち実存プレイヤー——だけで考えようとすれば，(56:D:b) を解釈することは非常に困難になる．せいぜいよく解釈できたとしても，それは明らかに社会を全体として（すなわちあらゆる実存プレイヤーの全体として）傷つけるような効果的な影響をもつ操作を仮定しなければならない．もっとくわしくいえば，あるグループの（実存プレイヤーの）すべてのプレイヤーが $\vec{\beta}$ よりも $\vec{\alpha}$ を好み，しかも残りの（実存）プ

$$\sum_{i \in -T} \alpha_i < v(-T)$$

なる場合に選好された配分 $\vec{\alpha}$ をブロックすることができる．（ここで等号の場合はブロックできないから除外されていることに注意されたい．）この否定は実際，

(56:21) $\quad \sum_{i \in -T} \alpha_i \geq v(-T)$

となる．

これをもとのグループ T がその選好を実行しうるための条件，すなわち，

(56:17) $\quad \sum_{i \in T} \alpha_i \leq v(T)$

と比較してみよう．

(56:17), (56:21) のどちらからも他方を導きえないことに注意されたい：つまり，グループ T が T のメンバーに関するかぎり $\vec{\alpha}$ を実行し，同時にグループ $-T$ が $-T$ のメンバーに関するかぎり $\vec{\alpha}$ をブロックすることも可能なのである．また，どちらのグループも選好された配分を実行もできず，また妨げもできないようなこともおこりうる．

しかし，Γ がもしゼロ和ゲームであり，(旧理論におけると同様) $\sum_{i=1}^{n} \alpha_i = 0$ であるならば，(56:17) と (56:21) とは同等である．実際，この場合には，

$$v(T) + v(-T) = v(\{1, \cdots, n\}) = 0$$

であるから，

$$\sum_{i \in -T} \alpha_i = -\sum_{i \in T} \alpha_i, \quad v(-T) = -v(T)$$

となり，これから同等性がもたらされる．

レイヤーがこの$\vec{\alpha}$をブロックすることができず，社会全体として明らかに損失をこうむるような場合に支配関係は成立するのである．

この(56:D:b)の支配を通常の(56:D:a)の支配と比べてみると，次の相違点が特に目につく：第1に，(56:D:a)では選好を実施できる能力が重要であるのに対し，(56:D:b)では他のグループがそれをブロックしうる能力が重要なポイントとなっている．第2に，(56:D:a)においては有効集合は必ず空ではないが，(56:D:b)においてはそれに相当するものが空ともなりうる((56:19)および(56:20)を参照せよ)．第3に，(56:D:b)においては反社会的見方が現れるが，(56:D:a)においてはまったく現れない．

読者は，これまでの議論から，(56:D:b)はむしろ不合理な性質をもってはいるが，まったくなじみのないものであるとはいえないことに気づかれたであろう．(56:D:b)が表しているものをくわしく述べるのは容易なことではあるが，ここではこれ以上立ち入る必要もないであろう．重要なのは，(56:D:b)において**56.5-56.6**で特別な場合が分析されたときの困難さが，一般にはどこに起因するかを調べる十分な根拠を見出したことである．明らかに，(56:D:b)は(56:D:a)の意味においては支配の概念に対する正しいアプローチとは思えない．

そこで，(56:D:b)をまったく拒絶するという簡単な方法によってこの困難さを解決していくことにしよう．

56.11 厳密な議論

56.11.1 まず**56.10.2**の(56:D)における(56:D:b)を除き，(56:D:a)だけを残して支配を定義し直すことを前節で決定した．この新しい支配の概念は次の2つの方法で記述され，その2つは共に考察しておくだけの価値がある．

第1に：**56.10.3**の冒頭で指摘したように，(56:D:a)は結局は**30.1.1**の定義のくり返しである．唯一の相違は，**30.1.1**ではΓがゼロ和n人ゲームであったのに対し，ここでは一般n人ゲームであるという点だけである．

このようにして，われわれの現在行っている方法は，**30.1.1**の支配の定義を変えることなくゲームがもはやゼロ和であることを要求されないような，現在扱っている問題にまで拡張することを意味する[32)]．

第2に：ここで(56:D:a)の条件をΓではなく$\bar{\Gamma}$のほうからみてみよう．

56.10 のもとの議論は，以下の分離にしたがって2つの場合 (56:D:a) と (56:D:b) をもたらした．**30.1.1** の意味で，$\bar{\Gamma}$ における支配は集合 S にもとづいていなければならない．ここで，$n+1$ が S に属さないときには (56:D:a) が得られ，属しているときには (56:D:b) が得られた．したがって (56:D:a) の条件は，結局は集合 S が $n+1$ を含んではならないことに一致する．

次のようにくり返しておく：われわれの $\bar{\Gamma}$ における新しい支配の概念は，**30.1.1** の支配の定義において，集合 S に課せられた条件 (30:4:a)-(30:4:c) のほかに新たに S が $n+1$ を含まないという条件を付け加えたものとなる．

これはまた，**30.1.1** の有効性の概念に対する制限として考えることもできる：つまり，S は $n+1$ を含まないときにのみ有効集合と考えうるのである．(もちろん，**30.1.1** のもとの条件も必要である．)

56.11.2 ここで，**56.11.1** において導入された新しい支配の概念をもとに，$\bar{\Gamma}$ すなわち Γ に関する新しい解の概念を調べることにとりかかろう．これを分析するにあたって，われわれはゲーム $\bar{\Gamma}$ および配分の形 (56:5)（ゲーム Γ と (56:7) の配分の形ではなく）そして **56.11.1** の第2の注意で定式化された支配の定義を用いることにする．

次の4つの補題をまず証明し，そこから求める結果を得ることにする：

(56:E) もし $\bar{V}$ が新しい意味での $\bar{\Gamma}$ の解であるならば，$\bar{V}$ のあらゆる

$$\vec{\alpha} = (\alpha_1, \cdots, \alpha_n, \alpha_{n+1})$$

について $\alpha_{n+1} = v(\{n+1\})$ となる．

証明：もしそうならないとすると，必ず $\alpha_{n+1} \geq v(\{n+1\})$ であるから，$\alpha_{n+1} > v(\{n+1\})$ となる $\vec{\alpha} = (\alpha_1, \cdots, \alpha_n, \alpha_{n+1})$ が $\bar{V}$ に存在する．$\alpha_{n+1} = v(\{n+1\}) + \epsilon$, $\epsilon > 0$ とおき，$\vec{\beta} = (\beta_1, \cdots, \beta_n, \beta_{n+1})$ を

---

[32] この簡単な原理に到達するまでに長い道のりを費やしたことを奇妙に思うかもしれない．―― 事実，この原理を最終的に受け入れるためには，**56.11.2** のよりくわしい議論が必要なのである．しかしながら，ここで極端な一般化を行おうとしているにもかかわらず，何の代替案も用意せずに **30.1.1** の定義をくつがえすことは，非常に注意深く行われねばならない．以下の各節で与えられる詳細な帰納的なアプローチはこの目的に最もよく適するものである．

$$\beta_i = \alpha_i + \frac{\epsilon}{n} \quad i = 1, \cdots, n \text{ に関して}$$

$$\beta_{n+1} = \alpha_{n+1} - \epsilon = \mathrm{v}(\{n+1\})$$

と定義する．すると，$\sum_{i=1}^{n} \beta_i = -\beta_{n+1} = -\mathrm{v}(\{n+1\}) = \mathrm{v}(\{1, \cdots, n\})$ であり，$i = 1, \cdots, n$ に関して $\beta_i > \alpha_i$ であるから，$S = \{1, \cdots, n\}$ を有効集合として用いれば $\vec{\beta} \succ \vec{\alpha}$ となる[33]．$\vec{\alpha} \in \bar{V}$ であるから，$\vec{\beta} \in \bar{V}$ とはなりえない．したがって，$\vec{\gamma} \succ \vec{\beta}$ なる $\vec{\gamma} \in \bar{V}$ が存在する．そこでこの支配関係のもととなる集合 S を考えると，S は $n+1$ を含まないから $S \subseteq \{1, \cdots, n\}$ となる．$i = 1, \cdots, n$ に関して $\beta_i > \alpha_i$ であるから，$\vec{\gamma} \succ \vec{\beta}$ ならば $\vec{\gamma} \succ \vec{\alpha}$ となる．ところが，$\vec{\gamma}, \vec{\alpha}$ は共に $\bar{V}$ に属するからこれは矛盾である．

(56:F)　もし $\bar{V}$ が新しい意味で $\bar{\Gamma}$ の解となっていれば，それはまたもとの意味でも解となる．

　証明：ここでの新しい意味における支配を用いての **30.1.1** の (30:5:a)，(30:5:b) が，古い意味での支配を用いた場合と同じであることを示せばよい．ところで，新しい意味での支配は古い意味での支配を導くから，(30:5:b) については直ちに導かれる．したがって，(30:5:a) だけをくわしく調べればよい．

　そこで (30:5:a) が古い意味で成り立たない，すなわち $\bar{V}$ に属する 2 つの $\vec{\alpha}, \vec{\beta}$ が古い意味で $\vec{\alpha} \succ \vec{\beta}$ となったとしよう．S をこの支配関係のもととなる集合とする．(56:E) により，$\alpha_{n+1} = \beta_{n+1} (= \mathrm{v}(\{n+1\}))$ であるから，$n+1$ は S に属しえない．したがって，新しい意味においても $\vec{\alpha} \succ \vec{\beta}$ となり，(30:5:a) は成り立たない．これで証明を終わる．

(56:G)　もし $\bar{V}$ が古い意味での $\bar{\Gamma}$ の解であり，$\bar{V}$ のあらゆる

$$\vec{\alpha} = (\alpha_1, \cdots, \alpha_n, \alpha_{n+1})$$

について，$\alpha_n + 1 = \mathrm{v}(\{n+1\})$ となるならば，$\bar{V}$ はまた新しい意味における解ともなる．

---

[33] この支配関係は新しい意味におけるものである．この証明における他のすべての支配関係も同様である．

証明：古い意味での支配を用いた場合の **30.1.1** の (30:5:a), (30:5:b) が，新しい意味での支配を用いた場合と同じであることを示せば十分である．まず古い意味での支配は新しい意味での支配から導かれるから，(30:5:a) については直ちに導かれる．したがって，(30:5:b) だけをくわしく調べればよい．

そこで，$\bar{V}$ に属さない $\vec{\alpha} = (\alpha_1, \cdots, \alpha_n, \alpha_{n+1})$ を考える．古い意味で (30:5:b) が成り立つから，$\vec{\beta} \succ \vec{\alpha}$ となるような $\vec{\beta} = (\beta_1, \cdots, \beta_n, \beta_{n+1}) \in \bar{V}$ が存在する．この支配関係における有効集合を S とする．必ず $\alpha_{n+1} \geq v(\{n+1\})$ となり，さらに仮定により，$\vec{\beta} \in \bar{V}$ となるから $\beta_{n+1} = v(\{n+1\})$ である．したがって，$\beta_{n+1} \leq \alpha_{n+1}$ となり，$n+1$ は S に属しえない．よって新しい意味においても $\vec{\beta} \succ \vec{\alpha}$ となり，(30:5:b) はやはり成り立つ．これで証明を終わる．

(56:H)　$\bar{V}$ が新しい意味で $\bar{\Gamma}$ の解となるのは，この $\bar{V}$ が **56.7.2** の (56:A:d) の Ω'' なる体系に属する場合であり，かつそのときに限る．

証明：必要条件であることは，(56:E), (56:F) から導かれ，十分条件であることは (56:G) から導かれる．

56.11.3 (56:H) の結果を解釈するにあたって，われわれはこの議論が，Γ の解を求める理論をつくるために $\bar{\Gamma}$ のあらゆる解の体系 Ω を制限しなければならないところから生じてきたことを思い出さなければならない．**56.7** において，われわれはこの制限によってもたらされる結果としてもっともらしいのは集合 Ω' または Ω'' （さもなければこの2つの間に位置するある集合）であることをみた．したがって，**56.7** 以後はこの2つの可能性のどちらを選ぶべきかの決定を目標としてきた．さらに，**56.10-56.11.1** において $\bar{\Gamma}$ における支配の概念の修正がこの問題を解く手がかりを与えることをみた．そして，(56:H) の記述からわかるように，この支配の概念の修正はまさに集合 Ω'' へと導いたのであった．この結果により，問題にははっきりとした指示が与えられたのであり，われわれは Γ のすべての解の体系として Ω'' を用いることにする．

56.12　解の新しい定義

56.12 以上の事実を，決定の基礎となった主要な結果にふれながら定式化し直しておく：

(56:I)

(56:I:a) 一般 n 人ゲーム Γ の解は,そのゼロ和拡張であるゼロ和 $n+1$ 人ゲーム $\bar{\Gamma}$ の (**30.1.1** のもとの意味での) 解 $\bar{V}$ のうち

$$\alpha = (\alpha_1, \cdots, \alpha_n, \alpha_{n+1})$$

が属する $\bar{V}$ で,

(56:24) $\alpha_{n+1} = \mathrm{v}(\{n+1\})$

となるような $\vec{\alpha}$ のすべてである.これらの解は **56.7.2** の (56:A:d) の集合 Ω'' そのものである.

(56:I:b) これらの配分について,(56:7) の形,$\vec{\alpha} = ((\alpha_1, \cdots, \alpha_n))$ を用いれば(すなわち $\bar{\Gamma}$ ではなく Γ およびそのプレイヤーを強調すれば),上の (56:24) は,

(56:25) $\displaystyle\sum_{i=1}^{n} \alpha_i = \mathrm{v}(\{1, \cdots, n\})$

となる.これは明らかに,**56.8.2** の (56:10) を強めた形となっている.

(56:I:c) Γ 自身がゼロ和ゲームとなるような特別な場合には,(Γ に対する)新しい解の概念はもとの解の概念——すなわち **30.1.1** を修正することなく適用したもの——に一致する.((56:9:4) の最初の注意を参照せよ.)したがって,この場合には旧理論と新理論をもはや区別する必要はない.(708 ページの脚注 26) を参照せよ.)

(56:I:d) 一般 n 人ゲーム Γ について,その解は(ゼロ和ゲームのみを意図した)**30.1.1** の定義を Γ に何の修正もせず直接適用することによっても得られる.このときには,Γ の配分の概念として (56:7) の形が用いられねばならない.(**56.11.1** の最初の注意を参照せよ.)

(56:I:e) (56:I:d) が妥当であるためには,**56.8.2** で与えられたように (56:7) の形の配分の特徴づけに何も付け加えられてはならない.ところが (56:I:b) により,この場合には各解 $\bar{V}$ において等式 (56:25) が自動的に成り立つ.したがって,もし望むならば,(56:25) を付け加えてもさしつかえない.——すなわち **56.8.2** の (56:10) を強めて (56:25) とすることもできる[34].

(56:I:f) (56:I:a) において,$\bar{\Gamma}$ の解に課せられた制限は $\bar{\Gamma}$ についての支配の

概念を修正することによっても説明できるが，このときには修正された意味でのすべての解を許さねばならない．この修正とは，(**30.1.1**の意味での) 有効集合に $n+1$ を含んではならないという条件をさらに付け加えることである (**56.11.1**の第2の注意を参照せよ.)

57 特性関数と関連した問題

57.1 特性関数：拡張された形と制限された形

57.1 われわれはいまやすべてのゲームに適用でき，もっぱら特性関数にもとづく理論を有している．——これは，ゼロ和ゲームに対する **30.1.1** の理論の拡張であり，それに類似している．すなわち，ゲームを実際に定める **11.2.3** の関数 $\mathcal{H}_k(\tau_1,\cdots,\tau_n)$, $k=1,\cdots,n$ を直接用いるのではなく，特性関数 $\mathrm{v}(S)$ のみが関係しているのである[35]．

しかしながら，ゼロ和ゲームと一般ゲームとではその特性関数の使用に差異がある．つまり，ゼロ和 n 人ゲーム Γ については，特性関数 $\mathrm{v}(S)$ は $S \subseteq \{1,\cdots,n\}$ なるすべての集合そしてそれのみに対して定義されるが (**25.1** を参照せよ)，一般 n 人ゲーム Γ については，そのゼロ和拡張であるゼロ和 $(n+1)$ 人ゲームをつくり，特性関数 $\mathrm{v}(S)$ も実際には (古い意味での) $\bar{\Gamma}$ の特性関数であるかのようにつくらねばならないのである．(これは，われわれの最近の議論，特に **56.4.1**，**56.5.1**，**56.7.2**，**56.8.2**，**56.9.1**，**56.9.3-56.10.3**，**56.11.2-56.12** において用いられた $\mathrm{v}(S)$ である.) したがって，$\mathrm{v}(S)$ はここでは $S \subseteq \{1,\cdots,n,n+1\}$ なるすべての集合，そしてそれのみについて定義される．しかし，もし望むならば，集合 $S \subseteq \{1,\cdots,n\}$ についてのみ $\mathrm{v}(S)$

---

[34] 制限

$$(56{:}10) \quad \sum_{i=1}^{n} \alpha_i \leq \mathrm{v}(\{1,\cdots,n\})$$

を

$$(56{:}25) \quad \sum_{i=1}^{n} \alpha_i = \mathrm{v}(\{1,\cdots,n\})$$

に強めることは，**56.9.5** の第2の注意で述べた $E(0)$ と $F(0)$ の同等性に類似している．(実際にはより一般的である.)

[35] もちろん，$\mathrm{v}(S)$ は $\mathcal{H}_k(\tau_1,\cdots,\tau_n)$ の助けを借りて定義される．**25.1.3** および **58.1** を参照せよ．

を考えることもできる．この場合には制限的特性関数とよび，一方，v(S) があらゆる $S \subseteq \{1, \cdots, n, n+1\}$ を含むもともとの領域に属するときには拡張的特性関数とよぶ．

このことから，ゼロ和ゲームという特別な場合には，旧理論による特性関数が新理論による制限的特性関数になると結論できる[36]．

一般ゲームにもどれば，特性関数が現在のわれわれの理論の基礎となっていることがわかる．この理論の同等な定式化において，**56.12** の (56:I:a) は拡張的特性関数を用い，(56:I:d) は制限的特性関数を用いていた．

したがって，われわれは次にこれらの特性関数の性質を決定し，相互の関連を決定しなければならない．

57.2 基本的性質

57.2.1 一般 n 人ゲーム Γ と上で定義された 2 つの特性関数を考える：つまり，$I = \{1, \cdots, n\}$ のすべての部分集合 S について定義された制限的な v(S) と，$\bar{I} = \{1, \cdots, n, n+1\}$ のすべての部分集合 S について定義された拡張的な v(S) である[37]．

以下の議論においては，**56.10.2** の第 2 の注意で述べたように，$-S$ に関しての 2 つの可能性を区別しなければならない．つまり $S \subseteq \bar{I} = \{1, \cdots, n, n+1\}$ については $-S$ は $\bar{I}$ に属し $\bar{I} - S$ であるが，$S \subseteq I = \{1, \cdots, n\}$ については $-S$ は I に属し $I - S$ である[38]．そこで前者を $\perp S$，後者を $-S$ と表すものとする．

ここで——ゼロ和 n 人ゲームの特性関数について **25.3** と **26** で行ったのと同様に——一般 n 人ゲームの 2 つの特性関数についてもその基本的な性質を決定しよう．

まず拡張的特性関数を考える．これはゼロ和 $(n+1)$ 人ゲーム $\bar{\Gamma}$ に関する古い意味での特性関数となっているから，**25.3.1** で定式化された (25:3:a)-

---

[36] これらの区別や定義をすべて用いても，あらゆるゼロ和ゲームに対して 2 つの理論が互いに同等であるという厳密に打ち立てられた事実に影響を及ぼすことはできない．(**56.12** の (56:I:c) を参照せよ．)

[37] この 2 つは，両方共に定義されるところでは同じ値をもつから，同一の文字 v で表すことにする．

[38] 同じ S (もちろん $S \subseteq I$ である) についてはこの 2 つは明らかに異なる．**56.10.2** においてはこの 2 つが等しいとしたが，そこでは 2 つの異なった集合 S と T に対してつくったのであった．

(25:3:c) の性質を満たしていなければならない．——ただそこでの $I = \{1,\cdots,n\}$ が $\bar{I} = \{1,\cdots,n+1\}$ で置き換わっているだけである．このようにして：

(57:1:a)　$v(\ominus) = 0$,
(57:1:b)　$v(\bot S) = -v(S)$,
(57:1:c)　もし $S \cap T = \ominus$ ならば $v(S \cup T) \geq v(S) + v(T)$

$$(S, T \subseteq \bar{I})$$

次に制限的特性関数を考える．これについての条件は，I の部分集合に注意を絞ることにより (57:1:a)-(57:1:c) から得られる．(57:1:a), (57:1:c) については直ちに得られるが，(57:1:b) についてはそうはいかない[39]．このようにして：

(57:2:a)　$v(\ominus) = 0$,
(57:2:c)　もし $S \cap T = \ominus$ ならば $v(S \cup T) \geq v(S) + v(T)$

$$(S, T \subseteq I)$$

となる．(57:1:b) を $-S$ について同等なもので置き換えることはできない．実際，$-S$ についてできることは，(57:1:c) において $T = -S$ とおくことだけである．これによって，

(57:2:b)　$v(-S) \leq v(I) - v(S)$

となる．必ずしもおこるとはかぎらないが，たとえ $v(I) = 0$ となったとしても，単に，

(57:2:b*)　$v(-S) \leq -v(S)$

となるだけで，**25.3.1** の (25:3:b)，すなわち，

$$v(-S) = -v(S)$$

---

[39] S, $\bot S$ のどちらか一方は必ず $n+1$ を含むから，両者が共に $I = \{1,\cdots,n\}$ に含まれることはない．

とはいえない．

(57:1:a)-(57:1:c) および (57:2:a), (57:2:c) はその導き方からわかるように，（拡張的または制限的）特性関数の必要条件にすぎない．そこで，次にこれが十分条件でもあることを確かめねばならない．

57.2.2 もし $\bar{\Gamma}$ がゼロ和 $(n+1)$ 人ゲームであるならば，**26.2** の結果から，(57:1:a)-(57:1:c) を満たすいかなる $v(S)$ も（古い意味での）適当な $\bar{\Gamma}$ の特性関数となると結論できる．——すなわち，適当な一般 n 人ゲーム Γ の拡張的特性関数となっているのである．言い換えれば：これは，条件 (57:1:a)-(57:1:c) が必要でもあり十分でもあること——つまりあらゆる一般 n 人ゲームの特性関数の完全なる数学的特徴づけを含んでいること——を証明している．

ところが，$\bar{\Gamma}$ はまったく恣意的なものであるとはいえない．**56.2.2** でみたように，（仮想）プレイヤー $n+1$ はゲームの過程に影響力をもたず人的手番をもたない．つまり，$\mathcal{H}_k(\tau_1, \cdots, \tau_n, \tau_{n+1})$ は実際にはプレイヤー $n+1$ の変数 τ_{n+1} には依存しない．さらに **56.2.2** から，これのみが $\bar{\Gamma}$ に課せられた唯一の制限であることも明らかである．つまり，ゼロ和 $n+1$ 人ゲーム Γ においてプレイヤー $n+1$ がゲームの過程にまったく影響しなければ，$\bar{\Gamma}$ はプレイヤー $1, \cdots, n$ によってプレイされる一般 n 人ゲームのゼロ和拡張とみなすことができる[40]．

したがって，次の問題が生じてくる：(57:1:a)-(57:1:c) は古い意味でのあらゆるゼロ和 $n+1$ 人ゲームの特性関数の必要かつ十分な条件となっているが，プレイヤー $n+1$ がゲームの過程に影響しないようなゼロ和 $n+1$ 人ゲームの（古い意味での）特性関数についての必要十分な条件となるためには，どのように強めねばならないであろうか？

この問題に答えることは，結局，すべての一般 $n+1$ 人ゲームの拡張的特性関数に完全な数学的特徴づけを与えることになる．しかしこれができたとしても，制限的特性関数に対する同じ問題が依然として残っている．

この後者の問題をまず最初に取り上げ考察するほうが少々有利である：最初

---

[40] すなわち，$n+1$ を——ゲームのルールに関するかぎり——まるで仮想プレイヤーであるかのようにみなすことができる．もちろん，プレイヤー $n+1$ を実存プレイヤーとみなすような $\bar{\Gamma}$ の解 $\bar{V}$ が存在することもわかっている（これは Ω'' ではなく Ω に属するものである．**56.7.2** の (56:A:a)-(56:A:d)，**56.12** の (56:I:a) を参照し，**56.3.2**，**56.3.4** も思い出すこと）．

の問題はこの後者の問題をもとにして考えれば容易に解決できる．ところが，われわれのアプローチは上述の考察によって制約を受けるであろう．

57.3 すべての特性関数の決定

57.3.1 そこで，必要条件 (57:2:a), (57:2:c) が十分条件にもなっていることの証明にとりかかろう：つまり，(57:2:a), (57:2:c) を満たす任意の数値的集合関数 v(S) に関して，この v(S) を制限的特性関数としてもつ一般 n 人ゲームが存在することを証明するのである[41]．

混乱をさけるために，(57:2:a), (57:2:c) を満たす与えられた数値的集合関数を $v_0(S)$ と表すことにする．これをもとにある一般 n 人ゲーム Γ を定義し，この Γ の制限的特性関数を v(S) と表す，このとき v(S) = $v_0(S)$ を証明しなければならない．

そこで，(57:2:a), (57:2:c) を満たす数値的集合関数 $v_0(S)$ が与えられたとしよう．このとき一般 n 人ゲーム Γ を次のように定義する[42]：

各プレイヤー $k = 1, \cdots, n$ は人的手番によって，k を含む I の部分集合 S_k を選ぶ．各プレイヤーは他のプレイヤーの選択には関係なく自らの選択を行う．

この選択が終わった後，支払いが次のようにして行われる：

(57:3)　あらゆる $k \in S$ に関して，$S_k = S$

となるようなプレイヤーの集合 S を環とよぶ．共通の要素をもつ2つの環はすべて同一である．つまり（プレイにおいて実際に形成される）環の全体は，どの2つも交わりをもたない I の部分集合の体系をつくる．

このように定義された環のいずれにも含まれない各プレイヤーは，単独集合とよばれる（1要素）集合を1人でつくる．こうして，あらゆる環と単独集合の全体（これらはすべてプレイにおいて実際につくられるものである）は I の分割，すなわち，I のどの2つの部分集合も交わりをもたず，かつ和が I となるような部分集合の体系となる．これらの集合を $C_1, \cdots, C_p$ とし，各々の要素の数を $n_1, \cdots, n_p$ とする．

ここでプレイヤー k を考える．彼は，ちょうどこれらの集合 $C_1, \cdots, C_p$ の

---

[41] 以下の議論の組み立ては **26.1** と共通する点がかなりある．
[42] 読者は，**26.1.2** の議論とくわしく比較されたい．

中の 1 つに属するから，それを C_q とする．このときプレイヤー k は，

(57:4) $\quad \dfrac{1}{n_q} \mathrm{v}_0(C_q)$

を得るとする．

これでゲーム Γ の記述は完了した．Γ は明らかに一般 n 人ゲームであり，そのゼロ和拡張は $\bar{\Gamma}$ となる．特に $\bar{\Gamma}$ において仮想プレイヤー $n+1$ が，

(57:5) $\quad -\displaystyle\sum_{q=1}^{p} \mathrm{v}_0(C_q)$

を得ることを注意しておく[43]．

そこで，次に Γ が条件にあった制限的特性関数 $\mathrm{v}_0(S)$ をもつことを示そう．

57.3.2 Γ の制限的特性関数を $\mathrm{v}(S)$ と表す．$\mathrm{v}(S)$ が制限的特性関数であるから，$\mathrm{v}(S)$ に関して (57:2:a)，(57:2:c) が成り立ち，$\mathrm{v}_0(S)$ に関しても仮定から (57:2:a)，(57:2:c) が成り立つ．

もし $S = \ominus$ ならば，(57:2:a) により $\mathrm{v}(S) = \mathrm{v}_0(S)$ である．したがって，$S \neq \ominus$ としてかまわない．この場合には，S に属するすべてのプレイヤーからなる提携は，S が必ず環をつくるように，S_k の選択を意のままに決定することができる．このためには，S に属するあらゆる k が $S_k = S$ なるように選択すれば十分である．他の（$-S$ に属する）プレイヤーがどのように行動しようとも，S は集合（環または単独集合）$C_1, \cdots, C_p$ の 1 つ，例えば C_q となる．$C_q = S$ に属する各 k が (57:4) の量を獲得するから，提携全体としては $\mathrm{v}_0(S)$ を獲得する．したがって，

(57:6) $\quad \mathrm{v}(S) \geq \mathrm{v}_0(S)$

である．

次に S の補集合 $-S$ を考える．$-S$ に属するすべてのプレイヤー k からなる提携は，S を必ず環と単独集合の和とできるように k の選択を決定できる．$-S = \ominus$ ならば $S = I$ となるから，自動的にこれは成り立つ．$-S \neq \ominus$ ならば，すべての $k \in -S$ が $S_k = -S$ となるように選べば十分である．したがっ

---

[43] C_q の n_q 人のプレイヤーは，(57:4) から全体で $\mathrm{v}_0(C_q)$ なる量を獲得する．したがって，プレイヤー $1, \cdots, n$，すなわち $C_1, \cdots, C_p$ に属するすべてのプレイヤーは全体で $\displaystyle\sum_{q=1}^{p} \mathrm{v}_0(C_q)$ を獲得し，(57:5) が導かれる．

て，$-S$ は環となり，S は環と単独集合の和となる．

このようにして，S は集合 $C_1, \cdots, C_p$ の中のいくつかの和，例えば，

$$C_{1'}, \cdots, C_{r'}$$

($1', \cdots, r'$ は $1, \cdots, p$ の中のいくつか) の和となる．C_q ($q = s' = 1', \cdots, r'$) に属する各 k は (57:4) の量を獲得するから，C_q の n_q 人のプレイヤーは全体で $\mathrm{v}_0(C_q)$ を獲得し，それゆえ S のプレイヤーは全体で $\sum_{s'=1}^{r'} \mathrm{v}_0(C_{s'})$ を獲得する．$C_{1'}, \cdots, C_{r'}$ は互いに交わらず，しかも和が S となるから，(57:2:c) をくり返し適用することにより，$\sum_{s'=1}^{r'} \mathrm{v}_0(C_{s'}) \leq \mathrm{v}_0(S)$，すなわち，$S$ のプレイヤーはいかなる行動をとろうとも全体として $\mathrm{v}_0(S)$ より多くは獲得できないことがわかる．したがって，

(57:7)　　$\mathrm{v}(S) \leq \mathrm{v}_0(S)$

となり，(57:6)，(57:7) から，求める

(57:8)　　$\mathrm{v}(S) = \mathrm{v}_0(S)$

が得られる．

57.3.3　さて，次に拡張的特性関数を考えてみよう．この場合には，すでにわかっているように (57:1:a)-(57:1:c) の条件は必要条件である．そこでこれが十分条件でもあることを証明しよう．つまり，(57:1:a)-(57:1:c) を満たす任意の数値的集合関数 $\mathrm{v}(S)$ に対して，この $\mathrm{v}(S)$ を拡張的特性関数とするような一般 n 人ゲームが存在することを証明する．

混乱をさけるために (57:1:a)-(57:1:c) を満たす与えられた数値的集合関数を $\mathrm{v}_0(S)$ と表す．また，一般 n 人ゲーム Γ の拡張的特性関数は $\mathrm{v}(S)$ と表すことにする．

さて，(57:1:a)-(57:1:c) を満たす 1 つの数値的集合関数 $\mathrm{v}_0(S)$ が与えられたとしよう．しばらくは集合 $S \subseteq I = \{1, \cdots, n\}$ のみについて考えるものとすれば，この $\mathrm{v}_0(S)$ は (57:2:a)，(57:2:c) を満たす．したがって，**57.3.1**，**57.3.2** の議論がこの $\mathrm{v}_0(S)$ に対しても適用され，制限的特性関数が常に $\mathrm{v}(S) = \mathrm{v}_0(S)$ となるような一般 n 人ゲーム Γ が得られる[44]．よって，その拡張的

特性関数も $S \subseteq I$ に関しては $v(S) = v_0(S)$ となる．すなわち，S のもとの領域にもどれば[45]：

(57:9)　もし $n+1 \notin S$ ならば，$v(S) = v_0(S)$

となる．

そこで $n+1 \in S$ としよう．すると $n+1 \notin \perp S$ であるから，(57:9)により $v(\perp S) = v_0(\perp S)$ である．(57:1:a)-(57:1:c) は $v(S)$ が拡張的特性関数であることから $v(S)$ について成り立ち，また仮定から $v_0(S)$ についても成り立つ．したがって，(57:1:b) から $v(\perp S) = -v(S)$，$v_0(\perp S) = -v_0(S)$ となり，以上の等式をすべて結びつければ，

(57:10)　もし $n+1 \in S$ ならば，$v(S) = v_0(S)$

となる．

最後に (57:9)，(57:10) を合わせると，求める

(57:11)　$v(S) = v_0(S)$

が得られる．

57.3.4 要約すれば：すべての可能な一般 n 人ゲーム Γ の制限的特性関数および拡張的特性関数 $v(S)$ の双方に対して，完全な数学的特徴づけを与えることができた．つまり，前者は (57:2:a)，(57:2:c)，後者は (57:1:a)-(57:1:c) によって特徴づけられた．

そこで，われわれは **26.2** の手続きにしたがって——たとえ，ゲームにはまったく関係がない場合にも——これらの条件を満たす関数を制限的特性関数または拡張的特性関数とよぶことにする．

57.4 プレイヤーの除去可能集合

57.4.1 拡張的特性関数について得られた結果は次のように述べることもできる：ゼロ和 $(n+1)$ 人ゲームの（古い意味での）特性関数はすべて，ある適当な一般 n 人ゲームの拡張的特性関数となる[46]．**57.2.2** の議論を思い出せ

---

[44] この場合の「常に」というのはもちろん $S \subseteq I$ の場合だけである．
[45] この場合には，これは $S \subseteq \bar{I}$ なるすべての S からつくられている．
[46] 実際，条件 (57:1:a)-(57:1:c) は **25.3.1** の (25:3:a)-(25:3:c) と一致する．$I = \{1, \cdots,$

ば，これは次の意味をもつことがわかる：ゼロ和 $n+1$ 人ゲームのあらゆる特性関数は，プレイヤー $n+1$ がゲームの過程に影響しないような適当なゼロ和 $n+1$ 人ゲームの特性関数ともなる．

　この記述の中の $n+1$ を n に置き換えれば，ゼロ和 n 人ゲームおよびプレイヤー n の役割について同様の結果が得られる．この結果を定式化するためには，次の定義が有益である：

(57:A)　ゼロ和 n 人ゲーム Γ と集合 $S \subseteq I = \{1, \cdots, n\}$ が与えられたとする．このときに，もし Γ と同じ特性関数をもち，しかも S に属するどのプレイヤーもゲームの過程に影響しないような別のゼロ和 n 人ゲーム Γ' を見出すことができれば，S を Γ に関して除去可能であるという．

この定義を用いれば，先の主張は集合 $S = \{n\}$ が除去可能であるということになる．$k = 1, \cdots, n$ のうちどのプレイヤーが与えられても，プレイヤー k と n の役割を交換することができるから，集合 $S = \{k\}$ もやはり除去可能である．したがって：

(57:B)　あらゆるゲーム Γ において，あらゆる 1 要素集合 S は除去可能である．

ことがわかる．

　ここでわれわれの理論にしたがえば，ゲームにおける提携の戦略の全体および補償金は，その特性関数にのみ依存することに注意されたい．したがって，(57:A) の 2 つのゲーム Γ と Γ' とは，この点からみればまったく類似しているのである．

　よって，(57:B) は次のように解釈することもできる：ゼロ和 n 人ゲームにおけるどの 1 人のプレイヤーの役割よりも——提携の戦略的可能性と補償金に関するかぎり——そのプレイヤーにゲームの過程に直接には関係させないような方法で複写することができる．ここで「役割」というのは最も広い意味で考え，他のすべてのプレイヤーに対する関係および他のプレイヤー相互の関係に対する影響も含んでいる．

　言い換えれば：われわれは **56.3.2**-**56.3.4** において，ゲームの過程に直接

$n\}$ が $\bar{I} = \{1, \cdots, n, n+1\}$ と置き換わっているだけである．

影響しないようなプレイヤーが，提携間の交渉や補償金に影響を及ぼすメカニズムをみた．また (57:B) においては，このメカニズムが，任意のゲームにおいて，任意のプレイヤーがこの点においてもちうるような影響力を十分に記述しうることを示した．この記述はまったく文字どおりにとらねばならない：つまりわれわれの結果はすべての想定される詳細や微妙さが再度生み出されることを保証しているのである．

57.4.2 (57:B) により，あらゆるプレイヤー $k = 1, \cdots, n$ が個々に——すなわち1要素集合 $S = \{k\}$ として——は除去可能であるが，そうだからといって，これらのプレイヤー全体——すなわち，集合

$$S = I = \{1, \cdots, n\}$$

が除去可能であるとはいえない．実際，次が成り立つ：

(57:C) 集合 $S = I$ が除去可能であるための必要十分条件は，ゲーム Γ が非本質的となることである．

証明：どのプレイヤー $k = 1, \cdots, n$ もゲーム Γ' の過程に影響しないということは，すべての関数 $\mathcal{H}'_k(\tau_1, \cdots, \tau_n)$ が変数 $\tau_1, \cdots, \tau_n$ と独立である——すなわち，関数が定数

(57:12) $\mathcal{H}'_k(\tau_1, \cdots, \tau_n) = \alpha_k$

となる——ことを意味する．これから，

(57:13) すべての $S \subseteq I$ に関して，$\mathrm{v}(S) = \sum_{k \in S} \alpha_k$

となる．逆に，(57:13) は (57:12) により保証される．

したがって (57:13) はこのような Γ' が存在するようなゲーム Γ の特性関数となり——(57:13) はまさに非本質性を定義するものである．

$n = 1, 2$ に関してはすべてのゲーム Γ が非本質的であるから，集合 $S = I$——およびそのあらゆる部分集合——は除去可能である[47]．$n \geq 3$ に関して

---

[47] ゼロ和2人ゲームに関する主要な結果は，各プレイヤーに対してはっきりした値を与えるようなタイプのゲーム（例えば v, −v を与えるようなゲームである．**17.8**, **17.9** の議論を参照せよ）について，まさに次のことを意味する：このゲームは，2人のプレイヤーにある固定された支払いを与えるものと同等であり——2人のうちどちらが何の影響力ももたないようなものである．

は本質的ゲームが存在し，それゆえ $S=I$ は一般には除去可能ではない．

そこで，次の問題が生じてくる：

(57:D) 本質的ゲーム Γ について，除去可能なのはいかなる集合であるか？

(57:B)，(57:C) から部分的な答えは導かれる：つまり，1要素集合は除去可能であり，n 要素集合 $(S=I)$ はそうではない．では，その区切りとなるのは一体どこであろうか？

57.4.3 上限は，すべての $(n-1)$ 要素集合——I を除くすべての集合も含む——が除去可能な場合である．このようなゲームを極限とよぶことにしよう．この性質についての必要条件を具体的に示しておくことは有益である：このゲームにおける戦略的状況は，ただ1人のプレイヤーがゲームの過程に影響を及ぼし，他のプレイヤーはすべて，彼の決定に影響を与えることしか行わないようなゲームである．この決定への影響というのは，もちろん，彼に補償金を申し出るという方法をとって行われる．その動機は，申し出を行うプレイヤー（たち）にとって有利な決定を彼に行わせることである．

ここで，次の諸事実を証明できる：

(57:E) $n=3$ の場合：本質的ゼロ和3人ゲームは極限である．
(57:F) $n=4$ の場合：極限であるような本質的ゼロ和4人ゲームも極限とならないような本質的ゼロ和4人ゲームも存在する．

よりくわしくいえば：

(57:E*) 本質的ゼロ和3人ゲームでは，2要素集合はすべて除去可能である．
(57:F*) 本質的ゼロ和4人ゲームでは，3要素集合がすべて除去可能であるか，さもなければ1つだけがそうではない[48)49)]．

この証明はまったく容易なので，ここでは行わない．

(57:B)，(57:C)，(57:E)，(57:F) の結果からわかるように，除去可能集合

ところが，あらゆる本質的ゲームにおいては提携間の交渉の相互作用や補償金が存在する——これによって，すべてのプレイヤーを同時に除去することはできない．

[48)] あらゆる2要素集合は2つの3要素集合の部分集合であり（$n=4$ であることを思い出すこと），上述より，そのうち少なくとも1つは除去可能であるから，2要素集合はすべていかなる場合にも除去可能である．

[49)] これらの種々の例に対応する **34.2.2** の立方体 Q の部分は，明確に決定することができる．

および極限ゲームについての一般理論はそれほど簡単ではない．われわれはこれを体系的に考察し，後の機会に発表するつもりである．

57.5 戦略上同等．ゼロ和ゲームと定和ゲーム

57.5.1 一般 n 人ゲーム Γ のゼロ和拡張 $\bar{\Gamma}$ の有益さはすべて論じ尽くしたので，これからはこの概念にはふれず，一般 n 人ゲームの理論を議論していくことにする．したがって，今後はゲーム Γ そのものを用い——そうでないことを明確にしないときには——制限的特性関数を用いるものとする．この理由により，いちいち「制限的」とはいわず，単に Γ の特性関数と記す．これはまた，特性関数の概念の古い意味での使用と新しい意味での使用がここでは一致しているので，先のゼロ和 n 人ゲームについての術語ともうまく調和するものである．(**57.1** の終わり近くで述べた注意を参照せよ．)

このような変更を考慮すると，解の概念の定義は **56.12** の (56:I:d) において述べたものとなっていなければならない．また配分は (56:I:b) および (56:I:e) の最後で述べた定義を用いるのが最も良い．ここで，この後者の定義を明確に示しておくとよいであろう：

配分とは，ベクトル

(57:14) $\quad \vec{\alpha} = ((\alpha_1, \cdots, \alpha_n))$

で，その要素 $\alpha_1, \cdots, \alpha_n$ が次の条件

(57:15) $\quad i = 1, \cdots, n$ に関して，$\alpha_i \geq \mathrm{v}(\{i\})$；

(57:16) $\quad \displaystyle\sum_{i=1}^{n} \alpha_i = \mathrm{v}(I)$[50]

にしたがうものである．

ここで，戦略上同等の概念をこの構成にまで拡張してみよう．これは，**42.2** および **42.3.1** におけるとまったく同様に行うことができる．つまり，**27.1.1**

---

[50] 前に指摘したように，

$$\sum_{i=1}^{n} \alpha_i \leq \mathrm{v}(I)$$

を用いることもできる．実際，このほうがもともとの条件を表す式である．しかしわれわれにとっては，(57:16) のほうが好ましいのである．

と類似した方法をとればよい：

関数 $\mathcal{H}_k(\tau_1,\cdots,\tau_n)$ をもつ一般 n 人ゲーム Γ および定数 $\alpha_1^0,\cdots,\alpha_n^0$ の集合が与えられたときに，

$$(57\!:\!17) \quad \mathcal{H}'_k(\tau_1,\cdots,\tau_n) \equiv \mathcal{H}_k(\tau_1,\cdots,\tau_n) + \alpha_k^0$$

なる関数 $\mathcal{H}'_k(\tau_1,\cdots,\tau_n)$ をもつ新しいゲーム Γ' を定義することができる．このことから，前とまったく同様にして，2つのゲームの特性関数 $\mathrm{v}(S)$ と $\mathrm{v}'(S)$ は，

$$(57\!:\!18) \quad \mathrm{v}'(S) = \mathrm{v}(S) + \sum_{k \in S} \alpha_k^0$$

なる関係をもつことがわかる．このような2つのゲームおよびその特性関数を戦略上同等とよぶ．

ここでは，ゼロ和制限からまったく解放されているので，**42.2.2** の (42:B) におけると同様，定数 $\alpha_1^0,\cdots,\alpha_n^0$ はまったく制限されない．

さらに Γ と Γ' の配分の間の同形も前に述べた2つの場合と同様に，この戦略上同等から導かれることがわかる．くわしくいうと，**31.3.3** および **42.4.2** の考察と結論は，ここでもなんら変更なく適用できるのであり，したがって，明確に定式化し直しておく必要はないであろう．

57.5.2 （すべての一般 n 人ゲームの）特性関数の領域は (57:2:a)，(57:2:c) によって特徴づけられた．この2つの条件を書き直しておくと：

(57:2:a) $\quad \mathrm{v}(\ominus) = 0$,
(57:2:c) $\quad S \cap T = \ominus$ に関して，$\mathrm{v}(S \cup T) \geq \mathrm{v}(S) + \mathrm{v}(T)$.

ゼロ和ゲームの特性関数と定和ゲームの特性関数は2つの特別なクラスを形成する．前者は **25.3.1** の (25:3:a)-(25:3:c) によって特徴づけられる．（**26.2** を参照せよ．）つまり，(57:2:a)，(57:2:c)（この2つは (25:3:a)，(25:3:c) に一致する）に，さらに条件

$$(57\!:\!19) \quad \mathrm{v}(-S) = -\mathrm{v}(S)$$

を付け加えねばならない．また，後者は **42.3.2** の (42:6:a)-(42:6:c) によって特徴づけられる（同所を参照せよ）．つまり，(57:2:a)，(57:2:c)（この2つは (42:6:a)，(42:6:c) に一致する）に，さらに条件

(57:20) $\quad \mathrm{v}(S) + \mathrm{v}(-S) = \mathrm{v}(I)$

を付け加えねばならない．

　ゼロ和ゲームは定和ゲームの特別な場合であるから，(57:2:a), (57:2:c) を常に仮定すれば，(57:20) は (57:19) の結果として導かれねばならない．これは実際そうなるのであり，もう少しくわしく次の事実が証明できる．つまり：

(57:G)　　(57:19) は (57:20) と $\mathrm{v}(I) = 0$ とを結びつけたものに等しい．

　証明[51]：$\mathrm{v}(I) = 0$ とすれば，(57:19) と (57:20) は明らかに同じ主張であるから，(57:19) から $\mathrm{v}(I) = 0$ が導かれることを示せば十分である．実際，(57:2:a), (57:19) により，$\mathrm{v}(I) = \mathrm{v}(-\ominus) = -\mathrm{v}(\ominus) = 0$ となる．

　$S \cup T = I$ の場合には，(57:20) は $S \cup T = I$ のときに (57:2:c) において等号が成り立つことを主張している[52]．したがって，もし 2 つの互いに交わらない提携 S, T が全体としてすべてのプレイヤーを含んでいるならば，S, T が合併しても付加的な利益はなんら得られないという性質によって定和ゲームの $\mathrm{v}(S)$ は特徴づけられる．

　ゼロ和ゲームの $\mathrm{v}(S)$ については，さらに $\mathrm{v}(I) = 0$ なる条件が付け加えられねばならない．

　最後に，(57:19), (57:20) の付加的な条件によっても，このような特性関数をもつゲームがすべてゼロ和ゲーム，定和ゲームになるとは必ずしもいえないことを注意しておく．つまり，それ自身はゼロ和（または定和）でなくても，このような特性関数，すなわちゼロ和（または定和）ゲームの特性関数をもつ場合もおこりうるのである．余分の条件は，このような特性関数が——いくつかのゲームの中で——少なくとも 1 つのゼロ和ゲームまたは定和ゲームに属さねばならないことを示しているにすぎない．このような場合には，実際にはそうではないにもかかわらず，提携の戦略および補償金の点からみれば，このゲームがゼロ和（または定和）ゲームのように行動するのである．

57.5.3　われわれはいま，これまでの議論にいく度となく現れてきた問題を解決することができる立場にある．**56.3.2-56.4.3** の分析はすでに仮想

---

[51] この議論の本質的な部分は **42.3.2** でなされたものである．
[52] 実際，$S \cup T = I$ および (57:2:c) の通常の仮定 $S \cap T = \ominus$ により，$T = -S$ となる．

プレイヤーが——実際には存在しないにもかかわらず——実質上ダミーではないという事実にふれていた．すなわち，彼はゼロ和拡張 $\bar{\Gamma}$ の拡張的特性関数および分解の理論の意味においてはダミーではなかったのである[53]．この問題は **56.9.3** の冒頭において再度現れたが，そこでは仮想プレイヤーがゼロ和ゲーム Γ のダミーとなることにわれわれは気づいていた．

したがって，ここで答える問題は次のものである：仮想プレイヤーがダミーとなるのは，いかなる一般ゲーム Γ であるか？[54]　以下を証明する：

(57:H)　仮想プレイヤーがダミーとなるための必要十分条件は，Γ が定和ゲームと同じ特性関数をもつこと——すなわち (57:20) が満たされること——である．

証明：**43.4.2** の最後でみたように，プレイヤーはゲームの（1 要素集合としての）成分となれば，そしてそのときにのみ，ダミーとなる．これを，ゼロ和ゲーム $\bar{\Gamma}$ における仮想プレイヤー $n+1$ に適用する．$n+1$ が成分となることから，明らかに，

(57:21)　すべての $S \subseteq \{1, \cdots, n\}$ に関して，$v(S) + v(\{n+1\}) = v(S \cup \{n+1\})$

となる．ここで，

$$v(\{n+1\}) = -v(I),$$
$$v(S \cup \{n+1\}) = -v(\bot S \cup \{n+1\}) = -v(-S)$$

であるから，(57:21) は，

$$v(S) - v(I) = -v(-S),$$

すなわち，

(57:22)　$v(S) + v(-S) = v(I)$

---

[53] 解を Ω から Ω'' に制限することによって，このゲームから仮想プレイヤーを除外せねばならなかった．

[54] **56.9.4** の最初の注意の議論からわかるように，この場合には Ω と Ω' が一致し $\bar{\Gamma}$ の解の制限は不必要になる．

となる．これは，まさに条件 (57:20) である．

58　特性関数の解釈

58.1　定義についての分析

58.1　われわれは，すでに一般 n 人ゲームの理論を定式化しえたわけであるが，この場合にも先のゼロ和 n 人ゲームの理論におけると同様，特性関数の概念がその根本となっていた．それゆえ，この概念の意味をもう一度ふり返り，その数学的定義を明確な形に直し，いくつかの解釈を与えておくのがよいであろう．

そこで，**11.2.3** の意味で関数 $\mathcal{H}_k(\tau_1,\cdots,\tau_n)$ $(k=1,\cdots,n)$ によって表される一般 n 人ゲーム Γ を考える．集合 $S \subseteq I = \{1,\cdots,n\}$ についての特性関数の値 $v(S)$ は，ゼロ和 $n+1$ 人ゲーム $\bar{\Gamma}$——Γ のゼロ和拡張——に関するこの量を形成することにより得られる[55]．したがって，**25.1.3** の公式を用いてこの値 $v(S)$ を表すことができる：

$$(58:1) \quad v(S) = \mathrm{Max}_{\vec{\xi}}\mathrm{Min}_{\vec{\eta}} \mathrm{K}(\vec{\xi},\vec{\eta}) = \mathrm{Min}_{\vec{\eta}}\mathrm{Max}_{\vec{\xi}} \mathrm{K}(\vec{\xi},\vec{\eta})$$

ここで：

$\vec{\xi}$ は，

$$\xi_{\tau^S} \geq 0, \quad \sum_{\tau^S} \xi_{\tau^S} = 1$$

なる要素 ξ_{τ^S} をもつベクトルであり，

$\vec{\eta}$ は

$$\eta_{\tau^{-S}} \geq 0, \quad \sum_{\tau^{-S}} \eta_{\tau^{-S}} = 1$$

なる要素 $\eta_{\tau^{-S}}$ をもつベクトルである．τ^S は変数 $\tau_k, k \in S$ の集まりであり，τ^{-S} は変数 $\tau_k, k \in -S$ の集まりである[56]．結局は，

---

[55] われわれは，$S \subseteq I = \{1,\cdots,n\}$，すなわち制限的特性関数に話を絞っている．$S \subseteq \bar{I} = \{1,\cdots,n+1\}$ の全体，すなわち拡張的特性関数を用いることは，ここでの立場に反する．(**57.5.1** の最初を参照せよ．)

[56] $-S$ は $I - S$ を表す．われわれは $\bar{\Gamma}$ を扱っているので，$\bar{I} - S$ である $\perp S$ を用いるべきであるかもしれない．(**57.2.1** の最初を参照せよ．) ところが，実際には変数 τ_{n+1} は存在していないから，これは重要ではないのである．(**56.2.2** の終わりを参照せよ．)

$$(58:2) \quad \mathrm{K}(\vec{\xi},\vec{\eta}) = \sum_{\tau^S,\tau^{-S}} \bar{\mathcal{H}}(\tau^S,\tau^{-S})\xi_{\tau^S}\eta_{\tau^{-s}},$$

ただし,

$$(58:3) \quad \bar{\mathcal{H}}(\tau^S,\tau^{-S}) = \sum_{k \in S} \mathcal{H}_k(\tau_1,\cdots,\tau_n)$$

となる[57]．

58.2 利得を得る望み対損失を課す望み

58.2.1 $\mathrm{K}(\vec{\xi},\vec{\eta})$ は明らかに，提携 S が混合戦略 $\vec{\xi}$ を用い，それに対立する提携 $-S$ [58] が混合戦略 $\vec{\eta}$ を用いたときの S についてのゲーム Γ のプレイの期待値となっている．したがって，提携 S は期待値 $\mathrm{K}(\vec{\xi},\vec{\eta})$ を最大化し，$-S$ が最小化しようとして——各々が（混合）戦略 $\vec{\xi},\vec{\eta}$ を選んだときの——S についてのプレイの値 $\mathrm{v}(S)$ を（58.1）は表している．

ところで，この原則はゼロ和 $n+1$ 人ゲーム $\bar{\Gamma}$ においてはたしかに正しいが[59]，われわれは実際には一般 n 人ゲーム Γ を扱っているのである．——$\bar{\Gamma}$ は，単に「議論を進めるうえでの仮定」にすぎない．そして Γ においては提携 $-S$ がその敵対者である提携 S の利益を損なうことを望むかどうかはまったく明らかではないのである．実際，提携 $-S$ は，提携 S の期待値 $\mathrm{K}(\vec{\xi},\vec{\eta})$ を減じるよりも自らの期待値 $\mathrm{K}'(\vec{\xi},\vec{\eta})$ を増加させたいと思うほうが自然であろう．もし $\mathrm{K}(\vec{\xi},\vec{\eta})$ の減少がすべて $\mathrm{K}'(\vec{\xi},\vec{\eta})$ の増加につながるならば，この2つ

---

[57] われわれはもとの $\mathcal{H}_k,\ k=1,\cdots,n$ のみを用いており，**56.2.2** の (56:2) の $\mathcal{H}_{n+1}$

$$(58:4) \quad \mathcal{H}_{n+1}(\tau_1,\cdots,\tau_n) \equiv -\sum_{k=1}^{n} \mathcal{H}_k(\tau_1,\cdots,\tau_n)$$

はここでは現れてこない．これは，もちろん $S \subseteq I = \{1,\cdots,n\}$ に起因するのである．

上述の公式 (58:3) は **25.1.3** の最初の公式 (25:2) であることを思い出さねばならない．同所の第2の公式によれば，

$$(58:5) \quad \bar{\mathcal{H}}(\tau^S,\tau^{-S}) \equiv -\sum_{k \in \perp S} \mathcal{H}_k(\tau_1,\cdots,\tau_n)$$

となる．（$\bar{\Gamma}$ を扱っているので，ここでは $-S$ の代わりに $\perp S = \bar{I} - S$ を用いなければならないことに注意されたい．上の脚注 56) を参照せよ．）実際 $n+1 \notin S$ であるから，$\perp S$ に含まれる．したがって，(58:5) の和 $\sum_{k \in \perp S}$ は (58:4) の $\mathcal{H}_{n+1}$ を含む．ところが，(58:4) により (58:3) と (58:5) の右辺の同等性が保証される．

[58] 上の脚注 56) の注意が再度適用される．

[59] すなわち，もし $-S = I - S$ を $\perp S = \bar{I} - S$ と考えれば正しいのである．

の原理は一致する．これはもちろん Γ がゼロ和ゲームの場合であり[60]，ここで考えている一般ゲーム Γ については必ずしも成り立たない．

すなわち，一般ゲーム Γ においては，1つのプレイヤーのグループの有利さが必ずしも他のプレイヤーの不利にはつながらないのである．このようなゲームにおいては，双方のグループにとって有利な動き——むしろ戦略における変化といったほうがよい——が存在しうる．つまり，社会のすべての部門において，同時に生産性を純粋に高めるような機会が存在しうるのである．

58.2.2 実際，これは単なる可能性ではなく——言及している状況は，経済理論および社会理論が扱わねばならない主要な問題の1つを構成している．したがって，次の問題が生じてくる：われわれのアプローチはこの側面をまったくみすごしているのではないだろうか？ 対立，敵対のような側面にばかり目を向けていたため，この社会的関係の協力的な面をみおとしたのではないだろうか？

われわれはそうではないと考える．理論の妥当性は，究極的には応用に成功してはじめて確立されるのであり，これまでの議論においては，応用についてはまったくふれていないので十分な論拠を与えることは困難である．それゆ

---

[60] Γ がゼロ和のときには，

(58:6) $\quad K(\vec{\xi}, \vec{\eta}) + K'(\vec{\xi}, \vec{\eta}) \equiv 0$

となるから，たしかにそうである．これは常識からも明らかであるが，形式的な証明も次のようにして与えられる：明らかに，

(58:7) $\quad K'(\vec{\xi}, \vec{\eta}) \equiv \sum_{\tau^S, \tau^{-S}} \bar{\mathcal{H}}'(\tau^S, \tau^{-S}) \xi_{\tau^S} \eta_{\tau^{-S}}$,

ただし，

(58:8) $\quad \bar{\mathcal{H}}'(\tau^S, \tau^{-S}) \equiv \sum_{k \in -S} \mathcal{H}_k(\tau_1, \cdots, \tau_n)$

である．（これが (58:5) のように $\sum_{k \in \perp S} \mathcal{H}_k(\tau_1, \cdots, \tau_n)$ ではないことに注意されたい．）ここで，(58:2) を (58:7) と比較してみれば，(58:6) は，

(58:9) $\quad \bar{\mathcal{H}}(\tau^S, \tau^{-S}) + \bar{\mathcal{H}}'(\tau^S, \tau^{-S}) \equiv 0$

と同等であることがわかり，(58:3) と (58:5) により，(58:9) は，

$$\sum_{k=1}^{n} \mathcal{H}_k(\tau_1, \cdots, \tau_n) \equiv 0,$$

すなわち，Γ についてのゼロ和制限となる．

え，われわれの方法の裏うちとなると思われる主要な点のみを示唆し，その後より明確な確証を与える応用についてふれることにする．

58.3 議　　論

58.3.1 以下の考察は，次の点において特に注意を要する：

第1に：相手に損失を与えることは，一般（すなわち必ずしもゼロ和でない）ゲームにおいては直接に自らの利益とはならないかもしれないが，相手に圧力を加えることにはなる．相手は，自らの戦略を望ましい方向に調整するために，この脅しに対して補償金を支払うかもしれない．したがって，このような種類の戦略の可能性を考慮に入れることも最初は不合理ではないように思われる．われわれの特性関数の形成の方法もまさに，上で分析したように，これを正しく行っていた．しかし，これによってはわれわれの方法を正当化することはできない．——これは，応用における成功から成り立つ真の正当化の基礎を与えるにすぎないのである．

第2に：同じ方向にそったよりくわしい考察は次のとおりである．われわれの理論においては，解のすべてがプレイヤー全体による最大の集団としての利得の達成に対応していた[61]．この最大値が達成されてしまうと，プレイヤーの1つのグループがさらに利得を得るためには，他のグループは少なくともそれに等しいだけの損失でそれを補わねばならなかった．実際には，補償金のほうが上まわることもありうる：すなわち，1つのグループが利得を得ることは，他のグループに対してそれより多くの損失を与えることもある．ところが，われわれはすべてのプレイヤーに対して完備情報を仮定し，彼らの間の脅し，それに対する逆の脅し，および補償金の完全な相互性も仮定していた[62]．したがって，このような可能性は脅しについてのみ有効であり，それに対応する行動は交渉および補償金によって常に取り除かれると考えてよい．しかし，そうだからといってこれらの脅しが決して「実行」されない「ハッタリ」であるというのではない．すべてのプレイヤーに完備情報が仮定されているので，なんら疑問は生じえない．しかし，1つのグループの利得の増加が他のグループの利得の減少よりも少なくなるような行動がとられそうな場合に

---

[61] **56.7.1** の最後，特に 702 ページの脚注 19) を参照せよ．
[62] われわれの提携および補償金に対する考え方は，すでにゼロ和ゲームの理論において，これにもとづいていた．

は，実際には，双方にとって有利な方法で補償金を支払うことによりそれをさけることができる[63]．そして，この補償金の支払いが行われれば一方の利得は再度他方の損失にちょうど等しくなる．

もしこの議論が一般に有効であるならば，ここで生じた困難さは消滅する．

58.3.2 第3に：上の2つの指摘の論法はあまりにも粗野なものであり，われわれの理論を厳密な形で正当化するものではないと思われるかもしれない．これはたしかにそうであるが，**56.2.2-57.1** で与えられたこの理論の非常にくわしい動機づけは，後者の条件に合うものなのである．もし読者がこれらの各節を先の2つの指摘に照らして考え直してみるならば，望ましい意味でのくわしい正当化がそこにおける主題となっていたことに気づくであろう．実際，ここで考慮している反論の可能性そのものが，われわれの理論に対する議論を非常にくわしく行い，もっともらしい近道を避ける理由となっていたのである[64]．

第4に：以上の指摘にもかかわらず，読者は，われわれが脅し，補償金などの役割を強調しすぎており，これが応用における結果を無効にするわれわれのアプローチの一面性となっているのではないかと感じるかもしれない．これに対する最善の答えは，前にくり返し指摘しておいたように，各種の応用を調べてみよということである．

そこで，よく知られた経済学の問題に対応する応用を考えることにしよう．その応用の結果を分析してみると，われわれの理論が，通常の常識的見方とある程度まで満足のいく一致をもたらすことがわかる．ただし，これは次の2つの条件が満たされた場合に限る：第1に，設定が簡単で数学的な道具はなんら用いなくても，純粋に言葉だけで分析できること．第2に，われわれの理論と切り離すことはできないが，通常の言葉によるアプローチにおいては，しばしば除外される要素——提携と補償金——がプレイの本質的部分とはならないこと．このような状況が存在することは，**61.2.2-61.4** の応用において見出される．実際この例は，われわれの理論に対する決定的な確証を与える．

---

[63] ここで，補償金の量——すなわち妥協の性質——を決定することはしない．これは，すでに有している厳密な理論のなすべきことであり，各々の応用における主題となるであろう．(**61-63** の種々の解釈を参照せよ．) この点については，プレイヤーの全体に対して損失をもたらすような行動は上述のメカニズムによって回避できることを示すだけにしておく．

[64] 1つの可能性は，特性関数を **58.1** におけるように定義し，その後，ゼロ和ゲームの理論をそのまま一般化すること，すなわち **56.12** の (56:I:d) によってもたらされる．

この点からさらに進んで，第1の条件は満たされるが，第2の条件が満たされない場合には，見方の相違によって正当化されるような方向性および程度における不一致が見出される．これは特に **61.5.2**, **61.6.3** および **62.6** の応用において明らかになるであろう．

最後に，たとえ第1の条件が満たされないときにも，問題はもはや基本的ではなくなるので，われわれは，理論的方法が必ず通常の純粋に言葉による方法にとって代わって先導的役割を果すような状態に徐々に到達する[65]．

59 一般的な考察

59.1 これからの議論の進め方について

59.1.1 さて，われわれは一般 n 人ゲームの理論の応用にとりかかることができる．応用にとりかかる際に最良の方法は，小さな n の値に対するすべての一般 n 人ゲームを体系的に議論することである．$n \leq 3$ についてはゼロ和ゲームと同様にして，まったく完全にこのような議論を実行することができるであろう．それより大きな $n \geq 4$ については，ゼロ和ゲームの場合にも特別な場合しか処理しえなかったわけであるが，一般ゲームについても少なくとも同程度の困難さを覚悟しなければならない．

ここでは，$n \geq 4$ なるゲームの分析をかなり省略するものとする．ゼロ和ゲームの議論におけるよりも，ここではかなり簡単に議論をすますことができる：つまり，ゼロ和ゲームにおける詳細な議論は，われわれの方法およびそれの基礎となる一般的考えと方法論的原理の妥当性を再確認するために必要だったのである．ところが現在到達しえた段階においては，理論の一般的組み立ては正当化されており，われわれは本章で行われている一般化の状況に関しての保証を得さえすればよいと思っている．この目的のためには，それほど広い応用についての分析は必要ではない．

さらに，$n \leq 3$ なる一般ゲームをいくつかの典型的な経済学の問題（双方独占，複占対独占など）と結びつけることはすでに可能であり，それによって前述の意味におけるわれわれの理論の妥当性が検証されるのである．

---

[65] 簡単な場合の信頼できる常識的結果によって理論を強化し，複雑な場合の理論的でないアプローチを理論によって徐々に置き換えていくことは，もちろん科学的な理論の形成において，まったく典型的なものである．

$n \geq 4$ なる一般ゲームについてのよりくわしい分析は，後に発表するであろう．

59.1.2 新しい理論の体系的な応用は，**31** の議論とよく似た一般的議論によって最もうまく導入される．しかし，同じ考察をくわしく行う必要はなく，そこで得られた結果がどの程度まで現在の状況にもちこめるか，そしてどのような修正が必要であるかという問題を分析するだけでよい．

31.3 で述べた戦略上同等の役割については，**57.5.1** ですでに十分に議論されているのでここで再度扱う必要はない．しかし，**31** 以外のところで生じてきた事柄：すなわち縮約形，特性関数について成り立つ不等式，本質性と非本質性（**27.1**-**27.5** を参照せよ），さらに絶対値 $|\Gamma|_1$, $|\Gamma|_2$（**45.3** を参照せよ），および第 9 章の分解の理論に関するいくつかの注意については，ここで取り上げるつもりである．

59.2 縮約形．不等式

59.2.1 **57.5.1** で導入された戦略上同等の概念は，**27.1** の方向にそって，すべての特性関数についての縮約形を定義するために用いることができる．

特性関数 $v(S)$ が与えられたときに，その一般的な戦略上同等な変形は，**57.5.1** の (57:8)，すなわち，

$$(59:1) \quad v'(S) = v(S) + \sum_{k \in S} \alpha_k^0$$

によって与えられる．これは，ちょうど **27.1.1** の (27:2) と等しいが，$\alpha_1^0, \cdots, \alpha_n^0$ はここではまったく制限されない．**27.1.1** においては条件 (27:1)：$\sum_{k=1}^{n} \alpha_k^0 = 0$ によって制約を受けていた．したがって，**27.1.1** における $\alpha_1^0, \cdots, \alpha_n^0$ は $n-1$ 個の独立なパラメーターを代表していたのに対し（**27.1.3** を参照せよ），ここでは，$\alpha_1^0, \cdots, \alpha_n^0$ は n 個の独立なパラメーターである[66]．

しかしながら，これによって，**27.1.4** で見出したよりもより制限的な正規化の可能性がもたらされると結論するのは誤りである．実際，**27.1.4** においては，$n-1$ 個の条件 (27:3)：

---

[66] この点においてのここでの立場は，**42.2.2** において定和ゲームに対してとった立場と類似している．

(59:2) $\bar{v}(\{1\}) = \bar{v}(\{2\}) = \cdots = \bar{v}(\{n\})$

を満たす特別な $v'(S)$ ——これを $\bar{v}(S)$ と表す——を求めようとした．しかし，そのときの特性関数はゼロ和に属するものであり，したがって，自動的に，

(59:3) $\bar{v}(\{1,\cdots,n\}) = 0$

と考えていた．これを正規化の必要条件と考えれば，やはり n 個の条件となる．つまり，(59:2) と (59:3) である．それゆえ，

(59:4) $v(I) + \sum_{k=1}^{n} \alpha_k^0 = 0,$

(59:5) $v(\{1\}) + \alpha_1^0 = v(\{2\}) + \alpha_2^0 = \cdots = v(\{n\}) + \alpha_n^0$

となる．(59:4) は (59:3) を表し，(59:5) は (59:2) を表す．この2つの等式は，**27.1.4** の (27:1*)，(27:2*) に相当し，ちょうど1つの $\alpha_1^0,\cdots,\alpha_n^0$ の体系：

(59:6) $\alpha_k^0 = -v(\{k\}) + \dfrac{1}{n}\left\{\sum_{k=1}^{n} v(\{k\}) - v(I)\right\}$

がその解となることは容易に証明できる[67]．したがって：

(59:A) われわれは，特性関数 $\bar{v}(S)$ をそれが (59:2)，(59:3) を満たすならば，そしてそのときにのみ縮約形とよぶ[68]．このとき，あらゆる特性関数 $v(S)$ は，ちょうど1つの縮約形 $\bar{v}(S)$ と戦略上同等になる．この $\bar{v}(S)$ は，公式 (59:1)，(59:6) によって与えられ，われわれはそれを $v(S)$ の縮約形とよぶ．

59.2.2 いま1つの n 個のパラメーター $\alpha_1^0,\cdots,\alpha_n^0$ に対する可能な条件は，$v'(S)$ ——$\bar{v}(S)$ と表す——に n 個の条件

(59:7) $\bar{v}(\{1\}) = \bar{v}(\{2\}) = \cdots = \bar{v}(\{n\}) = 0$

---

[67] 証明：(59:5) の n 個の項の共通の値を β とする．すると，(59:5) は $\alpha_k^0 = -v(\{k\}) + \beta$ となるから，(59:4) は $v(I) - \sum_{k=1}^{n} v(\{k\}) + n\beta = 0$，すなわち $\beta = \dfrac{1}{n}\left\{\sum_{k=1}^{n} v(\{k\}) - v(I)\right\}$ となる．

[68] これはまさに **27.1.4** の定義である．

を課すことである．これは,

(59:8)　　$v(\{1\}) + \alpha_1^0 = v(\{2\}) + \alpha_2^0 = \cdots = v(\{n\}) + \alpha_n^0 = 0,$

すなわち,

(59:9)　　$\alpha_k^0 = -v(\{k\})$

なることを意味する．したがって：

(59:B)　　われわれは，特性関数 $v(S)$ をそれが (59:7) を満たすならば，そしてそのときにのみゼロ縮約形とよぶ．このとき，あらゆる特性関数 $v(S)$ は，ちょうど1つのゼロ縮約形 $\bar{v}(S)$ と戦略上同等である．この $\bar{v}(S)$ は，公式 (59:1), (59:9) によって与えられ，われわれはそれを $v(S)$ のゼロ縮約形とよぶ．

59.2.3 縮約された特性関数 $\bar{v}(S)$ を考えよう．(59:2) の n 項の共通の値を $-\gamma$ とする，すなわち,

(59:10)　　$-\gamma = \bar{v}(\{1\}) = \bar{v}(\{2\}) = \cdots = \bar{v}(\{n\})$

である．したがって，$-\gamma = v(\{k\}) + \alpha_k^0$ であるから，(59:6) により,

(59:11)　　$\gamma = \dfrac{1}{n}\left\{v(I) - \sum_{k=1}^{n} v(\{k\})\right\}$

となる．もし同じ $v(S)$ のゼロ縮約形 $\tilde{v}(S)$ を用いれば，$\tilde{v}(I) = v(I) + \sum_{k=1}^{n}\alpha_k$, したがって，(59:9) により $\tilde{v}(I) = v(I) - \sum_{k=1}^{n} v(\{k\})$，すなわち (59:11) を用いることにより,

(59:12)　　$n\gamma = \tilde{v}(I)$

となる．

縮約形 $\bar{v}(S)$ にもどれば，**27.2** の等式のうちのいくつかと不等式のすべてが依然として成り立つことがわかる．

まず，(59:10) は次のように述べることができる：

(59:13)　　あらゆる1要素集合 S に関して，$\bar{v}(S) = -\gamma$.

これは **27.2** の (27:5*) には一致するが，**57.2.1** において **25.3.1** の (25:3:b) に同等なものが欠けており，(27:5*) から (27:5**) を導くためにはこれが必要であったから，(27:5**) は成り立たない．

57.2.1 の (57:2:c) を (59:13) によって与えられた集合 $\{1\}, \cdots, \{n\}$ にくり返し適用することにより $-n\gamma \leq 0$，すなわち：

(59:14) $\quad \gamma \geq 0$

となる．これは **27.2** の (27:6) に一致する．

次に I の任意の部分集合 S を考え，その要素の数を p とする：$S = \{k_1, \cdots, k_p\}$ である．**57.2.1** の (57:2:c) をくり返し適用することにより，(59:13) で与えられた集合 $\{k_1\}, \cdots, \{k_p\}$ から，

$$\bar{v}(S) \geq -p\gamma.$$

これを $n-p$ 個の要素をもつ $-S$ に適用すると，**57.2.1** の (57:2:b) と (59:3) から，

$$\bar{v}(-S) \leq -\bar{v}(S)^{69)},$$

したがって，先の不等式はここでは，

$$\bar{v}(S) \leq (n-p)\gamma$$

となる．この2つの不等式を結びつけることにより：

(59:15) あらゆる p 要素集合 S に関して，$-p\gamma \leq \bar{v}(S) \leq (n-p)\gamma$

となり，これは **27.2** の (27:7) に一致する．(59:13) と $\bar{v}(\ominus) = 0$（すなわち **57.2.1** の (57:2:a)）は，次のように定式化できる：

(59:16) $p = 0, 1$ に関しては，(59:15) の最初の関係式は $=$ となる．

これは **27.2** の (27:7*) に一致する．$\bar{v}(I) = 0$ は，次のように定式化できる：

---

69) 現在の適用においては，この不等式が **27.2** で用いられた **25.3.1** の (25:3:b) に代わるものである．

(59:17)　$p = n$ に関しては，(59:15) の第 2 の関係式は = となる.

これは (27:7**) に一致するが，$p = n - 1$ の場合が欠けている．これは，前述の (27:5**) が成り立たなかったのと同じ理由による ((59:13) につづく注意を参照せよ)．

59.3　種々の話題

59.3.1　以上の不等式は **27.3.1** におけるのと同じ方法で扱うことができる．

(59:14) にもとづき次の 2 つの場合に分けられる：

第 1 のケース：$\gamma = 0$ の場合．このときには，(59:15) により，すべての S に関して $\bar{v}(S) = 0$ となる．これは，**27.3.1** で議論され，そこですべての特性が列挙された非本質的な場合である．(59:A) を考慮すると，非本質的ゲームは，$\bar{v}(S) \equiv 0$ となるゲーム——すなわち完全に「空な」ゲーム——と同等になる．

第 2 のケース：$\gamma > 0$ の場合．**27.3.2** で指摘した結果を用いれば，単位を変えることにより $\gamma = 1$ とできる．しかし，その場合と同様，ここでも直ちに $\gamma = 1$ とすることはしない．このようなゲームにおいては，そこで指摘したのとまったく同じ理由により，提携の戦略が決定的な役割を果たす．この場合のゲームを本質的とよぶ．

非本質性と本質性についての **27.4** の規準 (27:B)，(27:C)，(27:D) は，ここでも依然として妥当である：つまり，(27:B) においては，$\sum_{k=1}^{n} v(\{k\})$ を
$$\sum_{k=1}^{n} v(\{k\}) - v(I)$$
によって置き換えねばならないが，(27:C)，(27:D) はまったく影響を受けないのである．実際，そこでの証明を現在の状況に適用できることは容易に証明される．その基礎は **59.2.1** に与えられている．

——$\gamma = 1$ と正規化した本質的ゲームについての——**27.5** の考察を現在の状況に適用することは読者に任せる．

59.3.2　次に **31** に相当する考察に移る．支配および確実に必要，確実に不必要な集合の概念の構造についての **31.1.1-31.1.3** の注意は，まったく修正

を加えることなくくり返すことができる．また，凸性と平坦性の概念も **31.1.4** と同様に導入できる．**31.1.4**-**31.1.5** の結論も，**31.1.4** の (31:E:b)，**31.1.5** の (31:G)，$p = n-1$ についての **31.1.5** の (31:H) を除けばまったく影響を受けない．ここで除いたのは，**25.3.1** の (25:3:b) を用いたものである (**57.2.1** を参照せよ)．

最後に，**31.1.5** の最後の注意は修正されねばならない．上述の事柄によれば，$p = n-1$ という値も **31.1.5** の (31:8) に含まれる値と同様明らかなものではない．つまり，S の必要性が疑わしい p の値は $p \neq 0, 1, n$，すなわち，

$$(59:18) \quad 2 \leq p \leq n-1$$

に制限される．したがって，この区間は——**31.1.5** のように $n \geq 4$ のときではなく——$n \geq 3$ のときに意味をもつ[70]．

次に **31.2** の結果を考える．この節をふり返ってみれば，(31:I)，(31:J)，(31:K) が変化を受けないことは容易に証明できるであろう．(31:L) においては，$\vec{\alpha}$ を用いて $\vec{\beta}$ を構築することに対しては何の修正も加えなくてよい．しかし，最初の主張 $\vec{\beta} \succ \vec{\alpha}$ は **31.1.5** の (31:H) の一部を用いており，これがもはや成り立たないから，$\vec{\beta} \succ \vec{\alpha}$ も成立しない．一方，第2の主張 $\vec{\alpha} \succ \vec{\beta}$ は影響を受けない．この (31:L) が弱められたことにより (31:M) が取り除かれる．(31:N) は (31:L) の修正されない部分だけを用いているから依然として正しい．(31:O)，(31:P) も影響を受けない．

59.3.3 最後に第9章で用いた概念のいくつかについて考えよう．

われわれはそこで2つの数 $|\Gamma|_1, |\Gamma|_2$ を定義した．前者すなわち $|\Gamma|_1$ は **45.1**，後者すなわち $|\Gamma|_2$ は **45.2** で定義し，**45.3** において両者の性質について議論した．

両方の定義——すなわち **45.1**，**45.2** のそれに関する考察——は共にそのまま用いることができる．しかし **45.3** においては本質的な変化がある．つまり (45:F) において証明の後半は正しいが，前半は **25.3.1** の (25:3:b) を用いているので正しくない (**57.2.1** を参照せよ)．くわしくいうと：依然として，

$$(59:19) \quad |\Gamma|_2 \leq \frac{n-2}{2} |\Gamma|_1$$

---

[70] これは **56.2**-**56.12** を通して重要であった一般 n 人ゲームとゼロ和 $n+1$ 人ゲームの関連に一致する．

であり，それゆえ，$|\Gamma|_2$ を $|\Gamma|_1$ で評価することはできるが，

(59:20) $|\Gamma|_1 \leq (n-1)|\Gamma|_2$[71]

とはならず，$|\Gamma|_1$ を $|\Gamma|_2$ で評価することはできない．実際，われわれはあるゲームにおいて，

(59:21) $|\Gamma|_1 > 0, \quad |\Gamma|_2 = 0$

なることを **60.2.1** でみるであろう．

この結果，**45.3.3**-**45.3.4** の注意は的はずれなものとなる．**45.3.1** についても同様であり，$|\Gamma|_2$ に関するかぎり，その結果 (45:E) は成り立たない．また $|\Gamma|_1$ に関してはたしかに正しいが，これは定義の言い換えにすぎない．このことと上の (59:19)，(59:21) を考えると，(45:E) は次のように弱められねばならないことがわかる：

(59:C) Γ が非本質的であれば $|\Gamma|_1 = 0, |\Gamma|_2 = 0$．
　　　　Γ が本質的であれば $|\Gamma|_1 > 0, |\Gamma|_2 \geq 0$．

第9章の主要な目的であった合成と分解の理論は，その本質的な部分においては現在の構造にも拡張できる．上述の $|\Gamma|_1$ と $|\Gamma|_2$ の行動の間の相違はいくつかの小さな変化を必要とするが，これらの変化は容易に処理されるからである．もちろん，集合 $E(e_0)$ と $F(e_0)$ （第9章を参照せよ）における超過量と解の理論も現在の場合に拡張されねばならないが——これもまた実質的な困難はまったく必要としない．

この問題についてくわしく分析していると，説明が長くなって **59.1.1** で述べた限界を超えてしまうであろうし，さらに，その結果に対する説明の価値も，ゼロ和ゲームに関して第9章ですでに得たものと実質的にはほとんど変わらないであろうから，これ以上は立ち入らない．

---

[71] (59:20) と (59:19) はそれぞれ (45:F) の2つの部分を表している．

60 $n \leq 3$ なるあらゆる一般ゲームの解

60.1 $n = 1$ のケース

60.1 われわれは，ここで **59.1.1** で述べておいたように $n \leq 3$ であるすべての一般 n 人ゲームについての体系的な議論にとりかかる．

まず $n = 1$ の場合を考える．この場合についてはすでに **12.2** で考えられている（実際的な目的についても解決されている）．特に，この場合（そして，この場合だけであるが）は，純粋に最大化問題として扱えることを **12.2.1** で指摘しておいた．しかし，われわれの一般理論がこの（簡単な）特別の場合にも常識的な結果をもたらすことを証明しておくことが望ましいので[72]，完全な数学的厳密性をもって一般理論を適用することにしよう．

$n = 1$ なる一般ゲーム Γ は必ず非本質的である：これは，縮約形の特性関数 $\bar{v}(S)$ を考えてみれば，**59.2.3** の (59:16) および (59:17) によって（$p = 1 = n$ について）$-\gamma = 0$，すなわち $\gamma = 0$ となることより明らかである．また——縮約形にすることなく——**27.4** の規準 (27:B)，(27:C)，(27:D) の任意の1つを用いてもよい（**59.3.1** を参照）．例えば，(27:C) は，$\alpha_1 = v(\{1\})$ により明らかに満たされる．これが $v(I)$，すなわち **56.9.1** の (56:13) により，(**12.2.1** の表記法を用いれば) $\mathrm{Max}_\tau \mathcal{H}(\tau)$ となることに注意されたい．したがって，これは：

(60:1) $\quad \alpha_1 = v(\{1\}) = v(I) = \mathrm{Max}_\tau \mathcal{H}(\tau)$

と書き直せる．Γ が非本質的であるから，**31.2.2** の (31:O) または (31:P) が適用される（**59.3.2** を参照）．したがって：

(60:A) Γ はちょうど1つの解，すなわち，

$$\vec{\alpha} = ((\alpha_1))$$

なる1要素集合 $\{\vec{\alpha}\}$ をもつ．α_1 は (60:1) の α_1 である．

これは——そうなるべきであったように——明らかに **12.2.1** の「常識的」結

---

[72] これは，**58.3.2** の第4の注意へわれわれをひきもどす．

60.2 $n = 2$ のケース

60.2.1 次に $n = 2$ を考える．ここで注意しなければならないのは，$n = 2$ なる一般ゲームは必ずしも非本質的とならないことである——したがって $n = 2$ のゼロ和ゲームとは異なる．(**27.5.2** の最初の注意により，後者は非本質的であった．)

実際：縮約形の特性関数 $\bar{v}(S)$ は **59.2.3** の (59:16) と (59:17) によって完全に決定され，

$$(60:2) \quad S \text{ が } \begin{cases} 0 \\ 1 \text{ 個の要素をもつときに } \bar{v}(S) = \\ 2 \end{cases} \begin{cases} 0 \\ -\gamma \\ 0 \end{cases}$$

となる．ここで，(60:2) の $\bar{v}(S)$ が **57.2.1** の条件 (57:2:a)，(57:2:c) を満たす，すなわち，ある適当な Γ の特性関数 (**57.3.4** を参照) となるのは $\gamma \geq 0$ の場合であり，しかもそのときに限ることは直ちに証明できる．これは，まさに **59.2.3** の条件 (59:14) である．したがって，**59.2.3** の (59:14) の $\gamma \geq 0$ がまさに (60:2) において生じうることがわかる．

このようにして，前に述べておいたように，$\gamma > 0$，すなわち本質的な場合も生じる可能性がある．本質的な場合には，さらに $\gamma = 1$ と正規化することができ，これによって (60:2) は完全に決定される．したがって，ただ1つのタイプの本質的一般2人ゲームが存在する．

ここで，$|\Gamma|_1 = 2\gamma$ は > 0 となりうるが，($n = 2$ の場合には) 常に $|\Gamma|_2 = 0$ となることに注意せよ．これは縮約形，すなわち (60:2) についてのみ証明しておけば十分である．

実際：**45.2.1** および **45.2.3** の定義を思い出せば，$\alpha_1, \alpha_2 \geq -\gamma$，$\alpha_1 + \alpha_2 \geq 0$ のときに $\vec{\alpha} = ((\alpha_1, \alpha_2))$ は孤立し，それに対応する $e = \alpha_1 + \alpha_2$ の最小値は 0 となる[73]．したがって，$|\Gamma|_2 = 0$ となる．

要約すれば：$n = 2$ の場合にゼロ和ゲームは必ず非本質的となるが，一般ゲームは必ずしもそうはならない．したがって，前者は必ず $|\Gamma|_1 = 0$ となり，

---

[73] 例えば $\alpha_1 = \alpha_2 = 0$ の場合にこうなる．

後者は $|\Gamma|_1 > 0$ となることもある.しかし,常に両者共に $|\Gamma|_2 = 0$ である.この結果を先の議論,特に **45.3.4** に照らして解釈することは読者に任せる.

60.2.2 $n = 2$ の一般ゲーム Γ の解は容易に決定される.

31.1.5 の (31:H) の有効な部分により (**59.3.2** のこれに関連した観察を参照せよ),0,1,または n 個の要素をもつ集合 $S \subseteq I$ はすべて確実に不必要であるが,$n = 2$ であるから結局すべての集合 $S \subseteq I$ が確実に不必要となる.したがって,Γ の解は,まるで支配関係がまったく成り立たないかのように決定できる.つまり,解はいかなる配分もその外部には存在しえないという性質によって簡単に定義され,正確に 1 つ,すなわちすべての配分からなる集合しか存在しないのである.

この場合の一般的配分は $\vec{\alpha} = ((\alpha_1, \alpha_2))$ によって与えられ,それは **57.5.1** の条件 (57:15),(57:16),すなわち:

(60:3) $\quad \alpha_1 \geq v(\{1\}), \quad \alpha_2 \geq v(\{2\}),$
(60:4) $\quad \alpha_1 + \alpha_2 = v(\{1,2\}) = v(I)$

にしたがう.この結果を書き直すと:

(60:B) Γ は正確に 1 つの解,すなわちすべての配分の集合を有する.それは,

$$\vec{\alpha} = ((\alpha_1, \alpha_2))$$

であり,α_1, α_2 は (60:3),(60:4) を満たす.

(60:3),(60:4) が α_1, α_2 の組(すなわち $\vec{\alpha}$)を一意的に決定するのは,

(60:5) $\quad v(\{1\}) + v(\{2\}) = v(\{1,2\})$

の場合であり,そしてそのときに限ることに注意されたい.**27.4** の規準によれば,これはまさに Γ の非本質性を表している.この結果は,当然のことであるが **31.2.3** の (31:P) と一致している(**59.3.2** を参照).

もしそうでなければ,

(60:6) $\quad v(\{1\}) + v(\{2\}) < v(\{1,2\})$

であり，無限に多くの α_1, α_2——すなわち $\vec{\alpha}$——が存在する．これは Γ が本質的な場合である．

以上の結果についての解釈は **61.2**-**61.4** において与えられる．

60.3　$n = 3$ のケース

60.3.1　最後に $n = 3$ の場合を考える．この場合のゲームには，$|\Gamma|_1 > 0$, $|\Gamma|_2 > 0$ となるような本質的ゼロ和3人ゲームが含まれる（**45.3.3** を参照）．したがって：

$n = 3$ の場合には，一般ゲームだけでなくゼロ和ゲームも本質的となることがあり，$|\Gamma|_1 > 0$, $|\Gamma|_2 > 0$ が共に成り立つ可能性がある．

Γ が非本質的な場合は，**31.2.3** の (31:O) または (31:P) によって扱われているので（**59.3.2** を参照），ここでは Γ は本質的であると仮定する．

$\gamma = 1$ と正規化した縮約形の Γ の特性関数を用いる．すると，その特性関数 $\bar{v}(S)$ は，**59.2.3** の (59:16) と (59:17) を用いて次のように表すことができる：

$$(60:7) \quad S \text{ が} \begin{cases} 0 \\ 1 \text{ 個の要素をもつときに } \bar{v}(S) = \begin{cases} 0 \\ -1 \\ 0 \end{cases} \\ 3 \end{cases}$$

さらに，

(60:8)　S が2個の要素をもつときには，$\bar{v}(\{2,3\}) = a_1$, $\bar{v}(\{1,3\}) = a_2$, $\bar{v}(\{1,2\}) = a_3$.

(60:7), (60:8) の $\bar{v}(S)$ が **57.2.1** の条件 (57:2:a), (57:2:c) を満たす，すなわちある適当な Γ の特性関数となるための必要十分条件が，

(60:9)　$-2 \leq a_1, a_2, a_3 \leq 1$

であることは直ちに証明できる．

またこの Γ がゼロ和となる，すなわち，**25.3.1** の (25:3:b) が成り立つための必要十分条件は，

(60:10)　$a_1 = a_2 = a_3 = 1$

となることに注意されたい．言い換えれば：領域 (60:9) はあらゆる一般ゲームを代表しているが，その上限の点である (60:10) はこの場合の（唯一の）ゼロ和ゲームを代表するのである．

60.3.2 次に，この（本質的）一般3人ゲームの解を決定しよう．

この場合の一般的配分は $\vec{\alpha} = ((\alpha_1, \alpha_2, \alpha_3))$ で与えられ，それは **57.5.1** の条件 (57:15)，(57:16) にしたがう．この2つの条件はここでは：

(60:11)　　$\alpha_1 \geq -1, \quad \alpha_2 \geq -1, \quad \alpha_3 \geq -1,$
(60:12)　　$\alpha_1 + \alpha_2 + \alpha_3 = 0$

となる．

この条件は，$\alpha_1, \alpha_2, \alpha_3$ についての **32.1.1** の条件，すなわち本質的ゼロ和3人ゲームの理論において用いられた条件にまさに一致している (**32.1.1** の (32:2)，(32:3) を参照)．これはまた，$1 + \dfrac{e_0}{3}$ なる要素を別にすれば $\alpha_1, \alpha_2, \alpha_3$ に対する **47.2.2** の条件，すなわち超過量をもつ本質的ゼロ和3人ゲームの理論において用いられた条件にも一致する (**47.2.2** の (47:2*)，(47:3*) を参照)．したがって，われわれは **32.1.2**，特に図52における図示を用いることができる．つまり，$\vec{\alpha}$ の領域は **32.1.2** の図53における基本三角形として得ることができ，これはまた **47.2.2** の図70におけるものとも類似している．

この図による表現を用いて支配関係を表してみよう．支配 $\vec{\alpha} \succ \vec{\beta}$ についての **30.1.1** の集合 S に関して次のことがいえる．**31.1.5** の (31:H) の有効な部分により (**59.3.2** のこれに関連した観察を参照)，$0, 1$，または n 個の要素をもつすべての集合 $S \subseteq I$ は確実に不必要である——ここでは $n = 3$ であるから，これによって2要素集合 S に分析を絞ることができる．

そこで $S = \{i, j\}$ とおく[74]．すると，支配関係は，

$$\alpha_i + \alpha_j \leq \bar{v}(\{i, j\}), \quad \text{かつ } \alpha_i > \beta_i, \; \alpha_j > \beta_j$$

なることを意味する．(60:12) から，最初の条件は $\alpha_k \geq -\alpha_k$ と書いてもよい．

これを書き直すと：支配関係

---

[74] i, j, k は $1, 2, 3$ を置換したものである．

$$\vec{\alpha} \succ \vec{\beta}$$

は，

(60:13) $\begin{cases} \alpha_1 > \beta_1, & \alpha_2 > \beta_2 \quad \text{かつ} \quad \alpha_3 \geq -a_3 \text{ か}; \\ \alpha_1 > \beta_1, & \alpha_3 > \beta_3 \quad \text{かつ} \quad \alpha_2 \geq -a_2 \text{ か}; \\ \alpha_2 > \beta_2, & \alpha_3 > \beta_3 \quad \text{かつ} \quad \alpha_1 \geq -a_1 \end{cases}$

となることを意味する[75]．

(60:13) の状況を基本三角形の図に付け加えることができる．それは，**32** よりもむしろ **47** によく似ている．つまり，その操作は，図 70 から図 71, 72, または図 84, 85, または図 87, 88 への移行に対応するのである．実際：図 71, 84, 87（これらはすべて連続的なケース (IV), (V), (VI) における同じ操作を表す）との相違は次の点だけである：

47 において，配列を形成していた 6 本の直線

(60:14) $\begin{cases} \alpha^1 = -\left(1 + \dfrac{e_0}{3}\right), & \alpha^2 = -\left(1 + \dfrac{e_0}{3}\right), & \alpha^3 = -\left(1 + \dfrac{e_0}{3}\right), \\ \alpha^1 = -\left(1 - \dfrac{2e_0}{3}\right), & \alpha^2 = -\left(1 - \dfrac{2e_0}{3}\right), & \alpha^3 = -\left(1 - \dfrac{2e_0}{3}\right) \end{cases}$

がここでは，各々

(60:15) $\begin{cases} \alpha_1 = -1, & \alpha_2 = -1, & \alpha_3 = -1, \\ \alpha_1 = -a_1, & \alpha_2 = -a_2, & \alpha_3 = -a_3 \end{cases}$

で置き換えられる．したがって，(あとの 3 つの直線によってつくられる) 第 2 の三角形は，(はじめの 3 つの直線によってつくられる) 基本三角形の中に現れてくるわけであるが，先の 3 つの図 (図 71, 84, 87) で述べられたようには，後者において対象的に位置するとは限らない．

60.3.3 (60:15) の後半の 3 つの直線 ((60:13) の 3 つの支配関係は成り立つものとする) による

---

[75] これは，$1 - \dfrac{2e_0}{3}$ が a_1, a_2, a_3 と置き換わっている点を除けば，**47.2.3** の (47:5) とまったく類似している．また，(60:11), (60:12) の後で述べた要素 $1 + \dfrac{e_0}{3}$ により，大きさも変化している．

32.1.3 の (32:4) に対する関係は，**47.2.3** の (47:5) とまったく同じである．554 ページの脚注 112) を参照せよ．

(60:16) $\alpha_1 \geq -a_1, \quad \alpha_2 \geq -a_2, \quad \alpha_3 \geq -a_3$

なる領域が共通の範囲で交わるか否かにしたがって，2つの場合を区別しておくと便利である．(60:12) によれば，前者は，

(60:17:a) $a_1 + a_2 + a_3 > 0$

を意味し，後者は，

(60:17:b) $a_1 + a_2 + a_3 \leq 0$

を意味する．この2つの場合をそれぞれ (a)，(b) とよぶ．

ケース (a)：基本三角形に関して，内部三角形が必ずしも対称に位置しない点を除けば，図 71，72 の条件が満たされる．このことを心にとどめておけば，**47.4-47.5** で与えられたケース (IV) の議論がそのままくり返せる．それゆえ，解も図 82，83 で示されたものと同じ性質をもつ．

もし $a_i = 1$ ならば，この i に対応する内部三角形の辺と基本三角形の辺は一致し ((60:15) を参照)，曲線が消滅することを注意しておく[76]．

ケース (b)：この場合には，本質的には図 84，85 の条件が満たされる――図 87，88 の条件はこの変形にすぎない．――ただし，上のケース (a) におけると同様，非対称性については同じ条件が成り立つものとする．

図 84 を，基本三角形を / で表し内部三角形を ＼ で表すことにより書き直そう：これが図 92 である．内部三角形がさまざまに基本三角形から飛び出しうるので，このような配置には種々の変形がある[77]．図 92-95 は，この変形を図示するものである[78][79]．

---

[76] このようにして，ゼロ和ゲームにおいては $a_1 = a_2 = a_3 = 1$ となるから曲線はまったく現れてこず，これは **32** の結果に一致する．

[77] (60:9) により $-2 \leq a_i \leq 1$ である．読者も容易に証明できるように，これは「内部」三角形の各辺がそれに対応する基本三角形の辺とその反対側の頂点との間を動くことを意味する．図 92-95 は，この制約にしたがうあらゆる可能性をおおい尽くしている．

[78] ゼロ和ゲーム，すなわち $a_1 = a_2 = a_3 = 1$ において生じうるのは，対称的となりうるもの，つまり図 92，95 だけである．このうち，図 92 は図 84 に相当し，図 95 は図 87 に相当する．

[79] 図 92-95 に移るにつれ，領域②，③，④が次々に消える．さらに，領域①，⑤，⑥，⑦の 1 つまたはそれ以上が線分，または点にまで退化する．この「消滅」と「退化」を区別することがまったく容易でないことも時にはある．図 92-95 に相当する 4 つの場合を区別するルールは次のとおりであり，このルールにおいては上述の困難さは生じてこない：図 92-95 はそれぞれ，「内部」三角形が基本三角形の 0, 1, 2, 3 個の辺と交わる場合に対応する．（頂点と交わるときは，その頂点の属する 2

図 92　　　　　　　　図 93

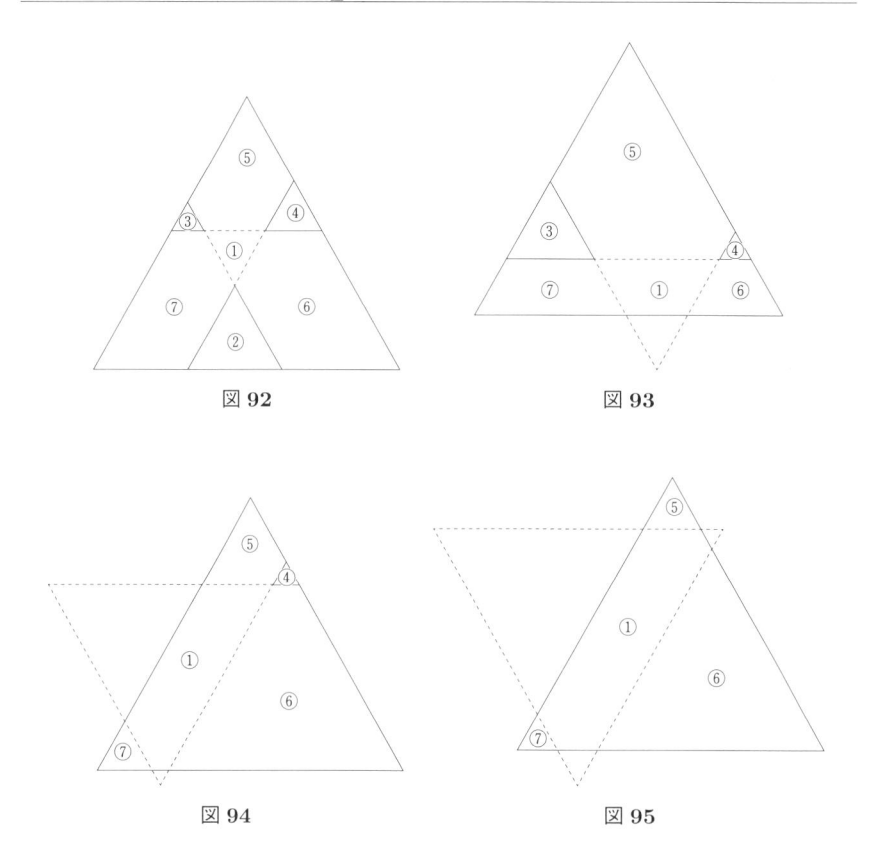

図 94　　　　　　　　図 95

　これらの状況を心にとどめておけば，**47.6** で与えられたケース（V）の議論をそのままくり返しうる[80]．したがって，解は，非対称性および領域①-⑦の中のいくつかの消滅もしくは退化についての必要な条件を課せば（図 92-95 と 754 ページの脚注 79）を参照せよ），図 86 のものと一致する．

60.4　ゼロ和ゲームとの比較

60.4.1　われわれは，一般 n 人ゲームの $n=3$ の場合のすべての解を厳密な方法で決定したが，まだこの結果の意味については分析していないので，こ

つの辺と交わるものとして数える．）

[80] **47.7** のケース（VI）の議論は——はるかに簡単な条件のもとでの——このようなくり返しと考えられる．

こでそれを行おう．

　まず，むしろ形式的な性質をもったいくつかの注意から始める．われわれはすでに，一般ゲームが本質的となりうる最小の n は $n=2$ であるのに対し，ゼロ和ゲームに関してのこれに対応する数は $n=3$ であることをみた．また，(縮約と $\gamma=1$ なる正規化を仮定すれば) $n=2$ に対して正確に1つの本質的一般ゲームが存在するのに対し，ゼロ和ゲームの場合に1つの本質的ゲームが存在するのは $n=3$ であった．さらに，(上述の仮定のもとでは) $n=3$ の場合の本質的一般ゲームは3つのパラメーターからなる多様体をつくったが，ゼロ和ゲームにおいてこうなるのは $n=4$ の場合であった．以上のことから，一般 n 人ゲームとゼロ和 $n+1$ 人ゲームの間の類似性が導かれる．もちろん，こうなる理由もわかっている：つまり，一般 n 人ゲームのゼロ和拡張はゼロ和 $n+1$ 人ゲームであり，すでにみたようにゼロ和 $n+1$ 人ゲームはこのようにして得られるのである[81]．

60.4.2 しかしながら，この方法によってゼロ和 $n+1$ 人ゲームはすべておおい尽くされるものの，その解はすべておおい尽くされるわけではないことに注意せねばならない——一般 n 人ゲームの解は，そのゼロ和拡張したゲームの解の部分集合となるにすぎない (例えば，**56.12** の (56:I:a) を参照せよ)．

　したがって，われわれがすべての一般3人ゲームの解をすべて決定したからといって，あらゆるゼロ和4人ゲームの解をすべて知ったことにはならない．実際，第7章の膨大な，それでいて不完全な議論をみればわかるように，すべてのゼロ和4人ゲームの解をすべて決定することはかなり大規模な仕事である．ところが一般3人ゲームに関する結果から，すべてのゼロ和4人ゲームに対して解の存在することがわかる．(これは，第7章の議論では明らかにできなかったことである．)

61　$n=1,2$ の結果の経済学的解釈

61.1　$n=1$ のケース

61.1　われわれは，ここで，現在の分析における主要な目標であった $n=1,2,3$ についての結果の解釈にとりかかる．

---

[81] 正確にいえば：このようにして得られるゲームに戦略上同等である．(**57.4.1** の冒頭を参照せよ．)

まず $n=1$ を考える：この場合に重要なことはすでに **60.1** で述べた．われわれの結果は，そうなるべきであったように，この場合を特徴づける単純最大化原理のくり返しであった——したがって，この場合というのは，「ロビンソン・クルーソー」かまたは完全に計画化された共産主義経済を表しているにすぎない．

61.2 $n=2$ のケース．2人市場

61.2.1 次に $n=2$ を考える：**60.2.2** で得られたこの場合の結果は言葉で表せば次のようになる：

この場合には正確に1つの解のみが存在する．その解は，各プレイヤーが個々には少なくとも独力で獲得しうる量を得るのに対し，2人がまとまれば最大量を獲得できるようなすべての配分からなる．

ここで「プレイヤーが独力で獲得しうる量」というのは，たとえ相手が利得を得るよりもむしろ損失を与えるような方向にそって行動する場合にも，その行動の如何にかかわらず，このプレイヤーが独力で獲得できる量である[82]．

この解を調べてみると，**58.3.2** の第4の注意における約束が満たされるのがわかる：われわれは，上述の——相手が利得を与えることよりも損失を与えるほうを望むという仮定にもとづく——「プレイヤーが独力で獲得しうる量」の定義が，常識的な結果を導くかどうかを調べねばならない[83]．このようにして得られた理論の結果を「常識」と比較するためには，通常の直観に容易に入りこめるような方法で一般2人ゲームを記述することが望まれる．このような形式というのは，2人の人間の間に存在しうるいくつかの基本的な経済学

---

[82] **58.2.1** の最後および **58.3** の詳細な議論を参照せよ．プレイヤー k が独力で獲得しうる量はもちろん $v(\{k\})$ である．

[83] 読者は，われわれがこの望みを相手に特有のものとは考えていないことがわかるであろう．われわれの理論がまるで彼がこのような望みをもつかのように定式化できるというだけである．重要なのは，この定式化が可能かどうかではなく，理論の結果である．

実際，この相手の「敵意をもった」行動は，解の特徴の一部を決定するだけであり，すべてを決定しはしない：つまり，各プレイヤーが個々に得る量の下限を与えるだけであって，両者がまとまった場合に獲得できる量は，これとは正反対の完全協力の仮定によってはじめて表すことができる．（上述を参照．）

これは，完全に厳密な理論のみがすべての条件のもとで信頼しうる道標となり，その一部を言葉で表すことは，その適用が制限され，しかも互いに相対立することもあるという一般的事実の特別な場合となっている．

これらのことはすべて，**58.3** の詳細な議論によってはるかにうまく扱われている．

的関係を考えてみれば容易に見出すことができる.

61.2.2 そこで，市場における2人の人間，売り手と買い手，の状況を考えてみよう．われわれは1つの取引のみを分析したいのであり，これが一般2人ゲームと同等であることがわかるであろう．これはまた，最も簡単な形の古典的な双方独占という経済学の問題とも同等である.

2人の参加者を1, 2：売り手を1，買い手を2とする．ここで考えている取引というのは，ある財Aの1単位を1から2へ売ることである．Aを所有することによる1の価値をu，2の価値をvとする．すなわち，uは売り手にとってAをほかで最もうまく用いたときの価値を表し，vは売買の後の買い手にとっての価値を表す.

この取引が少なくとも意味をもつためには，買い手にとってのAの価値が売り手にとってのAの価値を超えていなければならない．すなわち，

(61:1) $\quad u < v$

でなければならない.

ここで，売買が行われなかったときの買い手の状態——すなわちもとのままの状態——を便宜的に効用ゼロとしておく[84].

これをゲームとして表してみよう．このためにはAをまったく省き，その代わりにそれの譲渡ないしはそれの代替的な使用に関する価値を扱うほうがよい．このとき，ゲームのルールを次のように定式化できる.

1は2に「価格」pを申し出，2はこれを「受け入れる」かもしくは「断わる」．前者の場合には，1, 2は$p, v - p$なる額を獲得し，後者の場合には$u, 0$を獲得する[85].

常識的な結果は，価格pが，2人の参加者のそれぞれの評価値によって定められた範囲のある値，すなわち，

(61:2) $\quad u \leq p \leq v$

をとるであろうということである．pが実際に (61:2) の範囲のどこに位置す

---

[84] われわれは，売買を財と財との交換として記述しうる可能性をわざと無視している．われわれの理論は何回もくり返し述べてきた理由により，無制限に譲渡可能な数量化された効用を使用するのであり，これによって貨幣を用いて記述することもできるのである.

[85] これを最初の組み合わせ理論的なゲームの定義を用いて定式化することは読者に任せる.

るかは，この記述には考慮されていない要因によって定まる．実際，このゲームのルールはただ1回のビッドしか許しておらず，それが受け入れられるかそれでなければ拒絶されねばならない——これは明らかに取引における最終的なビッドである．われわれはふれなかったが，これに先だって交渉，駆引，値切り，契約，再契約が行われているかもしれない．結局，この非常に単純化されたモデルについての満足のいく理論においても，(61:2)の区間全体がpにとってのとりうる値として残される．

61.3　2人市場の議論とその特性関数

61.3.1　さらに議論を進める前に，ここで考えている経済的構成に関するモデルとなっているゲームの記述に関して2つの注意を付け加えておく．

第1に：より多くの（ただし制限されている）数の代替的なビッドなどを許すような工夫されたモデルを用いることもできる．

あらゆる現存の市場が参加者のすべてによる連続したビッドに関しての多少とも複雑なルールによって支配され，その市場の性質を理解するためにはルールが重要となるので，このような変形を考えることにも一見したところ根拠があると思われる．さらにわれわれは，**19**においてポーカーをくわしく分析したが，このゲームは参加者すべてのビッドの相互作用にもとづくものであり，そこでみたように，これらのビッドの列および配置はその構造と理論に関して決定的な重要性をもっていた．（特に**19.1-19.3**の記述的部分，**19.11-19.14**で議論された変形，および**19.16**の最終的なまとめを参照せよ．）

しかしもっとくわしく調べてみると，現在の組み立てにおいては，このような細部はもはや決定的とはならないことがわかる．ポーカーはゼロ和ゲームであり，1人のプレイヤーのいかなる損失も他のプレイヤーの利得となっていたが[86]，ここでの状況はそれとはまったく異なる．もっと明確にいえば，**61.3.3**で単純な変形について行うのと同じ方法で，より複雑な市場（ただし参加者は2人だけである）を議論することができる．読者は，**61.3.3**の(61:5)，(61:6)で得た特性関数と同じものを複雑な市場においてもやはり見出すことであろう．実際，そこで与えられる推論は，必要な変更を加えればどんな市場（参加者2人！）にも適用できる：読者は，この比較を行ってみれ

---

[86] これは**19**で考察されたように，2人ゲームであるポーカーには直接適用される．もし2人以上の参加者が存在すれば，提携を用いての取り扱いによって同じ状況がもたらされる．

ば，その証明において重要なのは[87]，売り手（または買い手）が逆提案を受けようと，また連続したいくつかのビッドが必要とされようと，最初に述べた価格に絶対に固執しようと思えば固執できるという点であることがわかるであろう[88]．

このような工夫を行っても本質的には単純なモデルと同じ結果をもたらすのである．したがって，われわれはこれについては考えないものとする．

61.3.2 第2に：一方，われわれのモデルはさらに単純化することもできる．実際，われわれの理論のすべての部分において仮定してきた（協力する）プレイヤーの間の補償金のメカニズムにより十分にビッドを置き換えることができる．すなわち，価格の申し出，受け入れ，拒絶をゲームのルールの一部として導入する必要はない．補償金のメカニズムが，予備的な交渉，取引，値切り，契約，再契約を含むことにより，これらを十分に考慮しているからである．

このように，単純化されたゲームは，次のように表すことができる：プレイヤー1, 2 は共に交換するか否かを選択する．もしどちらも交換しないほうを選べば，1, 2 はそれぞれ $u, 0$ を獲得する．もし両者共に交換するほうを選べば，u', u'' を獲得する――u', u'' は，和が v となるような任意の数である[89]．

言い換えれば：ゲームのルールはプレイヤーが影響しえないような任意の「価格」$p = u'$（このとき $v - p = u''$）を与えるかもしれないが――プレイヤーたちは適当な補償金の支払いを行うことにより，彼らの望む価格に移ることができる．

このようにして，**61.2.2** で選んだ設定は最も簡単なものでもなく，また最も複雑なものでもないことがわかる．また，この設定は状況の本質的な特徴を不必要な細部を用いることなく，最もうまく表しているので，われわれはこれを用いることにする．

---

[87] 1つの重要なものは **61.3.3** の (61:5) の証明である．
[88] ポーカーについての前に述べた注意にもどってみよう：読者は，これに対応する総合的な簡単な政策がいかにしてそこでは作用しえないかを示せるであろう――それは，法外に高いものや，簡単な画一的方法によるビッドに対して，ゲームのルールによりペナルティが課せられることによる．

もちろん，同じ規定を市場を支配するルールにもちこむこともできる．実際，選択権のようにこのタイプをとる伝統的な取引の形式もある．しかし，このようなタイプを含めることは，問題の最初の基本的な概括としては得策ではないであろう．

[89] この2つ（**61.2.2** および上述）の特性関数は，**61.3.3** において決定され，同じものであることがわかるであろう．

61.3.3 **61.2.2**の「常識的」結果は，配分を用いれば結局は次のように表される：正確に1つの解が存在し，これは，

$$\vec{\alpha} = ((\alpha_1, \alpha_2)),$$

ただし，

(61:3) $\alpha_1 \geq u, \quad \alpha_2 \geq 0,$
(61:4) $\alpha_1 + \alpha_2 = v$

なるすべての配分からなる集合である．

これを**60.2.2**におけるわれわれの理論の応用と比べてみれば，(61:3)，(61:4)が(60:3)，(60:4)と一致するときには，両者は一致することがわかる．これにより，

(61:5) $v(\{1\}) = u, \quad v(\{2\}) = 0,$
(61:6) $v(\{1,2\}) = v$

とならねばならない．

(61:5)，(61:6)は実際に成り立つ．完全を期すために，**61.2.2**と**61.3.1**，**61.3.2**の両方の設定についてこれを証明しておく．まず前者を本文中で扱い，後者について変更を要する点は括弧［　］の中で述べる．

(61:5)について：プレイヤー1は価格$p = u$を申し出ることによって［交換しないほうを選択することによって］，uを確実に得ることができる．プレイヤー2は，あらゆる価格を拒絶することによって［交換しないほうを選択することによって］，プレイヤー1が確実にuを獲得するようにできる．したがって，$v(\{1\}) = u$である．

$p = u$を$p = v$と置き換えれば［両方のプレイヤーが同じ行動をとるようにすれば］，同様にして$v(\{2\}) = 0$となる．

(61:6)について：2人のプレイヤーは一体となれば，uまたはvを獲得する——後者は$p + (v - p)$ ［$u' + u''$］ から生じてくる．(61:1)によりvのほうが好ましいから，

$$v(\{1,2\}) = v$$

となる．

61.4 58の立場の正当性

61.4 61.3.3でみられたような特性関数 v(S) の値の $u, 0, v$ との一致は，当然のことのように思えるかもしれない．しかし，そこには1つの重要な点が存在している：つまり，この一致は **58.3** および **61.2** の批判が適用される特性関数の定義から得られた．そして，その定義というのは——理論の全体を通してではないがある部分においては——各プレイヤーにとって，その相手が利得を得るよりも損失を与えようと行動すると考えることに依存していた．

この依存性が実際に意義深いものであること，すなわちこの仮定の変更により結果が変えられるが，もとの結果は正しいと思われるので，この変更により誤りへ導かれることを認識しておくのは重要である．これは **61.2.2** の設定のもとで最も顕著に現れる．

実際，プレイヤー2がある条件のもとでプレイヤー1に損失を与えるよりも自らの利得を得るほうを好むとし，このような条件が実際に存在したとする．例えば，プレイヤー1がある $p_0 > u$ であるが $p_0 < v$ なる価格を申し出たときである．この場合には，プレイヤー2は，もし受け入れれば $v - p_0$ を獲得し，拒絶すれば 0 を獲得するから，受け入れることによってより大きな利得を得る．また一方，プレイヤー1は，プレイヤー2が受け入れた場合には p_0 を，拒絶した場合には u を獲得する．したがって，プレイヤー2は受け入れることによって自らの利得を増し，拒絶することによって（プレイヤー1に）損失を与える．したがって，プレイヤー2の意向についての現在の仮定のもとでは，彼は受け入れることになる．

このようにして，この条件のもとではプレイヤー1は p_0 なる額の獲得をあてにできる．これは，(61:2) の価格の区間全体が許容されるという先の結果と対立するが，**61.2.2** でみたように，後者のほうが自然であると考えられる．

要約すれば：**61.2-61.4** で行われた一般2人ゲームの議論からわかるように，一般2人ゲームにおいては，特性関数が果たしてわれわれの理論において用いたような形で決定してよいものであるかどうかが重大な問題となる．ここでの設定は十分に簡単であるので，結果を「常識」から予想することもできたが——特性関数の形成の方法において少しでも変化があれば理論的な結果が大いに変えられてしまうのである．このようにして，理論を応用することにより，**58.3** の第4の注意の意味における確証が得られた．

61.5 分割可能財.「限界ペア」

61.5.1 61.2-61.4 の議論は非常に基本的な場合について述べていたにすぎないが,それでも,われわれが以前に考えたことに対して十分な「確証」を与えた.さらに,1 つの本質的一般 2 人ゲームを解釈すれば,これらのゲームはすべて 1 つの縮約形(これは $\gamma = 1$ と正規化することもできる)と戦略上同等であるから,すべてを解釈したことになる.

ここまではすべて満足のいくものである.しかし,われわれの理論がもう少し複雑な経済的現象に対しても同じように正当化しうることを示したい.このために,まず 2 人市場の記述をもう少し拡張しよう.これによっても,実際には新しいことはなんらもたらされないことがわかるであろう.このあと,一般 3 人ゲームへと向かうが,そこでは純粋に新しい確証が見出され,より基本的な解釈の機会が見出されるであろう.

61.5.2 61.2.2 で述べられた状況にもどろう:すなわち市場に売り手 1 と買い手 2 がいる状況である.ここでは,(分割不可能で,相互に代替可能な) 財の s 単位 $A_1, \cdots , A_s$ のうちのいくつかまたはすべてを含むような交渉を認める[90].1, 2 が $t\ (= 0, 1, \cdots , s)$ 単位所有したときの価値を u_t, v_t とする.したがって,数量

(61:7) $\quad u_0 = 0, \quad u_1, \cdots , u_s$

(61:8) $\quad v_0 = 0, \quad v_1, \cdots , v_s$

は,各参加者がそれぞれの単位を所有したときの効用の変化を表す.**61.2.2** と同様,買い手の最初の位置においては彼の効用はゼロであるとする.

この構成をモデル化するゲームのルールについての **61.2.2**, **61.3.1**, **61.3.2** の考察はくり返さなくてもよいであろう.

この特性関数がどのようなものであるかは容易にわかる.各プレイヤーは,すべての売買を妨げることができるから[91],**61.3.3** と同様,

(61:9) $\quad v(\{1\}) = u_s, \quad v(\{2\}) = 0$

---

[90] われわれはまた,連続的な分割可能性を許すこともできるが,これは実質的な相違をもたらすわけではない.

[91] つまり,1 はとても受け入れられないような高い価格を申し出,2 はあらゆる価格を拒絶すればよい.

である．2人のプレイヤーは，まとまれば取引する単位数を決定でき，t 単位取引すれば，2人で $u_{s-t} + v_t$ を得るから，

(61:10)　　$v(\{1,2\}) = \text{Max}_{t=0,1,\cdots,s}(u_{s-t} + v_t)$

である．

この v(S) は特性関数であるから，**57.2.1** の不等式 (57:2:a)，(57:2:c) を満たさねばならない．(61:9)，(61:10) を考えると，直ちに導きえないのは，

(61:11)　　$v(\{1,2\}) \geq v(\{1\})$

だけである．しかし，これも (61:10) により，($t = 0$ とする) 左辺は $v_s + v_0 = u_s$ 以上となり，右辺は u_s に等しいからたしかに成り立つ．

61.5.3 次に (61:10) において最大値をとる t を考え，例えば $t = t_0$ とする．すると，すべての t に関して $u_{s-t_0} + v_{t_0} \geq u_{s-t} + v_t$ となる．これは，$t \neq t_0$ についていえさえすればよいから，$t \gtreqless t_0$ に分けて述べることができる．つまり，上の不等式は次のように書ける：

(61:12)　　$t > t_0$ に関して，$u_{s-t_0} - u_{s-t} \geq v_t - v_{t_0}$,
(61:13)　　$t < t_0$ に関して，$u_{s-t} - u_{s-t_0} \leq v_{t_0} - v_t$.

(61:12) を $t = t_0 + 1$ のときに特殊化すると ($t_0 = s$ のときは除く．この場合には (61:12) が意味をもたない)：

(61:14)　　$u_{s-t_0} - u_{s-t_0-1} \geq v_{t_0+1} - v_{t_0}$

となり，(61:13) において $t = t_0 - 1$ とすると ($t_0 = 0$ のときは除く．この場合には (61:13) が意味をもたない)：

(61:15)　　$u_{s-t_0+1} - u_{s-t_0} \leq v_{t_0} - v_{t_0-1}$

となる．(61:12)，(61:13) ((61:14)，(61:15) を導く $t = t_0 \pm 1$ なる特殊化は施さないものとする) は次のように書くこともできる．

(61:16)　　$t > t_0$ に関して，$\displaystyle\sum_{i=t_0+1}^{t}(u_{s-i+1} - u_{s-i}) \geq \sum_{j=t_0+1}^{t}(v_j - v_{j-1})$,

(61:17)　　$t < t_0$ に関して，$\displaystyle\sum_{i=t+1}^{t_0}(u_{s-i+1} - u_{s-i}) \leq \sum_{j=t+1}^{t_0}(v_j - v_{j-1})$.

一般に，(61:14)，(61:15) は必要条件となるだけであるが，(61:16)，(61:17) は必要十分条件となる．ところが，ここで効用逓減の仮定をうまく導入することができる——すなわち，参加者 1, 2 の双方にとって，全保有量が増すにつれ各々の付加的な効用は減少するという仮定を導入できる．公式としては，

(61:18) $\quad u_1 - u_0 > u_2 - u_1 > \cdots > u_s - u_{s-1},$
(61:19) $\quad v_1 - v_0 > v_2 - v_1 > \cdots > v_s - v_{s-1}$

である．

これにより，

(61:20) $\begin{cases} \displaystyle\sum_{i=t_0+1}^{t} (u_{s-i+1} - u_{s-i}) \geq (t-t_0)(u_{s-t_0} - u_{s-t_0-1}) \\ \displaystyle\sum_{j=t_0+1}^{t} (v_j - v_{j-1}) \leq (t-t_0)(v_{t_0+1} - v_{t_0}) \end{cases} \begin{array}{l} t > t_0 \\ \text{に関して} \end{array}$
$ \begin{cases} \displaystyle\sum_{i=t+1}^{t_0} (u_{s-i+1} - u_{s-i}) \leq (t-t_0)(u_{s-t_0+1} - u_{s-t_0}) \\ \displaystyle\sum_{j=t+1}^{t_0} (v_j - v_{j-1}) \geq (t_0-t)(v_{t_0} - v_{t_0-1}) \end{cases} \begin{array}{l} t < t_0 \\ \text{に関して} \end{array}$

となる．したがって，(61:14)，(61:15) から (61:16)，(61:17) が導かれる．つまり，(61:14)，(61:15) もまた必要十分条件となる．(61:14)，(61:15) を (61:18)，(61:19) の一部と結びつければ，また次のようにも書ける：

(61:21) $\begin{cases} u_{s-t_0} - u_{s-t_0-1},\ v_{t_0} - v_{t_0-1} \\ \text{の各々は，} \\ u_{s-t_0+1} - u_{s-t_0},\ v_{t_0+1} - v_{t_0} \\ \text{の各々よりも大きい}^{92)}. \end{cases}$

通常の考えにしたがえば，最大化する $t = t_0$ は実際に取引された単位数で

---

[92] 1 行目の第 1 項と 2 行目の第 2 項を比較したものが (61:14)，同様に第 2 項と第 1 項を比較したものが (61:15) である．また，第 1 項と第 1 項，第 2 項と第 2 項の比較はそれぞれ (61:18)，(61:19) から得られる不等号である．

ある．これが (61:21) によって特徴づけられることはすでに示したが，読者は，(61:21) がちょうどベーム・バヴェルク (Böhm-Bawerk) の「限界ペア」の定義となっていることを証明できるであろう[93]．

したがって，次のことがわかる：

(61:A) 　取引の規模，すなわち取引される単位数 t_0 は，Böhm-Bawerk の「限界ペア」の規準にしたがって決定される．

ここまでは，通常の常識的結果がわれわれの理論によって再生産されたといえる．

最後に，このゲームが非本質的となる場合は簡単な意味をもつことを注意しておこう．非本質性は，ここでは，

$$v(\{1,2\}) = v(\{1\}) + v(\{2\}),$$

すなわち (61.9) により，(61:11) において等号が成り立つことを意味する．(61:9)，(61:10) を考えると，これは後者における最大値が $t=0$ でとられること，すなわち $t=t_0$ を意味する．したがって，次のことがわかる：

(61:B) 　われわれのゲームが非本質的となるのは，取引が行われない——すなわち $t_0 = 0$ である——とき，そしてそのときに限る[94]．

61.6 価格．議論

61.6.1 次にこの設定のもとでの価格の決定に移ろう．この点について解釈を与えるためには，**60.2.2** の考察によって与えられたこのゲームの（一意的な）解をよりくわしく考えねばならない．

数学的には，ここでの構成は **61.2-61.4** で分析したものと同じ程度に一般的である．つまり，両方共に本質的一般2人ゲームを表しており，すでに知っているように，このようなゲームはただ1つしか存在しない．しかし，それにもかかわらず，前の構成は現在の構成において $s=1$ とした特別な場合に相当しており，この点による相違が解釈に移る際に明らかになるであろう．

---

[93] E. von Böhm Bawerk, *Positive Theorie des Kapitals*, 4th edit., Jena, 1921, p.266ff.
[94] **61.2.2** の初期の設定では，(61:1) により取引は必ずおこると仮定していたことに注意されたい．われわれの現在の設定では，両方の可能性が考えられる．

61.3.3 の (61:5), (61:6) を **61.5.2** の (61:9), (61:10) と比較すればわかるように, この2つの構成の数学的同一性は前者の u, v を

(61:22)　　$u = u_s, \quad v = \text{Max}_{t=0,1,\cdots,s}(u_{s-t} + v_t)$

と置き換えうることにもとづく.

したがって, (一意的な) 解は **61.3.3** の (61:3), (61:4) を満たすあらゆる配分

$$\vec{\alpha} = ((\alpha_1, \alpha_2))$$

からなる. α_2 を用いて表せば,

(61:23)　　$0 \leq \alpha_2 \leq v - u$

となる[95].

ここで——われわれの理論を表現する手段である配分ではなく——通常の価格の概念を用いてこれを定式化してみよう[96]. **61.5.3** で結論したように, t_0 単位が買い手2に移るから, もし1単位当たり p なる価格が支払われるならば,

(61:24)　　$v_{t_0} - t_0 p = \alpha_2$

となる. したがって, p を用いて表せば, (61:23) は,

(61:25)　　$\dfrac{1}{t_0}(u_s - u_{s-t_0}) \leq p \leq \dfrac{1}{t_0} v_{t_0}$

となる[97]. これはまた,

(61:26)　　$\dfrac{1}{t_0} \sum_{i=1}^{t_0}(u_{s-i+1} - u_{s-i}) \leq p \leq \dfrac{1}{t_0} \sum_{j=1}^{t_0}(v_j - v_{j-1})$

とも書ける.

61.6.2　さて, (61:26) の範囲はベーム・バヴェルクの理論の与えたものとはまったく異なる. この理論によれば, 価格は **61.5.3** の (61:21) で名づ

---

[95] α_1 にもとづいて議論を進めることもできるが, α_2 をもとにしたほうが3人市場の場合にうまく適用できる.
[96] これは解釈であり, 理論そのものではないことを再度強調しておく.
[97] (61:22) により $u = u_s, v = u_{s-t_0} + v_{t_0}$ であることに注意せよ.

けられた2つの限界ペアの効用の間に位置せねばならず，

$$(61:27) \quad \begin{Bmatrix} u_{s-t_0+1} - u_{s-t_0} \\ v_{t_0+1} - v_{t_0} \end{Bmatrix} \leq p \leq \begin{Bmatrix} u_{s-t_0} - u_{s-t_0-1} \\ v_{t_0} - v_{t_0-1} \end{Bmatrix}$$

となる．これはまた，

$$(61:28) \quad \mathrm{Max}(u_{s-t_0+1} - u_{s-t_0}, v_{t_0+1} - v_{t_0})$$
$$\leq p$$
$$\leq \mathrm{Min}(u_{s-t_0} - u_{s-t_0-1}, v_{t_0} - v_{t_0-1})$$

とも書ける．

これを (61:26) と比較するために，便宜的に，区間

$$(61:29) \quad u_{s-t_0+1} - u_{s-t_0} \leq p \leq v_{t_0} - v_{t_0-1}$$

をつくる．**61.5.3** の (61:20) の最後の2つの不等式より ($t=0$ とすれば)，(61:29) の下限は (61:26) の下限より大きいかまたは等しくなり，上限は (61:26) の上限よりも小さいかまたは等しくなる．したがって，区間 (61:29) は (61:26) に含まれる．さらに (61:29) は明らかに区間 (61:27)，すなわち (61:28) を含む．要約すれば：区間 (61:26)，(61:29)，(61:28) はこの順で互いを含む．

したがって，次のことがわかる：

(61:C)　単位当たりの価格 p は区間 (61:26) に制限されるだけであるが，ベーム・バヴェルクの理論によれば，それはより狭い区間 (61:28) に制限される．

61.6.3　(61:A)，(61:C) の2つの結果は，ここでの応用におけるわれわれの理論と通常の常識的立場との関連を正確に与える[98]．この2つの結果からわかるように，実際に生じること——すなわち譲渡する単位数——に関してはまったく一致するが，それが行われる条件——すなわち単位当たりの価格——については乖離が生じる．くわしくいうと，われわれの理論は通常の見方よりも価格に対してより広い区間を与える．

[98) われわれは，ベーム・バヴェルクの取り扱いをこの立場を代表するものとして考えた．実際，カール・メンガー (Carl Menger) 以来の多くの他の学者たちのこの問題に対する見方も彼と同じである．

この点において，そしてこの方向にそって乖離が生じることは，容易に理解できる．われわれの理論は，本質的には（他のいくつかの中でも特に），プレイヤーの間の完全な補償メカニズムを仮定している．これは，譲渡される単位の変化に関連して，割り増しや払い戻しの変化する支払いが可能であることを意味する．ところで，通常の立場によるより狭い価格の区間（ベーム・ヴァベルクの「限界ペア」によって定義されたもの）は，よく知られているように一意的な価格の存在に依存している——これは，おこりうるあらゆる譲渡に対して同じように成り立つ．ところがわれわれは上で指摘したように，割り増しや割り引きを許すので，一意的な価格がもたらされることはない．われわれの単位当たりの価格 p は単に平均価格——実際，それは **61.6.1** の (61:24) でそのように定義されていた——であるから，「限界ペア」によって定められるものよりも広い区間が得られるのはまったく自然である．

最後に，価格構造の形成におけるこの異常性は，考察中の市場が双方独占市場であることともまったく調和していることを注意しておく．

62 $n = 3$ の結果の経済学的解釈：特別なケース

62.1 $n = 3$ の特別なケース．3人市場

62.1.1 最後に $n = 3$ を考える．われわれは，**61.2.1** で示されたのと同じ意味における解釈を得たいわけである．このためには，2人市場を扱った **61.2.2** のモデルを3人市場のモデルに拡張すればよいであろう．

すでに指摘しておいたように，最初に述べた議論は，本質的一般2人ゲームがただ1つしか存在しないことにより完全なものであった．他方，すでに知っているように，本質的一般3人ゲームは3個のパラメーターからなる族を形成し，しかも **60.3.2** における詳細な議論により無数の代替的なゲームを区別することができた[99]．したがって，本質的一般3人ゲームのすべての可能性を考慮するためには，いくつかのモデルが必要である．そこで，1つの典型的な種類に話を絞ることにしよう．完全な議論は少々長たらしく，それでいて理論の理解にそれほど役立つとは思われないからである——しかし，完全な議論を行っても困難が増すことはない．

---

[99] 2つの主要なケースは (a) と (b) であり，特に (b) は図 92-95 によって代表される4つのケースに再分割された．

62.1.2 そこで，1人の売り手と2人の買い手からなる3人市場を考える．2人の売り手と1人の買い手の場合の議論も同じ数学的構成で処理でき，解も上の場合に対応して定まる．議論を限定するために，われわれは第1の形の問題を議論するだけにし，第2の形の問題について並行的な議論を行うことは読者に任せる．

3人の参加者を1,2,3とする——つまり，売り手が1であり，（将来の）買い手が2,3である．**61.2.2**の特殊な設定をまず考え，続いて**61.5.2**のより一般的な設定を考えることにしよう．そこで見出したことを参照してみればわかるように，ここでは後者は前者の実際的な一般化を与えるであろう．

まず**61.2.2**の構成から始める：考慮する取引は，ある財の（分割不可能な）1単位 A の1から2または3への販売である．A を所有したときの1,2,3の価値をそれぞれ u, v, w とする．

これらの取引がすべての参加者にとって意味をもつためには，各買い手にとっての A の価値が売り手にとっての A の価値より大きくなければならない．また，2人の買い手2,3がたまたままったく同じ立場にあるのでなければ，そのうちの1人がもう1人よりも強くなければならない——すなわち，A の所有によってより大きな効用を得るのでなければならない．ここでは，この強いプレイヤーを3と仮定する．以上の仮定により，

(62.1) $\quad u < v \leq w$

となる．**61.2.2**，**61.5.2**におけると同様，各買い手に対しては最初の状態の効用をゼロとする．

61.5におけると同様，この構成をモデル化するゲームのルールに関して，**61.2.2**，**61.3**の考察をくり返す必要はない．

この特性関数がどうなるかは，容易にわかる：各買い手は彼らに対する販売を阻止でき，売り手もあらゆる販売を阻止できるから（**61.5.2**を参照せよ），**61.3.3**におけると同様，

(62.2) $\quad v(\{1\}) = u, \quad v(\{2\}) = v(\{3\}) = 0,$
(62.3) $\quad v(\{1,2\}) = v, \quad v(\{1,3\}) = w, \quad v(\{2,3\}) = 0,$
(62.4) $\quad v(\{1,2,3\}) = w$

となる[100]．

この v(S) は特性関数であるから，**57.2.1** の (57:2:a)，(57:2:c) の不等式を満たさねばならない．その証明はほとんど困難もなく行えるので読者に任せる．

v(S) の定義から，v(S) の属するゲームは定和ではないので[101]，もちろん本質的である．

62.2　予備的な議論

62.2　次に，現在直面している問題の解をすべて得るために，本質的一般3人ゲームに関して **60.3** で得られた結果を適用してみよう．さらに，この数学的な結果を常識的な通常の方法によって得られるものと比較してみる．

この2つの結果はある点においては，**61.5.2-61.6.3** におけるものよりもよく一致することがわかるであろう——くわしくいえば，価格に対して得られる制限が両方の結果において一致するのである．これは，おそらくは **61.2.2** におけると同様1単位しか取り扱われないことによると考えてよいであろう．**63.1-63.6** で s 単位に移行する際には，**61.5.2-61.6.3** の複雑さが再度現れる．

しかし，上述の点以外にも，われわれの理論と通常の見方の間には質的な乖離が存在する．これは，提携形成の可能性によってもたらされることがわかる．この可能性は参加者が3人の場合にはじめて現実性をもつものであり，われわれの理論によって十分に正しく扱われる——ところが通常の接近方法によっては普通は無視される．したがって，この2つの方法の乖離もまたわれわれの理論の立場からみて正当なものであることがわかるであろう．

62.3　解：第1のケース

62.3.1　**60.3.1**，**60.3.2** を上述の (62:2)-(62:4) の v(S) に適用することから始める．

この設定における配分は，

---

[100] もちろん，これは $u < v \leq w$ を用いている．
[101] 証明：**57.5.2** の (57:20) が満たされない．例えば，
$$v(\{1\}) + v(\{2,3\}) = u < w = v(\{1,2,3\})$$
である．

$$\vec{\alpha} = ((\alpha_1, \alpha_2, \alpha_3))$$

ただし，

(62:5) $\quad \alpha_1 \geq u, \quad \alpha_2 \geq 0, \quad \alpha_3 \geq 0,$
(62:6) $\quad \alpha_1 + \alpha_2 + \alpha_3 = w$

である．**60.3.1**，**60.3.2** を適用するためには，これを縮約形に直し，しかも $\gamma = 1$ と正規化せねばならない．

前者の操作は，$\alpha_1, \alpha_2, \alpha_3$ を **57.5.1** で述べ，さらに **31.3.2** および **42.4.2** で議論したように，

(62:7) $\quad \alpha'_k = \alpha_k + \alpha_k^0$

なる $\alpha'_1, \alpha'_2, \alpha'_3$ で置き換えることに相当する．$\alpha_1^0, \alpha_2^0, \alpha_3^0$ は **59.2.1** の (59:A) を導く議論において述べたようにして得られる．くわしくいうと，

(62:8) $\quad \alpha'_1 = \alpha_1 - \dfrac{w + 2u}{3}, \quad \alpha'_2 = \alpha_2 - \dfrac{w - u}{3}, \quad \alpha'_3 = \alpha_3 - \dfrac{w - u}{3}.$

これに対応する $v(S)$ の変化は，**59.2.1** の (59:1) によって与えられ，それによると，(62.2)-(62:4) は以下のようになる．

(62:9) $\quad v'(\{1\}) = v'(\{2\}) = v'(\{3\}) = -\dfrac{w - u}{3},$

(62:10) $\quad v'(\{1,2\}) = \dfrac{3v - 2w - u}{3}, \quad v'(\{1,3\}) = \dfrac{w - u}{3},$
$$v'(\{2,3\}) = -\dfrac{2(w - u)}{3},$$

(62:11) $\quad v'(\{1,2,3\}) = 0.$

このようにして，$\gamma = \dfrac{w - u}{3}$ となり，それゆえ，第 2 の操作としてはすべての量をこの $\dfrac{w - u}{3}$ で割ればよい．しかし，われわれはこうはせずに，**60.3.1**，**60.3.2**（ここでは $\gamma = 1$ が仮定されていた）の結果を $\dfrac{w - u}{3}$ 倍して直接適用することにする[102]．

60.3.1 の (60:8) と比較すれば，

---

[102] この方法は，**47**，特に **47.2.2** および **47.3.2**（ケース (III)），**47.4.2**（ケース (IV) のある側面）において，超過量をもつ本質的ゼロ和 3 人ゲームの議論において用いたものと類似している．

$$a_1 = -\frac{2(w-u)}{3}, \quad a_2 = \frac{w-u}{3}, \quad a_3 = \frac{3v-2w-u}{3}.$$

したがって，解を導く三角形を表す 6 本の直線は，ここでは：

(62:12) $\begin{cases} \alpha'_1 = -\dfrac{w-u}{3}, & \alpha'_2 = -\dfrac{w-u}{3}, & \alpha'_3 = -\dfrac{w-u}{3}{}_{103)}, \\ \alpha'_1 = -\dfrac{2(w-u)}{3}, & \alpha'_2 = -\dfrac{w-u}{3}, & \alpha'_3 = -\dfrac{3v-2w-u}{3}{}_{104)} \end{cases}$

となる．

62.3.2 次に **60.3.3** の意味での配列を議論しよう．明らかに，

$$a_1 + a_2 + a_3 = v - w \leq 0$$

であるから，**60.3.3** の (60:17:b) が得られる——すなわち同所のケース (b) となり，図 92-95 で代表される 4 つのケースのどれであるかを決定すればよい．そこで，これから後は図を用いて議論を進めることにする．

このために，前と同様，図 52 の平面を用いる．図 92-95 によって **60.3.2** の (60:15) の 6 本の直線が表されたのと同様にして，(62:12) の 6 本の直線を表すと図 96 が得られる．この図の性質上の特徴は，次の考察から導かれる：

(62:A:a) 第 2 の α'_1-直線は第 1 の α'_2-直線と α'_3-直線の交点を通る．実際：

$$\frac{2(w-u)}{3} - \frac{w-u}{3} - \frac{w-u}{3} = 0$$

である．

(62:A:b) 2 つの α'_2-直線は一致する．

(62:A:c) 第 2 の α'_3-直線は第 1 の α'_3-直線の左に位置する．実際：

$$-\frac{3v-2w-u}{3} + \frac{w-u}{3} = w - v \geq 0$$

ゆえ，α'_3 の値はより大きくなる．

この図を図 92-95 と比較すると，図 94 を（回転し）退化させた形となって

[103)] **60.3.2** の (60:15) における -1 は $-\gamma$ であり，したがって，それに上で述べた比例要素 $\dfrac{w-u}{3}$ をかけなければならない．

[104)] **60.3.2** の (60:15) における $-a_1, -a_2, -a_3$ は，ここで再度出てきており，$\dfrac{w-u}{3}$ をすでに含んでいる．

図 96　　　　　　　　　図 97

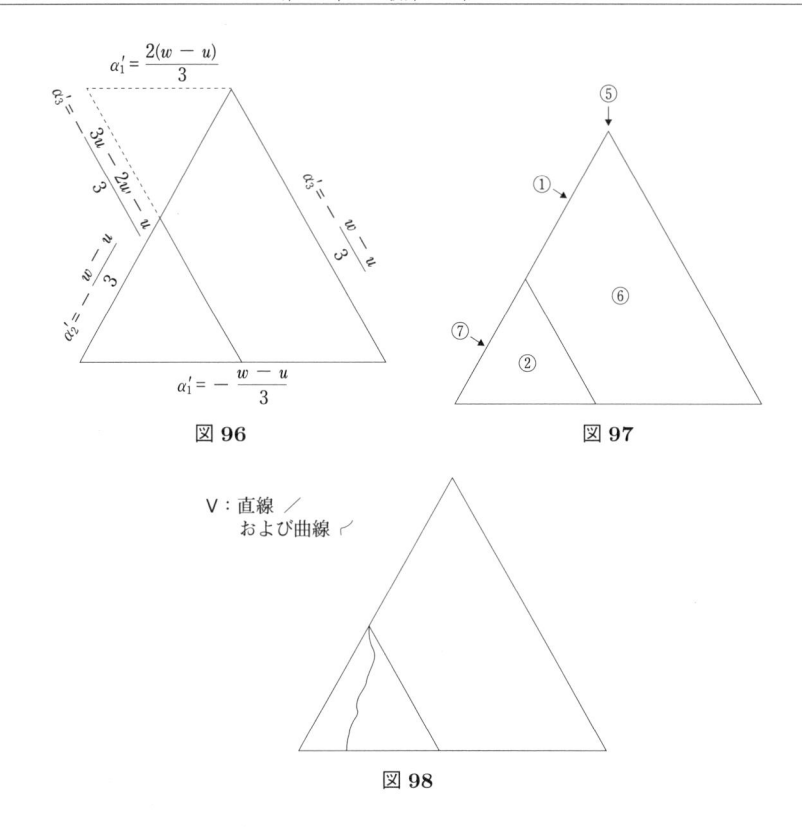

図 98
V：直線 ／
　および曲線

いることがわかわる[105]：つまり，領域⑤は 1 点（基本三角形 △ の上方の頂点）に退化し，領域①，⑦は 2 つの線分（基本三角形 △ の左辺の上方および下方の部分）に退化するが，領域②，⑥は依然として退化しない（基本三角形 △ を分割した四辺形とより小さな三角形となる）．図 94 のこの 5 つの領域の配列は図 97 に示されている．ここで図 86 を図 97 で示された状況に一致させることにより，**60.3.3** の最後で述べたようにして，一般解 V が得られる．この結果は図 98 に示されている[106]．

62.4　解：一般形

62.4　さらに議論を進める前に，

---

[105] これと以下の注意については 754 ページの脚注 79) を参照せよ．
[106] **47.5.5** の (47:6) で述べた制約にしたがえば，図 98 の曲線は図 86 のものに類似する．

図99　V：曲線

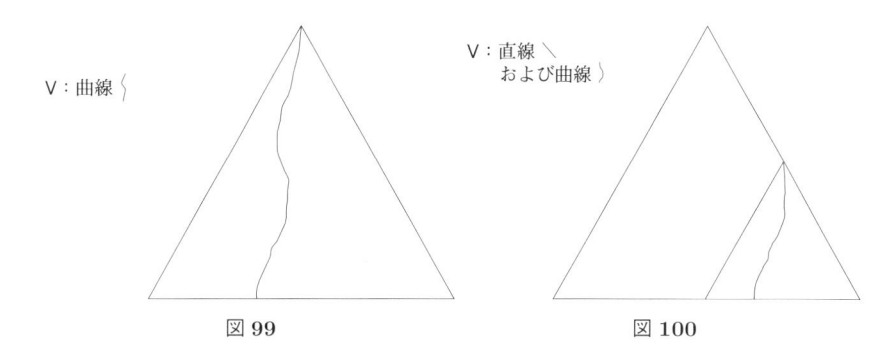

図100　V：直線および曲線

(62:13)　$u < v \leq w$

を仮定すれば，図97 は一般的な有効性をもつが，図97 の与えている図は量的には，

(62:14)　$v < w$

の場合についてふれているだけであることを注意しておこう．

(62:15)　$v = w$

の場合には，図97 の領域①——すなわち基本三角形の左辺の上方の部分——は 1 点に退化する（**62.3.2** の (62:A:c) を参照せよ）．したがって，この場合には図98 は図99 のような形をとる．

この議論は——2 人の買い手——プレイヤー 2, 3 に関してもまったく対称的に適用できる：

(62:14) または (62:15) を仮定すれば，(62:13) をより弱い条件

(62:16)　$u < v, w$

で置き換えられる．そこで (62:16) のみを仮定し——(62:13) は (62:14)，(62:15) とともに仮定しないことにしよう．これは，各買い手が A の所有に関して売り手よりも高い効用を得るが，買い手どうしはどういう位置関係にあるかわからないことを意味する．（**62.1.2** の最初の部分における議論を参照せよ．）

さて，(62:16) を仮定した場合には 3 つの可能性が残される：つまり

(62:14),（62:15）と

(62:17) $\quad v > w$

である．(62:14),（62:15）の解は図 98, 99 に与えられた．(62:17) は (62:14) から 2 人のプレイヤー 2, 3——すなわち 2 人の買い手——と v, w を交換することにより得られる．つまり図 98 を $(v, w$ を交換した後)，その垂直二等分線に対称に折り返さねばならない．これは図 100 に示されている．

要約すれば：

(62:B) 　(62:16) を仮定すれば，$v < w, v = w, v > w$ の場合の一般解 V はそれぞれ図 98, 99, 100 で与えられる．

62.5 結果の代数的な形

62.5.1 図 98 で表された結果は，代数的には次のように述べることができる[107]：

解 V は基本三角形の左辺の上方の部分と曲線～からなる．

V の最初の部分は，

$$\alpha'_2 = -\frac{w-u}{3}, \quad -\frac{3v-2w-u}{3} \geq \alpha'_3 \geq -\frac{w-u}{3}$$

によって特徴づけられる．**62.3.1** の（62:8）によれば，これは，

$$\alpha_2 = 0, \quad w - v \geq \alpha_3 \geq 0$$

なることを意味する．ここで **62.3.1** の（62:6）により，

$$\alpha_1 = w - \alpha_3$$

だから，上の条件は，

(62:18) $\quad v \leq \alpha_1 \leq w, \quad \alpha_2 = 0, \quad \alpha_3 = w - \alpha_1$

とも書き直せる．

V の第 2 の部分（曲線）は，上述の最小の α'_1 から α'_1 の絶対的な最小値 $\left(-\dfrac{w-u}{3}\right)$ まで伸びるものである．この幾何学的性質（**47.5.5** の（47:6）を参

---

[107] (62:B) にもかかわらず，これは $v \leq w$ ならば常に成り立つことに注意せよ．

照せよ）は，これにそって，α'_2, α'_3 が共に α'_1 の単調減少関数となるということである．ここで再度 **62.3.1** の (62:8) により，$\alpha'_1, \alpha'_2, \alpha'_3$ を $\alpha_1, \alpha_2, \alpha_3$ に移そう．すると，α_1 は上述の (62:18) における最小値 (v) からその絶対最小値 (u) までを変化し，α_2, α_3 は共に α_1 の単調減少関数となる．したがって：

(62:19) $\quad u \leq \alpha_1 \leq v, \quad \alpha_2, \alpha_3$ は α_1 の単調減少関数．

となる[108)109)]．このようにして，一般解 V は (62:18)，(62:19) の2つの集合を合わせたものとなる．(62:19) で述べた関数は（ある範囲の中で）任意に選べるが，ある決まった解（すなわち行動基準）はこれらの関数の中からある決まったものを選択することに対応している点に注意しなければならない．この状況は，**47.8.2** の (47:A) および **55.12.4** で分析した状況にまったくよく似ている．

62.5.2 (62:18)，(62:19) は $v \leq w$ の場合には常に用いることができる（776 ページの脚注 107）を参照せよ）．$v = w$ のときには，(62:18) は，

(62:20) $\quad \alpha_1 = v, \quad \alpha_2 = \alpha_3 = 0$

と簡単になる．したがって，(62:18)，(62:19) は $v < w$ の場合にのみ用いることができ，$v = w$ の場合には (62:20)，(62:19) を用いねばならない[110)]．

もし $v > w$ であれば，(62:18)，(62:19) のプレイヤー 2, 3——すなわち 2 人の買い手——および v と w を交換すればよい．すると (62:18)，(62:19) は，

(62:21) $\quad w \leq \alpha_1 \leq v, \quad \alpha_2 = v - \alpha_1, \quad \alpha_3 = 0$[111)].

[108)] これらは，もちろん **62.3.1** の (62:5)，(62:6) を満たさねばならない．
[109)] 図 98 からわかるように直線 l の最低点は曲線の最高点に一致する．すなわち，(62:18) の点 $\alpha_1 = v$ と (62:19) の点 $\alpha_1 = v$ とは同じものである．
したがって，(62:18)，(62:19) のどちらかから $\alpha_1 = v$ を除いてもかまわない（しかし両方から除くことはできない）．
[110)] (62:18)，(62:19) についての 777 ページ脚注 109) の注意は (62:20)，(62:19) にも適用できる．したがって，(62:20) をまったく省いてしまうこともできるが，**62.6** において解釈を行うときのためには，残しておいたほうが便利である．
[111)] 上述の変換により，**62.1.2** の (62:4) は，

(62:22) $\quad v(\{1, 2, 3\}) = v$

となり，したがって **62.3.1** の (62:6) は，

(62:23)　　$u \leq \alpha_1 \leq w$,　α_2, α_3 は α_1 の単調減少関数[112].

となる．

要約すると：

(62:C)　　(62:16) を仮定すると，$v<w$, $v=w$, $v>w$ の場合の一般解は，それぞれ (62:18)，(62:19)；(62:20)，(62:19)；(62:21)，(62:23) によって与えられる．

62.6 議　　論

62.6.1　ここで，通常の常識的な分析を 1 人の売り手と 2 人の買い手および財の分割できない 1 単位からなる市場に適用し，その結果を (62:C) の数学的な結果と比較してみよう．

常識的な方法の方向は明らかに次のように規定される：つまり，われわれはここで実際に「限界ペア」の理論の最も簡単な特殊な場合を扱っているのである．その議論は次のとおりである：

売り手はここで考えている財の分割不可能な 1 単位のみを提供し，それを購入する 2 人の買い手がいる．したがって，買い手のうち 1 人だけが売り手と取引を行い，もう 1 人は除外される．明らかに強い買い手が前者の状態に位置する——ただし，2 人のプレイヤーがたまたま同じ強さをもっている場合は除く．この場合には，両者共に取引を行える資格をもつ——したがって，取引の行われる価格は取引する買い手と除外される買い手の限界値の間に位置する——もし 2 人が同じ強さをもっていれば，価格はちょうどその共通の限界値とならねばならない．売り手の限界値は，純粋の 3 人市場となるためにはどちらの買い手の限界値よりも低くならねばならず，したがってプレイに影響することはない．

数学的な定式化においては，売り手と 2 人の買い手の限界値は u, v, w であった．上述の注意は，

(62:6*)　　$\alpha_1 + \alpha_2 + \alpha_3 = v$

となる．

[112] (62:18)，(62:19) についての 777 ページ脚注 109 の注意は (62:21)，(62:23) にも適用できる．もちろん，v を w で置き換えたうえでのことである．

(62:16) $u < v, w$

なることを意味する．価格についての記述は結局，次のようになる．

(62:24) $v < w$ に関して，$v \leq p \leq w$,
(62:25) $v = w$ に関して，$p = v$,
(62:26) $v > w$ に関して，$w \leq p \leq v$.

除外された買い手は，最初の状態——すなわち，効用の正規化におけるゼロの状態——で終わる．

したがって，ここでの結果は (62:C) で与えられた (62:18)，(62:20)，(62:21) に正確に対応する．

ここまでは，数学的結果と常識的結果は一致している．しかし，この一致の限界もまた明らかである：つまり，(62:C) は (62:19)，(62:23) のような配分も与えているのに対し，通常の取り扱いにおいては上で示したように，これらの配分はその痕跡すら現れていなかった．

それでは，(62:19)，(62:23) の意味は一体何であろうか？ これは，われわれの理論と常識的立場の間の対立を表しているのであろうか？

この問題に対しては簡単に答えることができ，実際にはまったく対立するところはなく，(62:19)，(62:23) は常識的立場のまったく正当な拡張を表していることがわかる．

62.6.2 与えられた配分において，売り手の獲得する額 α_1 は明らかにその配分が与えられたときに直面する価格 p である．(62:19)，(62:23) においては，α_1 は u から v または w（その小さい方）の間を変化する——すなわち，価格は売り手の限界値と弱いほうの買い手の限界値との間で変化する．また 2 人の買い手の獲得する量も変化するが，その間にははっきりした（単調）関数的な変化がある[113]．

この 2 つの事実からはっきりとわかるように，(62:19)，(62:23) には次のような言葉による解釈が与えられる：2 人の買い手は獲得した利潤をどのように分割するか明確に定めたうえで提携を結び，売り手との交渉に入る．その分割のルールというのは，(62:19)，(62:23) において生じる単調関数によって

---

[113] これらの「量」というのは，すべてわれわれが——ここで考えている 1 単位しかなくしかも分割不可能な財の——効用とみなしているもののことである．

具体的に示される．いかなる駆引によっても売り手を彼自身の限界値より押し下げることはできない[114]．一方，弱い買い手の限界値よりも価格が高いとすれば，彼はまったく影響を及ぼすことができなくなる．

(62:19)，(62:23) に含まれる特殊なルールおよびこの状況のもとでのすべての参加者の役割には，もっと広い言葉による扱いを施すことができる．しかし，上述の事柄によって中心点は十分に明らかになったので，ここではそのような扱いは行わない：一方，(62:18)，(62:20)，(62:21)（すなわち図 98-100 の V の上方の部分）は取引に対して 2 人の買い手が競争する場合に相当している——この場合には，もし強いプレイヤーが存在するとすれば彼が必ず勝利する．他方，(62:19)，(62:23)（すなわち図 98-100 の V の下方の部分）は 2 人の買い手が提携して売り手に対する場合に相当している．

このようにして，古典的な議論は——少なくとも **62.6.1** で用いた形においては——最初の可能性だけを与え，提携については無視している．われわれの理論においては，最初から提携が決定的な役割を果たしており，その点において古典的な理論とおおいに異なるのである．つまり，われわれの理論は両方の可能性を共に含み，それのもたらす解においては両者が結合され一体となって与えられるのである．この提携をともなうかともなわないかによる区別は，比較的簡単な 3 人ゲームに対する言葉による注釈として現れてくるだけである——つまり，すべてのゲームについてそれが実行できるか否かは定かではない．しかし，数学的な理論はすべての状況に厳密に適用することができる．

63　$n=3$ の結果の経済学的解釈：一般のケース

63.1　分割可能財

63.1.1　われわれに残されているのは，**61.2.2** の 2 人の場合の構成を **61.5.2**，**61.5.3** で拡張したのと同様にして，**62.1.2** の 3 人の場合の構成を拡張することである．

そこで，**62.1.2** で述べた状況にもどることにしよう：つまり，市場に売り手 1 と（見込みのある）買い手 2, 3 が存在する．さらに，ここでは，ある財の s 単位 $A_1, \cdots, A_s$（その各々は分割不可能で相互に代替可能である）のす

---

[114] 売り手の限界値とは，（販売せずに）A を最もうまく用いた場合のことである．

63 $n=3$ の結果の経済学的解釈：一般のケース

べてもしくは一部を含むような取引を許すものとする．（763 ページの脚注 90）を参照せよ．）1, 2, 3 にとってのこれらの単位ごとの価値を u_t, v_t, w_t ($t = 0, 1, \cdots, s$) と表す．したがって，

(63:1) $\quad u_0 = 0, \quad u_1, \cdots, u_s,$
(63:2) $\quad v_0 = 0, \quad v_1, \cdots, v_s,$
(63:3) $\quad w_0 = 0, \quad w_1, \cdots, w_s$

は，各参加者にとってのこれらの単位ごとの可変的な効用の量を表すことになる．

前と同様，各買い手の初期の状態は効用ゼロであるとする．

61.5.2，**61.5.3** および **62.1.2** におけると同様，この設定をモデル化するゲームのルールに関しての **61.2.2**，**61.3.1**，**61.3.2** の考察をくり返す必要はない．

この特性関数がどうなるかは容易にわかる：つまり，各買い手は自らへの販売を妨げることができ，売り手も買い手の全体と同様，あらゆる販売を妨げうるから（**61.5.2** および **62.1.2** を参照せよ），**61.3.3** におけると同様にして，

(63:4) $\quad \text{v}(\{1\}) = u_s, \quad \text{v}(\{2\}) = \text{v}(\{3\}) = 0,$
(63:5) $\quad \text{v}(\{2, 3\}) = 0$

となる．売り手 1 から買い手 2, 3 へ譲渡する単位数をそれぞれ t, r とすれば，残された提携 $\{1, 2\}$, $\{1, 3\}$, $\{1, 2, 3\}$——すなわち売り手とどちらか 1 人の買い手，または両方の買い手との提携——の達成しうる量を表すことは容易である．よく知られた議論により，

(63:6) $\quad \begin{aligned} \text{v}(\{1, 2\}) &= \text{Max}_{t=0,1,\cdots,s}(u_{s-t} + v_t) \\ \text{v}(\{1, 3\}) &= \text{Max}_{r=0,1,\cdots,s}(u_{s-r} + w_r) \end{aligned}$

(63:7) $\quad \text{v}(\{1, 2, 3\}) = \text{Max}_{\substack{t,r=0,1,\cdots,s \\ t+r \leq s}}(u_{s-t-r} + v_t + w_r)$[115]

となる．

この v(S) は特性関数である．特性関数であるための不等式の証明は読者に任せる．

---

[115] この Max についての新たな条件 $t + r \leq s$ は，売られる単位数 $t + r$ が最初に売り手の所有している単位数を超えないことを表している．

このゲームが本質的となる場合についての議論は **61.5.2**, **61.5.3** と同様にして行えるので，読者に任せる[116]．また2人の買い手2, 3のうち1人が分解の理論の意味でのダミーとなるのはいつであるか，も決定することができる．われわれは，そのどちらも考察しない．その結果は，それほど困難なく得られ，興味がなくはないが驚くほどのこともないからである．

63.1.2 (63:7) の最大値における r を 0 に制限すれば，これは (63:6) の最初の最大値となる．さらに t を 0 とすれば u_s となる，この2つの操作の各々によって得られる値は $\leq$ で結ばれる．すなわち，

(63:8) $v(\{1\}) \leq v(\{1,2\}) \leq v(\{1,2,3\})$

となる．もし r, t に対して順番を変えて同じ操作を施せば，同じようにして，

(63:9) $v(\{1\}) \leq v(\{1,3\}) \leq v(\{1,2,3\})$

が得られる．

(63:8) の前半の不等式を考えてみよう．これが等号で成り立つならば，(63:6) における最初の最大値は $t=0$ のときにとられる．これは通常の考えにしたがえば，買い手3がいない場合に売り手と買い手2の間に財の譲渡が成立しえないことを意味する．すなわち，買い手2は買い手3がいなければ市場機能を果たしえないのである．

次に (63:8) の後半の不等式を考えてみよう．ここで等号が成り立つことは，(63:7) における最大値が $r=0$ でとられることを意味する．通常の考えにしたがえば，買い手2が存在すれば売り手と買い手3とは取引を行うことができない．すなわち，買い手3は買い手2が存在すれば市場に参加しえないのである．

買い手2, 3を交換することによって得られる (63.9) に関する対応する記述とともに，以上の事柄をまとめると：

(63:A)　　(63:8), (63:9) の4つの不等式のいずれか1つでも等号が成り立つことは，買い手の1人が弱いことを意味する．

---

[116] $s=1$ のときの **62.1.2** の (62:1)，または **62.4** の (62:16) に関連した議論を行うのも容易である．このとき，**61.5.3** の最後の (61:B) の議論，および 766 ページの脚注 94) を忘れてはならない．

(63:8)［(63:9)］の前半の不等式においては，買い手3［2］がいなければ買い手2［3］は市場機能を果たしえないのであり，(63:8)［(63:9)］の後半の不等式においては，買い手2［3］がいれば買い手3［2］は市場に影響を及ぼしえないのである．

実際に，興味深い場合が生じるのはこれらの弱さがすべて除かれたときである．したがって，次のような仮定を置いたとしても不合理ではないであろう：

(63:B:a)　(63:8) および (63:9) の両方の前半の不等式において < となる．
(63:B:b)　(63:8) および (63:9) の両方の後半の不等式において < となる．

63.2　不等式の分析

63.2.1　しばらくは (63:B:a) を仮定し，(63:B:b) は成り立たないとする．これは，2人のプレイヤーのうち1人がもう1人よりも絶対的に強いことを意味する．もっと正確にいえば：このプレイヤーは，もう1人のプレイヤーを完全に市場から除外しようとするときにさえ，もう1人のプレイヤーと少なくとも同程度に強いのである．

したがって，ただ1単位の（分割不可能な）A しか利用できないときには，この場合の結果は，**62.1.2–62.5.2** で得られたものと類似すると考えられる．すなわち，ここで導入した供給の $A_1, \cdots, A_s$ への分割可能性は，この点において有効となるのである．

実際にこれは成り立つ．それを証明するために，

(63:10)　$v(\{1\}) = u, \quad v(\{1,2\}) = v, \quad v(\{1,3\}) = w$

なる量 u, v, w を導入する．すると (63:8)，(63:9) の後半の不等式と (63:B:b) の否定から，

(63:11)　$v(\{1,2,3\}) = \text{Max}(v, w)$

となり，一方，(63:8)，(63:9) の前半の不等式と (63:B:a) から，

(63:12)　$u < v, w$

となる．

ここで **62.1.2–62.5.2** の条件がちょうど得られたことになる：つまり，

(63:12) は **62.4** の (62:16) に一致し，(63:4), (63:10) から **62.1.2** の (62:2), (62:3) が得られ，さらに，(63:11) から ($v \geq w$ のときには) **62.1.2** の (62:4) が得られ，($v \leq w$ のときには) **62.5.2** の (62:22) が得られるのである．

したがって，(63:10) の u,v,w に対して，**62.4** および **62.5.2** の結果が成り立つ．一般解は，例えば **62.4** の (62:B) で述べたように図 98-100 によって得られる．

63.2.2 これからあとは (63:B:a), (63:B:b) が共に成り立つと仮定する．

まず，

(63:13)　　$v(\{1\}) = u, \quad v(\{1,2\}) = v, \quad v(\{1,3\}) = w,$
(63:14)　　$v(\{1,2,3\}) = z$

なる量 u,v,w,z を導入する．すると (63:8), (63:9) と (63:B:a), (63:B:b) から，

(63:15)　　$u < \begin{Bmatrix} v \\ w \end{Bmatrix} < z$

となる．

この並び方は，**62.1.2** のものとは異なっているが，くわしくそれと比較しておくだけの価値がある：つまり，(63:15) は **62.1.2** の (62:1) に相当し，(63:4), (63:13), (63:14) は (62:2)-(62:4) に相当しているのである．

ここで，**61.5.2**, **61.5.3** においてすでに用いた効用逓減の仮定を再度導入すると好都合である．実際，ここでは，前に導入したときよりももっと初期の段階においてその仮定が必要となる：つまり，前には解釈するうえで必要なだけであったが，ここでは理論の数学的な面（少なくともその一部）において役立つのである[117]．

3人の参加者 1, 2, 3 のすべてについて，効用逓減は次のように表される：

(63:16)　　$u_1 - u_0 > u_2 - u_1 > \cdots > u_s - u_{s-1},$
(63:17)　　$v_1 - v_0 > v_2 - v_1 > \cdots > v_s - v_{s-1},$
(63:18)　　$w_1 - w_0 > w_2 - w_1 > \cdots > w_s - w_{s-1}.$

---

[117] しかし，必ずしもなければならないというのではない．ただこの性質がないと，議論が少々複雑になってしまうのである．

直接に用いられるのは (63:16) だけである．それは，次の証明に用いられる：

(63:19) $v + w > z + u$[118].

証明：(63:6), (63:7) と (63:13), (63:14) によると，(63:19) の主張は次のように書き直せる：

$$\text{Max}_{t=0,1,\cdots,s}(u_{s-t} + v_t) + \text{Max}_{r=0,1,\cdots,s}(u_{s-r} + w_r)$$
$$> \text{Max}_{\substack{t,r=0,1,\cdots,s \\ t+r \leq s}}(u_{s-t-r} + v_t + w_r) + u_s.$$

右辺が最大値をとるときの t, r を考える．(63:B:b) より，(63:8), (63:9) の後半の不等式が $<$ で成り立つから，**63.1.2** の論法を用いれば，$t, r \neq 0$ であることが導かれる．この t, r を t_0, r_0 と表す．このようにして，われわれの主張するところは，

$$\text{Max}_{t=0,1,\cdots,s}(u_{s-t} + v_t) + \text{Max}_{r=0,1,\cdots,s}(u_{s-r} + w_r)$$
$$> u_{s-t_0-r_0} + v_{t_0} + w_{r_0} + u_s.$$

すなわち：

$$u_{s-t} + v_t + u_{s-r} + w_r > u_{s-t_0-r_0} + v_{t_0} + w_{r_0} + u_s$$

なる 2 つの数 t, r が存在することである．

ここで，$t = t_0$, $r = r_0$ のときには，上述の不等式は成り立つ．書き直せば，この不等式は，

(63:20) $u_{s-r_0} - u_{s-t_0-r_0} > u_s - u_{s-t_0}$

となる．これが効用逓減の仮定からしたがうことは概念的に明らかであろう．形式的には，(63:16) から次のようにして導ける：(63:20) は，

(63:21) $\sum_{i=1}^{t_0}(u_{s-r_0-i+1} - u_{s-r_0-i}) > \sum_{i=1}^{t_0}(u_{s-i+1} - u_{s-i})$

---

[118] **62.1.2** においては，これは明らかに成り立った．実際，(63:13), (63:14) を用いれば，

$$u < v \leq w = z$$

となり，(63:19) はこれから直ちに導かれる．

と同等である．ここで (63:16) から，$s' < s''$ なるときには常に，

$$u_{s'} - u_{s'-1} > u_{s''} - u_{s''-1}$$

となるから，特に，

$$u_{s-r_0-i+1} - u_{s-r_0-i} > u_{s-i+1} - u_{s-i}$$

である．これから (63:21) が導かれる．

63.3 予備的な議論

63.3 ここで **60.3.1**，**60.3.2** を現在の構成に適用しよう．これは **62.1.2** の構成に対して，**62.3** で行った適用にまったくよく似ていることがわかるであろう．したがって，以下の議論はより簡単に行うので，読者は **62.3** の対応する部分と比較しながら進むとよい．

数学的な結果を通常の常識的接近から得られる結果と比較する際に，**62.2** の指摘が再度用いられる．われわれは，**62.2** において現在の構成がどのような複雑さをもたらすかを指摘しておいた．この状況は重要なものであるが，われわれは簡単に考えるだけにする．一般的な視点は，前に述べた簡単な例によって十分に示されており，この構成——およびもっと一般的な他の構成——の明確な，そしてくわしい解釈的な分析については，後にそれだけをまとめて発表するつもりである．

63.4 解

63.4.1 現在の構成における配分は，

$$\vec{\alpha} = ((\alpha_1, \alpha_2, \alpha_3))$$

ただし，

(63:22) $\quad \alpha_1 \geq u, \quad \alpha_2 \geq 0, \quad \alpha_3 \geq 0,$
(63:23) $\quad \alpha_1 + \alpha_2 + \alpha_3 = z$

である．

ここで再度縮約形を導入せねばならない．これは，**62.3** で述べたように，

(63:24) $\quad \alpha_k' = \alpha_k + \alpha_k^0$

なる変形に対応する．そこで議論された方法によって $\alpha_1^0, \alpha_2^0, \alpha_3^0$ が決定され，(63:24) は，

(63:25) $\quad \alpha_1' = \alpha_1 - \dfrac{z+2u}{3}, \quad \alpha_2' = \alpha_2 - \dfrac{z-u}{3}, \quad \alpha_3' = \alpha_3 - \dfrac{z-u}{3}$

となる．v(S) のこれにともなう変化も **59.2.1** の (59:1) によって与えられ，(63:4)，(63:13)，(63:14) は，

(63:26) $\quad \text{v}'(\{1\}) = \text{v}'(\{2\}) = \text{v}'(\{3\}) = -\dfrac{z-u}{3},$

(63:27) $\quad \text{v}'(\{1,2\}) = \dfrac{3v-2z-u}{3}, \quad \text{v}'(\{1,3\}) = \dfrac{3w-2z-u}{3},$
$$\text{v}'(\{2,3\}) = -\dfrac{2(z-u)}{3},$$

(63:28) $\quad \text{v}'(\{1,2,3\}) = 0$

となる．したがって，$\gamma = \dfrac{z-u}{3}$ となるが，ここでも $\gamma = 1$ と正規化することはしない．

したがって，**60.3.1**，**60.3.2** を適用するときには，**62.3** で議論したように比例的な要素を挿入せねばならない．この比例的要素とは，ここでは，$\dfrac{z-u}{3}$ である．

60.3.1 の (60:8) と比較することにより，ここでは，

$$a_1 = -\dfrac{2(z-u)}{3}, \quad a_2 = \dfrac{3w-2z-u}{3}, \quad a_3 = \dfrac{3v-2z-u}{3}$$

となることがわかる．解を導出するために用いる基本三角形を表す **60.3.2** の (60:15) の 6 本の直線は，ここでは次のようになる：

(63:29) $\quad \begin{cases} \alpha_1' = -\dfrac{z-u}{3}, & \alpha_2' = -\dfrac{z-u}{3}, & \alpha_3' = -\dfrac{z-u}{3}, \\ \alpha_1' = \dfrac{2(z-u)}{3}, & \alpha_2' = -\dfrac{3w-2z-u}{3}, & \alpha_3' = -\dfrac{3v-2z-u}{3}. \end{cases}$

63.4.2　**60.3.3** の規準を適用することにより，

$$a_1 + a_2 + a_3 = v + w - 2z \leq 0$$

であることがわかる．したがって，同所の (60:17:b) が再度成り立ち——すなわちケース (b) となり，図 92-95 で代表される 4 つのケースのどれになる

かを決定すればよい．

62.3 と同じ図示の方法にしたがい図 101 が得られる．この図の定量的な特徴は次の考察から得られる：

(63:C:a)　第 2 の α_1'-直線は，第 1 の α_2'-直線と α_3'-直線の交点を通る．実際：
$$\frac{2(z-u)}{3} - \frac{z-u}{3} - \frac{z-u}{3} = 0$$
である．

(63:C:b)　第 2 の α_2'- [α_3'-] 直線は第 1 の α_2'- [α_3'-] 直線の右［左］に位置する．

(63:C:c)　実際：
$$-\frac{3w-2z-u}{3} + \frac{z-u}{3} = z-w > 0,$$
$$-\frac{3v-2z-u}{3} + \frac{z-u}{3} = z-v > 0$$
ゆえ，より大きな α_2'- [α_3'-] 値をもつ．

(63:C:d)　第 1 の α_1'-直線は第 2 の α_2'-直線と α_3'-直線の交点よりも下方に位置する．実際：**63.2.2** の (63:19) により，
$$-\frac{z-u}{3} - \frac{3w-2z-u}{3} - \frac{3v-2z-u}{3} = z+u-v-w < 0$$
である．

この図を図 92-95 と比較してみるとわかるように，これは再度図 94 を（回転し）退化させた形となっている（774 ページの脚注 105）を参照せよ）．しかし，**62.3** におけるこれに相当する図 96 ほどには退化していない：つまり，領域⑤はここでも 1 点（基本三角形 △ の上方の頂点）に収縮するが，領域①，②，⑥，⑦は退化しない（基本三角形を分割する 4 つの領域となる）．図 94 の 5 つの領域の配置は図 102 に示されている．ここで図 86 を図 102 で表される状況に適用することにより，**60.3.3** の最後に述べたのと同様にして一般解が得られる．その結果を図 103 に示す（774 ページの脚注 106）を参照せよ）．

要約すれば：

図 101　　　　　　　　　　　図 102

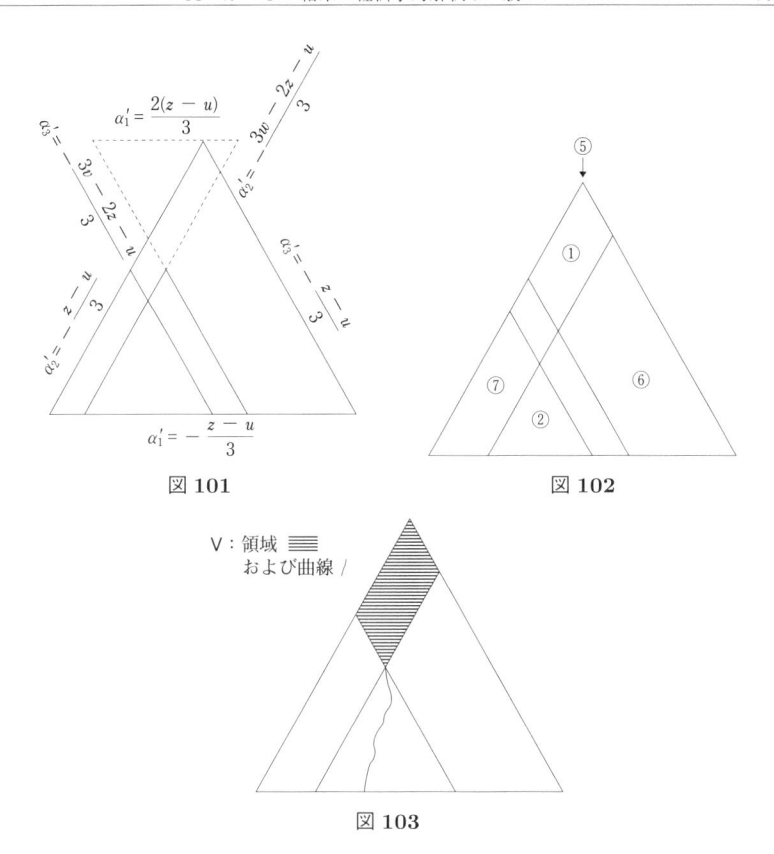

図 103

(63:D)　(63:B:a), (63:B:b) と (63:16) を仮定すれば，一般解 V は図 103 によって与えられる．

この図を **62.3-62.4** の図と比較してみればわかるように，図 103 は図 98-100 の中間の場合であり，逆に図 98-100 は図 103 の退化した形である．

63.5　結果の代数的な形

63.5　図 103 で表された結果は，**62.5.1** で図 98 に対して行ったのと同じ方法により代数的に述べることもできる．

図 103 においては解 V は領域 ≡ と曲線～から構成される．

V の最初の部分は，

$$-\frac{3w-2z-u}{3} \geq \alpha_2' \geq -\frac{z-u}{3}, \quad -\frac{3v-2z-u}{3} \geq \alpha_3' \geq -\frac{z-u}{3}$$

によって特徴づけられる．**63.4.1** の (63:25) によれば，これは，

$$z-w \geq \alpha_2 \geq 0, \quad z-v \geq \alpha_3 \geq 0$$

を意味する．ここで **63.4.1** の (63:23) から，

$$\alpha_1 = z - \alpha_2 - \alpha_3$$

であるから，α_1 の正確な範囲は，

$$v + w - z \leq \alpha_1 \leq z$$

となる．(**63.2.2** の (63:19) により $v+w-z > u$ であることを思い出せ．) これらの条件をすべてまとめると，その結果は **62.5.1** の (62:18) に類似はするが，多少複雑になる．これは次のとおりである：

(63:30) $\begin{cases} v+w-z \leq \alpha_1 \leq z, \quad 0 \leq \alpha_2 \leq z-w, \quad 0 \leq \alpha_3 \leq z-v, \\ \alpha_1 + \alpha_2 + \alpha_3 = z. \end{cases}$

(63:30) の 1 行目の範囲は $\alpha_1, \alpha_2, \alpha_3$ の正確な範囲である．

V の第 2 の部分（曲線）は，**62.5.1** とまったく同様にして議論できる：つまり，α_1 は (63:30) におけるその最小値 ($v+w-z$) からその絶対的な最小値 (u) までを変化し，α_2, α_3 は α_1 の単調減少関数となる．したがって：

(63:31) $u \leq \alpha_1 \leq v+w-z, \quad \alpha_2, \alpha_3$ は α_1 の単調減少関数[119)120)]．

このようにして，一般解 V は (63:30)，(63:31) で与えられる 2 つの集合の和となる．(63:31) の関数の役割は **62.5.1** の最後に議論したものと同じであることに気づくであろう．

要約すれば：

[119)] これらはもちろん **63.4.1** の (63:22)，(63:23) を満たす．
[120)] 図 103 からわかるように，領域 ≡ における最低点は曲線の最高点に一致する．すなわち (63:30) と (63:31) の $\alpha_1 = v+w-z$ は同じものである．

したがって，(63:30)，(63:31) のどちらかからは（両方からではない！）$\alpha_1 = v+w-z$ を除くことができる．

(63:E) (63:B:a), (63:B:b) と (63:16) を仮定すれば, 一般解 V は (63:30), (63:31) で与えられる.

63.6 議　　論

63.6.1 ここで **62.6** にしたがい, 1人の売り手と2人の買い手および s 単位の分割不可能な財からなる市場に通常の常識的分析を加え, その結果を (63:E) の数学的な結果と比較してみよう.

実際には, ここで行われるべき解釈は, **61.5.2–61.6.3** の考えと **62.6** の考えを結びつけたものでなければならない：つまり前者は s 単位に分割可能であることから, そして後者は市場が3人からなることから必要なのである. **63.3** で指摘したように, われわれはこの問題を細部まで完全に究明しようとしているのではない.

われわれのここでの解を構成している2つの部分 (63:30), (63:31) は, **62.5** で得られた2つの部分 (62:18), (62:19) (または (62:20), (62:19) または (62:21), (62:23)) に非常に類似している. (**63.5** の (63:E) も **62.5.2** の (62:C) とともに参照せよ.) それゆえ **62.6.2** のこれに対応する状況において行ったのと同じ方法で, これらを解釈するのが最も理にかなっているといえるであろう：つまり, (63:30) は2人の買い手が売り手の所有する s 単位をめぐって争う状況を表し, それに対して (63:31) は2人の買い手が提携を組み一体となって売り手に対する状況を表す. 読者は **62.6.2** にしたがえばさしたる困難もなく細部まで詳述できるであろう.

これらのことがわかれば, (63:31) については買い手が結びつき互いに争わない状況であるという以外には目新しいものは何もない. しかし, 買い手の競争状態を表す (63:30) については少し注意しておかねばならないことがある.

(63:30) に属する配分を考え, その意味するところを価格の通常の概念を用いて定式化してみよう. これは **61.6.1**, **61.6.2** のこれに対応する点において行ったことと同じである.

再度,

(63:7)　$\mathrm{v}(\{1,2,3\}) = \mathrm{Max}_{\substack{t,r=0,1,\cdots,s \\ t+r \leq s}} (u_{s-t-r} + v_t + w_r)$

が最大値をとるときの t, r の値 t_0, r_0 を導入する. 配分

$$\vec{\alpha} = ((\alpha_1, \alpha_2, \alpha_3)), \quad \text{ただし } \alpha_1 + \alpha_2 + \alpha_3 = \text{v}(\{1,2,3\})$$

は実際に v($\{1,2,3\}$) を分配したものなので，t_0, r_0 はそれぞれ実際に売り手から買い手 2, 3 に譲渡した単位数を表していなければならない．

ここで，(61:A) を導いた **61.5.2**，**61.5.3** の分析を少々修正を加えたうえでくり返すことができる．譲渡する単位数 t_0, r_0 は——これに対応する譲渡単位数 t_0 に対して **61.5.2**，**61.5.3** で行われたのと同様——ベーム・バヴェルクの「限界ペア」の規準にしたがって記述することができる．この議論を行っても新しいことは何ももたらされないので，これ以上この点を深く考えることはしない．

63.6.2 次に価格の問題に移ろう．買い手 2, 3 はすでにみたように，それぞれ t_0, r_0 単位を受け取る．他方，配分 $\vec{\alpha}$ によれば彼らは α_2, α_3 を割り当てられる．この 2 つの記述は等式

(63:32) $\quad v_{t_0} - t_0 p = \alpha_2,$

(63:33) $\quad w_{r_0} - r_0 q = \alpha_3$

で成り立つときにのみ矛盾なく一致する．p, q は買い手 2, 3 がそれぞれ 1 単位当たりに支払う価格と考えられる．(63:32)，(63:33) は **61.6.1** の (61:24) と同等であるが，2 人の買い手に対して異なった価格が得られたことに注意せねばならない！

(63:30) は p, q を用いれば[121]，次のように書ける：

(63:34) $\quad \dfrac{1}{t_0}(v_{t_0} - z + w) \leq p \leq \dfrac{1}{t_0} v_{t_0},$

(63:35) $\quad \dfrac{1}{r_0}(w_{r_0} - z + v) \leq q \leq \dfrac{1}{t_0} w_{r_0}.$

この 2 つの不等式は **61.6.1** の (61:25) に類似するものである．そこで用いたのと同様の方法によって，これらの限界値をベーム・バヴェルクの理論の応用の結果として得られる限界値と比較することもできる．しかし，**63.3** で述

---

[121] すなわち，α_2, α_3 に関する記述が (63:32)，(63:33) を用いることにより，p, q を用いて書き直せる．

α_1 に関する (63:30) の記述は $\alpha_1 + \alpha_2 + \alpha_3 = z$ を用いれば，単に α_2, α_3 に対する記述の結果として得られるから改めて考える必要はない．

べた理由からこれをくわしく行うことはせず，ただいくつかの注意を述べるだけにしておく．

(63:34)，(63:35) の区間は——**61.6** におけると同様（同所の (61:C) 参照）——ベーム・バヴェルクの理論による区間よりも広い．しかし，いくつかの数値例をみればわかるように，その違いはより小さくなる．それゆえ——この点についてはまったく何も証明されているわけではないが——買い手の数がさらに増加していれば，買い手の間に提携が結ばれない場合に相当する解の部分においてはこの差異は消滅していくと考えられる．しかしすでに知っているとおり，参加者の数が増えれば解は急速に複雑になり，しかも解の異なった部分の解釈が非常に困難になるので，この推測を考える際には十分に注意しなければならない．

また，完備情報の仮定が依然として有効であるにもかかわらず，2つの（おそらく）異なった価格を2人の買い手に対して導入せねばならなかったことにも注意しよう．これはまったく **61.6.3** の解釈と一致するものである：つまり，いわゆる価格というものは実際にはいくつかの異なった取引の平均価格にすぎず，売り手と買い手はこのうえに割り増しや払い戻しを行わねばならなかった——そしてこれらのことすべてから必ず2人の買い手の間に差別が導かれるのである．

最後に，**61.6.3** の最後の注意と同じことを述べておこう．これらの価格構造の形成における一見異常とも思える性質は，ここで考えている市場が独占対複占の1つであるという事実とまったく一致するものである．

64　一般の市場

64.1　問題の定式化

64.1.1　これまで考えてきた市場は非常に制限されたものであり，2人または3人の参加者から構成されていた．ここでさらに議論を進め，より一般的な $l+m$ 人の参加者，l 人の売り手と m 人の買い手を含む市場を考えてみよう．もちろん，これは最も一般的な設定とはいえない：なぜなら，最も一般的な設定においては——特に——各参加者が買うか売るかを選択できる，つまり，ある種の財については売り手となり，また別の財については買い手となる，という可能性を含むものでなければならないからである．しかし，ここで

の分析においてはそこまでは考えず，上述の場合に話を絞ることにする.

さらにただ1種の財を考えることにし，その財はs単位$A_1,\cdots,A_s$利用可能であるとする.

便宜的に売り手を$1,\cdots,l$, その集合を
$$L = \{1,\cdots,l\};$$
買い手を$1^*,\cdots,m^*$, その集合を
$$M = \{1^*,\cdots,m^*\};$$
そして参加者全体の集合を
$$I = L \cup M = \{1,\cdots,l,\ 1^*,\cdots,m^*\}$$
と表すことにする[122].

最初に受け手iが所有している財の単位数をs_iと表す.すると明らかに,

(64:1) $\quad \sum_{i=1}^{l} s_i = s$

である.$t\ (=0,1,\cdots,s_i)$単位の財の売り手iにとっての効用をu_t^i, $t\ (=0,1,\cdots,s)$単位の財の買い手j^*にとっての効用を$v_t^{j^*}$と表す.したがって,

(64:2) $\quad u_0^i = 0,\ u_1^i,\cdots,u_{s_i}^i\quad (i=1,\cdots,l)$
(64:3) $\quad v_0^{j^*} = 0,\ v_1^{j^*},\cdots,v_s^{j^*}\quad (j^* = 1^*,\cdots,m^*)$

なる量は，各参加者にとって財の種々の単位から得られる効用を表している.

前と同様，各買い手の最初の状態は効用ゼロとする.

61.5.2, 61.5.3, 61.1.2および**63.2.1**と同様，この設定をモデル化するゲームのルールについての**61.2.2, 61.3.1, 61.3.2**の考察はくり返さない.

64.1.2 このゲームの特性関数$\mathrm{v}(S)$は簡単に決定できる：

明らかに$S \subseteq I = L \cup M$である.そこで次の3つの場合に分けて考えてみよう.

第1に：$S \subseteq L$の場合.この場合にはSは売り手のみからなり，その中では取引は実行できない.したがって，$\mathrm{v}(S)$はSのメンバーの初期の状態を表

---

[122] これは慣習的な記号$1,\cdots,l,l+1,\cdots,l+m$に代わるものである.

すにすぎないことが直ちにわかる：すなわち，

(64:4) $\quad v(S) = \sum_{i \in S} u^i_{s_i}$

である．

第2に：$S \subseteq M$ の場合．この場合には S は買い手のみからなり，前と同様 S の中ではまったく取引は行われない．したがって，この場合も $v(S)$ は初期の状態を表すにすぎない：すなわち，

(64:5) $\quad v(S) = 0$

である．

第3に：$S \subseteq L$ でも $S \subseteq M$ でもない場合——すなわち S が L, M と共通の要素を有している場合．この場合には S が売り手，買い手の両方を含むから S の中で取引が行われうる．このことから次の公式が得られる：

$$(64:6) \quad v(S) = \underset{\substack{t_i = 0,1,\cdots,s_i \ (i \in S \cap L) \\ r_{j^*} = 0,1,\cdots,s \ (j^* \in S \cap M) \\ \sum_{i \in S \cap L} t_i + \sum_{j^* \in S \cap M} r_{j^*} = \sum_{i \in S \cap L} s_i}}{\mathrm{Max}} \left(\sum_{i \in S \cap L} u^i_{t_i} + \sum_{j^* \in S \cap M} v^{j^*}_{r_{j^*}} \right)$$

この式において，$S \cap L$ は S に含まれる売り手全体の集合，$S \cap M$ は S に含まれる買い手全体の集合，t_i は売り手 $i \ (\in S \cap L)$ が買い手への譲渡後も所有している量，r_{j^*} は買い手 $j^* \ (\in S \cap M)$ へ譲渡する量を表す[123]．読者はここでさしたる困難なく，公式 (64:6) を証明できるであろう．

64.2　いくつかの特別な性質．売り手独占と買い手独占

64.2.1　われわれはまだこのゲーム——l 人の売り手と m 人の買い手からなる市場——の理論を徹底的に議論できるには程遠い状態にある．現在のところでは，特別な場合についてのいくつかの断片的な情報を有しているだけであり，これ以上のより広い領域についてはほんの少しの推測がなされるにすぎない．これに関連して生じてくる問題は，その経済学的重要性は別にしても明らかに数学的に興味深いものであるが，分析をより深く行わずにこの問題を議論

---

[123] 各単位をどの売り手がどの買い手に移したかをここで述べる必要はない：結果としてもたらされる効用——これだけが $v(S)$ に関係する——はこれによって影響を受けないからである．

個人間の交渉，提携，補償金などはすべてわれわれの理論を適用することにより自動的に考慮されてしまう．

することは急ぎすぎといえるだろう．

そこでわれわれは2つの簡単な等式：(64:4), (64:5) からいくつかの直ちに得られる結果を導くことにする．それは次のとおりである：

(64:A)　$S \subseteq L$ および $S \subseteq M$ なる集合 S はすべて平坦である．

証明：これは

$$S \subseteq L, \ S \subseteq M \text{ に関して，} v(S) = \sum_{k \in S} v(\{k\})$$

なることを意味するが，これは (64:4), (64:5) から直ちにしたがう．

(64:B)　ゲームが定和となるための必要十分条件は，それが非本質的となることである．

証明：十分性：非本質的であれば明らかに定和となる．

必要性：ゲームが定和であるとする．

L, M は互いに他の補集合となるから，

(64:7)　$v(I) = v(L) + v(M)$.

ここで (64:A) から ($S = L, M$ について)，

(64:8)　$v(L) = \sum_{k \in L} v(\{k\}), \quad v(M) = \sum_{k \in M} v(\{k\})$

(64:7) と (64:8) を結びつけることにより，

(64:9)　$v(I) = \sum_{k \in I} v(\{k\})$.

ここで **27.4** の (27:B) の変形により，これは **59.3.1** から現在の場合にも適用できるから，(64:9) は非本質性の規準となっていることがわかる．

非本質性の規準 (64:9) は，(64:4)-(64:6) を用いて明確に述べられたときには次のようになる：(64:6) における最大値が $\sum_{i \in L} u^i_{s_i}$ に等しい．ところでこれは，$t_i \equiv s_i, \ r_{j\cdot} \equiv 0$ のときに (64:6) において最大となる式の値である．よって (64:6) の最大値は $t_i \equiv s_i, \ r_{j\cdot} \equiv 0$，すなわち取引がまったく行われないときにとられる．

したがって，(64:B) はまた次のようにも定式化できる：

(64:B*) 売り手と買い手の個々の効用が，取引がまったく行われないときのものである——すなわち (64:6) の最大値が $t_i \equiv s_i$, $r_{j^*} \equiv 0$ のときにとられる——ということはそのゲームが定和であること，または（この場合には！）同じことであるがゲームが非本質的であることと同等である．

この結果の中で特に注目すべき点は，市場を代表するゲームが定和となるのは市場の価格がまったく有効でない場合に限るということである．したがってこの市場の問題はまったく本質的に非定和ゲームに属する．

64.2.2 ここで少し異なった方向に進んでみよう．

(64:C) 2つの配分
$$\vec{\alpha} = ((\alpha_1, \cdots, \alpha_l, \ \alpha_{1^*}, \cdots, \alpha_{m^*}))$$
$$\vec{\beta} = ((\beta_1, \cdots, \beta_l, \ \beta_{1^*}, \cdots, \beta_{m^*}))$$

を考え，

$$\vec{\alpha} \succ \vec{\beta}$$

とする．この支配に関しての **30.1.1** の集合が S であるとする．すると $S \cap L$, $S \cap M$ は共に空とはなりえない[124]．

証明：結論を否定して $S \subseteq M$ または $S \subseteq L$ とする．すると (64:A) により S は平坦となるから確実に不必要である（**59.3.2** を参照せよ）．

(64:C) からこの場合には，

(64:10)　少なくとも1つの $i \in L$ に関して，$\alpha_i > \beta_i$,
(64:11)　少なくとも1つの $j^* \in M$ に関して，$\alpha_{j^*} > \beta_{j^*}$.

となる．

この公式 (64:10) と (64:11) は，L または M が1要素集合であるとき，すなわち $l=1$ または $m=1$ のときにある興味深い役割を果たす．これはつまり，1人の売り手かまたは1人の買い手の存在する売り手独占または買い手独占の場合である．

---

[124] すなわち，S は売り手，買い手を共に含んでいなければならない．

この場合には，(64:10) の i または (64:11) の j^* がただ 1 つに定まり，$i = 1$ または $j^* = 1^*$ となる．したがって，

(64:D)　　$\vec{\alpha} \succ \vec{\beta}$ ならば，
(64:12)　　$l = 1$ のとき，$\alpha_1 > \beta_1$,
(64:13)　　$m = 1$ のとき，$\alpha_{1^*} > \beta_{1^*}$.

となる．

注意すべきは，(64:12)，(64:13) が共に推移性を満たすにもかかわらず，$\vec{\alpha} \succ \vec{\beta}$ はそうではないという点である．もちろん——(64:12)，(64:13) はそれぞれ $\vec{\alpha} \succ \vec{\beta}$ となるための必要条件にすぎないから——ここに矛盾があるというわけではない．しかし，実際的なゲームにはじめて現れてきた支配の概念は推移的な関係と密接に結びついていたのである．

この関係は売り手独占（または買い手独占）の状況のまったく本質的な特徴のように思える[125]．これは **65.9.1** においてある重要な役割を果たすであろう．

---

[125] (64:12), (64:13) の言葉による解釈は簡単である：売り手独占者（または買い手独占者）がいなければ実質的に支配は不可能である．

第12章 支配および解の概念の拡張

65 拡張．特別な場合

65.1 問題の定式化

65.1.1 30.1.1 の定義をもとに始めた n 人ゲームの数学的考察は，配分，支配および解の概念を用いており，これらの概念はそこでは明確に示されていた．ところが，その後の理論の発展段階においては，これらの概念を変えなければならないような例がくり返し現れてきた．これらの例は次の3つの種類に分けられる：

第1に：最初の定義に厳密にもとづく数学的推論を行う場合に，これらの概念が最初の（配分，支配，解の）概念に類似はしているがまったく同一ではない重要性をもたらすことがあった．この場合には，必ず違いを思い出させるような名称でそれらを明示しておくと好都合であった．例えば，**47.3-47.7** の超過量をもった本質的3人ゲームの考察がそうであり，そこでは基本三角形の議論が種々のより小さな内部三角形にまで適用されていた．いま1つの例は **55.2-55.11** の特殊な単純 n 人ゲームの考察であり，そこでは最初の領域における議論が $\mathcal{A}$ における V' の1つにまで適用されていた（**55.8.2**, **55.8.3** の分析を参照せよ）．

第2に：第9章において分解可能性について考察を進める際に，われわれは **44.4.2-44.7.4** において配分，支配，解の概念を明確に定義し直し一般化した．これはゼロ和から定和ゲームへの理論の拡張に対応していた．それに続く議論において，われわれは **30.1.1** のもとの理論と類似してはいるが同一ではない新しい理論を考察していることを強調した．

実際にはこの2つのタイプの変形は基本的には異なっていない：つまり，第2のタイプは最初のタイプに組みこむことができる．実際，新理論は最初

のタイプの分解の問題をより効果的に扱うために導入されたのであり，この動機はこの一般化を導く発見的な考察を行う間，常に強調されていた．**46.10** の埋めこみの分析，特に (46:K), (46:L) において，われわれは新理論がこの意味においてもとの理論に正確に付随しうることを厳密に確立した．

第3に：配分，支配および解の概念は第11章，特に **56.8**, **56.11**, **56.12** において再度定義し直され（一般化され）た．これは最終的な一般ゲームへの理論の拡張に対応していた．われわれはこれ以後，それより以前のものと類似してはいるが同一ではない新理論を考察することを再度強調した．

ところが，この一般化は前の2つとは根本的に異なり，技術的な工夫ではなく真に概念的な理論の拡張であった．

65.1.2 上述の変化において，配分，支配，解の概念は（特に拡張に関して）変化するが，それらの間のある関連が変わらないことは明らかであった．これらの変化に対しての普遍的な洞察を得るためには——そしてそれにしたがう他の類似した変化に対しての洞察を得るためには——この変化しない関連を正確に定式化せねばならない．これができてはじめて，あらゆる点において完全な一般性に到達することができ，その基礎のもとに理論を定式化し直すことができる．

65.1.1 の例を思い出してみれば，この不変の関連とは配分および支配の概念から解の概念を導く過程であることがわかるであろう．これは **30.1.1** の条件 (30:5:c)（または (30:5:a) と (30:5:b) でも同じことである）である．したがって，あらゆる条件から配分と支配の概念を除き解を指示された方法で定義できるならば，完全な一般化に到達することができる．

この計画にそい次のように議論を進める：

配分の代わりに任意に固定した領域（集合）D の要素を考える．

支配の代わりに D の要素 x, y の間の任意に定めた関係 $\mathcal{S}$ を考える[1]．

ここで（$\mathcal{S}$ についての D における）解は次の条件を満たす集合 $\mathsf{V} \subseteq D$ となる：

(65:1) V の要素は V のいかなる要素 x に対しても，$x\mathcal{S}y$ とならないような D の要素 y とちょうど一致する[2]．

---

[1] $x\mathcal{S}y$ はある要素 x と y の間にこの関係が成り立つことを示す．読者は **30.3.2** 冒頭の議論を思い出すとよいであろう．

65.2 一般的な注意

65.2 これらの定義は前に示した意味でのより一般的な理論に対する基礎を与える．

ここでの解の概念は，**30.1.1** の最初の解の概念がもっていたのと同様の関係を，**30.3**，特に **30.3.5** において分析した飽和の概念に対してもっていることに気づかねばならない．特に (65:1) は **30.3.3** の第4の例と比較するべきであり，$\mathcal{S}$ はそこでの $\mathcal{R}$ の否定に対応しているのである．特に解を求める際に，考えている関係が対称性を欠いていることによる困難さがすべて再度現れてくることは重要である．すなわち，これについて **30.3.6** および **30.3.7** でなされた注意が再度適用されるのである．

われわれは後に，この困難さが少なくともいくつかの特殊な場合には解決されうることを調べる[3]．

状況全体をより良く理解するためには，$x\mathcal{S}y$ なる関係の特殊なものをいくつか考えねばならない．実際，ここでは $\mathcal{S}$ はまったく制限されてはおらず，したがって $\mathcal{S}$ が一般性をもち続けるかぎり，なんらかの特別な深い結果を見出すことは期待できない．一方，**30.1.1** で定義された解のもとの概念は依然として最も重要な $\mathcal{S}$ の適用であり，この特別な関係を区別するなんらかの簡単な性質を見出すことは非常に困難であると思われる．それゆえ，特殊化をいくら望んだとしてもそれを明確に導入することはできない．

しかしそれにもかかわらず，われわれは $x\mathcal{S}y$ なる関係に対してしばしば用いられる特殊化の3つの方法を議論し，最終的にはわれわれの問題に正しく適用するためにはある制限が必要な第4の特殊化を見出すであろう．これを行うためには少し数学的な準備が必要であるので，次にそれを述べる．

65.3 順序，推移性，非循環性

65.3.1 まず，「より大きい」および「より小さい」という概念の本質的な特徴を分けもつような（領域 D 内での）関係 $x\mathcal{S}y$ を考えてみよう．この順序の概念は数学の文献においてくわしくかつ注意深く考察されてきており，今日ではこれらの性質はすべて次のように述べることができると考えられている：

---

[2] これは前に述べたとおり，**30.1.1** の (30:5:c) と同じである．
[3] **65.4**，**65.5** の結果，およびそれほど顕著ではないが **65.6**-**65.7** の結果を参照せよ．

(65:A:a)　D に属する任意の 2 つの要素 x, y に対して，次の 3 つの関係のうちいずれか 1 つだけが成り立つ：

$$x = y, \ x\mathcal{S}y, \ y\mathcal{S}x.$$

(65:A:b)　$x\mathcal{S}y, \ y\mathcal{S}z$ ならば $x\mathcal{S}z$ である[4]．

　この 2 つの性質をもつ関係 $\mathcal{S}$ を D の全順序とよぶことにする．

　全順序の例を与えることは容易であり，またそれは通常の直観にも一致する：実数全体またはその一部[5]に関しての「より大きい」という通常の概念，または同じ条件のもとでの「より小さい」という概念がそうである．平面の点でさえ全順序となることである．例えば次のようなものである：$x\mathcal{S}y$ ならば x の縦座標は y のそれよりも大きいかまたは等しくなければならず，さらに等しいときには x の横座標が y のそれよりも大きくなければならない[6]．

65.3.2　全順序の概念はその重要な部分を保ったままかなり弱めることができる．これもまた数学の文献においてとり入れられており[7]，効用の理論において重要である．それは上述の (65:A:a) を弱め (65:A:b) はそのまま保つことにより得られる．すなわち：

(65:B:a)　D に属する任意の 2 つの要素 x, y に対して，次の 3 つの関係のうちたかだか 1 つが成り立つ：

$$x = y, \ x\mathcal{S}y, \ y\mathcal{S}x.$$

(65:B:b)　$x\mathcal{S}y, \ y\mathcal{S}z$ ならば $x\mathcal{S}z$ である．

　この性質をもつ関係 $\mathcal{S}$ を D の半順序とよぶ[8]．(65:B:a) の 3 つの関係のいずれもが成り立たない $x, y \in D$（半順序であるから，こうなる可能性もある）

---

[4] 読者は，(65:A:a)，(65:A:b) において $x\mathcal{S}y$ を通常の「より大きい」という関係 $x > y$ に置き換えてみれば，これらが実際「より大きい」という基本的性質となっていることを示せるであろう．

[5] 例えば整数または任意の区間など．

[6] もし最後の条件がなければ，この $\mathcal{S}$ は次節の分類に含まれてしまう．

[7] 前掲の G. Birkhoff の *Lattice Theory*, Chapt. I を参照せよ．この書においては，順序，半順序およびそれに類似した話題が現代数学の精神のもとで議論されている．また多くの参照文献もそこで与えられている．

[8] 半順序という言葉が中立的な意味で用いられていることに注意せよ．すなわち，(65:A:a) から (65:B:a) が導かれるので全順序は半順序の特別な場合なのである．

は（$\mathcal{S}$ に関して）比較不可能とよぶ．

　半順序の例は容易に与えられる：例えば平面上の点において $x\mathcal{S}y$ ならば x の縦座標が y のそれよりも大きくなるものである（802 ページの脚注 6) を参照せよ）．また $x\mathcal{S}y$ ならば x の縦座標，横座標共に y よりも大きくなるものもそうである[9]．いま 1 つの例は，正の整数の領域において，$x\mathcal{S}y$ ならば $x = y$ なる場合は除き x が y で割り切れるというものである．

65.3.3 上の 2 つの順序の概念において (65:A:b) は同じ形のままであったが，(65:A:a) は (65:B:a) に修正され（弱められ）た．これは (65:A:b)，すなわち推移性の重要さを強調するものである[10]．そこで，次に (65:A:b) も根本的に影響を受けるように (65:B:a) と (65:A:b) の結合を弱めてみよう．

　まず，(65:B:a) は次の 2 つの条件と同等であることに注意されたい：

(65:C:a)　$x\mathcal{S}x$ とはならない．
(65:C:b)　$x\mathcal{S}y, y\mathcal{S}x$ が共に成り立つことはない．

　実際, (65:B:a) は次の 3 つの組み合わせの生ずる可能性を排除する：$x = y, x\mathcal{S}y$; $x = y, y\mathcal{S}x$; $x\mathcal{S}y, y\mathcal{S}x$. ここで，最初の 2 つは単に (65:C:a) を 2 通りの方法で書き直したものにすぎず，3 番目はまさに (65:C:b) そのものである．

　そこで次のことが証明できる：

(65:D)　(A_m) D に属する $x_0 = x_m, x_0, x_1, \cdots, x_{m-1}$ に対して $x_1\mathcal{S}x_0,$ $x_2\mathcal{S}x_1, \cdots, x_m\mathcal{S}x_{m-1}$ となることはない．

　　　　という主張を考える．すると：
(65:D:a)　(65:B:a) は $(A_1), (A_2)$ を合わせたものと同等である．
(65:D:b)　(65:B:a), (65:A:b) を合わせると $(A_1), (A_2), (A_3), \cdots$ がすべて成り立つ．

---

[9] これが **3.7.2** の最後の注意の意味での半順序的効用のタイプに密接に関連していることに注意されたい．各々の想像上の事象は 2 つの数値で表された特性によって影響を受け，その 2 つは明確かつ再生しうる選好を生み出すためには増加するものでなければならない．
[10] まったく順序とは関係ないが，他のいくつかの重要な関係にもこの性質をもつものがある：例えば等号 $x = y$ である．

証明：(65:D:a) について：明らかに，(A_1) は (65:C:a) であり (A_2) は (65:C:b) である．(A_m) の関係を逆の順序で並べ，(65:A:b) を $m-1$ 回適用すると $x_m \mathcal{S} x_0$ となる．$x_m = x_0$ であるから，これは $x_0 \mathcal{S} x_0$ を意味し (65:B:a) に矛盾する．

この結果から条件 (A_1), (A_2), (A_3), $\cdots$ のすべてをまとめて考えることが示唆される．この条件は (65:B:a), (65:A:b)，すなわち半順序から導かれたものであり，後にわかるようにこの半順序の性質をずっと弱めたものとなっている．

そこで，われわれは次のように定義する：

(65:D:c)　　もし (A_1), (A_2), (A_3), $\cdots$ の条件のすべてが満たされるならば，関係 $\mathcal{S}$ を非循環的という．

なにゆえにこれを非循環的とよぶかは読者にも理解できるであろう：つまり，もし (A_m) のいずれかが成り立たなければ，

$$x_1 \mathcal{S} x_0, x_2 \mathcal{S} x_1, \cdots, x_m \mathcal{S} x_{m-1},$$

という鎖ができ，その最後の要素 x_m は最初の要素 x_0 に一致するため循環となるからである．

非循環性が半順序から導かれることはすでに指摘した（もちろんこれは (65:D:b) に述べたことである）．したがって当然，全順序からも導かれる．ところでこの非循環性が半順序よりも実際に広い概念であること，すなわち順序（半順序もしくは全順序）でなくても非循環性となる関係が存在しうることがまだ示されていない．

そこでこの現象のおこる例を次に挙げる：D をすべての正の整数の集合，$x\mathcal{S}y$ を直接に連続するという関係，すなわち $x = y + 1$ とする．または D をあらゆる実数の集合，$x\mathcal{S}y$ をより大きいが非常に大きい——例えば 1 より大きい——ということはないという関係，すなわち $y + 1 \geq x > y$ とする．

最後に本節で述べた全順序，半順序，および非循環的関係の例は容易に増やすことができる．紙面の都合でここでは立ち入らないが，これは読者にとってよい練習問題となるであろう．また 85 ページの脚注 38) および 802 ページの脚注 7) の文献を参照することもやはり役立つことであろう．

65.4 解：対称的関係について．全順序について

65.4.1 次に **65.2** の最後に述べた特殊化の計画案にそって議論を進めよう．

第1に：$\mathcal{S}$ が **30.3.2** の意味で対称的な場合．この場合には **65.2** の冒頭に指摘しておいたように飽和との関連にもどるとよい．$\mathcal{S}$ の対称性により，解についての求める情報がすべて得られる．

第2に：$\mathcal{S}$ が全順序の場合．この場合にはいつものとおり，もし $y\mathcal{S}x$ なる y が存在しなければ，x は D の極大であると定義する．これを D の絶対的極大とよぶことにより，全順序との関連を指摘しておくと便利なことが時々ある．（これを次の注意の対応する部分と比較してみよ．）明らかに，D は極大をもたないかもしくはちょうど1つもつかのどちらかである[11]．

そこで：

(65:E)　V が解となるための必要十分条件は，それが D の極大からなる1要素集合となることである．

証明：必要性：V を解とする．$D \neq \ominus$ であるから $\mathsf{V} \neq \ominus$．

$y \in \mathsf{V}$ を考える．もし $x\mathcal{S}y$ ならば $x \in \mathsf{V}$ とはなりえないから，$u\mathcal{S}x$ なる $u \in \mathsf{V}$ が存在する．推移性から $u\mathcal{S}y$ となるが，u, y は共に V に属するからこれは不可能である．したがって，$x\mathcal{S}y$（$x \in D$！）なる x は存在せず[12]，y は D の極大とならねばならない．

それゆえ，D は極大をもち，しかもそれは一意に定まるから（上述参照），V はその極大からなる1要素集合となる．

十分性：x_0 を D の極大とし $\mathsf{V} = \{x_0\}$ とする．与えられた y（$\in D$！）に対して，いかなる $x \in \mathsf{V}$ についても $x\mathcal{S}y$ とならないと仮定すると，$x_0\mathcal{S}y$ とはならない．$y\mathcal{S}x_0$ とはなりえないから，この否定は $y = x_0$ と同等である．したがってこの y は集合 V を形成し，V は解となる．

65.4.2　このようにして，もし D が極大をもたなければ解 V は存在せず，D が極大をもてば解は存在し，しかも一意的である．

もし D が有限集合であれば，後者が必ず成り立つ．これは直観的にまった

---

[11] 証明：もし x, y が共に D の極大であるとすれば，$y\mathcal{S}x$, $x\mathcal{S}y$ となることはありえない．したがって (65:A:a) から必ず $x = y$ となる．

[12] これと類似した状況はすでに **4.6.2** において議論した．

く明らかであり，証明することも容易である．しかし完全を期し，次の注意の対応する箇所との類似性をより明確にするためにこの証明を完全に行っておく：

(65:F)　もし D が有限集合ならば極大をもつ．

証明：結論を否定し D が極大をもたないとする．$x_1 \in D$ を任意に選び，次いで $x_2 \mathcal{S} x_1, x_3 \mathcal{S} x_2, \cdots$ となる $x_2, x_3, \cdots$ を選ぶ．(65:A:b) により $m > n$ ならば $x_m \mathcal{S} x_n$ であり，したがって (65:A:a) から $x_m \neq x_n$ となる．すなわち，$x_1, x_2, x_3, \cdots$ はすべて互いに異なり，それゆえ D は無限集合となる．

以上の結果からわかるように，V の存在と一意性は共に D の極大の存在および一意性と平行的関係にある．

65.5　解：半順序について

65.5.1　第3に：$\mathcal{S}$ が半順序の場合．この場合には D の極大の定義を前の注意からそのまま移すことができる．半順序との関連は D の相対的極大とよんで示すと便利なことが時々ある．（これを前の注意の対応する部分と比較してみよ．下の脚注13) にもかかわらずこの対照は非常に有益である．）D は極大をもたないこともあるし1個もつことも数個もつこともある[13]．したがって，相対的極大は必ずしも一意的には定まらず絶対的極大は一意的に定まる[14]．

存在の問題も相対的極大では絶対的極大とは異なる役割を果たす．この場合の決定的な性質は次のようになることがわかるであろう：

(65:G)　もし y が D の極大でなければ，$x \mathcal{S} y$ となる極大 x が存在する．

絶対的極大の場合には――すなわちもし $\mathcal{S}$ が全順序ならば――(65:G) は正確に1つの極大の存在を表す[15]．相対的極大に関しては必ずしもこうはなら

---

[13] ここでは (65:A:a) は (65:B:a) に弱められているから，(65:A:a) をもとにした 805 ページ脚注 11) の議論は成立しない．

　例えば D として平面上の単位正方形をとり，その中で半順序を **65.3.2** 末の最初の2つの例における方法のどちらか1つと定義する．すると，D の極大はそれぞれ正方形の上方の辺または上方の辺と右辺を合わせたものとなる．

[14] 読者は相対的極大の概念を関数論において生ずる極大の概念と混同してはならない：関数論の場合には局所的最大がしばしば相対的極大とよばれることがある．そこで考えられている量は数値で表されたものであり，したがって全順序であるから，現在考えているものとはなんら関係がない．

[15] 証明：D は空ではないから (65:G) により極大が存在する．

ない．すなわち，半順序に対してはいくつかの（相対的）極大が単に存在するだけでは必ずしも (65:G) は成り立たない．この例を与えるのは容易であるが，これ以上議論を進めることはしない．(65:G) は絶対的極大の存在（前の注意参照）を相対的極大（以下を参照）の場合に正しく拡張したものであるといっておけば十分であろう．

そこで，次のようになる：

(65:H) Vが解となるための必要十分条件は，(65:G) が（Dと$\mathcal{S}$によって！）満たされ，しかもVがすべての（相対的）極大の集合となることである．

証明：必要性：Vを解とする．

$y \notin$ V ならば $x\mathcal{S}y$ となる $x \in$ V が存在するから，y は極大ではない．したがって，極大はすべてVに属する．

$y \in$ V ならば前の注意における (65:E) の証明の議論をそのままくり返すことが可能であり，y が極大となることが証明できる．

したがって，Vはすべての極大の集合となる．

もし y が極大でなく $y \notin$ V であるとすれば，$x\mathcal{S}y$ となる $x \in$ V，すなわち極大が存在し，(65:G) は（Dと$\mathcal{S}$によって）満たされる．

十分性：(65:G) が満たされ，Vがすべての極大の集合であるとする．

$x, y \in$ V に関して，y は極大であるから $x\mathcal{S}y$ とはなりえない．もし $y \notin$ V，すなわち極大でなければ，(65:G) により，$x\mathcal{S}y$ となる極大，すなわちVに属する x が存在する．したがって，Vは (65:1) により解となる．

読者は，全順序の場合にはこの結果 (65:H) が前の注意の (65:E) に特殊化されることを証明するとよいであろう．

この結果 (65:H) により，もし $D, \mathcal{S}$ が条件 (65:G) を満たさなければ解Vは存在せず，もし満たせば解は存在し，しかも一意的に決定されることがわかるであろう．

65.5.2 D が有限集合であれば後者が必ず成り立つ．その証明を完全に行っておこう：

逆に：x_0 を D の極大とする．すると極大とならないあらゆる y，すなわち $y \neq x_0$ に対して $y\mathcal{S}x_0$ とならないこと，および (65:A:a) の有効性（全順序である！）により $x_0\mathcal{S}y$ となる．

(65:I)　もし D が有限集合であれば，条件 (65:G) が満たされる．

証明：結論を否定し，D が (65:G) を満たさないとしよう．自ら極大でなく，しかもいかなる極大 x に対しても $x\mathcal{S}y$ とならない y を例外的とよぶ．(65:G) が成り立たないということは，この例外的な y が存在することを意味する．

例外的な y を考える．この y は極大ではないから，$x\mathcal{S}y$ なる x が存在する．さらに y は例外的であるから，x は極大ではない．もし，$u\mathcal{S}x$ なる極大 u が存在したとすれば，(65:B:b) により $u\mathcal{S}y$ となり，y の例外的という性質に反する．したがって，このような u は存在せず，x もまた例外的となる．すなわち，

(65:J)　もし y が例外的であれば，$x\mathcal{S}y$ となる例外的な x が存在する．

ここで例外的な x_1 をとり，次いで $x_2\mathcal{S}x_1$ なる例外的な x_2，$x_3\mathcal{S}x_2$ なる例外的な x_3，$\cdots$ をとる．(65:B:b) により，$m > n$ ならば $x_m\mathcal{S}x_n$ であるから，(65:B:a) により $x_m \neq x_n$ となる．すなわち，$x_1, x_2, x_3, \cdots$ はすべて互いに異なり，したがって D は無限集合となる．

（この議論の最後の部分を前の注意における (65:F) の証明と比較せよ．(65:A:a) をそれより弱い (65:B:a) で置き換ええたことに注意せよ．）

以上の結果からわかるように，ここでは，解の存在は極大の存在ではなく，条件 (65:G) に対応するのである．これは，**65.4.2** の先の注意の結論の部分を考慮すると非常に注目すべきことである．これはまた，半順序を用いた場合に (65:G) が極大の存在に正しくとって代わるという初期の注意の確証となる．

解の一意性はさらに注目に値する．前の注意の最後の部分に照らしてみれば，この一意性が極大の一意性と関連していることは当然のように思えた．ところが，すでに述べたとおり，解は一意に定まっても（相対的）極大が解になるとは限らないのである[16]．

---

[16] (65:H) からわかるように，解 V は（一意的には定まらない）極大のどれか 1 つと結びつくというわけではなく，あらゆる極大からなる（一意的な）集合と結びつく．

65.6 非循環性と狭義の非循環性

65.6.1 第4に：$\mathcal{S}$ が非循環的な場合．すでに知っているように，この場合は前の2つの場合を含み，そのどちらよりもより一般的である．この2つの場合には，解の存在のための必要十分条件を決定し，その条件が満たされるときには解が一意に決定されることをみた．((65:E), (65:H) を参照せよ.) さらに，D が有限集合であるときには，この条件がたしかに満たされることもみた．((65:F), (65:I) を参照せよ.)

非循環的な場合には，多くの点でこれらの条件に類似した条件を見出すであろうが，いくつかの点において前よりもより深い洞察を得るであろう．しかし，そのためには議論を行ううえで見方を少々変えねばならず，それから得られる結果はある制約を受ける．D が有限集合の場合には，前と同様，完全に満足のいくまで解決される．

ここでもまた，極大の概念を導入しておくと便利であるが[17]，ここでは，新たに D についてだけではなくその部分集合についても極大を導入しておく．したがって，$x \in E (\subseteq D)$ で $y\mathcal{S}x$ なる $y \in E$ が存在しなければ，x を E の極大と定義する．E のすべての極大の集合を $E^m (\subseteq E)$ と表す．

以下の議論により，D と $\mathcal{S}$ が次の性質をもつか否かが決定的な重要性をもつことがわかるであろう：

(65:K)　$E \neq \ominus (E \subseteq D)$ ならば $E^m \neq \ominus$.

すなわち：D のあらゆる空でない部分集合は極大をもつ[18]．一見したところ，(65:K) は非循環性とはまったく関係ないようであるが，実際には，非常に密

---

[17] 第2，第3の注意においては，それぞれ「絶対的」，「相対的」という分類を用いたので，ここではもう少し弱い分類を用いねばならない．しかし，ここでこのような術語上の改革をもちこむ必要はないであろう．

[18] たとえ $\mathcal{S}$ が全順序であっても，この (65:K) という性質は集合論において大きな重要性をもつ．集合論にくわしい読者は，(65:K) がまさに基本的な整列順序の概念となっていることに気づくであろう．(この場合には，$\mathcal{S}$ は「より大きい」ではなく「前に」と解釈されねばならない．) 参考文献としては，前掲の A. Fraenkel, p.195ff と 299ff, F. Hausdorff, p.55ff (この2つは 84 ページの脚注 35) で掲げた) および E. Zermelo (これは 368 ページの脚注 76) で掲げた) がある．この同じ性質が，任意の関係に対する解の概念との関連において重要な役割を果たすことは注目に値する．本章の残りの部分は，主にこの性質とそれにもとづく結果を考察することにあてられる．

実際，この問題およびこれから派生する問題は数学的な観点からみても，かなり深く研究する必要があるだろう．

接に関係しているのである．真の目的であるここでの解の役割を解明する前に，この関連を明らかにしておこう．

65.6.2 このために，D と S に関するすべての制限，非循環性も含む，を落とす．

ここで **65.3.3** の (65:D) の (A_m) を少し変えたもので，本質的にはそれと関連のある1つの性質を便宜的に導入しておく：

(A_∞) $x_1 S x_0, x_2 S x_1, x_3 S x_2, \cdots$ とはならない．ここで $x_0, x_1, x_2, \cdots$ は D に属する[19]．

その理由は後にすぐわかるであろうが，次のように定義する：

関係 S が条件 (A_∞) を満たすならば，それを狭義に非循環的とよぶ．

ここで次の5つの補題を証明することにより，狭義の非循環性と (65:K) および非循環性との関係を明らかにする．このうち本質的なものは (65:O) と (65:P) であり，(65:L)-(65:N) は (65:O) に対する準備となるものである．

(65:L) 狭義に非循環的ならば非循環的である．

証明：S が非循環的でないとする．すると，$x_1 S x_0, x_2 S x_1, \cdots, x_m S x_{m-1}$ となる D の $x_0, x_1, \cdots, x_{m-1}$，および $x_m = x_0$ が存在する．ここでこの列 $x_0, x_1, \cdots, x_{m-1}$ を

$$x_0 = x_m = x_{2m} = \cdots,$$
$$x_1 = x_{m+1} = x_{2m+1} = \cdots,$$
$$\cdots$$
$$x_{m-1} = x_{2m-1} = x_{3m-1} = \cdots$$

とおくことにより，無限列 $x_0, x_1, x_2 \cdots$ に拡張する．すると，明らかに $x_1 S x_0, x_2 S x_1, x_3 S x_2, \cdots$ となり，狭義非循環性は成り立たない．

(65:M) 非循環的でしかも狭義に非循環的でなければ，次のようになる：

---

[19] 列 $x_0, x_1, x_2, \cdots$ は添数が無限まで続くという意味において無限なのであり，x_i それ自身は必ずしも互いにすべて異なるとは限らない．

(B_∞^*)　次の性質をもつ $x_0, x_1, x_2, x_3, \cdots \in D^{20)}$ が存在する：

$x_p \mathcal{S} x_q$ となるための十分条件は $p = q+1$ であり，必要条件は $p > q$ である[21]．

(B_∞^*) が成り立てば $x_0, x_1, x_2, \cdots$ は互いに異なり，したがって D はこの場合には無限集合となる．

証明：$\mathcal{S}$ が狭義に非循環的でないから，$x_1 \mathcal{S} x_0, x_2 \mathcal{S} x_1, x_3 \mathcal{S} x_2, \cdots$ なる $x_0, x_1, x_2, \cdots \in D$ が存在する．したがって，$p = q+1$ は $x_p \mathcal{S} x_q$ となるための十分条件となる．

そこで $x_p \mathcal{S} x_q$ とする．$p > q$ の必要性を証明したいわけであるが，いまその反対，つまり $p \leq q$ と仮定してみる．すると $x_{p+1} \mathcal{S} x_p, x_{p+2} \mathcal{S} x_{p+1}, \cdots, x_q \mathcal{S} x_{q-1}$ となり[22]，$x_p \mathcal{S} x_q$ とこれらの関係は，$m = q - p + 1$ としたときの (A_m) に矛盾する：つまり，$x_0, x_1, \cdots, x_{m-1}$ と $x_m = x_0$ をここでの $x_p, x_{p+1}, \cdots, x_q$ と x_p で置き換えればよいのである．これは $\mathcal{S}$ の非循環性に矛盾する．

これで (B_∞^*) がすべて確立された．

そこで (B_∞^*) から導かれる結果を考えてみる：もし $x_0, x_1, x_2, \cdots$ について，すべて互いに異ならないならば，ある $p > q$ に対して $x_p = x_q$ となる．(B_∞^*) により，$x_{q+1} \mathcal{S} x_q$ であるから $x_{q+1} \mathcal{S} x_p$ となり，再度 (B_∞^*) から，これは $q + 1 > p$，すなわち $q \geq p$ なることを意味し，$p > q$ に矛盾する．したがって，$x_0, x_1, x_2, \cdots$ はすべて互いに異なり，D は無限とならねばならない．

(65:N)　非循環性が成り立たなければ次のようになる：

ある $m (= 1, 2, \cdots)$ に対して：

(B_m^*)　次の性質をもつ D に属する $x_0, x_1, x_2, \cdots, x_{m-1}$ と $x_m = x_0$ が存在する：

$x_p \mathcal{S} x_q$ となるのは $p = q + 1$ のときであり，そしてそのときに限る[23]．

---

[20] これを上の脚注 19) と比較せよ．またこの補題の最後の部分とも比較してみよ．
[21] この結果との関連において 65.8.3 も参照せよ．
[22] これらはちょうど $q - p$ 個の関係であり，$p = q$ ならば生じてこない．
[23] $x_0, x_1, x_2, \cdots$ の相互の関係は，(B_m^*) では全順序であるが (B_∞^*) ではそうではないことに注意せよ．これは以下の議論において重要となる．

証明：$\mathcal{S}$ が非循環的でないから，$x_1\mathcal{S}x_0, x_2\mathcal{S}x_1, \cdots, x_m\mathcal{S}x_{m-1}$ なる $x_0, x_1, \cdots, x_{m-1}, x_m = x_0 \in D$ が存在する．この $m\ (=1,2,\cdots)$ ができるかぎり小さくなるような体系を選ぶ．

$p = q+1$ が $x_p\mathcal{S}x_q$ の十分条件となることは明らかである．これが必要条件ともなることを証明したいわけであるが，そのために $x_p\mathcal{S}x_q$ であるが $p \neq q+1$ と仮定する．

ここで，$x_0, x_1, \cdots, x_{m-1}, x_m = x_0$ を循環的に並べ替えてもその性質は変わらないから，x_p が最後の要素となるように——すなわち p を m に移すように——並べ替える．つまり，$p = m$ としても一般性を失うことはないのである．ここで $p \neq q+1$，すなわち $q \neq m-1$ である．$q = m$ は $q = 0$ で置き換えうるから，$q \neq m$ と仮定することもできる．したがって $q \leq m-2$ である．以上の準備を施したうえで，$x_0, x_1, \cdots, x_{m-1}, x_m = x_0$ を $x_0, x_1, \cdots, x_q, x_m = x_0$ で置き換えることができ[24]，しかもその性質にはまったく影響が及ばない．これは m を $q+1 < m$ で置き換えうることを意味し，最小性という m の性質に矛盾する．

以上で (B_m^*) がすべて確立された．

65.6.3 要約すれば：

(65:O)
(65:O:a)　非循環性は $(B_1^*), (B_2^*), \cdots$ のすべてを否定したものと同等である．
(65:O:b)　狭義の非循環性は，$(B_1^*), (B_2^*), \cdots$ のすべてと (B_∞^*) を否定したものと同等である．
(65:O:c)　狭義の非循環性はすべての D に対して非循環性を意味し，D が有限集合の場合にはそれと同等である．

証明：(65:O:a) について：(B_m^*) は (A_m)，すなわち非循環性に反するからこの条件は必要条件である．逆に十分条件であることは (65:N) から導かれる．

(65:O:b) について：(65:L) により非循環的でないことは狭義の非循環性に反し，さらに (B_∞^*) は (A_∞)，すなわち狭義の非循環性に反するから，こ

---

[24] すなわち $x_{q+1}, \cdots, x_{m-1}$ を省くのである．

の条件は必要条件である．逆に狭義の非循環性を否定すると，非循環的な場合には (65:M) が適用され，循環的な場合には上述の (65:O:a) が適用されるから，この条件は十分条件である．

(65:O:c) について：前半は (65:L) において述べたとおりである．もし D が有限集合ならば，この逆も (65:M) の最後の注意から成り立ち——したがって同等となる．

最後に (65:K) との関連を明らかにしておく：

(65:P)　(65:K) は狭義の非循環性と同等である．

証明：必要性：$\mathcal{S}$ が狭義非循環でないとする．$x_1 \mathcal{S} x_0, x_2 \mathcal{S} x_1, x_3 \mathcal{S} x_2, \cdots$ なる $x_0, x_1, x_2, \cdots \in D$ を選ぶ．すると $E = \{x_0, x_1, x_2, \cdots\} \subseteq D$ でしかも空ではなく，それでいて明らかに極大をもたない．したがって (65:K) が成り立たない．

十分性：(65:K) が成り立たないとする．極大をもたない空でない $E \subseteq D$ を選び $x_0 \in E$ をとる[25]．x_0 は E の極大ではないから，$x_1 \mathcal{S} x_0$ なる $x_1 \in E$ がとれる．x_1 もまた E の極大とはならないから，$x_2 \mathcal{S} x_1$ なる $x_2 \in E$ がとれる．このようにして E，したがって D に属する列 $x_0, x_1, x_2, \cdots$ がとれ，$x_1 \mathcal{S} x_0, x_2 \mathcal{S} x_1, x_3 \mathcal{S} x_2, \cdots$ となり，これは狭義非循環性に反する．

したがって次のことがわかる：狭義非循環性は基本的な性質と考えていた (65:K) とまさに同等である．非循環性と狭義非循環性は互いに密接に関連しており，D が有限の場合には特にそれが明らかであった：つまり，有限集合の D についてはこの2つの概念は同等なのである．

65.7　解：非循環的関係について

65.7.1　ここで主な目的である $\mathcal{S}$ に関する D においての解の分析に移ろう．なぜわれわれが性質 (65:K) をこのように基本的な重要性をもつものとみなしたかが，ここではじめてわかるであろう：つまり，(65:K) はちょうど1つの解が存在することと非常に深く関係しているのである．

まず (65:K) が満たされた場合に（$\mathcal{S}$ に関して D における）解がちょうど1つ存在することを示そう．この証明のために，D が有限集合の場合に話を絞

---

[25] 読者はこの証明を **65.4.2** の (65:F) の証明と比べてみるとよい．

る．この場合には解を明確につくることができるからである．この構築は有限回の帰納法によって行われる．D の有限性は実際には必要ではないが，無限集合だと問題となっている構築がより複雑になってしまうのである[26]．

(65:K) を仮定しているから，(65:P) により，これは D が狭義に非循環的であることを意味する．D は有限集合であるから，(65:O:c) により，これは通常の非循環性と区別できない．したがって，当座は D について非循環性を必要としようと狭義の非循環性を必要としようと問題はない．しかし，われわれは (65:K)，すなわち狭義の非循環性を用いており，有限性の仮定はこれによって問題の区別が消滅するのであるが，除きうることを心にとどめておくのが妥当であろう．

もう一度くり返しておくが，本節の残りの部分においては，D の有限性と性質 (65:K) ——すなわち非循環性，狭義非循環性——を仮定する．

そこで前に述べた帰納的な構築にとりかかろう．まずこの構築を行い，その後解の性質を明らかにする．

あらゆる $i = 1, 2, 3, \cdots$ に関して，3 つの集合 A_i, B_i, C_i (すべて D に属する) を次のように定義する：$A_1 = D$．もしある $i (= 1, 2, 3, \cdots)$ に関して A_i がすでにわかっていれば，B_i, C_i, A_{i+1} は次のようにして得られる：$B_i = A_i^m$，すなわち B_i は A_i のいかなる x に対しても $x\mathcal{S}y$ とならない $y \in A_i$ の集合である．C_i はある $x \in B_i$ に対して $x\mathcal{S}y$ となる $y \in A_i$ の集合とする．最後に $A_{i+1} = A_i - B_i - C_i$ とする．

ここで次の諸事実が証明できる：

(65:Q)　　B_i, C_i は交わらない．

証明：各々の定義から明らか．

(65:R)　　$A_i \neq \ominus$ ならば $A_{i+1} \subset A_i$[27]．

証明：$A_i \neq \ominus$ ならば (65:K) により[28]，$B_i = A_i^m \neq \ominus$ となり，したがって，

---

[26] より高度な集合論的概念 (368 ページの脚注 76) および 809 ページの脚注 18) の文献を参照せよ)，特に超限帰納法またはそれと同等な技法が必要となる．
　これらの問題については機会を変えて考察するつもりである．
[27] 重要なのは単に ⊆ ではなく ⊂ となる点である．
[28] (65:K) を用いるのはこれだけであるが，これが決定的役割を果たす．

$$A_{i+1} = A_i - B_i - C_i \subset A_i.$$

(65:S)　$A_i = \ominus$ なる i が存在する．

証明：もしこのような i が存在しなければ，(65:R) により $D = A_1 \supset A_2 \supset A_3 \supset \cdots$ となり，D の有限性に反する．

(65:T)　i_0 を (65:S) の最小の i とすれば，

$$D = A_1 \supset A_2 \supset A_3 \supset \cdots \supset A_{i_0-1} \supset A_{i_0} = \ominus.$$

証明：(65:R) と (65:S) から明らか．

(65:U)　$B_1, \cdots, B_{i_0-1}, C_1, \cdots, C_{i_0-1}$ は互いに交わらず，その和は D となる．

証明：A_{i+1} の定義により $B_i \cup C_i = A_i - A_{i+1}$. したがって，$B_1 \cup C_1, \cdots, B_{i_0-1} \cup C_{i_0-1}$ は互いに交わらず，その和は，

$$A_1 - A_{i_0} = D - \ominus = D$$

となる．これを (65:Q) と結びつければ，$B_1, C_1, \cdots, B_{i_0-1}, C_{i_0-1}$，すなわち $B_1, \cdots, B_{i_0-1}, C_1, \cdots, C_{i_0-1}$ が互いに交わらず，その和は D となることがわかる．

65.7.2　ここで，

(65:2)　$\mathsf{V}_0 = B_1 \cup \cdots \cup B_{i_0-1}$

とおく．すると (65:U) により，

(65:3)　$D - \mathsf{V}_0 = C_1 \cup \cdots \cup C_{i_0-1}.$

そこで：

(65:V)　もし V が（$\mathcal{S}$ に関しての D における）解であるならば，$\mathsf{V} = \mathsf{V}_0$ となる．

ことが証明できる．

証明：まず，すべての $i = 1, \cdots, i_0 - 1$ に関して $B_i \subseteq \mathsf{V}$ なることを示す．
この逆を仮定し，$B_i \subseteq \mathsf{V}$ とならない最小の i を考える．z を V に属さない B_i の要素とする．するとある $y \in \mathsf{V}$ に関して $y\mathcal{S}z$．z は A_i の極大であるから $y \notin A_i$．そこで $y \notin A_k$ となる最小の k を考える．すると $k \leq i$ かつ $y \in D = A_1$ であるから $k \neq 1$．$j = k - 1$ とおくと $1 \leq j < i$ となる．$y \in A_j$ かつ $y \notin A_{j+1} = A_k$ であるから，$y \in B_j \cup C_j = A_j - A_{j+1}$ となる．

$z \in B_i \subseteq A_i \subset A_j$ であるから，もし $y \in B_j$ ならば，$y\mathcal{S}z$ は $z \in C_j$ を意味する．ところが $z \in B_i$ であるからこうはならず，したがって $y \in C_j$ である．

ここで $x\mathcal{S}y$ なる $x \in B_j$ が必ず存在する．$y \in \mathsf{V}$ であるから，これにより $x \in \mathsf{V}$ となる．このようにして $B_j \subseteq \mathsf{V}$ は成り立ちえず，$j < i$ であるから，これは i の最小性に反する．したがって，

(65:4)　すべての $i = 1, \cdots, i_0 - 1$ に関して，$B_i \subseteq \mathsf{V}$

がわかる．

もし $y \in C_i$ ならば，$x\mathcal{S}y$ なる $x \in B_i$ が存在する．このような x は (65:4) により V に属するから，$y \in \mathsf{V}$ とはなりえない．

したがって：

(65:5)　すべての $i = 1, \cdots, i_0 - 1$ に関して，$C_i \subseteq -\mathsf{V}$

がわかる．

(65:4)，(65:5) を上の (65:2)，(65:3) と比較してみればわかるように，V はたしかに V_0 と一致せねばならない．

(65:W)　V_0 は（$\mathcal{S}$ に関しての D における）解である．

証明：次の2つの段階に分けて証明する：
まず，$x, y \in \mathsf{V}_0$ ならば $x\mathcal{S}y$ とならないこと：逆を仮定し：$x, y \in \mathsf{V}_0$, $x\mathcal{S}y$ とする．

$x, y \in \mathsf{V}_0$，例えば $x \in B_i$, $y \in B_j$ とする．もし $i \leq j$ ならば $y \in B_j \subseteq A_j \subseteq A_i$．$x \in B_i$ ゆえ $x\mathcal{S}y$ ならば $y \in C_i$．ところが $y \in B_j$ であるから，こうはならない．もし $i > j$ ならば $x \in B_i \subseteq A_i \subseteq A_j$．$y$ は A_j の極大ゆえ $x\mathcal{S}y$ とはなりえない．

このようにして，どちらにしろ矛盾が生じた．

次に，$y \notin \mathsf{V}_0$ ならばある $x \in \mathsf{V}_0$ が存在して $x\mathcal{S}y$ となること：$y \in -\mathsf{V}_0$ ゆえ，ある C_i について $y \in C_i$ となる．したがって，ある $x \in B_i$ に対して $x\mathcal{S}y$ となり，この x は V_0 に属する．

これで証明は完了した．

(65:V) と (65:W) を結びつけることにより：

(65:X) （$\mathcal{S}$ に関しての D における）解は必ずただ 1 つ存在し，それは上述の (65:2) の V_0 である．

65.8 解の一意性，非循環性と狭義の非循環性

65.8.1 最後の 3 つの注意を考え直してみよう．ただし，複雑さを避けるために当分は有限性の仮定を保つことにする．この 3 つがそれぞれ仮定は異なるにもかかわらず，同じ結果を導くことは注目に値する．つまり，各々の場合に解が一意となることを証明したわけであるが，各々の仮定は，最初は全順序，次いで半順序，そして最後は（普通のまたは狭義の）非循環性と徐々に弱められたのであった．

そこで，この最後の注意によって仮定が極限にまで弱められたのか否か——すなわち，一意的な解の存在を損なうことなく非循環性をより弱い仮定で置き換えうるか否か——という問題が当然生じてくる．

この分析の方向がゲーム理論から離れたものであることを認めねばならない．実際，解の存在はゲーム理論の中心的な重要性を担うものであったが，その一意性の問題は生じえなかった．

しかし，われわれはここで一意的な解の存在についていくつかの結果を得たので，これについて分析を続けることにする．これが間接的にではあるがゲーム理論とある関係をもつことが後にわかるであろう．（**67** を参照せよ．）

以上述べてきた意味において，次の問題が生じる：一意的な解が存在するために必要かつ十分な関係 $\mathcal{S}$ の性質はいかなるものであるのか？ しかし，この問題に対して満足のいく解答が容易に与えられないことは簡単にわかるであろう．実際，（$\mathcal{S}$ に関する D における）解は（$\mathcal{S}$ とともに）D の構造についてほとんど何も明らかにしない．非循環的な場合は，少々複雑なのでこれを判断するには不向きであるが，全順序もしくは半順序の場合はこの問題点を明らかにする．この場合には解は D の極大に関係するだけであり，D の他の

要素の性質についてはまったくふれてはいない.

この反論を取り除くのはさしてむずかしくはない．D の代わりに集合 $E \subseteq D$ を考える．D における関係 $\mathcal{S}$ は E においても 1 つの関係となり，もし D において，全順序，半順序，または (通常のもしくは狭義の) 非循環性であれば，E においてもこの 3 つの中のいずれかとなる[29]．したがって，(65:X) の結果は，あらゆる $E \subseteq D$ において ($\mathcal{S}$ に関する) 一意的な解が存在することを意味している．ここで，これらの解がすべての $E \subseteq D$ に対して形成されれば，D の構造についてずっと多くのことがわかるであろう．そこで，もう一度 (全または半) 順序の場合に制限して議論を進めていこう．明らかに，すべての集合 $E \subseteq D$ に関しての E の極大に関する知識から ($\mathcal{S}$ とともに) D の構造についてのくわしい情報が得られる．

65.8.2 このようにして，われわれは次の問題に到達する：各 $E \subseteq D$ に対して ($\mathcal{S}$ に関しての E における) 一意的な解が存在するために必要かつ十分な関係 $\mathcal{S}$ の性質はいかなるものであるか？ ここで，非循環性および狭義の非循環性が重要な概念となることを示せる．ただし，これで問題が完全に論じ尽くされるわけではない．次の 2 つの補題は，この問題についてわれわれが主張しうるものを含んでいる．

(65:Y) 各 $E \subseteq D$ に対して ($\mathcal{S}$ に関しての E における) 一意的な解が存在するためには，狭義非循環性がその十分条件となる．

D が有限集合であれば，これは (65:X) からしたがい，狭義非循環性は (65:O:c) により非循環性で置き換えられる．

D が有限集合でなければ，これは (65:X) の無限集合への拡張に依存する (**65.7.1** の最初を参照せよ).

証明：もし D が (通常のもしくは狭義の) 非循環性をもてば，あらゆる $E \subseteq D$ に対して同じことが成り立つ (上述を参照せよ)．したがって，この補題の主張はすべて明らかである．

(65:Z) 各 $E \subseteq D$ に対して ($\mathcal{S}$ に関する E における) 一意的な解が存在するためには，非循環性がその必要条件となる．

---

[29] すなわち，少なくとも同じなのである——D において半順序のものが E において全順序となることや，D において非循環性をもつものが E において順序となることもおこりうる．

証明：もし D が非循環的でなければ，(65:O:a) により (65:N) における (B_m^*), $m = 1, 2, \cdots$ が成り立つ．このような $x_0, x_1, \cdots, x_{m-1}, x_m = x_0$ をつくり $E = \{x_0, x_1, x_2, \cdots, x_{m-1}\}$ とおく．すると，$E \subseteq D$ と (B_m^*) は E における $\mathcal{S}$ を完全に記述する．そこで ($\mathcal{S}$ に関しての) E における解 V を考えよう．

このような解 V を考えると，もし $x_i \in$ V ならば，$x_{i+1} \mathcal{S} x_i$ ゆえ $x_{i+1} \notin$ V となる．もし $x_i \notin$ V ならば $y \mathcal{S} x_i$ なる $y \in$ V が存在し，$y = x_j$, $x_j \mathcal{S} x_i$ となる．これは $j = i + 1^{30)}$，したがって $y = x_{i+1}$ なることを意味するから $x_{i+1} \in$ V となる．よって：

(65:6)　$x_i \in$ V となるのは $x_{i+1} \notin$ V となるとき，そしてそのときに限る．

(65:6) をくり返すことにより：

(65:7)　k が偶数であれば，$x_0 \in$ V となるのは $x_k \in$ V となるとき，そしてそのときに限る．

k が奇数であれば，$x_0 \in$ V となるのは $x_k \notin$ V となるとき，そしてそのときに限る．

$x_0 = x_m$ ゆえ，もし m が奇数であれば (65:7) は矛盾を含む．したがって，m が奇数ならば ($\mathcal{S}$ に関しての) E における解は存在しない．もし m が偶数であれば，(65:7) により V は k が偶数であるあらゆる x_k からなる集合か，もしくは k が奇数であるあらゆる x_k からなる集合となる．これらの集合が実際に ($\mathcal{S}$ に関しての) E における解となることは容易に証明できる．

したがって：

(65:8)　$\mathcal{S}$ に関しての $E = \{x_0, x_1, \cdots, x_{m-1}\}$ ($x_0, x_1, \cdots, x_{m-1}$ は (B_m^*) からとったものである) における解の個数は，m が偶数か奇数かによりそれぞれ 2 または 0 となる．

したがって，このような E ($\subseteq D$) において一意的な解が存在する場合はありえない．

(65:Y) と (65:Z) を結びつけると次のことがわかる：すべての $E \subseteq D$ に

[30)] もし $i = m$ であれば，これは $i = 0$ で置き換えられる．

ついて，($\mathcal{S}$ に関しての E における）一意的な解の存在は，有限集合について
は完全に特徴づけられる：その条件というのは，非循環性，すなわちこの場合
には同じことであるが，狭義の非循環性と同等である．D が無限集合の場合
には非循環性は必要条件であり，狭義の非循環性は十分条件であるとしかいえ
ない．

65.8.3 この場合に存在する溝は，非循環的ではあるが狭義に非循環的で
はない（無限）集合 D とその部分集合 E とを分析することにより埋めること
ができる．(65:O:a)，(65:O:b) と比較すれば，このような D は (B_∞^*) を満
たすことがわかる．(B_∞^*) の $x_0, x_1, x_2, \cdots$ をつくり，$D^* = \{x_0, x_1, x_2, \cdots\}$
とおく．これもまた非循環的ではあるが狭義に非循環的ではない集合となるか
ら，D の代わりに D^* を分析してもさしつかえない．

このようにして，問題は次のようになる：

(65:9) $D^* = \{x_0, x_1, x_2, \cdots\}$ が (B_∞^*) を満たすとする．このときあらゆ
る $E \subseteq D^*$ は ($\mathcal{S}$ に関しての E における) 一意的な解をもつであろう
か？

(B_∞^*) は D^* における関係 $x\mathcal{S}y$ ——すなわち $x_p\mathcal{S}x_q$——を不完全にしか記
述しないから，(65:9) に対する答えは直ちに求めることはできない．(B_m^*)
$(m = 1, 2, \cdots)$ に対するこれと同様な問題についての答えは，(65:Z) の証明
にみるように否定的であったが，(B_m^*) は関係 $\mathcal{S}$——すなわち $x_p\mathcal{S}x_q$——を
完全に記述していた．したがって，(65:9) に答えるためには，(B_∞^*) を満た
す $x_p\mathcal{S}x_q$ なる関係のすべての可能な形を分析しなければならない．この問題
はおそらくかなりむずかしいものであろう[31]．

65.9 ゲームに対する応用：離散性と連続性

65.9.1 上述の非循環性と狭義の非循環性についての結果は，前に指摘し
たとおりゲーム理論に直接関係するものではない．

狭義非循環性についてはその (65:K) との同等性 ((65:P) による) を強調
し，ゲーム理論においては D (すなわちあらゆる配分の集合) 自身さえ極大
(すなわち支配されない要素) を 1 つももたないことを覚えておけば十分であ

---

[31] これは組み合わせ理論と集合論との境界部分に位置し，さらに深く注意を向ける必要があると思
われる．

る[32].

通常の非循環性もまた，例えば本質的3人ゲームにおいてすでに成り立たないことが示されている[33].

それにもかかわらず，非循環性の概念を適用できるような状況があるゲームを数学的に議論している間に生じてきたこともある．これらの状況は，**65.1.1** の最初の注意の精神において扱われ，そこで述べた例に含まれている．したがって，**47.5.1** で議論した三角形 T において図76，77を検討してみればわかるように，非循環的な支配の概念が生じた[34]．さらに，**55.8.2** で述べた集合 A においても，規準 (55:Z) から明らかなように非循環的な支配の概念が存在する[35].

最後に，**64** で議論した市場において，**64.2.2** の最後の議論，特に (64:12)，(64:13) からわかるように，売り手独占または買い手独占の場合にも非循環的な支配の概念が存在する[36]．経済学的な側面における独占的状況と支配の非循環性の数学的概念との間に本質的な関連が前提とされていることを注意することにより，われわれは **64** の最後の注意を再度強調することができる．

したがって，これらのすべての場合に，特に広大な解の族を見出しえたことは注目に値する．実際，数値で表されたパラメーターだけではなく，まったく不確定な曲線や関数も解に入っていた．これについて，最初の場合においては **47.5.5** と図81，第2の場合においては **55.12** の第5の注意を参照せよ．第3の例においては，1つの特別な場合の数学的議論にふれられるだけである：つまり，**62.3**，**62.4**，および **63.4** で分析した，3人市場——独占対複占——である．

65.9.2 もし D（考えている配分の集合）の無限性が強調されていれば，上述の非循環的状況における解の多数性も当然のことと思える．結局，非循

---

[32] これはすべての本質的ゲームについて成り立つ．**31.2.3** の (31:M) を参照せよ．

[33] 読者は，例えば図54の図表についてこれを証明してみるとよい．$m \geq 3$ なるすべての m について，(B_m^*) は成り立ち (A_m) は成り立たないことが容易にわかる．

[34] ここで支配とはより大きな座標をもつことを意味する．

[35] ここでは，支配は n-要素がより大きいことを表し，これによって非循環性が明らかにしたがう．

[36] ここでは，支配は 1- (または 1^*-) 要素がより大きいことを表し，したがって非循環性が明らかにしたがう．

もし売り手独占も買い手独占も存在しなければ，すなわち，もし **64** の記号において $l, m > 1$ ならば，(64:12)，(64:13) ではなく (64:10)，(64:11) が適用される．この場合に非循環性が成り立たないことの証明は容易である．

環性が解の一意性を意味するのは，D が有限集合の場合だけであり，D が無限集合の場合には狭義の非循環性が重要な概念となる．(**65.8** の最後の部分，特に **65.8.2** を参照せよ．) そして，もちろんこれらの例はすべて容易に証明できるように狭義に非循環的ではない．

しかし，その状況というのは次の理由からわかるように逆説的である．**67.1.2** で考察する効用の概念の修正は，問題の集合を有限とするような方法で適用される．このとき上述の非循環的ゲームは一意の解をもつ．ところで，このような有限性の修正はもとの修正されないゲームにいくらでも近く類似させることができる．したがって，多くの解をもつもとの非循環的ゲーム（D は無限集合！）は，ただ1つの解をもつ修正された非循環的ゲーム（D は有限集合！）でいくらでも近似させることができる．では一体どのようにして一意の解が一意でない解の「任意に近い」近似となりうるのであろうか？

この逆説的な状況は **67** においてくわしく議論する．そこで行う分析により連続性の欠如が明らかになり，興味あるいくつかの解釈を与える機会が与えられるであろう．

66　効用の概念の一般化

66.1　一般化．理論的取り扱いの 2 つの側面

66.1.1　これまでの諸節において，われわれは——関係 $\mathcal{S}$ にもとづく——解の概念の一般化を非常に広範に行ってきた．この $\mathcal{S}$ は支配の役割を果たすものであった．この一般化は，われわれの理論において次のように用いられるべきである：つまり，われわれの配分，支配および解の概念は，より根本的な効用の概念にもとづいているのである．したがって，もし後者を記述する形式を変更すれば，われわれは前者の概念をうまく一般化することにより，これらの変形を十分に記述しようと試みることができる．

もちろん，われわれはこのような一般化をそれ自身のために行おうとしているのではなく，理論をより現実的にするために修正しようとしているのである．明確にすれば：われわれは効用の概念をむしろ狭くしかも独断的な方法で扱ってきた．つまり——かなりうまい場合には（**3.3** および **3.5** を参照せよ）——数値で表すことができると仮定したばかりでなく，異なったプレイヤーの間で交換可能でかつ無制限に譲渡可能であると仮定した（**2.1.1** を参照せよ）．

われわれは技術的な理由からこのような方法をとってきた：つまり，数量化された効用はゼロ和 2 人ゲームの理論に関して——特に期待値がその中で果たす役割により——必要であり，代替可能性と譲渡可能性は，ゼロ和 n 人ゲームの理論に関して数量化された要素をもつベクトルである配分と数量化された特性関数をつくり出すために必要であった．これらの必要性はすべてもとの理論にもとづくそれ以後のすべての理論の構築にも暗黙のうちに現れており——したがって，結局は一般 n 人ゲームの理論にも現れてくるのである．

このようにして，効用の概念の修正——一般化の性質をもったものである——が望まれるわけであるが，同時に，これを行うためには明らかに困難を克服しなければならない．

66.1.2 われわれのゲーム理論は明らかに 2 つの異なった側面に分けられる：1 つはゼロ和 2 人ゲームを取り扱いその値の定義にまで進むものであり，いま 1 つは 2 人ゲームの値の助けによって定義された特性関数にもとづくゼロ和 n 人ゲームを扱うものである．この 2 つの各々がどのように効用の概念のある特別な性質を利用しているかについては上で指摘しておいた．したがって，もしこのうちのどれかが一般化されるか，修正されるか，放棄されるかすれば，各々の場合についてこのような変化のもたらす影響を調べねばならない．そこで，この 2 つの側面を別々に分析することにする．

66.2　第 1 の側面についての議論

66.2.1 第 1 の側面の一般化についての困難さは非常に重大である．ゼロ和 2 人ゲームの理論は，第 3 章で述べたように効用の数量化された性質を用いてはじめて構築される．

明確にいえば：もし各プレイヤーが自らの観点からみてすべての場合に種々の状況のうちどれが好ましいかを決定できなければ，ゲームにある決まった値をどのようにして割り当てうるかを確かめるのは困難である．これは，各個人の選好が効用の全順序を定めねばならないことを意味する．

次に，効用を数量化された確率と結びつけるという操作もこれなしですますわけにはいかない．われわれは，ゲームのルールが偶然手番を許すならば，このような操作を明らかに必要とすることをみてきた．しかし，そうでない場合にさえ，第 3 章の理論は一般に同じ効果をもつ混合戦略の使用をもたらした．（**17** を参照せよ．）

ところで，よく知られているように効用の全順序的性質は数量化された効用を意味するわけではない．しかし，**3.5** でみたように数量化された確率と効用を結びつける可能性と関連した全順序は数量化された効用を意味する．

したがって現時点では，もし数量化された効用が利用可能でなければ，ゼロ和 2 人ゲームに値を与えることはできない．

n 人ゲームにおいてもその特性関数は種々の（補助的な）ゼロ和 2 人ゲームにおける値をもとに定義されている．さらに一般 n 人ゲームからゼロ和ゲームへの変形に際しては，1 人のプレイヤーから他のプレイヤーへの効用の譲渡可能性を用いた．実際，**56.2.2** の $\mathcal{H}_{n+1} \equiv -\sum_{k=1}^{n} \mathcal{H}_k$ のような構築は，他の意味を与えることはほとんどできない．したがって，n 人ゲームにおける特性関数の定義は，現時点では回避しえないような方法で効用の数量化された性質と技術的にしっかり結びつけられているのである．

このようなゲームの特性関数の値 v(S) は，対応するプレイヤーの集合——提携——S の値である．したがって，われわれの結論はまたこのように述べることができる：プレイヤーの可能な提携のすべてに値を与えるわれわれの一般的方法は，本質的に効用の数量化された性質によっており，いまのところわれわれはこれを矯正することはできない．

われわれは前に，効用の数量化された性質の仮定が一般に信じられているように特殊なものではないことを指摘した．(**3** の議論を参照せよ．) さらに，考察を厳密に貨幣的な経済に絞ることにより概念的な困難をすべてさけることもできる．しかしもしこれらの制約から逃れることができれば，それにこしたことはないが——これまでのところそうできるという可能性が確立されてはいないことも認めねばならない．

66.2.2 一般的には，このように不十分であるにもかかわらず，特性関数の定義の困難さがまったく重大とはならないようなゲームも数多く存在する．例えば，**26.1** および **57.3** の例はゼロ和 2 人ゲームの理論をくわしく考察することなく特性関数を直接に決定しうるようなものであった．これらの例は，既知の前もって割り当てられた特性関数を得るためにつくられたものであり——したがって，この点において容易に扱いうることはほとんど驚くには値しない．しかしながら，同じ現象の例ではあるが，重要性をもつものも存在する：こうして，第 10 章の単純ゲームの理論においては特性関数はまったく何

の困難もひきおこさなかった[37]．さらに，**61.2-64.2** で考察された種々の市場についての特性関数もすべて容易にかつ直接的に得ることができた．

これらの場合には数量化された効用をより一般的な概念で容易に置き換えられる．これについてはまた別の機会に取り上げるものとする．

66.3 第2の側面についての議論

66.3.1 もし特性関数を認めるならば，われわれは第2の側面に移ることができる．

ここでは，数量化された効用の必要性はまったく除くことができる．問題全体がいまだ最終的な数学的定式化のできるほどには成熟してないので，これを完全に細部までは議論しない．実際，第1の側面は上で述べたように未解決の困難さによって妨げられている．さらに，より統合された形の理論が，いまのところわれわれはその概念を与えられるにすぎないが，求める結果に導いてくれると信じることはある意味で正しいようにも思える．

そこで，第2の側面の取り扱いに関していくつかの一般的な指示だけを与えることにしよう．

まずはじめに，効用の譲渡可能性をその数量化された性質とともに放棄したときには，ゼロ和ゲームとか定和ゲームとかいう概念は直ちに定義されなくなる．したがって，一般ゲームを直接扱うのが最もよい．

そこで一般 n 人ゲームを考える．われわれは，すでに第11章の理論を有しているので，ゼロ和ゲームにおけるその源を棄て去り，より一般的な（数量化されておらず，譲渡されることもない）効用の場合に直ちに拡張してもさしつかえない．

配分

$$\vec{\alpha} = ((\alpha_1, \cdots, \alpha_n))$$

は依然としてベクトルであるが，その要素 $\alpha_1, \cdots, \alpha_n$ は数にはならないかもしれない．もしわれわれが効用の数量化された性質を放棄するならば，各参加者 $i\,(=1,\cdots,n)$ が各々の効用の領域 $\mathcal{U}_i$ をもつことを許さねばならない．すなわち，$\mathcal{U}_1,\cdots,\mathcal{U}_n$ は一般には互いに異なる．この構成のもとでは，α_i は $\mathcal{U}_i$

---

[37] これらのゲームはどれが勝利提携であるかを述べれば，それで明確に定義されたのであり，これにより暗黙のうちに特性関数が決定された．

に属さねばならない.

たとえ効用がすべて数量化されたとしても——すなわち, $\mathcal{U}_1, \cdots, \mathcal{U}_n$ が互いに一致し, さらにあらゆる実数からなる集合に一致したとしても——譲渡可能性の仮定は依然として省かれていることに注意せよ. また, 譲渡可能性は存在するがある制限にしたがう場合も考えることができる. 実際, この例は **67** でくわしく議論されるであろう.

66.3.2 次に要素 α_1 に対する制限を考えねばならない. この制限は次の2つの種類からなる: まず第1に, あらゆる配分の領域が **56.8.2** において,

(66:1) $\quad i = 1, \cdots, n$ に関して, $\alpha_i \geq \mathrm{v}(\{i\})$

(66:2) $\quad \displaystyle\sum_{i=1}^{n} \alpha_i \leq \mathrm{v}(\{1, \cdots, n\})$ [38)]

によって規定された. 第2に, 支配が,

(66:3) $\quad \displaystyle\sum_{i \in S} \alpha_i \leq \mathrm{v}(S)$

にもとづく有効性の概念を用いて定義された. これは **30.1.1** の (30:3) である.

これらの不等式はすべてある共通なタイプに属している: つまりある集合 T ((66:1) においては $T = \{i\}$, (66:2) においては $T = \{1, \cdots, n\}$, (66:3) においては $T = S$) が与えられ, 配分 $\vec{\alpha}$ はこの集合——提携——T を $\mathrm{v}(T)$ によって表される状態よりも少なくとも良い ((66:1)) かもしくはせいぜい $\mathrm{v}(T)$ と同じ状態 ((66:2) および (66:3)) に T を位置させる.

提携 T の状態——すなわちその参加者全体の合成された状態——はその要素の和: $\displaystyle\sum_{k \in T} \alpha_k$ による不等式において表される. 数量化されない効用に関しては $\mathcal{U}_1, \cdots, \mathcal{U}_n$ は互いに異なるかもしれず, さらに加えることができないかもしれない——したがって $\displaystyle\sum_{k \in T} \alpha_k$ のような形は意味をもたなくなる. しかし, たとえ効用が数量化されたとしても, 上述のように $\displaystyle\sum_{k \in T} \alpha_k$ を用いることは明らかに無制限に譲渡可能な性質を仮定していることと同等である. 実際, 提携の状態が——その構成員の個々の量にふれることなく——その和によって

[38)] ここでは, **56.12** の (56:I:b) のいま1つの可能な (56:25) ではなく (56:10) を用いる.

記述されうるのは，その構成員が全員が同意するような方法で和を分配できる，すなわち，譲渡に対してまったく物理的な障害が存在しない場合に限られる．

それゆえ一般には，$\sum_{k \in T} \alpha_k$ の使用は捨て去らねばならない．その代わりに，与えられた提携 T の構成員全体からなるものに対して効用の領域を導入せねばならない．この領域を $\mathcal{U}(T)$ と表す．明らかに $\mathcal{U}(\{k\})$ は $\mathcal{U}_k$ と同じである．$\mathcal{U}(T)$ は T に属するあらゆる k の $\mathcal{U}_k$ をなんらかの方法で統合することにより得られねばならない．このために必要な正しい数学的方法を工夫することは容易であるが，これについてはまた別の機会に議論したい．

$\alpha_k, k \in T$ の全体も特性関数 v(T) と同様，この体系の要素とならねばならない．このときには，(66:1)，(66:2)，(66:3) の不等式はその効用の体系の選好にふれることとなる．

66.4　2つの側面を統合する希望

66.4 66.3 の分析があまりに粗野であると読者が感じないことを希望して，われわれはここで2つの側面の望むべき統合を探求する方法を導入する．ゼロ和2人ゲームの理論は実際に，それ以後のゼロ和 n 人ゲームおよび一般 n 人ゲームについての配分，支配，解の構築と同じ一般的原理にもとづいていた．くわしくいえば，**14.5**，**17.8**，**17.9** で行ったゼロ和2人ゲームにおける種々の戦略の内部関連性の決定的な議論――すなわち良い戦略の分析――は，多くの点で配分の支配の使用と類似している．

ところで，われわれの現在の理論の弱点は2つの段階に分けて議論を進めねばならない点にある：つまり，まずゼロ和2人ゲームの解をつくり，その後一般 n 人ゲームの解をつくり出せるように特性関数を定義する，という2つの段階である．数学および自然科学における一般的な経験が示唆しているように，中間的な停留所――われわれの場合には特性関数で表されている――をもつ2つの段階は，2つの本質的な点を有している．研究の初期の段階においては，これによって困難が分割されるからたしかに有利である．ところがその後分析が進むと，概念的に完全な一般性が望まれるようになり，それはかえって邪魔になってくる．つまり，分析の途中で明確に定義された量をつくり出す必要性――ここでは特性関数をつくり出す必要性である――は，かえって主要

な問題に余計な困難を課す不必要な専門的事項となるのである．

これを特にゲームに関するわれわれの経験に適用してみよう：われわれは困難を克服するために分割し，厳密に決定されるゼロ和 2 人ゲーム，一般の厳密に決定されるゼロ和 2 人ゲーム，ゼロ和 n 人ゲーム，一般 n 人ゲームを次々に考えねばならなかった．ところがこれらの段階はすべて，次の 2 つを除けば最終的に一般理論にまとめられた：その 2 つとは，ゼロ和 2 人ゲームと一般 n 人ゲームである．特性関数への固執は結局，ゼロ和 2 人ゲームに対して n 人ゲームに必要なよりもずっと鋭い結果が得られねばならないと主張することになる[39]．もちろん，この条件は数量化され無制限に譲渡可能な効用の場合には満たされた．ところが，効用についてのこれらの仮定が捨て去られたときには状況は異なってくる．そして，n 人ゲームについての困難は，ゼロ和 2 人ゲームに関するこの特別な構成に続けて固執する点に起因するのではないかと思われる．現在の技術的方法ではこの点に固執せざるをえないが，それにもかかわらずこの固執は場所を誤っているのである．

n 人ゲームの理論全体を——（現在行っているように）ゼロ和 2 人ゲームと特性関数における人工的な停留所を用いずに——まとめて扱えれば，最終的にこれらの困難は解消されることが証明できるであろう．

67 例についての議論

67.1 例の記述

67.1.1 ここで効用の概念と譲渡可能性が修正される例を議論しよう．以下の修正は，このような概念に関しての見方を特に重要に拡張したものとはなっていない．この例の興味はむしろ，非循環性に関する結果の応用を許し，それによって **65.9** の最後に議論した問題に新しい光を投げかけるような結論を生み出す点にある．くわしくいうと，この種の方法により交渉の問題へのより満足のいく数学的接近方法がもたらされると期待できるのである．

67.1.2 修正は次のように考えられる：効用——すなわち貨幣と同等である——は非分割的な単位からなると仮定する．すなわち，その数量的な性質は

---

[39] ゼロ和 2 人ゲームについては一意的な値——すなわち配分——を得た．一般 n 人ゲームにおいては（ゼロ和 n 人ゲームも同様であるが）——通常は一意的ではない——解のみが存在し，しかも個々の解も配分の集合である．

問題にせず，その値が——適当な単位をとったときに——整数であることを要求するのである．したがって，譲渡も整数に必ず制限されるわけであるが，それ以上の制限は行わない．特性関数も前と同様に用いるが，これもまた整数値しかとらない．このような変更を施した後も，支配および解の概念は変更されない．

もしこの見方が一般1人ゲームと一般2人ゲームに適用された場合には，重大な変化はまったくおこらない；すなわち，すべてが本質的にはもとの理論におけると同様である．したがって，これらの場合については細部まで立ち入る必要はない．ところが，3人ゲームの場合には，ゼロ和形式においてさえ新しい特徴がいくつか与えられる．まったく独特の困難さが生じ，それはかなり興味深いもののように思われるが，いまだ十分には分析されていない．それゆえ，われわれはこの議論についてはまた機会を変えて行うつもりである．

これにより，一般3人ゲームの議論を新しい構成のもとで完全に行うことはしない．しかし，交渉の性質に直接の影響を及ぼす特別な場合については分析を行う．これは，1人の売り手と2人の買い手からなる3人市場である．

67.1.3 この場合については先に分析したように，ただ1つの（個々の）取引が行われるかそれともいくつもの取引が行われるかに依存し，また2人の買い手の相対的な強さに依存して，種々の解が得られた．これらの解は**62.5.2**の (62:C)，**63.5**の (63:E) に述べられている．これらの場合には，常に一般解は (62:18)（または (62:20)，(62:21)，(63:30)）と (62:19)（または (62:23)，(63:31)）の2つの部分からなっていた．そこでの議論からわかるように，(62:18) のタイプの部分は2人の買い手が互いに競争し合う状況に対応し，(62:19) のタイプの部分はこの2人が提携を形成して売り手に対する状況に対応していた．(62:18) のタイプの部分は一意に決定され，本質的にはこの問題に対する通常の常識的な経済学の考えに一致していた．ところが，(62:19) のタイプの部分はいくつかの非常に恣意的な関数的関係を用いて定義された．これは**62.6.2**でみたように，獲得した利得を同盟を結んだ買い手がどのように分割するかを決定するルールの種々の可能性を表していた．すなわち，提携内での行動基準を構成していたのである．本節での議論は，社会メカニズムのこの部分の機能に関していくつかの情報をさらに付け加えるものである．

これを効果的に行うためには，この側面に影響しない部分はすべて取り除い

ておくのがよいであろう．つまり，解のうち (62:18) のタイプの部分は取り除いておきたいのである．**62.5.2**，**62.6.1** からすでにわかっているように，同所の記号を用いて $v = w$ となるときには，この部分は，最小の規模となり——実際には，まったく省くことができる（777 ページの脚注 110）を参照せよ）．これは，ただ 1 つの（分割不可能な）取引だけが行われ，2 人の買い手が正確に同じ強さをもつことを意味する．このとき解は，**62.5** の (62:20) と (62:19)，または同じことであるが，図 99 によって与えられる（(62:20) は余分である．上述を参照せよ）．

そこで，**62.1.2** の議論において $v = w$ とする．「売り手の代替的な使用」を $u = 0$ とおくことにより，重大な損失を招くことなく状況をさらに簡単にできる．このようにして，特性関数を定義する **62.1.2** の (62:2)-(62:4) は次のように簡単化される．

$$(67:1) \quad \begin{cases} v(\{1\}) = v(\{2\}) = v(\{3\}) = 0, \\ v(\{1,2\}) = v(\{1,3\}) = w, \quad v(\{2,3\}) = 0, \\ v(\{1,2,3\}) = w. \end{cases}$$

配分は，ここでは次のように定義される．

$$\vec{\alpha} = ((\alpha_1, \alpha_2, \alpha_3))$$

ただし，

(67:2:a) $\alpha_1 \geq 0,\ \alpha_2 \geq 0,\ \alpha_3 \geq 0,$

(67:2:b) $\alpha_1 + \alpha_2 + \alpha_3 \leq w$[40]．

67.1.4 ここですべての量を整数としよう——すなわち，所与の w も

---

[40] (67:2:b) において = ではなく ≤ を用いていることに注意されたい．これは **66.3.2** の (66:2) の議論でとった立場である．**56.12** の (56:I:b) の術語を用いれば，これは結局 (56:25) ではなく (56:10) を用いることになる．この方法を用いた理由は，前者の条件がもともとのものであり（例えば **56.8.2** を参照せよ），**56.12** において用いた 2 つの同等性がここで用いている新しい構成においては成り立たないことである．

67.2.3 の最初の注意からわかるように，(67:2:b) の ≤ と = とは異なった結果をもたらすが，それにもかかわらずこの乖離は一般的な図と調和する．さらに，(67:2:b) において ≤ ではなく = を用いると，われわれがこれから得ようとしている結果と 2 次的な重要性をもつ細部においてのみ異なる結果が導かれる．

(67:2:a), (67:2:b) のとりうるすべての $\alpha_1, \alpha_2, \alpha_3$ も整数とするのである．

支配を前と同様，**56.11.1** にしたがって定義する——これは **30.1.1** の定義をそのままくり返せばよい．

したがって，支配を定義する際の集合 $S \subseteq I = \{1,2,3\}$ の役割に関して，この集合の性質を決定せねばならない．集合

$$S = \{1,2\}, \{1,3\}$$

が確実に必要で，他はすべて確実に不必要であることは容易に示せる[41]．このようにして，$S = \{1,2\}, \{1,3\}$ に関して支配の定義を用いることができる．すなわち：

$$\vec{\alpha} \succ \vec{\beta}$$

は，

(67:3:a)　$\alpha_1 > \beta_1$

および

(67:3:b)　$\alpha_2 > \beta_2$　または　$\alpha_3 > \beta_3$

を意味する．

このようにして，支配は (67:3:a) を意味するから，明らかに非循環的である．(**65.9** のこれに相当する議論を参照せよ．) さらに，要素 $\alpha_1, \alpha_2, \alpha_3$ は整数であるから，$\vec{\alpha}$ の領域 (67:2:a), (67:2:b) は有限である[42]．

ここで **65.7.2** の (65:X) を適用することができ，同所の公式 (65:2), (65:3) により特徴づけられるただ 1 つの解 V_0 が必ず存在する．

---

[41] 確実に必要および確実に不必要の条件は **31.1** ではじめて用いられ，**59.3.2** で再度考察された．われわれの立場が変わっているので (上述，特に脚注 40) を参照せよ)，ここでもう一度考え直さねばならない．新しく考え直すほうがより簡単であろう：

上述の (67:2:a) および **30.1.1** の (30:3) により，$v(S) = 0$ となるあらゆる S は確実に不必要である．これで $S = \{1\}, \{2\}, \{3\}, \{2,3\}$ が処理される．さらに上述の (67:1), (67:2:a), (67:2:b) により，$\alpha_1 + \alpha_2 \leq w = v(\{1,2\})$,　$\alpha_1 + \alpha_3 \leq w = v(\{1,3\})$ となるから，$S = \{1,2\}, \{1,3\}$ は確実に必要．最後に **31.1.3** の (31:C) は明らかに有効であるから，$S = \{1,2,3\}$ は確実に不必要となる．

[42] これは，もちろんもとの連続的な構成においてはおこりえなかった．

67.2 解とその解釈

67.2.1 **65.7.2** の公式 (65:2), (65:3) を適用するためには, **65.7.1** の最初に定義した集合 B_i, C_i を決定せねばならない. そこでまず B_1, C_1 を決定しよう.

B_1 は支配されえない $\vec{\alpha}$ の集合である. $\vec{\alpha}$ を支配するためには, **67.1.3** の (67:2:a), (67:2:b) に反することなく α_1 と α_2 または α_3 を増加せねばならない. これらの増加は少なくとも 1 であるが, α_2, α_3 の 1 つは 0 にまで減少させられるかもしれない. したがって, もし

$$(\alpha_1 + 1) + (\alpha_2 + 1) \leq w \quad \text{または} \quad (\alpha_1 + 1) + (\alpha_3 + 1) \leq w$$

となれば, $\vec{\alpha}$ は支配されうる. したがって, B_1 は,

(67:4) $\quad (\alpha_1 + 1) + (\alpha_2 + 1) > w, \quad (\alpha_1 + 1) + (\alpha_3 + 1) > w$

によって定義される. (67:2:a), (67:2:b) により, これは $\alpha_3 < 2$, $\alpha_2 < 2$, すなわち $\alpha_2, \alpha_3 = 0, 1$ なることを意味する. ここで (67:4) を (67:2:a), (67:2:b) と結びつければ, 次の可能性が得られる:

(67:A) $\quad \alpha_2 = \alpha_3 = 0, \quad \alpha_1 = w, w - 1;$

(67:B) $\quad \left\{ \begin{array}{c} \alpha_2 = 1, \alpha_3 = 0 \\ \text{または } \alpha_2 = 0, \alpha_3 = 1 \end{array} \right\}, \quad \alpha_1 = w - 1;$

(67:C) $\quad \alpha_2 = \alpha_3 = 1, \quad \alpha_1 = w - 2.$

C_1 は, B_1 の要素――すなわち (67:A)-(67:B) を満たす要素――によって支配される $\vec{\alpha}$ の集合である. 容易に示せるように, これらの $\vec{\alpha}$ は,

(67:D) $\quad \left\{ \begin{array}{c} \alpha_2 = 0 \\ \text{または} \\ \alpha_3 = 0 \end{array} \right\}, \quad \alpha_1 \leq w - 2$

によって特徴づけられる.

67.2.2 ここで, **65.7.2** の (65:2), (65:3) の計画から離れたほうがよい; すなわち, $B_2, C_2, B_3, C_3, \cdots$ の決定を続けるのではなく, この特別な場合により適している帰納的プロセスを用いるのである. これは次のようにして行わ

れる：

(67:E) $\alpha_2 = 0$ または $\alpha_3 = 0$

となる $\vec{\alpha}$ を考える．この $\vec{\alpha}$ は (67:A)，(67:B)，(67:D) を満たす．すでに知っているように，これらのうちで V_0 は (67:A)，(67:B) をちょうど含む．残りの $\vec{\alpha}$ は，

(67:F) $\alpha_2, \alpha_3 \geq 1$

となるものであり，したがって (67:A)，(67:B) によって支配されない．したがって，(67:F) に含まれない (67:A)，(67:B) をとり，(67:F) における解を見出す方法をくり返すことにより，V_0 をつくることができる．

(67:F) を **67.1.3** の (67:2:a)，(67:2:b) と比較してみよう．その唯一の違いは，α_2, α_3 が 1 だけ増加している点である．したがって，w はまるで $w-2$ であるかのように扱われねばならない．このようにして，V_0 はさらに，

(67:G) $\alpha_2 = \alpha_3 = 1, \quad \alpha_1 = w-2, w-3;$

(67:H) $\begin{cases} \alpha_2 = 2, \alpha_3 = 1 \\ \quad\text{または} \\ \alpha_2 = 1, \alpha_3 = 2 \end{cases}, \quad \alpha_1 = w-3$

を含み，次いでわれわれは，

(67:I) $\alpha_2, \alpha_3 \geq 2$

における解を見出すプロセスをくり返さねばならない．この方法をくり返すことにより，

(67:J) $\alpha_2 = \alpha_3 = 2, \quad \alpha_1 = w-4, w-5;$

(67:K) $\begin{cases} \alpha_2 = 3, \alpha_3 = 2 \\ \quad\text{または} \\ \alpha_2 = 2, \alpha_3 = 3 \end{cases}, \quad \alpha_1 = w-5$

が V_0 に割り当てられ，さらに，

(67:L)　$\alpha_2, \alpha_3 \geq 3$

における解を見出すプロセスをくり返さねばならない．以下，これをくり返し行う．

このようにして，V_0 は (67:A)，(67:B)，(67:G)，(67:H)，(67:J)，(67:K)，$\cdots$ からなる．この集合は，次のように特徴づけられる：

(67:M)　$\alpha_1 = 0, 1, \cdots, w$;

(67:N)　$\alpha_2 = \alpha_3 = \dfrac{w - \alpha_1}{2}$　$w - \alpha_1$ が偶数のとき；

(67:O)　$\left\{\begin{array}{l} \alpha_2 = \alpha_3 = \dfrac{w - 1 - \alpha_1}{2} \\ \text{または } \alpha_2 = \dfrac{w + 1 - \alpha_1}{2},\ \alpha_3 = \dfrac{w - 1 - \alpha_1}{2} \\ \text{または } \alpha_2 = \dfrac{w - 1 - \alpha_1}{2},\ \alpha_3 = \dfrac{w + 1 - \alpha_1}{2} \end{array}\right\}$, $w - \alpha_1$ が奇数のとき

67.2.3　(67:M)-(67:O) の結果から次の注意が示唆される：

第 1 に：この解において $\alpha_1 + \alpha_2 + \alpha_3$ の値は w および $w-1$ である．したがって，**67.1.3** の (67:2:b) の $\leq$ を $=$ で置き換えることはできず，**56.12** の (56:I:b) で述べた結果はもはや正しくはない．最大の社会的便益は必ずしも得られないわけであるが，これは分割不可能な効用の単位の存在から直接にもたらされる結果である[43]．

第 2 に：もし $w \to \infty$ とすれば，「離散的」な効用の尺度は通常の連続的尺度に収束する．（**19.12** でポーカーの離散的，連続的「手札」に関して行ったこれに対応する考察を参照せよ．）上述の $\alpha_1 + \alpha_2 + \alpha_3$ と w との差はたかだか 1 である．したがって，$w \to \infty$ になるにつれその違いは徐々に意味のないものとなる．すなわち，状況はこの面においては連続的な場合に移っていくのである．

第 3 に：α_2, α_3 の違いはたかだか 1 である．したがって，この違いも $w \to \infty$ となるにつれ無意味なものになる．すなわち，連続的な場合に近づくにつれ解は次のようになる：

(67:P)　$0 \leq \alpha_1 \leq w,$

---

[43] 702 ページの脚注 19 と比較せよ．

(67:Q)　　$\alpha_2 = \alpha_3 = \dfrac{w - \alpha_1}{2}$.

67.1.3 の最初の部分で指摘しておいたように，$u = 0$, $v = w$ なる値を用いてこの解を **62.5.1** の (62:19) と比較せねばならない．2 つの解は実際よく似ているが，ここでの解は (62:19) の 1 つの特別な場合にすぎない：つまり，そこで述べた α_1 の単調減少関数というのは，ここでは共に $\dfrac{w - \alpha_1}{2}$ となるのである．

この関数は，**62.6.2** で議論したように，2 人の買い手が提携をつくる際に同意した分配のルール（これは (62:19) で表される）を記述する．連続的な場合には，このルールはほとんど恣意的に決められる．ところが離散的な場合には，ここでみたようにまったく決定されてしまい——2 人の買い手はまったく同様に扱われる．

この対称性は何を意味しているのであろうか？　他の分配ルール——すなわち (62:19) における他の関数の選択——は，「離散的な」場合には本当に不可能なのであろうか？

67.3　一般化：異種の離散的効用尺度

67.3.1　この問いに答えるために，「離散性」は保ったまま（2 人の買い手の間の）対称性を打ち壊してみよう．

このためには，買い手 2 の分割不可能な効用の単位に買い手とは異なった値を割り当てることにより，**67.1** の構成を変更すればよい．くわしくいうと：α_1, α_2 の値を整数とし，α_3 の値は偶数とするのである．これ以外は **67.1** の構成をまったく変えないものとする．

67.2 と同じ考察を行ってみよう．まず **65.7** の B_1, C_1 の決定から始める．

B_1 は支配されることのない $\vec{\alpha}$ の集合である．$\vec{\alpha}$ を支配するためには，**67.1.3** の (67:2:a), (67:2:b) に反することなく α_1 と α_2 または α_3 を増やさねばならない．この増分は少なくとも（α_1, α_2 に関しては）1 あるいは（α_3 に関しては）2 であるが，α_2, α_3 のうちのいま 1 つは 0 にできるだけ近く減少されうる．したがって，もし $(\alpha_1 + 1) + (\alpha_2 + 1) \leq w$ または $(\alpha_1 + 1) + (\alpha_3 + 2) \leq w$ ならば $\vec{\alpha}$ は支配される．したがって，B_1 は，

(67:5)　　$(\alpha_1 + 1) + (\alpha_2 + 1) > w$,　　$(\alpha_1 + 1) + (\alpha_3 + 2) > w$

で定義される (67:2:a), (67:2:b) により,これは $\alpha_3 < 2$, $\alpha_2 < 3$, すなわち $\alpha_2 = 0, 1, 2$, $\alpha_3 = 0$ を意味する.ここで (67:5) を (67:2:a), (67:2:b) と結びつければ,次の可能性が得られる:

(67:R)　　$\alpha_2 = 0$,　　$\alpha_3 = 0$,　　$\alpha_1 = w, w-1$;

(67:S)　　$\alpha_2 = 1$,　　$\alpha_3 = 0$,　　$\alpha_1 = w-1, w-2$;

(67:T)　　$\alpha_2 = 2$,　　$\alpha_3 = 0$,　　$\alpha_1 = w-2$.

C_1 は,B_1 の要素によって——すなわち (67:R)–(67:T) を満たす $\vec{\alpha}$ によって——支配される $\vec{\alpha}$ の集合である.このような $\vec{\alpha}$ が,

(67:U)　　$\alpha_2 = 0$,　　$\alpha_1 \leq w-2$;

(67:V)　　$\alpha_2 = 1$,　　$\alpha_1 \leq w-3$

によって特徴づけられることは容易に証明できる.

67.3.2 ここで,**67.2.2** の議論を少し変えたうえでくり返そう:つまり,$B_2, C_2, B_3, C_3, \cdots$ を決定する代わりに,前とは異なった帰納的プロセスを用いるのである.

(67:W)　　$\alpha_2 = 0, 1$

となる $\vec{\alpha}$ を考える.このような $\vec{\alpha}$ は (67:R), (67:S), (67:U), (67:V) を満たす[44].すでに知っているように,V_0 はちょうど (67:R), (67:S) を含む.残りの $\vec{\alpha}$ は,

(67:X)　　$\alpha_2 \geq 2$

となるものであるから,(67:R), (67:S) によっては支配されない.したがって,(67:X) 以外の (67:R), (67:S) をとり,(67:X) においても解を見出すプロセスをくり返すことにより,V_0 をつくることができる.

(67:X) を **67.1.3** の (67:2:a), (67:2:b) と比較してみよう.違っているのは α_2 が2だけ増えている点である.したがって,w をまるで $w-2$ であるかのように扱わねばならない[45].したがって,ここでは V_0 はさらに,

---

[44] α_3 は偶数とならねばならないから,1 とはなりえないことに注意せよ.
[45] これと **67.2.2** の (67:F) 以降のこれに対応する段階との違いに注意せよ.

(67:Y)　　$\alpha_2 = 2,\quad \alpha_3 = 0,\quad \alpha_1 = w-2,\ w-3;$
(67:Z)　　$\alpha_2 = 3,\quad \alpha_3 = 0,\quad \alpha_1 = w-3,\ w-4$

を含み,

(67:A′)　　$\alpha_2 \geq 4$

における解を見出すプロセスをくり返さねばならない．この方法をくり返すことにより,

(67:B′)　　$\alpha_2 = 4,\quad \alpha_3 = 0,\quad \alpha_1 = w-4,\ w-5;$
(67:C′)　　$\alpha_2 = 5,\quad \alpha_3 = 0,\quad \alpha_1 = w-5,\ w-6$

が V_0 に割り当てられ,

(67:D′)　　$\alpha_2 \geq 6$

における解を見出すプロセスをくり返さねばならない．以下，同様の手続きをくり返す．

このようにして，V_0 は (67:R), (67:S), (67:Y), (67:Z), (67:B′), (67:C′) $\cdots$ からなり，この集合は次のように特徴づけられる：

(67:E′)　　$\alpha_1 = 0, 1, \cdots, w;$
(67:F′)　　$\alpha_2 = w - \alpha_1,\ w - 1 - \alpha_1$ （$\alpha_1 = w$ のときには後者は除く）;
(67:G′)　　$\alpha_3 = 0.$

67.3.3　(67:E′)-(67:G′) の結果から次の注意が示唆される：

第 1，第 2：$\alpha_1 + \alpha_2 + \alpha_3$ とその w に対する関係については，**67.2.3** の対応箇所をそのままくり返すことができる．

第 3：これについては **67.2.3** とはまったく異なる．ここでは常に $\alpha_3 = 0$ であり，連続的な場合に近づく，すなわち $w \to \infty$ となるにつれ解は次のようになる：

(67:H′)　　$0 \leq \alpha_1 \leq w,$
(67:I′)　　$\alpha_2 = w - \alpha_1,$
(67:J′)　　$\alpha_3 = 0.$

67.2.3 の対応箇所で行ったのと同様に **62.5.1** の (62:19) との比較をくり返すと，ここでの状況は次のようになることがわかる：2人の同盟を結んだ買い手の間の分配を決定するルールを表す (62:19) の単調関数は，ここでも完全に決定されるが——ここでは (**67.2.3** の平等な取り扱いではなく) 買い手2がまったく有利となっている！

ここで，この結果を **67.2.3** の結果と比較し，現象全体を解釈せねばならない．

67.4 交渉に関する結論

67.4 **67.2.3**，**67.3.3** の結果から得られる結論は明白である．つまり前者の場合には，2人の買い手はまったく同じ識別能力——すなわち同じ効用単位——をもち，分配のルールは2人を平等に扱ったのに対し，後者の場合には，買い手2は買い手3より優れた識別能力——すなわち2の効用単位は3の半分であった——をもち，分配のルールにおいても買い手2がまったく有利であった．明らかに，もし2人の能力が逆ならば，結果も逆となる．また，次のようにもいえる：もし2人の買い手が同じように細かい効用尺度をもつならば，分配のルールにおいて2人は平等に扱われるが，そうでなければどちらか一方がまったく有利になってしまう[46]．

離散的な場合には各参加者が明確な効用尺度をもち，分割のルール（すなわち解）が一意的に決定されるのでこれはたしかに成り立つ．ところが連続的な場合には，効用尺度の「細かさ」は明らかではなく，分配のルールもすでにみたように多くの異なった方法で選ばれうる．

したがって，プレイヤーの識別能力——くわしくいえばプレイヤーの主観的効用尺度の細かさ——が同盟内での交渉におけるそのプレイヤーの立場にいか

---

[46] もっと微妙な配列を考えることもできる：つまり，α_2，α_3 に対して濃度の異なる範囲を割り当てることもできる．この場合にも，前と同様の理由により一意的な解が存在する．α_2, α_3-平面に置かれたときの α_2, α_3 の関係は上述の3つのタイプの結合となる：つまり，α_2, α_3 において対称，すなわち2つの座標軸の二等分線に平行；α_3-軸に平行；α_2-軸に平行の3つのタイプの結合である．

α_2, α_3 の範囲を適当に選ぶことにより，これらの要素のどのような結合も実際につくることができる．このようにして，どのような形の曲線もうまく近似できる．こうして，連続的な場合のもとの一般性は取り戻される．

われわれはここで，この問題やそれに関係した問題をくわしく考えることはしない．

に影響を及ぼすかをはじめて知ることができた[47]．したがって，この種の問題は，上述の心理的条件が正しくかつ体系的に考慮されてはじめて完全に解決されるであろう．前節の考察は，適切な数学的接近法をはじめて指摘するものであった．

---

[47] もちろん，これは連続的効用をもつ理論が同盟員の間の種々の異なった分割を許すときにのみ生じる——これは明らかに交渉が役割を果たす場合である．

付録．効用の公理的取り扱い

A.1 問題の定式化

A.1.1 われわれはこの付録において，**3.6.1** で列挙した効用の公理により，線形変換の範囲まで効用を数量化できることを証明する[1]．もっと正確にいえば：これらの公理により，性質 (3:1:a), (3:1:b) をもつ **3.5.1** の意味における効用の数の上への写像が少なくとも 1 つ（もちろん実際には無限に多く）存在することが導かれるのである．さらに，これらの写像はどの 2 つをとっても互いに線形変換を施したものとなっている．すなわち，関係 (3:6) で結ばれているのである．

3.6.1 の公理 (3:A)-(3:C) の分析にとりかかる前に，この公理について誤解が生じるといけないので，さらに 2 つの注意を行っておく．

A.1.2 最初の注意は次のとおりである：これらの公理，特に (3:A) は $>$, $<$ なる関係にもとづく全順序の概念を特徴づけている．関係 $=$ については公理化していないが，これはまったく同一であることを表すと解釈する．$=$ を公理化する方法も数学的に正しいものであろうが，上述の方法もまた正しい．2 つの方法は結局は同じものであり，趣味の違いを表しているにすぎない．これに関連した数学および論理学の文献においても，どちらを用いるかはっきり統一されているわけではないので，われわれは簡単なほうを用いることにする．

第 2 の注意は次のとおりである：**3.5.1** の最初に指摘したように，われわれは $>$ という記号を効用 u, v に関する「自然な」関係 $u > v$, 数 ρ, σ に関する数量的な関係 $\rho > \sigma$ の両方に用いている．また，$\alpha \cdots + (1-\alpha) \cdots$ なる記号も，効用 u, v に関する「自然な」演算 $\alpha u + (1-\alpha)v$, 数 ρ, σ に関する数量的な演算 $\alpha \rho + (1-\alpha)\sigma$ の両方に用いている．（α はどちらの場合にも数であ

---

[1] 効用の原点や効用の単位は固定しない，つまりこれらを動かしてもよいということである．

る．）このような方法は誤解と混乱を招きうるとして，これに反対する人がいるかもしれない；しかし，常にそこに含まれている量が効用 (u, v, w) なのか数 $(\alpha, \beta, \gamma, \cdots, \rho, \sigma)$ なのかを明らかにしておけば，そのようなことはおこらない．関係および演算に関する2つの場合（「自然な」場合と数量的な場合）の記号が同一であることは，ある簡単化を意味し，「自然な」場合と数量的な場合との類似性の追跡を容易にする．以上の理由により，これ（記号の同一性）は数学の文献においても類似した状況においてかなり一般的に受け入れられており，われわれもこれを用いて議論を進めていくことにする．

A.1.3 **A.2** において行う議論はかなり長いものであり，数学的に訓練されていない読者にとっては少々うんざりするものであるかもしれない．純粋に数学的な技法という点からみれば，深く考察されえていないという反論がなされるであろう——つまり，議論の根底にある考えはまったく簡単なものであるが，完全を期すためには，残念ながら少々膨大な技法を用いねばならないのである．しかし，将来より短い説明がおそらく見出されるであろう．

とにかく，われわれはいまのところ，**A.2** で行うように美的ではあるが，十分に満足すべきものとはいえない叙述の形式をとらざるをえないのである．

A.2　公理からの誘導

A.2.1 さて，**3.6.1** の公理 (3:A)-(3:C) からの演繹にとりかかろう．演繹は数個の段階に分けられ，本節および以下の4つの節において行われる．最終的な結果は (A:V)，(A:W) において述べる．

(A:A)　$u < v$ のとき，もし $\alpha < \beta$ であれば，

$$(1-\alpha)u + \alpha v < (1-\beta)u + \beta v.$$

証明：明らかに $\alpha = \gamma\beta$, $0 < \gamma < 1$ となる．(3:B:a) により (u, v, α の代わりに $u, v, 1-\beta$ に適用すれば) $u < (1-\beta)u + \beta v$ となり，したがって (3:B:b) により (u, v, α の代わりに $(1-\beta)u + \beta v, u, \gamma$ に適用すれば)，

$$(1-\beta)u + \beta v > \gamma((1-\beta)u + \beta v) + (1-\gamma)u.$$

(3:C:a) により，これは，

$$(1-\beta)u + \beta v > \gamma(\beta v + (1-\beta)u) + (1-\gamma)u$$

と書き直せる．ここで (3:C:b) により $(u, v, \alpha, \beta, \gamma = \alpha\beta$ ではなく，$v, u, \gamma, \beta, \alpha = \gamma\beta$ に適用すれば) 右辺は $\alpha v + (1-\alpha)u$ となるから，(3:C:a) により $(1-\alpha)u + \alpha v$ となる．よって，$(1-\alpha)u + \alpha v < (1-\beta)u + \beta v$ が導かれる．

(A:B)　$u_0 < v_0$ なる2つの u_0, v_0 が与えられたとし，写像

$$\alpha \to w = (1-\alpha)u_0 + \alpha v_0$$

を考える．これは，区間 $0 < \alpha < 1$ から区間 $u_0 < w < v_0$ の部分の上への1対1かつ単調な写像である[2]．

証明：写像が区間 $u_0 < w < v_0$ の一部の上へのものであること：$u_0 < w$ は (3:B:a) (u, v, α ではなく $u_0, v_0, 1-\alpha$ に適用する) に一致し，$w < v_0$ は (3:B:b) (u, v, α ではなく v_0, u_0, α に適用する) に一致する．

1対1であること：次に述べる単調性からしたがう．

単調性：(A:A) に一致する．

(A:C)　(A:B) の写像は実際には $0 < \alpha < 1$ の α を $u_0 < w < v_0$ なる w 全体に写す．

証明：結論が成り立たないとし，$u_0 < w_0 < v_0$ なるある w_0 が省かれているものとしよう．すると，$0 < \alpha < 1$ なるすべての α に関して，$(1-\alpha)u_0 + \alpha v_0 \neq w_0$，すなわち $(1-\alpha)u_0 + \alpha v_0 \lessgtr w_0$ である．<か>かにしたがって，α をクラス I かクラス II に属するものとする．クラス I, II は明らかに排他的であり，合わせれば区間 $0 < \alpha < 1$ をすべておおう．ここで次のことがわかる：

第1：クラス I は空ではない．これは (3:B:c) (u, w, v, α の代わりに $v_0, w_0, v_0, 1-\alpha$ に適用する) から直ちにしたがう．

第2：クラス II は空ではない．これは (3:B:d) (u, w, v, α の代わりに v_0, w_0, u_0, α に適用する) から直ちにしたがう．

---

[2] (A:C) において，この部分というのは実際には区間 $u_0 < w < v_0$ の全体であることがわかる．

第3：$\alpha \in$ I, $\beta \in$ II ならば $\alpha < \beta$ である. 実際, I と II は交わらないから, 必ず $\alpha \neq \beta$. したがって, $\alpha < \beta$ とならないとすれば $\alpha > \beta$ である. ところが, この場合には (A:B) の写像の単調性から, $\alpha \in$ I ならば $\beta \in$ I とならねばならない——しかるに $\beta \in$ II であるから, これは矛盾. したがって, $\alpha < \beta$ としかなりえない.

以上の I, II の3つの性質から, I, II を分離する $0 < \alpha_0 < 1$ なる α_0 が必ず存在する. すなわち, すべての $\alpha \in$ I に対して $\alpha \leq \alpha_0$ となり, すべての $\alpha \in$ II に対して $\alpha \geq \alpha_0$ となる α_0 が必ず存在する[3].

ここで α_0 自身も I または II のどちらかに属さねばならないから, その2つを区別して話を進める.

第1：$\alpha_0 \in$ I の場合. このときには $(1-\alpha_0)u_0 + \alpha_0 v_0 < w_0$. また $w_0 < v_0$. (3:B:c) を適用することにより (u, w, v, γ の代わりに $(1-\alpha_0)u_0 + \alpha_0 v_0, w_0, v_0, \gamma$ とする) $0 < \gamma < 1$ かつ $\gamma((1-\alpha_0)u_0 + \alpha_0 v_0) + (1-\gamma)v_0 < w_0$, すなわち (3:C:b) により ($u, v, \alpha, \beta, \gamma = \alpha\beta$ の代わりに $u_0, v_0, \gamma, 1-\alpha_0, 1-\alpha = \gamma(1-\alpha_0)$ とすれば) $(1-\alpha)u_0 + \alpha v_0 < w_0$ なる γ が得られる. したがって $\alpha = 1 - \gamma(1-\alpha_0) \in$ I. しかしながら, この場合には, $\alpha \leq \alpha_0$ とならねばならないにもかかわらず $\alpha > 1 - (1-\alpha_0) = \alpha_0$ となる.

第2：$\alpha_0 \in$ II の場合. このときには, $(1-\alpha_0)u_0 + \alpha_0 v_0 > w_0$. また $u_0 < w_0$ でもある. (3:B:d) を適用すると, (u, w, v, α の代わりに $(1-\alpha_0)u_0 + \alpha_0 v_0, w_0, u_0, \gamma$ とする) $0 < \gamma < 1$ かつ $\gamma((1-\alpha_0)u_0 + \alpha_0 v_0) + (1-\gamma)u_0 > w_0$, すなわち (3:C:a) により $\gamma(\alpha_0 v_0 + (1-\alpha_0)u_0) + (1-\gamma)u_0 > w_0$ なる γ が得られるから, (3:C:b) により ($u, v, \alpha, \beta, \gamma = \alpha\beta$ の代わりに $v_0, u_0, \gamma, \alpha_0, \alpha = \gamma\alpha_0$ とすれば) $\alpha v_0 + (1-\alpha)u_0 > w_0$, すなわち (3:C:a) により $(1-\alpha)u_0 + \alpha v_0 > w_0$ となる. したがって $\alpha = \gamma\alpha_0$ は II に属する. ところがこの場合には $\alpha \geq \alpha_0$ とならねばならないにもかかわらず $\alpha < \alpha_0$ となってしまう.

このようにして, どちらの場合にも矛盾が生じたから, 最初の仮定は成り立ちえないことが示され, 望んでいた性質が得られた.

---

[3] これは, 直観的にかなりもっともらしい. また, 完全に厳密に導くこともできる. 実際, これは無理数を導入した際の古典的な定理の1つ, すなわちデデキントの切断に関する定理に一致する. くわしくは実数値関数の理論や解析の基礎についての教科書を参照されたい. 例えば 469 ページ脚注 14) の C. Carathéodory の書を参照せよ. その書の 11 ページ公理 VII を参照すると, ここで述べたクラス I はそこの集合 {a} に代わるべきものであり, 集合 {A} はここでのクラス II を含むものであることがわかる.

A.2.2 ここで，しばらく立ち止まって考えてみる必要がある．(A:B) と (A:C) は，効用区間 $u_0 < w < v_0$ (u_0, v_0 は $u_0 < v_0$ と固定されているが他は任意である！) の数量区間 $0 < \alpha < 1$ の上への1対1写像をつくりだした．これは，たしかに効用の数量的表現への最初のステップである．しかし，その結果はまだ多くの点で不完全であり，大きな制約を受けている：

第1：数量的表現は効用区間 $u_0 < w < v_0$ に関してのみ得られ，あらゆる効用 w に対して同時に得られてはいない．さらに，異なった組 u_0, v_0 にともなう写像がいかにして一致するかも明らかでない．

第2：(A:B)，(A:C) の数量的表現は，いまだ条件 (3:1:a)，(3:1:b) と関連づけられていない．(3:1:a) は明らかに満たされている：これはまさに (A:B) で示した単調性の言い換えにすぎないからである．しかし，(3:1:b) の妥当性はまだ確立されてはいない．

これらの条件をまとめて処理しよう．その方法は主に第1の注意で示唆された方向にそうものであるが，その議論の過程において，第2の注意の条件および適当な一意的な結果が確立されるであろう．

まず，次のいくつかの補題を証明することから始める．これは，主に第2の注意と一意性の探求に重きを置くものであるが，第1の注意の対象としているものに向かって進むためにもその基礎となるものである．

(A:D)　u_0, v_0 を上述のように定める：つまり，u_0, v_0 を $u_0 < v_0$ なるように固定する．区間 $u_0 < w < v_0$ に属するすべての w に対して数値関数 $f(w) = f_{u_0, v_0}(w)$ を次のように定義する：
(i)　$f(u_0) = 0$.
(ii)　$f(v_0) = 1$.
(iii)　$w \neq u_0, v_0$，すなわち $u_0 < w < v_0$ に関しては，$f(w)$ は (A:B)，(A:C) の意味での w に相当する，$0 < \alpha < 1$ に属する数 α である．

(A:E)　写像

$$w \to f(w)$$

は次の性質をもつ：
(i′)　単調性．
(ii′)　$0 < \beta < 1$, $w \neq u_0$ に関して，

$$f((1-\beta)u_0 + \beta w) = \beta f(w).$$

(iii′) $0 < \beta < 1$, $w \neq v_0$ に関して,

$$f((1-\beta)v_0 + \beta w) = 1 - \beta + \beta f(w).$$

(A:F)　$u_0 \leq w \leq v_0$ なるすべての w の任意の数の集合の上への写像が性質 (i), (ii) と (ii′) または (iii′) をもてば, (A:D) の写像に一致する.

証明：(A:D) は定義であるから (A:E), (A:F) を証明する.

(A:E) について：(i′) について：$u_0 < w < v_0$ については (A:B) により写像は単調である. この区間に属する w は > 0, < 1 なる数, すなわち u_0 の写像より大きく v_0 の写像より小さい数に写像される. したがって, $u_0 \leq w \leq v_0$ の全体でも単調性が成り立つ.

(ii′) について：$w = v_0$ の場合：このときには $f((1-\beta)u_0 + \beta v_0) = \beta$ であり, これは (A:B) における定義に一致する（α の代わりに β を用いる）.

$w \neq v_0$ の場合, すなわち $u_0 < w < v_0$：$f(w) = \alpha$ とおく. すなわち (A:B) により,

$$w = (1-\alpha)u_0 + \alpha v_0.$$

すると (3:C:b) により (u, v, α, β の代わりに v_0, u_0, β, α とし, (3:C:a) を用いれば) $(1-\beta)u_0 + \beta w = (1-\beta)u_0 + \beta((1-\alpha)u_0 + \alpha v_0) = (1-\beta\alpha)u_0 + \beta\alpha v_0$ となる. したがって, (A:B) により $f((1-\beta u)u_0 + \beta w) = \beta\alpha = \beta f(w)$ である.

(iii′) について：$w = u_0$ の場合：このときには $f((1-\beta)v_0 + \beta u_0) = 1 - \beta$ であり, これは (A:B) における定義（α の代わりに $1 - \beta$ とし, (3:C:a) を用いる）に一致する.

$w \neq u_0$ の場合, すなわち $u_0 < w < v_0$：$f(w) = \alpha$, すなわち (A:B) により,

$$w = (1-\alpha)u_0 + \alpha v_0$$

とおく. すると (3:C:b) により (u, v, α, β の代わりに $u_0, v_0, \beta, 1-\alpha$ とし (3:C:a) を用いる),

$$(1-\beta)u_0 + \beta w = (1-\beta)v_0 + \beta((1-\alpha)u_0 + \alpha v_0)$$
$$= \beta(1-\alpha)u_0 + (1-\beta(1-\alpha))v_0$$

となり, したがって (A:B) から,

$$f((1-\beta)v_0 + \beta w) = 1 - \beta(1-\alpha) = 1 - \beta + \beta\alpha = 1 - \beta + \beta f(w)$$

が求まる.

(A:F) について：写像

(A:1)　　$w \to f_1(w)$

を考え，これが (i), (ii) と (ii′) または (iii′) を満たすとする．写像

(A:2)　　$w \to f(w)$

は $u_0 \leq w \leq v_0$ の $0 \leq \alpha \leq 1$ の上への 1 対 1 写像であるから，逆写像をもち：

(A:3)　　$\alpha \to \psi(\alpha)$

とできる．ここで (A:1) と (A:3)，すなわち (A:2) の逆写像とを結びつければ：

(A:4)　　$\alpha \to f_1(\psi(\alpha)) = \varphi(\alpha).$

(A:1), (A:2) は (i), (ii) を満たすから, (A:4) について,

(A:5)　　$\varphi(0) = 0, \quad \varphi(1) = 1$

となる．もし (A:1) が (ii′) または (iii′) を満たせば，(A:2) が (ii′), (iii′) の両方を満たすことから，(A:4) について，

(A:6)　　$\varphi(\beta\alpha) = \beta\varphi(\alpha),$

または,

(A:7)　　$\varphi(1 - \beta + \beta\alpha) = 1 - \beta + \beta\varphi(\alpha)$

となる．ここで (A:6) において $\alpha = 1$ とおき，(A:5) を用いれば,

(A:8)　　$\varphi(\beta) = \beta$

となり，(A:7) において $\alpha = 0$ とおき，(A:5) を用いれば $\varphi(1-\beta) = 1-\beta$ となる．$1-\beta$ を β で置き換えれば再度 (A:8) が得られる．

このようにして，(A:8) はどちらにしろ成り立つ．(ii′), (iii′) は $\varphi(\beta) = \beta$ を $0 < \beta < 1$ なる β に制限するが，(A:5) によりそれは $\beta = 0, 1$ にも拡張される．すなわち，$0 \leq \beta \leq 1$ なるすべての β に拡張されるわけである．(A:3), (A:4) による $\varphi(\alpha)$ の定義を考えてみれば，(A:8) の一般的な妥当性は (A:1) と (A:2) の同一性を表していることになる．これはまさに証明しようとしていたことである．

(A:G)　u_0, v_0 を上述のように定める：つまり u_0, v_0 を $u_0 < v_0$ なるように固定する．さらに $\alpha_0 < \beta_0$ なるように固定された α_0, β_0 が与えられているとする．区間 $u_0 \leq w \leq v_0$ に属するすべての w に関して，数値関数 $g(w) = g^{\alpha_0, \beta_0}_{u_0, v_0}(w)$ を次のように定義する：

$$g(w) = (\beta_0 - \alpha_0)f(w) + \alpha_0,$$

($f(w) = f_{u_0, v_0}(w)$ は (A:D) にしたがう)．
すると：
(i) $g(u_0) = \alpha_0,$
(ii) $g(v_0) = \beta_0.$

(A:H)　この写像

$$w \to g(w)$$

は次の性質をもつ：
(i′) 単調性．
(ii′) $0 < \beta < 1$ と $w \neq u_0$ について，

$$g((1-\beta)u_0 + \beta w) = (1-\beta)\alpha_0 + \beta g(w).$$

(iii′) $0 < \beta < 1$ と $w \neq v_0$ について，

$$g((1-\beta)v_0 + \beta w) = (1-\beta)\beta_0 + \beta g(w).$$

(A:I)　$u_0 \leq w \leq v_0$ に属するすべての w の任意の数の上への写像が (i),

(ii) と (ii′) または (iii′) なる性質をもてば，それは (A:G) の写像に一致する．

証明：関数間の対応
$$g_1(w) = (\beta_0 - \alpha_0)f_1(w) + \alpha_0,$$
または同じことであるが，
$$f_1(w) = \frac{g_1(w) - \alpha_0}{\beta_0 - \alpha_0}$$
(これは $f_1(w), g_1(w)$ についてであるが，$f(w), g(w)$ についても同様に対応をつくる) を用いれば，(A:G)-(A:I) の記述は (A:D)-(A:F) に移る．したがって，(A:G)-(A:I) は (A:D)-(A:F) からしたがう．

(A:J) (A:G) の (i), (ii) を仮定すれば，等式
$$g((1-\beta)u + \beta v) = (1-\beta)g(u) + \beta g(v)$$
($u_0 \leq u \leq v \leq v_0$) は $u = u_0, v \neq v_0$ ならば (A:I) の (ii′) に一致し，$u \neq v_0, v = v_0$ ならば (A:I) の (iii′) に一致する．

証明：(ii′) について：u, v, β の代わりに u_0, w, β とおけばよい．
(iii′) について：u, v, β の代わりに $w, v_0, 1-\beta$ とおけばよい．

A.2.3 (A:G)-(A:J) において，効用区間 $u_0 \leq w \leq v_0$ の数量区間 $\alpha_0 \leq \alpha \leq \beta_0$ の上への写像が技術的に十分な形で与えられ，しかもそれは必ず一意的に定まるものであった．ここで種々の写像
$$w \to g(w) = g_{u_0, v_0}^{\alpha_0, \beta_0}(w)$$
を1つにまとめてみよう．

(A:K) $g_{u_0, v_0}^{\alpha_0, \beta_0}$ と $u_0 \leq w_0 \leq v_0$ なる w_0 を考える．
$$\gamma_0 = g_{u_0, v_0}^{\alpha_0, \beta_0}(w_0)$$
とおく．すると，$g_{u_0, v_0}^{\alpha_0, \beta_0}(w)$ は領域 $u_0 \leq w \leq w_0$ (もし $w_0 \neq u_0$, すなわち $u_0 < w_0$ ならば) においては $g_{u_0, w_0}^{\alpha_0, \gamma_0}(w)$ に一致し，領域 $w_0 \leq w \leq v_0$ (もし $w_0 \neq v_0$, すなわち $w_0 < v_0$ ならば) においては $g_{w_0, v_0}^{\gamma_0, \beta_0}(w)$ に

一致する.

証明：$g_{u_0,w_0}^{\alpha_0,\gamma_0}(w)$ について：$g_{u_0,v_0}^{\alpha_0,\beta_0}(w)$ は $\alpha_0, \gamma_0, u_0, w_0$ に関して（(A:G)，(A:H) の）性質 (i)，(ii′) を満たす．(i)，(ii′) は（下限 α_0, u_0 を含むだけであり）$\alpha_0, \beta_0, u_0, v_0$ に関してのものと一致するからである．また $g_{u_0,v_0}^{\alpha_0,\beta_0}(w_0) = \gamma_0$ となるから，$\alpha_0, \gamma_0, u_0, w_0$ に関して（(A:G) の）性質 (ii) も満たす．したがって (A:I) から，$g_{u_0,v_0}^{\alpha_0,\beta_0}$ は $u_0 \le w \le w_0$ の中で $g_{u_0,w_0}^{\alpha_0,\gamma_0}$ の一意の特徴づけを満たす唯一のものであることが導かれる．

$g_{w_0,v_0}^{\gamma_0,\beta_0}$ について：$g_{u_0,v_0}^{\alpha_0,\beta_0}$ は $\gamma_0, \beta_0, w_0, v_0$ に関して（(A:G)，(A:H) の）性質 (ii)，(iii′) を満たす．(ii)，(iii′) は（上限 β_0, v_0 を含むだけであり）$\alpha_0, \beta_0, u_0, v_0$ に関するものと一致するからである．また $g_{u_0,v_0}^{\alpha_0,\beta_0}(w_0) = \gamma_0$ であるから，$\gamma_0, \beta_0, w_0, v_0$ に関して（(A:G) の）性質 (i) を満たす．したがって (A:I) から，$g_{u_0,v_0}^{\alpha_0,\beta_0}$ は $w_0 \le w \le v_0$ の中で $g_{w_0,v_0}^{\gamma_0,\beta_0}$ の一意の特徴づけを満たす唯一のものであることが導かれる．

(A:L) $g_{u_0,v_0}^{\alpha_0,\beta_0}$ と $u_0 \le u_1 < v_1 \le v_0$ なる u_1, v_1 を考える．$\alpha_1 = g_{u_0,v_0}^{\alpha_0,\beta_0}(u_1)$，$\beta_1 = g_{u_0,v_0}^{\alpha_0,\beta_0}(v_1)$ とおく．すると，$g_{u_0,v_0}^{\alpha_0,\beta_0}(w)$ は $u_1 \le w \le v_1$ において $g_{u_1,v_1}^{\alpha_1,\beta_1}(w)$ に一致する．

証明：まず (A:K) を $g_{u_0,v_0}^{\alpha_0,\beta_0}$ と $g_{u_0,v_1}^{\alpha_0,\beta_1}$ に適用する（すなわち $u_0, v_0, \alpha_0, \beta_0, w_0, \gamma_0$ の代わりに $u_0, v_0, \alpha_0, \beta_0, v_1, \beta_1$ を用いる；$\beta_1 = g_{u_0,v_0}^{\alpha_0,\beta_0}(v_1)$ に注意せよ）．すると，$u_0 \le w \le v_1$ において $g_{u_0,v_0}^{\alpha_0,\beta_0}(w)$ は $g_{u_0,v_1}^{\alpha_0,\beta_1}(w)$ に一致することがわかる．次に (A:K) を $g_{u_1,v_1}^{\alpha_0,\beta_1}$ と $g_{u_1,v_1}^{\alpha_1,\beta_1}$ に適用する（すなわち $u_0, v_0, \alpha_0, \beta_0, w_0, \gamma_0$ の代わりに $u_0, v_1, \alpha_0, \beta_1, u_1, \alpha_1$ を用いる；$\alpha_1 = g_{u_0,v_0}^{\alpha_0,\beta_0}(u_1) = g_{u_0,v_1}^{\alpha_0,\beta_1}(u_1)$ に注意せよ）．すると，$u_1 \le w \le v_1$ において $g_{u_0,v_1}^{\alpha_0,\beta_1}(w)$，したがって $g_{u_0,v_0}^{\alpha_0,\beta_0}(w)$ は $g_{u_1,v_1}^{\alpha_1,\beta_1}(w)$ に一致することがわかる．

(A:L) はこれからの議論に結びつけられねばならない．この点において，われわれは $u^* < v^*$ なる u^*, v^* が選ばれたものとして議論を進める；つまり，(A:V) と (A:W) を得るまではこの u^*, v^* を固定されたものとみなすのである．

そこで次を証明する：

(A:M)　もし $u_0 \le u^* < v^* \le v_0$ ならば，
　(i) $g_{u_0,v_0}^{\alpha_0,\beta_0}(u^*) = 0$,

A.2 公理からの誘導

(ii) $g_{u_0,v_0}^{\alpha_0,\beta_0}(v^*) = 1$

なる $g_{u_0,v_0}^{\alpha_0,\beta_0}(w)$ が必ず1つ存在する．この $g_{u_0,v_0}^{\alpha_0,\beta_0}(w)$ を $h_{u_0,v_0}(w)$ と書く．

証明：(A:D) の $f(w) = f_{u_0,v_0}(w)$ をつくる．$u^* < v^*$ ゆえ $f(u^*) < f(v^*)$．変数 α_0, β_0 に対して (A:G) から $g_{u_0,v_0}^{\alpha_0,\beta_0}(w) = (\beta_0 - \alpha_0)f(w) + \alpha_0$．したがって，上述の (i), (ii) から $(\beta_0 - \alpha_0)f(u^*) + \alpha_0 = 0$, $(\beta_0 - \alpha_0)f(v^*) + \alpha_0 = 1$ となり，この2つの等式から α_0, β_0 は一意に決定される[4]．したがって，求める $g_{u_0,v_0}^{\alpha_0,\beta_0}(w)$ は存在し，しかも一意に定まる．

(A:N) もし $u_0 \le u_1 \le u^* < v^* \le v_1 \le v_0$ ならば，$h_{u_0,v_0}(w)$ は $u_1 \le w \le v_1$ において $h_{u_1,v_1}(w)$ に一致する．

証明：$\alpha_1 = h_{u_0,v_0}(w)$, $\beta_1 = h_{u_0,v_0}(v_1)$ とおく．すると，(A:L) により $h_{u_0,v_0}(w)$ は $u_1 \le w \le v_1$ において $g_{u_1,v_1}^{\alpha_1,\beta_1}(w)$ に一致する．これを $w = u^*$, $w = v^*$ に適用すると，$g_{u_1,v_1}^{\alpha_1,\beta_1}(u^*) = h_{u_0,v_0}(u^*) = 0$, $g_{u_1,v_1}^{\alpha_1,\beta_1}(v^*) = h_{u_0,v_0}(v^*) = 1$ が得られる．したがって，(A:M) により $g_{u_1,v_1}^{\alpha_1,\beta_1}(w) = h_{u_1,v_1}(w)$ となるから，結局 $h_{u_0,v_0}(w)$ は $u_1 \le w \le v_1$ において $h_{u_1,v_1}(w)$ に一致する．

ここで決定的な事実を打ち立てることができる：つまり $h_{u_0,v_0}(w)$ はすべて1つの関数にまとめられるのである．くわしくいうと：

(A:O) w が任意に与えられたときに，$u_0 \le u^* < v^* \le v_0$ および $u_0 \le w \le v_0$ なる u_0, v_0 を選ぶことができる．このような u_0, v_0 をどのように選ぼうとも $h_{u_0,v_0}(w)$ は同じ値をもつ．すなわち，$h_{u_0,v_0}(w)$ は w にのみ依存するのである．それゆえ，$h_{u_0,v_0}(w)$ を $h(w)$ と書くことにする．

証明：u_0, v_0 の存在：$u_0 = \text{Min}(u^*, w)$, $v_0 = \text{Max}(v^*, w)$ なる u_0, v_0 は明らかに求める性質を有している．

$h_{u_0,v_0}(w)$ が w にのみ依存すること：$u_0 \le u^* < v^* \le v_0$, $u_0 \le w \le v_0$ および $u_0' \le u^* < v^* \le v_0'$, $u_0' \le w \le v_0'$ なる2つの対 u_0, v_0 と u_0', v_0' を選ぶ．$u_1 = \text{Max}(u_0, u_0')$, $v_1 = \text{Min}(v_0, v_0')$ とおくと，$u_0 \le u_1 \le u^* < v^* \le v_1 \le v_0$, $u_1 \le w \le v_1$ および $u_0' \le u_1 \le u^* < v^* \le v_1 \le v_0'$, $u_1 \le w \le v_1$

---

[4] $\alpha_0 = -\dfrac{f(u^*)}{f(v^*) - f(u^*)}$, $\beta_0 = \dfrac{1 - f(u^*)}{f(v^*) - f(u^*)}$.

となる．ここで (A:N) を 2 回用いれば（最初は u_0, v_0, u_1, v_1, w に，ついで u'_0, v'_0, u_1, v_1, w を用いる），$h_{u_0,v_0}(w) = h_{u_1,v_1}(w)$, $h_{u'_0,v'_0}(w) = h_{u_1,v_1}(w)$ となる．したがって，求める

$$h_{u_0,v_0}(w) = h_{u'_0,v'_0}(w)$$

が得られた．

A.2.4 (A:O) の関数 $h(w)$ はすべての効用に関して定義され，それぞれ数値をもっていた．ここで，この $h(w)$ が必要なすべての性質を有していることをほとんど困難なく示すことができる．

これは，次の 2 つの補題を用いることにより最も容易に行われる．

(A:P)　$u < v$ なる u, v を任意に与えたときに，$u_0 \leq u^* < v^* \leq v_0$, $u_0 \leq u < v \leq v_0$ となる 2 つの u_0, v_0 が存在する．

証明：$u_0 = \mathrm{Min}\,(u^*, u)$, $v_0 = \mathrm{Max}\,(v^*, v)$ とおけばよい．

(A:Q)　$u < v$ なる u, v を任意に与え，$h(u) = \alpha$, $h(v) = \beta$ とおく．すると $\alpha < \beta$ であり，$h(w)$ は $u \leq w \leq v$ において $g_{u,v}^{\alpha,\beta}(w)$ に一致する．

証明：(A:P) において示したのと同様に u_0, v_0 をとる．(A:M) により，$h_{u_0,v_0}(w)$ は適当な α_0, β_0 に対して $g_{u_0,v_0}^{\alpha_0,\beta_0}(w)$ となる．(A:O) により，$h(w)$ は $u_0 \leq w \leq v_0$ において $h_{u_0,v_0}(w)$，すなわち $g_{u_0,v_0}^{\alpha_0,\beta_0}(w)$ に一致する．これを $w = u, w = v$ に適用すれば，$g_{u_0,v_0}^{\alpha_0,\beta_0}(u) = h(u) = \alpha$, $g_{u_0,v_0}^{\alpha_0,\beta_0}(v) = h(v) = \beta$ が得られる．$g_{u_0,v_0}^{\alpha_0,\beta_0}(w)$ は単調であるから，これにより $\alpha < \beta$. 次に (A:L) により（$u_0, v_0, \alpha_0, \beta_0, u_1, v_1, \alpha_1, \beta_1$ の代わりに $u_0, v_0, \alpha_0, \beta_0, u, v, \alpha, \beta$ を用いれば），$g_{u_0,v_0}^{\alpha_0,\beta_0}(w)$ は $u \leq w \leq v$ において $g_{u,v}^{\alpha,\beta}(w)$ に一致する．したがって，$h(w)$ に対しても同様のことが成り立つ．

この 2 つを準備した後，$h(w)$ についての関連した性質を確立する．

(A:R)　数の集合の上へのすべての w の写像

$$w \to h(w)$$

は次の性質をもつ：

(i) $h(u^*) = 0$.

(ii) $h(v^*) = 1$.
(iii) $h(w)$ は単調.
(iv) $0 < \gamma < 1$, $u < v$ について,
$$h((1-\gamma)u + \gamma v) = (1-\gamma)h(u) + \gamma h(v).$$

(A:S) 数のどのような集合の上へのすべての w の写像も，性質 (i), (ii), (iv) をもてば (A:R) の写像と一致する．

証明：(A:R) について：(i), (ii) について：(A:O) と (A:M) から明らか．

(iii) について：(A:Q) ですでに示されている．

(iv) について：(A:P) によって u, v を，(A:Q) によって α, β と $g_{u,v}^{\alpha,\beta}(w)$ を選ぶ．ここで (A:H), (ii$'$) により (u_0, w, β の代わりに u, v, γ を用いる), $g_{u,v}^{\alpha,\beta}((1-\gamma)u + \gamma v) = (1-\gamma)g_{u,v}^{\alpha,\beta}(u) + \gamma g_{u,v}^{\alpha,\beta}(v)$. したがって (A:Q) により，求める

$$h((1-\gamma)u + \gamma v) = (1-\gamma)h(u) + \gamma h(v)$$

が得られる．

(A:S) について：(i), (ii), (iv) を満たすすべての効用 w の数の上への写像

$$w \to h_1(w)$$

を考える．$u_0 \leq u^* < v^* \leq v_0$ なる u_0, v_0 を選び，$\alpha_0 = h_1(u^*)$, $\beta_0 = h_1(v^*)$ とおく．すると (A:I) により，$h_1(w)$ は $u_0 \leq w \leq v_0$ において $g_{u_0,v_0}^{\alpha_0,\beta_0}(w)$ に一致する．$w = u^*$, $w = v^*$ とおくことにより，$g_{u_0,v_0}^{\alpha_0,\beta_0}(u^*) = h_1(u^*) = 0$, $g_{u_0,v_0}^{\alpha_0,\beta_0}(v^*) = h_1(v^*) = 1$ が得られる．したがって，(A:M) により $g_{u_0,v_0}^{\alpha_0,\beta_0}$ は h_{u_0,v_0} となる．このようにして，$h_1(w)$ は $u_0 \leq w \leq v_0$ において $h_{u_0,v_0}(w)$, すなわち $h(w)$ に一致する．(A:O) により，これは $h_1(w)$ と $h(w)$ とがまったく同一であることを意味する．

A.2.5 (A:R), (A:S) はすべての効用の数の上への写像を与え，それはしかるべき性質をもち，しかも一意に特徴づけられていた．したがって，ここで議論を終えてもかまわない．しかしながら，次の理由によりまだ十分に満

足のいく状態であるとはいえないのである：まず (A:R) における特徴づけが (3:1:a), (3:1:b) によるものと一致していない——(A:R) では (iv) において範囲が狭まっている（つまり (3:1:b) ではすべての u, v に対して主張されているのに対し，(iv) では $u < v$ なる u, v について主張されているだけである）；さらに，(i), (ii) において（任意の u^*, v^* を用いることにより）恣意的な標準化が導入されている．そこで，以下においてこれらの不調整な部分を除くことにしよう．これはまったく容易に行うことができる．

まず (A:R) の (iv) を拡張する．

(A:T)　常に $(1-\gamma)u + \gamma u = u$.

証明：$u \lessgtr (1-\gamma)u + \gamma u$ にしたがって，γ はクラス I（上方すなわち $<$ の場合）またはクラス II（下方すなわち $>$ の場合）に属する．もし γ がクラス I または II に属し，$0 < \beta < 1$ であれば，

$$u \lessgtr (1-\beta)u + \beta((1-\gamma)u + \gamma u) \lessgtr (1-\gamma)u + \gamma u.$$

これは (3:B:a) および (3:B:b) による．（γ がクラス I に属するかクラス II に属するかによって異なる．すなわち，前者の場合には (3:B:a) または (3:B:b) において u, v, α の代わりに $u, (1-\gamma)u + \gamma u, 1-\beta$ を用い，後者の場合には (3:B:b) または (3:B:a) において u, v, α の代わりに $(1-\gamma)u + \gamma u, u, \beta$ を用いるのである．）(3:C:a), (3:C:b) により，(u, v, α, β の代わりに u, u, β, γ を用いれば)

$$(1-\beta)u + \beta((1-\gamma)u + \gamma u) = (1-\beta\gamma)u + \beta\gamma u.$$

したがって $u \lessgtr (1-\beta\gamma)u + \beta\gamma u \lessgtr (1-\gamma)u + \gamma u$．$\delta = \beta\gamma$ とおくと，β は $0 < \beta < 1$ を自由に動くから，δ は $0 < \delta < \gamma$ を自由に動く．そこで $0 < \gamma < 1$, $0 < \delta < 1$ と仮定すると：

(A:9)　もし γ がクラス I または II に属すれば，あらゆる $\delta < \gamma$ も γ と同じクラスに属する．

(A:10)　(A:9) のもとでは，それぞれ，

$$(1-\delta)u + \delta u \lessgtr (1-\gamma)u + \gamma u$$

である．

γ を $1-\gamma$ で置き換えても，式 $(1-\gamma)u + \gamma u$ は変化しない．$1-\gamma < 1-\delta$ は $\gamma > \delta$ と同等であるから，(A:9) において γ, δ を $1-\gamma, 1-\delta$ で置き換えることもできる．このとき (A:9)，(A:10) は次のようになる：

(A:11)　γ がクラス I または II に属すれば，あらゆる $\delta > \gamma$ も γ と同じクラスに属する．

(A:12)　(A:11) のもとでは，それぞれ

$$(1-\delta)u + \delta u \lessgtr (1-\gamma)u + \gamma u$$

である．

さて，(A:9)，(A:11) からわかるように，γ がクラス I または II に属していれば，あらゆる δ ($< \gamma,\ = \gamma,\ > \gamma$) も同じクラスに属する．すなわち，クラス I, II のどちらかが空でなければ，そのクラスは $0 < \delta < 1$ なるあらゆる δ を含むのである．（クラス I または II について）これが成り立つと仮定し，$\gamma < \delta$ なる γ, δ を考える．すると (A:10) により $(1-\delta)u + \delta u \lessgtr (1-\gamma)u + \gamma u$ であり，(A:12) により（γ, δ の代わりに δ, γ を用いれば）$(1-\delta)u + \delta u \lessgtr (1-\gamma)u + \gamma u$ である．したがって，どちらにしろ $(1-\delta)u + \delta u \lessgtr (1-\gamma)u + \gamma u$ において $>, <$ が共に成り立つ．これは明らかに矛盾であるから，クラス I および II は必ず空となる．

したがって，$u \lessgtr (1-\gamma)u + \gamma u$ とは決してならず，常に $(1-\gamma)u + \gamma u = u$ となる．

(A:U)　常に

$$h((1-\gamma)u + \gamma v) = (1-\gamma)h(u) + \gamma h(v)$$

($0 < \gamma < 1$, u, v は任意)．

証明：$u < v$ ならばこれは (A:R), (iv) である．$u > v$ ならば，u, v, γ の代わりに $v, u, 1-\gamma$ とおくことにより，前者から得られる．$u = v$ ならば (A:T) から明らか．

われわれはここで，存在と一意性の定理を望むべき形，すなわち (3:1:a)，

(3:1:b) に対応する形で証明することができる．また，ここで (A:M) の直前で導入した固定された u^*, v^* の選択の仮定を落とす．

(A:V)　次の性質をもつすべての w から数の集合の上への写像

$$w \to v(w)$$

が存在する：
(i) 単調性．
(ii) $0 < \gamma < 1$ と任意の u, v に関して，

$$v((1-\gamma)u + \gamma v) = (1-\gamma)v(u) + \gamma v(v).$$

(A:W)　性質 (i), (ii) を満たす 2 つの写像 $v(w)$ と $v'(w)$ について，2 つの適当な定数 w_0, w_1 ($w_0 > 0$) をとれば，

$$v'(w) = w_0 v(w) + w_1.$$

証明：u^*, v^* を 2 つの異なった効用とし[5]，$u^* \lneq v^*$ とする．

もし $u^* > v^*$ ならば，u^* と v^* を交換すればよいから，どちらにしろ $u^* < v^*$ としてさしつかえない．この u^*, v^* を用いて (A:L)-(A:U) におけるように $h(w)$ をつくる．証明に移ろう：

(A:V) について：写像

$$w \to h(w)$$

は (A:R), (iii) により (i) を，(A:U) により (ii) を満たす．

(A:W) について：まず $v(w)$ を考える．(i) により $v(u^*) < v(v^*)$ であるから，

$$h_1(w) = \frac{v(w) - v(u^*)}{v(v^*) - v(u^*)}$$

---

[5] 厳密にいえば，公理により 2 つの異なった効用が存在しない場合も許される．しかし，この可能性はあまり興味深いことではないし，しかも簡単に扱える．もし 2 つの異なった効用がまったく存在しないとすれば，その数は 0 または 1 である．前者の場合にはわれわれの主張は意味をもたない．そこで後者の場合を考える：つまり，ただ 1 つの効用が必ず存在すると仮定する．すると関数は定数に等しくなり $v(w_0) = \alpha_0$．このような関数はすべて (A:V) の (i), (ii) を満たす．(A:W) においては，$v(w) = \alpha_0$, $v'(w) = \alpha_0'$ とし $w_0 = 1$, $w_1 = \alpha_0' - \alpha_0$ と選べばよい．

とおく．すると $h_1(w)$ は (A:R) の (i)，(ii) を自動的に満たし，さらに上述の (i)，(ii) から (A:R) の (iii)，(iv) も満たす．したがって，(A:S) により $h_1(w) = h(w)$，すなわち，

(A:13)　$v(w) = \alpha_0 h(w) + \alpha_1$

となる．α_0, α_1 は定数で，$\alpha_0 = v(v^*) - v(u^*) > 0$, $\alpha_1 = v(u^*)$ である．同様に $v'(w)$ についても：

(A:14)　$v'(w) = \alpha'_0 h(w) + \alpha'_1$

α'_0, α'_1 は定数で：$\alpha'_0 = v'(v^*) - v'(u^*) > 0$, $\alpha'_1 = v(u^*)$ となる．(A:13)，(A:14) をまとめることにより，

(A:15)　$v'(w) = w_0 v(w) + w_1$,

w_0, w_1 は定数で，$w_0 = \dfrac{\alpha'_0}{\alpha_0} > 0$, $w_1 = \dfrac{\alpha_0 \alpha'_1 - \alpha_1 \alpha'_0}{\alpha_0}$ となる．これはまさに求める結果である．

A.3　結びとしての注意

A.3.1　(A:V), (A:W) は，明らかに **3.5.1** において存在定理および一意性定理とよばれたものである．したがって，**3.5-3.6** の主張は完全に確立されたことになる．

この点において，読者は **3.3** および **3.8** で与えられた効用の概念とその数量化された表現についての分析をもう一度読み直しておくとよいであろう．そこでは2つの点が強調されていた．2つとも同所で考察されるか少なくとも言及されてはいたが，ここで再度強調しておくに値すると思う．

A.3.2　その1つは，われわれの方法と補完性の関連を扱うものである．(3:1:b) のような単なる加法的公式は，われわれが効用を考えている2つの事象を結びつける際にどのような形の補完性も無視していることを示している．ここで，われわれが実際に何の補完的関係も存在しえないような状況においてのみ，このような操作を行っていることに気づかねばならない．**3.3.2** の前半で指摘したように，われわれの用いている u, v というのは，あるはっきりした——そしておそらくは共存する——財やサービスの効用ではなく，想像上の事象の効用なのである．特に (3:1:b) の u, v は，そのどちらか一方だけ

が実際にはおこるような代替的な事象について述べているのである．つまり，(3:1:b) は（確率 α で）u をもつか（確率 $1-\alpha$ で）v をもつかを扱うのであり——いかなる場合にもこの2つは同時にはおこりえないから，通常の意味で相互に補完的となることはありえない．

ゲーム理論においては，補完性の概念が正しく用いられる場合にはそれを十分に扱う方法が与えられていることに注意されたい：例えば，(n 人ゲームにおいて）提携 S の値 v(S) を計算する際に，各種の財またはサービスの間に介在しうるすべての補完的関係が考慮されている．また公式 (25:3:c) からわかるように，提携 $S \cup T$ はその2つの要素となっている提携 S, T の値の和よりも大きな価値をもつ．これは提携 S のメンバーのサービスと提携 T のメンバーのサービスとの間の補完が可能であることを示しているといえる．(**27.4.3** を参照せよ．)

A.3.3 第2の注意は，われわれのアプローチが（貨幣的に）同じ利得と損失をまったく等しく扱いうるかどうか，すなわち（期待値がつりあっているときにさえ）賭けに対して効用もしくは非効用を付け加えることを許すか否かという問題についてである．すでに **3.7.1** の後半でこの問題についてはふれた（同所の脚注51）と脚注52）を参照せよ）．しかし，よりくわしい注意をいくつか付け加えておくことは有益であろう．

次の例を考える：ダニエル・ベルヌーイ (Daniel Bernoulli) は，貨幣的な利得の効用 dx が利得 dx に比例するばかりでなく（利得がごく微少である——すなわち，非常に小さな利得 dx に漸近的に近づく——と仮定すれば）貨幣で表された所有者の総保有量 x に反比例すると主張した (38 ページの脚注51) を参照せよ）．したがって（数量化された効用の単位を適当にとれば），このような利得の効用は $\dfrac{dx}{x}$ となる．x_1 を所有したときの x_2 を所有したときに比べての超過効用は，したがって $\displaystyle\int_{x_2}^{x_1}\dfrac{dx}{x} = \ln\dfrac{x_1}{x_2}$ である．また，(有限の) 量 η を得たときの同じ量を失ったときに比べての超過効用は，$\ln\dfrac{x+\eta}{x} - \ln\dfrac{x}{x-\eta} = \ln\left(1 - \dfrac{\eta^2}{x^2}\right)$ となる．これは < 0 となるから，同じ利得と損失においても損失のほうが強く感じられるわけである．したがって，同じ危険性をともなう 50%-50% の賭けは明らかに不利である．

しかしながら，ベルヌーイの効用はわれわれの公理を満足し，われわれの結果にしたがっている．ただし，貨幣 x 単位を所有するときの効用は，x ではなく $\ln x$ に比例する[6][7]．

したがって，この場合には適当な効用の定義により（このような状況においては基本的に公理により一意に決定される），一見したところ存在するように思える賭けの効用もしくは非効用は取り除かれる．

われわれがベルヌーイの効用をもちだしたのは，それが特に重要だからでも，また他の多くの多少とも類似した構造の効用よりはるかに現実に近いからでもない．ただ数量化された効用の使用が，必ずしも同じ貨幣的危険性をもつ 50%-50% の賭けがそれぞれ無差別なものとして扱われねばならないことを意味しないことを示したかっただけである[8]．

これは，数学的な期待値の計算法を満たす数量化された効用が，直接的にも間接的にもどのような方法を用いても定義できない場合に，賭けがあらゆる条件のもとで明確に効用または非効用をもつ体系を定式化するというより複雑な問題を構成する．このような体系においては，われわれの公理のうちいくつかは必ず成り立たなくなる．しかし，現時点で，どの公理または公理の集まりが修正を受けるかはほとんど予想できない．

A.3.4 しかし少し注意してみると，修正されるべきであるとわかる公理もある．

第1：公理（3:A）——くわしくいえば（3:A:a）——はあらゆる効用の順序の完備性，すなわち個人の選好体系の完備性を表している．しかし，この仮定を有効として現実を理想化することが適当であるか，また好都合であるかは疑問である．すなわち，2つの効用 u, v に対して，この2つが比較不可能である場合も考えられるのである．これを $u \parallel v$ と表す．$u \parallel v$ は，$u = v$ でも $u > v$ でも $u < v$ でもないことを意味する．現在の無差別曲線の方法がこの可能性に正しく対応していないことに注意すべきである．実際，無差別曲線の場

---

[6] 上述の 50%-50% の賭けは，$\ln x$ ではなく x で測ったときの等しい危険性を含んでいた．

[7] 貨幣 x 単位の効用が測定可能であるが，x に比例しないことは，25ページの脚注11）で指摘されていた．

[8] **3.7.3** の注意（1）で述べたように，われわれは異なった人間の間の効用の譲渡を無視している．本書の他の部分で用いられているより厳しい立場，すなわち **2.1.1** でその輪郭だけを述べた人々の間の効用の自由な譲渡可能性によれば，効用と貨幣的尺度の間に比例性があると仮定せねばならない．しかし，これは現在の議論には関係がない．

合には「$u = v$ または $u \parallel v$」に相当し $u \approx v$ と表される「$u > v$ でも $u < v$ でもない」という関係は，(効用の) 同等の概念を単に拡張したものとして扱われる (**A.1.2** の同等性に関する注意を参照せよ).

したがって，もし $u \parallel u'$, $v \parallel v'$ ならば，どのような関係においても u', v' で u, v を置き換えることができる．例えば，この場合には $u < v$ ならば $u' < v'$ である．したがって，特に $u \parallel u'$, $v = v'$ の場合も同じ結果がもたらされるし，$u = u'$, $v \parallel v'$ の場合も同様である．すなわち，u, v, u' の代わりに v, w, u, u, v, v' の代わりに u, v, w をそれぞれ用いれば:

(A:16)　$u \parallel v$, $v < w$ ならば $u < w$.
(A:17)　$u < v$, $v \parallel w$ ならば $u < w$.

ところが，実際に興味のある半順序体系の場合には (A:16), (A:17) は共に成り立たない．(例えば，**65.3.2** の最後に述べた第 2 の例を参照せよ．これは，803 ページの脚注 9) においても扱われており，そこでは効用の概念との関連が指摘されていた．これは平面における順序であり，$u > v$ ならば u の縦座標，横座標が共に v よりも大きいことを意味するものである．)

第 2 : (3:B) の中では公理 (3:B:a) と (3:B:b) は単調性を表しており，棄て去ることは困難である．一方，公理 (3:B:c) と (3:B:d) は幾何学の公理においてアルキメデスの性質として知られているものを表している : つまり，効用 v が効用 u をいかに多く超えていようと (または超えられていようと)，そして効用 w が効用 u をいかに少なく超えていようと (または超えられていようと)，もし v を十分に小さな数値的確率で u と混合すれば，この混合されたものと u との差は w と u との差より小さくなるのである．この性質を放棄すると無限の効用の差を導入せねばならないので，あらゆる条件のもとでこれが必要とされるのであろう[9]．

---

[9] その源である幾何学の公理化におけるアルキメデスの性質の叙述については，例えば 103 ページの脚注 63) であげた D. Hilbert の書を参照せよ．特にその公理 V.1 である．アルキメデスの性質は，それ以来数の体系および代数学の公理化において広く用いられてきた．

これらの文献におけるアルキメデスの性質の取り扱いとわれわれの取り扱いの間には少し相違がある．われわれは実数の概念を自由に使用しているが，これらの文献においては通常はそうはされていないのである．したがって，通常の接近方法は，「小さい」量を連続的に加えていって「大きい」量より「大きくなる」というものである (例えば前掲の Hilbert の方法を参照せよ) のに対し，われわれは「大きな」量 (u と v の間の効用の差) に適当な小さな数をかける (われわれの場合には α 回) ことにより，「小さな」量 (w と u との効用の差) よりも「より小さく」するのである．

A.3 結びとしての注意

これとの関連において次の注意を行っておくことは価値がある：任意の効用の全順序体系 v が与えられ，それは事象と確率との結合を許さず，効用は数値的に表されていないとする．（例えば，よく知られた無差別曲線による順序にもとづく体系がそうである．この順序の完全性は，上の第 1 の注意で指摘したように，同等性の概念を拡張すること——すなわちそこで導入した $u \approx v$ を同等性の概念として用いること——により得られる．もちろんこの場合には，$u \approx v$ ならば u, v は同じ無差別曲線上に位置する．）ここで確率に影響される事象を導入する．これは，例えば確率 $\alpha_1, \cdots, \alpha_n$ ($\alpha_1, \cdots, \alpha_n \geq 0, \sum_{i=1}^{n} \alpha_i = 1$) をもつ n ($= 1, 2, \cdots$) 個の事象の組の導入を意味する．このためには，それに対応する（記号的な）効用の結合 $\alpha_1 u_1 + \cdots + \alpha_n u_n$ ($u_1, \cdots, u_n \in \mathcal{U}$) を導入せねばならない．もし順序がアルキメデスの性質を有していなければ，これらの $\alpha_1 u_1 + \cdots + \alpha_n u_n$ を（上述の条件にしたがう任意の $n = 1, 2, \cdots$ と $\alpha_1, \cdots, \alpha_n, u_1, \cdots, u_n$ に対して）数量化することなく完全に順序づけることができる．実際，例えば $\alpha_1 u_1 + \cdots + \alpha_n u_n, \beta_1 v_1 + \cdots + \beta_m v_m$ を比べる際に $n = m$ とし，さらに $u_1, \cdots, u_n$ と $v_1, \cdots, v_m$ は一致すると仮定してもかまわない（$\alpha_1 u_1 + \cdots + \alpha_n u_n, \beta_1 v_1 + \cdots + \beta_m v_m$ の代わりに $\alpha_1 u_1 + \cdots + \alpha_n u_n + 0 v_1 + \cdots + 0 v_m, 0 u_1 + \cdots + 0 u_n + \beta_1 v_1 + \cdots + \beta_m v_m$ と書き，その後 $n+m$ 個の $u_1, \cdots, u_n, v_1 \cdots v_m;\ \alpha_1, \cdots \alpha_n, 0, \cdots, 0;\ 0, \cdots, 0, \beta_1, \cdots, \beta_m$ を n 個の $u_1, \cdots, u_n;\ \alpha_1, \cdots, \alpha_n;\ \beta_1, \cdots, \beta_n$ で置き換えればよい）．そこで，$\alpha_1 u_1 + \cdots + \alpha_n u_n$ と $\beta_1 u_1 + \cdots + \beta_n u_n$ を比較する．$1, \cdots, n$ を適当に交換することにより，$u_1 > \cdots > u_m$ とする．以上の準備をした後，$\alpha_1 u_1 + \cdots + \alpha_n u_n > \beta_1 u_1 + \cdots + \beta_n v_n$ を，$\alpha_i \neq \beta_i$ なる最小の i ($= 1, \cdots, n$)，例えば $i = i_0$ に対して，$\alpha_{i_0} > \beta_{i_0}$ なることと定義する．

これらの効用が数量的でないことは明らかである．アルキメデスの性質をもたないことも，u_{i_0} に影響する任意に小さな確率の超過量 $\alpha_{i_0} - \beta_{i_0}$ が，残りの任意の $u_i, i = i_0 + 1, \cdots, n$, すなわち効用が u_{i_0} より小となる i の逆の確率の超過量 $\beta_i - \alpha_i$ がいかに大きくともそれにまさることから明らかである．（し

この相違は純粋に技術的なもので概念的な状況にはまったく影響しない．われわれが単に言葉による議論を容易にするために，「v の u に対する超過」や「u の v に対する超過」そして（この 2 つをまとめたものとして）「u と v との差」(u, v は効用である）というような量を用いたことに読者は注意してもらいたい——それらはわれわれの厳密な公理的体系の一部をなすものではない．

たがって，25ページの脚注9）のような規模の適用できない．）これは明らかに公理（3:B:c），（3:B:d）に反する．

　このような非アルキメデス的順序は，明らかに効用および選好に関する普通の考えとは対立する．一方，もし効用（およびその順序）を確率を含む体系に関して（この体系は公理（3:A)-(3:C）を満たし，したがってアルキメデスの性質を有するものとする）定義したいと望むならば，**A.2** の結論が適用されるので，効用は数値で表されねばならないであろう．

　第3：実際に，決定的な公理はおそらく（3:C）——くわしくいえば公理（3:C:b）——であろう．この公理はいくつかの偶然的な代替案を結合するルールを表しており，もしこの簡単な結合ルールが放棄されれば，特別な賭けの効用または非効用のみが存在しうるであろう．

　体系（3:A)-(3:C）を少し変える，ただし（3:C:b）は放棄するか，それでなければ少なくともかなり大幅に修正するものとすることにより，特別な賭けの効用または非効用の可能性を許す，数学的に完全で満足のいく効用の計算方法がおそらく導かれることであろう．これを達成する方法を見出す望みはあるが，それは数学的にかなり困難である．もちろん，これは純粋に言葉を用いての接近が成功する望みもかなり遠いことを意味している．

　上述の注意から明らかなように，現在の無差別曲線を用いる方法はこれらの困難を克服するときの手助けとはなりえない．つまり，この方法は単に同等性の概念を拡張しただけであり（上述の第1の注意を参照せよ），期待効用にともなって必ず現れる確率を含んだ状況をいかにして扱うべきかについては——特別な示唆を与えることはなおさら——有益な指示を与えることもまったくないのである．

あとがき

アリエル・ルービンシュタイン（Ariel Rubinstein）

　ここ10年の間に，プリンストン大学出版会は，プリンストンにおけるゲーム理論の初期の独創的な著作を美しく人目を引く構成で再出版するという素晴らしい仕事を行ってきた．この出版60周年を記念する『ゲーム理論と経済行動』(*Theory of Games and Economic Behavior*) の新版は，ゲーム理論に対する祝賀の続きとなるものである．本書の最初の出版以来，ゲーム理論は経済学の辺境からその主流へと動いてきた．経済理論研究者とゲーム理論研究者の区別は実質上なくなったといってよい．1994年にノーベル経済学賞がジョン・ナッシュ（John Nash），ジョン・ハーサニ（John Harsanyi），ラインハルト・ゼルテン（Reinhard Zelten）の3人に与えられたことは，単に3人の偉大な学者が認められただけでなく，学問分野としてのゲーム理論の勝利であった．本書がゲーム理論の発展において果たした役割が計り知れなく大きいことは，古代にわたってゲーム理論のアイディアの起源を探す懸命な努力が行われたにもかかわらず，結局は本書がこの分野における最初の主要な出版物であったということで意見の一致がみられたことからもわかる．経済学における1つの主要なパラダイムとしてワルラス経済学に加わって以来，ゲーム理論は半世紀にわたる研究の基調となった．

　本書を読んだゲーム理論研究者は，本書の重要性とゲーム理論の発展についてさらに講義を受ける必要はないであろう．この本と同じように高い称賛を浴び影響力をもった書は経済学においては非常に少ない．ゲーム理論と同じように多くの注意を払われ，集中的にサーベイされたトピックは同じ時代の経済学においては，ほんの一握りのものしかなかった．ゲーム理論の研究者ではない読者で，本書の出版以降のゲーム理論の発展に興味のある人たちは，素晴らしい入門書が数多く出ているので，その中から選んで読んでもらえばよい．それらの入門書はスタイルも数学のレベルもさまざまであり，経済学者，法律家，

政治学者，経営学者，数学者，生物学者向けのものもあり，また専門的でない人たち向けのものもある．

さてあとは何を語ろう．私は，少しゲーム理論に対する懐疑的な見方をトピックとして選ぼうと思う．総合的にみれば，学術的な論説としてのゲーム理論をより興味深いものとするためには懐疑的な見方が必要であると思う．

「ゲーム理論」という名にたどり着いた人は数学だけでなく広報活動においても天才であったといえる．「相互的経済状況における合理性と意思決定の理論」とゲーム理論がよばれたと想像してみよう．本書そしてこの理論が果たして同じ程度の人気を享受したであろうか．「ゲーム」という言葉は，若くそして聞き慣れた響きをもっている．われわれは皆——ボード・ゲーム，コンピュータ・ゲーム，政治ゲームと——ゲームをプレイしている．しかし，ゲーム理論はゲームをもっとうまくプレイできるための手助けとなる魔法のトリックではない．チェスやポーカーのゲームをもっとうまくプレイできるようになるための洞察はゲーム理論からはほとんど得られない．これらのゲームはゲーム理論において手ごろな例として使われるだけである．

多少なりともゲーム理論は有用なのであろうか？　大衆紙にはその効果について馬鹿げた主張があふれている．しかしゲーム理論研究者の社会の中では，ゲーム理論の意味と潜在的な有用性について激しい対立がある．一方では，ゲーム理論のゴールは最終的に戦略的状況における行動をうまく予測することであり，たとえ（まだ）「そこ」にはいなくとも，パラメーターを付け加えてモデルをより豊かにし実際のプレイヤーの考えを計測するより良い方法をみつけることができれば「そこ」に行きつけると信じている人たちがいる．私にはこのビジョンが何にもとづいているのか定かではない．多くの状況はさまざまな方法で分析することができ，通常は相互に矛盾する「予測」が生み出される．さらに，社会科学においては，予測行動のもつ基本的な困難さも考えなければならない．つまり，予測それ自身がゲームの一部であり，予測者自身がプレイヤーなのである．

そして，実生活での戦略的依存関係における実績を改善するという力がゲーム理論にあると信じる人たちもいる．私はこの信念にしっかりした基礎があると納得したことはない．研究者たちには既得権があるという事実はかえってこのことを信じがたいものにしている．ゲーム理論の実験により明らかになったように戦略的行動にある規則性があるようにも思える．さまざまな社会で同様

の行動様式の分布がみられることは心地よいことであろう．しかしこれらの規則性はゲーム理論の伝統的な予測に関係しているのであろうか．

（私も含めて）他の人たちは，ゲーム理論の主目的は相互作用のある状況において意思決定の際に考慮すべきことの研究であると考えている．すなわち，推論のパターンを明らかにし，その戦略的状況における意思決定に対する意味を考察することである．この意見にしたがえば，ゲーム理論は規範的な意味をもたず，その実証的な重要性は非常に限られたものとなる．ゲーム理論は論理学のいとこであるといえる．論理学によって偽りのステートメントから真のステートメントを守ることはできないし，正しいことを誤りと区別することの助けにもならない．ゲーム理論もどの行動が好ましいとも教えてくれないし，他の人たちがどう行動するかを予測してもくれない．もしゲーム理論がそれにもかかわらず有用であり実際に役立つというなら，それはただ間接的にそうであるというだけである．とにかく，それを証明するのはゲーム理論を使って政策提言をする人たちであり，第1にゲーム理論の実際的な価値を疑う人たちではない．

ところで，なぜ人々は一般には経済学においてそして特にゲーム理論において，その「有用性」を見出すことに悩むのであろうか．学術的研究はその有用性によって判断されるべきものであろうか．

ゲーム理論は通常の言葉になっているいくつかの新たな専門用語については責任を負うべきである．例えば，「ゼロ和ゲーム」という広く使われている言葉はゲーム理論の影響によるものであるが，それを使っている人たちはしばしば彼らが洗練されていることを（ないしはそれを欠いていることを）示すためだけに使っていることがよくある．また，ゲーム理論は「囚人のジレンマ」という言葉をポピュラーにし，大衆紙や政治家によって広く使われているが，利己的行動が究極的にすべての参加者を傷つける状況があるという少々自明な考えを表すために使われているにすぎない．

私は経済学を（もっと一般的にはすべての社会科学を）文化とみなしている．つまり，経済学は経済的相互関係について考える人たちが用いる言葉であり，考えであり，モデルであり，理論である．ゲーム理論は経済学の文化を変えてしまった．現代の経済学者のほとんどは，状況に対する彼らの仮定を結果に変換する本質的な道具としてゲーム理論を用いている．ゲーム理論は本質的に道具箱であり，経済学者たちは彼らの仮定から予測を導くための道具を，そ

こからしばしば機械的に選び出すのである．

　個人的にはゲーム理論が「世界を良くする」かどうかはわからない．全体的にみれば，経済学，特にゲーム理論は単に人間の行動を記述するだけではない．われわれがゲーム理論を教えるとき，われわれは経済的，戦略的相互作用のある状況における人々の考え方，行動に影響を与えているかもしれない．経済学におけるゲーム理論的考えを学ぶことにより，人々はより操作的になりより利己的になるということはおこりえないのであろうか．

　ゲーム理論がアピールするのはその言葉にもよっている．「戦略」や「解」といった用語は数学的概念に勝手につけられた名前ではない．これらの用語は適切な形で使われているだろうか．ゲーム理論における（もっと一般的にいえば社会科学における）公式な概念の解釈を判断する客観的な道具をもっていないので，これは容易に答えられる質問ではない．公式なモデルとその解釈の関係の評価はひとえに常識にかかっている．例えば，私自身の考えでは，基本的な用語である「戦略」は，その公式な解釈である「行動の方針」と一致させるのはむずかしい使い方がしばしば行われている．ゲーム理論において「解」という用語を使うと，ゲーム理論が現実の世界の問題に解決策を与えてくれるのではという期待を抱かせてしまう．実際，ゲーム理論における解は，ゲームのさまざまなクラスを分析する際の1つの体系的な原理以外のなにものでもない．ゲーム理論は多くの異なった解の概念を含んでおり，それらが対立する予測を与えることがある．ゲーム理論において用いられている言葉のあいまいさは問題を含んでおり，潜在的に誤解を招く可能性をもっている．自然言語におけるあいまいさを，公式な概念の解釈における不明確さと交換してしまったのであろうか．

　本書は，経済学が数学的学術分野へ移行するランドマークであった．経済学をより数学的にしたことの利点は，そうでなければ漠然とした社会科学と考えられていたものに道理と正確性と客観性の意識をもちこんだことである．しかしもちろん損失もある．数学を多く使うことは題材を理解できる人の数を制限してしまう．時々，題材を理解した小さな宗派の「高僧」たちがいるが，他の人たちは数学的な精緻化は仮定を隠し帽子からウサギを取り出すために使われているのではないかと思っているのではないかと，感じることがある．ゲーム理論はそんなに高度な数学を必要とするのであろうか．将来，革新的なアイディアが数学の用語を用いて述べられるであろうか，それとも，革新の一部は日

常の言葉にもどってくるであろうか．

　ゲーム理論の状態についていうと，私の印象ではゲーム理論の井戸はどちらかといえば枯渇している．これまでの成功にもかかわらずそうであり，いや成功したからこそそうなのかもしれない．ゲーム理論は経済学の道具箱における主要な道具となったが，ここ1年間は新しい道具はゲーム理論においてはほとんどみられていない．したがって，60年前にそうであったように経済学を揺るがす慣習にとらわれない仕事のステージに来ている．もちろん独創的なアイディアは容易にとり寄せられるものではない．そうではあるが，広い教育を受けたそして革新的なアイディアをつくり出すことのできるこれまでの慣習にとらわれない人々をひきつけられる環境をつくり出すことは，専門家の責任である．ゲームをプレイすることは，記憶や情報処理の能力や連想の質のようなゲーム理論がうまくとらえることのできない能力に依存している．これらの概念の融合は将来の主要な挑戦の1つになるであろう．経済思想のいま1つの柱として，競争均衡とナッシュ均衡に付け加えられる新しい概念をわれわれはみるであろうか．

　最後に，本書が第2次大戦の最中に書かれ，喪失と悲劇の年1944年に出版されたことにふれざるをえない．この偶然の一致とゲーム理論の発展において後に（安全保障にかかわる）ある団体が果たした役割から「ゲーム理論は陰謀だ」という馬鹿げたことを言う人たちもいる．私はどうしてこのような知的な進歩がこのような騒乱の時代に行われたのだろうと思うことがよくある．たぶんわれわれは物事が不安定なときにはより急いで世界を理解しようとするのであろう．とにかく，われわれはゲームを子供としてだけではなく学問としてもプレイできるという特権を感じるべきである．——しかしながら，現在の世界に迫っている挑戦は，非常に複雑でどんな行列ゲームをもってしてもとらえられないものであることも心にとどめておかなければならない．

書　評

The American Journal of Sociology (May 1945)
ハーバート・A・サイモン（Herbert A. Simon）
Volume 50, No. 6, pp.558-560

『ゲーム理論と経済行動』（*The Theory of Games and Economic Behabior*）は戦略のゲーム理論を厳密に数学的に展開したものであり，またこの理論をある簡単な経済学における問題に適用したものである．社会学や政治学への適用は明確には行われていないが，その枠組みは一般的であり広いものであるから，最も基本的なところでこれらの分野にも貢献できることは疑いないであろう．

専門的な注意において著者たちは実に正確に以下のように述べている：「用いられる数学的な方法は，代数や微積分などは用いることはなく，その意味では基本的なものである．……しかしながら，読者は……通常の初歩的な段階を完全に超えた数学的推論方法に習熟しなければならない．」したがって，読者に要求されるのは，「数学的な成熟度」をもつように数学における訓練を受けることではない．私がみるかぎり，『ゲーム理論と経済行動』は常に明確にそして注意深く解説がなされている．

社会科学者たちは，彼らの専門分野における数学的思考方法の適用可能性について，数十年にわたって大規模な不毛の議論を行ってきた．方法論に関するすべての議論と同様，この議論も結局は結果が解決する．いままでのところ，有名な数理経済学の例外を除けば，数学的推論（量的データや統計学を用いることは別として）は，社会科学においてはそれほど多くの結果を出してはいない．たしかに，ただ1つの例外は注目に値するものである――すなわち経済理論の進歩はますます微積分学の応用に依存するようになり，限界分析の発展においてここ50年間に得られたもののほとんどは，たとえ彼らがその考えを

発表する際により受け入れられやすい言葉による形式に時々は直したとしても，数学的思考方法を訓練された経済学者によるものである．

　社会学や政治学においては，数学理論の試みは片手の指に余るほどの数しかなく，その結果はいままではたしかに無視されるようなものばかりであった．記号体系やいわゆる「等式」を用いたとしても，パーソンズ (Talcott Parsons) の『社会的行為の構造』(*The Structure of Social Action*) もドッド (Stuart C. Dodd) の *Dimennsions of Society* も——後者はそのことを熱望していたが——，どんな数学者からも「数学的である」との評価は受けなかった．ジップ (George K. Zipf) の *National Unity and Disunity* は単純な算術以上のものではないし，ジップが導いた結論はそれが「もとづいていた」算術とはまったく関係のないものであった．私がよく知っているそれ以外の例は，本誌に1938年3月に掲載されたカール・メンガー (Karl Menger) による論文，およびラシェフスキー (Nicholas Rashevsky) による *Psychometrika* および他の学術誌に掲載されてきた一連の論文だけである[1]．前者は示唆には富んでいたがそんなに進歩があったわけではなく，後者は，社会学的なインスピレーションはソロキン (Pitirim Sorokin) の仕事から得ており，大胆な仮定を導入することにより，いままでのところわれわれが利用できるテクニックや理論では明らかに解けないような複雑な問題を解こうとする試みであった．

　『ゲーム理論と経済行動』は初期のこれらの試みに比べて，その結果においてより謙虚でありずっと印象的である．合理的な人間の行動の理論を体系的なそして厳密な形で発展させようとしているだけである．人間の合理性が働く最も簡単な状況はゲームをプレイするときである．したがって，著者たちは，フォン・ノイマンが早くも1928年に始めていたゲーム理論を彼らの出発点として選択した．

　社会科学における数学化の試みのほとんどが微積分や微分方程式を道具として用いていたにもかかわらず，フォン・ノイマンは完全に異なった方向に進み，それに代わるものとして点集合論と位相数学を数学として用いている．実際フォン・ノイマンは——彼の数学者としての高名さゆえに彼のこの意見は非常に重みのあるものとなっているのだが——次のように主張している．社会科学において数学が成功しないのは（少なくとも経済学に関しては彼は少し言い

---

[1] *Psychometrika*, IX (September, 1944), 215 の参考文献をみよ．

過ぎてはいるが），多くの部分は数理物理学の成長に深く関係して発展してきた，そして社会理論には適用できないような道具を用いてきたからである．彼は次のようにも言っている．「それゆえ，この分野で決定的に成功するためには，微積分学に匹敵する偉業の数学的発見が必要になるということが期待される，……物理学において非常に役に立ったやり方をただ反復するだけで社会現象においてもまた役に立つとはなおさら思われない．」(9 ページ)

　ゲーム理論の第一歩はゲームの本式な数学的記述をつくり上げることである．これは，第 2 章で大変美しく成し遂げられているが，それは本質的にフォン・ノイマンの 1928 年の発表にもとづくものである．私は，この部分が社会科学に対するこの理論全体の一番大きな貢献であると考えている．社会学は，（少なくとも合理的な側面における）人間の行動を「目的」と「手段」を用いて扱うことを余儀なくされていた．例えば，『社会的行為の構造』においては，これらは基本的な区分である．社会学においてもまた倫理学においても，これらの言葉から離れ，戦略のゲームの記述が与える「選択肢」，「結果」，「結果に与えられる値」（これらの術語は私が与えたものであり『ゲーム理論と経済行動』が与えたものではない）による枠組みのほうを選んで用いることが望まれる．この枠組みの始まりは明らかに経済学における効用の計算であるが，一般性をもっており，少なくとも記述という面では合理的であろうとなかろうとすべての行動に適用することができる．

　第 2 章の枠組みはまた，システムの各メンバーの行動の結果が他のメンバーの行動に依存するという社会的行動のシステムをはじめて明らかにしたものである．このシステムの中では，社会学，政治学，そして経済学の理論において非常に重要なカテゴリーとなった「競争」と「協力」の概念を明確に定義でき分析できるようになる．ここにもまた経営組織のしっかりとした理論の始まりを見出せると私は信じている．

　『ゲーム理論と経済行動』の続く章では，「良い戦略」——すなわち，ゲームをプレイする際の合理的な振る舞い——の記述とゲームプレイヤーたちの行動システムの安定性の分析に関心が向けられる．その中で定義された「安定性」の概念（特に 357 ページおよびそれ以降をみよ）にはその細部において完全に異論がないとはいえないが，たしかに適切な方向は示している．さらにそれにより社会学的に最も重要な結果——特に 2 人を超えるプレイヤーを含むゲームにおいて提携（調和した行動をとる 2 人ないしはそれ以上の組織）が一般に

形成されることの証明——が導かれる．

　この理論の最も直接的な適用が思いつくのはここである．著者たちは経済学の分野においてある簡単な理論の適用を行う——つまり双方独占および複占への適用である．しかし，社会学や政治学の分野においてもたくさんの異なった適用の可能性があるであろう．例えば，革命の理論をあるゲームにおける「行動基準」の安定性，不安定性の理論としてとらえることもできるに違いない．しかしながら，この目的のためには理論を静的なものから動的なものへと発展させなければならない．政治学の分野では，2政党システムや多政党システムを説明するゲームをつくれるかもしれない．このことにより，どのような状況でどのような均衡がおこりやすいかを比較できるようになるかもしれない．

　私は『ゲーム理論と経済行動』を「焦眉の問題」に直ちに適用できるかどうかについて極度に楽観的にはなりたくなく，単に社会科学者たちが重要と考えている多くの研究上の問題がむしろ直接的にゲーム理論の言葉で言い換えられ，したがって厳密な取り扱いができるということを指摘しておきたい．これまでの「言葉による」分析はたしかに決定的でもなく厳密でもなかったので，数学的な取り扱いを余分なものであるとして捨てることができたのである．

　私はこれまでの批評が本書の潜在的な重要性を示すこと，そして社会理論を数学的に扱うことの必要性を確信している社会科学者たちを——まだ考えを変えていないがその点に対する説得には耳を傾けようとしている社会科学者と同様に——『ゲーム理論と経済行動』を修得するという仕事にとりかかるよう勇気づけることに役立てばと願っている．『ゲーム理論と経済行動』の学生（読者）は，正式な社会理論に貢献したいのであれば，彼自身の数学的教育が向かうべき方向を本書から学ぶであろう．彼が本書を離れるときには，この理論の応用そして社会科学の分析の基礎理論への発展に関して多くのアイディアを得ているであろう．

Bulletin of the American Mathematical Society (July 1945)
アーサー・H・コープランド（Arthur H. Copeland）
Volume 51, No. 7, pp. 498-504

　後世の人々は，本書を20世紀前半における主要な科学的業績として評価するであろう．著者たちが新しい厳密な科学——すなわち経済の科学——を打ち立てることに成功したならば，疑いもなくそうなるであろう．彼らが築いた基礎は非常に将来有望なものである．数学者にとっても経済学者にとってもこの理論のさらなる発展が必要であるので，本書を読み進めるために必要な予備知識についてコメントしておくことは必要であろう．代数学や解析幾何学以上に必要な数学は本書で説明されている．他方，数学的に訓練されていない読者にとっては，もしこの理論を理解しようとすれば，非常に多くの忍耐を強いられることになる．数学的に訓練されている読者にとっては，推論は刺激的でありかつやりがいのあるものであろう．経済学に関しては，それほどの知識は必要としない．

　著者たちは，ビジネスのやりとりにはゲームの側面が数多くあることに気づき，この類似性を頭に入れながらゲームの戦略について広範な研究を行った（したがって，それが本書のタイトルにもなっている）．人生のゲームにおいては，賭けは必ずしもお金についてとは限らず，単に効用についてであることもある．効用を議論する際に著者たちは賢明にも，疑問のある限界効用理論ではなく彼らの分析により適切な新しい理論を用いている．社会的ゲームと同様，人生のゲームにおいてもプレイヤーたちはしばしば確定的ではなく確率が与えられた選択肢からの選択を必要とすることを，彼らは気づいており，もしプレイヤーがそのような偶然的な選択肢についてそれらを選好する順に並べることができるならば，選好の大きさを表す数値すなわち数量化された効用を各選択肢に与えることができることを示した．数値の割り当てはただ1つには定まらないが，2つのそのような割り当てはすべて線形変換で関連づけられる．

　ゲームの概念は，公理の集合により一定の形を与えられる．各プレイヤーの各手番における情報の状態さえもある集合の分割により説明され，特徴づけられる．プレイヤー k がプレイの結果受け取る量は手番 $\sigma_1, \sigma_2, \cdots, \sigma_\nu$ の関数

$\mathcal{F}_k(\sigma_1, \sigma_2, \cdots, \sigma_\nu)$ によって与えられる．ここで，$\sigma_1, \sigma_2, \cdots, \sigma_\nu$ のいくつかは（カードを配ったり，サイコロをふったりなどの）偶然手番かもしれない．

ゲームの概念は徹底的に簡単化されるので，プレイヤーは実際にプレイする必要性はない．すべてのプレイヤーのすべての可能な戦略が一覧表になっていると想像してほしい．プレイヤー k は秘書に戦略 π_k をプレイしたいと伝えればよい．一覧表でこの戦略を調べれば，彼女は，すべてのおこりうる場合に対してすべての動きを定める完全な処方箋をみつけるであろう．もし偶然手番についても同等の方法で説明することができるならば，秘書たちは集まってゲームの結果を決定できるであろう．しかし，偶然はプレイヤーの1人としてしばしばゲームに入ってくる．したがって偶然についてもおこりうる戦略の一覧表を考えることができる．当面の間，偶然の戦略は τ_0 と決まり，プレイヤーはそれぞれ戦略 $\tau_1, \tau_2, \cdots, \tau_n$ を選択したとしよう．そうすると戦略によって手番における選択が決まる．したがって，$\mathcal{F}_k(\sigma_1, \sigma_2, \cdots, \sigma_\nu)$ は戦略の関数 $\mathcal{G}_k(\tau_0, \tau_1, \cdots, \tau_n)$ となり，ゲームの結果が決定される．しかし，どうやって τ_0 を選ぶべきであろうか？ τ_0 を選ぶ代わりに，秘書たちは，各プレイヤー k に対してプレイヤーの戦略の組 $\tau_1, \tau_2, \cdots, \tau_n$ が選ばれたときに彼が受け取る平均額 $\mathcal{H}_k(\tau_1, \tau_2, \cdots, \tau_n)$ を分配すればよい．$\mathcal{H}_k$ の値は $\mathcal{G}_k$ の数学的期待値である．さまざまな戦略 τ_0 の確率からこの期待値が計算でき，これらの確率は偶然手番における選択の確率から計算することができる．

ゲームは各プレイヤーが一度だけ動く——戦略の選択を行う——ゲームに縮約される．各プレイヤーは他のプレイヤーがどう動いたかをまったく知らずに，自分の動きを行う．著者たちは完全に厳密に，そして前提によって置かれたルールに完全に忠実に，この簡単化を達成した．

1人ゲームは荒涼とした島に1人でいる人の経済に対応する．ロビンソン・クルーソーの経済ないしは厳格に統制された共産主義の世界である．もしプレイヤーが賢ければ，彼は $\mathcal{H}_1(\tau_1)$ を最大にする τ_1 を選択するであろう．ゲームが簡単な最大化問題で解決されるのはこの場合だけである．

n 人ゼロ和ゲームは，$\sigma_1, \sigma_2, \cdots, \sigma_n$ のどのような選択に対しても $\mathcal{F}_k$ の和がゼロになるゲームであり，したがって，$\tau_1, \tau_2, \cdots, \tau_n$ のどのような選択に対しても $\mathcal{H}_k$ の和がゼロになるゲームである．社交上のゲームはゼロ和であるが，経済のゲームは，もしすべてのメンバーが適切に行動すれば社会は全体として状況を改善できるから，明らかにゼロ和ではない．n 人のプレイヤーが

受け取る総額の符号を変えた値 $\mathcal{H}_{n+1}(\tau_1,\tau_2,\cdots,\tau_n)$ を受け取る仮想的なプレイヤー $n+1$ を導入することにより，どのような n 人ゲームもゼロ和 $n+1$ 人ゲームに変えることができる．関数 $\mathcal{H}_k$ は変数 τ_{n+1} を含んでいない，すなわち仮想的プレイヤーは戦略を選択することは許されていない．彼がゲームの結果に影響を与えないようその行動にさらに制限を加える必要があることが後にわかるであろう．

ゼロ和2人ゲーム Γ は $\mathcal{H}_1+\mathcal{H}_2=0$ なる関係により $\mathcal{H}_2(\tau_1,\tau_2)=-\mathcal{H}_1(\tau_1,\tau_2)$ となるから，1つの関数 $\mathcal{H}(\tau_1,\tau_2)=\mathcal{H}_1(\tau_1,\tau_2)$ によって特徴づけることができる．このゲームにおいては，プレイヤー1は $\mathcal{H}$（すなわち $\mathcal{H}_1$）を最大化し，プレイヤー2は $\mathcal{H}$ を最小化（ないしは $\mathcal{H}_2$ を最大化）する．これらはまったく正反対であるから，何も決定できないように思える．しかし，プレイヤー1が先に動き，プレイヤー2が1の動きを知るというところだけが Γ と異なる修正されたゲーム Γ_1 を考えることにより，このゲームに対する洞察を得ることができる．Γ_1 においては，プレイヤー1が τ_1 を選択した後に，プレイヤー2が $\mathcal{H}$ を最小化するように τ_2 を選択する．それゆえ，プレイヤー1は $\min_{\tau_2}\mathcal{H}(\tau_1,\tau_2)$ を最大化するように τ_1 を選択すればよい．ここで，$\min_{\tau_2}\mathcal{H}(\tau_1,\tau_2)$ は $\mathcal{H}(\tau_1,\tau_2)$ の τ_2 に関する最小値である．プレイヤー1は，

$$v_1 = \max_{\tau_1} \min_{\tau_2} \mathcal{H}(\tau_1,\tau_2)$$

を受け取り，プレイヤー2は $-v_1$ を受け取る．次に，2が最初に動き2の動きを1が知るというところだけが Γ と異なる第3のゲーム Γ_2 を考える．もし Γ_2 において2人のプレイヤー共に熟達しているとすると，1は，

$$v_2 = \min_{\tau_2} \max_{\tau_1} \mathcal{H}(\tau_1,\tau_2)$$

を受け取り，2は $-v_2$ を受け取るであろう．もとのゲーム Γ において，両者共に熟達しているとすれば，プレイヤー1は少なくとも v_1，多くとも v_2 を受け取り，2は少なくとも $-v_2$，多くとも $-v_1$ を受け取る．したがって $v_1 \leq v_2$ であり，これらの値はゲームの結果に関して有界である．もし $v_1=v_2$ であれば，ゲームは決定的になるが，一般にはこうなるとは限らない．

もし2が1の戦略を見出せば Γ は Γ_1 になり，1が2の戦略を見出せば Γ_2 になる．したがって，両プレイヤー共に自分の戦略を隠したほうがよく，隠す

ためには確率を使えばよい.したがって,1はτ_1を確率ξ_{τ_1}で,2はτ_2を確率η_{τ_2}で選択する.プレイヤー1についての平均利得$K(\xi,\eta)$は,ξが$\xi_1, \xi_2, \cdots$を要素とするベクトルでηが$\eta_1, \eta_2, \cdots$を要素とするベクトルであるときに,確率ξ_{τ_1}と確率η_{τ_2}に関する$K(\tau_1, \tau_2)$の数学的期待値になる.これらの確率の導入により,Γ,したがってΓ_1, Γ_2そして境界値v_1, v_2が修正される.新しい境界値は,

$$v_1' = \max_\xi \min_\eta K(\xi, \eta)$$

と

$$v_2' = \min_\eta \max_\xi K(\xi, \eta)$$

となる.$v_1 \leq v_1' \leq v_2' \leq v_2$,すなわち各プレイヤーは少なくとも確率が導入される前の利得は確保されることが簡単に示せる.さらに,

$$v_1' = v_2' = v$$

も示すことができ,したがってゲームは決定的になる.後者の結果は,$x_{\tau_2} = \sum_{\tau_1} \mathcal{H}(\tau_1, \tau_2)\xi_{\tau_1}$は$\xi$に依存するベクトル$\chi$の要素であること,そしてすべての$\xi$についてのベクトル$\chi$の全体の頂点は凸集合を構成すること,を用いて証明することができる.

次に,プレイヤーが敵対する2つのグループSと$-S$に分けられているn人ゲームを考えよう.これは,プレイヤーSと$-S$の間の2人ゲームと考えることができる.上でやったように確率を用いると,Sは,

$$v(S) = v_1' = v_2' = v$$

を得て,$-S$は,

$$v(-S) = -v(S)$$

を得る.Iをプレイヤー全員の集合とすると,$v(I) = 0$,すなわちゲームはゼロ和になる.最後に,もしSとTが互いに交わらないグループであれば,

$$V(S+T) \geq v(S) + v(T)$$

となる.すなわち,$S+T$のプレイヤーは協力することにより,2つのグルー

プ S と T に分かれたときに得られる総額は少なくとも確保できることになる．これらの関係を満たす関数 $v(S)$ は特性関数とよばれる．これらの関係を満たすどのような関数に対しても，この $v(S)$ を特性関数としてもつゲームが存在する．このようなゲームは I を環および単独集合と呼ばれる部分集合に分割することによりつくられる．

もし等式 $v(S+T) = v(S) + v(T)$ が常に成り立つ，すなわち $v(S)$ が加法的であれば，提携は効果的でなくゲームは決定される．これが $n = 2$ のケースである．さらに，その違いが加法的関数になるような2つの特性関数は（それら自身は加法的であろうとなかろうと），提携に同じ戦略を与える．もし $v(S)$ が加法的でなければ，加法的関数と尺度を適当に選ぶことにより，すべての1要素集合に対して $v(S) = -1$ となるようにできる．したがって，$n = 3$ のときは，$v(S)$ は以下のように与えられる．

$$v(S) = \begin{cases} 0 & \text{0 要素集合}（-I \text{ すなわち } I \text{ の補集合}）\text{のとき} \\ -1 & \text{1 要素集合のとき} \\ +1 & \text{2 要素集合}（\text{1 要素集合の補集合}）\text{のとき} \\ 0 & \text{3 要素集合}（I）\text{のとき} \end{cases}$$

$n \geq 4$ のときには，$v(S)$ もはや決定できず，可能性の数はほとんど目が回るくらいに多くなる．読者はこれらのゲームに関して退屈にしている暇は決してないことに気づき始めるであろう．$n = 1, 2, 3, 4$ の各々に関して新たな状況が生まれてくる．$n = 5$ に関しては新たな現象はみつかっていないが，$n \geq 6$ となると，1つのゲームが，ある面ではまったく異なっているがそれにもかかわらずお互いに影響力を及ぼし合うような，2つないしはそれ以上の数のゲームに分裂する可能性をみる．これは，経済は別々だが互いに依存し合うような国々と同じ現象だと考えられる．

残っている考察すべき問題は，ゲームにおいて提携は何を期待して形成されるのか，そしてこのような提携が存在するときに得られたものがどのように分割されるかである．得られたものの分割は配分とよばれ，$\alpha_1, \alpha_2, \cdots, \alpha_n$ を要素とするベクトル α によって表される．α_k は k 番目のプレイヤーが受け取る額である．初心者のグループがこれらのゲームをプレイすると混沌とした状態に陥ってしまうのではないかと思うかもしれない．各プレイヤーが彼自身の状態を改善しようとばかりすると，提携は形成されそして分裂するということに

なるであろう．最終的には，プレイヤーたちはゲームをよく知るようになり，対応する提携の安定性そして効果的なプレイヤーのグループが良い結果を招くことにより，ある配分が信用を得るようになってくる．このようにして信頼できる配分の集合 V が現れてくる．信頼できる配分のどれに対しても満足できないプレイヤーはもちろん存在するが，それほど強い力はもたないので，何人かのプレイヤーに賄賂を払って提携から出ていかせるくらいしか変革の道をもたない．このような賄賂も効果的ではないであろう．賄賂の支払いを提示された人も，彼らが提携を去った後にまた混沌とした状態になり，その結果いまより悪い状態に陥ることがわかるからである．したがって，V はグループの行動パターンに対応しており，自己の利益を追求することから生まれてきた慣習ないしは道義性と考えることができる．

しかし V をどうやって数学的に記述したらよいであろうか？　まず定義から始める．各メンバーが配分 β よりも配分 α のほうが良いような有効なプレイヤーのグループが存在するときに，α は β を支配するという．ここで，グループが有効であるとは，グループに入っていない人たちからのどんな反対を受けたとしても，α で表された利益をそのメンバーに保証できるということである．配分の集合 V が解であるとは，V の外部のすべての配分が V の内部のある配分から支配され，V の中のどんな配分も V の中の他の配分から支配されないことである．したがって，V は互いに支配し合わない配分の最大の集合である．残念ながら，支配は配分集合の上の半順序にさえもならない．推移性が満たされないからである．このことにより，解を見出すのは困難な仕事になる．しかしながら $n=3$ の場合の解の発見方法を概括しておく．

$n=3$ のときには，

$$\alpha = (\alpha_1, \alpha_2, \alpha_3),\ \alpha_1 + \alpha_2 + \alpha_3 = 0$$

となる，すなわちゲームはゼロ和である．したがって，α の端点は原点を通り各軸に対する傾斜が等しい平面上に位置する．この平面は座標平面との交わりの跡によって6つの合同な部分に分けられる．次に，各プレイヤーは提携からの利益を受けなくても -1 を得るから（前ページの式を参照せよ），$\alpha_k \geq -1\ (k=1,2,3)$ である．これらの不等式から，α の端点は，中心が3つの座標平面との交わりの跡が交わっている点で，3つの辺はそれぞれ交わりに平行になるような正三角形の中に位置することになる．配分 α は，2辺が正三角形

の辺と共通で α の端点を 1 つの頂点とする平行四辺形の内部の点で表される配分を支配する．これらの幾何学的考察にもとづけば，解 V をみつけることは容易である．まずすべての配分が直線 $\alpha_k = $ 定数（すなわち，交わりの跡に平行な直線）上に並ばないような解 V を探す．このような解はただ 1 つ存在し，

$$V : (1/2, 1/2, -1),\ (1/2, -1, 1/2),\ (-1, 1/2, 1/2)$$

となる．次に直線，例えば $\alpha_3 = c$ 上に配分が並ぶような V を探す．これに対応する解は，

$$V_c : (a, -a-c, c)$$

となる．ただし，a, c はある不等式の条件を満たす．したがって，V_c はパラメーター a の値に対応する連続体の解となる．これで解はすべて尽くされる．最初の解 V はきわめて合理的な解である．一方，V_c は不自然であってどのように解釈していいかわからない．この問題にはあとでもどることにする．

次のような非ゼロ和 2 人ゲームを考える．各プレイヤー（1 と 2）は数 1 か数 2 を選ぶ．もし両方が 1 を選べば，それぞれが 1/2 の利益を受け取る．それ以外のときはそれぞれ -1 を得る．このゲームを，仮想的プレイヤー 3 を導入してゼロ和 3 人ゲームに変えると，その特性関数は先の式に与えたものになる．もし最初の解 V をとるならば，仮想的プレイヤーが提携形成において積極的に動いたことになる．したがって，もし 2 人ゲームの性質を保ちたいのであれば，われわれは解 V_c を選ぶべきであり，そのとき c に -1 を与えることは合理的であろう．

著者たちは，このゲーム理論を用いて 1 人の買い手と 1 人の売り手からなる市場，そして 2 人の買い手と 1 人の売り手からなる市場を分析している．

本書はこれからやるべきことをたくさん残しているが，このことにより関心がますます高まる．数学的な研究の方向と同様，経済学的な解釈の方向にそって多くの拡張がなされるべきであろう．実際，著者たちは研究が実を結ぶであろう多くの方向を示唆している．

The American Economic Review (December 1945)[1]
レオニド・ハーヴィッチ (Leonid Hurwicz)
Volume 35, No.5, pp.909-925

　経済理論におけるある基本的な欠落部分の存在そしてその正確な性質に単に注意を向けさせるだけでも，フォン・ノイマンとモルゲンシュテルンによる『ゲーム理論と経済行動』は非常に重要な書であるといえるが，本書はそれ以上のことをなしとげている．本書は本質的に建設的であり，既存の理論では不十分だと思われるところには，著者たちは問題を処理するよう考案された非常に新しい道具を用意している．

　彼らの貢献は経済学に対してだけであるというのは，著者たちを不当に扱うことになるであろう．本書の範囲はずっと広い．著者たちが経済学の問題の処理に用いた手法は十分な一般性をもっており，政治学にも，社会学にも，また軍事戦略にも用いることができる．（チェスやポーカーのような）ゲームそのものに対する適用可能性は本書のタイトルからも明らかである．さらに本書は純粋数学の視点からも非常に興味深い．しかしながら，ここでは主に『ゲーム理論と経済行動』の純粋に経済的な側面に絞って批評する．

　かなりの程度までこの批評は解説的[2]なものである．本書の重要性，新しくあまりなじみのない概念が用いられていること，そして読者の中には大変な障害物と思う人もいるであろうその大変な長さを考えると，これも許されるであろう．

　本書が埋めようとしたギャップの存在は，少なくともクールノー（A. A. Cournot）の寡占に対する仕事以来経済学者の知るところとなっていた．た

---

[1] Cowles Commission Papers, New Series, No. 13A.
　著者は現在准教授を勤める Iowa State College から休暇をとり，Guggenheim Memorial Fellowship を受けて Cowles Commision for Economic Research in Economics に研究員として勤めている．
　本原稿で用いられる表および図は University of Chicago の Mrs. D. Friedlannder によって描かれたものである．
[2] 解説はそのほとんどが比較的簡単な数値的な例を用いて行われる．それによって一般性や厳密性は失われるかもしれないが，説明はより理解しやすくなるであろう．

だ，いまでさえ多くの経済学者はその重大さに気づいていないように思われる．ある人の行動の合理性が，他の人々，寡占の場合には他の売り手たち，がとりそうな行動に依存する状況における個人個人の「合理的経済行動」の定義に関しては，十分な解答は与えられていない．クールノーそしてそれに続く多くの人たちは，すべての人々は与えられた条件のもとで他の人々がどう行動するかについて確定的な考えをもっていると仮定することにより，この困難さを回避しようとしてきた．他の人々の行動をどのように予想するかによって，よく知られたベルトラン（J. Bertrand）やクールノーの特別な解のみならず，より一般的なボウリー（Arthur L. Bowley）の「推測的変化」の概念が生まれてきた[3]．したがって，もし「他の人々」の行動パターンが事前にわかっているとすれば，個人の「合理的行動」は定まる．しかし，もし「他の人々」も合理的に行動するならば，「他の人々」の行動を事前に仮定することはできない！よって，論理的に行き詰まってしまう．

少なくともこの困難さから抜け出す1つの方法[4]は，10年以上前に著者たちの1人[5]によって指摘されていた．それは，狭く解釈された最大化問題を合理的行動と同義的に扱うことの否定から始まった．（効用[6]ないし利益）の最大化がもし可能であるならば，そうしないことは誰も望まないであろう．しかし，（例えば寡占競争において）結果を決定するいくつかの要素のうち1つだけしか個人がコントロールできないときにはその人にとって真の最大化にはなりえない．

例えば，複占企業A，Bそれぞれが自分自身の利益の最大化を目指す複占

---

[3] より最近の研究により，屈折需要曲線の考えが生まれた．しかし，これは推測的変化の特別な——大変興味深くはあるが——場合にすぎない．

[4] 脚注17）のフォン・シュタッケルベルクへの言及およびこの書で引用されている仕事を参照せよ．

[5] J. von Neumann, "Zur Theorie der Gesellschaftsspiele," *Math. Annalen* (1928).

[6] 『ゲーム理論と経済行動』で議論されている副次的な興味深い問題は効用関数の可測性についての議論である．利益よりはむしろ効用を最大化する場合には，この後述べるタイプの表をつくるために著者たちは可測性を必要とした．効用の可測性の証明は与えられていないが，証明を与える論文の公表は近い将来に約束されており，証明をみたのちにコメントするのがよいであろう．『ゲーム理論と経済行動』の核心部分の有効性は決して効用の可測性や譲渡可能性に左右されるものではなく，この問題に意見をもつ人たちは『ゲーム理論と経済行動』の功績を本質的でない仮定にもとづいて判断することをさけるため，本書のほとんどのところにおいて「効用」を「利益」と読み替えるのがよいことを強調しておくべきであろう．

状況[7]を考えてみよう．A の利益は彼自身の行動（「戦略」）だけでなく B の戦略にも依存するであろう．したがって，もし A が（直接的にしろ間接的にしろ）B によってとられる戦略をコントロールできるならば，彼自身の利益を最大にするように自分自身の戦略と B の戦略を選ぶであろう．しかし，彼は B の戦略を選ぶことはできない．したがって，彼は自身の戦略をうまく選ぶことにより彼の利益が実際に無条件に最大化されると確信することは決してできない．

このような場合には 2 つの複占企業について合理的な行動を定義できる可能性はないと思われるかもしれない．しかし，ここにこそ著者たちによって提案された新たな解が役立つ．このことを示す例を与えよう．

各複占企業がそれそれ自身の自由になる 3 つの可能な戦略をもっているとしよう[8]．A の戦略を A_1, A_2, A_3 とし，B の戦略を B_1, B_2, B_3 とする．a で表される A の利益は明らかに 2 つの複占企業の選択する戦略によって決定される．この依存性は，a の添え字によって示される．第 1 の添え字が A の戦略に，第 2 の添え字が B の戦略に対応している．例えば a_{13} は，A が戦略 A_1 を，B が戦略 B_3 を選択したときの A の利益である．同様に，b_{13} は同じときの B の利益を表している．この「複占競争」におけるおこりうる結果は以下の 2 つの表で表される．

A の戦略の選択 \ B の戦略の選択	B_1	B_2	B_3
A_1	a_{11}	a_{12}	a_{13}
A_2	a_{21}	a_{22}	a_{23}
A_3	a_{31}	a_{32}	a_{33}

表 1a　A の利益

A の戦略の選択 \ B の戦略の選択	B_1	B_2	B_3
A_1	b_{11}	b_{12}	b_{13}
A_2	b_{21}	b_{22}	b_{23}
A_3	b_{31}	b_{32}	b_{33}

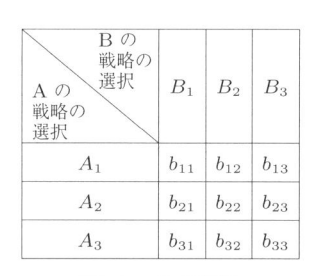

表 1b　B の利益

表 1a は A と B の戦略の選択に対応する A の利益を示している．第 1 行は A_1 が選択されたとき，第 2 行は A_2 が選択されたとき，第 3 行は A_3 が選択されたときであり，列は B の戦略に対応している．表 1b は B の利益に対する同様の情報を与えている．A と B がどのようにして戦略を決定するかを示

---

[7] 買い手の行動は知られているものと仮定しておく．
[8] 実際には戦略の数は非常に多くてもよい，無限でもかまわない．

すために，表2aと表2bに与えられている数値例を使おう．

表2a　Aの利益

Aの戦略の選択 \ Bの戦略の選択	B_1	B_2	B_3
A_1	2	8	1
A_2	4	3	9
A_3	5	6	7

表2b　Bの利益

Aの戦略の選択 \ Bの戦略の選択	B_1	B_2	B_3
A_1	11	2	20
A_2	9	15	3
A_3	8	7	6

まず，Aが戦略を考えるときの彼の思考プロセスをみてみよう．最初に，彼はA_3をとれば利得は5よりは小さくならないことを確信できるが，他の戦略をとると最低利益は3ないしは1にまで下がる危険にさらされることに気がつく．しかし彼がA_3をとるにはまた別の理由もある．Aが選択する前にAの決定をBが知る危険性すなわち「情報の洩れ」があるとしよう：もしAが例えばA_1をとったことをBが知ったとすれば，Bは彼自身の利益を最大にするB_3をとり，その結果Aの利益はたった1になってしまう．もしAがA_2をとればBはB_2をとって対応し，Aの利益はA_3をとったときに確実に得られる5を下回る．

このような状況でのAの選択A_3が合理的行動を定義する唯一の方法であるかどうかはおそらく議論のあるところであろうが，たしかにこれを成し遂げる1つの方法であり，後にみるように非常に有益な方法であるといえる．同じ推論をBにも施すことにより，B_1が最適戦略として選ばれることは，そんなにむずかしくなく示すことができる．このようにして，この寡占的競争における結果は，AはA_3を，BはB_1をとって，Aの利益は5，Bの利益は8と決定される．

この解の興味深い性質は，どちらの複占企業とも，相手のとった戦略を知ったのちには，たとえ自分自身の決定を変えることができてもそうはしないことである．

このことをみるために，Aが戦略A_3を選んだことをBが知ったとしよう．BはB_1を選択するより良くは決してできないことが，表2bの第3行をみれば直ちにわかる．つまり，AがA_3が選んでいるもとで最高の利益をBに与えるのはB_1である．到達した解は相手の戦略がわかるわからないにかかわら

ず非常に安定した性質をもっている.

しかしながら上の例はいくつかの重要な点で不自然な点がある.まず第1に,AとBの間の「共謀」,もう少し中立的な言葉を使えば提携の可能性を無視している.われわれの解では,戦略の組 (A_3, B_1) が生み出され,2つの複占企業の結合利益は13であった.彼らは行動を共にすることにより,より良い状態をつくり出せる.戦略 A_1 と B_3 をそれぞれがとることにより,結合利益を21まで引き上げることができ,この結合利益をうまく分けることにより,両社ともに先の解におけるよりも良くなるであろう.

『ゲーム理論と経済行動』の主要な功績は提携形成の条件および性質の分析である.それがどのようになされるかは以下で示すであろう.しかし当面の間は少々特殊ではあるがそれにもかかわらず大きな理論的興味のある定和利益の場合を考えることにより,提携の問題は考えないことにしよう.このような場合の例は表3a,3bに与えられている.

表3aは表2aと同じであるが,表3bにおける数字は,2つの複占企業の結合利益がどのような戦略が選ばれようともつねに同じ値 (10) になるように選ばれている.Aの利益はBの損失であり,またその逆でもある.したがって,(著者たちはそれを厳密に示すことに一生懸命になっているが) 提携がまったくつくられないことは直感的に明らかである.

Aの戦略の選択 \ Bの戦略の選択	B_1	B_2	B_3
A_1	2	8	1
A_2	4	3	9
A_3	5	6	7

表3a Aの利益

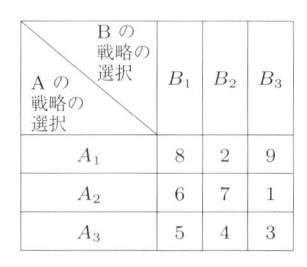

Aの戦略の選択 \ Bの戦略の選択	B_1	B_2	B_3
A_1	8	2	9
A_2	6	7	1
A_3	5	4	3

表3b Bの利益

先の場合に用いられた推論により解を求めることができ,ここでもまた (A_3, B_1) となる.それぞれの利益は5と5であり合計は10である.解の安定性や相手の戦略を知ることの有利さがないこと[9]について述べたことはここでも成り立つ.

---

[9] この場合,2人の複占者の利害が真っ向から対立し,「相手」という言葉が完全に正当化されている.前の例ではそれはなかった.

しかしながら，この例には解の決定性を導くように選ばれたという不自然さがある．これをみるためには，表3aの5と6を交換すればよい．変更された状況は表4であり，ここでは各戦略の組に対するAの利益が与えられている[10]．

Aの戦略の選択 \ Bの戦略の選択	B_1	B_2	B_3
A_1	2	8	1
A_2	4	3	9
A_3	6	5	7

表4　Aの利益

前の例で見出されたような安定性をもつ解はここでは存在しない．なぜならAがA_3をとったとしよう．もしBがそれを知ったとすればA_3のもとで最高の利益を彼に与えるB_2を「プレイする」．そうするとA_3はもはやAにとって最適な戦略にはならず，A_1をとることによりもっと良い状態が得られる．しかし，もしAがそうすると，Bの最適戦略はB_2ではなくB_3になる，などなど．解は存在しない，すなわち，相手の戦略がわかったときに少なくとも1人は自らの決定を変える動機をもってしまう．安定性が存在しなくなる[11]．

表の構造において，何が表3の場合には決定性を保証し表4においてはそれを不可能にしたのであろうか．その答えは，表3は鞍点（「ミニマックス」）をもつのに対し表4はそれをもたないことである．

鞍点は以下の2つの性質をもっている：つまり，各行の最小値の最大値であり，同時に各列の最大値の最小値となることである．したがって，表3aにおいては行の最小値はそれぞれ1, 3, 5であり，最後の5がこの中で最大になる（マックスミニ値である）．他方，列の最大値はそれぞれ5, 8, 9であり，5が最小になる（ミニマックス値である）．したがって，組(A_3, B_1)は行の最小

---

[10] 定和の仮定により，Bの利益に関する表は省いてある．明らかに定和の場合には，BはAの利益の最小化を図ると考えてよい．このことが自身の利益の最大化になるからである．
[11] しかし，少なくとも否定的な意味においてある程度の決定性はある．つまりある戦略の組は除外される．例えば(A_2, B_1)を考えると，AはBがB_1をとれば決してA_2をとらないであろうし，その逆も成り立つ．

値の最大値と列の最大値の最小値を達成しており，鞍点を構成する．表4が鞍点をもたないことは容易に確かめられる．5は依然としてマックスミニ値であるが，ミニマックス値は6であり，両者は一致しない．表4において不確定性をもたらすのは，鞍点が存在しないことである．

なぜただ1つの鞍点の存在が解の確定性を保証するための（十分条件でもあり）必要条件にもなっているのであろうか．その答えは，先の例に関して用いた推論の中にある．Aがもし彼の決定がどのように相手に漏れる場合にも守られるように戦略を選ぶのであれば，彼は表の行が最大の最小値，すなわちマックスミニ値に対応する行——表4においてはA_3——を選ぶであろう．そうすれば，AはBがたとえこの決定を知ったとしても，5よりも少ない利益を得ることはないと確信できる．同じ原理にしたがい，Bはミニマックス値に対応する列（戦略）——表4ではB_1——を選ぶであろう．彼はたとえ情報が漏れたとしても少なくとも4の利益を得られると確信できる．

このようにして複占企業両者は最小の利益——5と4——を必ず得られる．しかし加えても9にしかならない．この残り——1——をまだ分配しなければならない．この分配の際は相手の行動の先をいかに読むかに依存してくる．この残りが不確定性の程度の尺度を与えるとともにその説明を与える．その存在は双方独占におけるこの種の現象をよく知っている経済学者にとっては驚くことではないであろう．しかし，この残りがゼロになる，すなわちミニマックス値とマックスミニ値が等しくなる場合もあり，そのようなときには鞍点が存在し完全に決定的となるのである．

ここで『ゲーム理論と経済行動』の著者たちは1つの選択をしなければならなかった．彼らは鞍点は常に存在するとは限らず，したがって，ある程度の非決定性は一般に存在するという事実を受け入れた．しかしながら，彼らは非常に独創的な方法でプロセスを修正することによって非決定性を取り除く方向へと進んだ．そして，この修正によって適切な戦略の選択が行えるようになった．

ここまでは，戦略を決定する2つの複占企業に関してわれわれがイメージしていたのは，いくつかの可能な行動の筋道（「純粋戦略」）のうちどれが最も好ましいかについて考える人であった．ここでこのイメージを少し変えて，この人の手にいくつかのサイコロを与え，このサイコロをふってとるべき戦略を決定することを考えてみよう．このようにして，意思決定に偶然の要素がもち

込まれる（「混合戦略」)[12]．しかしすべてを偶然に任せるわけではない．複占企業 A は，――ただ 1 つのサイコロがふられるとして――ふった結果と選ばれる戦略との関係についてのルールを前もって定めておかなければならない．これまで用いてきた例ほどには興味深くはないかもしれないが，少し簡単な表を用いてこのことを示そう．この新しい表（表 5）において[13]，各複占企業が自由に決められる戦略は 2 つだけである．

A が用いるルールは，例えば次のようになる：

もしふったサイコロの目が 1 または 2 であれば A_1 を選択し；

3, 4, 5, 6 であれば A_2 を選択する．

このルールにしたがえば，A が A_1 をとる確率が 1/3，A_2 をとる確率が 2/3 となる．もし他のルール（例えば，ふったサイコロの目が 1, 2, 3 のときに A_1 を選択するというルール）が決まれば，A_1 を選ぶ確率は 1/2 となるであろう．A_1 を選ぶ確率を与える分数を偶然係数とよぶことにしよう；2 つの例における A の偶然係数はそれぞれ 1/3, 1/2 である[14]．

特別な場合として偶然係数が 0 になる（つまり必ず戦略 A_2 を選ぶ）場合もあり，1 になる（つまり必ず戦略 A_1 を選ぶ）場合もある；したがって，ある意味では「純粋戦略」は混合戦略の特殊な場合であるとみなすこともできる．しかし，最後の記述にはかなり重要な条件が必要である．ただ，この条件は複雑であるので，ここではふれないことにする．

用いることのできる戦略の 1 つを選ぶのではなく，複占企業 A は最適な（その意味はまだ定義していないが）偶然係数を選ばなければならないとしよう．偶然係数の選択はどのように行われるであろうか？　これまでのものとは

---

[12] 「混合戦略」をもち込むことに対する著者たちの正当化は以下のとおりである．決定を偶然に任せることは，決定者自身でさえどの戦略をとるかわからないのであるから，情報の「洩れ」を防ぐ 1 つの効果的な方法である．

[13] 表 5 においては鞍点は存在しない．

[14] A_2 を選ぶ確率は常に 1 から A_1 を選ぶ確率を引いたものに等しいから，与えられたルールを記述するには A_1 を選ぶ確率を示しておけば十分である．しかし，用いることのできる戦略の数が 2 よりも大きい場合には，いくつかのこのような偶然係数を明確にしておかなければならない．

Aの戦略の選択＼Bの戦略の選択	B_1	B_2	列の最小値	
A_1	5	3	3	マックスミニ値
A_2	1	5	1	
行の最大値	5	5		

ミニマックス値

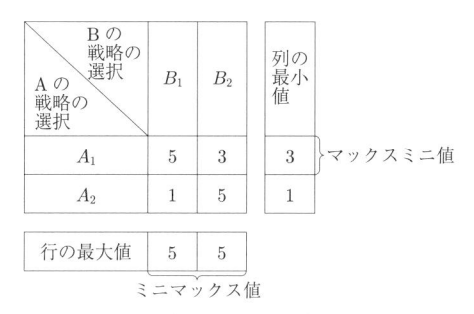

表5　Aの利益

2つの重要な点で異なっている表をつくるところにその解がある．表6がその例となっている．表の各行はAの偶然係数の可能な値に対応している：同様に，列はBの偶然係数の可能な値に対応している．偶然係数は0と1の間の（この2つの値を含む）任意の値をとりうるから，表は単に1つの「見本」とみなしておけばよい．このことは，各行の間，列の間のスペースによって示されている．

Aの戦略の選択＼Bの戦略の選択	0	$\frac{1}{3}$	$\frac{2}{3}$	1	列の最小値
0	5	$3\frac{2}{3}$	$2\frac{1}{3}$	1	1
$\frac{1}{3}$	$4\frac{1}{3}$	$3\frac{2}{3}$	3	$2\frac{1}{3}$	$2\frac{1}{3}$
$\frac{2}{3}$	$3\frac{2}{3}$	$3\frac{2}{3}$	$3\frac{2}{3}$	$3\frac{2}{3}$	$3\frac{2}{3}$ マックスミニ値
1	3	$3\frac{2}{3}$	$4\frac{1}{3}$	5	3
行の最大値	5	$3\frac{2}{3}$	$4\frac{1}{3}$	5	

ミニマックス値

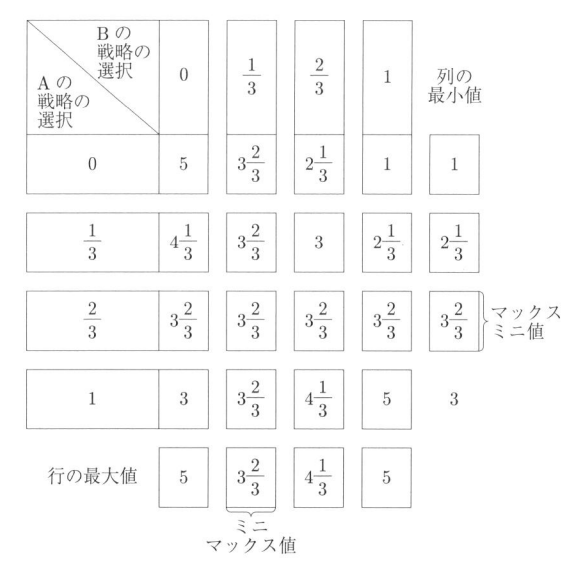

表6　Aの利益の数学的期待値

表の各値は，行と列によって示される偶然係数の選択に対応する平均の値（数学的期待値）である[15]．（表6は説明上の工夫であり，本書での実際の手

順は代数的であって計算はずっと簡単であると述べておくべきであろう．)

　もし，著者たちと同様，各複占企業が利益そのもの（表5）ではなく利益の数学的期待値（表6）を最大化するとしても，もし鞍点が存在しなければ，困難さは依然として解消されないであろう．しかし，混合戦略は無駄に導入されたわけではなかった．(この定理は最初は1928年にフォン・ノイマンによって証明されたのであるが)（表6のような）数学的期待値の表においては，鞍点は必ず存在し，したがって問題は常に決定的になる[16]．

　意思決定のプロセスにサイコロをもち込むことにかなり懐疑的であった読者も，これがむしろ劇的な結果であることにはおそらく同意するであろう．最初の印象に反して，問題を決定的にできたのである．しかし，払うべき代償もある：混合戦略を受け入れること，そして利益の数学的期待値だけが問題になる（例えばその分散は考えられていない）と仮定することが必要であるように思われる．経済学者の多くはこの代償は非常に大きいと考えるであろう．さらに，われわれは，「解」として，ミニマックス値とマックスミニ値の2つの臨

---

[15] これを確かめるために，例えば，表6の2行3列の値（すなわち3）がどのようにして得られるかを示そう．偶然係数のこの組（Aの1/3，Bの2/3）のみに有効な補助的な表をつくる．

Aの戦略の選択 \ Bの戦略の選択		B_1	B_2
	Bの偶然係数	$\frac{2}{3}$	$\frac{1}{3}$
	Aの偶然係数		
A_1	$\frac{1}{3}$	5	3
A_2	$\frac{2}{3}$	1	5

$1/3 \times 2/3 \times 5 + 1/3 \times 1/3 \times 3$
$+ 2/3 \times 2/3 \times 1 + 2/3 \times 1/3 \times 5$
$= 27/9 = 3$

表7　表6の2行3列についての数学的期待値の計算

　この表は行の最大値と列の最小値を除いた点および表6の第2行と第3列に対応する戦略を選択する確率を挿入した点のみが表5と異なっている．数学的期待値の計算は表6に示されている．

[16] 表6においては鞍点は3行2列の要素になる．表5には鞍点は存在しなかったことをもう一度注意しておく．

界点によって与えられる不確定的な区間を考えるべきなのではないだろうかとして，この種の問題に決定性をもち込む必要があるかどうかを問題視する人もいるかもしれない．

　この書評の最初に指摘したように，一般には共謀の可能性を無視するべきではない．特により複雑な経済状況を考察する際には，このことは明らかである．

　例えば，2人の買い手が2人の売り手と相対している状況を考えてみよう．この状況では，売り手と同様，買い手の「提携」が形成されるかもしれない．しかしそれだけでなく，1人の買い手が1人の売り手に賄賂を送って，他の2人に対抗した協力関係をつくることも考えられる．このような結びつきは他にもいくつか見出されるであろう．

　複占のように（買い手の役割は無視するものとして）2人のプレイヤーだけを考える場合には，もし2人の利益が一定であれば，提携は形成されないであろう．しかし，プレイヤーの数が3人以上であれば，たとえすべての参加者の利益の和が一定であったとしても，部分提携の形成によって利益がもたらされることがある；上の4人の例では，たとえ（いや，特にこの場合にはといったほうがよいかもしれないが）4人全体の利益を合わせると常に同じ値になるとしても，売り手にとっては買い手に対抗するために連合する意味があるであろう．

　したがって，非常に便利な定和という仮定を外すことなく，提携形成の問題を十分に扱うことができる．実際，和が一定でない場合には，実際の参加者のすべての利益を損失とし，逆に損失を利益とする仮想的なもう1人の参加者を（概念的に）導入しなければならない．このようにして，例えば3人を含む定和でない状況は，4人定和ゲームの特殊な場合として考察できるようになる．これが，経済の問題は一般にさまざまな非定和の状況をとるにもかかわらず，（本書においてもこの書評においても）議論を定和な状況に限るいま1つの理由である．

　さて，提携形成が現れてくる最も簡単な定和の場合，つまり3人の参加者を含む場合の考察へと進もう．先に2人の場合に用いられた分析手法はもはや十分ではない．可能性の数が急速に増大する．各参加者は独自に行動しうるが，そうでなければ，（AとBが提携してCに対抗する，AとCが提携してBに対抗する，BとCが提携してAに対抗する）3つの可能な2人提携の

1つが形成されるかもしれない．定和の制限がなければ，もう1つ3人全員の提携の可能性もある．

ここで再び，この問題に対する著者たちの新たなアプローチを知ることになる．ほとんどの伝統的な経済理論においては[17]，ある特定な提携が形成されること——ないしは形成されないこと——が仮定されている．したがって，例えば，われわれはカルテルが形成されるための必要十分な条件を厳密に調べることなく，カルテルの経済を議論することになる．さらに，たとえこれらの現象が現実におこっているとしても，われわれはこれらの現象を買い手と売り手の間の共謀であるとして最初から除外する傾向がある．『ゲーム理論と経済行動』は，われわれが知っている経済理論よりもより抽象的にみえるが，これらの問題点について，現実にずっと接近している．経済理論の問題に対する完全な解答を与えるためには，提携の形成，賄賂，共謀などの問題に答えなければならない．より複雑な場合においてはいく分形式的な性質をもっていたり，実際の市場の動きに対する十分な洞察を常に与えるとは限らないにしても，この答えが，いまや与えられた．

3人の参加者の場合にもどろう．そのうち2人は売り手で，1人は買い手であるとする．伝統的な理論によれば，各売り手がどのような価格で何単位を売るかがわかる．しかし交渉の中で売り手の1人がもう1人に賄賂を送って競争から外れるよう仕組むこともあるかもしれない．したがって市場から外れた売り手は利益を得られる；他方，財を売った売り手は実際のもうけを（賄賂の額だけ）上回る額面上の利益を得る．

したがって，利得の概念を導入しておくのがよい：賄賂を送られた人の利得は賄賂の額であり，売り手の利得は販売による利益から賄賂の額を引いたもの，などである．このように与えられた参加者の間の利得の分布を配分とよぶ：配分は数ではなく，数の集合である．例えば，ある状況での参加者の利得が g_A, g_B, g_C であったとすれば，配分とよばれるのはこの3つの g の集合である．配分は経済プロセスの結果をまとめたものである．どのような状況で

---

[17] H. フォン・シュタッケルベルク（H. von Stackelberg）は，彼の著作 *Grundlagen einer reinen Kostentheorie* (Vienna, 1932) において，「競争者（複占企業）はなんらかの方法で提携するに違いない；彼らは……この場合には不十分であるにしても，経済的な取引によって経済的な動きを補うに違いない」と指摘している（p.89）．しかし，（可能な議論展開の概略は与えられてはいたが）このような状況に関する厳密な理論は展開していない．この問題に対して，『ゲーム理論と経済行動』は真に議論を前進させた．

もたくさんの可能な配分が存在する．したがって，経済理論の主要な目的の1つは，これらのおこりうる配分の中から合理的行動の結果実際におこるであろうものを見出すことである．

上で述べた（3人の参加者で定和）のような状況では，各参加者は独自に行動したときに，たとえ最悪な状況がおこって他の2人が提携を組んで彼に対抗したとしても，どれだけ得られるかを考えることから始めるであろう．このためには，この状況を（対抗する提携を1人のプレイヤーとみなして）2人ゲームとしてとらえ，そのゲームのマックスミニ値ないしはもしそれが存在するのであれば，鞍点をみつければよい．もし「混合戦略」が使われれば，もちろん鞍点は存在する．次に，参加者たちは他の2人のうちの1人と提携を組む可能性を考えるであろう．ここで，どのような条件のもとで提携は形成されるのかという，重大な問題が生じる．

この議論を始める前に，関係する情報を表8にまとめておこう．

表8

I.	もしAが1人で行動すれば，彼が得る額は	5
	もしBが1人で行動すれば，彼が得る額は	7
	もしCが1人で行動すれば，彼が得る額は	10
II.	もしA, Bが提携をつくれば，彼らが得る額は	15
	もしA, Cが提携をつくれば，彼らが得る額は	18
	もしB, Cが提携をつくれば，彼らが得る額は	20
III.	もしA, B, Cが全員集まれば，彼らが得る額は	25

おこりうる多くの配分のうち，まず表9の3つのものを考えよう．

表9

	A	B	C
#1	6.5	8.3	10.2
#2	5.0	9.5	10.5
#3	4.0	10.0	11.0

配分#1のもとでは，BとCはそれぞれ独自に行動するよりも良くなる：実際，#1において彼らはそれぞれ8.3, 10.2を得るが，独自に行動したときには7, 10しか得られない．したがって，BとCは提携を組まなければ配分#1を得ることはできないから，提携を組む動機をもつ．しかし，いったん提携が組まれると，彼らは配分#1よりも良い状態を導ける．すなわち配分#2である．（実際，それぞれ9.5, 10.5を得ることができ，これは8.3, 10.2より大

きい．）このような場合に，配分#2は配分#1を支配するという．さて，配分#3はB，C共に#2よりも多く与えるから，今度は#3が#2を支配するように思える．しかし，与えすぎである：#3のもとでのBとCの利得の合計は21であり，これは彼らが提携したときに得られる値を超えている（表8を参照せよ）！　したがって，#3は現実的でないとして除外され，他のどんな配分も支配することはできない．

支配は非常に興味深いタイプの関係である．1つには推移的でない：配分 i_1 が配分 i_2 を支配し，配分 i_2 が配分 i_3 を支配するからといって，i_1 が i_3 を支配するとは限らない，実際，i_1 は i_3 に支配されるかもしれない[18]．さらに，例えば，2つの配分でそのどちらもが他を支配しない例も簡単につくれる[19]．

この少々普通ではない状況の幾何学的な図は図1に与えられる．ここで，円上の点は異なった配分を表している．（この図は，理解の助けにはなるが，単に幾何的な類似を与えているにすぎないことに読者は注意しておいてほしい．）ここで，#2が（時計回りで）#1から90°離れていなければ，#1は#2を支配するということにしよう．すると，図1において，#1は#2を支配し，#2は#3を支配するがそれにもかかわらず#1は#3を支配しない．

この幾何学的な図は非常に基本的な解の概念を定義するのに役立つ．

図1において点（配分）#1, 3, 5, 7を考えよう．これらすべては，どの2つも厳密にすなわち90°以上離れているので互いに支配しない．しかし，それ以外の円周上の点はこれらの点の少なくとも1つ（ここでは正確に1つ）の点から支配される．#1と#3の間のすべての点は#1から支配される，などである．上の4点のどれからも支配されない点は円周上に存在しない．さて，解を次の2つの性質を満たす点（配分）の集合として定義する：(1) 集合内のどの要素も集合内の他の要素を支配しない，(2) 集合外のどんな要素も集合内の少なくとも1つの要素から支配される．

---

[18] すなわち，支配は循環的な関係にもなりうる．例えば，上の問題において次の3つの配分を考える：表9における#1，#2と以下の#4である

	A	B	C
#4	6.0	7.0	12.0

ここで，(上で示したように) #2は (提携B, Cに関して) 1を支配し，#4は (提携A, Cに関して) #2を支配するが，同時に#1が#4を (提携A, Bに関して) 支配し，循環が完成する．

[19] 例えば，表9における配分#2と#3がそうである．

図 1

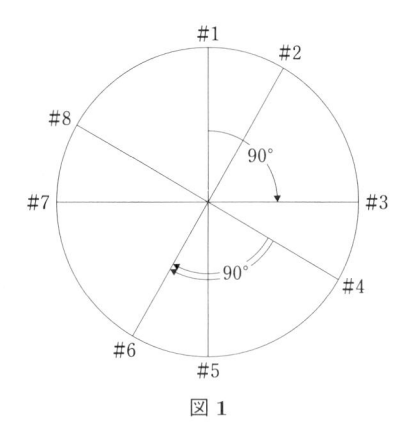

　点#1, 3, 5, 7 がこれらの性質を満たすことはすでにみたので，この 4 点は解を形成する．重要なことは，個々の点はどれもそれだけでは解とみなせないということである．実際，もし集合の 4 点のうちどれか 1 つでも除けば，残った 3 点だけではもはや解を形成できない．例えば，もし#1 が除かれれば，#1 と#3 の間の点は点#3, 5, 7 のどれによっても支配されない．これは解に要求される第 2 の性質に反しており，したがって，3 点はそれだけでは解にならない．他方，#1, 3, 5, 7 に第 5 の点を付け加えて得られる 5 点集合も解とはならない．例えば，点 2 が第 5 の点として選ばれたとしよう．このときは，#2 が#1 に支配され，また#2 は#3 を支配する．したがって，解の第 1 の性質が欠けてしまう．

　直観的な推測と異なって，解の要素は解の外部の点から支配されるかもしれない：例えば，#1 は#8 に支配される，など．

　2 つ以上の解が存在しうることも容易にわかる．読者は#2, 4, 6, 8 がやはり解をつくることを問題なく示せるであろうし，無限に多くの解が存在することも明らかであろう．

　常に少なくとも 1 つの解が存在するであろうか？　いままでのところこの問題は未解決である．著者たちが調べたケースにおいては，解を 1 つももたないものはみつかっていないが，常に解が存在することも証明されていない．解のないケースが理論的に可能であるかどうかをみるためには，われわれの支配の概念を，（時計回りに図った）両者の角度が 180°を超えないときに#1 は#2 を支配する，と少し修正してみるとよいかもしれない（図 2 を参照）．

したがって，図2において#1は#3を支配するが，#4は支配しない，などである．この場合には解が存在しないことを示せる．解が存在するとしてみよう．このとき，一般性を失うことなく#1を解の1点として選ぶことができる．円周上に#1によって支配されない点（例えば#4）が存在するので，明らかに#1はそれ自身だけでは解とはならない．したがって，解は少なくとも2点を含まなければないが，#1以外の円周上の点は，#1に支配されるか（例えば#2），#1を支配するか（例えば#4）か，またはその両方であり（例えば#3），解の要素に関する最初の条件に反する．したがって，2点からなる解も存在しない．なおさらのこと，2点より多くの点を含む解も存在しない．このようにして，解をもたない例をつくることができた．しかし，経済学（ないしはゲーム）において，このような状況がおこるかどうかはまだ未解決である．

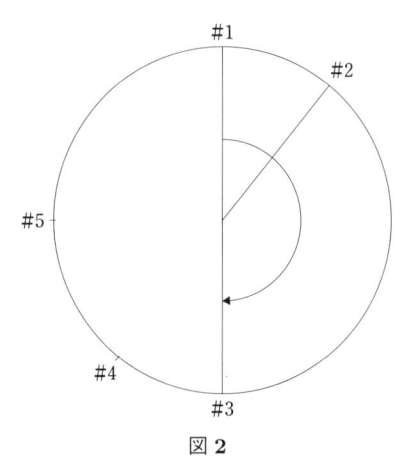

図2

さて次に解の概念の経済学的な解釈を考えてみよう．解の集合の中の要素には支配の関係はないから，その中で1つの配分から他の配分へ動く理由はない．さらに，解の外の配分は解の中にそれを支配する配分があるから，その配分によって「信用されない」ものとなり，したがって解の点から外へ飛び出す理由もない．しかしながら，すでにみたように，その逆も成り立つ．すなわち解の中の配分も外の配分に支配される．もし後者を無視するのであれば，与えられた解は，偶然でなければ制度的な性質を有することになる．著者にしたがえば，解は人々がいうところの社会によって受け入れられた「行動基準」と同

じものであるといえる．

　解の多様性は，いくつかの代替的な制度の仕組みに対応していると考えられる．ある1つの制度の枠組みに対してはただ1つの解が関係している．しかし，そうだとしても一般に解は複数の配分を含むから一般にまだたくさんの可能性が残されている．もし混合戦略を用いないとすれば，より大きな不確定性が生じるであろう．

　したがって，フォン・ノイマンとモルゲンシュテルンが，解を適用した際にいままでにみすごされたり無視されたりしていた配分を発見することなく，古典的な結果以上のものを何も得なかったとすれば，それは驚くべきことである．そして，特に本書の最終章において，興味深い「正統的でない」結果が指摘されている．

　少なくとも1つの場合においては，著者たちの主張が一般的に経済理論の主張を超えていることは，最近の文献の視点からは完全には正当化されていない．それは本質的に双方独占に対応している場合である（768ページの命題61:C）．著者たちは（彼らが新たに展開した方法を用いることにより）価格に関してある不確定な区間を得ているが，それはベーム・バヴェルク（E. von Böhm-Bawerk）が示した区間よりも広くなっている．その理由は（著者たちも指摘しているように）ベーム・バヴェルクの価格の一意性の仮定を落としたからである．しかし，1つだけ例をあげると，価格の区間の同じような広がりをもつ消費者余剰の理論においても放棄されたのである．

　しかしながら，『ゲーム理論と経済行動』は他の方法によるよりもずっと一般的なアプローチを提供したことをくり返し述べておくことは意味があるであろう．純粋に解析的な方法により得られた「差別」解の存在はこの1つの例である．3人ゲームや4人ゲームに関連して先に述べられたさまざまなタイプの取引や共謀を説明できることも，習慣的に用いられている経済理論の方法やテクニックによって通常得られる結果をはるかに超えている．

　フォン・ノイマンとモルゲンシュテルンの新たなアプローチは巨大な潜在能力をもっており，経済理論のかなりの部分を実際に改良しより豊かにしうると望む人もいるであろう．しかし，かなりの程度まではまだ潜在能力であり，結果はほとんどこれからの発展にかかっている．

　3人を超える人が含まれている状況を扱うときに，より強力な数学の方法を用いたとしてもぶつかるであろう困難さは本当に手ごわいものである．売り手

独占や買い手独占の問題でさえ，現在の研究段階ではまだ手が届かない．同じことは完全競争についてもいえる．ただ，これは競争配分を凌駕しうる提携の形成を除外しているので，「合理的な」解とはいえないかもしれないが．寡占の問題は脚光を浴びている．しかし，ここでもまた経済理論家が望むほど具体性をもった結果は得られていない．

　それゆえ，私は現在経済理論家が用いている分析のテクニックを（無差別的に）攻撃している本書の最初の章におけるいくつかの記述には少々残念に思っている．たしかに，『ゲーム理論と経済行動』で指摘されている経済理論の欠陥はそのとおりであり，例えば，m 人の売り手と n 人の買い手からなるシステムの一般的な性質を与えるモデルで，独占，複占や完全競争がその一般的な分析の特殊ケースとして扱えるようなものがあれば最も良いであろう．しかしながら，残念なことにそのようなモデルは間近にはない．だからこそ，それほど満足はできないが，非常に有用であるモデルが経済理論家の間で使われてきたのであり，これからも使い続けられることは疑いないであろう．たとえ最良のものでもまだまだ未熟であったとしても，経済理論の結果に対する社会の要求を無視することはほとんどできない．経済変動の理論が研究しつくされたという事実は，「いかにこれにともなう困難さが過小にみられたか」（8 ページ）の証にはならない．むしろ，雇用レベルが上がったり下がったりするときにおこったのと同じくらい結果に対する要求が強いときには，経済学は，理論的に最も「論理的な」方法で発展するぜいたくは許されないことを示しているといってよい．

　フォン・ノイマンとモルゲンシュテルンが示唆する方向にそって発展した厳密な理論が利用できれば，重要な問題において，現在の（明らかに不完全な）道具を用いて得られる結果とずっとかけ離れたものになるということは，それは本書の最初の章においてみられる不愉快な非難を正当化するものではあるが，そう考えられないことはないけれどもまったく確かであるというわけではない．例えば，形成されるべき提携を理論的に導くことは大きな価値のあることであるが，われわれは（不十分ではあるが）理論の代替として使うことのできる実際の経験というものをもっていることを忘れてはならない．例をあげれば，ある状況でカルテル形成が明らかに「おこりそう」なときに経済理論家はそれを仮定の1つに含めてしまうが，フォン・ノイマンとモルゲンシュテルンはカルテルの形成を付加的な（論理的には不必要な）仮定とはせずに，（少

なくとも原理的には）証明することができるであろう．

　著者たちは，経済学への数学的方法の適用を，それと反対の主張であるにもかかわらず，読者たちにフォン・ノイマンとモルゲンシュテルンは経済学の多くの分野における最近の進歩が主に数学のツールを使うことによるものであることを知らないのではないかと誤解させかねない方法で批判している．彼らはまた，言葉による形で発達した経済学は，明示的にではないが，著者たちが批判している数学的なテクニックにもとづいているという事実を無視しているように思える．（したがって，彼らが本当に問題視しているのは，数学的な経済学の方法ではなく，言葉による経済学そして数学的な経済学が共通にもっている経済学の要素である．）数学的な取り扱いが常に十分に厳密ではないことは確かであるが，たとえ言葉による形が重要な点においてはより現実的であることがまれではないとしても，数学的方法の方が一般的に言葉による取り扱いよりもより厳密である．

　著者たちの意図からは，経済学における厳密な思考に反対するものに助けと安らぎを与え彼らの自己満足を増大させる以上のものは何も得られないであろうということに，私はほとんど疑問をもっていない．これも第1章のあいまいな批判のせいである．これらの批判は，本書のそれ以降の建設的な業績ほどの価値はほとんどないであろう．

　経済学者はおそらく，より最近の経済書への言及が非常に少ないことに驚くであろう．読者は経済学とはベーム・バヴェルクとパレート（V. Pareto）と同義であるとの印象をもつだろう．（クールノーのような）19世紀の先駆者も（チェンバレン（Edward Chamberlin），ジョーン・ロビンソン（Joan Robinson），フリッシュ（Ragnar Frisch），シュタッケルベルクといった）ここ数十年の著作者たちもそれとなく言及されてもいない．しかし，著者たちは本書に非常に大きな建設的努力をつぎ込んだのであるから，彼らの仕事を先駆者たちのそれに関連づけなくてもよいと主張する資格が彼らにはある．われわれは，本書のほとんどすべてのページにみられるビジョンの大胆さ，細部にわたる忍耐強さ，思考の深さに敬服せずにはいられない．

　どんなに議論が込み入ったところでも，解説は非常に明快であり魅力的である．著者たちは，読者が数学の基本的な部分以上のものをよく知っているということは仮定していない．より洗練された手段は，必要なときに「その都度」つくられる．

これは書評の範囲を超えるかもしれないが，戦略的ゲームそのもの（チェスやポーカー）の範囲においては経済学への応用のいくつかに比べより具体的な結果が与えられていることにもふれておくべきであろう．チェスの確定的な性質，ポーカーにおける「ハッタリ」，シャーロック・ホームズについては有名なモリアティ教授との遭遇における適切な戦略に興味のある人たちは，経済学には直接の関係はないものの，これらの節を楽しく読むことであろう．軍事や外交における最適な戦略に対する読者の考え方もまた影響を受けるであろう．

　したがって，本書を読むことは知的な発展の舞台であるとともに楽しみである．ほとんどの経済学者は，たとえときにはなかなか進めなくても，本書を最後まで読み終えることができるに違いない．そしてその努力に見合う書である．『ゲーム理論と経済行動』のようなすばらしい書が出版されるのは本当にめったにないことである．

Economica (May 1946)
T. バーナ（T. Barna）
New Series, Volume 13, No.50, pp.136-138

　ノイマン教授とモルゲンシュテルン教授は経済理論の基本的な教科書となるべき書を執筆した．本書の本質は数理経済学の精緻化やその要約にあるのではなく，経済学において用いられてきたある数学的方法に対する率直な批判であり，経済理論の中心となる問題に対するそれに代わるまったく異なった数学的アプローチを与えることである．

　著者たちは，（他の科学に比べ）経済学において数学の利用がうまくいかなかったのは，何か固有の原因があるのではなく，正しくない数学的手法が使われてきたことによるとしている．経済の問題の解を得るためには，まず2つの障害を取り除かなければならない：1つは，経済の問題の定式化が十分に明確ではないことであり，いま1つは経験にもとづいた知識が不十分なことである．これらの障害を取り除くことは必要であるが，本書は，経済的な重要性をもった共通の人間行動の数学的取り扱いに関心をもち，より抽象的なレベル

を扱っている．進歩の可能性の主要なものは，これまで「心理学的」とラベルづけされ経済学には含まれないと考えられてきた要素を数量的に扱うところにみられる．これまで経済学に適用されてきたタイプの数学的手法（すなわち微積分学）は，「ロビンソン・クルーソー」タイプの問題には適している；ここでは問題は明らかに最大化問題である．しかし2人かそれを超える参加者のいる交換経済を扱うときには，各主体は他の人の行動にも影響を受けるものを最大化しなければならず，問題の性質は変わってしまう．

　交換経済は，時には一致し時には対立するさまざまな利害を含んでおり，これらの利害の相互作用の結果として経済均衡が生み出される．このようなシステムを記述するには，物理学や他の科学で成功したものとは異なる数学的手法の適用が必要になる；抽象的な意味では，交換経済は戦略のゲームに類似している．したがって，経済理論を理解するための第一歩は，ゲームの完全な理論をつくり出すことである．後者には，他の科学にはまだほとんど用いられたことのない，ノイマン教授が15年以上取り組んできた新しい数学的手法が必要になる．いまはじめてゲーム理論が完全な形で発表されるのであり，これが本書の大半をかたちづくっている．

　数学的手法は，組み合わせ理論そして集合論の手法である．表面だけみると，この手法は通常の微積分学よりもむずかしくみえる．しかし，それはおそらく経済学者だけでなく多くの科学者にこの手法がまだよく知られていないためであろう．しかし，この新しい手法をマスターするには高度な数学の知識をあらかじめもっている必要はない；実際，本書では導入する数学的概念のすべてをその最初から説明している．したがって，本書を経済学者たちに取り上げてもらいたい；さもなければ，この解析手法による進歩はみこめないからである．

　ゲーム理論は2人ゲームから始まり，徐々に多くの参加者のいるゲームに取り組めるように発展する．もちろんほとんどのゲームでは利益と損失はバランスするが，経済社会においては生産があるので明確な違いが出てくる．この困難さは，「ダミー」プレイヤーを導入し，もう1人の参加者（「ダミー」）を付け加えることによって，利益と損失がバランスしないもとの多人数ゲームが利益と損失がバランスするゲームと同じ問題を与えることを示すことにより巧妙に克服される．ゲーム理論が2人ゲームからn人ゲームへと進むにしたがい，経済理論も双方独占から，1つの特別なケースとしての完全競争の場合へ

と進む.

　このアプローチの主な利点は，数学に対して経済学における基礎的な位置を与えることである．そのことにより，単に言葉で表された経済学を記号に翻訳するのではなく，新しい真実へと到達することができる．独占的競争から始まって，理論が一般化されたときにのみ完全競争に到達するという事実は，このアプローチをより現実的なものにすると思える．ヒックス（J. R. Hicks）の著書[1]におけるアプローチのおそらく最終的な結果において，独占の仮定が「経済理論に破壊的な結果をもたらすこと」を考えたときのヒックス教授の不安を思い出せば，その対比はより顕著であろう．しかし，新しい手法の主要な利点は，参加者の「提携」を扱い，「提携」が形成される理由を説明し，その結果を記述できることである．参加者の数が増えるにつれ，複雑さが増すだけでなく，問題の性質が変化することが明確に示されている．

　新しいアプローチの結果は何であろうか？　双方独占ないしは完全競争のような比較的簡単な場合における新しい結果を期待するべきではないが，それとは異なる問題に対する非常に厳密な扱い方やおこりうる代替的な結果を完全に列挙することは期待できる．完全競争の仮定を精査し，古いアプローチの結果が再確認されるかどうかを調べることもできる．時々は興味深い結果が現れる；例えば「差別」の厳密な定義や，差別が存在するときの結果の不確定性である[2].

　ノイマン教授とモルゲンシュテルン教授は，もちろん，経済理論におけるいくつかの公理，とりわけ利潤動機を受け入れている．また，彼らの理論は経済静学のみを扱っており，動学的な問題に適用したときにもうまくいくという彼らの保証を受け入れるしかない．しかしながら，経済学の問題は，数学者の視点，すなわち形式的な問題として，考察されているだけである．経済学の科学としての立ち遅れは数学的な経済学が成功しないからだけでなく，社会科学と自然科学の間の本質的な違いにもよるのだ，というのは事実ではないだろうか．すなわち，制御された実験は社会科学では不可能か，ないしはほんのまれ

---

[1] *Value and Capital*, p.83
[2] ついでながら，経済学の基本的な概念である効用が数値として測れる量として扱われている．個人の選好の複合体におけるどのような2つの事象も，（構成要素の）出現確率を適切に与えることにより選好図においては同等なものにできる，というのがその理由である．この議論は本書の中心に置かれているわけではないが，経済学者の大きな興味をひくものであることは疑いがない．

にしか可能ではなく，したがって，他の分野では非常に有益であるとわかっている仮説の定式化とその実験による検証が，互いに手を携えて進むというわけにはいかない．実験によって背景情報を得ることは大きな進歩の可能性につながるとはいえるが，経済動学においては変化しない要素はなく，したがって自然科学のような完全性は達成できないに違いないという事実は依然として残る．しかしながら，このような性格の書物に対する判断を述べるにはまだ早すぎる．いつかは読み学ばなければならない重要な書であることは確かである．しかし，経済学者が本書の基礎の上に理論を構築し，最終的に応用経済学の分野でそれを用いることができてはじめて本書は成功したといえるであろう[3]．

Psychometrika (March 1951)
ウォルター・A・ローゼンブリス（Walter A. Rosenblith）
Volume 16, No. 1, pp.141-146

　この書評が遅れたことについてまず説明しておく．私はすでに多くの良い書評が出ていることを知っているし，そのうちのいくつかは素晴らしいものであることも否定しない．650ページからなる著作の真髄を抽出し15-20ページの解説論文としてまとめることは素晴らしいことであり，ほとんどの書評が経済学ないしは数学の論文誌に掲載されていることも理解できる [1] [2]．しかしながら本書の影響力が及ぶのははこれらの分野だけではない．数量的な研究を行っている科学者たちに本書が提示した問題は，新しい武器をテストする軍事演習の評価において参謀将校たちに与えられる問題とよく似ている．
　このことを心にとめたうえで，これ以上骨を折ることなく，本書はむずかしい本であると認めてしまおう．本書をむずかしくしているのは，数学的なバッ

---

[3] 本書の価値から注意をそらそうというわけはないが，もし完全なゲーム理論が展開されたならば，おそらく経済学はその最も実り多い応用分野とはならないであろう．政治学（政党政治においても武力外交においても）への応用のほうがより興味あるものになる．おそらく2党，3党，……政治は，双方，三者，……独占に相当し，国際政治の分野においてはもっと複雑なパターンにつながるかもしれない．ないしは，経済学と政治学を同時に説明できる理論の芽生えであるといってもよいかもしれない．

クグラウンドないしは経済学の事実や問題に読者がくわしいと期待されていることではなく，本書が新しいアイディアを説明しそれを支えるために新しくあまり知られていないテクニックを使っているところである．厳密さに関心があったため，彼らが進めた方法では，読者に彼らの新しいアプローチのパワーそして美しさを例を通して与えることは困難であった．

　著者たち——ジョン・フォン・ノイマンは数学者の中の数学者であり，オスカー・モルゲンシュテルンはよく知られたオーストリア学派の経済学者であったが——は彼らの信条を述べるところからスタートしている：伝統的な数理経済学は，その用いた道具のゆえにうまくいかなかった．それは，ニュートン物理学の産みの苦しみの中から生まれた微分学である．いまや，社会現象は少なくとも当時の物理学が遭遇したのと同じくらい複雑になっている．「したがって，この分野で決定的な成功を収めるためには，微積分学に匹敵する数学的な偉業の発見が必要になるであろうと期待される——あるいは気遣われる——．」社会科学（経済学がその典型的な例であるが）の直近の課題はしたがって2つある：(1) 記述的アプローチを継続すること．（「経済学に関連する事柄に対するわれわれの知識は数学化がなされたときの物理学に比べて比較にならないほど小さい．」）(2) 数学的に正確な道具をまず限られた分野で発展させること．著者たちの科学的なそして社会的な人生観と同様，学者としての謙虚さは以下の文章の中に現れている：「すべての科学の大きな進歩は，最終的な目的に比べれば控え目な問題において，さらに大きく拡張しうる方法が開発されたときに実現される．……確実な手続きというのは，まず限られた分野で最高度の正確さと習熟を得たうえで，もう少し広い分野へと進み，さらにより広い分野へと進むことである．これによって，まったく役に立たないいわゆる理論を経済や社会の改革に実際に適用するという不健全さを取り除くことができるであろう．」多くの初期の科学的学問分野の方法論と戦略に関して重要なのはこの点である．

　著者たちのアドバイスは簡単にいうと以下のとおりである：「当面の」問題からは離れたほうがよい，そこにかかわることは進歩を遅らせるだけである．個人の行動と最も簡単な交換の形態についてできるだけ多くのものを見出して，「経済的事実の通常の日常的な説明を注意深く分析し」，それにもとづいて徐々に理論を発展させていく．これは，数学を用いないもっともらしい考えから本格的な理論構成へと手さぐりしながら進んでいく発見的方法である．馬鹿

らしい！，しかし最終的な理論を数学的に厳密でしかも概念的にも一般的であるものにしたいのならば，この道をたどらなければならない．このプロセスを最初に適用するのは，疑問のない状況への適用になるから，結果は自明なものであろう．しかし，続けてより複雑な問題に適用していけば，最終的には何がおこるかを数学的に予測できるようになり，本当に成功を収めることができるであろう．

経済学者ではない私は，ある種の当惑を感じたことをここで告白しておかねばならない．このような戦略が自然科学において成功を収めたことは疑いがない．そこでは，制御された実験によって理論が補強されるからである．しかしながら，「経済理論」を構築するときに「当面の」問題や論争の的になっている問題を遠ざけておくことについて，私はそんなに楽観的には考えていない．日常の経済的な事実は，個人や社会の――合理的であるかもしれないしそうではないかもしれない――さまざまな行動とあまりにも混じり合っているように思えるからである．「経済的な事実は事実であり，そのことは事実であり，……」とくり返すという単純な処方箋は，次の世代の人々や社会がもっともらしいと考えることを払いのけるには十分に強力なおまじないとなり続けることはできないであろう．著者たちが学問的な中立性を目指していたことは疑いがない．それでも，少なくとも1人の批評家は「本質的に資本主義的な生産の形にもとづいている彼らの方法がすべての合理的な経済をカバーできるかどうかは疑問である」と述べている [3]．社会の目指すものそして必要とするものは，経済理論の構築と複雑な形で相互に作用しあっているといっておくのが無難であろう*．『ゲーム理論と経済行動』が経済や軍事の戦略の分野で人気を博したことは，この数学的な構造物もまた当面の問題の解決という約束を守ったといってもそれほど外れてはいないであろう [4]．これらのやや批判的な意見も，本書の本質的な価値を減じるものではないし，脚注やそれまでの節への参照がどっさり載っている文章を喜んで読みぬく真面目な読者たちの感じる本

＊これらの相互作用のいくつかの問題は Institute for the Unity of Science のボストン会議の前に読まれた最近の論文で考えられていた．特に，A. カプラン (A. Kaplan) 博士の "Scientific Method and Social Policy" とフィリップ・フランク (Philipp Frank) 教授の "The Logical and the Sociological Aspects of Science" を参照してほしい．カプラン博士は，展望があり，プログラムにそい，系統的である科学的方法に主な関心をもっており，フランク教授は，ある特定の理論を受け入れる要因となる超科学的な要素の分析を試みていた．

当の楽しみを減じるものでもない[†]．組み合わせ理論，集合論，そして線形代数が，そんなことは考えもしないコインを放り上げる人やポーカーをプレイする人のほんの鼻先で展開されているということに，学生たちはすぐに容易に魅了されてしまうであろう．

『ゲーム理論と経済行動』は，個人の観点から経済理論にアプローチする．したがって，個人の動機について確かな仮定を置いておかなければならない．著者たちはためらわずに，消費者は自分の満足度を最大にし企業家は利益を最大にするという伝統的な見方を受け入れる．効用の最大化を合理的行動の原理とするならば，「効用」という変数を数量として扱えなければならず，そのためにはさらに仮定が必要になる（簡単化のためには，例えば効用を図るために金銭的な単位を使うこともできる）．われわれは，「選好の体系が包括的であり完備である，すなわちどのような2つの事象（ないしは確率が与えられた事象の結合）に対しても明確にどちらが好ましいかがわかる，個人を想定しなければならない．」フォン・ノイマンとモルゲンシュテルンは効用の公理的取り扱いにおいて，この選好の完備性の条件を選好関係の推移性と結びつけて，ただ1つの全順序となる概念を導いた[*]．著者たちは，彼らが扱っているのは1人の主体が経験する効用であって，異なった主体間の効用の比較はまったく意図していないことを強調する．したがって，誰も，社会的な集団の効用関数を決定できるような加重関数をみつけられると期待して本書を開いてはならない．この点に関してフォン・ノイマンとモルゲンシュテルンは，「2ないしはそれ以上の関数を同時に最大化することによって定められる指針はありえない」として，「最大多数の最大幸福」という社会的な格言を自己矛盾しているとする．

われわれは，何が解，すなわち経済ゲームにおける参加者に関する行動のルール，を構成するかをほとんど知ることのできるところに来ている．すべてのおこりうるタイプのゲームを調べることはできないので，まず，1人の主体

[†] **15.4.3**（168 ページ）の例を載せておこう：「**13.5.3** の結果に与える説明は **14.2-14.5**——特に **14.5.1**，**14.5.2**——の考察にもとづいているため，**13.5.3** においては与えることができなかった．」

[*] この公理的取り扱いでは，効用は線形変換を許すところまでしか決定できない．変換群と心理学的な尺度の関係についての議論は，もうすぐ刊行される *Handbook of Experiment Psychology*（S. S. Stevens 編集）の中の S. S. スティーブンス（S. S. Stevens）による "Mathematics, Measurement and Psychophysics" についての章をみていただきたい．

が遭遇しうる経済的な状況を分類することができるかどうかを調べてみよう．この分類を簡単にいうと，1つ，2つ，たくさんという原始的な数え上げと似ている．ロビンソン・クルーソーの経済においては，数学は理論的には簡単なものである．すなわち，いくつかの必要なものといくつかの財があって，問題は最大の満足を得ることであり，明らかに（もちろん多変数ではあるが）通常の最大化問題である．次に，社会的な交換経済における2人の参加者のケースを考えてみよう．この場合は，全体の理論をつくっていくうえで特別な重要性をもっていることがわかるであろう．この問題も最大化問題と共通な要素をもっているが，ある完全に新しい特徴が付け加わっている．すなわち，各参加者が最大化しようとする関数の変数の中に彼が制御できないものが入ってくる．

経済の舞台におけるプレイヤーの数が2人を超えると新たな概念が現れてくる．すなわち，提携である．提携を用いることにより，われわれはより複雑な交換経済を本質的に2人ゲームに落とし込むことができる．しかしこれは簡単なことではないし，常にできると確信することもできない．物理学のように，いつの日か肉屋とパン屋と燭台屋の間の交換の問題よりも，1億5,000万人の人を含む経済のほうが統計的に扱いやすいということがおこるのではないかという望みもまだ消えていない．しかしながら，著者たちは「適度な数の参加者に関する満足のいく理論が発展してはじめて，非常に大きな参加者の数が状況を簡単にするかどうかを決定できるであろう」と強く主張する．彼らは，天体力学に対する統計力学の関係と類似性があるというのは誤りであると強調する．その分野では，いくつかの物体間の力学に関する一般理論はよく知られている．太陽系に理論を適用して特別な計算を行うことから出てくるむずかしさは，例えば1,025個の自由に動き回る粒子全体の行動を予測するむずかしさよりも大きいというだけである．

われわれはどのような状況であれば効用を数値として扱えるかを知っているし，調べなければならない経済的な状況に関してもいくつか考えをもっている．研究の目指すところは，社会経済における参加者の「合理的行動」を定義する数学的に完全な原理をみつけることである．これらの原理は完全に一般的であるべきではあるが，ある特徴をもった特別なケースにおいて解を見出すことから始めるほうが簡単であろう．次の問題は，われわれが1つの解をみたときにそれをいかにして解と認識するかである．著者たちにしたがえば，直観

的にもっともらしい解の概念は以下のとおりである．各参加者はおこりうるあらゆる状況に対してどう行動するかのルールをもっているに違いない（言い換えると，これらのルールは他の人たちが合理的でない行動をとることも考えに入れていなくてはならない），これが解である．

この点において，経済学と「通常のゲームの概念」の間の類似性を理解することができる．ゲームはいまや社会，経済問題に対する本式な数学モデルである．理想的な理論的構築物で，正確で完全であり，それほど込み入っていない定義にしたがう．さらに，現在の目的にとって本質的であると考えられる特色においては，現実と類似している．この構築物から導かれるゲームの解は，一般に込み入った組み合わせ的なカタログとなる．個人に関してそれを求めると，彼が「合理的に」行動すればどれだけ得られるかという問題に答えを与えることができる．これは彼が得られる最小値であり，もし他の人々が間違いを犯せばよりたくさん得ることができる．

特に簡単なゲームでは，解はただ1つの配分，すなわち総収益をどのように参加者に分配するかに関するただ1つの記述からなる．しかしながら，より複雑なゲームに入るや否や，われわれの解は単性生殖を行う．すなわち，単一の配分は配分の集合で置き換えられる．しかもこの配分の集合は順序づけられない，言い換えれば，どの1つの配分も他のすべてより優れている（「支配する」）ということはおこらないことがわかる．著者たちによれば，推移性の欠如こそ社会組織において最も典型的な現象であることになる．もし社会のさまざまな状態の間の支配関係が循環的な性質をもてば（例えば，BがAに優り，CがBに優り，そしてAがCに優るというように；競走馬や野球のチームの「記録」と比べてみるとよい），いくつかの異なった均衡状態が生じるだけでなく，その間で1つの均衡状態から他へ移る可能性も生じてくる．

これにより，この理論の静学的性質という次の重要な問題が生まれてくる．著者たちは動学的な理論のほうが完全でありそれゆえ望まれるということに気づいているが，彼らは均衡状態の分析が完全に行われないうちに動学的理論を構築するのは無駄であると感じている．この理論を適応や学習のプロセスの分析に用いるのであれば，この理論の静学的な性質はもちろん大きな障害となる．

ここまで議論してきたことの多くは，本書の第1章に述べられていることに関連している．第2章では戦略のゲームの一般的で本式の集合論的な記述

が与えられている．重要な用語の多くがこの40ページの中で定義されている．戦略とはすべてのおこりうる状態においてどのような選択をするかを定めた行動の計画であるという，プレイヤーの戦略の統一的な概念も与えられている．

　この本式なモデルがいまや動き始める．孤島でソリティアに興じるロビンソン・クルーソーに別れをつげるならば，次に最も簡単なのはゼロ和2人ゲームである．ゼロ和ゲームというのはすべての可能なゲームの中での重要な1つの分類である．名前が示しているように，ゲームの終了時点でのすべてのプレイヤーによる支払いの合計は常にゼロになる．2人ゲームというのは，提携の可能性がないから簡単である．このような状況の中で，主要な問題は次のようにまとめることができる．プレイヤーは彼の戦略をどのように計画すればよいか，そして，どれだけの情報を彼はもち，彼の動きを決める際に情報の量はどのような役割を果たすのか．ゼロ和2人ゲームは全体の理論に関する良い演習になるということもできる．

　2人ゲームにおいて何がおこるかをみてみよう．ジムの動きは，ゲームのルールによって，そしてできるだけ多く獲得したいという彼の望みによって決められる．しかし彼は用心深く進む．つまり，彼の戦略が相手にすでにわかってしまっていると仮定する．もちろんこれはジムにとって最も悪い状態である．したがって，ジムはある量よりも少なくはない利益（ないしはある量よりも多くはない損失）を保証する戦略を選択する．もしジムが思うほどジョーが賢くなければ，ジムは予想しているよりも良い状態になる．

　ゼロ和2人ゲームの核となるのはミニマックス（ないしはマックスミニ）問題である．この問題をもとに，著者たちは（チェスなどのような）完全情報のゲームは特に合理的であること，つまり厳密に決定されることを示した．これらのゲームでは，普遍的に最適な戦略が存在する．この意味では，もしチェスの理論が実際に完全に知られるところとなれば，プレイする必要はなくなってしまう．

　それでは，コイン合わせのような厳密に決定されないゲームはどうであろうか．プレイヤーの「常識的な」行動が解に対するヒントを与えることは望めるであろうか．相手の意図を見出すことは困難であるから，このゲームにおける次善の策はあなた自身の意図を相手にみつけられないよう集中することである．あなた自身の損失を防ぐために，（「裏」と「表」を50：50に確率混合し

てプレイするような）統計的戦略ないしは「混合戦略」を用いればよい．したがって，解は混合戦略を用いて表すことができる．

　さらに理論的な考察を進める前に，本書では，じゃんけんのようないくつかの初歩的なゲームをプレイする機会がある．また，シャーロック・ホームズが良い戦略を選択する手助けをすることによりモリアティ教授から逃れるのをみる．特別なテストとして，やや形を整えたとはいえ複雑なスタッドポーカーの手ほどきも受ける．ここではハッタリが強調される．

　ゼロ和2人ゲームの理論を作業の基礎として，ゼロ和3人ゲームに着手する．ここでの分析の中心となるのは提携の概念であり，その始まり，内部での取り決めと理解，そしてその強さと安定性である．ここからゼロ和 n 人ゲームの一般的な取り扱いへと進み，最終的にゼロ和の制限を取り去って最も一般的なタイプのゲームへと進む．ここで楽しむためにプレイするゲームの領域から離れ，経済的に現実性をもった領域へと入ることになる．実際，この領域では，すべての支払いの合計，すなわち社会的な生産物は一般にはゼロとはならない．

　非ゼロ和の n 人ゲームは仮想プレイヤー $(n+1)$ 氏を導入することにより，ゼロ和 $(n+1)$ 人ゲームとすることができる．このプレイヤーは便利な数学的装置であり，同時に悲しい性格ももっていることがわかる．彼は，全体の支払いを負担し，親切にもプレイヤーが得る総額をゼロにする役目を果たす．こうすることができるように彼は何があろうとゲームの道筋に影響を与えることはなく，ゲームに関係するどんな交渉からも除外される．

　ロビンソン・クルーソーの簡単な最大化問題から $(n+1)$ 氏の奇妙な市場まで経済の全範囲にざっと目を通してきた．残りの章では，フォン・ノイマンとモルゲンシュテルンは彼らの解の概念，支配，効用の概念についての一般化を議論している．

　私はすべての読者がこの最終的な理論の拡張まで到達しなくてもよいと思っている．最初の5章，すなわちゼロ和3人ゲームのところまでを完全に読めば十分に見返りがあると思う．古典的なミニマックス問題や提携の扱いを含む基本的なアイディアのほとんどはこの240ページの間に書かれている．そこまで読めば，彼の前に現れる理論のいくつかの応用も考えることができるであろうし，また新しい方向に進んでいく十分な勇気も得るであろう．

　私は，本書が将来にどれだけのものを与えるかを評価するだけの能力をもち

合わせないし，この分野で難しい数量的な問題を扱っている人たちに魔法の薬として本書を処方する能力ももち合わせていない．しかしながら，フォン・ノイマン=モルゲンシュテルンのこの著作の効果は，強力な薬というよりは，むしろ社会科学者の思考に有益な刺激を与えることにあるのではないかと思っている．

参考文献

1. Hurwicz, L., *Amer. Econ. Rev.*, 1945, 35, 909-925.
2. Marshak, J., *J. Pol. Econ.*, 1946, 54, 97-115.
3. Gumbel, E. J., *Ann. Amer. Acad. Pol. Soc. Sci.*, 1945, 239, 209-210.
4. McDonald, J., A theory of strategy, *Fortune*, 1949, June, pp.100-110.

表，私の勝ち，裏，あなたの負け

ポール・サミュエルソン（Paul Samuelson）

　この知的な思想の歴史における古典が出版されて20年，いまではペーパーバックとしても出版されている．数学の天才と天賦の才をもった経済学者の協力を代表するものとして，本書は何千という読者に美的な楽しみを与え，あとに続く数学の研究に肥沃な土地を与えただけでなく，個人的な確率，統計やオペレーションズ・リサーチにおける意思決定，線形計画，そしてより一般的な最適化などの関連分野に直接刺激を与えてきた．実際，本書は最初に行いたかったこと——すなわち経済理論に革命をおこすこと——を除けば，すべてを成し遂げたといってよい．

　しかしながら，『ゲーム理論と経済行動』は天才の仕事であり，時代の難問に光を投げかけたことにより，いまから何千年もの間，遠い未来における経済生活の形がどのようになっていようとも，人々の記憶の中にあるであろう．600ページを超える本書は数学的な記号の体系であふれており，そのことにより本書は，学者たちが複数の文化を知ってC. P. スノー（C. P. Snow）の幸福の国に移るまでの間の教育を受けた大多数の人にとってのギリシャ語のようなものであろう．人々は，モーツァルトの交響曲がただの雑音にすぎない音痴の人たちを気の毒に思うであろう．それと同様に，数学をあまりにも欠いているため近代の科学や哲学の将来性のある土地に踏み込ませてもらえない人たちを可哀想に思わずにはいられないであろう．

　俗説と違って，数学の能力というのは他の知的な能力と無関係であることはほとんどない天賦の才能である：テストが示しているように，言語や論理に優れた子供はそのほとんどが数学についてもまた生まれながらの潜在能力をもっている．学校が，シェークスピアから得る楽しみを打ち壊すだけでなく，数学を知らずに，いや数学に憤慨したままわれわれを追い出すのは犯罪である．スプートニクやオートメーションの時代だからというのではなく，モーツァルト

の交響曲や基本的な確率の面白い問題を楽しめない人たちが体験できない本当の面白さがあるからこそ，数学に習熟することは国家が反映し生き延びていくための必須の条件である．

C. P. スノーは，熱力学の第2法則を理解することは20世紀の教養の1つの厳密なテストだと主張する．私はゲーム理論も重要な基準になるかもしれないと思う．ここにはいくつかの基本的な概念がある！

第1に，フォン・ノイマンは1人の人の最大化と2人以上の人たちの間の争いは基本的に違うことを指摘した．ロビンソン・クルーソーが出会った典型的な最大化問題は次のようなものである：1マイルのフェンスが与えられたときに，4つの辺をもつ図形で最大のエリアを囲むにはどうしたらよいか？ 簡単な代数ないしは微積分により（ないしは対称性を考えることにより）答えが求まる：フェンスの4つの辺がすべて等しくなるような四角形をつくればよい．同じ意味で，正三角形は他のどんな三角形よりも良いが，正方形に比べれば劣る．明らかに正多角形は同じ数の辺をもつ図形よりも良く，正多角形は辺の数が増えるほど囲めるエリアの面積は大きくなる．したがって，カルタゴのダイド王女が知っていたように，もし決められた周囲の長さによって最大のエリアを囲みたいと思うならば，最良の図形は完全な円である．

しかし，2人の合理的な心をもった人が対立しそれぞれの運命が2人の決定の両方に影響を受けるとしたら，何がおこるであろうか？ チェスや三目並べが簡単な例である．

もし私が最初に×を置けば，私が正しくプレイする限り三目並べにおいてあなたに勝ち目はない．もしあなたが正しくプレイすれば私にも勝ち目はない．引き分けというのがこのゲームの解である．それに対して，2人が円卓の上に5セント硬貨をどちらかがもう置けなくなるまで交互に置いていくゲームを考えよう．このゲームにおいては，もし私が先手であれば必ず勝てる：最初の硬貨を円卓のちょうど中心に置き，そのあとは単に相手が置いたのと中心に関して正反対の場所に硬貨を置いていけばよい．私は決して負けることはなく，あなたは最終的には負ける．

チェスは完全情報をもつゲームであるから，これらの2つのゲームのように簡単なゲームである．2人の完全なプレイヤーがプレイすれば，結果は引き分けになるか，先手が勝つか，ないしは後手が勝つかである．われわれはチェスに関してこれらのどれがおこるかはわからないが，ゲーム理論はゲームの最

後から帰納的に考えていくことにより，チェスがこの簡単な性質をもっていることを証明することができる．

　チェスが簡単だとしても，コイン合わせはそうではない．あなたのコインと合わせるためには，あなたが表を出すならば私も表を出す．しかし，もし私が表を出すことを知っているならばあなたは裏を出す——そうならば私は裏を出すべきである——そうならばあなたは戦略を変える．といった具合に際限なく逆戻りしていく．

　ここで天才フォン・ノイマン，フランスの数学者 E. ボレル (E. Borel)，イギリスの統計学者ロナルド・フィッシャー (Ronald Fisher) 卿たちが無限の遡及をうまく取り除いた．「もしあなたの秘密を知られたくなければ，あなた自身にも知らせなければよい．コインを放ってその結果で表を出すか裏を出すかを決めるこの確率的な戦略に対しては，合理的な相手もたとえあなたの戦略を発見したとしても半分以上勝つことは決してできない．」

　フォン・ノイマンは主体 1 が彼の平均利得の最大化を目指し，主体 2 は 1 の平均利得の最小化，したがって 2 自身の平均利得の最大化を目指すという 2 人ゲームに関する基本的な定理を証明した．それぞれは自分の最も弱い点を最大化する確率戦略をとるべきである——なぜならチェーンは（少なくとも合理的な相手に対しては）その最も弱いリンクと同じ強さしかもたないからである．この遠大な定理のいくつかの結果は以下のとおりである．

1. 常にハッタリを行うと弱い手のときに持ち札をみせるよう請求されるし，まったくハッタリを行わないと強い手のときに他の人は降りてしまう．自分自身の利得を最大化する最適な確率戦略にしたがっている相手に対して，あなたの平均的な利得を最大化するための最適なハッタリの確率がある．
2. 学生にクイズを出すときには，学生がテキスト全体を勉強しなければならないようにテキストからランダムに問題を選ぶ．
3. ストライキやロックアウトを禁止することは団体交渉の結果を変えてしまう．

　完全に対立する 2 人ゲームのケースを超えると，ゲーム理論はより複雑にそしてより明確ではなくなってくる．（3 人のサディストが 1 つの部屋に入っ

たとき，2人がグループを組んで後の1人に対するだろうが，どの2人がグループを組むかは予想できない．）それでもなお本書は含蓄のある示唆に富んでいる．

　ゲーム理論とその拡張は，競馬をしたり，株を買ったり，おそらく中国人を含んだ世界でロシア人と交渉したりする際の助けにはほとんどならないであろう．あなたのただ1人の子供に，死んでしまうかもしれないし完全に治るかもしれないという手術を受けさせるかどうかを決定しなければならないときに，ゲーム理論は役立つであろうか？　これはまだ解決されていないし，おそらくいつまでも議論される問題であろう．数学だけでは哲学的な問題に答えることはできないが，プログラムと辞書がなければ，野球を理解することさえできないであろう．

ビッグD

ポール・クルーム（Paul Crume）

　少し前に予測したとおり，キング・ヒル［訳注：フットボールプレイヤー］は全米代表になったので，このコラムはスポーツについての予測の仕事からきっぱりと足を洗うことになる．幽霊が反逆をおこすまでは，この予測を可能にした霊的な力を利用することができるだろう．

　けれども長い間，われわれは一般的な予測の科学について何かやってみたいと思っていた．フォン・ノイマンという数学の天才が，すでにそれを試みていたのである．彼の『ゲーム理論と経済行動』という本は，現在，5，6人の人たちのベストセラーになっている．彼の理論を得たことで，もし5回のうちあることが1回おこり，それ以外のことが7回のうち5回おこったならば，平方根で考えていれば，この2つを一緒に加えるとまったく異なる何かがおこるであろう．

　これは単純化しすぎていることは明らかであろう．

　フォン・ノイマンのアプローチは，大自然の法理（Great Natural Law）に次の意味で反しているので失敗するだろう：何かに対する答えを得るためにもし数を足さなければならないならば，正しい答えは得られないのだ．

・・・・・

　そしてまた，平方根をとらなければならないものは何であれ，その形はすでにかなりあてにならないのだ．それを捨てて，他のことに向かうほうがよい．

・・・・・

　世間のことはすべて次のようなある大自然の法理――たとえばパーキンソンの法則――に支配されている．すなわち『いつも馬鹿な真似をしていると，遅かれ早かれそうなってしまうのだ．』

成功する予測のための大自然の法理とは次のことである．何かが原因でおこったことは，実際，何か他のことが原因でおこったのである．

　夕食に何を食べることになるかを予測してみよう．原因となる要素は何か？昼食に牛のひき肉を食べていたとしよう．ひき肉はあまり好きではなく，また今回の褐色の肉汁は気に入らなかった．だから夕食は好きなもの，例えばロブスター料理にしようと決心する．ロブスターは値段が安く，一山いくらで売っているので支出を大幅に節約できる．またおいしいワインも買ってある．料理に付け合わせるものもキッチンにある．ロブスター料理は好物である．これらが，夕食に何を食べるかの原因となる要素である．

　ここで，原因としてはっきり決められない事項を追加しよう．学校から子供が急に新しい綴り字教本が必要になって帰ってきた．店に行く途中，ドアに向かっているときに，猫が足の間を走り過ぎる．隣の犬が照明灯に登る猫を追いかけている．消防自動車が隣にいた少年の自転車を轢いて走っていく．隣人の左手は素晴らしい．弁護士は2時間，町を離れている．

　冷蔵庫に牛ひき肉があった．

　何がおこるとあなたは思うか？

・・・・・

これは常に論理的反駁理論，つまり動き出した力は思いもよらなかった方向への同等な力を自動的に創りだすという理論と矛盾することはない．

・・・・・

予測をする場合に影響する二次的自然法理がある．その1つは，決しておこらないことは普通におこるが，常におこることは決しておこらないこと．もう1つは，同等な事項は普通，混乱をもたらすものであるということである．

　平方根はこれとは関係がない．実際のところ，人々は何かの平方根だといっていたものを示してくれたが，それを証明することはできなかったのだ．

ゲームと経済学の数学

E. ロウランド（E. Rowland）

　この本は，多くのプレイヤーが参加するゲームで利得を最大化するのと同じようにして，経済人は世界における財やサービスの取引でシェアの最大化に努めるという考えにもとづいて書かれたものである．著者たちは，個人が富を最大化する場合，いくつかの変数をコントロールできず，またそれらの値を知らないかもしれないので，それは通常の変分法の問題ではないことを指摘している．彼らの見解によれば，社会的ゲームの一般理論は，経済行動を概念的に単純化したモデルを提示するものであり，この理論の研究によって経済学の基礎的概念，例えば効用などに十分な光を当てることができる．

　第1章ではこの基本的アイディアについて述べ，経済の行動基準と社会的ゲームにおける戦略の間の対応関係を確立することを目指している．経済行動の数学理論を打ち立てようとした著者は多いが，学問的環境がそれには好ましくなかったため，うまくいかなかったことが目立つと述べている．最も重要なことは，これらの試みにおいては経済学の問題が明確に定式化されず，しばしばどのような数学的分析も見込めないほどあいまいな言葉で述べられたりしていることである．実証的背景もまったく不十分である．もう1つの困難は，分析対象とされた問題の多くはあまりにも複雑な方法で扱われ，そのため証明なるものが実際には言葉で述べた場合にも劣るような，単なる主張に終わっていることである．どのような科学でも大きな進歩は，究極的な目標に比べれば控えめな問題の研究において応用範囲の広い方法が開発されたときにやってくる．最初の段階では限定された分野で完璧な正確さと熟練に努め，次いでやや広い分野などをカバーしていき，最終的に真の成功といえる領域，すなわち理論による予測という段階に到達することが健全な過程である．著者たちは，経済学ならば物理学や化学などの他の科学がたどった軌跡より容易な発展を期待できるという理由などはなく，この先何年も完全な数学的理論が確立されるこ

とはないだろうと述べている

　経済の基本問題を定式化したうえで，記述はゲーム自体の数学に移る．数学は初等的な事項から展開されているという意味で自己完結的であるが，集合論と，当然のことながら特有の数学記号を多用している．あらゆる要素を詳細に理論にとりいれたゲームの一般的記述に 40 ページが費やされており，その最後に 10 個の公理によってゲームが定義されている．次いで，これらの公理系は 3 個の公理系に還元され，互いに厳密に同等であることが示される．これら 2 つの定義は，各々「展開形」および「標準形」と名づけられ，以後の考察において，あるときは一方を用いるのが便利であり，またあるときは他方が便利であることが示される．

　次の章はゼロ和 1 人ゲーム，例えば 1 人トランプゲームの議論から始まり，次にゼロ和 2 人ゲームに進んでいるが，これらはカルテルや市場，寡占などではなく，チェスやポーカー，ブリッジその他の例示を用いて考察されている．理論はさらにゼロ和 3 人ゲームに移行する．ゼロ和 1 人ゲームは単なる最大化問題であるのに対し，ゼロ和 2 人ゲームではその最大化問題は姿を消して，利害の純粋な対立が現れることが示される．同様に，3 人ゲームでは利害の純粋な対立は姿を消し，代わりに独立した提携（coalition）が現れて，2 人のプレイヤーの関係はさまざまな形をとるものとなる．このゲームは 3 個のゼロ和 2 人ゲームに還元することができる．

　さて，理論はさらにゼロ和 n 人ゲームに進む．ここでは，理論をやや掘り下げた後，$n=4$ のケースが考察される．しかし，解くことができるのは，この場合でさえ特殊ケースだけなのである．$n \geq 5$ については，いくつかの側面が考察されるが，問題が複雑になるため，この方法を $n>5$ の場合にも適用するのはほとんど望み薄のようである．他方，n が大きい場合に，どのような条件が成立しているのかについての見通しを得ることは決定的に重要である．これらが，望まれる経済学的および社会学的応用に対してきわめて重要であることとは別に，n が増大するにつれておこる質的な新しい現象を考察することが必要である．この現象は $n=2,3,4$ のケースでは明らかであった．$n=5$ のケースでそれがみられなかったのは，各々のケースについての詳細な情報が欠落していたためであろう．とても重要な定性的現象が $n=6$ のケースではじめて観察されることが，後になって明らかになる．

　以上の理由で，n が大きい場合のゲームを分析するためには，なんらかの技

術を開発することが緊急の課題である．現状ではシステマティックもしくは網羅的な方法として望めるものは何もないのである．それゆえ，多くの参加者からなる完全に分析可能なゲームの特殊なクラスをみつけることが自然な方法である．そこで，このような特殊ケースとして，4人ゲームの一般化である2つのクラスが定式化され分析されている．

議論は次に異なる方向に進んでいる．ゼロ和の仮定が取り除かれて，理論は経済学の普通の問題を直接に扱うことができるようになる．一般のケースについての妥当な議論を中心とした短い考察のあとで，$n=1$ および 2 そして $n=3$ の特殊ケースについての経済学的解釈が与えられている．

数学記号の観点のみからいえば，十分な能力をもつ数学者以外の読者が，展開されている推論についていくことができるかどうかは疑問である．それは確かであるが，数学的概念や方法に慣れていない経済学者が，本を閉じたままにしておくことになるのは残念に思われる．

ゲーム理論

クロード・シェヴァリー（Claude Chevalley）

　数学を経済学へ応用するという試みはたびたび行われてきたが，これまですべてがうまくいったわけではない．その理由は，J. フォン・ノイマンとO. モルゲンシュテルンによれば，システムの瞬間的な動きを現在の状態に関連づけている微分方程式に代表される力学的ないし物理学的な理論にあまりにも頼りすぎていたからである．この2人の著者たちのアプローチは根本的に異なっている．彼らは，経済状況を一定のルールにしたがう有限人のプレイヤーからなるゲームとしてとらえ，ゲームのルールとどのプレイヤーも最大の利得を得ようとする行動原理のもとで実現する行動様式を考察した．

　どのような状況であれ満足のいく数学的分析をするためにまず必要なことは，その状況を数学の用語で十分に記述する公理系を設定することである．このような公理系が与えられれば，分析している数学的実体が，この理論の言及する具体的状況の描像としてもっている特定の意味を考慮することなく，純粋に論理的に結果を導くことができる．数学的記号の具体的意味を述べ，理論の定理を与えられた状況に関する事実として提言することは，つまり実験や観察を通して得られる結果と比較対照できるような結果として述べることは，この論理的推論を終えたあとに行われるのである．この手続きにしたがい，著者たちはゲームの概念の詳細な公理的記述を最初に与えている．

　このゲームの数学的記述に立脚して，具体的ゲームをこれからの数学的対象とする理論がこの著書の主な目的である．この理論の展開の方向は，与えられた具体的ゲームについて学びたくなるように無理なく動機づけられているが，それは動機にすぎない．考察しているゲームについて何も知らない読者は，展開される推論についてなぜこのような推論が必要なのかしばしばわからなくなるかもしれないが，その推論の各ステップに対して異議を唱えることはできないだろう．

最初に，プレイヤーの戦略という概念が確立される．戦略とはプレイヤーに対して各々の状況で何をなすべきかを規定するルールであるといっていいだろう．いま，各々のプレイヤーが一定の戦略にしたがって行動しているならば，ゲームがどのように展開するかが決まり，その結果，各プレイヤーがどれだけ獲得することになるかがわかるのである．

　しかし，いうまでもなく，各々のプレイヤーは相手の戦略ではなく自分自身の戦略のみを動かすことができる．それゆえ，最初の疑問はこうである．すなわち，各プレイヤーは相手のとる戦略を知らないとすれば，可能な最大の利得を獲得するために，どの戦略をとるだろうか？

　この問題は，各プレイヤーの受け取る利得が相手の損失にちょうど等しい2人ゲームの場合には解決されている．完全情報が成立するゲーム（すなわち，チェスのように各プレイヤーがゲームの進行状況について常にすべてを知っているゲーム）では，各プレイヤーには最善の戦略があることが証明されている．これは次の2通りの可能性のどれかが実現することを意味する．つまり，いずれか1人のプレイヤーが必勝戦略をもつか，あるいは，各プレイヤーが引き分けより悪くならないことを保証できる戦略をもつことである．不完全情報の場合は，状況はもっと複雑である．しかし，この場合にも問題は「混合戦略」の導入によって解決される．混合戦略とは，あるときはこの戦略，他のときは別の戦略を一定の確率でとる行動様式である．適切な混合戦略をとることによって，第1プレイヤーは少なくともある値 v を確実に獲得でき，第2プレイヤーは第1プレイヤーが v より多くを獲得することを確実に妨げることができる．（この値 v は，もちろん正，負，またはゼロとなりうる．もし v が負だったら，これは，第1プレイヤーは $-v$ を超える損失を防ぐことができることを意味している．）

　2人ゲームの問題がこうして解決されたので，次はプレイヤーが2人より多いゲームの問題が取り上げられる．このようなゲームでは，プレイヤーたちは2つの提携に分かれて対抗することに合意するかもしれない．この場合，ゲームはまさに2人のプレイヤーの間のゲームとなり，上の結果を応用することができる．こうして2つの提携は各々一定の値をもつことになるが，この値はこの提携が残りのプレイヤーすべてが対抗して提携を形成した場合でも確実に獲得できる値である．ゲームに関するあらゆる議論は，著者たちによればこれらの提携の値の研究を基礎とするものとなる．すると，いうまでもないこと

だが，どの提携が形成されやすいのか，また，提携が獲得した利得はメンバー間でどのように分配されるのかについて知りたくなるだろう．ゲームの最終結果は，各々のプレイヤーが結局どれだけ獲得するかを述べる利得分配として記述されるが，それはゲームのルールで決まっている収益としてか，または例えば提携に参加してもらいたいために支払われる補償金としての形をとる．どの利得分配が実際に実現されるかは理論によっては決定されないが，利得分配のある一定の集合（ゲームの「解」）が選別の役割を果たしている．解として選択される利得分配は，伝統や倫理的配慮などのゲームに対する外部的要素で決まると解釈することができる．

さまざまな解はそれぞれプレイヤーたちの社会で受け入れられる一般的行動基準を記述している．これらの行動基準にしたがって，解はどの利得分配が実現する可能性があるかを示す．このような解の基準とは，プレイヤーのいかなるグループも，（そのグループの各プレイヤーにとって）解に属する利得分配の中で1つの利得分配を他の利得分配より好むことがなく，また，解に属さないどのような利得分配もあるプレイヤーのグループにとっては解に属するある利得分配と比べれば確実に劣る，という確定的な根拠があるということである．このような安定した行動基準が常に存在するかという問題は，残念ながら目下のところ未解決であるが，他方，特別な例では1つのゲームにこのようないくつかの行動基準が存在しうることが示されている．

本書は，読者に最も初等的な代数以上の知識をまったく要求せずに書かれている．説明する過程で必要となるもっと込み入った数学的概念については，本の中に定義され詳細に解説されている．一般理論が必要なところでは，特殊な例示などを通して注意深く議論が展開されている．著者たちはあらゆる機会に，彼らの数学的分析の結果の意味を言葉によって説明している．これらの配慮により，この本は数学に疎い読者に対してさえもきわめて興味深いものとなっているのである．

結論として，私はこの書物があいまいさと混乱という経済学の実際の現状から，正確に定義された状況にもとづく正確な命題の集合体としてランクづけされるようになるために役立つものとなることを希望したい．

ポーカーの数学理論のビジネスへの応用

ウィル・リスナー（Will Lissner）

　これまで解けなかったビジネスにおける戦略の問題を，ポーカー，チェスおよびソリティアのような戦略のゲーム理論の研究と応用によって解決しようとする経済分析への新しいアプローチは，経済学者の間にセンセーションをひきおこしている．

　この理論は，ニュージャージーのプリンストン高等研究所の数学教授であるジョン・フォン・ノイマン博士とプリンストン大学の経済学教授であるオスカー・モルゲンシュテルン博士によって創始された．フォン・ノイマン博士によってゲームの基礎理論の研究に費やされた1928年以前を別にすれば，現在の理論は15年間の研究の成果を示すものである．

　フォン・ノイマン博士は，原子爆弾の開発において重要な数学的研究を行ったアルバート・アインシュタイン（Albert Einstein）の協力者であるが，数学における今日の最も偉大な研究者の1人として同僚の数学者たちから認められている．彼は『量子力学の数学的基礎』（*Mathmatical Foundations of Quantum Mechanics*）の著者である．モルゲンシュテルン博士は，オーストリアのウィーン大学景気研究所の所長であった人物で，国際的に知られた指導的数理経済学者である．彼は，『経済予測』（*Economic Forecasting*）の著者である．

　彼らは共同研究の結果を，ほとんどすべてのページが主として集合論や群論，さらには線形幾何学の公式で埋め尽くされている625ページの著書『ゲーム理論と経済行動』として出版した．この本はプリンストン大学出版会により1944年9月に出版されている．

　本書は，著者たちも認めているが，論理的可能性を極限まで追求した難解な数学的推論をしばしば含んでいて，ある専門家が批判しているようにあまりにも知的に「手ごわい」ので，*American Academy of Political and Social Science* を除いて，経済学の専門誌にはほぼ1年半も気づかれずにいたのであ

る．

　アメリカ経済学会誌である *American Economic Review* の最近号は，本書を「実にまれな出来事」と声高に主張する本格的論文のためにページを割いているし，他の専門誌の批評は傑出した貢献であると述べている．

期待できる潜在力

　アイオワ州立大学のレオニド・ハーヴィッチ（Leonid Hurwicz）教授は，現在，シカゴ大学のコウルズ経済研究委員会に出向中であるが，*American Economic Review* に「フォン・ノイマンとモルゲンシュテルンの新たなアプローチは巨大な潜在能力をもっており，経済理論のかなりの部分を実際に改良しより豊かにしうると望む人もいるであろう」と書いている．

　ハーヴィッチ教授は「彼らの研究は経済学だけに貢献するものだというのは公正さを欠いている」といっている．

　「この書物の守備範囲ははるかに広いものだ」とも「著者たちが経済学の問題の処理に用いた手法は十分な一般性をもっており，政治学にも，社会学にも，また軍事戦略にも用いることができる」ともいっているのである．

　経済学だけでなく数学においても，フォン・ノイマンとモルゲンシュテルンのアプローチは伝統的な展開に新しい地平を切り開くものである．ゲームの数学理論は，確率の計算を基礎としている．それゆえ，ゲーム理論はゲームの各ステージでのカードの確率的分布にかかわっていたのである．

　例えば，ポーカーで40通りのストレートフラッシュの1つをもつ相手に対する勝算は64,973に1つであり，ツーペアのとき，どちらのペアの3枚目を引く確率は11に1つである．18世紀の古典的「ホイルのゲーム（Hoyle's Game）」では，これはカードゲームと競馬のバイブルであるが，これらに関する多くの確率が当時の未熟な方法で計算されている．

　しかし，これまでの数学的方法は，本質的に微分・積分演算であるが，ある種のゲームを解くには不十分であった．ニュースクール大学のE. J. ガンベル（E. J. Gumbel）教授が引用している未解決問題の1つは，数人の参加者が互いに自由に行動できるという状況で自分の利得を最大化するゲームの問題である．

　このような問題を解くために，フォン・ノイマン教授は，1928年に *Annals of Mathematics* に発表された準備的な仕事『社会的ゲームの理論について』

(Zur Theorie der Gesellschaftsspiele）と，モルゲンシュテルン博士とともにこの大著において，主として数理論理学，集合論および関数解析を用いた斬新な分析用具を開発した．

戦略分析

これらの新しい数学を用いて，彼らはサイコロふりやコイン合わせなどのチャンス・ゲームと，ポーカーやブリッジ，チェスなどの戦略のゲームにおけるプレイヤーの戦略について分析した．彼らは，プレイヤーにとって最良の戦略は存在しないか，または同等な良い戦略がいくつもありうることを示した．

例えば，コイン合わせでは，相手がコインを投げて落とし，その順序を偶然に任せるが，この場合は最良の戦略は自分で選択しないことである．フォン・ノイマン教授とモルゲンシュテルン教授は，相手がもし前もって決めた計画どおりにコインを積み上げるならば，その計画には確率的に対処すること，つまりその順序をそのコインを投げて落とすことによって決定すれば勝てることを示した．

しかし，チェスではゲームが完全情報，つまりゲームのすべての段階で各プレイヤーは以前の選択すべてを知っている，というゲームであるから良い戦略が存在することを証明している．

同様に，混合戦略を許す不完全情報ゲームでも，最適戦略が可能であることを証明した．個々のゲームはそれ自身の特性関数をもっていることを彼らは明らかにした．それゆえ，ハンターカレッジのルイス・ワイスナー（Louis Weisner）教授は，ポーカーのように3人以上のゲームでは，プレイヤーたちは戦略行動には決定的な提携を組むことができるので，「提携形成を強いる圧力や他の提携に加わるための提携からの離脱行動，提携間の合併や対立，提携メンバー間での利得の分配や損失の分担などの提携に関するあらゆる問題は，特性関数を用いて分析することができる」と指摘している．

ゲームの実用性

ゲームの解は技術的で簡潔に説明するのはむずかしく，ここでは省略する．簡潔な説明もいくつかあるが，*American Economic Review* の17ページを費やしている．しかし，それらはより高度な数学に明るい人には，チャンスと戦略のゲームの実用的価値を与えてくれるだろう．

ビジネス戦略分析の例

　ジョン・フォン・ノイマン博士とモルゲンシュテルン博士の考察をもっとわかりやすくするため，コウルズ経済研究委員会のレオニド・ハーヴィッチはシカゴ大学のミセスD. フライドランダーの助けを借りて，いくつかの数学の公式を数値例に置き換えている．これらの表はその1つであり，*American Economic Review* に掲載されたものである．

　これらは，市場が2人の売り手AとBに支配されており，いずれも最大の利益を獲得しようとしている複占市場を記述している．最初の表は，売り手AとBの戦略に依存する売り手Aの利益を表している．Aが選べる戦略は A_1 などのように書かれており，列は売り手Bの戦略で B_1 などのように書かれている．Bの利益については，同じようにして右の表に示されている．

Aの戦略の選択 \ Bの戦略の選択	B_1	B_2	B_3
A_1	2	8	1
A_2	4	3	9
A_3	5	6	7

Aの利益

Aの戦略の選択 \ Bの戦略の選択	B_1	B_2	B_3
A_1	11	2	20
A_2	9	15	3
A_3	8	7	6

Bの利益

　Aは戦略 A_3 を選べば利益は5より小さくならないが，他の戦略では利益が3または1にさえなってしまう危険があることを知るだろう．A_3 を選ぶもう1つの理由は，もし情報が漏れて何を選択するのかをBが知ることができるならば，Aが A_1 を選んでいたらBは最大利得獲得のため B_3 を選び，そのためAは1しか獲得できない，ということである．また，Aが A_2 を選んでいたならば，Bは B_2 を選び，Aは A_3 を選んだ場合に得られる5より小さい値しか得られない．

> 同様な理由で，B は B_1 を最適戦略として選ぶだろう．こうしてフォン・ノイマンとモルゲンシュテルンは，この複占市場では，A は戦略 A_3 を，B は戦略 B_1 を選び，もし相手の戦略を知ったとしても自分は戦略を変えないという状態に結果が確定する，と推論した．表による説明では，もちろん，一般性と数式による厳密性は失われてはいるが．

フォン・ノイマン博士とモルゲンシュテルン博士がどのようにしてチャンスのゲーム理論が経済の分析に使えると考えたのかは，彼らの著書には述べられていない．その本の出版準備中に筆者がもらった手紙によると，モルゲンシュテルン博士は，数理経済学の仕事を進めていくなかで微積分学からの伝統的方法では扱いきれない多くの問題に遭遇し，そのためそのような方法に依存しているかぎり経済学は袋小路に迷いこむようなものだと思うにいたったと説明している．

しかし，本の中で彼らはゲームと経済学との単なるアナロジーを提示したのではなく，「経済行動についての典型的な問題は，適切な戦略のゲームに厳密な意味で同一なものとなる」ことを確立するよう努めたと述べている．彼らの狙いは，数学的に厳密で概念的には一般性をもつ理論を展開し，すべての科学がそうであったように，この科学が理論による本物の予測の実現に向かうようにすることである．

この本の6分の5は数学理論に費やされ，6分の1が経済学への応用にあてられている．応用には，市場が2社あるいは数社に支配されている複占ないし寡占的競争という状況や，売り手と買い手が他の売り手と買い手のグループに対抗して協力するという提携形成，さらにはカルテル形成の状況などが含まれている．「合理的」経済行動だけでなく，「非合理的」行動も理論的に分析されている．

ハーヴィッチ教授は，この本を研究することは大多数の経済学者にとっては教育の新しい段階に進むこととなるが，残りの経済学者はそれに続くことはできないだろうと述べている．

読者への影響

ハーヴィッチは，経済学でない結果はより具体的なものなので，「チェスの

勝ち負けや，ポーカーでのハッタリ，シャーロック・ホームズとモリアティ教授の有名な遭遇時の妥当な戦略」などに関心のある数学的読者は，戦略ゲームだけを扱っているところに興味をもつだろう．「最適な軍事，外交戦略についての読者の見解も影響されることにもなるだろう」と付け加えている．

理論の1つの欠点は，資本主義経済にしか応用できないということである．これは *The Annals* でのガンベル氏と，*Science and Society* におけるワイスナー氏が指摘している．この批判は，しかし，限界効用にもとづく経済学の解釈に対するものであり，ワイスナー氏が「堅固に築かれている」と褒め称えた数学に対するものではない．

社会学研究者の間では，意見は分かれる．*American Journal of Sociology* では，評者は「ゲームの理論の本は，常に明確で注意深い記述からなるモデルである」と述べているが，*Social Forces* の評者は「これはきわめて重要な新しい方向を示す研究であるか，そうでなければ興味深いが役に立たないものかもしれない」と書いている．たしかに社会学そのものといえる問題はほんの少ししか扱われていないが，計量社会学的な問題はこの方向でアプローチするのが最善である，とフォン・ノイマン博士とモルゲンシュテルン博士は信じている．

戦略の理論

ジョン・マクドナルド（John McDonald）

　数学は物理の世界から人間の出来事——経済と軍事——へと向かって進み，驚くべき結果をもたらしている．

　ペンタゴンの厳格な雰囲気の中で，空軍に所属する若い科学者が言った．「ちょうど1942年に原子爆弾の成功を期待したときのように，それはうまくいくだろう」．彼が期待し，ある意味で成功するとほのめかしたことは，新しく開発された戦略の理論が，多くの科学者が信じているように軍事や経済学および他の社会科学において重要な可能性をもつものだということである．その理論は軍事関係者の間では「ゲーム」としてよく知られているが，それが現実的内容をもつ場合に適用される高度の機密性のため，その内容がとるに足りないものではないことがわかる．過大な期待をする前に，「ゲーム」とは，もしそれが知的意味に限定された用語であり，その意味においてのみ評価される用語であるとすれば，すばらしいものであるといっておくべきである．この用語は，原子爆弾の開発プロジェクトの主要な参加者の1人である，現代のすでに偉大な若い数学者ジョン・フォン・ノイマンによるものであり，彼のゲームの研究は *Fortune*（1948年3月）にポーカーについての随筆の中で予備的に紹介されている．

　この物語は1年以上前に，*Fortune* の読者に国民的な室内ゲームについての何か面白い記事を書いてみようと思ってポーカーについて調べていたときに始まった．しかし，前編が掲載されたとき（1948年3月），それはわれわれの手に負えなかった．ポーカー同好者にはなじみのない数学者ジョン・フォン・ノイマンがまず現れ，実際にポーカーについてコメント

していたのだ．フォン・ノイマンのポーカーは，まさに戦略の本質を示すものとなっており，彼の研究について国防省当事者は神経質になり始めていた．その物語は昨年，後編が書かれて終了した．ゲームや理論などに関心のある人には，きっと目から鱗が落ちるような啓蒙になると思われるので推薦したい．

　ゲーム理論は，本質的に戦略の理論である*．それは，労使交渉におけるストライキから戦争での恐るべき対決にいたる人間のさまざまな相互連関を貫いている，とらえるのがむずかしい対立と紛争の一貫した特徴にかかわるものである．それは，長髪などから自然に連想するような未熟さとは無縁である．むしろサルトルよりも前衛的であり，イエズス会の僧侶よりも微妙で，またこのうえなく正直なものである．価値の神秘に深くかかわってはいるが，形式的かつ中立的である．数学が用いられてはいるが，それは数学のためにではない．

　社会的紛争に関する研究では，マキャベリやクラウゼヴィッツを除けば，戦略とは何かについての正確な記述は欠落していた．どの辞書もこの用語を定義していない．フォン・ノイマンが提示した概念は，定義以上のものであり，純粋に科学として完璧な理論である．軍事研究への応用は合衆国空軍の「ランド・プロジェクト」の任務の1つであり，それはカリフォルニア，サンタモニカにあるランド研究所によって統括されている，一流研究者からなる独立した非営利の研究組織である．この理論は海軍にも浸透し，また陸軍には「アイゼンハウワー高等研究グループ」(Eisenhower Advanced Study Group) の中にその種を植えつけており，そこにはありがたくも3人の参謀幕僚が特別に派遣されて，深い思考のため，雑事から解き放たれていた．どの分野よりも軍事研究への応用に近い位置を占めていて，特に経済理論や統計理論などの社会分野へのインパクトによってその重要性を示していた．

　「ゲーム」は，実際，フォン・ノイマンによってはじめて理論的に扱われ，卓越した経済学者オスカー・モルゲンシュテルンとの共同研究で，特に経済理論への応用を目指して開発されたが，この分野でははじめての革命的理論とはいわないまでも，きわめて刺激的な効果を発揮してきた．今日では，それは多

---

* *Theory of Games and Economic Behavior*, by John von Neumann and Oskar Morgenstern, Princeton University Press, 1944. Second recised edition, 1947, $10.

くの大学の経済学部での会話においては，あたりまえの話題となっている．批判の最前線では，それが経済学という科学の新たな基礎を築く力量をもつものなのかと疑われているが，それでも新しい問題を提起し，洞察を加え，特に市場行動などの既存理論に挑戦してきたことは認められている．この理論は数学者の特殊な記号が多用されているので，全体として決して素人向けではない．しかし，その筋書きは明確であり，挑戦する人は収穫を得ることができるだろう．

戦略と偶然

　フォン・ノイマンは，戦略的状況を，互いに支配できない相手の行動に関する予想をもとに行動する，2人以上の主体間における相互連関的状況として記述している．その結果は参加者個々の行動に依存して決まる．こうした行動をとる際にしたがう政策が戦略である．軍事戦略家やビジネスマンはいずれも常にこの手探りの状態で行動している．利用できる情報，それは不完全なものであるが，その量にかかわらず最終的にはだいたい勘を働かせて行動する．つまり，リスクを計算できないまま賭けをするのである．イギリスの偉大な経済学者ジョン・メイナード・ケインズ（John Maynard Keyns）がかつて言ったように，「ビジネスマンは，戦略と偶然の混在するゲームをプレイしており，どのような結果が平均的に得られるかについては知らないのだ．」フォン・ノイマンの理論は，最適政策（戦略）を知ることによって，それを用いないことは合理的でないといえる程度にまでこの賭けを見通しの良いものにすることを目的につくられている．それは，これまで考慮できなかったことを考慮できるようにしようとしているのである．

　決闘を例として考えよう．2人が弾を1発だけ入れたピストルをもって互いに背を向けている．各々は互いに反対方向へ決まった歩数だけ同じペースで歩き，振り返って，発射するかまたは互いに向かい合って歩き出す．命中するチャンスは最も遠く離れた地点でよりも，互いに振り返って一歩ずつ近づくにつれ大きくなる．撃っても命中し損なえば，2人の間の距離にかかわらず相手に撃ち殺されてしまう．撃つのをためらうと，撃てる距離になる前に相手に撃たれる危険が高まる．こうして，最初に撃って勝つことと，距離を縮めた後に撃って勝つことは両立しない．2人は選択しなければならない．問題は，最適な戦略的価値の達成のため，いつ撃つべきかということである．

決闘する2人の間の距離と射撃の腕前が与えられれば，この問題は，ランド・プロジェクトの研究者によって書かれた，ゲームの理論を主題とする100篇近い論文や覚書の1つで，精密な数学的用語を用いて解かれている．この伝統的決闘は多くの軍事的状況にあてはまるモデルであり，特に2機の戦闘機が互いの射程範囲内で空中戦を戦う場合などはそうである．それはまた戦車どうしの砲撃戦にもあてはまるが，この場合には，命中するまで発砲したかどうかわからない「消音砲」によって状況は複雑になる．「消音砲」を想定することは，それが実際に無音であるか否かにかかわらず，相手がいつ発砲したかわからないような状況すべてにあてはまる．理論的には，原子爆弾の問題，つまり，フェイントやハッタリが当然のような戦略の問題は，「ゲーム」が影響を及ぼす問題であると考えても間違いではないだろう．

　経済学では，売り手と買い手の間の交換関係が基本的な例となる．売り手も買い手も利得を「最大化」しようとし，互いに不要なものを手離し必要なものを入手することで，当然，利得を稼ぐことができる．しかし，その利得がどれだけになるかはつねに価格を決めるための駆け引きに依存している．売り手は，自分の売り値を買い手の期待とすり合わせなければならないので，まったく単純に利得を最大化することはできない．買い手も同様に，ただで獲得する場合を除いて利得を最大化することはできない．彼は売り手についての予想にしたがって買い値（ビッド）を提示する．2人共相手が考えていることを考慮しなければならない．買い値と売り値の対立は，両立しない（最大の）要求に折り合いをつけるような，各々にとって最大ではない，自分が最適と思う値を示している価格において解消される．すべての買い手と売り手は，このような最適点にたどり着くための，交換に関しての直観的な政策ないし戦略をもっている．それは，ビジネスマンの最高の才能なのである．

　ある意味では，これは自明なことである．現実に対応している．しかし，それは経済行動を説明しようと努力する経済学者を常に困惑させてきた．例えば，クライスラーが車の価格を上げるときにGMが価格を下げるというありきたりの出来事のような，生産された財の価格がどのように決まるのかを説明できる公式はこれまでのところ存在していない．

　対立する最大化行動の込み入った様子は，1948年9月刊行の *Fortune* におけるシーグラム・ハウスの物語の中に描かれている．シーグラム（Seagram）

のサミュエル・ブロンフマン（Samuel Brofman）は，ウイスキーの在庫の大部分を大々的なブランドセールの展開で使い果たした．このままでは在庫不足は必至だったが，彼は，希少価値をもつ樽買いのウィスキーを赤字覚悟の価格で買い入れ，利益が減少してもブランドセールを維持するか，または，残った在庫だけでブランドセールを縮小して利益を確保するか，あるいはこれらをミックスするかのいずれかを選択することができた．どれを選んだとしても，ブランドセールと利益の両方を最大化することはできなかった．彼のライバルだったシェンリー（Schenley）のルイス・ローゼンスティール（Lewis Rosenstiel）は，それほど大きいブランドではないが，豊富な在庫をもっていた．彼はブロンフマンに在庫を高額の樽売りによって，販売費用をかけずにすぐに利益を最大化するか，あるいは在庫をシェンリー・ブランドとして高値で売るというリスキーな販売キャンペーンを展開して利益よりブランドの拡大を目論むことができた．異なる理由ではあるが，彼もブロンフマン同様，ブランドセールと利益を同時に最大化することはできなかった．しかし，この2人のライバルたちの政策は対立を免れることができたのだ．というのは，在庫をもっていたローゼンスティールは優位な選択をすることができたからである．すなわち，利益を優先し，ブロフマンに市場を与えること（ブランドセールをさせること），言い換えると，短期的利得を優先して長期的損失をさけることができたはずである．ブロフマンは，もしローゼンスティールがそうしたならば市場を確保（長期的利得のため短期的損失を許容）して，ある程度までは満足することができた．しかしローゼンスティールはそうしなかった．2人は戦略的に最適な行動を模索したのである[*]．この種の戦略的問題もまた経済学者を困惑させてきた．これは今日の理論では，一般的に「独占的競争」ないし「不完全競争」の問題として知られている．つまり，この問題は（市場または価格支配の意味での）独占と競争の両面をもっており，さらに，競争は少人数の競争者の間で戦略的に行われるのである．シーグラムとシェンリーは物語の中で——両社の承認のもとで——あたかも「複占」（多くの買い手に直面する2人の売り手）のような関係にあったように扱われていたことに注意しておこう．実際，酒造産業は合衆国における自動車産業やその他多くの産業のように，「寡占」（互いに他の売り手が市場に与える影響を考慮して販売する少数の売り手

---

[*] *Fortune* の物語は，彼らの最初の一手，行動選択およびリスクを記述している．結果がどうなったかは，これから刊行されることになるだろう．

からなる市場）に近いものである．複占にみえたのは，上位 2 企業による先導者争いのためである．理論的には，シーグラムとシェンリーには他の選択，すなわち合併という選択があった．彼らがそうしなかったのには十分な理由があるが，それでも合併していたらこれら 2 企業は大きく成長していただろう．

競争か独占か？

このような合併の必然的根拠は，今日の経済社会では典型的なのだが，やはり経済学者から理論的説明が与えられることはなかった．「現代経済学」が「独占的競争」を純粋競争の概念と矛盾するものとしてでなく，競争経済の中核であると認識したのはここ 20 年間のことにすぎない．古典的経済学の説明は，純粋競争の仮定にもとづくものである．純粋競争では，どの主体も価格に思ったとおりの影響を与えられるほど十分大きい生産量を供給することはできない，と一般に仮定されている．この状況は農家は知っているかも（そうでないかも）しれないが，大きい製造業者が知っていることはまれである．（婦人服産業は特筆すべき例外である．Fortune 1949 年 1 月号の「7 番街のアダム・スミス」参照のこと．）多数の主体間での自由競争は，着実に，共同組合や労働組合その他のさまざまな連合などの少数の提携間での競争や争いに置き換わりつつある．

ゲーム理論は，経済に対して個人（1 人の主体または 1 個の単位集団）の立場からアプローチする．それは，スミス（Adam Smith）（追随者の間で明白であるが），マルクス（K. Marx）およびケインズという 3 人による歴史的なマクロ経済システムと対照的にミクロ的であり，核物理学が天文学からかけ離れているのと同程度にマクロ経済からかけ離れている．経済思想において，マクロ的アプローチとミクロ的アプローチは，アイザック・ニュートン（Isaac Newton）において天文学が地球物理学と出会うように，どこかで遭遇するだろう．ケインズは，彼の主要な研究である 1936 年の『一般理論』（General Theory）において，国民所得，消費，貯蓄および投資にもとづいた，経済に対処する最後の英雄的努力の成果を発表した．また，理論の基礎を集計量の均衡においた（例えば，所得は消費と投資の和であること）．しかし，高水準の均衡を（マルクスの「利益率の低下」と同様の）資本の動学的停滞から守るため，（ルーズベルトの金融政策のような）少なくとも 1 つの変数の操作を必要としたのである．それは，ケインズ経済学が政治経済学を統合した経済学にな

っていることと無関係ではない．ケインズ経済学が説明しなかったことの中に，部分的には集計量を操作する目的で経済のあらゆる段階においてなされる戦略的な提携形成がある．また，例えば供給がまだ不足して価格が上昇している期間に，80番目の議会が税の免除を通じて消費を刺激したのはなぜか，というウォルター・リップマン (Walter Lippmann) の最近の疑問に答えていない．賢明だったかどうかはともかく，それは火星人の行為ではなく，少なくとも部分的には経済の構成部分から生じた戦略的行為だったのである．その動機と効果は推測できただろうが，動機は経済理論では完全には説明されておらず，また効果はぼんやりとみえるだけである．

　個別的主体の経済行動を考察したのは，ゲーム理論の著者たちが最初ではない．多くの経済学者（「限界効用学派」）が個人選好の主観的基礎を理解しようと努めてきたが，個人の客観的経済行動にまで深く立ち入ることはなかった．彼らは，妥当なことに，財の追加的1単位がもたらす満足はそれ以前の追加的1単位がもたらす満足より小さいことを発見した．しかし，戦略的関連については考察の埒外だった．それよりもむしろ，各個人は個々独立に満足の最大化を追求すると一般的に仮定していたのである．ゲーム理論は，客観的であるが，効用（欲求を満足させる財の能力）は順序をつけるだけであって測定できるものではないと信じる限界効用学派の経済学者からは批判された．ゲーム理論の著者たちは，もし選好関係が首尾一貫してある意味で規則的ならば，それを表す効用は数値として与えることができることを示した．これは金銭の単位で表される必要はない（5ドルは5ドルをもつセールスマンにとって，5,000ドルをもつセールスマンにとって，さらには50,000ドルをもつセールスマンにとって同じものであろうか？）．しかし，ゲームのすべてのプレイヤーが金銭を最大化しようとしているならば，ドルによって直接に「評価」できるので理論はきわめて容易に応用できる．

　個人の立場からすれば，可能な経済状況はそもそも3通りある．1人きりの場合，2人の場合および3人以上の場合である．1人の場合とはロビンソン・クルーソーだけが不毛の島にいるケースである．彼は，自然の力を除けば何にも邪魔されずに自分の利得を最大化する．その自然も，少なくとも，雨が降るかもしれないとか竜巻が起こりそうだというような予想は可能なのである*．

---

*ロビンソン・クルーソー経済は，理論的には純粋な共産主義である．資産の分配は定義によって固定され，自然に対抗して社会は一致して前進するが，これはよく知られているように，スターリン

2人の場合は，個人は交換関係（買い手と売り手）をもつことになり，相手の存在という問題に直面するので，もはや利得の最大化ではなく最適化を模索しなければならない．しかし，もし3人だったら新たな問題が生じる：つまり，2人が結託すればより大きい利得を獲得できるかもしれないのである（1人の買い手に対して2人の売り手，あるいはその逆）．これらの3通りの状況はゲーム理論が明らかにした．

　フォン・ノイマンとモルゲンシュテルンは，経済主体の問題に単純なモデルによってアプローチしている．というのも，科学は常に単純なモデルから出発するからだ．ゲームは，経済行動としての戦略の本質をそのまま抜き出そうとする人間の活動である．ゲームでは，戦略は単純で観察可能であり，またその実行に干渉せずにシミュレートすることができる．ゲームとは，経済行動を決定するルールに匹敵する簡潔なルールの集合である．これらのルールに囲まれて，戦略は行使される．経済学と異なりゲームはモノをつくらないが，それは数学者にとっては問題ではない．ゲームでは，実際のプレイヤーに生産物からの利得を与える仕事をする仮想的プレイヤーという仕掛けを工夫することができる．普通のゲームは市場よりは単純であるが，数学で考察できるゲームは際限なく複雑になりうるのである．市場における現実の困難は——経済理論をつくり上げるという立場からは——それが複雑だということよりは，正確なルールがわからないということである．もしルールが最後の1行までわかっていれば，それは「ゲーム」なのである．

　ゲーム理論が特に興味をひくものでなかったとしても，その貢献はゲーム理論を注目すべき研究であると認めさせたであろう．というのは，戦略的ゲームをそうでないゲームから分離するという手柄をあげ，伝統的な確率論を戦略ゲームの基礎にすぎない時代遅れのものとしてしまったからである．（ちなみに，確率論は偶然のゲームの研究から始まった．）1人ゲームは，ソリティアのように，確率論にもとづいてプレイできる．カードは決して話しかけてこないし，立ち上がってどこかへ歩いて行くこともない．サイコロふりやルーレットは，公平にプレイするかぎり，戦略ではなく単純に確率だけが関係する．ブリッジは戦略的なゲームであって，互いのシグナリングを通じて情報を精緻化することが必要である（残りは確率計算）．チェスは，盤上で完全情報になっ

体制下の共産主義が要求する均一性への極度の強制の特殊例である．

ており，非戦略的ゲームである．「もしチェスの完全な理論が実際に知られたならば，もはやチェスをプレイすることはないだろう．」フォン・ノイマンの理論は，戦略的行動においては情報の獲得が中心的役割を果たすことを示唆している．ポーカーは，不完全情報と逆シグナリング（情報をあいまいにするためのハッタリなど）にもとづく戦略的ゲームである．

ソリティアはロビンソン・クルーソー経済に対応する．1人対カードあるいは自然のゲームである．いずれも確率論があれば十分である．最も単純な2人戦略ゲームはコイン合わせである．このゲームでは，相手のプレイのパターンを観察し自分のパターンをあいまいにする以外に，長期的結果に影響を及ぼすことはできない．（表と裏を出すパターンを知られてしまえば，負けることになる．）そのパターンを完全にあいまいにする唯一の方法は，確率的選択に委ねることである．最適な結果とは損得なしの状態である．このゲームは，重要な戦略的要素，すなわち確率的選択という方法を登場させる．というのは，単純なゲームではあるが良いプレイヤーでも偶然だけに依存するリスクに直面するからである．

人々がどのようにして異なったリスクの間で選択するのかということは，経済学者を悩ましてきた問題の1つである．さらに事態を複雑にするのは，リスクに直面するのは自分1人だけではないということである．というのは，確定したプレイがもたらす価値を判定する1人のプレイヤーは，相手がランダムに応答することを考慮しなければならないからである．彼は，さまざまな値を獲得するというさまざまな偶然が彼に与える価値の合計を判定できなくてはならない．効用が測定できると仮定すれば，数学者は，10%の確率でリンカーンを獲得し90%の確率でシボレーを獲得するときの効用は確定した値をもち，これは確実にデソトないしクライスラーを獲得するときの効用と比較できるのである．軍事への応用では，問題は平均してどれだけ多くを獲得するかではなく，むしろ勝利する回数はどれだけかであるといわれる．しかし数学者だったら，それは勝利と敗北の差に与える値をきわめて大きくしたいと願っているにすぎないのだというだろう．

ポーカーの戦略

ゲーム理論はポーカーから始まったが，依然としてポーカーは戦略的問題の基礎をなすモデルである．フォン・ノイマンはこのゲームの本質を浮き彫り

にした．プレイヤーを 2 人とし，パスの選択を含めてベットを 2 通り（高額または低額），またベットのつり上げは 1 回に限定して考察した．多くのポーカー愛好者と同様，彼は自分用のポーカーをつくり上げた．カードは裏返しにして配り，ドローはなしとしている．彼はこれを「スタッドポーカー」とよんだ．ポーカーの本質は保存されている．つまり，相手に関する不完全情報，ハッタリによってカードの強弱を見破られなくすること，ベットとコールによってのみ調整できる相反する最大化の意図，手に残ったカードを比べて結果が決まることなどである．2 人のプレイヤーはいずれも予想できない相手と，どうするか考えた末に確率的にでも合意するという問題に直面する．問題の核心は，それゆえ，相手の行動にかかわらず，最低でもどれだけの利得を保証できるかということである．これこそが，市場（売り手と買い手）や競争（決闘），不合理な賭け事での行動を決定する問題であり，さらに経済理論や社会理論を困惑させてきた問題である．これがフォン・ノイマンの理論の最も重要な点である．

　フォン・ノイマンの理論には，創造性はあるが魔法などはない．それは異例なほど込み入った論理的行為であり，標準的ではない数学的計算をともなうものである．理論の根底には，プレイヤーは事前に正体を知られるという注目すべき要請が置かれている：これは採用しようとしている戦略はすでに相手に知られているということである．このような悲観的とも思えるような態度は賭け事をする本性とは矛盾するが，これによって，1 つのよく知られ根づいてしまっている懸念，すなわち，もし正体が明かされたらびっくりして負けてしまうという心配が文字どおり取り除かれるのである．しかし，この「合理的」プレイヤーは，確率的選択を用いることにより，相手とある程度までは自分自身も自分が選択する特定の戦略を知ることを妨げることができる．この，相手の手も自分自身の手も知らないことがどの程度効果をもつかということは，ゲームによって異なる（これを説明することがゲーム理論の主眼点である）．例えば，コイン合わせのプレイヤーは表と裏を 50% と 50% の確率で選択する．ポーカーでも同様に，一定の確率にしたがって不規則にはったりをかける．例えば，10% の確率でハッタリをかけることはできるが，それをいつやるのかは，彼自身，前もって知ることはできない．ここがフォン・ノイマンの論点であり，彼はこれを，もし戦略が広く定義されていれば，自分の戦略は見破られて

いるという悲観的な仮定から損失を被ることはないということを「ペルシャの詩」にもとづいて証明した*．つまり，理論にしたがうプレイヤーは，「うまくプレイすれば，相手もまたうまくプレイすると仮定して，相手の戦略を見破った場合より悪くない利得を得ることになる」のである．一筋縄ではない論理であるが，結果は仮定から明らかである．というのも，戦略的な競争状況でなしうる最善のことは，相手の戦略を見破ってそれに対抗することだからである．しかし，もし相手が自分の戦略は見破られたと仮定して行動していたならば，相手を見破ることで得られるものは何もない．こうして，相手の最適な戦略に対する最小の最大利得をすでにみつけているのである．また，最大の最小利得もすでにわかっている．フォン・ノイマンのポーカーでは，最大の最小値と最小の最大値は同じ値となっている．フォン・ノイマンは，これが例外なくポーカーのような（自分の損失が相手の利得となっている）すべての2人ゲームにおいて成り立つことを数学的に証明した．言い換えると，熟練プレイヤーと対抗するときは，自分の戦略が（ともかくも見破っているならば）見破られていることは不利にはならない．実際，2人ともこのように仮定してプレイすべきなのである．

　これは「マックスミニ」ないし「ミニマックス」理論とよばれている．（945ページのボックスをみよ．）これがフォン・ノイマン理論の全貌である．この用語は科学の語彙として斬新かつ重要であり，今日の学識者集団で盛んに話題にのぼる新しい概念である．ゲームという条件のもとでつくられたその定理に数学的な異議を唱える数学者はいない．古典的には非合理的と考えられてきた状況で，どのようにすれば合理性を貫くことができるかを示した唯一の理論である．この定理から，もし相手が理論に反して不合理にプレイしたならば，不合理の度合いに比例した損失を被ることになるので，合理的プレイにもどらざるをえないことが結果としてしたがう．

　相手が理論から逸脱した戦略をとったときに，ミニマックス戦略がどのようにして自分自身を守るのかはポーカーで説明することができる．ポーカーのプ

---

*ゲーム理論の中心的定理は，数学的には次のように表現できる.
$$\mathrm{Max}_{\vec{\xi}}\mathrm{Min}_{\vec{\eta}}K(\vec{\xi},\vec{\eta}) = \mathrm{Min}_{\vec{\eta}}\mathrm{Max}_{\vec{\xi}}K(\vec{\xi},\vec{\eta})$$
数学者はこれを見て，審美的な喜びを感じている.

レイヤーは，次のフォン・ノイマンによる数学的証明の言葉による言い換えを理解することができるだろう．ポーカーをしない読者には以下の8つのパラグラフの余談は必須である．

ゲーム理論の基本原理を，フォン・ノイマンは次のように説明している．

強いカードを手にしたプレイヤーは，勝てるという十分な理由から高く——きわめて高く——賭ける［ベットする］傾向にある．その結果，高く，もしくは手札以上に賭けたプレイヤーは，相手に——事後的に——強いカードをもっていると思わせるだろう．これは，相手にパスする動機を与える．しかし，パスすれば比較はできないので，弱いカードをもっているプレイヤーも，高いビッド，もしくはオーバービッド以上に賭けて，強いカードをもっているという（偽の）印象を与えることによって，ときには強いカードをもつ相手に対してより有利な立場に自分を置くことができる．こうして，相手をパスに追い込むことができるだろう．

この策略は「ハッタリ」として知られている．熟練したプレイヤーなら誰でも疑いなくやっているだろう．上の説明がプレイヤーの実際の動機であるかどうかは疑わしい．現に別の解釈を考えることができるのである．つまり，もしカードが強いときにのみ高く賭けることが相手に知られていたならば，相手はパスしてしまうだろう．だから，実際に強いカードを手にした場合，目前の掛け金が高く積み上がるようなことはなくなってしまう．それゆえ，相手にこの相関関係についての不確実性——すなわち，弱い手の場合でも，実際に高く賭ける場合があることを相手に気づかせることが，彼にとって望ましいのである．

要約すると：ハッタリをかける2つの動機のうち，最初のものは（実際には）弱い場合に強いという（偽の）印象を与えたいという動機であり，2つめは（実際には）強い場合に弱いという（偽の）印象を与えるという動機である．これらはいずれも，逆シグナリングの——つまり相手をだますという——例である．ただ，最初のタイプのハッタリは，うまくいった場合，つまり相手が実際に「パス」した場合には，望んでいた利得が獲得できるので最も効果があり，第2のタイプは「失敗」した場合，すなわち相手が「勝負する」場合に，相手に混乱した情報を与えることができるので最も効果が大きい，ということに留意しておくべきだろう．このような，ひねった——

それゆえ不合理にみえる——動機のもとでの賭けは，別の結果をもたらす．必ずリスクをともなうので，そのリスクをさらに大きくするような対策によって，相手によるその行為を制限することを考えるのは，おそらく有益であると思われる．

まず第1に，良い戦略とは基本的に，高いカードをもっているときは常に高く賭け，低いときはほとんどの場合に低く賭けるが，「ときには不規則にハッタリをかける」ことである．フォン・ノイマンはこの戦略を，1つの重大な逸脱，つまり間違ったハッタリを除いてあらゆる逸脱に対して安全であることを示した．他のどのような逸脱も，例えば低い手のときに規則的に低く賭けることなども，損失を招く．しかし，正しい戦略に対する間違ったハッタリは，例えば，低い手のときに適切な頻度を超えてハッタリをかけることなどは，大きい利得をもたらすかもしれないが，相手はそれに対して罰を与えるようにうまく対応できるだろうから，結局は正しい戦略にもどらなければならないだろう．これから，ポーカーのプレイについての驚くべき結論がしたがう．すなわち：「ハッタリの重要性は，熟練した相手とプレイするときの実際のプレイにあるのではなく，相手の良い戦略からの逸脱の可能性に対する防衛手段となっていることにある．」* 強い相手とプレイしたことのある人なら誰でも，この防衛的ハッタリの優位性という原理が妥当であることを知っている．

この原理は，ポーカーの熟練プレイヤーがかなり大きい賭けに直面した場合に対処する基本的な行動に本来的に備わっている．例えば，スタッドポーカーでは相手を負かすことができないときはまず降りること，またドローポーカーだったら「ショート」（ジャックより弱いペア）のときにドローしないことである．熟練したプレイヤーのこのような保守性は，効果が見込めてコストが望ましいまずまずの大きさであるときに，よく考えて意図的に行う場合以外，攻撃的なハッタリを排除している．しかし，相手がこのような妥当な行動から逸脱しないかどうか警戒し，ときには逸脱しないよう報酬を与えることが必要で

---

*直観に頼って考えるポーカープレイヤーは，正しい戦略に反したハッタリをかけているプレイヤーに対して，次の規則にしたがって行動することを考えるかもしれない：「もし相手が［与えられた］手において過度にハッタリをかけるならば，良い戦略からの以下に述べる逸脱によって彼を罰することができる：すなわち，その［与えられた手］より弱い手においてはより少なく，より強い手においてはより多く「ハッタリ」をかける」．逆も成立する．こうして，防御的な対抗策は，強い手においては相手の間違いを模倣し，弱い手においては逆の行動をすることである．

ある．

　要するに，フォン・ノイマンは，「主導権を握ったプレイヤーによる攻撃的なものと，そこそこの手においてさえ不規則にやっているのではないかと疑われるようなもの，という2種類のハッタリ」を区別しているのである．防衛的ハッタリはミニマックス戦略を実行することになる．相手がこれから離脱すれば，あなたは勝つことができるのだ．

　これらはポーカーへの実質的な貢献であるが，フォン・ノイマンは完璧なポーカープレイヤーをつくりだしたわけではない．ゲームとしてモデル化される現実の市場には，多くの複雑さが残っているのである．

　ゲームを2人ポーカーから拡張する際の複雑さの1つは，理論の第2の重要な啓蒙に導いた．2人ゲームでは，ミニマックス原理をもたらしたが，2人のプレイヤーは「価格」（ベットとコール）による以外に互いの状況に折り合いをつけることはできない．この点は，著者たちによって示唆されているように，価格（売り値と買い値の調整）でしか折り合いをつけることのできない売り手と買い手に似ている．3人ゲームの意義とは，それがこの純粋な利害の対立を壊してしまうことである．3人ゲームに対して，著者たちは前例のない基本形をつくり上げた．しかし同様のルールをもつどのようなゲームも同じ結果をもたらすのである．

　純粋な対立状況に代わって，3種類の状況が出現する．まず，3人全員が1個のプレイヤーとなってプレイする（カードないし自然に対抗する）1人ゲームである．第2に（ルールが許せば），2人が共謀して1人に対抗する2人ゲーム（可能な2対1の状況は3種類）がある．3番目は，各プレイヤーが独立に行動する純粋な3人ゲームである．これらのうちで最も重要なのは，2番目の提携形成である．ゲーム理論は，提携形成が優位性を生み，かつルールがそれを禁止していない場合，自然な成り行きとして提携が形成されることを決定的に示している．実際，どのプレイヤーもこのような状況において提携形成に加わらなければ，負けることになる，もしくは，より正確にはより少ない利得しか獲得できないだろう．利得の追求という経済的大前提からすれば，人々は必ず提携を形成することになる．提携を禁止するルールがなければ提携しようとする「本能」がほとんど生存法則であるような，つまり提携しないことは対抗する競争者の提携のために低い利得しか得られないリスクに直面する

という競争経済を記述する経済学にとって，この意義は重大である．（反トラスト法は，この本能の圧力への抵抗力として十分に決定的というわけではなかった．）ゲームにおいては，このような理由づけはもっぱら演繹的であり，基本的仮定からの帰結を完全に記述している．これらの妥当性が，経済行動についての帰納的な事実によって，細部にいたるまで確認できることは注目すべきことである．

　提携がどのように形成され，また再形成されるかを示す良いゲームモデルは，ピッチの変形である「セットバック」とよばれる，ノース・カロライナの北西部の山間の町でプレイされているカードゲームである．これはフォン・ノイマンの数学的モデルを理解するより簡単なゲームで，提携形成の基本的な考え方を示している．セットバックは5ポイント（高い，低い，ジャック，ジョーカー，および「ゲーム」）まで賭けることができるオークションゲームである．ビッドする場合は，切り札を宣言しポイントの獲得に進む．獲得できなかったときは，自分のビッドにとどまる．11ポイント先取したら勝者となる．3人の場合は，普通1人が他の2人より先行し，6ポイント以上の有利な位置から脅しをかける．他の2人は，先行する1人に対抗するため即座に勝ちを譲り合って共謀することを余儀なくさせられ，ゲームは直ちに2人対1人のゲーム（フォン・ノイマンの2人ゲーム）になる．

　この提携形成においては：利得をどのように分割するかという重要な問題が生じる．フォン・ノイマンは，提携を組んでいるプレイヤーがそこにとどまる価値は，離脱して外の1人が提携を壊すために提供できる値以上でなければならないという特別な条件を明示している．セットバックでいえば，提携は外のプレイヤーに1度勝たせることである．提携形成は，このようにはっきりとした確定的な行動である．しかし，すぐに提携のメンバーの1人は，その協定から利得を得て6ポイントあるいはそれ以上を獲得し，勝者になれると脅すことができるだろう．最初の提携は直ちに分裂し，2人の強いプレイヤーは互いに相手を恐れるあまり，対立関係の上に奇妙な負の提携を結び，残った弱いプレイヤーに勝たせて互いの位置が近づかないようにする．これは提携形成のもう1つの特異な側面，つまり，ある条件のもとでは弱さは不利益ではないことを明らかにする．それゆえ「適者」はすべての条件のもとで生き残るわけではないのである．

　経済学では，この原理はしばしば巨大組織が最低限の競争形態を維持するた

めに，弱小組織がビジネスを続けることを許す，もしくは奨励する．——独占のさまざまな危険を回避するように——競争状況の特徴を最小限度維持するために．数社に支配されている今日のある産業においては，競争において子供の手袋を用い，ライバルを悪くいわないことはほとんど倫理に近い慣習である．ゲーム理論では，慣習や偏見，およびそれに類するものが提携に及ぼす影響は，複雑な「行動基準」として研究されている．すると，セットバックのゲームについていえば，3人がいずれも11ポイントに近いという著しい位置にいて，提携する動機が存在しない場合，提携はなくなり状況は純粋競争にもどるということである．ゲームのルール（および良いスポーツマンシップの規範）は，任意の2人が特別な協定のもとに提携し，そのうちの1人が勝利することを防いでいるのである．

3人ゲームの経済学における重要性は，それが独占的競争の基本構造，つまり，経済思想を悩ましてきた純粋競争と純粋独占の間の領域の解体を可能にすることにある．フォン・ノイマンとモルゲンシュテルンは，他の誰とも異なり，提携を不可欠なものとして理論にとりこんでいる．この理論はさらなる重要性をもっている．というのは，もし提携行動が完全に理解されたならば，景気循環と経済計画という現代の2つの互いに関連する大問題に光を当てることが可能になるといえるからである．

1人のプレイヤーが理論に加わったことによるゲームの解の複雑性がゲーム理論に与える効果には，良い面と悪い面がある（ちなみに，4人ゲームは典型的に2対2，あるいは3対1のように必然的に2人ゲームに帰着する）．良い面は，プレイヤーが加わったことによって提携の法則について何かが明らかになることであり，これは経済，軍事および政治的考察に役に立つ．同じ理由で，プレイヤーの追加は，多人数の状況に対する数学的計算を実際に実行する際の途方もない複雑さをもたらす．10人ゲームにおいてさえ，2つの提携が対抗する状況は511通りもある［訳注：$(2^{10} - 2)/2 = 511$］．

しかし，このような多数の組み合わせすべてを相手にする必要はない．労働組合の動向をみると，多人数の経済主体たちが少人数の戦略的に行動する団体にグループ分けされていくのがわかる．それでもなお，多人数の問題は「ゲーム」の著者たちが挑戦しなければならない最大の問題である．実体経済では多人数であることは，動学的な変化をもともなうものである．ゲーム理論は，多

人数の問題を扱っていないばかりでなく，現状では明らかに静学的，つまり変化を扱っていない．これら2つの問題は，理論への異議として論じられてきた．著者たちにとっては，それは正当な異議ではなく，理論展開における現段階での限界である．もし理論が動学的な多人数の問題を実際に克服できるならば，それは予測についての理想的な科学的ゴールに到達したことになるだろう．それは現状ではまだ先のことである．

しかし，多数であることそれ自体は数学者を困らせることはない．物理科学においては，気体の理論は信じがたいほど多数の分子がかかわっているが，まさに多数であることによって厳密科学となっているのである．これは，理想的な自由競争は実に計算できる状況であって，自由な企業が身を置くための最も合理的な環境であることを示唆するものである．というのも，これはアダム・スミス（Adam Smith）が述べているように，自己の利益を追求する多数の個人が全体としては資源の完全雇用を実現するという仮説と両立することだからである．これは，ユートピア的発想であるかもしれないが，魅力的であり，方法としてはスターリンの1人ゲーム同様，革命的なものである．現在の「独占的競争」に関して，理論は，最適利益と最適生産は一致するか，またこの最適性は社会と個人の厚生の最大化と一致するかなどの問題に答えることができる．純粋競争または独占的競争が，資源の十分な雇用を達成するかどうかについて知ることは興味深いことである．理論は何も約束しないが，決断し，それらについて研究する活気にあふれた人間をみつけるだろう．

「ゲーム」の軍事的応用はこのたびの戦争の初期，実際，理論の全貌が出版される前に，ASWORG（対潜水艦攻撃作戦研究グループという現在の海軍作戦評価グループの前身）によって始められていた．グループの数学者たちは，1928年公刊のフォン・ノイマンによる最初のポーカーについての論文を知っていた．彼らの仕事がうまくいったので，いまは海軍と空軍（ランド・プロジェクト）によって応用研究されているが，軍事機密なので内容はわからない．しかし，少しは知ることができる．

たいていの軍事的問題は，前にふれた決闘，部隊の配置（下のコロネル・ブロット問題参照のこと）および探索などのタイプのゲームに帰着される．戦闘機と潜水艦の間の戦闘を含む探索問題は，敵の潜水艦がわれわれの輸送手段を破壊したとき，まずASWORGがその研究に没頭したのである．

コロネル・ブロットゲーム：部隊配置問題

　「コロネル・ブロットゲーム」とは軍隊の配置問題で，キャリバンの *Weekend Problems Book* に記載されているものである．ここで示すのは，フォン・ノイマンのゲームの基本的な考え方を，グラフでわかりやすくした解説である．ちょっと我慢すれば素人でも理解することは難しくない．

　この問題は，能力のテストとして将軍からコロネル・ブロットに与えられた．ブロットは，敵の3部隊に対抗するための4個の戦闘部隊をもっている．対立する部隊の間には山があり，各々砦が築かれた4本の山道がある．夕方に宣戦布告がなされた．部隊の配置は翌朝に行われる．決定は，個々の山道で誰が数で他に勝るかにもとづいて行われる．奪取した砦1個について1ポイント，また占領した部隊1個に付き1ポイント獲得することができる．このゲームの原型では，敵の部隊は，運に左右されるが，夜間に不意に現れる．そこでブロットは，敵の3部隊が各々1本の山道に1部隊が展開するケース，2部隊が1本の山道，1部隊が他の1本に展開するケース，あるいは3部隊すべてが1本の山道に展開するケースのそれぞれが実現する確率にもとづいて彼の部隊を配置する．

　このたびの戦争中，プリンストンでは2人の数学者，チャールズ・P・ウインザー（Charles P. Winsor）とジョン・W・テュケイ（John W. Tukey）が現実の軍事問題を研究するなかで，わずかな時間をコロネル・ブロットの問題をもっと現実的に考えることに割いていた．

　彼らは，ブロットの敵部隊は互いにコミュニケートし，対抗戦略をとることを許して分析した．テュケイ教授の好意による下図に解が描かれている．

　ブロットは4つの形の純粋戦略（混合戦略と区別する）を利用できる．すなわち，4個の部隊を1部隊ずつ1本の山道に展開すること，それから3部隊と1部隊に分けること，2部隊と2部隊，そして4個の部隊をすべて1本の山道に展開するという4種類の戦略である．ここでの説明のため，ブロットの最後の戦略を禁止して問題を簡略化しよう．すると，ブロットの純粋戦略は3個になる．彼の敵もまた3個の純粋戦略をもっている．

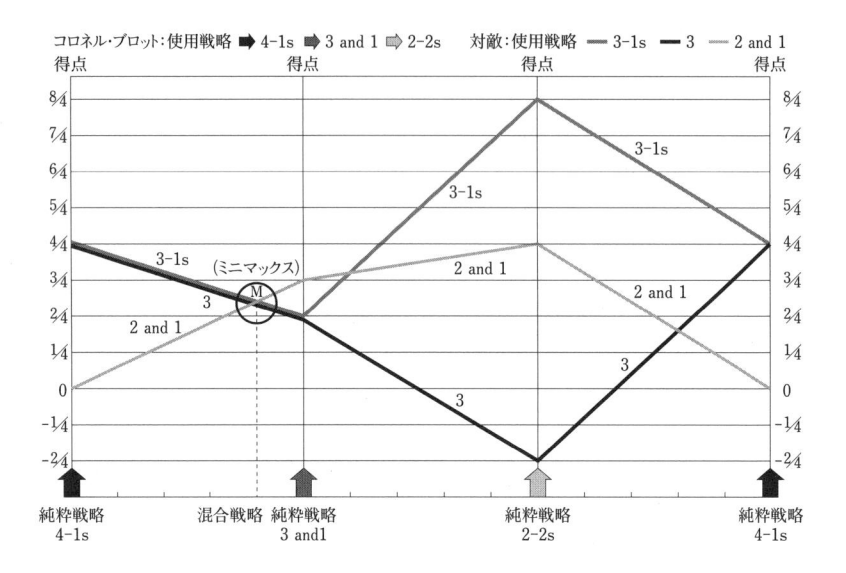

コロネル・ブロット：使用戦略　→ 4-1s　→ 3 and 1　⇨ 2-2s　　対敵：使用戦略 ― 3-1s　― 3　― 2 and 1

(グラフ：縦軸 得点 −2/4〜8/4、横軸 純粋戦略 4-1s／混合戦略 3 and1／純粋戦略 2-2s／純粋戦略 4-1s。ミニマックス点M)

　グラフの左端でブロットの純粋戦略「4-1」(山道1本に1部隊)が敵の純粋戦略「2 and 1」に対峙する．彼らは次に記すように出会うだろう．

$$\begin{array}{cccc} 1 & 1 & 1 & 1 \\ & 2 & 1 & \end{array}$$

最初の山道では，ブロットは砦と1部隊を失って2ポイントの損失を被る．次の道では引き分けるが，3番目の道では砦を占領して1ポイント，4番目でも砦を奪って1ポイント稼ぐ．敵の部隊がこの戦略のもとでどの道を選んでも結果は同じである（他の配置が選ばれたときなどは違いが生じるだろうが，その場合はすべての得点が単純平均される）．この場合，ブロットは2ポイント得るが敵も2ポイント得る．ネットでは両者ともゼロである．これは，純粋戦略「4-1」が純粋戦略「2 and 1」とグラフ上でゼロのところで出会っていることで示されている．

　ブロットが同じ配置（山道1本に1部隊）を，敵の3-1（山道1本に1部隊）または山道1本に3部隊の配置に対抗させた場合は，同じ計算でブロットの平均得点は1ポイント（ブロットの垂直線は4が分母となっ

ているので，4分の4と記載）になる．

2番目の垂直線は，ブロットの純粋戦略「3 and 1」を表している．計算すると，ブロットは敵の配置「3-1」と3に対し，平均2分の1ポイント（4分の2），また「2 and 1」に対しては4分の3ポイントを得る．

3番目の垂直線は，ブロットが敵の配置3に対して純粋戦略「2-2」で対抗した場合の利得である．4番目の垂直線は最初の配置のくり返しである．すると，ブロットが利用できる3個の純粋戦略のうち，「3 and 1」を選べば利得は最大で4分の3か，あるいはより小さい4分の2つまり2分の1となる．しかし，これより多く稼げるだろうか？

フォン・ノイマンの原理によると，純粋戦略を放棄して混合戦略をとるという代替案がある．（1面が「3 and 1」で他の4面が「4-1」であるような5面のサイコロでこの「混合」を実現することができる．）各純粋戦略と対抗する場合の平均得点を示す点を結ぶと，3本の線は点「M」で交わる．ブロットが混合戦略を用いてこの点を実現すれば，彼は敵の戦略が何であろうと平均して4分の2より大きい利得で勝つことができる．この利得はまた，敵が最善の戦略をとるという前提のもとで，ブロットが実現できる最善の状態である．これが「ミニマックス」――ブロットの最大の最小値であり同時に最小の最大値である．

同様な経済問題としては，予備部品の配給（配置）がその例である．このように，テュケイ教授が述べているように「戦略のゲームは……さまざまな分野においてかなりの実際的役割を果たすことができるだろう．」

ASWORGの指導者であるフィリップ・M・モース（Philip M. Morse）は，*Bulltin of the American Mathmatical Society*（1948年7月）において，探索問題について次のように書いている：

標的をとらえるなんらかの手段をもった観察者が，多少とも規則的なパターンで探索活動をする．問題は，特定された条件のもとで，標的を最も効率的にとらえることになるパターンを発見することである．この問題は多くのケースに応用できる．標的をとらえる手段は，レーダーやソナーのように視覚に訴えることができるかもしれない．観察者の輸送は航空機や潜水艦

が行うことができる．「観察者」は標的に接近できる誘導ミサイルでもよい．標的の捕獲とは破壊であるかもしれない，平和利用としては地質学的探索など枚挙にいとまがない．

　問題は普通，いくつもの部分に分割することができる．まず，接近問題がある．これは，探索機器の物理的性質と，観察者と標的が互いに設定された位置にあるときに標的をとらえる確率との間の関係を扱う問題である．また，航跡パターン問題とは，与えられた条件で探索の最適パターンの決定を扱う問題である．さらに，戦術的問題は，標的もまた探索装備をもつ場合に生じる相互効果を扱う．戦術的問題の分析には，フォン・ノイマンのゲーム理論の方法がしばしば必要となる．探索問題のどの側面も，概念や方法に対して新しい光を当てる点において古典的確率論とは異なった観点からの確率論の基本的概念と方法にかかわっているのである．

　航空機と潜水艦は，ポーカーのような2人「ゲーム」をプレイする．潜水艦は海峡を通るが，その幅によってはときとして浮上しなければならない．航空機は浮上した潜水艦を発見しようとして海峡の上空をくり返し飛行する．両者の距離については，航空機の航続飛行距離の限界に影響される．航空機はどのような探索パターンにしたがうべきか，また潜水艦はどのような潜水パターンにしたがうべきだろうか？　対抗戦術に対する戦術のこの関係はたいていの軍事問題に共通している．航空機ならば海峡の最も広いところをくり返しを少なくして探索すべきか，または狭いところを何度も探索すべきだろうか？　もしパイロットが，どれかをただ1つの可能性として選択し，しかも発見されてしまったら，彼は潜水艦をみつけることはできないだろう．ゲーム理論に照らしていえば，問題は，パイロットとしては発見されないようにし，一方で潜水艦の艦長の計画があまり用心深くはみえないならば，それを何とかしてみつけることである．これにはある程度の偶然性に委ねる選択が必要であろう．もし両者が「合理的」ならば，互いに相手に対する正しい戦略を実行できるはずである（ポーカープレイヤーが，相手が正しくハッタリをかけなかった場合に行うように）．探索の正しいミニマックス戦略はきわめて複雑である——あまりに複雑なので見本となる解を言葉で表現することはできない——しかし，この探索問題は比較的単純な軍事問題とみなされている．実際のところ，現実の軍事問題がゲーム理論によって数学的に解けるかどうかということそれ自体は

軍事機密である．

しかし，よく考えると，2機の戦闘機による空中戦のモデルとしての決闘の場合，もし両方が限られた数の発砲しかできないならば，互いの射程範囲に近づいたときには，発砲の前に一定の距離まで接近し，その後，確率的に決定した間隔をおいて発砲するべきであることがわかる．パイロットがこの作戦においてサイコロをふることができることなどありそうにもないので，このような作戦は確率的選択を備えたメカニズムによって機械化しなければならないように思われる．また，この問題の解は，速度によって複雑になる距離と正確さの間の関数関係にもとづいた膨大な計算をともなうであろうから，実際の戦闘に先だって計算機を使用する以外にそれを遂行することはむずかしい．その場合はおそらく，作戦全体が機械化されパイロットさえ不必要となるだろう．理想化できれば，それは数学者の独立記念日（Fourth of July）の出し物になるといえよう．

しかしながら戦争は，押しボタン戦争でさえ理想化されそうにもない．戦争は実験のようなものであり，相手が互いの強さを正確に見積もることができたならば，一般には実行できないテストである．両サイドの間に際立った不均衡があるのでなければ，そのような見積もりは白日夢というものである．

特定の軍事的価値を最大化する物資の補給と利用可能資源を関連づける線形計画法のような手段でさえ，初期段階の解を与えるだけである．空軍が研究しているゲーム理論を例として考えてみよう．空軍は望む数の爆弾を常に投下できるとは限らない．戦闘には最適な，最大の背景というものがある．すると，特定の期間に投下される何トンもの爆弾の総トン数を最大化するためには，訓練と補給人員規模の柔軟性の限界と材料に関する制約を考慮したうえで，関連し合う多様な活動をどのレベルで実行しなければならないのか？ この問題は2人ゲームとして定式化することができる．空軍の典型的な問題は，一般にほぼ500もの要素に依存する特定の量を「最大化する」ことを要求する．このような問題の解は，数10億個もの掛け算を必要とするだろう．それは，何よりも，最新の高速電子計算機に適した仕事である．

核 戦 略

沿岸警備にかかわるきわめて重大な問題は，原子爆弾を搭載したロケットによる襲撃からはどのようにしても大陸を守ることはできないという事実であ

る．このようなロケットは，広大な空間できわめて短時間の間に，攻撃目標からはるかに遠い地点で迎撃しなければならない．どのロケットも重大な爆弾を積んでいると仮定することはできない——そのような仮定の大部分はハッタリによるものであることが多い．あらゆるものを破壊するためにすべての資源を総動員すれば，加えた損害より大きい費用を支払ったことにもなりかねない．ゆえに，ここでも最適を求めなければならない．つまり，最適な探索システムと，敵の猛攻撃がきわめて高くつくような最適な迎撃態勢をとることである．戦争は偶然に支配されており，ミニマックスこそがその現代的原理なのである．

　ゲーム理論は，ときとして多くの社会的分野で実際的な応用を可能にする．そのうえに，理論としては，いまでもなお戦略の意味を明らかにするという重要な役割を果たしているのである．

オスカー・モルゲンシュテルンとジョン・フォン・ノイマンによるゲーム理論についての共同研究

オスカー・モルゲンシュテルン（Oskar Morgenstern）

　1944年の『ゲーム理論と経済行動』の出版以来，どのようにして今世紀の最も偉大な数学者の1人であるフォン・ノイマンと私が出会い，2人の生涯における主要な作品となった仕事 [20, (1944) 1953] について共同研究をするようになったのかという質問を何度も受けた．最近では，多くの人たちからその共同研究の歴史を書きとどめておくことをせきたてられている．そこで，われわれ2人がこの仕事にかかわるようになったいきさつを手短に記してみようと思う．正確な日付などをともなうより詳細な報告は，別の機会に譲りたい．
　私の最初の著作『経済予測』（*Wirtschaftsprognose*）は1928年にウィーンのシュプリンガーから出版された [10, 1928]．この本は，私がローラ・スペルマン・ロックフェラーメモリアル（Laura Spelman Rockefeller Memorial）の研究員とハーバード大学の名誉研究員だった1926年から27年にかけて書いたものであるが，この中で経済予測にかかわるすべての問題について認識論的に検討し，予測は困難であり事実上不可能であることを私の当時の知識を総動員して考察した．私の一般的な科学観は，ヘルマン・ワイル（Hermann Weyl）やバートランド・ラッセル（Bertrand Russell）の仕事をはじめとして数学や物理学から強い影響を受けていた．また，ルードヴィッヒ・ヴィットゲンシュタイン（Ludwig Wittgenstein）による1921年の『論理哲学論考』（*Tractatus Logico-Philosophicus* [26, (1921) 1955]）に悪戦苦闘したこともある．ハーバードでは，偉大な哲学者・数学者であったアルフレッド・ノース・ホワイトヘッド（Alfred North Whitehead）による私的なセミナーにたびたび出席したが，当時，彼は『科学と近代世界』（*Science and the Modern World* [25, 1925]）を出版したばかりで，当時の私自身の関心以上に形而上学に傾いていた．

ロックフェラー研究員になったころ，私は博士の学位を限界生産性の研究で 1925 年に取得したばかりのオーストリア学派の経済学者として出発した．しかし，ベーム・バヴェルク（E. von Böhm-Bawerk）の交渉と「限界ペア（marginal pair）」の理論が，基礎的事項にかかわることであるが，完成されたとは考えられないことが常に気がかりであった．また，ウィーンにいたときにも，エッジワース（Francis Y. Edgeworth）の『数理心理学』（*Mathematical Psychics* [2, 1881]）における契約曲線にも同じ関心をもっていた．1925 年，合衆国へ赴く途中，高齢になっていたエッジワースをオックスフォードに訪ねた．私は彼の論文集の出版を最大限に賛美し，当時，絶版になっていた『数理心理学』の再版を何度もすすめた．彼はそれを受け入れたが，その実現は彼の死亡によって妨げられてしまった[1]．

　私は本の中で[2]，経済主体は他の主体の決定を反映していない「死んだ」変数とそうでない「生きた」変数と私が呼ぶ 2 種類の変数に直面していることを何よりもまず明らかにした．これはまさに「ゲーム」という用語に関連するものである．さらに，「単純な経済」（オーストリア学派の意味では孤立した家計）の単なる規模の増大は複雑化の要因としてはたいしたものではなく，それよりも単純な経済がその規模がどうであろうと，他者とかかわる場合の複雑さのほうが大きいこと，また，このケースだけが私のいう「生きた」変数，すなわち他者による決定をも取り扱わなければならない状況であることも明らかにした．これは，最大化行動は自然環境についての「死んだ」変数だけである前者のケースにおいてのみ可能であって，後者のケースでは，私が記述していたように，「生きた」変数が他者の「意思」や「経済行動」を表しているがゆえに家計の行動計画を妨げたり強化したりする，というゲーム理論の基本的な原理の 1 つをまさに述べるものである．

　私の注意を当然のように喚起することになった問題の 1 つは，社会科学では典型的な，予測された結果に及ぼす予測の影響という問題である．私はこの問題を多くの観点から考察した．考察したいくつかのケースの中で最初のものは，1 個の予測が，その結果に影響を与える反応とともに誰にも知られ信じら

---

[1] 現在では，契約曲線とコアは，ゲーム理論と伝統的な経済理論を関連づける方法として重要な役割を果たしている．
[2] 英語による長い要約が 2 つの展望論文，Arthur W. Marget [5, 1929] と Evelin M. Burns [1, 1929] に収録されている．

れることになるケースであり，次には，いくつかの異なった予測が異なった程度に信じられ，それゆえ，個人の行動と将来の結果その他に異なった影響を及ぼすというケースである．この研究の過程で私は，シャーロック・ホームズがモリアティ教授に追われる物語を例示した［10, 1928, p.98］．特に，これら2人の間の追いつ追われつは，相手の思考の再現（「私は彼が私が……すると考えると考えると考える」）という方法によっては決して解決されないこと，そしてそれは「でたらめな決定」によってのみ解決され，これが戦略の問題なのであることをかなりくわしく述べた[3]．

その本でふれた問題は，景気循環理論や統計学に携わるようになっても私の頭から離れることはなかった．1935年になって，私は同じシャーロック・ホームズとモリアティの例示を用いて，予測と予見に関するすべての事柄をより大きな枠組みの中で論じた論文「完全予見と経済均衡」("Vollkommene Voraussicht und Wirtschaftliches Gleichgewicht") を *Zeitschrift für Nationalökonomie* に発表した．その論文は，偶然，フランク・H・ナイト（Frank H. Knight）が大きな関心を寄せることになり，彼自身によって翻訳されて講義に用いられた[4]．完全予見の仮定はパラドックスに導くので，一般均衡理論には許容されないものであり，それゆえ一般均衡理論は決定的にそれを欠くものであると論じたのである．この論文が出版された後，いわゆる「ウィーン学団」のリーダーであり著名な哲学者であるモーリス・シュリック（Moritz Schlick）教授から論文で取り扱った問題について議論をするよう招待された．そこで私はやや長い報告をしたが，多くの出席者たちと問題について細部にわたる議論をすることができた．ウィーン学団には，カルナップ（Rudolf Carnap），フェイグル（Herbert Feigl），フランク（Philip Frank），ゲーデル（Kurt Gödel），ハーン（Hans Hahn），メンガー（Karl Mengar），ポッパー（Karl Popper），ワイズマン（Friedrich Waismann）その他がそれぞれの立場で属していた．これらのメンバーすべてがその議論の場に出席していたわけではない．私は正式なメンバーではなかったが，この研究会やカール・メンガーのコロキウムにもしばしば出かけた．

メンガーの招きに応じて彼のコロキウムで再度この報告をした際に，後で数学者のエデュアード・チェック（Eduard Čech）がやってきて，私が提起した

---

[3] これについては，われわれの著作［20, 1953］で戦略の問題として分析されている．
[4] この翻訳は［22, 1976］に収録されている．

問題は，ちょうど私が経済予測についての本 [10, 1928] を出版したのと同じ年の 1928 年にジョン・フォン・ノイマンが発表したゲーム理論 [18] で扱われている問題と同じであるといった．チェックは当時すでに有望な数学者であり，私にその問題の主要なアイディアと結果について話し，この問題を研究するよう熱心にすすめてくれた．私もそうしたいと思ったものの，当時のナチスの脅威下，ジュネーブの国際連盟やパリ，ロンドンその他に頻繁に出張しなければならないという景気研究所の所長としての激務のため，それは不可能だった．それでもなお，ウィーンの 1930 年代の数年間，なんとかして論理学や集合論，例えば，ヒルベルト=アッカーマン，フランケル（A. Fraenkel），ヒルベルト=ベルナイス，ハーン，ハウスドルフ（F. Hausdorff）その他を読んだものである．また，友人であるカール・メンガーの助言と手引きにより，クルト・ゲーデルの偉大な決定不能性の研究に挑んだこともある．同じ時期に，景気研究所の統計学者として私が雇用していたアブラハム・ワルド（Abraham Wald）に数学のいろいろな領域について教えてもらった．このころ，ワルドのワルラス方程式に関する刺激的な研究だけでなく，メンガーの収穫の理論 [9, 1936] やセント・ペテルスブルグのパラドックス [7, (1934) 1967] についての偉大な論文が現れた．さらに，1934 年にはメンガーの倫理学の論理についての著作 [8, (1934) 1974] が出版され，私はこれを，現代論理学の社会科学における役割について議論するのにふさわしい機会に取り上げた [13, 1936]．

少し後に私はカール・メンガーから彼のコロキウムに出るよう強くすすめられたが，そのコロキウムではジョン・フォン・ノイマンがアメリカからヨーロッパへの恒例の旅行の際に，1937 年に考えた成長経済の理論について報告することになっていた．しかし，残念なことに，彼がウィーンに滞在するちょうどその期間，私はジュネーブの国際連盟の会議に出席しなくてはならず，彼に会うことはできなかったのである．

1938 年 1 月，私はカーネギー国際平和財団（Carnegie Endowment for International Peace）に招かれて，アメリカの 4 つの大学の訪問研究員として合衆国へ向けて旅立った．プリンストンに赴いて，当時，高等研究所の教授だったフォン・ノイマンと会う機会があるかもしれないと期待していたが，実際にプリンストンに行ったときは，経済学者のフランク・フェッター（Frank Fetter）とフランク・グレアム（Frank Graham）と会っただけで，フォン・ノイマン

と出会うことはなかった．1938 年 3 月，ウィーンではナチスが政権をとった．私は「政治的に容認できない」人物として大学と研究所の両方から解雇されたが，そこでの身分を預けておいた代理人はナチ党員となった．景気研究所は彼と，当時ベルリン景気研究所長だったワーゲマン（Wagemann）に乗っ取られてしまった．合衆国滞在中，アメリカのいろいろな大学から教員としてのオファーを受けたが，プリンストン大学の政治経済クラス 1913 Lecturer を 3 年間引き受けることにした．この 3 年間の給料の半分は，ロックフェラー財団から支払われたが，この財団は長年にわたってウィーンの景気研究所を支援していたのである．プリンストンを選んだのは，フォン・ノイマンと知り合いになり，将来の私の研究に大きな刺激となることを期待したのが主な理由である．

フォン・ノイマンと私は大学が始まるとすぐに会った．不思議なことに，最初にどこで会ったのか 2 人とも後になってまったく記憶していないが，2 度目にはどこで会ったのかはっきり覚えている．それは，1939 年 2 月ナッソークラブでの昼食後のセミナーで私が景気循環について話したときであり，フォン・ノイマンはニールス・ボーア（Niels Bohr），オズワルド・ヴェブレン（Oswald Veblen）その他の人とともにいたのである．彼とボーアに午後のティータイムに誘われてファインホールで数時間，ゲームと実験について語り合った．われわれがゲームについて語り合ったのはこれが最初であり，ボーアがいたことによって会話は盛り上がったものである．観測者による実験の攪乱は，いうまでもなく，ニールス・ボーアによって提起された量子力学の有名な問題の 1 つである．これらの会話は 2 人とともにワイルの家でもくり返された——彼もまた私の知り合いとなっていた．この集まりは，フォン・ノイマンの家でのディナーでボーアとともにアインシュタイン（Albert Einstein）とはじめて会ったことによりさらに広がることになった．私はその席でアインシュタインが述べた，理論の実験に対する優先性，概念化の卓越性および直観がもたらす深い疑問についてはっきりと記憶している．その後のいく度にもわたる集まりで，彼はしばしばこれらの問題に立ち返っている．

フォン・ノイマンと私は，ほかにも多くの生き生きとした多方面にわたる議論をした．2 人の間には，瞬時の意識の一致と自発的な感情移入があった．私は，彼の 2 つの論文，すなわちゲーム理論に関するものとウィーンで配布した成長経済に関するものについて研究することに大きな関心をもっていることを伝えた．われわれはすぐにリプリントを交換し，私は特に完全予見に関する

ものを彼に渡した．フォン・ノイマンは1928年以来，ゲーム理論の研究をしておらず，また，成長経済に関する研究もしていないといった．なんらかの考察はしていたであろうが，システマティックに，また論文にしてはいなかったのである．

　私は彼のゲーム理論に関する論文を研究し始めた．これはまったく容易なことではなかった．というのは，用いられている数学のある部分，特に不動点定理に関するすべてのことについては，私にとってまったく新しいものであったからである．成長経済についての論文も同じ理由でむずかしかった．そこで私はすぐにジョニー（以後，彼をこうよぶことにする）と多くの会話をかわすことになった．私はそのときの知的興奮と，彼が1928年に展開していたゲーム理論にまさに感動して引き込まれたことをまざまざと思い起こすことができる．何が意味されており，どのような途方もない可能性が存在しているのかについて理解したのである．

　そこで私は，当時のゲーム理論のエッセンスと意義を経済学者に伝えるための論文を書こうと決心し，その準備にとりかかった．ジョニーとはさらに多くの対話をすることになった．われわれは頻繁に行き来したが，それは2人の生涯を通じていつもきわめて友好的で知的興奮をともなうものであった．私の論文ができあがったころ，彼は原稿を読むことを申し出てくれた．彼は，読んだ後，その原稿は短すぎて私が理解したレベルに達していない読者にはわかりにくいだろうとコメントした．そのうえ，彼と私は理論のさらなる可能性と展開についてすでに議論を重ねていたのである．それで私は論文をもっと長く書き直した．私は決して忘れないが，いまはプリンストン銀行と信託物件ビルとなっているナッソー通り12番地の独身アパートで，はるかに長くなった新しいヴァージョンをみた彼は「この論文を2人で書いてみないか」と提案した．この提案に私は圧倒されてしまった．われわれのたび重なる対話は，私がここ数年かけて到達を目指していた完全に新しい世界をすでに開いており，そしてここに共同研究を望むジョニーがいて，挑戦や困難をいとわず，また成果を疑わずに2人とも広大な新しい領域に踏み出そうとしているのである．数年後，私はヒルベルト（D. Hilbert）がゲッチンゲンで，後で最も親しい友人となったミンコフスキー（Minkovsky）と出会ったときにいった言葉を読んだ："Er war mir ein Geschenk des Himmels!"（これは天から私への贈り物である）．

　これは1940年秋の出来事だった．共同論文が進捗していくなかで——われ

われはいつも並んで共同で執筆していたのだが——論文はおそらくもう少し長くしなければならないだろうと考えるようになった．ジョニーは，科学論文としては長すぎるので，たぶん2回に分けて出版しなければならないだろうという．私は，それはまったくかまわないが，主題の解説は十分に詳細でなければならないと答えた．こうして執筆を進めていったのであるが，ジョニーは「これは2部に分割したとしても，ほとんど論文として読むものではないね．小冊子にしてマーストン・モース（Marston Morse）が編集している *Annals of Mathematic Studies* から出版できるかもしれない」といった．ジョニーは，おそらくそれを受理するようマーストンを説得できたであろう，100ページにもなる分量ではあったが．

共同執筆をさらに進めるうちに，ジョニーは「プリンストン大学出版会へ行ってこの小冊子の出版に関心があるかどうか聞いてみたらどうかな」と言う．出版会の責任者だったデータス・スミス（Datus Smith）はとても親切で，しかるべき時期までに原稿を手渡すという約束ですぐに合意することができたが，正確な期日が設定されていたかどうか記憶がない．しかし，ともかくも100ページ余りの小冊子の出版を心に描くことができた．この合意にサインした後で，肩の荷を下ろしたように感じ，元気づけられてひょうきんな気分になったものである．こうして，正真正銘の執筆が始まった．100ページという制約も完全に忘れ，執筆し，考察し，そして絶え間なく議論を重ねた．

われわれは，いろいろなゲームや展開しつつあった理論全般について語り合いながら，しばしば長い散歩にでかけた．ときには海岸までドライブして，シーガート（Sea Girt）の板張りの遊歩道を，議論しながら上ったり下りたりした．1940年のクリスマスには，アメリカ経済学会のセッションで私が失業についての論文を発表するために，われわれはニューオーリンズにいた．その後，ジョニーと彼の妻クラリと一緒にビロクシーで休暇をとった．ここでも，連日，理論についての議論に明け暮れた．最初に浮かんできた問題の1つは，利得行列のための数値を必要としていることだった．われわれは，単に数値をマネーと呼び，マネーは2人のプレイヤーにとって共通で，無制限に受け渡し可能であると仮定していた．私は，効用概念の重要性を知っていたので，これには満足できず，もっと考察が必要であると主張した．われわれは最初，単に，効用は数値で表されると仮定しようとしていたが，私は，2人とも好きでなかった無差別曲線分析が当時支配的であったことを考慮すると，私の経済学

者仲間たちはそれを受け入れず時代遅れだと考えるだろうといったのである．

そこで，われわれは数値的効用について熟考することにした．理論の基礎となる堅固な効用概念，すなわち，線形変換を許す期待効用のための公理系の創出にはそれほど時間はかからなかった．公理にしたがう効用の存在証明は，われわれの本の1944年の初版には収録していない（もちろん，証明はすでに完成していたが）．私はウィーンで，リスク，期待，および価値理論における時間要素についての講義をしており，これらの問題に関する論文も発表していた．リスクについては，1934年のカール・メンガーによるセント・ペテルスブルグのパラドックス [7, (1934) 1967] に関する重要な論文が大きな役割を果たした．ジョニーは私の価値理論における時間要素の論文 [11, 1934] を読んでおり，これを発展させてわれわれの本に取り込むことをしきりにすすめた（私はそうしなかったが）．彼は，そこで論じられている問題はきわめて重要で大きな数学的困難を招くだろうといった．しかし，われわれの期待効用のための公理系はまったく自然に得ることができた．公理系を構成し終えたとき，ジョニーがテーブルを離れて "Ja hat denn das niemand gesehen?"（しかし誰もこれを知らなかったのか？）と驚きをもった声で叫んだことを，生き生きと思い出すことができる．ついでながら，われわれはいつも，英語で書いているときもドイツ語で話していたのだが，これは後で精通した読者たちが皮肉っぽく，本は「……このような素晴らしい専門的ドイツ語」で書かれたのだとコメントする原因となったものである．

この効用理論の展開はおおむね私の仕事だったので，それがもたらした当時およびそれ以後の出来事にはとても満足していたが，それでもなお，効用の究極的理論はわれわれの仕事よりはるかに複雑なものであると感じた．われわれは確率論の論理的基礎にともなう困難については，もちろん気づいていた．そこで，議論を確率の古典的な頻度アプローチで基礎づけることにしたが，効用は確率とともに一括して公理化でき，確率を主観的に解釈することも可能であることを述べる脚注をつけておいたのである．これは後になって他の研究者により実行された．

ジョニーの成長経済の論文 [19, 1937] は，彼がウィーンで報告したとき私は聞くことができなかったが，私を虜にしたもう1つの研究分野である．この論文もきわめて注意深く研究したので，そのとてつもない重要性をすぐに確信した．そこで，その論文を学部の一般的な経済学のセミナーで報告するよう

ジョニーを説得したら，彼は同意した．セミナーは，当時，セミナールームを備えていた古いパイン図書館で行われた．出席者の数はまずまずだったが，反応がまったくなかったのにはがっかりした．プリンストンでは，当時，数理経済学者はほとんど皆無であり，せいぜい，彼が提起した基本的に斬新なアイディアに対し受容的なファカルティがいるだけだった．

ゲーム理論の共同研究を始めたばかりのころ，私は "Professor Hicks on Value and Capital" と題する論文も *The Journal of Political Economy* [14, 1941；22, 1976] に書いていた．この論文で私はジョニーの成長経済の論文に言及し，経済学では主体は等式ではなく，本質的に不等式に直面しているという事実を強調した．私の知るかぎり，経済学の定期刊行物や書物の中でこれが彼の論文についての最初の言及である．偶然ではあるが，同じ論文で，アブラハム・ワルドのワルラス経済についての基本的な研究（これも1930年のメンガーのコロキウムで発表）をもしきりに引用しているが，これもヒックス（John Hicks）には引用されていない論文である．ジョニーはこの私の論文を注意深く読み，私と完全に意見が一致した．彼は1つか2つの注釈さえつけてくれた．このヒックスについての論文は，文献では完全に無視されているが，おそらく戦時でもあり，当時としては関連性の薄い性格の論文だったからであろう．そのころまでと少し後までに書かれた数理経済学の本に対するフォン・ノイマンの見解は，もちろんワルドとメンガーを除いてであるが，次のようなものであった：「オスカー，もしこれらの本がいまから2,300年後のいつかに発見されたなら，人々はそれがわれわれ2人の時代に書かれたものだとは思わないだろうね．用いられている数学があまりにも原始的なので，むしろニュートン（Isaac Newton）と同じころのものだと思うだろう．経済学は，例えば物理学が占めている科学的位置からは，まだまだ100万マイルも後ろにいるにすぎないのだ」．彼はこのようなコメントを後になっても，また，経済や社会の記述に対してさえもくり返していたものである．

成長経済の問題は私の頭から離れることはなく，ジョニーとはこれについて何度も議論した．美しいモデルの1つのきわめて強い仮定，すなわち，線形性ではなく，今期に生産されたどの財も来期にはすべての財の生産のためにどれだけ少量であろうと投入される，という仮定について，私は当初から好きではなかった．これは極度に集計された条件のもとでのみあてはまるものである．1956年，彼はすでにガンを病んでいたが，J. G. ケメニー（J. G.

Kemeny), ジェラルド・L・トンプソン (Gerald L. Thompson) と私が, 幸いにもこの仮定をはずしてモデルを実質的に一般化することに成功したことを告げたとき, 彼はとても喜んでいた. これは, 後年, 「KMTモデル」として知られることになるが, これはまた, このモデルとゲーム理論との関連をしっかりと打ち立てることにもなった. これらのいずれにも, 基本的なミニマックス定理が本質的にかかわっている. KMT はその根拠を明らかにし, 予期しなかったことであるが, ゲーム理論が微積分学のように, 数学的方法として用いることができること示したのである. KMT モデルのさらに多様な一般化が可能であり, これはジョニーのオリジナルなアイディアのパワーを示すものである. ジョニーには, トンプソンと共同でこの方向にそった研究をさらに進めるつもりであることも告げた. いくつもの拡張と一般化を含む一連の論文は, トンプソンとの共著 *Mathematical Theory of Expanding and Contracting Economies* [17, 1976] として出版された. 私はこれに満足しており, またこれはわれわれの生涯での主要な研究であるということができる.

ジョニーと私は 1941 年から 1942 年にかけて精力的に研究した. 私の説得に応じて, 彼はプリンストン大学でゲーム理論についていくつかの講義を行った. 主として 2 人ゲームの理論であったが, n 人ゲームの理論に関するわれわれの新しい結果も次第に講義にとりいれられるようになっていた. 出席者は, 満足できるという数ではなかったが, その理由はよくわからないが, 結局, 戦時体制の真っただ中にあってこの種の研究に適した時期ではなかったのである. それはともかく, この講義はわれわれの思考を集中させ, 原稿をある程度発展させるのに役立った.

われわれは, 銀行の向こうの私のアパートかまたはウエストコット通り 26 番地の彼の家で仕事を続けた. 彼は妻のクラリと娘のマリナ (現在はマリナ・フォン・ノイマン・ウイットマン夫人) と暮らしていた. 事実上, すべてを一緒に執筆しており, 原稿にはいずれか一方が長く執筆した箇所や, 同じページで 2, 3 回交代して執筆した箇所がある. 午後はたいてい一緒に何杯もコーヒーを飲んだりしたが, われわれの絶え間ない共同作業と会話のため, クラリはしばしば嘆いていた. 当時, 彼女は象牙で作られた象やガラス製品その他を多く蒐集していた. あるとき彼女は, その中に象が入るまでどんどん大きくなって執筆を止めないような不気味な本にこれ以上かかわりたくないといってわれわれをからかった. そこでわれわれは, 喜んで本の中に象を入れることを約束し

た．もし読者がその気ならば，象が描かれているページをみつけることができるだろう．

　ここで，いかに偶然が科学的研究の方向に影響するものであるかを示す興味深い出来事についてふれておこう．1928年にはじめて示されたジョニーの有名なミニマックス定理の新しい証明の執筆にとりかかろうとしていたころである．私は雪でひときわ寒い冬の日に散歩に出かけた．高等研究所へ向けて歩いたが，寒いので図書館に入り，なんとなく書棚を眺めていた．E.ボレル (E. Borel) の *Traité du Calcul des Probabilités* を手にとってみると，そこにはジャン・ヴィレ (Jean Ville) によるジョニーの1928年論文を扱っている論文 [23, 1938] が掲載されていることを突然，発見した．ジョニーのミニマックス理論が述べられ，ブラウワーの不動点定理を用いることなく，もっと初等的な証明を与えていたのである（ジョニーの以前の2つの証明はいずれも決して初等的ではなかった）．私はヴィレの仕事を知らなかったので，ジョニーに電話したが彼もまたその仕事を知らなかった．われわれはすぐに会い，最善のアプローチは凸性を用いる証明方法であることを理解した．こうして，支持超平面の定理からしたがう「行列の二者択一定理」が得られたのである．現代経済学の研究に凸体を用いる方法，特に線形計画法（ゲーム理論の子孫）の導入は，この日から（すなわち1944年から）始まった[5]．

　もしこの冬の日の散歩でボレルの本を見つけ，戦略のゲームに関する事項など期待もせずにページをめくったりしたことがなかったならば，ゲーム理論の数学的方法の多くはどんなに異なったものになっただろうかと考えると，奇妙な感じがする．もちろん，凸性の考察は文献のどこかに，たぶん数年遅れていつかは現れたであろう．他の分野の多くの研究も遅れたことであろう．より初等的なやり方で理論展開ができたことは，その基礎となっている数学についてかなり詳細な解説をしなければならなかったけれども，われわれにとって幸運だったことはいうまでもない．常にできるだけ初等的なアプローチを試みるべきであって，必要のないかぎり高等な数学をみせびらかすべきではないことを強く確信したものである（不動点定理は，しかし，その後のかなりの数の数理経済学者の論文に，しばしば，議論を不必要に複雑にしながら，何度も現れている）．

---

[5] 凸性の概念は，フォン・ノイマンの1932年の成長経済モデル [19, 1937; 17, 1976] に基本的な方法として用いられている．

1942年にジョニーはワシントンへ移ったが，原稿はすでに完成寸前のレベルに達していた．戦争が勃発しており，彼は海軍の研究室で仕事をしていた．そのころ，私は1週間あたり12〜14時間ほど教えていた．原稿にとりかかっている期間は，「出講手当」などは受け取ってはいなかった．当時，それは通例ではなかったし，私も要求はしなかった．さらに共同研究のためのどのような財政的援助も受けていなかった．ジョニーのワシントン滞在中，私は頻繁に彼を訪ね，ときには彼の家に逗留し，彼のイギリスへの旅行の前までにはこの大仕事を確実に終わらせるため，週末には集中的に執筆した．その小旅行に出かけるとき，クラリと私は笑ってしまったが，彼は毛皮の重いコートに鉄のヘルメットと，腕にはケンブリッジ古代歴史の1巻をかかえていた（きつい共同作業中にもかかわらず，われわれは時間をみつけてはそれを読んだり交換したりしており，「次の章」にとりかかっていないときなどはツキディデスを読んであれこれ議論していたものである）．たまに彼がプリンストンを訪れたときには，深夜まで仕事をした．1942年のクリスマスに彼が再びやって来たときは，われわれはようやく最後の2, 3ページを執筆するまでになっていた．さらにいくつかの内容，特に経済学への応用についてもっと追加したいと思っていたが，原稿の枚数はすでに膨大な数になっていたので，これらは省略した．われわれにとって真に重要なことはほとんど述べてしまったし，時間もなくなっていた．クリスマスに原稿の最終チェックを終え，1943年1月付で序文を書いた．われわれの共同作業は，まさに1月の最初の数日に完成したのである．

　共同研究していた期間中——われわれはもちろん手書きで書いていたのだが——会った次の日にいつも私は書いた原稿をタイプし，数式を入れて2つのコピーを作成し，翌日または次の機会にジョニーに1部を渡してもう1部は保管しておいた．こうして常に順次，タイプされた原稿を前に作業していたのである．これはかなり退屈な仕事だったが，私は楽しく満足していた．秘書や財政的援助はなく，すべてわれわれ自身でやっていた．私はそのころは独身だったので，通りの向かいにあるナッソークラブで朝食をとっていたが，ジョニーは妻がまだ寝ていたい時間に早起きし，ほぼ毎日やって来て私と一緒にクラブで朝食をとっていた．彼は常に早朝からすっかり目覚めており，朝食をとりながらでさえわれわれは可能なら当日の午後にも何をすべきかについて話し合っていた．このような朝食をとりながらのミーティングはそれ以後長く続

き，私が1948年に結婚した後も回数は減ったものの，続いていた．

原稿が完成した後，われわれはプリンストン大学出版会に赴いて，100ページの小冊子よりはいく分か大き目のものであると説明しなければならないことは明白だった．出版会の担当者は，図形と自由奔放に書かれた数式満載の1200ページものタイプ原稿に完全に圧倒されたようであった．彼らは親切で，出版のために精一杯頑張ってみる（第2次世界大戦中である！）が，何か出版助成などはないかといった．まず，数式を含めてすべて再タイプされた清書原稿が必要である．われわれは結局，再タイプのため，なんとかしてプリンストン大学と高等研究所から各々500ドルという巨額の補助金を得ることができた．この作業は，「敵性外国人」であった日本人の数学者がオリジナル原稿のすべての数式を再タイプすることにより行われた．ジョニーはいつもの語り口で，これは敵国人であるがゆえに他人が書いた数式を原稿にタイプしなければならないという罰を受ける敵性外国人数学者の運命だといっていた．

再タイプと，すべての図——集合の象！ を含む——を描いた原稿を準備するという仕事は国立経済研究所のフォーマン氏によって行われたが，かなり時間を費やした．しかし，その原稿は1943年に印刷にまわされた．その後，1年にわたる組版と校正の作業が待っていたが，これについてはこれ以上ふれないでおこう．

本のタイトルを決定しなければならなかった．しばらくの間『合理的行動の一般理論』（*General Theory of Rational Behavior*）としようかとも思っていたが，これはこれに似た書名とともにすぐにやめることにした．それらはわれわれの仕事を十分に記述する書名ではなかったので，最初に考えていた『ゲーム理論と経済行動』（*Theory of Games and Economic Behavior*）にもどったのである．もっともすでに述べたように，われわれはゲーム理論の政治や社会学その他への広い応用可能性について完全にわかってはいた．書名は決まったが，ジョニーは著者名をアルファベット順にすることを望んだ．私はこの申し出を断固として拒否したので，ジョニーはしぶしぶそれを取り下げた．

出版会は原稿をそのまま受理した．査読にまわされることはなかったが，印刷経費の増大に加えて相当なリスクを抱えることになるので，彼らは出版助成を期待していた．私の友人——有名なアメリカ人である——が大学に匿名の寄付をしてくれたので，それが出版会を助けることになった．その額はさほど大きいものではなかったが，事態は好転し，出版会はもはやためらうことなく出

版を引き受けてくれた．それは 1944 年 9 月 18 日に実現したのである．彼らはまったく損失を被ることはなかった．

　この本の運命について，われわれはどのように予想していただろうか？　明らかなことは，第 1 に，伝統的経済学の根本的再編であることを確信していた．人々は（付帯条件が何であろうと）単なる最大化もしくは最小化問題に直面しているのではなく，概念的に異なった状況に直面していることを示した．このことは，通常の交換や，独占，寡占その他については，直観的に容易に受け入れることができるが，この現象は普遍的なものなのである．われわれの理論は――ここでそれを説明し始めるつもりはないが――まさに代替や補完，価値の優加法性，搾取，差別，「社会的階層化」，組織内対称性，プレイヤーの権力と特権，その他について新しい方法で取り扱っている．このように，この本の守備範囲は経済学をはるかに超えて政治学や社会学にまで及ぶものであるが，経済学こそわれわれに即座の関心と興味を喚起する分野である．われわれはまた，研究の基本的方向性と慣例的でない数学の全般的使用のせいで，相当の抵抗があるだろうと思っていた．数学についてはできるかぎりの説明をするよう心掛けたが，読者にはその両方に関して多大な要求を課すものであることもわかっていた．ジョニーは，さらに共同論文を書くべきだと私にくり返しいっており，われわれには何が可能で実行すべきなのかについて明確なアイディアがあった．（その 1 つは，一般の n 人ゲームの対称解であり，これはランド・メモランダムとして配布されている [21, 1961]）．そうでなければ，われわれの本は「役立たずの代物」（dead duck）だと彼はいっていた．ともかく，彼は，すぐに受け入れられるとは予想しておらず，私も次の世代まで待たなければならないだろうと思っていた．この見解は何人かのわれわれの友人にとっても同じであり，特にヴォルフガング・パウリ（Wolfgag Pauli）やヘルマン・ワイルはそうだった．

　事態はかなり違う方向に展開したようだった．1945 年と 1946 年に，われわれの仕事に対する 2 つのきわめてすぐれた解説が現れた．レオニド・ハーヴィッチ（Leonid Hurwicz）[4, 1945] によるものとジェイコブ・マルシャック（Jacob Marschak）[6, 1946] によるものである．同時にアブラハム・ワルドによる長い評論 [24, 1947] も発表されたが，彼はすでに 1945 年に統計理論の基礎となる新しい理論を，ゼロ和 2 人ゲームの理論にもとづいて打ち立てていた．

1946年3月には,『ニューヨークタイムズ』の日曜版の第1面にわれわれの本に関する全般的によく理解された長い論評が掲載された．これは小規模なセンセーションをひきおこし，その結果，本はすぐに売り切れたので，翌年には第2版を出版することになった．第2版には，十分な付録をつけ，初版で提示した数値化された効用の公理系が，その存在を導くことの証明を与えた．この理論は，いまや，経済理論のほとんどの上級テキストにとりいれられており，将来，伝統的な無差別曲線分析に完全にとって代わるに違いない．ほかにも効用に関する考察，特に，半順序や非アルキメデス順序などのトピックス，また賭博行為をもたらす特別な効用の問題などを追加した．1953年には，序文だけを書き足して第3版を出版した．

　すでに述べたように，われわれは計画した共同論文の中の1つを書いただけである．計画はほかにもあった．例えば，経済データの時系列分析のための当時の方法はまったく不十分であり，フーリエ解析に対して広くいきわたった敵意は不当であって，フーリエ級数をベースとしたもっと良い方法の開発は可能であることをわれわれは確信していた．しかし，膨大なデータの計算が必要だったので，ジョニーがそのころ設計していた電子計算機が利用できるようになるまで何度か計算を延期した．それはついに実現しなかった．1955年，ジョニーはガンに襲われ，発見が遅すぎたのでかなり苦しんだ後，1957年2月8日，ワシントンで息を引き取ったのである．(私はこの計画をあきらめなかったが，スペクトル解析の展開と応用へ向けて研究し，成果をC. W. J. グレンジャー (C. W. J. Granger) との共著, *Predictability of Stock Market Prices* [3, 1970] にさまざまな論文の後に続けて収録した.)

　ジョニーは私の他の仕事，例えば経済統計における誤差の研究や記述の一般的問題などにも積極的に関心を示した．彼は私の論文, "Demand Theory Reconsidered" [15, 1948] を特に気に入って，それはかなりの数学的困難を提起するものだと述べており，また他の機会には，受け入れられるにはかなりの時間を要するだろうともいったが，まさにそのとおりだった．

　晩年，ジョニーはコンピュータの設計だけでなく，オートマトン理論にも深くかかわっていた．われわれはこれらの問題についても徹底的な議論をした．プリンストンの通りを何度も，しばしば夜遅くなっても，彼は歩きながら特に自己複製オートマトンの設計の可能性に関するあらゆる事項を詳細にわたって語っていたものである．特にたびたび議論した1つの問題は，もしオートマ

トンが自分自身を組み立てている部品を認識し自分自身を複製するため，自分自身のものと同じ部品に直面したならば，そのオートマトンの「口」はどのようにみえなければならないだろうか，というものであった．これらの議論は，大規模計算の将来についての議論と同様，トランジスタがまだなく，使いにくくてしかも電力を浪費する真空管しかなかったという事実によって，当然，制約されたものであった．

現在，われわれの本はドイツ語，日本語およびロシア語に翻訳されており，スペイン語やイタリア語への翻訳は進行中である．いくつかの国際会議がソビエト連邦を含むいろいろな国で開催されており，そして 1971 年には *International Journal of Game Theory* が創刊された．ウィーンで作成されたゲーム理論に関する出版目録には，1970 年まで 6,200 件もの出版物がリストアップされており，そのうちの 10 数件はいろいろな言語で書かれた書物である．

以上に述べた説明は，主にこの本の執筆と関連する外部の出来事についてであって，すべての事項を網羅するものでないことはいうまでもない．2 人の間で，何が知的レベルで実際に進行していたかについては，いわなければならないことがまだ多く残っているが，それは別の話であって他の機会に譲ることにしよう．またそれは，われわれの理論そのものについてもっと詳細な言及をも含むものとなるだろう．この期間は，いうまでもなく，私のかつてない最も徹底した知的活動に明け暮れた時期である．そうでないなどということがありえようか．今世紀の真に偉大な数学者の 1 人であり，ほんの短い出会いにおいてでさえも伝わってくる天才を備えた人物との仕事のうえでの親密このうえない永続的な付き合いだったのである．

われわれは短期間に途方もない分量の仕事をしたが，それは尽きることのない楽しみであり，退屈な骨折りなどでは決してなかった．2 人は大きな知的興奮を共有していた．研究に完全に没頭すれば，その過程で発見という喜びがあった．考えてみれば，他の義務や仕事をこなしながら，時間とエネルギーを確保しえたことは不思議に思える．また，その時期は単に仕事をしていたのみではない．互いに社会や共通の友人たちとの緊密な付き合いがあった．この期間全体を通じて，2 人の友情には決して影がさすようなことはなく，実際，それ以後の 2 人の人生においてそうだったのである．*Economic Journal* [16, 1958] に載せたジョニーに対する私の短い追悼文は，彼の死の影響からまだ抜け出せないときに書いたものである．もっと多くの話したいことがあったのだが，

参考文献

1. Burns, Eveline M. "Statistics and Economic Forecasting," *J. Amer. Statist. Assoc.*, June 1929, *24*(166), pp. 152-163.

2. Edgeworth, Francis Y. *Mathematical psychics.* London: Kegan Paul, 1881.

3. Granger, Clive E. J. and Morgenstern, Oskar. *Predictability of stock market prices.* Lexington, Mass.: Heath, Lexington Books, 1970.

4. Hurwicz, Leonid. "The Theory of Economic Behavior," *Amer. Econ. Rev.*, Dec. 1945, *35*(5), pp. 909-925.

5. Marget, Arthur W. "Morgenstern on the Methodology of Economic Forecasting," *J. Polit. Econ.*, June 1929, *37*(3), pp. 312-339.

6. Marschak, Jacob. "Neuman's and Morgenstern's New Approach to Static Economics," *J. Polit. Econ.,* April 1946, 54(2), pp. 97-115.

7. Menger, Karl. "Das Unsicherheitsmoment in der Wertlehre," *Z. Nationalökon.*, 1934, *5*(4), pp. 459-485. Published in English as: "The Role of Uncertainty in Economics," in *Essays in mathematical economics in honor of Oskar Morgenstern.* Edited by Martin Shubik. Princeton, N.J.: Princeton University Press, 1967, pp. 211-231.

8. _____. *Moral, Wille und Weltgestaltung.* Vienna: Springer, 1934. Published in English as *Morality, decision and social organization.* Dordrecht, Holland: Reidel, 1974.

9. _____. "Bemerkungen zu den Ertragsgesetzen," *Z. Nationalökon.*, 1936, *7*(1), pp. 25-56.

10. Morgenstern, Oskar. *Wirtschaftsprognose, eine Untersuchung ihrer Voraussetzungen und Möglichkeiten.* Vienna: Springer Verlag, 1928.

11. _____. "Das Zeitmoment in der Wertlehre," *Z. Nationalökon*, Sept. 1934, *5*(4), pp. 433-458. Published in English as "The Time Moment in Value Theory," in Schotter [22, 1976].

12. _____. "Vollkommene Voraussucht und wirtschaftliches Gleichgewicht," *Z. Nationalökon.*, August 1935, *6*(3), pp. 337-357. Published in English as "Perfect Foresight and Economic Equilibrium," in Schotter [22, 1976].

13. _____. "Logistik und Sozialwissenschaften," *Z. Nationalkon.*, March 1936, *7*(1), pp. 1-24. Published in English as "Logic and Social Science," in Schotter [22, 1976].

14. _____. "Professor Hicks on Value and Capital," *J. Polit. Econ.*, June

1941, *49*(3), pp. 361-393. Reprinted in Schotter [22, 1976].

15. _____. "Demand Theory Reconsidered," *Quart. J. Econ.*, Feb. 1948, *62*, pp. 165-201. Reprinted in Schotter [22, 1976].

16. _____. "John von Neumann 1903-1957," *Econ. J.*, March 1958, *68*, pp. 170-174. Reprinted in Schotter [22, 1976].

17. _____ and Thompson, Gerald L. *Mathematical theory of expanding and contracting economies.* Lexington, Mass.: Heath, Lexington Books, 1976.

18. von Neumann, John. "Zur Theorie der Gesellschaftsspiele," *Math. Annalen*, 1928, *100*, pp. 295-320.

19. _____. "Über ein ökonomisches Gleichungssystem und eine Verallgemeinerung des Brouwer'schen Fixpunktsatze," *Ergebnisse eine Math. Kolloquiums*, 1937, *8*, pp. 73-83. Published in English as "A Model of General Economic Equilibrium," in Morgenstern and Thompson [17, 1976].

20. _____ and Morgenstern, Oskar. *Theory of games and economic behavior.* Princeton, N.J.: Princeton University Press, 1944. Third Edition, 1953.

21. _____ and Morgenstern, Oskar. "Symmetric Solutions of Some General n-Person Games," RAND Corporation, P-2169, March 2, 1961.

22. Schotter, Andrew, ed. *Selected economic writings of Oskar Morgenstern.* New York: New York University Press, 1976.

23. Ville, Jean. "Sur la Théorie Génerale des Jeux où intervient l'Habilité des Joueurs," in *Traité du Calcul des Probabilités et de ses Applications.* Volume IV. Edited by Emile Borel *et al.* Paris: Gautier-Villars, 1938, pp. 105-113.

24. Wald, Abraham. "*Theory of Games and Economic Behavior* by John von Neumann and Oskar Morgenstern," *Rev. Econ. Statist*, 1947, *29*(1), pp. 47-52.

25. Whitehead, Alfred North. *Science and the modern world.* New York: Macmillan, 1925.

26. Wittgestein, Ludwig. *Tractatus logico-philosophicus.* "Original in final number of Ostwald's *Annalen der Naturphilosophie*," 1921. English edition with Index: London: Routledge & Kegan Paul, 1955.

初出一覧

Review, by Herbert A. Simon. Reprinted from *The American Journal of Sociology* (May 1945) 50 (6): 558-560.

Review, by Arthur H. Copeland. Reprinted by permission of the American Mathematical Society from *Bulletin of the American Mathematical Society* (July 1945) 51 (7): 498-504.

Review (The Theory of Economic Behavior), by Leonid Hurwicz. Reprinted by permission of the American Economic Association from *The American Economic Review* (December 1945) 35 (5): 909-925.

Review, by T. Barna. Reprinted from *Economica* (May 1946) n.s. 13 (50): 136-138.

Review, by Walter A. Rosenblith. Reprinted with permission from *Psychometrika* (March 1951) 16 (1): 141-146.

Heads I Win, and Tails, You Lose, by Paul Samuelson. Reprinted from *Book Week* by permission of Paul Samuelson.

Big D, by Paul Crume. Reprinted with permission from *Dallas Morning News* (December 5, 1957).

Mathematics of Games and Economics, by E. Rowland. Reprinted with permission from *Nature* (February 16, 1946) 157: 172-173. Copyright © 1946 Macmillan Publishers Ltd.

Theory of Games, by Claude Chevalley. Reprinted from *View* (March 1945).

Mathematical Theory of Poker Is Applied to Business Problems, by Will Lissner. Reprinted with permission from *The New York Times* (March 10, 1946). Copyright © 1946 The New York Times Co.

A Theory of Strategy, by John McDonald. Reprinted with permission from *Fortune* (1949): 100-110. Copyright © 1949 Time Inc.

The Collaboration between Oskar Morgenstern and John von Neumann on the Theory of Games, by Oskar Morgenstern. Reprinted by permission of American Economic Association from *Journal of Economic Literature* (September 1976) 14 (3): 805-816.

訳者あとがき

　私が *Theory of Games and Economic Behavior* に初めて出会ったのは，いまから42年前，1972年のことである．当時，東京工業大学社会工学科4年次に在籍していた私は，卒業研究のため，鈴木光男教授（現東京工業大学名誉教授）の研究室を選択した．研究室で鈴木先生から勧められたのがこの書を日本語訳することであった．4年次の夏休み前にスタートし，毎週10ページを目標に日本語に訳してノートに記し，その都度鈴木先生に提出して添削していただいた．600ページを超える大著であり，読み終えられるかどうか全く自信はなかったが，なんとか最終の632ページまでたどり着けた．手元にあるこの書の最終632ページには「1973年8月26日了」と記入してあるから，修士課程1年次の夏休みの終わりまで1年数か月を要したことになる．ノートも数十冊になった．一学生がこの大著を読み終えられたのは，もちろん鈴木先生から絶え間ない励ましをいただいたことが最大の理由であるが，この書の新鮮な切り口，しっかりした構成，厳密な数学的理論展開とそれを補うヒューリスティックな議論が私の知的好奇心を刺激し続けたこともう1つの大きな理由であったと思う．苦しかったとか，もう止めたいと思ったとか，そういった記憶が全くない．それだけ魅力的な書であった．

　修士課程2年次の途中からアメリカのコーネル大学に留学した．その際，指導教員を希望していた W. F. ルーカス教授への推薦書を鈴木先生に書いていただいたが，その中に，「*Theory of Games and Economic Behavior* を日本語に訳した」と加えてくださった．渡米後 Lucas 教授から「それが君を受け入れた理由の1つだった」と聞き，最後まで読み終えてよかったと思ったことをいまも記憶している．

　私はコーネル大学で Ph.D. を取得後，1979年に帰国し，東京工業大学，東北大学，東京都立大学（現首都大学東京）を経て1998年東京工業大学に戻り，それ以来母校で研究・教育を行っている．研究テーマは一貫して「ゲーム理論」である．これはもちろん鈴木研究室に所属し，鈴木先生はじめ，残念ながら若くして亡くなられた中村健二郎さん，中山幹夫さん（流通経済大学教授，

慶應義塾大学名誉教授), 金子守さん (早稲田大学教授) の諸先輩の指導を受けたこと, コーネル大学でルーカス教授の指導を受けたこと, そして帰国後, 中山さん, 金子さん, 岡田章さん (一橋大学教授), 船木由喜彦さん (早稲田大学教授), 和光純さん (学習院大学教授) と共に研究を進められたことが最大の理由であるが, *Theory of Games and Economic Behavior* を学部 4 年次から修士課程 1 年次にかけて読んだこと, これもゲーム理論を研究し続けた大きな理由となっている.

Theory of Games and Economic Behavior は出版後, ゲーム理論のバイブルとして数多くの研究者に読まれてきたが, 1944 年の初版の出版後 60 年を経た 2004 年に, 60 周年記念版 (Sixtieth-Anniversary Edition) が初版と同じプリンストン大学出版会から出版された. 原著の第 3 版 (1953 年出版) をもとに, H. W. クーン (H. W. Kuhn) によるまえがき, A. ルービンシュタイン (A. Rubinstein) によるあとがき, H. A. サイモン (H. A. Simon), L. ハーヴィッチ (L. Hurwicz), P. A. サミュエルソン (P. A. Samuelson) など 9 名の著名な経済学者, 数学者等の当時の書評, そして O. モルゲンシュテルン (O. Morgenstern) 自身による J. フォン・ノイマン (J. von Neumann) との共同執筆の回想録を加えた豪華な構成である.

60 周年記念版が出版されて間もなく, 勁草書房の宮本詳三さんからこの日本語訳の出版についてのお誘いを受けた. 鈴木先生から私が学生時代に第 3 版を日本語に訳したことを聞いておられたのだと思う. 私の学生時代のノートを TeX で打ち込んでくださった. 大変なお仕事をしていただいたにもかかわらず, 当時社会工学専攻において大学院生も増え始めて研究室の運営が軌道に乗り始めたころでもあり, 彼らとの共同研究を優先したため, なかなか宮本さんからいただいた原稿を読み, 学生時代の日本語訳を直していく作業がはかどらなかった. 宮本さんには大変申し訳なく思っている. さすがにしびれを切らされたのか, 昨年初めに「2014 年は初版出版 70 周年, 60 周年記念版出版 10 周年になりますから是非 2014 年には出版しましょう」とのお話があり, それまで少しずつ行っていた作業を昨年初めから最優先の仕事として取り組み始めた. 研究科長等のアドミニストレーションの仕事に時間をとられ予定よりも遅れてしまったが, 宮本さんのご協力により何とか 2014 年に出版にこぎつけることができた. なお, 記念版で新しく加わった書評の日本語訳は, 中山幹夫さんにご協力いただき分担して行った.

私も東京工業大学の定年まであと 1 年半あまり．私にとって研究者のスタートであった *Theory of Games and Economic Behavior* の日本語訳を，40 年たって研究者のキャリアの「まとめ」として出版できることは望外の幸せである．もちろん，これは私 1 人でなし得たものではない．学部学生の拙い日本語訳を丁寧に添削してくださった鈴木先生，手書きのノートを TeX で打ち込んでくださり文章も直してくださった宮本さん，書評の訳に快く協力してくださった中山さん，皆さんによる共訳であるというのが正しいであろう．

　Theory of Games and Economic Behavior は，70 年前のゲーム理論誕生の際の出版であり，現在の発展したゲーム理論を知っている方々からすると，古い，回りくどいと思われるところもあるに違いない．しかし，この中でフォン・ノイマンとモルゲンシュテルンが主張したかったことには，現在においてもゲーム理論を学び研究するものが常に心に留めておかねばならないことが数多くある．特に，彼らの考えが展開されている Chapter I の Formulation of the Economic Problem は是非じっくりと読んでいただきたいと思う．また，Chapter XII の Extension of the Concepts of Domination and Solution のようにまだ研究されていない興味あるトピックを含んだ章もある．理論面でのブレイク・スルーが待たれているゲーム理論にとって，いまいちど *Theory of Games and Economic Behavior* に立ち返ってその原点を見直すとともに，当時の書評そしてクーン，ルービンシュタインによる現在までのゲーム理論の発展を踏まえたコメントに目を通されるのもよいのではないであろうか．

　最後に，2 つほど注釈を加えておく．1 つは，本書の数学記号についてである．原書 *Theory of Games and Economic Behavior* では，集合を表すのに小括弧（ ）を，ベクトルを表すのに中括弧 { } を用いている．現在の記号の使用法とは逆である．混乱を招くといけないので，本書では，現在の通常の使用法に従い，集合を表すのに中括弧 { } を，ベクトルを表すのに小括弧（ ）を用いた．また，証明など数学的な個所では，原書では文章で書いてある箇所も数学記号を用いて簡潔に記した．

　いま 1 つは，索引である．原書では 13 ページにわたって非常に多くの語句および人名が挙げられている．本書では，そのうち重要性のそれほど高くないと思われるものは省かせていただいた．

2014 年 6 月

武藤　滋夫

索　引

アルファベット
Aumann, Robert J.（オーマン）　viii
Bernoulli, D.（ベルヌーイ）　38, 115, 858, 859
Bertrand, J.（ベルトラン）　880
Birkhoff, G.（バーコフ）　85, 87, 88, 92, 465, 802
Böhm-Bawerk, E. von（ベーム・バヴェルク）　13, 766-768, 792, 793, 895, 897, 952
Bohnenblust, Frederic（ボウネンブラスト）　v
Bohr, N.（ボーア）　205, 955
Borel, E.（ボレル）　i, 213, 254, 297, 912, 961
Bourgin, David（ブルジャン）　vii
Bowley, Arthur L.（ボウリー）　880
Brouwer, L. E. J.（ブラウアー）　213
Carathéodory, C.（カラテオドリ）　469, 525, 844
Carnap, Rudolf（カルナップ）　953
Čech, Eduard（チェック）　953
Chamberlin, Edward（チェンバレン）　897
Chandler, Lester（チャンドラー）　viii
Chevalley, C.（シェヴァリー）　xii
Copeland, A. H.（コープランド）　ii, iii
Cournot, Antoine Augustin（クールノー）　880, 897
Dantzig, George（ダンツィク）　vi
Dedekind（デデキント）　844
Dodd, Stuart C.（ドッド）　869
Doyle, C.（ドイル）　241, 243
Edgeworth, Francis Y.（エッジワース）　952
Einstein, Albert（アインシュタイン）　922, 955
Euclid（ユークリッド）　32
Fan, Ky（ファン）　vii
Feigl, Herbert（フェイグル）　953
Fetter, Frank（フェッター）　954
Fisher, Sir Ronald（フィッシャー）　912
Fox, Ralph（フォックス）　vii
Frank, Philip（フランク）　903, 953
Frankel, A.（フランケル）　84, 809, 954
Frisch, Ragnar（フリッシュ）　897
Gale, David（ゲール）　vi
Gillies, D. B.（ギリース）　viii
Gödel, Kurt（ゲーデル）　953, 954
Graham, Frank（グレアム）　954
Granger, C. W. J.（グレンジャー）　965
Guilbaud, G. Th.（ギルボー）　v
Gumbel, E. J.（ガンベル）　923, 927
Hahn, Hans（ハーン）　953, 954
Harsanyi, John（ハーサニ）　ix, 863
Hausdorff, F.（ハウスドルフ）　84, 368, 809, 954
Hawkins, David（ホーキンス）　iv
Heisenberg, W.（ハイゼンベルグ）　205
Hicks, John（ヒックス）　900
Hilbert, D.（ヒルベルト）　102, 105, 860, 956
Hurwicz, L.（ハーヴィッチ）　ii-iv, xiii, 923, 925, 926, 964
International Journal of Game Theory　966
Kakutani, S.（角谷）　213
Kaplan, A.（カプラン）　903
Kaplanski, I.（カプランスキー）　vii, xii
Karlin, Samuel（カーリン）　v

Kemeny, J. G.（ケメニー） 959
Kepler, Johann（ケプラー） 7
Keynes, John Maynard（ケインズ） 930, 933, 934
KMT モデル 960
Knight, Frank H.（ナイト） 953
Koopmans, Tjalling C.（クープマンス） iv
Kronecker（クロネッカー） 182
Kuhn, Harold W.（クーン） vi, viii
Lefshetz, Solomon（レフシェッツ） vi
Leonard, Robert J.（レオナルド） i
Lester, Richard（レスター） viii
Lippmann, Walter（リップマン） 934
Lipschitz（リプシッツ） 675
Loomis, L. H.（ルーミス） xii
Luce, R. Duncan（ルース） iv
Machlup, Fritz（マハループ） viii
Marschak, J.（マーシャック） ii-iv, xiii, 964
Marx, Karl（マルクス） 933
Menger, Karl（メンガー） 37, 242, 869, 953, 954, 959
Milnor, John（ミルナー） viii
Montmort, Pierre-Remond de（モンモール） v
Morse, Marston（モース） 957
Morse, Philip M.（モース） 947
Nash, John（ナッシュ） viii, ix, 863
Neumann, Klari von（ノイマン） 960
Newton, Isaac（ニュートン） 7, 9, 44, 933
Oppenheimer, J. Robert（オッペンハイマー） iv
Pareto, V.（パレート） 25, 32, 39, 897
Parsons, Talcott（パーソンズ） 869
Pauli, Wolfgang（パウリ） 964
Peston, Maurice（ペストン） v
Popper, Karl（ポッパー） 953
Raiffa, Howard（ライファ） iv
Rashevsky, Nicholas（ラシェフスキー） 869

Robinson, Joan（ロビンソン） 897
Rosenstiel, Lewis（ローゼンスティール） 932
Russell, Bertrand（ラッセル） 951
Schlick, Moritz（シュリック） 953
Selten, Reinhard（ゼルテン） ix, 863
Shapley, Lloyd（シャープレイ） viii
Shubik, Martin（シュービック） iv, v, vii
Simon, H. A.（サイモン） ii, iii
Smith, Adam（スミス） 933, 944
Smith, Datus（スミス） 957
Snow, C. P.（スノー） 910, 911
Sorokin, Pitirim（ソロキン） 869
Stackelberg, H. von（シュタッケルベルク） 890, 897
Stalin, Joseph（スターリン） 934, 944
Steinhaus, H.（スタインハウス） i
Stone, J. R. N.（ストーン） ii, iii
Tarski, A.（タルスキー） 85
Thompson, Gerald L.（トンプソン） 960
Tucker, A. W.（タッカー） vi, viii
Tukey, John W.（テュケイ） 945-947
Tycko de Brahe（ティコ・ブラーエ） 7
Ville, J.（ヴィレ） 213, 254, 270, 961
Waismann, Friedrich（ワイズマン） 953
Wald, Abraham（ワルド） vii, xii, xiv, 954, 959, 964
Weierstrass（ワイエルシュトラス） 182
Weisner, Louis（ワイスナー） 924, 927
Weyl, H.（ワイル） 105, 181, 350, 951, 955, 964
Whitehead, Alfred North（ホワイトヘッド） 951
Whitin, Tom（ウィティン） v
Winsor, Charles P.（ウィンザー） 945-947
Wittgenstein, Ludwig（ヴィットゲンシュタイン） 951
Zabel, Ed（ゼイベル） v
Zermelo, E.（ツェルメロ） i, 368, 809

Zipf, George K.（ジップ） 869
"Zur Theorie der Gesellschaftsspiele"
（Neumann） 924

ア 行

アイゼンハウワー高等研究グループ 929
相手を「発見する」 147, 148, 154, 155,
　205, 912
　　戦略，発見するをみよ
値の加法性 343, 857
アルキメデス 860
アルキメデスの性質 860, 861
安定性 49, 357, 360, 362, 363, 499,
　871
　　内部的―― 56, 57, 362
鞍点 130, 132, 155, 212, 885, 888, 891
鞍点の値 123, 133, 149
依存の特別な形 77
『一般理論』（ケインズ） 933
遺伝性 540, 545
遺伝的非本質性 620
ウィーン学団 953
埋めこみ 543-545, 621, 800
売り手 758, 760, 769, 770, 775, 778,
　780-782, 791, 793-797, 829, 830
　　提携もまたみよ
エカルテ 82
エネルギー 29
オーストリア学派 13, 951, 952
オートマトン 965, 966
重み 590-592, 634
　　同質的―― 592, 606
オーバービッド 254, 939
　　ポーカーもまたみよ
温度 23, 29
温度測定 30

カ 行

解 143, 478, 479, 502, 503, 655, 719,
　720, 800
　　――における曲線（1次元の部分） 567
　　――における領域（2次元の部分） 569

――の新しい定義 718
――の一意性 808, 817-820, 822
――の概念 49, 894, 904
――の概念の拡張 799
――の合成 493
――の族 448, 821
――の存在 56, 892, 893
――の多様性 363, 392, 895
――の定義 52, 360, 892, 904
――の分解 493
――を形成する際の配分の概念 593,
　892-894, 921
Γ の $E(e_0)$ に関する―― 536ff.
Γ の $F(e_0)$ に関する―― 524ff.
$n \leq 3$ なるあらゆる一般ゲームの――
　748
1要素からなる―― 378, 382
一般3人ゲームの―― 752
差別―― 412, 420, 434, 435, 438,
　449, 602, 700, 895
行動基準としての―― 894, 921
自然な―― 638
主要単純―― 605, 635, 640, 642
すべての――の集合 59
対称性をもつ―― 430
対称的関係について 805
単純ゲームの―― 586, 906
中心における非対称な―― 435
半順序について 806
非循環関係についての―― 813
非対称な―― 431, 496
非客観的な（差別的な）―― 394
分解可能な―― 495
分解不可能な―― 495
本質的ゼロ和3人ゲームの―― 385
無差別な―― 394
有限個の―― 420, 684
余分な―― 392
買い手 19, 758, 760, 769, 770, 775,
　778, 780-782, 791, 793-797, 829, 830,
　835
　　提携もまたみよ

買い手独占　795, 797, 821, 896
外部的要因　496, 498, 501, 513, 569
価格　758, 762, 766, 767, 779, 797
　　——と両立しない最大　930, 931
　　一意的な——　769
　　平均——　769, 793
確率　16, 23, 52, 112, 122, 180, 202
　　——の選択　201
　　——論　935, 958
　　勝つ——　200
　　幾何学的——　268
　　数量的——　19, 26, 36, 37, 95, 104,
　　　110, 158, 201, 203, 216, 249, 823
　　負ける——　200
賭け　38, 859, 862
賭け金　→　配分をみよ
重ね合わせ　88
寡占　3, 19, 65, 690, 879, 896, 926, 932
可測性　22, 469, 880, 900
カーネル　625
貨幣　12, 14
加法的測度　344, 469
カルテル　20, 65, 890, 896, 926
　　提携もまたみよ
環　333, 724-726, 876
完全記憶　viii
関数　123, 181
　　——の連続性　675
　　関数の——　216
　　算術——　124
　　集合——　124, 327, 332, 724, 726
　　数値——　124
　　測度——　344
　　特性——　→　特性関数をみよ
関数演算　123, 128
関数解析　123, 213
間接証明法　204
木　90, 93
幾何学　28, 102, 105
　　射影——　643
　　線形——　583
　　7点平面——　643

企業家　12
記号論理学的な説明　90
期待　17, 37, 115, 736
　　——値　250
　　数学的——値　15, 37, 39, 43, 44, 115,
　　　122, 165, 166, 178, 206, 216, 217
　　精神的——　38, 115
気体の理論　944
既知性　69-72, 107, 108, 158, 164, 165,
　　175
帰納法　157, 163
　　完全——　158, 173
　　超限——　368, 814
　　有限回の——　814
基本三角形　386, 552ff., 753, 754, 774,
　　775, 799
　　——の曲線　561, 776, 789, 790
　　——の支配されない領域　557
　　——の領域　788, 789
境界，上限および下限　140
共産主義　934
　　計画化された共産主義経済もまたみよ
競争　3, 18, 20, 340, 696
　　完全——　900
　　独占的——　932, 933, 943, 944
　　社会的行動の中の——　870
　　純粋——　933
　　提携を結ぶための——　449
　　ビジネスでの——　943
　　不完全——　932
協定　303, 304, 322
共謀　→　提携をみよ
行または列の優勢の関係　238, 239, 247
協約　300, 303-305
協力　301, 548, 650, 658, 694, 706, 707
　　完全な——　662
　　社会的行動の中の——　870
協力交渉ゲーム　viii
行列
　　任意の——　212
　　——の行／列　129, 196
　　——の対角線　237

――の要素　130, 193, 196
――表の対角線　237
長方形――　130, 193, 195, 196
負の転置――　196, 198
歪対称――　198, 230
距離　28
キルヒホッフの法則　vi
均衡　5, 46, 60, 309, 499, 906
　経済均衡もまたみよ
均衡理論　953
空間
　n 次元線形――　181
　正のベクトル――　347
　線形――　216
　半――　184, 191, 195
　ユークリッド――　28, 181
偶然　52, 71, 122
　――と情報　249
　――と戦略　930-933
　ゲームの――の要素　110, 873
　手番，偶然もまたみよ
偶然係数　887, 888
組み合わせ理論　61
鞍
　山地地形学的な――　132, 135
クルーソー　21, 41, 121, 911
　計画化された共産主義経済をみよ
群　30, 105, 348ff.
　――論　350, 352, 402
　交代――　352
　集合転移――　352, 353
　全体的対称――　352
　全体的非対称――　352
　対称性をもつ――　349
　置換の――　349
　不変――　351
軍人将棋　80
計画　121
　個人的な――　21
景気研究所　954, 955
経済
　――均衡　7

――人　310
――静学　12
――変動　8
――モデル　18, 80
計画化された共産主義――（ロビンソン・クルーソー経済）　14, 757, 873
社会交換――　14ff., 899, 905, 935
成長――　958, 959
単純な――　952
内部――　466
経済学
　――とゲーム　906
　――とゲーム理論　viii, 863, 865, 899, 935
　――における数学的方法　3-11, 212, 866, 869, 897, 899, 902
　――の静学的理論と動学的理論　906
　――の理論的欠陥　896, 897, 900, 916, 929
　ケインズ――　933-935
経済的価値　344, 640, 758, 770
『経済予測』（モルゲンシュテルン）　951, 954
契約曲線　952
決定
　一般的な厳密な――　208, 215, 217ff.
　厳密な――　149ff., 156ff., 226, 244, 245
　特殊な厳密な――　208, 215
決闘　930, 944, 949
結合　91
ゲーム
　――が一意　453
　――と経済学　906
　――と社会組織　58
　――の値　142, 144, 233, 705
　――の一般的な記述　79
　――の一般的・形式的な記述　63-117
　――の埋めこみ　543
　――の重ね合わせ　347, 348
　――のカーネル　625, 628
　――の完全な概念　76

——の記述の最終的な簡単化　109, 112
——の偶然の要素　110, 873
　偶然手番もまたみよ
——の計画　137
——の公理的な定義　101
——の集合論的な記述　83, 93
——の主要単純解　605
——の数学的記述　870, 871
——の正常な領域　710
——のゼロ和拡張　723
——の単純化された概念　66
——の定義　935
——の展開形における戦略　156
——の長さ　103
——の非孤立的特色　500
——の複雑性　935
——のプレイ　67
——の分類　64
——の「膨張」　543
——のルール　40, 67, 81, 110, 159, 203, 305-307, 309, 457, 580, 647
——のルールの完全な体系　115
——を表す分割　93
1人——　120, 748
3人——　47, 299ff., 385ff., 550ff., 625, 752, 943
3人の単純多数決——　302ff.
一般——　689ff., 691, 735
一般 n 人——　65, 120, 158, 724, 825
一般 n 人——の理論の応用　740ff.
一般の厳密に決定された——　208
重み付き多数決——　591
架空の——　328
確率——　viii
完全情報をもつ——　157ff.
　情報もまたみよ
極限——　730
空の——　163, 745
ゲーム理論の——への応用　924, 935, 936
厳密に決定された——　137ff., 149, 175, 208, 226, 235, 237, 238, 706

厳密には決定されない——　154
合成——　463ff.
言葉として使われているゼロ和——　865
最小の長さをもった——　173
縮約形——　339, 355, 649, 741ff.
ゼロ和2人——　66, 119ff., 163, 231ff., 241, 878, 907, 908, 917, 920
ゼロ和3人——　299ff., 355ff., 877-871, 908, 917
ゼロ和4人——　397ff.
ゼロ和 n 人——　66, 120, 325ff., 873, 908, 917
対称——　226-229, 262, 265, 456, 496
対称5人——　453, 456
多数決——とその主要な解　587
　多数決ゲームもまたみよ
チャンス・——　252
直接多数決——　588, 590
　多数決ゲームもまたみよ
通常の——の概念　43
提携形——の値　viii
定和——　473ff., 475, 478-480, 689, 690, 731-734
展開形——　119, 147, 254, 319, 917
同質的重み付き多数決——　605, 606
特殊な厳密に決定された——　208
非ゼロ和——　64, 878, 908, 918
　一般ゲームもまたみよ
非対称——　456
非本質的——　59, 314, 315, 335, 341-343
標準形——　119, 140, 147, 168, 254, 319, 326, 440, 444, 445, 618, 649, 917
部隊配置問題　945-947
不変的——　351
分解可能な——　620, 646, 708
分解可能な——の解　491, 521
分解不能の——　485
補助的な——　141ff.
本質的——（の要素）　68, 314, 315, 335, 341, 453, 730, 745

索　引

本質的 3 人—— 299ff., 355ff., 645, 648
本質的ゼロ和 3 人——の解 385ff.
無限人のプレイヤーの——モデル viii
優関数—— 139, 143, 144, 168, 206
劣関数—— 139, 141, 168, 206
『ゲームと決定』（ライファ，ルース） iv
ゲーム理論
　——でのゲームの数学的記述 870, 871
　——と経済学 viii, 863, 865, 899, 935
　——と線形計画 vi, vii
　——と論理学 865
　——に関する出版目録 966
　——のアピール力 866
　——の応用 ix, 864, 870, 871, 901, 912, 926, 927
　——の軍事への応用 928, 929, 931, 944-950
　——の結果 912
　——のゲームへの応用 924, 935, 936
　——の言葉のあいまいさ 866
　——のゴール 864, 926
　——の静学的な性質 906
　——の中心的定理，数学的表現 938
　——の発展 viii, ix
　——の命名 864
　陰謀としての—— 867
　戦略の理論としての—— 929
限界
　——効用学派 10, 934
　——生産性 viii
　——分析 868
　——ペア 763, 766, 768, 769, 778, 792, 952
原子爆弾 922, 928, 931, 949
コイン合わせ 155, 199, 200, 225, 228, 231, 240, 241, 244, 252
　——での確率的選択 924, 936, 937
　——の一般形 239ff.
　——の混合戦略 908
　簡単なゲームではない—— 912
コウルズ委員会 iv

固定された支払い 336, 383, 408, 729
交換 128ff., 131
交換の不確実性 20
交換経済 14ff., 41, 899, 905, 931, 935
交渉 360, 462, 685, 701, 730, 738, 759, 760, 780, 838
行動
　期待—— 202
　最適な—— 46
　選択肢／結果としての—— 870
　戦略的—— viii, 634
　目的／手段としての—— 870
　予測—— 864
行動基準 42, 54, 55, 362, 363, 370, 393, 493, 500, 547, 569, 570, 647, 655, 685, 700, 701
　——としての解 894, 921
　——の安定性／不安定性 871
　——の多様性 57, 59, 568
　差別的な—— 394
　無差別な—— 394
高等研究所（プリンストン大学） vii, 954
恒等置換 349
合成 464, 492, 493, 620, 747
　単純ゲームの—— 621
公平 228, 229, 305, 348, 353, 354, 644
効用 12, 21, 31, 44, 65, 115, 216, 758, 768, 770, 775, 779, 781, 794, 797, 828
　——逓減 765, 784, 785
　——の概念の一般化 822ff.
　——の可測性 880, 900
　——の公理的取り扱い 35ff., 841ff.
　——の差 25, 861
　——の譲渡可能性 12, 823, 825, 828, 859
　——の全順序 26, 35, 38, 823, 841ff.
　——の体系 35
　——の比較可能性 39
　——の変化 763
　——の領域 32, 827
　期待—— 41
　限界—— 40, 41, 872

細かい——尺度　838
数量化されない——　22, 825, 826
総——　45, 46
半順序的——　26, 803
非加法的——　341
　　数量化された効用をみよ
非分割的な単位の——　828, 834, 835
効用／利益の最大化　880-885, 904
公理／公理化　34, 35, 37, 101, 103
　　——の記号論理学的な議論　105, 919
　　——の独立性　105
合理性　138, 179, 707
　　——と目的／手段　870
　　効用／利益の最大化としての——　880-885, 904
　　合理的行動／行動の——　11-21, 41, 44, 179, 207, 220, 304-306
　　合理的なプレイ　75
国際貿易　11, 466
コープランド法　iii
コロネル・ブロットゲーム　945-947

サ 行

財　15, 18, 763, 770
　　分割可能——　763, 780
　　補完的な——　595, 857, 858
再契約　759, 760
サイコロふり　228, 935
最小値　123, 125
最小の演算　125ff.
最大（値），極大　123, 125, 809
　　——化問題　14, 15, 18, 57, 121, 299, 689, 706, 757
　　——の満足　15
　　絶対的——　805, 807
　　全体の便益（利得）の——化　702, 738, 834
　　相対的——　806
　　両立しない——　930, 931
最大多数の最大幸福　904
最大の演算　125ff.
最大の満足　12, 15, 20

最適　51
最適性
　　不変——　222, 278
　　戦略もまたみよ
搾取　40, 449, 450, 513
差別　40, 392-394, 448, 651, 652, 700, 900
　　差別解もまたみよ
座標系　181
三目並べ　911
シグナリング　71, 74
　　正直な——　74
　　反対の——　74
時系列分析　965
市場　65, 690, 757-759, 763, 767, 791, 825
　　2 人——　757
　　3 人——　769
　　一般の——　793
　　ゲームとしての——　935
失敗　222, 225, 279
質量　28, 29
指定
　　実際のパターンの——　103, 104
支配　50, 361, 371, 478, 479, 502, 508, 567, 651, 710ff., 713-718, 877, 892-894
　　——の非推移的な概念　49, 906
　　概念の拡張　799
　　「循環的な」——　52
　　非循環的な——の概念　821
　　非対称的——　368, 369
写像　30, 843ff.
社会学における数学　869-871, 902
社会構造　662
社会組織　→　組織をみよ
『社会的行為の構造』　869, 870
社会的交換経済　→　交換経済をみよ
社会の順序　55, 58
　　組織，行動基準もまたみよ
社会の生産物　64
じゃんけん　156, 199, 200, 225, 253
集合　83, 160ff.

———の記号論理学的な説明　90
———の差　85
———の積　85, 91
———の体系または集合の集合　85
———の交わり　85
———の要素　84
———の和　85, 91
———論　61, 83ff.
1要素———　84
確実に必要　373, 374, 378, 421, 423, 442, 552, 586, 646, 745
確実に不必要　373, 374, 377, 421, 423, 442, 552, 586, 646, 745
極小分離———　486-488
空———　84, 329, 519
減数———　85
自己完結的な———　484
除去可能———　727-730
すべての分離———の体系　483, 485
全順序———　26
互いに分離した———　86
単独———　333, 724-726, 876
凸———　185, 186
半順序———　26
被減数———　85
分離———　86, 482, 483, 624, 708
閉———　525
配分の———の合成　491
配分の———の分解　491
平坦な———　375, 376, 576
有限———　84
有効———　51, 361
重心　28, 184, 415
囚人のジレンマ　viii, 865
終止ルール　82
　制限される———　82, 83
充足性　364ff., 608ff.
　最大の———　368
自由放任主義　306
縮約　440, 444
縮約形　339, 742
主条件　372, 374, 381

主導権　258, 259
主要定理　211
循環性　54, 56, 78
順序　50
　社会的———　500
　全———　26, 35, 38, 802, 804, 807, 809, 817, 818, 841, 904
　整列———　809
　半———　802, 804, 817, 818
上位集合　85
譲渡　40, 498, 499, 547, 549
勝負　→　ポーカーをみよ
情報　65, 74-78, 80, 98, 153, 250
　———と偶然　249
　———の集合　106
　———の伝達が不完全　121
　———のパターン　92, 95
　完全———　71, 157ff., 172, 175, 225, 318, 920, 924
　完備———　40, 738, 793
　実際の———　92, 109
　審判者の———状態　161
　審判者の実際の———のパターン　103, 104, 107
　戦略と———の獲得　936
　馬鹿げた———　92
　不完全———　41, 249, 920, 936, 937
　不完備———　40, 121
　プレイヤーの実際の———のパターン　103, 104
勝利提携　404
　提携, 敗北, プレイヤー, 勝利もまたみよ
真上位集合　85
審判者　95, 100, 116
真部分集合　85
心理学的な現象　38, 106, 231
新理論
　———における解　478
　———における支配　478
　———における特性関数　476
　———における配分　478
　———における非本質性　480

——における分解可能性　480
——における本質性　480
——における本質的3人ゲーム　550ff.
推移性　51, 71, 801, 803, 906
推測的変化　880
数学的方法　439
　　——の困難さ　4
　　——の適用可能性　868
　　経済学における——　3-11, 212, 866, 869, 897, 899, 902
　　社会学における——　869-871, 902
『数理心理学』(エッジワース)　952
数理物理学　415, 870, 902
数量化された重み　588
数量化された効用　23ff., 216, 824, 825, 872
　　——の一貫性／順序づけ　934
　　——の公理的扱い　32, 35ff., 841ff., 904, 957, 958
　　——の代替可能性　823
スカラー積　182, 346, 347
税　40, 548
静的，静学　60, 61, 203, 258, 394
生産　8, 18, 689
生産性　45, 689, 737
政治学　869, 870, 901
正象限　186
正常な範囲　540, 544, 547, 567
正当な値　493, 494
正八分空間　187
成分　465, 482, 492, 493, 708
　　単純な——　619, 622, 625
　　分解可能な——　625, 646
　　非本質的——　619, 625
摂動　415, 466
セットバック　942, 943
ゼロ和拡張　691, 692, 720, 725, 735
ゼロ和ゲーム
　　——の定義　907
　　言葉として使われている——　865
　　ゼロ和2人ゲーム　ix, 66, 119ff., 163, 231ff., 241, 878, 907, 908, 917, 920

ゼロ和3人ゲーム　299ff., 877, 878, 908, 917
ゼロ和4人ゲーム　397ff.
ゼロ和n人ゲーム　66, 120, 325ff., 873, 908, 917
本質的ゼロ和3人ゲームの解　385ff.
ゼロ和条件　472
ゼロ和制限　116, 689, 690
線形計画　vi-viii, 949, 961
ゼロ和ゲーム，2人ゲームもまたみよ
線形推定　217
線形性　180ff.
線形の区間　184
線形変換　30, 32
選好　21, 24, 25, 31, 713, 803, 827
　　——の完備性　38, 859, 904
　　——の推移性　36, 904
　　効用もまたみよ
先行性　70-72, 107, 108, 158, 164, 165, 175
全体的
　　——対称　352
　　——対称性　354
　　——非対称　352
選択　67, 70, 81, 95, 302, 695
　　——公理　368
　　——のパターン　103
　　確率的——　936-937
　　これまでの——　100
　　実際の——　103, 104
　　審判者の——　110-114, 250
　　戦略の——　114, 201, 204
選択肢　870, 872
セント・ペテルスブルグのパラドックス　38, 115, 958
戦略　59, 68, 109-111, 116, 141, 165, 168
　　——という用語の使用　866
　　——の概念／定義　109, 907, 920
　　——の確率　873
　　——の組み合わせ　219
　　——の選択　113, 114, 201, 204

――の中心の情報の獲得　936
――の粒状の構造　268
――の読者への影響　926
――の微妙な構造　267
――の理論としてのゲーム理論　929
――の連続的な構造　268
確率的な――　912
決闘の――　930, 931
厳密な――　203
交換――　931
攻撃的――　226, 278
高次元の――　116
行動――　viii
混合――　199ff., 203, 205, 206, 214, 217, 221, 222, 230, 238, 249, 263, 316, 736, 823, 886-891, 907
最善の――　175 ff., 706, 707, 924
最適――　179, 706
純粋――　203, 205, 214, 217, 221, 222, 230, 247, 249, 886
漸近的な――　285
手番としての――　116
統計的――　200, 203
ビジネス――　925
不変最適――　224, 226
防御的――　225, 278
ポーカーの――　261, 267, 929, 936-949
発見された――　205, 208, 212, 218, 220, 230, 937-939
　相手を「発見する」，ミニマックス問題／理論もまたみよ
良い――　151, 202, 220ff., 221-225, 232, 235, 243, 245, 249, 267, 278-280, 870, 924
　プレイする良い方法もまたみよ
戦略上同等　335, 337, 339, 371, 382, 473, 475, 476, 510, 580, 584, 647, 731, 741
　――による同形　689, 690
双一次形　212, 216, 217, 227, 317
相互作用　466, 501, 546, 662

相対性理論　31, 204
双対的　145
双方独占　3, 9, 46, 690, 695, 740, 758, 895, 900
　複占もまたみよ
組織　304, 448, 449, 501, 547, 569
　社会――の複雑性　638
　社会――・経済――　54, 56, 58, 306, 434, 436, 450, 491, 495, 499, 548, 593, 645
ソリティア　120, 121, 935, 936
損失　44, 180, 201, 223, 229, 230, 279, 736, 757, 762, 858, 899

タ　行

第1の要素　51, 370
対角成分の分離　237
対称性　145, 152, 226-228, 259, 305, 348, 349, 353, 364, 430, 609ff., 684, 805
　群もまたみよ
代替案　76, 95
代替率　637
対立　340
対立する利害　16, 299, 662
多数決
　重み付き――　588
多数決ゲーム
　重み付き――　590, 635
　同質的――　604
　同質的重み付き――　605, 606, 634, 635, 642
多数決原理　588
　同質的重み付き――　640, 642
断言性　105
探索問題　944, 947, 948
単純ゲーム　571ff., 620, 824
　――のW, Lの体系　580ff.
　――の1要素集合　578ff.
　――の解　586, 906
　――の合成　621
　――の特性関数　581

――の特徴づけ 575
――の補集合 573ff.
――と分割 617
$n \geq 4$ の場合の―― 626
$n \geq 6$ の場合の―― 634
あらゆる――の数え上げ 607ff.
小さな n に関する―― 625
ダミーをもつ―― 631, 632
分解可能 625
6つの主要な反例 635
戦略上同等 583
単純性 591, 617, 620
――の基本的な性質 583
――の厳密な定義 583
団体交渉 912
チェス 67, 71, 81, 159, 175, 225
――での完全情報 924
正しい―― 177
ダブルブラインド・―― 80, 100, 109
置換 348, 358, 401, 422, 436
循環的交換（置換）313, 644
超過量 498, 502, 567-570, 620, 621, 747
――の限界（に対する制約）499, 500
――の下限 504
――の上限 505
――の分配 568
あまりに大きい―― 512, 520, 569
あまりに小さい―― 512, 520
超平面 183, 191, 194, 961
支持―― 188ff.
対 302, 303, 307, 308, 333, 697
定義域 124-126, 181, 216, 217
提携 20, 47, 64, 301, 302, 305, 306, 311, 318, 322, 328, 356, 377, 393, 569, 693, 696-698
――と特性関数 924
――の値 920
――の概念 905
――の形成 870, 889-891, 896, 900, 926, 941
――の相互作用 397

――の定義 870
――を結ぶための競争 449
確実に勝利する―― 600
確実に敗北する―― 600
完全に勝利する―― 594
完全に敗北する―― 594
極小勝利―― 584, 586, 594, 595, 597, 607
決定的な―― 571, 572
最終的な―― 430, 433
最初の―― 418, 419, 430-432, 437
勝利―― 404, 405, 455, 571, 572, 575, 579, 594, 607, 645
絶対的な―― 314, 315, 325
強さの異なる―― 309
部分―― 889
敗北―― 571, 572, 575
敗北する―― 404, 405
無益な―― 596
利益をもたらす極小勝利―― 603
定和の状況 883-885, 891
でたらめ 202
手番
――を取り除く 250
偶然―― 68, 95, 104, 110, 114, 157, 166, 172, 175, 178, 250, 252, 260, 706, 823, 873
ゲームの―― 67, 76, 81, 82, 100, 137, 153, 157
人的―― 68, 76, 96, 104, 157, 171, 172, 178, 250, 260, 303, 695, 697
第1の種類の―― 68
第2の種類の―― 68
ダミー―― 179
不可能な―― 100
手札 73, 253, 255, 259, 260, 834
一様に分布している―― 268
ポーカーにおける――の確率 923
離散的な―― 283
展開形 viii, 156, 168
ゲームもまたみよ
動機 57

峠　132, 135
統計　15, 17, 19, 200
同形（性）　207, 479, 689
同形対応　383
同形性の証明　383
同質性　591, 635
動的，動学　60, 61, 258, 394
動的均衡　60
投票問題　iii
同盟　300
特性関数　325ff., 327, 335, 696-699, 720, 731, 759, 781, 794, 824, 830
　——と提携　924
　——についてのベクトル演算　346, 874, 876
　——の解釈　735
　与えられた——をもつゲーム　332, 724, 726, 924
　拡張的——　721-723, 726, 727
　縮約された——　338, 445, 740-743
　新理論における——　476
　正規化された——　445
　制限的——　721-723, 725-727
　ゼロ縮約形——　743
　戦略上同等の——　732
　単純ゲームの——　581
特性集合関数　329
（売り手）独占　19, 650, 740, 795, 797, 821, 895
　複占もまたみよ
独占者　650
閉じた体系　546
特権を与えられたグループ　437
凸性　180ff., 375, 746, 961
トートロジー　12, 54
トポロジー　188, 525
取り消し　244-246

ナ　行

内部三角形　557, 558, 563, 754
値切り　759, 760
熱力学　31, 911

熱量　6, 23, 29

ハ　行

敗北　572, 579
配分　328, 344, 360, 361, 478, 514, 595, 707, 711, 719, 771, 786, 799, 825, 830
　——による支配　877, 892-894
　——の間の同形性　384
　——の合成　491
　——の集合　46, 59, 828, 906
　——の体系　49, 378, 635, 921
　——の定義　876, 890
　——の分解　491
　一意的な——　828
　解を形成する際の——　593, 892-894, 921
　拡張された——　497ff., 502-506, 508
　経済的な——の概念　593
　孤立的——　505, 506, 508, 512ff., 563
　信頼できる——　877
　1つの——　46, 48, 49, 52, 54
　無限の——　392, 683
　有限の——　637, 683
背理法による証明　204, 206
パーキンソンの法則　914
バックギャモン　71, 81, 109, 175, 176, 225
発見的な議論　204, 247, 248, 309
発見的方法／考察　7, 34, 45, 168, 325, 359, 397, 405, 406, 411-413, 419, 432, 434, 440, 455, 683
ハッタリ　257, 278-280, 283, 296, 738
　——の微妙な構造　284
　攻撃的——と防衛的——　941
　最適な——　912
　ポーカーにおける——　74, 225, 230, 254, 912, 936, 937-941
波動力学　204
払い戻し　793
比較不可能　803, 859
非協力ゲーム　viii
引き分け　176, 430

非循環性　801, 804, 811, 828
　狭義の——　809, 810, 812, 814, 817, 818, 820, 822
非推移性　52, 72, 906
微積分　6, 9, 868, 899, 902, 923
非対称的関係　368, 369, 611
ビッド（付け値，買い値）　759, 931, 939
　代替的な——　286
微分方程式　9, 61
非本質性　340, 371, 480, 489, 620
複占　3, 19, 740, 821, 880-884, 890, 896, 925, 926
不合理　180ff., 715, 937, 940
部隊配置問題　945-947
物々交換　11
物理学　4-7, 29, 31, 42, 58, 60, 105, 204, 546, 902
不動点定理　213, 961
部分集合　85
部分分割　87, 88, 95
ブリッジ　67, 71, 72, 81, 82, 109, 121, 304
　戦略的ゲームとしての——　935
　デュプリゲート——　159
　トーナメント——　159
プリンストン大学出版会　i, 957, 963, 964
プリンストン大学での数学　vi, vii, ix, 955
ブール代数　85
プレイ　81
　——する良い方法（戦略）　143, 151, 152, 219, 870
　良い戦略もまたみよ
　——の値　145, 146, 175, 179, 208, 223, 227, 243, 325
　——の過程　94, 97, 116
　——の結果　113
　——の個々のアイデンティティ　98
　実際に行われた——　113
　すべての——の集合　103
　選択の列からなる——　67
　適切に——する　142, 145, 150, 219, 229
　良い——の方法　140
プレイヤー
　——の除去可能集合　727
　——の戦略　67
　戦略もまたみよ
　——の置換　401, 634
　——の取り替え　145, 152, 171, 227, 348
　——の無関係性　409
　——を発見する　202
　仮想——　691-702, 708, 709, 733, 734
　完全な敗北者である——　404
　合成された——　314, 316, 326, 705
　孤立した——　513, 633
　差別されている——　633, 687, 688
　差別されている主要——　684, 687
　自己完結的——　483, 489
　主要——　650ff., 658, 662
　勝利する——　579
　除外された——　393, 412, 700
　ダミー——　408, 411, 464, 465, 490, 542, 545, 621, 622, 625, 629-632, 694, 708, 734
　特権を与えられた——　648
　特権を与えられたグループの——　437, 636
　特権を与えられていない——　437
　敗北——　568
　分割された——　121
　無関係な——　409
プロットゲーム　945-947
分解　331, 399, 464, 492, 493, 617, 734, 747
　解との関連　524
分解すること　468, 488, 492, 493
　——の分析　469
　——の基本的な性質　521
分解不能性　489
分解分割 → 分割をみよ
分割　83, 87, 88, 92, 94, 116, 160ff.
　——の記号論理学的な説明　90

個人―― 73
　　分解―― 482-490, 624, 646
　分配　47, 49, 54, 121, 307, 357, 360, 478, 498, 595, 689
　分離　91
　分離される数　237
　ペイシェンス　120
　平坦性　376, 746
　ベクトル　195
　　――演算　182
　　――加法　182, 346, 347
　　――空間　347
　　――の距離　187
　　――の準要素　552
　　――の長さ　187
　　――の要素　182, 551, 875
　　座標――　182, 216
　　ゼロ――　182
　ペルシャの詩　938
　変換　30, 31
　　単調な――　31
　変数　123, 326
　　――でなくなる　127
　　――の集まり　326
　　――の部分集合　17ff.
　　死んだ――と生きた――　952
　　「他人の」――　16
　変分法　15, 132
　ホイルのゲーム　923
　飽和　363, 365ff., 608ff., 611, 805
　飽和性による方法　608
　ポーカー　71, 77, 81, 82, 254ff., 759, 834
　　――における手札の確率　923
　　――におけるパス　256, 259-261, 271, 739
　　――におけるハッタリ　74, 225, 230, 254, 912, 936, 937-941, 939, 940
　　――の戦略　261, 267, 929, 936-949
　　――の良い戦略　267, 940
　　――のより一般的な形　282
　　オーバービッド　256, 259, 939

　解　270, 275, 277
　解の解釈　295
　勝負　256, 259, 260, 261, 270, 271, 296
　　スタッド――　255, 940
　　すべての解の数学的な表現　292ff.
　　戦略のモデルとしての――　929
　　ドロー――　255, 940
　　パス　256, 259, 260, 261, 271, 939
　　ビッド　284, 939
　補完的関係　24, 36, 344, 595, 857, 858
　ホーキンス=サイモンの条件　iv
　補集合　86, 573-575
　補償金　48, 59, 64, 306, 309, 318, 320, 322, 328, 693-695, 697-699, 701, 728, 738, 739, 760
　ホームズ=モリアティの例示　953
　本質性　340, 371, 480, 618
　マックスミニ値　885, 891
　　鞍点もまたみよ
　マックスミニ問題　→　ミニマックス問題／理論をみよ
　ミニマックス値　885, 891
　　鞍点もまたみよ
　ミニマックス問題／理論　v, 212, 885, 908, 938-941, 960
　　鞍点もまたみよ
　無差別曲線　13, 22, 26, 27, 36, 39, 965
　モースの尺度　30
　モデル
　　経済――　18, 80
　　公理的な――　103
　　数学的――　29ff., 43, 58, 103

ヤ 行

　優越の非推移的概念　49
　有界性　525
　有効性　371, 384, 479, 502, 716
　輸送問題　vi
　予測
　　――行動　864
　　――の影響　952

一般的な――　914, 915
　　完全予見　953
　予備条件　372, 646

ラ 行

ランド研究所　v, vi, ix, 929
ランド・プロジェクト　929, 931, 944
利害が同じもの（利害の類似性）　16, 299, 300
力学　7
　　天体――と統計――　905
　　波動――　204
　　量子力学もまたみよ
利潤　44, 65, 779
リスク　223, 936
立方体 Q　400, 403
　　――の 3 次元の部分　428
　　――の主対角線　413, 415, 416, 426
　　――の中心　431, 433, 438
　　――の中心とその周囲　428
　　――の中心の近傍　438
　　――の頂点　414-416, 419, 464, 584
　　――の特別な点　403ff.

　　――の内部　412, 415, 416
利得　44, 180, 201, 736, 757, 762, 858, 890, 899, 931
　　配分もまたみよ
リプシッツの条件　675
量子力学　6, 45, 205, 546, 955
両立　364ff.
理論　719, 721
　　拡張された――構造　504
　　新理論もまたみよ
ルーレット　122, 935
例外的　808
ローザンヌ学説　21
ロスアラモス　iv
ロックフェラー財団　955
ロビンソン・クルーソー　→　クルーソー経済, 計画化された共産主義経済をみよ
論理学　85, 91, 102, 373, 865

ワ 行

歪対称性　227
賄賂　890
割り増し　793

著者紹介

ジョン・フォン・ノイマン（John von Neumann, 1903-1957）

1903 年　ハンガリーで生まれる．
20 世紀科学史における最重要人物の一人．数学・物理学・工学・計算機科学・経済学・気象学・心理学・政治学に影響を与えた．第二次世界大戦中の原子爆弾開発や，その後の核政策への関与でも知られる．
主要著書（『ゲーム理論と経済行動』以外のもの）
『量子力学の数学的基礎』井上健・広重徹・恒藤敏彦訳，みすず書房，1957 年
『電子計算機と頭脳』飯島泰蔵・猪股修二・熊田衛訳，ラテイス，1964 年
『自己増殖オートマトンの理論』A・W・バークス編，高橋秀俊監訳，岩波書店，1975 年
『計算機と脳』柴田裕之翻訳，野崎昭弘解説，筑摩書房〈ちくま学芸文庫〉，2011 年

オスカー・モルゲンシュテルン（Oskar Morgenstern, 1902-1977）

1902 年　ドイツで生まれる．
オーストリア学派の経済学者で，ウィーン景気研究所長をつとめたが，プリンストン大学に渡り，アメリカで活躍した経済学者．ジョン・フォン・ノイマンと共にゲーム理論を経済学の世界へと持ち込み現在のミクロ経済学の基礎をつくりあげた．
フォン・ノイマンとの共著『ゲーム理論と経済行動』では，フォン・ノイマンが理論的な部分の大半を担当し，第 1 章の論考と経済分析の大部分はモルゲンシュテルンが担当したとされる．

訳者紹介

武藤滋夫（むとう　しげお）
1950 年生
東京工業大学工学部社会工学科卒業，コーネル大学大学院オペレーションズ・リサーチ専攻 Ph.D. 課程修了．
Ph.D.（オペレーションズ・リサーチ）コーネル大学，理学博士　東京工業大学．
現在　東京工業大学大学院社会理工学研究科教授
主要著作
鈴木光男・武藤滋夫『協力ゲームの理論』東京大学出版会，1985 年
武藤滋夫・小野理恵『投票システムのゲーム分析』日科技連出版社，1998 年
中山幹夫・武藤滋夫・船木由喜彦編『ゲーム理論で解く』有斐閣，2000 年
武藤滋夫『ゲーム理論入門』日本経済新聞社，2001 年
中山幹夫・船木由喜彦・武藤滋夫『協力ゲーム理論』勁草書房，2008 年
武藤滋夫『ゲーム理論（TokyoTech BeTEXT）』オーム社，2011 年

中山幹夫（なかやま　みきお）
1947 年生
東京工業大学工学部卒業，同大学院社会工学専攻修士課程修了．
理学博士　東京工業大学．
東京工業大学工学部助手，富山大学経済学部教授，法政大学経済学部教授，慶應義塾大学経済学部教授を経て，
現在　流通経済大学経済学部教授
主要著作
中山幹夫『はじめてのゲーム理論』有斐閣，1997 年
中山幹夫・武藤滋夫・船木由喜彦『ゲーム理論で解く』有斐閣，2000 年
中山幹夫『社会的ゲームの理論入門』勁草書房，2005 年
中山幹夫・船木由喜彦・武藤滋夫『協力ゲーム理論』勁草書房，2008 年
中山幹夫『協力ゲームの基礎と応用』勁草書房，2012 年

ゲーム理論と経済行動　刊行60周年記念版

2014年6月25日　第1版第1刷発行

著　者　　ジョン・フォン・ノイマン
　　　　　オスカー・モルゲンシュテルン

訳　者　　武　藤　滋　夫

翻訳協力　中　山　幹　夫

発行者　　井　村　寿　人

発行所　株式会社　勁　草　書　房
112-0005　東京都文京区水道2-1-1　振替 00150-2-175253
（編集）電話 03-3815-5277／FAX 03-3814-6968
（営業）電話 03-3814-6861／FAX 03-3814-6854
大日本法令印刷・牧製本

Ⓒ MUTO Shigeo　2014

ISBN978-4-326-50398-8　Printed in Japan

JCOPY　〈㈳出版者著作権管理機構　委託出版物〉

本書の無断複写は著作権法上での例外を除き禁じられています。
複写される場合は、そのつど事前に、㈳出版者著作権管理機構
（電話 03-3513-6969、FAX 03-3513-6979、e-mail: info@jcopy.or.jp）
の許諾を得てください。

＊落丁本・乱丁本はお取替いたします。
http://www.keisoshobo.co.jp

I. ギルボア／川越敏司訳
不 確 実 性 の 意 思 決 定 理 論　　A5判　3,800円　50391-9

I. ギルボア，D. シュマイドラー／浅野貴央・尾山大輔・松井彰彦訳
決め方の科学——事例ベース意思決定理論　　A5判　3,200円　50259-2

中山幹夫・船木由喜彦・武藤滋夫
協 力 ゲ ー ム 理 論　　A5判　2,800円　50304-9

中山幹夫
協 力 ゲ ー ム の 基 礎 と 応 用　　A5判　2,800円　50369-8

中山幹夫
社 会 的 ゲ ー ム の 理 論 入 門　　A5判　2,800円　50267-7

今井晴雄・岡田章編著
ゲ ー ム 理 論 の 応 用　　A5判　3,200円　50268-4

今井晴雄・岡田章編著
ゲ ー ム 理 論 の 新 展 開　　A5判　3,100円　50227-1

R. J. オーマン／丸山徹・立石寛訳
ゲ ー ム 論 の 基 礎　　A5判　3,300円　93198-9

K. J. アロー／長名寛明訳
社 会 的 選 択 と 個 人 的 評 価　第三版　　A5判　3,200円　50373-5

――――――――――――――――――――――――勁草書房刊

＊表示価格は2014年6月現在，消費税は含まれておりません。